【明】陈献章 撰

黎业明 编校

陳獻章全集

简体增订本

上

上海古籍出版社

本书为贵州省哲学社会科学规划国学单列课题
“岭南心学文献的整理与研究”（17GZGX08）阶段性成果。

本项目由深圳市宣传文化事业发展专项基金资助。

陈白沙先生画像

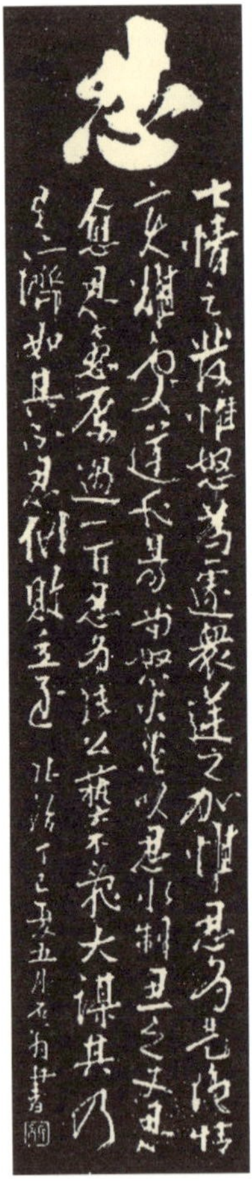

陈白沙先生墨迹之一

录自陈福树撰《陈白沙的书法艺术》

陈白沙先生墨迹之二

录自秦有朋主编《陳献章书法集》

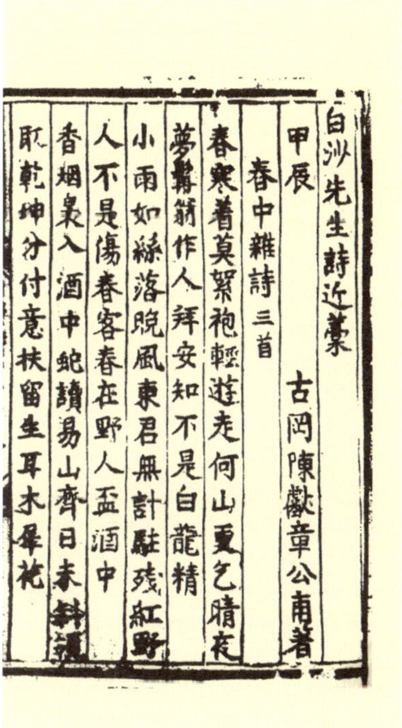
白沙先生詩近藁

甲辰　古岡陳獻章公甫著

春中雜詩　三首

春寒着莫絮袍輕遊走何山更乞晴夜

夢歸翁作人拜安知不是白龍精

小雨如絲落晚風東君無計駐殘紅野

人不是傷春客春在野人盃酒中

香烟裊入酒中蛇讀易山齋日未斜讀

耿乾坤分付意扶留生耳木犀花

明弘治九年吴廷举刻本

《白沙先生诗近稿》

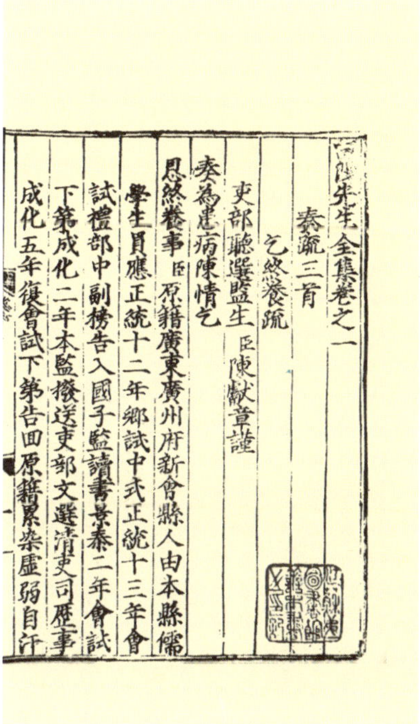
白沙先生全集卷之一

奏疏三首

乞終養疏

吏部聽選監生臣陳獻章謹

奏為患病陳情乞

恩終養事臣原籍廣東廣州府新會縣人由本縣儒

學生員應正統十二年鄉試中式正統十三年會

試禮部中副榜告入國子監讀書景泰二年會試

下第成化二年本監撥送吏部文選清吏司歷事

成化五年復會試下第告回原籍累染虛弱自汗

明正德三年林齐刻本《白沙先生全集》

中华再造善本影印本

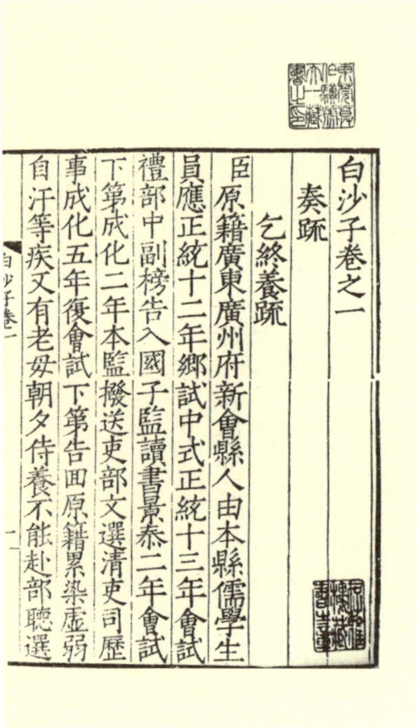

白沙子卷之一

奏疏

乞終養疏

臣原籍廣東廣州府新會縣人由本縣儒學生員應正統十二年鄉試中式正統十三年會試禮部中副榜告入國子監讀書景泰二年會試下第成化二年本監撥送吏部文選清吏司歷事成化五年復會試下第告回原籍累染虛弱自汗等疾又有老母朝夕侍養不能赴部聽選

白沙子卷一　一

明嘉靖十二年高簡等刻本《白沙子》

《四部叢刊》三編影印本

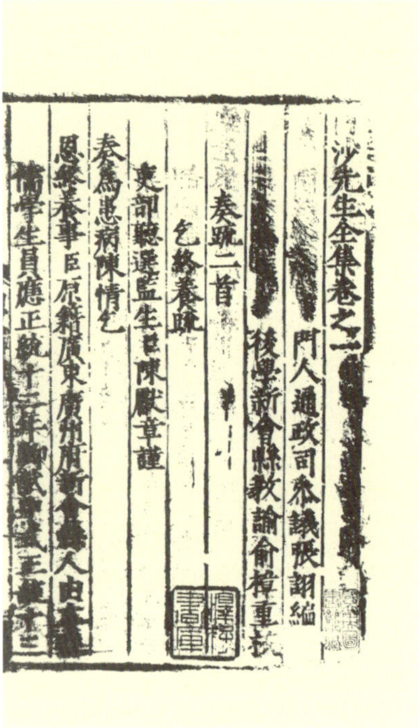

白沙先生全集卷之一

門人通政司參議張詡編

後學新會縣教諭俞楷重校

奏疏二首

乞終養疏

吏部聽選監生臣陳獻章謹

奏為患病陳情乞

恩終養事臣原籍廣東廣州府新會縣人由本

儒學生員應正統十二年鄉試中式正統十三

明嘉靖三十年萧世延刻本

《白沙先生全集》

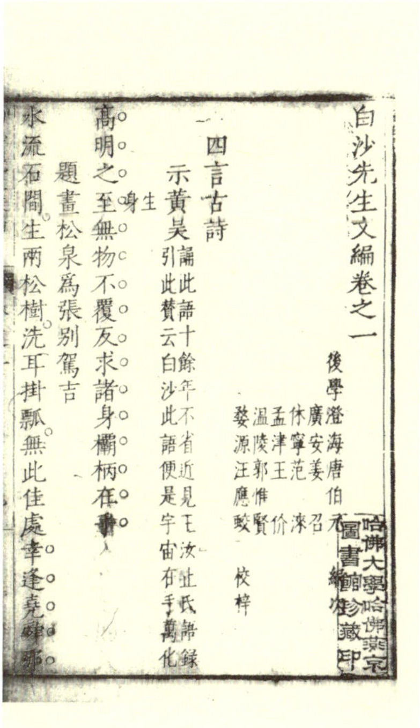

明万历十一年郭惟贤、汪应蛟等刻本

《白沙先生文编》

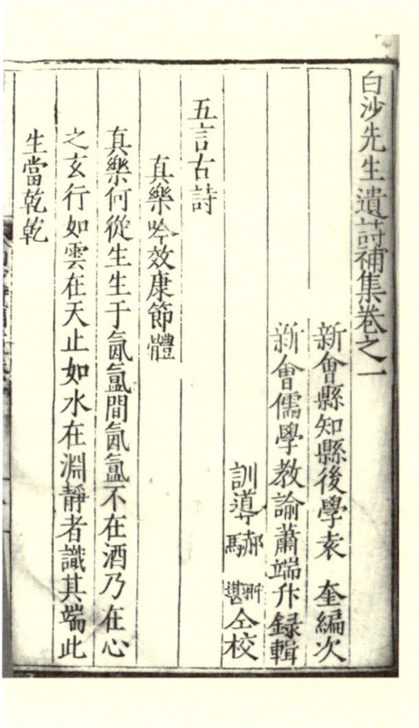

明万历十二年袁奎刻本

《白沙先生遗诗补集》

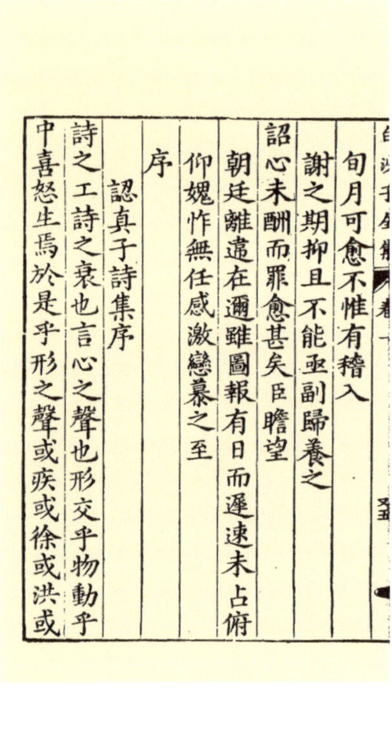
旬月可愈不惟有稽入
謝之期抑且不能亟副歸養之
詔心未酬而罪愈甚矣臣瞻望
朝廷離遠在邇雖圖報有日而遲速未占俯
仰媿怍無任感激戀慕之至

序
認真子詩集序
詩之工詩之衰也言心之聲也形交乎物動乎
中喜怒生焉於是乎形之聲或疾或徐或洪或

明万历四十年何熊祥刻本
《白沙子全集》

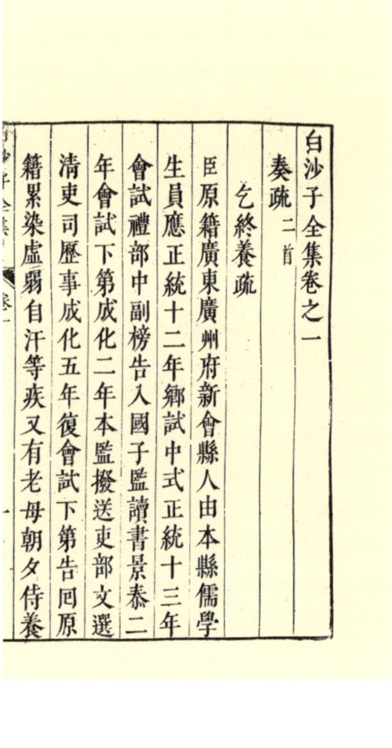
白沙子全集卷之一
奏疏 二首
乞終養疏
臣原籍廣東廣州府新會縣人由本縣儒學
生員應正統十二年鄉試中式正統十三年
會試禮部中副榜告入國子監讀書景泰二
年會試下第成化二年本監撥送吏部文選
清吏司歷事成化五年復會試下第告回原
籍累染虛弱自汗等疾又有老母朝夕侍養

清順治十二年黃之正刻本
《白沙子全集》

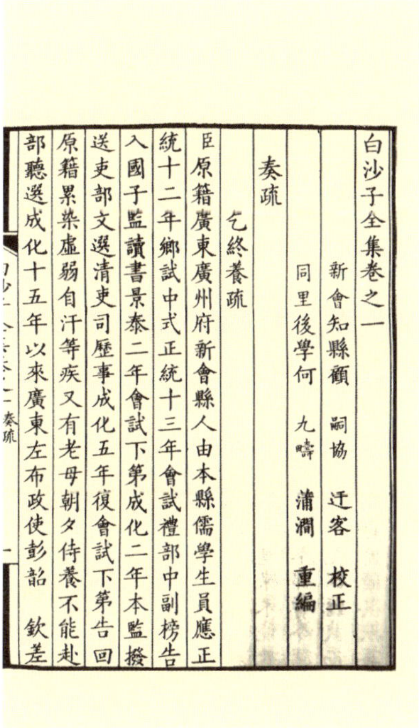

白沙子全集卷之一
新會知縣顧嗣協迂客校正
同里後學何九疇清瀾重編
奏疏
乞終養疏
臣原籍廣東廣州府新會縣人由本縣儒學生員應正
統十二年鄉試中式正統十三年會試禮部中副榜告
入國子監讀書景泰二年會試下第成化二年本監撥
送吏部文選清吏司歷事成化五年復會試下第告回
原籍累染虛弱自汗等疾又有老母朝夕侍養不能赴
部聽選成化十五年以來廣東左布政使彭韶欽差

清康熙四十九年何九畴编刻本
《白沙子全集》

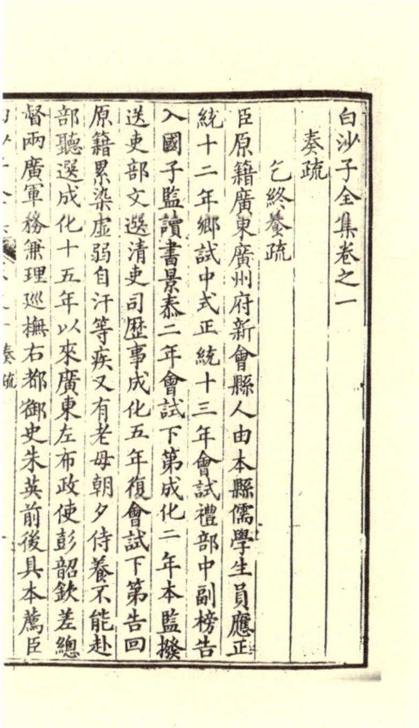

白沙子全集卷之一
奏疏
乞終養疏
臣原籍廣東廣州府新會縣人由本縣儒學生員應正
統十二年鄉試中式正統十三年會試禮部中副榜告
入國子監讀書景泰二年會試下第成化二年本監撥
送吏部文選清吏司歷事成化五年復會試下第告回
原籍累染虛弱自汗等疾又有老母朝夕侍養不能赴
部聽選成化十五年以來廣東左布政使彭韶欽差總
督兩廣軍務兼理巡撫右都御史朱英前後具本薦臣

清乾隆三十六年碧玉楼刻本
《白沙子全集》

编校说明

陈献章，字公甫，号石斋，晚号石翁，广东新会人。因居江门白沙村，学者称白沙先生。

明宣德三年戊申（一四二八）十月二十一日，白沙先生出生于广东新会县都会村。先生自幼警悟绝人，读书一览辄记。尝梦拊石琴，其音泠泠然，见一伟人笑谓曰："八音中惟石音为难谐，今谐若是，子异日得道乎！"因别号石斋；既老，更号石翁。一日，读《孟子》至"有天民者，达可行于天下而后行之"，乃慨然叹曰："大丈夫行己当如是也。"弱冠，充邑庠生。正统十二年丁卯（一四四七），赴省城乡试，中式，录经义一篇。正统十三年戊辰（一四四八）、景泰二年辛未（一四五一），两赴礼闱，不第。

景泰五年甲戌（一四五四），闻江右吴康斋先生（讳与弼）讲伊洛之学于临川之上，乃徒步上谒，睹其风范，读其条教，遂弃其学而学焉，时年二十有七也。康斋性严毅，雅重先生。教人多举伊洛成语，经史百子，无所不讲。先生居半载即归，筑一台，名之曰春阳，日端默静坐其中，以涵养本源，人罕见面。久之，"然后见吾此心之体隐然呈露，常若有物。日用间种种应酬，随吾所欲，如马之御衔勒也；体认物理，稽诸圣训，各有头绪来历，如水之有源委也。于是涣然自信，曰：'作圣之功，其在兹乎！'"

成化二年丙戌（一四六六），乡谤流煽，时翰林院侍读学士钱溥谪知顺德县，敬慕先生，移书曰："亟起，毋重贻太夫人忧。"遂复起游太学。祭酒邢让令作《太学小试赋》并律诗一首;次日,因游山还,又令和杨龟山《此日不再得》韵,大惊曰:"龟山不如也。"遂扬言于朝,以为真儒复出。由是名震京师。一时名士如殿元罗伦、检讨庄㫤、给事贺钦辈,皆乐与之游。既出太学,吏部留文选司历事,先生日捧案牍与群吏杂立厅事下,朝往夕返,不少怠。郎中等官皆勉令休退,对曰:"分当然也。"侍郎尹旻益贤之,遣子某从学,先生力辞,凡六七往,竟不纳。成化五年己丑(一四六九)复会试,下第。自是绝意科举。

成化十七年辛丑(一四八一),江西布政使陈炜辈修复白鹿洞书院,致币来聘先生为山长,以教江右之士,报谢不往。经广东左布政使彭韶、巡抚右都御史朱英多番疏荐,成化十八年壬寅(一四八二)秋,先生赴京应聘。次年三月抵达京师。朝廷用故事敕吏部考试,会疾不果赴。八月底,上疏乞归,略曰:"臣母以贫贱早寡,俯仰无聊,殷忧成疾,老而弥剧,使臣远客异乡,臣母之忧臣日甚,愈忧愈病,愈病愈忧,忧病相仍,理难长久。臣又以病躯忧老母,年未暮而气则衰,心欲为而力不逮。夫内无攻心之疾,则外不见从事之难;上有至仁之君,则下必多曲成之士。愿乞养病终养。"疏上,宪宗皇帝亲阅再三。明日,授翰林院检讨,俾亲终疾愈,仍来供职。先生表谢不辞。归经南安,知府张弼问出处,对曰:"康斋以布衣为石亨荐,所以不受职而求观秘书者,冀得间悟主也。惜乎当时宰相不悟,以为实然,言之上,令受职然后观书,殊戾康斋意,遂决去。某以听选监生荐,又疏陈始终愿仕,故不敢伪辞以钓虚名。或受或不受,各有攸宜尔。"既归,岁有荐辞,皆援诏不行。弘治十三年庚申(一五〇〇)二月初十日,先生病逝,年七十有三。

先生四十岁之前,思想与朱子比较接近,理学色彩颇为浓厚,此可从其《和杨龟山此日不再得韵》见出;四十岁之后,其理学色彩渐渐淡化,心学倾向日益明显。先生思想之要旨,可概括为"自然”、“自得”、“静坐”数端。先生向往自然，主张“学以自然为宗”，其《与湛民泽》书云“古之善学者，常令此心在无物处，便运用得转耳。学者，以自然为宗，不可不著意理会”；“此学以自然为宗者也”。所谓自然，乃指“鸢飞鱼跃之机”、“生生化化之妙”，亦即天道之流行，所指乃不事造作、不加雕琢、不见安排之境界。先生倡言自得，主张“自我得之、自我言之”（《复张东白内翰》），“自得者，不累于外，不累于耳目，不累于一切，鸢飞鱼跃，其机在我”（《赠彭惠安别言》）。所谓自得，以处世行事言之，指不为外在事物所移；以为学求道言之，指不迷信经典、不轻信古人、不偏信他人、不人云亦云，其《道学传序》云：“六经，夫子之书也，学者徒诵其言而忘味，六经一糟粕耳，犹未免于玩物丧志。今是编也，采诸儒行事之迹与其论著之言，学者苟不但求之书而求诸吾心，察于动静有无之机，致养其在我者而勿以闻见乱之，去耳目支离之用，全虚圆不测之神，一开卷尽得之矣。非得之书也，得自我者也。盖‘以我而观书，随处得益；以书博我，则释卷而茫然’。”先生倾心静坐，其《复赵提学佥宪》云“于是舍彼之繁，求吾之约，惟在静坐，久之，然后见吾此心之体隐然呈露，常若有物”；《与贺克恭黄门》云“为学须从静中坐养出个端倪来，方有商量处”。静坐，作为先生为学之方、教人之法，乃使人身心得到调适，达到心境之虚明，以“养出个端倪来”、以“见吾此心之体隐然呈露”，最终使此心与此理有“凑泊吻合处”，进而臻至“心理合一”境界。在先生思想当中，心较理占有更为重要之地位，其《书自题大塘书屋诗后》云：“为学当求诸心，必得所谓虚明静一者为之主，徐取古人紧要文字读之，庶能有所契合，不为影响依附以陷于徇外自欺之弊，此心学法门也。”在明代，先生之思想颇具承上启下特色，上承孔孟周程之旨（并融摄佛道，尤其是禅宗、庄子），下启甘泉、阳明之学。

黄宗羲《明儒学案·白沙学案上》云：“有明之学，至白沙始入精微。其吃紧工夫全在涵养。喜怒未发而非空，万感交集而不动。至阳明而后大。”又云：“先生之学，以虚为基本，以静为门户，以四方上下、往古来今穿纽凑合为匡郭，以日用、常行、分殊为功用，以勿忘勿助之间为体认之则，以未尝致力而应用不遗为实得。远之则为曾点，近之则为尧夫，此可无疑者也。故有明儒者，不失其矩矱者亦多有之，而作圣之功，至先生而始明，至文成而始大。向使先生与文成不作，则濂、洛之精蕴，同之者固推见其至隐，异之者亦疏通其流别，未能如今日也。”《明史·儒林传》亦云明代“学术之分，则自陈献章、王守仁始”。先生可谓有明一代开启学术新风之大儒。

先生以为，道之显晦在人而不在言语也，因绝意著述。吾人今日欲知其学问境界，惟从其诗文求之。先生之诗文颇丰，其弟子张诩云“不下万余首”。先生生前，曾有诗集梓行于世，现仅存明弘治九年（一四九六）吴廷举刊刻《白沙先生诗近稿》十卷；文集则未见有刊行之记载。先生病逝之后，其诗文全集始刊行于世，其版本情况如下：

明弘治十八年乙丑（一五〇五），容贯、张诩所编辑之《白沙先生全集》由罗侨刊行，二十卷；明正德三年戊辰（一五〇八），林齐将罗侨刊本重订而刊刻之，卷帙依旧；明嘉靖三十年辛亥（一五五一），萧世延刊行《白沙先生全集》，编次与林齐本相同，而多所订正并增加补遗一卷，共二十一卷；明万历元年癸酉（一五七三）何子明、万历三十二年甲辰（一六〇四）许钦赋，先后将萧世延本翻刻，亦为二十一卷。是为二十卷或二十一卷本。

嘉靖十二年癸巳（一五三三），高简、卞崃承湛若水之命，将张诩等编辑之《白沙先生全集》略加增削，合并为八卷，改题为《白沙子》刊行；万历四十年辛酉（一五六一），何熊祥将高简本略加修订之后重刊，并改题为《白沙子全集》，增刻补遗一卷，共九卷；清顺治十二年乙未（一六五五），黄之正将何熊祥本加以翻刻；清乾隆三十七年（一七七二），诏修四库全书，随后四库馆臣依据何熊祥本（或黄之正本）钞入四库全书之集部。是为八卷或九卷本。

明天启元年辛酉（一六二一），王安舜将《白沙先生全集》删增选编为十二卷（删除其他版本白沙先生全集之部分诗文，增加袁奎辑录、刊刻《白沙先生遗诗补集》之集外补遗诗文），附以湛若水《白沙先生诗教解》十五卷，刊刻行世。是为十二卷本。

清康熙四十九年庚寅（一七一〇），何九畴将其祖先何熊祥刻本《白沙子全集》，及其"远近搜访，得未刻者：序四首、记二首、题跋一首、书百有五十八首、各体诗共五十五首"，重新编次整理，厘为六卷，刊行面世。是为六卷本。

乾隆三十六年辛卯（一七七一），白沙先生后人依据其家藏旧本、家藏旧稿，将《白沙子全集》重新加以编次、校勘、增补，分为十卷，附录湛若水《白沙子古诗教解》二卷，刊刻行世。是为十卷本。

除全集外，白沙先生之诗文，尚有若干选集本流传。如湛若水编辑《白沙先生至言》十卷，明嘉靖二十六年（一五四七）陈大伦刊本；唐伯元编次《白沙先生文编》六卷，明万历十一年（一五八三）郭惟贤、汪应蛟刻本；杨起元纂辑《白沙先生语录》，万历二十五年（一五九七）杨起元序刊本（载明刊本《杨起元全集》）。此外，又有袁奎辑录《白沙先生遗诗补集》六卷，万历十二年（一五八四）袁奎刻本，收录白沙先生诗作五百四十余首(其中不见于先生全集者过半)。

本书以清康熙四十九年何九畴编刻本《白沙子全集》(香港:白沙文化教育基金会,一九六七年影印本)为底本加以整理,参校本有:

一、明弘治九年吴廷举刻本《白沙先生诗近稿》(简称"诗近稿");

二、明正德三年林齐刻本《白沙先生全集》(中华再造善本,国家图书馆出版社,二〇一二年影印本。简称"林齐本");

三、明嘉靖十二年高简等刻本《白沙子》(《四部丛刊》三编,第七三至七四册,上海书店出版社,一九八五年影印本。简称"高简本");

四、明嘉靖三十年萧世延刻本《白沙先生全集》(简称"萧世延本");

五、明万历十一年郭惟贤、汪应蛟等刻本《白沙先生文编》(唐伯元编次。简称"白沙文编");

六、明万历十二年袁奎刻本《白沙先生遗诗补集》(简称"遗诗补集");

七、明万历四十年何熊祥刻本《白沙子全集》(简称"何熊祥本");

八、明天启元年王安舜刻本《白沙先生全集》(简称"王安舜本");

九、清顺治十二年黄之正刻本《白沙子全集》(王云五主编《景印岫庐现藏罕传善本丛刊》,台北:商务印书馆,一九七三年影印本。简称"黄之正本");

十、清乾隆三十六年碧玉楼刻本《白沙子全集》(简称"碧玉楼本”)；

十一、四库全书本《陈白沙集》(《景印文渊阁四库全书》，第一二四六册，台北：商务印书馆，一九八六年影印本。简称“四库全书本”)。

此外，部分诗作，亦取《白沙子古诗教解》(碧玉楼本《白沙子全集》附录)、《白沙先生诗教解》(《四库全书存目丛书》，集部第三五册，齐鲁书社，一九九七年据明刊本影印)略加校对。

本书所收录白沙先生集外诗文，较北京中华书局本《陈献章集》多四百四十余篇/首，其中文三十余篇(序二篇、记二篇、论五篇、说一篇、题跋二篇、杂著一篇、语录四组、墓志铭一篇、祭文三篇、书信十通、赋一篇)，诗四百一十余首(四言诗三首、五言古诗十八首、七言古诗五首、五言律诗五十七首、七言律诗一百八十三首、五言绝句二十六首、六言诗五首、七言绝句一百十八首)。兹将所得见之白沙集外诗文，依据同题诗文、同类诗文方式编辑，即凡属相同题目之集外诗文，则将其编次于相同题目之后，如将白沙先生给林光之三十余通集外书信，编次于“与林郡博”六封书信之后；凡属非相同题目之集外诗文，则将其编次于同类诗文之后，如将集外五言古诗编次于底本“五言古诗”类之后、将集外七言绝句编次于“七言绝句”类之后。若底本所无之分类，如“语录”，则新增“语录”类，编入第一卷。凡增补底本所无之诗文，均加注说明出处，以示信实有据；凡根据他人辑佚文章转录之集外诗文，必一一注明，不敢掠人之美。

本书收附录三种。附录一为湛若水撰《白沙子古诗教解》，以碧玉楼本《白沙子全集》所附录之《白沙子古诗教解》为底本，以《四库全书存目丛书》第三五册所收明刊本《白沙先生诗教解》参校；附录二为序跋、传记以及其他资料；附录三为阮榕龄撰《编次陈白沙先生年谱》、《白沙丛考》与《白沙门人考》,以清咸丰二年梦菊堂刊本(《宋明理学家年谱》第九册,北京图书馆出版社二〇〇六年影印本)为底本标点整理,其中所引述白沙先生文字,则取碧玉楼本《白沙子全集》、何九畴本《白沙子全集》略为校正。

《陈献章全集》之整理,多得师友之助。深圳大学国学研究所同事,景海峰先生、杨东林先生、问永宁先生等,对《陈献章全集》编次、点校,助益良多。广州中山大学陈永正先生、陈斯鹏先生所寄赠之《白沙先生诗近稿》复印件,极为难得;台湾清华大学游腾达先生帮助复印白沙先生制义数篇,十分及时;华东师范大学汤志波先生提供王安舜本《白沙先生全集》之复印本,有助修订。此外,原深圳大学哲学系中国哲学专业硕士研究生陈椰、柳向忠、王志旭、陈玄诸君,于相关资料之复印与收集,帮助亦复不少。对于师友之帮助,谨致谢忱!上海古籍出版社刘海滨先生、张旭东先生为《陈献章全集》之编辑、出版,付出辛勤劳动,亦致以真挚感谢!

限于见闻,陋于学识,《陈献章全集》之整理,错漏舛误在所难免,尚祈博雅君子、大方之家指而正之。

点校者　黎业明

二〇一四年五月初稿

二〇一八年九月修订

二〇二〇年十二月再订

目录

卷之一

奏疏

乞终养疏

臣原籍广东广州府新会县人〔1〕，由本县儒学生员应正统十二年乡试，中式；正统十三年会试礼部，中副榜，告入国子监读书；景泰二年会试，下第；成化二年本监拨送吏部文选清吏司历事；成化五年复会试，下第，告回原籍。累染虚弱自汗等疾，乂有老母，朝夕侍养，不能赴部听选。成化十五年以来，广东左布政使彭韶、钦差总督两广军务兼理巡抚右都御史朱英前后具本，荐臣堪充任使，吏部移文广东布政司等衙门，趣令起程。臣以旧疾未平，母年加老，未能辄行。府县官吏承行文书日夕催逼，不免强起就道。而沿途病发，随地问医，扶衰补羸，仅不大惫，于成化十九年三月三十日到京朝见，赴部，乃以久劳道路，旧疾复作，延至月余。于五月二十五日蒙吏部题："奉圣旨，恁部里还考试了，量拟职事来说。钦此。"钦遵。臣时方在床褥，闻命愧悚，未能就试，即令侄男陈景星赴通政使司告转行本部，暂令调治。再历晦朔，心不自安。七月十六日，扶病赴部听试，而筋力朽弱，立步艰难，自揣虚薄，未堪笔砚，因续

〔1〕"臣原籍广东广州府新会县人"前，林齐本、萧世延本、白沙文编有"吏部听选监生臣陈献章谨奏，为患病陈情乞恩终养事"二十二字。

具状再延旬日。日复一日,病势转增,耳鸣痰壅,面黄头晕,视昔所染,无虑数倍。众目所睹,不敢自诬。又于八月二十二日,得男陈景易书[1],报臣母别臣以来,忧念成疾,寒热迭作,痰气交攻,待臣南归,以日为岁。臣病中得此,魂神飞丧,仰思君命,俯念亲情,展转郁结,终夜不寐。臣之愚迷,实不知所以自处也。臣自幼读书,虽不甚解,然于君臣之义知之久矣。伏惟我国家教育生成之恩,陛下甄陶收采不遗卑贱之德[2],至深至厚,于此而不速就以图报称于万一,非其情有甚不得已者,孰敢骛虚名、饰虚让、趦趄进却于日月之下,以冒雷霆之威哉?臣所以一领乡书,三试礼部,承部檄而就道,闻君命而惊心者,正以此也。缘臣父陈琮年二十七而弃养[3],臣母二十四而寡居,臣遗腹之子也。方臣幼时,无岁不病,至于九岁[4],以乳代哺,非母之仁,臣委于沟壑久矣。臣生五十六年,臣母七十有九,视臣之衰如在襁褓,天下母子之爱虽一,[宜]未有如臣母忧臣之至、念臣之深者也[5]。臣于母恩无以为报,而臣母以守节应例为有司所白,已蒙圣恩表厥宅里。是臣以母氏之故,荷陛下之深恩厚德,又出于寻常万万者也[6]。顾臣母以贫贱早寡,俯仰无聊,殷忧成疾,老而弥剧。使臣远客异乡,臣母之忧臣日甚,愈忧愈病,愈病愈忧,忧病相仍,理难长久。臣又以病躯忧老

---

〔1〕“陈景易”,碧玉楼本作“陈景旸”。景易(或作景旸),白沙先生次子之名。后不再出校记。

〔2〕“甄陶”,林齐本、高简本、萧世延本、白沙文编、王安舜本作“甄录”。

〔3〕“陈琮”,原作“陈琛”,据林齐本、高简本、萧世延本、白沙文编、王安舜本、碧玉楼本改。

〔4〕“九岁”,林齐本、高简本、萧世延本、白沙文编、何熊祥本、王安舜本、黄之正本、四库全书本作“九龄”。

〔5〕“宜”字原缺,据林齐本、高简本、萧世延本、白沙文编、何熊祥本、王安舜本、黄之正本、四库全书本补。

〔6〕林齐本、高简本、萧世延本、白沙文编、何熊祥本、王安舜本、黄之正本、四库全书本无“者”字。

母，年未暮而气已衰[1]，心有为而力不逮，虽欲效分寸于旦夕，岂复有所措哉？[2] 臣所以日夜忧惫，欲处而未能者，又以此也。夫内无攻心之疾，则外不见从事之难；上有至仁之君，则下必多曲成之士。惟陛下以大孝化天下，以至诚体万物，海宇之内，无匹夫匹妇不获其所者，则臣之微亦岂敢终有所避而不自尽哉？伏望圣明察臣初年愿仕之心，悯臣久病思亲不能自已之念，乞敕吏部放臣暂归田里，日就医药，奉侍老母，以穷余年。俟母养获终，臣病全愈，仍前赴部以听侍用[3]。则臣母子未死之年，皆陛下所赐。臣感恩益深，图报益切，虽死于道路，无所复辞矣。臣干冒天威，无任皇恐战栗之至。[4]

谢恩疏

臣于成化十九年八月二十八日具本陈情[5]，乞还养母，兼理旧疾。九月初一日钦奉圣旨："陈献章既该巡抚等官荐他学行老成可用，今恳切求回养母，吏部还查听选监生愿告回家的例来说。钦此。"及吏部查例覆奏，于本月初四日，钦奉圣旨："陈献章既系巡抚等官荐他，今自陈有疾，乞回终养。与做翰林院检讨去，亲终疾愈，仍来供职。钦此。"伏念臣本菲才[6]，误蒙荐举，又以老母在念，沉疴在躬，未得以仰承试用。陛下悯其愚诚，不加诛责，使少宽旦夕之

---

[1] "已"，林齐本、高简本、萧世延本、白沙文编、何熊祥本、王安舜本、黄之正本、四库全书本作"则"。

[2] "措"，林齐本、高简本、白沙文编、何熊祥本、王安舜本、黄之正本、四库全书本作"惜"；萧世延本作"补"。

[3] "侍用"，林齐本、萧世延本、白沙文编、王安舜本作"试用"。

[4] "无任皇恐战栗之至"后，林齐本、萧世延本、白沙文编有"为此具本，令侄男陈景星抱赍谨具奏闻"十六字。

[5] "臣于成化十九年八月二十八日具本陈情"前，林齐本、萧世延本、白沙文编有"吏部听选监生臣陈献章谨奏，为谢恩事"十六字。

[6] "本菲才"，林齐本、萧世延本、白沙文编、王安舜本作"本以菲才"。

假,已云幸矣;而又慰之以温言,宠之以清秩,使遂其欲去而勉其复来,此诚天地之量,日月之明,雨露之泽,出于寻常条格之外者。臣虽至愚,亦知衔负恩德,图报称于亲终疾愈之日,不敢负朝廷待士之盛意,不敢违臣子效用之初心也。但身在床褥,实难动履,辄欲具本称谢,以不亲拜舞,益不自安,即令侄男陈景星具状鸿胪寺,告欲俟筋力稍纾,尚当勉强赴阙〔1〕,庶几少伸报谢之万一。而又为风寒所中,肢节沉痛,卧不能兴,臣窃复自念,旧疾方殷,新病复继,恐非旬月可愈,不惟有稽入谢之期,抑且不能亟副归养之诏,心未酬而罪愈甚矣。臣瞻望朝廷,离违在迩,虽图报有日而迟速未占。俯仰愧怍,无任感激恋慕之至〔2〕!

序

认真子诗集序

诗之工,诗之衰也。言,心之声也。形交乎物,动乎中,喜怒生焉。于是乎形之声,或疾或徐,或洪或微,或为云飞,或为川驰。声之不一,情之变也。率吾情盎然出之,无适不可。有意乎人之赞毁,则《子虚》、《长杨》,饰巧夸富,媚人耳目,若俳优然,非诗之教也。甚矣,诗之难言也!李伯药见王通而论诗,上陈应、刘,下述沈、谢,四声八病,刚柔清浊,靡不毕究,而王通不答。薛收曰:“吾尝闻夫子之论诗矣,上明三纲,下达五常,于是征存亡、辨得失,小人歌之以贡其俗,君子赋之以见其志,圣人采之以观其变。今子之言诗,是夫子之所痛也。”南朝姑置勿论。自唐以下几千年于兹,唐

〔1〕“勉强”,林齐本、高简本、萧世延本、白沙文编、王安舜本作“强勉”。

〔2〕“无任感激恋慕之至”后,林齐本、萧世延本、白沙文编有“为此具本,令侄男陈景星抱赍谨具奏闻”十六字。

莫若李、杜，宋莫若黄、陈，其余作者固多，率不是过。乌虖！工则工矣，其皆三百篇之遗意欤？率吾情盎然出之，不以赞毁欤？发乎天和，不求合于世欤？明三纲、达五常、征存亡、辨得失，不为河汾子所痛者，殆希矣。故曰“诗之工，诗之衰”。夫道以天为至，言诣乎天曰至言，人诣乎天曰至人。必有至人能立至言。尧舜周孔至矣，下此其颜孟大儒欤！宋儒之大者，曰周、曰程、曰张、曰朱，其言具存，其发之而为诗亦多矣。世之能诗者，近则黄、陈，远则李、杜，未闻舍彼而取此也。学者非欤？将其所谓大儒者，工于道不工于诗欤？将未至于诣乎天，其言固有不至欤？将其所谓声口弗类欤？[1] 言而至者，固不必其类于世。或者又谓“诗有别材，非关书也；诗有别趣，非关理也”，则古之可与言诗者果谁欤？夫诗，小用之则小，大用之则大。可以动天地，可以感鬼神，可以和上下，可以格鸟兽；四时行焉，百物生焉；皇王帝霸之褒贬，雪月风花之品题，一而已矣，小技云乎哉！都宪朱公以其所为诗编次成帙，题曰《认真子集》，授简于白沙陈献章，曰：“为我序之。”公昔语我于苍梧，曰：“诗非吾所长。”公豪于辞矣，而未始以为足。“认真子”名集，公意有所属，顾览者未必知，而吾以是觇公之晚节也。诗虽工，不足以尽诗，而况于尽人乎？谓吾不能于诗而好为大言，不知言者也。公名英，字时杰，郴阳人，由进士历官中外，节用而爱人。

奉饯方伯张公诗序[2]

昔魏野送寇忠愍之诗云：“好去上天辞富贵，归来平地作神仙。”当是时，寇公自永兴召入，其志方锐于事为，野遽止之，故寇公不悦。后来通州，始书此诗于壁间，朝夕讽咏之。论者以是善野之

---

〔1〕“弗”，四库全书本作“勿”。

〔2〕“奉饯”之“奉”字原缺，据林齐本、高简本、白沙文编、何熊祥本、王安舜本、黄之正本、碧玉楼本、四库全书本补。又：“奉饯”，萧世延本作“奉赠”。

言,而以寇公之始终为可议。夫君子出处去就之义,固未可尽责之寇公辈。而山人处士例以不出为高,故其所责望于人,亦止以轻富贵为第一等事,则野之于寇公,其相与之言如此,亦宜。方伯张公不以仆愚,往往欲置之门下。近者,叠纸责以赠言,仆何敢为佞?诚慕古人出处之大,不敢徇一己之私,主一偏之见,以必人之从我而忘天下。故区区之辞,惟以己与公进退并言之,而不敢效尤于野之必。其义可否,公请自择。胡文定云"平生出处未尝谋于朋友,如人饮水,冷暖自知"〔1〕,惟公裁焉。其辞曰:去梦劳精爽〔2〕,投书阻岁年。壮游眇车盖,虚卧老江烟。公德清南服,帝心简大贤。神仙休嘱付,卿相待回旋。

东晓序 成化庚寅十二月作

居之有名,恶乎始?君子之居也,兴于斯,息于斯,目之所视,心之所随,苟无所事乎畏,则怠而入于忘。其主于畏乎!何氏子隐南海之滨,更名潜,榜其居曰东晓。盖亦以其识见之超卓能及于微远,如阳气始舒,昭晰无间,故以其象谕之云耳。时乎见,则见矣;宜潜而见,过也,则有畏。潜恶乎畏而取于是,故直以为喻己?然予谓潜之畏,不终无也。旸谷始旦,万物毕见,而居于蔀屋之下,亭午不知也。忽然夜半起,振衣于四千丈罗浮之冈,引盼于扶木之区,赤光在海底,皎如昼日,仰见群星,不知其为夜半。此无他,有蔽则暗,无蔽则明。所处之地不同,所遇随以变,况人易于蔽者乎?耳之蔽声,目之蔽色,蔽口鼻以臭味,蔽四肢以安佚。一掬之力,不胜群蔽,则其去禽兽不远矣,于此得不甚恐而畏乎?知其蔽而去

〔1〕"胡文定云",高简本、白沙文编、何熊祥本、王安舜本、黄之正本、碧玉楼本、四库全书本作"胡文定公"。

〔2〕"精爽",黄之正本、四库全书本作"英爽"。

之，人欲日消，天理日明，罗浮之于扶木也；溺于蔽而不胜，人欲日炽[1]，天理日晦，蔀屋之于亭午也。二者之机，间不容发，在乎思不思、畏不畏之间耳。潜，隐者也，理乱、黜陟、刀锯非所畏，尚亦有畏于斯乎！因其乞言，序以勖之。[2]

李文溪文集序 成化庚寅九月作

予尝语李德孚曰："士从事于学，功深力到，华落实存，乃浩然自得，则不知天地之为大、死生之为变，而况于富贵贫贱、功利得丧、屈信予夺之间哉！"今观其先世文溪先生遗稿，初涉其流，渺茫汪洋，若江河之奔驶；而又好为生语，险怪百出，读者往往惊绝，至或不能以句，以谓文溪直文耳。徐考其实，则见其重内轻外，难进而易退，蹈义如弗及，畏利若懦夫，卓乎有以自立，不以物喜，不以己悲，盖亦庶几乎吾所谓浩然而自得者矣。然后置书以叹曰："嗟乎！此文溪所以为文也。"亟读而亟思之，执卷务尽，乃至目倦神疲，欠伸欲起，辄回顾，屑屑焉不忍舍也。夫因言以求其心，考迹以观其用，故人之深浅毕见。愚不敢自谓有得于文溪之蕴，顾平昔所以告德孚者，乃区区愿学而未能忽焉。亲诸简册之中，粗若冥会，虽不尽解其说，要其归与此异者盖寡矣。则以之而嗟叹慕悦，尚何疑哉？[3] 传曰"生乎百世之上，百世之下闻者莫不兴起"[4]，此之谓也。德孚念先绪之落落，遗稿仅存，复多讹阙，乃深自惧恧，悉访

---

〔1〕"炽"，原作"胜"，据林齐本、高简本、萧世延本、白沙文编、何熊祥本、王安舜本、黄之正本、碧玉楼本、四库全书本改。

〔2〕"序以勖之"后，林齐本、萧世延本、白沙文编有"成化庚寅冬十又二月壬戌书"十二字。

〔3〕"何"，林齐本、高简本、萧世延本、白沙文编、何熊祥本、王安舜本、黄之正本、四库全书本作"奚"。

〔4〕此引文出自《孟子·尽心下》。"生乎"，《孟子》原文作"奋乎"。（朱熹撰：《四书章句集注》，上海/合肥：上海古籍出版社、安徽教育出版社，二〇〇一年，第四三六页）

诸族之人,得旧所刊本与所誊本参校,阙其所疑,刻之家塾,命胤子昭董其事[1],而俾予为序之。乌虖!自予为儿时,已闻文溪名而喜;少长,益向慕,而独恨未识其心胸气象为何如。比岁,京师获交德孚,亦尝一阅其世谱;今幸寓目于先生之文,而知富贵果不足慕,贫贱果不足羞,功利得丧、屈信予夺,一切果不足为累;天地之为大,死生之为变,自得者果不可得知;而奋乎百世之上,兴起百世之下,孟轲氏果不予诬,其所恃者,盖有在也。故士必志道,然后足以语此。德孚好学,老当益壮。昭也,尚亦有激于予之斯言也乎![2]

澹斋先生挽诗序

昔人求哀辞于林希,希谢之书,有曰:“君子无苟于人,患其非情也。”夫感而哀之,所谓情也。情之发而为辞,辞之所不能已者,凡以哀为之也[3]。苟无其哀矣,则又乌以辞为哉?[4] 此之谓不苟于人也。余顷居京师二年,间从贵公卿游,入其室,见新故卷册满案,其端皆书谒者之辞,就而阅之,凡以其亲故求挽诗者十恒八九,而莫不与也,一或拒之,则艴然矣。惧其艴然而且为怨也,而强与之,岂情也哉?噫!习俗之移人一至于此,亦可叹也。天下之伪,其自兹可忧矣。澹斋先生姓某氏,名某,秫坡黎先生门人也。吾乡称先达,以文行教后进,百余年间,黎秫坡一人而已。秫坡与予连里第,予之生也后,不及侍其门。弱冠,与澹斋之子益游,始拜

---

〔1〕“胤子”,原作“嗣子”,据林齐本、高简本、萧世延本、白沙文编、何熊祥本、王安舜本、黄之正本、四库全书本改。

〔2〕“尚亦有激于予之斯言也乎”后,林齐本、萧世延本有“成化庚寅九月,同郡陈献章公甫书”十四字。

〔3〕“哀”前,林齐本、萧世延本、白沙文编有“其”字。

〔4〕“乌”,林齐本、高简本、萧世延本、白沙文编、何熊祥本、王安舜本、黄之正本、四库全书本作“恶”。

澹斋，诲予以秫坡事缕缕，此岂一日忘其师者耶？当是时，秫坡之门存者不少，独澹斋以其学教授于罗山之下，子弟有所矜式焉。夫不背其师于既死，而传其学于来世，信也；爱其子以及其友，仁也；益之子执馈于我，云也今为梁氏甥，戚也。藉是三者，其死也，能无哀乎？哀而后为之诗，诗之发率情为之，是亦不可苟也已，不可伪也已。

绿围伍氏族谱序

伍氏系出汴梁，先世有仕宋为岭南第十三将，卒于官，遗其二子新会，遂有绿围之伍，曰朝佐、曰朝恺，今为绿围始迁之祖。而氓又始迁之祖所自出，所谓第十三将者是也。氓以上，世次莫详，今断自可知，以氓为第一世。自氓而下，或隐或仕，垂三四百年，邑之称望族，曰衣冠之美无替厥先、术业之隆有光厥后者，得伍氏焉。吾友光宇，自其先大父某始徙居外海之南山。山之坡陀有石，延袤丈余，下可容一榻，光宇筑为室。石旁树松竹，往往造其间，危坐收敛，为持敬之学。又于白沙筑小室三间，命曰“寻乐”，以为问业之所。至则商论弥月而后返，用心良苦[1]。时人无有能窥其际者，惟宝安林光与予知之。余交最久，光才一再见，退谓其弟琰曰：“伍光宇，君子人也。”素有肺疾，然喜闻议论之益，当其呻吟疾苦之时，遇有得，辄若亡去。辛卯首夏，疾大作，中益以他恙，遂不可支。是秋九月，予往视之，坐甫定，便语云：“还我族谱序，吾无憾焉耳。”退见其季父绚洎伯兄裕，咸申之曰：“绚等殆未有请也[2]，惟先生之于云也，实望之。宁独爱一言，且使闻之，病亦寻起。”呜呼！若光宇者，困而益坚，老而愈壮，危至而知惕，乐矣而不淫，可谓笃信有

[1] “用心”前，林齐本、萧世延本、白沙文编有“其”字。
[2] “有请”，林齐本、萧世延本、白沙文编作“有以请”。

守者矣。其于伍氏所谓无替而有光者,其在斯人欤,其在斯人欤![1]

夕惕斋诗集后序

受朴于天,弗凿以人;禀和于生,弗淫以习。故七情之发,发而为诗,虽匹夫匹妇,胸中自有全经,此风雅之渊源也。而诗家者流,矜奇眩能,迷失本真,乃至旬锻月炼,以求知于世,尚可谓之诗乎?晋魏以降,古诗变为近体,作者莫盛于唐,然已恨其拘声律、工对偶,穷年卒岁,为江山草木、云烟鱼鸟粉饰文貌,盖亦无补于世焉。若李、杜者,雄峙其间,号称大家,然语其至则未也。儒先君子类以小技目之,然非诗之病也。彼用之而小,此用之而大,存乎人。天道不言,四时行、百物生,焉往而非诗之妙用?会而通之,一真自如。故能枢机造化,开阖万象,不离乎人伦日用而见鸢飞鱼跃之机。若是者,可以辅相皇极,可以左右六经而教无穷,小技云乎哉?今之名能诗者,如吹竹弹丝、敲金击石,调其宫商,高者为霓裳羽衣、白雪阳春,称寡和,虽非《韶》、《濩》之正,亦足动人之听闻,是亦诗也,吾敢置不足于人哉?少参任君莅吾省,间过白沙,携其先公诗集求一言于卷末,予故以诗道略陈之。若夫先公吟咏之情,具在集中,览者当自得云。

送张进士廷实还京序

乡后进吾与之游者,五羊张诩廷实。[廷实]始举进士[2],观政吏部稽勋,寻以疾请归五羊。五羊,大省地。廷实所居,户外如

---

〔1〕“其在斯人欤”后,林齐本、萧世延本、白沙文编有“白沙陈某公甫识”七字。

〔2〕“廷实”二字原缺,此文墨迹尚存,据补。(秦有朋主编:《陈献章书法集》,广州:岭南美术出版社,二〇〇八年,第十二页)阮榕龄《编次陈白沙先生年谱》“弘治二年己酉”条所引此文,亦补“廷实”二字。

市，漠然莫知也。自始归至今六年间，岁一至白沙，吾与之语终日而忘疲。城中人非造廷实家不得见廷实，而疑其简，实不然也。盖廷实之学，以自然为宗，以忘己为大，以无欲为至，即心观妙，以揆圣人之用。其观于天地，日月晦明，山川流峙，四时所以运行，万物所以化生，无非在我之极，而思握其枢机、端其衔绥，行乎日用事物之中，以与之无穷。然则，廷实固有甚异于人也，非简于人以为异也。若廷实清虚高迈、不苟同于世也，又何忧其不能审于仕止、进退、语默之概乎道也？兹当圣天子登宝位之明年，思得天下之贤而用之，而廷实之病适愈。太守公命之仕，廷实不得以"未信"辞于家庭，于是卜日告行于白沙，留二十余日。去岁之冬，李世卿别予还嘉鱼，赠以古诗十三首，其卒章云："上上昆仑峰，诸山高几重？望望沧溟波，百川大几何？卑高入揣料，小大穷多少？不如两置之，直于了处了。"世卿，豪于文者也，予犹望其深于道以为之本。廷实至京师，见世卿，重为我告之。廷实所以自期，廷实其自信自养以达诸用，他人莫能与也。〔1〕

关西丁氏族谱序〔2〕

邑长丁彦诚尝欲修正其世谱，而患文献之无足征，以问于予，告之曰："务远之详孰信，好大之同自诬。谱吾所知，世其赖之。"乃取其家旧所藏宗系图，上下亘数百年，著而为世者二十有一，朱墨漫灭之余，存者或仅识其行第而已。别出近谱一巨编，世倍于图，而辞芜陋亦甚焉。丁氏之居关西者，每岁以社日有事于先祖，长老主祭者称述先世以诏其族之人。其所称显而远者，丹阳司马；司马

〔1〕 文末，墨迹有落款云："弘治二年，岁次己酉，春二月晦日，古冈病叟陈献章公甫书。"（秦有朋主编：《陈献章书法集》，第十二至十三页）

〔2〕 篇题及内文诸"关西"，四库全书本作"西关"；内文诸"关西"，林齐本、萧世延本、何熊祥本、王安舜本、黄之正本作"西关"。

以降,曰一司徒、六节度、十二仆射、十光禄云。司徒于今无所考。图之世昉于此,别谱乃增至其上九世[1],世有显者焉。其他若众支之所属,世以增损,先后牴牾于图者十九。二者之间,孰得孰失,作谱者要自知之耳。丁氏始迁宁都之园村,子孙散居市落与他方者日远日疏,莫能统一,各以其派为谱。关西之谱以为司马首世,而以始迁关西之祖大郎首派,远近详略大小同异本于图,君一无所改于其旧,属某序之。君以成化戊戌进士宰县,一年能使强者畏、弱者怀。尽毁邑中之淫祀,而以礼教禁民之邪。于兹六年矣,然犹未能皆得于人[2],则亦以其方枘而圜凿者有以致之焉。今是谱也,亦主于实而已,予故为辨而序之。予曩读苏子瞻《刚说》,想见其人。青天白日,其立于朝也,如千仞之壁可望而不可即者。孙先生介夫也,于君为乡先进。君告予以三七年不决之疑,曰:"关西之六世无子,后以孙氏,是为七二居士,实介夫之子。事载居士墓铭,今已亡矣。"盖其自幼时闻于长老者如此。果尔,介夫,君之所自出,岂徒曰乡之人哉?并识于此。

汤氏族谱序

家之谱,国之史也。本始必正,远迩必明,同异必审,卑而不援高,微而不附彰,不以贵易亲,不以文覆愆,良谱也。莫不有家也,小大异焉;莫不有世也,升降异焉。自吾之世推而上之,缺其不可知者,存其可知者,良谱也。世假谱以存者也,谱存之家,是名世家。修谱者不知世之重也,援焉以为重,无实而借之词,吾不欲观也。汤氏,邑之著姓也。自言先汴人,随宋南渡,居岭南南雄。世远

[1] "增至",林齐本、萧世延本、何熊祥本、王安舜本、黄之正本、四库全书本作"增自"。

[2] "皆",原作"者",据林齐本改。王安舜本作"甚";四库全书本作"尽";碧玉楼本作"有"。

失传,今以始自南雄迁古冈曰统者为一世祖,统以上无考。谱亡于元季之乱,续之者唐府伴读八世孙有容也,退庵邓先生序之。正统己巳之秋,黄贼起南海,一郡骚然。贼南攻,汤氏之妇马氏奋谓其夫溥英曰:"贼且至矣,他物易得耳,谱亡,文献无征。"于是马氏手挈是编走邑城西北贵奇坑,出入水火,颠沛极矣,谱卒赖以全。汤氏之先,以儒起家,世有显人,序称伴读君之贤有自。今马氏又贤也。在宋,钦州守马持国贤而有名,马氏几世祖也,其贤盖亦有自云。胤子绍端念母氏之贤劳〔1〕,将托以告后之子孙,俾咸念之,征予序。予惟世家之谱可观,不援不附,如汤氏亦良谱也。内则贤妇女,外则贤丈夫,相与修缉维持,既亡而复存。汤之子孙念之,亦允蹈之。国史记事,略与家谱同。史主劝惩,谱劝而不惩。不修其世而以谱重,君子不重也,卒亦不劝而已矣。存世者谱也,存而重之谱乎?世之重以德,谱之重以言。德与言孰重?重世乎?重谱乎?在汤氏。

送李世卿还嘉鱼序

弘治元年戊申夏四月,湖广嘉鱼李承箕世卿,自其乡裹粮南望大庾岭,沿途歌吟入南海,访予白沙。一见语合意。先是五六年,予会都宪公之子承恩于北京。承恩,世卿从弟也,示予以世卿之文,出入经史,跌宕纵横,笔端滚滚不竭来,数千言沛然出之,若不为势利所拘者。予时未识世卿,而知世卿抱负有大于人,既不忘于心,亦时于诗焉发之。或闻论当世士有文章,必问曰:"如李世卿否?"然又意世卿少年,凌迈高远则有之;优游自足无外慕,嗒乎若忘,在身忘身,在事忘事,在家忘家,在天下忘天下,世卿未必能与我合。孰知世卿有意于来耶?自首夏至白沙,至今凡

---

〔1〕"胤子",原作"嗣子",据萧世延本、白沙文编、何熊祥本、王安舜本、黄之正本、四库全书本改。

七阅月[1],中间受长官聘修邑志于大云山五十余日,余皆在白沙。朝夕与论名理,凡天地耳目所闻见、古今上下载籍所存,无所不语。所未语者,此心通塞往来之机,生生化化之妙,非见闻所及,将以待世卿深思而自得之,非敢有爱于言也。时时呼酒与世卿投壶共饮,必期于醉。醉则赋诗,或世卿唱予和之,或予唱而世卿和之,积凡百余篇。其言皆本于性情之真,非有意于世俗之赞毁。至是,世卿以太夫人在堂辞去,欲留不可,为古诗十三首别之。诸友相继有言。世卿归,以所闻于予者质诸伯氏茂卿,登大崖山吟弄赤壁之风月,予所未言者,世卿终当自得之。世卿之或出或处、显晦用舍,则系于所遇,非予所能知也。予老且病,行将采药于罗浮四百三十二峰以毕吾愿,世卿能复索我于飞云之上否耶?序以送之。

望云图诗序 弘治辛亥十二月作

意所向往处,非乘云御风[2],身不可得而至;穷之乎山川,委之乎官守,旷之乎岁月,当食食忘,当寝寝废,一有感乎外而动乎中,终日视而目不瞬。以言乎化,外不化而内化;以言乎情,则哀而不伤。至矣乎,非子之于亲,则臣之于君,过而不过,其狄梁公欤!梁公仕唐在武后朝,以一身系唐宗社之重,扶阳抑阴,光复唐祚,事载简册,昭若日星。夫梁公可谓有大功于唐矣。贤者识其心,自望云一念中来,故曰"求忠臣必于孝子之门"。今王公少孤,事母夫人以孝闻,称于藩臬诸公者无异辞。公山西人也,奉命来南海几年,念太夫人春秋高,不得左右朝夕侍以为忧。与人言辄流涕呜咽而不自胜。先公之逝,公方委齿,已能恸绝复苏。盖公之孝自天性,

[1] "阅",林齐本、高简本、萧世延本、白沙文编、何熊祥本、王安舜本、黄之正本、四库全书本作"越"。

[2] "御风",林齐本、萧世延本、白沙文编作"驭风"。

非由勉慕乎外。于是，诸公命工绘《望云思亲图》以表之，复相与赋诗，道其事于古冈病夫陈某，俾序之。顷者，公乘广海之舟，道经新会，吏民亲公如亲贤大夫，忘乎公之为贵也。时情俗态，好佞谀而乐承奉皆是也，公一濯之清风，而民称其不扰。夫以今日之所闻征诸古，若梁公之事，然后识其中之所存。苟无是心，有文章足以收誉于众口，有功业足以耀荣于一时，有名节足以警动乎流俗，皆伪而已，岂能久而不变哉？夫孝，百行之源也，通于神明，光于四海。尧、舜，人圣也，孟子称之，曰"孝弟"而已矣。故君子莫大乎爱亲。尝取李令伯《陈情表》读之，有不感咽流涕废书以叹者乎？乌虖！令伯之《表》，太行之云也[1]，斯图也若之何？使王公见之，慰其忧，增其忧，殆非所以处王公也。虽然，君与亲一也。在亲为亲，在君为君，世宁有笃于亲而遗其君者乎？图而赋之，以表公之孝、以劝公之忠，而又以公之能愧人之不能。振颓风、扶世教，固有位者之事，诸公岂无意乎？览者当自得。[2]

赠李刘二生使还江右诗序

匡庐，白鹿之故址，自宋考亭朱晦翁一尝作新之后，遂无闻焉。我朝文教诞敷，乡先辈翟公守南康日，始图创复旧观，潮阳李先生继之，白鹿书院之名复闻于天下。成化十七年，江西按察使耻庵陈先生乃谋于提督学校宪副钟公、佥事冷庵陈公、大参祁公，慨然以作新斯文为己任。谓予于考亭之学亦私淑诸人者，宜领教事，乃具书币，告于巡镇，遣二生李士达、刘希孟如白沙以请。同时司藩臬诸贤咸与闻之，外则东白张先生、广东大方伯彭公、按察使闵公、吉水袁德纯各以书遗予。云辉日映，交进衡宇。二生以诸公之命命予，予览

〔1〕"太行"，原作"大行"，据林齐本、高简本、萧世延本、何熊祥本、王安舜本、黄之正本、碧玉楼本、四库全书本改。

〔2〕"览者当自得"后，林齐本、萧世延本、白沙文编有"弘治辛亥冬十二月"八字。

币而惊,置书而走,走且告曰:“二生莫误。诸公欲兴白鹿之教、复考亭之旧,必求能为考亭之学者,夫然后可以称诸公之任使。乃下谋于予,是何异借听于聋、求视于盲也?予闻之:君子之使人也,由其诚,不强其所不能。诸公即居予于庐山,予所能也;居庐山以奉诸公之教,非予所能也。二生其审诸。”于是,邑中闻有诸侯之使,自邑令佐以下至士庶耆老,源源而来,靡不观感。李生丰姿秀发,言论是非不苟雷同;刘生貌恭而言慎,确有据守,俱称为东白门人也。予甚爱之,留且弥月矣。二生以诸公之命久不复,辞去。予既返诸公币,复为诗别之,所以致区区于二生,而申景仰于庐山也。是日宪副陶公过白沙,邑长丁侯、乡诸士友各赋诗以赠。帙成,俾予序之。

味月亭序

成化丙午春正月,五羊何子有载酒过白沙,对月共饮,延缘数夕。告予:“曩梦游仙甚适,扁所居第为‘味月亭’,识梦境也。愿乞一言以归。”予口占一绝句云:“骑羊仙客去仙城,风韵千年落杳冥。罗浮道士来何处,笑倒君家味月亭。”戏谓子有曰:“君不知罗浮道士耶?尝俯仰子之亭矣。”因抚掌笑。前此五年,予被征过郡,通名子有之庐。道士即予,盖寓意耳。

赠容一之归番禺序

容生卓锥无地,从予游者十有一载,未尝对人作皱眉状。入京师,见声利烜赫辄不乐。语人曰:“古之仕者,将以行其志耳。徒食人禄而不知耻,虽吾不能以一日居。”生之志可谓笃矣。顾以予之疏谬[1],不能辅其为仁。是生虽有美质而其学未底于成,由吾之

〔1〕“疏谬”,林齐本、高简本、萧世延本、白沙文编、何熊祥本、王安舜本、黄之正本、四库全书本作“疏缪”。

虚名误之也。虽然，生之志岂易量哉？圣贤之言具在方册，生取而读之，师其可者，改其不可者，直截勇往，日进不已，古人不难到也。但恐游心太高，著迹太奇，将来成就结裹处，既非庸常意料所及；而予素蹇钝，不能追攀逸驾[1]。仰视九霄之上，何许茫茫，生方锐意以求自得，亦将不屑就。予又安知足履平地者果为何如也？千里之行，始乎跬步，生慎由之。陈先生习忘久矣，生归见毅卿，其亦以是语之。

道学传序 成化乙巳闰四月作

自炎汉迄今，文字记录著述之繁，积数百千年于天下，至于汗牛充栋犹未已也。许文正语人曰："也须焚书一遭。"此暴秦之迹，文正不讳言之，果何谓哉？广东左方伯陈公取元所修《宋史》列传中"道学"一编锓板，与同志者共之。《宋史》之行于天下有全书矣，公复于此留意焉。噫！我知之矣。孔子曰："十室之邑，必有忠信如丘者焉，不如丘之好学也。"后世由圣门以学者众矣，语忠信如圣人，鲜能之，何其与夫子之言异也？夫子之学，非后世人所谓学。后之学者，记诵而已耳，词章而已耳。天之所以与我者，固懵然莫知也。夫何故？载籍多而功不专，耳目乱而知不明，宜君子之忧之也。是故秦火可罪也，君子不讳，非与秦也，盖有不得已焉。夫子没，微言绝。更千五百年，濂洛诸儒继起，得不传之学于遗经，更相讲习而传之，载于此编者备矣，虽与天壤共弊可也。抑吾闻之："六经，夫子之书也。学者徒诵其言而忘味，六经一糟粕耳，犹未免于玩物丧志。"今是编也，采诸儒行事之迹与其论著之言，学者苟不但求之书而求诸吾心，察于动静有无之机，致养其在我者而勿以闻见

〔1〕"不能"，林齐本、高简本、萧世延本、白沙文编、何熊祥本、王安舜本、黄之正本、四库全书本作"胡能"。

乱之，去耳目支离之用，全虚圆不测之神，一开卷尽得之矣。非得之书也，得自我者也。盖“以我而观书，随处得益；以书博我，则释卷而茫然”。此野人所欲献于公与四方同志者之芹曝也。承公命为序，故及之。公名选，字士贤，浙之临海人。先公勿斋先生宰新城，遗爱在民。公称其家学云。[1]

杂诗序

予自成化辛卯秋九月以来，绝不作诗，值兴动辄遏之。至今年夏四月，予病小愈，扶杖出门，俯仰上下，欣慨于心。师友代凋，知己悠邈，殆亦不可为怀。反乎中堂，童子弦歌，蹶然厥中，情危境逼，因缘成声，积旬所为，凡得诗若干。此外，又有《闻蛙》、《闻杜鹃》、《示跛奴》、《诘李翁奴》、《送西宾笔》等通若干诗[2]，微觉旷日。既反于故戒，晦日取阅之，皆诚意所发，辞不虚假。序而藏之，用示儿子。

送李山人诗序

成化辛卯春，永丰人李立武挟风水之术过白沙访予。一日，以其术相地于蓬莱馆，指其上土涡谓予曰：“仰天湖也。”予不能识其然否。西北历昆仑之麓，出入十二郝，环以青山，蒙以白云，予于是俯仰乐甚。李君既四顾无所得，复叹仰天湖之胜，以为奇绝。予于李君，盖各适其适也。作诗以贻之。[3]

送容一之如永丰诗序

县主丁侯景仰一峰罗先生，于既殁，乃以学生容贯充吊祭使如

[1] “公称其家学云”后，林齐本、萧世延本、白沙文编有“成化二十一年乙巳闰四月，翰林检讨古冈病夫陈献章公甫书”二十五字。

[2] 此或有衍脱文字。

[3] “作诗以贻之”后，林齐本、萧世延本、白沙文编有“夏四月七日，某识”七字。

永丰，而归其赙于先生之子清极。贯云："当自永丰东走金陵，谒木斋庄先生于江浦，然后归。"一念怀贤，无间存殁，可壮也，歌以送之。歌曰："还从江北话江西，谒墓人来见木斋。长江亦是东湖水，何处吟风弄月台？""今朝何事又离群，南北东西一片云。如此行藏都未定，老夫扶病欲随君。"

东圃诗序

南海范规从予游，尝闻规之父东圃翁朴茂，于人无怨恶，早岁出入江湖，既倦而归，圃于西江之浒、花山之阴[1]，因寄号曰东圃。东圃方十亩，沼其中，架草屋三间，傍植花卉、名木、蔬果。翁寄傲于兹，或荷丈人莜，或抱汉阴瓮，兴至便投竿弄水，击壤而歌。四时之花，丹者摧，白者吐。或饮露而餐英，或寻芳而索笑；科头箕踞柽阴竹影之下，徜徉独酌；目诸孙上树取果实、嬉戏笑语以为适。醉则曲肱而卧，藉之以绿草，洒之以清风。寤寐所为，不离乎山云水月，大抵皆可乐之事也。规别白沙去游曹溪洞，不相见数年矣。一日复来，与规语，如闻陈子昂、李太白赋感遇诗，一喜一愕，规亦奇矣哉！比归，以东圃诗为请，且曰："无以娱亲故也。"予乐闻东圃翁为人，而怜规之志，不可违也，赋排律十韵以赠之。东圃名真，字则未闻也。诗曰：一老胥江卧，濒江一圃开。林春烟淡泊，地暝月徘徊。尽日扃茆宇，残年寄酒杯。山蹊人不到，庭竹凤飞来。静得丘园乐，清无市井埃。云封朝几白，风入夜弦哀。细雨携锄去，轻筇看药回。江山吾晚暮，梨栗尔婴孩。天上群龙远，花前独鹤陪。谁为求仲侣，心迹总悠哉。

---

〔1〕"西江"，林齐本、萧世延本、白沙文编作"胥江"。

寿张抚州六十一诗序

有刚气者常伸于万物之上。人谓两山傲,岂真傲者耶?两山谢郡归,今年六十有一矣。两山之子诩也,从予游,限于官守,不得奉卮酒为两山寿。为作长句以寿之。其辞曰:太守春秋逾六十,面如丹砂发如漆。挥毫落纸神飘逸,拄颊向空思纡郁。白云满野山露骨,谁道头衔非外物?笑傲得之宠为失,平生自许刚不屈。两山宴坐何处山,愿效南山保终吉。弘治庚戌二月初吉,白沙陈献章书。

周氏族谱序

周氏之上世居洛阳,自昭信府君仕元,为昭信校尉,累有功。世祖尝手抚其肩宠之,时人为之号曰"御搭手周"云。厥后,从伯颜下江南,始不乐仕,退隐湖州之长兴,寻徙德清。因感异梦,求所卜地于县西门外积谷口之前一里许,山水明秀,一如梦中所见,大喜,以为神授,遂定居焉。昭信娶长兴姚氏,生两提举公。长公一子,讳子成,居本里井头。少公长子讳亨甫,元季任典史,居河口;次子讳通甫,居县西。各随所居地为派。长公之派一,少公之派二,统之为三大派。三派之后,或隐或仕。国朝洪武初,任户部主事讳子和者,典史君之次子,显于河口。县西自通甫君以下六传至封君鼎[1],以其子今吾省少参公之贵,封礼部员外郎。少参公中成化乙未进士第,选工部主事,迁礼部员外郎,继迁郎中,遂参吾省。诸派之中,此其尤显者也。公以弘治己酉始至白沙。未几,公复来,与言家世缨簪,以其族之谱请序以付梓。予以不敏弗许[2]。数载之内,屡致书嘱邦伯东山刘先生、按察使陶公交致其恳。既而,公

〔1〕"通甫君",原作"通府君",据林齐本、萧世延本、王安舜本、碧玉楼本改。

〔2〕"与言家世缨簪,以其族之谱请序以付梓。予以不敏弗许",林齐本、萧世延本、白沙文编、王安舜本作"与言家世之旧,以其族之谱请序,某始辞公以不敏,弗许"。

复以书来，曰："吾周氏自昭信以上居洛阳，世次无考。今谱断自可知，以昭信府君为第一世祖，其不可知者阙之，不敢妄有攀附以诬先代而诳后人。先生幸为某序之，将无负于先生之言。"某于是不敢复以不敏辞于我少参公，而嘉周氏之谱不务穷于远，为信谱也。

诔潘季亨诗序〔1〕

季亨之交于予十六载〔2〕，意笃而业不光，一旦弃我而死，不塞望矣，吾所以不能不为之恸而深追憾于平日也。呜呼！季亨尚能闻予斯言否？季亨死，有子才五岁，四女皆幼，揭而委之一寡妻，是可哀也。其生以癸丑某月某日，卒于成化庚寅六月某甲子，年三十八。属纩之秋，适林缉熙自宝安来白沙，览予诗而哀，故亦同作。明年某月某日，葬季亨于某所。其亲友马广氏请勒诸石为墓铭。

送罗养明还江右序

永丰罗养明，丁酉春承一峰先生命来白沙。一峰，贤者也，而养明其爱弟。与语连日夜忘倦。昔之善称人者，曰碧梧翠竹，又曰芝兰玉树。若养明，其可称也已。养明喜论诗，予特爱其优柔不迫，近古诗人情态，稍与养明言之。养明日记吾言，手录拙稿以归，予亦不能辞也。虽然，君子之所以学者，独诗云乎哉？一语默、一起居，大则人伦，小则日用，"知至至之"，"知终终之"，此之谓知。其始在于立诚，其功在于明善；致虚以求静之一〔3〕，致实以防动之流，此学之指南也。养明归，质之一峰，一峰不予谬也，岂非千载之

〔1〕 此文碑刻尚存。"潘季亨"之"潘"字原缺，兹据碑刻补。（陈福树撰：《陈白沙的书法艺术》，广州：广东旅游出版社，二〇〇八年，第三八页）碧玉楼本亦有"潘"字。又：题目及内文诸"季亨"，林齐本、萧世延本、王安舜本误作"李亨"。

〔2〕 "季亨之交于予十六载"前，林齐本、萧世延本、王安舜本有"序曰"二字。

〔3〕 "致虚"，原作"至虚"，据碧玉楼本改。

幸欤？律诗二首以赠其别，不足为一峰道也。

赠彭惠安别言〔1〕

忘我而我大，不求胜物而物莫能挠。孟子云："我善养吾浩然之气。"山林朝市，一也；死生常变，一也；富贵贫贱夷狄患难，一也，而无以动其心，是名曰"自得"。自得者，不累于外，不累于耳目，不累于一切，鸢飞鱼跃，其机在我。知此者谓之善学，不知此者虽学无益也。先生贵州之行，章无以为别，书此以代赠。先生行矣，世路多虞，伏惟珍重。

叙交送李世卿别〔2〕

君子以道交者也，同明相照，同类相求，云从龙，风从虎，圣人作而万物睹。己不遵道而好与人交，恶在其能交也？孔子曰："为仁由己，而由人乎哉？"蒋兖州杜门谢客，开舍中三径，二仲靡然从之游。彼贤而隐者也，挫廉纳污，以治车为业，非诩之贤，孰能屈致之？予四十年取友于天下，所得有道德文章、有气节、有勋业，其贤而在下位者，果无其人乎？罗一峰、张兼素不可复作。乃若所居之

〔1〕此篇，据彭韶《惠安集》第十一卷附录补出。（彭韶撰：《惠安集》附录，《文津阁四库全书》第四一六册，北京：商务印书馆，二〇〇五年，第五三五页）案：此文又见《双槐岁钞》、《白沙先生文编》、《明儒学案》，然无"先生贵州之行，章无以为别，书此以代赠。先生行矣，世路多虞，伏惟珍重"二十八字，其他文字亦略有差异。（黄瑜撰：《双槐岁钞》，北京：中华书局，二〇〇六年，第一九五页；唐伯元编次：《白沙先生文编》，明万历十一年郭惟贤、汪应蛟等刻本，第六卷，第十六至十七页；黄宗羲撰：《明儒学案》，北京：中华书局，二〇〇八年修订本，上册，第九〇页）又：文中"夷狄"二字，原作"安乐"（或为避清人讳而改），兹据《双槐岁钞》、《白沙先生文编》改正。

〔2〕此篇，据朱志先《〈陈献章集〉集外诗文辑佚一则》补出。（《五邑大学学报》[社会科学版]，二〇一七年第一期，第二〇页）此文原载上海图书馆藏清钞本《大厓先生集》附录。案：《白沙先生文编》、《明儒学案》亦收录此文开头数句，题为"复李世卿"。《白沙先生文编》无"蒋兖州杜门谢客"之后文字，《明儒学案》无"孔子曰为仁由己"之后文字。（唐伯元编次：《白沙先生文编》，第五卷，第二六页；黄宗羲撰：《明儒学案》，上册，第八七页）

旁，伍云、钟淑、林暕此其人皆可与游，而今亡矣。贤而存者，或隐或显，未易概举。其间一出一入，向道无诚，朝为燕而暮为越者，吾以未如之何也已矣，夫交岂易言哉？

李世卿最后识，四五年间两过白沙，每见益亲。世卿多才兄弟，登科甲而官京师，辉映后先。世卿卜居于黄公山，与山云水月为伍，若将终身焉。世卿今别江门而归，予乃脱藤蓑赠之，盖世卿之志也。既诗以道其意，复为之序交，世卿且无谓余多言。孟子曰："人惟有所不为，而后足以有为。"无所不为者，岂能有所为哉？

记

韶州风采楼记 弘治丁巳冬作〔1〕

宋仁宗朝除四谏官，其一人忠襄余公也。蔡君谟诗云："必有谋猷裨帝右，更教风采动朝端。"弘治十年春，韶守钱君镛始作风采楼，与张文献风度楼相望。忠襄之十八世孙英走白沙，谒文以表之。夫自开辟达唐，自唐达宋至于今，不知其几千万年，吾瞻于前，泰山北斗，曲江公一人而已耳；吾瞻于后，泰山北斗，公与菊坡公二人而已耳。噫！士生于岭表，历兹年代之久，而何其寥寥也，则公之风采，在人争先睹之为快，如凤皇芝草不恒有于世也〔2〕，可知矣。如公之才，得行公之志，所谓"障百川而东之，回狂澜于既倒"，公固有之。公有益于人国也，大矣。虽然，一谏官岂能尽公哉？颜渊问为邦，孔子斟酌四代礼乐告之。颜渊，处士也，何与斯理耶？

〔1〕"丁巳"，原作"己巳"，据高简本、何熊祥本、王安舜本改。林齐本、萧世延本有落款，其所标时间亦作"丁巳"。

〔2〕"凤皇"，林齐本、高简本、萧世延本、白沙文编、何熊祥本、王安舜本、黄之正本、碧玉楼本、四库全书本作"凤凰"。

居陋巷以致其诚,饮一瓢以求其志,不迁不贰以进于圣人。用则行,舍则藏,夫子作《春秋》之旨,不明于后世矣。后之求圣人者,颜子其的乎!时乎显则显矣,时乎晦则晦矣。语默出处惟时,岂苟哉?英乎,勉诸!毋曰“忠襄可为也,圣人不可为也”。[1]

古蒙州学记

立山复州治之几年,今云南左布政使乐安谢公绶始领右方伯之命来广西,其民举欣欣然喜而相告曰:“公复来,公复来。”庐陵彭君栗适知州事,问于诸父老。诸父老踸而言曰:“是再造我民者,我何可忘!吾州,古蒙州也,唐改立山县,国朝洪武间革县为古眉巡检司[2]。时草寇窃发,民亡者过半。比年以来,猺獞横据其地,盗日滋而民日孤。成化丙申,巡抚都御史朱公英督两广军征荔浦破贼。贼惧,招之,獞老李恭著首遣其子来纳款。公前以参议佐巡抚于戎,议城立山。立山本州治,在桂林、平乐之间,为藩腹心。今之忧,无控暴之地以居民耳。州复则民定。寻请于上,许之,乃营立山。是役也,公与按察副使范公镛、都指挥王公辅更主相之。明年丁酉,州治方成[3],进军荔浦。时桂山岩恃险后下,一军怒,将尽歼之。公廉其胁从者,得七百余人,释遣归农。贼以此倾信。招所至,猺獞视我立山咸来。此公以好生一念之仁,代血战数万之兵也。今也吾民之亡者复,复而为州;昔之戕吾民者,今革面为编氓。我有农桑,我有塾庠,生我有养,死我有藏。公之再造我民也,我何可忘?”于是彭君籍记诸父老之言,将碑于学宫以传,而谋于提学时

[1] “圣人不可为也”后,林齐本、萧世延本、白沙文编有“弘治十年丁巳冬,陈某记”十字。

[2] “革县为”,林齐本、萧世延本、白沙文编作“县革为”;高简本、何熊祥本、王安舜本、黄之正本、四库全书本作“革为”。

[3] “方成”,林齐本、高简本、白沙文编、何熊祥本、王安舜本、黄之正本、碧玉楼本、四库全书本作“成方”。若作“成方”,“方”字当下读。

可周先生，周先生三致彭君之恳于予，俾为之记。嗟乎！彭君诚不私于公，而思惠其州之人士乎！请为言之。七百死命归农，何致群凶之纳款？州亡州复在民，何关于公之一念？动于此，应于彼。默而观之，一生生之机，运之无穷，无我、无人、无古今，塞乎天地之间，夷狄禽兽草木昆虫一体，惟吾命之，沛乎盛哉！程子谓“切脉可以体仁”，仁，人心也。充是心也，足以保四海；不能充之，不足以保妻子，可不思乎？圣朝仿古设学立师以教天下[1]，师者传此也，学者学此也。由斯道也，希贤亦贤，希圣亦圣，希天亦天。立吾诚以往，无不可也。此先王之所以为教也。舍是而训诂已焉，汉以来陋也；舍是而辞章已焉，隋唐以来又陋也；舍是而科第之文已焉，唐始滥觞，宋不能改，而波荡于元，至今又陋之余也。夫士何学？学以变化气习，求至乎圣人而后已也。求至乎圣人而后已也，而奚陋自待哉？孟子曰：“人皆可以为尧舜。”周先生师表一方，彭君为州守，谒文山泽之癯，非俗吏，是以冒言之。诸生疑焉，请质于周先生，其必有兴起焉者。甲倡焉，乙和焉，俛焉孜孜，其传寖多，其化寖博，其于公也有光焉，则斯文也其犹庶几泮水之颂欤！于是乎书。

程乡县儒学记 弘治癸丑七月作

潮之程乡县儒学倾圮久矣，今按察佥事雩都袁公庆祥处分以新之。明年，巡按广东监察御史刘公缨分巡岭东道，佥事王公某往来为之劝借财用，或拓地以相其成。凡学宫之设，有文庙，有明伦堂，前后位置，所具皆同，亦程乡之旧也。袁公因地之形势广狭而更张之，尊左则庙，次右为堂，皆南面而并峙，此则学之大观也。庙主以像，世相沿袭，有异授之嫌而未详其所自[2]。意者，古以尸祭

[1] “仿古”，高简本、何熊祥本、王安舜本、黄之正本、四库全书本作“访古”。
[2] “异授”，林齐本、高简本、萧世延本、何熊祥本、王安舜本作“异教”。

之遗意欤？庙前树杏为坛，夹以两庑，戟门之东祠乡贤，西祠后土。泮池在櫺星门之内，池之左为宰牲所。堂之东西偏为两斋，为诸生号舍。道义门与儒学门相望，东庑之上神库，西斋之上神厨。庙与堂之间，会馔堂居之，北列廨宇。凡此皆出于袁公之规画，授图于县令，俾成之。总之，为屋若干楹。自辛亥讫癸丑，三易寒暑而后成。其形胜虽极壮丽，则亦天下之通制，不书可也。袁公不以风教落第二义，追惟古先圣王立学教人之本意而作新之，袁公所以望于程乡，则不可不以告也。今夫南面而堂，一以奉古之人，一以居今之人，卑尊并立乎其间，此虽因地而寓形，而教未始不存也。夫子，太极也，而人有不具太极而生者乎？《语》以四科称群弟子，由汉而来，儒者以言语称者几人？以政事称者几人？以文学称者几人？其间足以方驾乎古人而绝尘于当世者亦鲜矣〔1〕，况德行乎！颜子超然有见于"卓尔"之地，所以遨游乎圣人之方而玄同乎圣人之神者，非可揣摩而得也。故其言曰："夫子步亦步，趋亦趋，夫子奔轶绝尘，而回则瞠乎其后。"微颜子，其孰能知之亲切如此。夫苟从事于斯，虽未即优入颜域，亦庶乎闵、冉之间，而由、求又有不屑为者矣。予尝闻程乡风俗，善多而恶少。孟子曰："鸡鸣而起，孳孳为善者，舜之徒也；鸡鸣而起，孳孳为利者，蹠之徒也。"夫三尺童子，闻人称其善则喜，称其恶则怒，是何心哉？予老矣，彼将有感吾言而兴起者乎？县令辛君竟以袁公之命，具其事之本末，遣生员陈珀乞记于予，故为之一言。叶柏、钟誉、杨伟咸以义官董兹役，柏又偕珀来谒文，费莫大于纳粟，指挥陈昂、义官钟华次之。其余助者又七十余人，名氏多，不能具载，宜列之碑阴云。〔2〕

---

〔1〕"驾乎"，高简本、何熊祥本、王安舜本、黄之正本、四库全书本无"乎"字。

〔2〕"宜列之碑阴云"后，林齐本、萧世延本有"弘治癸丑秋七月庚子，翰林检讨古冈病夫陈某记"二十字。

程乡县社学记 弘治庚戌秋作

国朝开设学校，自胄监至于府州县，备矣。惟乡之社学不列于官，待有司而后兴。吉之永丰刘侯彬，由戊戌进士来令程乡，首以教化风俗为事。相地邑中，得东、西员城；得水南村，北距城五里；得大枯村〔1〕，南距城八十里〔2〕。各就其地之便，建学宫一所，为社学者四。学宫之制，正北为正蒙堂，东西两斋相向者无不同也。其在东者，堂后考亭之祠，前有春浣池、咏归桥，皆揭之于亭；其在西者，堂南考亭之祠，其后退省有轩、燕休有所；在南、北者咸无焉。此小子之学也。是学也，贫富、贵贱、才不才共之，无所择于其人。学宫既成，侯以谕诸父兄，诸父兄咸喜。退，各以其子弟来受学，则为延师以教之；买田租米一百石，以供束修之需。品量所给，视所领子弟多寡，东、西各四十石，水南之受二十石；大枯成于诸学之后，未有受焉。县东五六里有地曰周溪，山势自北而来，迤逦南下，峰四绕如城。远望不知溪发处，但见自出山东北隅流入，溶溶洋洋，横于坡陀之麓。上有曲池，状如半月。侯顾而乐之，又爱溪之名，寻即其地构堂于曲池之上最高处，图《太极图》于北壁，前作讲堂，左右为楼居；楼外凿二石井，泉甘而洌，谓之"天泉井"〔3〕，榜其门曰"周溪书院"。周溪之门少东，过云步桥，北折数百步，山曰云洞，与太极堂东西相望。因辟地作亭，寓之"云谷"之号。侯政暇辄往游焉，瞻眺徘徊，如有求而弗得。侯安取于山水若是勤哉？已上诸役及买田之费，侯悉以其在官所当得者积岁成之，一不以扰民。

〔1〕"大枯村"，原作"大枯树"，据林齐本、高简本、萧世延本、何熊祥本、王安舜本改。

〔2〕"距"，原作"踞"，据林齐本、高简本、萧世延本、何熊祥本、王安舜本、黄之正本、碧玉楼本、四库全书本改。

〔3〕"井"，原作"并"，据林齐本、高简本、萧世延本、何熊祥本、王安舜本、黄之正本、碧玉楼本、四库全书本改。

教谕李君钦、训导陈君禄具图与事,遣生员钟宏走白沙,属予记之。古者,王畿置小学于辟雍之侧,其在侯服邦国则列于庠序之右。今之郡县学,古之大学也;今之社学,犹古之小学也。天下风俗美恶存乎人,人之贤否存乎教。观今之风俗,则今之人才可知矣。予尝终夜思之,其不及古者有司,非与?庠序之设、六经之训,固在也。以小学言之,朱子小学书,教之之具也;社学,教之之地也,其皆不可无也。天下之事,无本不立。小学,学之本也。保自然之和,禁未萌之欲,日就月将,以驯致乎大学,教之序也。然则,社学之兴在今日,正淑人心、正风俗、扶世教之第一义也,何可少哉?何可少哉?〔1〕侯之心犹未但已也,曰:“我有司也,资于何以治?资于何以教?山名水名,我思古人。世岂无庶几者乎?”于是,为之意以感之,为之地以处之。十数年间,东西行过程乡者多矣,未闻有吟风弄月而来、足以副侯之心者,侯岂敢必哉?或谓予曰:“侯来程乡居几年,寄怀山水之间,不屑屑于簿书,侯何心?今且去程乡矣,侯其埃溘斯世,将高栖而远遁乎?”以是为知侯,予盖不知也。并记于是。〔2〕

重修梧州学记 弘治戊午三月作

百粤之区几千里,东望五羊,西通八桂,苍梧界其间,皆古之名郡也。成化改元,都御史韩公始于梧州开设三府,病一学宫之不称,亟选地于州城之南一里许,迁焉。弘治丁巳秋,邓公来总督两广军务,谓不可以军旅之事先俎豆,于是因前人之旧规而益修之。凡韩公所欲为而未暇及者,至是大备。盖昔之薄者厚之,卑者起之。表柱石以壮阙门,榜化龙而侪起凤;神厨神库交映乎前,礼堂

〔1〕两“何可”,林齐本、高简本、萧世延本、何熊祥本、王安舜本、黄之正本、碧玉楼本、四库全书本作“胡可”。

〔2〕“并记于是”后,林齐本、萧世延本有“弘治三年庚戌秋记”八字。王安舜本则作“弘治二年庚戌秋记”,“二年”乃为“三年”之讹。

膳堂并立于后；斋舍廊庑、登降阶级，莫不奂然一新，盛矣哉！夫人之去圣人也远矣，其可望以至圣人者，亦在乎修之而已。苟能修之，无远不至。修之云者，治而去之之谓也，去其不如圣人者，求其如圣人者。今日修之，明日修之；修之于身，修之于家国，修之于天下，不可一日而不修焉者也。明道先生言于朝曰："治天下以正风俗、得贤才为本。"彼学政之不修，斯道之难立，后生无所兴起，无以成造就之功。然则，风俗何由而正、贤才何自而得耶？因时而立教，即物以显义。意者，督府所望于苍梧之士[1]，宁不有在于斯乎？嗟夫！[2] 有开厥先，有成厥后。喜二美之骈臻，超八荒而独立，然后见夫子之门廓然洞开，可望而不可即。况于广大尊严、端凝洒落，默契乎人心正大之所存，与山岳而并峙；显著乎烟霞岁月之所积，与大化而同流，不可动摇不可束缚也哉？此则病夫所自励，以佐督府所望于苍梧之士者也。州别驾谢君湖承督府命董兹役，至是讫工。复以教授钟君偕生员陶荆民来征记。章于督府，旧也。督府命之，义不可辞，于是乎书。[3]

龙冈书院记

父兄不以其言为子弟师。业修于身，子弟习而化之，其为教也不一，因其世箕裘异焉耳。农商技艺各有教，岂直士哉？昔者，尧舜禹汤文武周公道大行于天下，孔子不得其位，泽不被当世之民，于是进七十子之徒于杏坛而教之，择善力行，以底于成德。其至也，"与天地立心，与生民立命，与往圣继绝学，与来世开太平"，若是者，诚孔子之教也。大哉，教乎！今父兄爱其子弟，教以六经，诵

---

〔1〕"督府"，黄之正本、四库全书本作"督抚"。

〔2〕高简本、何熊祥本、王安舜本、黄之正本、四库全书本无"嗟夫"二字。

〔3〕"于是乎书"后，萧世延本有"弘治戊午三月春记"八字；王安舜本则有"弘治戊午二月白沙陈献章记"十二字。

之也,惟恐其言之不熟;讲之也,惟恐其旨之不明,似矣。不知其身之所教,与七十子之进于圣人,同欤?否耶?江西抚之乐安有龙冈书院[1],今都御史谢公绶六世祖均福始建,与其弟均寿讲学其中。福后以宏词领信州,寿亦举进士守耒阳[2]。岁久,栋宇就废,公之父某复即其地而新之,既而诸子皆以文章取科第、为显官。公谓其子琪曰:"书院无田,奚以守?"琪买田百亩,择谨厚者掌之,以供祭祀及束脩之费。公巡抚湖广,两遣使走数千里至白沙,谒文记之,且以教其族之人。予少无师友,学不得其方,汩没于声利、支离于粃糠者,盖久之。年几三十,始尽弃举子业,从吴聘君游。然后益叹迷途其未远,觉今是而昨非,取向所汩没而支离者,洗之以长风,荡之以大波,惴惴焉惟恐其苗之复长也。坐小庐山,十余年间,履迹不逾于户阈,俛焉孳孳以求少进于古人,如七十子之徒于孔子,盖未始须臾忘也。谢氏之先以儒起家,传数世,至公父子兄弟,皆能以文章取科第,出为当世用。肩摩踵接,盛于一门,其得于龙冈者不亦多乎!虽然,父兄之教,子弟之学,将不但如是而已也。今之学于龙冈者,一短檠课之外,未有闻也。公能亮予言否耶?横渠先生语学者"必期至于圣人而后已"。予于谢氏,岂敢谓秦无人?

丁知县庙记 弘治丁巳春作

丁侯为县六年,卒于官。历观我邑令,自洪武迄今,求丁侯,未有也。侯仕不为己,耻以俗吏自居。始至,著《礼式》一编,择立乡老各数人,使统之。俗淫于侈靡,富者殚财,贫者鬻产。上无以为教,下无以为守,俗由是益坏。乡都老以礼正之。每岁按民丁产输钱,谓之均平钱,上下交侵,民受其害。侯量入为出,岁输以还,使

[1] "龙冈",原作"龙江",据林齐本、高简本、萧世延本、何熊祥本、王安舜本、碧玉楼本、四库全书本改。

[2] "耒阳",原作"来阳",据林齐本、萧世延本改。

民不知有役，民甚赖之。时有横征虐民，必蹙眉曰："守令之政在养民，坐视其困而不救，安在其养民也？"力请罢之，虽以此得罪，不恤也。侯之性略于承奉而严于鬼神，灌献必亲，执事有恪，春秋之祭肃如也。凡祀典所载，有功于名教者，为立祭田，使人守之；其不应祀者，毁之。至于接人也亦然，可者与之，不可者斥之。其驭吏也，不察察于案牍，吏不敢欺；其莅众也，民服其威断明察，奸伪鲜作。夫县令官卑，刑赏不加于天下，而天下治忽由之。知远之近，知风之自，知微之显。故予尝谓侯用世才，其有所试矣，夫岂苟哉？侯以仕为学，政暇必走白沙。往返，岁月内不知其几，顾何取于白沙耶？甚矣，人不可无志也，"正其谊不谋其利，明其道不计其功"。侯亦无所不愿学，而切于救民，急先务也。死之日，耕者吊于野，行者吊于途。有老妪夜哭于其庐，且往问之云："妪何哭之哀也？"曰："开岁役且至，死者不可作已。"故侯之为县多可书，其得民之实在节用。死之十有二年〔1〕，邑人共立庙于白沙祀之，如不得已焉者。思侯之功表之，非以徼福于神也。后来继令者，亦将有感于斯乎？侯名积，字彦诚，成化戊戌进士，宁都人。〔2〕

肇庆府城隍庙记 弘治甲寅夏作

端阳城隍庙，在刺史堂之西，岁久就敝。弘治癸丑冬，郡守黄侯撤而新之〔3〕，命生员陈冕来征记。侯，丰城人，名琥。予曩从吴聘君游，往来剑水，尝一宿其家。自侯来守端阳，七年于兹〔4〕，愈

---

〔1〕"死之"，林齐本、高简本、萧世延本、白沙文编、何熊祥本、王安舜本、黄之正本作"去之"。

〔2〕"宁都人"后，林齐本、萧世延本、白沙文编有"弘治丁巳春，陈某记"八字。

〔3〕"黄侯"，原作"刘侯"，据林齐本、高简本、萧世延本、白沙文编、何熊祥本、王安舜本、黄之正本、碧玉楼本、四库全书本改。此文碑刻尚存。墨迹亦作"黄侯"。（陈福树撰：《陈白沙的书法艺术》，第二四、八八页）

〔4〕此文碑刻尚存。"七年于兹"，原作"三年"，据碑刻改。（陈福树撰：《陈白沙的书法艺术》，第二四、八八页）碧玉楼本亦作"七年于兹"。

相倾慕,安能已于言耶?今天下府州县,有城郭沟池,有山川社稷,有神主之而皆统其祭者,谓之城隍神,制也,不俟言矣。然神之在天下,其间以至显称者,非以其权欤?夫聪明正直之谓神,威福予夺之谓权。人亦神也,权之在人,犹其在神也。此二者〔1〕,有相消长盛衰之理焉。人能致一郡之和,下无干纪之民,无所用权;如水旱相仍〔2〕,疫疠间作〔3〕,民日汹汹,以干鬼神之谴怒,权之用始不穷矣。夫天下未有不须权以治者也。神有祸福,人有赏罚。失于此,得于彼,神其无以祸福代赏罚哉!鬼道显,人道晦,古今有识所忧也。《中庸》曰:"致中和,天地位焉,万物育焉。"说者谓:"吾之心正,天地之心亦正;吾之气顺,天地之气亦顺。"乌虖!孰能信斯言之不诬也哉?侯治端阳,民畏而爱之,盖有志者也。故专以其大者告之,余皆在所略。〔4〕

恩平县学记〔5〕

恩平,古恩州之域。国朝置恩平驿,隶阳江县,今恩平堡是也。堡立于成化之己丑。先是,西獠入寇。景泰、天顺间,剽掠高凉以东,亘数百里无完城。民争起从贼,远迩巢垒相望,此其地也。成化改元,圣天子念两广夷贼未平,命将讨之,而用其偏师于此。既而贼势复炽,当道者以恩平地四达难守,简畀我邑令郁林陶侯[鲁,

〔1〕"此",碧玉楼本作"是"。碑刻亦作"是"。(陈福树撰:《陈白沙的书法艺术》,第八八页)

〔2〕"如"后,林齐本、萧世延本、白沙文编、王安舜本有"或"字。碑刻亦有"或"字。(陈福树撰:《陈白沙的书法艺术》,第八八页)

〔3〕"疫疠",原作"疾疫",据林齐本、高简本、萧世延本、白沙文编、何熊祥本、王安舜本、黄之正本、碧玉楼本、四库全书本改。碑刻亦作"疫疠"。(陈福树撰:《陈白沙的书法艺术》,第八八页)

〔4〕"余皆在所略"后,林齐本、萧世延本、白沙文编、王安舜本有"弘治七年甲寅夏,古冈病夫陈献章记"十五字。碑刻落款作"弘治七年,岁次甲寅,夏六月,古冈病夫陈献章记并书"。(陈福树撰:《陈白沙的书法艺术》,第二四、八八页)

〔5〕"学"前,林齐本、高简本、萧世延本、何熊祥本、王安舜本有"儒"字。

侯]素有威略〔1〕,至则急捣其巢穴,亦既杀其桀黠者,遂以其众还各郡县且数万人,而虑其向背靡常,即一旦复起为患,有如前日充斥,其将何以待之?此堡所以建也。成化丙申,右都御史郴阳朱公[英]奉敕总督两广军务〔2〕。既至,环眡列郡,昔尝为贼所破者,亟谋所以善其后,谓恩平故多虞,且其地介数邑之间,当东西行之冲,送往迎来,民劬于道路者无虚日,不如以堡为邑便。会我陶侯亦以边功累升按察副使,奉玺书专经略是方,公于是俾侯成之。区画既定,悉以上闻。凡割阳江、新会、新兴三县人户三千户,粮一万石。县仍驿名,城以堡建,无所改于其旧。城之中为治戎之所,东则县治,西则学宫。[学宫]既成〔3〕,诸士子远近云集,学舍不能容,诵弦之声盈耳。过者叹曰:"美哉,洋洋乎!昔为盗贼之垒,今为诗书之府,谁之力欤?"邑令翁君以书属予记其事,而于学宫尤惓惓焉。甚矣!翁君之明于保民也。自有边患以来,狼吞虎噬以残民之生,人所知也;汤沸火烈以贼民之性,人未必知也。颠沛流离,死生利害怵于前,而父子失其亲、兄弟失其爱,鼓之以斗争之风,置之于水火之地,则五品之伦、五常之性与生俱灭,诚不可不惧也。卫灵公问军旅之事,孔子辞以未学,曰:"俎豆之事,则尝闻之矣。"自今观之,昔者军旅之兴,虽以拯民,亦以敝民;敝民之政〔4〕,孔子所不忍言,岂得已哉?今地方宁谧,文教聿新,俎豆之事安可一日而不讲耶?邑长俎豆其政而忠信发之,学官俎豆其教而忠信导之,诸士子

---

〔1〕 此文之碑刻尚存。"鲁侯"二字原缺,据陈志平所录释文补。(陈志平撰:《陈献章书迹研究》,北京:文物出版社,二〇〇九年,第一六三页)

〔2〕 "右都御史",黄之正本、四库全书本作"左都御史",非是。又:"英"字原缺,据陈志平所录碑刻释文补。(陈志平撰:《陈献章书迹研究》,第一六三页)

〔3〕 "学宫"二字原缺,据陈志平所录释文补。(陈志平撰:《陈献章书迹研究》,第一六三页)碧玉楼本亦有"学宫"二字。

〔4〕 两"敝民",林齐本、高简本、萧世延本、何熊祥本、黄之正本、四库全书本作"弊民"。

俎豆其志而忠信体之。习端而俗正,教立而风行;民乐生而好乱者息,士有耻而慕义者众,则刑罚可省、礼义可兴、囹圄可空、干戈可戢,守令之责尽矣,而君之志宁不亦乐于斯乎![1] 予不文,谨具其事始末与其所当先者以复君,碑于学宫,俾来者有考焉。君名俨,莆阳人。[2]

新迁电白县儒学记 成化壬寅十二月作

邑何迁?迁避寇也。先是,电白在高州府治之东,按察佥事陶公提兵过之,顾谓其守宰曰:"形胜不足以守,邑宜迁,迁必于神电卫焉。其地广可以容,其城固可以守。去危即安,民之赖也。舍兹弗图,志不在民也。"知府孔侯镛以公之说闻于上,遂迁焉。时成化戊子岁也。学宫在县治东南。当是时,寇贼未殄,草屋一间,奉大成木主而已。岁丙申,公以秩满迁副使,奉玺书专经略是方。每一过之,未尝不瞻顾徘徊,以学校之兴废为己责,而叹其力之未遑也。明年,寇乃克平,是方之民寄命于盗贼之水火者几二十年,至是始逭。公往来巡省诸郡县,俾劳来匡直,咸尽其方。越二载,而民之病者苏、仆者起矣。公顾力可及,以状请于钦差总督两广军务右都御史朱公,首创学宫,次及诸役,许之。于是辟土为基,度财为用,

---

〔1〕 自"甚矣翁君之明于保民也"至"而君之志宁不亦乐于斯乎",陈志平所录释文作:"嗟夫!翁君其知理民之本乎!自有寇患以来,狼吞虎噬以残民之生,人所知也;汤沸火烈以贼民之性,人未必知也。颠沛流离,死生利害怵于前;而父子失其亲,兄弟失其爱,水火之患不息,争斗之情日炽,则五品之伦、五常之性,几何不与生俱灭耶?故夫君子之政,在于拯民,则军旅之兴有时而不获已;在于防民,则俎豆之事不可一日不讲也。今寇患虽平,民俗未新,邑长以是为政而忠信发之,学官以是为教而忠信导之,诸士子以是为志而忠信体之。习端而俗正,教立而风行;民乐生而好乱者息,士有耻而慕义者众,则刑罚可省、礼义可兴、囹圄可空、干戈可戢,守令之责尽矣,而君之心宁不亦乐于斯乎!"(陈志平撰:《陈献章书迹研究》,第一六三页)两相比较,异文颇多。碧玉楼本此段文字,与碑刻同。

〔2〕 碑刻文末有落款云:"成化十八年,岁次壬寅,冬十二月,古冈陈献章公甫撰文;丁未春三月,知县陈汉昌求书立石。"(陈志平撰:《陈献章书迹研究》,第一六三页)

而属是役于某官某使督之，以己亥三月某甲子始事，越明年八月某甲子而舍菜焉。宫宇峩兀，门观轩敞，神像清严，器用具足，缭之以宫墙，饰之以丹漆，诚壮诚丽，遂为一郡学校之冠。其他若县治、若城隍社庙、若藩臬行司，以及邮传邸舍、桥梁道路，一一区画成之。营材于山，民不知劳；为陶于野，财不妄费，而皆以一当百、以百当万。故役之烦者化而为简，难者化而为易。公勋庸著于武事不可胜计，世称公通变无方，亦焉往而非是也哉！韩君某来守是郡。既至，睹众美之具成，乃叹曰："博哉功乎！"历审其为之先后，又叹曰："公留意学校，功先庶务，其重如是乎！"乃具书币，遣其属蔡钟英如白沙，请予记之。辞不获，推古学校之意而言曰：学校一也，所以有古今之异者，存乎人。孔子曰："古之学者为己，今之学者为人。"程子曰："古之仕者为人，今之仕者为己。"夫学以求仕之所施，仕以明学之所蕴，如表里形影然。皋、夔、稷、契、伊、傅、周、召，其载于《典》、《谟》、《训》、《诰》，仕者之所施也，有为己之心乎？颜、曾、思、孟、周、程、张、朱，其传于著述文字，学者之所蕴也，有为人之心乎？诸君子显晦不同，易地而处之，有不相能者乎？自古有国家者，未始不以兴学育才为务，然自汉而下，求诸学校之所得名世者几人？有不由庠序而兴者乎？是故学校之设，其重在于得人；学之道，其要在于为己。古之名世者，舍是无以成德。甚矣，斯学之不讲于世也久矣！公所望于学校，意者其在此乎！公名鲁，字自强，广右之郁林人也。始恩授吾邑丞。公之先公成，浙江按察副使，死事武义云。〔1〕

新会县辅城记

吾邑辅城周遭六七里，高若干尺，东南际水，西北凿城，下为

〔1〕"死事武义云"后，林齐本、萧世延本有"成化十八年壬寅冬十二月望后，古冈陈某记"十八字。

池,旁植刺竹,施蒺藜其中,为营门以守。尝记往年西寇之来,凭陵高凉以东,破关袭城,势如建瓴,至此则截然而止,如虹霓之收急雨。由是而吾民之丘陇以完,室家以安,鸡犬以宁,仓箱以盈,燕有岁时,乐有宾客,至于今各得其所者,则谁之赐乎?始者,吾谓陶公曰:"孔子曰:'言忠信,行笃敬,虽蛮貊之邦行矣。'以此而尽吾心,则庶政无不修,用人无不当,理财无不富,治兵无不强;不知乎此,而欲徒恃其末,盖后世以法劫制天下,区区之为也。公之功固大矣,而圣人之道非耶?"公曰:"不然。行圣人之道有二术,内之曰心,外之曰权。无其心,则权为挟私妄作矣;无其权,虽有其心,将安施哉?今夫用行伍之人,取其长不责其备,宥其过以图其功可也。或者过于求实,一疵不贷,而用舍乖张矣。今夫理财于扰攘之秋,非常赋克取之民,故椎牛洒酒、丰犒厚享,非以醉饱为德,所以作士气也。顾小利而忘其大体者,则朝夕与小吏计牙筹、算赢余矣。今夫治兵于阃外,号令则大将主之,而吾每以偏师从事,况夫深山穷谷、民獠杂居、善恶同状、生杀在前而节制不一,沮我者惟以杀无辜为言矣。此事之所以难行,而心之所以不孚于人也。"乌虖!兵,凶器也,岂得已哉?公从事于兹余二十年[1],吾民之老者以死,少者以壮,事功在边隅,日远日忘,盖不可以无纪而垂告于将来也。今西师戒严,盗贼塞路,吾欲于知力之外而纲维乎是,则孰与语哉?

云潭记

白沙之西山则圭峰也。东北连数峰,最胜者为绿护屏。屏之南有潭渊然,曰圣池。下蟠蛟龙,龙嘘气成云,变化万状。里生周镐偕其季京来谒予白沙。时维仲春,风日晴美,予与二子携酒饮于

---

〔1〕"二十年",林齐本、高简本、王安舜本作"三十年"。

西山之麓，班荆而坐，仰而四顾，有云起绿护屏，炫烂如丹青，郁纷若祥瑞。予顾谓二子曰："是圣池之云也。伟哉观乎！"二子愀然正襟侍侧，曰："是吾先子之志也。先子居龙溪，垂五十年，无他嗜好，惟喜为云潭之观，故先子之号曰云潭。"[1]予曰："嘻，有是哉！若先子，我旧，不幸早世，不及见若兄弟长也。若岂尽闻之乎？居，吾语汝。夫潭取其洁也，云取其变也。洁者，其本乎！变者，其用乎！"二子齐应曰："然。"予曰："未也。野马也，尘埃也，云也，是气也；而云以苏枯泽物为功。《易》曰'密云不雨，自我西郊'是也。水以动为体，而潭以静为用。物之至者，妍亦妍，媸亦媸，因物赋形，潭何容心焉？是之取尔。"二子喜相谓曰："先生命我矣。"于是，复进而告之曰："天地间一气而已，屈信相感，其变无穷。人自少而壮，自壮而老，其欢悲、得丧、出处、语默之变，亦若是而已，孰能久而不变哉？变之未形也，以为不变；既形也，而谓之变，非知变者也。夫变也者，日夜相代乎前，虽一息变也，况于冬夏乎？生于一息，成于冬夏者也。夫气，上蒸为水[2]，下注为潭。气，水之未变者也。一为云，一为潭，变之不一而成形也，其必有将然而未形者乎！默而识之，可与论《易》矣。"二子于是起而再拜，乞书为《云潭记》。

潘氏祠堂记

一善可书也，吾书之。吾畏多言也，信多乎哉？不多也。伤俗之益偷。吾无位也，言不能化而入，恶在乎多言也？善者，吾斯进之而已矣。潘某氏者，南海之著姓，老而无子，曰："吾无继可也。兄弟之子，犹子也。同吾胞者几人，继其世者若干人，可

---

〔1〕"云潭"后，林齐本、萧世延本、白沙文编有"云"字。

〔2〕"上蒸为水"，白沙文编作"上蒸为云"。《明儒学案》所引述亦作"上蒸为云"。（黄宗羲撰：《明儒学案》上册，第九三页）据后文"一为云，一为潭"之说，作"上蒸为云"，似于义为长。

以执笾豆〔1〕,可以守宗庙,可以事继述而传无穷矣,吾何忧！吾无继可也。”以其所有者归之祠以卒。噫！兹可悯也已。若是者,其亦足与乎？其无足与也？尧之时,比屋可封。降自后世,不以善而以利,父子也而不用情,兄弟也而阋于墙,妇姑勃溪、朋友按剑者,皆是也。夫恒人之情,莫甚于顾其私而不忘其后。某也,致孝乎祖祢,委祝乎兄弟,其生也若遗,其死也若虚,非求马于唐肆者欤？未可知也。伯氏某承某之志〔2〕,以其地三亩,构祠屋三间,以奉四代神主;其田若干亩,以供常祀。《诗》曰“兄及弟矣,式相好矣”,其斯之谓欤！某之从子、上舍生汉也,有一日之雅于白沙,来请记其事。予不能辞也,于是乎书。

增城刘氏祠堂记 弘治癸丑九月作

古圣贤以民德归厚,必曰“追远”;又曰:“宗庙之礼,所以序昭穆也。序爵,所以辨贵贱也;序事,所以辨贤也;旅酬,下为上,所以逮贱也;燕毛,所以序齿也。”庙始迁之祖而祭之,古之制,不可考已。君子随时变易,以不犯其分而得其心,盖人情出于天理之不容已者,夫何嫌欤？古之仕者世继,死者有庙,生者有宗,恩相庆而死相吊,百世不相忘。世降俗偷,盖有不然者矣。邸第之雄,田园之美,肥甘艳丽饱妻子;祖考所栖,与虫鼠为伍,残膏剩馥,何有及之？其鄙陋污秽,可胜道哉！中古之王天下者,尝为卿大夫作家庙以愧之。卿大夫犹然,况士庶乎？先世之流风余韵,至此几绝。以吾之一身散而为百体,拔其一毛而心为之痛,是孰使之然哉？且人之赋于天命者,有贤不肖、贫贱富贵之差,吾之所以仁爱者,未能皆然。

---

〔1〕“笾豆”,林齐本、高简本、萧世延本、何熊祥本、王安舜本作“豆笾”。

〔2〕“承”,林齐本、高简本、萧世延本、白沙文编、何熊祥本、王安舜本、黄之正本、四库全书本作“成”。

贫贱不薄于骨肉、富贵不加于父兄宗族者，谁乎？故曰收合人心，必原于庙。宋之惠州守刘仲明，自南雄迁增城。[增城]有刘氏[1]，自仲明始也，传至今太学生瓛，十有二世。其先世尝庙而祀之不迁，又置田以供祀事，以图无穷，颓而复起者再矣。父有积薪，子不析而爨之，世岂少哉？瓛自言系本元城，世有衣冠。曰缘者，瓛之父也；曰汉、曰孔祥者，瓛之诸父行也。一念追远之同。天顺甲申，始拓庙旁之地而新之，庙成而诸父亡矣。成化庚子，瓛之兄瓒乂率其族兄弟而增修之[2]，前堂后院，栋宇层起，焕如也。四垣竹树周遭，过其门者咸以是称焉。于前有光，于后有继，于士大夫其无愧哉！今年秋，瓛因林时嘉再至白沙，予示之诗云："一雨变新凉，炎埃洗除尽。庐山昨夜灯，已照刘宗信。"故为之记，以诏其后人。[3]

永慕堂记

予幼时读《孟子》"人少则慕父母，知好色则慕少艾，有妻子则慕妻子，仕则慕君，不得于君则热中。大孝终身慕父母。五十而慕者，予于大舜见之矣"。窃疑孟子之言抑扬太过。爱亲，人子之至情也，不待教而能，不因物而迁，人之异于圣人也，岂相悬绝若是耶？比弱冠，求友于四方，多识当世之士，择其贤者能者而师之，其不可者而改诸，内外轻重之间，概以孟子之论，其役志于功名，其循情于妻子，其思慕其亲，其不以皓首而媿垂髫者，希矣。然后信孟子之知道，不苟于言也。成化甲辰，江阴李君昆以侍御史被命以清理军伍于两广[4]，始过白沙，进拜老母于堂。予雅未识君之色，而

---

〔1〕"增城"二字原缺，据文意补。

〔2〕"率"，原作"卒"，据王安舜本、碧玉楼本、四库全书本改。

〔3〕"以诏其后人"后，林齐本、萧世延本有"弘治癸丑秋九月，陈献章记"十一字。

〔4〕"被命以"，林齐本、高简本、萧世延本、何熊祥本、王安舜本、黄之正本、四库全书本无"以"字。

讶其忧之余;耳君之孝,而讶其哀之余。意风木其心者,恒怵惕于见人之亲欤!君曰:然。少留君坐,语之以丱角所疑于孟子,以壮而后信其言不予欺,因与君论交焉。它日,再过白沙,索书永慕堂扁。予申以孟子之言,曰:"人各有所慕,仁者慕亲,义者慕君,士慕学,农慕稼穑,百工慕能,商贾慕贸迁,无无慕者。慕之至死而勿替,乃至形乎动静、接乎梦寐、通乎幽明,皆性之所发而为情,有莫知其然而然者,此之永慕是也。夫孰得而夺之?彼幼而慕,壮而衰,老而遂忘,慕之不至而迁于物,是之谓情其性,非知内外轻重之别者也。夫忠,孝之推也。不孝于亲而忠于君,古未之有也。御史,谏官也,绳人以身者也。名堂之义,其以忠孝示天下乎!"君闻之悦,命左右涤砚,乞书为《永慕堂记》。

潮州三利溪记

古今学者不同,孔子以两言断之,曰"古之学者为己,今之学者为人";古今仕者不同,程子以两言断之,曰"古之仕者为人,今之仕者为己"。古之人,人也;今之人,人也,一也。判而两之,其不可同者,如阴阳昼夜,则有其故矣。圣贤之所以示人也,知微之显,知显之微。学为己也,其仕也为人;学为人也,其仕也为己,断不疑矣。今守令称贤于一邦,利泽及于民,民爱而乐之。问于我岭南十郡之内,吾知其人者,周潮州也。潮,海郡也,东南距大海,望之渺漫接天。习水者乘长风、驾大舶出没巨浪中,小不支则有覆溺之患。每岁漕运,潮人共苦之。潮州来守郡,问潮父老所以便民者,父老曰:"其惟三利溪乎!"潮五属邑,其三在郡治西南,形若鼎立,广袤千里,水曲折行其中而民共赖之者,三利溪也。是溪之长百一十五里,东抵韩江,西流入于港,正统间湮于大水[1]。潮州濬而通之,

[1] "湮",萧世延本、白沙文编作"堙"。

水由故道行，东西注会同于海。虑其冬旱而且涸也，凿郡城南沟，引韩江水注于溪，甃石为关，时而开闭之。凡役民于畚锸，卑之为溪也，高之为关也，仅一月而成。农夫利于田，商贾利于行；漕运者不之海而之溪，辞白浪于沧溟，谢长风于大舶。于是潮之士夫与其父老拜郡门谢曰："利吾潮者，吾父母也，吾子孙敢忘之？"由是观之，谓周潮州仕而为人也，非欤？吏于潮者多矣，其有功而民思慕之，唐莫若韩愈，入国朝来莫若王源。驱冥顽之鳄，造广济之梁，其事显于为人，不可诬矣。今潮州以三利溪配之，辉映后先，称贤于一邦也，宜哉！夫短于取名而长于求志〔1〕，薄于徼福而厚于得民，菲以奉身而燕及茕嫠〔2〕，陋于希世而尚友千古，黄涪翁之所称者，非濂溪先生欤？〔3〕潮州遗予书曰："我故春陵族也。"潮州之举进士有声，郎秋官有声，守郡有声，其尚不忝其世也哉！吾尝赠之诗云："楚中有孤凤，高举凌穹苍。借问归何时，圣人在黄唐。望之久不至，岁晏涕淋浪。九苞有遗种，不觉羽翼长。三年集南海，使我今不忘。逍遥栖桐枝〔4〕，长饮甘露浆。"吾生濂溪数百年之后，思濂溪而不可得见，见其族之云仍若此者〔5〕，殆可与言矣。然则区

〔1〕"长于"，原作"惠于"，据四库全书本改。

〔2〕"茕嫠"，原作"茕婺"，据林齐本、萧世延本、白沙文编、碧玉楼本、四库全书本改。

〔3〕黄庭坚（字鲁直，号山谷道人。尝谪居涪州，又号涪翁）称颂濂溪之言，见《宋史·道学传》，云其"人品甚高，胸怀洒落，如光风霁月。廉于取名而锐于求志，薄于徼福而厚于得民，菲于奉身而燕及茕嫠，陋于希世而尚友千古"。（脱脱等撰：《宋史》，北京：中华书局，一九九五年，第三十六册，第一二七一一页；又《周敦颐集》，北京：中华书局，二〇〇九年，第八七页）

〔4〕"栖桐枝"，萧世延本、碧玉楼本及《白沙子古诗教解》、《白沙先生诗教解》作"梧桐枝"。

〔5〕"云仍"，原作"云凝"，据林齐本、高简本、萧世延本、白沙文编、何熊祥本、王安舜本、黄之正本、四库全书本改；碧玉楼本作"云礽"。云仍，泛指远孙。《尔雅·释亲》云："子之子为孙，孙之子为曾孙，曾孙之子为玄孙，玄孙之子为来孙，来孙之子为晜孙，晜孙之子为仍孙，仍孙之子为云孙。"（郭璞注、邢昺疏《尔雅注疏》，《十三经注疏》第二四册，北京：北京大学出版社，二〇〇〇年，第一二九页）"仍孙"同"礽孙"。

区所爱慕于周潮州者,一关三利溪而已耶?潮人相与立碑颂潮州之功,遣生员赵日新来请文,予以其事并诗记之[1],俾潮之人知仕而为人者,有功不可忘。而潮州之进未艾也。潮州名鹏,字万里,道州之永明县人。先生文既成,每询之潮人,多言三利之利无实。因作一诗以代跋云:"欲写平生不可心,孤灯挑尽几沉吟。文章信史知谁是,且博人间润笔金。"其意欲示后人失于审也。其后王侍御哲至潮[2],见之,叹曰:"君子可欺以其方。"噫!斯言得之矣。弘治甲子秋,门人张诩识。

寻乐斋记

五年,伍光宇始构亭于南山之岩以坐。明年,复于吾居第之左,结草屋三间,与亭往来。又明年,而光宇死矣。草屋之成,光宇斋戒沐浴,焚香更衣危坐。厥明,请予,问曰:"云不自知其力之不足,妄意古圣贤人以为师。今年且迈矣,不得其门而入,不知其所谓乐。寻常间自觉惟坐为乐耳,每每读书,言愈多而心愈用,用不如不用之为愈也。盖用则劳,劳则不乐,不乐则置之矣。夫书者,圣贤垂世立教之所寓也,奚宜废?将其所以乐者非欤,愿先生之教之也。"予复之曰:"大哉,吾子之问也!顾予何足以知之?虽然,有一说,愿吾子之思之也。周子、程子,大贤也,其授受之旨,曰'寻仲尼、颜子乐处,所乐何事'。当是时也,弟子不问,师亦不言。其去仲尼、颜子之世千几百年,今去周子、程子又几百年。呜呼!果孰从而求之?仲尼饮水曲肱,颜子箪瓢陋巷,不改其乐。将求之曲肱饮水耶?求之陋巷耶?抑无事乎曲肱陋巷而有其乐耶?吾子其亦慎求之,毋惑于坐忘也。圣贤垂世立教之所寓者,书也;用而不用者,心也。心不可用,书亦不可废,其为之有道乎!得其道则交助,

---

[1] "并诗",林齐本、萧世延本、白沙文编作"并吾诗"。

[2] "王侍御",原作"黄侍御",据林齐本、高简本、萧世延本、白沙文编、何熊祥本、王安舜本、黄之正本、碧玉楼本、四库全书本改。案:王哲,字思德,江苏吴江人。弘治三年进士,曾任监察御史。

失其道则交病，愿吾子之终思之也。仲尼、颜子之乐，此心也；周子、程子，此心也；吾子，亦此心也。得其心，乐不远矣。愿吾子之终思之也。”语已，光宇整步而出，恍然若有得者[1]。归，揭其榜曰“寻乐斋”云。

风木图记

莆之李侯某，由进士官户曹员外郎，出为广东按察佥事。每出行部至新会，辄一过病大陈某白沙，坐小庐山精舍半饷。始至，携所得志铭文并挽诗一大帙来，授而读之三敛衽。先处士默庵先生与林夫人之贤，皆可考而知矣。寻以《风木图》请记。夫孝子之事其亲，视于无形，听于无声，致爱则存，致悫则著，著存不忘乎心，奚存殁间哉？吾闻之：“曾子再仕而心再化，曰：‘吾及亲仕，三釜而心乐；后仕，三千钟不洎，吾心悲。’弟子问于仲尼曰：‘若参者，可谓无所县其罪乎？’曰：‘既已县矣。夫无所县者，可以有哀乎？彼视三釜、三千钟，如鹳雀蚊虻相过乎前也。’”今夫禄之弗逮养，曾子悲之，侯亦悲之。侯之心，曾子之心也。若曾子可谓尽思矣，奚事于图？乃若孔子，则以为子之养其亲，期于适焉耳。苟至乎适，虽圣人不能以有加也，遑问其他？其足于内者[2]，无所待乎外；性于天者，无所事乎人。又非但事亲一事为然也，一以贯之。其所称孝，非常所称。常所称者，丰其养、厚其葬，生之封、死之赠而已耳。嗟夫！今之士夫异于古之士夫也，其所称孝，率以是为至矣。吾恐圣贤之意不明于后世也[3]，既抚图而悲，复引其意，谓侯曰：“侯死事

---

[1] “恍然”，林齐本、高简本、白沙文编、何熊祥本、王安舜本、黄之正本、四库全书本作“充然”。

[2] “其”，原作“具”，据四库全书本改。

[3] “意”，原作“志”，据林齐本、高简本、萧世延本、何熊祥本、王安舜本、黄之正本、四库全书本改。

尽思，无负于曾子矣，亦知曾子所以显其亲于无穷者，何如哉？《孝经》曰：‘立身行道，扬名于后世，以显父母，孝之终也。’侯念之，侯念之。”是为记。

处素记 成化八年六月，为外兄何经作

一夫颀然，始弱冠为生员，事进取不偶。退耕于野，作室三间，榜两“处素”字于楣，曰：“吾不了其义当否，吾以问白沙子。”白沙子闻之绝倒。间数日，抵一卷请曰：“为我记处素。”白沙子命出砚研墨汁，相向诘之曰：“夫记，纪实也。为我具状，吾为汝记。”即应曰：“毋苦我。人呼我秀才，我即不应；谓我处素，我即应之。但子为我记足矣，吾知其状云何？”两手捧砚，蹑席扬眉，进愈恭。白沙子不能却，墨其卷归之。〔1〕

慈元庙记

世道升降，人有任其责者，君臣是也。予少读《宋史》，惜宋之君臣，当其盛时，无精一学问以诚其身，无先王政教以新天下，化本不立，时措莫知，虽有程明道兄弟，不见用于时。迹其所为，高不过汉唐之间，仰视三代以前“师傅一尊而王业盛，畎亩既出而世道亨”之君臣，何如也？南渡之后，惜其君非拨乱反正之主，虽有其臣，任之弗专，邪议得以间之。大志弱而易挠，大义隐而弗彰，量敌玩仇，国计日非，往往坐失机会，卒不能成恢复之功，至于善恶不分、用舍倒置、刑赏失当、怨愤生祸；和议成而兵益衰，岁币多而民愈困〔2〕，

〔1〕“墨其卷归之”后，林齐本、萧世延本、白沙文编有“成化八年夏六月七日，石斋书”十二字。

〔2〕此文碑刻尚存。“岁币”，原作“岁帑”，据碑刻改。（陈献章书、陈白沙纪念馆编：《慈元庙碑》，广州：岭南美术出版社，二〇〇八年，第十七页）萧世延本、白沙文编、碧玉楼本亦作“岁币”。

如久病之人，气息奄奄。以及度宗之世，则不复惜，为之掩卷出涕，不忍复观之矣。孔子曰：“人之生也直，罔之生也幸而免。”刘文靖广之以诗曰：“王纲一紊国风沉，人道方乖鬼境侵。生理本直宜细玩，蓍龟万古在人心。”噫！斯言也，判善恶于一言，决兴亡于万代，其天下国家治乱之符验欤？宋室播迁，慈元殿[草]创于邑之厓山〔1〕。宋亡之日，陆丞相负少帝赴水死矣。元师退，张太傅复至厓山，遇慈元后，问帝所在，恸哭曰：“吾忍死万里间关至此，正为赵氏一块肉耳，今无望矣。”投波而死，是可哀也。厓山近有大忠庙，以祀文相国、陆丞相、张太傅。弘治辛亥冬十月，今户部侍郎、前广东右布政华容刘公大夏行部至邑，与予泛舟至厓门，吊慈元故址，始议立祠于大忠之上。邑著姓赵思仁请具土木，公许之。予赞其决，曰：“祠成，当为公记之。”未几，公去为都御史修理黄河，委其事府通判顾君叔龙。甲寅冬，祠成。是役也，一朝而集，制命不由于有司，所以立大闲、愧颓俗而辅名教，人心之所不容已也。碑于祠中，使来者有所观感。弘治己未夏，予病小愈，尚未堪笔砚，以有督府邓先生之命，念慈元落落，东山作祠之意久未闻于天下，力疾书之，愧其不能工也。〔2〕

梦记〔3〕

庚寅秋月，距予自京师归适逾一载。是夕，天气稍凉，予读《易》白沙之东房。既倦而卧，梦与应魁殿元、克恭黄门同行。一童子前导，不识者一人次之，次克恭，次予、应魁。途遇泥潦，予呼童子取行具，童子不应。予因曰：“越人歌之，楚人听之。”应魁屡叹不

〔1〕“草”字原缺，据林齐本、萧世延本、白沙文编以及碑刻补。（陈献章书、陈白沙纪念馆编：《慈元庙碑》，第二五页）

〔2〕“愧其不能工也”后，林齐本、萧世延本、白沙文编以及碑刻有“南海病夫陈献章识”八字。（陈献章书、陈白沙纪念馆编：《慈元庙碑》，第四四页）

〔3〕“梦记”，林齐本、萧世延本、白沙文编作“记梦”。

置,克恭顾予作愁状,其不识一人者漠然若无所闻焉。既寤,测其意曰:“越与楚风气不同,人声随而异,必不能相通而相好。使越人歌之,楚人听之,亦犹使楚人歌之,越人听之也。孰若使越人歌之,越人自听之;楚人歌之,楚人自听之?其音习于其耳,其言感于其心,奚不相说之有?”是故越不可为楚,楚亦不可为越。越与楚不相能,非有生之初,习使然耳。习之久,殆与性成。夫苟欲变之,非百倍其功,持之以久,不可使化而入。今若以为越者一人骤而号于楚地,曰“去而为楚者以从我”,楚得不群怒而逐之乎?然则如何?曰:“守其为越者,无遽责楚以必同,庶乎其免矣。”

又

三月二十七日,碧玉楼午睡,梦出贞节门外。大水,一老人抱衣浣于前,歌曰:“法好人莫传,衣好人莫穿。”良久,又歌曰:“西子蒙不洁,掩鼻过者疾趋而争先;虽有恶人,斋戒沐浴,被服明鲜,以祀上帝,执侍周旋,与世骈肩。”吁!是何梦耶?将有应于后,早为之兆耶?抑梦幻虚无同异端之说,从而稽之,因妄求妄不可耶?姑记于此,以俟明者决焉。

吴川县城记

书“城濮”、“城郎”之旨得之《春秋》,然后知长府之役可罢于鲁人,讥郑子产惠而不知为政,非孟氏之过也。昔寇盗充斥于高凉,百姓凛凛委性命于豺虎之林。今湖广按察使前佥事吾广郁林陶公,被命来专是方经略,大著讨贼之声。高凉以东之民,莫不倚公以为命。寇既平,公于是城吴川。城厚一丈,其崇三丈,周五百八十丈,亦劳矣。自师旅兴而民滋敝,是役也,公实图之,岂得已哉?经始于成化戊戌之秋,越明年冬,城始克完。民喜曰:“卫我者生我,劳我者惜我。公大惠我,何可忘!”父老相与言于官,遣生员李凌云以状走白沙,谒文记之。时江梅始花,风日晴美[1],予与二三友登碧玉楼,望匡山慈元庙新成,与大忠祠映照下上,顾谓凌云曰:"是公与今都御史东山刘先生之所作也。义以使民,民争趋之,大有功于名教,是之谓达为政之首务,皆可书。凡公之功在民,不违《春秋》义例,可书,时焉耳矣。施于无事之日[2],如是而弗已焉,其效不亦远乎?老子曰:'治大国若烹小鲜。'"

襄阳府先圣庙记

庚戌之夏,侍御史襄阳曹君璘访予玉台山中,间语及其太守郭侯之为人。予问治郡何如,曰:"侯以政及于民者,民之口碑矣。"复作而言曰:"民知其小,不知其大。大者口碑不载,将载之石焉。然非属笔于先生,则石有时而朽也。"明日,君还行台,乃以其状来。按状:襄阳先圣庙自建国以来,有祭无乐。成化二十二年,侯以才御史来守是邦,告庙之日,大阅神库,即议制之,顾以时诎,举嬴未暇也。居三年,民之病者骎骎乎起矣,乃延神乐观乐舞生周某于岳州,问所以制乐器者其材孰难。生曰:"八音之中,其为石乎!古取之于泗滨,今为官所封,余无难者焉。"侯审厥象,使人于隆中山求得之,生为揆其音,曰:"可矣。"遂辟燕思堂于郡堂后为之,每一器成,侯数四与较,期于至精而后已。越四月讫工。总其器为数一十有八,析之为二百三十五,盖大成乐之式也。库有祭器三百四十五事,岁久将就敝,侯悉取而新之,亦罔不殚厥心焉。乌虖!侯于为邦,先务其大者,得之矣。按《周礼·大司乐》:"治建国之学政,合国之子弟,使有道德者教之;死则以为乐祖,祭于瞽宗。"非其师弗祖也,非其祖弗祭也。后世学政既弛,教者不必其人,虽欲祭之,曷

---

〔1〕"晴美",林齐本、萧世延本、白沙文编、王安舜本作"清美"。
〔2〕"施",碧玉楼本作"勉"。

从而祖之?惟我先圣孔子,道高如天,德厚如地,教化无穷如四时,民到于今赖之,故到于今祖之。然其大合乐也,达于大郡止焉。襄阳为楚大郡,以其状考之,春秋祭于庙者二百四十而未尝有乐也。侯于爪发既剪之余,注心于簿书期会之所不及,而其民信之,是可书也已。或曰:"古乐之亡久矣,宋明道先生欲著乐书而弗果,西山律吕未见于用,今之乐犹古之乐欤?"曰:"此非守臣之所能与也。"今之论人也,过严矣。始也,予让记而曹察院命之;垂二年,复转托于我方伯刘东山先生,予重违其意也而与之。侯名绅,字廷章,袁之宜春人〔1〕。相是役者,同知某、通判某、推官某也。此文始属稿于邹汝愚,复略改次答曹察院,非我志也,览者详焉。

永恃堂记〔2〕翰林院国史检讨陈献章撰书

古冈有处士曰伍氏,常晦迹于我洪武间,乃薄观阴阳卜筮小数

〔1〕"袁",原作"沅"(碧玉楼本亦作"沅";林齐本、萧世延本、白沙文编、王安舜本则作"阮")。宜春,明时属江西袁州府。李贤《明一统志》第五十七卷"袁州府·人物"云:"郭绅,成化进士,授宁海令,擢御史,进襄阳守,累升刑部右侍郎。"(李贤撰:《明一统志》,《景印文渊阁四库全书》第四七三册,台北:商务印书馆,一九八六年,第一七九页)可见"沅"(或"阮")当为"袁"字之误,因改。

〔2〕此篇原缺,当为白沙先生集外文,兹据《新宁县志》补出。(何福海修、林赓国纂:《新宁县志》,台北:学生书局,一九六八年影印本,第三册,第七一二至七一四页)案:白沙先生弟子李承箕之诗文集中,有《世恃堂记》,其文云:"古冈有处士曰伍氏,常晦迹于我洪武间,薄观阴阳卜筮小数之术,以自卑非。其素所蓄积也,家累千金,膏腴田数千亩,率手所封殖也。师朴俭处己之道,无润乡闾,终岁不一过。尝造其从弟,从弟执豕于牢,以为兄馔。处士曰:'食于十浆而五浆先馈,古人之所耻。'竟去之。越俗嫁女,资装多僭侈,处士一违之。服御之具,择不取观;饮食之用,适不取费。配黎氏,秫坡先生之妹也,有兄风,得妇道甚,先处士卒。处士生六十有三年而卒。嫡庶有男五人。岁晚谕诸子,皆异田宅,既而以田若干亩、租若干石,示曰:'生以为汝父祖余需,死以为汝父祖时享。'才者不敢有越制,不肖者不敢不有所守。慈哉其旨,变哉其例,至哉其家训。吾因味处士之平生,可以享乡社矣,岂徒其家祠不迁而已哉!自处士没,几年而某创祠,又几年其孙某始克完美焉。铭曰:其无废先人,世世永承。贤执匕鬯,权匪嫡经。我田之入,美兹庙庭。他庸勿事,丰我羞牲。有流先泽,观此南溟。"(李承箕撰:《大厓李先生诗文集》,《四库全书存目丛书》集部第四三册,济南:齐鲁书社,一九九七年影印本,第五七〇至五七一页)疑《永恃堂记》乃先由李承箕撰稿,后由白沙先生改定。犹如《襄阳府先圣庙记》,乃由邹智撰稿,由白沙先生改定也。详情有待进一步考证。

之术,[以自]卑非〔1〕,其素所蓄积也。依隐纳污,处己之道,无润事;当可怒,虽仆隶,亦不出恶语,古所谓乡先生者与!曰隆起者,于处士为高祖叔翁,有功于宋末世,今配享[大]忠庙。根远枝承,体光而委耀矣。其家累千金,积膏腴田伍千余亩。服御之[具],择不取观;饮食之用,适不取费。乡闾无不景仰。尝造其从弟,从弟于牢执豕以为兄馔。处士曰:"食于十浆而五浆先馈,古人之所耻。墨子尚俭,孔子亦尚俭,俗有可违不可依,礼则无可违无不可依。"晚岁语诸子孙:"平康、泷水二都田二顷,可得租百六十石。平康以为汝父祖墓需,泷水以为汝父祖时享。"慈哉其旨,变哉其例,庶几哉其家训。今夫礼学之废久矣,若处士者,岂徒其家祠不迁而已哉!元配邑东都会秫坡黎先生之妹,有兄风,有功于伍氏,得妇道甚。继配刘也。自处士殁六十有余年矣,孙曰敷、曰敬、曰政、曰瑀、曰绚者,始议塞其田租之泛费,而所入益增,遂克完美焉。谒予记者,门人绚也。其铭曰:其无废先生,遗则永征。公享中居,二配皆升。贤执匕鬯,权匪嫡经。我田[之入],美兹庙庭。他庸无事〔2〕,丰我羞牲。有流先泽,观此南溟。弘治十二年己未夏五月望日。

子城记〔3〕

自人一身以及天下之守,莫不有藩篱焉。是故身之守,礼义是也;国之守,纪纲是也;关要之守,城郭是也。藩篱之所在,贤者慎而修之。修之身,以善其言行;修之国,以善其政令;修之关要,以保其土地人民。其用不同,其以是为用之急而尽心焉,一也。昔日西寇

---

〔1〕"以自",原缺,据李承箕《世恃堂记》补出。下文"大"、"具"、"之入"三处同。

〔2〕"无",原作"元",李承箕文作"勿",据文意及与"元"形近两点,改为"无"。

〔3〕此篇原缺,据《万历新会县志》第一卷补出。(王命璿修、黄淳、李以龙纂《万历新会县志》[明万历三十七年刻本、清顺治年间修补本],《广州大典》,广州:广州出版社,二〇一五年,第二九三册,第六八至六九页)此文正文前有"陈献章《子城记》云"七字,当系白沙先生集外文。又:此文由广州中山大学哲学系龚礼茹博士提供,在此谨致谢意。

之来,今宪副郁林陶公始为城于我邑,当是时,贼剽掠高凉以东,千里无完城,民枕籍死道路,远近髑髅相望,卒无可供贼求者。吾邑故饶裕,虽当剽掠之余,亡者仅有一。由是东掠之寇,争倍道以图我,望山川而朵颐。公昼不遑食,夜不解甲,躬率子弟闭关塞要,以待贼之必至而谋歼之,万不失一。贼遂却。民喜,恃公以为固。公曰:“未也。孤城当贼骑之冲,我恃势而忘备,藩篱不修,非万全计。”乃以众谋,环郭更以牡蛎为重垣而守之。邑地南尽于海,面南为广海卫,两城相望为唇齿。中间烽火之警,南北视以为备,其轻重之势等尔。掌卫指挥周侯旻,修战守之具以与强寇从事,而城以克完。寇退,谓人曰:“邑之战,孰与卫之危?卫之守不如邑之固,邑有辅城,卫无之。”会总督韩公移檄各卫所,通作木栅为重垣,以备西寇。侯喜曰:“我志也。”诣宪副公议事,环卫城一千丈,木长短大小如式,较于砖之费廉而能久。遂定议,以砖易木。侯退领其事。材具于邑,力办于卫。经始于成化甲午,讫工于戊戌,凡五年。而藩篱之设,卫与邑等而又过之。盖木栅之崄巇易摇,不若砖之永固也。卫人感侯之用心,侯不自有,欲归其功于上之人而惧后之人我遗,来乞记于白沙陈献章。告之曰:“关要之守在藩篱,则用心于藩篱矣,亦知志于手足之用乎?予闻之,无事而物物得其所,可以折千里之冲,之谓整;有事而能以逸待劳、以实击虚,彼不足而我有余,之谓暇。夫惟整,故能暇。整与暇,守之志也;藩篱,其手足。侯之先务,在志乎哉!”侯曰:“唯。”并书以为记。

论

论前辈言铢视轩冕尘视金玉 三篇

上

道至大,天地亦至大,天地与道若可相侔矣。然以天地而视道，则道为天地之本；以道视天地，则天地者太仓之一粟、沧海之一勺耳，曾足与道侔哉？天地之大，不得与道侔，故至大者道而已，而君子得之。一身之微，其所得者富贵、贫贱、死生、祸福，曾足以为君子所得乎？君子之所得者有如此，则天地之始吾之始也，而吾之道无所增；天地之终吾之终也，而吾之道无所损。天地之大，且不我逃，而我不增损，则举天地间物既归于我，而不足增损于我矣。天下之物尽在我而不足以增损我，故卒然遇之而不惊，无故失之而不介，舜禹之有天下而不与，烈风雷雨而弗迷，尚何铢轩冕、尘金玉之足言哉？然非知之真、存之实者，与语此反惑，惑则徒为狂妄耳。

中

天下事物杂然前陈，事之非我所自出，物之非我所素有，卒然举而加诸我，不屑者视之，初若与我不相涉，则厌薄之心生矣。然事必有所不能已，物必有所不能无，来于吾前矣[1]，得谓与我不相涉耶？夫子谓“不义而富且贵，于我如浮云”，谓薄不义也，非薄富贵也。孟子谓“舜视弃天下如敝屣”，亦谓重爱亲也，非谓轻天下也。君子一心，万理完具；事物虽多，莫非在我。此身一到，精神具随。得，吾得而得之耳；失，吾得而失之耳。厌薄之心，何自而生哉？[2] 巢父不能容一瓢，严陵不能礼汉光，此瓢、此礼，天下之理所不能无，君子之心所不能已。使二人之心果完具，亦焉得而忽之也？若曰：“物，吾知其为物耳；事，吾知其为事耳。勉焉，举吾之身以从之，初若与我不相涉。”比之医家，谓之不仁。昔人之言曰“铢视轩冕，尘视金玉”，是心也，君子何自得之哉？然非其人，与语此

〔1〕“来”，原作“求”，据高简本、白沙文编、何熊祥本、王安舜本、碧玉楼本改。

〔2〕“何”，高简本、白沙文编、何熊祥本、王安舜本、黄之正本、四库全书本作“胡”。

反惑,惑则累之矣。或应曰:“是非所谓君子之心也,君子之辨也。”曰:“然。然无君子之心,徒有轻重之辨,非道也。”

下

或曰:“道可状乎?”曰:“不可。此理之妙不容言,道至于可言,则已涉乎粗迹矣。”“何以知之?”曰:“以吾知之。吾或有得焉,心得而存之,口不可得而言之;比试言之,则已非吾所存矣。故凡有得而可言,皆不足以得言。”曰:“道不可以言状,亦可以物乎?”曰:“不可。物囿于形,道通于物,有目者不得见也。”“何以言之?”曰:“天得之为天,地得之为地,人得之为人。状之以天则遗地,状之以地则遗人。物不足状也。”曰:“道终不可状欤?”曰:“有其方则可。举一隅而括其三隅,状道之方也;据一隅而反其三隅,按状之术也。然状道之方非难,按状之术实难。人有不知弹,告之曰‘弹之形如弓,而以竹为弦’,使其知弓,则可按也。不知此道之大,告之曰‘道大也,天小也,轩冕、金玉又小’,则能按而不惑者鲜矣。愚故曰道不可状,为难其人也。”

安土敦乎仁论

《易·上系》曰:“安土敦乎仁。”予曰:“寓于此、乐于此、身于此、聚精会神于此而不容惑忽,是谓之曰‘君子安土敦乎仁也’。”比观《泰》之序卦曰“履而泰,然后安”,又曰“履得其所则舒泰,泰则安矣”,是泰而后可安也。夫泰,通也。泰然后安者,通于此然后安于此也。然九二曰“包荒,用冯河”,是何方泰而忧念即兴也;九三曰“艰贞无咎”,则君子于是时愈益恐恐然如祸之至矣。是则君子之安于其所,岂直泰然而无所事哉?盖将兢兢业业,惟恐一息之或间、一念之或差,而不敢以自暇矣,有于予心符。或曰:“君子不已劳乎?”应曰:“乾之象曰‘天行健’,天之循环不息者,健而已。君子执虚如执盈，入虚如有人，未尝少懈者，刚而已。天岂劳哉？君子何为不暇乎？”

无后论

君子一心，足以开万世；小人百惑，足以丧邦家。何者？心存与不存也。夫此心存则一，一则诚；不存则惑，惑则伪。所以开万世、丧邦家者不在多，诚伪之间而足耳。夫天地之大，万物之富，何以为之也？一诚所为也。盖有此诚斯有此物，则有此物必有此诚，则诚在人何所？具于一心耳。心之所有者此诚，而为天地者此诚也。天地之大，此诚且可为，而君子存之，则何万世之不足开哉？作俑之人，既惑而丧其诚矣。夫既无其诚，而何以有后邪？

仁术论

天道至无心，比其著于两间者，千怪万状，不复有可及，至巧矣，然皆一元之所为；圣道至无意，比其形于功业者，神妙莫测，不复有可加，亦至巧矣，然皆一心之所致。心乎，其此一元之所舍乎！昔周公扶王室者也，桓文亦扶王室也。然周公身致太平、延被后世，桓文战争不息、祸藏于身者，桓文用意、周公用心也。是则至拙莫如意，而至巧者莫逾于心矣。孟氏学圣人也。齐王不忍见一牛之死，不有孟氏，不知其巧也。盖齐王之心，即圣人之心，圣人知是心之不可害，故设礼以预养之，以为见其生而遂见其死，闻其声而遂食其肉，则害是心莫甚焉，故远庖厨也。夫庖厨之礼至重，不可废；此心之仁至大，不可戕。君子因是心制是礼[1]，则二者两全矣，巧莫过焉。齐王之心一发契乎礼，齐王非熟乎礼也，心之巧同也。圣

〔1〕“君子因是心制是礼”，高简本、何熊祥本、王安舜本、黄之正本、四库全书本作“君子因是心因制是礼”；白沙文编作“君子有是心因制是礼”。

人诛民害而迸之[四裔][1],四裔之民奚罪焉?亦曰戮之则伤仁,存之[则]遗害[2],故圣人之仁有权焉,使之远御魑魅[3],则害去而恶亦不得施矣。夫人情之欲在于生,圣人即与之生;人情之恶在于死,圣人不与之死。恶,众人所恶也,圣人即迸除裔夷,恶难施也。圣人以投恶,圣人一举而迭中。圣人未尝巧也,此心之仁自巧也,而圣人用之。故天下有意于巧者,皆不得厕其间矣。周公一《金縢》大发寤时主,以后世事观,至巧矣。周公岂有意耶?亦任心耳。

论诗不易

宋欧阳文忠公最爱唐人游寺诗"曲径通幽处,禅房花木深",又爱一人送别诗"晓日都门道,微凉草树秋",云:"修平生欲道此语,道不得。"朱文公谓:"今人都不识此等好处是如何。"二公最知诗者也,后人诚未易及。如此两联,予始因欧公叹赏之至,欲求见其所以妙如欧公之意,了不可得,遍问诸朋友,无知者。徐取魏晋以下诸名家所作,凡为前辈点出者,反覆玩味,久之,乃若粗有得焉。间举以告今之善言诗者,亦但见其唯唯于吾所已言者而已;吾所不言者,彼未必知也。夫然后叹欧公之绝识去今之人远甚,而信文公之言不诬也。噫!诗可易言哉?

论诗[4]

诗以道性情,故不论工拙,然亦当审其所发也。曾子曰:"出辞

---

〔1〕"四裔"二字原缺,据白沙文编补。

〔2〕"则"字原缺,据白沙文编补。

〔3〕"御",原作"寓",据白沙文编、王安舜本改。"迸之四裔、使御魑魅"云云,语本《春秋左传·文公十八年》"流四凶族,浑敦、穷奇、梼杌、饕餮,投诸四裔,以御魑魅"。

〔4〕此篇原缺,据《白沙先生诗教解》所附录"诗教外传"、《白沙先生文编》补出。(湛若水撰:《白沙先生诗教解》,《四库全书存目丛书》,集部第三五册,第六一一至六一二页;唐伯元编次:《白沙先生文编》,第六卷,第十一页)案:《白沙先生文编》无"史臣赞尧曰"以下四十二字。

气，斯远鄙倍矣。”鄙则凡俗，倍则背理，二者有一焉，皆为辞气之病，非君子所安也。周子曰：“言之无文，行之不远。”锵然发之，如鸣鸾凤，如调琴瑟，如奏金石，千载之下，闻者不知手之舞之、足之蹈之者，不在辞气之间乎？得之非易，言之实难。资质美、德器深者，当默而识之耳。史臣赞尧曰“钦明文思安安”，赞舜曰“濬哲文明，温恭允塞”，子贡曰“夫子温良恭俭让”。圣贤辞气所发，当如何也！

有心哉击磬乎〔1〕

隐士于圣人，闻其乐而知其心也。夫圣人之心，未尝忘天下也。荷蒉闻磬声而知之，亦贤矣哉！想吾夫子不得鸣道于天下而周流至卫，乃击磬焉，斯何为哉？盖以忧时之心寄诸磬，而欲天下之人聆磬声而知其心耳。时荷蒉闻而叹曰：“有心哉，击磬乎！”岂不以凡音之作，由心而生者也？凡心之感，因乐而宣者也？今兹之磬，胡为乎击哉？抚时感事而虑周于四海万邦之大，畏天悯人而寄声于一搏一击之间，慨明王之不作，士之无心于得君也久矣，而即斯人之所击者，徐而听之，其声凄以婉也，岂其睹庙堂之上，而隐然有忧君之心矣乎？当民生之日悴，士之无心于斯世也亦久矣，而即斯人之所击者，徐而挹之，其声哀以忍也，岂其睹闾阎之下，而隐然有忧民之念矣乎？击磬于卫也，心不耑于卫也。汲汲忧世之志，有甚于悲歌感慨之音。声发于磬也，心不止于磬也，皇皇用世之心，且出于衔玉载旂之外，吾不意是人而有是心也，亦不意是人而有是击也。吁，身荷蒉而耳能聆其声，聆其声而亦能度其心，可谓贤矣。

〔1〕 自“有心哉击磬也”至“君子之道”三篇，原无，兹据俞长城《可仪堂一百廿名家制义》补出。（俞长城论次：《可仪堂一百廿名家制义》，清乾隆三年文盛堂刊本，第三卷，第五至七页）

而卒不能心其心焉,亦何贵乎心之徒知也哉?〔1〕

吾之于人

圣人之直道,与民共由之者也。盖无毁无誉,古直道也,圣人与民共由之,而是非之□立矣。尝谓天下有善恶,则君子有是非,公之则直道行焉,私之则毁誉滋焉。毁誉滋而直道始病矣。我也以礼而待天下,则无所于毁也,无所于誉也,而一任其是非之公;若以情而待天下,则其有所誉也,必有所试也,而不失其为用情之正。誉而有试,则其无誉可知也;誉且不敢,而其无毁又可知也。吾其以直道行之者,诚然是直道也;吾行之而非始于吾也,考诸三代而不谬者也。三代□之,而非止于三代也,征诸斯民而不□者也。三代无毁而以直道行之于昔,斯民无毁而以直道行之于今;三代无誉而以直道行之于前,斯民无誉而以直道行之于后。然则,我虽不得生三代之世,而与直道而行者,相安于大道之公也。犹□而得生于三代之德,而与直道而行者共守其古道之遗也。吾之于人也,其容毁誉为哉?〔2〕

君子之道

君子之道,即费隐可知也。夫小大,道也,费也,而所以然者隐矣。且夫道何可言也?乃世有以有言者,有以无言者,皆无当于道者也。君子之道,不滞形象,不堕渺茫,而介在费隐之间。吾见立

〔1〕 文末有评语云:"淡淡数语,无甚过人处,然朗吟一遍,完然夫子在内击磬,荷蒉在外叹息,其声尚留于耳,真神品也。"(俞长城论次:《可仪堂一百廿名家制义》,第三卷,第五页)

〔2〕 文末有评语云:"极平常语,见关系世道处。其文气老而逸,已似癸未诸墨。(陈百史)"又云:"此文高处,在将'如有所誉'二句,亦看作直之本体,不似他人作□□语。斯民节,兼上下说,不偏锋,又不两岐,识力胜癸未诸墨,非徒□其文之流逸也。"(俞长城论次:《可仪堂一百廿名家制义》,第三卷,第六页)

于无极，寓于有极，有极而又无极者，道也；藏于无物，显于有物，有物而又无物者，道也。于夫妇而可与知焉，于夫妇而可与能焉，于圣人天地而有遗知、有遗能、有遗憾焉。以此语大，则物之外有道，道之外无物，莫能载也；以此语小，则物之内有道，道之内无物，莫能破也。《诗》尝言矣，言鸢鱼、言飞跃、言于天于渊，皆言上下察也。君子观道于言之内，而得其造端，其在夫妇间乎！语道于言之外，而得其极至，其在天地间乎！欲求道于端，而至者不止是，故虽细入几微，即飞跃之不尽其拟议者，而莫破之真机足以彻之；欲求道于至，而端必有所始，故虽广及浩荡，即天渊之不尽其形容者，而莫载之真机足以贯之。费哉，道乎！究其原，则鸢鱼不知也、夫妇不知也、圣人不知也、天地不知也，□而已矣。〔1〕

“古之为关也”一章〔2〕

大贤于古今之为关者，而深有所慨焉。夫关以御暴非以为暴也，古人有立法之意，而今则失之，亦可悲也已。孟子有慨于王政之不行，而叹曰：先王无一事不为民而设，亦无一事不为民而善也。奈何古人往矣，而今之所为有不皆古者，岂古今之有二乎哉？人自为古今也。是故设关于道，古之制也。古人所设之关，与今人之关，一也。但古人之所以为此者，其法为公而不为私，谨其启闭焉耳，询其符节焉耳，盖以不如是不足以御天下之暴。惟暴有所不容，斯禁有所必设，使天下之异言异服者至此，而有讥焉，有察焉，

---

〔1〕 文末有评语云：“文入妙来无过熟，书从□处更须参。此文兼此二语。”（俞长城论次：《可仪堂一百廿名家制义》，第三卷，第七页）

〔2〕 此篇原缺，为白沙先生集外文，兹据《钦定四书文》补出。（方苞等编：《钦定四书文》，《景印文渊阁四库全书》第一四五一册，第六八至六九页）案：方苞等编《钦定四书文》将此文编入“钦定化治四书文”卷六，署名为“陈献章”。且文后加评语云“寥寥数语，已括尽古今利病。风韵淡宕，有言外之味”。所谓“化治四书文”，是指成化、弘治年间会试之四书文。白沙先生成化五年春曾就试礼闱，此文应为此年之会试卷。

斯已矣。是名有所御,而实有所便也。夫何今之不然也?今之所设之关,与古人之关,一也。但今之所以为此者,其利在官而不在民,羁其去留者有焉,限其出纳者有焉,盖以不如是不足以尽天下之利。惟利有所必取,斯禁有所不弛,使天下之货出货入者至此,而有征焉、有税焉,斯已矣。是始以御人之暴,而终于自为暴也,吁!何古人之不类今人,何今人之不学古人哉?今人不学古人,吾不之憾;而至于今之民不得蒙古人之政,吾独悲其遭之不幸也。有今日之责者,其思所以为古乎!其思所以为今乎!

说

菊逸说

草木之品在花,桃花于春,菊花于秋,莲花于夏,梅花于冬。四时之花,臭色高下不齐,其配于人也亦然。潘岳似桃,陶元亮似菊,周元公似莲,林和靖似梅。惟其似之,是以尚之;惟其尚之,是以名之。今之托于花者,吾得一人焉。吉水处士张某,号菊逸,盖贤而隐者。屈子曰"餐秋菊之落英",陶子曰"秋菊有佳色,浥露掇其英",皆以菊为悦者也,皆古之贤人也。菊之美不待赞。菊,花之美而隐者也。某之托于菊也,亦不待赞。

素馨说

草木之精气下发于上为英华,率谓之花。然水陆所产,妍媸高下美恶不等,盖万不齐焉,而人于其中择而爱之,凡欲其有益于事,非爱之而溺焉者也。产于此邦曰素馨者,香清而体白,郁郁盈盈,可掬可佩,贯四时而不凋,供一赏而有余,亦花之佳者也。好事者致于予,予既爱之,遂益究其用。取花之蓓蕾者,与茗之佳者杂而贮之；又于月露之下，掇其最芬馥者置陶瓶中经宿，而俟茗饮之入焉[1]。然则，是花之用，于人虽不若麻缕之与菽粟然，盖亦不为无用也。人之资于麻缕，为其可以温也；资于菽粟，为其可以饱也[2]。得之则生，弗得则死。今是花也，吾取焉，姑以其能郁郁盈盈少裨于茗耳，虽不汲汲可也。不汲汲，由用之可已也。使是花之于人，如麻缕之与菽粟然，又安可已哉？可已而已，不可已而不已。引而伸之，触类而长之，于道其庶几乎！治国其庶几乎！

大头虾说

客问："乡讥不能俭以取贫者，曰'大头虾'；父兄忧子弟之奢靡而戒之，亦曰'大头虾'，何谓也？"予告之曰："虾有挺须瞪目，首大于身，集数百尾烹之而未能供一啜之羹者，名曰'大头虾'。甘美不足，丰乎外馁乎中，如人之不务实者然，乡人借是以明讥戒，义取此欤！言虽鄙俗，明理甚当。然予观今之取贫者，亦非一端。或原于博塞，或起于斗讼，或荒于沉湎，或夺于异好，与'大头虾'皆足以致贫。然考其用心与其行事之善恶而科其罪之轻重，'大头虾'宜从末减。讥取贫者反舍彼摘此，何耶？恒人之情，刑之则惧，不近刑则忽。博塞斗讼，禁在法典。沉湎异好，则人之性，有嗜不嗜者，不可一概论也。'大头虾'之患，在于轻财而忘分，才子弟类有之。盖其才高意广，耻居人下而雅不胜俗；专事已胜，则自畋猎驰骋、宾客支酬、舆马服食之用，侈为美观以取快于目前，而不知穷之在是也。如是致贫亦十四五，孔子所谓'难乎有恒'者是也。以为不近刑而忽之，故讥其不能自反以进于礼义教诲之道也。孳孳于贫富之消

[1] "而"，林齐本、高简本、萧世延本、白沙文编、何熊祥本、王安舜本作"以"。
[2] "为"，原作"谓"，据林齐本、高简本、萧世延本、白沙文编、何熊祥本、王安舜本、黄之正本、碧玉楼本、四库全书本改。

长,锱铢较之,而病其不能者曰‘大头虾’〔1〕,此田野细民过于为吝而以绳人之骄,非大人之治人也。夫人之生,阴阳具焉。阳有余而阴不足,有余生骄,不足生吝。受气之始,偏则为害。有生之后,习气乘之,骄益骄、吝益吝。骄固可罪,吝亦可鄙,骄与吝一也。不骄不吝,庶矣乎!”

禽兽说

人具七尺之躯,除了此心此理,便无可贵,浑是一包脓血裹一大块骨头。饥能食,渴能饮;能著衣服,能行淫欲;贫贱而思富贵,富贵而贪权势;忿而争,忧而悲;穷则滥,乐则淫。凡百所为,一信气血,老死而后已,则命之曰“禽兽”可也。

说继芸轩〔2〕

人心之田方寸许,收其入,吾身之府库充焉;出其余,天下之沛泽隆焉。其有不能者,皆自弃耳〔3〕。请以田事为喻:方苗之始植也,锄耰之,欲土之易,即吾心之放而收焉者也;苗之既植,其土未固,时而灌溉之,欲其生意之浃洽,即吾心之迷者复,日涵养乎义理之中以滋焉者也;及乎苗之向硕穗既凝矣,益芟治其土使熟,而稂莠之支蔓遂绝,又非吾心既复之后、戒谨恐惧之不忘、使非僻勿得以干焉者类耶?自始至终,循其序而用吾力焉,无欲速之心,则耒耜之田与吾方寸之田一,施之无二道也。然尽力于耒耜之田者,其获美稼;尽力于方寸之田,其获岂直美稼哉?孟子称:穷则独善其

〔1〕 林齐本、萧世延本、白沙文编重“大头虾”三字。

〔2〕 此篇原缺,据《白沙先生文编》补出。题下唐伯元加注云:“此是纂文。”(唐伯元编次:《白沙先生文编》,第六卷,第九页)

〔3〕 自“人心之田方寸许”至“皆自弃耳”一段文字,《白沙先生至言》作“某南海之野人也,尝力于耕矣”。(陈献章撰:《白沙先生至言》,《续修四库全书》,上海古籍出版社,二〇〇二年,第九三六册,第三八〇页)

身，达则兼善天下，[所谓“收其入，吾身之府库充焉”者是也，“出其余，天下之沛泽隆焉”者是也。而何其悦于彼者十九、□于此者百一耶？吁！有由然矣。夫五谷与曲糵孰美，必尝而咀嚼之，然后知其正味之可好，否则未有不为狂药之所胜而弃焉者也，今之自弃其心者皆是也。〔1〕]

题　　跋

跋清献崔公题剑阁词 弘治甲寅十月作

万里云间戍，立马剑门关。乱山极目无际，直北是长安。人苦百年涂炭，鬼哭三边烽镝，天道久应还。手写留屯奏，炯炯寸心丹。　　对青灯，搔白发，漏声残。老来勋业未就，妨却一身闲。梅岭绿阴青子，蒲涧清泉白石，怪我旧盟寒。烽火平安夜，归梦到家山。

右调《水调歌头》，吾乡先辈菊坡先生宋丞相清献崔公，镇蜀时，题剑阁即此词也。曩梦拜公，坐我于床，与语平生，仕止久速偶及之。仰视公颜色可亲，一步趋间，不知其已翱翔于蓬莱道山之上，欲从之上下而无由。因请公手书，公欣然命具纸笔。乌虖！古今幽明一理，人之所见则有同异，感而通之，其梦也耶，其非梦也耶？今书遗其后七世孙同寿云。〔2〕

书思德亭碑后

成化八年壬辰夏，广右陶公由吾邑长进秩宪佥，六年考满如京

〔1〕 自“所谓‘收其入，吾身之府库充焉’者是也”至“今之自弃其心者皆是也”一段文字原缺，据《白沙先生至言》补。（陈献章撰：《白沙先生至言》，《续修四库全书》，第九三六册，第三八〇页）

〔2〕 “七世孙”，高简本作“后世孙”。又：文末，林齐本、萧世延本、白沙文编有“弘治甲寅十月，白沙陈某识”十一字。

师。将行也，诸父兄相与携《思德碑》文一首诣予，请文以赠，曰："将以是考也。"诸父兄坐既定，余抚碑叹曰："嗟夫！昔壬午之冬，寇忽大至城下，民被剽掠，死者甚众。公方备寇于外，报至，哭；径归，及郊，哭；入城，呼士卒，恸哭抚之，告以灭贼，皆感激增气，捐躯赴难，震动一邑。此吾与诸父兄所共见也。贼益充斥，公由是建子城与民固守，又量地远迩连为营，以塞四境要害；设守备之法，内外戒严，贼不敢犯，民到今赖之。凡使吾兄弟妻子得免流离，老稚讴歌田里，与邻壤异者，公也。公有识虑，善揆度，其所施为，事务实而不为虚文，故能取必于此。经历久远，民受其赐而公之功有成。此吾与诸父兄所共知也。公家广右之郁林，去贼近。吾邑在吾省之西南，近省多饶资民，贼利得之。每岁入寇，公遏之，贼不得逞。退，过公先茔，众贼将伐木取坯土以惧公[1]，赖忠烈之灵震怒在天，贼寻畏不敢近。呜呼！此公舍一家之危，以易一邑之安。吾与诸父兄所共闻也。夫是三者之难能，公实能之，以惠吾民，吾民所以颂公之德，在此一片石，则或闻之而不言，或言之而非专，岂诸父兄与作碑者之意耶？公为县久，其有劳于吾民，不可具书。盖公之治民如其治兵，因应随机，初无定体。其治兵也，如文士作文，奇生笔端，无事蹈袭，故能使人畏之，而率以取胜。此皆公精神心术之奥之运，人不可得窥，故尤不可得书。可见者，迹之显者耳。书其迹而民莫不信，余是以冒言之，以补碑之弗及。若夫述职赠言，以勉当道，此僚友之分，君子之任，非吾与诸父兄之宜。"[2]

书孔高州平贼诗卷后

王别驾所为《孔高州平贼十二诗》并图说，予览之，叹曰："嗟

〔1〕"众贼"，林齐本作"众坟"。若作"众坟"，相关语句之句读应作"退，过公先茔众坟，将伐木取坯土以惧公"。高简本、王安舜本作"众愤"。

〔2〕"非吾与诸父兄之宜"后，林齐本、萧世延本有"四月五日，白沙陈某识"九字。

夫！太守诚有功于民也。”太守今进秩宪副使，其视民如伤，必不偏于一隅、安于一日以为足。吾意副使之贤〔1〕，劳谦而不伐，虽有同时咏歌之美，盖未知其果乐闻之而首肯否？虽然，或亟称之，必深愿望之，亦君子所不能已于言也。〔2〕

书莲塘书屋册后

成化十九年春正月，予访予友庄定山于江浦，提学南畿侍御上饶娄克让来会予白马庵，三人相与论学、赋诗，浃辰而别。侍御之兄克贞先生，与予同事吴聘君。予来京师，见克贞之子进士性及其高第门人中书蒋世钦，因与还往。居无何，侍御官满来朝。予卧病庆寿寺，之数人者无日不在坐。师友蝉联，臭味相似，亦一时之胜会也。侍御示予《莲塘书屋图》，山云水石，竹树阴翳，恍然若莲塘之在目，蔼然弦诵之声盈耳也。予玩而乐之，谓侍御曰："地由人胜，不胜谁传？周茂叔濯缨于濂溪而世濂溪，程叔子著书于龙门而世龙门，朱晦翁讲道于考亭而世考亭，今娄氏居莲塘宜世莲塘。使莲塘之名有闻于天下后世者，娄氏也；使娄氏有闻于天下后世者，娄氏自为之，非莲塘也。莲塘之遇，不其幸欤！濂溪以茂叔胜，龙门以叔子胜，考亭以晦翁胜，莲塘以娄氏胜，古人今人无不同也。抑不知娄氏之所修而执之者，同于古人否欤？恶乎同乎？同其心不同其迹可也，同其归不同其入可也。入者，门也；归者，其本也。周诚而程敬，考亭先致知，先儒恒言也。三者之学，于圣人之道孰为迩？孰知之无远迩欤？周子《太极图说》'圣人定之以中正仁义而主静'。'问者曰："圣可学欤？"曰："可。""孰为要？"曰："一为要。一者无欲也。"'《遗书》云：'不专一则不能直遂，不翕聚则不能发

〔1〕"副使"，林齐本、萧世延本作"宪副"，白沙文编作"宪副使"。

〔2〕"亦君子所不能已于言也"后，林齐本、萧世延本、白沙文编有"成化辛卯冬十月朔旦，古冈陈某敬识"十五字。

散’;‘见静坐而叹其善学,曰:“性静者,可以为学。”’二程之得于周子也,朱子不言,有象山也。”此予之狂言也,娄氏何居焉?予以景泰甲戌游小陂,与克贞先后至,凡克贞之所修而执之者,予不能悉也。书予说于《莲塘图》,侍御质诸克贞先生以为何如。

书一之自罚帖后

此帖某实命之,而云自书者[1],贯不自以为过,导之使知悔也。贯之此举,某初盖以为可。卒归于贯者,贯主之,托始于贯。谋事愆义,规画无度,皆贯之失。不容于公议,故与士友共责之而不得私焉。其不可自恕者,谨以书诸日录矣。自罚必一年而后复者,过之小大为限。复深责望之,昭仁示义,殆亦孔门“鸣鼓”之遗意欤?子曰:“由也升堂矣,未入于室也。”逮其晚年,进德极于高远,未必非此门人之助;而由之名光于后世矣,则贯其可侮哉?[2]

书漫笔后

文章、功业、气节,果皆自吾涵养中来,三者皆实学也。惟大本不立,徒以三者自名,所务者小,所丧者大。虽有闻于世,亦其才之过人耳,其志不足称也。学者能辨乎此,使心常在内,到见理明后,自然成就得大。《论语》曰“朝闻道,夕死可矣”,孔子岂欺我哉?

跋沈氏新藏考亭真迹卷后

张宣公《城南杂咏》廿首,考亭朱子为和之,杨铁厓评其诗,谓“宣公有古风思致”;于考亭,惟曰“朱子之辞不敢评”。其信然耶?抑别有所指,不欲尽发之耶?昔之论诗者曰:“诗有别材,非关书

〔1〕“自书”,碧玉楼本作“自罚”。

〔2〕“则贯其可侮哉”后,林齐本、萧世延本、白沙文编有“辛卯七月二十二日,石斋书”十一字。

也；诗有别趣，非关理也。”又曰：“如羚羊挂角，无迹可寻。”夫诗必如是，然后可以言妙。近代之诗，远宗唐，近法宋，非唐非宋，名曰“俗作”。后生溺于见闻，不可告语，安得铁厓生并世，予将叩之，其亦有以复我耶？铁厓补书宣公诗，与文公真迹并藏沈氏。都宪公书来，俾予题。予既未及见，因附论铁厓之后如此云。〔1〕

跋梁晓挽李唐诗

晓为诗悼李唐。唐卒未娶，无显然悔尤，皆以为幸然。晓之于唐，既送其往，复迎其来，何晓之不惮烦也？造化固无是理矣。但如晓说，苟无圣人之德而有妻子之累，虽晓不能以一日活世间，况于唐乎？晓之为人谋亦疏矣。晓乎，其自处可也。〔2〕

跋张声远藏康斋真迹后

先师康斋遗稿，某藏之十二年矣，出入必偕。天顺初，先师膺聘入京，途中纪行诸作，皆当日手书，寄白沙凡七纸。成化己丑春三月，行李出北京，是日次于析木之店，以示东吴张声远镆。一见惊绝，阅之竟日不目瞬，以手抚弄，以口吟哦，某怜之，割一纸。是岁六月，过清江，以手书问先师，尚无恙也。明年秋，镆书来求跋。又二年壬辰二月，丰城友人始以讣来。先师之卒在己丑十月，至是三易岁。当镆求跋语时，属纩来一年矣。乌虖！悲乎！先师道德名誉倾一世，妇人小子知之，华夏蛮貊咸知之。平生爱一字一辞，不以假人，某之所得，徒以一日在门下。然诵其言，想见其丰采而得其为人，则宜其有惕然而感、勃然而兴者矣。某犹望此于百世之

〔1〕“因附论铁厓之后如此云”后，萧世延本有“丁巳夏四月”五字。

〔2〕“其自处可也”后，林齐本、萧世延本、白沙文编有“壬辰五月二十七日，石斋书”十一字。

下,况其迩者乎?后生可畏,锳其念诸。门人某谨识。[1]

跋漳州功德碑后 漳州姓张,名璝,字德润,别号两山居士,番禺人,诩之父也。

《读漳州功德绝句》云:“罢守三州卧两山,漳州面目此碑间。郡人欲识蒙庵老,也傍斯文捉一班。”作碑者林蒙庵,曩于京师见其人,慎许可人,以是信之。今直靠他作证明师也。蒙庵见拙诗,想为抵掌,但未知肯勒于碑阴否也。

书自题大塘书屋诗后

予既书娄克让《莲塘书屋图》后,蒋世钦继之以大塘书屋之请,予赋五言近体一章,既以答世钦,世钦少之,予乃究言诗中之旨。首言大塘书屋乃中书蒋世钦所建。颔联言为学当求诸心,必得所谓虚明静一者为之主,徐取古人紧要文字读之,庶能有所契合,不为影响依附以陷于徇外自欺之弊,此心学法门也。颈联言大塘之景,以学之所得,《易》所谓“复其见天地之心乎”,此理洞如,然非涵养至极、胸次澄彻,则必不能有见于一动一静之间;纵百揣度,祇益口耳,所谓“何思何虑”、“同归殊涂”、“百虑一致”,亦必不能深信而自得也。末联借方士之丹,以喻吾道之丹,卒归之龙门者,明其传出于程子而人未之知也。拙见如此,未知是否。然予于世钦,不可谓无意矣。所病者,辞采不足以动人耳,世钦胡为而少之?予以世钦厌夫为文字章句之学者,勇于求道,不耻下问于予,予是以重言之。谓予俯仰于时,姑喋喋以塞夫人之意,非予所以处世钦也。

---

〔1〕“门人某谨识”,萧世延本、白沙文编作“壬辰五月十二日,门人古冈陈某谨识”。

书郑检讨所编刘闵札后

此吾翰林郑先生廷纲取其平日所得于其友刘闵子贤手书[1]，会而编之，以为此卷。子贤尝以孝行闻于乡之人，今阅此卷，意其天资可与共学，而郑先生不没人善也，皆可敬。中间一简，告郑先生以处贫之难。吾独惜子贤之困于不足，无所于谋也。三旬九食，亦昔人之常事，必不得已而干人，虽谋于郑先生可也，而徒告之难，郑先生岂难干济人者哉？观者疑焉，虽不以编入可也。[2]

书邓政求济帖后

於乎！势利为市，朋友道绝。昔人所能者，例不可望于俗辈。政之号不足于予，固其所矣，惜予贫且贱，无以副政之请，此昔贤所谓“旋涡底佛，安能救落水罗汉”[3]。不然，予之所欲济与所识求济于予者多矣，岂独政哉？虽然，政于予无一日之雅，奚以亮予之能惠？予负政多矣。十室之邑，尚有忠信如夫子。政其广求之，必得一士如予而无予之贫贱，政其庶几乎！抚纸太息，书其后归之。[4]

书玉枕山诗话后

予又有《回龙寺夜坐》诗，云：“孤烛江边寺，疏钟雨后天。愁人知永夜，远客惜流年。不买南安酒，留充玉枕钱。床风无意绪，吹

[1] “其平日”，原作“吾平日”，据林齐本、高简本、萧世延本、白沙文编、何熊祥本、王安舜本改。

[2] “虽不以编入可也”后，林齐本、萧世延本、白沙文编有“成化丁未夏五月”七字。

[3] “昔贤”，林齐本、高简本、萧世延本、何熊祥本、王安舜本、黄之正本、四库全书本作“昔人”。

[4] “书其后归之”后，林齐本、萧世延本、白沙文编有“壬辰五月日”五字。

断药炉烟。”第三联亦以玉枕而发，东海乃不收入《诗话》中，偶忘之耶？东海平日自谓具只眼，能辨千古是非人物，而近遗夫康斋，又何也？康斋易知耳。予年二十七游小陂，闻其论学，多举古人成法，由濂洛关闽以上达洙泗；尊师道，勇担荷，不屈不挠，如立千仞之壁，盖一代之人豪也。其出处大致不暇论，然而世之知康斋者甚少，如某辈往往讥呵太甚，群啄交竞〔1〕，是非混淆，亦宜东海之未察也。微吾与苏君今日之论，则东海之康斋，其为晏婴之孔子乎？了翁之伯淳也？噫！成化壬寅九月二十八日，新会陈献章在南安横浦驿读东海先生《玉枕山诗话》，秉烛书此于苏君卷中。

书郑巡检诗卷后

吾邑沙冈巡检郑荣官满告归，持此卷过白沙乞诗。荣，莆人也，壮而仕，老而休，贤于不知止者。予既赠之诗，复录近作七绝于此。莆有大理黄先生，故人也，荣见，问我，以此卷呈之。

题吴瑞卿采芳园记后

岁云暮矣，冬雨凄凄。牛僵马危，商旅不归。号寒啼饥，穷民怨咨。采芳何为？将以遗所思。所思在远道，天寒日短，谁为致之？不如待时。时维仲春，阳道既亨，万物得时。和风披披，人情熙熙。博采众芳，泛泛轻航。驾言出游，不泥一邦。云龙风虎，其传自古。而德之所被，人将化之。如是壑之水〔2〕，汩汩洋洋，不亦深乎！瑞卿，天下未有不本于自然，而徒以其智收显名于当年，精光射来世者也。《易》曰“天地变化草木蕃”，时也。随时屈信，与道

〔1〕“群啄”，林齐本、萧世延本、白沙文编、王安舜本、碧玉楼本作“群喙”。

〔2〕“是壑”，林齐本、高简本、萧世延本、白沙文编、何熊祥本、王安舜本、碧玉楼本作“赴壑”。《白沙子古诗教解》、《白沙先生诗教解》亦作“赴壑”。

翱翔，固吾儒事也。吾志其行乎！猗欤休哉！[1]

题余别驾中流砥柱图后

别驾余先生命予题《中流砥柱图》。予读彭秋官序文，虽非正说此图，而意已足。末举元贞事一段结裹，尤警策有力，故予仿其意而切言之。盖不言则已，言必欲其有益于别驾[2]，非相啖以利者也，故不为谀辞。其辞曰：使君使民不厌真[3]，使君为臣莫爱身。使君不以荣落为屈信、死生为戚忻[4]，而以嗜欲为伐性之斧斤。千秋万岁难磨灭，乃见中流砥柱人。

次王半山韵诗跋

一日忽兴动，和得半山诗一十八首，稿寄时矩收阅。作诗当雅健第一，忌俗与弱。予尝爱看子美、后山等诗，盖喜其雅健也。若论道理，随人深浅，但须笔下发得精神，可一唱三叹，闻者便自鼓舞，方是到也。须将道理就自己性情上发出，不可作议论说去；离了诗之本体，便是宋头巾也。大概如此。中间句格声律更一一洗涤，平日习气，涣然一新，所谓濯去旧见以来新意，作诗亦正用得著也。批判去改定，乞再录来见示为幸。稿中有工拙，请下一转语，以观识趣高下，可乎？[5]

---

〔1〕“猗欤休哉”后，林齐本、萧世延本、白沙文编有“瑞卿。戊午岁冬至日，石翁题”十一字。

〔2〕“有益”后，林齐本、萧世延本、白沙文编有“予”字。案：若有“予”字，此处句读应作：盖不言则已，言必欲其有益。予于别驾，非相啖以利者也，故不为谀辞。

〔3〕“使民”，原作“使君”，据林齐本、高简本、萧世延本、白沙文编、王安舜本、碧玉楼本改。《白沙子古诗教解》、《白沙先生诗教解》亦作“使民”。

〔4〕“荣落”，碧玉楼本作“荣辱”。《白沙子古诗教解》、《白沙先生诗教解》亦作“荣辱”。

〔5〕“可乎”后，林齐本、萧世延本、白沙文编有“某书”二字。

书和伦知县诗后

屠沽可与共饮,而不饮彭泽公田之酿,古之混于酒者如是,与独醒者不相能而同归于正。虽同归于正,而有难易焉。醒者抗志直遂,醉者韬光内映,谓醉难于醒则可。今之饮者,吾见其易耳,非混于酒而饮者也。乌虖!安得见古醉乡之逃,以与之共饮哉?

送张方伯诗跋

某尝谓"作诗非难,斟酌下字轻重为难耳"。如此诗第五句"清"字,既研于心,又参诸友,左揆右度,终不可易。而非公九载之守不渝,某亦岂敢孟浪?盖一字之下,其难如此,诗其易言哉?[1]

跋潘氏族谱后

潘氏自其始祖太一公以下至临淮典教华,为世凡三十有四。故国子祭酒豫章胡公若思括始终为之序,颇详悉。同时称闻人,曰建安之杨、曰南郡之杨、曰浙东之王、曰临川之王、曰钱、曰高、曰苗、曰曹、曰裴,题之跋之八九见,先后续续光不已。谱既重,三十五世孙明、威、玘、伯、振,虑夫光于今者或息于后,重自其身者或失之于其子孙。序而传之,以延厥光,以增兹重于无穷焉,惟其人。不惟其人,惟其位之徇,则不信,于世世方来,其奚赖?于是谨斋戒择日,进谱于白沙,乞予言为序后。予既德弗类而文又不及世,于君之爱我奚足尚?虽然,有可为君言者而奚敢不书?夫惟君子以神之没身焉,其效至于通神明、光上下,存乎孝弟;形于事君为良,临大节为忠,感于人心、措诸天下为事业,存乎推;延光于简册,存乎名;勉而行之,存乎诚。君受明天子命为能臣,技谋勇果固所长,

---

[1] "诗其易言哉"后,林齐本、萧世延本、白沙文编有"谨识"二字。

能不规规于是，惟所存孝悌心益诚益推，著而为良、为忠、为事业、为简册勋名，种种皆君有也。若是，斯谱也，不光重与！先世德美，具载诸文，此不赘。

批答张廷实诗笺

首章似胡文定解《春秋》，以义理穿凿。二章发挥得道理极致，非所敢当，然此心亦自不能已，愿与公共勉之。三章仙术多门，姑置勿论，然兴致高远者，非此无以托。古有留意于《参同契》而为诗，则斥以盗窃。四章笺得之，余清老《唱道歌》云"世间膏火，煎熬可厌"，亦在其中。五章要看第二句与第四句相应亲切。六章醉以溷俗，醒以行独。醒易于醉，醉非深于《易》者不能也。汉郭林宗、晋陶渊明、唐郭令公、宋邵尧夫，善醉矣夫！七章其失与首章同。黄涪翁《大雅堂记》似为此笺发者，正诗家大体所关处，不可不理会。大抵诗贵平易洞达，自然含蓄不露；不以用意装缀、藏形伏影，如世间一种商度隐语，使人不可模索为工。欲学古人诗，先理会古人性情是如何，有此性情，方有此声口。只看程明道、邵康节诗，真天生温厚和乐，一种好性情也；至如谢枋得，虽气节凌厉，好说诗而不识大雅，观其注唐绝句诸诗，事事比喻，是多少牵强、多少穿凿也。诗固有比体，然专务为之，则心已陷于一偏。将来未免此弊，不可不知。八章不知马，其失在人不在马。少知进退去就而已者，亦未以马称也。平湖之进，吾惜之。九章珠珮用郑交甫事。十章笺得之，诗从后定本统论好，但非拙作所能当〔1〕，持以论诗可矣。概观所论，多只从意上求，语句、声调、体格尚欠工夫在。若论诗家，一齐要到。庄定山所以不可及者，用句、用字、用律极费工夫。

〔1〕"但非"，原作"非但"，据林齐本、萧世延本、白沙文编、王安舜本改。《白沙先生诗教解》所附"诗教外传"收录此文，亦作"但非"。（湛若水撰：《白沙先生诗教解》，《四库全书存目丛书》，集部第三五册，第六〇一页）

初须仿古，久而后成家也。今且选取唐宋名家诗数十来首，讽诵上下，效其体格、音律，句句字字一毫不自满，莫容易放过。若于此悟入，方有蹊径可寻。

题桂阳外沙朱氏族谱〔1〕

成化十八年七月己巳，白沙陈某见右都御史桂阳朱公于苍梧。明日，公命饮于燕居之堂，公之季子守贲洎诸孙侍侧。公命守贲琴。三行酒毕，公出一编相示，题曰《桂阳外沙朱氏族谱》。周武王时，曹挟封于邾，后因其封为氏，去“邑”为“朱”。世次阔远莫详，但云曰毗者来居桂阳，是为外沙之始祖。盖毗之后，盛于廊木，显于外沙也。见于谱者，始祖以下七世缺焉，至外沙始详矣。外沙之世，更始于保祖，至公为十一世。世有旧谱，公之世父、前交趾谅山通判思巷与赠都御史、公之考思谏修之，成之者，公也。公子五人，予所知者，守孚今为秋官郎中；昔公示予守蒙之文，复诵其诗，曰是尝有意于白沙者；守贲弹琴于我侧。朱氏子孙知其后将益大也。公生五年而孤，能自树立，由名进士历至大官。敦大清俭，为政镇静，若无所为，民被其泽而莫知为之者，光前振后，公之德大矣。子孙世守，令绪益裕，如郎中兄弟，其庶几乎！公俾予题，余不文，记所见一二，以俟后之修谱者。

苍梧纪行〔2〕

六月丁未，发白沙；己未，至白泥，书《留别缉熙》诗，陈冕从行。

---

〔1〕 此篇原缺，兹据林齐本、萧世延本、王安舜本补出。（林齐本《白沙先生全集》，第十卷，第十二至十三页；萧世延本《白沙先生全集》，第十卷，第七五至七六页；王安舜本《白沙先生全集》，第四卷，第六九至七〇页）

〔2〕 此篇原缺，兹据林齐本、萧世延本、王安舜本补出。（林齐本《白沙先生全集》，第十卷，第十七至十八页；萧世延本《白沙先生全集》，第十卷，第八一至八二页；王安舜本《白沙先生全集》，第四卷，第七〇页）

庚申日晡，舣舟七星岩击石鼓，岩户没于潦，舟随来岩上，索石题诗，秉烛书之。甲子，过三洲岩，潦至径绝，不可游。过麻墟，入德庆峡和尚石，皆有诗。戊辰，至苍梧，有《寄陈庸浔州》诗。明日，谒都宪。遂遍诣两府，会按察佥宪翁俣、谪北流簿都给事黄坦、广西参政黄埙、佥宪萧苍。壬申，别苍梧，与伍伯饶复游三洲岩，看林光、陈庸、张诩题名。癸酉，访杨参戎于肇庆。明日，抵家。

书孟郊诗轴〔1〕

种树须择地，恶土变木根。结交若[失]人，中道生谤言。君子芳桂性，春浓寒更繁。小人槿花心，朝在夕不存。莫蹑冬冰坚，中有潜浪翻。惟当金石交，可与贤达论。

韩退之撰《柳子厚[墓志铭]》云："士穷乃见节义。今夫平居里巷相慕悦、酒食游戏相征逐，诩诩强笑语以相取下，握手出肺肝相示，指天日涕泣，誓生死不相背负，真若可信；一旦临小利害，仅如毛发比，反眼若不相识，落陷穽，不一引手救，[反]挤之而又下石焉者，皆是也。此宜禽兽夷狄所不忍为，而其人自视以为得计。"愚谓读东野之诗，味退之一语，则世之定交，不可不审矣。公甫书

书马氏均田文后〔2〕

乌虖！与不伤惠，虑不失几，马氏不替其世欤！古冈之俗，有恒产者，死无子，人争为之后。其争也，仇亲戚、捐躯命弗顾，长老不能化，朋友不能谏，官司不能决，甚矣哉！《礼》："为人后

〔1〕 此篇原缺，据《陈献章书法集》补出。（秦有朋主编：《陈献章书法集》，广州：岭南美术出版社，二〇〇八年，第九〇页）

〔2〕 此篇，据新会潮连马氏祠堂所藏白沙《书马氏均田文后》碑刻补出。（碑刻图片由区小健先生提供；碑刻文字之释读，得到林锐先生、罗韬先生帮助。在此谨致谢意。）又：此文，高东辉《江门潮连陈白沙遗迹考》亦有抄录。（高东辉撰：《江门潮连陈白沙遗迹考》，《大众文艺》，二〇一一年，第十三期，第二一五页）然文字颇有差异。

者,为其父母服期。”夫生我者,父母也;所后之人,乃旁亲也。以其所轻,易其所重,虽有父母之命,贤者犹不甘心焉,况以争夺以为之后乎?孔子,人伦之至也,薄乎欲为人后者,俾不得观射,果贤者为之乎!风俗之浇漓,人心之薄恶,知求利而不知爱亲,亦可哀也矣。马氏与之不伤惠,虑之不失几,亦善处变矣乎!父命天伦,在夷齐则交致其重,亦充是心而已,西山之薇,其卒胜孤竹之土欤。凡世以嗜利之私伤友于之情者,观于马氏可以少愧矣。马氏叔曰广生,侄曰贞。马之先世,有曰持国,有曰晞骥,父子皆宋名臣,风韵盖有所自云。成化十五年己亥秋九月望后三日,陈献章公甫书于白沙,时风日初霁,人情怡悦云。

杂　　著

书韩庄二节妇事

乌虖!二氏之生,其相去且千载。韩,故相国休之孙女;庄,雷郡庶人妻。贵贱虽殊,其死于义一也。心事如青天白日,皎乎其不可尚;辞气如大冬严雪,凛乎其不可犯。是岂资学问之功哉?是岂尝闻君子之道于人哉?亦发于其性之自然耳?今之诵言者,咸曰“饿死事极小,失节事极大”。故临利害比[1],二氏乃能之,学者故不能于此。然则从事于诗书反无所益,彼之不学乃能不坏其性[2],何邪?是必有所以然者。学止于夸多斗靡,而不知其性为

〔1〕“故临利害比”,林齐本、高简本作“故利害比”;萧世延本作“故临遇利害比”;白沙文编作“故□□利害比”;王安舜本作“胡临遇利害,此”(若据王安舜本,“此”字当下读)。

〔2〕“不学”,林齐本、高简本、萧世延本、白沙文编、何熊祥本、黄之正本、四库全书本作“弗学”。

何物、变化气质为何事，人欲日肆，天理日消，其不陷于禽兽者几希矣。予读二氏之辞有感，故录而藏之。〔1〕

诫子弟

人家成立则难，倾覆则易。孟子曰："君子创业垂统，为可继也。若夫成功，则天也。"人家子弟才不才，父兄教之可固必耶？虽然，有不可委之命，在人宜自尽。里中有以弹丝为业者。琴瑟，雅乐也。彼以之教人而获利，既可鄙矣，传于其子，托琴而衣食。由是琴益微而家益困，展转岁月，几不能生。里人贱之，耻与为伍，遂亡士夫之名。此岂尝为元恶大憝而丧其家乎？才不足也。既无高爵厚业以取重于时，其所挟者率时所不售者也，而又自贱焉，奈之何其能立也？大抵能立于一世，必有取重于一世之术。彼之所取者，在我咸无之；及不能立，诿曰"命也"，果不在我乎？人家子弟，不才者多，才者少，此昔人所以叹成立之难也。汝曹勉之。

示学者帖

诸君或闻外人执异论非毁之言，请勿相闻。若事不得已，言之亦须隐其姓名可也。人气禀习尚不同〔2〕，好恶亦随而异。是其是，非其非。使其见得是处，决不至以是为非而毁他人。此得失恒在毁人者之身，而不在所毁之人，言之何益？且安知己之所执以为是者，非出于气禀习尚之偏，亦如彼之所执以议我者乎？苟未能如颜子之无我，未免是己而非人，则其失均矣。况自古不能无毁，盛

〔1〕"故录而藏之"后，林齐本、萧世延本、白沙文编有"辛卯夏五月四日，病中捉笔"十一字。

〔2〕"气禀"，原作"气品"，据林齐本、高简本、萧世延本、白沙文编、何熊祥本、王安舜本、黄之正本、碧玉楼本、四库全书本改。

德者犹不免焉。今区区以不完之行，而冒过情之誉，毁固其所也。此宜笃于自修以求无毁之实，不必以为异而欲闻之也。昔吕蒙正拜副相，一朝士指之曰："此子亦参政乎？"同列欲询其名，遽止之，曰："知当终身不忘，不如勿闻。"贤者所存，固异于人也。诸君亦宜念之。[1]

示学者帖(二)[2]

"着些利害，不免开口告人，此浅丈夫也"。伊川平生与东坡不合，至于成党，自来未尝向人道及，真无愧于斯言矣。

手帖

读一之自罚帖，所谓喜三代之饩羊犹存也[3]。此举虽过，然究其为心，盖亦可悯。且自罚之辞甚实，其进固未可涯也。若夫久居师席，不能致门人于无过举之地，此则老夫之罪。请附此于日录，算一过，诸君其志之。[4]

喻塾中帖

不邀人敬，不受人慢，某今日方晓待深之之道。大抵情不可过，会不可数，抑情以止慢，疏会以增敬。终身守此，然后故旧可保。请自今后，朔望免礼，诸生在塾中者，亦不劳进揖。容珪持此纸往喻，俾悉知余意。[5]

---

〔1〕"诸君亦宜念之"后，林齐本、萧世延本有"辛卯四月十九日示"八字。

〔2〕此篇原缺，据《白沙先生文编》补出。(唐伯元编次：《白沙先生文编》，第六卷，第四页)

〔3〕"饩羊"，林齐本、高简本、萧世延本作"牺羊"。

〔4〕"诸君其志之"后，林齐本、萧世延本有"某笔。辛卯夏五月二十八日"十一字。

〔5〕"俾悉知余意"后，林齐本、萧世延本有"壬辰六月初三日，石斋书"十字。

与容珪帖

绚等虽在门墙，其与拙者之意实未相接，徒以名分相系为美谈耳。虽然，贤于吠雪者多矣。广收而勿拒，小警而大遗，其诸全交与待衰俗之意乎！〔1〕

漫笔示李世卿、湛民泽〔2〕

昨夕楼上闻雨声澎湃，睡不能著枕，因检会乡里平时还往人，十亡七八。中间年及七十者才一二，余皆六十而下，四十蚤晚死者恒多。乌虖！人所得光阴能几？生不知爱惜，漫浪虚掷，卒之与物无异。造物所赋于人，岂徒具形骸，喘息天地间，与虫蚁并活而已耶？浮屠氏虽异学，亦必以到彼岸为标准。学者以圣人为师，其道何如？彼文章、功业、气节，世未尝乏人，在人立志大小。岁月固不待人也。[弘治丙辰秋七月十四日，石翁书，民泽收阅。昨以示世卿，只作寻常语话看去，老拙不工于词，固当尔耶？〔3〕]

偶书遗湛民泽、龚曰高游罗浮者

仙人谭景升诗云："蓬莱料想无多路，只在谭生拄杖前。"罗浮，海上山，葛仙治之，真蓬莱哉！方竹君入手，振之铿然有声，上撑天下拄地，四方惟意所如。诸君即日东游，度铁桥、登飞云、坐黄龙、

---

〔1〕"其诸全交与待衰俗之意乎"后，林齐本、萧世延本有"壬辰六月日，石斋书与容生"十一字。

〔2〕"漫笔示李世卿、湛民泽"，林齐本、萧世延本、白沙文编作"漫笔示李承箕"。《嘉靖增城县志》所录此文，题为"石翁手简（又）"，属于白沙寄湛若水书信。（文章修、张文海纂：《嘉靖增城县志》，《天一阁藏明代方志选刊续编》第六五册，上海书店，一九九〇年影印本，第五三〇至五三一页）

〔3〕自"弘治丙辰秋七月十四日"至"固当尔耶"四十字原缺，据《嘉靖增城县志》所录此文补出。（文章修、张文海纂：《嘉靖增城县志》，《天一阁藏明代方志选刊续编》第六五册，第五三一页）

啸明月,是真神仙矣,谭生岂欺我哉?久矣,吾梦长髯翁遗予罗浮山,尽四百三十二峰,一囊括之,开半面以待游筇之入。

书法

予书每于动上求静。放而不放,留而不留,此吾所以妙乎动也;得志弗惊,厄而不忧,此吾所以保乎静也;法而不囿,肆而不流,拙而愈巧,刚而能柔,形立而势奔焉,意足而奇溢焉,以正吾心,以陶吾情,以调吾性,[此]吾所以游于艺也。〔1〕

速勾丁知县庙疏〔2〕

立一祠,既以表茂宰之贤,又以见吾乡尚德慕义。一唱百和,视死如生,又孰不咨嗟而歆羡其美耶?〔3〕且报往可以劝来,此祠立后,必有闻义而兴起者〔4〕。问所由来,乡诸父兄子弟不忘旧令之德,章与有荣矣。幸甚,幸甚!即辰春日布和,工匠毕集,其告诸义士,及是时慨然念此举之不易,发诚心而共济,幸无辞曰"姑俟来日",区区不胜至祷。〔5〕

---

〔1〕"此"字原缺,据林齐本、高简本、萧世延本、白沙文编、何熊祥本、碧玉楼本补;且"此吾所以游于艺也"后,林齐本、萧世延本、白沙文编有"癸巳九月,石斋书"七字。又:此文墨迹尚存。文中三"此吾",墨迹作"予之";其落款则作"弘治辛亥元日,陈献章书"。(陈福树撰:《陈白沙的书法艺术》,第六三页)

〔2〕此篇,底本原载于第二卷《与张廷实主事》书中,(《白沙子全集》,何九畴刻本,第二卷,第四七页)林齐本、高简本、萧世延本、白沙文编、何熊祥本、黄之正本、四库全书本则载于"题跋"。兹据碧玉楼本移录于此。又:"勾",王安舜本作"完"。

〔3〕"歆羡",原作"叹羡",据林齐本、高简本、萧世延本、白沙文编、何熊祥本、王安舜本、黄之正本、四库全书本改。

〔4〕"兴"字原缺,据林齐本、高简本、萧世延本、白沙文编、何熊祥本、王安舜本、黄之正本、四库全书本补。

〔5〕"区区不胜至祷"后,林齐本、萧世延本有"弘治丙辰正月廿八日,书与文都行之"十五字。

语　　录

语录八条[1]

三代以降，圣学乏人[2]，邪说并兴，道始为之不明；七情交炽，人欲横流，道始为之不行。道不明，虽日诵万言、博极群书，不害为未学；道不行，虽普济群生、一匡天下，不害为私意。

为学莫先于为己、为人之辨，此是举足第一步。

疑而后问，问而后知，知之真则信矣。故疑者进道之萌芽也，信则有诸己矣。《论语》曰“古之学者为己”。

夫道无动静也。得之者，动亦定，静亦定，无将迎，无内外；苟欲静，即非静矣。故当随动静以施其功也。[3]

善学者，主于静以观动之所本，察于用以观体之所存。

治心之学，不可把捉太紧，失了元初体段，愈寻道理不出[4]；又不可太漫，漫则流于泛滥而无所归。

“但得心存斯是敬，莫于存外更加功”。大抵学者之病，助长为多，晦翁此诗，其求药者欤！

胡居仁执守甚坚，洒落不如庄孔旸；林缉熙气质甚平，果决不如沈真卿。惟洒落，有壁立万仞之志；惟果决，有真金百炼之刚。

---

〔1〕 此篇原缺，据《白沙先生文编》补出，原置于《示学者帖》之后。题下唐伯元加注云：“此八条，非一时之言。以其切于学者，故附于《示学者帖》之后。”（唐伯元编次：《白沙先生文编》，第六卷，第五至六页）

〔2〕 “圣学”，《明儒学案》所引作“圣贤”。（黄宗羲撰：《明儒学案》，上册，第八九页）

〔3〕 案：此语录恐出自张诩《白沙先生行状》。其中“故当随动静以施其功也”一句，张诩《白沙先生行状》作“于是随动静以施其功”。“于是随动静以施其功”，非白沙先生语录，乃张诩对白沙先生之论评。

〔4〕 “寻”，《明儒学案》所引作“认”。（黄宗羲撰：《明儒学案》，上册，第八九页）

它日造就担当此道,孔旸、真卿而已。

白沙先生语录七条[1]

陈子曰:有刚气者,常伸于万物之上。

陈子曰:昔夫子设教洙泗,博文约礼之诲,夫岂独屡空之颜得闻,三千之徒莫不预闻焉。卒之,启手足得正而毙者,曾子之外,果谁欤?仕于大夫,犹有烦夫子鸣鼓而攻之者,七十子之不负夫子,几何人?使颜子而寿,能肩夫子于至神之域,其报夫子有矣。使四代礼乐见用于天下,夫子之泽覃被一世,所事之报又何加焉?由是言之,弟子之所师,能不背其道,能推其说以及于人,皆报其师之大者也。

陈子曰:道之全体,初无不该;心之大用,初无不贯。故曰:“语大,天下莫能载焉;语小,天下莫能破焉。《诗》云‘鸢飞戾天,鱼跃于渊’,言其上下察也。”学者果能默契乎此,则知日用之间一动一静、一语一默,无非尧舜事业。

陈子曰:学问大总脑要见,见则便是快活,便肯向前。下面节节推去,无非一个道理。

子语王乐用曰:士而未闻道,未免为物挠。知道则有主,不为物挠矣。故曰知止而后有定。

陈子曰:善学者,主于静以观动之所本,察于用以观体之所存。动静周流,体用一致,默而识之,而吾日用所出固浩浩其无穷也,俛焉日以孳孳,无入而不自得,其进不可量也。[2]

李世卿曰:“先生曰:‘人有伊周之事功、孔颜之道德、庄孟之文

〔1〕 白沙先生语录七条,据《白沙先生语录》辑录。(杨起元纂辑:《白沙先生语录》,明刊《杨复所全集》本,卷上,第六、十七、二〇、二七页;卷下,第一〇三页)

〔2〕 此则语录内“善学者,主于静以观动之所本,察于用以观体之所存”二十一字,《白沙先生文编》亦有收录。然而,《白沙先生文编》无“动静周流”以下四十三字。

章，能乐然逮老，不求人知，夫然后不失为君子，而天下之风俗亦庶几乎少变矣。’”

诗教外传语录五条〔1〕

先生曰：“予梦与湛民泽同浴三叉江口，民泽向深处浴，俄灭顶。予疾呼左右二人入水援之，民泽乃登浅处，与予咸有喜色。”

子云：“贤人屈伸在道。”

子云：“惟我先圣孔子，道高如天，德厚如地，教化无穷如四时，民到于今赖之。”

子《卧游上游庄》诗云：“人道上游真个好，上游固好遇人多。”又跋云：“师傅相遇，自古为难。湛氏之志，吾无疑矣。甚矣，其得于天者，不易也。珍重，珍重。”

南京僧太虚书来求印证，子答之云：“子在川上曰：‘逝者如斯夫，不舍昼夜。’我以此证。本体自然，儒佛之途辨于此矣。”

白沙先生至言语录五则〔2〕

孟子说平旦之气，最为有功于学者。

最怕不善思索，害气离道。

孟子曰：“待文王而后兴者，凡民也；若夫豪杰之士，虽无文王犹兴。”大丈夫其可以凡民自处而不以豪杰自任乎？

平生学问，多是因循过了。今已是四十已上，后来岁月能复几何？思量此身，未及诚实、哀痛，虚生浪死，何益于世？然谓之全无

〔1〕 诗教外传语录五条，据《白沙先生诗教解》所附录“诗教外传”辑录。（湛若水撰：《白沙先生诗教解》，《四库全书存目丛书》，集部第三五册，第五八八、五八九、六一二、六二一页）

〔2〕 此五则语录据《白沙先生至言》补出。（陈献章撰：《白沙先生至言》，《续修四库全书》，第九三六册，第三七七至三七八、三七九至三八〇页）

所得,不可;谓其真有所得,则是欺人。今对好朋友,不敢胡乱开口,恐见得未熟,反误了别人。故近年以来所接之人,能尚名节者,已是第一等人物。平日所论,只在此上更去不得,此不是不忠于朋友,自己既不敢误人,在彼又无确然相向之意,故只得随时应付。然细思之,实是不得已。今日与克恭别,未知再会之期。若不发端言之,使克恭终身事业只是以名节结果,辜负了好美质,蹉过了好时节,如此则是某之罪也。[1]

"泰山为高矣,泰山顶上不属泰山。尧舜事业,也只是一点浮云过目"。夫自生民以来,功业之盛孰有过于尧舜者也?程夫子何独以为易而轻之耶?诚以道之全体初无不该,心之大用初无不贯。故曰:"语大,天下莫能载焉;语小,天下莫能破焉。《诗》云'鸢飞戾天,鱼跃于渊',言其上下察也。"学者果能默契乎此,知日用之间,一动一静、一语一默,无非是尧舜事业。何必位九五、统六合,布德行仁、覆昌斯世,而后为大哉?自夫三代以降,圣学乏人,邪说并兴,道始为之不明;七情交炽,人欲横流,道始为之不行。道不明,故虽日诵万言,博极群书,不害为未学;道不行,故虽普济群生、一匡天下,不害为私[意][2]。其于吾心无不该之全体,固未尝觇其仿佛,则于吾心无不贯之大用,又岂能望其藩篱哉?今试语于众曰"尧舜事业,只是一点浮云过目",闻而疑者百一,其不疑者十九。惟其不疑,故卒不信。何则?疑而后问,问而后知,知之真则信矣。故疑者进道之萌芽也,信则有诸己矣。《论语》曰"古之学者为己";孟子曰"君子深造之以道,欲其自得之也",又曰"反身而诚,乐莫大焉"。夫道虽极于高妙,而实不外于人之心。泛而议之,若隐而难

---

〔1〕"今日与克恭别"至"如此则是某之罪也"一节文字,又见《与贺克恭黄门(五)》。

〔2〕"意"字原缺,据《白沙先生文编》所辑语录补。(唐伯元编次:《白沙先生文编》,第六卷,第五页)

知；近而验之，甚显而易见。善学者，主于静以观动之所本，察于用以观体之所存。动静周流，体用一致，默而识之，然后知“浮云一点”信非虚语；而吾日用之所出者，固浩浩其无穷也。如此则知足在我，俛焉日以孳孳，无入而不自得，其进岂可量哉？〔1〕

赞

忍字赞

七情之发，惟怒为遽。众逆之加，惟忍为是。绝情实难，处逆非易。当怒火炎，以忍水制。忍之又忍，愈忍愈厉〔2〕。过一百忍，为张公艺。不乱大谋，其乃有济。如其不忍，倾败立至。〔3〕

铭

世赖堂铭

恭惟我祖，渭川府君，所立殊众。七十八年，汉阴抱瓮。自是以来，我家用开。堂以世名，德音孔恢。

---

〔1〕 此则语录中部分内容，分别为唐伯元《白沙先生文编》、杨起元《白沙先生语录》所摘录，为保持完整性，今将其全录。又：此则语录此前已由黄继立在其论文《〈明儒言行录〉所见陈白沙言论佚文及其价值》录出。（《“西樵理学名山五〇〇年暨中国古代书院与社会”学术研讨会会议论文集》，二〇一七年，第一七五至一七六页）

〔2〕 “厉”，原作“励”，据萧世延本改。《白沙子古诗教解》、《白沙先生诗教解》亦作“厉”。又：此文墨迹尚存，墨迹亦作“厉”。（陈福树：《陈白沙的书法艺术》，第九二页）

〔3〕 文末，墨迹有落款云“弘治丁巳夏五月，石翁书”。（陈福树：《陈白沙的书法艺术》，第九二页）

家庙钟铭

其质重,其声迟,其动静有时,永以为神之依。

丁氏祠堂钟铭 代丁知县作[1]

出佛山冶,入济阳堂。厥声镗镗,震于无疆。

改铸邑谯楼钟铭

费而不伤,坏则有成。同百里之声,存万世之经。我民不信[2],视此钟铭。钟始造模而丁侯卒,惜侯之志不及成。此铭亡,后有继之者何以考?故录之。

墓 志 铭

封署郎中事员外郎鲁公墓志铭

公讳真,字伯真,别号素轩,右副都御史鲁公父也。其先宁国之泾县人,洪武间,太父以宁国守御民调戍南昌[3],归老于泾。其子通宝由南昌转戍广之新会,因家焉。通宝生公父保锐,勤俭理生,实基乃家。及公而新会之鲁始大。公长者,初补队长,卒伍争较曲直,不屑为辨而以理譬解之,恒愧服谢去。于所事尊贵人有过,面折之,无少回让。贷者告窘,或索券焚之。正统间,民虞黄贼之患将至,挈所有赴城,老幼扶携塞路,守关者为不便于民,公力争

[1] “代丁知县作”,高简本、萧世延本、何熊祥本、王安舜本、黄之正本、四库全书本作“代彦诚作”。

[2] “我民”,碧玉楼本作“作民”。《白沙子古诗教解》、《白沙先生诗教解》亦作“作民”。

[3] “太父”,林齐本、萧世延本、白沙文编、何熊祥本、王安舜本作“大父”。

止之,曰:"城守所以扞民,民有急,宜早为之所,奈何拒之?"既而贼奄至城下,围旬日不解,濒海骚然。官出榜招谕民之从贼者,公使人于常所往还之地,晓以利害所在,使民趋避之不疑。由是得免于兵患,人至今德之。公生于永乐癸未某月日,卒于成化甲辰某月日,享年八十有二。先是,予归自京师,未抵家前一夕,梦见公化为婴孺。尝梦数人为婴孺者,辄死。未几,公病遂不起。嘻!岂非数也耶?公娶同邑训科周旋之女,贤克相公,先公若干年卒,葬归德里之凤山。子男六人:长曰贤,早卒[1];次曰能,即都宪公;曰英、曰俊、曰秀、曰杰,英、秀皆义官,俊未仕,杰阳朔训导。女二人,适何宏、叶苍。及公之存,孙男十五人,曾孙几人。寿祉子孙之繁,人以为积善所致也。都宪公由进士官户部,以其官封公,署郎中事员外郎,赠母宜人。初,有司命选武卫子弟之良者入学,公环眡诸子,以都宪公充选,盖识之于稚孺时也。都宪巡抚甘肃,公讣至,解官归,薨于路。诸弟奉公柩,将以今年丙午冬十二月十九日合葬于凤山之原,以状来请铭。吾先子处士与公旧,思先子而不得见,见其所与,犹父也。不铭公墓,奚以辞?铭曰:源之华舒舒,柯之实累累。人无固本兮,草木弗如。泽不竭兮,公之余;我铭示后昆兮,勿替厥初。

朱君惟庆墓志铭

君名惟庆,字汝善,桂阳外沙朱氏赠资政大夫右都御史讳思谏之子,故太子太保诚庵先生之弟也。君生三岁而孤,兄弟二人同受学于掌教凌先生。某先补太保儒学生员,次将补君。家籍戎偏桥卫,有司以君充戍,母夫人胡氏谋尽弃其所有以赎君,君奋曰:"男

---

〔1〕"早卒",林齐本、高简本、萧世延本、白沙文编、何熊祥本、王安舜本、黄之正本、碧玉楼本、四库全书本作"先卒"。

子之始生也,悬弧以志。偏桥戍于吾何有?货以图之,不恤家恤我,遂太夫人心,室如悬罄,使吾兄朝夕忧衣食之不暇,而暇为笔砚忧乎?”于是毅然请行。至则见者无贵贱遇以礼,不敢以常卒伍例视之。其地有横蛮黄一奇夺孀妇李氏为妻,君于其夫为族兄弟,李氏使人告难于君,断一指以示信。蛮知祸将及,亟馈金以冀免,君叱以狗彘,即日以其状白于官,捕蛮投卫狱死焉。君邻盗者,君知之而未能徙。盗忧不见容,以所劫帛献,君从容喻之于义,火其帛,盗亦感悟。都指挥告某由是重君为人,将谋进之。君一不以介意,而独以母老哀鸣,一卫怜之,遂得解伍以归。间奉太夫人来广就其兄参议之养,遇盐商馈白金百余,不顾而去。其在困也,不自卑而失守;其处亨也,不借势以徼利。其才如此,与太保俱学,其不迁业于戎伍以需其成,其亦可观也夫!君娶何氏,生男子四人:恒、益、巽、节;女二人:长适何绍基[1],次适胡绍海。君生于永乐己亥十月十五日,卒于成化丁未二月二十五日,寿七十。及君之存,孙男十人:玭、珸、璠、珂、琨、珦、琯、玠、璌、琚。恒与诸弟卜今年十二月辛丑葬君里之栗堆[2],节以其状走南海,干铭于予。为请者曰:“太保知先生者,先生以太保铭,不可乎?”乃序而铭之:外沙之族何以名?诗书先后著簪缨。汝善可欲介以清,匪我不学困于兵。搜抉幽隐为君铭,有誉于试惟我征。

李子高墓志铭

君姓李氏,讳昂,字子高,别号钝斋。少孤,奉母王氏孝谨,处于兄弟之间,上顺下友,宗党称之。景泰庚午之秋,母以兵革之患,

〔1〕“何绍基”,林齐本、高简本、萧世延本、何熊祥本、王安舜本、黄之正本、四库全书本作“何绍箕”。

〔2〕“栗堆”,原作“粟堆”,据林齐本、高简本、萧世延本、何熊祥本、王安舜本、黄之正本、碧玉楼本、四库全书本改。

客死金陵。君得报恸绝，失于颠沛之初，不能捐生以赴，饮恨而卒。予从何宗濂迹君。甚矣！君之所为不足以尽君之心也。遭时扰攘，母子兄弟异处，君独以一身周旋其间。恩非不足于膝下而病于仁，爱非不足于同气而穷于智，天地鬼神临之，亲戚朋友乡党孰不知之？而终不足以释君之心，至不能瞑目以死，甚可哀也。君与宗濂同邑里，世居番禺之沙湾。宗濂久从予游，实君之子婿也，与君之族子珍撰述君之世次行实，为其子孙请铭于予。君，名臣之后。八世祖文溪先生忠简公讳昴英，理宗龙图阁待制、尚书、吏部侍郎〔1〕。考讳彦章。君娶同里赵氏，生子男一人，曰元宗，早卒；女一人，适宗濂者是也。孙男四人：振纲、振裕、振安、振芳。君之生以永乐甲申，其卒以景泰辛未二月二十六日，年四十八。是年冬十二月二十八日，葬里之金钗山，赵氏祔焉。状称君"长厚，恬静自适，喜读书，手未尝释卷，尤乐吟咏；春秋致严于祀事；接人无亲疏，一以诚"。宗濂当不可诬也〔2〕。铭曰：生不足，归于天。义不足，何有于年？乌虖！子高之心，匪我铭之，而谁与传？

处士陈君墓志铭

始者，郡诸生马龙为其友陈东渊乞铭其祖父处士忍庵之墓于我。生之言曰："处士居增城之仙村，无声色嗜好以乱其耳目，无形势奔走以渎其交际，无是非毁誉以干其喜戚。上下原隰，相地之便

〔1〕"理宗"，原作"英宗"（林齐本、萧世延本、白沙文编作"宋"）。宋英宗赵曙在位之时间，当西元一〇六四年至一〇六七年。李昴英非宋英宗时人。李昴英生于宋宁宗嘉泰元年，卒于宋理宗宝祐五年（当西元一二〇一年至一二五七年）。宋理宗宝祐二年甲寅（西元一二五四年），李昴英"除龙图阁待制、尚书、吏部左侍郎，兼翰林学士监修国史"。（参李殿苞《忠简先公行状》，载李昴英撰《文溪存稿》，广州：暨南大学出版社，一九九四年，第二五四页）因改。又："待制"，原作"侍制"，据高简本、何熊祥本、王安舜本、黄之正本、碧玉楼本、四库全书本改。

〔2〕"不可诬"，林齐本、高简本、萧世延本、白沙文编、何熊祥本、王安舜本作"不我诬"。作"不我诬"，于义为长。

宜,宜田亦田,宜圃亦圃。长镵大笠,往来于蔗畦稻垅之间,躬树艺,自旦至暮不少休,收田圃之入以裕乃家。夫处士行乎无名,以能拓土业治生为乐事,故不知老之将至。敢以是请,惟先生念之,将无择于细大而俾之铭。”[1]既而,东渊承其父永荣君之命,来谒予白沙馆之小庐山精舍,自冬徂春,恋恋不忍别去。予游厓山,东渊请执杖屦以从。予既与东渊,凡所纪述,令一一录之。东渊朝夕侍我侧,略无一言及于铭,余益重之。乃命取马生之状来考其世之粗可知者。始迁番禺之祖,宋天圣间教授南雄儒学,因家番禺。生五子,曰守宁者迁增城山美村。数传至朝奉大夫文德,有女适李忠简公文溪先生,其中子曰汝霖,为县尉。县尉以下至处士九世。其迁仙村自文德始。处士讳诚,字致明。质木少言,与物无竞,非横之干直受之而不报,故自号曰忍庵云。处士娶伍氏,曰永荣者,其子也;一女适徐禧。孙男三人:东渊、东沂、东澜。处士卒弘治戊申四月十三日,年七十三。永荣以其年冬十二月某甲子葬处士于曾冈头祖茔之左,未铭。乌虖!一善可称也,亦可传也。顾处士于予,初无一臂之交,与之铭,以一马生之言犹未也,岂不曰东渊在白沙馆下能谨子弟之职事先生,于厥祖有光耶?此吾所以为处士铭也。其辞曰:[2]世无我遗,安以隐为?世不我须,其隐亦宜。不求异乎人,不求合乎人。委岁月于农圃,手足胼胝。既裕其身,又以及其后昆,则以彼之危易此之安以遗之,其不可也复奚疑?

处士李君墓志铭

幼而能求父书于死丧颠沛散亡之余,长而能诵朱文公《资治通

---

〔1〕“俾”,林齐本、高简本、萧世延本、白沙文编、何熊祥本、王安舜本、黄之正本、碧玉楼本、四库全书本作“畀”。

〔2〕“辞”,林齐本、高简本、萧世延本、白沙文编、何熊祥本、王安舜本、黄之正本、四库全书本作“词”。

鉴纲目》、真西山《文章正宗》及他书而不以媒仕进。志非不立也，才非不充也，富贵贫贱爱恶之出于己，非与人异也。父殁于官，母挈诸孤，匍匐万里，扶护来归，忧极成疴，是以不能去离左右。旦夕与妇谋所以便母者，母痛亦痛，母饭亦饭。其兄慷慨嗜酒，众目之为酒豪，一饮或尽酒一石，每出从所亲饮，自旦至日晡，既醉而归，率诸卑幼迓于途，或径至饮处，扶前曳后，徐徐而随，肃肃而趋，莫敢少拂其意。虽以弟之贵穷公卿，自视漠如，足未尝至公府。若是者，吾谓之贤，不可乎？此故处士嘉鱼李君行实之著于州闾，吾闻其子承箕之言也。李氏之先世自江西武宁来居嘉鱼，至名远仕元为译史，君之四世祖也。大父奂，洪武间举巡检；父善，教谕叙珙，咸以弟官赠至通议大夫、副都御史。祖母熊氏、母童氏俱赠淑人。君名阜，字元春。伯曰陵，是为酒豪，非直酒豪，于义亦豪。季曰田、曰郊。田即所谓贵穷公卿而以其官赠三代者也。兄弟四人相为师友，而庭无间言。君娶邓氏，承芳、承箕其二子也，皆举进士有名。长女适王钜臣[1]，次适游恢，皆蒲圻儒家子。承箕以今年首夏至白沙，留数月不去，因得问君家世之详。君年五十一卒，葬蒲圻之某山，今七年矣。承箕至是属予以墓铭。予少不乐多学，老益孤，世岂以文而望予？何承箕所嗜与人异？谨为序而铭诸：有道于此，匪难匪易。能者谓贤，不能者耻。母疾子侍，弟扶兄醉。尧舜之道，孝弟而已。

宝安林彦愈墓志铭

君姓林氏，讳彦愈，字抑夫。居室外种竹十数个，自号曰竹斋君。上世闽之莆田人，有讳乔者，宋绍定间为广州路别驾，卒于官。

〔1〕“王钜臣”，原作“王矩臣”，据林齐本、高简本、萧世延本、白沙文编、何熊祥本、王安舜本、黄之正本、碧玉楼本、四库全书本改。

其子日新葬之宝安之茶园山,因家茶园。日新生慕升,慕升生可久,可久生茂贤,茂贤生信本,娶黄氏,君之考妣也。自别驾至君凡七世,世为茶园人。君性快朗,赡于才而周于事。有忤之者,声色为突,然其消也,可立而待。少,衣食于贾。贾所至,勘耳目所接事好恶,久之,若有得者。手书小纸帖,示胤儿光曰"树立宜如是",乃范文正画粥长白山时事也。复畀之全集,曰"是为汝师"。居常于外,见一名文字时所称者,亟手录与光。携钱入市买书,卒惟光所欲得[1],不问值寡多。光为举子业,夜分起读,辄为戒曰:"儿勿苦。吾闻亥子之交,血行经心,设令勚形神得官,于轻重计,不亦左乎?欲速不速,不欲速速之,非善为速者也。"光既领乡荐,未即仕,来与予游,君益为喜。光诛茅榄山,为修业之所,君笠屐日至,视工筑不少废。暇时,为光录《朱子语类》至四十三卷,值板本出乃已。光感而叹曰:"父师覆育,光得一日于此,如得一月;一月,如得一年。不培不畅,不晦不光。"君闻而颔之。时论多弗合者,君视之漠如也。光既杜门榄山,同时士往往有纡青曳紫照曜闾里者,亲旧以其落莫告君哉,君为不省答,徐呼光,谓曰:"汝学如是,欲有立。即汝能立,吾啜菽饮水,死瞑目矣。"盖父子间自为知己,人莫能间也。君虔于事死,遇宗族内外有恩接,小夫孺子常情所不屑者,君惟恐小咈其意。治家不遗细碎,庭宇必洁,畚帚必亲,田圃树艺之事,与僮仆均劳逸。身所服用,非极敝不忍弃。至承祭祀、接宾客,则俨然明盛也。尝以仲秋天日晴朗,携诸子婿暨后生可意者数辈往游罗浮,登黄龙飞云顶,坐磐石,引葫芦酌酒,徜徉信宿而后返。君所好,奇也哉!君娶游氏,生二男子四女。曰明者,光弟也。孙男一人,曰仲孺,尚幼。君卒之前一日,植菊数本、石竹一本,与客行酒,

〔1〕"卒",《南川冰蘖全集》卷末附录此文作"率"。(林光撰:《南川冰蘖全集》,北京:中国文史出版社,二〇〇四年,第五〇九页)

笑语竟夕。凌晨将起就盥，倏逝去，实成化己亥四月二十日也，春秋六十五。光卜以其年十二月某日葬君于银瓶岭之原。状来乞铭，乃序而铭之：先世英，自莆田。少服贾，困鱼盐。侥弗长，积乃宣。谁其征，在榄山。

处士容君墓志铭

东良处士既殁之二十八年，为今成化之十一年[1]，岁值乙未，其子珪始以其墓乞铭于白沙陈先生，辞之曰："铭以昭德考行，予生也晚，不及见乡先进，而今谈者亦不闻乡先进某有某事某异也，恶乎铭？"珪以状进，予阅状，喟曰："是何足以惊动世俗、徼誉于乡党闾里耶？盖世所恒称道者，其事必有异乎其众，骤而语之，可喜可愕，故相与乐道而传之也。处士才不为世用，施于其家者，亦曰'为子不得罪于父，为弟不得罪于兄，为父兄不虐弃其子弟'云尔。处士之不见称于时，宜也。虽然，常道如菽粟布帛，时而措之；如冬裘夏葛，不离人伦日用之间。故道率其常者，无显显之形也。惟夫事变生于不测，智者尽谋，勇者尽力，捐躯握节，死生以之，夫然后见其异也，而岂人之所愿哉？处士韬光里闾[2]，正终衽席，则其见诸铭者，殆亦不过是而已。兹其常也。"处士姓容氏，名某，字某[3]。娶阮氏，生四男一女。处士之生，以永乐庚寅二月十九日，卒时年三十九。珪率其弟珽、璿、玑以某年月日葬处士于三冈社马鞍山[4]，木已拱云。铭曰：伏其龙蛇，逍遥云霞。纲纪孝友，以裕乃

---

〔1〕"为今成化之十一年"，原作"为今之成化十一年"，据林齐本、萧世延本、白沙文编改。此文碑刻尚存。碑刻亦作"为今成化之十一年"。（陈福树：《陈白沙的书法艺术》，第四五页）

〔2〕"里闾"，碧玉楼本作"闾里"。

〔3〕"名某，字某"，碑刻作"名恪，字允敬"。（陈福树：《陈白沙的书法艺术》，第四五页）

〔4〕"某年月日"，碑刻作"景泰甲戌十一月□□"。（陈福树：《陈白沙的书法艺术》，第四五页）

家。于我铭者,其在兹耶![成化十八年夏五月,同邑陈献章公甫撰文并书。〔1〕]

朱夫人胡氏墓志铭

夫人姓胡氏,讳卢,桂阳处士胡广之女,年十九归同邑朱氏,为诚庵先生夫人。诚庵先生者,故资政大夫、都御史、赠荣禄大夫、太子太保朱公英也。公幼而岐嶷,夫人之大父芳见而异之,手扪公顶,以夫人许之,卒定昏焉。公自游邑庠、举进士、为监察御史,历诸大藩政绩显著,至入台为股肱,昼为夜思,四十余年无内顾之忧者,夫人实相之。夫人之事姑也,以姑为心,以心为孝,和气征于一家〔2〕。闻从公于外,常携族孙奇。奇得痢病,秽不可近,夫人亲与汤药,夜祷于天,曰:"诸叔祖无一后,独此孙尚存,天若弗祐,愿吾子代之。"奇疾愈。平居,事纺绩不少替;既贵,犹以身率下,自旦至夜分不寐,以为常。谓食禄之家,惟一侈易流,为之铁簪布裙以防之。男未冠、女未笄,不识缯帛珠翠之华者,夫人教之也。过苏,见故黎邦伯长子冻馁,无可仰给于人,为解衣衣之,以粟周之。顾谓诸子曰:"邦伯食二品禄,足以佑其后人,使其家不骄、不侈、不逞威而作势以取快于目前,宁有是? 戒之,戒之!"夫人以勤俭成性而教其家,不能者约之,其视朝领一官,暮取诸民,作器皿、宫室、衣服以愚弄其妻子者,何如也? 昔者,吾尝见公于苍梧,服食不逾常人。语予曰:"吾在于得已,虽一钱惜之,而不以病民。"吾入其室,神爽顿清,便如向夜入三洲岩秉烛读苏子瞻题名。陶长官不以家累自随,公舍人自桂阳来者,老苍头一人而已。是谓有之不居,得而不

〔1〕"成化十八年夏五月,同邑陈献章公甫撰文并书"十九字原缺,据碑刻补出。(陈福树:《陈白沙的书法艺术》,第四五页)

〔2〕"征",林齐本、高简本、萧世延本、何熊祥本、王安舜本、黄之正本、碧玉楼本、四库全书本作"蒸"。

为。吾以观于夫人事，往往概之，公不约而同，殆天合也。夫人居家，事小大处之咸宜。至临大利害、决大去就，矻然以身当之，尤人之所难也。正统己巳，盗起闽浙间，公以名御史治盗，留夫人于北京。时英宗北狩未返，虏骑将薄都城。或谓："夫人盍去诸？"夫人面叱之，召诸子前曰："虏何能为？设有不幸，臣为君死，义也。奈何去之？"夫人先后累受诰封至夫人，揆于德，真无愧也夫！子五人：守孚、守颐、守谦、守蒙、守贲。守孚举进士，历官刑部郎中，先夫人一年卒。守颐、守谦未仕；守蒙领乡荐。守贲生员，侧室徐氏出也，夫人一视之。二女，皆适官人。及夫人之存，孙男十五人、女六人，曾孙男五人、女二人。夫人生永乐某年，其卒以成化某年，寿七十三。是年十月甲子，守颐等葬夫人于高陂，祔公墓也，以状来请铭。铭曰：德之爱孰与色之爱〔1〕，奈何乎配！身之华孰与后之华，奈何乎家！配之既良，家道用昌，乃天锡之祥。兰桂承芳，以世其光。繄夫人之泽兮，百世可忘？〔2〕归骨于高陂兮，永与公同藏。

何廷矩母周氏墓志铭

成化八年壬辰四月日，番禺何廷矩之母卒，卜以其年冬十二月某甲子，葬邑之永泰乡石马山，祔其亲之兆。廷矩先事告伯兄廷桂，以状走白沙来请铭。廷矩在诸生中齿长而贤，首率诸生事予。予惧与廷矩比。诸生咸进曰："是生廷矩者也，非是母不生是子，征贤母也。子宜以其贤铭。"予乃阅状。母姓周氏，讳某，番禺人，福建都司都事君讳普敬之女，泽庵何先生讳渊之妻。性孝敏勤恕，始辞褪褓，得一果必以献诸母。事针缕刀尺，巧不俟教，绝人〔3〕；临

〔1〕"德之爱孰与色之爱"，碧玉楼本作"色之爱孰与德之爱"。

〔2〕"可忘"，碧玉楼本作"弗忘"；四库全书本作"不忘"。

〔3〕"绝人"，四库全书本作"接人"。若作"接人"，相关语句之句读应作"事针缕刀尺，巧不俟教；接人临事，恪而有法，劳不厌也"。

事恪而有法,劳不厌也。博爱而善喻,人不待矫而至也。年若干,归何为冢妇,爱舅姑如爱父母,奉宾客如奉祭祀。虽居流离,未尝困戚为灭裂[1]。平居,处于娣姒得娣姒,处于媵侍得媵侍,处于族亲,无贵贱、内外、尊卑、贤否,咸宜。故视其疾者无不忧,哭其死者无不哀也。自泽庵没,专家政,至是若干年而终,春秋七十。二子皆已出,二女皆已有归。始,新喻胡公以按察佥事提调学校岭南,廷矩为郡学生员[2],以文行见器重。及秋将试,廷矩一旦谢去,公弗能止。亲旧欲其仕进,群来哗廷矩,廷矩闭门拒之。有让其母,谢曰:"儿削行为君子耳,吾何尤?"廷矩倍益厉,若负重进进,不敢为少懈,母之训使然也。呜呼!贤哉!铭曰:昔有尹母,和靖实贤。今有廷矩,岂无母焉?卓彼两母,辉光后先。我铭其墓,以永于传。

王徐墓志铭

君姓王氏,名徐,字行安,别号蕖轩,莆之耕坝里人也。自其先大父舜臣、父师佩至君,连三世不仕而丰其家。君孝友和乐,与弟行阳居四十余载,囊无私蓄,抚养孤遗,以嫁以娶,则视诸从昆弟所生同于己子。凶岁贷贫者粟,倾廪倒囷而出,粟虽多,不以息归,在亲旧者不责偿。而凡公私劝借助修坛宇津梁、陂河水利,君亦往往有焉。其所济,大者数百金,捐之弗计也。有司以闻,官给冠带荣之。君平居,不尚为山林落莫。胜日,置酒邀宾客饮于台池社院,酣歌徜徉,其所与游者,率时之贵人耳。君既卒,大理评事黄君仲昭状君之事如此云。君两娶李氏,四子,某某举进士,未第而卒;五女,皆适缙绅家。君生永乐丁酉,卒之时年七十二,将以某年月葬

〔1〕"困",林齐本、高简本、萧世延本、白沙文编、何熊祥本、王安舜本、黄之正本、碧玉楼本、四库全书本作"窘"。

〔2〕"生员"后,林齐本、萧世延本、白沙文编有"首"字。

某山某原。惠州别驾林君仲璧以大理之状为致其孤之恳，乞铭于予。屡辞而屡复，别驾卒与予书曰："必得先生铭以报王君于地下。"别驾则诚爱君矣，宁不爱吾言乎？向夕，吾梦与人讴，仿佛记之。其辞曰："富而居畎亩，体便轻暖，口足甘肥。左右僮仆，随意指挥。骑款段坐蓝舆[1]，出入闾里施施。亲友相过，饮酒忘归。纵观山云水月，鱼沉鸟飞。引满高歌，吹竹弹丝，以相谐嬉。过此以往，举无所用其心。黜陟不闻，理乱不知。老死岩穴之间，盖福人也，贤于世之患得患失者多矣。吾犹为子孙愿之。"其王君之谓乎！以是铭君之墓至当，尚奚言？

渔读居士墓志铭

何氏世居番禺之沙湾，当宣德、正统间，有号渔读居士者，名贞，字绍元，取适于渔。尝读书遇良夜，皓魄当空，水天上下一色，居士手持竿线，呼童冠三五，高歌走舴艋，遨嬉于江；归则焚香呫哔[2]，坐牖下吟哦，过夜分不寐，以为常。尤喜饮酒，子弟取杜诗之可歌者为越声，歌以侑觞，居士颓然真率。从之饮者，孔伯平、胡孟时、吴侃、王子儒[3]，皆乡之名士，非四人之俦者，弗与饮焉。景泰己巳之秋，盗起南海，东西亘数百里没于贼，居士见几而作，不俟终日。王师至，讨叛，玉石俱焚。始为请于官，持檄至钟村镇招之，全活甚众，沙湾人至今德之。居士行必顾义，言必顾道。将属纩，犹顾诸子申以平日之诲言，曰："吾世宦之后，族大以蕃。勿倨以高，宁俭而卑。忠信基之，礼义行之；亲贤取善，佞者远之。培之植之[4]，

〔1〕"蓝舆"，白沙文编作"篮舆"。

〔2〕"呫哔"，林齐本、高简本、萧世延本、白沙文编、何熊祥本、王安舜本、黄之正本、四库全书本作"佔毕"。

〔3〕"王子儒"，林齐本、高简本、萧世延本、白沙文编、何熊祥本作"王子伦"。

〔4〕"植"，林齐本、高简本、萧世延本、白沙文编、何熊祥本作"埴"。

勿替书诗。先其义,后其利;薄己而厚彼,广积而约费。惟家庙之奉、坟域之治、宾师之养、窭弱之施,则致隆而不可复惜。俾子孙承守世世而勿以淫侈坏之,则何氏之福与家法并传无涯矣。”语已而卒。居士生洪武戊寅,卒之时,天顺己卯六月十六日也。六世祖讳起龙,仕宋,官至太常大卿。考讳志明,妣赵氏。初娶三山崔氏,清献公七世孙也,生子男六人:浩、瀚、淳、淑、滌、沂〔1〕;女二人。继室简氏、杨氏,无子。崔氏先居士二十年卒,葬里之罗山。六子奉居士柩,以卒之年十二月十二日合葬其地,俪两继室焉。成化岁丙申,滌始至白沙从予游。又七年,壬寅夏五月,乃以其状来乞铭。铭曰:世之昧昧,奔名与利。有卓其英,以不混世。或贵而贱,或贱而贵。挥觞以为适,投竿以为戏,故不知老之将至。

马甘泉墓铭

宋有名马,其名甚大。卫公得之〔2〕,空群莫驾。九世曰祯〔3〕,育德于野。一本于身,祖德勿舍。今其归矣,附于马洒。我则铭之,后有兴者。

陈冕墓铭

伯道有子,刘蕡登科。责报于天,所得几何?迈迈子文,蹈此高坟。我铭为子〔4〕,显于千春。

---

〔1〕“淳”,林齐本、萧世延本、白沙文编作“渟”。

〔2〕阮榕龄曰:“‘卫[公]’乃‘魏[公]’之误。魏公,张浚也。按《新会王志·马持国传》‘持国曾为浚幕宾’,故云。”(阮榕龄撰:《白沙丛考》,《宋明理学家年谱》第九册,北京:北京图书馆出版社,二〇〇六年影印本,第四八六页)

〔3〕“祯”,林齐本、萧世延本作“桢”;碧玉楼本作“贞”。案:阮榕龄曰:“甘泉,[马]贞别号。”(阮榕龄撰:《白沙门人考》,《宋明理学家年谱》第九册,第六六四页)然则,应以碧玉楼本作“贞”为是。

〔4〕“为”,林齐本、萧世延本、白沙文编作“慰”。

志孙机圹〔1〕

成化丙午之岁，秋九月七日，景易之妇苑氏生次孙。以《周易》筮之，得涣之比，占曰："涣奔其机，悔亡。"因以"机"名之。明年春夏之间，疫作，里中之儿十五亡于疹。机朝病夕愈，面光射人，见者咸惊其异。未几，妇携机如外氏。得疾，将归，俄而风雨暴至，连数日不止。比归，疗弗及。张目视左右，泪潸然下，如不忍舍其母然，少顷遂绝，七月十六日也。机生质异常儿，清扬婉兮。太夫人抚之，喜曰："似其祖。"又熟察其寝兴啼笑蚤夜之有常，曰："无不似。"天畀我机，将恤我后。我固无以活之，痛哉！是月己丑，葬白沙葫园冈冢妇梁氏墓左。志其圹以毕予哀，云：生之异，保之未至。愧极生哀，哀极生愧，何以写之？为圹记。

先室张氏墓志〔2〕

冈脉旁起推车岭，正南面积水池，作己丙向者，吾室张氏藏也。张氏卒，葬孔家山二十五年，为今成化之末年十二月甲申，其子景云、景旸始易棺衾，奉迁于此。翰林国史检讨陈献章志。

太淑人王氏墓志铭〔3〕

敕封太淑人王氏[者]，顺天宛平人，广东都指挥使佥事陈公智

〔1〕 篇题及内文诸"机"字，原作"机"。四库全书本作"机"。白沙先生此孙，乃据《周易》"涣卦"九二之爻辞"涣奔其机，悔亡"命名，因改。

〔2〕 此篇原缺，为白沙先生集外文，阮榕龄据《新会县志》录入其所撰《编次陈白沙先生年谱》"成化二十三年丁未"条。（阮榕龄撰：《编次陈白沙先生年谱》，《宋明理学家年谱》第九册，第三〇四页；陈献章撰：《陈献章集》，下册，第八四〇页）兹据以补出。

〔3〕 此篇原缺，为白沙先生集外文，兹据《新宁县志》、《广东碑刻集》补出。（何福海修、林赓国纂：《新宁县志》，第三册，第七一〇至七一一页；谭棣华、曹腾騑、冼剑民编：《广东碑刻集》，广州：广东高等教育出版社，二〇〇一年，第四三七页）案：篇中缺字据台山广海起龙坊《陈氏家谱》所收此文补出。（该文图片由林震宇先生提供，谨致谢意。）

妻,今参将皞母也。生永乐己丑,卒弘治戊申,寿八十。太淑人性柔顺,在闺阃中无高声[语],夫妻敬相待如宾,抚群小有恩。年益迈,勤慎如少时。佥事公自顺天之蓟[州]官广东之[广]海,盖三十余年,躬征伐,无虚岁。太淑人家政肃[然,而]不以劳间于公,故公克勤王家,由指挥佥事历都指挥。公既卒,常语皞曰:"童子备官,以世禄之余[不]怠不辱耶?"乃一造其军门,视行营,询人情[皃],可谓无忝而父矣!故其子亦以世秩超[至]参将,功伐闻于众人,爵禄益崇,有荣于其先。於乎!妇人无外事,如玉在山,不见其贤,而光景自然。戒之敬之,老而实完。吾职不堕,丈夫实难。孰谓淑人,其德之刊。弘治六年岁次癸丑春正月既望,翰林院检讨白沙陈献章公甫撰并书。

墓　表

封燕山左卫经历张公墓表

公讳子真,字伯大,姓张氏,家南海之西滘村。自西滘鼓柁并南下[1],得风水之便,其至白沙一日耳。余尝闻公于番禺李祯德孚,曰:"有行人。"[2]少力田给数口,无赢衣食不为耻。晚岁既家裕,又以其子官征仕郎,赠燕山左卫经历[3],公不色喜。自奉养俭约如历田时,对乡人辄自称姓名以语;篋命服,不以新易故葛巾布

---

〔1〕"并",碧玉楼本作"而"。

〔2〕"有行人",高简本、萧世延本、白沙文编、王安舜本作"有恒人"。

〔3〕"赠",应作"封"。据文中张氏获封燕山左卫经历之后,"不色喜"之说,张氏获封燕山左卫经历之时尚存;而题目作"封燕山左卫经历"。可见,"赠"应作"封"。案:在古代,朝廷推恩大官重臣,把官爵授给本人父母,其父母尚存者,称封;其父母已殁者,称赠。[参《辞源(修订本)》,北京:商务印书馆,一九九一年,上册,第八七〇页,"封赠"条。]

裘，曰："吾素性乃尔。即不尔，吾敢忘吾初?"故公之度大一乡，一乡人咸嗟以为有德。余闻士不耻贱贫，虽富贵而弗骄[1]，则不失义、不离道；入于患得患失，碌碌为鄙夫。以是考公之迹而揆其所用心，谓其无以异于今之人，则吾不信也。公积于家者厚矣，余特表其大节以为世劝。公以农业起家，故自号曰稼轩，示有初也。葬西淋乡之某原[2]，望之木已拱。高其封若马鬣，题曰"燕山左卫经历"者，公之墓也。考讳可达，背公于娠；鞠公于外氏以成者，公之妣梁也。生于洪武己酉，卒天顺辛巳，寿九十三。妻何氏，子男五：长者某，征仕郎也；次某某。孙男八。属于予以表公之墓者，征仕郎所出，丙戌罗伦榜进士泰也。近以宰沙阳政最被征，时征者类有御史之拜云。

传

罗伦传 弘治癸丑三月作

吾平生有故人曰罗伦，字彝正，江西永丰人，宋罗开礼之后也。性慷慨乐善，不疑人欺，遇事无所回避，有不可，辄面斥之。举成化丙戌进士，策对大廷，顷刻万言，中引程正公语："人主一日之间，接贤士大夫之时多，亲宦官宫妾之时少。"执政欲截其下句，伦不从，直声震于时。奏名第一，为翰林修撰。会内阁大学士李贤遭丧，朝廷留之，台谏皆不敢论说。伦诣其私第，告以不可，李公始以其言为然。既数日，复上疏历陈古今起复之非是，且曰："如其不然，必准富弼故事终丧、刘珙故事言事。"反复数千言，一本于天理人心之

[1] "富贵"，林齐本、高简本、白沙文编、王安舜本作"贵富"。
[2] "西淋"，高简本、白沙文编、王安舜本作"西林"。

不可已者。孔子曰“勿欺也,而犯之”,伦以犯颜切谏为大,救时行道为急,其负荷之重,未尝一日忘天下,故发愤如是。疏奏,遂落职提举泉州市舶司。伦虽见逐,而士论益荣之,由是天下之士争自刮磨,向之不言以养忠厚者为之一变,而终伦之世,台省未闻有起复者矣。虽以此为人所知,然亦以此取嫉于人。明年召还,复修撰,改南京。寻以疾辞归。开门授徒,日以注经为业[1]。垂十年,卒于退居之金牛山。世之知伦者,不过以其滂沛之文、奇伟之节、果敢之气而已,至其心之所欲为而力之所未逮,未必尽知也。尝欲仿古置义田以赡族人。或助之堂食之钱,谢而弗受;或衣之衣,行遇乞人死于途,辄解以覆之。客晨至,留具饭,其妻语其子曰:“瓶粟罄矣。”之旁舍干之,比举火,日已近午,亦旷然不以为意。提举泉州时,官例应得折薪钱,其人欺以乏告,即放遣之不复问。予尝遣人访之山中,结茅以居,取给于陇亩,往来共樵牧,若无意于世者。时或作为文章以发其感慨之意,而人亦莫知之也[2]。论曰:伦之必为君子而不为小人,较然矣。如伦之才,少贬以徇人,虽欲穷晦其身,宁可得也?以其所学进说于上,世目之为狂,何足怪也?孟子称豪杰之士“虽无文王犹兴”,若伦者,今所谓豪杰,非欤?无导于前而所立卓然,人莫能夺之。又曰:伦才大不及志,其青天白日足称云。[3]

---

〔1〕“开门”,原作“闭门”;“注经”,原作“著经”,据林齐本、高简本、萧世延本、白沙文编、何熊祥本、黄之正本、四库全书本改。

〔2〕“莫知之”,林齐本、萧世延本、白沙文编、王安舜本作“莫之知”。

〔3〕“其青天白日足称云”后,林齐本、萧世延本、白沙文编有“弘治癸丑春三月既望,古冈病夫陈某撰”十六字。

行　状

丁知县行状 成化丙午七月〔1〕，代容珪作

侯姓丁氏，名积，字彦诚，别号三江渔樵人，世家宁都之关西〔2〕。丁氏系出丹阳司马。司马之后，世有显人。曾祖某、祖某、父某，皆隐德弗仕；曾祖妣某、祖妣某、妣某。侯生有美质，自少岐嶷。入邑庠补弟子员，挺立不为时辈所喜。登成化戊戌进士，明年出知新会县。新会，广藩巨邑，素号难治。侯闻邑中有白沙陈先生，喜曰："吾得所师矣。"侯之同年梁编修储、李主事祥皆先生门人，侯请书以为先容。比下车，未视篆，即上谒先生，欲事以师礼。月分其所得俸，先生每避还之。凡有所闻，行之惟恐后。四方学者往来白沙之门，侯闻林县博光、张进士诩至，必欣然往会，旦夕听其议论，若渴得饮焉。与一峰罗先生虽素昧平生，然每思慕其贤，讣闻，专使走湖西致奠，捐俸金以助葬事。其尊贤乐善无间于存亡如此。有中贵弟梁长责民偿逋过倍，复妄诉之侯。侯廉知其情，系长狱，悉追贷券焚之，由是权豪缩颈。是是非非，苟罹于法，虽素亲爱不少贷。未逾年，民大趋令。侯于干谒之来，厉词色以拒之，甚者揭其姓名以示众。严赌博、窃盗之禁，既寘于法，复大榜其门曰某赌博、某窃盗之家，月朔令赴县庭听戒谕，俟其悔然后去其榜。其良家子弟陷于赌博者，侯悉聚之庑下，使日诵《小学》书，亲为讲解，冀变化其气习。尝为民辩冤忤当道，系狱且危，百姓惶惧，欲用计

〔1〕"丙午"，原作"丙戌"。成化丙戌，为成化二年，其时丁积尚在世。兹据林齐本、萧世延本落款改。

〔2〕"关西"，林齐本、高简本、萧世延本、何熊祥本、王安舜本、黄之正本、四库全书本作"西关"。

为侯解。侯示以手书曰:“君子但求无愧于心而已,祸福之来有命,尔等慎勿妄动以贻我羞。”有积年起灭词讼者,官司病之,莫敢谁何,侯尽擒之,毙于狱。侯尤善节财用。前此,上下往来非谊之馈,一岁所费无算,民苦之。侯痛革其弊。盖异时当甲首者,均平钱悉贮于官,复令出私钱供用,名曰“当月钱”。官吏里胥乘时侵克,每岁虽单丁小户,所费亦至五六千余,贫者鬻子女,故逃亡者众。侯为处当,每丁派均钱,月支里胥供用备足外,不妄科一钱。每岁甲首纳均平钱毕,即归田亩,更不令在县当月。白沙先生《乐岁诗》云“长官愿似丁明府,甲首终年不到衙”,盖实录也。民穷于侈且僭,侯为申明洪武礼制,参之文公冠婚丧祭之仪节,为《礼式》一书,使民有所据守。每乡择老成者数人主之,月朔进问于庭,优礼其能者。都老马广为众所推让,侯于元日进广于庭,率诸乡老再拜谢之。春秋祭祀,品物牲牢极其精洁,役者悉令沐浴更衣然后将事。俎豆既陈,侯周视,行列必极其整方止。壬寅岁大旱,春尽,种未入土,侯忧之曰:“此令之责也。”遂于圭峰绝顶筑坛祷雨。时当酷暑,山气郁蒸,侯晨夕斋沐,伏坛下致祷,凡七日,未雨,羸甚。左右进曰:“躯命所关,可以少止。”侯呵曰:“民得雨,吾病何憾!”至八日,暑气愈炽,侯触暑跪坛下,衣汗浃踵。大风忽作,卷炉中火著侯衣,略不为动。雨遂迸空下,左右张盖,侯命撤之,衣尽湿。翌日雨止,侯复祷,至十有一日,雨足乃已。如是者凡三次焉。节义所关,或庙或墓,各置祭田,择人守之。如大忠祠置田二百余亩,节妇何氏、庄氏、萧氏等墓置田共一顷六十余亩。民所敬事者,惟修复里社一坛而已,其不载祀典之祠,无大小咸毁之。此其政绩显著之大者。一念终始在民,既得疾,羸甚,犹日究心于民事,朋友遗之书不能止,遂卒于官。侯生正统丙寅十二月初十日,至是卒,年四十一也。配罗氏,生子男二人:长曰一芳;次曰某,生于公卒之五月。女二,俱幼。侯卒之日,民相吊哭于途。归德里有一妪夜哭于家,邻人怪而问之。曰:“来年甲首到,丁大人死,吾殆不能聊生矣,是以哭。”至今,邑人之思侯者甚于在任之日,虽古桐乡之遗爱不是过也。珪,邑人也,侯之善政善教,皆所亲睹,故为状其行,以俟他日观风者采焉。谨状。〔1〕

伍光宇行状

君讳云,字光宇,系出汴梁伍氏。先世仕宋为岭南第十三将曰氓之子始来新会,至君为若干世,世为士夫家。君自少轩整有志,于世无所屈让,与人语惟其所欲语,辄语必竭乃已。或忤之,争必务胜。人有善,好之若出诸己。己所欲为,必以强人为之。垂四十,始交于予。予之所可,君亦可之;予之所否,君亦否之,惟予言之适从。南山之南有大江,君以意为钓艇,置琴一张、诸供具其中,题曰“光风艇”。遇良夜,皓魄当空,水天一色,君乘艇独钓,或设茗招予共啜。君悠然在艇尾赋诗,傲睨八极,予亦扣舷而歌、仰天而啸,飘飘乎任情去来,不知天壤之大也。所居之北为岩亭,高不盈一丈,其中阒寂,视之窈如也。而君以夙疾未除,齿发日耗,其为学也盖不能无日暮途远之忧,便杜门息交,不择远近为趋舍,凡平居一切与往还者皆抗颜谢焉。入处于亭,焚香,正襟趺坐竟日,闻者异之。别于白沙筑草屋三间,号曰“寻乐斋”,与岩亭往来居之。盖自成化庚寅之冬至明年首夏,凡四阅月,无日不在寻乐。始与家人约云:“吾不可去白沙。吾其斋戒有事于家庙,吾疾作须扶持,吾乃归一日二日;小健,吾当返,慎无以家事累我。”既而果如其言。学主力行,与之语,虽不便了,而能鞭策益力。肯担负,矻乎不移〔2〕。前此,惟务意气胜人,不自觉束,凡出藩篱事亦无所不为;至是,痛

---

〔1〕“谨状”后,林齐本、萧世延本有“成化丙午秋七月”七字。
〔2〕“矻乎”,王安舜本作“屹乎”;四库全书本作“确乎”。

自惩艾,痛自改革,尝激昂厉声语云:"云不自树立为人,不如死。"晓夕约己以进,有所弗及,无所惮劬焉。间与予论为文,必曰:"黄涪翁《题摹燕郭尚父图》尽之。"论书,曰:"兔起鹘落,法语也。知画者必知书,其惟苏长公乎!"至于诗,则谓:"唐以下多近体。古诗冲淡之流,吾其陶处士师乎!"凡此项皆君笃好而愿为之。及其卒也,十九无成,则亦慨乎岁月之已晚而其力之所及有未暇焉耳。君笃于事死之礼,谓斯礼之兴废在人,后世无以为笾豆之费,则不肖者有以借口〔1〕。乃告于季父绚洎伯兄裕,割田若干亩以供祀事,权以所居第为祠。有事于此,必诚必敬。月旦十五日,君率以夜半起,衣冠端拱立祠下以俟,尊幼男女咸来,无或敢不虔。岁辛卯秋,始大营材为祠。当病未亟时,尚日经度兹役。将诹日始事,语人曰:"吾息奄奄,吾旦夕死不可知,惟是祖考之神所栖未有定处,吾深惧焉。虽存一日,不敢怠。"语斯须未毕,痰涌出喉中,滚滚不绝如缕,日夜且数升。亲旧悯其如此,咸劝之令止,勿听〔2〕。卒之前数夕,焚香秉烛,招予与诀,父子兄弟具在〔3〕,直云:"云薄命,云负先生。"数日遂卒。卒之时年四十又七,实辛卯十月十八日也。君娶某氏,无子。裕以其次子秉中为君后云。

祭　文

祷雨祭五方土神文 代丁知县作

六月不雨,田苗将槁。愆伏为灾,孰非天造?探殃所由,谁实

〔1〕"不肖",原作"不省",据王安舜本、碧玉楼本改。

〔2〕"勿",林齐本、萧世延本、白沙文编作"弗"。

〔3〕"父子兄弟",林齐本、高简本、萧世延本、白沙文编、何熊祥本、王安舜本、黄之正本、四库全书本作"父兄子弟"。

召诸？惟令不令，斯民何辜？神不宥过，某敢辞死？愿沛甘泽，以绥赤子。[1]

祷雨告各神文 代丁知县作

邦有常祀，祀为邦主。食民知报，罔间今古。神宜惠民，民实赖之。弥月不雨，苗则槁而。某忝为令，我民是轸。敬祈神庥[2]，苏我民窘。

谢雨文 代丁知县作

今令所急者，簿书期会而已。政教不修，何以为邑？徒食七品之禄，以在民上，安能使阴阳和、风雨时乎？故若某者，履任以来，未及一载，惟不能修厥职而亢旱是忧。幸赖天地神灵悯民之穷，降兹甘泽，诚欣诚荷。谨具牲醴，用答神赐，惟神尚终惠之，使永有年。

祭大忠祠文 代丁知县作

俨其堂堂，沛其洋洋，是谓正气，至大至刚。上有青天，下有黄壤，不亡者存，薰蒿凄怆[3]。维兹仲春，谨以牲帛醴齐粢盛庶品式陈明荐。尚飨。

祭菊坡像文

先生宋代之名臣，吾乡之前哲。卷舒太空之云，表里秋潭之

---

〔1〕“绥”，林齐本、高简本、萧世延本、白沙文编作“缓”。
〔2〕“神庥”，林齐本、高简本、萧世延本、何熊祥本、王安舜本、黄之正本、四库全书本作“神休”。
〔3〕“薰蒿”，白沙文编、四库全书本作“焄蒿”。

月。淮蜀委之而有余，疑丞尊之而不屑[1]。故能效力于当年，而全身于晚节。猗欤先生，挺生南越，广厚深沉，清通朗彻。藐予区区，心驰梦谒。稽首丹青，謦欬若接。取彼神丹[2]，点兹顽铁。庶几百年，不远途辙。秋菊之芳，寒泉之洌，奠而荐之[3]，用表贞洁。

祭先妣林夫人文

维弘治十年，岁次丁巳，冬十月己巳朔，越廿又一日己丑，孝子陈某敢昭告于先妣林氏夫人[4]：友人刑部主事兰溪姜麟肃具香一束、帛一端，俾告夫人之墓，焚之以表哀慕之诚。谨以茶酒时馔用申虔告。

祭先师康斋墓文

维成化十八年，岁次壬寅，十一月日，门人新会陈某被征赴阙，道出剑江，谨具牲醴告于先师聘君康斋先生之墓曰：於乎！元气之在天地，犹其在人之身，盛则耳目聪明，四体常春。其在天地，则庶物咸亨，太和絪缊。先生之生，孕三光之精，钟河岳之英，其当皇明一代元气之淳乎！始焉知圣人之可学而至也，则因纯公之言而发轫；既而信师道之必尊而立也，则守伊川之法以迪人。此先生所以奋起之勇、担当之力而自况于豪杰之伦也。先生之教不躐等，由涵养以及致知，先据德而后依仁，下学上达，日新又新。启勿助勿

[1] “疑丞”，原作“凝丞”，据林齐本、高简本、萧世延本、王安舜本、碧玉楼本改。疑丞，古官名，供天子谘询之职。《尚书大传》云，“古者天子必有四邻：前曰疑，后曰丞，左曰辅，右曰弼。天子有问而无对，责之疑；可志而不志，责之丞；可正而不正，责之辅；可扬而不扬，责之弼。其爵视卿，其禄视大国之君”。（伏胜撰、郑玄注：《尚书大传》，《景印文渊阁四库全书》第六八册，第三九四页）

[2] “謦欬若接。取彼神丹”八字原缺，据林齐本、萧世延本、白沙文编补。

[3] “奠”，原作“奚”，据碧玉楼本改。

[4] “于”字原缺，据林齐本、高简本、萧世延本、白沙文编补。

忘之训，则有见于鸢鱼之飞跃；悟无声无臭之妙，则自得乎太极之浑沦。弟子在门墙者几人，尚未足以窥其阈域。彼丹青人物者，或未暇深考其故而徒摘其一二近似之迹描画之，又焉足以尽先生之神[1]？某也生长东南，抠趋日少，三十而后立志，五十而未闻道，今也欲就而正诸，而悲不及先生之存。先生有知，尚鉴斯文。尚享。

祭太子少保朱公诚庵先生文 代陶廉宪作

乌虖！公不为矫矫亢亢以要誉于众口，而其端方俭约以事乎其上者，足以为忠；不为烈烈轰轰以震耀于当世，而其清静简易以临乎其下者，足以为功。昔者两广，盗贼充斥，自西而东。韩公率师，捣穴攘凶。兵由义胜，民以盗穷。公来继之，以守易攻。阴惨阳舒，相为始终。甚矣！公之厚于民而薄于躬也，一食之费必计，曰"民其不聊生"；一役之兴必计，曰"民其不堪命"。故人之遂其生养者，若赤子之慕慈母；人之免于涂炭者，若枯槁之遇春风。某奉韩律，未弛我弓。公曰抚之，敢为异同？知我任我，实惟两公。天子以公久劳于外，还公于朝。齿虽落而志则雄，食虽少而神则充。于是乎竭股肱之力而效臣邻之职，旁引善类以扶天地之元气，大明公道以寿国家之命脉。士以此望于公，公亦以此自期。胡天之不慭遗、俾公之功著于四方者？虽成乎昭昭之美，而公之忠奋于庙堂者，未底乎赫赫之隆。乌虖哀哉！尚飨。

祭诚庵先生文

维成化二十二年，岁次丙午，冬十二月壬申朔，越初八日己卯，门人翰林院检讨古冈陈献章，谨具牲醴粢盛庶品，遣子陈景云致祭

[1] "焉"，林齐本、萧世延本、白沙文编作"乌"。

于诚庵老先生太子少保朱公之灵曰：於乎！昔我抱病，造公戎府。公曰“时哉，毋恋衡宇。贤才用世，小大有补。长筇下山，可以撑拄。群龙在朝，可以参伍。皇皇仲尼，与世为矩。猎较不行，然后去鲁。好高欲速，为戒自古”。再拜谢公，不我色许。短疏叩天，归宁老母。公曰“嘻哉，不忘陟岵”。甲辰之春〔1〕，公委斋斧。帝命还台，以亲四辅。炳如日星，众目所睹。我贡尺书，倾竭心腑。公在庙堂，当为砥柱；公去庙堂，当为鸿羽。公揽台纲，阅两寒暑，或弛或张，或默或语。迹公所为，谁夺谁予，万石之钟，千钧之弩。我欲言之，犹惧莽卤。胡天弗吊，祸来二竖。於乎公乎！是谓卷娄。岂惟门生，匹夫匹妇。辽哉郴阳，欺我疾苦。犬子执卮，往浇墓土。索纸题情，涕下如雨。於戏哀哉！尚飨。〔2〕

祭袁侍御文

思昔南京，倾盖而语；垂二十年，君出我处。君由进士，宰邑太平，再涖宜兴，廉惠有声。遂简霜台，来巡敝省，未至而孚，奸吏缩颈。顷以公务，过于白沙，夜阑秉烛，相对咨嗟。君病未衰，我衰而病，进退存亡，必得其正。与君论《易》，托诗以宣，君口不言，岂不谓然？除虐救民，负荷以往，止于龙川，其劳可想。或云非也，无疾而委，道路流言，将信将疑。惟君英明，夫谁敢犯。苟得其正，死亦无憾。君司风纪，实茂才猷，天佑下民，而不少留。吁嗟君兮，民之司命。君子之穷，小人之幸。兼素之讣，继此亦闻。海内知己〔3〕，存者几人？乌虖哀哉！尚享。

〔1〕“甲辰”，原作“甲寅”，据林齐本、高简本、萧世延本、白沙文编、何熊祥本、王安舜本、黄之正本、碧玉楼本、四库全书本改。

〔2〕林齐本、萧世延本、白沙文编无“尚飨”二字。

〔3〕“海内”，原作“海门”，据林齐本、高简本、萧世延本、白沙文编、碧玉楼本改。

祭陶方伯文[1]

树立大者,不羁小节。其行翩翩,其光烈烈。公攘寇患,于岭西东。百里大藩,劳贯始终。四十年来,枕戈卷甲。力能诛夷,威足镇压。公在岭表,长城是依。公今逝矣,人奚不悲[2]。某也于公,雅匪朝夕。东望仙城,有泪沾臆。昔者枉棹,扶病过予。笑语竟夕,放步徐徐。将谓百年,精力犹在。别几何时,忽此颠沛。乖厓将去,逸人复来。一诀万古,岂偶然哉?世烈光前,锦衣裕后。俾公子孙,世享其有。死生一致,公何憾焉!有未厌者,六十五年。惟天命之,穷达寿夭;惟心安之,泰山毫杪。老病日益,跬步莫支。敬陈薄奠,以写我私。尚享。

祭顾勉庵别驾

於乎!昔倅我邦,公才独优。往贰端阳,实惠一州。通达万变,可期一面。止于郡僚,督府之荐。公车翩翩,愈励愈骞。一病不起,孰云非夭?少有抱负,受知当路。众论同异,孰识其故。晚节不亏,浩然赋归。进退可观,吾宁不悲?一息不至,今其已矣。神乎洋洋,歆此诚意。

祭丁知县彦诚

呜呼!登贤名于甲榜,与多士而并驰;试牛刀于小邑,称庶物以平施。耻溷溷以希合,宁戚戚而谋私?尝铮铮以陷狱,亦蹇蹇而忘危。故法不贷于豪右,而惠可及乎茕嫠。汛扫淫祠,纲维化典,载劝载惩,条章显显。虽小人之难化,亦向风而革面。两考于兹,

〔1〕“方伯”,王安舜本作“邦伯”。
〔2〕“奚”,林齐本、高简本、萧世延本、白沙文编、何熊祥本、王安舜本、黄之正本、碧玉楼本、四库全书本作“胡”。

夙夜有常,殷忧成疾,二竖为殃。方其在病,斯民皇皇。今其既往,行路涕滂。此见好恶之公出于人心之天不容已,君虽死而有光。念昔从游,礼崇信笃。旅魂何之?遗孩在目。扶护者谁?我力不足。生死交情,尽付一哭。想英爽之未亡,故焄蒿之可掬[1]。乌乎哀哉!尚享。

祭黄君朴文

於乎!逍遥乎半月之舟,留连乎泽垓之酒;面圭峰以放怀,唱竹枝而拍手。春月秋花,卷为己有。何百年之未半,与众木而同朽?大块无心,孰夭孰寿?消息自然,匪物有咎。委变化于浮云,达荣枯于疏柳。有肉在俎,有羹在豆,公死如生,荐满一斗。

祭李磐石文

公,乡之父兄行也,子弟辈事公于兹有年矣。公坦直而不华,约而有恒,其中舒舒。其于事,得丧无大欣戚,又不作富家翁样,巾屦虽极粗垢,不耻也。凡公之事如此,人之诡谲侈靡者,孰不笑之?然公以此贤于乡人远矣。乌乎哀哉!尚享。

为景易撰祭刘氏外母文

乌乎!外舅之生,二十八年,奄弃之孤,孰维其颠?恭惟外姑,守一秉贞。勤俭始终,家用不倾。男女五人,以母为命。爰有室家[2],内外各正。古之贤母[3],比德则同。母于苑氏,可谓有功。自昔于归,迄乎就木,德亦可师,功亦可录。於乎哀哉!尚享。

---

〔1〕“焄”,原作“焄”,据白沙文编、王安舜本、碧玉楼本、四库全书本改。
〔2〕“爰”,原作“奚”,据林齐本、高简本、萧世延本、何熊祥本、王安舜本改。
〔3〕“贤母”,原作“贤士”,据林齐本、高简本、萧世延本、何熊祥本、王安舜本改。

祭伍光宇文

乌乎光宇！丽丽而强。其执则固，其谋则方。惟其笃于善也，不忘乎一饭之顷；故其向于道也，寖近乎数仞之墙。予观之子久矣。子初为人，烈烈亢亢。其味桂姜，人不敢尝。世之病子者，谓子好伐，乖于和而轩于直，予独畏子感激而慨慷[1]。其才如此，故变而至善也，去故习如脱屣；而人之望之也，若断鸿天路之翱翔。苟不缠于宿疾、限于短命，而肆其力于学也，又焉可量哉？[2] 使其辞烟霞而依日月，展股肱而佐庙廊。砥定海岳，燮调阴阳。下抚黎庶，上佐元良。吾不知子之究于用何如也。至若犯颜敢谏，正论堂堂。可以引裾批逆鳞之怒，可以折槛干刀锯之芒。直而不回，死而愈光[3]。若是者，非子之望而谁望耶？古之荣于进者，听其言若可信也，观其色若可壮也，至于临死生利害之变，鲜不回顾而彷徨。故士之可贵者，不于其身之彰，于其志之臧。不臧而彰，匪事之常；臧而弗彰，庸或何伤？古之丰于才而啬于命者多矣，奚独子哉？惟其不待生而存兮，故不待死而亡。夫既信其如此兮，又焉论其行藏？呜呼光宇，其何可忘！

祭容彦礼文

维弘治三年，岁次庚戌，冬十有一月己卯朔，白沙先生门人容彦礼之柩，以明日庚辰发引，将就窆于大田。先生许为之墓铭而未具，乃命其子陈景云持庶馐粢盛酒果，致奠于彦礼柩前而告之：乌

---

〔1〕“慨慷”，林齐本、高简本、萧世延本、白沙文编、何熊祥本、王安舜本、黄之正本、碧玉楼本、四库全书本作“慷慨”。

〔2〕“焉”，林齐本、萧世延本、白沙文编作“乌”。

〔3〕“而”，原作“于”，据林齐本、高简本、萧世延本、白沙文编、何熊祥本、王安舜本、四库全书本改。

虖!士而好奇,揆道则离;士而无奇,罔闻于时。彦礼之生,五十五年于兹矣。彦礼之处乎宗族、行乎闾里,同不同者为谁?彦礼之希慕乎古而取法于今,而谁与归?观其所与,而人之贤否可知。彦礼之墓,吾将征于彼以铭之。呜呼哀哉!

奠丘阁老文

於乎!先生之志见于行事,先生之言存于著述,既大显于当年,必有闻于异代。某一病多年[1],老于林下,足不至先生之门,目不睹先生之书。比岁得所遗《琼台吟稿》,才一编而已,而何足以知先生之大全哉?於乎!有言依乎教,有行概乎道。行由教宣,言以道传。没而有知,尚鉴斯言。[2]

奠何教授文

於乎!生之谓来,死之谓往。往来之间,奚得奚丧?河岳星辰,鼠肝虫臂。小大则殊,由其所遇。载鸣教铎,载典文衡。引年而休,乌乎先生!

奠举人谭士直文

於乎士直!遽至此耶?天不与之年[3],与之才,将谁咎耶?彼碌碌者老无闻于世,又何贵于年耶?哀哉!尚享。

奠汪海北文

乌虖!天马行空,步骤不凡。自然世外,众莫能参。气雄万

---

[1] "多年",原作"当年",据林齐本、高简本、萧世延本、白沙文编、何熊祥本、王安舜本改。

[2] "尚鉴斯言"后,林齐本、萧世延本、白沙文编有"尚飨"二字。

[3] "与",原作"予",据林齐本、高简本、萧世延本、何熊祥本、王安舜本、黄之正本、碧玉楼本、四库全书本改。

夫，德罔二三。予何人哉，为公指南。修古日新，怀沙匪堪。譬彼世味[1]，甘其所甘。江门秋月，庐阜晴岚。海北二年，朝讽夕谈。如饮醇酒，无日不酣。从事数至，命我则惭。我赋白洋，句不待探。可以立懦，可以激贪。虽有百钧，何足以担？扩而充之，奚适不堪？乌虖！千古在前，万古在后。上下四方，谁无宇宙？负大翼者，其风必厚。恶木道旁，往来莫觏。昔人之交，倾盖如旧。盖不待倾，金石亦透。天俾尔才，不俾尔寿。厥初受之，今也奚咎？尚享。

奠梁贞文

於乎惟正！思慕古之人，师之非不足于才也，岁月永谢于呻吟；回翔今之世，行之非无其志也，科第未殚其胸襟。昔之来也，碧玉楼中，指蒲团而语静；今之去矣，白云何处，想鹤驾以伤心。果司命之在天，不可以人力胜耶？抑所养之未至，不可委之命耶？今馆中之士，求如惟正者守一而殁，盖亦希矣。薄俗移人，始终殊归，不自知其非也。於乎哀哉！尚享。

奠表兄何处素文

维弘治八年，岁次乙卯，四月甲寅朔，越二十一日甲戌，孤哀子陈某谨以牲特柔毛粢盛酒果，遣子景云等奠于表兄处素何君之灵曰：当披发袒跣之初，闻兄之讣。兄不幸属纩与先妣同日，某摧裂肝肺之余[2]，无由往哭。乌虖哀哉！乌虖痛哉！兄年七十，不为不寿；兄有二子，不为无后。死生昼夜，万物刍狗。复何言哉！尚享。

---

〔1〕“世味”，林齐本、萧世延本、白沙文编作“嗜味”。

〔2〕“肝肺”，原作“肺腑”，据林齐本、高简本、萧世延本、何熊祥本、王安舜本、黄之正本、碧玉楼本、四库全书本改。

奠谢伯钦文

乌虖伯钦！知吾言否？六十年中，通家之旧。亲我事我，栖栖自幼[1]。情若兄弟，为足为手。吾行东西，不离左右。矢心靡它，乃若之厚[2]。庭有佳植，雪霜为寇。如何弗顾，身木已就。遗忧孔深，奚测奚究。积善余庆，反躬可久。苟无令人，天损必受。谁其忧之，不负良友。於乎哀哉！尚飨。

告罗一峰墓文

维成化十八年，岁次壬寅，十月某甲子，白沙陈某应征起赴京，行过永丰，谨具酒果庶馐，告于亡友一峰罗先生之墓曰：呜呼先生！今曷为而往，始曷为而来？处则畎亩之逸民，出则文章之钜魁。其洞彻不欺之心，炳中天之杲日；而轰动出群之气，殷百蛰之春雷[3]。知先生者，拟先生于北海；不知先生者，谓松柟弗类，反见目于榆槐。先生见贤必亲，闻善必录，遇恶必摧；存而知亡，过而能裁，随时变化，有阖有开。而平生念虑所存，其大者正君、正朝廷、正三纲、正万民、正四方。皇皇之忧，耿耿之忠，则致死而勿颓、贫贱而不为戚、患难而不以回。成化己丑之夏，予遇先生于南畿[4]，盍簪之欢，忘形尔汝。既三宿而后别去，屡反顾而徘徊。先生赠予南归之文，予处先生草亭之什[5]。既而各申其戒，曰“我不枉己，君无凿坏”。孰谓先生去官而死，曹溪之约不遂。丽泽之资何有，而今而后复仰望于何谁？於戏惜哉！宿草之墓，朋友弗哭，

〔1〕“栖栖”，四库全书本作“凄凄”。
〔2〕“若”，林齐本、高简本、萧世延本、白沙文编、何熊祥本、王安舜本作“君”。
〔3〕“殷”，碧玉楼本作“启”。
〔4〕“遇”，黄之正本、四库全书本作“过”。
〔5〕“什”，碧玉楼本作“内”。

礼之常也，非予与先生之宜也。先生有知，歆此絜醅。尚享。

奠容彦昭文

白沙先生闻容生彦昭将归窀穸，遣子景云持炙鸡之奠，告于彦昭之灵曰：呜呼彦昭！颜子之寿，过于彭祖。王公之乐，不如匹夫。彦昭居吾门，不可谓不久矣；四十一而亡，不可谓夭矣。已矣乎，吾将以悼彦昭者自悼而又以悼众人乎！乌虖哀哉！尚享。

奠容彦潜文

白沙先生闻容生彦潜之卒，遣其子陈景易具只鸡酒果，致奠于容生柩前而告之曰：俯江流而呜咽，望云山而徘徊。叹一生而已矣，怅独立以兴哀。游好几时，音容永谢。致奠一觞，有泪如泻。尚享。

奠伍光宇文

壬辰岁首月之二日某甲子，白沙陈某过亡友伍光宇寻乐斋，抚物兴怀，潸然泻涕，遂命子景云持炙鸡絜酒，奠于南山之庐而哭焉。乌虖光宇！遽至此耶？去年今日，版筑寻乐，其声登登，隐然在耳。手植庭蕉上墙，绿逐日新。光宇何之？斯文一缕千钧，我辈三纲五典。左顾右盼两壁间联句，想见当时负荷一段精神，耿耿不灭。天道予善斯人也而不永年。呜呼哀哉！尚享。

告伍光宇文

成化壬辰夏六月戊寅，白沙陈某奉柬于亡友伍光宇之灵曰：一死一生，乃见交情。某平生于光宇，至诚相与，无异骨肉。不幸光宇早世，某在，何敢以死生相背？凡百举措，一如光宇存时。近日，家塾刊拙书真草百余字与诸生临写，尚有板四隅，匡郭未整，欲借安仔刀斧一日。又所卜屋后山,近请得李立武来看,云此地三台落穴有气,是可藏矣。敢告。新刊孔昜《来鹤亭诗》并拙作数首[1],奉去冥览。[2]

祭林竹斋文[3]

维成化十五年,岁次己亥,冬十有一月乙未,古冈陈献章谨遣学生容贯、犬子陈景云,以柔毛酒果致奠于茶园竹斋丈人之灵曰:呜呼!林光,吾友也,志同道合,是为丈人之子。吾知光,斯知丈人矣。於乎哀哉!尚飨。

祭罗一峰文[4]

呜呼一峰!为道义先觉,为仁义郛郭,为士庶依托,为当时医药,为沛八表之云而翔千仞之鹫,为鼓万物之风而架层空之阁。其心洞洞,其性落落;其文浩浩,其行卓卓。白日青天,泰山乔岳。呜呼一峰!九原不作,吾谁与归?吾终从子于冥漠。

祭邹汝愚文[5]

嗟嗟汝愚!不括其囊,而晦其光,汲汲皇皇。不小其节,而畏

---

〔1〕"孔昜",原作"孔易",据高简本、萧世延本、白沙文编、王安舜本、碧玉楼本改。庄昶,字孔旸(或作孔昜),号木斋,又号卧林居士,江浦人。因居定山,学者称定山先生。

〔2〕"奉去冥览"后,林齐本、萧世延本、白沙文编有"某再拜"三字。

〔3〕此篇原缺,为白沙先生集外文,兹据《南川冰蘖全集》卷末附录补出。(林光撰:《南川冰蘖全集》,第五一〇页)

〔4〕此篇原缺,据《白沙先生文编》补出。(唐伯元编次:《白沙先生文编》,第六卷,第三六页)

〔5〕此篇原缺,为白沙先生集外文,据《立斋遗文》、《文章辨体汇选》、《白沙先生文编》补出。(邹智撰:《立斋遗文》,《景印文渊阁四库全书》第一二五九册,第四八二至四八三页;贺复征编:《文章辨体汇选》,《景印文渊阁四库全书》第一四一〇册,第七〇九页;唐伯元编次:《白沙先生文编》,第六卷,第四十四页)

其折，轰轰烈烈。昔在翰林，默语浅深，孰识其心？顷来南海，穷而不悔，乃见其介。业以时兴，行以志成，君子之贞。贞德之干，无受天损，何命之短！已而已而，天道无知，哀此孤嫠。死不避险，生必就检，是曰无忝。北风萧萧，云旗摇摇，蜀道之辽。觞酒豆肉，尽此一哭，魂返无速。乌虖哀哉！尚飨。

卷之二

书　一

与西涯李学士

相别六七年[1]，迩者不通问于京师，然自周文都南归后，先生之音耗遂绝于耳。曩闻先生在丧且归长沙，无一知旧自北京来者，无可问其详，不敢奉状。每一见周生，相与怅然久之，尚未审所值何艰。长沙无旧业，未必可归，当归何处也？近者白洲李宪副过寒舍，乃知先府君茔于都下。嬴博之葬，古今未必以为非，然亦有非其情之所安，顾吾力有所弗及。万里外，某能亮先生之心也。奈何，奈何！居今之世，欲超然无累于心，无累于后，先生计之亦熟矣。然事往往有不期而至，非人思虑所能及，惟在我者所当尽；而或牵制于外，为之弗豫，至不可为然后图之，亦弗及矣。此亦先生平昔所尝虑及，漫一道之耳。顷岁承惠《贞节堂》八诗，真岭南竹枝也，李世卿已收入《县志》，门户之光，非言语可谢也。《藤蓑》尚欠补章，能复赐之否乎？世卿自去年首夏至白沙，腊然后归，蚤晚会试入京。区区衰病百状，问之可知已。去秋得时用一书，足慰鄙怀。他人爱我，不如时用，先生谅能悉之也。张进士行，附此，不能

---

〔1〕“六七年”，原作“十六年”，据林齐本、高简本、萧世延本、白沙文编、王安舜本、碧玉楼本改。

尽所欲言。粗绢二匹表忱，外苎一端奉时用。不别具。

与邓督府

翰林院检讨古冈病夫陈某再拜复书督府都宪邓大人先生执事[1]：某不得望见于执事五十年矣。南海野人徒抱迂拙，不可为世用。执事鸿猷盛烈，声闻四达，皎如日星之照临。甚贺甚贺。兹者伏蒙手书，锡之名香、岁历。别奉钧帖，令本县月给白米一石、拨人夫二名，不敢当不敢当。执事所称逋野诚隐逸士[2]，如今日之赐，使逋等受之，宜也；其不受，未见其让之过也。某何敢自列于古之名流哉？某无寸善可以及人。有田二顷，耕之足以自养，而又受赐于当道以自列于古之名流，其怠于自修亦甚矣！引领苍梧，衰病无由自致。拙作一首，纪述仁政，传示岭海，以彰盛德。余二小诗，以撰《慈元记》望西涯阁老，以请祀典望督府，共成东山之美，此野人之志也。伏乞钧裁。

二

承令广州府送到《伊洛渊源》一部、京香二束、白米二石。愧感愧感。某老病多遗，况于四十年前半面之雅者乎。久而不能忘，盖有在矣。在制，无由造谢，谨此布忱，伏乞台照。

与朱都宪

顷者，获拜执事于苍梧。十余年间，执事之心不忘乎仆，与仆愿见执事之诚，交慰并沃于一堂之上、一日之间，至矣尽矣。执事负一世之豪才，际百年之嘉会，故能受知于当宁，进位都宪，奉玺

---

〔1〕“再拜”前，林齐本、萧世延本、白沙文编有“谨”字。

〔2〕“隐逸士”，原作“隐逸事”，据林齐本、高简本、萧世延本、白沙文编、何熊祥本、王安舜本、黄之正本、碧玉楼本、四库全书本改。

书、督三军以经营于一方，谁不瞻仰，谁不归戴？仆一介书生，生长东南，闻见寡陋，徒负虚名，无补于世，乃蒙追忆十余年相与尺牍往来之雅而赐见焉，幸甚幸甚！仆之齿非少，然以方于执事则为后进。执事，先生长者也。长者有问，不辞让而对，非礼也；隐而不告，非礼也。仆之始至，执事问以出处，仆未敢率尔。执事又益之以荐进之说，且令回自决之。仆于是乎若负芒刺，避席而不敢言，惭也；退而思之，又大惭也。明日，具以情告，且言其不可。当是时也，执事亦见仆之颜色乎？始者，仆欲往见执事于苍梧，凡三复计之而后果行，诚以执事之贤固所愿识。然自念二三十年所守进退之节，一旦由此而变，亦不能不少踧踖也，况谕之以荐进之说耶？仆窃以为执事好崇奖人之善，偶见一士少异乎人，亟以此言宠之，使勉乎善云耳。不然，则将悼其穷且老，踽踽焉无所与同，恤恤焉无所与归，故问而遣之，使自为禄仕之计焉耳。不然，执事之明足以照物，岂不知仆之驽钝、不可驱策而思进之万里之途也？执事又以韩退之之事见勖。退之虽贤，不及孟子。孟子不肯枉尺直寻，退之以书干宰执，仆固不得舍孟而学韩也。仆之归白沙几一月矣，乡之逢掖士无日不来问询。仆告以所接盛德之光，莫不鼓舞兴起。信乎德之流行，速于置邮而传命也。惟是进退出处之念，尚日往来于心，诚惧执事所以待仆者如此，而人之知仆者浅也。此意已托丘侍御达之左右，不审亮之否乎？未能默默，伏此布闻〔1〕，且以代面谢，惟少垂鉴焉。〔2〕

二

陈某顿首启：伏蒙今月十八日遣使降临衡茅，惠以羊、酒、粟、

〔1〕“伏”，林齐本、萧世延本、白沙文编、王安舜本作“复”。
〔2〕“惟少垂鉴焉”后，林齐本、萧世延本、白沙文编有“某再拜”三字。

楮诸仪。君子之赐，光动闾里，顾愚何人，可以当此？恭惟执事位高而望重、德博而民化，而恒患乎善之不彰、士罔攸劝，故能尊重名教，秩秩其仪，以兴起山林之遗逸。大哉，执事之心！仆虽驽钝，敢不夙夜祗奉？然仆窃观来谕之言，大意欲劝仆出仕耳。非直劝之，且加责焉。是故出于爱仆之诚，而仆之心亦有未蒙照察者。何则？掇科登仕，固仆之素志；抱病违时，非仆之得已。仆自染疾来，六七年间，每遇疾作，遍身自汗若雨，或连数月不止〔1〕，既止复作，畏劳怯冷，沉绵反复，元气寖耗，力加防慎，庶几保全；而母氏年益高，百疾交苦，是以未能出门耳。假令仆疾愈可以出矣，而忘亲之老，岂人之情也哉？在亲为亲，在君为君，无所往而不然矣。夫天下之理，至于中而止矣。中无定体，随时处宜，极吾心之安焉耳。若昔之李密是也。密被征时，密之心盖自揆安于事刘，则止为中而行非中也。今若概以圣贤出处之常责密以必仕，恐非密之心。密之心，天理之时中也。仆今自处，亦欲无愧于密耳，执事信以为何如哉？愿终教之，仆不敢固执也。承录示诸公子文稿，笔势滔滔有气焰，当是一才子，可畏可畏。若导其志使不差，开其学使有益，又在教者何如耳。使回，谨此申覆。辰下哭一侄妇，故言无文采，伏乞台照。

三

陈某启：伏承此月二十四日都宪老大人命使降临衡茅，谕令某“即日起程赴京，春闱在迩，不许推延”。闻命悚惶，为慰为惧。伏念某质本庸愚，赖蒙圣朝作养，于兹三十余年，虽无用世之才，窃有忠君之志。其未仕也，岂果于自为而忘世哉？诚欲吾身亲见之，岂不知时之可为哉？执事知之久而爱之深，既重之以手书，复勤之以口

〔1〕“连”，高简本、何熊祥本、王安舜本、黄之正本、四库全书本作“遭”。

喻。执事于后进,拳拳接引如此,某虽驽疲,岂无飞动之意哉?直以受气不丰,病与年长。去年秋,自汗才息,因得进谒执事于苍梧。比归,途间冒风,旧病寻发。至今年七月初,寒热交攻,自汗犹剧。而必欲驱此疾羸之躯,行于风波之途,万一不虞,虽悔何益?伏愿执事垂日月之明,扩天地之量,假之岁月,俾得调治。疾愈之日[1],自行起程赴部,不敢推延以负尊命。干冒威严,某不胜战越之至。

与刘方伯东山先生

余寇未殄,先生得无为百姓戚戚耶?比闻下令各乡村自为城守,伏计当道忧民之至,必无过举,恨未得其详耳。曹匪石抵家,病即愈;先生冒大暑负疴而出。动静劳逸,仕与止固不同也。未涯瞻奉,谨此申忱。匪石所征乐记文字,已托邹汝愚具稿,早晚录上转达。

二

亡妣墓于小庐山居舍之旁,襄事于乙卯夏四月八日,去始丧才四十日耳。万里一疏,无任哀感之至。厓山慈元庙久完,但未立主耳。拙记录去,想已经目,若西涯阁老有作,用之。制中,别无佳思作得文字,强勉塞命,无以老朽为嫌也。祀典记当与西涯阁老图之。屡闻先生上疏乞休致,然每于邸报中未见端的,未审何如也。近陈进士茂烈过寒舍,与语东山先生告归,西涯阁老留之。疑先生未能去者,以此故也。

三

得五月二十日书,良慰想仰。先生即日命驾还东山,山灵辄

---

〔1〕“疾愈”前,碧玉楼本有“俟”字。

喜。虽然，先生不忘天下之心，山灵未必识也。章近有衡山之约，去东山非甚远。他日东山渔钓之暇，尚能索我于朱陵洞中否耶？昔者寄去《慈元记》稿，幸一字批破还示为感。[1]

四

赏倪指挥，知感激矣。敝邑民得免于盗贼水火之害，公一瓢酒之力耳，活国者手段固如是耶！感服感服。里人问徭役，告以昔者舟中所闻，听者雀跃交庆，如赤子之慕慈母。不审比日斟酌何如？救民水火之中，惟恐其不早也。贪官污吏侵渔百姓，甚于盗贼。此辈不除，虽有良法美意，孰与行之？窃谓徭法虽更，必痛惩一二贪黩，然后法行之可久也。祭田事料理恐未免水火之相射，欲乞少缓裁之，如何？恃爱饶舌。

复彭方伯[2]

古冈陈某薰沐顿首复书大方伯彭大人先生执事：新凉，惟台履吉庆。去冬，林别驾过白沙，得执事手书，后又得所寄绝句诗，具悉雅爱。继又闻诸人，执事以贱名污荐尺，天官以执事之言为重，亟赐允行。近者，蒙遣守令降临衡宇，书币炜煌，先后叠至。太守执斝，宣喻于庭曰："是大方伯彭公使某归陈白沙征币也。"闻命兢惶，罔知攸措。执事，当世之豪杰也。吾党以执事为模范，斯文以执事为司命，庙堂以执事为柱石。执事一颦笑、一举措，天下将视以为轻重取舍。甚哉，执事之动不可轻也！仆本麋鹿之性者也。虽少读书，全无抱负。中岁闭门，惟近药饵。好事相传，类多失实。执事徒信人言，以为可用。斯名一出，士类扬之，闾里荣之，仆不知

〔1〕"幸一字批破还示为感"后，林齐本、萧世延本有"八月朔日书"五字。

〔2〕"复彭方伯"后，林齐本、高简本、萧世延本、白沙文编、何熊祥本、王安舜本、黄之正本、四库全书本有"书"字。

何以得此于执事。意者,方今之俗,廉耻未兴,将以兴之欤?奔竞未抑,将以抑之欤?不然,执事眼高一世,必不以天下之望负天下之人也。夫天下,非诚不动,非才不治。诚之至者,其动也速;才之周者,其治也广。才与诚合,然后事可成也。孔子曰:“如有用我者,期月而已可也,三年有成。”圣人过化存神之妙,不可一二窥测。天下不动不治,动以治之,圣人与学者一尔,未有不须诚以动、不须才以治者也。如仆者,忠信不修,章句为陋,才既不足以集事,诚又不足以动物,徒以虚名玷污荐尺。进则无益于事,徒丧所守,以上累执事之明;止则人将以我为固守一节,非通于道者,亦非所以立大中而奉明训也。二者之虑,往来乎胸中,几日而后决之。子使漆雕开仕,对曰:“吾斯之未能信。”开以夫子为的者也,夫子不能使之仕。何则?人之知己不如己之自知。苟未信也,师不能强于弟子。仆自知甚明,惟谨素履,罔俾玷缺,庶几丘园之义尚足以少裨明时,使奔竞者愧而恬退者劝[1],亦仆所以报执事之万一也[2]。若曰“可以仕焉”,仆不知其可也。矧今自汗又作,俯仰或过,衣裳尽湿,此亦郡守所目击。设任之劳事,何以堪之?伏惟执事察仆之志、矜仆之愚而弗强焉,幸甚幸甚!

与陶方伯

比闻在师中能坐马矣,幸甚幸甚。周二来,得书。人情世态相见多不合,奈何处之?交游中,有不劝人进者乎?某独不然,是以退为进也,非高明莫能亮之。承问改题诸墓石可否,书法与铭旌略同,所以存其名。不当云“某府君忠烈公”,则书其自得于先朝者至显矣。后来恩典所加,宜列诸神道碑,不必改题也。李世卿久在馆

---

〔1〕 高简本、何熊祥本、黄之正本、四库全书本无“使”字。

〔2〕 “也”字原缺,据林齐本、高简本、萧世延本、白沙文编、何熊祥本、王安舜本、黄之正本、四库全书本补。

中，恐要知。不多及。

二

陈献章启：顷闻夫人之葬已后，时诸儿侄偶冗于人事，不得奔走随执绋者之后，愧罪愧罪。李进士世卿承命修本邑志，成，雅慕执事之大专，兹进谒。志稿将刻板，乞一经目定之，一邑之幸也。此友素抱耿耿者，百凡乞照及。薄酒一尊，奉为寇平之贺。蚤晚广右之行，可得闻其略乎？

三

潭涪拘留稻舫，称大府中差人〔1〕，果出于尊意否耶？乞降指挥。比岁咸田之入，仆于执事，所谓待晏子而后举火者也。然非邓、马二生，仆安得坐享此田哉？仆与二生约，每岁入，三分于仆，犹以为愧焉〔2〕。黄田第四蓢，诸侄与易赞共成之。赞比二生用力尤难，所费十未酬一。伏惟执事扩造化之量、垂不朽之仁，念仆平生不苟取之小廉、不负人之小节，无易旧图，则仆始终受赐大矣。恃爱轻渎，不罪。

与欧总戎

远枉专使下问。某不幸今年二月间先妣下世，自是以来，忧病相持，不复知有人世事。忽枉手教，具审朝廷大阃外之任寄于公，府江之患已平，可贺可贺。虽然，平蛮之颂，老朽窃愿公忘之。昔者，断藤峡凯歌适足为韩公之累，此广右之役所以有烦于今日诸公

〔1〕“中”，林齐本、高简本、萧世延本、白沙文编、何熊祥本作“下”。

〔2〕“每岁入，三分于仆，犹以为愧焉”，林齐本、高简本、白沙文编作“每岁入，三分之，仆犹以为愧焉”。

也。公识量弘远[1],所到岂可涯?安地方,复民业,惟公留意焉。病畏多言,感公厚爱,故及此。幸勿示他人以为诟也。厚赐谨已拜领,感怍无量。南井昨为致区区于察院,此不赘。

复张东白内翰

承谕"义理须到融液处,操存须到洒落处"。仆僻处海隅,相与丽泽者某辈数人耳。抱愚守迷,无足以副内翰期待之重。然尝一思之:夫学,有由积累而至者,有不由积累而至者;有可以言传者,有不可以言传者。夫道,至无而动,至近而神,故藏而后发,形而斯存。大抵由积累而至者,可以言传也;不由积累而至者,不可以言传也。知者能知至无于至近,则无动而非神。藏而后发,明其几矣;形而斯存,道在我矣。是故善求道者求之易,不善求道者求之难。义理之融液,未易言也;操存之洒落,未易言也。夫动,已形者也,形斯实矣;其未形者,虚而已。虚,其本也,致虚之所以立本也。戒慎恐惧,所以闲之而非以为害也。然而世之学者,不得其说而以用心失之者,多矣。斯理也,宋儒言之备矣。吾尝恶其太严也,使著于见闻者不睹其真,而徒与我哓哓也。是故道也者,自我得之、自我言之可也。不然,辞愈多而道愈窒,徒以乱人也,君子奚取焉?仆于义理之原,窥见仿佛,及操存处,大略如此,不知是否。疾病之余,言不逮意,惟高明推而尽之,还示一字,仆之幸也。比者,娄克贞教谕亦有书来。仆既未接其人,不可遽有往复。内翰傥以愚言为有益,择其中一二,可者示之,否则置之。陈布衣竟不及面而卒,当此衰否之极,又失此人,可叹可叹。良晤无由,伏惟顺时以道自重。不宣。

---

[1] "弘远",林齐本、高简本、萧世延本、白沙文编、何熊祥本、王安舜本、黄之正本作"宏远"。

与贺克恭黄门

离隔年多，彼此交梦，神亦劳止。老矣，宁复有相见之时耶？今年春二月十六日，老母倾背。毁瘠不能自制，与死为邻。平生知旧几人，死者已矣，存者或失其故步。奈何奈何！今之论人于出处，曰“贺黄门”、“贺黄门”，亦蒙厕贱名于黄门之下，岂不以同志者少，不同者多耶？比岁得所惠书，继又得贤郎北京书，甚慰甚慰。有子如此，足矣。天将以是大贺之门，盖可知也。三十年妄意古人之学，众说交腾，如水底捞月，恨不及与克恭论之。今自谓少有见处，得其门而入，一日千里，其在兹耶？南北万里，意所欲言，非尺简所能尽。里中举子赴春官，附此草草。前有诗稿一册寄范长史处，托渠转达辽东。久不报，为无便耳，亮之。

二

为学须从静中坐养出个端倪来[1]，方有商量处。林缉熙此纸，是他向来经历过一个功案如此，是最不可不知。录上克恭黄门。岁首已托钟锳转寄，未知达否。今再录去。若未有入处，但只依此下工，不至相误，未可便靠书策也。前纸所录往来书问二首，又《记梦》一首，后有林缉熙、秉之跋尾，通奉去。病中不能作书，然所欲言者，大略不过此而已。亮之。[2]

---

〔1〕“静中坐”，《明儒学案》所引述作“静坐中”。（黄宗羲撰：《明儒学案》上册，第八五页）

〔2〕“亮之”，林齐本、萧世延本、白沙文编作“幸亮之”。

三〔1〕

人要学圣贤,毕竟要去学他。若道只是个希慕之心,却恐末梢未易凑泊,卒至废弛。若道不希慕圣贤,我还肯如此学否?思量到此,见得个不容已处。虽使古无圣贤为之依归,我亦住不得,如此方是自得之学。

四

人无气节不可处患难,无涵养不可处患难。如唐柳宗元不足道。韩退之平日以道自尊,潮州之贬〔2〕,便也撑持不住,如共大颠往来,皆是忧愁无聊,急急地寻得一个人来共消遣,此是无涵养。若坡老便自不同,作《示虎儿诗》云:“独倚桄榔树,闲挑荜拨根。谋生看拙否,送老此蛮村。”又云:“日啖荔枝三百颗,不妨长作岭南人。”此皆是患难奈何不得气象,何其壮哉!若加之涵养,则所见当又别。

五

今日与克恭别,未知再会之期。若不发端言之,使克恭终身事业只是以名节结果,辜负了好美质,蹉过了好时节,如此则是某之罪也。

六

归去辽阳,杜门后,可取《大学》、《西铭》熟读,求古人为学次第规模,实下功夫去做。黄卷中自有师友,惟及时为祷。

---

〔1〕 自第三至第一〇,共八信,底本原缺,兹据《白沙先生文编》、王安舜本、碧玉楼本补出。(唐伯元编次:《白沙先生文编》,第五卷,第六至七页;《白沙先生全集》,王安舜刊本,第二卷,第七二至七四页;《白沙子全集》,碧玉楼刊本,第三卷,第八〇至八二页)

〔2〕 “之”,白沙文编、王安舜本作“一”,碧玉楼本作“之”。兹据碧玉楼本。

七

比见克恭与人商论[1]，费力气太多，锋铓太露，有德者似不如此逼切，更望完养，令深沉和平，乃为佳耳。

八

心地要宽平，识见要超卓，规模要阔远，践履要笃实。能此四者，可以言学矣。

九

士大夫出处去就分明已占了好田地，更能向学，求向上一著，不枉费浮生岁月，岂不抵掌为之三叹乎？

一〇

接人接物，不可拣择殊甚。贤愚善恶，一切要包他。到得物我两忘，浑然天地气象，方始是成就处。

与吴黄门世美

小诗不足以光先德，但比于他文，此为切实耳。凡观人者，审于爱恶取舍去就之间，足以见之矣。所贵乎作者谓其言之不妄，可以传远。若笔锋无力，拈掇不起，则无如之何。[2]

与丘侍御

承差廿襄来，得至苍梧书。起居，通例也，而何其辞之切切！

---

〔1〕“商论”，白沙文编作“谪论”，王安舜本、碧玉楼本作“商论”。兹据王安舜本、碧玉楼本。

〔2〕“则无如之何”后，林齐本、萧世延本有“某顿首黄门吴大人执事。所锡不别裁谢”十六字。

前此两附问皆不至，死者已矣。宋先生旦夕临敝邑，将必见之，无状何以致公之惓惓如是耶？感怍至矣。圣天子念远方，简命名御史出按治。公以井渫之才治之广右，幸甚幸甚。夫人之才，大小必用之而后见，“不遇盘根错节，无以别利器”。闲居，窃闻广右之积弊甚矣，斯民之望治切矣。树公道，明赏罚，去故即新，使人人尽力于所事而民被实惠，正今日图任之盛意，亦公之能事也，老朽何足以知之？引领苍梧，徒深向往。比与李世卿期至南岳，世卿今行矣，道路其有藉哉！酒楮不渎谢。〔1〕

与葛侍御

古冈病夫陈某顿首奉书侍御葛大人先生执事：顷者，廉宪陶公惠书称执事之命，以平后山碑文委仆为之，既辞以不能矣。恐执事者不察仆之心而以为慢，别简托于东山刘先生白之。今者，赵知县自省还，过白沙，复申前命。窃计区区之私，非但执事与当道诸公，虽东山亦未之悉也。仆请略言之：仆每读《宋史》至曹彬克金陵一事，未尝不对卷敛衽而叹赵太祖之仁与曹武惠之不伐也。盖自出师以至凯旋，士众畏服，无敢轻肆，克城之日，兵不血刃。凡所得一十九州、三军、一百八十县〔2〕，可谓有功矣，武惠视之若无有也。捷至，群臣称贺，太祖泣曰：“宇县分割，民受其祸。攻城之际，必有横罹锋刃者，实可哀也。”命出米一万赈恤之。当是时，君不知以得地为喜，将不知以克敌为功，一念好生之仁洋溢上下，自秦汉以来，未及见也。史臣称武惠位兼将相，不以等威自异，遇大夫士于途，必引车避之，不名下士。噫！何以谦之至也！《易》曰“劳谦，君子有终，吉”，武惠有之。今后山之役，信有功于民矣，诸公岂自

〔1〕“酒楮不渎谢”后，林齐本、萧世延本有“丁巳夏四月廿日”七字。

〔2〕“三军”，林齐本、高简本、何熊祥本、黄之正本作“三兵”；四库全书本作“三府”。

与耶？此贼近之省城，民遭其毒者几年于兹，前此有司固有任其咎者矣。夫以今日平盗之功，补前御侮之不及[1]，正相乘除，在于仁人君子之心，视民如伤，岂容有彼此先后之间哉？夫上之治民，当休戚同之。夫久病者不以得一日之安而弃补羸之剂，病饥者不以得一饭之饱而忘终岁之忧。执事试求之百姓忧乐之情而忘其在己，必能以赵太祖之所存者处民，以曹武惠之所存者处功，则光明者益光明矣。以仆观于一时，开诚布公未有如执事，舍己从人未有如执事，乐善忘势未有如执事。以执事之才应天下之务，何所不可？仆所望于执事者，非直以曹武惠辈人为法，姑举其一事之近似者为执事言之耳，惟亮之裁之。

复江右藩宪诸公

七月二十四日，仆方困暑闭斋独卧，而李、刘二生适至。书币交陈，辉映茅宁。仆再拜读书，识其所以来之意，不敢当不敢当。匡庐五老，名山也；白鹿，名书院也。诸公，皆世伟人也[2]；修名山、复名书院之旧，希世伟事也。仆生于海滨，今五十有四年矣，未始闻天下有如是之事。悠然得趣于山水之中，超然用意于簿书之外，旁求儒师俾式多士，将以培植化原[3]、辅相皇极以无负于斯世斯民也。於乎，盛哉！昔朱文公之留意于斯也，一赋一诗足以见之，其与诸公之心，盖异世同符也。诸公读文公之书，慕文公之道，亦罔不惟文公是师也。自文公殁至今垂四百载[4]，仕于江右者多

---

〔1〕“御侮”，原作“御武”，据林齐本、萧世延本、白沙文编改。“御侮”，谓扞御侵侮。

〔2〕“皆”，碧玉楼本作“希”。

〔3〕“培植”，林齐本、高简本、萧世延本、白沙文编、何熊祥本、黄之正本、四库全书本作“培殖”。

〔4〕此所谓“自文公殁至今垂四百载”，非是。经考证，朱熹生于宋高宗建炎四年（当西元一一三〇年），卒于宋宁宗庆元六年（当西元一二〇〇年）。白沙先生此文作于明成化十七年（当西元一四八一年）。自宋宁宗庆元六年至明成化十七年，仅二百八十余年。“自文公殁至今垂四百载”，应作“自文公殁至今垂三百载”。

矣,其间有能一动其心于白鹿之兴废者,谁欤?[修而复之、既去复顾,如吾乡翟公、李公者,谁欤?[1]]文公固有待于诸公也。诸公诚念之,不宜谋及鄙人。鄙人非不欲斯道之明也,学焉而不得其术,其识昏以谬,其志弱以小,其气乏馁[2],其行怠肆,其文落莫而不章。岁月侵寻,老将至矣。其于圣贤之道非直不能至而已,其所求于其心、措于其躬者,亦若存而若亡,虽欲自信自止而不可得,况以导人哉?百钧之任,以与乌获而不与童子,虑弗称乎力也。故夫天下之事,虑而作者患恒少,不虑而作者患恒多。千里之足不蹶于远途,万斛之舟不虞于大水,其才足以胜之,非不虑而作者也。使之不以其诚,任之而过其分,与自欺而误人者,其失均耳。诸公独不虑至此乎?天下有任大责重而禄位不与者,苟能胜之,则至大至通,无方无体,故能"为天地立心,为生民立极,为往圣继绝学,为万世开太平",所谓"建诸天地而不悖,质诸鬼神而无疑,百世以俟圣人而不惑",此其分内也。宇宙无穷,谁当负荷?伏惟诸公念之虑之,勿迁惑于众口,期匹休于先贤,收回束帛[3],更聘真儒,俾诸士子有所效法,以无负于今日之意也。幸甚幸甚。

与李白洲宪副

近者,诸侄以卤田之讼上干臬司。此未论是非,只观古人所以教于家、化于州闾,其道何如。甚可愧也,甚可愧也!今闻臬司公处分之,一一论之如法,加强占者罪,恐其不堪,故具此白。此辈愚民,亦尝遣人谕之,不肯信,卒罹于法,诚可哀悯。伏乞先生操纵法

〔1〕 此十八字原缺,据林齐本、萧世延本、白沙文编补。

〔2〕 "乏",原作"之",据林齐本、高简本、萧世延本、白沙文编、王安舜本、碧玉楼本、四库全书本改。

〔3〕 "束帛",林齐本、高简本、萧世延本、白沙文编、何熊祥本、王安舜本、黄之正本、四库全书本作"束币"。

外之意，曲垂宽贷。老朽此外别有处之，使知感激，彼此无怨，乃为尽耳。亮之裁之。干渎死罪。

二

郁丞来，得手书并近稿二幅。《元日》、《扶醉》等作殊有意思，非但言语之工而已也。来谕所以处病夫至矣，病夫何德以堪之？顷答张主事书，尚未闻于左右耶？北门园池之胜，孰与潭州山泉？先生富马之惠，孰与弘农公？今且使病夫为邵尧夫乎？为戴简乎？病夫得附骥尾，为羊城添胜迹于后代，岂假言哉？破数百金，先生不惜与人，顾受之者未易耳。病夫平生山水稍癖，待明年服阕后，采药罗浮，访医南岳，上下黄龙洞，啸歌祝融峰，少偿夙愿，然后归拜先生之赐，未晚也。河洛后天数过九九，病夫一生不受人间供养，或者其超出六合乎？顾别驾送契来，且与领状。若委人承管，则未也。先生亮之。

三

刘门子带来书信，必欲自致白沙，不附他人，卒归之水府，对之太息而已。数日前，邓督府附到东山手书，获闻东山好消息，喜慰无量。顷者，虽遭劾者之口，计不足为盛德累。周生行时，有奉怀拙诗，想闻之一笑。区区忧病之余，精力日不如旧，但偶未死耳，无足为故人道者。寻医南岳，耿耿一念，未能出门。盖自去秋七月感风，手足不仁，至今尚未脱体。岭南地方寇盗日益，民已穷而征敛无已，天下理乱所关谓何，谁其忧之？北门园池之惠，每念及此，慨息久之。仁人君子之为朋友，虑至此乎！周生倘及面，必能尽所欲言。刘门子告回，病中草草致此，不能悉。[1]

---

〔1〕“不能悉”后，林齐本、萧世延本有“八月朔日”四字。

四

闻将入觐,某在制中,不得如往年放舟别三水为恨也。近两辱手教,兼拜名酒之贶,日开涓滴,以养衰血,荷爱之厚,何可忘也!东南之民,望治如渴,未知先生明年复来否?专此候行,不尽区区。

五

忧病中无暇他及,直以时审录冤狱未信,恐凉风西来,青阳之气日薄,不可得而回。谨此少布,伏希垂亮。

六

数日前,山东邦伯之报至矣。彼有来苏之望,此有卧辙之忧,奈何奈何!不审何日启行,制中但有心送。南北日远日疏,岁云暮矣,复有盍簪之期否耶?北门园池之赐,闻者以为美谈,某不欲以一时虚名累左右。券书一通,谨封纳。平生山水债欲偿之余年者,托周生口陈。高明想能亮之。〔1〕

复陶廉宪

使至,辱手书。承当道诸公欲以平后山碑文见委为之,仆窃怪执事之知仆犹未至也。今天下能文章、富经术,言足以取信将来如一时,诸公会于省中可谓盛矣,不自操笔而以委于不能。若仆者,素无文彩,比年以来,益以衰病,愈见荒落,无足观者。强颜为之,徒为有识所哂。况于多言干誉,尤非退者所安。区区之私,执事能亮之。使回,谨复。〔2〕

〔1〕“高明想能亮之”后,林齐本、萧世延本、白沙文编有“章再拜”三字。
〔2〕“谨复”,林齐本、萧世延本、白沙文编作“谨此复”。

二

作县如彦诚，其贤良皆古之循吏[1]，邑人怀其惠矣，议立庙以报之。倘以闻于执事，颔之，民将归心焉。盖“民之所好好之，民之所恶恶之”，此得民之要道也。况丁令在官，简于事上，执事尝抑而教之，今因民之请庙而与之，而遂成其名，执事之量弘矣[2]。抑闻之千金市骏骨，况生马乎？仆知执事百岁后，俎豆于斯民，当自我始[3]，则有征矣。

三

比日，邑中闻执事至，凡近年以邑科取民者皆罢之，民大悦服，为可贺也。前此，岂不恤其情而强征之欤？感应之机捷于影响，愿执事永矢此心，所以保功名于晚节、期俎豆于将来耳。忧病中闻此消息，不胜慰喜之至。谨此布忱，未涯瞻奉，惟冀以时调摄，以慰注仰之拳拳。

四

李刚回，具审福履康佳，甚慰悬仰。近传方伯之除，的否？造次未敢奉贺。窃惟宠辱在外，惟以时倍加保啬。事获已，力辞就闲，此最上策。拙见如此，不审高明以为何如？荷公厚爱，不敢不尽。

五

秋暑既退，伏惟体况清和，纳福胜常。顷者，陈都阃过白沙，具

---

[1] “良”，林齐本、高简本、萧世延本、白沙文编、何熊祥本、黄之正本、碧玉楼本、四库全书本作“未”；王安舜本作“能”。

[2] “弘”，林齐本、高简本、萧世延本、白沙文编、何熊祥本、王安舜本、黄之正本作“宏”。

[3] “自我始”，高简本作“自我□始”，白沙文编、王安舜本作“自我邑始”。

言当道所以论荐执事之详。想朝廷不日命下,班次必崇,付畀必重。执事自此可以树大勋业,酬平生之言,而东西托处亦惟便以图〔1〕。令名不失,公私两全,此人情所至愿而不可必得,非积累之厚,其孰能当之?某病卧一斋,寄名于石而无其实。英德石形峭立,或层起十数尺、奇绝可爱者,能致数片置庭两隅,朝夕趺坐对之,志愿足矣。然须得便舟可付;哄然劳人,则又非所爱欲也。不具。

六

辱手教。兴师弭患,动中机会,为可喜也。后山祸机久伏,使谨于微,则无今日之役。今首恶既诛,暂停搜捕之师,宜慎玉石之辨。于疑似不决者,宁诎法以信恩,此则天地好生之仁,子孙享无疆之庆,执事固有之,奚容赘?〔2〕

七

迩者蒙恩,先妣得归小庐山之兆,迄今茔封甫毕。伏惟执事念旧济贫之盛心,非言语所能宣谢也。侧闻有事于西陲,辰下旌旄将至江门。某累然在制,莫遂谒见之私,渴心东驰,伏枕流涕。谨奉疏,荒迷不次。〔3〕

复赵提学佥宪

来教摘诸圣贤垂世之言与仆之事参而辨之〔4〕,大抵爱我深而告我尽也。仆用是知执事之心,一峰明白不欺之心也。一峰死,仆

---

〔1〕“以”,林齐本、高简本、萧世延本、何熊祥本、王安舜本、碧玉楼本作“之”。

〔2〕“奚容赘”后,林齐本、萧世延本有“八月望日,某顿首”七字。

〔3〕“荒迷不次”后,林齐本、萧世延本、王安舜本有“谨疏”二字。

〔4〕“辨”,林齐本、萧世延本、白沙文编作“辩”。

哭之恸，以为自今而后不复有如一峰者，今乃有执事，幸甚幸甚！执事为说，本之经训，与仆所以为学、所以语人者同归而殊途。但仆前简失之太略，执事见之太明，故疑仆之意异于执事，而实不异也。执事谓“浙人以胡先生不教人习四礼为疑”，仆因谓“礼文虽不可不讲，然非所急”，正指四礼言耳，非统论礼也[1]。礼无所不统，有不可须臾离者，“克已复礼”是也。若横渠以礼教人，盖亦由是而推之，教事事入途辙去，使有所据守耳。若四礼则行之有时，故其说可讲而知之。学者进德修业以造于圣人，紧要却不在此也。程子曰“且省外事，但明乎善，惟进诚心”，外事与诚心对言，正指文为度数。若以其至论之，文为度数亦道之形见，非可少者。但求道者有先后缓急之序，故以“且省”为辞。“省”之言略也，谓姑略去之不为害耳。此盖为初学未知立心者言之，非初学不云“且”也。若以外事为外物累己，而非此之谓，则当绝去，岂直“省”之云乎？“不规规于往迹以干誉目前”，仆之此言，亦有为而发，尝与胡先生言之矣，非讽执事也。此不欲形于笔札，俟面告。执事于仆，谓无间者也，苟事有未当，仆得尽言之，岂假讽哉？仆才不逮人，年二十七始发愤从吴聘君学。其于古圣贤垂训之书，盖无所不讲，然未知入处。比归白沙，杜门不出，专求所以用力之方，既无师友指引，惟日靠书册寻之，忘寝忘食，如是者亦累年，而卒未得焉。所谓未得，谓吾此心与此理未有凑泊吻合处也。于是舍彼之繁，求吾之约，惟在静坐。久之，然后见吾此心之体隐然呈露，常若有物。日用间种种应酬，随吾所欲，如马之御衔勒也；体认物理，稽诸圣训，各有头绪来历，如水之有源委也。于是涣然自信，曰：“作圣之功，其在兹乎！”有学于仆者，辄教之静坐，盖以吾所经历粗有实效者告之，非务为高虚以误人也。执事知我过胡先生而独不察此，仆是以尽言

[1] “礼”，高简本、白沙文编、何熊祥本、王安舜本、黄之正本、四库全书本作“理”。

之,希少留意。余不屑屑。

二

易元至,辱手教数幅并诸作见示,更相规益,有交友之道,幸甚幸甚。然谓仆《示诸生》诗末联有激而发,则恐观者过于求索,仆之意往往不然也。此诗亦但谓岁月流迈,诸生学不加进,故汲汲焉告之,冀其有所感发而自忧耳。至于末联,则为我所以为诸生忧。若但如杨朱为我而不恤人,则彼杨朱何为者耶?于是终告之曰“辟杨氏者,孟子也,岂若是褊哉?道固尔也”。反复言之,不过使学者知吾之忧出于当然而不容已,则其所当自忧者,将惕然于中而益不容已也。乃作诗者属意于此。《订顽》、《砭愚》咸此焉在,何嫌于人我为敌与自任孟轲之重耶?记《语类》所载,文公力疾与学者语,勉斋见而止之,文公曰“除是杨朱不理会人,我即不曾学得杨朱”,亦此类也。执事顾以为不可乎?海云更号,极是率尔,敢不承教?执事录示张东白诗,且疑仆更号、逃禅,不能摆脱此语,闻之不觉失笑。执事固爱助我者,请问今所疑于仆如此,果何自来耶?若出于东白,未可据也。东白盖仆昔论学书中一二语[1],偶未深契而料想至此,从而疑之,窃恐未为至论,只如此诗者。偶读《宋文鉴》,和得半山诗数首。论者云“陈公甫喜荆公辈人”,直如此草草。仆平生得无巴鼻之谤多类此,可怪也。闻执事将赴京,不获数侍诲,聊复此,不一一。

三

古冈病夫陈某再拜书复佥宪赵大人先生执事:伏读来谕,执事所以进仆者至矣,所以教仆者亦至矣。仆一颛愚人耳,凡百无所

---

〔1〕“仆”,碧玉楼本作“缘”。

通晓，惟知自守而已。曩者至京师，与诸贤士大夫游，日听其论议天下之事，亦颇有益。惟是愚懵，终不能少变以同乎俗，是以信己者少，疑己者多也。仆之所深与者皆执事同年，而独执事之名未闻也。奉附到董给事书，其中称道盛德不少置，仆私心喜甚，以为此来当得一见。非子仁，仆无以知执事。然以子仁之言，又未尝不追恨于京游之日也。承谕有为毁仆者，有曰“自立门户者”，是“流于禅学者”，甚者则曰“妄人，率人于伪者”〔1〕。凡于数者之诋，执事皆不信之，以为毁人者无所不至，自古圣贤未免见毁于人。甚矣，执事之心异于时人之心也！仆又安敢与之强辩？姑以迹之近似者为执事陈之。孔子教人文、行、忠、信，后之学孔氏者则曰“一为要。一者，无欲也。无欲则静虚而动直”，然后圣可学而至矣。所谓“自立门户者”，非此类欤？佛氏教人曰静坐，吾亦曰静坐；曰惺惺，吾亦曰惺惺；调息近于数息，定力有似禅定。所谓“流于禅学者”，非此类欤？仆在京师，适当应魁养病之初，前此克恭亦以病去，二公皆能审于进退者也。其行止初无与于仆，亦非仆所能与也，不幸其迹偶与之同，出京之时又同，是以天下之责不仕者，辄涉于仆，其责取证于二公。而仆自己丑得病，五六年间，自汗时发，母氏加老，是以不能出门耳，则凡责仆以不仕者遂不可解。所谓“妄人，率人于伪者”，又非此类欤？仆尝读程子之书，有曰：“学者当审己何如，不可恤浮议。”仆服膺斯言有年矣，安敢争天下之口而浪为忧喜耶？其晦也不久，则其光也不大；其诎也不甚，则其信也不长。物理固亦有然者矣，仆或不为此戚戚也。且仆闻投规于矩，虽工师不能使之合；杂宫于羽，虽师旷不能使之一。何则？方圆之体不同，缓急之声异也。尚何言哉？尚何言哉？惟执事矜其志而略其迹，取之群咻之中，置之多士之列，则天下之知仆者无如执事矣。幸甚幸

〔1〕“于”，黄之正本、四库全书本作“为”。

甚。都宪公虽未见颜色,然仰之十余年矣。比闻下车以来,德政之布沛若时雨,上自士大夫,下至闾阎小民,莫不欣跃鼓舞。仆固愿一见,况始者尝辱一言之誉,仆又岂敢自为疏放、比于固执者乎?使回,谨此以复。冒渎威尊,惶恐无已。

复当道疏

顷者,亡妣出殡之日,伏蒙藩臬列位老先生大贤遣使临祭,备极情文,光生泉壤,不肖孤无任感激惭负之至。今者,仙舟来过江门,扶病褰帷,引领流涕,不敢任情乖礼以遂谒见之私。徒抱哀忱,无由上达,谨奉疏。荒迷不次,谨疏。

与徐岭南

切见本县近年以来,盗贼日生,讼牒日繁,人情放滥,略无检束,风俗惟见日不如前矣,未闻有反复之机。於乎!安得贤守令识理乱之源者与语是耶?顷者,误蒙宠顾,衰病不出,无由进谢。自念老病山林,徒负虚名,无涓埃可以答一顾之辱,谨以是言进,惟阁下亮之。程子曰:“治天下以正风俗、得贤才为本。”秦汉以下,论天下之治者,必以复三代为至。三代之君何君也?其政教何政教也?苟欲复之,从何处下手耶?必如明道先生之言,是真能复三代手段也,而不见用于时,惜哉!伏惟大贤为政,务实而行,庶几能顺复人情,为国家树立长治久安之根本;非如俗吏,其所用心者惟簿书期会取办于目前而已也。自今而往,一令之下、一政之行,必求其有关于风俗者三致意焉,是诚听讼理人之第一义也,是诚经纶天下之实地也。幸甚幸甚。

与张宪副廷学

京师一别,逮今六年,中间不幸彭年早世。仆自己丑得疾以来，人事十废八九，虽承讣以兴哀，乃无疏以奉慰。寻自度于阁下如此，宜得弃绝之罪，然而终不复疑者，诚以阁下爱仆，亦犹仆之爱阁下故也。比者，获手书，三四读之，然后知众人所以待仆之心异于阁下之心。然阁下不欲正言之，但微示其端于仆，非仆有嫌于阁下，乃阁下引而不发，其不可者以意示之，将使仆深思而识之耳。虽然，仆何敢以望于阁下者望众人哉？不知其人而好之，畏其人之加己而勿与之争，自古未尝有此也。是故，始求之深以取困，《大易》所以凶"浚恒"也。言不离乎道，行不迷乎穷，出处、语默、去就之权，操而用之，必概乎义。苟如是，荣辱之至自外者，斯任之而已。仆之所守如此，阁下信以为何如哉？仆不善交人，数十年间，所交其在上者，久而不衰，惟阁下与莆守潘舜弦而已。然止于相爱之深，知己则未也。而以望于一切之人，此仆所以不敢也。仆受气本不多，疾病乘之。近年以来，齿发都耗，精力寖衰，故又不乐与人俯仰。方将投名山、选幽谷、枕流漱石而老焉，幸而老母粗康，诸儿女婚嫁渐次可毕，往无日矣。阁下仕于朝为台官，其在外也为按察官，可谓进得其地矣。大丈夫欲行其道于当时，自宰执而下，宜无有先焉者矣。阁下谓"鹰鹯不如凤凰"，即如引裾折槛，请剑斩佞臣头；埋轮都亭，将坏白麻而恸哭。凡若此类，疑阁下小之而不为耳。至如明刑弼教，保任皇极，以寿国家无穷之脉；其次，抑邪与正，彰善瘅恶，必行己志，不为利诱，障百川而东之，回狂澜于既倒。此宜无不在我者，顾犹有掣肘之叹耶！阁下昔何所自任，今忽谕以乞身之图，仆之所不敢闻也。恃故缕缕，辞多率易，伏惟恕纳而赐听焉。幸甚幸甚。

二〔1〕

相别六、七载，忽得一会，寻又别去，如之何不悬悬也？承手

〔1〕 此信，底本原缺，兹据林齐本、萧世延本补出。（林齐本《白沙先生全集》，第四卷，第三六页；萧世延本《白沙先生全集》，第四卷，第四三页）

教,皆真情发露,如此决非交浅者语,然亦非言语所能尽也。"落月满屋梁,犹疑见颜色",自古莫不然,何但今日?所惜者,十二月乃先子忌日,不得远送为愧为恨。百番纸尽作草书,不敢辞烦,但恐篋笥不容,因此益播吾拙迹于天下,钟、王辈笑人耳。比日人事颇忙,因倪指挥行便,草草复此,余容续书也。

与黄大参

某启:人出处、进退、去就之节,不可苟也。非但不可苟仕,亦不可苟止。始者,执事由端阳入省履任之初,枉棹白沙,获闻仕止之言。夫绝尘步骤,固知其不与凡马同,然不谓得意而往,超然脱其衔勒,一息万里,如是速也。"相逢尽道休官去,林下何曾见一人",非灵彻《寄韦丹》诗耶?流传世间,识者笑之。执事真无负斯言哉!病卧山楼,闻此信息,窃以为喜。他皆未暇论,只不为苟出,始终一意,进退合义如此,于名教何如哉?于世道何如哉?未审何日就道,专此驰问,伏乞飞示。

与戴宪副

恭闻执事荣拜宪副之命,引领台阶,倍增喜跃,不知微痾之在体也。小庐冈书屋近方粗完,四方士来游白沙者,于此处之。能使退休腐人暮齿不忘于学,犹日与二三子周旋,考德、问业其中,庶几其少有得焉,则此屋之名或者可配此山林无穷,是亦执事之赐也。并此叙谢。帕二方,表贺忱耳,不拒为荣。

与胡佥宪提学

某启[1]:误勤台贶,薄劣奚堪?感怍感怍。野人有妇,亦以

---

〔1〕"某启",林齐本作"即日,某顿首,某启"。

代井舂之劳而已耳。伏承手教，示以人道大纲，某敢不祗服？明日昧爽，以此妇见祠毕事，即趋行台拜谢，以卒所闻。使回，谨此申复，余不具。

二

惠历久不谢，罪罪。李山人至，蒙赐《相山骨髓》等书，珍感无已。仆尝粗涉郭景纯《葬书》，爱其辞约而旨奥，反复读之，盖无难晓。及乎真形在目、美恶杂陈，则又茫然无所区别。以此知读书非难，领悟作者之意、执其机而用之、不泥于故纸之难也。况此经郑玄默所注穴法处，谓"不得师傅口授，终无自悟之理"；吴草庐亦云"提耳而诲之，可使不识一字之凡夫立造神妙"。如其言，尽读堪舆家书，不若得其人而问之易了。李君经宿别去，非久当回白沙。其人颇谨厚，而又为高明所与，疑亦有过人者，第患无能深扣之耳。承谕欲来新会，企渴企渴。予久卧衡茅，未即进拜，则有其说：布衣陋儒，谬为王公大人所爱，惟恐不自重以为门下辱。矧今士习非古，一骄一謟交病天下，有识方以为忧，如仆者纵不能救，忍助之乎？惟亮察，幸幸。〔1〕

三

奉别忽已逾年，想望之私，无日不尔。昨日，生员易彬送到罗明仲、林蒙庵、丘苏州书札，得知先生体况安佳，深慰勤企。某近又以人事过烦，自汗时发，畏风如昨。闭斋偃卧竟日，绝去思虑酬应，以俟此气之复而已。下车之始，即欲遣人上问，寻闻往梧州。昨晚儿自五羊回，乃知先生自梧州还，尚未知何日得拜见也。闽中陈剩

〔1〕"惟亮察，幸幸"后，林齐本、萧世延本、白沙文编有"某顿首宪司执事。辛卯月日书"十二字。

夫者,先生所知,不幸去年秋间死矣。其人虽未面,然尝粗闻其学术专一教人静坐,此寻向上人也。可惜可惜!旧岁,莆田有一举人林体英来访白沙,与语两月,比归亦能激昂自进,不知其后何如也。此学寥寥,世间无人整顿得起,士习日见颓靡,殊可忧也。疲极,未由往拜,专令学生持此候先生起居。别后相遇何人,伏乞垂示。幸幸。〔1〕

四

某启:昨来枉驾,感愧无量。承寄示《游山》诗改定次联,又佳又佳。上下二句,大小气力停匀,自是实事。鱼鸟亦指隐居而言。晦庵诗云"我是湖山旧主人,归来鱼鸟便相亲",意亦如此。或以为形容道体之言,则恐涉于太深,上下承接不来,未知是否?大凡文字不厌改,患改之不多耳。惟改方能到妙处,而发之易者恒不能多改。比见阁下于此诗略不经意,以为当终置之不复改。此诗虽不改亦无害,但不知其于他文如何,深以不及对面一叩为恨。后得此纸,然后知阁下非吝于改,而改之益善。日令儿辈诵此二句以为喜。昔者,尝闻欧公作一小简,反复改之,有改至八九次者。欧公期于言者也,其不苟有如此,宜其传之远也。吾人大抵以不专之学,方其为之也,卤莽潦略而不自知,又何怪夫古人之不可及也?推之,凡事亦莫不皆然,盖非止作文一事而已。使回,谨此奉渎,不罪不罪。拙作末一章,属意尤切,尚未知何日可遂此约。男女一大俗缘,比于轩冕外物,诚未易尽。湖山之盟,信如何也?江山鱼鸟,何处非吾乐地?阁下既以此自信而无疑于仆,望终赐之首肯。〔2〕

---

〔1〕"幸幸"后,林齐本、萧世延本有"六月四日,某顿首湖西先生阁下"十三字。

〔2〕"望终赐之首肯"后,林齐本、萧世延本有"某顿首宪司阁下。辛卯月日"十一字。

与王乐用佥宪

夫诗之盛莫如唐[1]，然而世之大儒君子类以技目之，而不屑效焉，则所谓诗之至者，果何人哉？仆于此道，未尝一得其门户。寻常间闻人说诗，辄屏息退听，不敢置一语可否。问其孰为工与拙，罔然莫知也。比岁，闻南京有庄孔昜者，能自树立，于辞不一雷同今人语，心窃喜之。稍就而问焉，果出奇无穷。及退取陶、谢、少陵诸大家之诗学之，或得其意而亡其辞，或得其辞而遗其意，或并辞意而失之。盖其所谓夙生晕血，终欠一洗之力；而又惧其见讥于大儒君子，终所谓技不可旷岁月于无用，故绝意不为。凡学于仆者，亦以是语之而无有疑焉者矣。[2]

二

执事怀抱利器，退处林下者几三十年，晚用荐者复起为台官，出临岭海，首举盛礼酹于亡妣墓前，远近闻者兴叹，不肖孤无任感德愧谢之至。一峰先生墓木拱矣，执事言必称一峰，岂但思慕之不忘而已，亦将以一峰生平念念不肯忘天下、卒莫达之天下者小试之，见道之可行耳。夫士能立于一世，或以道德，或以文章，或以事功，各以其所长；其出处、语默、进退、去就，不能皆同，亦不期于同也。执事安于所遇，不求其迹之似，其未慊于用者姑置之，以其能者用之而益小心焉。幸甚幸甚。某病且老，无足为世用，或能为执事纪录一二成绩以昭示后代，慎无曰“人莫知我也”。过辱厚爱，谨此复。制中，不果自书。

---

〔1〕“夫”，高简本、何熊祥本、黄之正本、碧玉楼本、四库全书本作“以”。

〔2〕“亦以是语之而无有疑焉者矣”后，林齐本、萧世延本有“执事过听人言云云”八字。

三

惠州孔子庙，作者不自为记而以委诸人。某屏弃笔砚事，于今三年矣，吴秀才请试之，不亦左乎？国灭臣死，历代之常；堂堂华夏，夷狄据而有之，非常之变也。遇变而死，为君义也；为中国死，内夏外夷，春秋大义也，故大之。大之者，谨之也。文山与张、陆同祀[1]，扁曰“大忠”，谨书法也。今庙于海阳，直取文山所存与其所遇拈出碑之，以风励百代，其亦可也，不必袭大忠之名与厓山同也。拙见如此，可否，幸裁之。币金留面谢。奉和佳作三章，近以附五羊驿送去，不审经目否？余不及。

与左行人廷弼

片脑，大惠也。前此寄示杰作，兼喻以风水所宜，感慰之极。不审比日起居何如？秋且尽矣，拉何山人驾扁舟出扶胥口，东望罗浮铁桥之胜，遂登飞云，访朱明洞天，此其时乎！因想足下能飘然自适，益觉某之匏系于病为可厌也。近稿十数首录在别纸，早晚东游，则此纸或可随行，有至飞云顶[2]，且令从者歌之，为我通一语于山灵也。呵呵！黄秀才行，令犬子专此驰候。基茗山蕉，贫者之献于人止此，勿笑。

与光禄何子完 先生门人

久别，想念无已。比年承贶不一，张秀才南都还，又承寄到坐几一事。老拙每日饱食后，辄瞑目坐竟日，甚稳便也。好事者或借出效为之。多荷多荷。近陈汝学报子完即日谢事归矣，不知其实

---

〔1〕“同祀”后，林齐本、萧世延本、白沙文编有“厓山”二字。
〔2〕“有”，碧玉楼本作“若”。

非也？昔者，致币于定山者，仪多不足，非子完谁其助之？然以为求文者可也，为老拙非也。诸公始作嘉会楼，白沙以地参焉耳，记者自有其说。子完尝一日在馆下，顾不能以谦恭自处，掠他人之美以为己有耶？窃为子完不取也。子完出处、语默、进退之宜，子完自知之，非老拙所能与也。独忧定山先生平生故人，或因子完之言而为斯文留意焉，则未免为识者所议且笑之矣。故具此白，余不悉。〔1〕

与罗一峰

《大忠祠碑》皎皎烈烈，见先生之心矣，可叹可赏。诸生蒙薰炙，归来又是一番人物，多荷多荷。《三峰叙文》并诸作实有意思，但恐入未得禅耳。先生欲理会著述及诸外事，莫若且打叠令我洁洁净净。先生平昔所笃信者，非朱紫阳乎？“非全放下，终难凑泊”，是紫阳语否？门中有邓秀才，可试问之。軨，异儿也，一日千里，宁不厌家鸡耶？一笑。余不具。〔2〕

二〔3〕

伊川先生每见人静坐，便叹其善学。此一静字，自濂溪先生主静发源，后来程门诸公递相传授，至于豫章、延平二先生尤专提此教人，学者亦以此得力。晦庵恐人差入禅去，故少说静，只说敬，如

---

〔1〕“余不悉”后，林齐本、萧世延本、白沙文编、王安舜本有“某再拜子完光禄足下。弘治戊午八月”十五字。

〔2〕“余不具”后，林齐本、白沙文编、王安舜本有“某顿首一峰先生侍者”九字；萧世延本有“某顿首一峰侍者”七字。

〔3〕自第二至第七，共六信，底本原缺，兹据《白沙先生文编》、王安舜本、碧玉楼本补出。（唐伯元编次：《白沙先生文编》，第四卷，第四八至四九页；《白沙先生全集》，王安舜刊本，第二卷，第七七至七八页；《白沙子全集》，清乾隆三十六年碧玉楼刊本，第三卷，第八二至八三页）

伊川晚年之训。此是防微虑远之道。然在学者须自度量何如[1],若不至为禅所诱,仍多静方有入处[2]。若平生忙者,此尤为对症药也。

三

圣贤处事,无所偏主[3],惟视义何如,随而应之,无往不中。吾人学不到古人处,每有一事来,斟酌不安,便多差却。随其气质,刚者偏于刚,柔者偏于柔,每事要高人一着,做来毕竟未是。盖缘不是义理发源来,只要高去,故差。自常俗观之,故相云泥[4];若律以道,均为未尽。

四

庄孔旸家贫,既无以为养,又其亲命之仕,便不得自遂其志。应魁止于贫而已,若能进退以道,甚佳。至于甚不得已为禄而仕,亦无不可,但非出处之正也。

五

孔旸承亲之命而仕,不如此则逆亲之命以全己志,殆非所安。尹和靖一日告伊川曰:"吾不复仕进矣。"伊川曰:"子母在。"尹归以此意告,其母云:"吾知汝以善养,安知汝以禄养乎?"尹遂得不仕。

---

[1] "在",白沙文编作"自",碧玉楼本作"在";"何如",白沙文编作"如何",碧玉楼本作"何如",兹据碧玉楼本。

[2] "多静",白沙文编作"多着静",碧玉楼本作"多静",兹据碧玉楼本。《白沙子古诗教解》注释"和杨龟山此日不再得韵"所引此信,亦作"多静"。

[3] "偏主",白沙文编、王安舜本作"偏主",碧玉楼本作"偏任",兹据白沙文编、王安舜本。

[4] "故",白沙文编、王安舜本作"故",碧玉楼本作"虽",兹据白沙文编、王安舜本。

若孔旸之亲能如尹母，则可以和靖责孔旸矣。

六

君子未尝不欲人入于善，苟有求于我者，吾以告之可也。强而语之，必不能入，则弃吾言于无用，又安取之？且众人之情，既不受人之言，又必别生枝节以相矛盾，吾犹不舍而责之益深，此取怨之道也，不可不戒。

七

“学者先须理会气象，气象好时，百事自当”，此言最可玩味。言语动静便是理会气象地头，变急为缓，变激烈为和平，则有大功，亦远祸之道也，非但气象好而已。

八〔1〕

“立志不可不远且大。然于天下之事，亦须量力，为之有渐。胆大心劳，力小任重，鲜不败事”。此语可玩味〔2〕。

与庄定山

李上舍回，辱赙帛为感。承口谕，比年手足作秋风痹，尚未全愈。今专托范生往视，未知此生能了此疾否耶？闻诸李学录之子，数日前谢病疏已上，甚慰翘企。自古贤人出处不同，世多议之，此岂众人所能识哉？太虚近往来石洞否？向挥使处不奉简，因见为

〔1〕 此信，底本原缺，兹据《白沙先生文编》补出。唐伯元于题下加小注云：“先生谓罗才不及志，全引程子之言，为此。”（唐伯元编次：《白沙先生文编》，第四卷，第四八页）唐氏所谓程子之言，见《河南程氏遗书》卷第二上，文云：“所见所期，不可不远且大。然行之亦须量力有渐。志大心劳，力小任重，恐终败事。”（程颢、程颐撰：《二程集》，北京：中华书局，一九八四年，第一册，第二一页）

〔2〕 “此语可玩味”五字原缺，据《白沙先生至言》补。（陈献章撰：《白沙先生至言》，《续修四库全书》，第九三六册，第三七九页）

道下恳。病中,不一,不一。

二

不意凶变,太夫人奄弃荣养。前九月,龙克温报,继又得周文选书连纸,不胜惊怛。仰惟先生孝德纯备,不幸际此荼毒,心死形留,何可想拟!伏愿撙哀自防,勉副忱祷。某支离之人,不堪走哭。束刍之忱,可见于此。惟照察。不具。[1]

与张廷实主事 先生门人

盗走海上,及今不即料理令尽绝,后难图。北方信息不到耳,窃以为忧也。顺德人谤李世卿,由吴献臣;王岭南怪李世卿,由某多言。孟子曰:"爱人者,人恒爱之;敬人者,人恒敬之。"今之爱人者,人恶之;敬人者,人侮之,与古不同,置之勿复道矣。缉熙携家谒选,不过白沙,以书来别。今有一简复之。昨见范能用,道定山事,可怪,恐是久病昏了也。出处平生大分,顾令儿女辈得专制其可否耶?吾意定山为窘所逼,无如之何,走去平湖商量几日,求活,一齐误了也。缉熙畏天下清议,苦不肯承认耳。今此简与之,更不道著一字。"大海从鱼跃,长空任鸟飞",何与吾事耶?谩及之。

二

孙侍御屏置公事,千里一顾,别后连枉数诗,不可谓无意于区区者。惜其所急者笔札间细事,某且引之于道。既有以复之矣,又虑薄俗不可处。喻人亦难,不知我者且以我为慢。会间以一言扩之,使彼此有益。幸甚幸甚。

---

〔1〕"不具"后,林齐本、萧世延本有"辛卯月日,某顿首大行人孔易先生至孝苫次"十八字。

三

来诗感愤之速，足慰所望，著此一鞭，无难于天下矣。他人读拙诗，只是读诗，求之甚浅，何足与语此也？抑犹有未尽者，更讽咏之。千周灿彬彬兮，万变将可睹；神明或告人兮，魂灵忽自悟。虽拙作之浅陋，能以是法求之，恐更有自得处，非言语可及也。犬子应科在省，百凡可告教之，幸毋吝。

四

承示跋语。推之欲其高，反之欲其实，用心于内者如是。以示一之，亦未洒然。读至赠行之作，则敛衽叹赏不已。林郡博何日过五羊，不留一字耶？舶司昨遣吴瑞卿携所作《云窝图》至白沙，题云："若个丹青可此翁，云窝自有主人封。扁舟一去无消息，黄鹤楼前望五峰。"衡山之兴勃然矣，未审开春能便行否耶？湛民泽近无一耗。廷实能过白沙一话为慰，然未敢必也。

五

陈留市隐，使不遇陈后山、黄涪翁，一市佣而已耳。云谷老人、李孔修，非吾廷实，吾安知吾粤有二贤士哉？得手书，读之喜而不寐。所惜者，拙疾拘缀而云谷已老。云谷将不可得见，则云谷之所有者，吾安能揣摩之而得其真耶？独孔修妙年，如廷实所称，非俯首当世之人也。万一他日往来云水之便，庶几一接其绪论，以信吾廷实能知人善取友以为快也。把渡人去，复此，病倦不多及。

六

承喻求静之意。反复图之，未见其可。若遂行之，祇益动耳，恶在其能静耶？必不得已，如来喻构所居旁小屋处之，庶几少静耳。适与容一之论李广射石没羽,曰:“至诚则金石可开。”又举庄子语云:“置之一处,无事不办。”[1]此理殊可悦。顾今老矣,惟日孳孳,岂能及也? 并此告。

七

得正月廿日书,百钱自喜,贫者说金,学能以此自检,其过人远矣。甚贺甚贺。斩钉截铁,工夫当自益,但须由其道耳。由其道而往,无远不至也。或谓廷实气高、好自是、不能下人,比观《与民泽》诸作,殊有意思,未必尽如或者之论也。大抵虚己极难,若能克去有我之私,当一日万里,其它往来疏数不计也。睡起瞶瞶[2],不多及。

八

譬之歌曲遗响,直唐调耳。近见《偶拈》诸作斩新,以为绝倡,而何求和者多耶? 百凡如人饮水,冷暖自知。老朽所望于贤,夫岂浅浅哉? 此据景元口告,李子长怀集之行,恐未免内顾之虑,能照

---

〔1〕“置之一处,无事不办”,非庄子之语,乃佛者之言也。《朱子语类》云:“先生语过以为学须要专一用功,不可杂乱,因举异教数语云:‘用志不分,乃凝于神’;‘置之一处,无事不办’。”又云:“佛者云‘置之一处,无事不办’,也只是教人如此做工夫,若是专一用心于此,则自会通达矣。故学禅者只是把一个话头去看,‘如何是佛’、‘麻三斤’之类,又都无义理得穿凿。看来看去,工夫到时,恰似打一个失落一般,便是参学事毕。庄子亦云,‘用志不分,乃凝于神’,也只是如此教人,但他都无义理,只是个空寂。儒者之学,则有许多义理,若看得透彻,则可以贯事物、可以洞古今。”(朱熹《朱子语类》,北京:中华书局,一九八八年,第七册,第二八五七页;第八册,第三〇一八页)此佛者之言,典出《广弘明集》、《法苑珠林》等书。例如,《广弘明集》云,“今欲缄其言而正其身者,未若先挫其心而次析其意,故经云:‘制之一处,无事不办’”。(道宣辑《广弘明集》,《弘明集 广弘明集》,上海古籍出版社,一九九一年,第三一八页)《法苑珠林》云:“《遗教经》云:‘纵此心者,丧人善事。制之一处,无事不办。’”(道世撰、周叔迦、苏晋仁校注《法苑珠林校注》,北京:中华书局,二〇〇三年,第五册,第二一五九页)白沙先生以“置之一处,无事不办”为庄子之语,恐属一时误记。

〔2〕“瞶瞶”,林齐本、高简本、萧世延本、白沙文编、何熊祥本、王安舜本、黄之正本、四库全书本作“愦愦”。

之否？石翁白廷实地曹。

九

数旬来无一的便，故不奉问。后山不意骚扰，昆冈之焚，玉石杂处，能无误伤者乎？承示诸作，骤看似胜前，细看词调欠古，无优柔自得忘言之妙。看来诗真是难作，其间起复、往来、脉络、缓急、浮沉[1]，当理会处一一要到，非但直说出本意而已。此亦诗之至难，前此未易语也。文字亦然。古文字好者，都不见安排之迹，一似信口说出，自然妙也。其间体制非一，然本于自然不安排者便觉好。如柳子厚比韩退之不及，只为太安排也。据拙见如此，不审然否？世卿修志邑中，近方下手，其行恐在冬春之间，匡山之游不遂约。秉常早晚可得一会否？近稿颇有之，倦不多录，俟续寄。

一〇

简复张君席珍足下：仆知秉常，秉常知足下，故不待面，知足下过人远矣。老拙无所为，但愿足下辈能树立于世，俾斯民有赖[2]。幸甚幸甚。蒙示诸作，健逸可爱，但得梢入规矩乃佳耳。拙稿数篇录去，以代面语。浮谤未息，老母眠食不忘，甚无聊。不多及。[3]

一一

时矩语道而遗事，秉常论事而不及道；时矩如“师也过”，秉常如

〔1〕“起复”，林齐本、高简本、萧世延本、白沙文编、何熊祥本、王安舜本、黄之正本、碧玉楼本、四库全书本作“起伏”。

〔2〕“斯民”，林齐本、高简本、萧世延本、何熊祥本、王安舜本、黄之正本、碧玉楼本、四库全书本作“斯文”。

〔3〕“不多及”后，林齐本、萧世延本有“正月二十六日，白沙陈献章再拜”十三字。

“商也不及”,胥失之矣。道无往而不在,仁无时而或息,天下何思何虑,如此乃至当之论也。圣人立大中以教万世,吾侪主张世道不可偏高,坏了人也。重作别章,感感。《夜坐》第二篇佳,《复时矩》对病之药也。苍梧归后,人事益冗,烦暑为灾,起倒不供。行期尚在后八月也,都宪有意催促。缉熙、廷实只在明年春夏间行耳。俟面既。[1]

一二

近来敝邑夜寇甚于前日,有尽杀一家十余口者矣。地方如此,不可不早为之所,况有大于此者乎?意欲就省城内求一地,颇幽僻且宽广,及此时筑室奉老母居之。适得白洲口信,亦惓惓以此为言,与鄙意正合。需者,事之贼。“见几而作,不俟终日”,可也。幸为我裁之。数日后,令儿辈诣左右听处分也。所欲与语,非笔札所能尽。非相爱深者,告且密之。切嘱切嘱。[2]

一三

半江改稿,翻出窠臼,可喜。学诗至此,又长一格矣。前辈谓:“学贵知疑,小疑则小进,大疑则大进。”疑者,觉悟之机也。一番觉悟,一番长进。章初学时亦是如此,更无别法也。凡学皆然,不止学诗,即此便是科级,学者须循次而进,渐到至处耳。近稿录在别纸,别后所作,惟此耳。缉熙诸稿,览毕还一字。章复廷实心契。前日半江遣子来白沙拜谢,至则仙舟行矣。幸照。

一四

章因起倒伤烦,诸疾乘之。自汗耳鸣,心气虚损,肌肤由是不

---

[1] “俟面既”后,林齐本、萧世延本有“八月七日,章白廷实足下”十字。
[2] “切嘱切嘱”后,萧世延本有“章白廷实”四字。

实。得七月五日书，承养生在去其害生者。章之病多自取，由不介意生死，故一切任之，今则末如之何矣。古人漏船之喻，良有以也。他日见云谷丈人，试为叩之曰："闾丘之命，将悬于丰干之手；屈平数语，尽摄生之妙。或者知之而为之弗蚤，终亦无补于漏船，不如探囊中一丸与之，又恐分薄缘浅者无以当之。"如何？书中断置平湖去就〔1〕，章亦未敢率尔。盖一时事体所关，万一有甚难处者，非但欲存忠厚而已，俟更得其曲折详细，是非不难见也。别纸报袁德纯来按治，陈邦伯死于道路，此于天命亦何所增损而使人动念耶？是岂无害于生？终不如坐忘之愈也。〔2〕

一五

近得林子逢书〔3〕，颇悉平湖履任来消息。大都是雅不胜俗、寡不敌众，非但所执者，古之道、祖宗来制典昭昭，亦依不得了，可叹可叹。缉熙此出，固不得已，终是欠打算。闻去秋九月已在告，此直图归计耳，别无分付也。秉常想已就道。前承寄手疏、赙帛，谨已拜领。感感。《欧太素传》好，章旧亦闻乡里有此人，但不得其详耳。周文都如省，托渠一访云谷老隐，竟以疾弗果。此老自世外，恐亦未易谒也。溽暑，不审体况何似。朋友凋落，交道陵夷，士风颓靡，莫甚此时。置之，勿以污笔墨可也。〔4〕

---

〔1〕"断置"，高简本、何熊祥本、王安舜本、黄之正本、碧玉楼本、四库全书本作"断制"。

〔2〕"终不如坐忘之愈也"后，林齐本、萧世延本有"十三日，章白东所侍者"九字。

〔3〕"近得"，原作"近来"，据林齐本、高简本、萧世延本、白沙文编、何熊祥本、王安舜本、碧玉楼本改。

〔4〕"勿以污笔墨可也"后，林齐本、萧世延本有"六月二十又三日，章白东所贤契"十三字。

一六

左廷弼遗来白金二十两,简中疑似若只出于东白借助之意,则仆已辞之矣。会间为叩其的,还一字。东白贩纸失利,故不欲受。〔1〕

一七

曩辱佳章并贺仪,愧感千万。李世卿行时,诸友追饯,倥偬不及奉简,亦谓与世卿相知不待面,安事简耶?世卿阔达、善评文,想青灯对榻,高论层出,丽泽之益多矣。更冀宽广,以来天下不一之善。别有赠章,勿爱垂示。〔2〕

一八

承示诸作,以拙者观之〔3〕,近体可骤看,久看则别;古选才看便不似。不知平日与秉常论者何如。以吾子之才,加以涵养之力,久当得之,未用催促也。《拙庵记》文字议论好,非拙者可及,但不知较于古人情性气象又何如也?更须自讨分晓。大作规模不堕落文士蹊径中乃佳也。九月四日,章复廷实。庐墓诗若未登卷,请更作。

一九

近作皆已经目。诗不用则已,如用之,当下工夫理会。观古人用意深处,学他语脉往来呼应、浅深浮沉、轻重疾徐,当以神会得

〔1〕“故不欲受”后,林齐本、萧世延本有“章白东所侍史”六字。

〔2〕“勿爱垂示”后,林齐本、萧世延本有“腊十八日,病叟白廷实侍右”十一字。

〔3〕“拙者”,原作“作者”,据林齐本、高简本、萧世延本、何熊祥本、王安舜本、碧玉楼本改。

之，未可以言尽也。到得悟入时，随意一拈即在，其妙无涯。每见所作，只是潦草，如忙中应事，无味可味。大略如此，难一二指点病痛处。欲告[1]，又恐见难而止，反为所沮，故不欲辄言耳。子长亦未有捉摸，撞来撞去，不知如何用心也。如李世卿平日自负，至论诗则以为甚难，不敢出一语，亦近方得觉也。秉常南京寄来诸稿，读之不能竟，又不知所养者近来何如也。别纸录去拙作，闲呼子长共读之。《怀世卿》末一联，以问容一之，亦不能了。知音者真难得也。正月人日，石翁书复廷实侍者。前柬相达，见汉清，嘱勿漏，恐仓卒生谤也。草率。石翁云。

二〇

《半江十咏》接引意，然有次第，前后一一相照，求东所为作一跋。为此号者谢德明，居邑之南郭，畴昔有桓温少年之习，喜其勇于改革，闭户不出与俗交者四年矣，乡曲往还，忠于门下者也。跋中略见此意，然亦不必专系其人也。若兴动，和拙诗亦可，不必跋也。高作每见跌荡可喜，但不知置之古人文字中，能入得他规矩否？如《王节妇墓表》，只似信手写出。古之作者，意郑重而文不烦，语曲折而理自到，此等处似未能无少缺也。何如？观其言可以知其人。彼沉酣世味者，泥滓满腔，又恶可与论此哉？《读漳州功德碑》绝句，别纸录上两山先生一笑，得便即寄去也。余不悉。[2]

二一

承屡寄示近作，得之忧病之中，隽永之味，咀嚼不来。寻常喜言诗，值小烦恼，开卷释然，今则末如之何矣。合是障得重后，与物

---

〔1〕“欲告”，林齐本、萧世延本、白沙文编作“往往欲告”。

〔2〕“余不悉”后，林齐本、萧世延本有“九月十八日，章白东所侍史”十一字。

扞格,非干诗,力弱打不破也。藏之箧中,以俟他日披阅。[1]

二二

文祥兄弟继逝,甚可悯也。存者季弟诸侄,能不坠其家业否?文祥始从湖西游,颇见意趣,后为仕进累心,遂失其故步,至不得一第而死,是亦命也夫!人生几何,徒以难得之岁月,供身外无益之求,弊弊焉终其身而不知悔,惜哉!顽侄景钟,最为老母所爱,今之亡也,正如来诗所谓,奈何奈何!老朽此旬来体中颇热,甚无聊。不一一。[2]

二三

李世卿不远数千里来访白沙[3],朝夕与之谈,英伟特达,鄙陋当世,欲于声利外立脚者,非但文辞之工而已。期过秋方还嘉鱼,因便能一来会否耶?[4]

二四

东所《寄兴》"壶"字韵下五首,遣辞宽缓,稍就沉著,可以望作者之庭矣。谓非学力,可乎?自余皆不及此。《至日在病》数首,近日方寄到。近作皆胜旧,声口与拙作相近,可爱可爱。晦翁自云:"初学陶诗,平仄皆依韵。闭门两个月,方得逼真。"自古未有不专心致志而得者。更望完养心气,臻极和平,勿为豪放所夺,造诣深

---

〔1〕"俟"字原缺,据林齐本、高简本、萧世延本、何熊祥本、碧玉楼本、四库全书本补。

〔2〕"不一一"后,林齐本、萧世延本有"章复廷实地曹"六字。

〔3〕"李世卿"后,林齐本、高简本、萧世延本、何熊祥本、王安舜本、黄之正本、四库全书本有"承箕也"三字小注。

〔4〕"因便能一来会否耶"后,林齐本、萧世延本有"章白廷实侍右。朔日。外封去伍光宇墓志碑一道"十九字。

后，自然如良金美玉，略无瑕纇可指摘；若恣意横为，词气间便一切飞沙走石，无老成典雅，规矩荡然，识者笑之。“台”字韵首句，以“闲”字易“眠”字，何如？“间”字韵第二句，当改。“途”字韵“俯惭”作“每惭”，佳。目昏笔驽，不能一一。

二五

久病未脱体，猥蒙督府邓先生数年知待之厚，无以报之，甚悬悬也。昨承见示《和答督府见寄》高作，病中牵勉次韵一首，少见区区。近见邸报，京师戒严，正求才如不及之时也。东山先生为天下属望[1]，不见起取，甚以为疑，故末联及之，虽受饶舌之诮，所不敢辞也。国家安危所系，全视用人何如耳。且如我两广，地方虽远，然用人小大得失，事体则无二致。人才有无，顾作兴如何耳。倪指挥可用之才，久被诬在狱，人共惜之。当道处分如此，因循不决，下人不免有疑，且将以倪某为覆辙而怠于立事。此事虽微，所关于国家用人之机，当转移以救一时之弊，则甚急也。若见督府，言次可及，无吝一言。谓此能分理一人之冤尤[2]，未也；有益于地方用人，有益于国家，不可不虑也。切嘱切嘱。[3]

二六

得定山三月九日书，云“于是月告病”，不识此几发之早晚。在考察前尚有一分之说，在考察后则更无说矣。拙诗云“百年将满日，心乱不成诗”，《易》曰“见几而作，不俟终日”，竟何谓哉？[4] 据如是，殆不可开眼。衡山之行，吾其可已耶？缉熙书中怨非己者云

---

〔1〕“东山先生”后，林齐本、萧世延本、白沙文编有“老成”二字。

〔2〕“尤”，碧玉楼本作“犹”。若作“犹”，则当下读。

〔3〕“切嘱切嘱”后，林齐本、萧世延本有“某白廷实足下”六字。

〔4〕“竟何谓哉”后，林齐本、萧世延本、白沙文编重此四字。

"一涉宦途,即为弃物",天下固有弃之者矣,章何敢弃朋友也?报帖即封寄缉熙,虽非所喜,然不可不报也。五月十八日,石翁书于碧玉楼雨中。廷实阅此简毕,有便,转寄民泽可也。

二七

省城之迁不决,缓急无所归决,恐干累于人。今岁创修祠墓凡五处,财用竭矣,不如且置之。近闻总督之请于上,万一东山复来,地方可以少安,亦未可知也。廷实念我深,不自知其伤于饶舌。昨见白洲宪长,问何以不决,老朽不敢尽言,正为此也。盖有离世乐道如戴简,以居东池之地,然后可当弘农公之赐。主之以郑公司马,在康节则可,无康节之才与量,岂不为识者所讥乎?有可得之势,无可受之义,取舍之间甚不苟也。亮之,亮之。

二八

承示《杨柳》之曲[1],情蹙辞尽,几不可读。"乐莫乐兮新相知,悲莫悲兮生别离",骚人真得此心所同然耳。沿途遇便风,得一字为慰,慎无若区区之懒也。近来敝乡东西盗劫连夜,白石谭兰雪一家遭害,马默斋辈"剥床以肤",可畏之甚。眼中惟倪舜祥可委。捕盗一事,顾今无可告语者。未信而言,将不免于人之我疑,况于欲取一善之长而遗众疵之短,主者岂能听此一夫之言而遽为之予夺哉?但为乡里忧盗之至,不得已而有言耳。见子长寄定山先生诗,可是率尔。定山岂可辄寄以诗耶?后生且存取谦退,此进学之地也。仁夫会间多为申覆。见示诸作,实有意思,更不奉字。章白廷实从者。

---

〔1〕"《杨柳》之曲",林齐本、萧世延本、白沙文编作"杨柳枝曲"。

二九

前后寄到《病中志喜》及《写怀》诸作，读之，叹曰："进修在我，成我者天也。"两山先生识量终非时流可比，前此廷实不以出处之义告，岂非惑耶？今而后，父子间自为知己，他人莫能与也。幸甚幸甚。《漳州功德碑》绝不类时样文字，亦一奇也。中秋食冷芋，腹中作痛连日。痛已，当为作绝句诗寄漳州，托林蒙庵刻于功德碑阴，以彰太守之美，可否？俟报。〔1〕

三〇

近承寄示手稿，读之比旧稍胜，莫有悟入处否？秉常亦每有新得，大抵辞气终欠自然。廷实乘快时有觕硬处，不类此。情性所发，正在平日致养到醇细处，则发得又别。章告廷实侍者。稿通五纸，看毕，烦寄秉常以代一简。

三一

秉常近会否？何久不闻耗也？前承录示《赠安指挥诗序》，读之令人快意，亦一时杰作也。章闲居，和陶渊明古诗十余篇，一二篇中颇自以为近之，欲录去一笑，未能也。廷实近作诗否？不必作，不必不作，道固尔也。近看《祭鳄鱼文》，作绝句云："刺史文章天下无，海中灵物识之乎？可怜甫李生人世，不及潮州老鳄鱼。"录去一笑。〔2〕

三二

袁侍御无病暴卒于龙川，其迹可骇，不审当道何以处之？张兼

---

〔1〕"俟报"后，林齐本、萧世延本有"八月十八日，章复东所侍者。驽颖作字不成"十七字。

〔2〕"录去一笑"后，林齐本、萧世延本、王安舜本有"章白廷实足下"六字。

素一病遂不起。昨见李佥宪,云此讣得之朱茂恭侍御,当是的耗也。天道于善人如此,如国家何?平生交旧凋谢殆尽,闻此殆不能为情也,哭而为之缌,逾月乃已,聊以申吾心而已。两山先生近眠食何似?服药见效否?古今庸医误处方,杀人如麻,此不可不慎也。非久,遣犬子往奠德纯先生,不知柩行在何时,便示一字。近稿奉寄廷实见意。承惠书,已悉近况。行人告急,不及奉简,惟心照。〔1〕

三三

右稿寄东所收阅。病久,转觉淹淹,无以自解,倘还一字以自广,是所望也。卜者多云此病至立冬节脱体。立冬在今九月二十四日,去此不远,今病如此,恐未为的断。如何如何?只得顺受而已,此外更无他可仰。廷实将安为我谋哉?淹病之余,聊此草草。

三四

承欲学诗。自古未有足于道而不足于言者也。学人言语,终是旧套。子长病小愈,曾亲见之否耶?子长服黄柏不死,必且以黄柏为有功,诸君为子长忧黄柏也。白沙村里老人呈县,发去渡船。一夫造言,百喙交扇,亦有数乎哉?数旬来,左手足不仁,每于中夜起坐〔2〕。卜者谓必至大雪前后,疾乃可平,是亦数也。宝安道白日杀人,可畏。北方信息近复何如?民泽还增江;非久,龚志明亦还潮。地方多虞,朋友各散,万一不免避寇之行,奈何?病卧山楼,如在井底。凡有闻,但频示数字,切望切望。九月十三日,章简复廷实足下。送丁一桂诗不可不作,就付来登卷。石斋书。

〔1〕“惟心照”后,林齐本、萧世延本有“献章再拜”四字。

〔2〕“中夜”,原作“中庭”,据林齐本、高简本、萧世延本、何熊祥本、王安舜本、碧玉楼本改。

三五

承喻出处与逃患两事，此重则彼轻，足下之论伟矣。但须观今日事体所关轻重大小，酌以浅深之宜，随时屈信，与道消息，若居东微服，皆顺应自然，无有凝滞。孔子曰："知几，其神乎！"今以众人有滞之心，欲窥圣人至神之用，恐其不似也。更俟他日面论以决之。见示《与时矩》诗，痛至。然知其不能回矣，惜哉！先夫人挽诗，不详善行，只如此，亦何益于死者？聊以纾足下哀思耳[1]。奉去茅笔书通六纸。凡书，视笔楮工拙。是固不能工也，勿讶。[2]

三六

廷实守道，无求于人，携十数口在路，日饭米一斗，何以给之？使内不遗于亲，外不欺于君，进退取舍概于义，此古人难之，非直今日也。自廷实别去，每念廷实至此。世之论人物者，观其外而遗其内，以是为非、以非为是者多矣，在人自审处何如。古人不必尽贤于今，今人不必不如古，但当日勉其难、勿轻自恕，此则区区所望于廷实者，不敢不尽也。李子长在馆中已半月。梁贡士告行，草草奉此，不能悉，不能悉。别诗《奉怀廷实世卿》，录与世卿纸，此不再书。[3]

三七

传曰："道在迩而求之远，事在易而求诸难。"又曰："行之而不

---

〔1〕"纾"，原作"纡"，据林齐本、高简本、白沙文编、何熊祥本、王安舜本、黄之正本、碧玉楼本、四库全书本改。

〔2〕"勿讶"后，林齐本、萧世延本有"二月二十一日，章白廷实足下"十二字。

〔3〕"此不再书"后，林齐本、萧世延本有"弘治己酉秋九月二十六日，献章书奉廷实至契"十九字。

著焉,习矣而不察焉,终身由之而不知其道者,众矣。”圣贤教人,多少直截分晓,而人自不察。索之渺茫,求诸高远,不得其门而入,悲乎!《次韵廷实见寄》二首,其言因廷实而发,非专为廷实也。

三八

承录寄近稿,读之。作者如是,岂易得?然便谓之然,窃恐未然,不审廷实自视以为何如也?言辞不能尽人,辞气足以见人[1],有诸内形诸外,识者观之[2],思过半矣。故老朽尝谓文字之学非也,学岂在诗耶?廷实资甚明敏,当以古之立言者自期。彼汲汲于人之赞毁,无病而呻吟,若是者,亦何足与论斯理也?[3] 病中,不多及。[4]

三九

惠来姜酒,喜饮辄醉。以数求卦,得《旅》之六五,盖非常儿也,可贺可贺。次韵二首,录如左方。尊翁素不喜诗,试以此呈之,当发一笑也。世俗好点检人,不仕无义、违亲非孝,古本子有成说,此外复有可与众人道者乎?行矣,勿贻尊翁戚戚也。《木犀》、《感事》之作,略欠和平,愿勿示人。别纸录去《阅东坡年谱》一首,使东坡及见之,不知以为何如也?余不悉。

四〇

承十日叙款,为欢何限!别后只增愧恋。前寄去四绝句,想已

〔1〕两“辞”字,林齐本、高简本、萧世延本、何熊祥本、王安舜本、黄之正本、四库全书本作“词”。

〔2〕“识者”,原作“诚者”,据林齐本、高简本、萧世延本、白沙文编、何熊祥本、王安舜本、碧玉楼本改。

〔3〕“足”字原缺,据林齐本、萧世延本、白沙文编补。

〔4〕“不多及”后,林齐本、萧世延本、白沙文编有“章书”二字。

经目。《见示》诸作兴甚浓，但发扬微过，更放平易沉著乃佳耳。缉熙诸稿在南雄寄回，可收看。前托寄定山及石阡守二诗，不审曾有分付否？今日偶如外海看山。景易行匆匆，不能悉。[1]

四一

好子不育，伤如之何！置之，天命不可知也。近得林待用书，云“朝廷用荐者起取”。想是冢宰覆奏，得旨遂行之。潘时用报如此，其详不可得闻也。倘有所闻，无惜见示。李世卿近往南山，未还白沙。承欲为一会，此念自好，但一有所系，则不如勿强，行止盖亦有数也。比日奉同李宪副李村看山，中暑腹满，连数日不能食，以绿豆粥解之，方得通。甚倦，不多及。[2]

四二

丁县主回，得手书，知抵家甫一月，行李无恙，甚慰悬仰。某夙疾在躬，旧腊来，寒热迭攻，腹中往往作泻，至今苦之。承惠佳作，足仞素怀，病苦思索，未即奉和。不审过金陵曾一诣定山否？平湖典教，想已履任，途中颇亦闻彼中消息否？老病匏系，早晚人事少闻，能过白沙一叙，渴望，渴望。有怀如缕，非面固不能尽也。[3]

四三

德纯先生竟止于此，道路谤言，不知何所从起，可怪可怪。景易至，百凡人事进退，乞指迷，幸幸。所欲告者，尽景易之口。挽诗

---

〔1〕“不能悉”后，林齐本、萧世延本、王安舜本有“三月二十八日，章白东所侍者”十二字。

〔2〕“不多及”后，林齐本、萧世延本、王安舜本有“六月十四日，章复廷实侍者”十一字。

〔3〕“非面固不能尽也”后，林齐本、萧世延本、王安舜本有“二月十二日，章复”七字。

并兼素挽,不可不作,通乞示稿。若未往奠袁先生,不知可同景易一往否?裁之。四月二十七,夜起索衣,往来房户间,遭跌伤面,是虽咎在不谨,亦衰年胫足无力之验也。朋友凋谢,无几人在,衰迈如此,复何望哉?近著《大头虾说》并诸杂诗,今日右臂作痛,不能录。林进士寻母墓久而弗得〔1〕,为作二绝勉之,书在册上,可索一看。《送刘李二友诗》末联似少含蓄,请改之,仍示稿。秉常诗不见录寄。〔2〕

四四

用人当取其所长而弃其所短。舜祥七次捕盗六十余徒,乡里赖之,眼中未见其比。倘见巡按诸公,以公道扶之,恐无不可。惟裁之。

四五

前后奉去拙稿,想达。承来喻,乳儿堕地即化。大块无心,物自来去,何足留情!北行无日矣。某膝痛不足念,独恨远去未有再见之期,恐老病者不能久延伫也。奈何奈何!《寄世卿》二诗并此达。途次有暇,乞录近作。送行一文,寄平湖读之。某白廷实侍者。舜祥事已送府推,乞知之。

四六

顷者,李别驾长源因论林缉熙上疏求便养,选部置之不行。长源以片言折之曰:"请于未得兖州之前,则无说矣。"可见公议如此。缉熙全不肯招认,顾自处于乘田委吏,窃以为过矣。昨得渠书,怨

〔1〕“久而”,林齐本、萧世延本、王安舜本作“信宜”。
〔2〕“秉常诗不见录寄”后,林齐本、萧世延本、王安舜本有“章白廷实足下”六字。

朋友攻之太甚。今不欲言,叹此道日孤,聊及此[1]。定山三月内已告养病,六月归定山,昨所寄书物已领,恨未及见能用耳。五月六日,碧玉楼书。[2]

四七

患疮,想亦不为甚害。但衰年易感,触事多忧,顾又不能忘情耳。渡子回,乞示一字,以慰憧憧。某白。

四八

慈元后为国死海上,是时宋室已亡,极是俊伟明白。二百余年,未有发扬其事者。顷者,东山刘先生至厓山,慨然欲表其义,又不欲干诸有司,乃有里后进赵寿卿愿出二百千立庙,议选乡民吴璋董其役,可谓义举。近者,按治临县,仰取管役士民[3]。吴璋本县误作犯人取之,遂致惊疑,不即赴官,累及其母妇知旧皆被拘系。又取赵寿卿家人收监。彼工匠等何知,遂各奔散,不受雇值。事势如此,不几于垂成而败乎?璋乃寿卿表兄,寿卿少孤,璋极力扶持之[4],最所亲信。今须得察院下一明文委之,其赵寿卿亦略加奖谕,使人心无疑,事乃可济。幸留意。石翁书与廷实。

四九

《恩平学稿》奉寄东所一览,可否,还示一字,及今尚未书丹也。近某又为朱甘节撰其先人墓志铭一首,稿在甘节,可并一批示。某白。[5]

---

〔1〕“聊”,原作“耶”,据林齐本、白沙文编、王安舜本、碧玉楼本改。

〔2〕“碧玉楼书”后,林齐本、萧世延本、王安舜本有“廷实收阅”四字。

〔3〕“管役”,林齐本、萧世延本、白沙文编、王安舜本作“管工”。

〔4〕“扶持”,萧世延本、白沙文编、王安舜本、碧玉楼本作“拯扶”。

〔5〕“某白”,林齐本、萧世延本、王安舜本作“章白”。

五〇

近诗十首,景星录稿寄奉廷实和之。前所寄《种树诗》,已长旧一格矣。初和尤佳。自此更加锻炼,令首尾莹洁。到极难处,正须着力一跃,莫容易放过,又当有悟入时[1]。勉之勉之。十一月十三日,石斋书。诸诗何处不似,还一字以观赏识。

五一

两山先生旧腊使人致馈白沙,有一轴子索书生日诗,寻以付李子长转达,不知两山之疾已革,盖属纩前一二日也。自廷实别去,两山相视益厚。问往还人,云:"两山逾六十,殊壮浪。"死生之变,固莫测哉!廷实以何日闻讣,当即弃官,挈妻子万里匍匐南归?溽暑在途,哀毒所加,气力何如?专此驰候,幸勿爱一字,以慰惓惓。无由奔慰,无任忧恋之至。[2]

五二

改《次韵东所寄兴》第十首后二句云:"与侬七尺青团蒲,今年换与张东所。"因成四句,录去一笑。

五三

简一通,寄上方伯陈先生。帛一端、简一通,寄高尹。俱烦求便达之,勿示人为感。某拜浼东所贤契。所寄诸稿已领,此人行忙,未及裁答,俟后寄。见示近作,皆条达可喜,但语脉结构欠妙

---

〔1〕"又",碧玉楼本作"久"。

〔2〕"无任忧恋之至"后,林齐本、萧世延本、王安舜本有"六月十七日,献章疏上地曹大孝苫次"十五字。

耳，然亦难说。且看两纸拙稿孰优劣，便晓人处耳。[1]

五四

仁夫聪明识道理，尤善论事，将来必见用于世，享大爵禄，亦理所宜有。但未知造物所以处之者与吾辈何如耳？寄来纸不中书，强书附仁夫。若已裱成卷，不必换可也。别去忽忽一月，念之不置，久当奈何，奈何。特遣景元往问行李，兼送仁夫之行。奉怀小诗一首，录以代面："南北东西一马尘，相思何处不伤神？竹边闭阁长无事，犹厌山云软素巾。"某书奉廷实侍者。

五五

先夫人懿行，非外人所能悉，况已奉拙挽，又可赘乎？余令小儿口禀。章白廷实侍史。

五六

欧总戎近寄自造药酒，奉寄一小尊表意。一事欲与吾廷实议，他人莫能与也，千万一来。二十二晓起碧玉楼，秉烛力疾书，恕不谨。[2]

五七

车进贤总角廷对，其说云何？事状称其好读程、邵书，此其志有在，使假之年，必有可观，惜其夭也。秋官丧此爱子，其情奈何！非不欲一言以慰之，顾十数年来不通京问，一旦应人之求，得罪必多。且置此于胸次，异日图之，或别因一事而发可矣。手帕附回，

---

[1] "便晓人处耳"后，林齐本、萧世延本有"公甫"二字。

[2] "恕不谨"后，林齐本、萧世延本有"石翁"二字。

乞并此意转达。幸幸。[1]

五八

老病是常,不劳挂念。今遣应童往候,贵恙何如,更不烦笔纸,口喻此价回报,以慰悬悬。汪海北在东海征粮,得病三日卒。《志》:“东海,旧名大蓬莱,极热。”今年暑气十倍常年,想是禁热不过,不早为之所,至此尚忍言哉!廷介诚可人,但恨会别匆匆,不能尽所言耳。别纸痢方之极验,可试用之。奉去黑肉鸡,意到便食,毋太择乃佳耳。“饥泻饱利”[2],常言亦或近理,未可忽也。

五九

助金已领。西山之遗,盂水难消,况若是重耶?黄涪翁谓:“旋涡中佛,不能救落水罗汉。”今廷实携家行万里,费皆已出,非旋涡中佛欤!感恨感恨。别后奉怀不置,小诗见意。经西华、飞来,必有佳作,幸垂示。[3]

六〇

寄钝斋及文都诗各已附达,惟前此寄隐求诗未发,盖彼欲得大幅真书[4],有便请更易之也。蒙和《别后奉寄》四绝,读之令人忘倦,盖不但兴高而已。袁侍御曾一会否?此公能纳善言,最不易得。当言,幸勿吝也。[5]

---

〔1〕“幸幸”后,林齐本、萧世延本有“五月十九日,章复廷实侍者”十一字;碧玉楼本有“章白廷实侍史”六字。

〔2〕“利”,林齐本、碧玉楼本作“痢”。

〔3〕“幸垂示”后,林齐本、萧世延本、王安舜本有“章拜。三月十九日”七字。

〔4〕“真书”,原作“直书”,据碧玉楼本改。

〔5〕“幸勿吝也”后,林齐本、萧世延本、王安舜本有“四月二十二日,章白”八字。

六一

旷月无问，可胜悬悬。郴阳朱守节，诚庵老先生之犹子，近来白沙，道诚庵处父子间事数项，甚正大，表铭不及，良可惜也。某不幸七月间丧小孙机〔1〕，哭之连日，近况可知。比日来闻长乐盗起，不审何故？罗浮之游，不知又在何时也。舍侄送守节行过五羊，想当一会。聊致此，余不能悉。

六二

朱侍御录寄疏草并昔所惠磁碗俱领，感感。顷有简与文都往，想达。李世卿日望一来会。渠过洪都，已得东白复起消息，非虚传也。抑不知东白所以处此何如。外启一封，烦交付马秀才辈送入周省参大人为嘱。章白廷实侍者，五月七日。巡按丁内外何艰？乞报。何时起程？

六三

再叠《卧游》，又跌宕矣。然吾辈作诗，非只喜跌宕而已，跌宕中又要稳实，乃佳耳。首章“观变”等语，或恐生谤。凡此类当改〔2〕，慎之。子长病势如何？服周报如此，奈何奈何。万一不讳，将焉处之？乞示一字。〔3〕

六四

屡辱疏。情至者不在多言。世父之哭，某忧病相持，不时奉

〔1〕“机”，原误作“机”，今改，相关理据，参《志孙机圹》校记。

〔2〕“当”，原作“尚”，据碧玉楼本改。

〔3〕“乞示一字”后，林齐本、萧世延本、王安舜本有“九月五日，碧玉楼力疾书廷实收阅”十四字。

疏,罪罪。亡妣小庐山之兆在碧玉楼后,相去才数十步许。即日茔封粗毕,遣人去买藤县木,归建坟前小屋数间,以为祭享之所,立墓田令人守之,此外更无可致力。呼天叩地于泉壤,无分毫之益,奈何奈何! 末由号诉,谨奉疏。荒迷不次,谨疏。〔1〕

六五

《卜居篇》中,知所得胜处快意,可贺可贺。老病为应酬,得饱眠十日,即无事也。腹疮已平,承挂念。何侃如端阳了《城隍庙碑》,半月复归,即发去白云也。〔2〕

六六

丁长官前月念又六日以病卒于官,柩傍无一亲者,寡妻孤儿,甚可悯也。谨报东所侍者。三月廿又一日,章书。

六七

缉熙还家满三月,无一耗往来。问茶园商,云:“县博治行李入京,早晚舟至江门。”遂别。果尔否耶? 向者过五羊,得廷实报,大喜,连赋数诗。缉熙倘不税驾,则拙作反为之累。言之不足为世重,其以是夫! 某白。〔3〕

六八〔4〕

缉熙上疏,以究易松江,为辞富居贫,始闻之失笑。近来白沙,

---

〔1〕“谨疏”后,林齐本、萧世延本、王安舜本有“五月二十三日”六字。

〔2〕“即发去白云也”后,林齐本、萧世延本、王安舜本有“石翁书奉廷实”六字。

〔3〕“某白”,林齐本、萧世延本、王安舜本作“章白,五月十二日”。

〔4〕第六八、六九两信,底本原缺,兹据林齐本、萧世延本、王安舜本补出。(林齐本《白沙先生全集》,第四卷,第五四、七六页;萧世延本《白沙先生全集》,第四卷,第六三、八八至八九页;《白沙先生全集》,王安舜刊本,第三卷,第七二、八三页)

面质之。云:“上疏则有之,但欲还广以便养耳。如无教授职,请就教谕之列。不知松江之诬,起于何人也。”嘱其以疏草来,外日别录寄。承喻,足见好学,幸甚幸甚!恨未能详说也。章白廷实足下。

六九

亡兄墓已粗完,叠承赙仪。此人行忙甚,不及状谢,乞恕。外诗稿二纸,通乞转达。二十三日,章书。

与湛民泽 先生门人

小庐冈精舍非不静,只面东北隅便难过夏。广城营营,恐亦未得佳寓。太夫人既不忘沙堤之旧,何不归去也?吴明府事未白,世卿尚可少留,未即戒行。老病近来唯觉懒惰之极,服香附子一月,颓惰减十之五六。然以比旧所服白芨散,睡息氤氲,四体舒布,血肉增长,为不及也。不知久服何如?早晚能一过白沙否?不多及。

二

求药外,为致一篦子极密者,亦急用也。药分作两次烹,服之易尽,不久藏生蠹为好也。廷实寄来近稿,答去一简,言作诗之病。访之,观其求益何如,还一字也。丧次,溽暑不可处。近迁上碧玉西偏,正南开窗户,又为东南风搅枕,不得睡。附去钱五十,烦从者为买小竹帘,横二尺,高五尺,棕缚者。托江门渡送来,碧玉用之,千万。

三

来喻与拙裁意不相涉,无怪乎前此之多言也。久居于危,不在仕止之间,盖尝两遭不测之变,几陷虎口矣。不得已,为谒铨之行,所以避之,非出处本意也。吾子其亦闻之否乎?平生故人,朱少保、李阁老、潘待诏往往寄声,以不能去离此邦为惧。假令见几而作,当不俟终日,遑恤其他,特患不得其时耳。康节诗云:"幸逢尧舜为真主,且放巢由作外臣。"然则百年之遇,宜未有今日,所恨子孙世家于越,老朽亦欲为后人立少基绪,使可传也。目今要建几祠宇、修几坟墓,政恐小祥在转瞬间;若更因循,措办不来,更一转瞬,大祥至矣。吾事不了,奈何奈何!忧病相持,岁云暮矣,安知其终不汩没于尘土耶?区区可疑者,吾子其深亮之。

四

飞云之高几千仞,未若立本于空中,与此山平,置足其颠,若履平地,四顾脱然,尤为奇绝。此其人内忘其心,外忘其形,其气浩然,物莫能干,神游八极未足言也。承罗浮之游甚乐,第恐心有所往,情随境迁,则此乐亦未免俗乐耳。黄龙、朱明不可居,吾之此心已在祝融之上矣。吾非厌近而求远,顾民泽何以处我耶?世卿录去近稿二幅,可以代面语。不具。

五

碧玉卧病逾半月[1],忽得手札,读之喜甚,遂忘其病也。学无难易,在人自觉耳。才觉退便是进也,才觉病便是药也。眼前朋友可以论学者几人?其失在于不自觉耳。近因衰病,精力大不如前,恐一旦就木,平生学所至如是,譬之行万里之途,前程未有脱驾之地,真自枉了也。思于吾民泽告之,非平时漫浪得已不已之言也。倘天假之年,其肯虚掷耶?附去药钱一百,烦手丸寄渡子回,景云在病也。

---

〔1〕"碧玉"后,高简本、白沙文编、何熊祥本、王安舜本、黄之正本、碧玉楼本、四库全书本有"楼"字。

六

孟子见人便道性善，言必称尧舜，此以尧舜望人也；横渠见人便告以圣人之事，此以圣人望人也。吾意亦若是耳，窃附孟子、横渠之后。“彼何人哉？予何人哉？有为者亦若是”、“文王我师也，周公岂欺我哉”，区区之意，在览者深思而自得之。既以寄民泽，亦以告有志于门下者，咸得自励而日勉焉，非但为美言以悦人也。

七

与平湖语连日，不如与宾州一尺简。《易》曰“初筮告，再三渎，渎则不告”，此教者之事，夫岂有所隐哉？承示教“近作颇见意思”，然不欲多作，恐其滞也。人与天地同体，四时以行，百物以生，若滞在一处，安能为造化之主耶？古之善学者，常令此心在无物处，便运用得转耳。学者，以自然为宗，不可不著意理会，俟面尽之。

八

民泽足下：李世卿书来问守台者，老朽以民泽告之。冷焰并腾，殆出楚云之上。盖以勉世卿，使求诸言语之外。如世卿，可惜平生只以欧、苏辈人自期，安能远到？贤郎在病，可徐徐而来，眼中未有能夺公楚云手段也。〔1〕

九

此学以自然为宗者也。承谕“近日来颇有凑泊处”，譬之适千里者，起脚不差，将来必有至处。自然之乐，乃真乐也，宇宙间复有

〔1〕“眼中未有能夺公楚云手段也”后，高简本、白沙文编、何熊祥本、黄之正本、碧玉楼本、四库全书本有“五月十二日，石翁书”八字；王安舜本则有“五月十二日，石翁书此”九字（当中“此”字，系误将另一书“此学以自然为宗者也”之“此”字上读）。

何事?故曰“虽之夷狄不可弃也”。今之学者各标榜门墙[1],不求自得,诵说虽多,影响而已,无可告语者。暮景侵寻,不意复见同志之人,托区区于无穷者,已不落莫矣。幸甚幸甚!楚云虽日望回,万一高堂意有未安,亦未可率尔行也。珍重。章白民泽进士。[2]

一〇

章久处危地,以老母在堂,不自由耳。近遣人往衡山,问彼田里风俗,寻胡致堂住处。古人托居,必有所见。傥今日之图可遂,老脚一登祝融峰,不复下矣。是将托以毕吾生,非事游观也。三年之丧,在人之情,岂由外哉?今之人大抵无识见,便卑阘得甚,爱人道好,怕人道恶,做出世事不得,正坐此耳。吾辈心事,质诸鬼神,焉往而不泰然也耶?病中不欲多言,幸以意推而尽之,未可草草也。五月五日,石翁书复民泽侍者。

一一

民泽足下:去冬十月一日发来书甚好。日用间随处体认天理,着此一鞭,何患不到古人佳处也。章自去秋感疾,迄今尚未平。昔者,高堂未倾,病辄叩天,愿少假之年;今庐冈之木且拱,吾何求哉?其未忘者,衡山一念而已。“皇皇灵芝,一年三秀;予独何为,有志不就?”其可念也夫,其亦可叹也夫!廷实近多长进,但忧其甚锐耳。子长病且愈,臼高音耗亦无,黄中纳妇,馆中惟一之与服周教诸孙。海北汪提举向慕亦切,作怀沙亭于海上。此外,有修古书院、冷香桥之作,所费不少,恨无以成就之耳。民泽在乡安否?祸

---

〔1〕“今之”,高简本、白沙文编、何熊祥本、王安舜本、黄之正本、碧玉楼本、四库全书本作“今世”。

〔2〕“章”,原作“草”,据白沙文编、碧玉楼本改。

福原于人情，不可不仔细察也。谩及之，不一一。戊午季春三月初二日[1]，石翁在碧玉楼力疾书。

与陈进士时周

时周水菽之养，自垂髫迄今三十年。韩退之称孟东野“无田而衣食，事亲左右无违，混混与世相浊，独其心追古人而从之”，时周盖有之矣。时周别去，益思时周平生履历之难，大略与老朽同而又过之，求之古人如徐节孝者，真百炼金孝子也。顷岁，有《答林府主寿老母生日》诗云：“有母年龄暮，逢辰喜惧深。多仪焉敢却，揣分故难任。锦段拈香拜，仙醅洗盏斟。独惭非节孝，未了百年心。”因事惟贤，寄不足于词诗中，发之尽矣。抑闻之：“子不私于亲，非子也；士不明于义，非士也。”贤者审择内外取舍之宜以事其亲，爱日之诚[2]，而无不及之悔，在我而已。

与袁进士书

足下去青山、登黄甲，一旦取贵官如反掌。人皆华足下，而不知足下之不乐乎内。足下之心形于书尺，足下之辞甚直，诵之揆之，凡足下之事，无是非可否得失，足下一一具言之，足下过于时人远矣。时人或铮铮自许其不欺，反出足下下。虽然，足下慷慨自任，不能吞炭为哑以取容于时，则将大声长鸣于仗马间乎？此非仆所敢闻也。缉熙坐青湖山三年矣。德孚旦夕过我，其问足下也，告之。[3]

---

〔1〕“初二日”，原作“初月二日”，据高简本、白沙文编、何熊祥本、王安舜本、碧玉楼本、四库全书本删改。

〔2〕“爱日”前，白沙文编有“尽”字。

〔3〕“告之”后，林齐本、萧世延本有“某白”二字。

复林府尊

顺德令来,辱书,承以《送东山先生序》文属之仆。东山先生爱百姓如己子,百姓戴之如父母,遍观当世,未见有如此者,仆所目击,序奚宜辞?顾仆平生拙学,于出处语默有不容不致其慎者,不敢不告也。仆于送行之文,间尝一二为之,而不以施于当道者,一则嫌于上交,一则恐其难继。守此戒来三十余年矣。苟不自量,勇于承命,后有求者,将何辞以拒之?仆闻"爱其人必欲其美",仆之辱爱于执事,不可谓不厚,独于此偶未之察耳。伏惟执事终始此爱,不强其所不能,幸甚幸甚。有李某者,嘉鱼人,近自其乡来白沙,其人东山先生知之。其为文有气采,仆让之。慷慨特达,乐闻人之善而乐道之,仆谓执事倘可以此文托之乎?然否,惟命。

二

陈某启:某在病,每岁老母生日,率诸孙拜于堂,尽爱敬而已,无以为寿也。执事以郡主之尊,介于藩臬之间,所领事至多,乃能记忆日月,备极情文,以为家慈寿。仰仞尊忱,不胜愧悚感荷之至!谨焚香再拜请讫[1],更不遣人,恐烦尊答。适登昆仑诸峰,有绝句数首,录上表意。未涯瞻奉,伏冀顺时自爱,以慰注仰之拳拳。[2]

三

某启:制中久不奉问,徒切心驰。即日隶人来,辱手书,赐以香段、羊酒、果品、年书百本为贶,不一。某衰病卧家,无由复见颜色、罄所欲言。三数年来屡勤贶问,感怍至矣!顾何足以致之?隶

---

〔1〕"请",林齐本、王安舜本、碧玉楼本作"谢"。
〔2〕"以慰注仰之拳拳"后,林齐本、萧世延本有"某再拜"三字。

人回，谨此代面谢。不宣。[1]

四

使来，具审尊候安胜[2]，足慰翘企。仆病逾半年，手足不仁，不堪举履。去秋勉庵先生还德庆，亦尝枉棹一顾。犬子久病，他无可遣者。由是起居之问，不至我公之门几一年矣，乃蒙挂念，贲以手书、岁历、羊酒、果品之惠不一，仆何德以堪之？执事以清才理剧郡，克勤克慎，闻者敛衽，何久淹也？位不称德，惠止一邦，意者造物付畀于人，小者速而大者迟乎？天气向暖，惟顺时加爱，以需天宠之至。不宣。

五

数日前，省下民闻佳音且至，喜而相告。始者道问消息，阖郡百姓引领，惟恐其不的，此可见民心所同，非一朝一夕也。秋暑中，似闻台候愆和，水路跋涉之余，惟少安静，以俟其复。谨具书，令犬子陈景昜上问。大雨连日夜，村中墙壁尽倒，不能出门，下情区区无任悚恋之至！勉庵别乘如端阳。幸今境内少宁，但多盗耳。过潮，见万里大参，江省已卜赴任耶？不具。[3]

与黄太守

久不奉问，徒切心驰。黎生来，辱书，具审入秋来眠食安好，且谕以任满之期，幸甚幸甚。邓督府必知人，国家图任方面，惟在当道

[1] “不宣”后，林齐本、萧世延本有“谨启”二字。

[2] “尊候”，林齐本、萧世延本、王安舜本、碧玉楼本亦作“尊候”，孙通海点校《陈献章集》作“尊侯”。（《陈献章集》，上册，第一九七页）尊候，书信中问候对方起居之敬词；尊侯，乃对别人父亲之敬称。

[3] “不具”后，林齐本、萧世延本有“七月十二日”五字。

者谨而择之耳。今东南十郡之长,必以执事为举首,其可辞乎?叠来珍惠,感悚可言!曩与黎生谈及近来碑刻无可者,安得美石而用之。黎生遂以闻于执事,不俟其请,即日黎生与石俱至,物良意厚,老朽何以堪之!丁彦诚,江右人也,遗爱在敝邑,百姓共立庙报之。今置此石于此庙,一以表茂宰之贤,一以侈郡侯之赐,其殆庶几乎!虽蒙贪得之名,所不辞也。无由造谢,谨此布忱。偶有山水画四幅,作者不知为谁氏,爱其远且淡,谨封上,倘赐一观,亦斯人之幸也。[1]

二

圣天子即日命下,拜端守黄公参政,病夫某闻之喜连日。病夫与公旧,故能知公刚方有力,能集事,使得高位以行其志,以有闻于后。病夫之心,公之心也,能勿庆乎?谨具羊酒菲仪、帕一方、绢一匹以表下忱,伏希鉴纳。

与张太守克修

数月无苍梧之耗,不意郡夫人奄忽化去。宦寓他邦,失此良助,哀痛奈何!某忧病之余,无由遣人奉慰,愧罪愧罪。《灵棋经》用之占筮可也,若以为先秦古文,章未敢信。《夕惕诗序》果于高明有契也。别纸《慈元庙记》,览毕转达顾勉庵,有便还示一字教之。世卿嘱笔申恳。[2]

二

迩者修建祠宇、墓亭,各已有绪,实赖仁者广济之力,知感知

---

[1] "亦斯人之幸也"后,林齐本、萧世延本、白沙文编、王安舜本有"孤哀子陈某稽颡再拜郡尊黄先生"十四字。

[2] "世卿嘱笔申恳"后,林齐本、萧世延本、王安舜本有"某百拜克修黄堂大人"九字。

感。窃闻治郡以严，令下而人争趋之，无敢后者。向去买木人不知所裁，木被雨漂流者、民之负约者，一切宜置之，而以闻于左右。夫利乃众人所趋，义则君子所独，万一以我故干累于民，非细事也。告乞已之，千万之恳。自兹以往，更不发人买木，亦乞明示该县将来，切嘱切嘱。制中不他及。〔1〕

三

辱惠书，且审出入之劳，宜未遑他及。诸生奉命以祭礼来，宣读祭文，褒扬发越，有足慰先灵于地下，不肖孤何德以堪之！小庐山享堂在构，赙金助役，仁者之惠，某何敢辞？昨得勾漏发来书，随宜处分买木人，多荷多荷。但不免干累地头主人，又恐木户所领去银，中间少有侵欺，贻害小民，奈何奈何！都宪公至省，惠以羊酒，遣子弟以状入谢，不得见。行间又惠年书。不知中丞所以待一贤刺史何如哉？无由瞻奉，谨以布谢。不具。〔2〕

与丘苏州

辱书，知起处，甚慰。仆以疾病跧伏海隅，比于缙绅往还中，非平昔素知，不敢辄上问。多罪多罪。承谕周翠渠守广德有声，因记曩岁周侯《赠贺克恭》诗云："黄门仙客归辽左，少室山人忆岭南。我亦尘埃难久住，木兰溪上浣青衫。"周侯后以进士留京，以书来番禺，仆次韵戏之，未及寄去。周侯寻守广德，仆以不能默默，而窃喜周侯之有为，又喜先生能与人善，益思周侯所以处于克恭与仆之间，其始终去就可不可之权，先生盖未知之也。为绝句一篇，并前次韵录去以发千里一笑。

---

〔1〕"制中不他及"后，林齐本、萧世延本、白沙文编有"某再拜黄堂张先生"八字。
〔2〕"不具"后，林齐本、萧世延本、王安舜本有"九月晦日"四字。

二

自阁下领郡去京师,与仆不相见者五年矣。阁下宦业益进,仆沾疾来,凡百事不如昨,今羸然一衰氓矣。常常思慕阁下,然但意其在黄耳,不知其去而为苏也。比者获手教,承先府君弃世已久,阁下复守此大郡,岂无悲忻?终阙吊贺,不罪不罪。阁下秉好德之常性,有成物之美意,辞气所发,蔼然盛大,如阁下之心,达之天下有余也,奚论一郡?仆于是不能不一贺,非贺阁下也,贺苏之人得贤守,使鳏寡孤独者得其所也。虽然,阁下不以行道自任,而以养亲为辞,仆于此盖又不能无疑也。郡准古封建爵为诸侯,出入备五马之容,刑赏行一郡之政,邦之安危、民之休戚无不系也。孟子曰"有官守者不得其职则去",言不可濡滞也。仆闻之,"君子之事亲也,尽其在我者,不必其在人者,苟吾之所为不畔乎道、不愆乎义,则其为孝也大矣,禄之失得弗计也",阁下以为何如?朱侯诗跋,向何处批判?幸飞示。仆在京时,居仁尝通一札,但未识面耳。梁石、克恭皆仆平生所深望,便中声意为感。[1]

与钟地曹

所卜新兆,形势甚具,穴甚的,窃料其中当有好土。昨日所见,止是肤浅处,更宜深掘见之,但不及水泉,尽深无害。盖土色美恶不同,气亦随之而异,乘其美者则吉,乘其恶者则否。此可理推,不可拘泥葬法浅深之文。如范越凤云:"凡穴宜及一丈外,则不为草木之根所及。"其说亦似有拘[2]。若掘止八九尺间见有好土,不止则伤龙;若深掘而无好土,则无如之何。今限以葬陇宜浅之说,恐

[1] "便中声意为感"后,林齐本、萧世延本有"癸巳四月廿又四日,某顿首黄堂丘大人阁下"十八字。

[2] "有拘",碧玉楼本作"有据"。

其下实有好土而或为浮面粗恶所隔，则举全地而弃之矣，可不慎欤？程子以土色光润为地之美，葬家以验土色为辨吉凶捷法，此不易之论，可以默会矣。况此山来势极是雄猛，必得融液之土方为全美，亦不可草草也。〔1〕

与林春官

辱书久未谢。今者寄到手札并手扇二握，仰仞来忱，可胜愧感！阁下以六品之秩居部官，非禄仕明矣。要能脱外荣，树立功名，天下共责望，况于仆者哉？仆非不愿为此，顾无阁下之才与阁下之位，况今发日就种、老逐病来〔2〕，病与懒遭于世间，凡百事脱落尽，故于左右期之耳。承诸公起居，甚慰。周先生为广德得人心，稍稍前此，丘苏州书来，亦谓如此，可贺可贺。往者，京师与广德步月闲谈，异日或出或处，必相料理。今日阅此纸罢，因记"木兰溪上浣青衫"之句〔3〕，不觉呵呵，遂成拙诗："梁石终为广德州，木兰溪上水空流。诗中往昔三人共，海上如今两鸟囚。给事易为清静退，山人真脱网罗愁。如何皂盖不归去，应为苍生未肯休。"以为使广德及克恭辈见之，当发一笑，故并录奉左右。倘达之诸公，亦足当一简也。〔4〕

与吴惠州绎思

仆腐儒也，生岭左四十又七年矣，乃无以自见于天下。顷因一

---

〔1〕"亦不可草草也"后，林齐本、萧世延本有"壬辰十二月，某白美宣先生阁下"十三字。

〔2〕"况"，林齐本、高简本、萧世延本、何熊祥本、王安舜本、黄之正本、碧玉楼本、四库全书本作"矧"。

〔3〕"记"，原作"寄"，据林齐本、高简本、萧世延本、白沙文编、何熊祥本、王安舜本、黄之正本、碧玉楼本、四库全书本改。

〔4〕"亦足当一简也"后，林齐本、萧世延本、白沙文编有"南海某再拜春官林大人阁下"十二字。

二辈流妄加推让，于有所不为之中置贱姓名焉，执事从而齿录之，乃不自矜重，具酒与币，勤一介于千里，赐之手札而问焉，仆何足以当此？惭惭悚悚[1]。然仆之所以不辞于执事，非昧于自度、辱执事使也，徒欲以广执事之心，使天下称执事者，以执事为有礼，且曰执事于不贤而誉且礼之，况其所谓贤者乎？亦昔人"请自隗始"之义也。郡，大封也；太守，大官也。当风化未还之日，狱讼日繁[2]，幸而主者不敢怠于其职，疲神竭知、夜以继日，孳孳犹恐弗及。如此者，今之所谓贤守也。执事光明磊落，优游而敦大，规模气象迥异常流，使勤于听讼矣而又不遗其本焉，此仆所以乘风而知慕、览币而弗辞[3]，其心盖又有激于此也。若夫君子进为君、退为亲，进退可否之机，执事研之熟矣，仆何敢仰疑于万一哉？使回，并此布悃。不罪。

与汪提举 弘治戊午□月九日作

白沙陈某启：千里一缄，由辞以得意。足下垂爱之至，非尺牍能尽，章何德以报之？承示近作，足见盛年英迈之情。大抵论诗当论性情，论性情先论风韵；无风韵，则无诗矣。今之言诗者异于是，篇章成即谓之诗，风韵不知，甚可笑也。情性好，风韵自好；性情不真，亦难强说。幸相与勉之。知广大高明不离乎日用，求之在我，毋泥见闻，优游厌饫，久之然后可及也。人自海南来者，称足下事功之伟；阮从事至，益闻所未闻，足慰翘企。虽然，局于见闻者未必知也，如修古等作，诚美矣，人徒知慕修古之名，抑孰知修古之实之著于今日者何如也。观往可以知来，一真一切真，得其门而入者，无远弗届也。《慕竹记》文，章心许之，病未能耳。足下欲显其亲于

[1] "惭惭悚悚"，萧世延本、白沙文编、王安舜本、四库全书本作"惭悚惭悚"。
[2] "日繁"，林齐本、萧世延本、白沙文编作"实繁"。
[3] "乘风"，林齐本、萧世延本、白沙文编作"承风"。

无穷，岂专待是耶？白洋真境，想像不来，别纸塞命，良慕高尚耳。不多及。〔1〕

二

足下事功之奇、襟韵之胜，安得一寄目于冷香以尽作者之妙？今之画图，能令武夫俗吏见者莫不鼓舞称快，况吾人哉？虽然，非病夫意也，病夫何足以当之？足下以是心求进于古之人，庶乎无远之不至矣。嘉贶不一，照领。录来诸作，每读一篇，辄欲奉和，而病未能。《慕竹记》文、大书表墓，均之未可牵勉。小诗四首录于卷中，待与阮从事过江门〔2〕，一次依准还海上耳，高明必能亮之。李世卿期我于朱陵，沈督府书来问行，张东所已办一杖双屦随我，顾今病势尚未可动。余无足道者。〔3〕

与顾别驾止建白沙嘉会楼

执事未有不以公务而止敝邑者。今日之事，欲为名教树无穷风声于后代，而姑托始于仆以为之名。伏惟按治广东侍御熊公，揭名嘉会，选能集事一人使相地白沙，问于我府主林先生，以得执事，遂尽闻于我藩宪诸老先生，倡斯和之。兴一役而众论攸同，举一义而多士知劝，百余年间，岭海之内未闻有如今日之盛者也。顾仆何人，俾以虚誉滥竽斯会〔4〕，区区不胜感激愧悚之至！执事以才识卓异见重于时，诸公诚信而委之。仆愚以今地方多虞，民苦力役，

---

〔1〕“不多及”后，林齐本、萧世延本、白沙文编有“弘治戊午八月九日，某顿首海北汪侯足下”十七字。

〔2〕“待与”，林齐本、王安舜本作“徒与”；高简本、萧世延本、何熊祥本、黄之正本、四库全书本作“徒于”。

〔3〕“余无足道者”后，林齐本、萧世延本有“月日，某再拜海北汪大人足下”十二字。

〔4〕“俾”，碧玉楼本作“猥”。

斯楼之建[1],虽以贤别驾主之,然寸土尺木不无劳费在民。愿执事再加处分,以复按治之命。苟可已之,不但纾民之力,而"负且乘"之讥亦且不及老朽以贻玷诸贤,尤见执事相爱之至也。幸甚幸甚。[2]

二

左明府过白沙,得知近况一二,才与他人异,宜上下之交无不便欤!伏闻当道用人,如执事之才,将别有大委任之,而何欲去之速也?贤郎今已康复否?送蝌船过江门,聊致此。不尽欲言。[3]

三

山楼小构,清白俸余之助得之公,不以愧谢。"士诎于不知己,而信于知己",此仆所以每受赐而每不辞于公也。虽然,厚德不可以不报。尚友古人,永矢一心,进以礼,退以义,不受变于时俗,近之则可亲,远而望之益光,此仆所愿望于公如是。若徒以身为沟壑,无所规益,舍己循人,与时势上下,非仆之志也。镌者偶有所适,碧玉楼诗刻俟后寄。所示从吾先生送张巡检诗,何不类平生之言也?分惠诸儿辈及诸士友历日,分付一二[4],感公盛德,并此为谢。

与余通守

某启:今日里长付到黄历五本,前此寄来《乡试小录》一本,

---

〔1〕"楼",林齐本、高简本、萧世延本、白沙文编、何熊祥本、王安舜本、黄之正本、四库全书本作"亭"。

〔2〕"幸甚幸甚"后,林齐本、萧世延本有"某再拜勉庵别驾先生执事"十一字。

〔3〕"不尽欲言"后,林齐本、萧世延本、王安舜本有"六月望日"四字。

〔4〕"一二",林齐本、高简本、萧世延本、白沙文编、何熊祥本、王安舜本、黄之正本、碧玉楼本、四库全书本作"一一"。

具有封识，已一一验领。叠辱台贶，岂胜荣幸！某本田野之人，滥竽士列，凡于公卿之门，惟知尊敬尽礼而已，不敢随众奔走以负其初，其有赐于某者，既于家中拜受，更不进谢。惟照亮。不具。

二

昨晚寒舍同饱脱粟，略无难色，大丈夫如此，亦何事不可为？敬羡敬羡。既别，索烛读彭秋官序文一遍，言外已有砥柱中流之意，为之发叹。此册告暂留白沙，俟阁下行李去郡，仆得以所见缀一言于彭公之末为荣。其余衰病稍减，寻为捉笔，但恐呈薄技于大巧之门，于事不免踧踖难成耳。未由拜德，伏希心照。

复胡推府

辱书。英特不群之气溢于言外，而其中耿耿欲与世抗，尤于诗焉见之。前数日，托倪指挥送去手书，弗及，想未达也。承以得卑官为喜，古之善处困者如是。虽然，未若忘之愈也。忘之都无事矣。诗本温厚和平、深沉婉密，然后可望大雅之庭。执事之作，其果近之乎？如其未近，则当易故求新，增其所未高，浚其所未深。然不独作诗为然也。卧病余旬，不能举动，感兹远别，又重违左右，强勉数纸，不能佳也。不审何日离省，区区驰恋之私，想能亮之。书墨并此谢。

与左知县

章启：顷者欲留一饭，为他客所并，别去匆匆，一语不能究，至今惜之。黎生来，辱书兼多贶，砚石之奇，尤为难得。昔伊川先生以一诗酬王佺惠药，传之至今。明府善为邑使，百姓歌之。老朽虽不习于辞，尚能为明府执笔作循吏传，传之天下后世以为美也，明府宁不许我耶？瞻奉未涯，谨奉启。不宣。[1]

二

昨来枉顾，老夫胸中又著一左明府矣。由邓生之言，知明府遗爱仁化已多。今者邻封得此贤牧，幸甚幸甚。老病林下，每闻四方郡县得人，辄为生灵喜，况目击其人乎！公程还日，过白沙少留片饷，细话平生志业以慰老怀，是所愿也。[2]

三

李世卿将还武昌，敝邑具人船送行，世卿不可。即日，东作方兴，家无余力。吴别驾人回，具审明府与顾勉庵候送之勤，某与世卿均一感谢。因世卿行，布此。余不及。

与顺德吴明府

来纸二柬，封识具在。恭惟廉令惠不与常人同，荣感荣感。适见按治周公叹息言，省中一时州县吏无如顺德。某谓：当道知人无难，惟行其所知。善有劝、恶有惩，则公道明；美恶杂居，贤者羞与不肖伍，万一有如陶元亮辈人傲睨于其间，其肯为五斗米折腰而不去耶？吾惧斯民之不得蒙其泽也。按治自香山将临敝邑，阻风江上连日，某为绝句以迓之云云。其望于按治者如此，谩及之。[3]

二

顷者从事至，辱书贶为感。适姜仁夫在坐，不即裁答。仁夫说

---

〔1〕“不宣”后，林齐本、萧世延本有“八月十七日”五字。

〔2〕“是所愿也”后，林齐本、萧世延本有“某再拜明府老先生”八字。

〔3〕“谩及之”后，林齐本、萧世延本、王安舜本有“弘治二年十一月六日，某再拜贤宰吴先生侍者”十九字。

足下缕缕。去岁首夏，李世卿过白沙，至腊初始别。间与论一时人物，世卿亦以后进之才称足下。章于足下所存，不待书而悉也。念昔苍梧之会潦略，几于失君矣。顾今乃蒙不鄙，瞻望清光于咫尺，得非幸欤！章衰疾不出，足下拘于官守，未有相见之期。惟当洗耳林下以冀邻壤颂声之来，足下将不以循吏之事让古人也。

三

出处语默，咸率乎自然，不受变于俗，斯可矣。以张梧州先生与献臣近日所为，章皆未得其详，不敢悬决是非，俟面尽。

四

梁生至，辱手书，具审被诬事今已释然，甚慰。明府惠爱在民，民以是报，何耶？凡天损之来，吾无以取之，可以言命矣。唐中丞称潘时用之贤、悼邹汝愚之死，小抑大扶，朝低夕昂；张梧州之于督府，皆可谓知己之遇，夫复何憾？承一一示。明府岂徒羡彼者耶？陶邦伯才能集事，威能御暴，便可当一面之寄，其他未敢轻议。大抵用人不求备。议者谓中丞公人物一大炉冶，百炼之则真金出焉。顺德小邑，治之不难，而有难者，其诚乎！诚则不言而民信，无为而化成，观于明道先生治县，则可知用智之不足贵矣。承下问，不敢不尽，明府以为何如？

与赵明府

平后山碑文，仆已谢于陶公，非敢有爱于言也。夫文以纪功，必书首事。主后山之役者，谁乎？今秦公已去，存者两府，皆非知仆者也。孟子讥未同而言，此岂止于未同而已也？一二十年来，仆与人为记、序等文，多不过十数碑而已，为陶公者半之，谓仆于公有所择于言乎？必不然矣。司马公作相，欲除谏官而难其人，问于伊川先生,不对。公曰:“出于子口,入于光耳,何害?”伊川终不为言之。语默要自有当也。若不问可否,惟以相与之密而责之言,伊川为不忠矣。仆废退之余,恐收敛之不谨以取罪累,实非有他也。惟执事亮之。

答阳江柯明府

顷者,有胡秀才来谒白沙,能道执事志行之美。章多病少出,于执事无一日之雅,闻秀才言,为之动容起敬,已置执事于东南十郡内贤守宰之列。所谓生而民爱戴之,死而民俎豆之〔1〕,以此期待阳江而注仰之久矣。蒙辱手教,承已表识张太傅墓,又于墓前构祠祀之,与厓山同。幸甚幸甚。以今观之,执事所作,皆风化首事,寻常只是簿书俗吏取办于目前耳,何尝望见阳江脚板耶?祠记某当作。昔闻秀才言执事表墓建祠,某已心许执事矣〔2〕。顾今拙病未能脱体,少延岁月,为之未晚也。病倦,不能具大状。使回,聊此复。余不一一。

与任明府

昨蒙枉顾,感感。一谈之顷,愧久病未得脱体,精神不能自达,愧负何限!虽然,造次间已觉明府英迈之气出于人上者,可畏可喜。异时当为贤宰牧,有闻于天下后世。新宁之民,一何幸欤!今日又蒙多贶之及,感怍感怍。以新作之邑,遇新除之令,凡百政令皆自我出,未有坏于前者,事机之会如此,亦可贺也。老拙以为,天下之事,成之惟在威信。威信一立,无事不可为;苟无威信,则无其本,难乎其立政矣。明府裁之。病倦,执笔匆匆,不究所欲言,谨此布谢而已。惟照亮,幸幸。

---

〔1〕后“民”字,黄之正本、四库全书本作“且”。

〔2〕“某已心许”,碧玉楼本作“某心已许”。

与曹知县

执事去新会二十年矣，何由复见执事？日侍贞节堂，延接四方宾友，与言昔者土木之兴，众工一日具举，执事悉心于名教，常在人目，虽不见犹见也。堂成而执事解官，堂今存而老母下世。俯仰今昔，情如之何？恭惟执事才足以立事，勇足以行志，而竟不为世用。或云见曹长官于京师，或云退而家居，慷慨如平时。欲致一书慰执事，无可托者。男子盖棺事方定，士所遇有时焉耳。鲍叔有闻于后代，以其能真知管仲也。［管仲］虽不仕齐有功、九合诸侯、一匡天下〔1〕，鲍叔贤之。乌乎！世复有斯人乎？执事以某之言为然，则凡世所汲汲而后见者，皆不足以望执事，亦非所以厚执事也。李世卿还嘉鱼，辄此奉候。粗布二端表远忱。制中，不多及。

与梁知县

三郎回，能道漳平初政，甚慰怀仰。居下而能获乎上，事功将日大，声闻将日著，可贺。今之从政者，岂必尽如古之人？但仿佛其一二，世必以良吏目之矣。又能始终表里无间，将来必大有可观，幸卒勉之，老拙之望也。比者，小庐山茔封粗毕，远烦致奠，哀感无涯。奇娘子母计各安好，漳平风土想与此间无甚异，惟善调摄，勿令生疾。惠绢，感感。耳边常得好消息，不用寄物也。〔2〕

与邝知县兄弟〔3〕

丁明府彦诚，今之良宰官也，遗爱在邑，邑人思其德，欲为庙以

〔1〕“管仲”二字，底本原缺，据文意补。

〔2〕“不用寄物也”后，林齐本、萧世延本、白沙文编有“孤哀子陈某书复贤亲明府足下”十三字。

〔3〕题后，林齐本、萧世延本、白沙文编有“乙卯十月十二日”七字。

报之。此义举也,吾辈当为之倡。今附去疏文一首,幸留意。富者多助,贫者一钱勿弃,大要见此举报往劝来,出于民心之公,庶几光明正大可以传远。今卜地在白沙里社前,与嘉会楼相望,亦其平生所乐游之地,留题真迹尚在壁间,吾知其必享也。

与林郡博 先生门人

近连得缉熙两书。乌乎!尚忍言哉!平湖别家逾十年,官满来归,不见仲氏见母夫人,岂非幸耶?再如京师谒选,未及一载,归哭几筵。前有就禄之请而人见疑,后有终养之图而母不待。且母与褒之恩孰重?章谓哭子之爱尚可割,哭母之恨无时休。不肖孤不丐先帝之仁,宁免终天之憾耶!缉熙孝禀自天,岂无念母之诚?因斗升之禄以求便养,无难处者,特于语默进退斟酌早晚之宜,偶欠一决,遂贻今日之悔,而世之议缉熙者多矣。当是时,虽使一恒人,非沉酣利欲得已不已者处之,亦必不能不为之动心而变色,况贤者乎?自兹以往,缉熙其皎洁磊落、不为混混之迹,所以慰慈灵于地下而解群惑于当年,如毛义焉可也。若不理会此处,则大错,虽二十四州铁打不就矣〔1〕。素辱厚爱,计必不见讶,是以尽言之。定山近日之出,谁实启之?其意云何?希垂示。江西来日者未过白沙。银瓶岭合葬,只看年月利否,余不用问人。忧病中,未由奔慰。谨奉疏,不尽欲言。

二

万里之行,无可为赠,徒深凄黯而已。辱书,具悉诸况。某七十病翁,理不久生,安知今日之言非永诀耶?三十年游好之情,尽

〔1〕 高简本、白沙文编、王安舜本无"虽"字。

于是矣。异日过定山先生，问我，亦以是告之。[1]

三

子逢家人至，得书，具审太夫人以正月六日祔于竹斋府君银瓶岭之墓，褒亦祔焉，为慰。是月三日，章亦奉迁先考墓于小庐山，与先妣同处。日者云“是岁官交承之日，百无所忌”，遂用之。居丧不能免俗，多此类也。君子所以报其亲，盖自有其大者，顾吾之所立何如耳。来喻“知孔而不知毛”，老朽所望于贤，非欤？此翁明年满七十，世宁有七十老人发狂著书与故旧作炒也？有言无补于人之不足，托于灵龟以正朵颐而不知止耶？李世卿自嘉鱼来，与湛民泽往游罗浮，今殆一月矣，未知所得何如。老朽亦欲深潜远去，为终老计。此间民日变为盗，地方多虞，白洲李先生为卜地于省城，破数百金。古人之事，不意今复见之。顾今暮景所以落莫[2]，耳目之用不息，事随日生，委余龄于寻常喧嚣之境，恐卒不能成其美，未易裁也。岁首，白沙嘉会楼成，白洲李先生遣人走定山求记。比得南京李学录书，中间报庄验封以去秋八月履任，寻得疾卧家，至冬间发此书时，已闻定山将出谢病，未审然否。想欲知，故及。

四

碧玉楼上联句云：“大海从鱼跃，长空任鸟飞。”吾以待时之人可也，圣人不为也；吾以待门人子弟，不已薄乎？有不得不然者，免

---

〔1〕《南川冰蘖全集》卷末附录此信，作“辱书为别，念缉熙万里之行，无可为赠，徒深凄暗而已。七十病翁，来日无多，又安知今日之言非永诀也耶？三十年游好之情，尽于是矣。异日过江浦，见定山先生，问我，亦以是告之”。(林光撰：《南川冰蘖全集》，第四五三页)两相比较，异文颇多。

〔2〕“所以”，林齐本、高简本、白沙文编、王安舜本作“所宜”。

怨而已。缉熙抱耿耿于兹几年,今发于此〔1〕。适有客及门求见,不暇详答,然大略具矣。如何?如何?〔2〕

五

违阔日多,忽枉来问,不啻如珠贝之入手也〔3〕。亡兄不幸早世,十月在殡,后此尚二十日始克就窆。积痛成疾,章不足念,如老母何?承少宽之喻,伏纸摧咽。顷者与子逢书,中间一二近况与悼秉之等诗,想次第经目矣,余非面莫究。主考闽藩,令誉蔼然,可贺可贺。传闻《乡试录》好文字,想皆出总裁之手,恨未及见耳。别纸见示奏草〔4〕,此事在今日不言,而去揆诸《易》,果不当欤!夫以无所著之心行于天下,亦焉往而不得哉?老孺人之旁,计未能猝离,而平湖之旆亦难久留,不审何以处之?区区注仰之私,与月俱积〔5〕,录近作一二见意〔6〕。早晚能一过白沙否耶?景云如桂阳未返,张佥宪日夕至学,景昜惟课仿是急〔7〕,诸侄营葬事,往候无人,惟加照。

---

〔1〕“缉熙抱耿耿于兹几年,今发于此”,《南川冰蘗全集》卷末附录此信,作“人来辱书,缉熙抱耿耿于兹几年,今发于此书”。(林光撰:《南川冰蘗全集》,第四五三页)

〔2〕“如何”后,《南川冰蘗全集》卷末附录此信有“丁巳夏四月十六日”八字。(林光撰:《南川冰蘗全集》,第四五三页)

〔3〕“珠贝”,《南川冰蘗全集》卷末附录此信,作“珠玉”。(林光撰:《南川冰蘗全集》,第四五一页)

〔4〕“奏草”,白沙文编作“奏章”。

〔5〕“月”,《南川冰蘗全集》卷末附录此信,作“日”。(林光撰:《南川冰蘗全集》,第四五一页)

〔6〕“一二”,原作“一一”,据林齐本、高简本、萧世延本、白沙文编、何熊祥本、王安舜本、黄之正本、碧玉楼本改。《南川冰蘗全集》卷末附录此信,亦作“一二”。(林光撰:《南川冰蘗全集》,第四五一页)

〔7〕“课仿”,原作“课访”,据林齐本、萧世延本、王安舜本改。《南川冰蘗全集》卷末附录此信,亦作“课仿”。(林光撰:《南川冰蘗全集》,第四五一页)

六

[昨晚得缉熙二月二十八日手书,][1]承谕进学所见,甚是超脱,甚是完全。病卧在床,忽得此柬[2],读之慰喜无量,自不觉呻吟之去体也。终日乾乾,只是收拾此而已[3]。此理干涉至大,无内外、无终始[4],无一处不到,无一息不运。会此,则天地我立,万化我出,而宇宙在我矣。得此霸柄入手,更有何事!往古来今,四方上下,都一齐穿纽、一齐收拾,随时随处,无不是这个充塞。色色信他本来,何用尔脚劳手攘?舞雩三三两两,正在勿忘勿助之间。曾点些儿活计,被孟子一口打并出来,便都是鸢飞鱼跃。若无孟子工夫,骤而语之以曾点见趣,一似说梦。会得,虽尧舜事业,只如一点浮云过目[5],安事推乎?[6] 此理包罗上下,贯彻终始,滚作一片,都无分别、无尽藏故也[7]。自兹已往,更有分殊处,合要理会。毫分缕析,义理尽无穷,工夫尽无穷。书中所云,乃其统体该括耳。病中还答不周,言多未莹,乞以意会。前此所谕,"[天]命之理"以下数段[8],亦甚

---

〔1〕"昨晚得缉熙二月二十八日手书"十三字原缺,据《南川冰蘗全集》卷末附录此信补。(林光撰:《南川冰蘗全集》,第四四一页)

〔2〕"此柬",《南川冰蘗全集》卷末附录此信,作"此纸"。(林光撰:《南川冰蘗全集》,第四四二页)

〔3〕"收拾此",《明儒学案》所引述作"收拾此理"。(黄宗羲撰:《明儒学案》上册,第八五页)

〔4〕"无内外、无终始",《南川冰蘗全集》卷末附录此信,作"无有内外、无有先后"。(林光撰:《南川冰蘗全集》,第四四二页)

〔5〕"只如"前,《南川冰蘗全集》卷末附录此信,有"也"字。(林光撰:《南川冰蘗全集》,第四四三页)

〔6〕"安事推乎",《南川冰蘗全集》卷末附录此信,作"安事乎推"。(林光撰:《南川冰蘗全集》,第四四三页)

〔7〕"无尽藏"前,《南川冰蘗全集》卷末附录此信,前有"都"字。(林光撰:《南川冰蘗全集》,第四四三页)

〔8〕"天"字原缺。"前此所谕,[天]命之理以下数段",是指成化七年辛卯正月二十五日林光《奉陈石斋先生书》中"天命之理流行而不已者"以下数段文字。(林光撰:《南川冰蘗全集》,第一〇一页)据补。

切实有味[1],愧不时复。草席、香各领赐,感感。[2]

七

缉熙行时云,到部须求便养。而自去冬谒选,至今年春,四越月矣,授以山东兖州府教授,然后奏请便亲,冢宰不许。前此何不引例告选司?当言而默,欲焉待哉?举措如此,谓之不濡滞,人孰信之?宜其不见许也。中间拣选,冢宰见怪,假令不病,将不计其不便于养而就选耶?自古进退不决于内,则其形于外,依违可否之间,而欲人之不我疑,不可得也。乌乎!惜哉![3]

八[4]

忽梦天大雨,有路滑险,行者莫能着足。缉熙独负予于背疾走,上下凡数回,如履平地,昂首曰:"光将负子归矣。"予告曰:"子异时所克大者,端绪尽在今日矣。"梦中觉精力倍平时,昂昂增气,此吉兆也。予平生梦特异者,必有征于事,缉熙必能始终。此念大慰予望。庚寅。

---

[1] "切实",《南川冰蘖全集》卷末附录此信,作"精到"。(林光撰:《南川冰蘖全集》,第四四三页)

[2] "感感"后,《南川冰蘖全集》卷末附录此信有"辛卯四月十一日"七字(林光撰:《南川冰蘖全集》,第四四三页);林齐本、萧世延本、白沙文编则有"辛卯四月"四字。

[3] 此段文字,底本原载于第三卷"与林时表"书中。(《白沙子全集》,何九畴刻本,第三卷,第九页)《白沙先生文编》则将其作为白沙与林缉熙书之一。(唐伯元编次:《白沙先生文编》,第五卷,第四页)碧玉楼本注云,"按'缉熙'以下,另为一书,当列于前'与林郡博'内"。(《白沙子全集》,碧玉楼刻本,第四卷,第三八页)阮榕龄亦曰,此"是与林缉熙书,当入《与林郡博》书内"。(阮榕龄撰:《白沙丛考》,《宋明理学家年谱》第九册,第四八四页)白沙文编、碧玉楼本及阮氏之说可取,兹据以移置于此。

[4] 自第八至第三八,共三十一信,底本原缺,兹据《南川冰蘖全集》卷末附录白沙先生"与林缉熙书"补出。(林光撰:《南川冰蘖全集》,第四四〇至四五三页;又参陈献章撰:《陈献章集》,北京:中华书局,二〇〇八年,下册,第九六八至第九八二页)

九

秋且尽矣，旦暮惟吾子尺牍耿耿置不足于胸中。奚吾子不以所得告予夫？予则兀然终日隐一几坐而思之。思之不得，又重思之。假令有得，毛发以上，吾又不以告吾子而谁告耶？始予之寓京师也，处于子仁、克恭之间，乍合乍离，率不过一日二日，其有所欲言而未竟者，亦未始屑屑然也。近者，获其手书，述一遗百，宜详而反略者，此则不可疑而可悲。岁月寂寂，一札千金。以予揆之，克恭辈别去，知其晚夜思索，胸中堆积所欲言者何限？略云固可，奈何尽之？是以默默寄恨于向来耳。今吾与吾子相去虽甚迩，不可朝夕见，谓宜勤一书以罄其所欲言者，无令拍塞胸次。人事何常？庸讵知他日万一不为克恭辈追恨于畴曩耶？前此寄去书稿想达，亦勿爱一字，吾子之意也。德孚托予为《文溪集》序，病倦不能详细，乞为删定，去纸却寄白沙。渠近有书来促此稿，已旋往碧虚矣。庚寅。

一〇

不见许时，渴想渴想。仆自八月抵家至今，人客往来，续续未已，殊废读书，未审缉熙何如也。承寄示游山诸诗，又别又别。眼中杜子美，恐不止庄木斋一人，第不可使罗应魁知之，便作恶耳，呵呵。仆未识罗浮山作何面目，诵缉熙"明月"、"冲虚"之章，觉清风满纸，飒飒逼人，莫道不是老天将留下此好生活与吾人也。卜居之事，憧憧于心，老母安土重迁，到今开喻，未蒙首肯，朝夕惟以此为念耳。德孚坚坐碧虚，亦是勇决。外人道他好名，又道他学仙，德孚都不恤，可谓有志矣。但不知终身出处大节如何，若更透过此一关，其进殆未可量也。万梅书屋且当闭关独坐，早晚仆同德孚一叩，却往罗浮也。《语类》搜寻得琴轩家板本否？望作急见报，免抄京师错本为好也。年尊夫人哭小孙,过哀成疾,人子当此之际,忧惕何可暂离?缉熙倘有意过白沙,请勿举踵,仆却不敢奉怪也。天寒,惟望万万自爱。庚寅十月念七日书。

一一

来教具悉。进业之勇如此,可畏可畏。章始有志于此,亦颇刻苦。后来忧患妨夺处多,或前或却,故久而无成。缉熙今认得路脉甚正,但须步步向前,不令退转;念念接续,不令间断,铢累寸积,岁月既久,自当沛然矣。与陈先生书,意好,辞亦不费,今附德孚转达。张内翰寄到《苏文》,今亦附达左右。渠欲同罗先生来岭北约章会讲,有手帖云云,不知果如何也。令弟秉之能相从此学,殊不易得。未面,且为致下意。辛卯正月五夜灯下书。

一二

德孚兄近专向里寻索,若念念为之不置,可识端绪。上蔡云"要见真心",所谓端绪,真心是也。缉熙后一札已具此意,但恐工夫不能无间断耳,更企勉之。德孚兄近处置得出处一节甚停当,更不拖泥带水,可羡可羡。吾人立身,各肯如此,士风何患不振?知之,宜作一书往贺也。光宇就白沙作屋。新年来,别为出少课程,令自求益。此兄刻苦,诚未易得,愧无能为扶持。有便,可作一札以左右之,幸甚幸甚。辛卯。

一三

旧岁,涂伯辅过新会,带到张内翰寄来《苏文》一部,共二十二册,此月九日已附德孚转达,并手札一封。光宇寄去《程氏遗书》共六册,未知到否?卖香人便,附此潦草。何时还来南海祠?飞示为祷。辛卯。

一四

来谕主张默默，甚好。默默守得住，言语才多便走了。须假默默去养，教盛大。《中庸》言细不遗、大不过，工夫则不离个忠信；孔孟却就言语上教人点检，便是终日乾乾也。光宇疾亟矣，旦夕视之。无聊甚，不一一。辛卯十月十一日。

一五

不德之征，殃及同类。光宇不幸此月十八日逝矣，哭之屡日夜不能自解，神惝恍不能持，奈何奈何。天不可怨。光宇力善不倦，得罪于世之淫人者，天卒不与耶？将数之有一定不可改耶？光宇无恙时，见属诸文未能作，悯其垂绝，煦煦为了得谱序一首，附入光宇平生好处；寻又令绘士写真，为山岩幽栖之状而赞之咏之，皆光宇属纩前数日日击。他日以勒诸岩石，为岭南之胜迹，顾吾德劣而文又亡奇，不足与图永久，奈何？昔者视其疾云："万一不讳，吾为汝具行状，请缉熙为作墓志。"今不忍负此言矣，早晚掇拾一草，去请缉熙下笔，千乞勿让。章又为择葬地，在其屋后山，距所栖石岩仅数丈许，卜之，亦吉。光宇病将亟时，使人扶出望之，曰："此吾旧所爱也。"卒之三日，其季父绚泊钝斋兄嘱笔代报。临纸不胜呜咽。辛卯十月二十日。

一六

光宇竟止此，可念。章为状，缉熙铭，此虽朋友之责，亦死者之志也，尚奚辞？付去碑二纸、稿一纸，余在秉之纸。章白缉熙足下，廿七日。前日寄去邓童子碑册，想达。壬辰。

一七

秉笔欲作一书寄克恭，论为学次第，罢之，不耐寻思，竟不能就。缉熙其代余言。大意只令他静坐,寻见端绪,却说上良知良能一节,使之自信,以去驳杂支离之病,如近日之论可也。千万勿吝。

一八

二月初旬,得丰城同门书,报先生弃世,属纩乃在己丑冬,不知彼间许多时,何故不以讣闻?或所寄书偶沉浮,后更不寄;或茂荣自不肯报,亦未可知也。来书见责赴哭,而章自五羊归后,厥疾又作,跬步不能离庭户,惟东向哭而已,奈何奈何。来讣邓生,可惜岑寂山中,忽然失却一贤主人,其无味可想。缉熙作铭,拙者奚吝书丹?但自觉笔意凡近,终不能传远,而平生亦未有可倚仗处,徒劳往复,不若缉熙自书为佳耳。惟裁处。

一九

邓祚碑好,光宇之铭,颇涉奇矣,然又特好。辞虽工,不害于道,其传宜永,光宇之幸也。章近凡百粗遣,惟旧疾时复一作,益厌人事,欲远去耳。平冈人钟氏兄弟好事,惠余屋基,有田十顷余,其地近海,在吾邑西南数十里,即屋之北山是也。众议复欲于旁近建学舍一所,割田以供诸生之贫不能自振者,计亦不下四五顷。所得尽佳山水,旦夕殊以此自庆耳。缉熙前过白沙,倪麟梦一人被发指余言曰,“如厓山间七八大贤”云云。当时莫晓所谓,今卒应之,是何神也!时矩欲从余于平冈,近与李玉俱在馆中。城中人语云:秉之中道,叔馨绝倒。不知何所自去也。幸语秉之。癸巳九月朔日。

二〇

前月二十八日,与佥宪陶公联舟从三水上胥江,遂与胡先生相遇,乃知缉熙、秉之前一日在石门别去,晤此会也。佳作《赠胡先生》,托时矩附卷中,间声律未完处,谬改数字,愧率尔也。拙作想已闻于诸友，今不再录。次日晓登峡山寺，与胡先生饮饯。席间与论为学之要，口占一绝云："一片虚灵万象全，何思何虑峡山前。洪城内翰如相问，为说山人已遁禅。"此复去廷祥书，罗殿元疑为禅学作辨，其源盖始于廷祥书也。可笑可笑。事托倪麟者，未有指准，彼中非无人可求，更俟续报。余不具。九月一日寓胥江舟中，献章书。

二一

增城老人至，得缉熙手札一通、碑四贴，展玩良久。岁前南至日一柬，亦每诵不能谢口。缉熙果于辞大有得也。章自春间纳犬子妇，俯仰作、热汗发，至今痴愦度日，恐遂不足为人倚仗。岁云迈矣，奈何奈何。秉之勘破异说，抑何迟也。时矩自铁汉，终不道被人磨毁得也，而且不免呶呶。异哉，其所用心也！可笑可笑。老人不知章之不文也，又不知言之不可苟也，触热走数百里，来而去，去而复来，言亦不可也，勤可念也。为《钓图记》一首，去姓名也，不与老人闻也。老人往矣，缉熙其私审度之，尚无辱斯文也，批破一字与之；否也，则勿示焉。陈布衣不幸卒于龙岩，去年八月十七日也。拙挽录于别纸。甲午六月十二日。

二二

前日告秉之等只宜静坐。子翼云："书籍多了，担子重了，恐放不下。"只放不下，便信不及也。此心元初本无一物，何处交涉得一个放不下来。假令自古来有圣贤未有书籍，便无如今放不下。如此，亦书籍累心耶？心累书籍也？夫人所以学者，欲闻道也。苟欲闻道也，求之书籍而道存焉，则求之书籍可也；求之书籍而弗得，反而求之吾心而道存焉，则求之吾心可也。恶累于外哉？此事定要觑破，若觑不破，虽日从事于学，亦为人耳。夫子语为政曰："足食，足兵，民信之矣。”子贡曰：“必不得已而去，三者何先？”曰：“去兵。”“必不得已而去，二者何先？”曰：“去食。”必不得已而去，非恶而去之，三者不可得兼，则亦权其轻重次第取舍之而已。夫养善端于静坐而求义理于书册，则书册有时而可废，善端不可不涵养也，其理一耳。斯理也，识时者信之，不识时者弗信也；为己者用之，非为己者弗用也。诗、文章、末习、著述等路头，一齐塞断，一齐扫去，毋令半点芥蒂于我胸中，夫然后善端可养，静可能也。终始一意，不厌不倦，优游厌饫，勿助勿忘，气象将日进，造诣将日深。所谓“至近而神”、“百姓日用而不知”者，始自此迸出体面来也。到此境界，愈闻则愈大，愈定则愈明，愈逸则愈得，愈易则愈长。存存默默，不离顷刻，亦不着一物，亦不舍一物；无有内外，无有大小，无有隐显，无有精粗，一以贯之矣，此之谓自得。清明日书。缉熙更为申说，令了了。

二三

近睹诏内一款言：“监生有不愿出仕听选者，授以从七品有司职名；依亲坐监者，授以正八品有司职名，俱令冠带闲住，有司以礼相待，免其杂派差徭。”朋友间闻有此例，皆以为便于我，且曰：“以心存道，以迹存身，亦无不可。”吾之所以见疾于时，此朋友所共知，宜朋友所共忧也。然有可疑者：迹者，人之所共见；心者，吾之所独知。迹著而心隐。通变者，圣人也；执其道至死不变者，贤人也。圣人任迹而无心，贤人有心而践迹。因时有险易，故道有恒变。微乎，微乎，惟圣人然后可以与权；胶于恒而不变，贤人因不足于权也；托于权以自肆，小人之无忌惮也。抑又有难者焉：仓卒之不虞，颠沛而蒙难，若过宋之微服、见囚而佯狂，此又权之已逼者也。故虑危而后安，防亡而后存。《易》曰：“君子见几而作，不俟终日。”在“明夷”之初九，事未显而处甚艰，非知几之明不能也。《易》曰：

"君子于行,三日不食。"〔1〕言知几速去,行人之所难而不疑也。当穆生之去楚,申公之贤犹以为过,卒被胥靡之辱,其于处患难之几何如也? 愚虑叨叨未中理,愿与君子筹之。可否,惟命。

二四

罗浮之游,乐哉! 以彼之有,入此之无,融而通之,玩而乐之,是诚可乐矣。世之游于山水者皆是也,而卒无此。耳目之感,非在外也。由闻见而入者,非固有在内,则不能入;而以为在外,自弃孰甚焉? 所历诸处,必有佳作。咏歌而归,托于声者,千态万状,神化恍惚,莫不云行而水流,则得于我者,若丹青之妙、水镜之照,明者可以揽而有也。何惜一二示我耶? 淹病之余,有怀未遂,凡阅此纸数四,而未尝不耿耿也。力之所不及而犹终不忘焉,非不异于畏难而惮劳者,终不足自解也,其他可知矣。疑火之喻,甚高喻也,此不足校,但幸觉之不早、言之不谨,今而后可以括囊矣。乙未十一月未尽之一日书。

二五

得九月书,具悉诸况。先府君墓志并诗、奠文石刻,此月方下手,计工一月可了。但恐人事中有作辍,未前期也。章百凡如昨。旧腊因土人阴谋为孽,避地城中,今幸无虞矣。前此,举邑恂恂,蠓毒将作,乡人挈妻子东西避者相继,若无尹彦明之先见,章几陷虎口矣。方此妖未殄,浮谤山起。赖丁县主、倪圣祥协力济艰,渠凶授首,罪状昭然,四境获安,亦大幸也。或者谓四海之声名,不能压如山之谤,东南不可居矣,如何如何? 便风,无惜寸纸见意。至嘱

〔1〕"易",原作"彖"。"君子于行,三日不食"乃《周易》明夷初九之爻辞,而非彖传之文字,因改。

至嘱。正月六日，章寓城隍庙书。

二六

仆不能自决于进退，远烦吾子致忧，进语白沙连日，处义精密，吾子之见伟矣，敢不佩服？十五日，自岭头归，腹痛尚未止。十八日，筮得“归妹”之“师”，其辞骤看若相牴牾，疑其非鬼神所以示人一定之意。细看“跛能履”一句，《程传》与《本义》皆少忽略。《小象》言相承未为承，助其君乃承，二以行也。盖初既为娣[1]，象娣之微，岂能自主于行？必依正配而行，如跛者依人而履，故曰“跛能履”。《象》释之曰“跛能履，吉，相承也”，其旨明矣。如此看，方不失《易》本意。二爻辞盖互相足，非有牴牾也，然后筮者之进退决。谨告缉熙足下，章笔。兼达秉之，以为何如？

二七

缉熙苫次：先府君吉人之墓，章得铭之，甚幸。但愧文不逮实，所恃者永叔自有《泷冈表》可传耳。葬期至今腊，碑丹宜及时书之，秉之能为此一事否耶？拙疾有拘，未得躬吊哭，愧痛何言。近又为彭公荐剡所干，府县来促起程，至今行止未判。畴昔所与商议，未审今日主张何如？众论纷然，皆不足据。缉熙必有至当之论，望少辍哀，垂示为感。己亥十月十日书。

二八

春至获香酝，与客嚼橄榄对酌，如在榄山亲风味也，感感。承喻银瓶岭好佳山水，何日得寄目？向问一之，云：“只穴处有疑。”毕

---

〔1〕“娣”，原作“姊”。《周易》“归妹”初爻爻辞为“归妹以娣”，林光《明故翰林检讨白沙陈先生墓碣铭》所引述此信作“初为娣”，(林光撰：《南川冰蘖全集》第一七九页)因改。

竟此一事难晓，非郭景纯，道好道恶，谁信得？近见邝洪，云："何时矩自负地理，每与人阅一地，索谢三十金，竟未有偿之者。"可笑也。此子近发狂甚矣。非特此一事，凡所处皆不近人情，初不异其至此也。缉熙颇闻之否？今年夏秋间，二犬子连得两孙男，幸老母粗康，日弄孙为乐。回吏部檄大意言，目今尚病，未能起程。他一不及。顷见府主，云甚得事体。盖亦众心所同也。陈大中近有书云，今冬了一峰葬事后，偕清极来白沙。献章复。

二九

向者罗清极书嘱一峰墓志，马龙屡嘱，今缉熙亦嘱。章于一峰情分最厚，果待多嘱耶？顾自谓拙于文。一峰在世时，久知我不能也。顷疑廖先生当为行状，缉熙当为墓志，孔易、东白辈为墓表、为神道碑，章袖手可也。且挽[诗]数篇[1]，皆在人口，使其言传，是亦足矣，非敢忘一峰也。一峰交广，如缉熙当任表章之责，幸毋多让。新碑石稍阔，亦坚好，若他无胜此者，亦可作墓志石。奠文诗刻，只数日可了。志字六七百，一手刻，多拚一两月。此役托圣祥不难，但未与面议耳。裁处幸回示。庚子九月七日。

三〇

画竹必得先成竹于胸中，执笔熟视，乃见所欲画者。振笔直遂，以追其所见，如兔起鹘落，少纵则逝矣。襟韵高者，脱去凡近，所作万古常新。此可以意会，难以言传也。

三一

前在城中有简寄去，不审到否？时事纷纷，想彻左右，兹不赘。

---

〔1〕"诗"字，原作"□"，据文意补出。白沙先生有《罗一峰挽词》七言律诗三首。

惟去住一节，欲闻至论，便风无吝一字，凡报，宜附张诩处转寄为便。去年九月一简，十二月方至白沙，不知何人沉滞也。碑刻已三之一，月间可了。二月十一日。[1]

三二

平湖之任，在贵札未至之前，已得之于道路。诸作中略见所以自处，轻重泰然由之，正惬素想。章自抵家来，恒十日一梳、五日一颓，足迹未尝越里门。念缉熙方此远去，良晤何时，而不得握手以别，凄绝奈何？闻凭限颇宽，万一能迂棹一过白沙，岂胜为慰也。承喻迎养，不审太夫人能遂行否？家贫禄仕，固贤者所不免，然必欲奉枕几以行，吾恐老人之忧不在水菽而在道路也。其行与否，宜并与己之去就久速裁之，正未可草草也。所欲言者，非面不尽。拙作三首录在别纸见意。羊一羫，酒一坛，谨献太夫人寿，幸为道此忱。景云回，乞示起程日期。不能悉。八月十四日。

三三

缉熙别去明日，李侍御来访，与语彭都宪巡抚地方，嘉兴正在部内，深为缉熙喜也。学职所关，有当取决者，通问裁之，此公似不必避嫌也。会馔一事，公私卒不能两全，反覆计之，不若且守定成法，终是立脚稳当，不受人指点也。委曲自全，苟以悦人，非忠信之道。三十年间，相与期于斯道者几人？万一天假之缘，见所望者在彼，岂非千古之一快哉？凭限无几，过定山，可会会之，毋逗迟也。老子云："与兮若冬涉川，犹兮若畏四怜。旷兮其若谷，浑兮其若浊。"此殆今日之座右铭也。况吾人固相托以心而不以迹耶？奉和

---

〔1〕 此信墨迹尚存。"碑刻已三之一，月间可了。二月十一日"，墨迹作"碑刻已三之一，三月间可了。二月十一日，章书缉熙足下"。（陈福树撰：《陈白沙的书法艺术》，第四〇页）

彭先生诗，录在别纸托寄。不多及。成化甲辰秋八月二十日书。

三四

兼素一病遂不起，德纯亦死于龙川。新岁略闻朝廷举措大端，二公不死，将有用于世，惜哉！顷者，寄去兼素挽诗，潦草不能尽所欲言。过吉水，收回旧稿，当别作诗或哀词奉寄也。元年闰正月二日，章白县博先生。外近稿一帖，寄上清览，景录者。弘治元年戊申。[1]

三五

别驾张克修近于肇庆横槎作堤，有田百余顷。章以缉熙无养干之，蒙首肯。陈子文云此田甚美。得一二顷足可为还山之计，望早定归期，区区之望也。忙甚，故不多及。

三六

昔李世卿过端溪，会张别驾、陈子文，与论老朽所请之田，别驾与三十亩，请益五十亩。老朽闻之发笑曰："子文告所筑堤田不下三四百顷，别驾不喜作檀越主耶？所得不偿所求。"及得书，许以岁谷一百斛，仍推己俸买之，而以成事托子文。别驾自去科入京未返，他日更面请看得百亩以上，所费当老朽图之，不以累别驾也。东山先生在省日，亦蒙以此意恳之。别驾当是甚次第人？若是缺口镊子，岂可干也？

三七

相别十年，不奉问见罪，奉问则赘。克明死矣，太夫人春秋益

---

〔1〕"戊申"，原误作"戊午"。弘治元年为"戊申"年，因改。

高,早晚平湖官满,谒选耶?不谒耶?老朽欲闻此而已。

三八

人情老少不能无小异,曩与故旧别去,耿耿如有所着。今不见者且四年矣,亦复尔耶?近王叔毅行人过白沙,与论定山出处去就之详,似小可讶然,岂彼甥舅间相知犹有未至者耶?承先大人久襄事,景云自去秋病,迄今尚未离床席,余无可遣者,愧罪愧罪。袁藏用、林子翼、子逢诸君近况如何?张主事近一至白沙,李世卿乙卯冬留楚云台,数日前经还武昌矣。湛民泽奉母还增城。老朽旦暮与容一之对坐谈稼穑耳。从事贵里人还,致此草率,不能悉。弘治丁巳春二月晦日。

复梁二教伯鸿

尹秀才至,辱书兼拜《汝帖》之贶,感感。足下病不能任官,贫不能供母,迂不能入俗,直不能干人,足下持此孑孑,何以度世哉?承欲挟卜以游,足下设言之以自遣耶?将仰给于是,如昔君平之为耶?顷者,何廷矩在胥江开卜肆[1],竟无一人售者,足下闻之否耶?此非愚虑所及,足下善自谋之,无令古人笑今人也。颜渊、季路皆可师法。闻足下有少田业,勤耕而节用,可以不死。虽甘旨之奉不足,亦士之常分,揆于道义,无不安也。舍此而他图,心日劳而困日甚,足下其如命何哉?人还,匆匆聊此复,不能悉。

复祝主簿[2]

未拜一顾之勤,此贶叠至,皇恐皇恐。阁下以至公待民,使一

---

[1] “何廷矩”,即前《与林郡博》第二八书中所及“何时矩”。

[2] “复”,林齐本、高简本、萧世延本、白沙文编、何熊祥本、王安舜本、黄之正本、四库全书本作“回”。

邑受赐，则惠之所及广矣，岂独某哉？夫公，必有养而后能。某于今日之赐，不敢不受，亦不敢不让，所以广阁下之廉以养公也。僭率不罪。〔1〕

与宝安诸友

章衰矣，齿发日变于旧。亡兄属纩之初，老母哭之欲绝，积忧之余，面足俱肿。由某获罪于天，不死，延祸同气，以上累于高堂，痛彻骨髓，如何可言！诸君不遗老朽，慰之连尺，抚状不胜悲哽倾感之至。子逢别纸，具得平湖履任之详，可叹可叹。彭泽不折腰于督邮，平湖不屈膝于当道，乐则行之，忧则违之，古今一揆也。数日前，阅甲辰旧诗，改《赠平湖》章云："偶从道路得行藏，南北东西又此乡。沧海一身堪自远，平湖数口为他忙。江山旧宅香株老，篱落东风豆角长。小与先生分出处，扶留窗下细抄方。"又改次章颔联云："到手闲官如处士，从头诗卷又江湖。"去秋，与张进士唱和绝句云："不求老马在长途，谁道乾坤一马无？伯乐未来幽蓟北，凭君传语到平湖。"诸诗谩尔，岂遂为之兆乎！诸君其亟椽榄山之室，南川之归无日矣。景易今秋不免随俗应试，非得已也。家贫不能日给，无可仰干于人，一也；祖母年高气衰，悼往忧来，怀抱作恶，希得一解可以慰解，二也；是儿赋分已定，责之以越常之事，必不能堪，三也。功服不得科试，程子据礼言之当如此，亦古人常事耳；在今日，可以望于贤者而不律众人也。若曰祖父丧在浅土，虽服已除，亦不应试，此又过今之人远甚，子逢自量力为之。孟子曰"持其志，无暴其气"，为之而力弗逮，反暴其气矣。秉之在狱安否？祸变之成，非一朝夕。今日之事，不知秉之平生费多少曲蘖酝酿来也〔2〕。为我

〔1〕“僭率不罪”后，林齐本、萧世延本、白沙文编有“壬辰五月日，某顿首”八字。
〔2〕“曲蘖”，原作“曲蘗”，据高简本、萧世延本、白沙文编、何熊祥本、黄之正本、四库全书本改。

谢平湖。秉之虽穷，使甘心觚翰如藏用辈，低徊于里塾，宁有此？惜哉！

与邓胜之

胜之足下：自顷岁寒舍一话别去，未尝忘，但懒作书耳。春初，闻太夫人委蜕，又阙一疏，多罪多罪。仆之心事，惟足下知其无他，则知仆之交于人者如是；使世之知仆者异于足下，几何不斥其简而怒且讥耶？足下勤勤于仆之意，每见德孚，与语，未尝不增戚戚于胸次。顾足下之所欲为者，其机未始不在我，如足下亦何所不至？慎勉之，毋以畏难止也。承枉阴阳家诹日等问，仆不究其得失，然大概以为术家之书，其说主于祸福，故不宜尽拘。尽拘则害理，圣人无是也。吾徒作事，宜何所法守？听命于术家之说而我无所可否焉，仆窃惟今人不取也。《小五星》等书，自地理家秘而不传，然其说亦动静两端而止耳。足下将求之不一耶？反求之吾心以观其会耶？抑徒宝爱其术而思藏其故纸耶？足下欲之，必有其指，不爱一言，以慰悬仰，幸甚幸甚。〔1〕

复李世卿 先生门人

圭峰山灵，相候已久，何濡滞尔耶？世情不可尽徇，尽徇则失己。与诸乡老龙兴寺舍相对竟日，孰与置一榻于圭峰为足快也？邑中山水，白龙、玉台最胜，诸前辈有赋咏，可尽收拾志中，慎勿留意拙作，为世卿累也。切嘱切嘱。昨晚陈伯谦过白沙，出示与僧文定诗，颇有援救意，不审闻于邑主否？封去某近作记文一首。据拙见，词格不古，终伤安排，不知世卿以为何如？朋友间评论文字，在于求益，奚事虚让为？读毕，还一字示可否，乃老拙所望于世卿者也。

---

〔1〕“幸甚幸甚”后，林齐本、萧世延本、白沙文编有“壬辰五月日，某再拜”八字。

与贺谘

贺生秀才：得生书，把读未半，亟呼童子使召犬子来读之。何生之言似乃翁也？幸甚。昔在长安，日过乃翁，生时方毁齿，能知两翁意，见辄呼曰："我老先生来矣。"坐则置生膝前，抚生顶，与乃翁语，至今岐嶷可想。生犹略记老先生面目乎？味生之言，其志远且大，恨生不生南海，又恨夙疾支离、老脚不能及远，冀一见生容止，接生言论，有疑相与对面折衷之，何可得哉？里生陈绍裘行，托以告区区。礼闱之会，可必否耶？

答陈宗汤 先生门人

得宗汤六月十日书，书中作字太奇，老眼不识，服周读之以告我耳。丘侍御取道还闽，过白沙，留语竟日，获闻考察事详。微侍御，宗汤索我于黄云矣。周宪长半辞之顷，诎己信人，洞见肺腑。二公为天下惜人才、公去取，同此心也。侍御尤拳拳于桓温问孟嘉之一语。噫，何爱人之无已也！宗汤念之。一时交游，东颠西覆。民泽可期远到。西望衡山，神爽飞去，然自去秋感疾，迄今未堪举踵，余亦无足观者〔1〕。所须《县志》，谩往一册，世卿为此书，盖亦自以为未足云。〔2〕

与周文都 先生门人

来喻，具悉畜来始末，前此未知也。昨日简中言，偶与之合耳，然不害为义也。非子，来死于道路久矣。度来之心，不肯舍子而之

---

〔1〕"观"，林齐本、高简本、萧世延本、白沙文编、王安舜本作"顾"。

〔2〕"盖亦自以为未足云"后，林齐本、萧世延本、白沙文编有"为我谢李侍御。戊午八月十一日，章复宗汤掌教"十九字。

我，来若自计曰不违主之命，是亦报主也[1]，吾斯纳来矣。来虽小，所以处于来，大者存焉，吾此心是也。此心涤之则明，物涴之则暗，此吾所以不敢苟于子也。传曰“以友辅仁”。

二[2]

丁一桂至，想蒙照及。渠甥舅间，未知所以处。所有送行物，一一封识，为携至虔州，交附郡主、督府，通令得见，或蒙一助，寡妇孤儿之幸也。北门地券不识可还白洲否？和得汪侍御一诗，托寄上。册叶俟写得，别附去。顾别驾今为古人矣，会间幸及之。五羊何日发舟？言不能尽。五月十九日。

与梁贞 先生门人

肺病，外感则风，内感则烦，调摄之方，莫先虚静。秋举逼人，能置之否耶？戒邝珙之覆辙，念老朽之狂言，在惟正。[3]

与罗冕 先生门人

得五月十九日手书，具审比来侍奉吉庆，徒以老朽旦夕往来于心，忧之深、言之切，有如吾服周者乎？老病不胜丧，赖诸友之助，亡妣得安小庐山之兆，迄今茔封粗毕。遣人去买藤县木，归建茔前小屋为祭享之所，立祭田，使人守之。孝子欲报于亲之心，如此而已耶？痛哉！无可议者矣！溽暑不可处，近迁上碧玉西偏，病稍轻于昔，幸未即死，吾子无为老朽戚戚也。官窑牛商云于馆中，便略

---

〔1〕“主”，何熊祥本、黄之正本、四库全书本作“子”。

〔2〕此信，底本原缺，兹据林齐本、萧世延本补出。（林齐本《白沙先生全集》，第五卷，第三八页；萧世延本《白沙先生全集》，第五卷，第四四页）

〔3〕“在惟正”，原作“惟在正”，据林齐本、萧世延本、白沙文编、王安舜本改；碧玉楼本则作“惟在贞”。梁贞，字惟正，广东南海人。

此见区区。不能悉。

与郑文吉

章之内兄罗经，水母湾人，金成之义主翁也。内兄存日，窘甚，弃其居第还车陂。死，无子，遗二妾，女一居孀、一在其室，其困日甚，今欲取来白沙。恃爱干渎，倘遇人船之便，先令金成走车陂，取至广，搭附来白沙。极感极感。顷者市药之费，遣人致之，不及裁谢。

二

金成役者，借劳一日，盖有弗获已者，实恃知爱，琐渎为愧。外氏零替之余，一坏土赖以仅存，虽在螟蛉，吾敢藐焉？公且随力剪拂之，不但金成之德之也。茶果盛惠，前此药资，感感。不别裁谢。[1]

与黎潜、萧伦 先生门人

先妣不幸卒于今年二月十六日，即日茔封甫毕，穴在小庐山图新书舍旁。某以衰疾执丧，气息奄奄，如宾客知旧往来，记一忘十间，独于潜也、伦也思之不置。二生之思我，从可知矣。爱之深、言之切，老朽何以答二生之拳拳？发愤进步，一日千里。

与赵日新

久不见生，一日得生手书，如语予馆中，不知其在罗城也。去白沙几年，味生之言，欲再见白沙而不可得。甚矣，生不忘白沙也！

---

〔1〕“不别裁谢”后，林齐本、高简本、萧世延本、何熊祥本、黄之正本、碧玉楼本有“山茗二裹表忱”六字。

忧病之余,泯泯默默,无可为他人言者[1]。念生忠信之人,可与共学。然问之者甚切、告之者无序[2],生虽有求于我,其何补于日用乎?宾阳陈掌教,可人也,可一通之。余不具。[3]

与太虚

太虚师真无累于外物、无累于形骸矣。儒与释不同,其无累同也。太虚尚能觅我于衡山否耶?别纸录去旧稿,试为我诵之。章非能言者,太虚岂俟多言哉?

与郑举人

昔钱宣靖公推官同州,有富民亡其女奴。女奴父母讼于州,州命录事参军鞫之。录事实贷于富民,不获,乃劾富民父子共杀女奴[4],罪应死。公疑其狱,留数日不决。录事诟曰:"若受富民钱,欲出其死罪耶?"公笑谢。密使人访求女奴,得之,则免富民父子于死。知州以公雪冤死者数人,欲为论奏其功于朝,公固辞曰:"若水但求狱事正、人不冤耳,论功非本心也。且朝廷若以此为若水功,当置录事于何地耶?"录事诣公,叩头请谢,公曰:"狱情难知,偶有过误,何谢也?"仆每读书见此等事,未尝不叹息古人用意之厚,而平生区区所存亦未多愧。顷因田土细故,与足下有言,足下遽赐之手札,辞亦费矣。假令质成于官司,尺寸壤得未足为喜,而此事一白,则直在己而曲在人,斯自惭耳。仆非不愿为古人之高,特事有专主,义不容于自遂,惟足下亮之而已。

---

〔1〕"无"字原缺,据白沙先生语录(《白沙先生语录》,明刊《杨复所全集》本,卷下,第九一页)、碧玉楼本补。

〔2〕"甚切",原作"未切",据碧玉楼本改。

〔3〕"余不具"后,林齐本、萧世延本有"某复赵县博足下"七字。

〔4〕"父子",原作"父母",据白沙文编改。案:据后文钱宣靖公"密使人访求女奴,得之,则免富民父子于死"之说,亦应以作"父子"为是。

与邓球 先生门人

韶广相去未远，一问不通，今几年？怅想无已。即日苍头至，辱手书并惠米布诸物，具审雅履佳胜、志业日新为慰。某奉母之外无他况，惟益衰耳。首夏，湖广嘉鱼贡士李承箕世卿者过白沙，甚聪明有文章，留白沙数月，不忍别去，议论间颇觉有益，恨足下不与同也。眼中朋友，求可与言者不可得。世味之移人者不少，大者文章功业，然亦为道之障，为其溺也。足下苟有见于此，幸甚幸甚。章所欲告于足下者，非尺牍能尽。[1]

与赵寿卿[2]

蔡三兄弟欲求寿卿长荫田耕住，以旧于我佃故[3]，求通一言，惟裁之，不可则止，亦无固必也。谢伯倚近至白沙，以前所托通好于李氏者委之唯唯。可见人心所同也，知之。

与周用中兄弟

天地自然之利，人得而取之，何分彼我。使诸子侄如老朽，何所不让？使老朽如诸子侄，亦何所不争？向义不如就利，尚德不如用智，朝三暮四、口与心违，强之以其所不能则怨，诸君岂不谓然乎？今只以郑明府所书券为实，更不问其是非，但据用中用到价银若干，老朽愿偿之。如此，既不获罪于郑，又不负用中，诸子侄亦可以释然矣。解纷之策，莫过于此，诸君其亮之。

---

〔1〕“非尺牍能尽”后，林齐本、萧世延本有“之。八月二十八日，某拜复俊圭足下”十四字。

〔2〕题后，萧世延本有“先生门人”四字。

〔3〕“故”，原作“欲”，据林齐本、高简本、萧世延本、何熊祥本、王安舜本、黄之正本、碧玉楼本、四库全书本改。

与李孔修 先生门人

子长乳疮，当一场重病，今脱然矣，闻之慰喜。赖朋友之助，先妣得安小庐山之兆，即日茔封甫毕。三月而葬，礼也，亦时也。始以吾为殡宫，论者纷纷，今帖然矣。寝食梦寐举安，事不揆诸道，徒人言是徇，奚可哉？未有会晤之期，惟加爱。

二

诸稿中间一二篇特好，得诗人蹊径，趣亦隽永，异日当自知也。余多装缀暧昧之疵，盖力未及而志愿太高、用心过苦，故有此病也。题目小序，文理类多不通，此不学之过，问东所。

三

衡山之行无日矣，今未发者，候俊圭至白沙耳。庐山之寓恐若久图，非不为子长计之，如此草草，终无益于子长也。顷者，丘按治自广右来，云沈督府已办田庐，作衡山主人矣。病虽未脱体，其能久淹于此乎？[1]

四

见示《和送美宣太守》诗，不见如何主意，大概类少年作老人语，辞气终别。且其间下语，往来呼应，无脉可寻。诗贵融通妙密，若未理会得明白处，遽然语此，是躐等也。如何如何？

与范规 先生门人

近有人自南京来，承定山先生偶得右手足风痹之疾，近虽小

---

〔1〕“其能久淹于此乎”后，林齐本、萧世延本、王安舜本有“五月二十一日”六字。

愈，尚未脱然，欲求养生之术，非能用莫能尽之，以此相托。定山，平生故人，老而婴疾，可念可念！能用、定山之交，亦不可谓浅浅者，何爱一行？如能用寄迹山水间，去来自由，自此至彼，数千里坦途计日可到。然亦不敢必，盖行止非人所能。顷来衡山之约如许，又可固必耶？专此驰问。倘蒙金诺，先乞飞示，早晚须一至精舍商量。切望切望。〔1〕

与赵汝夔

即辰闻舜英护母夫人丧归矣，远道无虞，幸甚幸甚。但未审几筵安在何处？近来邑里中，夜劫之盗横甚可畏，宜得一稳便处，无水火盗贼之虞，方可停柩，此送死第一义。君子见几而作，时义当然，幸自裁之，勿夺于浮议。忧病中，未由奔慰，想能亮之。

与董子仁

前九月得周文选书，知子仁久乞省家居，多贺多贺。又云在高亦养病归，或不可起，不审此语何谓？前此获手教及克恭书，感叹屡日。凡百且置之勿论，只平生问学一事极索理会，不可悠悠。人一身与天地参立，岂可不知自贵重，日与逐逐者伍耶？某奉别后更无他，惟一味守此，益信古人所谓自得者非虚语。今幸老母粗康、地方无事，日夕与二三友讨论所未至，亦殊不厌。惟有志者少，薄俗振作尤难，日迈月征，良可忧耳。闻罗先生杜门广昌、张内翰会讲西山、克恭辟书斋于后圃静坐，皆不以病废学。子仁何日复京？尚希一札，以慰惓惓。某自春间一病自汗，至今尚未脱体。临纸牵

〔1〕“切望切望”后，林齐本、萧世延本、白沙文编有“六月二日”四字。

勉,言不能尽,惟亮察。[1]

与张声远 先生门人

久不得字,去年托贺官人往一纸,尚未卜沉浮。一别音耗便尔难得,可叹可叹。秋试捷否不足忧喜,漫欲知之耳。时用孑然客帝京,忍寒饿二十年,为母家不去,诚亦可悯。万一了此心事,不东入吴即南走罗浮,与儿辈下上四百峰头,采蕨亦可供也。漫思及之。此日病正愈,临纸不复一一。[2]

二

得正月十一日手书[3],悲愤填纸,几不可读。平居相与论议慷慨,未始不以外生死为达、填沟壑为贤,一旦临大故,不可堪忍之时,尊卑疾病盈室,家无钱财,作何措置?况于东吴反葬,水陆数千,计亦不下二十金,所费将谁仰耶?势利风驰,朋友道缺,昔人所能者,例不可望于俗辈,如某一二粗知,抑皆所谓"旋涡里佛,不能救落水罗汉",奈何奈何!情切事违,心迩人远,抚纸兴怀,徒增悲怍。惟亮察,不具。[4]

与谭有莲

比日,家僮自贵里来,承口谕,欲为小孙田议婚以平卿之孙女。平卿善士与古愚先兄游处,亦通家也,幸甚幸甚。第恐传言或误、好事多魔,于是叩诸蓍,得"大过"之"豫",盖吉占也,未审果如尊意

[1] "惟亮察"后,林齐本、萧世延本有"辛卯后九月二日,某顿首"十字。
[2] "临纸不复一一"后,林齐本、萧世延本有"辛卯闰九月二十六日,某白"十一字。
[3] "十一日",林齐本、高简本、萧世延本、白沙文编、王安舜本作"十日"。
[4] "不具"后,林齐本、萧世延本、白沙文编有"壬辰五月十八日,陈某书"十字。

否？夫量才求配，闻之先贤；计产许婚，甚于流辈。痴孙疑未中东床之选，世业恐重贻西邻之忧，是以未能释然于鬼神之谋也。专此驰白。庶几为是一来，倘不以疏外见疑，拱俟拱俟。[1]

与陈德祯[2]

闻近被系郡狱，悬切悬切。计今当道多明察，想不加害于无罪之人。否泰，数也，勿过为陨越。人不幸，所遭有甚于此者，亦无可奈何。且安心顺命，善将摄为祷。[3]

复陈冕

苍头至，得书。承贵恙渐平复，喜慰之至。更慎小愈以赴秋闱之选，幸甚幸甚。得失虽云有命，然便委之命，亦恐未尽。今一科所取士若干，多备数一时耳，安可据以自比耶？如莆中举子多真举子，与侥幸寻常者，相去奚啻十倍？如是而失解，诵伊川之言以自解，可以无愧矣。余不悉。

与旧生陈魁

生仰给岁月十铅椠，瓶无赢粟以畜其妻子，年几六十，益以疾病、困以盗劫，士一穷至若是哉！昨望见生龙钟如东田老人，稍就之，疲顿与石翁异者几希。然与之论旧事、写平生，于我三沐三薰之历历犹是也。使我囊中有九还大丹，能反老还童[4]，与生共之，庶几其成也可待。生既绝望于我矣，我更望于何人？惟

---

〔1〕“拱俟拱俟”后，林齐本、萧世延本有“九月十一日”五字。

〔2〕“陈德祯”，高简本、白沙文编作“陈德積”。

〔3〕“善将摄为祷”后，林齐本、萧世延本有“七月八日”四字。

〔4〕“还”，林齐本、高简本、萧世延本、何熊祥本、黄之正本、四库全书本作“为”。

日孜孜,毙而后已。生与我皆然,复何道哉?[1] 佃者还,聊此复。制中不具。

二

三四十年旧游凋落殆尽。吾老甚,吾子想亦衰矣。别去几时,齿发比旧何如?愿一见也。奉棉纸五十番收用。

与容一之 先生门人

几日不得到祠下,眠食何如?一之平时筋力倍予,今云瘠甚,则老者可知矣。古人处老有道,处病有道,处死有道。夫子曰"朝闻道,夕死可矣",其处之之道乎!旦夕欲见一之与论之,不审力疾乘竹兜子能一至碧玉楼否耶?专此驰问,惟自量。

二

今日贵恙轻否?老梁课好,决定不死,可无忧也。昨晚手书与陶公,劝勿建书舍,未见报札。为此一事,数日往来于心,殊无好况。章因多病,厌苦人事,决策往平冈。朋友间多不省事,多言平冈土瘠,难望成田,老母闻之,遂阻此行。奈何奈何!此非不忠爱于我,抑未知所以忠爱也。平冈土虽瘠,然便谓其终不成田,则又疏矣。天下岂有弃物而人欲争者乎?不信人之言眼前事,所见往往如此,可笑也。何日可动到斋一话?甚悬悬也。

三

比闻足疾伤于劳,而发由老朽,故今思之,但有惭负而已。奈

---

[1] "复何道哉"后,林齐本、高简本、萧世延本、何熊祥本、黄之正本、四库全书本重此四字。

何奈何！先妣墓即日茔封粗毕，遣人去采藤县木为祭享之室，使人守之。立祭田、求墓志事皆不可缺，又不知人子思慕其亲而欲报之，其大者安在耶？困于财、限于分，盖亦无可议矣。近苦忧病相持，无以自遣，寻思只有虚寂一路，又恐名教由我坏。佛老安能为我谋也？付之一叹而已。何日对面罄其所欲言？[1]

与马贞

前日舟中，与　之谈及神理为天地万物主本[2]，长在不灭。人不知此，虚生浪死，与草木一耳。神理之物，非但不可恋着，亦其势终不能相及，于我何有？伯斡病至此，当大为休置，纵未至洒脱地，亦暂省得些挠乱[3]，幸而天年未尽，便从此觉悟，神理日著，非小益也。老倦，不能再省视，令真福往候，以此能一开目否？

二

贞父不幸早世，贞卒成立，贞有母也。有母而无年，贞之不得于天也。奈何奈何！衰疾，未由躬慰，临纸怅惋。

与陈秉常 先生门人

秉常不春试，永丰之使，不在吴琏，秉常幸图之。一见罗殿元，亦不枉了。某一日书与陈生。

---

〔1〕 此段文字，原与上篇合而为一。《白沙先生文编》则将其另作一书。（唐伯元编次：《白沙先生文编》，第五卷，第三二页）碧玉楼本注云：“自‘比闻足疾’以下当另作一书，因原本相连，姑仍其旧。”孙通海整理、点校《陈献章集》，因其“内容截然不同，时间相距甚远”，亦将此段文字另作一书。（《陈献章集》，上册，第二三三页）兹据《白沙先生文编》、《陈献章集》，亦另作一书。

〔2〕 “天地”，原作“天理”，据白沙文编、碧玉楼本、四库全书本改。

〔3〕 “暂”，林齐本、高简本、萧世延本、白沙文编、何熊祥本、王安舜本、黄之正本、四库全书本作“渐”。

二

久违风采,渴想话言。偶得便舟,托以载子,倘无急故,庶几一来。幸幸。十月二十五日,章书奉秉常。

三

蒙谤大矣。前有一简与彭推府转达府主,未审能至否?秉常可速入省谒彭,详说其事,或士友中能扶持公道。秉常其尽心焉!事始末,问公学。二十八日,章书。

四

辱书,见勉勿断酒肉,扶养衰躯,真情苦语,足仞拳拳。顷者,赖诸友之助,先妣得安小庐山之兆,即日茔封甫毕。遣人去采藤县木,为祭享之室。立祭田、求墓志事皆不可缺,又不知人子思慕其亲而欲报之,大者安在耶?限于分、困于财,盖亦无可议者矣。到京,见定山先生、潘时用、姜主事,问我,以是告,余不敢嘱。别纸所议礼,想是。但老朽检阅未得,且置之。病畏多言,念吾子远别,聊复此耳。途次见东山刘都宪先生,告厓山慈元庙成,甚完好;因以先母讣告,某在病,不具疏。

与崔楫 先生门人

承示诸作,见意思。始者,期民泽九月入罗浮,四百仙峰依旧见之,但不在脚底耳。来喻不忘在学,幸甚。但恐进退未决,不立背水阵,终难胜敌。希说勉之,岁月不待人也!李子长落水罗汉,吾辈皆旋涡佛耶?何故无一人救之?豨莶草果神效[1],当求识者

[1] “豨莶”,原作“稀莶”,据高简本、黄之正本、碧玉楼本、四库全书本改。

致之。感挂意，某复希说秀才。[1]

二

某疏：不意先府君奄忽倾逝，衰病多遗，不时奉慰，罪罪。比日寒甚，想孝履如宜。弃礼从俗，坏名教事，贤者不为。愿更推广此心于一切事，不令放倒。名节，道之藩篱。藩篱不守，其中未有能独存者也，老拙所见多矣。愿希说勉之。[2]

〔1〕“某复希说秀才”后，林齐本、萧世延本有“弘治丁巳秋九月二十日”十字。
〔2〕“愿希说勉之”后，林齐本、萧世延本、白沙文编有“弘治癸丑腊十二日，某疏上”十一字。

卷之三

书　二

与伍光宇

昨晚景云归，具悉老兄动定，某通夕为之不能寐，觉得老兄此病，非止疾痛之为心害。心寓于形而为主，主失其主，反乱于气，亦疾病之所由起也。今人惟知形体之为害，而不知归罪其心[1]，多矣。心之害大而急者，莫如忿争。夫有所不平然后争，争至于忿，斯不平之至而气为之逆，逆则病生矣。虽所致疾之由，寒暑、饥饱、劳佚失节居多，而此之弗谨，实吾自为之，不可不知也。据景云所说，老兄于此一项罪过，全未肯认，全未磨洗。纵疾痛不积于此，气象所关，尤非细故。林缉熙所谓怡怡之说，殆亦忠告之言也，盍深省之？否则，未有入道之期也。不罪不罪。[2]

二

贱躯失养，百病交集。近过胡按察，请教以心驭气之术，试效立见验，但日用应接事烦，不免妨夺，工夫不精。今欲自五月一日

〔1〕“其心”后，林齐本、萧世延本、白沙文编有“者”字。
〔2〕“不罪不罪”后，林齐本、萧世延本有“某再拜。辛卯四月日”八字。

为始，以家事权属之老母，非大宾客，令诸儿管待[1]。及光宇未复白沙，借寻乐斋静居百日，有验即奉还也。光宇决策往青湖，则此屋亦须有分付，某将来却是东道，非僦屋人矣。呵呵！[2]

三

今晚叔贞兄弟过白沙，适有客远方来，而贱疾又作，遂辞去。晡时，螟侄归自南山，具审比日贵恙增剧[3]，皇恐皇恐。天果无意于善类耶？未可知也。陈后山之诗，一时人皆不好，独山谷与坡翁知之，卒能行于世，后山亦到今不死。夫苟有可恃，虽死可也，况未必死乎？不具。[4]

与陈德雍

某启：清江之去白沙，几山几水。一夕，恍然与德雍先生葛巾青藜相值于宝林，拍手笑语，坐佛灯前，促膝嬉戏若平生，不知其在梦也。及觉，始怅然若有所失，即复闭目入华胥，寻向来所见，一恍惚既不可得，则又叹清江之去我远，德雍今存亡不可知，况欲与之握手耶？某别后，况味如昨，但年来益为虚名所苦，应接既多，殊妨行乐耳。平生只有四百三十二峰念念欲往，亦且不果。男女一大俗缘，何日可尽？虽云道无凝滞，其如野性难拗，寻欲振奋一出，又未能也。德雍老矣，颇复能记忆宝林昔日之言否乎？临纸不胜怅惘。[5]

---

〔1〕“管待”，林齐本、高简本、萧世延本、白沙文编、何熊祥本、王安舜本、黄之正本、四库全书本作“管得”。

〔2〕“呵呵”后，林齐本、萧世延本、白沙文编有“辛卯四月日”五字。

〔3〕“贵恙”，原作“遗恙”，据碧玉楼本改。

〔4〕“不具”后，林齐本、萧世延本有“辛卯月日，某白光宇侍史”十字。

〔5〕“临纸不胜怅惘”后，林齐本、萧世延本有“某顿首，辛卯月日”七字。

与李德孚

某闻古之廉士资送其子,有鬻一犬而足者。今犬之殖几何?〔1〕贫者虽有百犬,不以资送鬻也,不鬻则耻之矣。耻非其所耻,何所不至?甚矣,俗之能移人也!别纸称清门罗,某何敢不从?脱尚未免芥蒂人言,则莫若崇俭以导之,令尽去俗样,异时资送之来白沙,必勿留一尘以累吾自然,幸甚幸甚。凡此一聘之费,大率不过十金。但如来教,则太近俗而恶无文,故以钗与币易之,而侑以羊酒。不审以为何如?

二

别纸乞恕专擅。闻老兄近复假馆禅林静坐,此回消息必定胜常。耳根凡百所感,便判了一个进退,老兄今日此心比诸平时更稳帖无疑否?贱疾幸少脱体,但寻常家中亦被聒噪,情绪无欢。大抵吾人所学,正欲事事点检。今处一家之中,尊卑老少咸在,才点检着便有不由己者,抑之以义则咈和好之情。于此处之,必欲事理至当而又无所忤逆,亦甚难矣。如此,积渐日久,恐别生乖戾,非细事也。将求其病根所在而去之,只是无以供给其日用,诸儿女婚嫁在眼,不能不相责望。在己既无可增益,又一切裁之以义,俾不得妄求,此常情有所不堪,亦乖戾所宜有也。[昔者,罗先生劝仆卖文以自活,当时甚卑其说,据今事势如此,亦且不免食言。但恐欲纾目前之急,而此货此时则未有可售者,不知如何可耳。老兄幸为我一筹之。此语非相知深者不道,惟心照。癸巳二月十三日,某拜德孚

〔1〕“殖”,白沙文编、碧玉楼本、四库全书本作“值”;王安舜本作“直”。

先生侍史。[1]]

与潘、徐二生

去冬，得二生手书，半月置床头，日一展，展时一发叹。后生所急者何？后生所畏者何？转瞬来，便都望三十四十，不自激昂、不自鞭策，将来伎俩又似拙者模样耳，奈何奈何！萧先生书报潘生近聘岳家甥女，可喜可喜。然自是转多事矣。拙者正在不了中，自晓事者观之，未必不以为忧也。呵呵！[2]

与伍伯饶

有牛眠于此，意中了了而不能使人信，得伯乐一顾，增价十倍，甚幸甚幸！山人眼、家人梦、卜人卜，三事不期而合，复奚疑？谨此驰贺，余不具。[3]

与林蒙庵

某启：不闻问久矣，忽得手书，读之恍若蒙庵之登我堂也。昔者，尝一造蒙庵于京师则拜蒙庵，今思蒙庵而不见，见蒙庵之书则拜其书，如对蒙庵焉。呜呼，可胜慰哉！贤者之爱人也期于德，不贤者之爱人也期于姑息。读蒙庵之书，知蒙庵之爱我，亦如我之爱蒙庵也。虽然，有甚爱者，有甚忧也。蒙庵之爱我甚，其于人也则忧；仆之自爱则忧，其于人也则否。忧其忧，无忧人之忧，其亦有以异乎？蒙庵官于朝也，则行乎朝；仆之居山林也，则行乎山林。蒙

---

〔1〕 自“昔者”至“某拜德孚先生侍史”九十字原缺，据林齐本、萧世延本、白沙文编补。（林齐本《白沙先生全集》，第五卷，第五八至五九页；萧世延本《白沙先生全集》，第五卷，第六八页；唐伯元编次：《白沙先生文编》，第五卷，第三五页）

〔2〕 “呵呵”后，林齐本、萧世延本有“壬辰五月十四日，石斋书”十字；白沙文编有“壬辰五月十四日”七字。

〔3〕 “余不具”后，林齐本、萧世延本有“端午日，白沙某顿首”八字。

庵欲以其道施诸人,仆犹未免于自治,其不能无忧一也,在己在人则殊耳。梁石、时可之忧在己者,而亦为人忧;克恭则舍其在人者以自忧。是三人者,仆皆有慕焉,而其忧不同,又何怪乎出处之殊也?蒙庵所称胡提学,亦如蒙庵之忧者也。彼其意以为古之道不征于今则人不信,不信,民弗从,是固忧时者之所图也。其为人也,雍容平恕,乐善而忘势;其于仆也,有一日之雅焉。仆之得誉于提学,苟非其为人之急,亦朋友相好之私耳,非提学之心本然也,蒙庵置之勿言可也。古之为士者,急乎实之不至;今之为士者,急乎名之不著。周子曰:"实胜,善也;名胜,耻也。"仆窃愿与诸公共勉焉。若夫往来音问之有无,各随所感应之。宜疏,疏;宜数,数。不过乎情,不弛乎敬,惟当乎时义焉耳,此之谓《易》也。必曰"我无利乎彼,我勿言",不可也。持此以广蒙庵之意,何如?[1]

与何时矩[2]先生门人

宇宙内更有何事,天自信天,地自信地,吾自信吾;自动自静,自阖自辟,自舒自卷;甲不问乙供,乙不待甲赐;牛自为牛,马自为马;感于此应于彼,发乎迩见乎远。故得之者,天地与顺,日月与明,鬼神与福,万民与诚,百世与名,而无一物奸于其间。乌乎,大哉!前辈云:"铢视轩冕,尘视金玉。"此盖略言之以讽始学者耳。

---

〔1〕"何如"后,林齐本、萧世延本、白沙文编有"癸巳四月廿六日,某拜蒙庵先生阁下"十五字。

〔2〕"与何时矩",原误作"与林时矩";白沙文编作"与何时矩";林齐本、高简本、萧世延本、何熊祥本、王安舜本、黄之正本、四库全书本作"与时矩"。经查,胡居仁《与罗一峰》云:"获睹公甫《与何时矩书》,欣然喜其见道大意。然推之,其曰'天自信天,地自信地,吾自信吾',又曰'微尘六合,瞬息千古',只是一个笼侗自大之言,非真见此道之精微者,乃老庄佛氏之余绪。圣贤之言平正切实,天虽知其所以为天,而未尝曰'天自信天'也。"(胡居仁撰:《胡文敬集》,《景印文渊阁四库全书》,第一二六〇册,第一八页)黄宗羲《明儒学案》之"白沙学案",选录其中第一、第三两信,将其题为"与何时矩"。(黄宗羲撰:《明儒学案》,上册,第八六页)兹据白沙文编以及胡居仁、黄宗羲之说改。

人争一个觉，才觉便我大而物小、物尽而我无尽。夫无尽者，微尘六合，瞬息千古，生不知爱，死不知恶，尚奚暇铢轩冕而尘金玉耶？

二

某慰言：四月二十五日，得黎三报，悲惋连日。太夫人一旦厌世，时矩不幸遭此痛极，奈何奈何！今日之恸，昔日之思，何者为怨？何者为憾？纵浪大化，此往彼来，吾将校计其短长非耶？沟填壑委，在我者一切任之，而独留情于水菽非耶？贤者力行己志，惟恐一事不底于道，其能合于亲者几何？吾重为时矩悲之。老病支离，不供走吊，惟强粥自大。不宣。〔1〕

三

禅家语初看亦甚可喜，然实是侻侗，与吾儒似同而异，毫厘间便分霄壤，此古人所以贵择之精也。如此辞所见，大体处了了如此，闻者安能不为之动？但起脚一差，立到前面，无归宿、无准的，便日用间种种各别，不可不勘破也。拙和一首奉去，可一阅。更将《中庸》首尾紧要处沉潜，要见著落，却还一字也。献章书与时矩。

四〔2〕

人须有远大见识，方做得远大事业。如为学要积累，也须得二三十年，然后可望发越。若朝作而暮改，锐始而怠终，方其发愤之初，意气之盛，真若可以凌驾古今，平步圣途；及其衰也，志索气馁，忽如坠千仞之渊，所守只是恒人。此无他，无远大见识、又无积累岁月，平日激昂以为之者，特一时好名之意气耳，安能保其久而不

〔1〕“不宣”后，林齐本、萧世延本、白沙文编有“壬辰五月三日，石斋书”九字。
〔2〕此篇，据《白沙先生文编》补出，题为“与何时矩”。（唐伯元编次：《白沙先生文编》，第五卷，第十至十一页）

衰耶?眼前朋友类此者多,其病在于心不宁静,无真实知见,故所学无味;亦是气薄质弱、厌常喜新,其势卒归于废弛。悲哉!

与谢伯钦

闻子酣于斗矣,老衰无能为援,请竭端末利害为子筹之。知贪得之为害,绝祸于未形,上策也;不役一钱、不损一人,以直道争之官府,失得付之于数,必不已而与之均焉,中策也;损财以争而家日耗,杀人以争而冤日积,侥幸锱铢难得之利,自遗钧石不测之忧,此下策也。若能归咎于己,舍之勿争,以分产悉推诸弟,清修苦节以立于世,如子才,不出十年,天下皆服其义而仰其德,令闻洋洋播于四方,辉光赫赫流于无极,视平生不得意处,如秋风之振木叶,零乱脱落无复芥蒂之迹,因败成功,此又策之奇者也。诸策惟上策省力而易行,然已无及矣。其余可否,更请择之。〔1〕

二

葫芦甚美,山厨得此,免乞怜之渎,感感。闻近欲迁居木洲求静〔2〕,可喜可喜。然未若北角就田而家尤便也。韩子云:"恨入山之不深,入林之不密。"去烦入静,当亦有渐乎!未间,闲来一话。

三

县郭居第相连,递年火患恒多,今北风日盛,当为豫防之计,伯钦宜及此时就殡。如或拘泥风水之说,且移殡海山,然后图葬可也。太夫人年高,举履难,尤宜防慎。麾临兄弟,将老朽此意再三

〔1〕"更请择之"后,林齐本、萧世延本有"某字与伯钦秀才。五月十九日"十二字;白沙文编有"某字与伯钦秀才"七字。

〔2〕"木洲",萧世延本、碧玉楼本作"睦洲"。

申达太夫人前，明日舁轿子接来白沙，至开春还桥。在此在彼，老人亦何所不可也？区区不胜忧恋之至。谅之，裁之。

与潘舜弦

《仪礼》一书，讹缺板多，一经先生与黄大理手校，便为完帙。野人平生际遇，未有如此奇者，敢不拜赐？空山深夜，兀尔一榻，抚卷即如对面，耿耿达旦。〔1〕

与庠中诸友

春初，承诸君枉顾，属有哀事，既不获披接，又不果以时还谢，多罪多罪。近按察胡先生过白沙，青灯叙旧之余，辄及此方人士，惓惓以为己之学望诸君，甚盛意也。某亲领诲言，不胜感感。寻欲与诸君共言之，贱疾固未及，诸君方急于秋试，区区迂阔之谈，恐难骤听。然又不敢浅窥诸君，而谓吾言之无益而不言也。谨此奉渎，万一诸君之留意焉。〔2〕

与僧文定〔3〕

僧文定尝参学四方，坐关于观音山三年，盖广僧中之知名者。偶以事系县狱，虑是非之不见察也，恳予为白之。予以邑主杨侯公明，必不妄加害于无罪之人。予严干谒人之戒，久不可破。文定从西方之教，苟有得焉，则能以四大形骸为外物，荣之辱之，生之杀之，物固有之，安能使吾戚戚哉？示以是诗：一戒持来三十年，何

〔1〕“耿耿达旦”后，萧世延本、白沙文编有“九月二日，古冈某顿首舜弦先生阁下”十五字。

〔2〕“万一诸君之留意焉”后，林齐本、萧世延本、白沙文编有“某再拜庠中列位俊游。辛卯月日”十三字。

〔3〕据内文文字，此篇似非书信，而为白沙先生与僧文定之诗并序。

曾长揖长官前？山僧若有西来意[1],不把形骸乞世怜。

慰马默斋丧子

吾子得数之奇孰与孟郊？孟郊产三子,哭之连日,今吾子之哭凡几？抑又有不尽同者焉。郊为诗尽泄天地鬼神之秘,而不为造物所予,不知其后何如？吾子厚积阴德,终必有凤雏麟种降为家宝[2],此未足深惜也。

慰钟五

令兄竟为泉下客矣,足下当甚悲痛。令兄今生几何矣,眼中如此逝者不少,又何足怪？但人未死前一日,谁肯信著此事？终日劳劳而不自足,及至死时便无可主张,亦可悲也已。拙疾,末由奔慰,谩往此纸,惟足下亮之。[3]

与林时表

时表而代而父侍奉太夫人几筵,何得舍朝夕奠而来应试？老朽闻之,竟日不乐,欲致一书,计已无及于事,遂不果。比发去兖州讣否？褒弟去冬死北京,果然惜哉！适得尊甫翁济宁四月望日发来手书,进退不能无遗憾矣,奈何奈何！老母茔封甫毕,未由遣人致慰,幸亮区区。

与金都宪

某启：敝居与嘉会楼相迩,当道东西行部往来过此,某得以扶

---

〔1〕“若有”,林齐本、高简本、萧世延本、白沙文编、何熊祥本、王安舜本作“若了”。

〔2〕“终”,原作“于”,据林齐本、高简本、萧世延本、何熊祥本、王安舜本改。碧玉楼本作“殆”,四库全书本作“知”。

〔3〕“惟足下亮之”后,林齐本、萧世延本有“六月十二日”五字。

疾见之，诚嘉会也。始者，熊察院寄斯名于斯楼，富哉意乎！作记者宜因有所发，非专为某也。比两辱手书，属笔于定山先生，窃惟执事尊德乐道之心，充内达外，盛矣哉！不肖何足以当之？瞻奉无由，岂胜驰恋，谨奉启布谢万一。岁书自周都司来者十折已领，不别裁谢。某顿首都宪金大人先生执事。

与沈都宪

孤哀子陈献章启：章不幸今年春中老母弃背，忧病相持，不复知有人世事。承差来辱手教，示以石刻清词，兼致多贶，感怍无量。前所付白洲先生书物[1]，一一拜领。承录示晦翁、南轩古诗令作跋，此骥尾之附，孰不以为荣？白洲亦尝以一简申命，章何敢忘之？寻闻执事握宪节往镇郧阳，无的便，因循至今。哀苦之余，无由具答，知罪知罪。傥犹贷之以日月，庶几除服未死之年，一附姓名于二先生真迹之后，幸孰大焉！制中不多及，伏乞台照。献章再拜都宪沈先生旧契执事。

与金方伯

比闻有巡抚江西之命，已令犬子候行。今日承差送到手书、年历，一一拜领，感承感承。欲请东白先生记文，足见当道留意斯文之切。某何幸挂名于此，感怍感怍。闻旦夕就道，更不遣告谢，恐劳尊答。伏乞垂照。

复陈方伯

近得手教，复辱多贶。拜感拜感。役人回，谨此申恳，此后更不遣人上谢，惧烦尊也。录来徐察院文字，仆知之久矣，不欲辩也。

---

〔1〕“付”，林齐本、萧世延本、王安舜本作“附”。

《道学传序》中“支”字误刊作“交”字,乞改之。子弟辈闻公刊此书,倾想如渴,不知可更惠数本否?干渎不罪。

二

闻行李将入京,弗获躬送,岂胜愧恋之至。贤人屈伸在道,公所存,忧乐安能夺之?唯万万自重。

与熊方伯

执事不以仆微眇,收之广爱之中,为贶大矣。闻将入觐,衰病之余,不能二百里外走送,其于瞻恋,无任下情,谨具手启,托周贡士为致区区于左右,惟公亮之。别纸书近作四首一韵,适饮酒之言,封去用博一笑耳,非以是为馈也。某再拜。

与邓侍御

承寄示《论孟古义》,读之炳然可爱。此公长于造语,发挥殆尽,有神采,脱去时俗凡陋,真佳作也。使今之为举业者能如此,亦何害其为时文也。文章与世运升降,孰能留心于此乎?微欧公,则天下不知有韩退之,侍御可谓有功于君举矣。拙诗见意。

复孙清戎

陈献章肃启:顷辱过临,执事屈内台之尊,下顾渔樵之地,光尘一披,宠章叠至,感之愧之,多言不足谢也。即日使来,承惠年书。卷端之题,不敢作难。近者,逼于我藩宪诸公之命,作吴主簿、王乐善先生数绝句,虽非挽诗正体,故戒仅存,然实非得已。眼花手战,为血气所动,所作字卤莽甚矣,至今愧之。向奉去卷子,但令儿辈录上拙诗,非某自书也。伏计执事离省日期尚远,见委笔札细事,或可补于将来也。大抵年逾七十,宿疾在躬,百凡不可牵勉,亦理之常然耳。

慰王侍御疏

陈某疏：广东之民未知忧上之忧，盖感德政之所被，一闻罔极之哀发于左右，远近惊怛，不能已已，况有半面之雅者乎？两月前具一慰疏，以俟周生趋省之便，非不及时也。恭惟执事孝爱出于其性者与人异，而又阻于官守，不即奔赴几筵，神往形留，何以堪处？日月不居，春复夏矣，不审自罹荼毒，气力何似？某久婴疾病，尢由奔慰，悲系增深，谨奉疏。不宣，谨疏。弘治戊午夏日月朔，某疏上侍御王先生大孝苫次。

复林大参

章启：李从事来，得书，具审比日途次有望家之喜。虽以先夫人之忧存乎心目者未尽，释然之情与日俱作。勉庵别驾平生故人，倏尔倾逝，俯仰今昔，怅如之何？顷者去五羊，章不能力疾一送，罪过千万。今宠之过厚，下情无任皇恐感恋之至。谨此叙谢，伏乞台照。

复二司状

某状：某谨以此月八日葬亡妣于白沙小卢山之阳，在碧玉楼东北，相距仅数十步耳。伏荷仁慈遣使来祭，宠之以雄文，周之以厚赙，存殁皆被其光华矣。别纸慰祔丁宁，尤见平生眷意之厚，下情不胜哀感之至。虞祔之间，茔封未毕，末由号诉，谨奉状。荒迷不次，谨状。〔1〕

---

〔1〕“谨状”后，林齐本、萧世延本有“四月十八日，孤哀子陈某稽颡再拜状上大方伯暨列位老大人执事”二十七字。

复周廉宪时可疏

孤哀子陈献章稽颡言：昔先妣祸变之来，由不肖孤罪积日深，为天所厌故也。是尚忍言哉？谨以四月八日奉柩藏于所居屋后小庐山之原。章衰羸空乏，强勉临事，不称其心，徒有哀痛而已。即辰，远枉书赐，拜领讫。祭文以俟月日，具祭馔先妣墓前读之，以宣扬高谊。章无任哀感之至。顷闻荣进观察使，但存心贺。往岁亦尝妄意仙舟往还苍梧，或冀一过之便。今则所任愈重，瞻奉不可涯矣。无由号诉，谨奉疏。荒迷不次，谨疏。〔1〕

二

叠纸徒悉雅爱，往往欲答，辄无可语。十数年来，人远事殊，非惟拙者罢论当世，即如称述前古高冈远流、振衣濯足许事，阁下谅亦厌听。平生进退、忧乐两言，自余无可缕缕。若夫言离索、问起居，此彼往来，日琐琐只乱人耳，亦不欲道，惟照亮。〔2〕

答苏佥宪疏

亡妣不幸倾背，章以垂暮之年罹兹罔极，实以不克葬为惧。寻于小庐山住舍之旁，力疾襄事，幸不即死。猥辱当涂之赐，下慰穷谷之旧，章无任哀感之至。孤忱谁通僻远？忽于七月尽日疾作中风，左手足不仁，起倒勃率，常若坐大浪中，寸步不能自致。每忆垂爱之仁，久妨裁谢，如负芒刺。诸儿侄在前，一无可委笔者，秋云暮矣，愧如之何？恭惟执事，爱我则真，知我则旧，衷曲布陈，奚伤率

〔1〕“谨疏”后，林齐本、萧世延本有“乙卯九月二十八日，献章疏”十一字。

〔2〕“惟照亮”后，林齐本、萧世延本有“壬辰五月日，古冈陈某再拜时可铨曹”十五字；白沙文编有“壬辰五月日，古冈陈某再拜”十一字。

略？谨奉疏不宣，谨疏。[1]

答祁方伯

某启：处疾年多，诸往返书问不及者十常八九，非忘之也，惟执事能亮之。顷者一疏之慰，礼有所专，情罔攸遣。亡妣不幸倾背，在乙卯二月十六日。大惧暮齿弗克襄事，百凡拘忌，一切扫去。窆圹于住舍之旁小庐山，茔封粗讫，重劳慰及。比者复辱手教，前后眷爱之私，可见于此，某何德以堪之，愧感愧感。某于七月末间疾作中风，手足痿痹，不时布谢。恭惟执事望重位尊，姑以一乡言之，如是者几人，抑非但闾里一日之光而已。近见陶邦伯诸公座间称长者，执事诚足以当之，名爵之褒，其可量耶？无由瞻奉，谨奉启，不宣。[2]

与陶佥宪

某忝知末，十余年间，恩德所被，至为稠叠，微贱未有一发之报，惭负惭负。顷者，辱两顾白沙，宠以厚贶，仰惟盛德，意出于爱士之诚至此，坚辞弗许，曲听钧裁。遥望仙舟，畏风，造谢弗及。下情区区无任瞻恋之切，不具。[3]

与孔宪副

曩者，伏承枉驾白沙，逮今三年，未能造谢，诚愧诚惧。兹闻霜车西来，旦夕将经下邑，区区幸见之情，疾于飞羽。第以风疾弥延四体，困惫殆极，不可牵勉。令门生专候，至日敷此忱。伏惟照亮，

〔1〕“谨疏”后，林齐本、萧世延本、王安舜本有“弘治丁巳八月二十又九日”十一字。
〔2〕“不宣”后，林齐本、萧世延本、王安舜本有“谨启”二字。
〔3〕“不具”后，林齐本、萧世延本、王安舜本有“某顿首”三字。

不具。〔1〕

二

野人耕桑以为业,得一小录即奉置高阁,以俟儿辈之长,顾未有以昭彰高德之惠者,感悚,感悚。使回,谨此申谢。诗卷跋尾录在别纸,浅陋语不欲点污卷尾,故不书。某顿首。〔2〕

三

某不谨,孟浪一跋。某自度何等腐烂语,惟公固命之,某何敢以贱姓名托于左右。临纸不胜愧悚。谨启。

与大参元善

七月十四,昕来,获手书,兼领赙惠不一,忧病中承眷爱厚矣。秉常每见勉酒肉扶养,李白洲方伯屡书示慰,不肖孤何以致故旧之惓惓如此?仰伊之怀,无任哀感之至。自去年四月八日,小庐冈茔封粗毕。今年正月,迁先君墓来与先妣同藏在所居碧玉楼后,以便子孙世守,余非所论也。感元善爱我,谨以布闻。病躯大略如李白洲之言,然恐未即死,但极羸耳。旦夕西行,果能迂一日程至白沙握手一别耶?瞻奉有期,何胜悚恋!〔3〕

与某岭南道

某启:病寄丘园,老去惟有岁月耳。足下何稽畀之歌词,况于书札?玩物能丧人之志,足下反为之增价耶?感怍感怍。细葛二

〔1〕“伏惟照亮,不具”后,林齐本、萧世延本、王安舜本有“五月七日,部民陈某顿首”十字。

〔2〕“某顿首”后,林齐本、萧世延本、王安舜本有“宪副孔大人阁下”七字。

〔3〕“何胜悚恋”后,林齐本、萧世延本、王安舜本有“孤哀子某稽颡”六字。

端，专使千里，老朽何德以堪之？从事言足下发此书时，履任才一二日也。足下修古循良之政以及海滨之民，是在足下。周宪长平生故人，何由复见之？李世卿即日还武昌，今少留白沙。此纸托世卿为书，制中言不能悉。

复邓佥宪

某衰病不出，末由进见。即日贤郎公子持手谕过白沙，兼致西厓阁老之恚，拜感拜感。数年来习懒成癖，且退者之分。京华故旧知其如此，不责往还书问，非一日矣。执事因书北达，倘未以为罪，及一言，幸甚。〔1〕

答张太守两山先生 名璜

千里劳人，惠以羊酒，顾某不德，何足以当之？令子诩文章五色，有翔于千仞气象，敢以是为公贺。陈献章再拜复太守两山先生执事。奉去《大忠祠碑》一道。

与姜主事仁夫 先生门人

十数年间病废往还，亦只是懒耳。远者每以口问代报状。仁夫知我深，想必不讶。近得缉熙书，中间报仁夫近出淮上理刑，遭罹家患，伉俪子妇之哀先后叠至，存者孤弱孙耳。奈何堪之！某罪积日深，得祸弥重，今年春老母倾背，毁瘠不知，与死无异。曩见属先公墓文，岁尝具一草未脱，因循至今。傥未即死，当卒不负言也。里生陈绍裘赴春闱，嘱其过淮上一见，附此，自余问绍裘可知也。瞻奉无由，惟冀以道处情，勿为无益之悲，以慰区区。不宣。

---

〔1〕“幸甚”后，林齐本、萧世延本、王安舜本有“章顿首宪府邓大人执事。六月十日”十四字。

复李太守

某以多病居岭海之间,接人无多,惟平生于端阳一郡比他郡最为亲厚,若有夙缘,非人力所布排也。凡今四方贤大夫宦游其地者,皆尝得向往其风采而接其音尘,幸甚幸甚。魏先生来,承书问珍贶不一,感怍可言。魏先生回,草率布此下忱。久病痿痹未脱体,不能具大状。伏惟黄堂李先生大人洎别驾程先生执事通乞一照,恕其不谨。余俟他日面既。〔1〕

与王太守

部内陈某肃启郡尊黄堂大人执事:某久病山林,无裨当世,误承厚爱,贶以殊礼,揣分实逾,然而不敢辞谢者,上下之体严、德礼之感深也。某与周生通家旧,非一世矣。执事雅望在人,平昔所存之正、所积之厚,某得之周生者旧矣。久病在床,无由走谒,罪过万千。周生今在京师,远托造化之仁,内外各安,拳拳恋德之私,想亦无日不在左右也。侧闻新岁以来,郡政过劳,顷刻万端,日不遑食,或至二鼓不得就寝,起居欠佳。某欲进拜郡庭,为一郡生灵谢,久病未能出户,下情无任感恋之至。谨具启,用申下忱。手战,作写不谨,伏乞台照。〔2〕

与陶提举

与公别且三载,无日不悬悬也。顷者过白沙,薄分不得走舟次奉迎,到今为恨。前此风雨中,承仲氏佥宪枉顾,青灯绸缪,无所不

〔1〕“余俟他日面既”后,林齐本、萧世延本、王安舜本有“己未七月廿六日”七字。

〔2〕“伏乞台照”后,林齐本、萧世延本、白沙文编、王安舜本有“弘治己未正月望,陈某顿首”十一字。

话。自念支离之人，徒知闭户，甚无补当道往来之勤，皇恐皇恐。专使驰此，以代面谢。惟照亮，不具。

与陆通判

病中闻旌驭在邑，不得往候为愧。推府胡先生偶以事被拘，当道爱惜人才，想蒙矜宥。田野之民旦夕悬仰，而未闻得离宪狱，甚皇皇也。伏希垂示。[1]

复高别驾

辱书兼拜书帕清贶，感感。某自去秋感冒，手足不仁，至今未能脱体。附来纸未即奉复。[2]

与刘别驾

孙少参昨过白沙云，为别驾处其去就甚至。近闻林待用宪长致仕疏才上即解任还家，决去者如是耳。恃爱饶舌，不罪。

二

某顿首疏：亡妣荷先帝天地之仁，不肖孤遂得请归，十又二年于兹，虽无鼎食之养，亦有水菽之娱[3]，讵料其奄至此极耶？已于四月八日奉柩藏于碧玉楼之北山，迄今茔封毕矣。某善行不修，徒窃虚名于海内，为造物者所恶，祸延老母，尚忍视息于天地间耶？伏蒙手疏，兼致奠仪。比者道路阻难，以爱我之私，勤人于远，愧感可言。末由号诉，谨奉疏。荒迷不次，谨疏。

---

[1] “伏希垂示”后，林齐本、萧世延本、王安舜本有“某再拜”三字。
[2] “附来纸未即奉复”后，林齐本、萧世延本有“章再拜”三字。
[3] “水菽”，碧玉楼本作“菽水”。

与黄别驾

陈献章启：承惠牲米，感感。老身在病，小儿应秋试，乏人走谢，谨奉启。七月八日，陈献章顿首。

答雷别驾

承差人送到施公子书帕外，别驾另具书帕，一一领讫。在丧，恕不答简。六月初九日，孤哀子陈某稽颡复。

与林节推

总督府惠物，一一照领，别具状附便上答。名酒本佳贶，在执事尤为难得，谨令犬子陈景易诣谢。制中不多及，伏乞台照。〔1〕

九日答丁县长

公遇节补会，亦可笑也。惠来鹅酒，与马默斋吃了。必有佳作奉呈。某今日为诚庵先生制服，略无好况。公他日必欲补会，仆亦为公补诗也。

二

昨夕灯下谱稿成，以示黄秀才首肯，未审尊意以为然否？谨录上正之。秋且暮矣，公决去否耶？《三江渔樵序》恐不得矣，呵呵！

与蒙知县

某启：病中闻人语辄洒然忘之，必有异乎人也。所得如此，所

〔1〕“伏乞台照”后，林齐本、萧世延本、王安舜本有“七月十三日”五字。

感可知矣。老朽何以报执事万一耶？无由造谢布忱，谨奉启，不宣。

与顺德杨明府

使至，辱手教，贶以年书、羊、酒，感怍无量。东白先生、舒秀才书已领。东白，平生故人也。明府出其门，不待倾盖而知其人矣。制中不多及。

与莫知县

封川近地，某老病不出，明府限于官守，遂无相见之期。曩辱手教，惠以炭漆，感感。某时在制中，久稽裁谢。兹者顾别驾使来，具悉宦况安好为慰。谚云“过后思君子”。方在新会时，百姓未以明府之去留为欣戚；去之封川，然后怀之不置。安知今日封川之民，不如昔日之新会乎？山村寂寞，无物可以将诚缄附来使转达，道意而已。不多及。

与韩知县

某启：辱顾不报，知罪知罪。执事前在敝邑，日月不多，未究所蕴。去之顺德，虽云异治，固尚在此郡之内，接响弦歌，回春岭海，仆未能绝望于左右也。末由进谢，谨此驰渎。不具。[1]

与黎知县

区区忧病之余，日有事于祖祢。始者，窃闻左右遭不逞之诬，寻又有伉俪之忧，欲致一书奉慰，多累弗果，因循至今，愧罪愧罪。顷闻差人护丧归江右，哀念久当渐平。吴长官有誉于前，亦且不能免

〔1〕“不具”后，林齐本、萧世延本有“辱某顿首韩侯执事。辛卯月日”十二字。

于多口,人所遭固有数耶!谨令犬子诣府下布此区区,伏乞垂亮。

二

某疏:某邻封之野人,兹以先妣之茔未封,亲屈明府舟从于白沙,奠有高文,吊有厚赙,不肖何德以堪之?忧病相淹,末由匍匐拜府下,无任哀感惭负之至,谨奉疏。荒迷不次,谨疏。

与蒋教谕

违阔久矣,缅想清颜,如在梦寐。许巡检回,远枉诗尺兼致丝绵之惠,感感。不肖孤久病支离,属以老母倾背,毁瘠日增,与死无异,宁复有毫发外慕作世间梦耶?恭惟县博广文先生坐函丈、诲多士,位虽极卑,道贵无忝,盖自有乐地也。瞻望未由,惟冀万万以时自重。

与朱甘节

去秋别去,不审何日至桂阳?久不闻一耗,甚悬悬也。邓俊圭今遣家僮来,问桂阳事,不知;俊圭书中亦惟云"寄到老大人挽诗"耳。不审比来履况何似?令伯母夫人洎诸昆季,想皆纳福胜常。道远无一便,不得数奉问,愧罪愧罪。李世卿首夏自嘉鱼来访,今尚留白沙与之语。甘节真知人哉!俊圭拟冬春间会白沙,贵札可付来也。余不及。[1]

与黄举人

克仁久在制中,某老病支离,不堪走吊,而自杪秋感冒痿痹,逾

---

〔1〕"余不及"后,林齐本、萧世延本、王安舜本有"弘治元年八月二十九日,陈某再拜"十四字。

半年未尝一近笔砚，手疏亦废，知罪知罪。不审自罹荼毒至此，气力何似？希颜兄近会亦不数，音耗阒然，如隔万里，良可慨也。谨此上问起居，不宣。〔1〕

与何廷规

竹窗先生寿老母诗，何忠爱尔耶！李氏、伦长官、吴斗南、何子有暨未面诸进士先生咸有作，感慰无量。谨此谢。〔2〕

与钟百福

近来济宁，会潘留鹤先生，益知吴锦衣之为人矣，独恨未得一面耳。百福在江湖多交好人，李承恩旦夕当见。前在平江，辱知待之厚，皆百福所赐，知感知感。道途所经诸拙作，乏楮，不能尽录。《庄敏庙》诗用百福意，不必尽庄敏，但各指一事微显阐幽，取其大者耳。拙作寄奉，录在别纸求教。舍侄未至，姑少俟湾上，数日后方入城。去就既定，五六月间或再与百福会淮上，又幸也。不多及。三月二十三日寓张家湾，乡末陈某再拜百福先生乡契。淮中诸相接人，乞一一致意为感。

二

连遣人候百福于玉河桥，昨晚乃知北城之寓，不审何日入城也。拙疾拘缀，不得走总戎府下，恋德之忱形于诗，百福从容语及之，至恳。一二日能一过僧舍否？悬望极矣。某白。〔3〕

---

〔1〕“不宣”后，林齐本、萧世延本、王安舜本有“谨启”二字。

〔2〕“谨此谢”后，林齐本、萧世延本有“某再拜”三字。

〔3〕“某白”后，林齐本、萧世延本有“百福乡契”四字。

三

百福乡契：长路相思，如共堂席。仆踽踽无补于时，惟百福豪宕磊落，无适不可。林缉熙、张廷实近过淮，想共抵掌一笑。前有拙稿并双履封留于总戎所，清视为荣。平江三公子恨失一会，为致此悬。张仲诸挥使通为申忱。贱疾未平，勉从纸笔，不多及。[1]

四

今日行李着舟，以某百户未至不得发，专使驰问来否。河流将冻，归心如火，此使还即发舟矣。十九夜，漷县舟中秉烛简上百福先生[2]。某再拜。

五

渴想一叙，适令舍侄造请，今晚或明日得一顾寒寓，至祷。某又言，嘉贶足感多爱。

与马玄真

赵寿卿助建丁明府祠，又舍田十二亩以供祀事，与厓山破百数金作慈元后庙，乃其素心。诸友咸为赋诗，谒世卿文以贺之。非徒见作庙之人，实以表前令之爱于无穷。在足下宜有高作，非专为赵生也。不可不告，惟尊裁。

答易隐求

累岁辱鱼苗之惠，所耗多矣。感怍感怍。今此所与复万余尾，

---

〔1〕“不多及”后，林齐本、萧世延本有“十二月初九日，陈某再拜”十字。
〔2〕“漷县”，原作“郭县”，据王安舜本改。漷县，明时属北京通州。

畜之小池，得无口众食寡之患乎？老拙不善谋生，如此者非一日，方欲求济于仁者，而暇为虫鱼忧哉？呵呵！细茗尤佳惠，愧无以报。

与容彦文

苍头来，具询尊翁贵恙比旧又增，悬切悬切。病躯不可动，儿辈近营书舍，忙甚，未得遣问，愧何如也！画松未题写得，俟后取。章白。

与容珪

某小恙不足虑，旦夕耿耿，正为璿忧耳。得此耗，甚喜甚喜。但须仍以小愈为戒惧，寻医合药检方，凡百可以疗此疾者，悉心图之。至嘱至嘱。[1]

二[2]

璿疾何如？昨晚闻颇增剧，甚悬悬也。某自五羊归后，厥疾又作。比日正畏风，不能跬步，日夕缘此作恶，奈何奈何！若有便，但勤报札为感。闻此疾发萌于前日舟中，区区不胜愧叹之至。壬辰三月二十日，书付容生。

与琴月先生

病者冯税兴求疗于华扁门下，恐不得进，假仆为先容。公必以

〔1〕 此信，林齐本、萧世延本、王安舜本既见于“书简”，又见于“题跋”。（林齐本《白沙先生全集》，第五卷，第五三页；第十卷，第八页。萧世延本《白沙先生全集》，第五卷，第六一页；第十卷，第六八页。王安舜本《白沙先生全集》，第三卷，第七一页；第四卷，第七三页）又“至嘱至嘱”后，林齐本、萧世延本有“壬辰二月二十八日，书付容生”十二字。

〔2〕 此信，底本原缺，兹据林齐本、萧世延本、王安舜本补出，原入“题跋”。（林齐本《白沙先生全集》，第五卷，第十卷，第八页；萧世延本《白沙先生全集》，第十卷，第六八页；王安舜本《白沙先生全集》，第四卷，第七三页）

济人为心,此亦可济矣。章白。

与陈剩夫

穹壤百年,极欠一会。某自春来得厥疾,一卧至今,武夷之游遂成虚语。比者奉手教,慨血肉之为累,念岁时之将穷,引领南闽,魂爽飞去,是以不能默默托于呻吟而废裁答,用布匪朝之忱于左右也。某顿首华宗布衣先生侍史。

二[1]

仆自北京与梁石辈游处,见语盛德,每惜不得一面。去秋,经过洪都,因访张内翰廷祥,留宿,语先生所以告内翰者,某才一二闻之,又恨不能详也。今忽拜承手书,许以枉顾,良用慰沃。顾仆年少,何敢屈先生远来?开春拟携一二同志东游罗浮,历惠、潮,达闽,访武夷故址,寻有道者之庐而请问焉。先生倘未他出,仆更不牵制余意,但老母粗康、贱躯无疾,决不负此游也。书既称旧岁连得周进士书,而先生之问乃尔,岂无一语及仆平生出处、志愿耶?僭渎不罪。

复钱驿丞

某疏:足下限于官守,不遑下吊,远枉香币致奠于亡母几筵,某不胜哀感之至。虞祔之间,茔封未毕,不知所裁谢。惭负益深,末由号诉,谨奉疏。荒迷不次,谨疏。[2]

---

〔1〕 此篇原缺,为白沙先生集外文,兹据《布衣陈先生存稿》补出。(陈真晟撰:《布衣陈先生存稿》,《续修四库全书》,上海古籍出版社,二〇〇二年,第一三三〇册,第三八〇至三八一页)

〔2〕 "谨疏"后,林齐本、萧世延本、王安舜本有"月日,某稽颡上疏"七字。

答诸广文

某疏：一瓣香、一端帛，交于未识面之前，不肖孤所不堪，况奠文之尽美耶？某谨以此月八日奉葬亡妣于小庐山之阳。虞祔之间，茔封未毕，不知所裁谢，某无任哀感惭负之至。末由号诉，谨奉疏。[1]

与林友[2]

残疾与阴阳消息[3]，今日风雨，辄不可动。吾兄远来，而章连数日不得接见，知罪知罪。时矩可与共话，吾兄但降心气受之，则无不有益。[4]

二

学劳扰则无由见道，故观书博识，不如静坐。作诗炼语，尤非所急，故不欲论。

三

地理之说，有专主凶吉应验言者，术家是也；有专辟吉凶应验言者，东莱是也；有虽知吉凶应验之理不可无，而不泥于其术者，程子是也。据愚见，术家专取必于术，故其说泥；东莱专辟其术，故其说偏；不若程子谓神灵安则子孙盛，以土色草木占地之美恶，则既不遗乎地理，而又不眩乎吉凶，如此方为通论。至朱子师友之间，

---

〔1〕“谨奉疏”后，林齐本、萧世延本、王安舜本有“荒迷不次，谨疏”六字。

〔2〕“与林友”，白沙文编作“与林君”。又：王安舜本仅有其中第一、第二两信并将其合并为一信。（王安舜本《白沙先生全集》，第二卷，第七一页）

〔3〕“残”，白沙文编作“贱”。

〔4〕“则无不有益”后，白沙文编有“章白林兄侍史”六字。

论议尤多,大抵本程子之说,而又兼取术家所长,地理至是无余蕴矣。今若以术家卑陋,尽废其说而不问,则前辈初无是也;必以其言吉凶应验差舛而疑之,则亦必有至当之论。愚以为吉人得吉地[1],吉地获吉应,此常理也。若凶人得吉地,吉地获凶应,譬诸僭伪篡夺,虽得之,必失之。当其始谋之遂,便如得吉地、获吉应,及其卒也,凶殃随之矣。故有始吉而终凶,宜吉而凶,宜凶而吉。以此推之,术家之说虽泥[2],然亦不可谓全无此理也。章白。[3]

答戴惠

先王教民以耻。在礼:"未成妇不庙见。"故三月而后庙见,古礼也。今礼以妇归之明日见舅姑,次见内外尊长,亲戚卑幼皆来见,犹之可也。夫拜于前,妇拜夫后,又令于各位前致币,男女混然无别,大可耻也。世俗习以为常,无或有非之者,[惠独疑之,岂非天理之在人心,因事而发,有不可泯者欤?虽然,有父兄在,若都不禀命,直行己志,至生嫌妒,又觉不安,必须委曲将顺、喻之于道乃佳。子弟不习礼教,都坏了。昨日发一柬招梁景孚来精舍主教事,先令诸生习礼,次讲读,次作课,从新整顿一番,庶几有益。不知毕婚尚能来学否?[4]]

复汪侍御疏[5]

某状:侍御以杯酒之奠当束刍,而文复过之,闻者莫不咨嗟兴

---

[1] 白沙文编无"为"字。

[2] "虽泥",白沙文编作"诚泥"。

[3] "章白",白沙文编作"章白林先生侍史,九月十二日秉烛书"。

[4] 自"惠独疑之"至"不知毕婚尚能来学否"一段文字,各本均无,惟王安舜本有。兹据王安舜本补出。(王安舜本《白沙先生全集》,第二卷,第七二页)

[5] 此信,底本原缺,兹据林齐本、萧世延本、王安舜本补出。(林齐本《白沙先生全集》,第四卷,第一九至二〇页;萧世延本《白沙先生全集》,第四卷,第二三页;王安舜本《白沙先生全集》,第三卷,第五四页)

起，其有裨于风教大矣。顾愚何足以当之！亡妣已于此月八日葬于小庐山之阳。虞祔之间，茔封未毕，少稽裁谢，下情不胜哀感皇惧之至。谨奉状，荒迷不次，谨状。月日，孤哀子陈某稽颡百拜状上御史汪大人台下。

答张汝弼〔1〕

康斋以布衣为石亨所荐，所以不受职而求观秘书者，冀得间悟人主也。惜宰相不悟，以为实然，言之上，令就职，然后观书，殊戾康斋意，遂决去。某以听选监生荐，又疏陈始终愿仕，故不敢伪辞以钓虚名，或受或不受，各有攸宜尔。

与谢元吉〔2〕

人心上容著一物不得〔3〕，才著一物，则有碍。且如功业要做，固是美事，若心心念念只在功业上，此心便不广大，便是有累之心。是以圣贤之心，廓然若无，感而后应，不感则不应。又不特圣贤如此，人心本来体面皆一般〔4〕，只要养之以静，便自开大。

二

气质美者固是美，然不纯，所以又有学以填补之。如勇者多强其所不知以为知，强其所不是以为是，若能充之以广大、养之以和平，去其勇之病，全其勇之善，何远不至哉？

---

〔1〕 此篇，据《白沙先生文编》补出。（唐伯元编次：《白沙先生文编》，第四卷，第五〇页）张诩《白沙先生行状》亦有此篇文字。

〔2〕 “与谢元吉”四篇，据《白沙先生文编》补出。（唐伯元编次：《白沙先生文编》，第五卷，第九至十页）

〔3〕 “容著”，《明儒学案》所引述作“容留”。（黄宗羲撰：《明儒学案》，上册，第八五页）

〔4〕 “体面”，《明儒学案》所引述作“体段”。（黄宗羲撰：《明儒学案》，上册，第八六页）

三

沮溺接舆辈,后人溺于富贵者见孔子道他不是,却以借口,如何得他首肯?他虽偏过于高,后人偏沦于污。他犹不失为"渐"之上九,后来借口者却是"晋"之九四。一则鸿渐于逵,一则晋如硕鼠。鸿也,鼠也,何异云泥之相隔耶?

四

先正谓无天下尽非之理。修己者当自点检,直到十分是处,不可强执己见,惟在虚以受人。

与易赞书〔1〕

顷岁,东白征入京师。比归,遗予书曰:"在山远志,出山小草。"此言出处不可不慎也。东白官翰林,未四十致仕。天下慕其早退,以比宋之钱若水可也。等而上之,识者尚未知处东白于何处。信乎,君子立世,始终一致,不离乎道,足以追配古今无愧,诚难也。余尝以观古今,人凡有爱,必先自爱其身,然后可以推己及物。《易》曰"安土敦仁,故能爱",否则,未见其能爱也。虽然,君子立身之大节、出处进退之大防,亦不可不闻也。君爱菊,以菊主卷索题,余念君之志不在利,聊相为言之。弘治己未秋,陈献章。

答陈文曜方伯〔2〕

白沙陈献章再拜复方伯华宗先生:胡先生属笔申意,幸亮之。

---

〔1〕 此篇原缺,为白沙先生集外文,阮榕龄据《鹤山县志》录入所撰《编次陈白沙先生年谱》"弘治十二年己未"条。(阮榕龄撰:《编次陈白沙先生年谱》,《宋明理学家年谱》第九册,第三五九至三六〇页;陈献章撰:《陈献章集》,下册,第八六〇至八六一页)兹据以补出。

〔2〕 此篇原缺,为白沙先生集外文,据《蓬窗日录》补出。(陈全之撰:《蓬窗日录》,上海书店出版社,二〇〇九年,第三二〇页)案:陈炜,字文曜,号耻庵,闽县人。天顺四年进士。成化初,选监察御史。历任江西按察使、右布政使。成化二十年甲辰,转浙江左布政使,未就任而卒,年五十五岁。

章以此月十九日度岭，偕计而往，抱疾而归，亦不能不介然于怀也。夫士必涉于世，然后知涉世之难易；不涉于世，而能涉世者，章未尝睹也。老子曰“与兮若冬涉川，犹兮若畏四邻，旷兮其若谷，浑兮其若浊”，其知涉世之难者欤！“虽有拱璧以先驷马，不如坐进此道”。良晤何时？因风飞尺简。以有余补不足，正不能无望于先生也。甚寒，惟为道自爱。仲冬二十二日寓南雄，陈献章拜耻庵先生宗契。东白先生同此悬。

启

聘启 成化癸巳二月代兄作[1]

伏以持钝舌者必淡颜，良易投于正士；工巧言者宜令色，每见悦于常流。盖夙分之雅同，岂强能而苟比？兹者，幸遇尊亲家郑处士，阀阅伟而着眼高，不鄙小弱。弟某秀才，章句疏而用心苦。是故声气之相感，庶几物我之相忘，虽首院以难谐，必东床而获选。郑高杨郭，幸扳贵邑之甲科；马聂钟容，徒窃敝乡之商品。适侔四姓，敢赞一言。此不往而彼不来，阴则升而阳则降。惭鱼缄之莫罄，念雁币之宜将。浩矣，沧溟宁却一蹄涔之水；巍哉，太华何辞五弓许之陵。乞笺起居，用慰注仰。谨奉启，不宣。[2]

又 成化辛卯十二月作

文启：伏以德陋巷颜一瓢，趣味尽殊于俗尚；著清门罗三字，品题盖属于乡评。惟此翁之可人，宜吾弟之有室。始者旷十年而

〔1〕“癸巳”，碧玉楼本作“辛卯”。
〔2〕“不宣”后，林齐本、萧世延本有“谨启。癸巳二月十六日，某启”十一字。

莫遇访寻,顾屑屑于执巾;兹焉比两姓以克谐期待,乃惓惓于举案。正将求闺门之助,必无忝伉俪之名。至诚斯合于天人[1],素志何疑于梦卜?片言赐允,束帛宜先。怀素履而仰高山,跻攀绝矣;接清弦以奏流水,风韵悠哉。奉启[2],不宣。[3]

请期启 成化辛卯十二月代兄作

文启:伏以鸾胶续好,庶几无择于高明;雁币将诚,盖已不嫌于菲薄。遂入芝兰之室,况逢桃李之晨。须传采牍以求通,当载墨车而摄盛。斯文未丧,故事宜遵。绝言资送之有无,尽属去来之感应。迟佳期之甚迩,庶获瞻依;承至况之匪加[4],奚胜悚惧?谨奉启,不宣。[5]

与李宗 成化壬辰正月代兄作

文启:猥蒙不鄙,弱弟某遂兹室家之愿,实吾子之惠,幸甚幸甚。某以序次当为主人,不得诣吾子躬专请也。倘吾子不惮劬于路,而以归罗氏子于白沙某也,则愿吾子之终赐爱焉。[6]

---

〔1〕“斯”,碧玉楼本作“既”。

〔2〕“奉启”,林齐本、高简本、萧世延本、王安舜本作“谨奉启”。

〔3〕“不宣”后,林齐本、萧世延本有“谨启。辛卯十二月十九日,忝戚古冈陈某薰沐百拜启上亲家豫章高士阁下”三十字。

〔4〕“承至况之匪加”,碧玉楼本作“承至贶之匪嘉”。

〔5〕“不宣”后,林齐本、萧世延本有“谨启。辛卯十二月二十日,忝戚古冈陈某百拜启上亲家天水处士侍史”二十八字。

〔6〕“则愿吾子之终赐爱焉”后,林齐本、萧世延本有“壬辰正月二十又二日,白沙陈某顿首”十五字。

陳獻章全集

【明】陈献章 撰

黎业明 编校

简体增订本

中

上海古籍出版社

卷之四

赋

湖山雅趣赋

丙戌之秋，余策杖自南海循庾关而北涉彭蠡，过匡庐之下，复取道萧山，溯桐江，舣舟望天台峰，入杭观于西湖。所过之地，盼高山之漠漠，涉惊波之漫漫；放浪形骸之外，俯仰宇宙之间。当其境与心融，时与意会，悠然而适，泰然而安，物我于是乎两忘，死生焉得而相干？亦一时之壮游也。迨夫足涉桥门，臂交群彦，撤百氏之藩篱，启六经之关键。于焉优游，于焉收敛；灵台洞虚，一尘不染；浮华尽剥，真实乃见；鼓瑟鸣琴，一回一点。气蕴春风之和，心游太古之面。其自得之乐，亦无涯也。出而观乎，通达浮埃之濛濛、游气之冥冥、俗物之茫茫、人心之胶胶，曾不足以献其一哂，而况于权炉大炽、势波滔天、宾客庆集、车马骈填！得志者扬扬，骄人于白日；失志者戚戚，伺夜而乞怜。若此者，吾哀其为人也。嗟夫！富贵非乐，湖山为乐；湖山虽乐，孰若自得者之无愧怍哉？客有张璟者，闻余言，拂衣而起，击节而歌曰："屈伸荣辱自去来，外物于我何有哉？争如一笑解其缚，脱屣人间有真乐。"余欲止而告之，竟去不复还。噫！斯人也，天随子之徒与！振衣千仞冈，濯足万里流。微斯人，谁将与俦？

止迁萧节妇墓赋

昔兵戈之攘凶盗兮,孰佽佽而握之符?号令纷其不一兮,汩珠玉于泥涂。抹之乱之,执兵之徇而欲兮,胡宁知耻而畏诛?若美人兮,宗庙之瑚。毋我即带兮,毋我扪袪;毋我执手兮,手可断而不可污。奋犬豕之骂以冒刃兮,貌凛凛其若苏。死则快兮,生安用诸!嗟此烈妇兮,彼丈夫弗如。丁侯为县兮,德教用敷;表贞冢兮,营祭畲。行路嗟叹兮,揭声教于海隅。蠢兹弗畏兮,托日者以为诬。欲改封以自便兮,动有识之长吁;匪今侯之继轨兮,隳四尺其奚辜。我将告外史兮,笔之于书。

太学小试赋〔1〕

明皇启运兮,我道其昌。诞敷文教兮,辟雍堂堂。斯道壁立巍巍兮,于邹鲁有光。拥皋比兮,而抠趋衿佩。爰命试而观其志兮,匪予名之为害。孰秉笔而肖象乎天工兮,英声播于成均。嗟予小子奚有于是兮,抱孤蹇而无闻。鞭古心兮自趋,拗世路兮孰随?不舍规矩兮,圣与我同归。墙高兮宫广,进不已兮终吾身而钻仰。蝉蜕人欲兮天命自全,下跃鱼兮上飞鸢。善学兮知止,宁若彼佽佽兮比夸毗之子?

潜轩赋〔2〕

仰青天兮飞鸢,俯深渊兮潜鳞。一皆囿于形气兮,或升或降;抑孰为之主宰兮,乃一屈而一伸。反之吾身以求其端兮,初不外乎

---

〔1〕 此篇,底本原缺,兹据萧世延本、王安舜本补出。(萧世延本《白沙先生全集》,第八卷,第四十一页;王安舜本《白沙先生全集》,第四卷,第三九页)

〔2〕 此篇,据《白沙先生文编》补出。(唐伯元编次:《白沙先生文编》,第一卷,第二十六至二十七页)

动静。非潜养以立其本兮，又焉察乎纷纶。盖诚之不可掩兮，发雷声于渊默。斯暗室之不可以或欺兮，达斯道于无垠。有天德者可以语王道兮，夫固系乎慎独。奉先哲之格言兮，有体用先后之相因。彼功业之塞乎天地兮，文章昭于简策。赖此以为根柢兮，至化而至神。惟乾之初九兮，不易乎世。苟有得于斯兮，固当韫椟以自珍。以斯道兮，觉斯民。亢之有悔兮，孰与初之勿用？彼龙蛇之蛰兮，以存厥身。

四　言　诗

题画松泉，为张别驾吉

水流石间，生两松树。洗耳挂瓢，无此佳处。幸逢尧舜，那无巢许？

拨闷

久病在床，展转莫舒。我欲观化，有握其枢。人有善愿，天必从之。我病几时，我念西驰。我行次且[1]，如饥思食，如寒思衣，动惟厥时。匪亟匪徐，鱼跃鸢飞，乃见真机，天岂不知？天偶遗之，吾将尤谁？我聊任之，拨闷以诗。

示湛雨

有学无学，有觉无觉。千金一瓠[2]，万金一诺。于维圣训，

---

〔1〕“次且”，林齐本、高简本、萧世延本、白沙文编、碧玉楼本作“趑趄”。“次且”，读为“趑趄”，义同。

〔2〕“瓠”，原作“瓢”，据林齐本、高简本、萧世延本、碧玉楼本改。《白沙子古诗教解》、《白沙先生诗教解》亦作“瓠”。

先难后获〔1〕。天命流行,真机活泼。水到渠成,鸢飞鱼跃。德山莫杖〔2〕,临济莫喝〔3〕。万化自然,太虚何说。绣罗一方,金针谁掇?

示黄昊

高明之至,无物不覆。反求诸身,霸柄在手。

与民泽

圣人之学,惟求尽性。性即理也,尽性至命。理由化迁,化以理定。化不可言,守之在敬。有一其中,养吾德性。

严慕堂铭〔4〕

爱斯慕之,在恩在德。慕其大者,显不如默。

春日〔5〕

有酒勿酌,临兹山郭。亭锁绿阴,鸟啼红药。天风扇和,野田漠漠。缅想良朋,巾车靡托。

---

〔1〕“于维圣训,先难后获”八字原缺,据白沙文编、碧玉楼本补。《白沙子古诗教解》、《白沙先生诗教解》亦有“于维圣训,先难后获”八字。

〔2〕“德山”,原作“得山”,据白沙文编改。德山,唐宣鉴禅师别号,其人以棒打为教。

〔3〕“喝”,原作“渴”,据林齐本、高简本、萧世延本、白沙文编、何熊祥本、碧玉楼本改。《白沙子古诗教解》、《白沙先生诗教解》亦作“喝”。

〔4〕此诗原缺,据诗近稿补出。(陈献章撰:《白沙先生诗近稿》,明弘治九年吴廷举刻本,第十卷,第一〇二页)又:题中“慕”字,原作“墓”,据诗文内容改。

〔5〕此诗原缺,据《万历新会县志》第七卷补出。(王命璿修、黄淳、李以龙纂《万历新会县志》[明万历三十七年刻本、清顺治年间修补本],《广州大典》,第二九三册,第三五五五页)此前陈永正《陈献章诗编年笺校》已经辑录。(陈永正撰:《陈献章诗编年笺校》,下册,第一〇四一页)

秋日[1]

有酒勿斟，横我弦琴。萝垂幽径，露滴疏林。清商一曲，英气盈襟。天岂不乐，聊结同心。

五 言 古 诗

和杨龟山此日不再得韵

能饥谋艺稷，冒寒思植桑。少年负奇气，万丈磨青苍。梦寐见古人，慨然悲流光。吾道有宗主，千秋朱紫阳。说敬不离口，示我入德方。义利分两途，析之极毫芒。圣学信匪难，要在用心臧。善端日培养，庶免物欲戕。道德乃膏腴，文辞固秕糠。俯仰天地间，此身何昂藏。胡能追轶驾，但能漱余芳。持此木钻柔，其如磐石刚。中夜揽衣起，沉吟独徬徨。圣途万里余，发短心苦长。及此岁未暮，驱车适康庄。行远必自迩，育德贵含章。迩来十六载，灭迹声利场。闭门事探讨，蜕俗如驱羊。隐几一室内，兀兀同坐忘。那知颠沛中，此志竟莫强。譬如济巨川，中道夺我航。顾兹一身小，所系乃纲常。枢纽在方寸，操舍决存亡。胡为谩役役，斫丧良可伤。愿言各努力，大海终回狂。

答张内翰廷祥书，括而成诗，呈胡希仁提学

古人弃糟粕，糟粕非真传。眇哉一勺水，积累成大川。亦有非

〔1〕 此诗原缺，据《万历新会县志》第七卷补出。（王命璿修、黄淳、李以龙纂《万历新会县志》[明万历三十七年刻本、清顺治年间修补本]，《广州大典》，第二九三册，第三五五页）此前陈永正《陈献章诗编年笺校》已经辑录。（陈永正撰：《陈献章诗编年笺校》，下册，第一〇四一页）

积累,源泉自涓涓。至无有至动,至近至神焉。发用兹不穷,缄藏极渊泉。吾能握其机,何必窥陈编。学患不用心,用心滋牵缠。本虚形乃实,立本贵自然。戒慎与恐惧,斯言未云偏。后儒不省事,差失毫厘间。寄语了心人,素琴本无弦。

代简答罗一峰殿元

台城一挥袂,忽忽星周五。路永消息断,年深别离苦。思君发为白,始白数茎许。今晨对书尺,白者不可数。先生天下士,讵肯顾衡宇?怅望曹溪约,独与光也语。一峰约会南华,不至。

赠张叔亨知县

栖栖白沙舫,影弄寒江月。夫君沙阳令,胡事顾微劣?“我祖在九冥,愿君为墓碣”。三夜茆檐下,寒灯坐来灭。感子心意勤,愧我言词拙。明发江上舟,踟蹰与君别。

戏赠馆宾

迟迟岁将暮,戚戚怀故里。馆中饥鼠多,旅食驴儿尾。垂德于不报,世间宁有此?行李无一钱,还家对妻子。

冬夜〔1〕

长夜气始凄,木绵被重裘。端坐思古人,寒灯耿悠悠。是时病

〔1〕 白沙先生此诗墨迹尚存,文字颇有差异。其第一首,墨迹作“长夜气始凄,木绵被重裘。端坐思古人,寒灯影悠悠。是时病初间,背汗仍未收。学业坐妨夺,田芜废锄耰。高堂有老亲,遍身无完䌷。丈夫庇四海,而以俯仰忧。口腹非所营,水菽吾当求。明旦理黄犊,进我平冈舟”;其第二首,墨迹作“我从省事来,过失犹十九。喜怒愧屡迁,言为悲多苟。平居昧慎独,即事甘掣肘。颜渊称不贰,好学古未有。纯粹由精进,庶几鲁中叟。我才信卤莽,服膺亦良久。云胡弗自力,万化税枢纽。颓颜无复少,此志还遂否?岁月岂待人,光阴隙中走。念此不成眠,晨星灿东牖”。(墨迹文字之释读,得到罗韬先生帮助,谨致谢意。)

初间，背汗仍未收。学业坐妨夺，田芜废锄耰。高堂有老亲，遍身无完䌷。丈夫庇四海，而以俯仰忧。口腹非所营，水菽吾当求。明旦理黄犊，进我南冈舟。

我从省事来，过失恒十九。喜怒朝屡迁，言为夕多苟。平生昧慎独，即事甘掣肘。孔子万世师，天地共高厚。颜渊称庶几，好学古未有。我才虽卤莽，服膺亦云久。胡然弗自力，万化脱枢纽。颓颜无复少，此志还遂否？岁月岂待人，光阴隙中走。念此不成眠[1]，晨星灿东牖。

经鳄州

夕舫凌大波，北风吹我席。冥冥鳄州烟，宛对君山碧。来雁知天寒，归人看月色。超超尘外心，浩矣周八极。

厓山看大忠祠竖柱，阻风，七日后发舟，用旧韵

青青奇石草，上有牛羊躅。汹汹厓门水，远带汤瓶山名。绿。浮云散孤屿，初日明村曲。言归辄风涛，无乃疑张陆。迟迟重迟迟，畏此波心木。渔人植长木于波间，置罾，俗呼为罾戙木，触之能覆舟。

自策示诸生

贤圣久寂寞，六籍无光辉。元气五百年，一合又一离。男儿生其间，独往安可辞。邈哉舜与颜，梦寐或见之。其人天下法，其言万世师。顾予独何人，瞻望空尔为。年驰力不与，抚镜叹以悲。岂不在一生，一生良迟迟。今复不鞭策，虚浪死勿疑。请回白日驾，鲁阳戈正挥。

---

[1] “眠”，《白沙子古诗教解》作“寐”。

湖西八景，为罗修撰作 效一峰体

太极丸春

天城列两仪，其中位太极。山名。不悟名象生，焉知画前《易》？伏羲古已亡，图书久晦蚀。寄语山中人，妙契在端默。

翠玄洞天

翠玄在何许，乃在金鳌麓。石门俯深幽，来者秉明烛。绣壁谁可缘，丹房我当宿。呼童烹金鳌，膏此千丈木。

一峰来秀

西湖有一峰，天地得撑拄。旁有龙塘峡，北有浮香坞。我行昆仑丘，一望一延伫。归来二三子，抵掌太极语。

三峡回清

一峡蟠一龙，群山莽回互。武夷虽九曲，三峡谁胜负。澄澄水上月，历历谷中树。焉得千丈筇，坐弄潺湲处。

金鳌霁雪

一鳌海上来，头戴雪花白。诸鳌起相拒，千秋归不得。仙人罗一峰，永戏金鳌侧。借问别离时，西佛生弥勒。

玉冕晴云

玉冕臣诸峰，左右罗络之。云来巾其巅，得雨不复疑。岂无泽物功，云覆在何时。怅望百谷春，广济苍生饥。

飞翚横翠

我昔游太空，太空云冥冥。归来控翠虬，力与金鳌争。巍巍太极尊，挥置东西行。如何千载下，空拟飞翚名？

大流垂玉

大流无此奇，偶值银河倾。愿回银河流，免与世浊并。一洗日月光，再洗天地清。何止天地清，万世无甲兵。

题冷庵 江西佥宪陈琦自号

举世好近热，子独畏之猛。投身向壑雪，永谢白日影。玉壶贮清冰，秋露滴金井。是以冷自胜，于世非绝屏。假令务绝屏，过与近热等。我以道眼观，天下方首肯。寒暑两推移，正中太和境。寄语庵中人，不热亦不冷。

扶南访黄岩尹邝载道，适来顾白沙，两不相值，赋三仄韵[1]

行舟石门浪，不识扶溪口。时时闻来往[2]，日入丧水手。昨暮黄岩马，来嘶白沙柳。惜哉两不遇，独坐空搔首。

我有一斗酒，愿与子秉烛。子来复空去，值我不在屋。稚子呼不至，踉跄走入竹。明旦归我艇，先后迓以告。

闲居不拟出，偶出负佳客。问客来何许，来自黄岩谪。长安接笑语，中道有暌隔。悠悠百年内，与子异显默。

---

〔1〕“两不相值”，林齐本、高简本、萧世延本、何熊祥本、黄之正本、四库全书本作“两不值”；“三仄”，作“三侧”。

〔2〕“闻”，林齐本、萧世延本、碧玉楼本作“问”。《白沙子古诗教解》、《白沙先生诗教解》亦作“问”。

感事

君心如逝水,一往不复旋。谁能万里浪,安坐驾此船？伤哉一何愚,由我不由天。仁者固有矜,智士乃自全。

梦观化,书六字壁间曰“造物一场变化”

孔子曳杖歌,逍遥梦化后。我梦已逍遥,六字书在牖。圣愚各有尽,观化一遭走。问我年几何,春秋四十九。死生若昼夜,当速何必久？即死无所怜,乾坤一刍狗。

贪泉

藜藿可养生,柏棺可送死。瓦砾是黄金,贪泉亦清泚。饮水心不易,岂独夷齐尔？山鬼笑侬家,侬家笑山鬼。

九日诸友会饮白沙,得雁字

黄菊有佳辰,良朋乐呼唤。争持渊明杯,来接子桑饭。落叶迎马鞭,斜晖转沙岸。雨声静秋竹,池影入江雁。酒酣独高歌,呼儿续我断。诸君极留恋,十觞亦不算。虽无孟嘉量,且免落帽乱。百年能几何,去者已强半。来会安可期,细把茱萸看。

赠林汝和通判

在昔黄金台,与子初周旋。萍蓬忽相失,不见垂十年。昔为礼曹官,今摇庆阳鞭。常闻太华峰,峻绝峙中天。雅志在登陟,矫如孤鹄骞。适来南海旁,问讯沧洲廛。语旧未终日,栖栖有所牵。丈夫重出处,富贵如浮烟。行则为在田,止则为在渊。劳劳夫何为,赠子千金言。

赠马龙如湖西奠一峰先生

晨兴坐扪虱，有客窥我床。客来问何许，颜色惨不光。去岁秋在季，文星坠西江。而师罗一峰，幸视我弟兄。相见不得语，失声泪滂滂。子行诣湖西，问讯我有将。夙昔梦见之，恍若芙蓉城。觉来索苦句，句就涕未停。何以告一峰，寄意于瓣香。索火化奠文，一峰其洋洋。我病久南海，欲往未得行。送子出门去，目极秋天长。

赠陈秉常

远色霁初景，清风振遥林。子来入我室，弄我花间琴。正声一何长，幽思亦已深。愿留一千岁，赠子瑶池音。

黍稷杂萑苇，邪思乱正性。人为一卤莽，诿曰天之命。白日朝出东，须臾复西暝。良时诚可惜，逝矣悲莫竞。

大舜卷娄之，庄周竟奚取？人生贵识真，勿作孟浪死。谁能去中土，僦舍朝鲜里？白首金石交，视我南川子。

我否子亦否，我然子亦然。然否苟由我，于子何有焉？人生寄一世，落叶风中旋。胡为不自返，浊水迷清渊。

藤蓑

一蓑费几藤，南冈砺朝斧。交加落翠蔓，制作类上古。吾闻大泽滨，羊裘动世祖。何如六尺蓑，灭迹芦花渚。举俗无与同，天随梦中语。今夜不须归，前溪正风雨。

人好蓑亦好，月光水亦光。水南有酒媪，酒熟唤我尝。半酣独速舞，舞罢还举觞。所乐在知止，百年安可忘。

挽蓑欲何为，新月出东岭。独速舞不休，凌乱何由整？旷哉漆园吏，自形还自影。

新蓑藤叶青,旧蓑藤叶白。新故理则然,胡为浪忻戚?扁舟西浦口,坐望南山石。东风吹新蓑,浩荡沧溟黑。须臾月东上,万里天一碧。安得同心人,婆娑共今夕。

朽生何所营,东坐复西坐。搔头白发少,摊地青蓑破。千卷万卷书,全功归在我。吾心内自得,糟粕安用那?

赛兰

南有赛兰香,名花人未识。光风散微馨,甘露洗新碧。一月薰蒸来,氤氲在肝膈。乃知方寸根,中禀天地塞。谁为续骚手[1],俯仰空凄恻?窗户悄无人,图书共昕夕。

天人之际

天人一理通,感应良可畏。千载陨石书,春秋所以示。客星犯帝座,他夜因何事?谁谓匹夫微,而能动天地?

答梅侍御见寄

群龙盛朝野,弱羽聊山林。行春忽倾盖,对榻山花深。引我一杯水,写君龙唇琴。永言歌大篇,风雅有遗音。乃知鹰鹯气,未惬鸾凤心。王事有驱迫,暮雨别江浔。离情落晚趣,再往三洲吟。何以舒我怀,青天盼遥岑。

寄题三洲岩

我行苍梧道,息桨荒江湄。连冈一以眺[2],石室涵晚晖。前

[1] “续骚手”,原作“续骚首”,据高简本、萧世延本、何熊祥本、王安舜本、黄之正本、碧玉楼本、四库全书本改。

[2] “连冈”,原作“连江”,据林齐本、高简本、萧世延本、何熊祥本、黄之正本、碧玉楼本、四库全书本改。

晳有题字，执炬往读之。迟回北壁下，目击元公遗。今古一相感，光风吹我衣。虫鸣丹灶中，葛仙胡不归？对之发长啸，宇宙今何时？圆蟾夜冏冏，蝙蝠秋飞飞。愿言托高栖，行矣无是非。

病中写怀，寄李九渊

出门见斋颜，十日不一逢。以我腹中满，忆君头上风。头风尚可炙，腹满何由通？受气我亦薄，况乃疾病攻？五十去始衰，三四谢春冬。鬓颜倏已凋[1]，血气少复充。客来索我书，颖秃不能供。茅君稍用事，入手称神工。以兹日衮衮，永负全生功。长揖谢茅君，安静以待终。

和梅侍御见寄

飞盖凌沧溟，高台拂朱鸟。乾坤一水浮，日月双轮绕。尘埃纷局促[2]，正坐眼孔小。景山千丈松，慰我冰雪皎。万里一春风，东西逐骠袅。故人子罗子，仙鹤归华表。暮雨江门舟，含凄问封草。假令鲍叔在，一士亦不少。谁云越台近，举目河山杳。冥冥白沙坞，云烟共昏晓。

题刘氏双节卷

阿姑与阿妇，守此芳岁阑。三十寡且贫，纺绩供朝餐。孤儿泣长夜，秉烛更抱看。苦心两咽绝，芳颜亦雕残。持此双白璧，辉映天地间。圣皇重民极，门闾合施丹。煌煌东白碑，终古埋空山。我母寡更早，赋诗涕泛澜。弱草因风靡，颓波良独难。

---

〔1〕“倏”，四库全书本作“忽”。
〔2〕“纷”，碧玉楼本作“分”。《白沙子古诗教解》、《白沙先生诗教解》亦作“分”。

送李刘二生还江右,用陶韵

夜闻桂树芳,晨起山鸟喧。客从远方来,历我阶西偏。手持诸侯书,征会在匡山。我愿结其人,遂往不复还。滞形宇宙内,俯仰独何言?

中年见二子,楚楚西江英。问讯徐苏里[1],千年有余情。开樽对冥月[2],高歌亦心倾。胡为别我去,感此秋蛩鸣。赠处各有言,慨然尽平生。

漫题

日月逝不处,奄忽几华颠。华颠亦奚为,所希在寡愆。韦编绝《周易》,锦囊韬虞弦。饥餐玉台霞,渴饮沧溟渊。所以慰我情,无非畹与田。提携众雏上,啼笑高堂前。此事如不乐,它尚何乐焉?东园集茅本,西岭烧松烟。疾书澄心胸,散满天地间。聊以悦俄顷,焉知身后年?

仕者必期通,隐者必期高。麋鹿或可群,肉食安可饕?圣人履中正,白首济川舠。悠悠荷蒉者,果识圣心劳?浮云驰白日,黍稷生蓬蒿。饭蔬食饮水,曲肱谢游遨。汶上去不顾,陋巷贫绝交。徒闻武城宰,割鸡以牛刀。

拉马玄真看山

官府治簿书,倥偬多苦辛。文士弄笔砚,著述劳心神。而我独无事,隐几忘昏晨。南山转苍翠,可望亦可亲。岁暮如勿往,

---

〔1〕“里”,高简本、白沙文编作“李”。唐伯元编次《白沙先生文编》,于此诗末加注云:“‘李’,或作‘里’。”

〔2〕“冥月”,林齐本、萧世延本、何熊祥本作“溟月”。《白沙子古诗教解》、《白沙先生诗教解》亦作“溟月”。

枉是最闲人。近来饮酒者，惟我与子真。能移柳间舫，同泛江门津。

感刘琨与卢谌事

越石信英臣，子谅亦文雅。生遭晋运微，奔走风尘下。晋阳笑明月[1]，胡雏夜回马。并州困石勒，从事为别驾。成败非所论，吾怜凿坏者。

和陶一十二首

归田园 三首

我始惭名羁，长揖归故山。故山樵采深，焉知世上年？是名鸟抢榆[2]，非曰龙潜渊。东篱采霜菊，西渚收菰田[3]。游目高原外，披怀深树间。禽鸟鸣我后，鹿豕游我前。冷冷玉台风[4]，漠漠圣池烟。闲持一觞酒，欢饮忘华颠。逍遥复逍遥，白云如我闲。乘化以归尽，斯道古来然。

高人谢名利，良马罢羁鞅。归耕吾岂羞，贪得而妄想[5]。今年秋又熟，欢呼负禾往。商量大作社，连村集少长。但忧村酒少，不充侬量广。醉即拍手歌，东西卧林莽。

近来织畚徒，城市售者希。朝从东皋耕，夕望西岩归。贫妇业纺绩，灯下成岁衣。但令家温饱，不问我行违。

---

〔1〕“笑”，白沙文编、碧玉楼本作“啸”。

〔2〕“榆”，原作“揄”，据白沙文编、碧玉楼本改。《白沙子古诗教解》、《白沙先生诗教解》亦作“榆”。

〔3〕“西渚”，原作“两渚”，据林齐本、萧世延本、白沙文编、碧玉楼本改。《白沙子古诗教解》、《白沙先生诗教解》亦作“西渚”。“西渚”与“东篱”相对。

〔4〕“冷冷”，林齐本、高简本、萧世延本、白沙文编、四库全书本作“泠泠”。

〔5〕“妄想”，高简本、白沙文编作“忘想”。

移居 二首

万金论买邻,千金论买宅。岂不念子孙,而以营朝夕?长揖都会里,来趋白沙役。壤地何必广,吾其寄一席。邻曲弥乐今,园林尚怀昔。吾志在择善,无然复离析。

留连晡时酒,吟咏古人诗。夕阳傍秋菊,采之复采之。采之欲遗谁,将以赠所思。所思在何许,千古不同时。四海倘不逢,吾宁独去兹?愿言秉孤贞,勿为时所欺。

九日闲居

无钱抚秋菊,向夕凉风生。谁为白衣者,颇识江州名。映杯碧水净,曜日丹葩明。天际雁孤去,草根虫一声。荏苒委时节,徘徊阅年龄。兴来发长叹,意尽还一倾。俭德苟不惭,厚禄安可荣?白首希高贤,清谣渺遗情。人生亦易足,何必勤无成。

和刘柴桑,寄袁道,见怀一峰之意

当年台城会,执手多踟蹰。四海一为别,寒暑逝不居。远意属罗浮,举头望匡庐。胡然金牛谷,奄忽成丘墟。蜕骨归复土,灵衿存为畬[1]。庶几百代下,攀驾以忘劬。袁侯西江英,好德眼中无。尺素每欲近,十年不作疏。磨剑患不快,快则随所须。永愿磨此心,恢恢快剑如。

和郭主簿,寄庄定山

青松出乔木[2],遥望十里阴。少年不结友,岁暮怀同襟。同襟问为谁,定山携一琴。悠然一鼓之,不辨古与今。在昔经江

---

〔1〕“衿”,《白沙子古诗教解》、《白沙先生诗教解》作“襟”。

〔2〕“木”,碧玉楼本作“林”。《白沙子古诗教解》、《白沙先生诗教解》亦作“林”。

东，多士予所钦。论文一觞酒[1]，惟我与子斟。岂意千载下，复此闻韶音！我病不出户，何时还盍簪？茫茫宇宙内，与子契其深。

赠羊长史，寄辽东贺黄门钦

此心自太古，何必生唐虞？此道苟能明，何必多读书？寂寂委山泽，于于来京都。斯人各有分，彼此何能逾？杪秋风日清，呼儿理肩舆。聊为玉台游，言笑谁与俱？屈指意中人，一坐一踟蹰。归来看四壁，四壁光如如。圣道日榛塞，谁哉剪其芜？夫子久不见[2]，吾生何以娱？常恐岁月晚，况与音问疏。申以《伐木》章，一日三卷舒。

饮酒

木犀冷于菊，更后十日开。清风吹芳香，芳香袭人怀。千回咽入腹，五内无一乖。虽靡鸾凤吟，亦有鷦鹩栖。昔者东篱饮，百榼醉如泥。那知此日花，复与此酒谐。一曲尽一杯，酩酊花间迷。赤脚步明月，酒尽吾当回。

庚子岁九月中于西田获早稻[3]

迟明向南亩，疏星在檐端。夫出妇亦随，无非分所安。道旁往

---

〔1〕“论文”，原作“论交”，据林齐本、高简本、萧世延本、白沙文编、何熊祥本、碧玉楼本改。《白沙子古诗教解》、《白沙先生诗教解》亦作“论文”。“论文一觞酒”，典出杜甫《春日忆李白》“何时一樽酒，重与细论文”。（仇兆鳌撰：《杜诗详注》，北京：中华书局，一九九五年，第一册，第五二页）

〔2〕“夫子”，白沙文编作“之子”。

〔3〕“庚子”，四库全书本作“庚戌”。《陶渊明集》原诗题目亦作“庚戌”。（《陶渊明集》，中华书局，一九九五年，第八四页）

来人,下车时一观。问津津不知,仰视飞鸟还。逻苗远畤夕[1],濯足荒沟寒。吾惜耦耕好,焉知世路难。伐鼓收西畲,黄云被江干。聊用代糟糠[2],作粥欢宾颜。邻叟携儿来,嬉戏松下关[3]。齐声鼓腹讴,永谢攒眉叹。[4]

怀古田舍

君子固有忧,不在贱与贫。农事久不归,道路竟徒勤。青阳动芳草,白日悲行人。沮溺去千载,相知恒若新。出门转穷厄,得己聊一欣。甘雨濡夕畛,繁花幕春津。独往亦可乐[5],耦耕多近邻。百年鼎鼎流,永从耕桑民。

制布裘成,偶题寄黎雪青

海布剪黄云,岭绵装白雪。制为道人衣,方直无周折。吾老不出门,躬耕慕冀缺。黄昏披此裘,坐望梅村月。美人遗我酒,小酌三杯烈。半酣发浩歌,声光真朗彻。是身如虚空,乐矣生灭灭。[6]

---

〔1〕“畤”,原作“峙”,据碧玉楼本改。《白沙子古诗教解》、《白沙先生诗教解》亦作“畤”。

〔2〕“用”,原作“周”,据林齐本、高简本、萧世延本、白沙文编、何熊祥本、碧玉楼本改。《白沙子古诗教解》、《白沙先生诗教解》亦作“用”。

〔3〕“嬉戏”,林齐本、萧世延本、白沙文编作“戏嬉”。

〔4〕“叹”,原作“欢”,据林齐本、萧世延本、白沙文编、碧玉楼本改。《白沙子古诗教解》、《白沙先生诗教解》作“叹”。此诗用韵与陶渊明原诗相同,《陶渊明集》原诗亦作“叹”。(《陶渊明集》,第八四页)攒眉,忧愁不快貌。“欢”字与“攒眉”不匹配。又:诗末,林齐本、萧世延本、白沙文编有小注云:“西涯先生尝读此篇,曰第四句不类。盖予尝自疑者,今不欲改之,以见西涯之不苟也。”

〔5〕“可乐”,原作“何乐”,据林齐本、高简本、萧世延本、白沙文编、何熊祥本、碧玉楼本改。《白沙子古诗教解》、《白沙先生诗教解》亦作“可乐”。

〔6〕诗末,诗近稿、林齐本、萧世延本、白沙文编有小注云:“雪青事佛。”

紫菊吟，寄林时嘉

严霜百卉枯，三径挺秋菊。绿叶明紫英，微风递寒馥。芳情谢桃李，雅望联松竹。怀哉种花人，杳在江一曲。遗我盎中金，南窗伴幽独。时无续《骚》手，憔悴谁当录？且脱头上巾，茅柴今可漉。

感鸟

有鸟不知名，皎然闺中清。育雏止庭竹[1]，众鸟不敢凌。暮雨衔虫归，唤雏雏不应。以翼覆雏宿，夜久巢屡惊。小仆极残忍，不眠伺东荣。扳巢袭其母，母去巢亦倾。一雏堕地死，二雏尚咿嘤。平明视竹根，群蚁正经营。子弱母护之，无母何以生。呜呜号者谁[2]，宛有雌雄情。入帘逼我枕，为我再三鸣。此鸟初来巢，卑卑近前楹。我无害鸟心，人谓此鸟灵。终焉失所托，此祸将孰惩？吾甚愧此鸟，感之欲沾缨。呼奴挞其背，流血非所矜。再拜谢此鸟，此意何由平！

宾阳楼八景，为丘侍御作 今存其三

谷城呼月

微月瞰高楼，楼中酒初泻。旁见谷城山，孰是呼月者？腾腾露光景，寂寂开迥野。笑问圯上翁，何如此山下？

牌山樵唱

日夕楼上饮，瞻望南山阿。樵夫睨林木，会意岂在多。白云满

---

〔1〕“止”，原作“上”，据林齐本、高简本、白沙文编、碧玉楼本改。《白沙子古诗教解》、《白沙先生诗教解》亦作“止”。

〔2〕“谁”，原作“死”，据林齐本、高简本、白沙文编、碧玉楼本改。《白沙子古诗教解》、《白沙先生诗教解》亦作“谁”。

山径,负薪行复歌。人生异出处,贫贱奈尔何。

罗水渔歌

有月来照人,沉竿坐罗水。意与罗水深,夜静歌亦起。江湖虽云乐,天地惧终否。豪哉宾阳子,发迹异姜吕。

金坝梅波 其五[1]

金坝梅花发,孤山点缀工。短檐低落月,疏影动香风。残雪休矜白,春桃自斗红。欲延楼上赏,须代主人公。

钱塘荔圃 其六

钱塘四月尾,荔子正垂丹。不异炎方戏,无因圣主看。微风香井落,细雨压楼阑。蔡老应怜汝,名家谱可刊。

华山飞翠 其七

何处青天外,穹然起一丘。山名疑属我,诗景尽归楼。九夏云长润,千岩翠欲流。野夫好游走,衰病只罗浮。

榕皁分阴 其八

十亩榕生地,余阴自此分。一楼背秋水,千仞坐飞云。夜气应常在,时嚣绝不闻。黑甜高一枕,天地正氤氲。

---

〔1〕“金坝梅波”、“钱塘荔圃”、“榕皁分阴”三首,底本原缺,兹据遗诗补集、王安舜本补出。“华山飞翠”,底本收入五言律诗;(《白沙子全集》,何九畴刻本,第四卷,第四二页)遗诗补集则将其列为“宾阳楼八景”之第七首,兹据以将其移录于此。(王安舜本将“金坝梅波”、“钱塘荔圃”、“榕皁分阴”与“华山飞翠”均收入五言律诗。)

题万硕司训风木图[1]

把君风木图，识君风木心。贤者不易贵，远者宁务今。嗟哉鼎与茵，充足时所钦。[2]

筑室

辛勤结吾庐，经始算一一。广狭更度量，卑高在平秩。堂以备荐享，阁以邀风日。前树贞节门，后治渭川室。四垣谢粉饰，牡蛎高为骨。仰瞻势微峻，其间仅容膝。既以储简编，犹堪敛袍笏。是年秋在仲，筮日欣得吉。良友交助余，众工告易毕。把酒对梅花，浩歌新突兀。

读林缉熙近诗，时缉熙典文衡闽中，欲便道还家，数夕前尝梦见之，故有是作

言笑不可亲，中宵驰梦想。君行几千里，道路轻闽广。忽见囊中诗，区区谢官长。深渊或遗珠，努力试一往。微官亦何事，感激章欲上。行止各有时，姓名忌标榜。此言谁为传，聊以慰俯仰。

将如外海看山，先寄道傍诸友

吾衰何所如，俯仰在一席。舍傍有小水[3]，相望渺南北。静久动乃宜，住多行亦得。朝往暮南还，路傍事旧识[4]。故人邀我饭，半饷吾未惜。东老对回公，神仙无恶客。

---

〔1〕“万硕”，诗近稿作“黄万硕”。

〔2〕“充足”，诗近稿作“君子”。

〔3〕“傍”，林齐本、高简本、萧世延本、白沙文编、何熊祥本、黄之正本作“旁”。

〔4〕“傍”，林齐本、高简本、萧世延本、白沙文编、何熊祥本、黄之正本、四库全书本作“旁”。

秋兴

西风振庭木,虚堂夜萧萧。揽衣起步月,归雁双飘飖。天地岂予独,知音不可招。冥心祈有合,怅望空云霄。

盛时不得意,衰老徒伤悲。志士曷为尔,载籍多见之。翘首面昆仑,白龙有遗池。振衣一千仞,高咏秋风谁?

海上有一士,来往不知年。或就胥靡饭,或投上方眠。游处各有徒,孰谓世情然。饮酒不在醉,弄琴本无弦。借问子为谁,得非鲁仲连?

谢琴月惠荔枝

长夏风雨过,西良荔枝熟。晚有好事人,提筐归我屋。老母不肯尝,馨香闻隔宿。上以荐祖考,又分及僮仆[1]。第令筐中有,不畏稚儿哭。尔惠良足嘉,吾亲素多淑。在德不在物,岂谓穷口腹?东坡三百颗,日啖不知足。长为岭南人,千载披心曲。

赠世卿

采菊复采菊,严霜下庭木。岂无桃李颜,畏此天地肃。落落枝上英,未伤餐者独。持赠楚人归,投之江鱼腹。

青青墙下竹,冬后色如是。灿灿月中花,岁寒香不匮。新知语未足,远别情难置。独上江门舟,北风日凌厉。

进亦人所忧,退亦人所忧;得亦人所忧,失亦人所忧。所忧非忧道,所忧其可留;所忧非忧贫,所忧其可休。古来向道人,能辨忧所由。去去凌九霄,行行戒深沟。敬此之谓修,怠此之谓流。[2]

---

〔1〕“又分”,林齐本、高简本、萧世延本、何熊祥本、碧玉楼本作“支分”。《白沙子古诗教解》、《白沙先生诗教解》亦作“支分”。

〔2〕两“之谓”,诗近稿作“谓之”。

元神诚有宅，灏气亦有门。神气人所资，孰谓老氏言。下化囿其迹[1]，上化归其根。至要云在兹，自余安足论？

可以参两间，可以垂万世。圣人与人同，圣人与人异。尧舜于舞雩，气象一而已。大者苟不存，翩翩竟奚取？老夫尝自力[2]，兹以告吾子。文字费精神，百凡可以止。一落永不收，年光建瓴水。

上上昆仑峰，诸山高几重？望望沧溟波，百川大几何？卑高入揣料，小大穷多少？不如两置之，直于了处了。

挽容珪

师友道久衰，穷乡无可者。是非真妄间，彼此不相假。所适一以偏，较然见趋舍。滔滔复滔滔，风俗日益下。珪也何所之，终身在陶冶。

四雏一母乳，衎衎东山岑。二雏羽翼长，一去无遗音。母衰二雏小，中夜哀莫任。感此骨肉别，悄然伤我心。萧萧暮色起，脉脉春江深。百年会有尽，泪下雍门琴。

容氏多兄弟，西良此白眉。源源来讲席，稍稍树头篱。行可乡人敬，心惟我辈知。临危仆且至，忍死待斯须。

有怀世卿

仙鹤去不归，黄鹂向人语。空馆忽相思，云山杳何许？出门望东海，默默空延伫。月出潮复来，鸣桡下沧渚。

时雨日夕来，郊原蔼新绿。白云被重崖，下映寒塘曲。情结竹上言，魂消井边躅。三年隔潇湘，书至不可读。

伏枕庐山下，春怀惨不舒。哀弦久去耳，风韵今何如？灼灼花

---

〔1〕“其”，诗近稿作“乎”。

〔2〕“自力”，原作“用力”，据诗近稿、碧玉楼本改。《白沙子古诗教解》、《白沙先生诗教解》亦作“自力”。

自媚,嘤嘤鸟相娱。高台夕流盼,古道行人疏。

烦嚣谢人境,抱膝山台居。奈此枝上鸟,交交春雨余。少年耳目冗,衰老不能虚。安得鲁连子,从之泛江湖?

观自作茅笔书

神往气自随,氛氲觉初沐[1]。圣贤一切无,此理何由瞩?调性古所闻,熙熙兼穆穆。耻独不耻独,茅锋万茎秃。

益母草

有草人不识,弃之等蒿莱。时来见任使,到口生风雷。溲也佐未足,益以蜜与醅。生者得其养,死者无遗胎。岐黄开本草,夭札人所哀。一物具一用,神功不可猜。佳名夙所慕,广济真天才。

送刘方伯东山先生

未别情何如,已别情尤邈。岂无尺素书,远寄天一角?江门卧烟艇,酒醒蓑衣薄。明月照古松,清风洒孤鹤。

游圭峰同世卿作

穷居无岁年,老梦得迂朽。永托山水间,东西事游走。幽幽铁桥花,怅望未得手。杖屦聊此跻,微霜正疏柳。敛襟欲无言,会意岂在酒?沧海当我前,昆仑卓我后。但谈孔氏规,坐失微生亩。

示李孔修近诗

昔别秋未深,今来岁方晏。吾衰忘笔砚,月记诗半板。或疑子美圣,未若陶潜淡。习气移性情,正坐闻道晚。为我试读之,如君

[1] "氛氲",《白沙子古诗教解》、《白沙先生诗教解》作"氤氲"。

当具眼。

蒋韶州书至，代柬答之[1]

相别何悠悠，梅花十寒整。音尘中断绝，窅若堕深井。忽枉尺素书，开读喜不定。庾岭秋正高，扬旌下松径。君才足理郡，韶民日延颈。古来水火喻，子产功在郑。岁计谅有余，愿闻下车令。

八月二十四日飓作，多溺死者

坐忘一室内，天地极劳攘。颠浪雷殷江，流云墨堆嶂[2]。高田水灭顶，别坞风翻舫[3]。大块本无心，纵横小儿状。江门三两诗，饶舌天机上。

读张廷实主事近稿

世惟识宝人，惜宝如惜子。宝为物所攘，念之容色悴。一朝此宝来，辄复喜不已。喜戚由宝故，以识为心累。

赠针灸杨飞

昔吾见尔翁[4]，卖药金陵市。手持一寸针，针落病者起。我主大行人[5]，翩翩酒相值。京中多异客，飞盖若流水。一峰挟一

---

〔1〕“柬”，林齐本、高简本、萧世延本、何熊祥本、黄之正本、碧玉楼本、四库全书本作“简”。

〔2〕“墨堆嶂”，原作“墨推障”(诗近稿作“黑堆障”；白沙文编作“墨堆障”)，据碧玉楼本改。《白沙子古诗教解》、《白沙先生诗教解》亦作“墨堆嶂”。

〔3〕“别坞”，碧玉楼本作“别浦”。《白沙子古诗教解》、《白沙先生诗教解》亦作“别浦”。

〔4〕“尔翁”，诗近稿、林齐本、萧世延本作“而翁”。《白沙子古诗教解》、《白沙先生诗教解》亦作“而翁”。

〔5〕“我主大行人”句后，诗近稿、林齐本、萧世延本有小注云：“庄定山时为行人司副，母疾，迎杨翁于常山。”

囊，有药能医世。时当引疾去，东西各飘逝。岁月忽复多，囊括针亦废。君来还见予，俯仰相悲喜。何期二纪下，重睹无双技。瞻彼老定山，风波五千里。金陵多旧游，存殁宁复记？人生若浮烟，为君语如是。

正月二日雨雹 是日雨水节

雨水不雨水，雨雹胡乃然。小者如莲实，大者如弹丸。仍闻隔江言，有雹大如拳。吾君古帝尧，神功格皇天。雹往而霰来，无乃为丰年。后二日，雨霰。

五日雨霰

北风卷长云，晨光坐来灭。映空絮忽飞，谁谓越无雪？

元气塞天地，万古常周流。闽浙今洛阳，吾邦亦鲁邹。星临雪乃应，此语非谬悠。

读张地曹偶拈之作

拈一不拈二，乾坤一为主。一番拈动来，日出扶桑树。寂然都不拈，江河自流注。濂洛千载传，图书乃宗祖。昭昭圣学篇，授我自然度。

不习书绢，殊失故态，已付染师作碧玉老人卧帷矣，呵呵！拙诗纪兴，录上顾别驾先生以博一笑

用绢不用里，下笔无神气。何况辟其行，大小难更置。能书法本同，万物性各异。茅君疏而野，拘拘用乃废。我且毛颖之，安能免濡滞？书成始大惭，未忍水火弃。持以付染师，经营卧帷事。作诗告先生，共契茅君理。

赠黎秀才

月行在青天，月影沉碧水。谁为弄影人，吾与黎生耳。黎生青云彦，偶值薇垣使[1]。明日还端阳，赠君惟有此。

寄李子长

仙城李子长，发短不及寸。家有觅栗儿[2]，时无郭元振。经年断往还，使我勤问讯。宁知造化心，天地无情尽。

祝融我当往，往处还自然。未往亦由我，安知不是仙？是身元有患，天道岂无缘？难逢俗人说，可为知者传。

卧游罗浮四首

登飞云

马上问罗浮，罗浮本无路。虚空一拍手，身在飞云处。白日何冥冥，乾坤忽风雨[3]。蓑笠将安之，徘徊四山暮。

度铁桥

一度一万仞[4]，飞空本无铁。何名为飞空，道是安排绝。夜久天宇高，霜清万籁彻。手持青琅玕，坐弄碧海月。

下黄龙

天风吹我笠，吹下黄龙顶。两手捉笠行，不知白日暝。赤松见

---

〔1〕“偶值”，林齐本、高简本、萧世延本作“偶借”。

〔2〕“栗”，原作“粟”，据林齐本、高简本、萧世延本、白沙文编、何熊祥本、碧玉楼本改。《白沙子古诗教解》、《白沙先生诗教解》亦作“栗”。

〔3〕“忽”，原作“一”，据林齐本、高简本、萧世延本、何熊祥本、碧玉楼本改。《白沙子古诗教解》、《白沙先生诗教解》亦作“忽”。

〔4〕“仞”，林齐本、高简本、碧玉楼本作“劫”；《白沙子古诗教解》、《白沙先生诗教解》亦作“劫”。四库全书本作“丈”。

我笑,却立千丈影。童子问赤松,云深各不领。

望罗浮

山大必有灵,土高岂无异?翠浮几千丈,日月东南翳。我寻五岳来,未问仙家事。绝顶望九州,衡山正西峙。

赠周文都

十年两别君,一别一回老。问药朱陵游,吾兹恨不早。平生忧乐心,相对各倾倒。远别望眼昏,浮云不堪扫。

寄题严州严先生祠壁

既上桐江台,复弄桐江钓。不食桐江鱼,不怕严光笑。衣巾人笑侬,羊裘终未了。堂堂范公碑,千古称独妙〔1〕。

寒菊

菊花正开时,严霜满中野。从来少人知,谁是陶潜者。碧玉岁将穷,端居酒堪把。南山对面时,不取亦不舍。

寄贺柯明府

夷狄犯中国〔2〕,妻妾凌夫君。此风何可长,此恨何由申!仲尼忧万世,作经因感麟。往者宋元间,适逢大运屯;仰天泣者谁,屈指张陆文。临事诚已疏,哀歌竟云云。一正天地纲,我祖圣以神。缺典谁表章,厓山莽荆榛。寥寥二百年,大忠起江濆。慈元庙继

---

〔1〕“千古”,林齐本、高简本、萧世延本、白沙文编、何熊祥本、黄之正本、碧玉楼本作“今古”。《白沙子古诗教解》、《白沙先生诗教解》亦作“今古”。

〔2〕“夷狄”,原作“□□”,据林齐本、高简本、萧世延本、白沙文编、何熊祥本、黄之正本补。

作，烂映厓山云。近者阳江尹，一念何精勤！作祠比厓山，两庙存三仁。大封赤坎墓，昭昭惬众闻。深悲鱼腹冷，一跃海门春。厓海风波隔，阳江面目新。自然声气应，坐使风俗淳。短卷心先贺，神交梦每亲。琢词告万世，老病敢辞君？

偶书所见

厓倾百丈泉，直下注东川。翳流起大舂，覆茅于其颠。一为利所驱，取便世争先。汉阴喻桔槔，所见无不然。嗟哉抱瓮心，古道何由全？

谢邓督府惠交藤酒[1]

使来遗一尊，百金不愿易。遇药如遇仙，奇方闻在昔。卓哉李文公，作传甚详悉。感公嘉惠心[2]，何以酬公德？但恐命不齐，服药也无益。

晓枕

天地无穷年，无穷吾亦在。独立无朋俦，谁为自然配？舂陵造物徒，斯人可神会。有如寿厓者，乃我之侪辈。永结无情游，相期八纮外。

题端阳李太守甘霖重应卷

岭南名刺史，端阳有成绩。端阳问为谁，长沙垂令德。曰惟长沙公，善非一代积。去年苗欲槁，公寝不安席。手拈一炷香，

---

〔1〕“酒”后，林齐本、高简本、萧世延本、何熊祥本、黄之正本、四库全书本有“至”字。

〔2〕“嘉惠”，原作“嘉会”。据林齐本、萧世延本、碧玉楼本、四库全书本改。《白沙子古诗教解》、《白沙先生诗教解》亦作“嘉惠”。

须臾见昭假。今年事复然,斯民忻目击。甘霖雨下土,郊野望四塞。滂沱及邻壤,秋田足民食。公惠宁有心,斯民感公德。口颂遂成碑,举手还加额。安得长沙公,为我大邦伯?坐令十郡内,广布阳春泽。闾阎兴孝弟〔1〕,四野无盗贼。共育太和春,细缊谢反侧。

偶得,寄东所

知暮则知朝,西风涨暮潮。千秋一何短,瞬息一何遥!有物万象间,不随万象凋。举目如见之,何必穷扶摇?

登高未必高,老脚且平步。平步人不疑,东西任四顾。岂无见在心,何必拟诸古?异体骨肉亲,有生皆我与。失之万里途,得之咫尺许。得失在斯须,谁能别来去。明日立秋来,人方思处暑。

和罗服周对菊见寄

春来苦不早,春去常愿迟。嗟哉造化机,万物安得知?岁晏菊始吐,鲜鲜在东篱。不污桃李尘,永续征君诗。

龟山夜月

万古此龟山,万古此明月。开帘望龟山,岱宗固无别。但恐山多云,风吹乱人睫。〔2〕

---

〔1〕“兴”,原作“与”,据林齐本、高简本、萧世延本、何熊祥本、碧玉楼本、四库全书本改。

〔2〕此诗之末,林齐本、萧世延本有小注云:“杨龟山先生修正《程氏遗书》,中间‘尧舜事业’一段[可]疑,借此以正其谬耳。”《白沙子古诗教解》、《白沙先生诗教解》所引述先生此小注,与林齐本、萧世延本同。白沙文编则作:“龟山先生有解《程氏遗书》,中间‘尧舜事业’一段[可]疑,借此以正其谬耳。”

马牙香

炉中煨白术，坐上有青天〔1〕。绮季弈未毕，夷齐上西山。沉檀皆下品，欲语不同年。

题心泉，赠黄叔仁

夜半汲山井，山泉日日新。不将泉照面，白日多飞尘。飞尘亦无害，莫弄桔槔频。

赠伍弼归觐

诸生胡不归，九月望庭闱。山北山南道，纷纷落叶飞。呼儿巾木榻，谢客掩荆扉。不尽来时约，堪沾别处衣。

真乐吟，效康节体〔2〕

真乐何从生，生于氤氲间。氤氲不在酒，乃在心之玄。行如云在天，止如水在渊。静者识其端，此生当乾乾。

得何时矩书

良友惠我书，书中竟何如？上言我所忧，下述君所趋〔3〕。开

〔1〕“有”，林齐本、高简本、萧世延本、何熊祥本、王安舜本作“是”。

〔2〕在《南川冰蘗全集》卷末附录有白沙先生《真乐吟，寄缉熙》诗，云：“真乐何从生，觉者不复言。或疑诗语工，或云饮者贤；或书役心情，或琴以自宣。真乐生于心，乃在至和间。行如云在天，止如水在渊。静者识其端，此心当乾乾。”（林光《南川冰蘗全集》，第四七〇至四七一页）文字颇有异同，疑两者为同一首诗。或许《南川冰蘗全集》所收为初稿，而此所录则为改稿。未知是否。详情有待进一步考证。

〔3〕“趋”，原作“移”，据高简本、遗诗补集、白沙文编、何熊祥本、王安舜本、碧玉楼本改。

缄读三四,亦足破烦纡[1]。丈夫立万仞,肯受寻尺拘?不见柴桑人,丐食能欢娱?孟轲走四方,从者数十车。出处固有间,谁能别贤愚。鄙夫患得失,较计于其初。高天与深渊,悬绝徒嗟吁。

闻陈宗汤、湛民泽欲过江门,遇飓风不果,用张廷实韵寄之

斩蛟须射虎,水石敢谁欺?老梦不知远,客来何怨迟?千休千处得,一念一生持。衰白如曾见,斯言或可依。

与民泽

漠漠黄云冈,珊珊铁桥水。宇宙几千年,洞天今有主。借问子为谁,平生子湛子。

题民泽九日诗后

我思陶长官,庐山一杯酒。世远道弥光,岁岁此重九。酒中有歌者,划然金石奏。谓从秦汉下,藩篱士夫口。藩篱苟不顾,其中更奚有?寥寥二千载,长夜不复昼。俯仰宇宙间,孤光映疏柳。民泽长者言,藩篱自兹厚。兹晨偶拈出,以洗薄俗陋。

景易读书潮连,赋此勖之

日往则月来,东西若推磨。及时愿有为,何啻短檠课。强者能进取[2],不能空坠堕。四书与六经,千古道在那。愿汝勤诵数,一读一百过。嗟予老且病,终日面壁坐。古称有志士,读书万卷破。

---

[1] "烦纡",原作"烦汙"(高简本、白沙文编、何熊祥本、黄之正本、碧玉楼本、四库全书本作"烦污"),兹据遗诗补集、王安舜本改。烦纡,意谓心情烦闷杂乱。

[2] "强者",遗诗补集、王安舜本作"强日"。

如何百年内，能者无一个？书生赴场屋，势若疾风柁。不悟进为退，反言勇者懦。吾闻邵康节，撤席废眠卧；又闻范仲淹，画粥充饥饿。砥柱屹中流，有力始能荷。汝患志不立，不患名不大。师友为汝资，薪水为汝助，黾勉在朝夕，用为老夫贺。

鄂洲阻风

平冈拟农事，一语五日留。今晨阻长江，风雨眠归舟。老牛不乳犊，宁为水草忧。念此结吾怀，人生易浇浮。父子且有此，他人复何求？冥冥苍山屏，瀰瀰清溪流。童仆屡反侧，晨炊渴薪槱。鸣鞭走泥潦，视我能来不。行止各有时，天道匪我由。会当息风涛，鼓柁辞鸣鸥。

送李世卿还嘉鱼[1]

楚地多佳人，可慕不可求。长江崩西浪，五岭障东眸。翩翩李叔子，晤语沧溟秋。诸贤当未衰，济世吾何忧。归去襄南州，问询李与刘。

襟怀有全楚，胜处多卧游。大崖月冏冏，赤壁风飕飕。行藏君自知，可以与我否？我若登南岳，寄声黄鹤楼。

富贵何忻忻，贫贱何戚戚。一为利所驱，至死不得息。夫君坐超此，俗眼多未识。勿以圣自居，昭昭谨形迹。

在物有常性，水湿而火燥。在人无常情，所恶变所好。昨日见其恭，今日见其傲。蔓草轻芝兰，清源亦黄潦。世情每如斯，聊为行者告。

疾风起惊涛，舟以柁为命。柁乎苟不操，舟也何由静？是舟如我身，孰知身之穽？是柁如我心，孰祛心之病[2]？不如弃其舟，免

---

〔1〕 题后，遗诗补集有小注云："原诗十三章，集中失去七，今拾遗补之，尚缺其一。"案：所谓"十三章"包括前录《赠世卿》六首，此处六首，故言"尚缺其一"。

〔2〕 "祛"，遗诗补集、王安舜本作"怯"。

与风涛竞。

块在不欲空,空于破块中。形形绝庞赘,处处得圆融。皋夔不得□,箕颖宁无功。舟楫欲何向,青山鄂渚东。[1]

送梁国镇

盖有藏器人,我病元非果。徘徊思远道,欲往悲足跛[2]。梁生千里驹,东西无不可。飞辔入长安,垂杨春婀娜。

喜康沛至

三年念游侣,奄至庐冈曲[3]。睍睆枝上莺,相呼入幽谷。平生真淡意,至老方耻独。

赠容珽

翳翳峰顶木,皋皋峡中溪。下有飞寺古[4],上有哀猿啼。我昔经过日,登临上扶藜。中流日黯黯,两岸风凄凄。远行会离索,四顾仍低迷。羡子意气豪,别我无一凄。行行至斯峡,为我试留题。

寄李若虚宪副[5]

我吟白洲诗,神爽自清绝。平生磊落心[6],尽向诗中泄。诗成辄寄予,所得随盈箧。藏之石室中,至宝防盗窃。

---

〔1〕 此一首,底本原缺,据遗诗补集、王安舜本补。

〔2〕 “足”,原作“定”,据诗近稿、遗诗补集、王安舜本、碧玉楼本改。

〔3〕 “庐冈”,原作“庐江”,据诗近稿、遗诗补集、王安舜本、黄之正本、四库全书本改。

〔4〕 “飞寺古”,原作“飞古寺”,据遗诗补集、王安舜本改。

〔5〕 此诗原缺,据诗近稿补出。(陈献章撰:《白沙先生诗近稿》,第六卷,第四八页)案:高简本、王安舜本亦有此诗。

〔6〕 “磊落”,高简本、王安舜本作“磊魄”。

寒夜独坐偶成[1]

端居夜何悠，索莫怀远辰。弱冠起慕仕，始为金台宾。驱驰未十载，汩没随埃尘。发愤去故迹，来趋圣途津。文字多所爱，焉知贱与贫。悄悄到京师，偶与名士亲。出处各有命，终然高钦伦。眷言同心友，岁暮期亨屯。

读王城山人诗 山人谢世懋，黄岩人

客从黄岩来，遗我诗一帙。诗中多苦言，读罢意不悦。由来王城山，草木皆南越。不见山中人，溪上步明月。

筠雪坡

箫箫坡中竹，霭霭竹上雪。万木纷改容，此君独高节。冻涵翡翠寒，光映琅玕白。唯想轩中人，相看两清绝。

浴香泉赠庄定山

点也一丸丹，点化无穷铁。寥寥二千载，谁当继其绝。下浴香泉汤，仰视龙洞雪。不待春服成，乾坤王正月[2]。

厓山

中流日始旦，孤舟骋游躅。长江一以眺，寒山鼻头绿。鸣榔集万桡，翳翳沧海曲。乐意转悲歌，慨然念张陆。堂堂厦已倾，谁能置一木。

---

〔1〕 自《寒夜独坐偶成》至《赠容珽、易元、陈庸使永丰谒罗一峰》，共七首，底本原缺，据遗诗补集、王安舜本补出。

〔2〕 沈孟化、陆察、张梦柏纂《万历江浦县志》所载此诗作："点也一丸丹，点化后生铁。伟哉定山翁，起继朱弦绝。下浴香泉汤，仰观龙洞雪。不待春服成，乾坤王正月。"（《天一阁藏明代方志选刊续编》，上海书店出版社，一九九〇年影印本，第七册，第五三八页）文字有差异。

漉酒巾[1]

取彼头上巾,漉酒无乃卑。但求当日醉,不管后生疑。衷情万里隔,志士千古期。无人知此意,只有东林师。

赠容珽、易元、陈庸使永丰谒罗一峰[2]

夜发白沙口,席影寒江月。扬扬一峰论,望望何时接。男儿亦何事,料理经世业。千载曲江祠,中间可停楫。

梦作洗心诗[3]

一洗天地长,政教还先王。再洗日月光,长令照四方。洗之又日新,百世终堂堂。

赠潮州守周鹏[4]

楚中有孤凤,高举凌穹苍。借问归何时,圣人在黄唐。望之久

---

〔1〕 此诗,又见阮榕龄《编次陈白沙先生年谱》"成化十九年癸卯"条,据所见白沙先生墨迹录入。(阮榕龄撰:《编次陈白沙先生年谱》,《宋明理学家年谱》第九册,第二八五页;陈献章撰:《陈献章集》,下册,第八三三页)

〔2〕 此诗,又见阮榕龄《编次陈白沙先生年谱》"成化十一年乙未"条,据《鹤山县志》录入,题作"夏赠陈秉常容彦昭易德元使永丰谒罗一峰",诗云:"夜发白沙口,席影江门月。洋洋一峰伦,望望何时接。男儿亦何事,料理经事业。千载曲江祠,中间可停楫。"(阮榕龄撰:《编次陈白沙先生年谱》,《宋明理学家年谱》第九册,第二四一页;陈献章撰:《陈献章集》,下册,第八一七页)两相比较,文字颇有差异。

〔3〕 此诗原缺,据《白沙子古诗教解》、《白沙先生诗教解》补出。(湛若水撰:《白沙子古诗教解》,碧玉楼本《白沙子全集》附刻,下卷,第一页;《白沙先生诗教解》,《四库全书存目丛书》,集部第三五册,第五五八页)王安舜本、碧玉楼本亦有收录此诗,(《白沙先生全集》,王安舜本,第五卷,第八页;《白沙子全集》,碧玉楼刻本,第六卷,第三页)恐系从《白沙子古诗教解》辑出。

〔4〕 此诗原缺,据《白沙子古诗教解》、《白沙先生诗教解》补出。(湛若水撰:《白沙子古诗教解》,碧玉楼本《白沙子全集》附刻,下卷,第三页;《白沙先生诗教解》,《四库全书存目丛书》,集部第三五册,第五五九页)碧玉楼本亦有收录此诗。(《白沙子全集》,碧玉楼刻本,第六卷,第三页)案:《白沙子古诗教解》、《白沙先生诗教解》以及碧玉楼本所收此诗,当系从白沙先生《潮州三利溪记》中析出。

不至，岁晏涕淋浪。九苞有遗种，不觉羽翼长。三年集南海，使我今不忘。逍遥梧桐枝，长饮甘露浆。

送刘岳伯〔1〕

尧舜安敢骄，箕山亦非傲。丈夫四海心，岂曰能枯槁。富贵非我徒，功名为谁好。皇皇东山忧，朝夕不离抱。千门忽变暝，卷雨风萧萧。草木落长夏，江山非昔朝。我眠不着枕，秉烛度残宵。欲起问真宰，苍穹一何辽。

戒酒后寄伦知县〔2〕

圣人不囿物，物物自圆融。古来善学者，变化如神龙。积善如积粟，积多仓廪充。去恶如去草，去尽禾黍丰。全体苟不能，一曲自可通。隆情唐雅乐，流际轻鼓钟。何物垢垤碍，而以乘高峰。率儿拍两手，笑此如泥翁。名教自有乐，何必沦无穷。

悼李宫詹龄〔3〕

丙戌冬在孟，谒公洪城居。公称外司徒，公年良倍予。予兹上酬公，不以贱自疏。乃心重民教，兴言辄踌躇。紫阳不长年，白鹿有遗墟。顾瞻感茂草，岁月成精庐。鸣铎恩所记，拳拳徇虚誉。四方名利尘，欲以一袂祛。我行匡庐野，引望情纡如。借问公来不，东南已悬车。悬车夫何为，庶以返厥初。既云返厥初，世情亮奚

---

〔1〕 此诗原缺，其墨迹尚存，兹据墨迹补出。（陈福树撰：《陈白沙的书法艺术》，第七〇至七一页）案：陈志平所录此诗释文，将其录作五律两首。（陈志平撰：《陈献章书迹研究》，第一四七页）

〔2〕 此诗原缺，原见白沙先生《为陈熊书和陶诗卷》，汪宗衍《广东书画征献录》曾加考释。兹据陈志平所录释文补出。（陈志平撰：《陈献章书迹研究》，第二五五至二五六页）

〔3〕 此诗原缺，兹据《宫詹遗稿》外编卷之五所录补出。（李龄撰：《宫詹遗稿》，《四库未收书辑刊》，北京：北京出版社，二〇〇〇年，第伍辑第十七册，第三六四页）

余。大块胡不仁,夺此一老且。伤哉勿复道,天地有盈虚。

挽庄节妇[1]

盗贼轻人命,纲常杀此躯。也能作厉鬼,不问葬江鱼。骨肉他乡尽,英灵此庙居。乾坤不朽事,持以报君夫。[2]

痴子啼复急,良人暮不还。彷徨妾心悸,负儿出门看。死者为妾身,暴尸门外湾。匍匐往见缚,割裂肠与肝。苟能绝仇领,何事空摧残。稽首告青天,饮恨赴奔湍。湍水照妾心,湍月照妾颜。妾恨何事终,岁岁如转环。

赠陈剩夫先生[3]

千载武夷峰,伊谁事幽讨。垂老赴江山,怀贤庆蘋藻。多谢泉南翁,神交愿倾倒。聊将一瓣香,寄向君怀抱。

泉南陈先生曰布衣者,其学以子朱子为宗。予尝闻林蒙庵及周进士梁石,粗得其大致而恨不能与接,今年秋,予过江西,访张廷祥内翰,乃知先生曩岁亦尝有意于不肖之愿,值予在京师,行至潮,弗果。今因乡友余习之之官莆田,赋此诗赠之。盖特借以寓景仰之私,亦以勖习之云耳。此稿奉寄泉南布衣华宗老先生。急于通诚,僭率惶恐。献章再拜。

---

〔1〕 此诗原缺,《民国海康县续志》第二十八卷有收录。兹据李君明《陈白沙诗辑逸》补出。(李君明撰:《陈白沙诗辑逸》,《岭南文史》,二〇〇六年第三期,第五〇至五二页)

〔2〕 此首最后一联,与《吴村吊庄节妇墓》第一首最后一联相同,仅一字之差。《吴村吊庄节妇墓》之第一首全文为:“豺虎何由近,风涛浩若无。行人看墓榜,英爽在清都。江暝云长合,原寒草不枯。乾坤不朽事,持此报君夫。”(《白沙子全集》,何九畴刻本,第四卷,第四二页;又参《陈献章集》,上册,第三三七页)

〔3〕 此诗原缺,兹据《布衣陈先生存稿》补出。(陈真晟撰:《布衣陈先生存稿》,《续修四库全书》,第一三三〇册,第四〇二至四〇三页)

代道士答〔1〕

到来心自语，未到语如漫。天月飞云上，千寻杰阁寒。扪天星斗近，画此铁桥难。不有飞仙骨，谁能跨羽翰。

题刘氏墨宝堂〔2〕

士以道为志，所修在纲常。书札乃细事，于道未为光。刘生素嗜炙，万轴纷在床。龙蛇识变化，雁鹜分低昂。金银画沙腹，星宿罗天章。中有罗一峰，下笔神扬扬。天机跃兔颖，对之令人伤。既有洗砚池，岂无宝墨堂？何当诣刘生，呼酒歌颠狂。

介轩〔3〕

正道无委辙，邪蹊多旁通。周旋一失足，百川不可东。所以古人介，蚍蜉视三公。去此日云远，谁能蹑其踪？伟哉康大夫，仰止柳下翁。华构揭巨扁，烈烈生清风。岂比桃李花，森如千丈松。下焉鞭埃氛，上焉追鸿蒙。愿言坚砥柱，屹向横流冲。心乎苟勿替，会见收奇功。

七 言 古 诗

听李深之说绿护屏圣池歌

天风吹断云冥冥，阴崖露滴池水清。牧童投竿蛟龙怒，空山白

〔1〕 此诗原缺，《乾隆博罗县志》第十三卷有收录。兹据李君明《陈白沙诗辑逸》补出。（李君明撰：《陈白沙诗辑逸》，《岭南文史》，二〇〇六年第三期，第五〇页）

〔2〕 此诗原缺，《同治永丰县志》第三卷有收录。兹据陈永正《陈献章诗编年笺校》补出。（陈永正撰：《陈献章诗编年笺校》，上册，第二五七页）

〔3〕 此诗原缺，《顺德龙江乡志》有收录。兹据陈永正《陈献章诗编年笺校》补出。（陈永正撰：《陈献章诗编年笺校》，下册，第一〇三三页）

日雷霆惊。好事何人解寻觅,李生为我言历历。安得健步上峥嵘,万里直见沧波横。更凭猛手碎嵯峨,一径密绕青松多。池旁是我安乐窝,近者青松远沧波,红尘溷溷如吾何?

除夕呈家兄

去年除夕色未槁,今年除夕兄已老。小弟朱颜不如昨,但说穷通无丑好。山中茅屋二十年,日月逝矣如奔川。兄弟五男并四女,啜菽饮水同炊烟。慈母年高白发少,二十孀居忧未了。眼前黄口那得知,争觅梨栗相喧炊。我年未老筋力衰,耒耜即付大头儿。童牛生角禾登垅,为我且给通家糜。

别苍梧,席间呈谢大参、段都阃

苍梧城中三日雨,晓坐肩舆辞两府。参西藩者谢大夫,枉与段侯同出祖。麻衣搭飒滥西席,对坐一文兼一武。三人相逢岂易得,一金便作华筵主。酒酣拥盖回仙亭,立马苍茫别容与。

赠陈冕

南有沧溟水,北有昆仑山。我屋正在溪山间,瞻望不远行实难,白云朝暮常漫漫。桃花欲开梅又残,问君此去何时还?

过端溪砚坑

峡云锁断端溪水,白鹤群飞峡山紫。独怜深山老鸲鹆,万古西风吹不起。安得猛士提千钧,乱石溪边夜搥碎?

行路难

颍川水洗巢由耳,首阳薇实夷齐腹。世人不识将谓何,子独胡为异兹俗?古来死者非一人,子胥屈子自殒身。生前杯酒不肯醉,何用虚誉垂千春？

修外海赤泥岭墓作

赤泥冈头封马鬣，生荆死竹无日月。晚生曾孙贱又劣，仰首苍天泪流血。载锄入山日已决，北风吹我篙橹折。悲鸣中夜声呜咽，晓踏荒山马蹄热。开榛伐树功务捷，指挥群仆口喋喋。须臾豁见天然穴，高下山川甚蟠结。西南诸峰青不绝，东北漫漫海波贴。向来浅土悲灭裂，再掘又恐灵气泄。复以玄石置墓碣，永示云来千万劫[1]。人生贵贱那可必，下山复作儿女别。

钓鱼，效张志和体

红蕖风起白鸥飞[2]，大网拦江鱼正肥。微雨过，又斜晖，村北村南买醉归。

秋雨书事，寄黄叔仁

岭南气候殊中土，七月初穷乃无暑。树杪昼蒙密密云，檐前夜滴丝丝雨。忽闻海上长风生，卷入寒城翳钟鼓。东舍今晨母敛儿，西邻昨夜夫埋妇。人间生死不可期，恸哭苍生奈何许。

与黄叔仁乃父题东溪卷 并引

昔余大父渭川府君居此溪上，与黄氏故邻也，去之六十年矣。阅此卷，有感而作。

春烟漠漠溪溶溶，鸟鸣终朝低竹丛，桃花乱落溪水红。白首一

---

〔1〕“示”，原作“云”，据林齐本、高简本、萧世延本、白沙文编、何熊祥本、王安舜本、碧玉楼本改。

〔2〕“红蕖”，原作“红渠”，据林齐本、高简本、萧世延本、白沙文编、何熊祥本、王安舜本、黄之正本、碧玉楼本、四库全书本改。

人扶一筇，醉中忘却溪西东。谁载咿哑进酒篷，朝歌夕舞烦儿童。吾庐若在兹溪上，如此风光不让公。

悯雨，寄黄叔仁〔1〕

去年无雨谷不登，今年雨多种欲死。农夫十室九不炊，天道何为乃如此〔2〕！自从西贼来充斥，一十九年罢供亿。科征不停差役多，岁岁江边民荷戈〔3〕。旧债未填新债续，里中今有逃亡屋。安能为汝上诉天，五风十雨无凶年。

得林宪副待用书，奉寄

午枕起攀庭树株，见戴白笠送君书。开缄快读不见字，世间滚滚终何如？倾盖一谈未可少，怅望万里徒区区。愿言保此无坏身，烈火不解燔空虚。

自伍光宇墓还，登蓬莱绝顶

故人坟前浇我酒，白日欲西回马首。磴危道险不可跻，下马长须扶两肘。三步一噫五步停，引吭出舌肺肠鸣。此时平地虑颠踣，仰首十丈梯峥嵘。以手捉仆肩，以足踏崖颈；跻攀欲上方寸难〔4〕，又恐翻身落深阱。山北鸣鸺鹠，山南叫钩辀；豺虎伏莽狐狸游，天地滚滚令人愁。小童鱼贯上复休，绝顶始得岩峦幽，开颜一望隘九州。弱水涓涓扶桑樛，中覆一杯沧溟流。穹然青者吾罗浮，神仙葛

〔1〕 林齐本、高简本、萧世延本、白沙文编、何熊祥本、王安舜本、黄之正本、四库全书本无“黄”字。

〔2〕 “何为”，林齐本、高简本、萧世延本、白沙文编、何熊祥本、王安舜本、黄之正本、碧玉楼本、四库全书本作“胡为”。

〔3〕 “江边”，林齐本、高简本、萧世延本、白沙文编、何熊祥本、王安舜本作“边江”。

〔4〕 “方寸”，林齐本、高简本、萧世延本、白沙文编、何熊祥本、王安舜本、黄之正本、碧玉楼本、四库全书本作“分寸”。

白俱蜉蝣。湖西先生去十秋，五羊诗客徒淹留。数公陈迹或可搜，死者已矣吾何忧。后来诸生继前修，努力莫倦蓬莱游。

有鹤寓怀先友丁彦诚邑宰

有鹤独睨临江楼，雪衣迥映江天幽。问尔莫是苏耽流，苏耽一去三十秋[1]。人间膏火不可留，欲往从之嗟无由。鹤闻我言九回头，欲去不去增绸缪。四野无云风飕飕，矫翮万里须臾周，顾我欲下非丁侯。

题画春草

兰兮兰兮翳灌莽，棘刺蒲芽递消长。野竹抽梢一千丈[2]，巨石盘云覆仙掌。鹡鸰三三兼两两，鼓翼飞鸣齐下上。仰视玄穹极高广，稊稗瓦甓皆真赏。半酣一爬谁老痒，五羊城中钟雪舫。

答惠菊

玉台山中冬酒熟，玉台氤氲闻紫菊。香帆带雨来山家，九尺一茎纷天葩。主人持酒向花笑，坐下无花诗不妙。近者击壤歌二千[3]，菊花之音如响泉。陈村老人植菊手，玉蕊金华光照牖。世人有眼不识真，爱菊还他晋时人。一瓢酩酊庐山下，万乘之君不得臣。

---

〔1〕“三十”，白沙文编作“三千”。案：白沙此诗，用苏耽化鹤典。苏耽，即苏仙公，桂阳人也。汉文帝时得道。早丧所怙，乡中以仁孝闻，宅在郡城东北。一日，有数十白鹤翩翩然降于苏氏之门，耽遂升云汉而去。“后有白鹤来止郡城东北楼上，人或挟弹弹之，鹤以爪攫楼板，似漆书云：‘城郭是，人民非。三百甲子一来归，吾是苏君弹何为？’”（参李昉等编《太平广记》，北京：中华书局，一九九五年，第一册，第九〇至九二页）

〔2〕“梢”，林齐本、高简本、萧世延本、何熊祥本、王安舜本、黄之正本、四库全书本作“稍”。

〔3〕“二千”，诗近稿作“三千”。

读东坡年谱

坡翁春秋六十六，脚债一生偿不足。黄州去后惠州来，无何又向儋州宿。瘴雨蛮风经几时，放归便就毗陵木。熙宁以下至元符，中间老稚围船哭。妇女仓皇吏卒欺，坡翁已就台官狱。平生几册箧中书，一一旁搜付回禄。西望眉山不知处，俯仰乾坤何局促。假令坡翁活百年，长领词官称玉局。气节文章古所难，先知孰与愚公谷。丈夫当自慎出处，何尔呶呶蒙毁辱！

戏题张千户画松

张侯画松人不识，松不画横惟画直。上干青霄下盘石，倒卷苍龙二千尺。神物安可留屋壁，变化虚空了无迹，不然恐遭雷斧辟。左手执弓右持戟，取胜无过万人敌，侯莫画松费笔力。

梦匡庐

老年心折何处山，昨夜梦鼓浔阳柁。九天无云瀑布飞，声落长江震吴楚。望湖亭边延五老[1]，远之近之无不可。欲携五老还沧溟，一囊又借长髯我。

与世卿同游厓山作

海风昼号山木折，黑浪夜撼苍厓裂。有庙于此昭臣节，吾昔大书吾脑热。天冠地屦华夷别，万古不使纲常灭。角声呜呜旗猎猎，楼船将军过击楫。楚客傍观嘿无说，肝肠里有三公铁。南山老人红玉颊，久坐松根待明月。

---

〔1〕“边”，诗近稿作“中”。

题梁先生芸阁

圣人与天本无作，六经之言天注脚。百氏区区赘疣若，汗牛充栋故可削。世人闻见多尚博，恨不堆书等山岳。舍东丈人号芸阁，高坐松根自鸣铎。抠趋童子慎唯诺，口授心传为小学。孝经论语时参错，子史平生尽拈却，寄以斯名聊自谑。讲下诸郎颇淳朴，谁敢作嘲侮先觉？读书不为章句缚，千卷万卷皆糟粕。野鸟昼啼山花落，舍西先生睡方着。

题马默斋壁

屋后青山屏翳合，檐前绿树烟花匝。主人闭门履不纳，蹦跌明月光绕榻。客来问我笑不答，但闻山莺啼恰恰。橙橘盈园野芳杂，门外一江深映阁。四时八风谁管押，烟飞雾走龙腾甲。拙者孤舟持酒榼，成化十年甲午腊。

偶得

衡山西游何时还，暂寄渔蓑水石间。又恐风吹江日残，扁舟打落芦花湾，教儿且筑大云山。

可左言，赠宪府王乐用归瑞昌〔1〕

可可可，左左左，费尽多少精神，惹得一场笑唾。百年不满一瞬，烦恼皆由心作。若是向上辈人，达塞一齐觑破。归来乎青山，还我白云满座。莫思量，但高卧。

---

〔1〕“宪府”，碧玉楼本作“佥宪”，《白沙子古诗教解》亦作“佥宪”；而孙通海点校《陈献章集》则作“宪副”。（《陈献章集》，上册，第三二四页）

赠左明府考绩之京

六十花封一高要,高要得公当不小。阿衡事业世岂知,天下经纶此中了。百里万里大小同,语默出处非殊调。君今考绩赴天官,我只弄我江门钓。

力疾书慈元庙碑记

北窗一榻羲皇前,青灯碧玉眠三年。慈元落落吾所怜,两崖山高青阁天。厓门之水常涓涓,一碑今为东山传。虚言不扶名教颠,久病江湖落日前,呜呼此意谁与言?

坠床诗

母子之爱天所维,庐冈数步扃幽扉,近者梦寐常追随。坠身床下如僵尸,把火来照我为谁。久病不死长命雏,侧身东面魂依依。

六月十夜枕上

岁岁与年年,几见春秋过枕前。有时自放春风颠,尧夫击壤歌千篇。大醉起舞春风前,碧玉不知今几年。望望衡山眼欲穿,世卿兹来何延缘?

枕上

江门水上庐山巅,蒲团展卧羲皇前,洗手一弄琴无弦。江门之水常渊渊,月光云影江吞天,安得古今名家如刘文靖、庄定山题一言?洞视千古如浮烟,江门水与银河连,又何必栖栖向钓鱼台上来打眠?夫然后信性气果江湖行藏动星象,同符羊裘老子未化之迹、可见之形以为旷世之贤,而思齐其贤也耶?

示诸生

江门洗足上庐山，放脚一踏云霞穿。大行不加穷亦全，尧舜与我都自然。大者便问跃与潜，守身当以藩篱先。世间膏火来熬煎，市朝名利相喧填。百年光景空留连，丈夫事业何由宣？昔者绿鬓今华巅，呜呼老去谁之愆？

病中寄张廷实，用杜子美韵

碧玉丈人天性直，长以语人人不识。胸中一部莲华经，江云浩浩江泠泠。时取黄鹤楼中老铁笛，傍崖吹之，江神敛衽无人听。安得张乖崖来分与衡山一半，今日在衡山为我作粥，便是当年事业成。

与谢天锡

谢生大事久未襄〔1〕，造次干人不启齿。先生老穷旋涡佛，灭顶惊心罗汉水。麦舟遇我盖非难，凶岁探囊诚未易。佳城许让白牛冈，借助希微非我意。为我寄声谢韩子，纷纷薄俗古今然，所幸男儿穷有志。后山之后岂无人，百丈中流看砥柱。

民泽自白沙馆告还谒母，故以归为望

黄云山人风韵奇，击壤亦唱尧夫诗。顷者省母增江湄，梅花雪月如见之。西风千亩稻垂垂，再把葫芦斩缠归〔2〕。山门莫作儿女悲，阳关三叠徒嘘唏。黄云，乃民泽所居之洞也。

---

〔1〕“谢生”，原作“先生”(碧玉楼本作“元生”)。据林齐本、萧世延本改。
〔2〕“斩”，碧玉楼本作“暂”。

赠黎申，兼呈克修梧州

苍梧夜雨连床，庐阜冬帆独送[1]。梦中彩笔子须投，海上黄云我当种。短歌送子子合知，无病呻吟何足讽！

王乐用佥宪江门看病，别后赋此

木叶吾衣草吾屦，鸟解唱歌花解舞。天际虹桥万丈高，袖里青蛇三尺许。破帽冲开华顶云，西望衡山久延伫。堂堂名教天命之，六六洞天谁是主？五羊城中老法星，昨日江门看病去。[2]

拟移木犀于上游黄云，示民泽

木犀金粟散天香，在秋之季庐山阳。湛生期我上游庄，移根千丈黄云冈。万丈黄云千丈山，金粟花开不等闲。金粟氤氲塞两间，先生与尔同岁阑。[3]

对菊

渊明无钱不沽酒，九日菊花空在手。我今酒熟花正开，可惜重阳不再来。今日花开颜色好，昨日花开色枯槁。去年对酒人面红，今年对酒鬓成翁。人生百年会有终，好客莫放樽罍空。贫贱或可骄王公，胡乃束缚尘埃中？簪裾何者同牢笼！

---

〔1〕“送”，原作“透”，据白沙文编改。据此诗用韵，亦以作“送”为是；作“透”，则不成韵。

〔2〕“昨日”，林齐本、高简本、萧世延本、白沙文编、何熊祥本、王安舜本、黄之正本、四库全书本作“日昨”。

〔3〕“先生与尔同岁阑”，遗诗补集、王安舜本作“吁嗟乎，金粟丈人与尔同岁阑”。又：诗后，高简本有跋语云：“右以木犀赠民泽还植黄云之麓。异时诸生候我于黄云，这早晚，便是木犀花开时也。”

慈母石歌，为门人区越作

岩石江头峻如壁，舟人指为慈母石。慈母名来不可闻，巉岩兀嵂秋江碧。我闻慈母名，起我父母思。人有父母谁不思，我思父母徒伤悲。忆昔生我童稚时，家贫逐日图生资。析薪与我代灯烛[1]，鬻衣与我买诗书。朝夕俾我苦勤学，戒我勿似庸常儿。况生我命苦多疾，父母提挈绵岁月。一朝我病忽呻吟，父母咿哑面如漆。父母衣我兮宁自寒，父母食我兮宁自饥。我今身为一命仕，薄俸堪将备甘旨。二亲已去掩荒丘，薄俸还将饱妻子。几回举箸食腥膻，默默不知双泪涟。收泪还将酒杯奠，杯奠不到音容前。慈母石，世罕有，汝在江头天地久。我思父母不能养，恨恨当同尔齐朽。呜呼罔极恩难报，幸今赖有移忠孝。尚当竭力事吾君，庶可扬名酬二亲。诗曰：

谁化江边石，世传慈母名。神枯真可想，意得貌如生。行路三回顾，题诗独见称。丹青在人目，千古共沾缨。[2]

---

〔1〕“析薪”，原作“折薪”，据何熊祥本、黄之正本、碧玉楼本、四库全书本改。

〔2〕此诗之古风部分，非白沙作品；其五言诗部分，则为白沙作品。《白沙先生诗近稿》第十卷“甲寅诗稿”收录有题为“慈母石下有无名氏古风一首，诗以代跋”（其他版本题为“慈母石，为门人区越作”）五言绝句一首，据《诗近稿》，此五言绝句诗题，白沙明言此古风非其本人作品，惟不知其作者姓名耳。据元人陈世隆辑《宋诗拾遗》，《慈母石》古风乃宋人罗适之作。其诗云：“叠石江头峻如壁，舟人指云慈母石。慈母名兮不可闻，巉岩坑压秋江碧。我闻慈母名，启我父母思。人有父母谁不思，我思父母偏伤悲。忆昔生我童稚时，家贫日逐图生资。父母衣我宁自寒，父母食我宁自饥。拾薪为我代灯烛，鬻衣为我买诗书。朝夕劝我苦勤读，戒我弗作庸常儿。嗟哉我生命多疾，父母提携延岁日。忽朝卧病一呻吟，父母咿哑面如漆。有时为我祝神祇，愿我早着蓝袍归。此时我心常感发，愿如夫子言无违。嗟哉我生命多蹇，少年不第第已晚。况兼父母未死时，食不饱兮衣不暖。今朝身为一命仕，薄俸聊堪奉甘旨。双亲已逝掩荒丘，薄俸翻将饱妻子。有时举箸食新鲜，默默不知霎泪涟。拭目空将酒杯奠，酒杯不到阴容前。慈母石，世稀有，汝在江头天地久。我思父母不得食，此恨当同汝不朽。呜呼罔极恩难报，于今赖有移忠孝。行当竭力事明君，庶可扬名酬二亲”。（陈世隆辑：《宋诗拾遗》，清钞本，第二十二卷，第七八至七九页；陈世隆辑：《宋诗拾遗》[徐敏霞点校]，沈阳：辽宁教育出版社，二〇〇〇年，第二册，第三四八至三四九页）《宋诗拾遗》之所载，与白沙之所录两相比照，多“有时为我祝神祇”至“食不饱兮衣不暖”八句，且文字颇有差异。案：此前，陈永正根据《崇祯宁海县志》、河南周口博物馆藏《慈母石图碑》等资料，已考证出《慈母石》古风部分为罗适作品，且校勘出彼此文字之差异。（陈永正撰：《陈献章诗编年笺校》，下册，第七五九至七六一页）

戒懒文示诸生[1]

大舜为善鸡鸣起,周公一饭凡三止。仲尼不寝终夜思,圣贤事业勤而已。昔闻凿壁有匡衡,又闻车胤能囊萤。韩愈焚膏孙映雪,未闻懒者留其名。尔懒岂自知,待我详言之:官懒吏曹欺,将懒士卒离;母懒儿号寒,夫懒妻啼饥;猫懒鼠不走,犬懒盗不疑。细看万事乾坤内,只有懒字最为害[2]。诸弟子,听训诲,日就月将莫懈怠。举笔从头写一篇,贴向座右为警戒。

黄云右关

万丈黄云千丈山,金粟花开不等闲。吁嗟乎,金粟丈人与尔同岁阑!

黄云左关

万丈黄云千丈山,金粟花开不等闲,金粟氤氲塞两间。吁嗟乎,金粟丈人与尔同岁阑!

戏赠汤文秀

汤文秀,爱高科。云霄一望不可极[3],风鹏九万行相摩,临别呼酒索我歌。我歌我歌天风来[4],我歌未歇江帆开。中流抚剑何壮哉[5],一日要到黄金台。

---

〔1〕 此篇,碧玉楼本收入"杂著"。

〔2〕 "懒字",原作"懒子",据碧玉楼本改。此诗墨迹尚存,墨迹作"懒字"。(陈福树撰:《陈白沙的书法艺术》,第三七页)

〔3〕 "一望",遗诗补集、王安舜本作"万里"。

〔4〕 "我歌我歌天风来",遗诗补集作"索我歌,天风来"。

〔5〕 "中"字原缺,据遗诗补集、碧玉楼本补。

送梁金会试,因寄林司正

长歌送客江门道,山鬼听歌浑绝倒。去岁来书意谓何,相思为谢蒙庵老。

付民泽[1]

千休千处明,一了一切妙。若也不明了了心,到头反异憧憧挠。

惠州叶从事夜忽于江门垂钓,得二尾鱼,送山厨作馔,戏赠之,因怀旧钓伴张主事廷实[2]

取适爱鱼生,取鱼爱鱼死。所取既不同,濒江鱼满市。何日归来张户曹,明朝且去州从事。

湖南柱史歌[3]

湖南柱史不可当,八尺长驱满面霜。左提右挈罗与庄,忠言决死惊庙堂。天子置之淮南邦,何事便买淮南航[4]。劝君不上湖南航[5],淮南水落终悲伤。

除夕用韵

天台山僧乞诗稿,见比定山诗格老。我诗安得比定山,只有崖山数句好。却忆除夕当去年,诗如春云酒如川。醉中高歌拍手笑,

---

〔1〕 此诗原缺,据高简本、遗诗补集、王安舜本补出。

〔2〕 此诗原缺,据诗近稿、高简本、王安舜本补出。

〔3〕 自《湖南柱史歌》至《题罗修直东墅》,共四首,底本原缺,据遗诗补集补出。

〔4〕 “何事便买淮南航”一句,王安舜本作“何事更买淮南航”;廖道南《楚纪》卷二十六所引述,作“何事独上湖南航”;杨珮《(嘉靖)衡州府志》卷八所引述,作“何事便上湖南航”。(廖道南《楚纪》,明嘉靖二十五年何城李桂刻本,第二十六卷,第一六至一七页;杨珮《(嘉靖)衡州府志》,明嘉靖刻本,第八卷,第三一页)

〔5〕 “劝”,遗诗补集作“□”,据王安舜本补出。

富贵于我如浮烟。今年除夕兴不少,次第桃花开遍了。东阁朝弦绿绮琴,西廊夜放歌声炒。杜康赐我老不衰,起舞大袖如健儿。乃知浊醪有妙理,不用清斋空画眉。

与周时可提学

胡皇皇,胡悠悠,紫宸阁下沧江头。鹏飞不过九万里,九万里,谁能收?丈夫呼吸动一世,此道不系去与留。夔龙以后伊吕作,挥斤六合令人愁。颜生自引一瓢饮,乐天知命吾何忧。无位当学孔,有位当学周。

题罗修直东墅

紫髯老人卧东墅,大流山中石为伍。六月清风扇炎暑,唤醒羲皇枕边语。仰视云霄凤高翥,肯与乌鸢争腐鼠?水心沧洲吾祖武,富贵浮云何足数!

赠冯祥〔1〕

送君河上舟,河水清且驶;水清渺难淆,水驶舟难系。君能一日乘此舟,台上黄金如土弃。

五言律诗

题新村书斋壁

日色催江渡,潮痕上石梯。趁墟村妇出,索哺襁儿啼。树接黄

〔1〕 此诗见于湛若水《泉翁大全集》第六十三卷"明故埜庄冯先生墓表"。陈永正《陈献章诗编年笺校》将其作为佚诗辑录。(陈永正撰:《陈献章诗编年笺校》,下册,第一〇三〇页)

村坞，船移白石溪。落花谁省记，何必武陵迷？

茅栋依岩静，柴门斫竹通[1]。桑榆巷南北，烟火埭西东。一径渔樵入，孤村井臼同。邻家得美酒，吹笛月明中。

新年

阴雨方连日，新年损物华。呼儿酌我酒，骑马到谁家？黯黯寒云密，萧萧暮景斜。人生正无赖，狼藉任桃花。

今日胜元日，江天乍放晴。呼瓶汲井水，煮茗待门生。山鸟鸣将下，桃花暗复明。所嗟人易老，况复岁华更！

朝雨黄鹂静，春风暗蕊低。极知来令节，未肯踏深泥。狼藉桃无语，侵寻草满蹊。还闻骑马客，踯躅向沙堤。

止客宿

为恨开年雨，江村马迹稀。诸君能枉拜，今夕不须归。岁酒堪投辖，人家欲掩扉。仍闻仆夫语，畏逐骏蹄飞。

暮雨客去

入郭路初暝，过桥客已劳。仆夫亦人子[2]，马足徇吾曹。春色归诗妙，花枝爱酒豪。良宵只孤负，遮莫雨萧骚。

送客

浓绿新春酒，疏红隔水花。官人坐马醉，江路绕山斜。桃李成春径，牛羊散暮沙。林泉无宿客，兴尽且还家。

---

〔1〕“斫”，林齐本、高简本、白沙文编、王安舜本作“洗”。

〔2〕“人子”，高简本作“吾子”。

登陶公壮哉亭[1]

新亭开石窟，远势借昆仑。天地双眸迥，沧溟一口吞。公来席不暖，士死庙长存。忆昔干戈际，南征万马奔。

是夕范生小酌

日月双轮转，乾坤一气旋。是时冬始闰，细雨夜如年。人语斜风外，天机落叶边。凭谁给灯火，更坐读残篇。

至容贯宅

在昔偶相遇，如今忽白头[2]。敝衣寒露肘，破屋早知秋。家业凭觚翰，厨烟管去留。老夫如辟谷[3]，与子入罗浮。

福童灌园

绾瓶行百步，池在小桥东。抱瓮虽无忝，寒衣却未丰。数畦仍待绿，十趾遂流红。口腹终同及，能无愧此童？

寄胡宁寿 康斋先师之甥

年华当转鸟，诗思更涂鸦。父子皆吾友，箕裘一舅家。人犹思岭北，书不到天涯。莫作妻孥计，浮生日易斜。

---

〔1〕 白沙先生此诗之碑拓尚存。碑文云："宪佥陶公平贼之后，建祠于邑城西，以报士卒死事者。复于祠后最高处作亭，以为临眺之所，章以'壮哉'名之，并题其上：新亭开石窟，远势借昆仑。（原注：邑西北大山）天地双眸迥，沧溟一口吞。公来席不暖，士死庙长存。忆昔干戈际，南征万马奔。弘治元年春闰正月庚午，翰林国史检讨陈献章阅丁酉旧稿，书以遗守祠者。"（陈福树撰：《陈白沙的书法艺术》，第六〇页）

〔2〕 "忽"，林齐本、高简本、萧世延本、白沙文编、何熊祥本、王安舜本、黄之正本、碧玉楼本、四库全书本作"共"。

〔3〕 "老夫"，高简本、白沙文编、王安舜本作"老翁"。

石门

白发非公事，扁舟进此门。山云寒不雨，江路曲通村。玩世吾何有，长途马不存。晚来堪一醉，江月照空樽。

悦城

山作旌幢拥，江绯镜面平。舟航乘晓发，云日入冬晴。鼓到江心绝，槎冲石角横。经过悦城曲，无语笑浮生。

东皋 追和半山韵〔1〕

东皋兴不浅，况乃暮春时。风日此为美，吾颜曷不怡。香犹索锦树，老不恨黄鹂。回首西园下，纷纷月一陂。

风急云飘野，春晴花映陂。长茵铺绿草，清奏响黄鹂。饮罢携儿去，诗成足自怡。前村隔横笛，吹到暝钟时。

即事 和半山韵〔2〕

东湖芳草遍，西崦杂花繁。白发端居老，青藜懒出村。鸟吟山院静，月出野塘昏。独有贪奇者，乘舟觅水源。

龙溪一片水，何处是真源。沉吟搔白首，伫立向黄昏。宿鸟争投树，归牛渐满村。少年谁氏子，歌吹隔江繁。

---

〔1〕 自《东皋》至《岁晚江上》，乃白沙先生《次王半山韵诗跋》所谓“和得半山诗一十八首”。其中，《即事》之第二首、《怀古》之第二第四两首、《经故居》之第二首、《山行》之第二首、《岁晚江上》全二首为底本分散收录，其余各首均缺。遗诗补集、王安舜本则将此十八首诗集中收录。兹据遗诗补集、王安舜本补出，且将底本散见者移置于此。王安石，字介甫，号半山。

〔2〕 此诗之第二首，底本有收录。（《白沙子全集》，何九畴刻本，第四卷，第四三页）

昼睡 次半山韵

身劳归家睡,名教要人扶。朽木诚无谓,柴桑独不如。岁华蓬鬓白,风度角巾乌。亦有匪躬者,君无笑屈胥。

陶令爱一揖,犹能却群胥。客来莫系马,吾睡反栖乌。何曾走颜阖,也似病相如。输与湖西老,乾坤只手扶。

怀古 追和半山韵[1]

弦歌谢彭泽,短褐归田园。且入远公社,犹须刺史尊。月流松下径,风洒柳边门。晋无赤松子,有亦不须言。

相逢疏柳下,宾主两忘言。处士乃无履,江州初到门。低头入茅宇,散发对金樽。长揖朱轓别[2],狂歌向小园。

儿曹知觅栗,采摘向谁园。乞食那能饱,赋诗空复存。一床归独卧,五柳隔群喧。除却高僧外,青山谁到门。

三径五株柳,孤村独板门。先生正高卧,众鸟莫交喧。晋宋当时改,乾坤此老存。手中一把菊,秋色满丘园。

欹眠 追和半山韵

白云千仞冈,高卧小藜床。身落江湖外,年侵梦寐凉。贫非原宪病,坐亦子渊忘。若个东轩月,流光照我裳。

汉儒错喜事,一语涕沾裳。当时只好睡,竟日那能忘。香阁春醪暖,荷风午簟凉。醉来添鼻息,震动小卢冈。

---

〔1〕 此诗之第二、第四两首,底本有收录。(《白沙子全集》,何九畴刻本,第四卷,第四二至四三页)

〔2〕 “朱轓”,遗诗补集、王安舜本作“朱旛”。

经故居 追和半山[1]

幽居移小步，胜事负名园。立马方池暮，伤心老树存。浮云看物变，流水阅寒温。头白江湖梦，何曾离荜门。

到溪田作圃，环堵树为门。老忆先庐在，贫知草座温。三迁时已后，二纪恨空存。旧事无人话，斜晖满故园。

山行 追和半山[2]

难与俗子伍，勾漏事幽寻。碧树有佳色，青鸾遗好音。云霞生草屦，风月爱秋吟。不见稚川老，踟蹰桂树阴。

野云时起伏，春日半晴阴。流水山催转，幽岑鸟接吟。一游堪卒岁，千古旷知音。紫帽斜阳外，苍岩更一寻。

岁晚江上 追次半山韵[3]

云归山著色，萍合水韬光。落日双蓬鬓，清风一小航。颜衰聊借酒，心远只焚香。懒共旁人说，而今梦寐凉。

山寒烟错寞，江晓日荒凉[4]。水际风巾动，梅边蜡屐香。低头挐小榼，拍手笑轻航。何但供游走，而须此日光。

偕伍伯饶、杨伯顺甥舅、顺德李子长游李村山

游走意何穷，天枢日夜东。青山都老脚，破笠又春风。径草分

---

〔1〕 此诗之第二首，底本有收录。（《白沙子全集》，何九畴刻本，第四卷，第四三页）

〔2〕 此诗之第二首，底本有收录。题为“山行，追次伍半山韵”。（《白沙子全集》，何九畴刻本，第四卷，第七七至七八页）“伍半山”，应为“王半山”之误。

〔3〕 此两首诗，底本均有收录。其中，第二首在前，题为“岁晚江上，追次王半山韵”，第一首在后，题为“前题倒韵”。（《白沙子全集》，何九畴刻本，第四卷，第四一页）

〔4〕 “江晓”，遗诗补集、王安舜本作“江晚”。

遥碧，岩花坠小红。乾坤浑欲别，何处问壶公？

九日马默斋送姑苏酒至，次韵奉答

姑苏一壶酒，九日到山开。即事焉能赋，颓龄漫爱杯。清风生菊径，落日满溪台。酩酊藜床上，云来覆老莱。

求荔枝栽贞节堂

高榜近东溟，朝光满北楹。欲便清昼睡，须待绿阴横。名木从谁假，幽居赖母成。君家多黑叶，火急送双茎。

对鹤

潦倒溪翁谁，人疑鸟不疑。闲将鹤起舞，不作老无奇。任病还亲酒，虽慵不废诗。悠然清啸外，一枕到皇羲。

吾晚病兼贫，麻衣稳称身。朝来参两鹤，花底作三人。日出东南雨，莺啼宇宙春。三杯下衫袖，拂拭旧龙唇。

题罗一峰赠马龙道南卷

花发春来少，愁添老去长。高才想倾盖，昨夜语连床。天下罗公佛，湖西马子香。离筵一杯酒，歌苦莫相忘。

饮陂头

入崦花丛密，遵陂石路高。柴门过午饭，村老对春醪。水白都如练，风清不作刀。自然五字句，非谢亦非陶。

吴村吊庄节妇墓

豺虎何由近，风涛浩若无。行人看墓榜，英爽在清都。江暝云长合，原寒草不枯。乾坤不朽事，持此报君夫。

此里有此墓，千年亦不磨。世方逐蔡琰，吾甚敬曹娥。淫盗死殊色，良人及逝波。江翻练裙带，激烈有遗歌。

容琴月生孙，以诗来，贺之

春意复西良，孙枝茁更芳。自堪为喜极，谁肯笑诗狂？竹杖还渠撰，金杯与客长。簪花垂白发，叠映绿衣香。

赠何廷桂罢馆归

科头行百里，笠影落烟霞。四十亲书卷，寻常过酒家。儿童非讲席，铅椠此归槎。共待春芳发，来看旧种花。

赠谢德明有事赴广还

毕嫁吾何有，劳君作犬商。钗裙是荆布，岁月胜资妆。月动江涛白，山衰木叶黄。无钱入城府，来往但轻艕。

月落五仙城，天空一雁鸣。离愁动江色，归缆解钟声。鹭应船讴起，溪寻酒幔行。经过不买醉，贪嗅早梅馨。

有传罗一峰观化

悲风何处起，散作断肠声。乘彼白云去，湖西问死生。四海方悬仰，一峰何可倾？平生不下泪，今日尽沾缨。

问讯南川子，东莞林光也。金牛有是非[1]。忧为妻子地，泪湿故人衣。岁晚流言恶，天涯信使稀。西风吹落叶，故故傍愁飞。

四月

四月阴晴里，山花落渐稀。雨声寒月桂，日色暖酴醾。病起初

---

〔1〕“金牛”，原作“今牛”，据林齐本、高简本、萧世延本、白沙文编、何熊祥本、王安舜本、碧玉楼本、四库全书本改。

持酒,春归尚掩扉。午风吹蛱蝶,低趁乳禽飞。

生意日无涯,乾坤自不知。受风荷柄曲,擎雨柏枝垂。静坐观群妙,聊行觅小诗。临阶爱新竹,抽作碧参差。

风雨夜,有数十客共饭[1],达旦不寐

老觉生涯少,贫添食指繁。雨中谁举火,夜半客推门。室暗承尘湿,阶翻坠瓦喧。平明不曾睡,负锸理花根。

闻方伯彭公上荐剡

当时尊孔孟,用世必诗书。夫我何为者,先生非过欤?长歌扶晚醉,短发向秋疏。坐惜篱前水,垂竿试钓鱼。

骨相合长贫,岩栖累十春。忽传邦伯疏,见笑北山神。伎俩只余子,行藏独老亲。古来称冰鉴,谁是鉴中人?

初秋夜

四时相代谢,已度一日秋。风吹露下叶,月照水边楼。尧舜今当御,巢由竟媚幽。山灵邀梦去,昨夜又罗浮。

自我不出户,岁星今十周。丹砂求未遂,绿鬓去难留。时节来将晚,山河值早秋。西风卷雨去,星月满池流。

秋梦

山斗英魂在,江湖秋梦深。还将百年泪,滴破一峰心。絮酒熏天地,金牛恨古今。龙泉不挂墓,吾欲殉吾琴。

南海五千里,不来庄定山。何由到江北,此会非人间。短短目

[1] “共饭”,林齐本、高简本、萧世延本、何熊祥本、王安舜本、黄之正本、碧玉楼本作“挂饭”。

相属，悠悠心自闲。莫言但是梦，好梦亦云悭。

夜来何所梦，洗耳白龙池[1]。秋月下相照，天风高自吹。永持一瓢水，细嚼万年枝。山鬼向我拜，先生是希夷。

答惠州郑别驾惠葛布

惠我一匹葛，缝衣笑不奢。赋诗酬别驾，爱酒典邻家。独酌秋风里，浩歌山月斜。醉魂不觉远，卧探惠阳花。

世泽

世泽由来远，何年播广东。吾庐依外海，分派自南雄。家剩为裘业，山余偃斧封。千秋文物类，并与劫灰空。

世泽由来远，时当厄难中。长须躬陇亩[2]，赤脚话儿童。骨肉危相保，干戈晚益穷。存亡一丝发，端为谢苍穹。

世泽由来远，中更几替隆。市廛怀直道，夷险信阴功。地接华山隐，家严涑水翁。百年还旧物，报事亦无穷。

世泽由来远，谁兴启迪功。今无夭颜子，古有圣重瞳。想像千年下，凄凉百感中。痴儿何足了，徒只愧家风。

江门墟

十步一茅椽，非村非市廛。行人思店饭，过鸟避墟烟。日漾红云岛，鱼翻黄叶川。谁为问津者，莫上趁墟船。

中秋期友赏月，遣苍头致馈，以诗迓之

笼鹅并榼酒，食有一金携。寂寂惭吾子，依依向隔溪。开筵面

---

〔1〕“白龙”后，林齐本、萧世延本有小注云：“昆仑山顶有池名白龙。”

〔2〕“躬”，原作“供”，据林齐本、高简本、萧世延本、何熊祥本、王安舜本、黄之正本、碧玉楼本、四库全书本改。

华月,出户望青藜。若负今宵醉,何不西山栖?

即席赋

夕风生微凉[1],池塘散月光。呼儿看酒具,待客饮江乡。月对歌筵徙,风拖舞袖长。人生行乐耳,归棹夜相将。

盆池栽莲至秋始花

栽种已后时,花发秋将迟。虽无女伴采,亦有山蜂知。叶稀因地力,香远是天资。安得三闾手,临轩赋楚辞?

秋露开炎萼,非时不遣夸。盆中玉井水,溪上春陵家。酒醒凉风发,诗成缺月斜。愿为若耶叟,种水作生涯。

开花恨不早,花落却生愁。白露能消物,红莲不耐秋。频来痴小女,对此泪长流。不识荣枯理,哀乐空相仇。

此夕不能寐,此乐殊无央。下堂步明月,月印花自长。涓涓花间露,夜滴池水香。但惜花月好,那知风露伤。

圭峰阁

胜处不在远,杪秋何处寻。步崖碧涧落,眠石青松阴。地少沧溟入,山高雁鹜沉。此时闲伫望,谁识倚阑心。

庚子元旦

风日佳元日,乾坤自此春。蒸空云气湿,照水柳芽新。笑语聊供客,杯盘少对人。能宽垂老意,花鸟不无神。

---

〔1〕“生”,高简本、白沙文编作“夕”。

春兴

野晴花簇白，山暖树更青。卯酒醉欲睡，午风吹又醒。闲拈曲江句，胜读法华经。自在山窗下，蹁跹趣已冥。

晨起

群雀晓啾啾，闭门春事幽。下床花到眼，招手鹤朝头。永日还书卷，衰年但酒瓯。醉来江柳下，笑引子陵钩。

早起

推枕起新晴，披衣向小明。坐忘新病减，梦少夙心清。轧轧开邻户，冬冬杀县更。跛奴呼具盥，旋起绕花行。

晚晴，用前韵

蛙鼓报新晴，山窗晚更明。春随天共远，人与鹤争清。稍稍莺歌至〔1〕，番番花宿更。朝来花树底〔2〕，果作探花行。

春怀，次韵陆放翁

江发溶溶绿，山开面面青。春风何气力，吹动彩云亭。时物归春雨，交游散晓星。十年江海梦，谁道不曾醒。

清明日往孔家山墓

旧隐经都会，佳城入孔家。春云低拂马，山路曲萦蛇。只隔飘香处，犹疑坏圃花。九原无晓夜，谁管夕阳斜。

---

〔1〕“稍稍”，原作“稛稛”（《陈献章集》作“酥酥”），据林齐本、萧世延本、白沙文编、王安舜本改。

〔2〕“花树”，林齐本、萧世延本、白沙文编、王安舜本作“芳树”。

春兴,追次后山韵

万物各得性,天开一岁春。风柔翻弱羽,波暖跃纤鳞。稚柳初成趣,芳芹亦赏新。川云将岳雨,何者不供人。

雨坐

风雨坐前楹,关关双鸟鸣。正当落花处,更作送春声。大化归无极,斯人乐久生。不知川上水,东逝几时停。

吊陈毅卿墓

微风松下起,落日照蜻蜓。絮酒知吾辈,春山忆毅卿。由来都大梦,终寄一浮萍。极目苍岑外,波涛满地生。

蓬莱山祭伍光宇墓

道骨成仙蜕,名山是阆丘。云中骑款段,天上叫钩辀。人世黄粱熟,吾侪白发秋。仍留一杯酒,何处酹金牛。

树穴兰

树穴疑生理,花开不记年。灵根那藉土,芳气直薰天。瘦比餐芝老,清于辟谷仙。平生谁得见,云峤但苍然。

大托海上山名。千寻树,真堪托此生。春风卷骚怨,秋月照琴声。南极峰连起,东溟水一横。所栖非近地,持赠若为情。

家兄携秉常看山,予病不能往

行色千崖里,风光三月中。山家愁酒少,造物爱诗工。好鸟簧为韵,新花锦作丛。吾能骑瘦马,不惜远追从。

题龟山小隐,贺聂清碧新居

濒海地三亩,连云厦数间。龟山爱清碧,清碧爱龟山。笠屐谁同往,江湖我自闲。芙蓉小溪水,曾此照衰颜。

山下别业

豕脚有濡需,乾坤胡适随?看云因坐久,抱瓮得归迟。家累无多口,生涯但一陂。归哉五湖乐,吾未羡鸱夷。

弄孙

画栋三重檐,曈昽晓雀穿。一儿卧我膝,一儿坐奴肩。风日秋逾美,诗书老未传。二雏当慰我,心赏独悠然。

戏赠都老

蔡坑黄野舟,独坐小园幽。被命为都老,倾心向县侯。万家春且至,一纪俗全偷。莫倚无言化,须君九借筹。

韦夫人挽 两山先生配、诩之母也

人生如朝露,死亦同蜕蝉。有子能如诩,夫人可以仙。春台花灼灼,秋浦月娟娟。唤醒何州梦,归来泪迸泉。

次韵何宗濂

洒落仪曹句,遗名得自求。如何行不顾,胶向漆中投。无事由来得,多言大抵浮。结跌樗木下,即此是良谋。

至陈冕家[1]

远树晴堪数,孤云暝欲遮。自怜江海迹,能到友生家。落日明江色,轻风动麦花。相看吾鬓白,不必问年华。

金洲石 在江中

舟楫公余日,金洲不少留。中流几丈石,明月五湖秋。目击金山寺,春来白鹭洲。西风从此去,几日到罗浮。

吊李九渊

水竹更新主,风花失故权。夜台无起日,春草自流年。万有终归尽,千秋不必传。倒巾此相对,只有玉台山。

古椰寄周京

西来何处水,千里不平流。入海鱼龙喜,怀山草木愁。雨边明落日,石角上孤舟。寄语周京道,劳生不自由。

德庆州舟中呈伍南山

江涨麻墟雨,天低德庆城。正当击楫处,空有结跌情。入夏寻双井,沿流到七星。同行邹道士,劝我学长生。

德庆峡是年大水,舟行不由故道

客路一千里,羊肠八百盘[2]。时时行树杪,往往异人间。竹

〔1〕 据朱腾云考证,此诗非白沙作品,而为宋人陈著作品,题为“至直学士院樊伯抝家”。除诗题之外,全诗文字相同。(朱腾云《〈全宋诗〉重出误收研究》,北京:中国社会科学出版社,二〇一七年,第二一六页)若径行删去,读者不明所以,故出校记标明。

〔2〕 “八百”,高简本、白沙文编、王安舜本作“百八”。

缆牵江暝，绨衣入峡寒。倚门应尽日，谁与报平安。

和尚石

舟楫行天上，斜晖卷浪花。回流忽吞吐，鸣橹极呕哑。便可通星汉，还堪着钓槎。云根僧一个，疑我不袈裟。

南归寄乡旧

家在桃源里，龙溪是假名。蕉衫溪女窄，木屐市郎轻。生酒鲟鱼脍，边炉蚬子羹。行窝堪处处，只少邵先生。

居士旧茅斋，萧然倚玉台。独寻寺里去，每到日西回。鱼跃水萍破，风吹岩户开[1]。小桥残板在，长讶有人来。[2]

省事除烦恼，端居养静虚。栽花终恨少，饮酒不留余。山径儿吹笛，村田妇把锄。殷勤谢闾里，胜事莫相疏。

碧草东西埭，黄鹂远近山。岩春花气足，檐日鸟声闲。文字虚堆几，园林不设关。一条烟际路，朝往暮来还。

江边逢野叟，叉手问官名。立雀黄牛近，衔鱼白鹭腥。西田余故宅，北崦多新茔。驻马斜阳外，凄然感废兴。

山童呼犬出，狂走狺诸孙[3]。乳鸭争嬉水，寒牛不出村。墟烟浮树杪，田水到桑根。邻叟忻相遇，笑谈忘日曛。

自爱愚公谷，谁过野老家。时依当户竹，闲数上墙花。鸟立溪槎静，牛争崦路斜。怀中娇小女，学语解呼爷。

紫水团沙北，黄云古刹东。楼吞沧海日，幔卷玉台风。物色求

---

〔1〕“吹”，林齐本、高简本、萧世延本、何熊祥本、王安舜本、黄之正本、四库全书本作“推”。

〔2〕“讶”，原作“迓”，据林齐本、高简本、萧世延本、何熊祥本、王安舜本、黄之正本、碧玉楼本、四库全书本改。

〔3〕“狺”，原作“信”，据四库全书本改。狺，犬吠也。

钟鼎,丹砂访葛洪。芙蓉开十丈,天际白龙宫。

出处有分付,将非人所能。君看飞鸟辈,谁不顾高腾。放意三杯酒,留情半夜灯。韦丹非俗吏,灵澈自高僧。

沙渠风日美,弄水爱群儿。花落莺犹语,春归蝶未知。惜芳心未已,高咏社公祠[1]。四序每如此,独忧无乃痴。

春兴

野鸟飞窗静,春萝补屋穿。时时咽花气,翳翳傍林园。山鸟日暮至,长鸣芳树烟。唤醒陶令醉,惊觉华山眠。

社西村

孤村比屋静,疏竹小塘幽。何处还三径,如公也一丘。晚田行布狗,春草散鞫钠。汲涧谁家女,金樱插满头。

结茅依里社,村以社西名。客至惟谈稼,年衰不入城。邻鸡上树宿,水鹤傍人鸣。向晚寻牛去,前冈笛又轰。

君家里社西,我家里社东。平分社公雨,不隔马牛风。瓜地妻能种,衣巾俗与同。云边采芝径,高尽玉台峰。

社主对诸阡,居庐散百烟。共来乡社会,同乐帝尧年。折花潮没屐,吹笛月随船。偶寻社西去,又赋社西篇。

社西逢酒伴,埭北有花枝。讵识愚公意,聊同牧竖嬉。围棋松崦久,度马板桥迟。袖有葳蕤草,还家不告饥。

卜筑真何意,施为但自由。乡音还杜阮,家业且陂头。野老眠看客,山童坐饮牛。无生知乐否,更为问骷髅。

---

〔1〕“祠”,林齐本、高简本、萧世延本、何熊祥本、王安舜本作“词”。

寄马默斋

山阴元有兴，画舫在须登。闭阁思君子，开门见老僧。骑驴山路稳，挂席海波腾。揣度安危事，如公恐未能。

倒载轻骈驾，徒行谢众扶。无钱欺老杜，失策问长须。山雨酴醾病，林风枳壳疏。待君君不至，春尽又何如。

月坐

林深月到迟，爱月坐成痴。平生不戚戚，衰老犹嬉嬉〔1〕。曾西卑管仲，孟子述宣尼。何事由求辈，区区欲有为？

怀古

千里拜林宗，行藏未始同。诸贤皆好义，夫子独时中。东汉非刘氏，西山是阆风。堂堂四百载，载籍为谁空？

读西涯李学士撰赵员外沧江别墅记

江空秋月清，月出秋江明。水月自相得，乾坤谁与争。作亭赵员外，属记李先生。何时理烟艇，载酒下南京？

思亲堂

父子自天性，谁能咏蓼莪？声容想如在，风木悲奈何！草露滴秋陇，庭乌号夜柯。思亲两眼泪，万古注江河。

送郑巡检休官还莆

卑栖一枝足，高举入云层。大鹏非斥鷃，斥鷃非大鹏。卑高各

〔1〕“犹”，林齐本、高简本、萧世延本、何熊祥本、王安舜本、黄之正本、碧玉楼本、四库全书本作“尤”。

有适，小大不相能。归去木兰溪，溪鱼美可罾。

怀古

皇皇复皇皇，开辟到陶唐。迟日江山丽，春风花草香。闾阎尽孝弟，简册无祯祥。乾坤十二会，巳午在中央。

寄容一之

直以佣为业，何妨睡作魔。吟诗终日少，饮酒一生多。坐久头鸣籁，行迟脚有鹅。林居三十载，一室小维摩。

万松草屋

南山爱夫子，夫子爱南山。孤鹤去千载，万松栖半间。无愁催白发，有药驻朱颜。夜半风雷作，龙来问大还。

畏途千百转，回首见诸山。若个幽求子，结茅松树间。希夷归华顶，黄绮在商颜。分我青精饭，从君亦不还。

寄太虚上人

太虚石洞居，孤绝少人依。远客携琴至，逢师乞食归。一莆青草上，四面白云飞。尽日无言说，岩花落满衣。

定山聊作主，石洞更无邻。劝我无多事，如公是一人。朝闻履虎尾，莫见批龙鳞。莫笑杨朱小，杨朱解爱身。

九日寄丁明府

病里登高意，村边社树苍。有欢开酒禁，无力控诗狂。老鬓花簪丑〔1〕，秋襟水照凉。如何丁明府，不肯共重阳？

---

〔1〕“老鬓花簪丑”，林齐本作“老鬓花簪细”；萧世延本、白沙文编作“老病簪花丑”。

菊节后五日，丁明府彦诚携酒来饮白沙社赋补会

秋色上篱尖，天高霜气严。对花无阿堵，笑我似陶潜。节去杯盘在，公来吏隐兼。江门赋补会，胜话无穷年。

此日还供酒，人情盖亦难。暂随明府醉，断送菊花残。极浦明秋日，临流弄晚竿。遥怜张阃幕，相忆在长安[1]。去秋九日，与张兼素同饮庆寿寺。

百里非无地，东篱不借人。因君九日爱，倾此一杯春。菊谢人间世，官闲酒处身。想无厌花意，投辖暮江滨。

对菊

种菊不盈区，挥金每顾余。古今闲计较，俄顷失欢娱。西廪高堆粟，东楼剩贮书。路旁杨柳树，憔悴不成疏。

秋晚

皎皎月又缺，鲜鲜菊可收。汀云迷岛屿，山雨落扶留。市有屠牛机，江连逻吏舟。恐无赊酒处，垂白对清秋。

陈方伯耻庵挽诗

乾坤如此老，没齿向斯文。公自沧溟水[2]，人无觳觫君。衣冠全素履，江海挹清芬。病起须持酒，青山欲到坟。

中年倦俯仰，上疏乞山林。黾勉南州牧，迟回北极心。民蒙三日雨，世病一钩金。殄瘁声悲处，龙蛇岁值今。[3]

---

〔1〕“相忆”，诗近稿作“想忆”。

〔2〕“沧溟”，诗近稿、林齐本、萧世延本、王安舜本作“沧浪”。

〔3〕“值”，林齐本、高简本、萧世延本、白沙文编、何熊祥本、王安舜本、黄之正本作“直”。

苦热

挥汗书难继，清心雨未来。手提弱丝去[1]，风撼社门开。指点封君句，摩挲土栋苔。松根吾欲卧，返照又相催。

晚凉慰我渴，秋暑著人烦。拄杖缘溪足，看潮到柳根。哦诗衰骨痛，开卷病眸昏。六月飞云冷，相思只断魂。

晚步

水国秋先至，江村晚更幽。泥筌收郭索，山网落钩辀。凉入社门树，阴连渡口舟。独怜经略地，吾得放歌游。

居常懒出户，肯到社西头。海国诸峰暝，乾坤六月秋。微凉生浦树，返照下西楼。今夕蒲团上，前山更卧游。

崔清献公裔孙潜示遗芳卷，复许示遗像，予既书纪梦之作，于其还也赠之诗

积雨阶苔上，经旬断履痕。谁为门下客[2]，公是菊坡孙。泽与流风远，名因避相尊。丹青遗像在，何日照江门。

太夫人晚归，携诸孙候于贞节桥下

寒花明隔坞，暝色欲归潮。未愁山路黑，莫放板车摇。耄耋供人事，儿孙候此桥。殷勤望四崦[3]，风急暮云飘。

延缘看落日，伊轧到溪西。丫路依冈转，垂萝拂盖低。喜从中道见，痴效小儿啼。报赐心何极，乾坤圣寿齐。

---

〔1〕“弱丝”，诗近稿、林齐本作“弱孙”。作“弱孙”，于义为长。

〔2〕“门下”，诗近稿、林齐本、萧世延本、白沙文编、何熊祥本、王安舜本作“门外”。

〔3〕“四崦”，诗近稿、白沙文编作“西崦”。

枕上偶成

翰苑无官府，蒲团了岁年。岩云交树白，水月印沙圆。懒甚陶元亮，闲于魏仲先[1]。吾曹生分薄，于福敢求全？

梅村诗，次韵黎雪青

梅村梅发早，已过赏花期。玄酒初无味，名家岂在诗？井寒人汲少，川暝鸟飞卑。高枕沧溟者，神仙定不疑。

次韵秋兴，感事录寄东所

醉眠山影里，恨不与君同。松下泉来冷[2]，鸡鸣日过中。就床梳白发，开户纳清风。起视沧溟暮，孤鸿没远空。

秋露落芙蓉，河山日不同。物情诗卷里，天道雨声中。朝出马愁坂，暮行船逆风。欲投云谷隐，鞭鹤上层空。

昆仑一池水，色与银河同。问子为谁氏，从师向此中。短檠非世业，破笠是家风。回首唐虞际，浮云点太空。

首阳非立异，柳下不妨同。岁月黑甜外，乾坤软饱中。腐儒甘粝食，烈士死长风。今古谁能计，贤愚并一空。

得林子逢书，感平湖事，赋此次前韵

平湖千里水，浣濯与谁同？咄咄诸魔里，冥冥一梦中。支离深岁月，感慨极秋风。点检希颜处，吾瓢合屡空。

同人未为失，子不善为同。宦况浮云外，生涯大鳖中。孤篙撑急水，弱羽试冲风。佛者空诸有，吾儒亦有空。[3]

---

[1] “闲于”，诗近稿作“贫于”。

[2] “泉”，诗近稿作“年”。

[3] “亦有空”，林齐本、高简本、白沙文编、王安舜本作“有亦空”。

与梁文冠

铅椠谁分付,闻君有义方。纸田须乐垦,画果岂堪尝?得雨花蹊润,随风鸟韵长。公来诗不少,排日两三章。

与客

客访贫家少,连旬幸作东。笙簧都万籁,俎豆亦千峰。冠带迎人懒,情怀傍酒浓。白头君莫笑,醉袖舞春风。

四月廿七日五鼓起索衣,往来房户间,失脚仆地伤面,咎在不谨,然亦衰年久病气弱无力之验也,为诗以自悼

胫骨衰无力,颠危刚莫支。少年非一蹶,今日独多悲。形模甘老丑,面目对人疑。呼儿教涤血,不忍报慈闱。

风卷芭蕉雨,南窗夜拥衾。人当惩乐正,我已愧曾参。一一观天命,时时动此心。林间子规鸟,那更助悲吟。

寄张进士廷实

是诗难入俗,正坐不雕镌。水满鱼争跃,花深蝶喜穿。日高云卧处,春在鸟啼边。不及陈无已,能无赏自然。

秋中寄兴,同前感事韵,录寄东所兼呈云谷老隐一笑

山人无外事,白首稚儿同。弄水溪堂背,争棋纸局中。盆池秋见月,竹院夜呼风。触事成唐句,狂歌向碧空。

辱和拙作见示,九日醉中再次奉答

激楚嗟难和,霓裳更可同。更阑朱鸟下,声断碧云中。稍歇沾花雨,还吹落帽风。万松期不至,半偈欲腾空。

昼睡偶成，寄玉台文定上人

老脚春还短，名山梦每登。玉台天上寺，文定意中僧。得法休藏钵，传心信有灯。道人北窗下，一枕一瞢腾。

春日书事

开年今日雨，疏柳小塘春。紫燕将归社，黄鹂欲唤人。未明事南亩，选日聘西宾。元亮朝朝醉，江村白酒新。

春日江村

时候花先觉[1]，阴晴鸟自知。登山嫌避客，得句乐呼儿。蔓草披香径，垂杨覆浅漪。美人期未至，江月几盈亏。

草带篱腰绿，花簪石顶红。林园开昼景，莺燕语春风。山霭霏霏合，江流渺渺东。独来桥畔路，高拄过眉筇。

驿吏送酒

市榼通邮吏，三杯洗侍儿[2]。十分春意思，一副酒肝脾[3]。江岭长看画，风花不尽诗。混然天地内，公是醉乡谁。

春日醉中言怀

山林亦朝市，朝市亦山林。两鬓白于旧，三杯狂到今。子云休拟赋，元亮已忘琴。南山千丈石，可以明我心。

古人不可见，空见古人心。春风开我盏，流水到谁琴[4]。无

[1] "时候"，诗近稿作"气候"。
[2] "三杯"，诗近稿、林齐本、萧世延本作"山杯"。
[3] "一副"，诗近稿作"一借"。
[4] "谁"，诗近稿作"吾"。

说可传后,何才敢议今?玉台花信少,扶杖更西林。

与客谈诗

风雅余三百,唐音仅几家。梦犹将影说,痒莫隔靴爬。岂是安排得,胡为孟浪夸?超然不到处,应是用心差。

雨中李世卿往还

助谈风满席,伴宿月流衾。贫贱交游冷,江山脚迹深。惠连何处梦,孟母此时心。稍歇松斋雨,还来辨绣针。

得林宪副待用书,有怀故友张兼素

蹇蹇张兼素,从君致匪躬。天来今日定,书展故人封。贾傅生还恸,湘累死亦忠。平生两行泪,万里寄秋风。

寄容贯圭峰

西峰扶策上,病骨快新凉。乞米分僧饭,闻香过梵堂。闭门秋竹静,语鸟暮钟藏。浩浩蒲团上,还同在醉乡。

落日荒台上,疏松古塔边。身休论出世,趣欲到无弦。峰阁初生月,渠通自到泉。西庵凭借问,许住过残年。

江村晚望,寄世卿圭峰

一望一延缘[1],诸山进目前。乡邦无一老,知旧半重泉。黄叶寺旁下,白云池上连。无穷幽涧水,日夜注东川。

---

〔1〕“一望一延缘”,原作“正气一望缘”,据诗近稿、林齐本、高简本、萧世延本、何熊祥本、王安舜本、黄之正本、碧玉楼本、四库全书本改。

赠黄进士廷章还京

锦衣在亲旁，饮酒日百觞。乐处嫌春短，离心向夜长。青云冠盖起，黄甲姓名香。五色持文线，千年补舜裳。

白雀群飞益高

取势翩翩上，江空暮雨余。情轻鸠并妇，声细雁呼奴。白雪洒孤嶂，青天开一图。安能随蚱蜢，跳踯在泥涂。

得林别驾书，云去秋九月尝梦予于广信舟中，兼示道路所闻〔1〕

潦倒年斯迈，芳菲日自迟。忽闻天上梦，又落世间疑。扛鼎须凭力，无才敢与知？涪翁亦秋思，漫寄颖滨诗。

重过大忠祠

宋有中流柱，三人吾所钦。青山遗此庙，终古厌人心。月到厓门白，神游海雾深。兴亡谁复道，猿鸟莫哀吟。

春阴偶作，寄定山

浩浩川流疾，冥冥岭树阴。共怜春错莫，更觉老侵寻。宿雨衰花气，朝阳绝鸟吟。谁能尽天道，俯仰此怀深。

次韵寄廷实

吾犹堪起倒，吾肯谢亲宾？在世宁须此，如公故可人。百年应得见，一面始能亲。独向湘江去，无忘越岭春。

---

〔1〕“示”，诗近稿作“云”。

无才佣作吏[1],有酒喜留宾。老更耽高卧,时还近俗人。钟鸣山寺远,月出土床亲。何处期吾子,笙歌玉洞春。

筑室

垂老无筋力,宁非板筑人?居常只谩过,即事始知贫。海国秋风早,山房夜气新。痴儿解了事,吾坐养吾真。

一室无多事,贫家每作难。从来无厚积,况复不能悭。贷粟干知友,营材入远山。三间开土阁,聊得奉慈颜。

送景易赴秋试

未达穷通理,难忘得失心。安能谢朝市,且莫厌山林。烹鼎须兼味,吹竽当好音。文章无定价,敝帚不论金。

图新书舍怀世卿,时别白沙半月

月上斋垣白,疏梅共主宾。偶来对月饮,不见如花人。已觉书难至,常疑梦与亲。海山犹在眼,何处却逢春。

龙眼

龙眼何年种,嗟嗟旧主人。卑柯今蔽日,腐骨已成尘。春雨沾花足,秋虫食实频。流形非木石,鬓脚半搔银。

始闻秋风作

西风中夜起,天地始肃清。白雁霜前意,玄蝉露下声。幽人亦何事,版筑初经营。何时登此阁,坐望罗浮征?

---

〔1〕“佣”,林齐本、萧世延本、白沙文编作“慵”。

题容氏挽册

中秋悲迹扫，愁思忽依依[1]。此夜月还照，何年鹤始归？猿啼新宰木，巷纳旧蓑衣。大块终同尔，谁能驻落晖？

梅花

山竹深深径，梅花浅浅塘。清泠朝弄影[2]，芬馥夜浮香。瘦骨交撑月，横梢直过墙。啄英终饱德，灵凤或来翔。

探梅非探梅，梅花满玉台。北风吹尽日，疏雪点荒苔。色得乾坤正，精成造化胎。无人知老子，刚坐一牛来。

何处寻梅好，罗浮海上春。树环铁桥尽，地与葛仙邻。鍊药香生鼎[3]，扳崖影落身。西湖千顷水，未洗往来尘。

彼美枝头雪，微韬岭上云。低迷明月寺，掩映葛洪坟。北海樽能倒，西湖地索分。幽香偷未得，衫袖细氤氲。

手种梅千树，山寒半欲花。岁阑知此意，溪上问谁家。素艳明争雪，青萝倒绾蛇。还须邵康节，来驾白牛车。

逐客

笛声且莫哀，逐客过江隈。还到此边去，尽因何事来？著书多在箧，遇酒辄衔杯。莫言生意尽，寒雨湿枯荄。

---

〔1〕“愁思”，林齐本、高简本、萧世延本、何熊祥本、王安舜本、黄之正本、碧玉楼本、四库全书本作“秋思”。

〔2〕“清泠”，林齐本、何熊祥本、黄之正本、四库全书本作“清冷”。

〔3〕“鍊”，林齐本、高简本、萧世延本、何熊祥本、王安舜本、黄之正本、碧玉楼本、四库全书本作“煉”。

得张主事廷实书〔1〕

十口虽无累，三年不易更。春雷轰令问，枯木嚼官情。长夜乡心切，何时会计成。登高望东海，到眼是蓬瀛。

新凉欺老臂，索被过残更〔2〕。月到思君处，书通在客情。有家宁免累，作吏转难成。日踏皮鞋破，思量旧阆瀛。

三口丘园旧，离群迹半更。几时重见面，中夜独驰情。眠食今何似，头颅尚可成。定山名教顶，贺老却登瀛。

持烛圭峰寺，宵谈仆屡更。一为方外友，都没世间情。面壁僧犹在，栽莲社未成。孤舟破危浪，载月下东瀛。

用韵寄潘时用〔3〕

文章豪自寄，丘壑静还更。久病依人世，长贫惬妇情。辰妇岳氏尝止辰赴秋试。人为知己惜，天与后生成。更约齐州外，从吾泛大瀛。

用韵寄姜进士仁夫

书爱八分小，来书喻率更。云霄初接武，江海尚留情。世事非难料，人才怕小成。诸贤须汲汲，吾老独观瀛。

用韵寄林缉熙平湖

秋怀耿不寐，更静复闻更。水向漫漫注，心含种种情。士应强到底，官岂怠将成？旧业罗浮外，东南望隔瀛。

---

〔1〕“主事”，原作“进士”，据林齐本、高简本、萧世延本、白沙文编、何熊祥本、王安舜本、黄之正本、碧玉楼本、四库全书本改。

〔2〕“过”，林齐本、萧世延本、王安舜本作“护”。

〔3〕“用韵”，高简本、何熊祥本、王安舜本、黄之正本、四库全书本作“次韵”。

用韵效寒山

贫贱耻为拙，富荣常好更。高论古今事，中怀名利情。堂堂无复见，小小或能成。浪说神仙在，从来不住瀛。

四郊多窃盗，村里夜支更。为语长官道，能无患盗情。家家愁日暮，处处望秋成。饥噽饱苍粟，苦海变蓬瀛。

久雨

树隐云深黑，篱崩水乱流。凌风快燕子，上壁定蜗牛。老更怜儿病，人多为草忧。朝朝嵇叔夜，谁辨不梳头〔1〕。

赠刘程乡别

肃庵今又别，酒醒望圭峰。秋色此溪树，暝烟何处钟。功名悲梦蝶，文字耻雕虫。故里荒坟在，归来拜一峰。

病疥，用后山韵写怀

痒极肌难忍，爬深血有棱。老亲令就枕，小婢问留灯。屋漏频推瓦，床摇屡束藤。同袍谁问疾〔2〕，端愧玉台僧。

呻吟不尽痛，夕枕傍慈帏。安得身长健，朝朝见彩衣。无肤臀奄赤，乍肿臂疑肥。睡过西廊月，寒空淡不辉。

缺月生残夜，微风引洞箫。心闲发少白，人老病难消。出户行看月，移舟钓落潮。酒钱不挂杖，著处解奴腰。

病枕愁更永，笼灯对夜长。千年无鲍叔，一懒有柴桑。儿请栽瓜地，妻评作麴方。花时呼酒伴，酩酊出扶墙〔3〕。

---

〔1〕“辨”，原作“辧”，据诗近稿改。
〔2〕“谁问”，诗近稿作“问谁”；“端愧”，作“端坐”。
〔3〕“出”，诗近稿作“去”。

赠黎、萧二生别

白发孤灯坐,青春二妙来。若无天地量[1],争得圣胚胎?至乐终难说,真知不着猜。濛濛烟雨里,归思若为裁。

野坐

团盖青松午,重裀绿草春。野晴莺得意,花盛蝶伤神。断霭生西坞,残潮下暝津。竹根酣共卧,不觉藓沾身。

梅花

世传咏梅句,天下共称奇。花有无言妙,人间都未知。正嗟同赏绝,又过半开时。安得邵康节,为我问庖羲?

风月交游淡,江山几席闲。夜深花睡去,时有梦来还。引步寻香易,无心弄影难。乾坤留此妙,何处觅孤山?

谢客

客舫初辞岸,主翁仍在床。十年今转数,一饭故难偿。竹杪风生汗,天边雨送凉。所思黄叔度,岁晚得同堂。

漾漾湖侵岸,萧萧风引旗。问儿打鼓处,是客发船时。蹻屦时将暮,迎门俗久衰。只应巢许辈,掩口笑人痴。

寒雨中作

有期久不至,旦旦问童奴。雨过荆扉湿,风回树叶疏。兴移剡溪舫,诗在灞桥驴。风韵今谁继,千年胜事虚。

---

[1] "天地量",林齐本、高简本、萧世延本、白沙文编、何熊祥本、王安舜本作"天度量"。

喜梁文冠至

驻桨梅村夜，风光胜早春。直知花是路，不觉月随身。草木皆知旧，江湖多贱贫。短蓑来往数，等是最闲人。

雨中栽竹

心被清虚引，非关索竹看。檐前才数个，淇上已千竿。微雨土初覆，北风天正寒[1]。昆丘有孤凤，何处啄琅玕。

楚云台呈世卿

三杯拈铁笛，见月上瑶台。初弄山石裂，再轰仙鹤来。夜阑试静听，曲罢仍迟回。何必杨州去，前村多美醅。

行窝还几处，云水且吾台。雨脚风吹断，潮头月涌来。野桥牵木渡，沙径逐牛回。亦有采樵者，放歌行负醅。

有月严光濑，无金郭隗台。悠悠百年内，又见一人来。水槛秋逾好，山云暝欲回。相逢各心醉，一语浃春醅。

爽气通秋服，溪流静晚台。高楼多自惬，真赏复谁来。对月诗方妙，看山梦始回。市沽堪便醉，况乃是家醅。

寄吴明府同世卿游玉台

圭峰雨初霁，策马向松关。流泉忽满涧，白云长在山。弃置千般事，来投半日闲。上方禅榻静，坐到暮钟还。

生日答吴明府献臣

生日何人记，南枝报长官。酒香同客醉，花少避人看。后甲惟

〔1〕“正寒”，诗近稿作“尚寒”。

元祀,浮生又五寒。凭轩一长啸,风日满江山[1]。

寻梅饮李鸿宅,用服周韵

今晨风日佳,策杖去寻梅。独树山中老,危枝石上开。时看残腊尽,人望早春来。谁解忘情得,神功付此杯。

赠世卿别

客路经南岳,湘帆背岳开。江湖闲老梦,岁月是君来。相见儿童喜,别离琴瑟哀。惟应楚云外,更起望仙台。

岂无千日酒,花下与君同。客思朝临水,归旗夜引风。一槎当浦口,谓庄定山。一枕在辽东。谓贺克恭。何事今为别,藤蓑还赠公。世卿乞予藤蓑,赠之。

赠世卿游山

万丈昆仑顶,冥栖忆老关。君看白龙水,何似黄公山。有酒终日醉,无官到处闲。南风乃何意,又送楚舟还。

朝来生紫气,此地一函关[2]。帽顶花沾雨,云中人下山。相逢欲大笑,不语是真闲。晚向东亭醉,犹能骑马还。

世卿将归

会有还乡意,深惭不自量。母留儿作伴,妻为客求浆。台榜明朝旭,松堂闭夜凉[3]。延缘过残夏,满意泛潇湘。

与君云水别,何梦得商量。合是真调鼎,能忘老卖浆。还山非

---

〔1〕“风日”,诗近稿作“风月”。

〔2〕“一”,诗近稿、林齐本、高简本、萧世延本、何熊祥本、王安舜本、碧玉楼本作“亦”。

〔3〕“闭夜”,诗近稿作“闲夜”。

早计，举棹是秋凉。有路通衡岳，无诗吊楚湘。

赠饶鉴

君又去东津，东津月送人。周游千里道，细问百年身。野色淡将暝，江桃疑是春。丹青如可赠，画我小昆仑。

梅花

草木自有性，湖山更乞灵。冰霜仙骨瘦，桃李世情腥[1]。惹袖香全别，和羹子未青。未须携铁笛，吹月上湖亭。

喜何竹窗重过白沙话旧，赠之

此君为别久，不逐众芳雕。白葛身已老，青云郎独超[2]。春风吹细浪，落日泛轻桡。楚云有高树，未肯挂公瓢。

忆年四十许，公弟立如山。行止相料理，渔樵共往还。余情空耿耿，秋鬓各斑斑。不是公怜我，清颜谁更攀？

闻林缉熙初归自平湖，寄之

短世渊明醉，长愁子美歌。高情谁复尔，久别公如何。淡月初出浦，好风来飐蓑。买田沧海上，耕亦不须多。

张地曹见和寄林县博[3]，用韵答之

无心云自在，得意鸟同歌。白骨可人醉，杜诗：古人白骨生青苔，如何不饮令心哀。苍生如命何。渔樵真有道，烟水别传蓑。想见沧溟

〔1〕“世情”，诗近稿作“世尘”。“腥”，林齐本作“醒”。

〔2〕“郎”，原作“即”，据诗近稿、林齐本、高简本、萧世延本、何熊祥本、王安舜本、四库全书本改。

〔3〕“见和”二字原缺，据诗近稿、林齐本、萧世延本、王安舜本补。

外,东南月更多。

安得李太白,樽前同尔歌。自从识象罔,未始离无何。草长游人路,风鸣挂树蓑。东邻古大嫂,掩口笑何多。

和子长、民泽论诗,寄兴罗浮之作

飞云干老梦,拉伴骋遥临。挥手谢人世,闻歌生我心。今年春又过,何处洞还深。相忆山楼暮,依依向远岑。

再用韵示诸生[1]

贤圣低回久,千年想一临。希颜非乐道,疑孟失求心。逸驾行应速,寒泉汲务深。尝闻根本学,不尽泰山岑。

赠李司训别

江门云水地,不绝往来交。已恨栽花晚,宁辞抱瓮浇?月疑窗下枕,风语树头瓢。精舍明朝别,何时还见招?

再次写怀

孤形将影住,一臂与谁交。矫矫志欲竞,栖栖习恐浇。江山一得手,风月尽归瓢。始觉逍遥外,人间未易招。

代简答府尊林先生庆老母生日

有母年龄暮,逢辰喜惧深。多仪安敢却,揣分故难任。锦段拈香拜,仙醅洗盏斟。独惭非节孝,未了百年心。

---

〔1〕“诸生”,诗近稿作“诸友”。

秋坐碧玉楼〔1〕

造次中秋过，商量九日来。诗将秋景淡，菊共老人开。时节陶潜醉，江山宋玉哀。平生沧海意，不受白鸥猜。

山中犹远志，小草已人间。近得东白先生书："在山远志，出山小草。"故及之。不是无经济，谁能断往还。江鱼肥入馔，霜橘绿堆盘。问我心何住，红藤拄杖端。

碧玉架云端，朝朝倚玉看。时情膏火里，世事弈棋间。古榻多便静，华簪不博闲。篱根散发醉，又对菊花斑。

梦杨敷道定山事〔2〕

梦语者为谁，湖西旧见之。聊宽野老意，未了定山疑。贫病吾犹是，多愁俗岂知？百年将满日，心乱不成诗。

九日嘉会楼登高

引步下前除，儿扶杖亦扶。会于何处胜，客有去年无？天道常流转，园林又变疏。暂留赏今日，醉莫看茱萸。

兼有吟诗病，何妨著酒扶。景逢佳处少，句向觅时无。醉去乾坤小，醒来伴侣疏。今朝嘉会会，不尽看茱萸。

半酣壶矢折，又减两三扶。九日江门有，千年栗里无。山形当晚瘦，脚迹向秋疏。问我登高去，都忘菊与萸。

溪边菊一区，溪竹两相扶。草木从吾好，风霜杀此无。闲同元日醉，浩笑一生疏。试问干云桧，何如小洴萸？

---

〔1〕"碧玉楼"后，诗近稿、林齐本、萧世延本、白沙文编、王安舜本有"偶成"二字。

〔2〕题后，诗近稿有小注云："敷，罗一峰门人。"

楚云台观民泽所栽菊，寄民泽，用昨九日韵，时民泽还五羊未返

当轩玉朵孤，植竹翠茎扶。香细风初动，神清俗本无。寒深溪井涸，月出山瓢疏。何处异乡客，永怀歌茱萸？

野菊吟，寄子长，再次

野菊生何处，寻香杖偶扶。孤标犹讶绝，佳色旧知无。老弄真成独，秋来不作疏。金樽谁九日，引满对茱萸？

吴明府送菊，次韵答之

黄菊有名花，渊明无酒官。酒多人自醉，花好月同看。老未厌人世，天教共岁寒。未应携不去，高步蓬莱山。

答周潮州万里

今代潮州守，濂溪是一门。乾坤吾道在，岁月此心存。行次天边路，书投海上村。夕愁空伫望，风雨暗高原。

汪巡按见访

岭南经略地，柱史不谋身。料理安危事，更张文武臣。风行先动草，寒极正开春。倾盖江楼暮，挥杯劝故人。

寄题小圆冈书屋，和民泽韵

四野云飞尽，圆冈一室清。至虚元受道，真隐或逃名。有疏微言塞，无为大业成。一声闻绝唱，五岳看全轻。

刘少参见寄，次韵奉答

西川一杯水，为我浣诗尘。身落沧溟远，心将翰墨亲。江楼初见客，野径别藏春。十郡停车地，千峰击壤民。

赠李世卿

楚客复归楚，青山此送君。往来十年破，精力半生分。著意当时见，留情异代闻。若非真有见，何处谢浮云？

三尺短春蓑，山风吹薜萝。人材非管乐，吾道本丘轲。送老诸名岳，全生一病窝。相思凭寄语，路打祝融过。

落日苍梧望，清风发棹讴。楚山正西上，江水自东流。作伴春携酒，谈诗月满舟。洞庭看未透，更上岳阳楼。

题黄公钓台

小小离人意，羊裘却未工。今人多白眼，为我谢黄公。弄钓浮沉见，登庖拨刺空。浩歌泉石里，况有古人风。

晓枕，示湛雨、龚曰高

二千六百丈，脚底是飞云。悠悠四十年，欲往念徒勤。多谢红藤子，扶吾还数君。铁桥问何如，见景胜于闻。

万年如一瞬，莫问我浮生。风雨将秋至，山河载月明。语檐幽鸟乐，对竹小童清。夜夜湘江梦，与君何日行。

再和晓枕，寄廷实

仰见双白鹤，高飞入紫云。苟无脱俗意，安用看山勤。好句能传我，幽期敢后君？异时铁桥咏，莫遣世人闻。

万往皆有复，左车不复生。西风今夜起，朗月四山明。天马非常步，铁桥相伴清。去去莫复顾，衡山顶上行。

晓枕再和

平生老黄石，引望空白云。无人知感激，为我尽殷勤。何处寻吾契，名山访道君。洞天三十六，步步声相闻。

外生即非死，胡为乐久生？去来大化内，俗眼未分明。我寿元无极，君才亦太清。五峰南斗上，何日踏歌行？

中秋

平楼时稳步，身虚欲翩翩。明日秋始半，中天月最圆。武昌书未返，督府句堪传。衡岳那能去，罗浮何处烟。

广寞天自然，浮云任飘翩。随时有忧乐，与物无方圆。酒底月未咽，水中神莫传。去年今夜艇，吾欲破湘烟。

彭司寇挽词〔1〕

男子固多奇，如公更不疑。经纶思昔日，功业问当时。鬼幸村巫小，棋还国手知。杜陵秋月下，兴尽八哀诗。

侃侃亦訚訚，行违榜要津。鸟还江上暝，人老世间春。禄尽休言命，愁多不为亲。武夷最高处，东望一沾巾。

斗气空遗剑，床灯不照琴。春怀不自得，老病忽相寻。事往浮云梦，山余宿草心。平生孺子意，絮酒一何深！

---

〔1〕 彭韶《惠安集》第十一卷附录此诗，有序云："昨与陈时周侍御（孝廉陈茂烈，字时周，莆田人）论名臣从吾彭先生平生出处、语默、去就之详，盖闽中一时贤士大夫未闻有及此者也。作从吾挽诗五言律三章，词无溢美。制中屏去笔砚久矣，念斯人之不作，怅末俗之多疑，情之所至，有不得略焉耳。时周还莆，为我吊先生之墓，以此稿付其家，使藏之以遗后世，不足为他人言也。"（彭韶撰：《惠安集》附录，《文津阁四库全书》第四一六册，第五三五页）其中，"昨与陈时周侍御（孝廉陈茂烈，字时周，莆田人）论名臣从吾彭先生平生出处、语默、去就之详"，原作"昨与陈时周侍御论名臣（孝廉陈茂烈，字时周，莆田人）从吾彭先生平生出处、语默、去就之详"，据文意改。

题云津书院太和刘氏

云津杳何许，试向卷中寻。不睹六经教，空余百代心。嵩阳思识面，白鹿尚遗音。家有鸳鸯谱，何须更问针？

春日写怀

水际寻芳去，花枝隔水新。可怜今日望，不是向来人。紫袖垂垂下，黄鹂树树春。东风天外至，南岳梦中身。

一觞复一曲，不觉夕阳残。好景我只醉，春风人未闲。青红今满路，风日未登山。何如海中鸟，鼓翅蓬莱间。

赠周文都

君行无日矣，奈此别离何！道远书难寄，年衰病更多。行行慎自爱，浩浩不同波。若见东山老〔1〕，微言共琢磨。

赠黄希颜春试

北风雨如注，是底别离时。黄色眉端动，青云足下驰。儿童酣世豢，国士醒心期。去去江流疾，还君一赠诗。

诗罢怀白洲先生

山东无近耗，白洲时为山东左方伯。海上立斜晖。童子觅牛去，渔翁罢钓归。登舟人欲别，周文都赴会试将行。见月鸟还飞。何限相思意，千峰独掩扉。

---

〔1〕“老”，林齐本、高简本、萧世延本、何熊祥本、王安舜本、碧玉楼本作“丈”。

赠丁一桂

初月照甘棠,千门一炷香。南风催返棹,西望欲沾裳。有庙旌遗爱,无金归故乡。未知忠定者,先请问崇阳。

奉寄筠巢翁

昔别筠巢叟,如今是几年。华巅将望百,碧玉屡添年。寥寥千古下,望望五峰前。何日扶溪棹,还来别老仙?

邓御史公辅寄新刻陈君举《论孟古义》,复以是诗

两汉非三代,人才逐世低。市朝多画虎,文字笑醯鸡。古义昭昭对,终篇短短题。不因欧六一,争得见昌黎?

张纲

汉臣张御史,何事便埋轮。欲作千年计,都忘一个身。堂堂见意气,默默愧经纶。却恨程明道,丹青失写真。

吴节妇

江山逢此会,真地作光辉。路转扶溪北,山来越岭西。春光流圣泽,明月照霜帷。碧玉遥相贺,云中卧赋诗。

汪海北讣至

西所今亡矣,皇穹肯不仁?眼中还见此,天下岂无人?海阔书频至,神交梦亦真。人间秋半后,回首一沾巾。

诚至通金石,乾坤正惜君。怀沙人不见,修古恨空闻。殁世能千载,还山但一坟。海山今夜月,空照水中云。

望望白洋水,滔滔碧玉流。白头闻有是,倾盖忽相投。天柱峰

常在，神龙云正浮。悲歌掩图画，泪落不能收。

英雄满襟泪，不洒儿女胸。穷愁当尽夜，浩叹起秋风。几点星初落，千峰日未红。高楼慵引望，兴尽一宵中。

示景易

长鲸千里鬣，灵物一生奇。化成端有日，潜跃贵因时。感应天终定，早暮命难期。信知抱瓮是，安事桔槔为？

题丁长官祠

千山多雨后，百姓苦饥时。老病无人问，低回只自知。百感观空尽，扁舟适楚迟。诗成远莫寄，分付长官祠。

漫笔

行年七十二，七十一年非。渔樵真有分，语默各因时。比恨四愁具，方年伯玉衰。末行元属我，天命更由谁。

题�巢卷

手把扶溪卷〔1〕，口咏筠巢诗。白头心折处，碧玉梦醒时。梦将人代远〔2〕，心与此君期。想见千林暮，还同一鹤栖。〔3〕

寄张梧州克修

还家臣职尽，摄守郡符新。心同端溪水，迹比峡山云。朝野无

〔1〕 白沙先生此诗墨迹尚存。“扶溪”，原作“筠巢”，据墨迹改。（秦有朋主编：《陈献章书法集》，广州：岭南美术出版社，二〇〇八年，第二九页）

〔2〕 “代”，原作“待”，据墨迹改。（秦有朋主编：《陈献章书法集》，第二九页）

〔3〕 诗后，墨迹有落款云：“弘治己未夏六月五日，白沙陈献章为九十一翁邝筠巢题。”（秦有朋主编：《陈献章书法集》，第二九页）

交牍,桐江有钓纶。时无张刺史,脚板但空闻。

赠黄化州归莆田

有客来何处,多年守化州。白云秋自好,碧玉夜相投。日月催人去,行藏怅此休。武夷洗足罢,回首望罗浮。

枕上偶忆旧游南海祠,因怀故友林暕[1]

子觉饶英气,携书话此宫。清祠无厉鬼,大水有真龙。过客窥诸葛,论诗病长公。往来三十载,美恶并成空。

卧游上游庄

上游何处是,试唱上游歌。入涧花迷路,出门云满蓑。景胜开图画,春香醉绮罗。静对南冈顶,月明秋更多。

次韵答邝筠巢

飘飘八纮外,远意竟谁分?我抱三年病,天生几样人。十年营一圹,万骨掩孤坟。休休莫复论,局促此乾坤。

次韵游上游黄云山

系艇黄云下,黄云几度歌。登高云压帽,度密雨沾蓑。瀑涧宵鸣瑟,山花昼拥罗。野人携茗榼,路打铁桥过。

答容北溪见访

曲径黄云外,青山一路深。卷为乘兴地,人间何处寻。白龙三亩水,紫府万回心。锦囊挑不去,千峰暮色深。

---

〔1〕 参本书附录《白沙门人考·增城·陈暕》条。

中秋拨闷，用旧韵

疏星围碧玉，秋气正平分。共持今夕酒，又减去年人。白发来千丈，青山忽数坟。年光付流水，万物信乾坤。

晚有悲秋意，秋来此夜分。可怜清夜酌，尽是白头人。紫盖终携病，朱陵愿卜坟。谁能天地外，别去觅乾坤？

讳日

虽贫还讲讳，兹事俗之常。时节难虚度，杯盘只自伤。五鼎终难具，千秋敢易忘？痴儿虽未了，清白永流芳。

迎医，寄左明府

帆开春鸟起，篙响晓鸦连。日出千江水，风连一路烟。病苦魔难敌，情真事可怜。平生左明府，应惠济生丸。

赠陆医士 左明府遣来

山雨睡初醒，门前报陆生。手持王氏药，重是长官情。分付一杯茗，刚劳几日程。小诗何足谢，聊以著佳名。

寄东所

病久惟听命，诗成不浪传。门前花十丈，玉井正开莲。数椽刚到地，一栋正横天[1]。不亡吾道在，万万岁相连。

春日偶成

菊残犹可对，人老不须嗟。水阁风低柳，山篱雀啅花。千门尽

〔1〕“正”，原作“且”，据林齐本、高简本、萧世延本、何熊祥本、王安舜本改。张诩《白沙先生行状》所引述，亦作“正”。

桃李,十亩未桑麻。大禹须治水,颜回却卧家。

竞长家家柳,齐开阵阵花。春深添富贵[1],人老旧烟霞。欹枕黄鹂近,开窗白鸟斜。草玄无意绪,呼酒对侯巴。

感事示黄生叔仁

亲老需甘软,家贫乏囷仓。卖文应不免,为恨故难忘。挥俗黄生激,辞宾子觉刚。尔曹虽得罪,无愧在门墙。

承张方伯报旌表家慈贞节

大喜来何处,劳公一札香。圣恩元浩荡,老母自冰霜。此报符佳梦,他时益大防。无论一家惠,举俗赖虞唐。

旌表家慈书至 十一月二十七,冬至后一日

迢递来金阙,光辉动荜门。世知慈母节,人带圣君恩。笑喜翻疑梦,荣封却未言。痴儿何以报,忠孝策诸孙。

荆扉无外事,散步数鸡孙。特地开双眼,从天降一言。江山同出色,存殁各沾恩。斟酌杯中酒,春风欲到门。

病中咏梅

去岁夸身健,寻梅到几山。酒倾崖影尽,衣染露香还。北斗今何向,南枝半已残。下堂儿女笑,老脚正蹒跚。

孤山一片雪,千古独称奇。此外不能到,人间都未知。正嗟同赏绝,又过半开时[2]。回首西岩下,南枝映北枝。

---

〔1〕“春深添富贵”,林齐本、高简本、萧世延本、白沙文编、何熊祥本、王安舜本、碧玉楼本作“春添新富贵”。

〔2〕“半开”,高简本、王安舜本、黄之正本、四库全书本作“半闲”。此诗墨迹尚存,墨迹作“半开”。(陈福树撰:《陈白沙的书法艺术》,第六六至六七页)

人生如逝水，花发见南枝。对影身犹隔，闻香席不移。延缘看月久，勃窣下阶迟。坐恐芳时暮，扶衰了一诗[1]。

何处梅梢月，流光到枕屏。江山都太极，花草亦平生。阁冷香难即，窗晴影似横。冻崖妨足蹇，藜杖意高撑。

隐几日初下，东岩兴复饶。月高寒自照，花近夜相撩。浊酒频堪写，清弦岂易调？罗浮在何处，魂梦与逍遥。

水陆花何限，梅花太绝尘。如何开眼处，不见赏花人？北坞风微动，南梢月自真。老夫前席坐，得意不无神。

山阁数株梅，山翁手自栽。有花娱我老，无计避人开。色映书帷净，香寻墨沼来。庶几吾服汝，不作委蒿莱。

风月江山外，乾坤草木间。卷帘疏影动，拄颊暗香还。约伴多为地，吟诗别作坛。终南虽白阁，不恃小庐山。

何处花堪忆，江门水背过。满身都着月，一片未随波。高倚松为盖，清连竹作窝。白鸥衔不去，飞入钓鱼蓑。

借如桃有实，方朔不来偷。山近重重见，人无浅浅休。路经寒水断，香被白云留。寄语林和靖，江门是一丘。

陶佥宪约游厓山[2]，立张陆公祠

西风吹桂楫，公泛两厓间。落日看碑过，中流掩袂还。迹留新栋宇，名落旧江山。二百余年下，谁无一日闲？

游厓山，次李九渊韵

前劫消磨尽，中原恨未沉。兴亡先有谶，秦贾竟何心？一一凭天地，劳劳笑古今。千秋厓石角，泛艇一来临。

---

〔1〕“诗”，原作“枝”，据高简本、遗诗补集、王安舜本改。此诗墨迹尚存，墨迹亦作“诗”。（陈福树撰：《陈白沙的书法艺术》，第六六至六七页）

〔2〕“陶佥宪”前，王安舜本有“承”字。

不待祥兴后,神州已陆沉。孤臣空有泪,大块本无心。索寞皇图旧,经营庙宇今[1]。暂携二三友,斜日共登临。

答丘苏州

三年思楚水,尺牍走苏州。沧海疑真迹,黄堂是旧游。辽东忆贺子,广德问周侯。顷日相传报,青天更倚楼。

壬午京城除夕

爆竹沿更响,燕城觉岁除。客怀元自在,诗兴乃何拘。大地行藏活,风花点弄迂。天遣老文侍,华酒幸相娱。

许子骏田海晏,其姻家谭秋江索诗,赠之

伏波昔未遇,田牧向边州。汝去云山外,移家沧海头。寨门春草绿,荻浦晚风柔。终羡陶朱乐,宁论万户侯。寨门,地名。许田,故朱氏业也,故云。

罗以文将赴试南宫,过白沙话别,赠之

犹是青云旧,如今白发新。人生贵得志,此别定伤神。赠别无佳句,长愁只病身。看花知有日,莫惜马蹄频。

过伍光宇故居

伊人观化后,此日复来游。山屋门长掩,溪桥水自流。访邻时已晚,怀旧意空留。俯仰悲身世,林风也径秋。

白马庵联句

人生须此会,何处问阴晴。(白沙)动荡乾坤气,调和鼎鼐羹。

---

〔1〕“今”,原作“新”,据遗诗补集、王安舜本改。

(怀玉)公来山阁雨,天共主人情。(定山)未了鹅湖兴,江城又杀更。(宗派)

寒风吹角短,细雨打更长。(白沙)天意留行李,灯花喜对床。(怀玉)衣冠真率会,尊俎太和汤。(定山)何限春消息,梅花不断香。(宗派)

九日〔1〕

往来三十载,一梦了无痕。独上东岩望,还开九日樽。饥鸦行帽顶,来雁阵江门。淡淡斜阳外,人归何处村。

秋夕偶成明日揭榜〔2〕

缺月不满帘,南窗聊隐几。犹闻户外舂〔3〕,断续秋风里。犬子试初毕〔4〕,老妻浪惊喜〔5〕。滔滔中夜心〔6〕,四海皆名利。

答李勉恕过访〔7〕

故乡一杯酒,已过十年余。藻鉴三场试,皋皮六馆模。壮心知未已,秋鬓又何疏。潮满江门月,还来别老夫。

偶诵林缉熙游罗浮诗赋此

乱水有溪出,飞云独石留。幽林人欲到,斜日鸟深投。碧海初

〔1〕 此诗原缺,据诗近稿补出。(陈献章撰:《白沙先生诗近稿》,第四卷,第三二页)

〔2〕 此诗原缺,据诗近稿补出。(陈献章撰:《白沙先生诗近稿》,第五卷,第四四页)此诗又见阮榕龄《白沙丛考·白沙先生诗文补遗》。(阮榕龄撰:《白沙丛考》,《宋明理学家年谱》第九册,第四九六页;又参陈献章撰:《陈献章集》,下册,第六九二页)

〔3〕 “舂”,原误作“春”,据《白沙丛考·白沙先生诗文补遗》改。

〔4〕 “试初毕”,《白沙丛考·白沙先生诗文补遗》作“初试笔”。

〔5〕 “喜”,《白沙丛考·白沙先生诗文补遗》作“起”。

〔6〕 “中夜”,《白沙丛考·白沙先生诗文补遗》作“终夜”。

〔7〕 自《答李勉恕过访》至《庆寿寺写怀呈李侍讲》,共三十五首,底本原缺,兹据遗诗补集、王安舜本补出。

供眼,青天已压头。圭峰才一点,还许小罗浮。

圭峰次林缉熙韵

只个圭峰寺,往来成白头。江山频日落,宇宙一烟浮。寺里灯长在,山前水不流。蒲团高兀兀,晚坐且须留。

行止非无意,东西各有缘。山中怀旧日,竹下弄飞泉。遇境堪为适,忘机即是禅。支颐山阁望,翳翳夕阳烟。

伍伯饶生孙以诗来报答之

养子南山下,而今亦弄璋。颊间如带酒,鬓脚有微霜。忽忽催人老,看看共我长。会携青竹杖,扶醉白云乡。

入峡借柳子厚韵

峡里烟霾塞,江间笑语清。未谙真宰意,须著老生行。微月三洲净,北风双橹鸣。葛洪有丹井,谁复一凝情。

寄陶宪副

河汾非一策,贾傅乃多伤。贱士何能尔,先生独讶忙。功名春日梦,母子暮年肠。凭借春风力,吹嘘到庙堂。

前菊会

荒村开紫菊,细雨隔苍梧。漂泊逢山鬼,归来觅酒徒。佳期宾不赴,幽赏子何孤。为罚南山老,青钱买百壶。

后菊会

余花留醉客,缺月到疏梧。我老真违世,人生各有徒。交游今日少,宇宙此亭孤。惯得趋时理,千金买一壶。

后菊会再次李九渊韵

黄花憎竞赏，人事夺幽期。长夜来寻醉，微霜落满枝。行藏深盏酒，风月小囊诗。长啸东轩下（一作老），苍鬓白接篱。

留连杯酒下，重叠菊花期。熟犬知过客，寒蜂亦恋枝。溪山回月色，香影入梅诗。地窄君休舞，倾斜尔接篱。

发江门

北风何太急，亭午缆江门。红叶津头路，黄花市外村。病从书课减，老悔剑心存。忽动江湖兴，陶然近一尊。

受平岗钟氏开垦田券

城郭无闲地，山林有夙缘。平生疑梦寐，今日定神仙。鹤舞三间屋，猿声十顷田。赋诗传胜事，堪为主人镌。

赠邝云卿别

我病三年下，君行万里余。旧游谁复在，远别意何如。江阁频倾酒，金台懒发书。晴川未解缆，更与看芙蕖。

用前韵谢方公酒

濯缨来试手，浣浣得清沟。高阁看磨剑，担书欲汗牛。花边聊酒盏，笔底见春秋。此日开怀道，石家信也不。

题雨葵为冯允祯推官

葵花本向日，谁误雨中开。推节晚挥动，江山聊剪裁。世故浮云外，雩风锦瑟来。几人担此意，涵泳了余杯。

露坐

有句酬风月，无衣制芰荷。寸心同止水，万感不生波。露下阶除静，山空夜气多。蹁跹兴不浅，更遣小童歌。

赠张叔亨别

昼枕醒何处，翛然疏柳阴。衰年只独坐，胜事与谁言。屡泊仙郎舫，时开野老尊。别离歌莫动，垂老易销魂。

久雨

涧水出何许，涧花粘竹根。雨多嗔屋漏，雷动觉天烦。绿草生满地，黄鹂啼过村。古来通造化，兹理共谁言。

寄贺黄门

传缄一万里，江上送征鸿。形象丹青老，心神柬札通。半生如昼梦，一笑隔春风。病起知何日，贤声四海同。

灯夕饮平冈钟氏宅 次坐客韵

灯市歌初闹，篱门夜转幽。主翁难罢酒，诗客且停舟。已幸云同宿，微伤月映流。此中寻笑语，时节尽悠悠。

偶诵陈用拙《登临淮楼》“浮世自无闲日月，高楼长有好山川”两句，叹赏成诗

有客高结喉，赋诗楼上头。初疑杜子美，定是韦苏州。隔水山如画，斜阳笛起愁。百年将满日，兴尽此登楼。

胡提学将至白沙

信息来终大，村边识画船。佳期今两近，久病故人怜。合眼韦编绝，凭身木榻穿。公来须薄暮，水月任回沿。

黄塘道中

梦去只高堂，觉来还异乡。山云愁复起，江水意何长。未歇黄茅瘴，那无碧树霜。坛经久相对，不是学西方。

宿回龙寺〔1〕

孤烛江边寺，疏钟雨后天。愁人知永夜，远客惜流年。不买南安酒，留充玉枕钱。床风无意绪，吹断药炉烟。

九月晦日至南康

清溪一百曲，乃到县官衙。尽日阁双橹，中流横一槎。晚来山气重，秋尽水程赊。旧隐龙溪上，相思日又斜。

过庐山

为客三冬暮，行舟五老前。孤云朝徙壑，高雪夜封泉。鹿去空遗洞，僧亡只故莲。经过不敢惜，万里正朝天。

扬州宝胜寺大虚长老来访白马庵，赠之

知我携琴至，冲寒得得来。太虚真惠远，白马小蓬莱。习气冰消涧，禅机月在梅。老夫留不得，聊赠小诗回。

---

〔1〕 此诗，又见白沙先生《书玉枕山诗话后》文中，题为“回龙寺夜坐”。遗诗补集所收录，恐即据此。

三月三日将至德州,南风大作,飞尘塞舟,拨闷二首

震荡长河水,离披北上尘。乾坤亦何事,行客欲伤神。卷入清源混,飞来白葛新。岱宗高几许,齐鲁近吟身。

搅坐复搅眠,斯须满客船。何人借白鹤,老子上青天。稍稍又相及,劳劳还自怜。平生北窗下〔1〕,一枕羲皇前。

留别山东提学潘先生

在昔或相忌,而今都不争。春风吹万物,时雨被诸生。道果无难易,人当系重轻。冲寒三百里,不但见交情。

病叟亦何事,江湖闲往来。貌虽云长老,心不异儿孩。既有连朝雪,那无半夜雷。愿言各珍重,保此太和胎。

宿潭口寨

朔吹无消息,寒云结暝阴。药炉还养火,酒市不留金。正是思乡处,难忘永夜心。相依江寨宿,灯火白头吟。

九日寄丁明府爽约 原集少此一首

北里醅初熟,东篱菊正黄。与公倾一斗,排日是重阳。俯仰思何极,登临兴正长。几时来入社,诗罢忆张郎。

庆寿寺写怀呈李侍讲

书来慈侍下,一字一金酬。客散寺钟夕,雨声梨叶秋。床前修白芨,枕上续丹丘。痴病且如此,乾坤何所求。

---

〔1〕“北”,遗诗补集作“比”,王安舜本作“北”,兹据王安舜本。

赠别林缉熙[1]

溟海万里流，罗浮千仞冈。五年一濯足，十年一褰裳。浩浩浮大钧，峨峨奠中央。人生但如此，泉石非膏肓。

别思何悲哽，之人足起余。相逢过白首，此去决璠玙。琴剑那能久，晨昏不作疏。放颜如有问，次第拜阶除。

朝辞白沙馆，暮宿越王台。舟帆几日住，诗卷两人开。具眼乾坤大，论功日月哀。六经凭孔氏，无计避秦灰。（右一首兼呈美宣。庚寅六月。）

次韵林缉熙游罗浮[2]

寺邻千丈石，古色剑棱棱。是物谐吾性，何年遗尔僧？檐牙巡鹊树，屋角挂瘿藤。坐眺秋天迥，扶摇任老鹏。右宿明月寺

白日深屏翳，清宵闻步虚。未殊阆苑日，谁辨铁桥初？历历深经眼，栖栖正卜居。老夫端欲往，更问子何如？右冲虚

红泉双屐驻，碧落一霄同。去去尔性得，劳劳吾鬓蓬[3]。书回谢阛阓，迹灭想崆峒。预恐迷前路，先来访葛洪。

偶题

端默三年下，南方有缉熙。由来须一静，亦足破群疑。敢避逃禅谤，全彰作圣基。后来张主事，是与树藩篱。

---

〔1〕 自《赠别林缉熙》至《偶题》，共七首，底本原缺，据《南川冰蘖全集》卷末附录、《陈献章集·陈献章诗文续补遗》补出。（林光《南川冰蘖全集》，第四六八至四七四页；《陈献章集》，下册，第九八二至九八六页）

〔2〕 此诗第三首，遗诗补集、王安舜本亦有收录，题为“赠羽士”。

〔3〕 “去去尔性得，劳劳吾鬓蓬”，原作“去□□□□，□□□鬓蓬”，其中脱字，据遗诗补集、王安舜本补出。

送昆山省试[1]

绿鬓来孤骑,清言费一灯。极言怜老病,无计逐飞腾。凤鸟当时至,龙门何处登。经过五老下,问讯白莲僧。

出潞河[2]

上疏宁非罪,纶音更敢违?平生只愿仕,今日暂须归。溪艇眠纱帽,岩花落彩衣。细论朝野事,九五正龙飞。

圣主隆大孝,微臣表下情。深惭不报德,有诏许归宁。野日明霜戟,河风动羽旌。此时心一寸,飞入九重城。

遇雨诗[3]

易菊主偕其侄婿杨和从子庸信宿白沙,遇雨,偶忆庄定山与予于白马庵夜雨联句云:"公来山阁雨,天共主人情。"菊主感叹,再三诵之。予因旧韵以复。

襟裙犹耐冷[4],红紫半抽晴。我不辞为主,公无厌絮羹。旋吟诗遣兴,直以酒陶情。何可废行乐,春秋七十更。

---

〔1〕 此诗原缺,阮榕龄据《鹤山县志》录入所撰《白沙丛考·白沙先生诗文补遗》,兹据以补出。阮氏于题后加小注云:"按:李渭,字长源,号昆山。新会、鹤山《志》俱有传。"(阮榕龄撰:《白沙丛考》,《宋明理学家年谱》第九册,第四九四至四九五页;又参陈献章撰:《陈献章集》,下册,第六九〇页)

〔2〕 此诗原缺,阮榕龄据所见白沙先生墨迹录入所撰《编次陈白沙先生年谱》"成化十九年癸卯"条,兹据以补出。(阮榕龄撰:《编次陈白沙先生年谱》,《宋明理学家年谱》第九册,第二八四页;陈献章撰:《陈献章集》,下册,第八三二至八三三页)

〔3〕 此诗原缺,阮榕龄曾据所见白沙先生墨迹钞出并录入所撰《编次陈白沙先生年谱》"弘治六年癸丑"条,兹据以补出。(阮榕龄撰:《编次陈白沙先生年谱》,《宋明理学家年谱》第九册,第三三一至三三二页;陈献章撰:《陈献章集》,下册,第八五〇页)此诗墨迹尚有两幅传世,一载《白沙先生遗迹》,一载《陈白沙的书法艺术》。其中《陈白沙的书法艺术》所载四首诗之顺序不同。(陈应燿《白沙先生遗迹》,香港,陈氏耕读堂,一九五九年增订版,第一四至一六页;陈福树撰:《陈白沙的书法艺术》,第八〇至八一页)

〔4〕 "襟裙",《白沙先生遗迹》、《陈白沙的书法艺术》所载墨迹作"襟裾"。

老脚莫浪出，东君不放晴。青山倚鸠杖，白饭下鱼羹。耕凿无余论，烟霞杳去情。偶持一觞酒，留客话深更。

衡门来好客，久病快新晴。子美云安酒，东坡骨董羹。江山成永啸，今古莫留情。劝饮多狂句，陶笺写率更。

人心殊觉夕，白日此阴晴〔1〕。义激中流柱，名哀众口羹。耻为一身计，痴拥万年情。坐久笼山雨〔2〕，寒云湿未更〔3〕。

弘治癸丑春正月二十日，石翁书于白沙贞节堂。

应试后作〔4〕

久为浮名缚，聊忻此为贫。春寒三日战，衰病百年身。白发慈颜老，扁舟感兴频。平生荣辱事，来往一轻尘。

右稿呈德孚先生求教。陈献章顿首。

别江门三章，赠薛宪长〔5〕

东南六十县，乃在岭海间。斯民日疲困，盗贼纷相抟。仁义久不施，别离愁我颜。竿头百尺线，可以系东山。

挽陈剩夫先生〔6〕

武夷为约后，垂死又三年。朗月罗浮外，高楼镇海前。独疑何

〔1〕“人心殊觉夕，白日此阴晴”，《白沙先生遗迹》、《陈白沙的书法艺术》所载墨迹作“人心殊晓夕，自可比阴晴”。

〔2〕“笼山雨”，《陈白沙的书法艺术》所载墨迹作“山笼雨”。

〔3〕“寒云”，《白沙先生遗迹》、《陈白沙的书法艺术》所载墨迹作“寒衣”。

〔4〕此诗原缺，然其墨迹尚存。兹据墨迹补出。（陈福树撰：《陈白沙的书法艺术》，第三六页）

〔5〕此诗原缺，然其墨迹尚存。兹据墨迹补出。（陈福树撰：《陈白沙的书法艺术》，第七〇至七一页）案：此诗共三章，此为其第三章，另外两章即“送薛廉宪江门”之第一、第二首。（《白沙子全集》，何九畴刻本，第六卷，第五七页；又参《陈献章集》，下册，第六一五页）

〔6〕此诗原缺，兹据《布衣陈先生存稿》补出。（陈真晟撰：《布衣陈先生存稿》，《续修四库全书》，第一三三〇册，第四〇三页）

面目,相望此山川。忽报龙岩讣,乘春欲理船。

拙诗一章,奉烦龙岩掌教李先生致之布衣陈先生柩前,以表哀悼之忱耳。布衣先生,余雅敬慕久矣,曩岁有书约予游武夷,冀得一会,今弗及矣,可胜悼哉!

游龙洞山〔1〕

谁为龙洞主,我为定山来。春日窥林美,阴云辟户开。灵光潜旷室,伏气长龙胎。移对林光去,南川作钓台。

问罗浮道士〔2〕

绝壁飞云上,攀缘几仞苔。朱明分路入,白鹤上天回。细篆虫行竹,孤村犬傍梅。赋诗怜老手,谁唤大苏来。

阙题(“白马江边寺”)〔3〕

白马江边寺,公舟云里来。平生朱仲晦,只送吕东莱。山暝云藏月,江春雪放梅。老僧无一语,玉带却收回。

楚云台,为李世卿立〔4〕

太极分天地,东南有一台。水穷沧海阔,云度楚山来。屡见乘

---

〔1〕 此诗原缺,兹据《万历江浦县志》所录补出。(沈孟化、陆察、张梦柏等纂修:《万历江浦县志》,《天一阁藏明代方志选刊续编》,第七册,第五〇七页)

〔2〕 此诗原缺,《乾隆博罗县志》第十三卷有收录。兹据李君明《陈白沙诗辑逸》补出。(李君明撰:《陈白沙诗辑逸》,《岭南文史》,二〇〇六年第三期,第五〇页)

〔3〕 此诗原缺,据《万历江浦县志》补出。(沈孟化、陆察、张梦柏等纂修:《万历江浦县志》,《天一阁藏明代方志选刊续编》,第七册,第五九七至五九八页。又参陈志平撰:《陈献章书迹研究》,第七七至七八页)

〔4〕 此诗原缺,清同治《重修嘉鱼县志》第十二卷有收录。兹据《李承箕集》附录补出。(李承箕撰:《李承箕集》[朱志先点校],武汉,湖北人民出版社,二〇一八年,第四四六页)

桴去，终期采药回。逍遥千丈木，斟酌万年杯。

赠亲家易菊主〔1〕

自从有菊来，岁月忽已深。陶潜当在晋，易赞乃于今。栗里衔杯意，江门抚卷心。秋山吾对菊，千古一沉吟。

阙题（“烟岚群壑暝”）〔2〕

烟岚群壑暝，松桧一林秋。寺古僧还朴，地偏山更幽。土檀堆石鼎，野茗满磁瓯。不解西方说，门前多稻畴。

赠何宇新〔3〕

绕舍乌成阵，终年虎卧门。山梅初并蒂，冬竹又生孙。耿耿天公识，明明国典存。千秋何孝子，不愧史官言。

---

〔1〕 此诗原缺，据《易氏族谱》补出。此诗题下有小注云，“公讳赞，女适白沙嫡孙畹”。又：此诗由王光松先生提供，在此谨致谢意。

〔2〕 此诗原缺，原见于香港中文大学文物馆《承训堂藏扇面书画》。兹据陈永正《陈献章诗编年笺校》补出。（陈永正撰：《陈献章诗编年笺校》，下册，第一〇二四页）

〔3〕 此诗原缺，郭棐《粤大记》第二十一卷有收录（郭棐撰：《粤大记》，广州：中山大学出版社，一九九八年，下册，第六三七页）；阮榕龄《白沙门人考》“何宇新”条则据阮元《广东通志》加以引述。兹据两书将其补出。又：此诗，此前陈永正《陈献章诗编年笺校》经已辑录。（陈永正撰：《陈献章诗编年笺校》，上册，第四二一页）然而，《光绪惠州府志》所载此诗，题为“赠何孝子”，且作者署名为“李颙”。佚名撰《工部右侍郎李颙传》云：“李颙，字思诚，广东博罗县人。正统丙辰进士。由刑部主事擢福建按察司佥事；未几，升参政，综理海道。景泰丙子，调任于山东；天顺戊寅，进右布政；庚辰，入觐，时天下官旌异者仅十人，而颙预焉，赐宴于礼部，兼锡金织袭衣，转左布政。丁父忧，改浙江。成化丙戌，召为工部右侍郎。钱塘江溢，冲啮堤岸，坏民田庐，往治之，人赖以安居。还朝，年六十有二，以疾乞归。成化十六年六月卒。讣闻，赐祭葬如例。”（焦竑编：《献征录》，上海：上海书店出版社，一九八七年影印本，第二册，第二一三三页）据李颙之生卒年月、乡贯履历，此诗为李颙所作，似亦不无可能。详情有待进一步考证。

卷之五

七 言 律 诗

与友约游仙井

仙井会容双眼到，病躯须着一筇扶。春风有客来相问，何日扁舟进所如。世道难交终索寞〔1〕，幽居拟卜只虚无。凭君寄语山灵道，欲傍啼猿借一区。

马贞卜筑圃中，与容贯同处

何处有花堪结椽，溪边园里树相连。一斋一榻同灯火，江草江花自岁年〔2〕。元亮高栖须避俗，岩青异骨合成仙。东风两岸黄鹂语，我亦中流坐我船。

自斗冈还，至汾水江值暮

归舟欲背南风发，别盏初开落日斜。杜曲寄声凭骥子，是日，景易有信促归。武陵回首惜桃花。东游西泛经旬日，挥翰留诗到几家。满眼却愁归路黑，时从野老问江叉。

〔1〕“世道”，林齐本、萧世延本、白沙文编作“市道”。
〔2〕“江草”，林齐本、高简本、萧世延本作“江水”。

吊厓

天王舟楫浮南海，大将旌旗仆北风。义重君臣终死节，时来胡虏亦成功。身为左衽皆刘豫，志复中原有谢公。人众胜天非一日，西湖云掩鄂王宫。

子陵

谁将史笔点行藏[1]，真有乾坤日月光。三尺羊裘几铢两，千秋龙衮共低昂。客星天上何须急，老脚人间不浪长。留得先生在台辅，不知东汉可陶唐？

羊裘不返道终疑，玉帛虽来事可知。天下君臣光武召[2]，世间脍炙子陵碑。故人不改狂奴态，一事堪为百世师。九鼎汉家从此重，听歌山谷老人诗。

桐江秋水来天地，照见千年老凤还。太史直书形迹外，先生犹在是非间。交情此去投当宁，年事何劳列从班。欲向东吴问遗老，江湖容有此翁闲。

先生如此亦天民，高坐桐江一水滨。却到陵夷排乱贼，方知名节是忠臣。白鸥自去江湖远，黄纸何来道路频。往往见人东庑下，伤心一代帝王真。

读张曲江撰《徐聘君墓碣》

杜陵烟艇曾来否，相国铭章今在亡。千古我能生感激，一碑谁可借辉光？江波自映蒲轮返，原草还沾絮酒香。事异凿坏终远去，

---

〔1〕“史笔”，林齐本、高简本、萧世延本、白沙文编、何熊祥本、王安舜本、黄之正本、碧玉楼本、四库全书本作“此笔”。

〔2〕“召”，白沙文编、王安舜本作“诏”。作“诏”似于义为长，“光武诏”对“子陵碑”。

鸿冥天阔道之常。

桓灵而下使人悲，却忆陈蕃在郡时。何处公车还欲召，平生此榻竟奚裨？事机成败我当算，天命去留人得知。万古江山一回首，风清月朗聘君祠。

知心未问陈蕃辈，欲起先生在帝桓。自古山林轻禄位，至今朋党惜衣冠。寻常笑语诸公抚，七十支离一老看。谁道开元张相国，重磨碑碣写心肝。

一木能支大厦颠，栖栖徒只喻当年。身垂白发西山里，光射青牛北斗边。信史只今文献碣，清风何日豫章传。狂歌乱耳不足献，依旧生刍置墓前。

西南驿晚望〔1〕

晚来花雨湿诗囊〔2〕，独上邮亭望大荒〔3〕。南尽海旁诸郡浅，西来天上一江长。渔歌落日还孤艇，树隔啼莺背短墙。料理凭高非一事，樽前谁与共平章？

秋江漫兴

能倾瓦盏深深酒，不尽秋江短短篇。闲弄孤舟移白日，明开两眼看青天。鸥迁远渚眠何处，云飐高风落此川。野老隔波频问讯，可能无意向神仙。

送罗养明还江右

长寄湖西梦里身，扁舟春早忽相寻。乾坤自古悲难合，伯仲而

〔1〕“西南驿”，原作“西山驿”，据底本目录及林齐本、高简本、萧世延本、白沙文编、何熊祥本、王安舜本、碧玉楼本改。

〔2〕“晚来”，高简本、萧世延本、白沙文编、王安舜本作“晓来”。

〔3〕“独上”，林齐本、高简本、萧世延本、白沙文编、何熊祥本、王安舜本、黄之正本、四库全书本作“晚上”。

今契亦深。草色正催公子醉，花枝不称老年心。何须袖却鸳鸯手，更向沧溟问我针！

懒作人间卖卜仙，红蕖浪里枕书眠。诗篇到老绝求世，酒盏逢春不爱钱。鸥鹭一群清似雪，江湖诸子远如天。扁舟忽报金牛信，也得江花对惠连。

村中即事

山风处处闻松花，江市日日来鱼虾。高田一弓走猎犬，灌木几株丛老鸦[1]。正逢元宵市灯好，亦有杂剧村鼓挝。野老西畴急春事，长揖县官归县衙。

晓枕过金洲戏作

行人拍手笑天公，十月江湖未朔风。旭日上天才半赤，晴霞照水忽殷红。注目九江来艇急，回头三老著篙慵。何须却走苍梧道[2]，不是天公也笑侬。[3]

清明前三日，有怀亡友伍光宇无子

先生英骨葬蓬莱，幽思凭高不易裁。荒岁无穷春易老，清明将近雨还来。皇天自失包胥定，泉壤谁兴伯道哀。寻乐斋前数株树，月明空有鹤飞回。

祷雨，呈县主丁彦诚

峰顶为坛五土升，皇穹端合享精诚。雨声先到玉台寺，云气初

---

〔1〕“丛”，原作“松”，据林齐本、高简本、萧世延本、白沙文编、何熊祥本、王安舜本、碧玉楼本、四库全书本改。

〔2〕“却走”，高简本、何熊祥本、王安舜本、黄之正本、四库全书本作“却是”。

〔3〕“不是”，林齐本、高简本、萧世延本、何熊祥本、王安舜本、黄之正本、四库全书本作“不道”。

蒸绿护屏。野老分钱须一虎,病夫献茗走诸生。年丰我欲招神觋,绝壁高镌令尹名。

奉陪赵提学厓山慈元殿吊古

信国诸臣近有碑,一陵濒海尚堪疑。荒山野水无人到,落日轻风送我旗。天地几回人变鬼,风波万里母将儿。萋萋芳草慈元下,邂逅渔樵问旧时。

李德孚挽歌

此翁白发已垂肩,犹借沧波十载眠。德孚己丑偕予自京师归,不复出,至是十年而卒。一舸载书同载酒,几家留药更留钱。山阳笛奏西樵月,西樵,南海山名,余曩与伍光宇同游,后有《西樵山感旧》诗,即此山也。薤露歌传大石篇。大石,即德孚所居村名。谁道人生只如此,两行衰泪落江烟。

别时已动东游兴,别后还深永诀悲。夫子春秋能六十,故人涕泪不童儿。身如南郭人间老,家有文溪地下师。修短未知谁喜戚[1],天涯孤影日凄其。

题庄定山诗集

春风一曲有霓裳,不落人间小锦囊。今代名家谁李杜,先生高枕自羲皇。乾坤兀兀中流柱,风月恢恢大雅堂。莫道白沙无眼孔,濯缨千顷破沧浪。

浴日亭,次东坡韵

残月无光水拍天,渔舟数点落前湾。赤腾空洞昨宵日,翠展苍茫何处山。顾影未须悲鹤发,负暄可以献龙颜。谁能手抱阳和去,

[1] "谁",高简本、何熊祥本、王安舜本、黄之正本、四库全书本作"人"。

散入千崖万壑间？

扶胥口书事，借浴日亭韵

早春约我扶胥口，今日进舟黄木湾。使君已去漫留诺，水国独吟空见山。老向烟波真得地，晚来风日更开颜。明朝去觅南川子，与话平生水石间。南川子，林光也。〔1〕

宿榄山书屋

一片荷衣也盖身，闭窗眠者乃何人？江山雨里同歌啸，今古人间几屈伸。长与白云为洞主，自栽香树作斋邻〔2〕。山中甲子无人记，一度花开一度春。〔3〕

别榄山

罗浮山色眼中来，老子心情不易裁。高浪不惊南海舶，白云聊共榄山杯。未知竹径留人否，那问天公著雨催。主人更道秋来好，收拾黄花待我回。

余兴

何处秋声入短琴，江边萧瑟起枫林。空歌白雪儿童笑，不负沧波老子心。钓石摩挲云气暖，睡沙展转月痕深。眼中昏嫁随时了，只有床头鬻犬金。

---

〔1〕 高简本、何熊祥本、王安舜本、黄之正本、碧玉楼本、四库全书本无小注“南川子，林光也”六字。

〔2〕 “自栽”，原作“自裁”，据高简本、萧世延本、白沙文编、何熊祥本、王安舜本、碧玉楼本、四库全书本改。《南川冰蘖全集》卷末附录此诗，亦作“自栽”。（林光撰：《南川冰蘖全集》，第四七一页）

〔3〕 诗末，《南川冰蘖全集》卷末附录此诗有“戊戌夏四月”五字。（林光撰：《南川冰蘖全集》，第四七一页）

陈冕来游白沙，至仰船江遇石尤风，舟覆

中流几覆程夫子，何况白沙门下人！贤辈何曾负天道，老夫正自怪江神。仁义几回惊阔论，利名何处不通津。只应归拜庭闱日，弃置艰难不肯陈。

罗一峰挽词

今我何敢私一峰，百年公论在儿童。要知此老如君实，更恐前身是孔融。青天白日人千古，五典三纲疏一通。天下何尝乏知己，我言刚与定山同。

状元文史少微星，翰苑为官谩两京。既有光华争日月，那无描画在丹青？表章细事凭诸老，怅望高风激后生。千秋欲与苏徐并，湖水中央更一亭。

芙蓉城下白骡还，更见一峰何处山。晚觉神仙真妄诞，肯留精爽一追攀。高才转盼交游内，元气惊心宇宙间。此日迸空为谁泣，衰龄何意向人寰。

杜阮看山 容贯卜居之地

曾于海上看罗浮，魂爽高飞未得收。一片好山还入眼，两巡瘦马更回头。青浮竹杪冈连峙，红浸花枝水曲流。君若卜居须卜此，涧边黄发是巢由。

数家种竹已成林，共有平生卜筑心。草木总偷春色早，云霞偏傍晚山深。莺声早赴山灵约，松盖先分地主阴。欲置一庵三级土，结趺高榻对南岑。

代简答伍郡主为莆田林侍御求草书[1]

闭门一病九十日，小草大草生荒芜。山癯须爱老狂客，府主正逢贤大夫。药裹君臣何处有[2]，墨池风雨坐来无。秃管已驰林侍御，如今雪茧不还莆。

东亭奉别宪副陶公

父老连村拥画航，东亭西日引杯长。旧是宰官今宪副，后来新会古桐乡。指挥戎马能千里，表里山河捍一方。太史但收能吏传，升平不必问耕桑。

蒋宗谊以厥考《樵林摘稿》及其所著《续宋论》见寄，代简奉答

江右诗书不乏贤，君家父子尽堪传。樵林一摘几千首，宋论直窥三百年。西汉文章迁史后，东吴风月定山前。乾坤只眼知谁在，不是杨雄不好玄。

寄景星海上

妒花暝雨迷千里，隔水残红度几车[3]。梦破三更子规鸟，香来一树木犀花。病夫老去头如鹤，稚子春来发似鸦。海曲传诗意无尽，更期何处问丹砂。

---

[1] “代简答伍郡主为莆田林侍御求草书”，林齐本、萧世延本、白沙文编作“代简答府主伍大夫为莆田林侍御求草书”。

[2] “何处”，林齐本、高简本、萧世延本、白沙文编、何熊祥本、王安舜本、碧玉楼本作“眠处”。

[3] “度”，林齐本、萧世延本、白沙文编作“堕”。

次韵都宪朱公归兴

当日头颅也未然，相逢休问买山钱。葛巾旋把陶潜酒，烟水将归范蠡船。岭表他年须远略〔1〕，桂阳秋月忆高眠。大臣去就嫌疑绝，还以嘉谟赞九天。〔2〕

又见乾坤一老闲，落花何处鸟关关。宦情老去那能系，世路今来却未艰。徐稚欲眠湖上榻，庞公初到鹿门山。长风又送衡阳雁，会寄东溟□□还。〔3〕

命孙田

新开斥卤走通川，剩种乌稌益税钱。士不居官终爱国，孙当从祖是名田。幸生天下承平日，屡见人间大有年。从此不须忧俯仰，茅斋向暖抱孙眠。

辛丑元旦戏笔

酒杯不与年颜老，诗思还随物候新。分外不加毫末事，意中长满十分春。栖栖竹几眠看客，处处桃符写似人。除却东风花鸟句，更将何事答洪钧。

与谢胖

柳市南头望客舟，青山无语水东流。江花自对黄鹂晚，风雨偏催白发秋。宇宙万年开老眼，肝肠一缕入春愁。明朝日出波涛暖，

---

〔1〕“远略”，高简本、何熊祥本、王安舜本、黄之正本、碧玉楼本、四库全书本作“领略”。

〔2〕“以”，高简本、何熊祥本、王安舜本、黄之正本、碧玉楼本、四库全书本作“似”。

〔3〕此首，底本原缺，据遗诗补集补出。遗诗补集于题后加小注云“原集少此一首”。

依旧忘机对海鸥。

重赠张诩

风雨何人来款扉，沧江烟艇疾于飞。正将白首怜倾盖，不管春泥得上衣。诗句与君争出手，酒杯中我自忘机。伤心万里沧溟水，又逐长风破浪归。

酴醾将开值雨

相看无语只沉吟，蓓蕾枝头已簇金。山雨不来昏昼景，东君容有妒春心。较量花品终何益，茫昧天机亦自深。明日阴晴还未定，一尊何急对花斟。

答梅绣衣见访〔1〕

一春烟雨暗荆扉，系马怜君共落晖。酒盏香风吹月桂，研池清露滴酴醾〔2〕。水中郭索嗔皆是，屋上慈乌爱亦非。天道不移人自异，红尘飞上钓鱼矶。

陈庸被盗，张诩有诗唁之，因次其韵

三尺龙泉八尺身，书生胆气欲惊人。亦遣偷儿知我辈，还将直道是斯民。风连蜀魄东方晓，雨洗荼蘼昨夜春。白舫望君心若渴，清川照我发如银。

---

〔1〕此诗之白沙手书墨迹尚存，题为"与曹秀才"。（陈福树撰：《陈白沙的书法艺术》，第四六至四七页）然而，据陈福树、陈永正考证，此诗并非白沙作品，而为宋人陈著作品，题为"答直学士院见访"。（陈福树撰：《陈白沙的书法艺术》，第四六页；陈永正撰：《陈献章诗编年笺校》，下册，第一一一五页）兹出校说明。

〔2〕"研"，林齐本、高简本、萧世延本、何熊祥本、王安舜本、黄之正本、碧玉楼本、四库全书本作"砚"。"研"、"砚"通。

晓枕

天时人事莽何穷，睡破山窗正恼公。几点木犀三月雨，一声蜀魄五更风。青春有限年年老，白发无私个个同。莫共老人论甲子，闾阎稚子亦成翁。

咏鹤

孤山赤壁两茫茫，疏柳江边一草堂。尘世事多黄发老，仙禽真对缟衣郎。风回蕙帐声犹袅[1]，月落芝田影渐长。却怕茶烟生一缕，等闲飞去碧沙旁。

忆鹤

孤山有月好西湖，只问湖中鹤在无。颈阁瘦躯三尺半，声摇残梦四更初。青田别去何由见，赤壁飞来不受呼。寂寞小斋谁是伴，赛兰香袅旧团蒲。

谢惠壶

江上花边到一壶，春风日日要人扶。数篇栗里乃何趣，五斗高阳非酒徒。春事无多花去眼，老形已具雪添须。醉乡著我扶溪老，白璧黄金惠不如。

题闲叟

前村烟火熟朝炊，正是先生睡足时。身带江山人在画，目穷今古世争棋。花边击鼓诸孙戏，竹下扶筇一鹤随。应笑书生闲未得，白头忧世欲何为。

---

〔1〕“回”，四库全书本作“传”。

游心楼为丁县尹作

城外青山楼外城，城头山势与楼平。坐来白日心能静，看到浮云世亦轻。高阁只宜封断简，半年方许读西铭[1]。乾坤一点龙门意，分付当年尹彦明。[2]

次庄定山清江杂兴韵

家学华山一觉眠，图书亦在枕头边。傍花随柳我寻句，剩水残山天赐年。竹径旁通沽酒市，桃花乱点钓鱼船。平生我爱孙思邈，自古高人方又圆。

中秋夜示江右李刘二生

胜会古来非独今，两生尊酒喜同斟。且看溟海中秋月，莫动匡庐半夜心。天道端须怜主客，浮云不敢弄晴阴。尧夫独爱梧桐上，万籁无声意自深。

辞修县志

吁嗟文献荒凉久[3]，著述图经长老宜。令尹高才应处分，病夫何者敢闻知。尝闻司马开班范，直似家翁诏小儿。史体所关无大小，千秋麟笔寄宣尼。

---

〔1〕“方许读”，碧玉楼本作“刚好读”。此诗墨迹尚存，墨迹作“刚好及”。（陈福树撰：《陈白沙的书法艺术》，第五一页）

〔2〕“尹彦明”，原作“尹彦诚”，据林齐本、高简本、萧世延本、白沙文编、何熊祥本、王安舜本、黄之正本改。此诗墨迹尚存，墨迹亦作“尹彦明”。（陈福树撰：《陈白沙的书法艺术》，第五一页）尹焞，字彦明，洛阳人，程颐弟子。宋钦宗靖康年间，赐号和靖居士。

〔3〕“吁嗟”，高简本、何熊祥本、王安舜本、黄之正本、四库全书本作“嘘嗟”。

寄李九渊

黄花开尽不持醪，更对黄花读楚骚。江阁影流西日转，海鸿声引北风高。大寒天地犹堪出，垂老筋骸总厌劳。嗟我与君同甲子，镜中谁让长霜毛。

次韵梅侍御赠别

朱弦一弄白云深，山水何人共赏音。老去布裘偏爱日，春来花树不宜阴。两端姤复虽天道，一体乾坤是此心。扶病寒江远相送，古椰叶脱北风吟。

赠同游马玄真伍伯饶甥舅

江流东与海潮通，江去潮来今古同。岩洞风光诗卷里，天涯岁月钓船中。老甥动止常随舅，小友心情爱傍公。更约铁桥窥险绝，笔床琴匣未须封。

立春日呈丁县尹

浮生五十五回逢，青帝来朝驾自东。草色向江先自绿，桃花临路为谁红。高堂满献曾孙酒，小邑初移令尹风。身著斑衣啼又笑，老莱真个是儿童。〔1〕

元夕

欲将斗柄作垂钩，高挂银蟾照九州。皇帝万年临宇宙，群黎无处不歌讴。两间和气氤氲合，五色卿云烂熳浮。一曲升平人尽乐，老夫林下更何求？

---

〔1〕“老莱”，原作“老来”，据林齐本、高简本、萧世延本、何熊祥本、碧玉楼本改。

贺冠者

都老门前十丈松，采帷高映日曈昽。宾迎一径桃花里，春在三加酒盏中。礼式未忘洪武化，弦歌还动子游风。主人不用投壶劝，醉倒江门老石翁。

寄高知县

下疑河岳上星辰，何处勾连得此身？天上未旌强项令，督邮多见折腰人。青天白日孤城晓，碧柳黄鹂万井春。涧底菖蒲真未有，堪君服食更通神。

次韵伯饶见示养内之作

小结庵居不化缘，牵萝架石两三椽。一函玉笈飞霞里，半枕华胥语鸟边。东老岂知丹是酒，今人多以管窥天。市中买得参同契，万遍千周然未然。

次韵答伯饶见拉出钓

好共溪山结晚缘，竹枝深夜响渔椽。风清月朗沧溟外，鱼跃鸢飞枕几边。茶灶烟销回野艇，竹竿霜冷钓秋天。少年孟浪东西走，衰病于今耻复然。

苦热

寻常衣汗湿青荷，争奈连朝溽暑何。四象阴阳分老少，一年天地几中和。水枯瓦沼蛙将徙，日炙山枝鸟不歌。一事伤廉非得已，竹林冰簟受风多。

寄林虚窗

苍梧酒兴未消磨，又向江门鼓枻歌。鸟见画来高画品，我疑诗巧是诗魔。辋川树石愁摩诘，与可精神动老坡。开眼也知真有益，后来岁月悔无多。

昼睡

林木苍苍鸟哺雏，江亭春与睡相宜。风花已遣新年醉，气候还增病叟痴。尘世悲欢忘处了，浮生日月梦中移。晨炊未熟无人唤，正是飞云曳杖时。

对酒

竹杪风轻瓦雀哀，葛巾萧散步阶苔。放怀自对溪花笑，好事谁撑酒舫来。白发惊看今日老，青春刚到隔年回。狂心被酒如飞鹤，又逐红云上玉台。

二仲为邻蒋诩家，萧然鹤发映乌纱。春来歌唱惟消酒，老去园林尚种花。蚤卜居庐依木石，不论日月住烟霞。小斋半夜忘眠处，三尺盆池一口蛙。

南归途中先寄诸乡友

我家久住龙溪上，说著龙溪便有情。荔子不将梨斗美，沙螺休与蠏争衡。江村妇女蕉衫窄，市巷儿郎木屐轻。漫兴诗多谁和我，樽前忙杀马先生。

不分宾主共林塘，脱下朝衫作道装。酒为老夫开瓮盎，茗和春露摘旗枪。津头水满鸳鸯下，墙背风来枳壳香。何处与君拼坐久，万株花里小藜床。

与谢祐

易生忽与谢生来，小雨初晴到玉台。笑我十年皋席在，为君今日荜门开。古来委吏非忘鲁，世外高人亦姓回。满眼示人人不识，更从何处话根荄？

县主丁侯约游圭峰斋次，以病不果，赋此

笋舆欲出更夷犹，病入西风汗未收。书阁水云聊自晚，玉台霜月为谁秋。主翁爱客杯盘大，小吏鸣鞭道路愁。我有平生筋力在，不寻斋次碧峰头。

怀古

五斗之粟可以生，折腰殆非贤所能。即生斯世须妨俗，莫道前身不是僧。庐阜社中期滚滚，浔阳菊畔醉腾腾。南山歌罢悠然句，谁续先生五字灯。

荼蘼花开，有怀同赏

看花何处发孤吟，墙角荼蘼又破金。紫艳照人今日态，香风吹梦隔年心。多情酒伴何来晚，得意游蜂入每深。病起南窗坐终日，独怜涓滴未成斟。

次韵林先生潮连馆中见寄 并序

先生年逾七十，尚能与曹刘辈争雄，于此可见好学，老而不倦。谨依韵押成二篇求教。〔1〕

---

〔1〕“韵”，原误作“霜”，据碧玉楼本改。又：此序，林齐本、萧世延本作“承惠诸作，感感。先生年逾七十，尚能与曹刘辈争雄，于此可见好学，老而不倦。谨依(霜)[韵]押成二篇求教。病畏言多，恕不一一”。

烟村渺渺树成行,社屋三间是讲堂。竹叶林中堪送老[1],菊花篱下又逢霜。膳夫问煮鲂鱼美,田舍邀尝早稻香。入社撚须谁最数,共寻佳句答年光。

祖母年高令伯归,白云丹陛共沾衣。小臣去国身多病,圣主留心日万几。一饭未能忘补报,百年终是懒依违。白头恐负垂髫志,记得城西就馆时。

夜坐因诵康节诗偶成

窗竹萧萧正晚风,溪星耿耿又秋虫。一瓢岂敢方颜子[2],千首将无有邵雍?恨月啸花都大雅,鸢飞鱼跃一中庸。无人不羡黄陈辈,高步骚坛角两雄。

家兄往东向村收早稻,登舟后雷雨大作,章侍坐贞节堂至夜分以为忧。是年甲辰,家兄六十一,未尝有如意之求

花甲人间亦易回,吾兄怀抱几时开。云师暂引秋帆去,风伯还将暮雨来。社酒香消荷叶冷,楚歌声起竹枝哀。天公遗我多愁事,贞节堂边炒夜雷。

丁县尹惠米,时朝觐初归

病叟山中观物坐,长官天上带春回。琴堂未必淹三考,村酤犹堪共一杯。彩翼云霄看得意,白头供奉愧非才。如今单父无裨补,分俸何须到草莱?

---

〔1〕“林中”,原作“杯中”,据高简本、白沙文编、何熊祥本、黄之正本、碧玉楼本、四库全书本改。

〔2〕“岂敢”,高简本、白沙文编、何熊祥本、王安舜本、黄之正本、四库全书本作“岂肯”。

次韵张侍御见寄

吐月山前坐四更，一凉何不献先生[1]。鸕鹅翅短那能去，骏马蹄轻只欲行[2]。见舞绿蓑知我醉，听吟素练是君清。许寻旧雨江门下，秋晚不来空寄声。

赤松黄石皆留侯，回首丹丘是故丘。明月波间休击楫，白蘋洲上有眠鸥。谁家风雨花无恙，万古江河水自流。百尺楼中朝引望，望中去马更来牛。

闻张廷实谢病归，寄之

老夫衰病托沧溟，不道沧溟亦有争。正是黑头堪入仕，初登黄甲最知名。君当出我一头地，我更期君万里程。闻说朱明丹已熟，扁舟同作访医行。

偶忆梦中长髯道士用一囊贮罗浮山遗予，戏作示范规

飞云万丈来冥冥，囊括谁将只手擎。南极回头一阁老，铁桥有路中天行。山通碧落神明卫，地有丹砂草木灵。若个长髯应识我，古来真隐不知名。

九节之筇手所持，两年衰病负幽期。香炉瀑布还匡阜，碧水丹山自武夷。鸡犬几时同驭气，云霄无日不支颐。可怜一觉罗浮梦，不记长髯道士谁。

罗浮道士说轩辕，千古风高尚可觇。枕上昨宵惊短梦，人间何处觅长髯。谁能爱酒过东老，我欲凌虚问海蟾。四百乱峰南斗下，是谁囊括到茅檐？

---

[1] “何不”，诗近稿作“何敢”。

[2] “鸕鹅翅短那能去，骏马蹄轻只欲行”，诗近稿、林齐本、萧世延本作“鸕鹅栖稳那能去，骏马步高将欲行”。

夜坐

半属虚空半属身，絪缊一气似初春。仙家亦有调元手，屈子宁非具眼人？莫遣尘埃封面目，试看金石贯精神。些儿欲问天根处，亥子中间得最真。

不著丝毫也可怜，何须息息数周天。禅家更说除生灭，黄老惟知养自然。肯与蜉蝣同幻化，只应龟鹤羡长年。吾儒自有中和在，谁会求之未发前？

次韵张廷实谢病后约游罗浮见寄

沧浪共拟一桴浮[1]，欲斫扶桑作钓舟。箕颍旧知尧舜大，留侯初伴赤松游。空中鹤爪挐云上，桥下泉声洗铁流。却忆平湖林县博，仙山从我竟何由。

胸中千顷著南溟，何物涔蹄莽爱争。但得百千同买醉，不曾三十便收名。莺花衮衮新搜句，烟水茫茫旧路程。莫倚芳容欺老病，手扶青玉并君行。

与谢胖

风波来往十年身，旧事凄凉不可陈。当道岂非钩距手[2]，青山不问打眠人。酒醒旅馆城南月，梦破茅茨海角春。何日定携妻子去，水田稼好最娱亲。

---

〔1〕“沧浪”，林齐本、高简本、萧世延本、白沙文编、何熊祥本、王安舜本、碧玉楼本作“沧波”。

〔2〕“钩距”，原作“钩钜”，据林齐本、高简本、萧世延本、何熊祥本、王安舜本、黄之正本、碧玉楼本、四库全书本改。

梦崔清献坐床上，李忠简坐床下，野服搭飒，而予参其间 二首有序

公在蜀中，尝赋《水调歌头》一篇，其辞曰："万里云间戍，立马剑门关。乱山极目无际，西北是长安。人苦百年涂炭，鬼泣三边锋镝，天道久应还。手写留屯奏，炯炯寸心丹。　对青灯，搔白发，漏声残。老来勋业未就，妨却一身闲。蒲涧清泉白石，梅岭绿阴青子，怪我旧盟寒。烽火平安夜，归梦到家山。"梦中对菊坡论举此词，故中联及之。〔1〕

清献堂堂四百春，梦中眉宇识天人。报君西蜀青油幕，老我东篱白葛巾。万里归心长短赋，九天辞表十三陈。南风欲理增江棹，也借青山卜墓邻。

宋史记中堪列传，菊坡门下岂无人？弹文惊世频登阁，散发从师懒著巾。岭海一星元属李，古今全华总归陈。山斋梦破今何在〔2〕，夜半歌声彻四邻。

馆廷实进士于白沙社，率尔成章，兼呈丁明府

坛有青松埭有花，烟笼寒水月笼沙。人间何处堪栖凤，岁次今年正属蛇。树杪看山横半面，水边寻路入三叉。高轩若肯终年住，应没闲愁上鬓华。

---

〔1〕 此序，林齐本、高简本、萧世延本、何熊祥本、王安舜本、黄之正本、碧玉楼本、四库全书本为第一首之跋。

〔2〕 "今"，林齐本、高简本、萧世延本、何熊祥本、王安舜本、碧玉楼本作"公"。《嘉靖增城县志》所收录此诗，亦作"公"。（文章修、张文海纂：《嘉靖增城县志》，《天一阁藏明代方志选刊续编》，第六五册，第五二三页）

廷实偕丁明府游圭峰,雨中奉寄

脚头到处是天台,多少风光在草莱。花县偶携明府去,玉台还少道人来。清流赴海无千里,白骨封苔有几堆。对雨一樽须强饮,为君呼起鼻中雷。

次韵乡人送酒

四时功德正恢台,仲蔚门前十亩莱。恨我未能终日醉,夫君又送一尊来。江山雨过聊供眼,书卷年深漫作堆。午枕南风吹不醒,可能破柱作惊雷。

廷实归,赠以瑞香之花,次韵留别

是谁溪里放船来,溪月随身上钓台。衰骨可供连日语,后生真有不羁才。笑呼白鸟同诗社,旋掬清流当酒杯。欲赠夫君何所有,画阑新带瑞香回。

番阳丘先生远示杰作二章,仰仞垂爱之厚,感慰兼极。章衰疾龙钟,无足为故人道者,勉据来韵少布区区之忱耳。倘过辽阳之便,假手录寄以发克恭黄门一笑,幸甚[1]

昔从天上拜彤庭,一别官河几度冰。岂有文章供史馆,漫将袍笏对山灵。数株松菊犹三径,两棹风烟又八溟。欲写渔翁寄庐阜,眼中谁解辨丹青。

---

〔1〕 此诗,林齐本、高简本、萧世延本、白沙文编题为"次韵丘太守见寄兼怀贺克恭黄门",且只收录第二首。遗诗补集、王安舜本则题为"次韵丘太守见寄,有序",两首均有收录,其序云:"番阳丘先生远示杰作二章,仰仞垂爱之厚,感慰无极。章衰疾龙钟,无足为故人道者,勉据来韵少布区区之忱耳。倘过辽阳之便,假手录寄以发克恭黄门一笑,幸甚。"

绿水青山置我曹，江西辽左一神交。短篱霜菊谁供酒，破屋秋风自补茅。勋业都归窗下枕[1]，行藏更问易中爻。痴儿多病慈亲老，不向清时叹系匏。

西良容君携孙来访

不见夫君心绪乱，忽过茅宇鬓毛斑。稚孙看弄窗前笔，舫子忘归月下湾。衰病欲寻西华枕，旧游半落北邙山。洛阳诗酒耆英社，分付江门主客间。

次韵定山先生种树

东崦芳菲已碧桃，更移红杏占西坳。每逢好雨扶筇看，不要先生抱瓮浇。与一野僧吟憩石，无诸俗事坐持醪。不将物我来分别，观化于今是几遭。

桥下泉流十丈洼[2]，桥头草屋万株花。关关终日鸟鸣树，岁岁春风人在家。何处三杯歌浦口，夜来一梦在天涯。尊前不见沧溟阔，浩浩还君一笑夸。

花时风日美新晴[3]，北浒南垞迤逦行。春色酣酣薰我醉，年光衮衮叹人生。竹林背水题将遍，石笋穿沙坐欲平。客问定山何所有，满山红紫数声莺。

题画王太姥像，寿家慈八十一

三元甲子不须论，帝遣长生住此村。花水前头瞻太姥，云霞里面拜曾孙。一天星彩分南极，千岁桃花发旧根。议拟人间都未是，壶中自有一乾坤。

---

〔1〕“都归”，白沙文编、遗诗补集、王安舜本作“却归”。
〔2〕“泉流”，诗近稿、林齐本、萧世延本、白沙文编作“流泉”。
〔3〕“风日”，萧世延本作“风雨”。

至日病初起

至日哦诗起坐床[1],梅花墙角为谁香。暖脐一盏金樱酒,降气连朝附子汤。[2] 旋整巾裳还客拜,未堪歌舞趁孙狂。赤藤杖点庐冈石,向晚犹须望八荒。[3]

两度书云傍玉台,不才知幸乞恩回。梅花果解撩诗思,弓影何须落酒杯。四大形骸从老去,一年风日想春来。眼前不独南枝早,未腊江桃也烂开。

睡足龙溪旧草堂,晨开东牖望扶桑。四方云物书同日,半夜梅梢度一阳。行不愧人贫亦乐,药能除老病何妨[4]。春来试约张东所,何处投竿弄渺茫?

山人家世本陈抟,供奉何堪晚得官。菽水可宽垂老意,江山不比向来看。教儿别煮新年药,问客能餐老菜盘。欲上飞云更何日,典裘沽酒挂驴鞍。

残菊寄兼素 此菊自九江舁来

徙槛编篱与护持,托根何谢九江时。数花寂寞元高品,一赏延缘有旧知。把酒忽惊今日意,餐英谁吊古人悲。风霜未改微馨在,看到玄冬复几诗。

晨起将出寻梅

朝烟横野犊鸣陂,索杖山斋睡起时。田父许留今日酒,梅花不

〔1〕“坐床”,诗近稿作“在床”。

〔2〕此处,诗近稿、林齐本、萧世延本有小注云:“香附子也。”

〔3〕“八荒”,诗近稿作“八方”。

〔4〕“病”,林齐本、高简本、何熊祥本、王安舜本、黄之正本、碧玉楼本、四库全书本作“瘦”。

欠去年诗。冲寒索笑来何处，带病寻香出每迟。仿佛西湖梦中见，水边篱落忽横枝。

半树横枝太逼真，暗香疏影亦传神。芝兰失宠元无雪，桃李生嫌更媚春。老干最宜千丈石，香风不动九衢尘。相思满眼天涯暮，迢递无因寄远人。

虬枝高望铁桥开，禀气寰中寡所谐。樵坞夜寒花索酒，山厨香近月横阶。何处画图空议拟，他时羹鼎绝安排。相逢也恨孤山浅，那得诗情到简斋。

村南叉路细萦蛇，注目寒江不见花。远树带烟风袅断，长梢离岸石钩斜。看来欲洗溪边竹，折去须乘水上槎。买地结庵何处所，老梅今拟作东家。

挽敕总两广军务都御史郴阳朱公〔1〕

十年持节岭西东，奏疏金门月几封。都府清虚如到寺，家徒冷淡不随公。疮痍已拯人间溺，经略还收战外功。犹与后时忧馈饷〔2〕，羡余不以献重瞳。

发疏齿豁瘴天涯，已道头颅事可知。万里忽闻征召起，九泉应恨乞归迟。事方年少常如钝，虑过时人忽似痴〔3〕。爱惜饷军三十万〔4〕，至今犹系陕人思。公为陕西布政时，方出师，众以饷道不给为忧。公独以身任其责，省二十余万石，陕人至今德之。

楚天春望思难任，生死交情只自深。岂有鹏程高万里，故收骏骨破千金。姓名叨入黄公传，絮酒空怀孺子心。拂拭孤桐向明月，哀弦弹绝不成音。

---

〔1〕 林齐本、萧世延本作“太子少保前奉敕总两广军务都御史郴阳朱公挽诗”。

〔2〕 “后时”，碧玉楼本作“后人”。

〔3〕 “忽”，林齐本、萧世延本、碧玉楼本作“或”。

〔4〕 “饷军”，碧玉楼本作“饷金”。

太子少保诚庵朱公归葬郴阳,适会宪长陶公遣生员陈谏偕景易往祭其墓[1],遂并以公意作诗赠之

铭旌前日别金台,故吏门生安在哉。黄叶孤村荆桂老,青山连骑越香来。人思旧德闻吹笛,鸟避新阡下啄苔。欲了平生功德状,到时须打墓碑回。

黄金谁问买端溪,羊祜残碑我解题。一饭可忘公吐握,千秋遗爱广东西。寒泷急雨飞涛恶,夜峡啼猿哭月低。不为高堂兼卧病,天涯絮酒肯教携?

读张进士挽丁明府彦诚诗,次韵

六年官守毙诸难,七月孤儿护一棺。作县未逢真事会,济人初试小还丹。思张公道多违俗,入叙年劳不转官。今日桐乡须爱我,还公俎豆黄云间。

寄庄定山,兼谢药鼎祭器

青灯白马共延缘,半树梅花一大颠。谓太虚师。色笑亲公刚一月,江山别我忽三年。悬车有病时将晚,辟谷无方意可传。祭器远来人不见,夜焚香炷拜青天。

易彬讣至[2],乞书铭旌

三年不款白沙扉,病枕春来耗亦稀。天地无穷流水远,江山犹

---

〔1〕“景易”,碧玉楼本作“景云”。案:据白沙先生“《景云如郴阳未返,怀之,用旧韵》”诗以及《祭诚庵先生文》所谓“遣子陈景云致祭于诚庵老先生太子少保朱公之灵”,《与林郡博》所云“景云如桂阳未返,张佥宪日夕至学,景易惟课访是急,诸侄营葬事,往候无人”等说法,应以作“景云”为是。或白沙作诗时拟遣景易往祭,后因故而改遣景云也。

〔2〕“易彬”,原误作“易郴”,据诗近稿改。易彬,字公学,鹤山玉桥人。与其弟易才游白沙先生门。(参阮榕龄撰:《白沙门人考》,《宋明理学家年谱》第九册,第六二八页)

是昔人非。群贤半逐春云散,老泪还随暮雨飞。八字铭旌吾敢爱,知君不愧旧儒衣。

谒诸墓

宿草荒坟只自悲,百年心事欲奚为?券堂有鼠能穿地,神道无人可假碑。数口仍忧开岁给,一钱未领到官支。赤泥浅土嗟何及,早晚床金尽一挥。〔1〕

悼林琰

青湖山下抱琴回,人道藩篱自此开。澡雪果嫌身抱柱,甘眠真有鼻呼雷。尘埃衮衮荒书课,鸿鹄翩翩落酒杯。多谢急难兄弟好,为收遗骨葬蒿莱。

扶胥早寄坐中身,晚入黉宫忽四春。放意自名狂者事,到头谁是醉乡人?世缘可徇聊同俗,习气难除每丧真。闻道平湖归渐近,相逢空有一沾巾。

景云如郴阳未返,怀之,用旧韵〔2〕

曲江忠襄乡先达,过两庙拜看留题。鸟还英德山当面,人向芙蓉路更西。盖顶拂霜羸马怯,担头冲雨跛奴低。西风两眼龙门泪,洒向桂阳何处溪?

袁侍御夜过白沙

万里心期共杳然,春风何处酒相延。霜台白发三千丈,草阁青灯十九年。酩酊放歌闻浦口,支离从事说南川。乾坤此意谁拈出,

〔1〕 此处,诗近稿有小注云:“时将修赤泥冈墓。”
〔2〕 “用”字原缺,据碧玉楼本补。

尽是庖羲未画前。

候缉熙

何日江边舣画航,春风先客到林塘。鸟性亦知长傍树,人情莫甚久离乡。萧萧白发春还短,悄悄丹心老更长。不负平生袁御史,岭南无地著秋霜。

怅望春江醉欲呼,诸君还契此机无。花开小洴供持酒,水到垂杨可系舻。暮景何劳方伯玉,前程端勿问平湖。故乡不似前回别,江阁青灯对老夫。

近升宪副翁公以占城国主自海南来省,过白沙,索和李黄门诸公韵

炎氛莫近使君骖,清雨为洗瘴天南。圣朝简畀公何忝,长夏驱驰老尚堪。林下朝朝还暮暮,水边两两复三三。忽逢海上蛮王过,又把新闻续旧谈。

次韵张廷实舟中写兴

春浪江门又打山,孤舟谁荡两山间。双眸少见鸾高翥,百岁当如蔗倒餐。影响何劳空说梦,功名真个不如闲。何人解脱葫芦缠,跳下渔矶共钓竿。

白沙先生六十年,脚头到处是青天。几场世事攒眉应,千丈云根枕顶眠。今夕高谈真不偶,后来胜会恐无缘。白头不起江门浪,打住吟风弄月船。

好月江门客未眠,水风吹冷绿杨烟。望穷碧海三山路,兴满罗浮七洞天。势利可能驱我辈,路人刚道是神仙。千峰不语留君醉,乞与人间作画传。

寄张兼素

归舟远溯长江水，信息初通五岭云。此日山林聊共病，几时风月许平分。诸贤在位当扶世，我辈何人敢避群。早晚求丹还入海，风涛满地却怀君。

缉熙至，用寄兼素先生韵写怀

黄鹂啼破海山春，万里沧溟一片云。童子烧香宾客坐，老妻谋酒隔墙分。闲花坞里藏春色，麋鹿山中失旧群。今夜蒲团空对我，明朝烟艇不随君。

草阁春风忽两人，坐临江水看江云。寻常肝肺诗中写，六十头颅镜里分。落絮风惊还著树，行人日出便离群。孤舟远下南京道，望断梅关不见君。〔1〕

寄太虚上人，用旧韵

众生尊我我须劳，公在吾儒公亦豪。数点晓星沧海远，一床秋月定山高。性空彼我无差别，力大乾坤可跌交。十二万年如指掌，且拚闲弄在甄陶。

寄定山

影响驱驰等是劳，风流今古几人豪。但闻司马衣裳古，更见伊川帽桶高。岩径无风松子落，翠屏终日白云交。定山样子从来别，诗变尧夫酒变陶。

〔1〕 林光《南川冰蘖全集》卷末附录此诗，诗后有“成化丁未春二月一日”九字。（林光撰：《南川冰蘖全集》第四七二页）

封博罗何孝子庐墓诗卷

春夏谁开发育功，直凭天地闭秋冬。三缄欲了西涯意，诸作还经老手封。活水有源终到海，游丝无力只随风。肯将吾道千年计，跳入罗浮四百峰。

重约马默斋外海看山

春风拟进赤泥舟，曾约看山共此游〔1〕。落蕊忽过三月半，先生能复一来不？不堪老我痴犹在，且喜娇儿病已瘳。想得渡头杨柳树，清阴闲弄钓鱼舟〔2〕。

代简答黄大理仲昭

先生面目入中年，海曲丹青不遣传。尺简岂堪频问讯，两京还说旧因缘。余生可试屠龙技，毕嫁才消鬻犬钱。九曲棹歌君莫唱，千秋谁和武夷仙。

代简答林蒙庵，用前韵

忽忽浮生又一年，图书老矣待谁传。人非为己终无得，我与先生似有缘。六十恳辞兵部禄，寻常亦欠酒家钱。武夷九曲君应到，争向区区问学仙。

次韵答林别驾

谁歃南溟一口清，惠阳别驾不胜情。春云可待成霖雨，空谷还来问朽生。每恨功名欺老病，闲将律吕寄新声。白头满眼知音少，

〔1〕“共此游”，林齐本、高简本、萧世延本、白沙文编作“此共游”。
〔2〕“舟”字复韵，阮榕龄《白沙丛考》疑其为“钩”字之误。

却爱夫君盖未倾。

杖

一杖何妨九尺裁[1]，白头筋力小低佪。西崖拄月翩翩去，浦口挑云得得来。原壤见之休叩胫，醉乡扶我且衔杯。一生用底公须爱，持赠山僧恐未该。

与陈聪

秋风两见莆阳子，皂帽青筇去复回。眼底流年三十许，脚跟行路几千来。未知世事真能忘，初得家书不肯开。若问江门何所见[2]，两崖春雨长青苔。

袁侍御挽诗[3]

九载宜兴共太平，长官能事问生灵。霜台白笔宜当路，北极中天拱列星。眼底两途分淑慝，手中三尺有雷霆。却疑夜半龙川雨，直为高贤洗汗青。

山斋秉烛话同游，十九年中酒一瓯。赤县敢辞乌府召，江湖先有庙堂忧。诸公不意辰星少，百计犹须晚境休。何处龙川子规鸟，为君啼恨五更头。

留朱甘节 诚庵先生之侄也

早从太保学关西，三十不官人得知。到处自称西楚客，逢人只说李承箕。百钱挂杖还双屦，千里低头但一碑。江上竹枝歌正好，

[1] “裁”，林齐本、高简本、萧世延本、何熊祥本、王安舜本、黄之正本、碧玉楼本、四库全书本作“材”。

[2] “何所”，高简本、王安舜本作“何许”。

[3] “袁侍御挽诗”，高简本、白沙文编、王安舜本作“挽袁侍御”。

留君况是月明时。

中秋与朱甘节白沙赏月,呈甘节,兼寄其从子玭

天壤与君分楚越,中秋高坐白沙庵。虽无丝管留人醉,且对沧波与客谈。桂树何年攀月窟,竹枝今夜唱湖南。外沙子弟通家旧,一一烦君语阿咸。

元旦试笔

六载虚叨供奉恩,白头吾亦两朝臣。闾阎击壤今弘治,简册编年又戊申。日色小薰秾李昼,风光欲醉乳莺春。庐冈此景谁分付,也到江门不属人。

天上风云庆会时,庙谟争遣草茅知。邻墙旋打娱宾酒,稚子齐歌乐岁诗。老去又逢新岁月,春来更有好花枝。晚风何处江楼笛,吹到东溟月上时。

次韵李子长抵江门之作

江门之水流千春,玉台之山多白云。此山若解留人住,此水应须与客分。云谷丈人终不老,舞雩童子又成群。去时若问来时见,寻乐斋前对此君。

送李子长还五羊

津头看水坐成痴,天地闲人我却知。此日江山初见子,向来风韵更因谁。春波荡柳舟难系,晓树啼莺枕欲攲。江上明朝空引望,白云何处久支颐。

寄廷实,用前韵

啭花黄鸟更狂痴,报得春光满地知。千首有诗都寄子,一瓢无

酒可干谁？夜来极饮花神喜，江上长歌斗柄欹。还忆旧游三两辈，眼前今古涕交颐。

得陈庸书，寄庄定山

族子不须疑用舍，定山休更问行藏。千年天地逢开辟，一代规模见主张。老惜筋骸虽伏枕，分甘藜藿也高堂。观棋莫道无高著，当局输赢又未量。

约诸友游圭峰，文都报子病，不果行〔1〕

西望苍崖意已倾，怪来天道与人情。云头似墨朝垂幕，雨脚如丝夜拥绫。三约两违真未信，百忧千算卒无成。相看独有南山老，打硬犹堪逐后生。

与廷实同游圭峰，别后奉寄〔2〕，且申后来厓山之约

弄罢飞泉下玉台，青天何处首空回。城中春雨君高卧，竹下茅亭客未来。坐隔谈锋终日笑，碑封丹迹几回开。孤舟莫负秋来约，同到厓门白浪堆。

千寻岭上更登台，再到丹丘忘却回。雨歇山斋人已去，月明江舫梦还来。不拚铁柱磨针利〔3〕，岂乏金篦刮眼开？回首厓山多感慨，英雄枯骨漫成堆。

用前韵寄文都曝日台

君家曝日有高台，君坐台中日几回。旁舍先生扶杖过，平湖县

〔1〕“不果行”后，林齐本、萧世延本有“呈廷实、伯饶”五字。

〔2〕“别后奉寄”，林齐本、萧世延本作“别去，思想无已，作此奉寄”。

〔3〕“铁柱磨针”，林齐本、萧世延本、王安舜本作“铁杵磨针”；高简本作“铁杵唐针”；何熊祥本、黄之正本、四库全书本作“铁柱唐针”。

博寄诗来。不知天道晴还雨,屡见山花落又开。已有高人来指点,白云何处路旁堆。

次韵李世卿雨中

南北东西眼欲连,檐头风雨夜鸣泉。天低鄂渚衡山外,人在江门海水边。爱酒时时同李白,论诗稍稍到庭坚。故人解致西山风,想脱渔蓑上画船。

偶成

秋月朗耀秋风清,渔翁自歌还自听。却惭夜半留双睫,早为人间了六经。贤圣当为天下极,何人不共此心灵?从前欲洗安排障,万古斯文看日星。

与世卿闲谈,兼呈李宪副

风光何处可怜生〔1〕,共把闲愁向酒倾。今日花非前日看,少年人到老年更。秦倾武穆凭张俊,蜀取刘璋病孔明。万古此冤谁洗得,老夫无计挽东溟。

礼乐犹存鲁两生,至今闻者尚心倾。乾坤已正高皇统,制作还随汉事更。世情迥与淳风别,山色须看过雨明。枕底白云闲一片,直从南斗跨东溟。

酒醒西岩看月生,此怀此夜向谁倾?百年自信官情淡,两耳那闻世态更。露饮秋兰分楚客,诗连石鼎对弥明。五湖烟水能多少,更整丝纶钓八溟。

午枕清风汗不生,鼻雷打到日西倾。东西山色移床看,六十年光转瞬更。庐阜白云真太华,玉台高阁小朱明。丹青若更闲分别,

〔1〕“何处”,诗近稿作“随处”。

老子江门是一溟。

草长津南薙复生，阴晴天气欲相倾。短檐风暖偏宜睡，古瑟弦歌且莫更[1]。有客舣舟留信宿，呼儿问酒出黎明。短衣江畔聊延伫，又听渔歌彻四溟。

病里风光如隔生，泥尊名酒为谁倾？不将莼菜还张翰，也把茅根与率更。松下白头眠卓午，沙边赤脚步平明。安期久矣无寻处，知在南溟是北溟？

独立沧茫笑此生，瘦筇几尺也扶倾。新传只屦无多售，旧滥吹竽亦小更。往往诗囊随李贺，深深酒盏寄渊明。世间未必如公足，山有飞云水有溟。

碧酒三杯春又生，偶逢骚客各披倾。杨雄识字终谁让，家媪知音却屡更。旧管一题都迭荡，新收半卷转高明。封缄远寄而宗老，月在青天影在溟。

羞将白发对黄生，信未通前意已倾。门静客稀偏足话，山回埭远不知更。鸡鸣桑柘孤村晓，日出东南一角明。我欲与君同辟谷，不携妻子住沧溟。

月下怀世卿，时在南山

世卿昔赴南山召，今见南山问世卿。信宿世卿向何处，一片南山空自青。沧波脚底机全活，勾漏囊中药果灵。且傍铁桥携笛上，乱峰明月试吹听。

寄外史世卿玉台

两崖树石几重衙，富贵人间未足夸。到寺客携元亮酒，在山泉

---

〔1〕“弦歌”，林齐本、高简本、萧世延本、白沙文编、何熊祥本、王安舜本、碧玉楼本作“弦高”。作“弦高”，似于义为长。

煮玉川茶。高轩倘许重过我,多病仍便久卧家。对月不禁秋思得,清吟分付一篱花。

病领词官不到衙,老慵无意向人夸。四时好景偏留句,两腋清风每试茶。司马虽称题柱客,薛公犹在卖浆家。近来山寺多高兴,更作诗豪对浣花。

城扉半掩更休衙,客子山中句可夸。阶下西风吹落叶,僧呼童子扫烹茶。著书岁晚堪投笔,见月宵来定忆家。记得西瓯旧游处〔1〕,满船秋雨木棉花。

江城吹笛月斜衙,回首秋岩最可夸〔2〕。世外一眠那有梦,腹中三斗却须茶。文衰东汉无高手,诗过中唐少作家。笑杀平原赵公子,当年毛薛眼全花。

记旱,用前韵

箫管声停刺史衙,丰秾无复去年夸〔3〕。禾焦百亩还输税,菊到重阳可泛茶。邻壤兵戈悲此役,隔村烟火问谁家。诸公果解忧民极,肯算腰金不镂花。

得邓俊圭书

舞雩童子亦同游,陋巷高贤得自求。汉老岂非徐孺子,宋人何独薛居州?数茎雪报年华晚,独树风惊昨夜秋。书使远来深有意,白云高帻岸罗浮。

---

〔1〕“西瓯”,原作“西甄”,据林齐本、高简本、萧世延本、白沙文编、何熊祥本、王安舜本、碧玉楼本改。

〔2〕“最”,林齐本、高简本、萧世延本、白沙文编、何熊祥本、王安舜本、黄之正本、碧玉楼本、四库全书本作“寂”。

〔3〕“秾”,林齐本、高简本、萧世延本、王安舜本、碧玉楼本作“穠”。

九日，李鸿兄弟携酒从予登舍北小庐峰四望，书所见寄世卿圭峰

山爱庐峰节爱名，登临衮衮到诸生。千岩已见昏鸦集，两榼还挑大鳖行。陇稻不堪交马迹〔1〕，寒花莫赏更人情。玉台此日秋风赋，谁敌纵横李世卿！

六十一自寿

世间甲子是何年，母鬓双皤子亦然。十数曾孙罗膝下〔2〕，两三杯酒笑灯前。寻僧野寺花迷路，吹笛江门月满船。圣主万年歌不足，黄河清了凤翩跹。

孤子今来六十一，慈亲已过八旬三。旌书门外题新榜，拭泪床头换旧衫。少有菑畲供俯仰，不妨渔钓老东南。些儿别作长生计，岩畔丹书有两函。

侍御朱先生将还京，再过白沙言别，出示同寅周先生送行诗，因附其韵

老大师门浪我推，飞腾天路是君期。两藩须按兵民籍，百姓当悬父母思。烛剪山斋曾旧雨，盖倾京国亦多时。分携别作无言赠，处处还君不暂离。

临安太守钟美宣将赴任，过白沙言别，出示庄定山所赠诗，次韵

厓门春弄海涛高，太守当年共草茅。山阁远烦青眼顾，世情浑

〔1〕“不堪”，林齐本、高简本、萧世延本、何熊祥本、王安舜本、黄之正本、碧玉楼本、四库全书本作“不收”。

〔2〕“曾孙”，诗近稿作“孙曾”。

是白头交。功名此去期当道,风月何妨坐小舠。敢冀千金收马骨,真成一笑掷鸿毛。

夜半海风来最高,江亭卷我三重茅。一林月色晓还在,四壁波光寒欲交。皂盖忽闻催驿骑,绿杨长系钓鱼舠。也知穷达关天命,谁把行藏管鬓毛。

廷实偶约游厓山不遂[1],世卿在数千里外不期而同,固亦有数,次旧韵寄廷实

海中来觅羡门生,雪浪如山故故倾。画舫两期人不至,苍崖一别岁频更。嘈嘈鼓笛轰云下,弄弄波涛到月明。谁道青莲李居士,一槎千里共浮溟!

和世卿留别韵

笑索南枝冷未禁,诗情翻益别情深。杯中涕泪知郊意,手里推敲失岛心。赤壁去看横白鹤,大厓不著买黄金。山僧许借山房睡,只许僧分月一寻。

白首山中病不禁,百年愚计谩成深。四千客路旁人笑,去位忧端各此心。何限诗留何限意,一囊书当一囊金。江门细路细如线,端为高轩广尺寻。

代陈汝岳谢李世卿撰《玩琴轩记》

先子当年一坐轩,轩中高榜揭无弦。斯文触目休论价,世德流芳可尽年。从此儿童堪我诵,是何风韵与人传。道旁虽有崖千尺,不得名家一字镌。

---

〔1〕“偶约”,林齐本、高简本、萧世延本、何熊祥本、王安舜本、黄之正本、四库全书本作“累约”,碧玉楼本作“屡约”。

玄真送柑

溪园十月摘黄柑，岁月将穷致小篮。绕膝痴孙高起舞，隔年乳酒正开坛。色香本出梨之右，风味真无岭以南。不惜霜根传药圃，白头还解荷长镵。

读丁知县行状申文后[1]

州里欢腾此郡推，挥毫今彻九泉知。古来士论都元气，天下人心自秉彝。太史书须凡例定，桐乡爱是长官遗。凭君更向郊原问，怕有人间未采诗。

得世卿南安书

岭客归时一信通，匆匆烧烛待开封。心知别去千回折，诗长从来一格工。大意天开曾点识，前涂谁贷阮郎穷。世间浩浩闲来往，除是青山不负公。

世卿寄示经飞来寺和予壬寅秋旧律诗，复用韵答之

山寺燃灯客欲留，客情到此淡于秋。诗篇可续还杯酒，行李无多共一牛。峡水更看东逝急，岭猿那肯昼啼休。旧题回首今如梦，巢父犹应笑许由。

将营土阁，使人取材于海山，飓作，舟逾期始至，喜而赋此

飓母徒怀一月忧，眼中材木称心求。老妻洗爵倾红秫，秋浪来

〔1〕 诗近稿、林齐本、萧世延本作“读推府胡公为纂修事批责本县不采丁知县行状申文后”。

帆出白头。万里沧波宜远望,四时风月欠高楼。时哉版筑休停手,二顷陂田幸晚收。

秋夕偶成,小儿失解,聊以慰之

崔颢赋诗黄鹤楼[1],白云黄鹤两悠悠。江山供眼不知老,风月满囊还是秋。三试吾儿虽失解,一花司马未簪头。何人久抱遗珠恨,黑鬅抽成白鬅抽。闽语[2],谓须也。侏离不可晓,故取音之近似者付会,[闽士]见者笑之。[3]

忆世卿、廷实,用寄景易韵

东西垣竹影交欹,坐到芭蕉月上时。何处尘蒙春试马,壁间苔没旧题诗。一杯脱粟吾将老,万里长风子可羁。别有樵夫来歇担,晚凉松下了残棋。[4]

永丰刘景惠持吾亡友罗一峰事状来访白沙,道其尊翁程乡宰肃庵愿交之意[5],留予馆中数日,赠以是诗[6]

儒官秋晚谢迟回,林下斋扉不浪开。顾我敢辞千古述,故人真为一峰来。风流想见雷封下,消息通传雪浪堆。明发仙舟闻解缆,屋乌情在莫频催。

---

〔1〕“崔颢”,原作“崔灏”,据诗近稿、林齐本、高简本、萧世延本、白沙文编、何熊祥本、王安舜本、黄之正本、碧玉楼本、四库全书本改;“黄鹤楼”,诗近稿作“何处楼”。

〔2〕“闽语”,原作“间语”,据诗近稿、林齐本、萧世延本改。

〔3〕“付会”,诗近稿、林齐本、萧世延本作“傅会”,碧玉楼本作“附会”。又:“闽士”二字原缺,据诗近稿、林齐本、萧世延本补。

〔4〕“了残棋”,高简本、何熊祥本、黄之正本、碧玉楼本、四库全书本作“一残棋”。

〔5〕“愿交”,高简本、白沙文编、何熊祥本、黄之正本、碧玉楼本、四库全书本作“愿友”。

〔6〕“诗”,原作“待”,据林齐本、高简本、萧世延本、白沙文编、何熊祥本、王安舜本、黄之正本、碧玉楼本、四库全书本改。

赠潘上舍汉，用前韵

东山月上暮潮回，谁遣归帆趁月开。草屋肯留潘上舍，玉台还对古如来。才看溪树交成幄，又见秋沙卷作堆。半醉赠君歌亦半，教儿还覆一杯催。

予欲为一峰传而患无所本，其子梁撰事状，托程乡令刘君肃庵，肃庵以授其子景惠至白沙。予将考其事实为传，无所复辞，顾吾文凡，吾惧不如司马可传之远。景惠行，复梁兄弟以诗，用前韵

北海英风梦始回，谁将年谱到山开。忽惊落月神如在，却对秋花笑不来。雏凤一群丹穴内，残星几点庆云堆。春秋画笔终难拟，天地斯文更著催。

晚酌示藏用诸友 藏用，梁文康公初字也。先生门人

何处氤氲到此溪，香林高树望中迷。瘦藤拄月秋山远，破褐随风晚袖低。庐阜亦开新洞府，玉台还是古招提。黄柑白酒谁宾主，不放今朝醉似泥。

风清月朗此何溪，几个神仙被酒迷。云水此身聊起倒，乾坤入眼谩高低。因过紫极闻丹诀，旋把黄金铸水提。问我何如苏内翰，夜观赤壁踏黄泥。

四人把手过龙溪，一路梅花了不迷。沧海月明三岛近，白龙天迥众山低。客携卷子抄诗草，儿上松枝挂酒提。尽日醉眠崖石上，莓苔茵厚不沾泥。

涪翁指点好濂溪，老眼青天醉不迷。五老峰连湖月白，绿荷风飐水烟低。无穷光霁还相接，太极图书谨自提。懒与时人谈此事，风流真个隔云泥。

赏音无代无须溪，我为诸君略指迷。开卷直疑韩愈错，吟头刚向孟郊低。贪修大药遗真种，争得刀圭出粉提。晋魏以前无近体，独怜陶谢不拖泥。

东溪牵犬过西溪，短屐冲烟步步迷。秋竹苔深人语静，古坛松冷鹤巢低。山花折去空盈把，春酒沽来不满提。笑把长竿弄江月，草间郭索尚蟠泥。

屋上青山屋下溪，溪山何处使人迷。岩头老树排风正，门外垂杨拂浪低。东渚晓烟萦舴艋，西山夜雨落菩提。涓涓却笑三江水，未洗严光脚板泥。

渔翁向夜宿何溪，月色芦花到处迷。蓬背风吹黄叶过，船头浪卷雪山低。晚来竿线殊堪弄，老去干戈不著提。自有平生烟水分，何曾轩冕视涂泥。

丹青不写武陵溪，只记桃花也著迷。芳草独行山路僻，白云相送洞门低。笑呼竹笠前头拜，交付诗囊右手提。风月满山关不住，他时须用一丸泥。

十一月梅开满溪，探花长是被花迷。岩前老树藤缠杀，路上横枝竹扫低。香动酒卮羌欲歃，影留山月不堪提。逋仙此意还真否，笑指江门屦底泥。

赠朱玭还郴阳

君过衡山不上山，祝融峰在有无间。青灯此夜闻长叹，白发何年许共攀？碑迹我留诸叔久，酒杯谁放世卿宽。明朝又别东溟去，还著东溟昼里看。

得贺黄门克恭书

一封初展制中书，万里辽天见起居。何处江山还著我，斯文今古正关渠。伤心入夜思贤母，老眼当年识凤雏。濂洛诸公传不远，风流衣钵共团蒲。

叠前韵,寄迺子谘

少年谁授访之书,父子元来共广居。无极浑沦亲茂叔,西铭特达见横渠[1]。名驹独步空凡马,一鹗高飞失众雏。想得趋庭诗礼罢,愕然木榻对盆蒲。

耳目无交不展书,此身如在太清居。雪消炉焰冰消日,月到天心水到渠。一一园花都傍暖,飞飞江燕未将雏。好春好伴须行乐,束起松根七尺蒲。

和元夕客中韵

人间乐事此宵同,高坐春风一苇中。无地张灯聊对酒,是时闻雨不开蓬。推敲一字须公得,剪刻千门亦女工。厌见乾坤多事在,纷纷万有不如空。

次韵张侍御叔亨至白沙

生死遭逢未可知,两生名氏至今疑。自陈多病甘为退,肯与闲愁博得衰。冷雨侵人呼酒数,瘦藤扶老看花迟。绣衣未笑茅根秃,来请延陵十字碑。

旧事追惟喜复悲,一生羸马著鞭迟。春来花鸟偏留赏,老去膏肓更莫医。苏子瞻家真一酒,邵尧夫梓打乖诗。同歌同醉同今夕,绝胜长安别后思。

次韵张叔亨宿别

春草江门绿两涯,隔江人唱浪淘沙。好春刚到融融处,细雨初

[1] "西铭",原作"西溟",据林齐本、高简本、萧世延本、何熊祥本、王安舜本、黄之正本、碧玉楼本、四库全书本改。

开淡淡花。僻地岂堪留客久，连床端合拜君嘉。明朝爱得酕醄别，笑脱藤蓑付酒家。

次韵邹汝愚阳江道中见寄

几番形迹落堪舆，我亦人间一腐儒。遗我数篇风格别，思君一夜鬓毛疏。未知满眼谁能恕，可复穷乡自作孤。十二窝中春自在，打乖正坐不尧夫。

春寒

江云将雨弄春寒，坏絮中宵裹作团。二月北风还浩浩，几程西路更漫漫。忽闻莺语当窗沸，想拟花枝翌日看。天道阴晴也无定，药炉且可共泥丸。

容一之饮邻家，酩酊仆地，戏作 一之少有足疾，扶杖

山人早拄十年筇，勃率高低笑杀侬。拾得田中双草屦，知倾花底几郫筒？虚空筋斗何妨打，造次文章莫浪攻。见说绿杨津口月，玉山先倒主人公。[1]

赠曹侍御[2]

吹断南风雨一川，画船到处是青天。公程我枉聊经宿，吾道君忧正百年。东海病夫身自远，九霄孤凤眼将穿。不知诗史千年下，谁与平章赠处篇。

---

〔1〕 诗末，林齐本、萧世延本有小注云："一之有足病，五十年即杖矣。"
〔2〕 林齐本、萧世延本、王安舜本作"赠曹御史"。

何宗濂书来，推许太过，复以是诗

后来乡里不如前，五百乾坤浪数年。何地可扳文献驾[1]，平生愿执菊坡鞭。泰山北斗诸公地，明月清风病叟天[2]。窃比圣门吾岂敢，汗颜窗下读来笺。

题两山居士图，为新淦李文光大贾

盘谷不知何处山，君家真是两山环。万杯春覆酒遗老[3]，一枕日高天与闲。水墨残巾藏措大，江湖前梦说邯郸。披图一笑逢摩诘，北浒南垞欲往还。

读林和靖诗集序

庙堂不坐周公旦，到处山林有鹿麋。北斗收名千古独，西湖送老一枰谁。鹤知好客来寻主，月为疏梅出并诗。未肯低头陶靖节，挂怀身外五男儿。

寄刘东山方伯，用送缉熙韵

高山流水好钟期，不是西崖那得知。旧雨僧斋劳枉驾，秋风薇省近传诗。堂堂白日青天见，昧昧苍生赤子思。神爽屡交终是梦，几时携手笑支离。

寄谢天锡

不了从兼病与贫，小庐峰里白头新。问谁肯我同精舍，垂老思

---

[1] “扳”，诗近稿、林齐本、萧世延本作“攀”。此处，“扳”读为“攀”。
[2] “明月”，诗近稿、林齐本、萧世延本作“朗月”。
[3] “覆”，诗近稿作“复”。

君是故人。世事转头浑觉梦,烟花过眼可怜春。几时来伴江门钓,闲与诸孙讲旧闻。

次韵邝筠巢哭子

八旬老眼为谁枯,泪尽家儿不受呼。天下谁还禁此哭,人间春已背公徂。肝肠裂断诗能写,气力伤多酒不扶。正坐两州消息好,不违家训逐贪夫。

次韵李子长至白沙

山转黄云信脚行,西风吹袂五铢轻。胜游自喜多闲日,衰病还堪逐后生。白发我因何事笑,黄河人见几回清。看君合伴庐冈睡,不独能诗一技成。

邀马玄真,用前韵

闲眠闲坐或闲行,身老溪云病亦轻。客至正当秋酿熟,船来莫待晚潮生。江山偶得三人对〔1〕,风月还添一榻清〔2〕。昨日书来张主事,头颅空讶老无成。

驻屐冈头望且行,辘轳闲转钓丝轻。秋风篙楫来无远,夜雨溪毛剪复生。精舍晚开诸老共,长江东汇此门清。李家子弟虽能赋,浩浩之歌老更成。

再和示子长

名驹千里始能行,何许云霄一羽轻。半个先天无邵子,几回隔壁笑侯生。幸逢圣主重华圣,遮莫清流彻底清。手弄一丸无剩欠,

---

〔1〕“对”,高简本、王安舜本作“醉”。

〔2〕“风月还添一榻清”后,林齐本、萧世延本有小注云:“数日前,玄真送木榻。”

山林廊庙总圆成。

支离病骨此闲行，搭飒短蓑何太轻。人世万缘都大梦，天机一点也长生。借眠春草秋还绿，偷赏黄花晚更清。莫笑老慵无著述，真儒不是郑康成。

与子长说诗，忽闻有谈方伯华容刘先生德政者，因用韵以示

皇皇孔孟老于行，公履何阶是不轻。万有乾坤浑欲动，一波沧海莫令生。闭门想见衡山大，照眼遥分楚水清。肯为苍生留不去，三年方岳岂无成？

候玄真不至，用前韵

公来不来客亦行，上江船逆下江轻。空闻此日悲吟在，谁问从前太瘦生。竹月晓沉山阁冷，石坛秋老菊花清。人生佳会真难必，十度商量九不成。

野菊篱前领客行，白牛拖转小车轻。风流有样看前辈，笑语忘机接后生。霜箪夜摊岩屋冷，月瓢秋泛钓湍清。东溟望断渔翁地，只卖江门一券成。

次韵罗冕

高笠短蓑吾不疑，白头真结两生知。天生男子非无事，公是闲人莫废诗。十月酒多留客久，千峰月朗闭关迟。夜深自弄江门篴，惊起前湾白鹭飞。

送谭士直春试，次世卿韵

山藤短窄制蓑衣，兽锦长披力不支。插帽有花羞我老，钩诗无酒送君迟。相依绿树闻歌鸟，肯著黄金买侍儿。草尾河南俱有谶，

不知来岁状元谁?

种梅

晚从种树作生涯,十一月梅移带花。根著不随风偃仰,墙低惟信月横斜。梦中山我罗浮到,雪里诗谁处士佳[1]。君欲寻梅何处是,江门樵路更旁叉。

种树

早雨山泥滑屐牙,瘦藤扶路入云斜。东原绿映西原白,一径松连两径花。寒夜试看残月挂,春风须著短墙遮。江门亦是东门地,我独胡为不种瓜?[2]

长日山斋不弄棋,只凭种树遣衰迟[3]。小将梅径分枳壳,不怕松根夺荔枝。带雨烟光春淡泊,隔墙花影昼离披。等闲俗计休相聒,拄杖来看又有诗。

元旦,次荣敷韵

谢梅开杏了何疑,一节花应一节知。拍岸绿波春映阁,啭枝黄鸟日撩诗。江山若惜开怀早,岁月偏惊聚首迟。系马玉台重引望,白云闲与鹤同飞。

挽黎雪青

诗草人收味月亭,先生何处独登瀛?山云自映新坟白[4],斋

---

〔1〕“佳”,四库全书本作“嘉”。

〔2〕“江门亦是东门地,我独胡为不种瓜”,诗近稿作“东门地主江门是,因甚东门只种瓜”。

〔3〕“长日山斋不弄棋,只凭种树遣衰迟”,诗近稿作“送老山斋不用棋,每凭种树遣衰迟”。

〔4〕“自映”,高简本、白沙文编作“日映”。

榜空悬旧雪青。到了有生还似寄，寻思是梦不如醒。只应更坐蒲团破，读尽琅函几部经。

刘进盛书来劝著述，用旧韵答之

一入商量便作疑，可堪垂老更求知。追陪水月惟须酒，管勾风花却要诗[1]。孟子生忧传道废，仲尼不怕著书迟。青天试问东南上[2]，何处凌空拄杖飞？

用前韵寄罗养明 工画竹

东西举踵笑人疑，种种邯郸梦岂知。风雨挥毫千丈竹[3]，江湖回首十年诗。数杯歌舞嫌春浅，高枕乾坤得老迟。闻道一枝栖亦足，刺天那肯逐群飞。

玉台次杨敷韵

笑倚长松咏晚台，三三两两共无怀。人间紫府千回梦，我共黄云一路来。鹿洞当年寻李勃，鹅湖今日想东莱。将军夜半还能饮，欲引东溟入酒杯。

与杨敷投壶

矢战输赢更不疑，老年精力此壶知。君期大捷休疑手，我放微酡好赋诗。三舍避人心每下，一床对此意弥迟。乾坤妙用安排外，肯放丝毫到弈棋。

---

〔1〕“风花”，高简本、白沙文编、何熊祥本、王安舜本、黄之正本、碧玉楼本、四库全书本作“风光”。

〔2〕“试问”，诗近稿、林齐本、萧世延本作“试望”。

〔3〕“千丈”，诗近稿作“千尺”。

杨敷别后有怀

春潮渺渺独乘槎，春雨霏霏别钓沙。海味岂能甘此客，华山真本属吾家。青垂绮陌千条柳，红脱荒溪几树花。老脚尚堪游走在，紫藤高拄赤城霞。

江门春雨送归槎，破帽排风落晚沙。向暖野莺犹恋树，感春游子未还家。山瓶免续沽来酒，草阁空残别后花。明日越王台上望，白云何处杳飞霞。〔1〕

赠赵日新还潮州

千里征文到此堂，东风归棹夜相将。雨余帽顶天如洗，花落船头水亦香〔2〕。考德每劳依讲席〔3〕，临流亲为泻椒浆。潮人共守文公教，赵德文章独擅场。

送顺德李县幕岳兼呈吴明府

江上清风不卷沙，山中浊酒未藏家。数杯送客发孤唱，半醉扶吾来小车。莫使长官愁案牍，当令满县种桃花。敝居正在庐山下，幸不来时路口叉。

春日偶成

蛱蝶飞飞花映窗，流莺恰恰柳垂江。出墙老竹青千个，泛棹春鸥白一双。暖日暄风酣独卧，来牛去马乱相撞。江山指点非无句，谁致先生酒百缸？

---

〔1〕“白云”，林齐本、高简本、萧世延本、白沙文编、王安舜本作“白龙”。

〔2〕“船头”，诗近稿作“船旁”。

〔3〕“依”，高简本、白沙文编、何熊祥本、王安舜本、黄之正本、四库全书本作“休”。以作“依”为是。

赠余进士行简别

行藏今古漫云云，谁把妍媸镜里分。乡里论年多拜我，云霄步武不如君。短檠课好都黄甲，独板门深只白云。欲识江门临别意，东风吹面酒微醺。

雨中偶述，效康节[1]

江门何处遣诗怀[2]，风雨终朝闭小斋。同社客来休见问，卧家人懒不安排。烟浮石几香全妙，露滴金盘酒极佳。半醉半醒歌此曲，不妨余事略诙谐。

今雨还留旧雨毡，满襟凉气似秋天。偶因门外无来客，得向山中作睡仙。樽俎喜欢朝暮醉，莺花撩乱两三联。只消诗酒为坚垒，肯放闲愁入暮年。

山房四月紫棉衣，无奈连朝雨欲欺[3]。老去杖藜终稳便[4]，朝来花酒又淋漓。昔贤曾共骷髅语，今日宁求俗子知？莫笑狂夫无著述[5]，等闲拈弄尽吾诗。[6]

得花瓷盏遗儿斟，一滴金盘露几金。徐孺眼欺湖水碧，庞公心死鹿门深。渔舟出浦常随月，宿鸟归巢未满林。山水韵高如未信，

〔1〕 此诗墨迹尚存。“雨中偶述，效康节”，墨迹作“雨中偶得名酒饮之，效康节四首”。又诗末，墨迹有落款云：“弘治辛亥夏六月三日，石翁书于白沙。”（陈福树撰：《陈白沙的书法艺术》，第六四至六五页）

〔2〕 “江门”，此诗墨迹作“江山”。（陈福树撰：《陈白沙的书法艺术》，第六四至六五页）

〔3〕 “连朝”，墨迹作“连宵”。（陈福树撰：《陈白沙的书法艺术》，第六四至六五页）

〔4〕 “杖藜”，墨迹作“藜床”。（陈福树撰：《陈白沙的书法艺术》，第六四至六五页）

〔5〕 “莫笑”，墨迹作“莫嗟”。（陈福树撰：《陈白沙的书法艺术》，第六四至六五页）

〔6〕 “尽吾诗”，墨迹作“尽成诗”。（陈福树撰：《陈白沙的书法艺术》，第六四至六五页）

只来醉里听吾琴。[1]

次韵李宪副留别

一茎白发未生鬓,四尺黄金犹带身。归去且看湖上月,相思还慰岭南人。情关远别诗难写,花不能言鸟为申。紫陌朱门天上事,华山都道不如贫。

次韵薛廉宪见寄

华衮之褒,非所敢当,惟喜诗律之严整,命童子作越声歌而和之耳。谨依韵一首录上,不佞倾盖之爱与区区颂祷之忱[2],一寓于此,惟高明察之。

岭表生民泽可涯,九泉吾恐跃枯骸。豁开天日惊人眼,指点江云咏此怀。弄钓不生鲸尾浪,入山休捃鹿门鞋。松根坐满庐冈月,夜引壶觞望泰阶。

承白洲李先生见惠白米、蛇酒、香茗诸品,不胜荣感,用韵以谢

舍钓开缄绿水涯,偶来云水弄衰骸。即炊雪粒供朝馔,便泻蛇浆放老怀。海上旌旗频照眼,城中尘土未沾鞋。庐冈此日还精舍,宾主何时更两阶。

次韵刘程乡至白沙

七月紫兰开我家,是谁醉插满头花。千峰有客同文酒,三日无钱落画叉。制锦手将龙补衮,钓鱼船载月横沙。人生出处各有意,敢向秋江问去车。

---

〔1〕 此首原缺,据墨迹补出。(陈福树撰:《陈白沙的书法艺术》,第六四至六五页)

〔2〕 “不佞”,原作“不俟”,据碧玉楼本改。

九日小庐山示诸友

九日风光满薜萝，一年天气最清和。泛花盏小潘郎醉，五羊潘汉。击壤声高叶子歌。南海叶宏。东海倾心狂措大，南山当面老头陀。谢生爱卜葵根宅，说道葵根月更多。南海谢佑。

九日下庐山

秋风浩浩洗芳蕤，瘦尽千峰雁始飞。南海一波长不定，西山半面却疑非。醉拈秃笔题苍壁，笑插寒花弄彩衣。乐意满腔推不去，狂歌待得晚鸦归。

奉陪方伯东山刘先生往厓山舟中作

且作东山管病翁，乾坤今古笑相同。高松落落都擎日，寒水粼粼又起风。附子大黄天下药，虫妖鼠怪世间凶。数声鼓角沧溟暮，奇石船头鬼拜公。

东山至厓山，议立慈元庙，因感昔者梦中之言成诗，呈东山

海上一陵何处封，刘翁今日问陈翁。天翻地覆诸王世，草死崖枯十月风。慷慨尚余精爽在，依稀犹作梦魂通。江山指点真还我，栋宇商量果待公。

元日有怀杨荣夫，示陈东渊

今年酒不对荣夫，来岁东渊对我无？人结静缘依岭屋，日浮春色上桃符。哀鸿叫月今何向，野鹤穿云不受呼。老得身闲须爱惜，蚤驰虚誉费支吾。

代简答林蒙庵先生

空山岁晚未逢君,天许穷交只白云。贤圣中庸非我梦,东南风月可谁分。浪求去马真堪笑[1],欲报来鸿未有因。千古遗篇都剩语,晚生何敢复云云。蒙庵问所著书。

次韵兴化王太守,诸公会饮顾通府宅,见忆白沙联句

兀兀腾腾且白沙,铁桥岁晚未移家。子规枕上无人唤,枳壳江边有酒赊[2]。万物有成宁免坏,百年无喜复何嗟?渔翁欲语沧溟外,安得诸公共钓槎?

次韵顾通府拟归索和章

山居还有事权无,童子朝朝告水符。我得此生真得矣,公知人懒不知乎?一春花鸟篇章废,万里云霄羽翼孤。惟有白龙池上月,夜深来伴老樵夫。

眼中鱼鸟异飞沉,天损真谁不受侵。别驾何须称我病,诸公那肯借人深。三年入报天官政,再命来腰刺史金。何许幔亭君欲去,虹桥跨月几千寻。

次韵吴献臣明府

白云流出一溪闲,照见人间笑笑颜。年少不妨投笔早,路危须

---

〔1〕“浪求去马真堪笑”后,诗近稿、萧世延本有小注云:“事出《庄子》。”案:《庄子·徐无鬼》记载,黄帝问牧马童子如何为天下,“小童曰:‘夫为天下者,亦奚以异乎牧马哉?亦去其害马者而已矣。’黄帝再拜稽首,称天师而退”。(郭庆藩撰:《庄子集释》,北京:中华书局,一九九三年,第八三三页)

〔2〕“子规枕上无人唤,枳壳江边有酒赊”,诗近稿作“不求地僻无人到,也爱居旁有酒赊”。

信着鞭难。乾坤许我具双眼[1],名利真谁破两关。千古伏波如白日,等闲犹谤载珠还。

千古圣贤孰与闲,颍阳刚好对商颜。看来彭泽都无累,归去柴桑便不难。踏里娇儿方偃蹇,登高羸马怯间关。思君坐歇江亭雨,何处苍烟鸟欲还。

小酌次韵

清斋不厌紫芝贫,梦里衡山欲借春。日丽好花花当妓,水流孤月月随人。香醪数斗过伏腊,高笠一流无主宾。醉睡不知春事晚[2],风飘红雨点苔茵。

散发老翁歌饮醇,饮醇天气正初春。莺花岁办千篇课,风月天生一样人。不腆杯盘由老妇,极疏言貌接亲宾。香轮不辗蘼芜破,又长溪头几尺茵。

次韵世卿,赠蔡亨嘉还饶平

大厓居士此弹琴,谁系孤舟绿渚浔?[3] 沧海我真忘僻远,云山公肯到高深。鼠肝虫臂都归幻,雪月风花未了吟。满眼欲知留客意,庐冈孤月正天心。

林子逢至白沙,作示之

旧雨还君紫菊诗,秋风过我白龙池。应看衰俗人情破,肯放中流柱脚攲。弄影果谁非稚子,请缨正自不男儿。人间若问逍遥化,紫极宫中有一碑。

---

〔1〕“双眼”,诗近稿、林齐本、高简本、白沙文编、王安舜本作“只眼”。

〔2〕“晚”,诗近稿作“晓”。

〔3〕“浔”,原作“寻”,据诗近稿、林齐本、萧世延本、王安舜本改。

世卿赴顺德吴明府之召,五日不返,诗以促之

何处千杯一放歌,楚云刚好共婆娑。百年几见都难说,一日三秋不啻过。笑索梅花催拄杖[1],照眠山月满行窝[2]。高栖远卜衡阳下,却到而今梦更多。

今雨相逢听此歌,江门渔父老婆娑。紫霞酒盏千回醉,黄鹤仙人两遍过。遮莫支离亲药裹,何曾造次出眠窝。庐冈准备明朝饭,小市津头蚌蛤多。

一之夜归自楚云台,失足坠台旁沟,诸生拽出之。予闻大笑,与世卿各赋诗嗤之

力危掉却手中筇,正赖诸公救得侬。横加断岸悬双足,满吸清沟到几筒。绵力不禁心转怯,衰年长苦病交攻。无端轻泄天机破,能跃能潜果在公。

次韵顾通判夜泊江门见示

病里春秋六十更,酒杯无日不渊明。还将白发供人事,自许青山不世情。版筑又劳今别驾[3],风花带管老先生。红蕖绿浪江门路,肯放孤舟半夜行。

送罗服周解馆

恋恋江门愧尔曹,不离酒处见挥毫。等闲岁月抛铅椠,不卖声

---

[1] "催",诗近稿作"闲"。

[2] "行窝",高简本、王安舜本作"吟窝"。

[3] "版筑",诗近稿、林齐本、高简本、何熊祥本、王安舜本、黄之正本、碧玉楼本、四库全书本作"版籍"。

名到桔槔。几个儿童供白发[1],一年灯火伴青袍。看花肯续春来约,莫待黄鹂辞碧梢。

寻梅饮李鸿宅,用服周韵

应有花神候水西,晓林香雾隔窗迷。君谋莱妇肯沽酒,我爱孤山来杖藜。香影句中无乐府,梅花村里有招提[2]。东风未到春先到,莫向南枝著眼低。

次韵顾通守

到处能开观物眼,平生不欠洗愁杯。窗前草色烟凝绿,门外波光月荡开。歌放霓裳仙李白,醉空世界酒如来。春山几幅无人画,紫翠重重叠晚台。

留世卿饮,用前韵

大厓居士且徘徊,老妇家中唤洗杯。园花当槛春饶笑,竹洞封云昼不开。一冬菜饭留君住,万里风船破浪来。若比诗情似坡老,楚云台是妙高台。

与雷震东[3]

何处黄公客欲还,黄公山亦小庐山。往来云水两三辈,妆点春风花柳间。岳色晓行湘浦望,湖光晴到洞庭看。有诗都点逍遥送,九万扶摇一日抟。

---

〔1〕 此处,诗近稿有小注云:"冕有老母。"

〔2〕 "有",诗近稿作"觅"。

〔3〕 题后,诗近稿、林齐本、萧世延本有小注云:"从世卿来。"

与雷震阳,用前韵〔1〕

近午黄鹂鸣树树,深春红雨落山山。谁开灯火书帷地,郎在丹青画幅间。醉墨收归湘箧富,狂诗抄与郢人看。墙隈只欠梧桐树,高翼还随老凤抟。

与李严,用前韵〔2〕

野鹤将雏到海还,楚云归梦几乡山。羹墙见我三湘外,岁月还君五岭间。杏苑不禁春意闹,美人争卷绣帘看。长安莫买乖崖醉,太华长留睡老抟。

次韵顾别驾江门夜泊

云卷晴波千里白,帆收落日半江明。遥看烟际楼台迥,不受人间鼓角惊。碧玉偶逢须著眼,黄花已过更挥觥。眼中别驾如君少〔3〕,倾到尊前接后生。〔4〕

次韵伍南山贺碧玉楼新成

脚底江山不浪开,小楼占此是天裁。光流南极窗前枕,春满东溟掌里杯。碧玉久亡今复见,白云朝出暮还来。梅花又报罗浮信,月上江门载影回。

百尺空中天眼阔,三更月底梦诗成。安排枕几还公睡,已有阑干信客凭。乡里过从卢行者,海山或遇羡门生〔5〕。当年碧玉无留

---

〔1〕 题后,诗近稿、林齐本、萧世延本有小注云:“从世卿来。”

〔2〕 题后,诗近稿、林齐本、萧世延本有小注云:“世卿仲子。”

〔3〕 “君”,诗近稿作“公”。

〔4〕 “倾到”,诗近稿、林齐本、萧世延本、白沙文编、何熊祥本、王安舜本、碧玉楼本作“倾倒”。

〔5〕 “遇”,诗近稿作“见”。

赋，何处青云更拟陵。

再和碧玉楼韵

乾坤真妙此台开[1]，一一皆因造化裁。意了梅花难著句，眼空江海笑浮杯。未分无极源头在，谁画先天样子来。碧玉楼中闲隐几，千千山绕又川回。

读世卿、荩卿挽五羊钟狂客卷次韵

李家兄弟各才良，谁为酬知水鉴光。天地好人还自好，古今狂者岂皆狂[2]。碧油帐绕青丝鞚，紫锦囊封白雪章。万里平江能送我，十年灯火梦淮阳[3]。平江伯陈公尝招致狂客于幕下。

次韵见访

春晓不扃岩上扉，绕阑红紫欲开时。花来劝饮谁禁得，天不能歌人代之。沧海汇为双带绕，青山高起百重围。赤泥居士来相访，袖取云笙月下吹。

饮酒

酌酒劝公公自歌，三杯无奈老狂何。坐忘碧玉今何世，舞破春风是此蓑。一笑功名卑管晏，六经仁义沛江河。江门诗景年年是，每到春来诗便多。

君莫停杯我为歌，我今忘我是谁何。避人懒弄船头笛，对影非无月下蓑。庐阜春云眠华岳，江门秋水钓银河。竹弓挽住闲人手，

---

〔1〕“台”，诗近稿作“图”。

〔2〕“狂者”，诗近稿作“狂客”。

〔3〕“淮阳”，原作“淮杨”，据诗近稿、林齐本、高简本、萧世延本、何熊祥本、王安舜本、黄之正本、碧玉楼本、四库全书本改。

渐觉年来射鸭多。[1]

再依韵答子长

樽酒相逢喜欲歌,眼中人物又如何?山光开户青绕几,草色停舟绿满蓑。东泛与公刚到海,西游去我莫逾河。古今胜负弹棋手,闲笑人间局面多。

听到人间宁戚歌,马周无病谢常何。江边野艇眠依竹,日出东山催着蓑。自古或由诗入相,如公真有口悬河。山楼尽日同挥盏,花落黏樽晚更多。

逍遥华顶放仙歌,华顶不登君谓何。仰攀明月天几尺,中借狂夫地一蓑。亦见轩辕来铸鼎,不闻夫子叹临河。赤城路隔芳菲断,一醉碧桃春更多。比岁,常梦游天台华顶山。

张主事报林县博归过五羊,用饮酒韵[2]

太白峰头太白歌,太白不归天奈何。风雨惊回一场梦,江湖拈起十年蓑。山僧借喻葫芦缠,武帝收功瓠子河[3]。若道维摩元示病,老夫当日病还多。

张地曹见和饮酒数篇,复[用]韵答之[4]

若比渔翁别调歌,不将遗响弄阴何。往来钓濑生春水,多少归人着旧蓑。学士有笺飞紫禁,张东白上疏乞归。东山无计谢黄河。刘时雍修黄河。闲人只谩闲料理,春雨阶前草又多。

---

〔1〕“鸭”,诗近稿作“雁”。

〔2〕“用饮酒韵”,诗近稿、林齐本作“用饮酒韵写意”。

〔3〕“瓠子河”,原作“匏子河”,据林齐本、高简本、萧世延本、何熊祥本、王安舜本、碧玉楼本、四库全书本改。

〔4〕“用”字原缺,据诗近稿、林齐本、萧世延本、王安舜本补。

将至庐山有作，和吴兆麟

欲翕还舒云以之，半阴半晴三月时。君歌一曲来陶谢，我把诸峰坐武夷。岸夹桃花藏钓石，春来江水入园篱。孤山荡破庐山影，看到庐山几丈诗。

和景孚游山

树底樵歌鸟欲飞，涧边苔色上人衣[1]。碧云洞杳春萝合，紫蕨山深旧路微。问我行藏今老大，伴人游走只童儿。采芳莫道无年少，领得浓香满袖归。

青云偶共白云飞，白云闲映山人衣。一路风光春淡泊，隔林烟霭昼霏微。江山到我无前辈，造物磨人是小儿[2]。花下一壶休泻尽，明朝留得送春归。

得世卿书，讶其太略

旷年为别此封书，应是山人半醉余。海月开樽聊复尔，楚云回首问何如。春来几处藩篱破，老梦千年木石居。笑割衡山共君老，黄公何处且茅庐。黄公，世卿住处山名。

答世卿书

报答还山第一书，笔端有眼笑谈余。行藏付酒君亦醉，兄弟论文我不如。高榻忝同他雨坐，西山刚对此溪居。因君料理安身处，多少人间未结庐。

---

〔1〕“苔色”，诗近稿作“苔草”。
〔2〕“造物”，诗近稿作“造化”。

追和刘文靖《偶得》韵

千峰赊月饱清真,到处风花对赏新。菊径岂无莲社酒,远师当与长官亲。经纶谁试期年手,著述空嗟百代人。安得画师深此意,不将朱白浪描春。

三复遗诗有订顽,月中颜色见松关。头颅本自成三极,嘘吸犹堪塞两间。老至不知何岁月,古来无恙此江山。莫轻语默论前代,天与闲人剩与闲。

吴明府约过庐山不果,使人送菊酒至,用世卿韵答之

合是先生酒处偏,菊边月下不成眠[1]。儿歌野酌三杯后,花近藜床二尺前。大块了空无极眼,濂溪分付小圆圈。长官解记庐山否,略欠庐山一日缘。

次韵顾别驾奉寄彭司寇

别驾顾勉庵闻司寇彭从吾先生得请致仕还莆,赋近体诗二章贺之。谓仆受知于先生者,不可无言。既示之诗,寻又以简来促。因述所闻,附其韵为和答之歌,非所欲闻于司寇者也。

今代为官到六卿,闽中此老最光荣。面前路阔身须退,阙下人嗟代有名。晚秫还家新酿熟,溪锄试手药苗生。相看不厌壶山好,笑拂松根坐月明。

二疏谁参汉大夫,都门今卖送归图[2]。岂无经济酬当宁,已

---

[1] "不成",四库全书本作"不能"。

[2] "卖",彭韶《惠安集》第十一卷附录作"买"。(彭韶撰:《惠安集》附录,《文津阁四库全书》第四一六册,第五三五页)

道头颇非故吾。自古功名关宠辱，几人廊庙不江湖。木兰之水清无恙[1]，以配先生不可乎？

嘉会楼上梁，和顾别驾

远离声迹入无无，又向人间见此模。老去虚誉深自愧，古来名教要人扶。每留半饷陪诸老，绝胜扁舟在五湖。颇忆当年兴国寺，樽前高论欲何图。

用顾别驾韵奉答熊侍御[2]

远之非有近非无，草色花香造化模。俄顷笑谈飞鸟过，丹青楼阁为公扶。烟霞旧隐移匡阜，水月新整有鉴湖。若个江山可藏拙，幸来相赏莫相图。

寿王松坡，用西涯韵 清戎王侍御父

雪晴骢马自知津，谁道梅花不是春。玉节趋归生日酒，松坡未了白云身。父子箕裘真有是，江山富贵小看人。往来狮子峰前路，洞口榴花几度新。

待黄太守见访，时当考绩入京

端阳春好是公开，公莫朝天不放回。肯来嘉会留一日，更傍梅花劝几杯。踏歌渔父江边醉，吹笛仙童海上来。问我拥旌何处客，画船撑月此徘徊。

---

[1] "无恙"，《惠安集》第十一卷附录作"如许"。（彭韶撰：《惠安集》附录，《文津阁四库全书》第四一六册，第五三五页）

[2] 林齐本、高简本、萧世延本、王安舜本作"嘉会楼，用顾别驾韵奉答熊侍御"。

病中写怀

世间贤智皆青琐,海上田家只白云。多病一生长傍母,孤臣万死敢忘君。诸公莫要连章说,先帝曾将短疏闻。何处拥旌来劝驾,买羊沽酒惜殷勤。

总为功名欺白发,不将富贵薄秋云。虽然久病无官况,每拜名香祝圣君。九十萱亲谁侍老[1],几茎竹主话空闻。定山何处无来耗,惹得江门梦寐勤。

送左秀才次韵

脚底千峰不作难,天涯相望几间关。孤村水月能看客[2],一路梅花直到山。畎亩未应同我病,乾坤那肯放人闲。东南更有春如酒,肯到明年二月还。

云萝处士挽诗

谁开三亩卧云萝,洛下元称安乐窝。风月尚留诗卷在,经纶只放酒杯多。身将沙鸟还宾主,情拥山花当绮罗。四十五年成一梦,乾坤回首怅如何。

次韵汪御史留别[3]

百代文章百代儒,小将碧玉赞黄虞。功名路上多尘土,桃李人间见此夫。顷以高谈知识量,未闻俗态是规模。不因指示晨鸡唱,白日谁知有两徒。

---

[1] “侍老”,诗近稿、林齐本、高简本、萧世延本、何熊祥本、王安舜本、黄之正本、碧玉楼本、四库全书本作“待老”。

[2] “能”,诗近稿作“如”。

[3] 林齐本、萧世延本作“和汪御史丙辰留别韵”。

张生以诗来谒，次其韵答之

闲坐蒲团几个穿，晚留一影画渔船。日长睡榻千峰里，春近柴门五柳边。在处云山皆我乐〔1〕，后来衣钵是谁传。诸生莫有登瀛步〔2〕，爱结而今病鹤缘。

八年春部书复至〔3〕，顾别驾以两司之命来劝驾，用旧写怀韵赋诗见示，答之

恰恰啼莺初变树，翩翩官骑忽穿云。杯觞花底香迎客，鼓笛楼前闹送君。老态一时都共见，公歌三叠敢相闻。白头空有丹心在，北望天遥感恋勤。

名教可尊谁敢后，少年空有气凌云。得终残喘留将母，直拟孤诚死报君。俗变唐虞今日计，德光尧禹万方闻〔4〕。太平何处无歌颂，卧听蓬莱击壤勤。

赠林府尊

收敛精神入太清，借茅无计遣书程。两三别驾风随动，十数花封月最明。露冕江山无愧色，攀辕天地有真情。东风欲别仙城树，满路啼莺是诵声。〔5〕

---

〔1〕“云山”，诗近稿作“山云”。

〔2〕“登瀛步”，诗近稿作“瀛洲步”。

〔3〕孙通海曰：“八年，据史料记载，应为[成化]十八年。”(《陈献章集》下册，第四七七页，校勘记)然而，此诗收入《白沙先生诗近稿》第十卷“甲寅诗稿”之末。根据李承箕《石翁先生诗集序》，《白沙先生诗近稿》乃“成都府同知吴君献臣廷举录先生诗，自成化甲辰至弘治乙卯正月，得六百八篇，刻之”。(李承箕撰：《大厓李先生诗文集》，《四库全书存目丛书》集部第四三册，第五九五页)然则，此诗当作于弘治八年乙卯正月。孙氏之说，非是。

〔4〕“光”，四库全书本作“高”。

〔5〕“诵”，林齐本、高简本、萧世延本、何熊祥本、王安舜本、黄之正本、碧玉楼本、四库全书本作“颂”。

寿月溪翁,为顺德主簿张如玘

花影摇溪水半篙,晚风送上钓鱼舠。乘流曳转波间线,击楫歌翻月下骚。元亮此生惟盏酒,瑶池何日更蟠桃。邻封主簿征诗急,再拜江门致币劳。

次韵邝筠巢早春见寄

城郭尘埃不到身,扶溪看老百回春。里中物态浑非旧,墙外桃花只卖新。此老直于三代见,诸郎虽在一官贫。楚天何处堪回首,目断襄阳不见人。

次韵王乐用佥宪见寄

七十余年未觉新,耽眠犹是向来人。春杯斟尽啼莺外,晚笛吹残钓渚滨。人世谨防开眼错,此怀得恐到头真。青山果是无心出,何处眠窝共卜邻。

次韵孙御史别后见寄

冥冥宇内缪相贤,处世如撑石濑船。赤土喜逢三日雨,清谈留到二更天。山中宿鸟知投树,水底潜鱼不离渊。明日画船宾不顾,袭龙翔凤有来篇。〔1〕

白发沧波了岁年,偶逢佳客话延缘。凤毛五色能惊世,骏骨千金表好贤。索莫杯盘津口月,扫空云雾水中天。宁知此地千年下,追咏能无千载前。

---

〔1〕“袭”,四库全书本作“游”。

次韵张侍御叔亨见寄

月出不扃溪上门，白头渔父向人言。扁舟自唱濯缨曲，四海共知明主恩。小饮未尝沽市酒，狂书时复弄茅根。相思也有台官梦，梦见当年住处村。

家国不分无二门，君今与我皆忘言。五伦首重君臣义，一体元同骨肉恩。长养嘉苗休失实，剪除恶木不留根。他年我见张文献，异代风流岭外村。

北溪容球来访，答之

孤月正酣东阁睡，清风又到北溪船。看君迥出诸容右，问我何如十载前。剑气烛天堪引望，桃花照眼未须怜。山中碧玉仙家物，已证先生作睡仙。

三月风光遍海埏，谁家园里棹觥船。一身燮理三杯内，万古乾坤半醉前。几度寄书言自爱，何人挈榼荷相怜。自从托契中山后，却笑他仙是鬼仙。

邓俊圭丧兄，慰之

每恨思君不见君，一哀何处隔秋云。客来每及难兄问，讣至那堪故友闻。碧玉三年空枕块，庐冈四尺自封坟。青天几度看明月，骨肉无言两地分。

次韵王叔毅弘行人见寄

驻屐花边听鸟音，青山何处想登临。肩头伊尹方能任，脚板鸱夷未了心。历历更宜观往古，炎炎何敢羡于今。相逢杯酒喜共醉，相忆诗情还自深。

高栖何处可逃名，说著衡山便有情。不住三年思乃舅，可无一字寄金陵？麻衣岂是无高论，若水还应作贵卿。他日五峰供我粥，不知谁是老门生？

次韵余行人濂见访

年富岂知行路永，眼高犹喜阅人多。荒村古木云长锁，白鸟青天水不波。老竹忽看高凤下，短墙无算小虫窠。凭君寄语东山道，神禹无功在九河。

赠刘秀才

江门旧雨长公诗，今日江西学者师。弘治以前无此诏，宫墙之内少人知[1]。诗书岂但供时好，进退多应与世疑。百岁光阴同转瞬，老夫双鬓已如丝。

次韵答张天祥秀才

十处寻芳九处空，远随溪舫访溪翁。请还几杖歌春鸟，学制纶竿弄晚风。几树江山怜晚暮，十年游走羡儿童。张生来问衡山道，又问衡山孰我同。

次韵孙御史拟吊厓

瞬息人间三百年，寻常兴废不须怜。羌胡此贼真无赖[2]，中国何年坏守边。信国不来知有罪，鲁斋当仕岂忘天！太空不语乾坤病，万岁千秋老泪涟。

---

〔1〕“少”，林齐本、高简本、王安舜本作“几”。
〔2〕“胡”，原作“□”，据林齐本、高简本、萧世延本、何熊祥本、王安舜本、黄之正本补。

容彦礼率诸弟同在馆下，彦昭、彦礼、彦贞相继而逝，彦潜今又卒，感而有作

水光山色两依然，不见当年载酒船。老我交游疏后进，君家兄弟散朝烟。两峰彦昭号。脚迹今安在，彦昭常游永丰、江浦，谒罗一峰、庄定山。彦礼碑诗久未镌。某欲为彦礼墓志，未刻。莫道江门空识我，千秋遗话及玑璿。

悼彦潜，用原韵

山楼耿耿夜灯然，谁借东良一日船。泪逐花沟因暮雨，愁迷鹃树惨朝烟。养生有命妨新学，入社无题侈旧镌。茔次若将昭穆定，九原新兆有东璇。

次韵刘少参嘉会楼

九曲江边一小楼，满川风雨夜来收。扁舟东泛桃花水，香径旁通杜若洲。楼下脱蓑眠翠浪，楼前挥袂揖浮丘。公来二月春多少，两度诗筒向此游。

天气初炎过此楼，江边春色未全收。烟消垂柳初凝岸，风递平荷尚隔洲。破屋数家还碧玉，好山何处更丹丘。两公胜会真难遇，结绮临春是别游。

寄李世卿

再过湘江踏浪歌[1]，一帆西去傍烟萝。家临汉水心无住，人到衡山兴亦多。岂是兵戈愁阻绝，不因婚嫁笑蹉跎。白鸥肯信闲

---

〔1〕“歌”，原作“过”，据林齐本、萧世延本、白沙文编、碧玉楼本改。李承箕《石翁见寄次韵(其一)》首联云，“花下一杯还一歌，梅云细路隐垂萝”，所用之韵亦作“歌”。(李承箕撰：《大厓李先生诗文集》，《四库全书存目丛书》，集部，第四三册，第五四〇页)

于我,也解忘机浴远波。

湖北竹枝高自歌,钓丝千丈引垂萝。烟霞脚底真曾到,岁月人间颇厌多。云水与君终浩荡,题缄寄我莫蹉跎。秋风税驾衡山下,共泛清湘明月波。

次韵张东所元旦见寄

未到朱陵古洞门,一封先荷沈公恩。睡穷残腊还忧病,吟倚东风欲断魂。紫盖不知谁是主,青天无尽鸟空骞。山人只合山中老,一岁桃花种一根。

再用韵答黄大参见寄

数篇何处好怀开,疑是江门得意回。嘉会楼前曾驻节,芰荷香里小持杯。急呼童子烧香读,重遣黎生送酒来。咫尺端溪不能到,只凭清梦与徘徊。

别来幽抱不曾开,长夏思君日几回。使我能吟白雪曲,须君共对紫霞杯。凋零老鬓尚未已[1],狂杀春风肯再来。莫为庐山动归兴,紫薇花下少徘徊。

答邓督府

不见如今五十年,贤关风韵想依然。衰龄我有无穷朽,督府公通第一笺。愿托经纶均岭海,莫辞将相作神仙。孤山鹤啄孤山月,不要诸司费俸钱。督府檄有司月支米石、人夫,辞之。

次韵临汀邬先生

水满江门弄钓时,一篇谁借病翁诗。忽闻天外舒长啸,都与人

[1] "凋零",林齐本、高简本作"雕枯"。

间作广基。海月偶纡南斗望[1]，风花未遣北人知[2]。欲知此后相思处，千载神交在舞雩。

赠童子久住侍父入京

还著小坡随长公，天葩未吐孝经通。青襟谁不羡童子，白发我徒成老翁。曝日家声从此大，凌云气魄盖人雄。曲江清献乡先达，敢道后来无此风？

三赠文都

小住江门四十年，隔坡相应荷相怜。窗开四面客通刺，酒覆三杯月到船。身上紫袍知有相，画中碧眼亦真传。明朝庾岭高回首，万里晴波正接天。

静轩，次韵庄定山

崆峒道士出山频，还入崆峒作主人。当说梦时都是梦，未逢真处更求真。蒲团坐破千峰月[3]，信手推开六合尘。无极老翁无欲教，一番拈动一番新。

次韵奉答廷赞别驾王先生见寄

年去年来年复年，浮生此梦尚依然。不知草阁千峰外，坐到蒲团几个穿。马迹交时驽亦进，鸟鸣哀处凤还迁。兖州别驾怜同姓，不欠人间二顷田。

---

〔1〕“南斗”，原作“南海”，据林齐本、高简本、萧世延本、何熊祥本、王安舜本、碧玉楼本改。

〔2〕“风花”，林齐本、高简本、萧世延本、何熊祥本、王安舜本作“风光”。

〔3〕“蒲团”，林齐本、高简本、萧世延本、白沙文编、王安舜本作“团蒲”。

次韵梁平乐见寄

江山吾爱艳阳天，花柳青红共一川。眼底只应无外物，笔端何病不能圈。几番作梦因何事，两度传缄莫有缘？共语喜逢丘御史，沉疴端为长官痊。

次韵答太虚上人[1]

雨过山中百卉寒[2]，人间回首又春残。徒闻有病肱三折，未试回生药一丸。石洞栖贤终苦节，太虚持律最清端。年来虽阐莲经教，却与无言是一般。

次韵沈督府见寄

谁是朱陵洞里人，世间此画合描真。一瓢未醉山中圣，七字先传笔下神。青玉有期看我老，紫芝无语为谁春。还公一岳一万丈，半点飞云是近邻。

不住东南四百峰，铁桥山浅笑迷踪。喜闻世外无尘地，来伴岩头挂月松。药鼎便分煨芋火，道人元是卖姜翁。先生数上衡山顶，紫盖峰前望白龙。

寿吴黄门母

何处思亲锦卷封，荷花高映寿颜红。喜看遝杂来天上，不觉依稀是梦中。几岁风光依北极，半帘月色见真容。不辞颂祷遥相贺，却对江山语未工。

---

〔1〕“上人”，林齐本、萧世延本作“老师”。

〔2〕“雨”，原作“两”，据林齐本、高简本、萧世延本、何熊祥本、王安舜本、碧玉楼本、四库全书本改。

用筠巢翁韵兼呈翁

酒处能歌未尽陶，还从酒处说功劳。每因兴去开三径，日对花来醉几遭。春意满胸成浩笑[1]，花神觌面见挥毫。南山向晚无真意，只谩悲吟也未高。

邸报刘亚卿先生以今冬十月得请还东山，喜而有作

衡岳五峰青贴天，诸仙高步碧云巅。特书八字非常见，遣告三生是别传。一壶想共朱陵酒，七字先哦紫盖篇。尝答和沈督府诗“紫盖山前望白龙”。[2] 今夜江门看邸报，东山元与岳相连。

和答李子长见寄

贤圣由来病有之，那堪一病屡移时。心宽不怕思眠早，性慢终应得老迟。白首喜同湛雨坐，青灯细话子长诗。定山却喜刘文靖，贤辈如何都不思？

次韵庄定山曲阜道中

曲阜之民如崇阳，五亩之宅树以桑。太牢不惊天子诏，百里岂负圣人乡。争得绿蓑插羽翼，可怜白发来羹墙。先生也未忘洙泗，独立源头一咏长。

次韵庄定山谒孔庙

六经如日朝出东，夫子之教百代崇。揆之千圣无不合，施之万事无不中。水南新抽桃叶碧，山北亦放桃花红。乾坤生意每如是，

---

〔1〕“满胸”，林齐本、高简本、萧世延本、王安舜本作“满腔”。

〔2〕高简本、何熊祥本、王安舜本、黄之正本、碧玉楼本、四库全书本无此小注，另作小注云：“紫盖，山名。”

万古不息谁为功?

卧游上游庄示湛民泽

上游洗足意如何,到我来时还放歌。秋半写空迷菊酒,月明舞烂钓江蓑。闲将野马为宾主,笑把山花当绮罗。人道上游真个好,上游固好遇人多。

黄云之高高几何,黄云山人发浩歌。短响入云白雪曲,长裙拖地赤藤蓑。黄鹂自爱藏深谷,野鹤高飞出罻罗。山路相逢休问讯,山灵掩口笑何多。

次韵张主事答邓督府

万古人心万古天,江门渔父笑空眠。幸逢岭外千山静,共荷台端一老贤。群趋岂尚班行簇,美誉当令世代传。却忆东山天下望,不留今日镇三边。

拨闷漫书

拨闷江楼病有诗,诗成即事直堪嗤。江山莫叹无前辈,造物何尝不小儿。物遇岁寒形自性[1],天于定后见真机。大易发挥群圣远,碧玉山人近有诗。

自怡堂,为增江湛演题 民泽世父也

十亩林中半是塘,一蒲团卧花中央。百年真乐超人世,万壑清风在此堂。洗足正当铁桥水,振衣小坐黄云冈。四百影斜孤顶月,任是神仙也括囊。

---

〔1〕“自性”,四库全书本作“至性”。

丁长官祠秋祭，示里人

苍凉月色皎秋晴，海阔天高思已冥。当日疲癃均乳哺，于今畎亩尽墙羹。一祠已表桐乡爱，列传还须国史成。霜耀星华朱鸟上，水涵山骨铁桥清。

梦庄定山遣使来问，梦中以诗答云

定山归后再清康，夜半呼儿喜欲狂。梦遣长须来问病，故应早岁见羹墙。文靖一生随老笔，太虚四大作禅床。南北地殊生异世，先生何处问行藏？

晓枕

碧玉山楼晓枕眠，独吟楼上笑阳关。人世谁为儿女态，道流空说化形仙。衡岳开山秋正好，舂陵望岳地相连。碧云野路无羁绊，五尺丹藤两屦烟。

答雪斋先生惠历

沧波老父多闲日，碧玉先生著破巾。一榻久便深谷卧，百年长借内台春。新书每用知时令，宠贶多应及里人。鹤舞云飞皆得意，坐看百粤尽归仁。

次韵吾县博见寄〔1〕

黄菊开时霜满林，山风吹冷薜萝襟。肯忘沂水归时咏，也到庐山酒处寻。自得不须言有命，太虚元只是无心。白头不作人间梦，

〔1〕“吾县博”，原作“吴县博”，据林齐本、高简本、萧世延本、白沙文编、何熊祥本、王安舜本、黄之正本、四库全书本改。下五题，有《次韵吾县博登嘉会楼见寄》，亦为据。

一笑江门契亦深。

次韵邓督府见寄

眼看百物随时过,路有千岐到处多。想见精神官里坐,不离文字手中摩。白衣管领千峰醉,黄菊商量九日歌。尧舜浮云无一点,庐山何敢更嵯峨?

衡山,和李子长见怀欲过江门

新诗把读大开怀,久病诸生拟到崖。身上绿蓑都舞破,雨中黄叶忽飞来。酒逢菊日何人送,子长八月五日书至江门,与重阳尚隔一月。已言菊日者,识喜也。诗人兴到落笔,类多不实如此云。月照柴关每夜开。庐阜归来见束发,华阳巾好为君裁。

秋来风月不开怀,暮绕朱陵百丈崖。青玉拂开坛上舞,紫鸾搏入手中来[1]。野心云水潜孤笑,老眼乾坤病一开。谁道李家无子弟,紫冥句在不堪裁。

再次韵答子长

怀极开怀是恼怀,捉君手拍到天崖。杖挑南极星随去,人到西山风不来。久坐或闻仙驭过,登高时见洞门开。谁知山石书题遍,笑倩何人为总裁!

次韵汪鼎夫侍御寿母生日

可恨白云无羽翼,白云朝暮在江南。君亲于我皆无尽,忠孝须君两不惭。锡命有封当第一,折肱治病不论三。高堂寿斝重阳近,又借黄花一度酣。

---

[1] “搏”,何熊祥本作“抟”。

次韵吾县博登嘉会楼见寄

醉下江边百尺楼，浩歌一曲有陈留。想当诗舫忘眠夜，正是庐冈见月秋。青紫要途何足顾，江湖豪气未全收。去寻野马氤氲地，即是人间第一流。

赠林教谕汝惇

舞雩声响在春残，只隔人间几片山。偶此通名秋竹院，共君弄艇芦花湾。常于岭右观诸夏，刚被梅花送一寒。普赠乾坤唯一点，万古长留宇宙间。

赠镌者何侃

一镌一字一磨砻，万岁千秋感激同。未蜡碑前元属我，到书丹后却须公。万里云霄回鸑鷟，满池风雨舞蛟龙。不知费尽闲心力，谁傍斯文与计佣。

赠何侃如潮州刻《三利溪记》，用潮州见寄韵

咫尺荆州地肯容，清光偏照荜门中。独怜孺子才堪赏，不道诗人巧更穷。已见千碑传好事，可辞束帛聘镌公。潮阳父老如相问，为说周陈共此风。

九日，和朱子韵，示陈冕〔1〕

正是诗忙酒乱时，满楼风雨不须归。碧苔院里多秋色，红树溪边又夕晖。九日共餐花有菊，暮年谁羡锦为衣。沧江野艇来何处，

〔1〕 此篇第二首，底本原缺，兹据萧世延本补出。（萧世延本《白沙先生全集》，第二十一卷，第一四六页）

遥望孤云在翠微。

几时货马去江东,信息今朝水国通。多谢好音青鸟过,敢期温酒白沙同。狂歌向老几忘世,拙疾逢秋但怯风。欲识相思在何处,一篱细雨鞠花丛。

答马龙惠笔

挥毫杀尽山中兔,雪管秋风又到门。入手当为天下技,秃头终瘗水边村。八分墨妙还江浦,科斗书成也状元。思与两贤同把笔,夕阳江郭断离魂。

未推贤辈上骚坛,宗庙前头有一门。已近宫墙窥此道,恐如游骑走他村。图书有秘谁先觉,坤复无端我亦元〔1〕。到得满怀风月在,不妨行坐弄吟魂。

示诸生

无我无人无古今,天机何处不堪寻。风霆示教皆吾性,汗马收功正此心。水火鼎中非玉液,鸳鸯谱里失金针。道人欲向诸君说,只恐诸君信未深。

浮生扰扰白头新,又见人间一度春。尔辈何时方发愤,老闻夜雨欲伤神。此身天地逢人少,落日江门叫鹤频〔2〕。为报杨朱莫相笑,孟轲不是褊心人。

闻缉熙授平湖掌教

偶从道路得行藏,南北音书又一乡。溟海心情真自远,平湖风月可谁将?山中旧坐香根老,耳畔新声木铎长。衰病未知何日起,

〔1〕“无端”,萧世延本、何熊祥本、王安舜本、黄之正本、碧玉楼本、四库全书本作“求端”。

〔2〕“江门”,遗诗补集、王安舜本作“江湖”。

扶留窗下正抄方。[1]

次韵廷实示学者

树倒藤枯始一扶，诸贤为计得毋粗[2]。阅穷载籍终无补，坐破蒲团亦是枯[3]。定性未能忘外物，求心依旧落迷涂。弄丸我爱张东所，只学尧夫也不孤。

读茂卿次韵呈定山先生诗，有“梦入罗浮”之句，用韵寄答，时世卿在白沙[4]

鹤避茶烟信有之，买田招鹤是何时。百年睡息深华岳，九曲歌声断武夷。有客到斋言种树，呼儿插柳当编篱。谁知万里东桥月，梦破罗浮亦有诗。

东桥 茂卿住处

彼此衰荣更共之，年过六十是衰时。藜羹颇恨无莱妇，卉服都忘在岛夷。水暖河豚吹细浪，露寒秋蟹过疏篱。江天好景无人画，每要先生借入诗。

---

〔1〕 白沙先生《与宝安诸友》书云：“数日前，阅甲辰旧诗，改《赠平湖》章云：‘偶从道路得行藏，南北东西又此乡。沧海一身堪自远，平湖数口为他忙。江山旧宅香株老，篱落东风豆角长。小与先生分出处，扶留窗下细抄方。’”所谓“赠平湖”，即“闻缉熙授平湖掌教”。《南川冰蘖全集》卷末附录，既收录“闻缉熙授平湖掌教”，又将《与宝安诸友》所谓“改《赠平湖》章”题为“闻缉熙授嘉兴平湖县博”加以收录。（参林光撰：《南川冰蘖全集》，第四七一、四九八页）

〔2〕 “毋粗”，原作“毋疏”，据高简本、白沙文编改。

〔3〕 “坐破”，高简本、遗诗补集、白沙文编、何熊祥本、王安舜本、碧玉楼本作“坐老”；四库全书本作“坐遍”。

〔4〕 王安舜本“读茂卿次韵呈定山先生诗，有‘梦入罗浮’之句，用韵寄答，时世卿在白沙，二首”，其第二首即“东桥，茂卿住处”一诗。在王安舜本当中，“东桥，茂卿住处”并非诗题，而为“读茂卿次韵呈定山先生诗”诗末之小注，乃注释“谁知万里东桥月”之“东桥”者。

太虚上人以所注定山《种树诗》见寄，喜而赋此，兼稿呈定山

四十年前从事劳，老来万首放诗豪。这回种树心全了，若个山僧眼总高。米送定山居寺近，书来南海与神交[1]。白莲不结杨州社，宾主依然是远陶。

朱侍御将还京，过白沙言别

济世才须古所推，偶聆高论识心期。闲披伯纪当年疏，并入周公半夜思。沧海月残微醉后，青山禽语晏眠时。朝天骢马乘春去，高步彤墀珮陆离。

悼李九渊

九韶已死征君老，我与深之事偶同。此夜北风吹白发，旧时明月对苍松。声名还许辈流上，岁月忽消铅椠中。莫笑腐儒无厚业，尊前叉手凤驹鸿。

过康斋吴与弼先生墓

桐园三尺聘君坟，犹有门人为扫云。此日英灵应识我，斯文风气莫如君。吟残老杜诗千首，看破伊川易几分。未了平生端的事，九原风露倍酸辛。

吊邹汝愚谪石城[2]

少年为意尽峥嵘，谪死天涯二十零。旧雨不留花县榻，秋风还

[1] "书"，原作"曾"，据高简本、遗诗补集、何熊祥本、王安舜本、黄之正本、碧玉楼本改。又："与"，王安舜本作"觉"。

[2] 王安舜本作"悼邹汝愚吏目四首"，且题后有小注云："以建言谪死石城。"

闪石城旌[1]。儿啼母绝家何处，水宿山居路几程。人事每将大不定，文章何用博虚名。

江月无光江水寒，角声杳杳夜漫漫。孤儿岁月初离乳，夫子风流尽盖棺。身后岂知名可贵，世间长苦路行难。鸱夷不乱当年计，还得云门枕上看。

弱女孤儿哭作团，归槎渺渺倩谁看。乾坤敬士此邦伯，生死交情非长官。远陌不堪穷望眼，寸肠何直百忧端。欲陈薄奠无由致，园橘山蔬领一盘。

修短荣枯分各该，荒江落日为谁哀。词林当日人如梦，唐肆今朝马又来。功利纷纷难入手，乾坤滚滚负多才。若将祸福论天道，颠沛如公岂理哉？

留别诸友，时赴召命

台书春晚下渔矶[2]，中岁行藏与愿违。鸥鹭自来还自去，江山疑是又疑非。难将寸草酬萱草，且著鹑衣拜衮衣。但得圣恩怜老母，满船明月是归时。[3]

昆仑西北是官陂，灭迹烟霞我自迟。独往恐逢江上雪，相思还寄陇头枝。风云想见千年会，消息终还七日期。总为高堂难离别，乾坤行道岂无时。[4]

要服松花一大车[5]，颠毛垂白齿牙疏。非关圣代无贤路，自爱清风卧绛厨。道上或逢人卖屦，眼中谁谓我非夫。他时得遂投

---

〔1〕“闪”，遗诗补集、王安舜本作“飐”。

〔2〕“台书”，原作“玺书”，据高简本、遗诗补集、白沙文编、何熊祥本改。此诗墨迹尚存，墨迹亦作“台书”。（陈志平撰：《陈献章书迹研究》，第二五〇页）

〔3〕此诗末，遗诗补集、王安舜本有小注云：“右次马默斋。”

〔4〕此诗末，遗诗补集、王安舜本有小注云：“右次周京。”

〔5〕“要服”，原作“欠服”，据高简本、白沙文编改。墨迹亦作“要服”。（陈志平撰：《陈献章书迹研究》，第二五〇页）

闲计,只对青山不著书。

钓渚风长袅故丝,水花含笑海鸥疑。都将老子行藏意,分付东溟水月知。自昔愿从巢许后[1],而今岂异帝尧时。凭君寄语张东所,更与飞云作后期。[2]

石门次林缉熙韵

与君倾盖定前言,来往青山十五年。老我自知难用世,劳君相送过贪泉。清言晚对江边寺,离思秋生鸟外天。留取西华一樽酒,春风还拟上江船。

孤舟昔系飞来寺,白首重来十四秋。君看秋风吹彩鹢,何如老子坐青牛。留情世事终何补,得意云山亦易休。见说夔龙满朝著,九重应许放巢由。

不寐

一饭不忘沟壑心,白头冰雪更相侵。妻烹野菜供晨馔[3],儿点松灯对夜琴[4]。赋拙但留司马壁[5],碑成不卖退之金。无端婚嫁相料理,独听疏钟到夜深。[6]

次韵张东海

老去人间久废谈,青衫不改旧图南。道超形气元无一,人与乾坤本是三。何物坐中春坱圠[7],几时镜里雪鬖髿。白沙诗语如禅

---

[1] "愿从",高简本、白沙文编作"尽从"。
[2] 此诗末,遗诗补集、王安舜本有小注云:"右次林缉熙。"
[3] "供晨馔",高简本、白沙文编作"晨供饭"。
[4] "对夜琴",高简本、白沙文编作"夜对琴"。
[5] "但留",高简本、白沙文编作"任留"。
[6] "疏钟",高简本、白沙文编作"疏更"。
[7] "坱圠",原作"坱北",据遗诗补集、王安舜本改。"坱圠"后,遗诗补集有小注云:"气也。"

语，试著南安太守参。

南安赠龙溪李知县

玉枕山前逢使君，西风吹破玉台巾。手中玉斝休辞醉，鬓脚黄花别是春。凤历流年供俯仰，龙溪他日看经纶。凭君若见蒙庵老，为说于今白发新。

回岐道中

回岐接水树冥冥，又是朝京一日程。两耳如闻重译语，几时不见五仙城。朝无儿稚歌行酒，夜有巡船卧打更。欲识羁情多少在，昆仑深处白云生。

听秀夫诵定山先生之作

高格英风忽两联，故人耳顺是今年。谁还敢拟三千首，我也前知八百仙。淡淡菊花秋满把，陶陶松蚁日高眠。定山倘许吾扳驾，突过尧夫击壤前。

庐阜书舍和潘百石

半亩还叨地主恩，北来冈阜亦称尊。水摇荔子红当槛，雨洗蓖麻绿绕门。饭后一床便独卧，晡时三盏喜微温。何人为借丹青手，写过书斋也未村。

一饭区区亦有恩，千秋罍洗定谁尊。先生终日卧隐几，童子几人来扫门。晴旭满窗啼鸟乱，春寒如酒著人温。江门烟景还多少，独倚寒松望远村。

青山别样与人恩，绝胜黄金买得尊。从此往来乔木下，可人风日短篱门。窗临绿沼晴曦动，炉有丹砂伏火温。莫道我无徐孺子，又同庐阜又同村。

沧溟著艇未还恩,又结庐冈土宇尊。六十乃扶居士杖,寻常不过酒人门。江山尽放襟怀阔,风日频来笑语温。只欠一诗闲道破,无人走告定山村。

城中借竹且蒙恩,竹在崇冈竹故尊。万里沧溟都座下,一条官路自江门。长驱李白诗中逸,不舍尧夫酒后温。笑问地官张主事,病翁今日住何村。

程乡学生钟宏求社学记,赠之

千里来携欠一图,东南村构几模糊。人扶世教何妨切,老向斯文自愧疏。云谷许还徽国主,周溪流到长官居。秋风海上无穷意,也向程乡社学书。

陈秉常雨中看柳

种得东风柳一千,江山意思日无边。闲遮一老青春坐,更缚孤舟白日眠。近水云烟相隐映,他山桃李自嫣妍。莫辞细雨频来看,争得风光在眼前。

九日下庐山,示谭希圣

瘦藤扶上小庐山,东望何州不见颜。衰鬓插花秋意思,浩歌挥盏酒波澜。山中云气方迷昼,草际虫声渐逼寒。知我倚松长啸罢,江门水月正宜观。

壬辰秋九日圭峰作

神仙自古非无术,佳节如今更要诗。野岸扶行秋勃率,山灵逢见恐惊疑。朋来斟酌三杯酒,我未悲伤半日时。醉上篮舆还老母,笑携稚子候门篱。

答西良荔枝

殷夜春雷懵搅睡，洒窗凉雨苦催诗。三年得句无僧岛，昨日逢人说李迟。盏内须耽长醉酒，世间胡有不争棋？短歌歌罢无人听，持向西良答荔枝。

李宪副若虚枉顾白沙，别后赋此

江门相见忘平生，何处长安盖已倾。素壁龙蛇腾十丈，清谈宾主破三更[1]。莺花旧领诗全好，山水初经眼独明。不怕长风吹大舶，使君一口吸南溟。[2]

登舟，寄马默斋，兼呈李掌教[3]

贫居未去人间远[4]，衰病忽登江上舟。朝旭别君杨柳渡[5]，北风欺我木绵裘。马生送米供黄口，韦令传书笑白头。烟际不须闲指点，睡凫飞鹭任夷犹。

经黄道娘坟，诵元人黄子长圆明庄壁诗，有怀旧游，因次其韵[6]

总角寻芳野水隈，一坟胜概眼中来。扫开屏翳眠丘壑，打起轲辀坐草莱。是处青山堪对酒，何人白骨不生苔。山中旧日菩提树，

---

〔1〕“破”，碧玉楼本作“对”。

〔2〕“君”，遗诗补集、王安舜本作“公”；“吸”，原作“汲”，据遗诗补集、王安舜本、碧玉楼本改。

〔3〕“登舟，寄马默斋，兼呈李掌教”，遗诗补集作“柳渡登舟，寄马默斋叔侄，兼呈李掌教”。

〔4〕“贫居未去人间远”，遗诗补集作“幽居未去人间事”。

〔5〕“朝旭”，遗诗补集作“东旭”。

〔6〕“因次其韵”，遗诗补集、王安舜本作“因借其韵”。底本仅有前六首，后四首据遗诗补集补出。

移向禅林特地栽。

吾庐直北到山隈，赢得儿时竹马来。圯下影疑黄石履，坟头青是北山莱。苦吟到晓千峰月，胜事平生两屐苔。偶过奇山寻旧侣，颠毛衰白菊初栽[1]。

东西烟火隔林隈，远近樵歌塞涧来。爱君独曳浮眉杖，逐我深穿没顶莱。绿展芭蕉明旭日，红飞踯躅点春苔。酒酣戏把双桃核，掷向道娘坟上栽。

暝鸦飞入东林隈，山径人稀瘦马来。何处沧溟明岛屿[2]，此身白日到蓬莱[3]。水边一媪埋真骨，原上诸僧步晚苔[4]。停鞭借问因何事，笑指坟前柏树栽。

夜别青丘向涧隈，前身云水一僧来。实消几屐供灵运，虚设一床眠老莱[5]。旧冢漫题新岁月[6]，今人不见古莓苔。百年未满须行乐，更把闲根作意栽。

移家又近江之隈，不到道娘坟上来。三径每嗟邻靡仲，百年长恨妇非莱。寻思世上元无事，久坐池边细画苔。欲起英灵问端的，我无善果底须栽。

远公结社庐山隈，五柳先生入社来。取醉何曾问来去，有言犹足责蒿莱。正思庄壁有遗句，也得斯人为扫苔。山僧何不开松径，觅取寒松万个栽。

怅望不见东海隈，道娘老仙何日来。一杯明月上丘垅，六月凄风动草莱。鸟迹且留苍峭石，马蹄声碎碧溪苔。千秋万岁樵牧地，松柏如今亦谩栽。

---

〔1〕“衰白”，遗诗补集、王安舜本作“垂白”。
〔2〕“沧溟”，遗诗补集、王安舜本作“沧浪”。王安舜本作“沧波”。
〔3〕“白日”，遗诗补集、王安舜本作“向日”。
〔4〕“晚”，遗诗补集、王安舜本作“晓”。
〔5〕“虚设”，遗诗补集、王安舜本作“虚后”。
〔6〕“漫题”，遗诗补集、王安舜本作“谩题”。

一从我马驻江隈，紫帽游人久不来。劫火亦烧丘垅木，飞鸟不过野田莱。一方照夜中庭月，几度移春没座苔。怪得往来诗句恶，许多因果为谁栽。

小立诸郎旧堵隈，先生马已隔溪来。一篇递唱新亭句，数里扶归老屋莱。沂水春风收舞袖，杏坛秋露洗香苔。不知今日谁门内，收拾乾坤桃李栽。

寿张叔亨母夫人〔1〕

夫人五月逢华旦，客子孤舟走寿筵。村落酒香堪尽日〔2〕，海中桃熟不知年。一双舞袖初垂地，三叠歌声正彻天。快著锦衣在人世，始知王母未为仙〔3〕。

宋行宫

宋若早枭奸桧首，乾坤何得有行宫？三闽四广成虚语，金虏元胡尽下风〔4〕。结缨他日悲丞相，鬻履何人识魏公？到此输赢如反掌，厓山犹自纪元功。

东山〔5〕

此山刚与泰山连，气象岩岩势插天。黄鹂独怜苍树表，白云长护翠薇巅。涧边幽草沾春早，岩畔奇花得日先。中有道人闲自足，

---

〔1〕“寿张叔亨母夫人”，遗诗补集、王安舜本作“寿叔亨母”。

〔2〕“村落”，遗诗补集作“村里”。

〔3〕“未为仙”，遗诗补集作“谩神仙”。

〔4〕“金虏元胡”，原作“金□□元”，据戴璟修纂《广东通志》所引述改补。（戴璟修纂：《广东通志》，《四库全书存目丛书》史部第一八九册，第六二六页）郭棐《岭海名胜记》卷十九所辑录此诗，则作“金虏胡元”。（郭棐编撰、王元林校注：《岭海名胜记校注》，西安：三秦出版社，二〇一二年，第九二五页）

〔5〕自《东山》至《悼老曾，呈马默斋》，共一五二首，底本原缺，兹据遗诗补集、王安舜本补出。

半篙红日尚高眠。

筮已

天地同归一束蓍,河之龙马洛之龟。梦中昨夜逢姬旦,窗下今朝见伏羲。非分一毫终莫强,初占六画更何疑。卷帘独爱春风早,翠袅炉烟上桂枝。

睡起〔1〕

一枕春风睡正甜,不求富贵不求仙。茅根笔下生风雨,竹叶杯中别圣贤。出没波涛三万里,笑谈今古几千年。有时漏泄天机话,尽是玄黄未判前。

月逢

西良琴酒上孤舟,水国光连万顷秋。击楫不闻红蓼岸,濯缨多在白鸥洲。三更珠斗初藏焰,一派银河正倒流。自古江湖忧物色,如今蓑笠溷羊裘。

容生与倪生投壶,倪生多胜,聊戏此作

客散山斋草堂静,两生呼酒对春晴。花间日照投壶影,竹下风传落矢声。若道人心无物我,何劳敌手斗输赢。隔窗卧听儿童笑,但说倪生艺最精。

游回仙亭

今古何人退急流,老仙端不羡封侯。醉眠鹤背无人唤,飞过天

〔1〕 此诗墨迹尚存。“睡起”,墨迹作“春日睡起”。(陈福树撰:《陈白沙的书法艺术》,第四六至四七页)

边得自由。瑞气光腾三万丈，残棋声断几千秋。诸公此日同来往，忽到苍梧亭上头。

次赵提学十月赏菊韵

不论开早与开迟，到处逢花把一枝。清献插来纱帽重，陶潜醉倒葛巾欹。青藜不赴先生召，白雪虚传幼妇辞。却对药阑何意绪，江门店酒独斟时。

代简答祁大参致和见寄游白鹿洞赋

文章后出众称工，乡里斯人岂易逢。聊将白鹿千言赋，直压庐山五老峰。胡儿岂尽能骑马，赤手如何敢捕龙。酩酊一壶春酒后，半笼衫袖笑龙钟。

赠梁志学兴业令

山城地僻阳和少，边事年来赋敛多。彭泽休耽元亮酒，武城试听子游歌。书生报国心常赤，县令之官鬓已皤。路入苍梧望瑶阙，九疑云尽碧嵯峨。

贺陶宪长凯旋，次方伯东山刘先生韵

九重屡授诸公节，百险都须此剑平。赤日也来岩下照，黑云休傍马头生。东山此老同开手，南海今年定洗兵。只恐下乡还鼠窃，夜深愁听斫门声。

答彭宣尉世忠楼 本作中世堂，盖自谓云耳。

碧桶朱栏映斗杓，果然天语在云霄。乾坤覆载同诸夏，日月光华自累朝。天子万年归颂祷，边陲无地起氛妖。白头西望那能赋，应是词官合赞尧。

春怀,追次后山韵

皂帽由来见管宁,江湖何处有春冰。桃蹊柳径频频过,盏酒篇诗稍稍能。人间紫凤何时至,梦里青山昨夜登。垂白卧林亭上客,闭门春雨睡懵腾。卧林,定山亭名。

清明前三日有怀亡友陈毅卿、伍光宇

先生四十解弓刀,丘壑难忘是此交。四尺坟须悲老子,千株柳也借儿曹。江山白首思携仲,篱落春风偶似陶。贯我清明一尊酒,荔枝原上洒青茆。

陈秉常问佛老之理有同否〔1〕

青天白日照无垠,我影分明待我身〔2〕。自古真儒皆辟佛,而今怪鬼亦依人。蚁蜂自得君臣义〔3〕,豺虎谁开父子亲?〔4〕贤辈直须穷到底,乾坤回首欲伤神。

萧黄门以书为丁县尹求益于仆,赋此奉勖,兼寄黄门

尺间一语荷留情,迢递春风到广城。小邑直教闲白日,大夫真是爱苍生。平生刀水心何切,天下功名手自成。司谏无私天子圣,未闻当道欠逢迎。

---

〔1〕 此诗,碧玉楼本亦有录,题作"答陈秉常询儒佛异同"。(《白沙子全集》,碧玉楼刻本,第八卷,第五〇页)

〔2〕 "待",碧玉楼本作"傍"。

〔3〕 "自得",碧玉楼本作"自识"。

〔4〕 "谁开",碧玉楼本作"犹闻"。疑"谁开"乃"谁闻"之误。

偶阅《定山集》，爱其偶成之篇绝去雕饰，骎骎太朴，有《击壤》之遗音焉，因用其意、效其体次韵以为笑

绿荇青蒲间紫烟，江边亭子不知年。疏帘钩起看山坐，小榻移来近水眠。调理筋骸须酒盏，发挥情性费诗篇。少年误落樊笼里，老大于今只自然。

赠严廉宪迁湖广右方伯

公持宪节我渔蓑，共是浮生五十过。朝市山林真有定，著书行道欲如何。生灵再睹新方伯，时望元从旧甲科。今日济川还有楫，不须愁向洞庭波。

次颐庵感雁诗韵

蒲塘鸥渚隐双鸿，一棹惊飞西又东。乍出黄芦翱碧落，可堪弱羽寄冲风。关河此去一千里，云水遥经十万重。此日任从篱鹖笑，上林何处更相同。

夜归

秋风淅淅月辉辉，夜半东邻醉始归。自脱衣冠眠竹椅，更无童稚候柴扉。疏狂幸免时人忌，牢落空悲心事违。何日扁舟沧海去，一竿长弄钓渔矶。

与崔信臣夜话

十年才一款柴关，信是人生会合难。镜里愁容双鬓短，灯前细语五更寒。豪华自昔推孤迈，地步于今各总宽。我有无弦琴一曲，逢君携向月中弹。

闻周方伯升秩〔1〕

生灵未厌今方伯,声誉初传古地官。红袖尊前断歌舞,青衫楼上倚阑干。孤舟只尺仍多病,五月风涛尚薄寒。何日匡庐好消息,几时分授到渔竿。

今人交态浓如春,昔人偃蹇麋鹿群。正在诸公怜薄俗,倘容野老接清尘。秋来陇亩无闲日,老向渔樵只病身。万古乾坤一回首,百年涕泪在衣巾。

送胡佥宪赴京

狼藉杯盘餐菊后,峥嵘剑佩谒京时。朝廷雨露真均被,天地行藏敢后疑。帝里看花来岁酒,湖山卜筑去年诗。扁舟万里沧溟别,肯信归期是定期。

县主召陪钟地曹游玉台,以病不果二首

病怯冲寒紫翠堆,肩舆欲上更徘徊。虽孤一日登高眼,如到千岩拨闷杯。竹叶满山翻翠幄,水声落涧讶冬雷。山僧自对长松坐,县尹何妨喝道来。

一株二株松可人,三里五里路无尘。粉署仙郎今始到,圭峰长老未应嗔。可怜病客几回首,怅望梅花何处春。江山雨过空经眼,指点青囊问景纯。地曹近为地理家学,故云。

将宿绿围,寄李九渊馆中

万家烟树绿围庄,一水寒萦斗檗冈。韦曲自应来杜老,天台无计宿刘郎。柳条学弄春风软,花气浓沾暮雨香。为报风流爱酒伴,

〔1〕 此诗第二首,王安舜本题为"小诗代简,答刘大参见召"。

明朝将尔倒诗肠。

阅张侍御巡边图

古来边事无人见，眼底山河问此图。圣主万年安社稷，绣衣一骑走匈奴。经营韩范今须有，东北关城秦岂无。野老不知成败事，只将仁义谕防胡。

赠钓伴

三三两两乘桴游，老翁稚子俱忘忧。江雨霏霏白欲下，田鸡角角鸣相求。三更欲钓银河水，万里如乘赤壁舟。但使河豚供柏酒，不劳使者问羊裘。

九日晚对菊，有怀玉泉上人

清枝冷蕊却层层，大雅题诗谢不能。独插一枝当白鬓，相看频日到青灯。东篱竹矮愁将偃，南岳峰高醉欲凭。更遣丹青来貌取，缄题寄与玉泉赠。

九日晚对菊，次容处士韵。是日县主曹侯、二尹邵侯持酒过白沙，李九渊、容贯各馆乡中未还

一年佳节到黄花，霜在篱根月在沙。今日县侯亲送酒，几时诗客报还家。疏枝向晚青如许，老鬓逢秋白未涯。更欲西良开酒盏，胜游堪泛五更槎。

再用韵

焉知老子非元亮，请看黄花满白沙。剩有香醪供采采，何须蜡屐到家家。屡经细雨开花面，独立西风背水涯。欲把一株种蟾阙，恐惊天女笑乘槎。

将往罗浮

重阳采菊出斋频,已觉飞云顶上身。今日山灵应待我,西风舟子忽催人。江湖已破千回梦,云水初生一笑春。却到惠州城郭里,青藜高映华阳巾。

过西樵〔1〕

青烟落日江蒙蒙〔2〕,百丈曳过西樵峰。万里江河秋色里〔3〕,满船笳鼓浪声中。衰颜下照波涛日,幽思长唫岛屿风。却望苍梧在何处,东篱今负菊花丛。

大石访李德孚

江树人家远近烟,水边桑柘曲相连。主人携药出乘马,客子入关来舣船。落日云霞生涧底,秋风禾黍满村前。浮生此地堪为乐,何必移居傍市廛。

羚羊峡次简斋韵

搅树风声日夜悲,羚羊峡里一舟飞。青山不管行人老,黄叶如催客子归。寻常屋里偏饶睡,五十年来未觉非。千里西游本乘兴,晚来一咏更沾衣。

---

〔1〕“过西樵”,碧玉楼本题作“舟经西樵”。(《白沙子全集》,碧玉楼刻本,第八卷,第八二页)

〔2〕“青烟”,碧玉楼本作“青溪”。

〔3〕“江河”,碧玉楼本作“山河”。

题易隐求斋[1]

茆茨清绝有蟾宫，水表婵娟竹表风[2]。高枕隔林啼鸟净[3]，小斋终日白云蒙。江边好景诗难道，世上闲愁酒可空[4]。题作隐求争未信，知君方许学屠龙。

次韵顾别驾拟归二首

才力虽堪数则奇，肯捹高枕也便宜。青山后放归田早，白首何妨见事迟。壶峤不驰千里梦，木兰刚少两年诗。世间甲子从头数，一筋依然下一期。

飘然何处想君容，李白闲歌太极宫。山北山南双谢屐，花开花落几郫筒。尊前偶似陶元亮，诗卷多于陆放翁。只恐飞云看不惯，未堪收入锦囊中。

白牛冈

是处青山可卜藏，脚头刚到白牛冈。纵横五患须全避，祸福千年敢易量。此日飞鹅重见李，当时鬼劫尽疑汤。老夫独对昆仑笑，争得秦灰化锦囊？

乘骡至奇山寻梅，饭李九渊宅

沙桥西上独乘骡，山径萧萧落叶多。渡口日斜归鸟影，陂头风起饭牛歌。僧依朽骨开兰若，我觅寒花到薜萝。为恨渊明新止酒，

---

〔1〕 此诗又见阮榕龄《白沙丛考·白沙先生诗文补遗》，据《鹤山县志》辑录。（阮榕龄撰：《白沙丛考》，《宋明理学家年谱》第九册，第四九三至四九四页；另参陈献章撰：《陈献章集》，下册，第六八九页）

〔2〕 两“表”字，《白沙丛考·白沙先生诗文补遗》作“里”。

〔3〕 “林”，《白沙丛考·白沙先生诗文补遗》作“床”。

〔4〕 “空”，《白沙丛考·白沙先生诗文补遗》作“通”。

杯盘邀坐失烹鹅。

叠韵

细路江干爱一骡，冷烟浮水夕阳多。孤山处士寻梅处，洛下先生击壤歌。风飐溪沙随断柳，月生松坞照垂萝。晚来更有临池兴，笑杀山阴博白鹅。笑杀，一作不用。

寿黄野舟母八十一

旧家文物有随冈，都老而今更擅方。八耋喜逢花水会，一杯持上寿萱堂。夜来南极星华灿，秋入东溟水汽凉。海屋添筹君莫记，直留老眼看沧桑。

九日小庐山与赵日新

万里沧溟指顾间，赵生今在小庐山。行攀月里一枝桂，试踏涯头百尺竿。芳气腾腾分菊盏，清吟稍稍对芝盘。明朝不惮圭峰远，更取青钱挂杖端。

游三洲岩

五漏地应无勾漏，三洲岩亦小蓬莱。娲皇须补青天破，人世那知紫府开。亭午虎声来石窦，千年鹤迹印溪苔。苍梧亦是经游地，多少心情属老回。

经悦城

何处庙前江水流，野人于此暂维舟。玲珑竹日冬犹暖，轻薄潭烟晓未收。龙母衣冠终宇宙，悦城钟鼓自春秋。杖头一百青钱在，烦恼嘉鱼不上钩。

再游三洲岩

去年骢马不同游，随意云帆此系舟。万壑寒流千丈碧，五更残月四山秋。天门夜迥人初到，仙树年芳鹤自留。高挂一瓢休便得，人间何处问巢由。

同定山宿惠济寺 一名香泉寺

香泉寺里悬灯宿，东葛城中抱被来。绿鬓高歌六七辈，春风相属两三杯。未愁此地山灵厌，只恐明朝县马催。我与定山何处似，但言夫子铸颜回〔1〕。

再用宿香泉寺韵

招提烛暗连床语，龙洞云开并马来。半枕未成南海梦，几人同醉定山杯。身轻舞袖还双举，鬓短流年又一催。正月路旁梅发尽，插花须插满头回。

至定山次木斋韵

四千里外无消息，一日定山相对闲。仰止人心都万仞，萧然我屋只三间。知音荷蒉门前过，送米怜僧月下还。著我与公同白首，西华东岱往来山〔2〕。

---

〔1〕“何处”，沈孟化、陆察、张梦柏纂《万历江浦县志》所载此诗作“何所”；“但言”，作“但云”。（《天一阁藏明代方志选刊续编》，第七册，第六〇三页）

〔2〕沈孟化、陆察、张梦柏纂《万历江浦县志》所载此诗作：“四千里外无消息，一日定山相对闲。仰止此山虽万仞，萧然我屋只三间。眼空一世何曾见，心到双泉不记还。但得与公同白首，乾坤五岳也无山。”（《天一阁藏明代方志选刊续编》，第七册，第五一〇页）文字有差异。

宝胜寺二首[1]

巢许夔龙不两能，江湖去住任腾腾。他乡此夜扬州月，对客歌诗宝胜僧。药气氤氲窗下枕，茶烟缭绕佛前灯。道人不是西华客，心在西华第一层。[2]

同定山诸公游石洞

小洞长年翳野莱，冥冥勾漏可谁来。数公马迹深深到，一径梅花笑笑开。弦上宫商分雅调[3]，盏中玄碧自仙醅。闲人也是无心出，应与闲云作伴回[4]。

过恭襄庙 平江伯之祖

恭襄庙前淮水流，清江院里竹亭幽。帝乡去日云为驾，客子来时月满舟。姓氏遥遥同宇宙，儿孙滚滚自公侯。夜来一枕还家梦，又理沧溟旧钓钩。

邳州寄娄侍御、庄定山

乾坤紫气一青牛，名利红尘几白头。北极星辰虽共向，江湖鸥鸟不同忧。定山居士三间足，乌府先生两眼秋。道路相思无了日，船头搔首看邳州。

---

〔1〕 此题为"二首"，实只有一首。

〔2〕 此诗，《白沙先生文编》亦有收录，题为"扬州宿宝胜寺"。其诗云："巢许夔龙不两能，天涯去住任腾腾。他乡此夜扬州月，春阁高歌宝胜僧。药气氤氲窗下枕，茶烟缭绕佛前灯。道人本是罗浮客，家在飞云第一层。"(唐伯元编次：《白沙先生文编》，第二卷，第二十一至二十二页)两相比较，文字略有差异。

〔3〕 "弦上"，沈孟化、陆察、张梦柏纂《万历江浦县志》所载此诗作"琴里"。(《天一阁藏明代方志选刊续编》，第七册，第六〇〇页)

〔4〕 "也是"，沈孟化、陆察、张梦柏纂《万历江浦县志》所载此诗作"本是"；"应与"，作"应共"。(《天一阁藏明代方志选刊续编》，第七册，第六〇一页)

陈庄敏公庙

黟国勋劳存社稷，清源父老泣旌旗。只疑景泰来成日，便是中原曲突机。庙食千年天子赐，碑褒一字史官宜。不知他日麒麟阁，还画南州野老诗。

徐州作

万机清净欲何为，百万仪刑固有之。如此明良共吁咈，当令宇宙一雍熙。由来大舜垂衣事，只有西周老凤知。引领大彭山下路，朝来风日满征旗。

与潘留鹤夜话

乾坤何事日劳劳，留鹤先生已绣袍。天下行藏吾辈老，古来科级圣贤高。忘言臻极诗书奥，得手都从亥子交。万变在人无一事，男儿到此是雄豪。

莲窝驿月下自读所具奏草

中霄望眼依南斗，百转离肠绕白云。八十光阴心独畏，寻常謦欬梦相闻。东西可但悲游子，去就真堪托圣君。渐近九天瞻日月，清光先为照斯文。

喜得容球书，答之

一春闭阁卧皇都，几处行窝忆老夫。明月梦回东海钓，白云愁到北溪书。锋棱去尽名犹赘，起倒伤多病不除。若问长安今面目，依然张翰旧头颅。

得马广书，寄丁明府

多时不见长官面，万里忽传都老书。州县贤劳真自爱，乾坤公道要人扶。精神分付簿书外，得失交争议论余。良夜小楼君莫去，青天明月到跏趺。

癸卯岁端午日书于庆寿寺，和张兼素韵

白鸟飞来拂钓船，绿蓑青笠旧因缘。天机皆是谁能厌，太极无方我亦迁。点也只来沂水上，仲尼更上泰山巅。若还置我江门下，归枕江流乐舜天。

次韵答李侍讲

曾放东溟万里船，天涯孤客笑延缘。百年只好供高卧，一岁何劳问九迁。夜枕蝉声犹在耳，秋风雪色已盈颠。久知病骨难牵强，肯把行藏更问天。

再用原韵答王内翰

析木津头两系船，相逢因话旧时缘。衣冠阙下寻常见，寒暑人间十五迁。诗入唐音称子美，字临苏帖抗张颠。看君九万扶摇翼，一夜秋风飞上天。

次韵答钟濯海

平生家业在渔船，亦是闲中未了缘。万里修程今始到，一元休运正中迁。闲看芳树春如醉，只恐东风夜放颠。幸有如渑欢喜酒，劝君直到太和天。

何晦叔讣至 有母未葬

贯辈得公当抚柩，秀夫从我亦沾巾。三千里外同灯火，二十年前一伟人。尘世只应愁太早，酒杯谁不羡长春。天涯四尺知何处，好卜松楸母子怜。

庆寿寺与麦岐夜坐写怀，寄乡中诸友

手擘荔枝松下饮，青山何处了残杯。三更古寺邮人语，万里长安递马来。白首肯为妻子计，壮心暗逐岁年颓。经游也恨曹溪水，直下江门绕玉台。

寓庆寿寺，通奉乡间诸亲旧

行人初发渡头船，细雨持醪忆去年。处处争歌留别句，家家富有送行钱。诗书且看儿孙长，乡党都凭父老贤。俗虑不干窗下枕，诸公真个是神仙。

悼容士熙

长安孤客不曾愁，万里开缄失旧游。病枕却怜归故里，残书应悔寄他州。土中白发三千丈，身上青袍二十秋。莫道不如江汉水，夕阳呜咽似东流。

京回将至直沽〔1〕

玉台居士领朝衣，乞得宁亲海上归。到眼碧波还漾漾，迎船白

---

〔1〕 此诗又见阮榕龄《编次陈白沙先生年谱》“成化十九年癸卯”条，据所见白沙先生墨迹录入，题为“至直沽”。（阮榕龄撰：《编次陈白沙先生年谱》，《宋明理学家年谱》第九册，第二八四至二八五页；陈献章撰：《陈献章集》，下册，第八三三页）

鸟故飞飞〔1〕。何尝宇宙无通塞,到了江山省是非〔2〕。今夜直须沽一斗〔3〕,北来多负网鱼肥。

直沽逢周文都〔4〕

病者宜休壮者行,老夫长揖谢周生〔5〕。停船沽酒日初下,烧烛赋诗潮欲平。岂有文章供世用,不留门户得身轻。华山有语君须记,造物元来也忌名〔6〕。

次韵庄定山先生见赠

病余白发不胜簪,还拟扶衰过卧林。南斗望沉将母处,西风吹断过江心。作官于我何嗟晚,爱酒如公不厌深。万里烟波从此去,扁舟垂老梦相寻。

经石先生墓 名医,石佥宪淮之父

丈夫无地救苍生,和扁伊周不大争。终古可收方技传,先生真得定山铭。杏林本为他人种,药笼犹嫌旧日轻。惭愧平生医国手,病骑瘦马过公茔。

---

〔1〕“迎船白鸟”,《编次陈白沙先生年谱》作“迎潮白马”。作“迎船白鸟”,于义为长。此诗墨迹尚存,墨迹亦作“迎船白鸟”。(秦友朋主编:《陈献章书法集》,广州:岭南美术出版社,二〇〇八年,第三二至三三页)

〔2〕“到了”,《编次陈白沙先生年谱》作“到耳”。墨迹亦作“到耳”。(秦友朋主编:《陈献章书法集》,第三二至三三页)

〔3〕“今夜直须沽一斗”,《编次陈白沙先生年谱》作“今夜直沽须一斗”。墨迹亦作“今夜直沽须一斗”。(秦友朋主编:《陈献章书法集》,第三二至三三页)

〔4〕此诗又见阮榕龄《编次陈白沙先生年谱》“成化十九年癸卯”条,据所见白沙先生墨迹录入,题为“直沽逢周京”。(阮榕龄撰:《编次陈白沙先生年谱》,《宋明理学家年谱》第九册,第二八五页;陈献章撰:《陈献章集》,下册,第八三三页)

〔5〕“长揖”,原作“长楫”,据王安舜本、《编次陈白沙先生年谱》改。此诗墨迹尚存,墨迹亦作“长揖”。(秦友朋主编:《陈献章书法集》,第三二至三三页)

〔6〕“元来”,《编次陈白沙先生年谱》作“由来”。墨迹亦作“由来”。(秦友朋主编:《陈献章书法集》,第三二至三三页)

代简答周成之称天下士

老子亦称天下士，也因书写见胸襟。须君少缀忧时计，知我曾无喜事心。贾谊疏中流涕早，刘蕡策里谏言深。平生溥博渊泉意，又向秋风寄短吟。

赠丁中书父易洞先生

老人眠坐爱松根，久客帝乡劳梦魂。纱帽肯留官里养，茅斋归去蚬东村。青灯照几翻书帙，白发临池数鹤孙。窥破先天无一事，梅花消息与谁论。

代简平江总戎

信息连朝好是真，野夫何敢与朝臣。公归阙下称元老，我忆淮阳是故人。未信洪钟收响疾，共看强弩发机新。三边此日思韩范，为剪胡雏息塞尘。

次韵成天本中秋对月

行藏脱略倚楼时，见月开尊得睡迟。五十丘园天与静，寻常进退我何思。襟怀欲共骷髅语，霜雪真成老树知。多少勋劳在西汉，留侯偏与赤松期。

和答梁白鸿

渔笛声沉碧海涯，别来几度梦中吹。似闻世祖无穷计，也爱桐江百尺丝。选占龙头宁有意，食空驴尾不防饥。罗浮果欲相随去，请向西风访楫师。

诸友诵周镐秋居次韵唐人之作,率与同和二首

诗来镐也和雍陶,风会蝉声过柳稍。万事尽从生处起,百年谁向死前抛。能将清静除烦恼,何异王师破贼巢。堪笑后生无定力,深山何处欲诛茅。

石上春风吹醉陶,门前疏柳落寒稍。抄方多后病难却,读易醒来梦易抛。老马尚堪千里驾,鹪鹩初稳一枝巢。眼中未敢轻年少,廊庙他年看拔茅。

次韵乡友别后见寄

风流洛社何由见,击壤声中窥一斑。好客欲留烧笋饭,扁舟寻过浴凫湾。渊明到处须持酒,巢父从来懒下山。莫道不如真率会,品题正在数公间。

和康节闲适吟,寄默斋五首

二十年来不读书,滥随偕计到皇都。捄时伎俩吾何有,谐俗夤缘命却无。梦里已归垂柳宅,江门先问打鱼徒。白沙敢比桐江濑,出处当年亦少殊。

圣主哀怜许乞身,我生谁道不逢辰。正当四海无虞日,且作中年省事人。卷里题诗无靖节,花前对酒有玄真。诛茅我欲同烟火,颇费肩舆往复频。

衰荣无定只嗟伤,岁月已多人意长。本拟功名能进步,奈何时命阻飞翔。水中玉兔空留影,匣里青蛇肯露芒。寄语太和须保合,任他人世自炎凉。

水满陂池云满山,小车来往百花间。但知有酒留君醉,料想无人似我闲。红杏枝边才雨过,子规声里又春还。郢中白雪无人和,我为君歌菩萨蛮。

老夫叉手问东风，天地无穷还有穷？沧海平生偏得意，诗书垂老未收功。藤蓑漫舞春溪绿，纸帐安眠晓日红。天外白鸥闲个个，飞来飞去水云中。

次韵马肇文

长醉仙家碧酒春，曲肱高枕玉台云。老来岁月何曾数，人与乾坤不必分。弄水钓鱼无我乐，看花骑马共谁群。功名自古负少年，草莽如今荷圣君。

次韵黄泽

只有群鸥共钓湍，江门何敢望龙门。不迷苍耳行边路，直到黄云住处村。谁共乖厓分华岳，偶逢渔父话桃源。月明我欲留君醉，分付家人酒莫寒。

寄李德孚

青山真与白头期，箕颖陶唐混昔时。虚惊麒骥行千里，实见鷦鹩坐一枝。涉世风波吾亦早，著书日月子空迟。浊醪共醉无消息，醉倚山瓶有所思。

次韵赠杨荣夫

问我行藏不我疑，暮年怀抱亦君知。白云坐枉青云驾，今雨来歌旧雨诗。沧海孤舟从去远，玉台高塔见登迟。明朝又与东南别，莫惜临风酒盏飞。

处困呈丁明府

对越常如上帝临，一毫非僻敢相侵？明珠薏苡从人谤，白日青天共此心。未信中流欺砥柱，还须百炼到真金。死生都是毫芒事，好揭西斋七字箴。

挽丁明府彦诚二首

亲调冰粉写铭旌，六载劳心县政成。楼外晚风谁奏角，城南春柳自啼莺。均徭累岁闾阎静，乡社连村祀典明。千古桐乡遗爱在，长官何必葬金晶。宁都山名。

长官家住古虔州，暂试牛刀越海头。劝课马闲春雨地，游心人上太空楼。百年天地谁青眼，万里江湖几白鸥。寡妇孤儿忧未了，满江风雨进归舟。

嘉会楼次韵任少参

江上秋风又卷沙，一尊还许共烟霞。莫言老去楼空倚，每到公来酒不赊。直以狂诗传胜事，也因秋实办春华。江门亦是西来水，流向人间未有涯。

和伍伯饶登碧玉楼

坡老诗怀到此开，风生何处妙高台。常闻尼父乘槎去，又见麻姑控鹤来。岛屿自堪供极目，头颅端合老南垓。高眠尽日无人到，闲看飞鸿点雪回。

和俊圭白沙夜坐三首

沙田漠漠海之滨，携惯孤琴不问津。乡里尽闻君世德，乾坤合是我流人。瓶中泻粟还供客，又顶那钱始笑贫。却恐明朝君又去，只留山石伴刘因。

携书几过曲江滨，老去何心更问津。风月满斟黄菊酒，功名分付黑头人。昼眠山阁偏多静，秋到诗囊也未贫。办得曹溪双草屦，明朝欲往定谁因。

白竹台前紫涧滨，拍天风浪已无津。几时木屐还来此，何处渔舟肯共人。荣叟自便多乐在，后山真认百年贫。东西好记闲游处，山月留谁话此因。〔1〕

写怀 用前韵

曲肱枕老海东涯，短疏何须更乞骸。着翅登天无此梦，碧波明月荡人怀。花边浊酒闲三盏，天下名山费几鞋。惆怅春阴连晦朔，蜗牛粘户草侵阶。

答吴乐善送菊

两茎何处委霜根，路入庐山不问村。佳节总非前月日，新香犹袅旧龙门。气清天与金行秀，色浅人知土德尊。今日渊明不能领，倒巾檐下弄诗魂。

次韵刘方伯海上有感见寄

五湖波浪六街尘，今古贤愚共寄身。顾我亦非忘世者，须君莫羡钓鱼人。寻常丘壑轻轩冕〔2〕，万古君皇访隐沦。浩笑不知天壤阔，万钟何异一杯尊。

次韵张廷实瑞香花开有怀

三径归来辟草莱，偶逢名士乞花栽。莫愁冷艳无人爱，正递寒香别圃开。年光暗逐东流水，春信才通半树梅。必有比邻高二仲，

〔1〕 此首墨迹尚存，诗云："□竹篱前紫涧滨，拍天波浪已无津。几时木屐还来此，何处渔船肯共人。荣叟自便多乐在，居山真忍百年贫。东西好记闲游处，山月留谁话此因。石斋八月稿。"（秦有朋主编：《陈献章书法集》，第六六至六七页）两相比较，文字略有差异。

〔2〕 "轩冕"，原作"轩晃"，据王安舜本改。

手扪花树共徘徊。

奉陪赵提学登圭峰佛阁次韵

江城落日见楼台,远渡孤烟逐鸟来。竹里疏钟看客打,云边杰阁是僧开。崎岖径石虽妨马,淡薄风光亦借梅。却笑诸公游不惯,登高须着老生陪。

留客出钓

江上东风生白浪,行人初听竹枝歌。飞残柳絮莺还语,空尽花枝蝶尚多。雨过云山图对展,月明空水镜相磨。欲将君钓河豚去,肯驻龙溪十日么。

题庄节妇

江水呜呜江月流,千秋遗魄此江头。干戈寄食家何在,贞白捐躯骨不收。谁勒穹牌留姓字,人怜虚冢祭春秋。何时突兀曹娥庙,一写凄凉野老愁。

次韵麦岐途中见寄诸乡友约曹溪二首〔1〕

二年白浪与红尘,愁杀蒲团打睡人。万驷千钟浑是累,清泉白石岂非珍。招呼熊子江边客,来看曹溪洞里春。闻道庾关消息蚤,红梅先放数花新。

麻衣穿破不沾尘,海上支离一野人。本为圣朝无弃物,偶逢儒席得称珍。红蕖绿浪横孤艇,白雨黄牛废一春。却愧南山髯长老,

---

〔1〕 此诗又见阮榕龄《编次陈白沙先生年谱》"成化十九年癸卯"条,据所见白沙先生墨迹录入,题为"舟中次麦岐韵"。(阮榕龄撰:《编次陈白沙先生年谱》,《宋明理学家年谱》第九册,第二八五至二八六页;陈献章撰:《陈献章集》,下册,第八三三页)

闭门深坐一蒲新[1]。

甲辰春祭

少长参差进影堂，前头班短后班长。春秋此日严同祀，水木千年敢易忘？堂下放歌山月白，花边罗馔木犀香。吾亲未遣吾扶拜，犹为焚膏视酒浆。

次张廷实进士枕上偶成韵

何处青山一草芦，四无邻舍亦无徒。舞雩风日三杯酒，云谷交游一老夫。白昼且便蕲竹簟，青鞋不到阮郎途。静来人与天为一，说道华胥梦亦无。

寄彭都宪

今朝试拂镜中尘，何物头颅敢负人。但得圣恩怜老母，也叨供奉作词臣。公无私我公当进，我不随公我自真。却愧南安张太守，笑人头上玉台巾。

吊陈子威老仆

早赎奴身费主钱，主翁骨肉甚颠连。托巢生子五六口，尽死酬恩三十年。畎亩自堪供独力，妻奴何用乞分烟。留诗留传奴当尔，只恐吾诗不易传。

次韵伦德明

劝酒人人爱石斋，若为不饮负朋侪。破除英气亲流俗，纵放讴

---

〔1〕“闭门”，《编次陈白沙先生年谱》作“闭关”。又：《编次陈白沙先生年谱》所录此诗之末，有落款云“癸卯十月二十六日，献章书于桃源舟中”。

歌诵泰阶。多病一官堪到手,穷愁三斗正开怀。石生自有风波分,何日扁舟怕渡淮。

月下闻拍鼓

人间灯火隔年开,何处歌声月下来。快举酒卮深似盎,拍来村鼓闹如雷。犹闻此昼丰年乐,解忆先朝令尹才。请看中霄旋斗柄,便从今夜定春回。

书圭峰寺壁

厓门酒不对君倾,决策登山不吝情。小歇松林还系马,谩题诗卷不装绫。青山已住多时别,白首都无一事成。若见高僧谈画远,始知陶令我前生。

次韵张东所厓山

劳形终日更劳心,何处名山不可寻。白首几人同出处,苍厓三月半晴阴。云衣屡变桐花白,春思闲随杜宇深。自有平生山水意,眼中谁号最知音。

次韵李世卿山房偶题

山房东畔涧西偏,僻绝还宜看散仙。新芋满盘君试擘,破瓢高树我真悬。烦襟漱井泉三尺,倦足蟠云石几拳。欲展秋枰逢国手,闲中真有日如年。

百诗斗酒是君偏,子美歌中第几仙。竹径井阑幽鸟下,茅檐蛛网乱虫悬。飞云阁不迷秋望,黄鹤楼曾碎老拳。我种石田三亩芋,留君还许过残年。

诗瓢酒盏两家偏,未领头衔总是仙。何处芙蓉堪共倚,此生天地觉孤悬。缁尘紫陌遗千里,白鹭黄槐度两拳。却忆旧游林县博,江湖何日是归年。

长笑苏门趣已偏，刘安鸡犬亦成仙。连崖竹色千茎绿，傍树藤稍十丈悬。老去松风犹露顶，秋来村酒得猜拳。何人不厌生涯薄，菇饭蛙羹共暮年。

彭殇所值一何偏，谁把黄金买得仙。公子尊前红袖舞，将军船上赤旗悬。贤愚不管题三尺，贵贱终同握两拳。却喜骚坛李居士，今年诗好过前年。

再用偶题韵呈世卿

圣到阿衡还是偏，首阳绝谷宁非仙。西山忽报朱凤下，东海遥看赤日悬。语为投机须喋喋，事非师古莫拳拳。词臣已献清河赋，圣主龙飞第一年。

碧瞳青颊两肩偏，我问麻衣合得仙。郢内尚留诸曲在，杖头刚有百钱悬。小谈世事聊挥麈，惯识天机不竖拳。未说大匡真未有，欲将君去学长年。

猎猎旌旗海一偏，西风只舫似登仙。不将白浪供闲眺，恐有苍生在倒悬。媚俗本无新妇态，参诗聊擘老僧拳。江门尊酒相逢处，不记今年是去年。

用前韵寄若虚宪副

堂后木犀青两偏，小瓢挑日醉花仙。谈玄树下客不到，弄巧枝间雀倒悬。无位圣贤多似蚁，有形天地小如拳。白头野老生何世，上下还吾六万年。

次韵答张廷实见赠

百千年代一回头，多少贤人着去留。华岭桐江烟水客，南阳莘野庙堂忧。用材始见千寻木，涉海方知万斛舟。自笑此身无检束，虚名只好博闲愁。

庚子除夕

屋角轻云锁暮灯,跏趺不语鬓鬅鬙。受诬恐作乡邦耻,靖难还来盗贼憎。福善祸淫天可信,翻云覆雨世难凭。明年此夕公何处,好在庐峰最上层。

今夕杯盘除旧岁,明朝笔砚试新春。风云散入挥毫手,花鸟偏供闭户人。不愿骑驴去县里,只凭看柳到江滨。虞丘知我头颅自,许傍闲鸥理钓纶。

平冈开圳成,太守钟美宣诸君携酒往看

凿破青山注白云,梅花和月乱纷纷。数家青接茆茨起,百亩萦环井地分。南盍山人劳送酒,惠州太守喜镌文。诸公素有登临约,不惜高歌此耳闻。

槎涌口

两川风雨上归舟,水国潇潇昨夜秋。钟鼓不来南海庙,梦魂深绕白沙楼。荔丹映雨垂垂湿,江练随风滚滚流。不敢久贪山水胜,白头正动倚门忧。

赠太平令袁德纯

西江已见罗内翰,东浙更闻袁德纯。令尹车前三日雨,太平县里万家春。眼中人物我将老,岁晚交情谁最真。邂逅南京倾盖客,徘徊吉水系舟辰。

风雨池上偶作

春尽东南云水乡,满身风雨看林塘。眼昏焉识乾坤大,发短方

知岁月长。疾病久叨同辈药，是非不到小斋香。赤松但有长生术，辟谷何须怪子房。

寄张纯

经过有客沧溟上，问讯悲君剑水西。地湿固应蚯蚓伏，月昏还著散鸦啼。清江无钱即沽酒，白发寄声能杖藜。拟假青鸾报消息，碧桃花压钓船低。

赠钟地曹

北风渺渺泛轻舠，堪为江山载酒醪。何处诗篇有陶谢，此公气岸失刘曹。三江宿桨闻潮落，一夜挥觞坐月高。回首蓬莱隔烟雾，山灵应谢马蹄劳。

读钟地曹诗卷次韵

大雅少陵俱渺漫，名家今日□谁看。出人总让一头地，进步还于百尺竿。山谷巧伤坡老俗，退之豪绝孟郊寒。千秋万岁交料理，不道无诗与地官。

寄上诚庵朱先生〔1〕

诸贤鈇钺镇西东，岁岁江湖拟拜公。国有大臣堪柱石，世无公论过儿童。三台共觇调元手，四序兼成造化功。多病一身吾槁木，也随桃李育春风。

---

〔1〕 此诗墨迹尚存，陈志平之释文题为“奉寄朱都宪”二首，其第一首云：“诸侯鈇钺镇西东，岁岁江湖拟拜公。国有大臣堪柱石，世无邑令过儿童。三冈共□□□□，四壁曾成造化功。多病一身如槁木，也怨桃李育春风。”其第二首云：“古来名誉塞乾坤，公与时人作法根。眼见晦明真有数，心知骨肉更何言。全家可食□□报，千里如□□岳尊。他日勋庸书史笔，章连书法在龙门。成化壬寅夏六月十一日，石斋书于□□白沙。”（陈志平撰：《陈献章书迹研究》，第二四六至二四七页）异文颇多。

古来名利塞乾坤,都与时人作谤根。眼见晦明真有数,心知骨肉更何言。一门可食汾阳报,千里遥瞻泰岳尊。应有高贤标史笔,山人今日到龙门。

寄李勉恕

风光曾共醉潮连,旋卷荷杯当酒船。物态已随秋气改,人情还在藕丝牵。江村来往孤舟上,草阁东西一水边。莫向渔矶苦相忆,乡人要看锦衣旋。

湖西先生将往浙东,宪副公以诗留别,次韵四首

行住一生云在天,只因离合故凄然。沙门许护三年法,浙水今撑万里船。酒盏正挥秋月下,铎声初散晓风前。相逢尽说无愁事,翻得愁多雪满颠。

云影初生水底天,此心天地有同然。自怜此日双蓬鬓,也得先生一系船。南越波涛南斗下,曲江秋月曲肱前。明朝回首知何处,却怪留衣与太颠。

何日纶音下九天,此邦弟子欲潸然。那知南海是长夜,安得北风来驻船。幽思无端秋岛外,离心暗折暮江前。一尊何幸留今雨,再着裳衣再倒颠。

目尽东吴万里天,湖山佳处想依然。不知它夜梅花月,还照谁家钓濑船。大雅风流千载后,洪荒心事六经前。先生出否非无意,不用人忧鼎趾颠。

寄题南安周元公吟风弄月台,次张太守韵

八月缄封寄我开,公诗古迹两崔嵬。明月只疑周子过,清风更是洛阳来。冥冥此夜英灵语,拍拍寰区老佛埃。独立江干闲引望,白头何日赋登台。

未拜元公风月台，南安消息眼中来。千秋神爽今如接，累日头风忽此开。无欲可同天广大，至诚不取岳崔嵬。浴沂也是当年意，吾眼犹能辨一埃。

与梁文冠说诗

东风把卷木犀傍，花气浓薰翰墨香。月满楼中催凤管，春深谷口试莺簧。知音未可轻容贯，得法终须拜孔阳。梦破小斋人不见，一番春草遍池塘。

何时矩新著《堪舆家穴法辨》，因容生寄之

一编初见锦囊新，后出何生更绝伦。它日待君沙上语，新诗示我岭头人。未将白发忧藜杖，总爱青山映葛巾。应有峰峦随指点，咏归何独舞雩春。

次韵李掌教游寒岩见寄

人在寒岩未绝尊，至今传者谩消魂。可怜驻马岩前客，欲见当年石罅痕。元亮行藏虽栗里，武陵信息想桃源。江边忽送天台使，一曲棹歌烟水昏。

圭峰次韵

白沙先生游玉台，三日城中无马来。看尽青山心似水，睡高红日鼻如雷。不生鬼魅僧常住，直为妻孥我欲回。涧水西头有闲地，明朝再拟剪蒿莱。

次南雄守江侯赠伦司训韵

东流万里凌江水，不及江侯送客情。短短诗篇惊俗子，频频酒盏别先生。百年地位青云迥，一老东南白发明。自笑平生空学道，

此心垂老向谁征。

贺李德孚生孙 并序

李昭受室,久而未育,其尊公德孚先生以为忧。余尝宽譬之,曰:“天之所与在德。余闻李氏自忠简公来,善世有积,后其有不昌乎?天道可信,此未足忧。”至成化丙申秋,乃生一孙。德孚大喜,同游者咸为德孚喜也。德孚己丑岁与余同舟过南畿,庄木斋赠以诗曰:“归路携诸友,迎船立两孙。”是时木斋但见德孚年貌,不知德孚实未有孙也。相视一笑。今且十年,德孚首已皓矣,始抱一孙。诵木斋之诗,喜德孚之喜,可无贺乎?律诗二首以侑斝,并为乃孙祝也。

月建在戌岁丙申,时有神物降兹门。昭穆遂添忠简世,公侯再见德孚孙。舞斜天上神仙袖,撞碎田家老瓦盆。公甫作诗聊贺汝,犀钱玉果不须论。

忠简家声可世论,手提赤子洗银盆。更应来岁连双璧,真个迎船立两孙。列宿又看朱鸟影,麒麟终走玉皇门。相将五岭回中气,第一先生甫及申。

赠张叔亨别

老病侵寻年屡更,相逢杯酒话平生。人心未始甘为恶,世路何须不着行。畎亩乐闻天子圣,庙堂初简宰相清。它年记得同眠处,夜半圭峰磬一声。

小圃逢春，追次康节韵[1]

时物纷纷共斗妍，好春多在语莺边。绯桃圃里偏愁雨，绿柳梢头更著烟。诗酒逢春聊复尔，江山到老只依然。行窝十二家家到，拚尽浮生未了年。

小园风物正喧妍，白白朱朱径两边。折翅病蜂斜堕水，寻香痴蝶乱迷烟。典衣沽酒由来尔，买地栽花大抵然。安得此身辞药裹，东游西泛也年年。

悼老曾，呈马默斋

曹溪并骑远寻僧，荷盖相随愧老曾。造次小心供作粥，平生高手见挑灯。借资肯落时人后，织畚难逃造物憎。六十二年成幻化，西怜愁杀马□□。[2]

过访陈时用，因题其曾祖遗像[3]

百年生计积饶丰，独向罗溪见此翁。亲友也能思旧好，子孙应为述前功。愁回剡曲孤舟雪，恨入山阳一笛风。今自白沙题品后，欲书潜德愧难工。

---

〔1〕 白沙文编亦收录此诗，且题下有小注云："余家藏先生墨迹，有此二首。诸□第三句以下皆逸悮，今正之。"又：此诗，孙通海点校之《陈献章集》亦有收录，题为"追次康节先生小圃逢春之作二首"，第一首据何祥熊本辑录，第二首据碧玉楼本辑录。第一首作："时物纷纷共斗妍，好春多在语莺边。傍花随柳我寻句，剩水残山天赐年。竹径旁通沽酒市，桃花乱点钓鱼船。而今我爱孙思邈，自古高人方又圆。"第二首作："时物纷纷共斗妍，好春多在语莺边。绯桃圃里偏愁雨，绿柳梢头更著烟。诗酒逢春聊复尔，江山到老只依然。行窝十二家家到，拚尽浮生未了年。"（《陈献章集》，下册，第五〇四页）其第一首，仅第一联与白沙先生《次庄定山清江杂兴韵》之第一联（"家学华山一觉眠，图书亦在枕头边"）不同，其余三联无别。（《白沙子全集》，何九畴刻本，第五卷，第一〇页；《陈献章集》，下册，第四一四页）

〔2〕 "西怜愁杀马"后，遗诗补集有缺页。"先生"，原作"□□"，据王安舜本补。

〔3〕 此诗原缺，据碧玉楼本补出。（《白沙子全集》，碧玉楼刻本，第八卷，第八三页）

赠别林缉熙〔1〕

愧尔远步登此堂,东家行路久荒唐。诗成老我无功用,岁月还君更激昂。奠枕白云闲宇宙,抠衣明月入宫墙。风霜岁晚成身地,莫负男儿一寸刚。

次韵林缉熙游罗浮

拔地决起瘦鹤躯〔2〕,插天壁立东南隅。眼中非子不能到,海上何山可与俱。便从往种扶桑树,即将写入方舆图〔3〕。群仙未用夸三岛,一览还应隘八区。登罗浮。

次韵缉熙河源道中闻林琰凶问 林琰即秉之

大块无心任去来,先生何事独兴哀?生前只对一樽酒,死后须埋几尺灰。处处花开狂雨损,年年春被杜鹃催。白头襟抱胡为尔,得放开时且放开。

次韵缉熙受教职〔4〕

风雨山前梦亦安〔5〕,天涯孤客叹之官。莫愁飞雪登程晚,还喜凭书与限宽〔6〕。笠影远离沧海月,手痕犹在富春山〔7〕。乾坤

---

〔1〕 自《赠别林缉熙》至《和答林郡博缉熙将至严州见寄》,共九首,底本原缺,兹据《南川冰蘗全集》卷末附录、《陈献章集·陈献章诗文续补遗》补出。(林光撰:《南川冰蘗全集》,第四六八至四七五页;陈献章撰:《陈献章集》,下册,第九八二至九八七页)

〔2〕 此诗,遗诗补集、王安舜本亦有收录。"瘦鹤",遗诗补集、王安舜本作"瘦鹘"。

〔3〕 "写入",遗诗补集作"补入"。

〔4〕 此诗遗诗补集亦有收录,其中第一首题为"次韵林缉熙",第二首题为"和林缉熙受教职"。

〔5〕 "山前梦",遗诗补集、王安舜本作"斋中坐"。

〔6〕 "与",遗诗补集、王安舜本作"作"。

〔7〕 "富春山",遗诗补集、王安舜本作"富春竿"。

欲了男儿事，日月东西跳两丸。

百年文物在东吴[1]，画舫春风忆此都。到手闲官如处士，从头诗卷又江湖。秋风淅淅将吹雁，渚雨飞飞急下凫。村里病翁谁见问[2]，莫言筋力尚支吾。

成化甲辰中秋后，宝安袁藏用、林子翼、林时嘉、童子时远、时表从缉熙来访白沙。缉熙新授浙江平湖县博，将之官，是夕辞去，赋此识别[3]

天高月朗送君还[4]，紫水黄云又闭关。但得笑谈如此辈[5]，不妨来往共人间。岂无贵介同倾酒，每忆心知恨隔山。官在太湖家万里，老夫何地索开颜？

追次缉熙平湖旧作见寄诗韵，时缉熙便道归自闽广，将过白沙一话，因以迓之

地炉借子画寒灰，已递新诗过越台。小瓮初香犹待熟，南枝正发未全开。去年春比今年早，前浪人惊后浪催。邂逅故乡如梦耳，几时松菊见归来。

和答林郡博缉熙将至严州见寄

二十年前别帝畿，而今衰鬓各成丝。人情未易分真伪，世路终当虑险夷。有要但看无欲止，知几端在履霜时。严州刚遇思齐地，肯放长竿到手迟？

---

〔1〕“在”，遗诗补集、王安舜本作“盛”。

〔2〕“村里病翁谁见问”，遗诗补集、王安舜本作“衰病倘逢诸老问”。

〔3〕此诗遗诗补集、王安舜本亦有收录，题为“送林缉熙”。

〔4〕“月朗”，原作“日朗”，据遗诗补集、王安舜本改。诗题有“是夕辞去”之说，故以作“月朗”为是。

〔5〕“但得”，原作“但是”，据遗诗补集、王安舜本改。

四方冠盖客京畿,几多年光入鬓丝。笑语山僧还揭谛,可胜斯道落吾伊。缉熙许我过无定,万丈飞云一武夷。千里相思频作梦,严州谁问到官迟。弘治腊月。[1]

留菊主饮[2]

经冬三月不离床,屋角梅花夜夜香。舫子药随春酒至,先生病愈故吾忘。直拌酩酊能留客,莫笑蹒跚懒下堂。记得早秋同宿处,竹篱烟火白牛冈。

赠公学

春城风雨湿诗囊,瘦马朝驰抵路旁。世事偶逢车载鬼,书生真有铁为肠。清风明月终还我,守义怀仁不负郎。行止非人乃天定,孟轲何必罪臧仓。[3]

送李升之京

歌声谁放晓江干,万里舟航眼界宽。短棹已随烟浦外,此溪遥

---

〔1〕 此诗标明撰作时间为“弘治腊月”,然未标明年份。林光《明故翰林院检讨白沙陈先生墓碣铭》云:“己未,《寄严州》又有‘千里相思频作梦’之句。”(林光撰:《南川冰蘗全集》,第一八一至一八二页)己未,为弘治十二年。据此,此诗当作于弘治十二年己未腊月。然而,白沙先生此诗用韵,乃和林光《将之严州写怀,留别京师诸友(八首)》。(林光撰:《南川冰蘗全集》,第三三四至三三五页)林光《将之严州写怀,留别京师诸友(八首)》作于弘治十一年夏秋间。林光于弘治十一年秋抵达严州,就严州府学教授职。据此,则白沙先生此诗当作于弘治十一年戊午腊月。且此诗诗题有“林郡博缉熙将至严州”之说,将至,犹言未至,故此诗以作于弘治十一年戊午腊月为是。林光《明故翰林院检讨白沙陈先生墓碣铭》所谓“己未,《寄严州》又有‘千里相思频作梦’之句”,当系林光一时误记。陈永正亦以为,白沙先生此诗“当作于弘治十一年戊午年终之时”。(陈永正撰:《陈献章诗编年笺校》,下册,第八四五页)

〔2〕 自“留菊主饮”至“阙题”,共六首,底本原缺,兹据《白沙丛考·白沙先生诗文补遗》补出。(阮榕龄撰:《白沙丛考》,《宋明理学家年谱》第九册,第四九三至四九八页;又参陈献章撰:《陈献章集》,下册,第六八九至六九二页)

〔3〕 阮榕龄于此诗之末加注云:“《鹤山志》云:此诗意不可晓。《白沙集》有《与陈秉常书》云‘蒙谤大矣。事始末,问公学’。诗当缘此作也。”

接白云端。行藏手上惟三尺，名利场中总一官。夹径莺花春未老，为君传送道平安。[1]

卧愚亭

何处水边堪此亭，偶从诗卷挹芳馨。小眠亭上真何意，大梦人间肯未醒。难以智愚分巧拙，尽教描画付丹青。老夫伏枕庐山下，头白于今未与名。

阙题二首（“浩浩江门水自流”、“年光想象似浮云”）[2]

浩浩江门水自流，怀人独听五更秋。风飘万古云无著，月上千山梦易幽。老去不堪杯酒别，诗成不觉始生愁。世间极乐惟君事，一曲琴声韵欲浮。

年光想像似浮云，梦冷长亭柳色新。记得出门时节好，自教寒食岁同春。烟分玉树花明远，露满南山草半茵。尘路岂能忘此念，故来河畔理丝纶。

出潞河[3]

来往西风析木津，归舟明月又随身。君看乌帽白头客，合是东西南北人。浮世升沉虽有定，鸿钧赋予不为贫。却怜病骨长如旧，叨负清朝翰苑臣。

---

〔1〕 阮榕龄于此诗之末加注云：“《鹤山志·选举》：李升，古蚕人，弘治十四年举人，石埭知县。〇按：既云弘治十四年举人，时先生已没，焉有送之京事？考《新会》王志：李升，石步人。是此诗送石步之李升，非古蚕之李升。《鹤山志》误也。”

〔2〕 阮榕龄于此诗之题后加注云：“今岁道光二十二年，大良谈君子粲书来，云‘尝见白沙怀人诗二首，诗茅笔书。今十余年矣，忘其姓名。纸约长三尺云’。”

〔3〕《出潞河》以及《乞恩南归先寄诸乡友候我于曹溪者》两诗，底本原缺，阮榕龄据所见白沙先生墨迹录入所撰《编次陈白沙先生年谱》“成化十九年癸卯”条，兹据以补出。（阮榕龄撰：《编次陈白沙先生年谱》，《宋明理学家年谱》第九册，第二八四至二八五页；陈献章撰：《陈献章集》，下册，第八三二至八三三页）

乞恩南归先寄诸乡友候我于曹溪者

诸君来访曹溪洞,腊月扁舟我亦还。白帽影连江上水,清猿声断峡中山。公能少为烟霞住,我岂不如鸥鹭闲?枕中收得淮南记,更与南山长老看。

再拜江门〔1〕

再拜江门问□言,老夫于此尚茫然。旧书看破百千卷,古曲弹终一两弦。习气交攻良自苦,天机闲动为谁宣。眼中故旧如君少,不见于今是几年。弘治癸丑冬至前二日,石翁在贞节堂书。

筮仕示张诩〔2〕

灯下排蓍十八更,神机我祝敢相轻?一时出处虽当决,半月功名了不争。世事转头常老病,山田计口废春耕。儿童与我添香烛,百拜皇穹祝母龄。

木犀〔3〕

老翁久住木犀村,春风见长木犀根。木犀岂比天桃色,艳艳空消蛱蝶魂。款款行云度清昼,娟娟缺月向黄昏。花应笑我东皋子,我亦酹花北海槎。

---

〔1〕 此诗原缺,然其墨迹尚存。兹据墨迹补出。(秦有朋主编:《陈献章书法集》,第二至三页)

〔2〕 此诗原缺,然其墨迹尚存。兹据墨迹补出。(陈福树撰:《陈白沙的书法艺术》,第四〇至四一页)

〔3〕 此诗原缺,然其墨迹尚存。兹据墨迹补出。(陈福树撰:《陈白沙的书法艺术》,第四六至四七页)

寄黄岩邝载道[1]

御史交情白首真，传书况复有严亲。黄岩逐客遥怜汝，紫水渔竿正恼人。此本载道金台赠别之句。岁月江湖双鬓短，声名天地一官贫。相逢他日论何事，次第哦诗百首新。

三军骢马踏神京，四海苍生望太平。淮上舟连吴侍御，岭南人卜邝先生。批鳞事业真何补，识马心期浪得名。渐近五湖烟景内，与君今日却须争。

右诗二章，奉寄黄岩使君邝载道柱史，答来教也。

去年杯酒喜遭逢，却忆金陵是梦中。白首可能离海上，黄岩须为谢江东。草亭人去千山月，草亭，何乔寿构于广昌以居罗先生者。来鹤诗成万古风。来鹤，予寓江东，龙氏新构亭名，庄先生为赋二诗。两地寄书慵似我，江南八月有征鸿。

右诗一章，托黄岩转致区区于金陵孔昜内翰诸公。献章顿首邝先生载道侍史，七月十二日。

中秋诸友携酒白沙，时余有征命将行[2]

江门沽酒款征车，乡里交情我不疏。不怕霜风吹客鬓，却怜星月洗溪厨。惊看七步来长句，直过三更坐老夫。何处中秋不同赏，明年书札寄江湖。

题南干卷[3]

南干老人爱南干，远山近山画中看。青烟半横绿杨渡，白鸟低

---

〔1〕此诗原缺，然其墨迹尚存。兹据墨迹补出。（陈福树撰：《陈白沙的书法艺术》，第四八页）

〔2〕此诗原缺，然其墨迹尚存。兹据墨迹补出。（陈福树撰：《陈白沙的书法艺术》，第四九页）

〔3〕此诗原缺，原见白沙先生《次韵诸友留别诗卷》墨迹。兹据陈志平所录释文补出。（陈志平撰：《陈献章书迹研究》，第二五〇页）

掠红蕖湾。卧闻风雷辟易久,起视星斗光芒寒。愿弃雀事上野艇,与子对食镜中盘。

赠林南峰诗〔1〕

黄甲科名重一时,病夫何早闭斋围?洪钧赋予一如是,问我去来都不知。人畏丹青应自试,道能舒卷更何疑!天机莫道难寻处,山峙川流尽我师。

阙题(“花溪曾寄旧游踪”)〔2〕

花溪曾寄旧游踪,剩水残山几万重。一片丹心同皎日,千年碧血散霜风。铁衣夜冷原头马,宝剑秋高海角龙。铜岭归来重吊古,阵云愁锁战场中。

与李承箕、容贯楚云台联诗〔3〕

萧萧寒雨湿芭蕉,短短清吟送酒瓢。万里归心怜楚客,一年无

---

〔1〕 此诗原缺,《光绪吴川县志》第七卷第五至六页、《光绪广州府志》第三十七卷第十五页有收录,兹据以补出。又:程明《陈白沙诗文补遗》曾据《光绪吴川县志》加以辑录。(程明撰:《陈白沙诗文补遗》,《岭南文史》,一九九二年第二期,第三七至三八页)

〔2〕 此诗原缺,清人钱以垲《岭海见闻》第三卷“铜岭”条有收录。兹据以补出。(钱以垲撰:《岭海见闻》,广州:广东高等教育出版社,一九九二年,第六七页。又参程明撰:《陈白沙诗文补遗》,《岭南文史》,一九九二年第二期,第三七至三八页)

〔3〕 此诗原缺,《光绪广州府志》第八十五卷第二〇页有收录,兹据以补出。而李承箕《大厓李先生诗文集》所收录此诗,题为《雨中小酌联句,时将别白沙二首》。其一云:“霏霏寒雨湿芭蕉,(石翁)短短清吟送酒瓢。万里归心怜楚客,(一之)一年无计驻兰桡。飞鸣肯逐霜前雁,(箕)来往无端海上潮。黄鹤楼中吹笛罢,(石翁)月鸣何处梦相撩。(一之)”其二云:“游走东南未有公,(石翁)真成冀北马群空。共称贾谊年方少,(一之)更说相如赋最工。献策不曾登汉阁,(石翁)当垆时复笑临邛。乾坤何处还高步,(箕)先到罗浮四百峰。(石翁)”(李承箕撰:《大厓李先生诗文集》,《四库全书存目丛书》,集部,第四三册,第五一三页。案:“月鸣”,恐为“月明”之讹。)又:李君明《陈白沙诗辑逸》曾据《道光新会县志》第七卷“廨宅”条加以辑录,文字略有差异。(李君明撰:《陈白沙诗辑逸》,《岭南文史》,二〇〇六年第三期,第五〇至五二页)

计驻兰桡。飞鸣肯逐霜前雁，来往无端海上潮。黄鹤楼中吹笛罢，月明何处梦相撩。

游走东南未有公，真成冀北马群空。共推贾谊年方少，更说相如赋最工。献策未曾登汉阁，当垆时复笑临邛。乾坤何处还高步，先到罗浮四百峰。

题赵文卿西圃书室〔1〕

千里贶予西圃诗，奇哉西圃圃之奇。舍中竹色客不至，沼里天光鹤与窥。草树云霞分大块，古今经史属诸儿。短檠都在三年课，泉壤于今海内知。

和王矩庵〔2〕

岂有文章播两京，滥竽今古笑虚名。老狂莫道生来僻，小睡犹须学得成。千顷白云封古洞，几茎秋发映疏棂。梅窗昨夜光灿烂，疑为南枝一两星。

江门赠别〔3〕

市远家贫岁又荒，无鱼无肉只家常。青丝藤菜羹犹滑，赤米花黏饭颇香。几句残诗明月下，三杯旨酒短篱旁。明朝睡起江潮长，

---

〔1〕此诗原缺，《光绪潮阳县志》第二十二卷第三七页有收录。兹据以补出。又：李君明《陈白沙诗辑逸》曾据《光绪潮阳县志》第二十二卷辑录。（李君明撰：《陈白沙诗辑逸》，《岭南文史》，二〇〇六年第三期，第五〇至五二页）

〔2〕此诗原缺，《道光琼州府志》第四十一卷有收录，兹据以补出。王矩庵，名仕衡，定安人。又：李君明《陈白沙诗辑逸》曾据《光绪定安县志》第八卷辑录，题为“和王士衡韵”。（李君明撰：《陈白沙诗辑逸》，《岭南文史》，二〇〇六年第三期，第五〇至五二页）

〔3〕此诗原缺，黄钥《香山主人遗草》卷末有收录。兹据李君明《陈白沙诗辑逸》补出。（李君明撰：《陈白沙诗辑逸》，《岭南文史》，二〇〇六年第三期，第五〇至五二页）

恰送君归顺水航。

和余统韵[1]

乾坤万里转山河,南海分明一个关。俗客不来花洞口,仙人原住翠微间。豪吟我愧诗成僻,强饮为添酒在颜。今日登车看豸史,白云飞尽钓台湾。

暮春酬黄廷美见过[2]

秋抽平野绿初匀,乳燕飞飞不比人。春尽忽惊花去眼,老来空有病随身。药炉候火人情废,草履登堂野客亲。与话平生灯火事,羞看白发满乌巾。

中秋

风清月朗一中秋,乌石山前柳渡头。东岸老迎西岸老,今年游胜去年游。忽怜诗酒追陶谢,亦有行藏问孔周。河汉三更看醉客,歌声十里送归舟。

次韵乡友见寄

此心吾久证玄通,还借骚坛为发蒙。月照破囱秋冏冏,风回高树晚蓬蓬。几茎白发笼纱帽,万顷沧波著钓篷。爱杀西良多酒处,唱歌人在水云中。

---

〔1〕 此诗原缺,《民国开平县志》第三十二卷有收录。兹据李君明《陈白沙诗辑逸》补出。(李君明撰:《陈白沙诗辑逸》,《岭南文史》,二〇〇六年第三期,第五〇至五二页)

〔2〕 自《暮春酬黄廷美见过》至《书庄定山梅花诗后》,共五首,底本原缺,兹据王安舜刊本《白沙先生全集》补出。(陈献章撰:《白沙先生全集》,明天启元年王安舜刻本,第七卷,第十三、四〇、四五至四六页)

嘲不同赏中秋

水月将开月下筵，一金携酒胜千年。中秋旧诗有“食有金携”之句。我无一事惟留客，公看中秋不系船。老去闲居当宁赐，晚来凉风小亭偏。寻思合伴西湖隐，只对孤山也自贤。

书庄定山梅花诗后

梅花只似河图样，谁识庖羲万古心。清庙朱弦悦者寡，穷乡白木愧君深。狂歌余响连三日，短札如收累百金。吾君合是唐虞世，四海如今击壤音。

题仙山楼观图[1]

貌得仙山尺素余，真形五岳复何如。地平渤海扬尘后，天启扶桑御日初。丹鼎河车长命诀，琅函琼简列名书。易迁宫似金银阙，四百年来已定居。

寄题一峰草亭[2]

一峰谢病去官，门人何君乔寿割田百亩以供伏腊，予闻而深喜，赋此以诗。

青山卜筑壮吾曹，白首悲欢定此交。弟子何心供伏腊，先生多病托衡茅。云霄万里孤飞翼，宇宙千年一系匏。江上独归音信少，天涯相忆梦魂劳。

---

〔1〕 此诗原缺，陈邦彦等编《御定历代题画诗类》第一一三卷有收录(陈邦彦等编《御定历代题画诗类》，《景印文渊阁四库全书》，第一四三六册，第六四〇页)，兹据以补出。又：此诗，此前陈永正《陈献章诗编年笺校》已辑录。(陈永正撰：《陈献章诗编年笺校》，下册，第一〇四〇页)

〔2〕 此诗原缺，《同治永丰县志》第三卷有收录。兹据陈永正《陈献章诗编年笺校》补出。(陈永正撰：《陈献章诗编年笺校》，上册，第二六页)

百丈峰[1]

淦西百丈耸危峰,白昼雷霆出洞中。一片黑云横日下,霎时飞雨过江东。村村苗长田畴水,处处凉生枕簟风。好向夕阳楼上望,晚晴江上映长虹。

送刘肃庵别驾之雷阳[2]

安得大风来扫之,满船戈甲送君时。斯民若道无三代,孔辙何须遍九夷。瞑入沧溟知岛屿,春随红雨别山篱。白头别驾雷阳寄,何处明朝更有诗?

阙题("仲夏园林事事宜")[3]

仲夏园林事事宜,寒炉香爇海南寺。闲临淳化羲之帖,细读开元杜甫诗。石鼎飕飗时斗茗,松枰剥啄试围棋。新篁脱粉芭蕉绿,不怕星星两鬓丝。

赠范规[4]

每见江门说范云,花山夜夜绕吟魂。小童忽报来何客,野鹤昂然立我门。口中公甫诗无数,手里芙蓉杖一根。一语未终还别去,月明人自白沙村。

---

〔1〕 此诗原缺,《江西通志》第一五五卷有收录。兹据陈永正《陈献章诗编年笺校》补出。(陈永正撰:《陈献章诗编年笺校》,上册,第二五五页)

〔2〕 此诗原缺,《同治永丰县志》第三卷有收录。兹据陈永正《陈献章诗编年笺校》补出。(陈永正撰:《陈献章诗编年笺校》,上册,第四六一页)

〔3〕 此诗原缺,孔广陶《听风楼法帖》第五册有收录,陈志平曾据以辑录。兹据陈永正《陈献章诗编年笺校》补出。(陈永正撰:《陈献章诗编年笺校》,下册,第一〇〇八页)

〔4〕 此诗原缺,墨迹尚存,陈志平曾据其影印件以辑录。兹据陈永正《陈献章诗编年笺校》补出。(陈永正撰:《陈献章诗编年笺校》,下册,第一〇〇九页)

题东圃[1]

不随人间嚣梦中，此身元旧是悬空。无人敢唾胥江水，白首今看范老翁。人物古今能几个，风花天地本无穷。我诗莫道无分别，螺蠃螟蛉故本同。

上廉宪节[2]

宪节多年颂缙绅，除书又喜出枫宸。一天风景贤声著，万里云山要路新。见说召公将入相，空怀寇老可安民。此行料想难羁久，终外调元鼎鼐臣。

圣世耄臣鬓欲丝，风姿还似岁寒时。九重天子心方简，万众生灵命已随。畿内经纶当大展，省中霖雨遍先施。赠行故我寻常事，总在图中几首诗。

莅政洪林独擅声，乔迁共喜沐恩荣。花飞南浦春初暖，舟发西江雨正晴。分郡一方为上相，去思千里系中情。遥知此去应难久，台鼎期登辅导情。

久持宪节驻江南，衡鉴无私太极参。白简霜飞威凛凛，乌纱晴照鬓鬖鬖。风摇去旆装初束，日落离亭酒未酣。到得南雍应不久，君名已在御屏缄。

阙题（“许大乾坤许大身”）[3]

许大乾坤许大身，后来圣贤后来人。欲将赤手扶元化，且著青

---

〔1〕 此诗原缺，墨迹尚存，陈志平曾据其影印件以辑录。兹据陈永正《陈献章诗编年笺校》补出。（陈永正撰：《陈献章诗编年笺校》，下册，第一〇二〇页）

〔2〕 此诗原缺，《中国书画图目》第十三册有收录。兹据陈永正《陈献章诗编年笺校》补出。（陈永正撰：《陈献章诗编年笺校》，下册，第一〇二八页）

〔3〕 此诗原缺，叶廷秀《诗谭》第十卷有收录。兹据陈永正《陈献章诗编年笺校》补出。（陈永正撰：《陈献章诗编年笺校》，下册，第一〇四二页）

袍浑世民。万虑不惊谁是乐,一心原足我何贫。倒番秦汉从头数,惟有尧夫认得真。

五言排律

月桂自白石移来

金粟初分我,花仙不吝人。烟霞三亩宅,草木百年身。影入青霄旧,香传白石新。为谁工态度,本自惜精神。翠竹旁通径,绯桃正隔津。生忧儿女狎,莫摘老夫嗔。坐久风回席,行迟露在巾。当时尊玉茗,平地隐冰轮。收敛还真性,生成荷大钧。相逢山水地,一笑武陵春。

贞节堂柏

柏下拜群孙,年华柏既尊。皇风动高盖,圣泽溉深根。一事堪诗传,千年仗鲁论。撑空疑有力,印月自无痕。日出江门近,春回海角喧[1]。细香浮竹院,深色映篱门。身谢看花坞,家贫卖酒村。陶然绿阴处,高枕弄吾丸。

景云田荫尾

蓑笠堪从事,少年农圃情。乘潮打两桨,落日照孤城。山庙题诗过,汀鸥伐鼓惊。提携新耒耜,寂寞旧棋枰。挟被防春冷,摊书读晚晴。儿曹依本分,吾道在躬耕。

---

〔1〕"喧",高简本、萧世延本、何熊祥本、王安舜本、黄之正本、碧玉楼本、四库全书本作"暄"。

旌节亭瓦雀

瓦雀喜亭栖，丹青意自迷。雨余穿丽日，花底啅香泥。并语声全碎，追飞羽忽低。悠悠去缯缴，款款恋榱题。卵育非无地，儿群或引梯。惯行书案上，渐满井栏西。不羡雕笼养，真堪画卷携。由来亲白首，那更避青藜。狎久如私昵，喧多类滑稽。行藏非社燕，饮啄溷家鸡。度岭千回歇，排风几寸跻。冥鸿于汝辈，沧海一涔蹄。

钟氏席上赋四十韵

九日江涛稳〔1〕，孤舟客子来。两番惊老瘦，一别长婴孩。爨婢携筐出，溪童负水回。家家秋酿熟，处处菊花开。馔有江鱼美，拳无俗子猜。敬恭存酌醴，意思剧甘醅。暂去终投辖，将留故下錋。稍喧防笑语，屡起雪樽罍。石榻偏成卧，柴关莫浪推。交情双烂熳，高兴一崔嵬。树暗虫飞乱，山深猿啸哀。萧骚鸣涧竹，绿净映溪苔。吹篴丹枫浦，鸣榔白浪堆。平生羡渔牧，此地讶云雷。掬涧头垂膝，看云手拄颏。天机闻答响，物理识枯荄。小立依林隙，微吟近水隈。直防纱帽落，不放玉山颓。稚子能看客，诸君总爱才。烧茶供小枕，醒酒当残杯。迹混何须灭，心空不假灰。相依南郭倚，独傲北枝梅。孔氏终怀宝，颜公未凿坏。因君投僻远，为我剪蒿莱。瓜接青门邵，堂开绿野裴。疏渠下滚滚，辨土得每每。盛惠兼群从，香名尽八垓。自惭非俊杰，何足忧琼瑰。欲报王孙饭，深愁漂母咍。流连过日暮，感激把诗裁。问客分秔粒，呼奴拾芋魁。生涯从料理，胜事亦胚胎。松柏当轩大，桑麻绕舍栽。清泉几仙井，白石一天台。阆苑何劳拟，桃源若可陪。东皋辰傲睨，南陌夕低徊。或作骑牛者，何尝跃马哉。峰峦皆锦绣，屏翳亦楼台。堪

〔1〕“九日”，遗诗补集、何熊祥本、王安舜本作“九月”；碧玉楼本作“元日”。

觉赓诗苦,无宁著雨催。凭将一斛水,尽涤句中埃。

七言排律

王佥宪问一漫述

客来问我一如何,碧玉高楼夜夜歌。庐阜一壶开我酒,江门八尺赠人蓑。杏坛多士无颜子,洛下遗书病首科。且就玉衡观转运,那曾珠斗见森罗?古来相遇难如此,无怪人间说梦多。

南海祠下短述

虎门千顷雪翻腾,中有长鲸鼓鬣行。看弄渔舟移白日,欲抛尘土住沧溟。江西不得夸彭蠡,李白何须醉洞庭。天际有山皆古色,水边无树不秋声。一春桃李风吹尽,万里乾坤雨洗清。画舫乘空书卷白,晴霞映水布衣明。不辞海上儿童识,亦有祠前老树精。岁岁放歌来此地,晚年偏喜不簪缨。

代疏答五羊诸友

白头哭子岂堪闻,信有玄穹怨不仁。精爽已归千佛国,玄纁未赠九原身。求之梦后心如失,病是愁中药不神。鬓脚又添今日白,庭花何异昔年春。东君此意谁分付,又遣黄鹂唤向人。

五言绝句

晓起

偶然风折木,村犬吠成群。此事真难免,问君闻不闻。

辛苦南邻臼，远鸡方一鸣。夜来风极急，吹断到窗声。
冬眠不觉晓，开门见白云。云中何所有，童子两三人。

湖西九岩，为一峰题

光霁岩

风月佳名在，乾坤浪迹空。从来岩下客，只与异人逢。

翠华岩

来说湖西者，不及华山顶。谁知岩中仙，解作石柱屏。

清风岩

声从窦中来，可以塞天地。借问采薇人，便知风动处。

府教岩 宋教授罗开礼所栖之地

府教英灵在，虺蛇不敢居。从来岩上月，只是照虚无。

极清岩

声名野老畏，草石贵人争。划却岩中有，悠悠是极清。

英公岩 今名钟英，一峰所更

翠掩千寻洞，青窥一窍天。人间无绝境，不要问桃源。

扇和岩 即石柱岩

山骨短圆棱，初疑削木成。乾坤藏一柱，犹得镇岩扃。

卧龙岩 岩有龙潭、龙床，床之旁有石仙人

龙出潭水空，龙归潭水黑。君从龙床来，谁在龙床侧？

月岩

暗暗月堕地,忽在天中央。堕地人不觉,中天照四方。

题慈元庙

慈元一片石,长留何处山?厓门潮日至,雪浪飞天关。

题画

金笼锁鹦鹉,山木纵斑鸠。巧拙知谁是,天机不自由。

题画松泉,为张别驾

松乃木之雄,公亦人中龙。何须看画本,千丈在胸中。

对酒

放歌当尽声,饮酒当尽情。门前乌柏树,夜半子规鸣。

答丘侍御送酒

石斋书本拙,酒力巧相扶。欲报霜台贶,山中一物无。

雨后

久雨妨行乐[1],花前望玉台。人间见花树,不似玉台开。

村步杂书所见

疏花明委巷,细雨得今晨。点缀非无意,红芳不是春。[2]

公饭何曾接,衣冠不作人。斋中有名酒,分尔一杯春。

---

〔1〕“妨”,原作“方”,据林齐本、高简本、萧世延本、白沙文编、何熊祥本、王安舜本、碧玉楼本改。

〔2〕此诗之末,林齐本有小注云:“菊有名胭脂红者。”

晚食南山稻，堂堂愧野人。平生无可说，一个白头亲。
村笛轰牛背，山花结帽头。骑牛胜骑马，曲坂没郎愁。
趁罢江门市，商船夺港归。溪山愁引望，城郭更须知。
日照南浦口，初喧江市人。小奴性嗜酒，出饮畏吾嗔。

戏赠求书饶大中还江右

书法一家成，风波几月程。孤舟愁度险，荐福有雷声。

代简答方伯彭公

大贤望于人，往往非独守。难将一人意，满足天下口。
氤氲复氤氲，东君欲放春。梅花何太早，早报越城人。

绝句

清晓乘驴出，北风吹涧藤。沉吟涧边道，天意莫留行。
行止皆前定，出门愁北风。西郊不成往，昨夜梦途穷。

赠别邝知县云卿〔1〕

又送夫君别，芙蓉花可怜。水深难折赠，留伴老夫眠。

与诸友夜过贞节桥

人影荒桥下，虫声满月中。连翩双大袖，聊得飐溪风。

读张主事近稿

雨中月不见，雨霁月还多。雨被风吹去，无风月奈何。

---

〔1〕 林齐本、高简本、萧世延本、何熊祥本、王安舜本、黄之正本、碧玉楼本、四库全书本作“赠邝知县云卿别”。

对菊

淅淅西风至,为秋未有涯。江边聊一醉,信手得黄花。

不落龙山帽,何须九日风。更烦将小雨,向晚洗花丛。

春事归桃李,西风响未休。长官三径晚,丞相一坡秋。菊坡先生崔与之也。

好个重阳节,谁家酒不赊。果然杀风景,吸茗对秋葩。

天地花无数,寒花色乃佳。古诗拈未出,除是长官来。

九月木犀花盛开,偶成寄贺黄门克恭

香逐西风起,氤氲入杳冥。不知从此去,几日到辽城?

洗竹

风引一丛竹,摇摇四五茎。横斜今洗尽,道眼看圆成。

洗竹洗荒枝,洗心洗狂驰。老夫无可洗,抱膝洗吾诗。

一洗一回疏,相将洗到无。客来莫问我,北壁有团蒲。

晓起

篱头过井水,不打隔斋门。手握南阳布,缠头数竹孙。

老不爱春华,一篱孤负花。胡为聒我枕,稚子打朝鸦。

自有无情蝶,孤飞不傍花。白头闻见少,闲动羽虫嗟。

赠张叔亨侍御

天下元无事,劳劳我有心。相携沙上语,山月二更深。

观群儿钓

群儿齐弄钓,其一偏多遇。余三未得手,投竿来上树。

仰面看垂钓，失脚坠危石[1]。若是谪仙人，水中眠亦得。

阅丁知县传

模样从看拙，丹青只写真。乾坤如许大，具眼岂无人？

梦中作

翩翩复翩翩，天生我亦仙。江山足风月，吟弄到何年。

梦丁彦诚

与君生死别，三四岁星周。梦语分明记，相悲各点头。

对竹

竹色上墙多，南薰绿几何？时无分付处，野鸟自来歌。
窗外竹青青，窗间人独坐。究竟竹与人，元来无两个。
北风卷顽云，阴晴安可卜？海月出渐高，独照南窗竹。

随笔

苟能深积累，岂患无高誉？如何世中人，甘心铁炉步？
一岁十匹衣，一日两杯饭[2]。真乐苟不存，衣食为心患。
人不能外事，事不能外理。二障佛所言，吾儒宁有此？
断除嗜欲想，永撤天机障。身居万物中，心在万物上。
小雨闭空斋，青青竹映阶。道人终日静，一枕到无怀。
子美诗之圣，尧夫更别传。后来操翰者，二妙少能兼。

---

〔1〕“坠”，林齐本、高简本、萧世延本、白沙文编、何熊祥本、黄之正本、碧玉楼本、四库全书本作“堕”。

〔2〕“杯”，白沙文编作“盂”。

梅下杂诗

朝凭曲栏西，暮凭曲栏东。栏里梅花好，看花了病翁。

久共宽闲地，浓薰自在香[1]。折来何所寄，只是寄辽阳。贺黄门钦也。

赠人

萱亲垂九十，游子尚天涯。莫舣仙城棹，南风夜引旗。

读《易》偶成

南乎不可北，东乎不可西。自从孔孟来，君子恒处暌。

张克修别驾约游罗浮

重叠四百峰，铁桥在何处？莫将别驾来，同到飞云去。

张克修见访

沧溟几万里，山泉未盈尺。到海观会同，乾坤谁眼碧？

题刘鉴松

刘生于写松，能以酒力遣。酩酊气正豪，苍龙自舒卷。

题扇

风樯拗欲折，五月瞿塘过。何如此庵中，终日抱膝坐[2]？

---

〔1〕“浓薰”，原作“依薰”，据诗近稿、林齐本、高简本、萧世延本、何熊祥本、王安舜本改。

〔2〕“终日”，原作“红日”，据诗近稿、林齐本、高简本、萧世延本、白沙文编、碧玉楼本改。《白沙子古诗教解》、《白沙先生诗教解》亦作“终日”。

张帆海上回，帆挂铁桥树。惊起白虾蟆，跳上飞云去。

赠胡地官，次韵吴明府献臣

有一范仲淹，人将重名节。马上地曹郎，翩翩起吾粤。
引满花下杯，延缘坐中客。醉下大袖歌[1]，孰云此门窄？

题林府尊寿家慈书后[2]

马尾缘封事，鱼缄寿老亲。古今诚一揆，借用白茅人。

题顾通判集古倡和卷后[3]

满眼珠玉光，高才极雄骋。对之不敢言，稚子来弄影。出《化书》。

访客舟中

船头酒多少，船尾阁春沙。恰到溪穷处，山山枳壳花。

梦后作

策杖独行游，青山一何深。道逢采药人，问我松脂林[4]。
见月时一吟，夜凉天称心。回头望东川，流水无古今。
幻迹有去来，达观无古今。长啸人不闻，山风吹萝襟。
杨柳余朽株，梧桐但疏阴。小卧不出门，不知秋已深。

---

〔1〕“醉下”，原作“醉不”，据诗近稿、林齐本、高简本、萧世延本、何熊祥本、碧玉楼本改。《白沙子古诗教解》、《白沙先生诗教解》亦作“醉下”。

〔2〕此诗题后，诗近稿、林齐本、萧世延本有小序云：“书中‘晨’字误笔，今易之。汉郎中令石建，万石君之子也。迁史《万石君传》及称建谨慎之至，以方吾太守公，盖未知孰贤也。跋以是诗。”

〔3〕“顾通判”，林齐本、高简本、萧世延本、白沙文编、何熊祥本、王安舜本、黄之正本、四库全书本作“顾通府”。

〔4〕“松脂”，原作“松芝”，据诗近稿、林齐本、高简本、萧世延本、何熊祥本、黄之正本、碧玉楼本、四库全书本改。《白沙子古诗教解》、《白沙先生诗教解》亦作“松脂”。

赠邝筠巢

山中一夜秋,老屋居然别。丈人不饮酒,共坐看明月。

客乞题随时子轩

无雨笠且置,未晴蓑不舍。蓑笠用不穷,我是随时者。

题扇

东艇拍西艇,小拍庸何伤?夕风起惊涛,艇艇争低昂。
一夫眉正扬,一夫发尽秃。日暮船不归[1],前江风拔木。

蒋韶州世钦挽诗

治郡声名远,如何是我诗?青山韶石老,回首尽交期。
往事形骸外,如今一梦休。曹溪分我茗,犹说蒋韶州。

周京闻母丧归,吊以是诗

万里无归耗,形将一木亲。遗言入肝肺,真得太夫人。

题南窗壁

南风吹面处,不省是南窗。此意无人会,乾坤落酒缸。

雨后示刘宗信、林时嘉

一雨变新凉,炎埃洗除尽。庐山昨夜灯,已照刘宗信。
秋来亦淫潦,日月闭其光。乾坤丈夫事,千古空堂堂。

---

〔1〕“不归”,原作“正归”,据诗近稿、林齐本、萧世延本、白沙文编改。湛若水《白沙先生诗教解》亦作“不归”。

漫笔

幅巾是秀才，袈裟是和尚。伎俩人共知，长篇事标榜[1]。

神泉八景，为饶鉴赋其四赠之

太极涵虚

混沌固有初，浑沦本无物。万化自流形，何处寻吾一？

浮螺得月

道眼大小同，乾坤一螺寄。东山月出时，我在观溟处。

茶山分香

江门白藕花，我榻庐山顶。君若去茶山，茶香复谁领？

神泉漱玉

焦明亦是凤，萤焰只疑灯。安得石上泉，为洗世中盲？

九日

霜前淡淡花，瓢内深深酒。今日陶渊明，庐山作重九。
同俗不同俗，山杯映秋菊。仍闻席上歌，不是人间曲。
歌舞重阳酒，今年有去年[2]。山中八石榻[3]，榻榻是回仙。

---

〔1〕“事”，诗近稿作“自”。
〔2〕“有”，四库全书本作“犹”。
〔3〕“石”，原作“百”，据诗近稿、林齐本、高简本、萧世延本、何熊祥本、黄之正本、碧玉楼本、四库全书本改。

读李评事承芳文

著论必无同,乾坤孰此容?人扶周孔教,用世且无功。

一囊包宇宙,到手问纲常。所以东坡老,嘐嘐薄武王。

不薄论交意,因书稍稍知。还将天下眼,照破老夫痴。

送刘宗信还增城

夜宿黄云坞,秋登碧玉楼。归时一片石,见月过罗浮。

山到铁桥西,青天一角低。送君高处望,天与帽檐齐。

菊花笑我前,梅花撩我后。问花花不言,驻楫增江口。

山人偶出村,送客村南道。江山风日佳,岁月乾坤老。

赠张叔亨侍御出按云南

到治一万里,使君行莫迟。梅花开树树,不是向南枝。

碧玉楼晚望

楼远见诸山,目短意不尽。天阴水怪兴,碧玉所以镇。

张克修别驾迁梧州守,来别白沙,赠之

甲兵满一船〔1〕,江门来访别。赠君欲何言,笑把梅花折。

少年恣行游,老病徒拘缀〔2〕。送君今夜心,还到苍梧去。

赠陈护、湛雨

说到忘言处,无诗可赠君。许将临别意,一点落黄云。

---

〔1〕“甲兵”,诗近稿作“兵甲”。

〔2〕“老病”,诗近稿作“老大”。

君若问鸢鱼，鸢鱼体本虚。我拈言外意，六籍也无书。

送李子长往怀集，取道谒张梧州

春棹去江门，溯流焉汲汲。点笔烟外山，归来看怀集。
不闻端别驾，敬士如子长。问道苍梧下，登歌刺史堂[1]。

赠范能用

溽暑不可处，清风时满楼。如何传别教，衲被坐蒙头[2]。
阮籍见孙登，只闻孙登啸。针在绣不传，绣传针不妙。

西良容伦馈荔枝，非桂州本色，戏以是诗

口溢桂州浆，眼定西良色。我是荔枝仙，何人解漫得？

寿南山翁七十

朝看亦南山，暮看亦南山。南山长不老，聊以永君年。
万株松上花，千日杯中酒。儿孙戏膝前，一舞一回寿。

赠太守黄公

水白端阳色，梅红岭上花。春风迎度马，秋月候归槎。

题宋丞相陈俊卿画像

御史铁为肝，张秦挂舌端。至今湖峤月[3]，犹作太师看。

---

〔1〕此诗末，诗近稿有小注云："克修由肇庆同知转梧州知府。"
〔2〕"衲"，诗近稿作"袖"。
〔3〕"湖峤"，诗近稿作"壶顶"。

题宋状元陈文龙画像

文章甲天下,气节愧当时。公母亦滂母,千秋名共驰。

梁惟正、邓德昌往来白沙,途中遇盗,惟正以舟泊浅奔于岸避之,德昌抱书立船头,盗不加害,戏赠以诗

道逢恶少年,打破两生敬。试问邓德昌,何如梁惟正?

晓枕偶成

采义非采薇,食薇不食粟。遥遥望西山,千古嵯峨独〔1〕。
西北多奇峰,云深杳难认〔2〕。汉廷无谋臣,黄绮皆真隐。

度危桥

事至绝安排,放脚踏高崖。如何谢上蔡,旦旦习危阶。

赠闵督府还升南京秋官

司寇今欲行,病叟山中卧。如闻经略忧,未向春风破。
吾闻用世心,中外无异等。何由一送公,细话东西省。

赠林府尊

彼曰春泥人,此曰人泥春。晨朝出相送,向夕望归轮。

---

〔1〕“嵯峨”,诗近稿、林齐本、萧世延本、白沙文编作“嗟我”。作“嗟我”,似于义为长。

〔2〕“杳”,原作“香”,据诗近稿、林齐本、高简本、萧世延本、白沙文编、何熊祥本、碧玉楼本改。《白沙子古诗教解》、《白沙先生诗教解》亦作“杳”。

赠李克常

桃花被东岸，江水日日深。赠君岂无言？亦有花水吟。

感事漫述，与王乐用

丁侯为县时，不与谒者通。古称奉法吏，秉笔惟至公。
留情重留情，狱事果难明。无轻赤子命，为官急书程。
士而未闻道，未免为物挠。卓哉安心人，外事若无好。
舍己莫委命，从人莫登山。呜呼罗一峰，逐善如转圜！

寄淮上秋官姜仁夫

问客淮南道，停舟过此无。庐冈一端帛，为我谢仁夫。

答王按治求乃翁挽四绝

乐善堂

乐善机应熟，垂声教不穷。江山无尽意，犹在典刑中。

月湖别墅

水月非无主，长怀别墅秋。湖光一万顷，端为此翁留。

可怡亭

此地还成趣，庭柯几度扳。亭中人不见，月照门前山。

吴山寿藏

山隐一坏土，人思百代传。无穷身后事，未若子孙贤。

题丁长官庙

何时重借寇,此地一桐乡。四海诸侯望,千年一炷香。

会翠亭

东池久寂寞,会翠得佳名。小诗拈未出,去寻王右丞。

吴主簿诗三首 主簿名则,宣平人,吴黄门仕伟之父也

军门止杀

按状:正统己巳,闽城贼流毒处,民蚁附,朝命大司马孙公原贞夷之。知先君谋略,礼致幕下,赞画百协。邑有三岩,民多避难于上。逼胁之众亦有闻义而归者,命先君统之。推诚示信,无不感服。寇平,孙又欲行法。先君泣曰:"歼厥渠魁,胁从罔治。矧既归命,杀之不祥。"竟得免。奏功,授鲍村巡检。

泣谏天应见,坑降地不知。自然殃庆至,天道不须疑。

过与弗取

按状:景泰间,分丽水为宣平,复命先君董其役。伐木于山,役力于民,期年而功成。孙曰:"难平邑作,皆尔之能。余木尚多,可治尔居。"先君辞曰:"功成于上,愚下何有?明公芟夷大难,布德于疮痍之民,一方获安,某也受赐多矣。且官物不可入私门,未敢如命。"孙益敬之。

百世高公绰,千金谢鲁连。胸中无雅度,胜事竟谁传?

卜筑西溪

按状：鲍村任满，升华亭主簿。爱民如子，处国如家，凡有议谳，多称平焉。且疏子下民、浚河渠、禁贿赂等十事于朝，皆赐可。松之地狭于苏，而漕数反出其上，又为民陈情，得减北运一万石。事载《云间志》。在松十年，勤劳罔懈，仅五十而二毛萧然。叹曰："天道四时，功成者退。庸可不知止乎？"遂乞致仕而归，卜筑西溪之上。

主簿能经济，中年未乞身。西溪看卜筑，知是晏眠人。

寄严州林郡博缉熙

万紫千红外，如君故可人。桐江都满树，海驿尚含春。

寄东所

春江正满时，未具衡阳楫。还携邓俊圭，江门与君别。

梦林缉熙

酒阑歌不起，老病无奈何。梦满桐江雨，相对不成歌。
山楼本无梦，我自梦严州。严州谁梦我，白云天际流。

答柯明府

终秉循良笔，难逃俗吏嫱[1]。不知三考绩，课最竟何须。

赠雷少尹还汀州

桔槔满天地，抱瓮古来难。哦松非俗吏，哦松不在山。

---

〔1〕"嫱"，林齐本、萧世延本、王安舜本、碧玉楼本作"嗤"。

觉后

马图不出河，铅刀不割痴。上下几千年，掩卷一沾衣。

谢姜大参惠酒

名公遗我酒，洗盏自开尝。何以酬佳贶，商歌示不忘。

武进八景，为徐岭南纮作

龙山春雨

长夏龙山晓，人间望忽开。长风卷雨去，复送云归来。

笠泽烟波

何处烟波好，公乘笠泽槎。我泛江门月，乾坤共一家。

龟山夜月

夜半龟山月，能开万顷秋。试从开处望，照公湖上楼。

陈湾叠嶂

丹青描不就，陈湾叠嶂新。我诗君莫笑，还属姓陈人。

薛堰通津

薛堰归何处，披图想具区。古来探本论，无欠也无余。

亭山夕照

亭山不可喻，华顶凌天台。卑高本自形，夕照从西来。

庙墩灵迹

救溺如救火，造次遂捐生。金陵人去远，拗鬼不来争。

板桥书屋

板桥蔼吾伊，名称已盖世。谁云龟山月，不照新堂睡？

答无锡诸友

碧玉通书久，青天感兴新。江门动秋思，聊因寄远人。

送米与何侃

野馔家禽小，村舂晚粒香。莫言无厚馈，吾意在分尝。

九日用旧韵

新篘压两壶，落英携满袖。我非陶长官，庐山还九九。

送黄希颜之太平推官

有官五马后，无官百揆前。不将前后看，须著有无言。

题高瑁诗集

神交倾盖上，心远著诗时。无由向人道，人亦岂能知？

纪梦

一别三十年，相逢不相识。骨肉为路人，春风泪沾臆。

寄潘留鹤

有时牛亦坐，何处鹤还留。天台二万丈，谁踏紫冥讴。

题伍光宇碑阴

松柏孤高处,春风更可寻。如君有贤配,昭德在碑阴。

答廷实有怀见寄

白云满中野,此地即衡山。莫拟西来棹,须防失路难。

谢孟芳遗腹生男

充闾人所喜,今日怆还深。忆我初求乳,谁知母氏心?

赠吴惠州绎思

皂盖朝天阙,青山道故乡。高堂开寿斝,酩酊别莆阳。

鸲鹆

初日上茅檐,江边有画船。八哥莫饶舌,有诏许归眠。
雏鹆能言鸟,能言我恨无?白头书小楷,不及蔡君谟〔1〕。

九日诸生携酒饮白沙,醉中和答

老病得狂痴,欢呼九日期。自补登山屐,谁供把酒卮?
诸君为饮会,老子不须期。尽数篱前菊,一花拈一卮。
九九八十一,去来无穷期。元精为我酒,大块为我卮。

对酒,用九日韵

秋花新气味,秋月旧襟期。独唱花前曲,闲倾月下卮。

---

〔1〕“蔡君谟”,原作“蔡君模”,据碧玉楼本改。蔡襄,字君谟,宋代仙游人,“工书法,小楷、草书为笔甚劲而姿媚有余,人称当时第一”。(参《辞源(修订本)》,北京:商务印书馆,一九九一年,下册,第二七一〇页)

行年三十许，已卜入山期。处处开花径，床床是酒卮。
饮酒何必多，醺酣以为期。不辞亦不劝，三卮或五卮。
作诗尚平淡，当与风雅期。如饮玄酒者，器用瓦为卮。

九日怀麦岐，时往江东未返，用前韵

东西填脚债，已过一秋期。今日拈花处，思君第一卮。
茱萸何处酒，胜日与君期。渔翁歌独钓，江月夜明卮。

梅花

水陆花无数，南枝爱杀人。遥持一杯酒，江上酹花神。
逢人问除日，君得地曹郎。此意凭谁寄，梅花隐石床。谓东所也。

罗浮

罗浮海上来，高高几千丈。铁桥倘不关，诸峰竟流浪。
世人未得仙，斯事安知妄。九等真洞天，朱明惟上上。

题子长寓舍壁

子长亦何病，夜夜此呻吟。世无白家媪，谁会子长心。
驴背推敲去，君知我是谁。如何叉两手，刚被长官笞。

慈母石，为门人区越作〔1〕

慈孝相感激，天机谢人力。谁来石下歌，见母不见石。

---

〔1〕诗近稿作"慈母石下有无名氏古风一首，诗以代跋"。

乡贤咏七首

马持国

平生十数策,决定要经纶。不借魏公幕,知心是直臣。

马晞骥

我邑登贤载,君家父子俱。清风端一砚,五马达乡闾。

伍隆起 宋义士

中原不可复,志士耻为夷[1]。直把真心去,何妨假首归。

罗希吕

孤高还寂寞,道否即诗穷。自古皆贤达,今人有此风。

周修 刚直,为黄斌所杀

闭目青天下,捐躯白刃前。匹夫如有志,沟渎不须怜。

张扐

城西十日雨,病叟得无饥。亦有罗希吕,匡山赏小诗。

黎秫坡 名贞,戍辽东

儒术声名旧,戎衣日月长。酩然尊酒下,眼孔得辽阳。

题庄子泉

闲看千丈雪,飞下玉台山。争知白沙子,不是南华仙[2]。

---

〔1〕“夷”,原作“□”,据何熊祥本、王安舜本、黄之正本补。

〔2〕“南华仙”,原作“南华山”,据遗诗补集、何熊祥本、王安舜本、碧玉楼本、四库全书本改。

题茂叔莲

船入荷花内，船冲荷叶开。先生归去后，谁坐此船来。

题渊明菊

篱下花堪把，先生有酒不。遥看白衣者，不复问江州。

题和靖梅〔1〕

发与疏梅白，身将寡鹤亲。孤山残雪后〔2〕，清绝凭栏人。

送人会试

子不是刘蕡，天王更圣神。三年一杯酒，还醉杏园春。

江上别张叔亨〔3〕

长江夜如练，缺月飞上天。人心□如此，庶免物欲牵。
醉我一杯酒，为君歌远行。功名初在念，儿女定忘情。

乞荔枝〔4〕

逢春思种树，垂老笑开斋〔5〕。未厌青红在，从君乞荔栽〔6〕。

---

〔1〕 此诗，林齐本、高简本、萧世延本、王安舜本收入“题画”第二首。（林齐本《白沙先生全集》，第十二卷，第二页；《白沙子》，第五卷，第三六页；萧世延本《白沙先生全集》，第十二卷，第三八页；王安舜本《白沙先生全集》，第九卷，第七页）

〔2〕 “后”，林齐本、高简本、萧世延本、白沙文编作“夜”。

〔3〕 此诗第二首，遗诗补集、王安舜本亦有收录，题为“赠梁金会试”。

〔4〕 此诗，底本原缺，据高简本补出。又：遗诗补集亦有收录此诗。

〔5〕 “斋”，原作“齐”，据遗诗补集、王安舜本改。

〔6〕 “栽”，原作“枝”，据遗诗补集、王安舜本改。

题雁〔1〕

来往违寒暑,飞鸣在稻粱。未知溟海大,不肯渡衡阳。

梦伍光宇

亭亭一轮月,终古光未彻。忽持梦中人,共立平腔雪。

题画兰

阴崖百草枯,兰蕙多生意。君子居险夷,乃与恒人异。

晓起偶得 原集少此一首

此地无钟鼓,鸡鸣有曙烟。野夫能早起,白发映霜田。

题杜甫游春

驴背诗情远,归来忘却鞭。蜀乡春似锦,只记洛阳年。

题周子观莲

是花吾惜汝,惜汝过春陵。秋风吹又尽,回首涕沾膺。

题渊明赏菊

尊酒千年话,王郎昔未知。莫将今日意,容易恼东篱。

题和靖寻梅

今日林和靖,梅花较有功。杖藜不惜远,惟畏玉枝空。

---

〔1〕 自《题雁》至《题枯木竹图》,共十首,底本原缺,兹据遗诗补集、王安舜本补出。

吊戴球

开元一日雅，来往到于今。若向斯文契，湘江恨更深。

题枯木竹图

美节晴欺雪，残株冷谢春。因知名画手，不是徇时人。

梅下有怀世卿〔1〕

我见梅花愁，人见梅花悦。去岁梅发时，持醪与君别。

题古淡居壁〔2〕

欲栖商山松，须问东园公。不识东园公，相看古淡翁。

寄缉熙〔3〕

明善进诚心，未能省外事。顿使知虑烦，修身功不易。

阙题（“扫却越台尘”）〔4〕

扫却越台尘，坐弄王孙草。舞雩日日诗，风光元不老。〔5〕

---

〔1〕 此诗原缺，据《白沙先生文编》补出。唐伯元于题下加注云，“余家旧藏有真迹，集不载”。（唐伯元编次：《白沙先生文编》，第一卷，第三十二页）

〔2〕 此诗，底本原缺，据碧玉楼本补出。（《白沙子全集》，碧玉楼本，第九卷，第十八页）

〔3〕 此诗，底本原缺，据《南川冰蘖全集》卷末附录、《陈献章集·陈献章诗文续补遗》补出。（林光《南川冰蘖全集》，第四七〇页；《陈献章集》，下册，第九八四页）

〔4〕 此诗原缺，阮榕龄据所藏白沙先生真迹录入《白沙丛考·白沙先生诗文补遗》，兹据以补出。阮氏于题后加小注云：“先君《梦菊笔记》云：‘余藏白沙真迹草书五绝一首，扫却云云。《白沙集》未载。’今此帧尚藏榕家，系纸本行书，两行，直四尺三寸许，横一尺。无年月。”（阮榕龄撰：《白沙丛考》，《宋明理学家年谱》第九册，第四九四至四九五页；又参陈献章撰：《陈献章集》，下册，第六九〇页）

〔5〕 此处，阮榕龄加小注云：“按：老字下有石斋图章。”

又寄怀林子南峰诗〔1〕

击玉又敲金,思君对我吟。江门临水坐,明月二更深。

题便面雪景〔2〕

江天风雪里,宴坐一舟孤。岂不虞寒色,冰心在玉壶。

题何使君彭蠡望瀑卷〔3〕

平湖三百里,飞泉三百丈。谁遣堕人间,回头似天上。

题何使君山水西湖泛舟卷〔4〕

潮势倾沧海,江声下富春。西湖刚十里,偏耐醉游人。

---

〔1〕 此诗原缺,《光绪吴川县志》第七卷第五至六页、《光绪广州府志》第三十七卷第十五页有收录,兹据以补出。又:程明《陈白沙诗文补遗》曾据《光绪吴川县志》加以辑录。(程明撰:《陈白沙诗文补遗》,《岭南文史》,一九九二年第二期,第三七至三八页)陈奇思曾对此诗加以笺释,且谓此诗之墨迹尚存,现存吴川县霞街林氏家祠。(陈奇思撰:《陈白沙诗笺》,广州:广东人民出版社,一九九八年版,第二一七至二一八页)

〔2〕 此诗原缺,陈邦彦等编《御定历代题画诗类》第二卷有收录(陈邦彦等编《御定历代题画诗类》,《景印文渊阁四库全书》,第一四三五册,第三八页),兹据以补出。又:此诗,此前陈永正《陈献章诗编年笺校》已辑录。(陈永正撰:《陈献章诗编年笺校》,下册,第一〇三五页)

〔3〕 此诗原缺,陈邦彦等编《御定历代题画诗类》第二九卷有收录(陈邦彦等编《御定历代题画诗类》,《景印文渊阁四库全书》,第一四三五册,第三七六页),兹据以补出。又:此诗,此前陈永正《陈献章诗编年笺校》已辑录。(陈永正撰:《陈献章诗编年笺校》,下册,第一〇三五页)

〔4〕 此诗原缺,陈邦彦等编《御定历代题画诗类》第三〇卷、梁诗正《西湖志纂》第十二卷有收录(陈邦彦等编《御定历代题画诗类》,《景印文渊阁四库全书》,第一四三五册,第三八三页;第五八六册,第五六七页),兹据以补出。又:此诗,此前陈永正《陈献章诗编年笺校》已辑录。(陈永正撰:《陈献章诗编年笺校》,下册,第一〇三六页)

题何使君百泉清赏图〔1〕

不闻佩玉傩，无复苏门啸。泉声今古同，明月时相照。

周生写照四首〔2〕

犹有蓬之心，俄而柳生肘。问君益三毛，可觉神明否。
不登结客场，差有丈夫气。揽镜长新丝，无劳更相讳。
荀家夺凤池，汉苑图麟阁。赖有顾长康，置余在丘壑。
委形大块间，过隙驹何驶。底事复丹青，未能免俗尔。

题画兰〔3〕

楚人有杂佩，可以祓不祥。愿言践台省，奉为王者香。

题画莲〔4〕

船入荷花内，船冲荷叶开。先生归去后，谁坐此船来。

---

〔1〕 此诗原缺，陈邦彦等编《御定历代题画诗类》第三〇卷有收录（陈邦彦等编《御定历代题画诗类》，《景印文渊阁四库全书》，第一四三五册，第三八八至三八九页），兹据以补出。又：此诗，此前陈永正《陈献章诗编年笺校》已辑录。（陈永正撰：《陈献章诗编年笺校》，下册，第一〇三六页）

〔2〕 此诗原缺，陈邦彦等编《御定历代题画诗类》第五四卷有收录（陈邦彦等编《御定历代题画诗类》，《景印文渊阁四库全书》，第一四三五册，第六七五页），兹据以补出。又：此诗，此前陈永正《陈献章诗编年笺校》已辑录。（陈永正撰：《陈献章诗编年笺校》，下册，第一〇三七页）

〔3〕 此诗原缺，陈邦彦等编《御定历代题画诗类》第七五卷有收录（陈邦彦等编《御定历代题画诗类》，《景印文渊阁四库全书》，第一四三六册，第一七七页），兹据以补出。

〔4〕 此诗原缺，陈邦彦等编《御定历代题画诗类》第八九卷有收录（陈邦彦等编《御定历代题画诗类》，《景印文渊阁四库全书》，第一四三六册，第三五六页），兹据以补出。又：此诗，此前陈永正《陈献章诗编年笺校》已辑录。（陈永正撰：《陈献章诗编年笺校》，下册，第一〇三九页）

题竹下鹑〔1〕

小草横其前,旋行每相避。竭来修竹间,双蝶同游戏。

题梅上雀〔2〕

覆车剩有粟,啧喈相呼乐。爱此一枝春,忍饥不忍啄。

阙题("春浅复春深")〔3〕

春浅复春深,半风还半雨。我欲向梅花,梅花深不语。

六　言　诗

周镐送白菊乞诗

陶令黄金绕舍,君家白玉满园。千古清风庐阜,几丛细雨江门。

微醉不须酩酊,半开莫待离披。安得季芳与语,相思欲寄一枝。

白菊偏宜素发,青山只对苍颜。咽罢秋香满腹,风吹不到

〔1〕此诗原缺,陈邦彦等编《御定历代题画诗类》第九八卷有收录(陈邦彦等编《御定历代题画诗类》,《景印文渊阁四库全书》,第一四三六册,第四六一页),兹据以补出。又:此诗,此前陈永正《陈献章诗编年笺校》已辑录。(陈永正撰:《陈献章诗编年笺校》,下册,第一〇三八页)

〔2〕此诗原缺,陈邦彦等编《御定历代题画诗类》第一一〇卷有收录(陈邦彦等编《御定历代题画诗类》,《景印文渊阁四库全书》,第一四三六册,第六〇二页),兹据以补出。又:此诗,此前陈永正《陈献章诗编年笺校》已辑录。(陈永正撰:《陈献章诗编年笺校》,下册,第一〇四〇页)

〔3〕此诗原缺,墨迹尚存,陈志平曾据其影印件以辑录。兹据陈永正《陈献章诗编年笺校》补出。(陈永正撰:《陈献章诗编年笺校》,下册,第一〇〇九页)

长安。

邀丁县主赏菊

社会赋诗不就，公当酬我杯盘。小酌倘寻旧雨，东篱还对长官。

题枕

太华峰头一枕，千秋万岁通灵。不怕恶蛙惊睡，鼻端三月雷鸣。

漫兴

风洒数茎白雪，月临一丈青筇。余事归诗卷里，残年放酒杯中。

景斜瓦碗方食，日晏柴门未开。五柳前身处士，一瓢今日颜回。

晨光沼上鱼戏，夕阳村边鸟来。东邻小儿识我，一日上树千回。

翠烟绿树歌鸟，青水红蕖浴鸥。笑问五湖范蠡，风涛何处扁舟？

夜书南安店壁

千里红尘倦客，几年白发衰翁。野店孤灯夜雨，寒房四壁秋虫。

次韵景云苍梧往复〔1〕

崖收矮日寂淡,江带翠烟轻浮。来往扁舟闲转,悦城古木槎头。

白日村前布狗,黄茆山里鞫辀。诗人吟偏适意,估客歌为消愁。

朝辞白土低岸,晚泊和尚高冈。樵唱云边细路,渔家石角轻航。

云木幽疑绝境,江流东见通津。苍梧远寻仙侣,端溪颇恨情人〔2〕。

天地安排蓑笠,江湖放浪渔船。或者天随是我,斜风细雨前川。

学得脱胎换骨,何须东走西奔。宇宙滞形骸内,未免恋恋儿孙。

六言

柳渡一帆秋月,江门几树春云。来往一时意思,江山万古精神。

赠陈聪还莆

缊袍不妨学道,绝谷可以求仙。相府胡为慢士,纸田自有丰年。

---

〔1〕"次韵景云苍梧往复",此题下底本有诗三首。遗诗补集、王安舜本、汪森编《粤西诗载》所收录作"次韵景云苍梧往复杂诗六言",共六首,其中第一首、第二首、第六首为底本所缺,兹据以补出。(汪森编:《粤西诗载》,《景印文渊阁四库全书》第一四六五册,第三五〇至三五一页)

〔2〕"情人",原作"人情",据遗诗补集、王安舜本、碧玉楼本、汪森编《粤西诗载》改。"人",与"津"押韵;"情人",与"仙侣"相对。

青钱不满杖头，雪茧徒劳兔颖[1]。相逢浪劝归耕，实欠苏秦二顷。

题画二首[2]

水面田田荷叶，墙头簾簾枣花。士子赠之以药，女也不绩其麻。

隋苑螺横山黛，吴门练曳溪纹。石桥糁径红雨，草阁钩帘白云。

〔1〕"兔颖"，原作"免颖"，据白沙文编、碧玉楼本改。

〔2〕此诗原缺，陈邦彦等编《御定历代题画诗类》第五二卷有收录（陈邦彦等编《御定历代题画诗类》，《景印文渊阁四库全书》，第一四三五册，第六四二页），兹据以补出。

卷之六

七言绝句

伍光宇卜室白沙为读书之所

君此卜居君亦足，空村无人山多木。参差芭蕉丽晨旭，新叶新心递相续。

竞晨登登闻隔竹，东邻老人事幽卜。磁瓯瓦盆不供俗，我不到门此翁独。

答段锦衣惠药

药来诗往共谁忙，野老无金与段郎。泉石旌旗俱在眼，不应泉石独膏肓[1]。

闻榄山近有车马之迹，因赠缉熙并寄竹斋丈[2]

白日传呼搅翠崖，谁家玉树碧云埋。只疑冬酒开松径，定有山灵怨竹斋。

---

〔1〕“膏肓”，原误作“膏盲”，据何熊祥本、王安舜本、黄之正本、四库全书本改。

〔2〕此诗，底本只有第一首。第二、第三首据《南川冰蘖全集》卷末附录、《陈献章集·陈献章诗文续补遗》补出。（林光《南川冰蘖全集》，第四六八至四七〇页；《陈献章集》，下册，第九八五页）又：此诗，《南川冰蘖全集》题为“读胡佥宪访缉熙榄山诗，因为三绝句，寄题山中书舍，兼呈竹斋老丈”。

护法沙门也作人，白衣送酒此山频。天机早有胡僧识，算到梅花五百春。

回首扶胥浪拍衣，翩然来闭榄山扉。明朝拟入清湖洞，不送山前画舫归。乙未夏四月。

偶成[1]

墙角经春卧短筇，千秋塔骨不如公。科头坐转茅檐日，闲看蛛丝荡午风。

夜坐与童子方祥庆话别，偶成

晚饭蹁跹竹几安，秋吟涕泪阁灯残。一诗可送方童子，千炼不如庄定山。

往潮连人事

独速蓑衣舞我航，数家烟树隔弥茫。不将起倒供人事，只为看花也未忙。

柳渡月下，承茗溪翁约赏中秋月于潮连

年颜欲比茗溪老，酒盏同挥夜月圆。来共主人秋半醉，更回杨柳渡头船。

次韵张叔亨侍御见寄

酒舫当年兴未涯，清宵人语白鸥沙。如今纵有相思梦，不到长安御史家。

---

〔1〕 林齐本、萧世延本、白沙文编、王安舜本题作“绝句”。

看柳

浅塘低竹小泥村,黄土墙扃白板门。望见西头杨柳树,行人都讶是桃源。

杂兴[1]

曲肱深闭倚山阁,照眼不堪临路花。一身老去何须出,两脚朝来只欲麻。

倚槛才看一两花,不堪终日雨斜斜。先生已结僧趺坐,还与人间管岁华。

白日几时生羽翼,金丹负我不神仙。东家茗椀频分啜,两腋清风也可怜。

溪桥晚立示诸郎

溪边明月扫不去,竹下清风时一呼。天与乃公供打睡,莫安桥板引樵渔。

斋大父忌作,旧居在道娘坟东

道娘坟西近官路,朝朝暮暮行人多。世事百年浑不省,满堂宾客竹枝歌。

赠钓伴

短短蒌蒿浅浅湾,夕阳倒景对南山。大船鼓枻唱歌去,小艇得鱼吹笛还。

---

〔1〕王安舜本作“绝句”。

得陈德雍书，年九十余矣，犹有愿学之志

越客初披手翰新，天涯暮雨欲沾巾。可怜一片长江水，日夜东流不待人。

望顶湖山

客子正歌山鬼句，篙师欲进顶湖船。遥看落日苍梧外，独立横槎古寨边。

夜过三洲岩读濂溪题名，示诸生

山容寂寞红叶老，江月照曜青天高。题名夜半寻周子，秉炬相随爱尔曹。

歇马大径山

数家烟火隔林塘，一树寒花晚自香。黄叶冢头聊歇马，鹧鸪声里近斜阳。

华盖仙踪，为谢布政作，时谢已物故

华盖山头云起时，群仙云里谢弹棋〔1〕。谢公不用登山屐，借得千秋一鹤归。

东轩独坐〔2〕

桃花寂寞梨花开，山中薄酒三五杯。村西有客可人意，风雨今朝期不来。

---

〔1〕“谢”，林齐本、高简本、萧世延本、何熊祥本、王安舜本、碧玉楼本作“坐”。
〔2〕林齐本、萧世延本、王安舜本作“东轩独坐偶成”。

虎夜出

虎头缒渊雨即下,山中白额还遭打。今年雨足汝不知,稍出人间食牛马。

次韵赵提学见寄

蒿莱封径不腰镰,长夏山斋睡正甜。风送歌声满天地,惊回残梦雨廉纤。

老大行藏敢不疑[1],晓川红日睡醒时。昨宵共对匡山雨[2],如此乾坤那得知。

古有所思

采采红芳日欲斜,盈盈珠泪落天涯。东风忽搅篱前树,恼乱春愁只为花[3]。

卜日修外海赤泥岭祖墓,值雨

冬雨坟头蒿已生,年年披草祭清明。晚风吹落携鉏艇,又听鞫鞫隔水声。

与景星夜坐

拨闷无人致酒瓶,哦诗灯下一郎清。夜深笑拍胡床语[4],忽乱阶前落叶声。

---

〔1〕 此首遗诗补集、王安舜本亦有收录。“不疑”,遗诗补集作“大疑”。

〔2〕 “昨宵”,遗诗补集、王安舜本作“三宵”。

〔3〕 “只”,林齐本、高简本、萧世延本、白沙文编、何熊祥本、王安舜本、碧玉楼本作“不”。

〔4〕 “拍”,原作“怕”,据林齐本、高简本、萧世延本、何熊祥本、碧玉楼本、四库全书本改。

西樵山下感旧

西风吹老锦岩春，遗迹荒凉此水滨。云气不遮西望眼，青山刚对独归人。

西樵山前暝鹤归，缟衣双拂锦屏飞。凄凉夜半孤舟客，一听遗音泪满衣。

德孚先生留此眠，南山挥手白沙船。伍光宇号小南山。江山此日三人别，谁道人生无百年。

示建旌节亭役者

照曜乾坤功不小，此风此日更须扶。泮宫畚土皆民力，不共城郎一例书。

次韵赵提学留别白沙[1]

列炬溪边树影斜，隔花遥迓使君车。酒杯欲别微风起，吹动馨香下柳沙。

低草尽从车下偃，闲云亦傍枕边生。如何夜半山阴雪，只道王猷一舫清。

一杯一曲到春阑，老去情怀更作宽。却愧孟郊当此际，看花骑马醉长安。

蕉丽望罗浮

翠锦为山白锦云，画工传影不传神。今朝蕉丽江头望，魂爽何由得傍身。

---

〔1〕 此题之第二首、第三首原缺，兹据遗诗补集、王安舜本补出。又：遗诗补集题为“次赵佥宪留宿白沙诗韵”。

黄连滘即事

青草桥边船未归，曲川微雨暗荆扉。江村尽日无来往，夫在东皋妇给炊。

上帆[1]

蜻蜓翅短不能飞，款款随风堕客衣。此是天人相合处，蒲帆高挂北风归。

南川风雨上归舟，水国萧萧昨夜秋。钟鼓不来南海岸，梦魂深绕白沙楼。

荔丹映雨垂垂湿，江练随风滚滚流。不敢久贪山水胜，白头正动倚门忧。

初晴

初晴楼上燕飞飞，楼下歌人白苎衣。一曲未终花落去，满林啼鸟送春归。

落花

落花半落流水香，鸣鸠互鸣春日长。美人别我在江浦，欲来不来空断肠。

清晓

清晓有人来款扉，风吹衫袖白披披。昨宵雨打山窗破，莫怪先生下榻迟。

---

〔1〕 此诗之第二首、第三首原缺，兹据高简本、王安舜本补出。（《白沙子》，第五卷，第七〇页；王安舜本《白沙先生全集》，第九卷，第五九页）

对酒

半开半谢花相催，江水东流不复回。扶杖江头看花树，不知笑向酒家来。

喜生侄

两翁筋力少翁衰，竹杖先堪付若儿。只恐暮年诗更逸，出门须背锦囊随。

新设纸帐轩中

如云白纸罩方床，翠簟眠穿我固当。世到葛天终不远，先生枕外即羲皇。

阶面苔侵牡蛎墙，小轩容易领年光。只从今夜床头月，已照先生鬓脚霜。

送钟地曹入京

十年自汗不曾干，枕上残书白首看。莫道无心与君别，樽前更觉别君难。

感事

人间骨肉薄秋云，一事朝来不忍闻。何处青山封宿草，欲将衰泪洒孤坟。

平生交态如兄弟，此日悲歌闻路人。欲寄秋风两行字，九原无雁独怜君。

宿倪麟所，石榴花秋开

老蟾半影秋如水，曙角一声霜满街。白发山人到城府，石榴花下借眠来。

催诸友九日诗课

九日楼前客令新，黄花爱酒不饶贫。劝君火急交诗课，才到明朝罚主人。

题杜少陵小影，次韵柳文肃

孟子诗肩高耸山，杜陵谈笑古风还。世间还对忧时画，美酒花前已破颜。

与旧童子

神乐烧茶伴老夫，昔时童子今生须。青春过眼如流水，白雪满头非故吾。

谢惠酒

白发苍颜老石斋，出门秋思满天涯。极怜紫酒逡巡有，不负黄花点缀佳。

五月二十七夜飓风作，屋漏

灯残四壁漏痕斜，老屋回风落细沙。乾坤更有晴明日，为报家人莫怨嗟。

题画

赤壁矶头天欲曙，缟衣和梦掠舟西。欲寻故处何由见，长恨今人画亦非。

题月溪卷

月出东方白涨溪，溪翁行乐溪东西。相思欲过隔溪去，南斗无光北斗低。

赠周镐兄弟

周生两马齐两鞭，京指长安镐在山。今夜尊前看秋月，明年秋月忆尊前。

秋日〔1〕

山河一望仲秋前，枫叶初黄水半川。路上行人不归去，北风吹尔过残年。

木犀未发盎莲空〔2〕，小女来方剪彩工。不信衰荣是天道，觅花无处怨西风。

阅马氏均田文

王侯尚爱橐中装，何况田家弟与兄。孟子未知人世事，独将仁义教齐梁。

赠邓柏林，其人貌似伍光宇

南山面目偶然同，又向人间见此翁。碧萝窗下一杯酒，犹胜良宵梦里逢。

此老若是石曼卿，此山便是芙蓉城。高歌独控青骡去，是有风流万古情。

---

〔1〕 林齐本、萧世延本、王安舜本作“秋日偶作”。

〔2〕 “盎”，黄之正本、四库全书本作“奈”。

喜雨

满眼珠玉不足珍,甘雨一洒万家春。昨日苍头睦洲至,又道睦洲饥杀人。[1]

将如东莞,闻途中盗发不果

扁舟东过扶胥口,一日二日之便风。何故三旬不成往,仰船冈下贼旗红。

题朴轩

葛洪亦号抱朴子,安知朴翁不是仙。莫将甲子编年看,人道翁生大挠前。

题应宪副真率卷

今古一杯真率酒,乾坤几个自由身。春风回首黄岩会,醉插花枝少一人。

茶园曲,寄治香柜袁晖

峡束湾湾一水长[2],商船无日不苏杭。千村万落无穷树,尽是袁郎柜里香。

插花

岩前上马兴难拏,卯酒三杯帽半斜[3]。两鬓馨香齐插了,赛

〔1〕 两“睦洲”,林齐本、高简本、白沙文编、何熊祥本、王安舜本、黄之正本、四库全书本作“木洲”。

〔2〕 “峡束”,高简本、何熊祥本、黄之正本、碧玉楼本、四库全书本作“峡东”,非是。

〔3〕 “三杯”,林齐本、高简本、萧世延本、何熊祥本、王安舜本、黄之正本、四库全书本作“三钟”。

兰花间木犀花。

访山家次韵

樛枝径口郎迎马，语鸟篱前妾扫云。笑杀主翁忙出户，手提筐果唤厨人。

清泉煮蕨爱山家，夜饮西岩望月斜。涧底白云留不住，半随红雨落天涯。

萧黄门书来见责久无书，用旧韵答之

谏官一字照天涯，南海年年问钓沙。沧波不与黄门信，笑杀龙钟百姓家。

平江伯陈公以紫茄花绢为家慈寿，诗以谢之[1]

吴纨衫色紫茄花，老亲着时众口夸。小儿奉酒歌七字，持献军门表拜嘉。

景云偕范规海上割稻

犬子给炊海上舟，范生打浆两同游。田中割稻家中望，逢著诸仙莫浪投。

招讼者归

越王城里尘随马，刺史衙前吏喝人。此日王孙不归去，旧游芳草可怜春。

---

〔1〕“平江”，原作“平乡”，据萧世延本改。

中秋期诸友不至

山妻有钱肯沽酒，诸友赋诗期不来。范生也逐吾儿去，一夜清光对玉台。

赠邝载道之淮阳别驾[1]，前御史谪黄岩

十年花县眼中人，别驾淮阳又几春。曾共乌台高十仞，郑郎今着白纶巾。郑纪也。

感事

齿本生来不著唇，呶呶众口剧鹅群。鼻雷自炒元城耳，夜半钟声那得闻？

咏木犀，寄倪麟[2]

正月山桃委地红，柳塘还卷落花风。木犀一树浑堪赏，尽日相看烟雨中。

风雨归来问小奴，药栏花架费人扶。黄昏雨歇茅檐月，只有木犀对老夫。

春城无日不思家，风雨经旬损物华。竹色四时长不改，平安先报木犀花。

风吹雨打只伤神，白首龙钟尚爱春。花意未应嫌老丑，十年前是种花人。

---

〔1〕“淮阳”，原作“淮扬”，据林齐本、高简本、萧世延本、何熊祥本、王安舜本、黄之正本、碧玉楼本、四库全书本及诗中“淮阳”改。

〔2〕林齐本、高简本、萧世延本、白沙文编、何熊祥本、王安舜本、黄之正本、四库全书本作“木犀四绝，寄倪麟”。又：林齐本、萧世延本、白沙文编、王安舜本题下有小注云：“自城中解馆归。”

题两山居士卷[1]

墨水翻腾作巨川，两山何处洒云烟。醉中亦有临池兴，怅望名家不敢言。

题东所卷

东所诗成月满衣，乾坤无语鬼神悲。郎今欲到飞云去，说与两山居士知。

问邝珙病

邝生病肺今何如？献岁初惊得手书。我有丹方欲传与，小藜床上半跏趺。

次韵陈冷庵佥宪见寄

击壤声中酒国春，海风吹老石边身。桃花几树衡门下，我是唐虞一辈民。

乾坤画笔久荒芜，谁作临江五老图？闻道远师将结社，华巅犹得照鄱湖。

五十四年居海滨，偷将水月洗心尘。今朝偶得西江使，溟海犹堪把赠人。

别意

江阁醒眠秋正凉，西风残漏转离肠。不知天道平分未，已觉人间一夜长。

---

〔1〕 林齐本、萧世延本题下有小注云："东所父也。"

悼林暕

一日之雅亦为哀,钟淑相随入夜台。此生未了男儿事,也向扶胥打坐来。

木犀开时,江右李士达、刘希孟已去,容贯、范规江浦未还,因有独赏之叹

岭北书生嗟去早,江东游子惜归迟。重阳将近无风雨,正是木犀初发时。

先子忌日作

生来只见山头土,祭讳惟闻月下蛩。五十四年天颇定[1],诸孙罗列拜成行。

题画

茅檐秋飐酒旗风,舟入蒹葭月半笼。醉睡不知家远近,醒来依旧五湖东。

寒山钟近不成眠,人在姑苏半夜船。何处明朝正堪望,吴王宫苑草芊芊。

金陵城西趁市郎,负戴不厌江路长。百花桥头换美酒,归与渔父歌沧浪。

古耶道中有怀

翠烟浮陇麦初齐,社树青青独鸟啼。何处相思不相见,木棉花下水门西。

---

〔1〕“定”,高简本、何熊祥本、黄之正本、碧玉楼本、四库全书本作“近”。

小湘峡食嘉鱼 十月二十一日

两山断处小湘峡，十月嘉鱼出水鲜。引满阿依生日酒，微吟空记属牛年。

自三洲还至禄步村

江流夹束午风柔，城郭归来禄步舟。惆怅碧桃歌舞散，黄茅烟里一鞫䩯。

过清远峡

行人初上峡西头，已有心随下峡舟。天下名山皆可爱，梦中慈母不来游。

读鳄鱼文

刺史文章天下无，海中灵物识之乎？如何皇甫兼逢吉[1]，不及潮州一鳄鱼？

食蚬

家住东南蚬子村，小铛风味胜侯门。眼前下箸非无处[2]，芹曝犹堪奉至尊。

社中

桑林伐鼓酒如川，秋社钱多春社钱。尽道升平长官好，五风十

〔1〕“如何皇甫兼逢吉”，白沙文编作“可怜甫李生人世”，且加小注云：“别本一云‘如何皇甫兼逢吉’，此当是后改者。”

〔2〕“箸”，原作“筯”，据林齐本、高简本、萧世延本、白沙文编、何熊祥本、王安舜本、黄之正本、碧玉楼本、四库全书本改。

雨更年年。

社屋新成燕子来,山丹未落野棠开。三三两两儿童戏,弄水扳花日几回。

社酒开颜一百家,春风先动长官衙。东君也解游人意,红白交开树树花。

社日年年会饮同,东原西埭鼓冬冬。无人不是桃花面,笑杀河阳树上红。

夜酌[1]

侍子焚脂弄小孙,药炉分火暖残樽。东风不管黄鹂怨,一夜飞红满树根。

问李深之病

竹林花埭酒旗风,秋赏春游事事同。伏枕六旬犹未起,相思红日满帘栊。

沙上

村径西来入社松,北山终日白云封。往来独把梅花笑,只有沙堆不负公。

秋江唤渡

何处渡头风浪喧,隔波仙境似桃源。瘦藤倦向人间去,唤得船来便上船。

---

〔1〕 高简本作“夜雨”。

春寒

清明天气如初腊，雨脚云头枉是春。阶下荼蘼开自晚，不随红紫怨东君。

一春光景在花枝，三月殊非阴雨时。只有木犀偏耐冷，小枝檐下对衰迟。

看花何处辗香轮，江上春寒著莫人。衰病未堪供起倒，且便高枕过残春。

题栖霞卷

红霞小坞地仙家，日出耶溪十里花。秋竹垣低是何处，有人窗下读南华。

杂兴

数行屋蚁下庭芜，墙角扶留绿映裾。正是满楼山雨过，夕阳惟好鹁鸠呼。

读朱晦庵注《参同契》

神仙不注参同契，火候工夫那得知。千古晦庵拈一语，可怜无及魏君时。

大水浮舟至七星岩顶，题其上

七星岩下醉神仙，犹占龙床水底眠。我有一樽延寿酒，月明今夜对南山。

苍梧寄陈庸，时馆浔州

山形西上水东流，独泛长江十日舟。无翼可随飞鸟去，相思时复到浔州。

题林良为朱都宪诚庵先生写林塘春晓图

烟飞水宿自成群,物性何尝不似人。得意乾坤随上下,东风醉杀野塘春。

出肇庆,有怀马玄真

红尘白浪去来年,细雨秋江看木绵。何处思君君不见,羚羊峡尾七星前。

金洲别陈冕[1]

江上东风卷暮旗,木棉花下进舟迟。金洲未是穷途别,莫赠黄金只赠诗。

漫兴

粉墙经雨旧成痕,青被扶留直到根。俗吏款门教暂去,隔帘抛果戏诸孙。

画鹰[2]

落日平原散鸟群,西风爽气动秋旻。江边老树身如铁,独立槎牙一欠伸。

木犀枝上小鹊

翠裙白领眼中无,飞上木犀还一呼。乾坤未可轻微物,自在天

---

〔1〕 题目及内文之"金洲",高简本、何熊祥本、黄之正本、碧玉楼本、四库全书本作"金州"。

〔2〕 林齐本、萧世延本、王安舜本作"题画鹰"。

机我不如。

赠周成

虚无里面昭昭应，影响前头步步迷。说到鸢飞鱼跃处，绝无人力有天机。

春中杂兴[1]

春寒著莫絮袍轻，游走何山更乞晴。夜梦髯翁作人拜，安知不是白龙精？

小雨如丝落晚风，东君无计驻残红。野人不是伤春客，春在野人杯酒中。

香烟袅入袖中蛇[2]，读易山斋日未斜。领取乾坤分付意，扶留生耳木犀花。

端阳后一日，里人送角黍酒至

荷瓢童子问谁家，老妇檐前驻纺车。角黍唤回端午梦，还从艾盏得松花。

九日木犀未开

野径香沉舞蝶稀，柴门树老著花迟。含章此日无穷意，只有阶前拄杖知。

菊来栗里何须酒[3]，梅到孤山不欠诗。老去未甘诗酒废，木犀其那放花迟。

---

〔1〕诗近稿、林齐本、萧世延本、王安舜本作“春中杂诗”。

〔2〕“袖中”，诗近稿作“酒中”。

〔3〕“何须”，诗近稿作“还须”。

木犀花下待陈秉常

常疑楚客餐秋菊,不信唐人醉牡丹。何处木犀香可爱,须君曾到玉台山。

谢九江惠菊[1]

谁将此菊种江滨,物色当年漉酒巾[2]。若道渊明今我是,清香还属隔江人。

紫菊移来紫水滨,白头对着白纶巾。花前酌酒笑未足,酒后簪花笑杀人。

故根迢递九江滨,岁晚相看此道巾。不用诗流强分别,种花人是赏花人。

鹤袖披翻野水滨,黄花簪破小乌巾。腰间我有坡翁带,解与西邻卖酒人。

夜梦见太母,急呼诸孙前拜

欲觉未觉梦中梦,有形无形身外身。喜逐悲来呼不得,曾孙前拜太夫人。

马肇文惠油酒,并录示哭一峰先生诗及送林缉熙掌教绝句,复以香一束,赋三绝见意

谁以三年报一峰,舒刚盖有古人风。一词亦到君亲地[3],何

[1] "九江"后,诗近稿、白沙文编有"人"字。

[2] "漉",原作"灑",据诗近稿、林齐本、高简本、萧世延本、白沙文编、何熊祥本、王安舜本、黄之正本、碧玉楼本、四库全书本改。

[3] "君亲",诗近稿作"君前"。

处无人覆马龙[1]。

清油浊酒慰家贫，老子山中但白云。君欲看云须久坐，晴窗端为起炉熏。

南川钓艇已横波，里水渔翁又放歌。今日未知明日事，且倾君酒为君哦。

赠周二仔入京 文都家仆

故人讶我久无书，只到长安梦亦疏。万里周郎知此意，杖藜江上送长须。

次韵张廷实东所寄兴见寄

天边暝色将秋至，海上长风送月来。何处无人识东所，夜分楼上了余杯。

明月清风放两头，一筇挑到古尼丘。而今老去无筋力，独坐江槎看水流。

扳缘千尺采松花，服食为仙未到家。我得丹方欲传与，肯捐妻子入烟霞。

路自飞云过阆壶，仙人讶我久趦趄。相期汗漫归何处，独占烟波理钓鱼。

放倒琼林半醉间，半留醒处著江山。病来只有冠裳在，不带朱门一事还。

不求老马在长途，谁道长安一马无？伯乐未来幽蓟北[2]，凭君传语到平湖。

---

[1] "无人"，诗近稿、林齐本、高简本、萧世延本、何熊祥本、碧玉楼本作"无天"。
[2] "幽蓟北"，高简本作"幽冀北"，四库全书本作"忧蓟北"。

邯郸枕上看三台,谁撼藜床唤老莱[1]? 幽事不应全废却,夜来风吼涧中雷。

西风吹老木兰花,水阁氛氲带晚霞。溪上行人不相识,隔船对语问谁家。

海上峰峦今属谁,携来四百布囊垂。或嫌珠佩多遗恨,化作长髯未可知。

门下诸生无一个,山童撤却皋皮坐。与依七尺青团蒲,今年换与张东所。

沽酒

酒店无钱与酒迟,初晴天气菊残时[2]。乾坤不放闲人醉,也到江门酒盏知。

题南浦送别图[3],为蒋方伯

何人更卖云卿屦,我昔曾过孺子亭[4]。欲写别离非此日,西山南浦认丹青。

对菊

花开无酒醉江滨,莫笑人间破葛巾。庐阜长官归未得,看花还共去年人。丁县主告予谢病不果行。

餐香谁亦到湘滨,西崦东篱滥一巾。去岁金英曾照我,今年玉蕊又惊人。

---

〔1〕“老莱”,原作“老来”,据林齐本、高简本、萧世延本、何熊祥本、碧玉楼本改。

〔2〕“初晴”,诗近稿作“初寒”。

〔3〕“题南浦送别图”,诗近稿、林齐本、萧世延本、王安舜本作“题南浦送别图卷后”。

〔4〕“曾过”,高简本、何熊祥本作“曾歌”。

白雁南飞到海滨，吟边芳气袭衣巾。门通水竹三丫路，坐对求羊一辈人。

秋英如雪照江滨，扳折须防小侍巾。曲槛两头门尽掩，先生元是惜花人〔1〕。

日日狂歌菊涧滨，花神应识玉台巾。西风为扫繁华去，不遣红芳近老人。

花舫谁撑绿渚滨，道人醉脱碧方巾。东篱不饮江州酒，彭泽当年未尽人。

精魄当归楚水滨，天涯闻讣忽沾巾。西风吹醒蒲团梦，独对黄花忆故人。谓都宪诚庵朱先生也。

扁舟何处剡溪滨，夜半归来雪满巾。争似一瓢秋菊伴，漆园风暖蝶疑人。

我貌不如苏颖滨，秋风华发已盈巾。有钱不买重阳醉，篱下黄花也笑人。

菊坡持酒越江滨，御笔亲题与醉巾。丞相九回征不起，碧虚长揖梦中人。

知章投老鉴湖滨，还戴华阳羽士巾。元亮也归三径去，至今人笑是痴人。〔2〕

种扶留用旧韵

轻落藤梢浅打沟，种时须共小迟留。浮生日月供眠外，付与携

---

〔1〕“惜”，原作“借”，据林齐本、高简本、萧世延本、何熊祥本、王安舜本、碧玉楼本、四库全书本改。

〔2〕此首下，底本及碧玉楼本皆尚有一首，云：“陶家园里旧开丛，复入山窗对此翁。一曲一杯花下醉，人生能得几回逢。”而这首又于底本第六卷、碧玉楼本第十卷分别出现，题为“对菊”。(《白沙子全集》，何九畴本，第六卷，第二〇、九六页；碧玉楼本，第九卷第四二页、第十卷第五四页)此首之用韵，与前十一首不同，应非同时之作，当另作一题。故此处将其删除。

锄抱瓮休。

絜矩工夫但一沟,山中夜雨长扶留。莫教看到诗人眼,千首鸢鱼也未休。

漫兴

娉婷郑女著纤罗,能为襄王激楚歌。一曲霓裳都扫尽,尊前无地舞阳阿。

赠麦岐出游

错教人意向花浓,万树香飘一夜风。行过东津莫回首,一番春事又成空。

我得无言赠麦岐,乾坤游走到何时。千山万水无穷意,分付芙蓉杖一枝。

八月八夜,忽梦玉宇无瑕、碧云灿烂,南斗下大书八字云"生生生德,俊逸超全"。下有四人面西而行,或隐或见。觉后纪以绝句

八字光腾斗外天,碧云西去拥群仙。乾坤此梦无人话,起步中庭月上弦。

赠人

谁将儿女浪干情[1],春雨来时草又生[2]。梦亦是真真亦梦,石泉槐火对清明。

---

〔1〕"干",原作"于"(碧玉楼本亦作"于",何熊祥本、黄之正本作"千"),据诗近稿、林齐本、高简本、萧世延本、王安舜本、四库全书本改。

〔2〕"又生",诗近稿作"自生"。

悼周镐 京之兄也。京以母命赴春官，镐亡，京南归在途[1]。

一封长夏寄京书，不遣归来待拜除。谁与行人报消息，高堂今日要人扶。

一双玉树出东溟，岂意先随晓露倾。三十六年惟一女，老夫垂泪写铭旌。

叔子还家定买碑，墓旁将刻老夫诗。诗中不借闲言语，只写人间母子悲。

嗜好平生法帖诗，偶逢方士问刀圭。何人摆脱浮生事，得似周郎易箦时？[2]

里巷三年六七坟，老年无泪哭交亲。数声愿借辽阳鹤，唤醒人间未死人。

望白龙池 在本邑昆仑山顶

西望不见昆仑池[3]，白龙上天归何时？望中心逐飞云去，半挂玉台松树枝。

涵虚数尺镜光悬，旧是头陀洗钵泉。又有山人来洗耳，白龙休占水中眠。

云影天光共一池，池中消长白龙知。仙翁骑龙上天去，只有明月照涟漪。

---

〔1〕“在途”，诗近稿亦作“在途”，林齐本、高简本、萧世延本、何熊祥本、王安舜本、黄之正本、碧玉楼本、四库全书本作“在道”。又：诗近稿、林齐本、萧世延本、王安舜本仅将“京之兄也”四字作为题后小注，而将“京以母命赴春官”以下文字作为此诗第一首之跋。

〔2〕“何人摆脱浮生事，得似周郎易箦时”，诗近稿作“不知灭却将明后，何似当年未灭时”。

〔3〕“昆仑池”，诗近稿作“白龙池”。

梅花

一枝低压坞篱斜，细路穿云竹半遮。忽被暗香相引去，小塘诗景在西家。

老树眠江水啮之，茫茫水月浸花枝。暗香卷入沧溟去，不是渔翁那得知。

沙笼寒月树笼烟，香彻龙溪水底天。斜隔竹林窥未得，更寻西路上渔船。

南枝照水忽先开，渔父湾头有钓台。罢钓归来溪路暝，暗香几度倩风媒。

孤山山下一枝梅，春到南枝尚未开。酒醒西楼看月坐，清风湖上卷香来。

朝来溪上弄花丸，天地氤氲日月还。无觅暗香疏影处，笑呼欧九问孤山。〔1〕

梅花撩我又冬残，落日深山一凭阑。病眼不知花妙处，只将花作野人看。

梅花如雪拥溪扉，渔父村南负酒归。纵饮不知花落去，酒醒船上见花稀。

日日花边唤酒船，梅花开处酒家眠。青山一片无人买，谁与先生办酒钱。

樵客入林闻曙鸦，梅梢残月暗溪沙。沿溪路尽无人到，更说林逋住处赊。

舍南朝见一枝梅，舍北桃花昨夜开。笑问花开何太急，青春肯逐酒钱来。

---

〔1〕“笑呼欧九问孤山”后，林齐本、高简本、萧世延本、何熊祥本、王安舜本、黄之正本、四库全书本有小注云：“气魄压倒孤山。”

南北枝头月正悬，月中谁此弄溪船。晚来吹入梅花去，吹到林逋木榻边。

苍烟袅树溪冥冥，夜半江楼笛一声。怅望错疑溪女折，满头只惯插金樱。

桃花

云锁千峰午未开，桃花流水更天台。刘郎莫记归时路，只许刘郎一度来。

山中儿女不知秦，无赖渔郎最恼人。溪上桃花君莫种，东风不贷武陵津。

题袁氏知归卷

鸟在苍岑鱼在渊，水深林密保生全。秋风莫怨茅茨破，白首眠看榻顶天。

阴崖水必到沧溟，石罅涓涓势已成。万古乾坤流不尽，望湖亭下更分明[1]。

示我阴阳阖辟机，春陵墨雨洒门扉。直从罔象前头见，人与乾坤一处归。

界江八景

河桥柳色

庐阜清风长官宅，渭城朝雨王维诗。东西绿遍河桥路，长与离人照酒卮。

---

〔1〕“更”，诗近稿作“最”。

驿馆槐阴

槐阴覆庭日卓午[1],小吏夜出迎当路。长江阅尽往来人,淦水西边此槐树。

炉渚晴烟[2]

香炉紫烟生一缕,天风吹落芦花渚。江东行客归去来,沾衣犹带金陵雨。

古阜渔灯

埠头半点夜燃枯[3],钓得松江一尾鲈[4]。渔父联舟向东岸[5],东岸人家有酒沽。

界江霁月

玉宇蟾辉秋展鉴,界江水色夜磨铜。乾坤好景谁无分,只问灵台得属公。

西僧禅梵

竹径风传西梵声,隔墙深夜有人听。山僧老去无功德,还倚禅门诵佛经。

东阁书声

闭户书声午欲干,夜阑灯烬落蒲团。朝廷若问观风使,犹有书

---

〔1〕“卓午”,原作“早午”,据诗近稿、林齐本、高简本、王安舜本改。

〔2〕“炉渚”,各本同,惟四库全书本作“芦渚”。案:据此诗内文“芦花渚”之说,作“芦渚”于义为长。

〔3〕“半点”,诗近稿作“数点”。

〔4〕“松江”,高简本、何熊祥本、黄之正本、四库全书本作“淞江”。

〔5〕“渔父”,诗近稿、林齐本、萧世延本、王安舜本作“渔妇”。

郎信长官。

大桥牧笛

山花争插帽头红[1],芦叶乌乌弄晚风[2]。桥大板平牛步稳,老牛差后不愁侬。

读周朱二先生年谱

千年几见南康守,叹息人间两谱开。但使乾坤留一绪,圣贤去后圣贤来。

一语不遗无极老,千言无倦考亭翁[3]。语道则同门路别,君从何处觅高踪。

白洋潭鱼

白洋风起钓丝飞,梦里渔蓑此夜归。明日冷香桥上望,海鸥相对便忘机。

白洋潭上浩烟波,何处渔归此放歌。月下闻之开口笑,江门三尺有藤蓑。

读定山集

千首莺花万蠹鱼,眼昏心乱意何如。白头许我编摩不,活水源头洗砚书。

寄张主事

从来妙处不传书,十梦人间久不如。试问十洲三岛外,白云谁

---

〔1〕“帽头”,四库全书本作“满头”。
〔2〕“乌乌”,高简本、何熊祥本、王安舜本、黄之正本、碧玉楼本作“鸣鸣”;林齐本、萧世延本作“呜呜”。
〔3〕“千言”,林齐本、王安舜本作“十年”;高简本、萧世延本、白沙文编作“千年”。

伴老仙居。

赠邹汝愚吏目 时馆壮哉亭

川云岳雨天模糊,万里山亭此客孤。又借南风吹一月,酒葫芦打药葫芦。

题伍氏双喜图

莫怪龙钟此葛巾,穿花入竹去频频。秋风酒熟南山下,更与殷勤报主人。

戊午秋,开化吾廷介县博校文于我省[1],念太夫人初度之辰在十月八日,撤棘之后,幸公程之便,趋归为寿,诗以送之

高下原从脚板分,江山富贵几般人。吾家子弟官情薄,欲把行藏寿老亲。

题伍光宇碑阴

几年沧海一碑成,身后何须叹不平。天遣老兄生少子,千秋寒

---

[1] “戊午”,原作“戊子”;“吾廷介”,原作“吴廷介”,据林齐本、高简本、萧世延本、王安舜本改。案:戊午,为弘治十一年(当公元一四九八年)。弘治十五年壬戌(当公元一五〇二年)夏六月晦日,白沙先生之高足林光作《跋石斋赠吾廷介诗》,略云:“吾廷介岭南选士时,拜石斋先生于白沙,得寿母诗一绝。时值重九,廷介出《和赠诗》一律,又《别后和舟中见寄》一律。余官在太学,廷介新中进士榜,相聚京师,出此卷观之。计石翁此作,去属纩仅一年余耳。字观其筋骨,诗味其风韵,妙处盖不在多也。言外不尽之意,廷介当自得之。后二绝,子侄辈代答,观者当自辨。”(林光撰:《南川冰蘖全集》,第六七至六八页)依据林光此跋,应以“戊午”、“吾廷介”为是。此外,《次韵吾县博见寄》(七律)、《次韵吾县博登嘉会楼见寄》(七律)、《次韵吾县博别后见寄》(七绝)中所谓“吾县博”,亦指吾廷介。又:章懋《文山先生吾君墓表》云:吾昪,字景瑞,号默斋,开化人。其次子吾翯,由文安教谕登弘治十五年壬戌进士第。(参章懋《枫山集》,《景印文渊阁四库全书》第一二五四册,第九五至九八页)吾廷介,亦开化人,亦曾任教谕(县博),亦于弘治十五年壬戌登进士第。疑吾廷介即吾翯。

食祭公茔。兄伯饶近生一子,为光宇后。

喜黄在登科

半醒半醉一儒巾,黄卷青灯二十春。晚醉鹿鸣君莫讶,龙头还属老成人。

龙头还属老成人,夜半雷声已变春。莫为晨昏留不去,安车扶上白头亲。在有老母在堂,故云。

安车扶上白头亲,徐积当年也为贫。忆昨扁舟淮上路,青山吾拜墓中人。

题松雪图

元时有个赵松雪,松雪于今又属谁。一幅丹青一瓢酒,廖公来乞老夫诗。

半江十咏,为谢德明赋

江湖城市气交吞,谁放兰舟系柳根。肯与渔翁通水界,白头破浪在江门。

独速溪边舞短蓑,月明醉影共婆娑。手中握得桐江线,钓破江天不要多。

水面烟浓白鸟低,数峰青锁夕阳西。隔波莫是仙源否,恰到波心路已迷。

隔波晴色袅孤烟,万树桃花锦一川。夜半天风吹海立,探花人在半江船。

水到江心五百弓,白鸥双起雁孤冲。竹篙点碎菰蒲月,如此风光我共公。

画纸敲针一杜诗,水生花落两天机。西风卷市尘高起,也到江心不解飞。

溪槎泛泛月中眠,横占波间一半天。何许少年三五辈,夜深邻舫叫摊钱。

碧海云深鹤梦劳,人间无地著卢敖。不知居士曾来否[1],试向波心问小舠。

醉则高歌醒复悲,老仙那有独醒时。江间波浪三千顷[2],都与回公入酒卮。

半江秋水映斜阳,几个神仙坐水旁。酒是逡巡花顷刻,一尊韩愈对韩湘。

经陈氏家庙

牡蛎墙高一庙深,缘冈松柏昼阴阴。我家俎豆茅茨下,只少黄金不少心。

题万松庵壁

昔年曾赋万松轩,一饭松根有夙缘[3]。旋摘黄花传白酒,真成东老对回仙。

过东涌 周贡士抱乳儿久住出迓

乡曲论交大父余,耳根狼籍病翁书。小儿莫道无灵性,也傍寒塘望笋舆[4]。

经曝日台 周镐所筑,镐亡无子,止一女

何处猿声更断肠,夜闻孤女哭凄凉。泪痕滴著台旁树,纵到春

---

〔1〕“居士”,林齐本、高简本作“若士”。若士,犹言“其人”,多用以指有道之士。

〔2〕“波浪”,林齐本、高简本、萧世延本、何熊祥本、王安舜本作“碧浪”。

〔3〕“夙缘”,诗近稿、林齐本、萧世延本作“宿缘”;高简本、何熊祥本、黄之正本、四库全书本作“俗缘”。

〔4〕“傍”,诗近稿作“旁”。

风亦少芳。

寄袁晖、林敬

颇忆江湖林子翼，小斋留饭更袁晖。人心人面人人异，贤辈如前共饭时。

南州香柜久流传，亦卖东湖草屦钱。莫共诸贤理铅椠，只治香柜过年年。晖治香柜自给，近为社学师矣。

岁首诗缄寄早梅，路旁先倩秉之开。而今两眼西风泪，谁解传声到夜台。

若道鸱夷解了心，五湖何用更千金。鲁连长揖平原去，风月无边碧海深。[1]

林缉熙县博、张廷实进士、何孝子子完先后见访，既而缉熙往平湖、廷实归五羊、子完还博罗，因赋四绝[2]

春水江门一叶舟，几人来此看垂钩。浮云一散无踪迹，飞尽桃花江水流。

昨夜江门把春酒，满船明月唱阳关。五羊城中消息断，君去东吴几日还。

四百峰头白鹤知，老夫八月有幽期。尔家正在罗浮下，莫向春风怨别离。

长髯遗我一囊山，铁桥流水非人间。我今决策山中去，踏断铁桥无路还。

梦游天台

路入天台第八重，洞门刚与赤城通。脚根点到虹桥下，一笑那

〔1〕 诗末，诗近稿有小注云："此亦有感而发。"
〔2〕 "四绝"，王安舜本作"绝句四首"。

知是梦中。

伍伯饶送蜂窠至,用韵答之

独怜溪竹隐花丛,待得南山后到蜂[1]。昔日往来南谷口[2],如今只用一丸封。

晚蜂队队过山房[3],何处归来嘴脚香。辛苦奉君臣子分,可堪奴辈日偷尝。

赛兰花开

晴光三日转花枝,坐对微馨忽有诗。涓滴未尝花上露,南风莫只报人知。

曲栏砌下少人窥,戏蝶游蜂忽满枝。君欲寻花须早计,只今犹是未开时。

微风巾袂细氤氲,楚畹丛中别有春。啜茗亦嫌风景杀,明朝载酒是何人?

山花艳艳缀旒傍,君爱深红爱浅黄?楚客见之挥不去,向人说是赛兰香。

次韵南山送蜜[4]

万古西山朽骨丛,中有魂魄化为蜂。饿死空窠不飞去,犹为君王守故封。

---

〔1〕"蜂",原作"峰",据林齐本、高简本、萧世延本、何熊祥本、王安舜本、黄之正本、碧玉楼本、四库全书本改。

〔2〕"南谷",林齐本、高简本、萧世延本、何熊祥本、王安舜本、碧玉楼本作"函谷"。

〔3〕"晚蜂",原作"晚风",据林齐本、高简本、萧世延本、何熊祥本、王安舜本、黄之正本、碧玉楼本、四库全书本改。

〔4〕王安舜本作"南山送蜜至,往复次韵"。

寒花索寞不成丛，口腹吾惭入腊蜂。觅蜜娇儿啼夜半，未成新酿又开封。

知从何处宿花丛，清晓飞来又几蜂？定有香魂招不返，远寻芳气落花封。

处处山花好蜜房，细缊岩壑为谁香？相思道远无由寄，此味年来只独尝。

戏赠馆宾〔1〕

松风和雨洒柴关，过午雕胡饭始餐。今日华卿休怪讶，往年饥鼠啮陈山。尝馆白沙。

读林进士信宜祭母墓文

泪血今朝洒凤山，凤山原只在人间。非关旅殡无寻处，不与皇华共载还。

天涯四尺不封坟，一去凤山三十春。莫辞更向山前问，恐有渔樵是异人。

袁侍御道龙川讣至

何处龙川去不归，山南山北雨云飞。晚风晴卷三千尺，好与歌筵作舞衣。

忆昔青阳动海滨，隔年草木预知春。如今行路无颜色，尽是青阳去后人。

次韵柳渡头答乡友

溪南溪北荔枝垂，五月荷花欲卷旗。忽有酒船邀半路，三杯不

〔1〕 碧玉楼本作“戏赠馆宾梁文冠”。

记主人谁。

饭罢雕胡坐石矶,白云闲与鹤同飞。神仙若道吾无分,那得身轻减带围?

题林进士廷玉继母陈氏挽卷 廷玉幼好嗜酱姜,其母每求于旁舍给之

与儿酱姜儿勿号,前母生之后母劳。大统冈头寒食酒,一杯和泪洒香茅。

五月菊

夏卉秋葩黄一色,何人把酒谤天工?品题莫问看花客,消得西来一夜风。

露饮霜餐不记秋,黄花三昧室中求。区区形色多相似,争得先生为点头。

小变春红作淡妆,山亭初见一枝黄。醉中忽眩东篱眼,起视金钱著屐忙。

二顷南风秫正青,督邮未到长官亭。眼前虽有黄花在,不与陶公解醉醒〔1〕。

题梁景行天壶书屋〔2〕

打土编茅费几钱,白云深夜一灯悬。知君未是壶山主,只借壶山过两年。

---

〔1〕“解”,林齐本、高简本、白沙文编、王安舜本作“管”。

〔2〕诗题及内文之“天壶”,原作“天湖”,据林齐本、高简本、萧世延本、白沙文编、何熊祥本、王安舜本、黄之正本、碧玉楼本、四库全书本改。

虀粥朝朝长白寺[1]，衣冠夜夜百原山。三年枕席何曾设，一纸家书亦不看。

元夕

村南村北此宵同，好景难消一老翁。在处恐妨年少乐，踏歌归去月明中。

正月菊

春到东篱花亦知，红桃白李更当时。东风自领芳菲去，也为秋香作意吹。

庐阜高歌九日杯，尽将秋意放花开。谁教也向东风里，点破千红万紫堆。

次韵吾县博别后见寄[2]

圣贤生处是中华，何处天涯何处家。夫君认得幽栖处，江门月底钓鱼槎。

昨夜江门咏月归，今朝又领衡山诗。千仞冈头一振衣，乃见庐冈点化机。

题一峰遗墨后 何知卷

穆穆熙熙在眼中，君家卷里忽相逢。苍烟绿树湖西路，何处金牛吊一峰。

---

〔1〕“虀粥”，原作“虀竹”，据林齐本、高简本、萧世延本、白沙文编、何熊祥本、王安舜本、黄之正本、碧玉楼本、四库全书本改。

〔2〕“吾县博”，原作“吴县博”，据林齐本、高简本、萧世延本、王安舜本改。

何生告还新喻，因忆希仁先生平生故人，不相见十有六年，怅然有作，附生，他日见之，为我道之

忽忽人间十六年，与公信息两茫然。不知今日江门路，还到湖西是几千？

渊明爱菊

白衣刚到黄花下，醒长官为醉长官。社里新知僧酒主，门前高枕石蒲团。

和靖爱梅

懊恼梅花未有诗，孤山马上又攒眉。后人拈出前人句，作者元来自不知。

茂叔爱莲

不枝不蔓体本具，外直中通用乃神。我即莲花花即我，如公方是爱莲人。

潘岳爱桃

潘郎本自爱桃花，种向河阳几万家。世有长官如孟子，还除花地付桑麻。

废宅逢梅

花间无主竹篱空，小径斜穿曲巷通。赖是暗香能不息，短筇破帽得相逢。

与客夜饮

击节歌声未出门，照书灯火已眠尊。老妻唤醒蒲团梦，更与殷勤煮菜根。

辞征文者

平生语默鬼神知，破戒随人老可媸[1]。三日裹粮无此客，手携空卷下阶迟。

崔潜送菊坡先生遗像至，适乡人送紫菊一株，遂以答之

高风千古镇浮华，拟酌寒泉荐菊花。江上一株红带雨，丹青同日到山家。

舫子

此身天地一虚舟，何处江山不自由。六十一来南海上，买船吹笛共儿谋。

木犀[2]

晓枕东窗睡不来，木犀造次隔篱开。阿田小孙名也。拍手黄鹂到，写尽春风得意杯。

东风披拂满林塘，脚债东山也未偿。扪虱不禁春意动，日华初吐木犀香。

茗碗朝朝怕侍儿，采花莫采称心枝。床敷爱就东窗暖，分付东

---

〔1〕“媸”，林齐本、萧世延本、白沙文编、碧玉楼本作“嗤”。

〔2〕王安舜本作“木犀偶成”。

风敌面吹。

人间花草斗春肥，粉蝶黄莺接翅飞。也爱白头肝肺好，木犀墙下咽朝晖。

名花得见太平年，击壤声高压管弦。化日熙熙春荡荡，华夷何处不同天？

白头无酒不成狂，典尽春衫醉一场。只许木犀知此意，晚风更为尽情香。

书易隐求铭旌后，感而有作

一题八字八低徊[1]，满眼凄凉笔下来。春社去年人不见，茅檐燕子又飞回。[2]

山林交分晚相投，诗在寒江紫菊舟。君去落英还对我，独吟春雨看江流。

半雨半晴莺乱啼，溪边丈人还杖藜。不见旧时游走伴，白头冲雨更冲泥。

移海棠花

小朵轻红带雨香，柔条深翠引风长。道人不是看花客，肯把墙隈借海棠。

晓饮忽醉，拥禅衣坐睡[3]

三杯过卯得瞢腾，坐拥禅衣问杀更。下砌握刀山竹冗，开门负水海棠生。

---

〔1〕“低徊”，原作“低回”，据诗近稿、碧玉楼本改。

〔2〕“飞回”，原作“飞来”，据诗近稿、林齐本、高简本、萧世延本、何熊祥本、王安舜本、碧玉楼本改。

〔3〕诗题及内文之“禅衣”，原作“禅衣”，据碧玉楼本改。

弄笔

白日一醒尘土梦，青山谁计髑髅春。时当可出宁须我，道不虚行只在人。

弄水忘归真洒脱，看山扶步小逡巡。等闲未许丹青手，搭飒平生画此身[1]。

鸲鸽育雏于贞节堂东壁，壁高且危，二雏堕地下[2]，乃就而哺之，悲鸣徬徨如在无人之境，予怜之，取雏纳之巢，纪以是作

将雏无力上榱题，声断残阳翅忽低。高栋托身君亦误，鷦鷯安稳只卑栖。

海鸥来往未忘机，鸲鸽能言掠砌飞。母去巢危雏落尽，衔虫巢畔待雏归。

江上

迟迟春日满花枝，江上群儿弄影时。渔翁睡足船头坐，笑卷圆荷当酒卮。

有怀故友张兼素

穆穆熙熙只此风，今人未见古谁同？意中我了牛医子，且放山斋水墨中[3]。

长安风雨闭门间，陌上浮云没马鞍。从此江西人物论[4]，夫

[1] “此身”，高简本、萧世延本、何熊祥本、王安舜本作“此巾”。
[2] “地下”，诗近稿作“砌下”。
[3] “山斋”，诗近稿、林齐本、萧世延本、王安舜本作“方斋”。
[4] “物”，高简本、何熊祥本、黄之正本、四库全书本作“勿”。

君高只比庐山。

万里长安看我病,夜阑两马出携灯。如今只有西涯在,宿草江边露满茎。

何宇新赴南京,来白沙告别,云此行且复见定山。时秋已尽矣,以诗送之

孝子已为人所称,世间留者乃何情?故乡莫作多时别,阿母坟头草又生。

浦口柴扉几日开,江门烟艇暮秋回。交情亦似长江水,南北年年送往来。

阅光宇传

君艇君斋古所呼,忘年忘病舜之徒。莫言外史无凭据,曾见当时拉背奴。〔1〕

戏题顾进士琼林宴图

黄屋门前缓辔行,上林花映赐衣明。怪来老眼模糊甚,道是寻春杜少陵。

梅花

湖上诗仙骨已尘,江门半树复撩人。携田拉畹朝朝去,江上田家秫酒新。

云隔溪扉水隔尘,梅花留月月留人。江门半醉踏歌去,纱帽笼头白发新。

---

〔1〕 诗末,诗近稿、林齐本、萧世延本、王安舜本有小注云:"光风艇、寻乐斋,白沙读书所,今废。光宇长于予,病齁,每疾作,使一童子倚其背拉之,未及平便起,衣冠坐室中习静,忘其病也。"高简本则将此小注置于诗题之后,文字略异。

春风处处马蹄尘，岸北花神冷笑人。二十四番红紫醉，一番零落一番新。

马蹄懒踏六街尘，闲忆当年拄颊人。江海衣冠零落尽，梅花还对白头新。

精神交月不交尘，看到黄昏故可人。拈出孤山难状处，一年诗债又从新。

桃李安能踵后尘，玉妃全是耐寒人。瘦筇拄破梅村月，要看南枝出格新。

梅坞风高不起尘，短筇聊立探花人。山塘水浅时窥影，喜与年光不斗新。

风递微香洗渴尘，独行山路不逢人。梅花岁岁还依旧，只看何人著句新。

诗思梅花两绝尘，破窗残月夜窥人。明朝走马东西去，壁上空留醉墨新。

雪崖江畔杳香尘，天与孤高远俗人。不忘沧波别时意，一枝还遣到图新。

老李安排踵后尘，隔年花意问何人。先生不是林和靖，偶爱南枝一番新。〔1〕

次韵廷实进士送伦长官出游

我梦名山为点头，名山到处是真游。床头买酒黄金尽，那向长江更买舟？

---

〔1〕 此诗原缺，然其墨迹尚存，为该墨迹所书三首诗中之第二首。兹据墨迹补出。案：此诗，秦有朋主编《陈献章书法集》将其题为“自春”；（秦有朋主编：《陈献章书法集》，第七〇至七一页）陈福树《陈白沙的书法艺术》则将其题为“梅花等诗卷”，且于释文后附注云，墨迹“第一首为陈白沙七言绝句《梅花》组诗十首中的一首，第二首用韵与《梅花》组诗相同，但未见收入其中”。（陈福树撰：《陈白沙的书法艺术》，第七六至七七页）陈氏之说可取。

新年田家

古田同井今同村,同坐杯盘到子孙。合是田家爱元日,白头拄杖拜人门。

麦秀夫于城南小渚中累土结茅居之,容一之、马伯幹取酒共醉桃花下,各赋诗为乐,秀夫谒余同作,[因]附其韵[1]

春江淡荡桃花浔,绝岸回风落碎金[2]。一路潺湲烟锁断,无人知道此溪深。

川练萦纡岛上花,世间遥望赤城霞。仙源不比函关路,老子来时坐一槎。

我梦桃花何处浔,水清蘋白一篱金。美人家住红云岛,欲往从之江水深。

手拄藤枝鬓插花,夜收沆瀣晓餐霞。贵人已隔门前水,野老还通月下槎[3]。

红白花开绿渚浔,风光买我不论金。辋川不借闲人看,只爱诗家著语深。

漠漠春烟淡淡花,竹边孤屿阁飞霞。春江水满秋江水,更著新槎换旧槎。

安期只在海东浔,何处名山浪铸金。欲向桃花问消息,柴门深锁碧溪深。

武陵春尽水流花,洗却耶溪十丈霞。昼坐竹根看未足,满蓑明月夜萦槎。

---

〔1〕“因”字原缺,据诗近稿补。

〔2〕“碎”,黄之正本、四库全书本作“醉”。

〔3〕“野老”,王安舜本作“野客”

东浔披卷尽西浔，海水秋连万顷金。卷里我能题百首，溪蓬斟酒莫辞深。

闭门春雨可怜花，谁共花前倾紫霞。但放此杯深似海，回公肚里得横槎。

得伦长官诗，疑其果于游而未可以游，次韵复之〔1〕

一百青钱解杖头，樽中有酒胜闲游。门前春浪高于屋，莫向长江弄破舟。

短檠细字写蝇头，衰老而今尚好游。何处与君谈半偈，玉台留作济人舟。

赠张进士入京 有序

别后，膝痛甚于前日，本无诗悰，独念吾与廷实不可无一言以别，为八绝句，命童子容凭录于自作序文之下。〔2〕

五年不出独何心，万里行囊又一琴。难写别离今日意，江门春水不如深。

有心谁莫弄儿嬉，孔老枝条我亦知。风日小塘君不顾，竹床藤簟自皇羲〔3〕。

能将糟粕委诸书，影响人间不受驱。五百年中名世出，先王政教果何如？〔4〕

津头日暮送夫君，别意那堪更遣闻。芳树鸟啼山雨过，柴门空闭一溪云。

---

〔1〕 “次韵复之”后，林齐本、萧世延本、王安舜本有“以博一笑”四字。

〔2〕 王安舜本序末有“其辞曰”三字。

〔3〕 “竹床”，诗近稿、林齐本、高简本、萧世延本、何熊祥本、王安舜本、黄之正本、四库全书本作“竹林”。

〔4〕 此首，诗近稿作“谁将糟粕委诸书，灯火千秋对卷舒。两汉名家多少在，亦知轮扁是真儒”。

玉台居士玉台眠，碧海三山病枕前。君欲有为休问我，白头世事已茫然。

会余汤饼欲春阑，往即公程亦不难。不独有官兼有子，老亲赢得一开颜。

南风吹上石门舟，又到西华寺里游。记得联舟此相送，而今空有雪盈头。

昔曾寄住长安寺，潦倒沧溟梦不回。何处思君还有梦，青山斜日两徘徊。

次韵东所送姜酒

宁知生蚤与生迟，真风真麟出以时。何处氤氲姜酒气，香风吹入野人卮。

病起朝天果未迟，出门刚遇凤来时。两山居士何如喜，一饮从教累百卮。

与廷实看李世卿题竹

来看竹上旧题名，已有清风挹世卿。夭矫龙蛇不堪捕，安知不是野狐精？

题熊氏桐轩

湖海逢君四十年，破琴残韵尚依然。棹歌本是闽南调，传到于今更不传。

桐轩云是勿轩孙，何处江湖何处村。古锦囊中风韵在，几时弹向白沙门？

饮马氏园，赠童子马国馨

日转芭蕉双窦鸣，飞飞蜂蝶喜新晴[1]。衰翁醉卧溪园里[2]，一曲春牛和国馨。六岁能诵予“春牛”之句。

白发蹒跌溪树根，还从地主见诸孙。醉中自唱渔家傲，击碎花边老瓦盆。

喜晴

西林收雨鹁鸠灵，卷被开窗对晓晴。风日醉花花醉鸟，竹门啼过两三声。

得沈大参时旸漳州发来书，答之

前后题缄两度收，春风无雁过漳州[3]。青灯一榻南都梦，回首于今二十秋。

悼旧

里中兴没一浮云，六十年中几度闻。只恨坟荒无祭扫，前村更有未封坟。何潜死逾十年，并其母皆未葬。

马文祥寄五气朝元炉至

隐者年来少在山，白云几片落人间。玉台小径蓬蒿底，吾对吾炉尽日闲。

人间荤血共欢娱，谁作朝元五气炉。自汲山泉煮春茗，不留俗客炰江鱼。

---

〔1〕“新晴”，诗近稿作“初晴”。

〔2〕“里”，诗近稿作“暖”。

〔3〕“过”，诗近稿、林齐本、高简本、萧世延本、何熊祥本、王安舜本作“到”。

合是神仙太乙炉,旁通五气似连珠[1]。如何水火收功用,去问刘安下手初。

眼前诗景浩相撩,何处丹炉火又消。莫笑道人归未得,秋风云路几扶摇。

五月二十六雨 民谓二十五六七日有雨主丰

时雨时旸歌帝力,今年今雨卜年丰。路旁酒价知天道,何处醉乡眠此翁?

六月一日不雨 民谓此日有雨主旱

窗眼阴晴晓未分[2],一年忧乐稍相寻。山林自惯清凉极,且放今朝到铄金[3]。

图新书舍中植蕉数本,壁间李世卿题句[4],潮州饶鉴至,读之,有所兴起,勉以小诗

一寸芳心卷却春,竹枝遗响落图新。潮州客子来何暮,还对芭蕉索楚人。

赠梁景行赴春闱

宗烈平生读书处,老夫题作小壶山。壶山不解留君住,君著壶山梦里看[5]。

---

〔1〕“旁通五气似连珠”,林齐本、高简本、萧世延本、何熊祥本、王安舜本、碧玉楼本作“旁通五窍似连珠”。

〔2〕“晓”,诗近稿作“早”。

〔3〕“铄”,诗近稿作“乐”。

〔4〕“数本”,诗近稿、林齐本作“数十本”;“壁间”,作“壁间有”。

〔5〕“壶山”,原作“壶中”,据诗近稿、林齐本、高简本、萧世延本、何熊祥本、王安舜本、黄之正本、碧玉楼本、四库全书本改。

梦亡友袁德纯侍御

再试宜兴割鸡手，置之柏府公岩岩。如何不返龙川驾，遗恨千年在岭南？

自别君来十九秋，江门暮雨忽相投。当时呼酒留君语，却到于今羡海鸥〔1〕。

周侍御文化将访白沙，阻风江上连日，以诗迓之〔2〕

长风不打画船回，更为山灵扫玉台〔3〕。走马城中具茶果，青天白日绣衣来。积雨，是日得大霁。

将晴积雨此何时，我病山中久不知。骢马今朝在何处，江边人吏望旌旗。

昔者吾闻周柱史，青牛紫气出函关。有心来鼓南溟柂，信息朝来已到山。

怀胡大参希仁〔4〕

鲁连谢去都无事，范蠡归来未了心。三十余年穷学道，而今方识古人深。

先生齿发今如何，我发秋来白又多。若与先生论出处，江门只好听渔歌。

---

〔1〕“于今”，林齐本、高简本、萧世延本、何熊祥本、王安舜本、碧玉楼本作“如今”。

〔2〕“以诗迓之”，诗近稿作“诗以迓之”。

〔3〕“山灵”，诗近稿作“山人”。

〔4〕“怀胡大参希仁”，诗近稿作“奉怀胡大参希仁”；林齐本、萧世延本、白沙文编作“奉怀胡大参希仁先生”。

梅下杂诗

虚名每被诗家卖,素艳常遭俗眼嗤[1]。开向人间非得计,移根天上白龙池。

向暖南枝已播诗,北枝向冷尚迟迟。肩舆欲过江门去,争得春风剪拂之。

梅花信是菊花传,赏到梅花又一年。处士岂非诗俊杰,长官元是酒神仙。

题瑞鹊卷 有序

成化十九年[2],予被荐入京,过江浦访孔旸庄先生。先生送予扬州,偕行至六合县,经宿而去。当是时,周君文化令六合有声。后八年,庄先生病,犹卧家;予乞终养归侍下,亦衰且老。周君以监察御史按治吾广,过寒舍道旧。于是,周君举庄先生昔者所为《赋瑞鹊诗》俾予和之。

瑞鹊多年我眼中,笑烹牛鼎夜灯同。如今柏府开诗卷,还对樽前两病翁。

赠化州守郑顺解官归

湖上鸥夷久买舟[3],清风明月几宜休。未知进退存亡事,只问归来郑化州。

赠罗梁还程乡

一峰诸子在通家,生死交情俗可嗟。泉壤有知开口笑,江门来

---

[1] "嗤",诗近稿、林齐本、萧世延本、碧玉楼本作"嗤"。
[2] "十九年",诗近稿、林齐本、萧世延本作"十九年春"。
[3] "久",诗近稿、林齐本、萧世延本作"又"。

共看梅花。

飞出一帆何处风，道人眠处玉台东。春光一路相随去，朝雨渡头花欲红。

世道如今觉我非，冲寒犹肯到柴扉。江门春酒无多少，须劝罗生一醉归。

翩翩双屧一长筇，意气凭陵四百峰〔1〕。肯向程乡留一载，长官真好主人翁。

一客三旬住玉台，梅花正傍玉台开。客心暗与梅花契，去到明年腊又来。

蓬岛烟霞图，赠罗定直 一峰先生之子也

丹青谁弄烟霞笔，题赠湖西公子行。携过罗浮莫开看，罗浮怕有异人争。

挽林别驾汝和〔2〕

昔岁逢君郭隗台，扬眉抚剑泰山摧。纷纷白眼轻豪俊，只有余公解爱才。

别驾一城聊塞北，短檠诸子自江南。平生抱负何由见，冢上铭诗仔细参。

赤冈经雨草萋萋〔3〕，山北山南路欲迷。怕到使君投辖处，黑云堆陇鹧鸪啼。

有时江畔倚秋藤，袅袅如闻击楫声。春色眼前人不见，江花江

〔1〕“凭陵”，林齐本、高简本、萧世延本、何熊祥本、王安舜本、黄之正本、四库全书本作“凭凌”。

〔2〕“汝和”，诗近稿作“孟和”。

〔3〕“赤冈”，高简本、何熊祥本、黄之正本、碧玉楼本作“赤江”；林齐本、萧世延本、白沙文编、王安舜本作“赤泥”。“萋萋”，林齐本、高简本、萧世延本、白沙文编、何熊祥本、王安舜本、黄之正本作“凄凄”。

水总含情。

大田看山

春泥没屐大田潮,溪北初经独木桥。千丈峰头望东海,三山正对杖头瓢。

县取脚色

萧萧白发映春漪,脚色年来自不知。满眼江山难具报,只将年月载公移。

炒蚬忆世卿

蚬酒三钟一曲歌,江边长袖舞婆娑。如今歌舞人何处,惭愧春铛蚬子多。

奴拾枯枝给早炊,铛中风味此奴知。春风解忆江门否,正是江门蚬贱时。

雨中漫兴

种桃之岁在单阏,种竹如今又几年。竹长桃枯人老去,钓船春雨日高眠。

急起翩翩白鹤双,黑云将雨欲迷江。人间未有高栖地,何处深山著老庞。

问厚郭胡父子起居于其乡人苏 有序

胡君名全,先师康斋先生女夫也。其子曰宁寿。景泰甲戌,予游小陂,与君父子同处先生之门,时宁寿方七岁,工于笔砚,今二十又七年矣。

居邻厚郭一鸡飞，桂树于今大几围？老忆旧时灯火伴，青山何处望霏微。

读宛陵先生“历览昔贤皆泯泯，寻思鲁叟自波波”

几上凝尘封玉轸，南风不入琵琶引。仲由言志夫子哂，当泯泯时须泯泯。

著渔蓑了唱渔歌，受制江山老奈何。溪上女儿闲抹鬓，东廛西市走波波。

泯泯波波世与身，都官两语到头真。后生更把遗诗笑，公亦人间半醉人。

波波泯泯不同时，静久无忧动辄疑。圣人坐北吾曹逸[1]，天下苍生怨望伊。

次韵罗明仲先生见寄

白头一枕小庐山，偶寄孤松十竹间。朝市山林俱有事，今人忙处古人闲。

高轩频过武夷山，曾听仙歌九曲间。坡公莫被山僧笑，只得今朝半日闲。

谁轻朱绂爱青山，回首波波泯泯间。万籁无声天宇静，先生还似老夫闲[2]。

三月啼莺正满山，傍花随柳水云间。古来曾点称如许，不是天公不放闲。

武夷碧水照丹山，按部时还到彼间。东坡也被山僧笑，只得今

[1] “吾曹”，原作“吾遭”，据高简本、遗诗补集、王安舜本改。
[2] “老夫”，高简本、遗诗补集、何熊祥本、王安舜本、碧玉楼本作“野夫”。

朝一日闲。[1]

偶阅岳季方题商山四皓图,次韵

道穷夫子不东周,历世纷纷讲智谋。四老若将三杰比,真成饮水胜封侯。

水墨谁将画此图,山人搔首看卢胡。花水诸峰流落尽,白云犹为隐屠苏。

虎困龙疲战两间,孤标千丈起商颜。不将老眼看人世,肯为留侯误出山?

定惠安刘理不难,紫芝歌已动长安。试将脚色从头看,高祖如何敢溺冠?

阅周溪图,作赠刘景林归呈尊甫翁肃庵程乡令

太极无阶不可跻,却从楼上望周溪。周溪书院在太极之南,旁夹两楼。天泉井名,在书院两旁。十丈无人汲,云谷亭名,在太极之东崦。老翁来杖藜。

月色溪光荡两楹,酒醒开眼得蓬瀛。试问老仙谁接引,春陵云谷两先生。

两仙何处舞霓裳,天上人间思渺茫。脚底飞云三万丈,随君不得到程乡。

水北原南秋更多,满川明月濯缨歌。长官要结溪山好,去问南昌乞钓蓑。[2]

---

〔1〕 此首原缺,据高简本、遗诗补集、何熊祥本、王安舜本、黄之正本、碧玉楼本、四库全书本补。

〔2〕 此诗,高简本为"东白张先生借予藤蓑不还戏之"之第一首。(《白沙子》第六卷,第八〇页)

东白张先生借予藤蓑不还，戏之〔1〕

月下溪边逐影行，还闻何处泻溪声。扶君直到源头看，七尺芙蓉赠一茎。〔2〕

咫尺溪光谷口分，谷中人语隔溪闻。明朝更下山亭去〔3〕，溪上清风可送君。〔4〕

丁明府置庄、萧二节妇祭田，邑人讼而夺之

岁月人间岂待深，等闲兴废递相寻。只应节妇坟头月，还照当年茂宰心。

赠晋江掌教陈昌期赴任

身为五典三纲主，官作司徒典乐看。教授苏湖元有样〔5〕，莫将资级小儒官。

村晚

渔笛狂吹失旧腔，采菱日暮斗歌长。老夫独面东溟坐，月上孤琴未解囊。

---

〔1〕“东白张先生借予藤蓑不还，戏之”，林齐本、萧世延本、王安舜本作为“阅周溪图，作赠刘景林归呈尊甫翁肃庵程乡令”第三首诗末小注，且将此题下两诗，作为“阅周溪图，作赠刘景林归呈尊甫翁肃庵程乡令”题下之第四、第五首。（林齐本《白沙先生全集》，第十四卷，第十六页；萧世延本《白沙先生全集》，第十四卷，第十八页；王安舜本《白沙先生全集》，第十一卷，第十三页）

〔2〕此诗，高简本为“阅周溪图，作赠刘景林归呈尊甫翁肃庵程乡令”之第四首，且诗前有两行空白。（《白沙子》第六卷，第廿七页）

〔3〕“更”，高简本作“便”。

〔4〕此诗，高简本为“东白张先生借予藤蓑不还戏之”之第二首。（《白沙子》第六卷，第八〇页）

〔5〕“苏湖”，林齐本、高简本、萧世延本、何熊祥本、黄之正本、四库全书本作“苏胡”。

对菊

溪绕庐冈宅绕沙,眼前酒伴眼前花。登高此地从头记,三十六回无孟嘉。

因花催酒酒催诗,诗酒平生两不亏。秋到若无诗与酒,看花原似不曾知。[1]

菊径旁通水背村,秋光荡漾短篱门。与侬别样何妆点,笑插金英满鬓根。

映山映水两三丛,移上山亭爱杀侬。千古冷香吹不断,长官头上帽檐风。

篱前水色映花光,来坐渔竿弄晚芳。西北酒姬解人意[2],问人沽酒压糟尝。

代简答吴抚州,次定山韵

何许苍生望不休[3],翩翩皂盖拥诸侯。定山也未忘情在,更把黄州赠抚州。

送子长游玉台,兼怀林缉熙、张廷实

十里崖云古色黄,白龙高映玉台光。山僧莫信闲饶舌,那得神仙此处藏?

山肯留人月肯留,好山好月好人游。谁还望见罗浮影,疑杀平湖五字讴。缉熙《游圭峰诗》云"是个小罗浮"。

---

〔1〕"看花",诗近稿、林齐本、萧世延本、王安舜本作"菊花"。
〔2〕"西北",诗近稿、林齐本、萧世延本、王安舜本作"溪北"。
〔3〕"何许",诗近稿作"何计"。

来时溟涬许同科[1]，曾听圭峰踏月歌。今日君骑地官马，白云招手奈君何。

赠袁晖，用林时嘉韵[2]

白首看云共此台，青山明月小迟回。何时得见春风面[3]，更到明年二月来。

风雨相留更晚台，边炉煮蟹饯君回。扁舟夜鼓寒潮柁，又是江门一度来。

植竹为垣土作台，野桥分路到溪回。江门若比瞿塘水，何处游人肯上来。

青山依旧锁溪台，前度游人去不回。赖是山人无诉牒[4]，有人真本卖山来。

冬至日示袁晖，用前韵

面壁山人不下台，老阴消尽少阳回。白云影尽千峰里，紫菊香腾十丈来。

袁晖久在白沙，候容贯不至，以诗来，和之

冷雨凄风寄我台，香林草屋梦空回。山中酒伴何曾见，水上诗瓢只谩来。

拟于精舍旁结小庵以处袁晖

精舍岩西拟一台，松高竹密路斜回。草庵半属袁郎了，好带茶

---

〔1〕“溟涬”，原作“溟滓”，据诗近稿、林齐本、高简本、萧世延本、何熊祥本、王安舜本、黄之正本、四库全书本改。

〔2〕此诗后三首，诗近稿题作“赠二生三首”。

〔3〕“何时”，诗近稿、林齐本、萧世延本、王安舜本作“如何”。

〔4〕“山人”，诗近稿作“山灵”。

园一柜来。

次韵赠胡地曹

梅坞传觞是偶同,小桃催放数花红。人间爱见春风面,天上还看斗柄东。

今雨到门君又同,四人对饮夜炉红。眼前莫道东溟远,我欲乘槎更向东。

答蒋方伯 有序

淮鹅之惠,报以草书,少借右军之誉,便成故事。寄兴小诗,录以代谢。[1]

笔下横斜醉始多,茅笼飞出右军窝。如何更作山阴梦,数纸换公双白鹅。

得萧文明寄自作草书至

草圣留情累十春,熙熙穆穆果何人?如今到处张东海,除是谭生解识真。

魏晋名家是一关,前驱黄米未知还。却疑醉点风花句[2],四海于今几定山?

束茅十丈扫罗浮,高榜飞云海若愁。何处约君同洗砚,月残霜冷铁桥秋。

送柑答之

遗我红柑索我歌,狂歌不饮奈柑何。大厓山下无人寄,日尽千

---

〔1〕“代谢”,诗近稿、林齐本、萧世延本、王安舜本作“代简”。

〔2〕“却疑”,诗近稿作“不知”。

瓢舞破蓑。大崖,世卿读书处也。

双凤石 在七星岩,其一为好事者取去。族子冕以书来索题。

双凤岩栖岂远而,玉台西望斗光垂。蓬莱水阔无因到,愿借山人一只骑。

鬼凿寒岩万丈开,翩翩双凤忽飞来。而今石化孤鸾在,何处人间去不回。

龙山吟,走笔和陈冕

龙山气魄小终南,行者何年住此庵？黄云道人飞两脚,也到白龙天际岩。

何处龙山吊古坟,忽传佳句到黄云。始知佛是西方我,报答人间父母恩。

老柱高擎何处天,滴醯洗藓认当年。山僧犹话飞来日,撞破龙山一道烟。

第一山人俗姓卢,脚踭涂字也碑趺。寺旁老塔依然是,却是乾坤种种无。

浮生日月易消磨,回首龙山月一阿。想得当时卢行者,笑人叉手缚诸魔。

风雨江门罢晚墟,隔船灯火夜呼卢。惊回一觉龙山梦,闲对云僧讲地图。

次韵苏伯诚吉士

鲁水何刚爱一沂,江门新浴试新衣。长风夜卷残云去,公抱大江明月归。

我浴江门点浴沂,藤蓑自样制春衣。寻常只着藤蓑去,细雨斜风钓不归。

喜杨敷至

笠影于今落海潮,十年云水梦相撩。一双我办云卿屦,万丈携君访铁桥。

新年试笔

舍下水生春始开[1],竹间波弄碧洄洄。东风日日江门道,不尽官船打鼓来。

对影

风月情真诗浩荡,江湖水阔蓑飘翩。丹青不是江门影,又画瞿昙又画仙。[2]

雨中偶得

高浪张灯何处船,客边风雨夜如年。行人自有明朝路,莫遣阴晴不属天。

题陶宪长画范蠡图[3]

诗中之画画中诗,晴雪孤舟荡晚晖。同在五湖烟水内[4],是鸱夷不是鸱夷。

---

[1] "春始开",高简本、何熊祥本、黄之正本、四库全书本作"春水开"。

[2] 此诗,诗近稿作"风月情真诗浩荡,江湖迹远蓑飘翩。丹青细认江门影,不是瞿昙不是仙"。

[3] "范蠡",诗近稿、林齐本、高简本、何熊祥本、黄之正本、四库全书本作"唐诗"。

[4] "烟水",诗近稿、林齐本、高简本、王安舜本作"烟景"。

雨后观园

二月平原水乱流，微茫生意盎初浮。黄茅翠甲惊人眼，是我曾无为草忧。

佥宪莆阳李公自海南征黎，过白沙

蛇窟纵横木短弓，霜风何处卷飞蓬？清时欲献征黎颂，血刃犹夸甲胄雄。〔1〕

饮名酒

徐孺眼欺湖水碧〔2〕，庞公心死鹿门深。尊前水月千千顷，手上丝纶万万寻。

观竞渡

快意深时恨亦深，干戈何处不相寻？谁将五月龙舟水，尽洗中原虎斗心？

赠茶园何视履翁

读易溪边日已斜，晚风吹落钓鱼槎。江门水月真无限，也照先生帽顶花。

题王廷直画

曲肱带酒眠花间，有月穿松到我前。人去华山今已久，丹青犹画在山年。

---

〔1〕“犹夸”，诗近稿、林齐本、萧世延本、王安舜本作“休夸”。作“休夸”于义为长。

〔2〕“湖水”，白沙文编作“湘水”。

赠画师

高枕松根不记秋,秋来春去几时休。山中此梦公能画,我有黄金赠一舟。

次韵马广重过白沙[1]

绿榕阴里早秋天,又借渔翁半日眠。三度槁梧携过此,如今不记是何年。

阴晴十里不同天,独树溪边看雨眠。何处引杯归未得,相思真有日如年。

葵山小睡,次韵谢天锡[2]

闲到忘闲始是闲,闲中消得几葵山。曲肱枕断疏桐影,梦绕白龙池上还。

无心可比白云闲,白云被风吹出山。道人肯比桃花水,流向人间更不还。

送刘程乡游玉台

春草杨敷曾醉处,秋风又拂长官衣。黄云不是栖贤地,才到黄云便说归。

葵山受诸持斋者拜,戏作示之

山花山鸟共谐嬉,山石危横步不知。笑领头陀称老宿,真成老子是婴儿。

---

〔1〕“白沙”,诗近稿作“白泥”。
〔2〕“次韵谢天锡”,王安舜本作“次谢天锡韵”。

次韵张别驾古劳望白龙池

一泓何处泻天池，泡沫君看水面檠。若对昆仑修缺典，数篇休欠白龙诗。

睡起[1]

天地蜉蝣共始终，十年痴卧一无穷。道人试画无穷看，月在西岩日在东[2]。

候方伯东山刘先生

几处龙光发夜函，画船信息满东南。津头小吏殷勤报，坐爇炉香月底庵。

赠夏进士升

春日春风江漾沙，官船不发对山家。山杯一举山翁醉，笑点青藜数岸花。

顾别驾欲人以号称不以官，口号取笑

别乘官高上元簿，夫君英气盖东南。何须不学程明道，只要人称顾勉庵。

书称顾别驾曰勉庵别驾[3]，诗以博笑

勉庵别驾今相随，书法兼之盖亦宜。若道是名皆外物，因君分别却生疑。

---

〔1〕 林齐本、萧世延本、王安舜本作“睡起偶成”。

〔2〕 “岩”，诗近稿作“兮”。

〔3〕 高简本、何熊祥本、黄之正本、四库全书本无“曰”字。

顾别驾来教民板筑,复以诗见示,次韵奉答

斛板亲传易简方,旁观点点复行行。无人不拜先生赐,茅屋家家是土墙。莆中呼板筑之具曰“斛板”。

宿云卧轩

世间何喜复何悲,风雨萧萧过短篱。小睡正酣童子问,公今是梦是醒时?

不妨到处与人群,借宿山斋酒半醺。我得五龙传睡法,枕痕犹带华山云。

了无意绪向诸缘,到处茅椒可借眠。白日与人同在梦,不应疑我是神仙。

读漳州张太守功德碑〔1〕

罢守三州卧两山,漳州面目此碑间。郡人欲识蒙庵老,也傍斯文捉一斑。

次韵黄泽饮酒见寄

南山北山花笑人,有酒不肯延佳宾。请君试向西园看,又减黄鹂一半春。

拚饮如何更问人,樽前不见李元宾。晨朝有酒晨朝醉,莫待黄昏老却春。

谒邓家山墓

掷谷莺声向此沉,绕坟春色为谁深。纸钱灰冷桐花落,已被愁

---

〔1〕 题后,林齐本、萧世延本、王安舜本有小注云:“郎中林雍撰。”

风卷到心。

送扇与万松庵

山中团扇织朱藤，小把还夸入手轻。见说高斋蚊嘴赤，夜深来扑老先生。

次韵刘方伯东山见寄

一为雷雨沛西东，十郡民归岳伯功。我有江门水千顷，春来只好浴凫翁。

松隐挽诗 薛廉宪父也

清静忘机乐未休，水风何处弄浮沤。典刑今在山头月，曾照疏松枕畔秋。

送薛廉宪江门

江上看云独送君，庐山云亦华山云。解衣半晌云中坐，才出云来路又分。

无端声色谢盲聋，多少人心弊弊中[1]。万里青天今日送，江门津口一帆风。

东山于我问渔矶，君见东山咏我诗。莫共越人谋出处，直夫先谢外台归。东山，刘时雍也。陈壮，字直夫，江西佥事，山阴人。[2]

谢东山惠广西酒

月下花前舞影攲，桂江酒美独斟时。眼前莫道都忘却，也向东

---

〔1〕 此诗墨迹尚存。“无端声色谢盲聋，多少人心弊弊中”，墨迹作“谁将声色诧盲聋，回首尘埃弊弊中”。（陈福树撰：《陈白沙的书法艺术》，第七〇页）

〔2〕 王安舜本无“东山，刘时雍也”六字。

山有报诗。

李评事题其弟世卿诗卷曰“采菊”,盖取予赠世卿古诗首句语名之,因题

是处江山有钓蓑[1],相逢休要问如何。闲吹黄鹤楼前笛,即是庐山采菊歌。

次韵世卿再至白沙

脚底白云无定方,风流到处贺知章。这回却是无人见,走共渔翁酒处藏。

茂卿评事惠扇,答之 时世卿在馆中

远望不见大厓山,君家兄弟果皆难。不知风动今多少,也到先生掌握间。

度楚云台前小桥

一木欲度溪岸高,江门丈人放步牢。脚底太行开几片,秋风随处洒鸿毛。

用前韵答张直兄弟助修楚云台

托契青莲意便高,千秋分付此台牢。先生醉拍藜床笑,笑杀杨朱靳一毛。

偕一之、世卿诣楚云台,偶作呈世卿

小立三人静楚云,水田漠漠向秋分。千峰笑指来时路,黄鹤楼

---

〔1〕“江山”,诗近稿、林齐本、萧世延本、白沙文编、王安舜本作“江湖”。

前月是君。

半床明月半床云，光景行窝到几分。眼角东溟秋一片，邵尧夫也不如君。

代简奉寄饶平丘明府

何处思君独举杯，江门薄暮钓船回。风吹不尽寒蓑月，影过松梢十丈来。

寄廷实制中

东阁摩挲旧雨琴，青山回首又秋深。制中面目今何似，折尽寒灯半夜心。

闻黄泽发解

笑领秋风第一花，文章谁敢谤飞沙。狂歌欲买花前醉，不怕无钱付酒家。

和林子逢至白沙

一样春风几样花，乾坤分付各生涯。如今著我沧江上，只有秋香扑钓槎。

秋夜楚云台小集，赠俞溥

新秋有客来信丰，风月此杯聊此同。江山阔幅无人话〔1〕，六七青袍一病翁。

〔1〕“话”，诗近稿作“画”。

忆衡山呈世卿

身轻何处谢炊烟,石洞松脂不计年[1]。尺牍已通南岳主,一丸还有白龙仙。

今日山斋拥敝绵[2],幽怀抱膝又经年。湘中忆我无归路,更住衡山几日船。

楚山西望翠重重,说著衡山便不同。九尺仙筇倚墙角,待君来问祝融峰。

曲肱何处枕湘流,不到名山死不休。高咏祝融峰顶月,与君当作逍遥游。

即事

照眼春光烂不收,江亭一雨欲成秋。道人不是闲莺蝶,肯为阴晴一日愁。

谪仙亭

迁客一亭眠海滨,当时谁号谪仙人?花汀柳市无疆界,尽是乾坤一样春。

世卿还黄公山

黄公椽子李家山,水国初归作梦看。爱杀在家兄弟好,一壶春酒对承颜。

---

〔1〕“计”,高简本、何熊祥本、黄之正本、碧玉楼本、四库全书本作“记”。
〔2〕“今日”,诗近稿作“今雨”。

谢金方伯历

扣门惊睡云霞晓，洗手开缄日月新。莫笑土床空耐冷，薇垣又借一番春。

闻周京春试下第，遣黎公往报其家

浣壁小儿期大魁，倚门慈母梦归来。春榜未登非恶报，开缄莫欠老黎杯。

闻东山先生领都宪之命修理黄河，以诗寄之〔1〕

疏凿分更日已多〔2〕，乾坤无奈一黄河。天生会有龙门手，人世空传瓠子歌。

题山水小画，寄姜知县

泉声山色正邦心，谁寄渔蓑渭水浔。解点无中含有意，世间除是画工深。

送蒋诚之考绩入京

尘埃局促非天游，大翼岂肯抢榆休〔3〕。王明受福在今日，野老放歌回白头。

沈石田作玉台图，题诗其上见寄，次韵以复

到眼丹青忽自惊，玉台形我我何形？石田虽有千金贶，老子都

---

〔1〕“以诗寄之”，诗近稿、林齐本、萧世延本、白沙文编、王安舜本作“以是诗寄之”。

〔2〕“分更”，诗近稿作“更纷”；林齐本、高简本、萧世延本、白沙文编、何熊祥本、王安舜本、碧玉楼本作“纷更”。

〔3〕“榆”，原作“揄”，据诗近稿、碧玉楼本改。

疑一世名。

得世卿永兴书

山堂见月自钩帘,一榻秋光中酒眠。何处博舟来岳下,晚摇山影过湘川。

方伯金公顾白沙,次韵答之[1]

晚饭对公山阁雨,尊前又拜岁书新。别来试把梅花数,三十六回江上春。

题一峰传稿后

一峰独去江湖远,千古长留列传新。岁岁桃花满东岸,只将荣谢记冬春。

阅都宪惠历

前历将穷后历新,台端两度拜山人。东西岭外今何地,飞尽严霜是好春。

送林时嘉

南川梦里旧青湖,何处青灯一榻孤。留取幽禽守花月,隔林还与尽情呼。

次韵陈冕

课试失期无了日,酒杯劝影有长春。风流倘带龙门选,不愧当年第一人。

---

〔1〕“次韵答之”,王安舜本作“用前谢送历韵代简答之”。

西游笠顶是青天，每爱前村酒处眠。秋雨闭门人不见[1]，依稀犹记下江年。

冕与张别驾约游清淇[2]

长江月色浩无津，爱月撑江别驾真。借问此来谁主约，翩翩犹是未官人。

寄题赵西涧[3]

涧里仙蒲几节来，涧边尘迹尚封苔。赊君涧水西头月，并与蒲香入酒杯。

悼区孟章 有序

章姓区氏，顺德人，四十不娶，栖迹空山，委志逍遥，漠然不知人世之欣戚何如，亦一奇士也。

一坐虚寒誓不归，病危何处觅刀圭。青山若问君来去，只有当年海月知。

悼马龙 有序

龙从一峰先生游[4]，颇见意趣，一峰赋《道南诗》送之。后为仕进累心，遂失其故步，至不得一第而死，亦命也夫！人生几何，徒以难得之岁月，供身外无益之求，弊弊焉终其身而

---

〔1〕“闭门”，诗近稿作“到门”。

〔2〕“清淇”后，王安舜本有“冕后至”三字。

〔3〕“赵”，诗近稿、林齐本、高简本、萧世延本、何熊祥本、王安舜本、黄之正本、四库全书本作“邵”。

〔4〕“龙从”，诗近稿、林齐本、萧世延本、白沙文编作“龙始从”。

不知返,若林琰皆覆辙可鉴,惜哉!〔1〕

道南诗卷出湖西,恨失当年马上携。高枕何如一峰好,夕阳回首万山低。

次韵顾别驾留宿碧玉楼 有序

弘治七年夏六月,按治广东侍御熊公欲创楼于白沙水湄〔2〕,为往来相接之地。谋始事于我郡主林先生,遂尽闻于藩宪诸公。议既定,别驾以按治之命来相地。是夕,宿白沙碧玉楼。遂次韵奉答。〔3〕

白云沧海共悠然,病榻年深别驾眠。领略可胜诸老意,一帘疏雨对江天。

信宿留公岂偶然,山中麋鹿避人眠。乾坤多少登临意,一洞天深一洞天。

一弛一张皆自然,嘉宾未醉主人眠。两鸠相对山楼午〔4〕,唤得晴天作雨天。

不相同处是同然,三十年来办一眠。何处白云堪作雨,白云封断白龙天。

勾引渔郎恐未然,桃花岩下笑人眠。白头我亦人间睡,不是桃源洞里天。〔5〕

---

〔1〕 此序文字,与白沙先生《与张廷实主事(二二)》相关段落多相同。(《白沙子全集》,何九畴刻本,第二卷,第二四页)

〔2〕 “创楼”,诗近稿作“创亭”。

〔3〕 “是夕,宿白沙碧玉楼。遂次韵奉答”,诗近稿作“是夕,宿白沙碧玉楼,赋诗。碧玉主人陈献章次韵答奉”;林齐本、萧世延本、王安舜本作“是夕,宿白沙。碧玉楼主人陈献章次韵答奉”;高简本、何熊祥本、黄之正本、四库全书本作“是夕,宿白沙碧玉楼。遂次韵答奉”。

〔4〕 “午”,碧玉楼本作“下”。

〔5〕 此诗第四、第五两首,王安舜本题为“寄题邵西涧”。(王安舜本《白沙先生全集》,第十卷,第四二页)

偶忆廷实迁居之作，次韵示民泽

君将肝肺托诸诗，我道溪山是外围。人或有疑容未信，已如深信不妨疑。

小胜江山大胜诗，斩关直出两重围。自家真乐如无地，傍柳随花也属疑。

湛民泽携诸生游圭峰甚适，奉寄小诗呈文定上人

天风吹入紫云层，高阁逢秋快一登。多少傍花随柳意，还寻一个玉台僧。〔1〕

秋落遥峰翠几层，不知何处啸孙登？而今小坐黄云看，谁道方袍不是僧。

洞崖秋藓碧层层，夺竹穿松际晓登。想得紫芝初入手，汲泉钻火欲呼僧。

阁天孤峙老棱层，万古荒台万古登。君逐我来无记性，东坡言是德云僧。〔2〕

山斗，为罗一峰作

青天白日一峰尊，碧玉先生敛袵看。四海未知山斗价，一钱相售是君难。

曲论迷真亦异哉，乾坤何代不生才？今谁敢避愚公号，曾作夫君北斗来。

观黎秫坡先生画像

羊裘不钓世间名，考迹桐江更考情。散发松根坐磐石，葫芦无

〔1〕“寻”，高简本、何熊祥本、黄之正本、碧玉楼本、四库全书本作“余”。

〔2〕“言是”，诗近稿作“言过”。

酒对先生。

无诗无影不留真,描画先生到几分。赖有当年亲点笔,一声孤鹤在秋云。

次韵周宪副孟中见寄

黄花簪满碧方巾,已作人间了事人。筹策庙堂无我梦,只将杯酒托经纶。

金带累累梦欲通,庭柯忽撼夜来风。白头相见知何日,挑尽残灯碧玉中。

代简答黄太守

韩山片石旧空闻,尺札秋风此拜君。隐几独惭非老手,得逢青眼看斯文。

次韵廷实见示〔1〕

击壤之前未有诗,击壤之后诗堪疑。风花雪月人人是,又堕风花雪月围。

骚坛处处自张围,我不操兵世莫疑。翠壁青林端有句,傍花随柳却无诗。

寄题张主事小西湖次韵

咫尺波光对五湖,满城况是眼中无。山禽自斗声音好〔2〕,来傍竹林眠处呼。

人间风月几西湖,居士园中亦偶呼。千树梅花一只鹤,可曾认

〔1〕“次韵”,诗近稿、林齐本、萧世延本、白沙文编、王安舜本作“和”。
〔2〕“自斗”,诗近稿作“似斗”。

得主人无?

龙江邓翘送晚菊

氤氲何处送花舟,岁晚相看碧玉秋。笑把一杯花亦笑,年年公酒为花留。

次韵送藤枕

万事无心一片云,再来西华打眠人。紫藤一枕谁分付,尽日酣酣红树根。

悼陈冕

不饮亦狂饮亦狂,醒中说梦醉中忘。乾坤早暮蜉蝣化,不是芙蓉不耐霜。

东方欲白星渐稀,一场春梦晓钟时。伯道有子常事耳,刘蕡登科人不知。

风入梅花递少香,月临江阁有微霜。去年此夜客剧饮,此夜今年人悼亡。

寄左行人

白狐可改先公墓,我许还公尺券书。汉老未还东白记,也凭门下一吹嘘。

左行人寄惠倭金酒盏,醉中赋答

睡乡元自醉乡分,醉兴深时睡兴深。六十七回春又过,茅柴不管注倭金。

刘景仁自雷州别二亲还永丰，过白沙，赠之

何处寒笳动晓风，江门别舸太匆匆。半肩不是雷阳物，何得雷阳在梦中。

与邝筠巢求兰

楚畹当年不尽花，每逢秋露忆君家。白云只隔扶溪水，不使余香到白沙。

坠露声残楚水昏，一杯何处酹湘魂。山人口是游蜂嘴，不到扶溪竹下门。

次韵王乐用佥宪见寄

春到江门好放舟，放舟处处是天游。能将公事此中了，何啻于今第一流。

拍拍满胸都是春，一声未唱已通神。新诗若道尧夫是，只问尧夫是底人？

谢生得京酝以为美，使致白沙，开幕视之，空樽而已，因发一笑〔1〕

十千美誉酒家闻〔2〕，屋里茅柴且赏真。偶对泥樽开口笑，先生不是醉乡人。

题李子长画

青山影里人家少，绿树阴中石径微。偶出洞门回首望，白云何

〔1〕“因发”前，林齐本、高简本、萧世延本、何熊祥本、王安舜本、黄之正本、四库全书本有“乃”字。

〔2〕“十千”，黄之正本、四库全书本作“十年”。

处有柴扉?

谷静山深树几丛,溪边白石可青筇。诗中此景多相似,只恐诗家是画工。

寄邓俊圭

韶州西去是衡山,楚客舟从岭左还。时李世卿取道广西还武昌。欲语祝融天上事,思君迢递见君难。予与世卿约游衡山,云候世卿归途过乐昌,更与俊圭期定。今不果矣,念之怅然。

外祖父无子,以侄孙林广为后。广之曾大父以一身兼两戎籍,不能办而一之,为子孙世役。久之,业尽人亡,惟有广耳。有司今又以广补北京镇南卫伍,自是而后,林氏子孙在新会者无孑遗矣,丘陇之守,委之谁耶?予力不能振之,赋二诗赠广,庶有识而怜之者

茅檐家具尽随身,老妇娇儿日可亲。有梦只寻丘垄去,不须回首问耕人。

泪尽庐冈失母家,冢傍枯树也无花。平安莫遣无书信,一度春归一度嗟。

赠刘别驾肃庵解官归永丰

西来双棹不曾休,再过江边碧玉楼。共说湖西归去晚,客心应未死金牛。

一蓑归去钓秋江,花近渔舟水亦香。却笑此翁闲未惯,水中鸥影尚回翔。

朱门谁道不如贫,笑把狂诗写赠人。日暮孤舟向何处,野花啼鸟故山春。

得廷实报定山谢事归,忆东白、仲昭诸先生有作

也曾收得定山书[1],三月天曹谢事初。见说定山长在病,当时不出意何如。

当时不出意何如,得丧难逃真数书。更忆往年张学士,西山对面说河图。

西山对面说河图,远志谁将小草呼?今古圣贤不同调,各留一影落堪舆。

各留一影落堪舆,叹息乾坤几丈夫。脱赠藤蓑君亦爱,江门春雨忆皇都。

江门春雨忆皇都,个个先生六十余。必有嘉言告当宁,他年应得史臣书。

题空夫卷,为余行人作

三十年来学炼空,凡身犹在有无中。到门有客求题句,不识空夫果是公。[2]

题吴宪副累叶传芳卷

壶山八面照莆阳,吴氏传来奕叶芳。莫向通衢高绰楔,只谈世业教诸郎。

答张梧州书中议李世卿人物、庄定山出处、熊御史荐剡[3]

德行文章要两全,乾坤回首二千年。自从孟子七篇后,直到于

---

[1] "收得",黄之正本、四库全书本作"收拾"。

[2] "不识",高简本、何熊祥本、黄之正本、碧玉楼本、四库全书本作"不是"。

[3] "荐剡"后,林齐本、高简本、萧世延本、白沙文编、何熊祥本、王安舜本、黄之正本、碧玉楼本、四库全书本有"所及"二字。

今有几贤?

多病为人未足羞,遍身无病是吾忧。眼中谁是医和手,恨杀刀圭药未投。二首,李世卿。

欲归不归何迟迟,不是孤臣托病时。此是定山最高处,江门渔父却能知。庄定山。

买舟南岳去寻医,七十今年病不支。倾盖独怜熊御史,肺肝今彻野人知。熊御史。

邓督府欲得《慈元记》上石,答之

西涯许撰慈元记,大手文章不要多。拙作岂堪传胜事,如今此石未须磨。

东山规矩赵生成,顷者一缄传到京。有庙未应无祀典,老夫重敢告先生。

偶得示诸生

平地工夫到九层,不知那个主人能。他乡消息无寻处,去问嵩山戴笠僧。

江云欲变三秋色,江雨初交十日秋。凉夜一蓑摇艇去,满身明月大江流。

寄李世卿

衡岳千寻云万寻,丹青难写梦中心。人间铁笛无吹处,又向秋风寄此音。

永顺彭宣慰世忠堂

宣慰之堂名世忠,灵溪水与沧溟通。如今百尺高铜柱[1],又见儿孙起故封。

次张主事韵送林大参之任广西[2]

病里逢春实怕春,对花著语未惊人。今朝纵有狂诗送,不是当年翰墨臣。

东西岭表非无事,经济术中怕有心。何处老仙来救世,刀圭倒尽药囊深。

碧玉高楼架紫云,世间应笑此楼深。忽闻夜半鹏风起,九万扶摇好在今。

夫子当时见逝川,一声浩叹不知年。东溟更比川流阔,不共东溟一派传。

和答姚主事

问我平生遗我诗,清风明月想襟期。此心若道元无事,似我江门看水时。

虽乏向用之才,忝有晦藏之地;引步朱陵,寄怀青玉。李拾遗征之不至,上疏何为?张乖崖救火事严,徒劳分争。因而有作

海北多年一钓船,大翼遨空鱼跃川。尽言天下知音少,白雪不

---

〔1〕“百尺”,林齐本、高简本、萧世延本、何熊祥本、王安舜本、黄之正本、碧玉楼本、四库全书本作“百丈”。

〔2〕“次张主事韵”,高简本、黄之正本、碧玉楼本、四库全书本作“次韵”;林齐本、萧世延本、王安舜本作“次韵张主事”。

知何处弦。

题健斋，费子充殿元号

化机浩浩不曾停，刚见群龙面目成。谁道名斋无此意，江门月上看潮生。

读罢有感

坐掩残书慨古今，白头契分向谁深？顶门欲试回生手，争得名家一寸针。

海北汪提举新作怀沙亭、修古书院、冷香桥于海上，遣使归图并求慕竹楼记，值予在病，复以是诗

海边西望海云遮，何处怀沙不见沙。壁上画图君试看，冷香今日落谁家？

忽然土木见经纶，岭海于今一使君。忙杀多年簿书手，可能谈笑起斯文。

独怜不见竹坡翁，慕竹楼高月已空。欲点山茅照西所，一瓢无计引春风。

次韵送海北使阮刊

春日溪边送阮郎，桃花半落溪水香。相逢休问来时路，大舶不知何处洋。

次韵李子长寒菊

四尺霜茎一寸葩，幽香何只暗浮丫。借令岁晚无人见，不做人间九日花。

水北一丛含数葩，梅梢寒月过篱丫。茅茨可僦从人爱，不卖庐

山半亩花。

罗服周呈所作丁知县祠诗,因忆旧腊寄示菊花诸诗,比今为又长一格,赏之以诗

醉舞黄花落鬓毛,当时诗语太矜豪。春风再咏甘棠下,又长黄花一格高。

邓秋波六十一,偶失一贺,小诗索笑

六十光阴一鸟过,一瓢还许醉秋波。只今那有苕溪叟,日日尊前闻放歌。

寄吴别驾献臣

一官万里向西行,雪锦楼高别驾登。若问野人何处所,朱陵洞里白云层。

罗江许薄偶然逢,又得成都一信通。惟有大厓李居士,洞庭何处醉春风。

赠邬文瑞〔1〕

回首长汀路几多,琴书又打铁桥过。趋庭若问东南事,曾听江门一放歌。

〔1〕“邬”,高简本、何熊祥本、黄之正本、碧玉楼本、四库全书本作“乌”。

某昔过淮，见平江总戎，礼遇甚至。都阃王侯，厥配陈氏于平江总戎戚也，一日过予白沙，相与道旧。平江今为天下兵马元帅，相去万里，无由幸会，虽隐显殊途，然于公之旧德，未尝一日忘也。因事赋诗，托侯为达之〔1〕

不见平江十七秋，春风秋月梦何悠。病中忽见东床面，却忆淮南是旧游。

和答王佥宪乐用

春在城中不见春，城中春不是长春。湛生羞作春风面，故向人间更避人。

静处春生动处春，一家春化万家春。公今料理春来处，便是乾坤造化人。

春王正月众家春，望柳寻花我自春。先生欲学程明道，莫厌寻花傍柳人。

一物春知物物春，一年春亦万年春。总在乾坤形气内，敢诬当世谓无人？

寒江独钓

我道非空亦非小，万事舍旃终未了。朔风吹雪满江天，我只弄我桐江钓。

杜甫游春

碧柳黄鹂三月画，江湖风雨万篇诗。花前浊酒不得醉，驴背春风空自吹。

---

〔1〕“达之”后，王安舜本有“诗曰”二字。

秋江晚渡

扁舟何处渡长津,水阔烟生不见身。莫向西岩敛高楫,天涯时有暮归人。

庄子观泉

珊珊泻下天花烂,仰首白龙高十万。丹青已会识者心,谁道漆园非具眼?

答石阡太守祁致和

六年饱读石阡书,习气于今想破除。雪月风花还属我,不曾闲过邵尧夫。

程节妇诗 钟氏,狂客之女

风俗当年坏一丝,直到于今腐烂时。欲论千古纲常事,除是渠家节妇知。

赠按治侍御王公哲

明朝骢马又何之,眼见东巡西怨时。短歌忽被风吹去,都落人间作口碑。

偶得

白雪阳春谁会弹,莫愁天下赏音难。江门夜半看明月,想到朱陵青玉坛。

朱陵我居青玉坛,五岳虽雄无此山。钟期老仙还未还,高山流水我须弹。

次韵送陈秉常之荆门州任

不辞远道赴荆门，不避儿童笑稗官。闲望白云飞彩水，脚头落处洞门宽。

紫盖垂阴宿雾收，下临云梦此何州。黄鹤飞来一回顾，不尽荆门天际头。

得手未偿灯火债，设心岂异贤良科。世间膏火煎熬外，无奈箕山处士何。

题山泉，为林节推

高崖百丈到沧溟，咫尺寒泉万里清。若道眼中惟见水，老狂何意向诗倾。

吴瑞卿送菊，用东坡韵答之

江山摇落见霜葩，枕畔香风到细丫。不是先生爱孤寂，人间回首已无花。

题画云窝

若个丹青可此翁，云窝自有主人封。扁舟一去无踪迹，黄鹤楼前望五峰。

送人

寒水江门可半篙，渔翁江上理鱼舠。狂歌欲送夫君别，却顾樽中无浊醪。

次韵张廷实见寄

两脚著地此何关，白云与尔同去还[1]。正当海阔天高处，不离区区跬步间。

岁月人间古又今，斯文兴废递相寻。崔嵬百丈皆平地，西上一节何处深。

黄别驾报世卿将来白沙

君去庐山几度春，君来不来桃花新。花日喜逢黄别驾，共对庐山说故人。

送陈仲冶，用旧韵

万言策进大廷对，三百人争甲榜名。醉放渔歌此相送，白头闲动少年情。

北斗非将列宿论，乾坤五岳泰山尊。俯仰四时观物态，雨余何处步高原？

久病吟

梅花未发先扃牖，落尽梅花未整巾。明日庐山春又至，仰眠楼上岁华新[2]。

卜室大云山

云屋久住大云山，我亦云中借半间。未愁此地云封浅，拟带朱陵一洞还。

---

〔1〕“尔”，林齐本、高简本、萧世延本、白沙文编、何熊祥本作“你”。

〔2〕“仰眠”，王安舜本作“仰瞻”。

县送春至

四角圭田酒入唇，长官送我意何勤。莫言自有长春在，也共人间一岁春。

谢伯倚得孙，送姜酒至

七十一年云水中，半江老隐旧知侬。一杯引满为君喜，伯倚今朝又作翁。

漫笔

一蓑春雨江门钓，万里长风海上吹。南岳归来无一事，小庐峰顶卧观时。

喜闻刘亚卿得请还东山

平生畏就人间饭，向晚还同此鹤栖。今夜开怀看邸报，东山归卧祝融西。

观时

山云将雨过桃溪，晚脱万红何处溪？年光也逐溪流转，已送啼莺过隔溪。

寄陈仲冶金台 有序

是日，乃翁静轩先生至白沙，问其年八十有二，行步如丽，良可贺也，故报仲冶云耳。

万里传声仲冶裘，上林春好任郎游。而翁八十二春秋，浩笑江边碧玉楼。

忆世卿

楚乡迢递庐山春,君来不来花又新。引筇踏烂庐山月,折得梅花懒寄人。

题湛民泽家庙

忽然突兀见新堂,远抱飞云万丈光。主翁合是比间长,此地还成礼义乡。

张廷举送姜酒至

七十谬为人所尊,直从西埭到东墩。一杯引满为君喜,廷举今年始抱孙。

别廷实张主事

万丈祝融何处山,三年碧玉梦相关。多少画工传不去,都没贤今画幅宽。

寄题五峰,为叶本厚父作

清世谁堪住五峰,石床三尺白云封。祝融三亩终留我,略与先生脚板同。

扶溪作饭江门吃,五峰丈人予未识。何当坐我五峰前,共对梅花说周易。

赠张不已

不已心期不已知,明年八月战秋闱。摩天气吐三千丈,蟾阙高扳第一枝。

感事，呈宋督学先生

禄位升天元有命，情怀化俗却无医。道不易行休恕己，仁非可让更由谁。

寄廷实主事

豨莶鼎内还丹意[1]，枳壳炉边待酒心[2]。明朝许约西游步，一寸豨莶地万寻。

和答林方伯待用春日见寄

对花把酒春无几，寡欲安心老合知。病过冬春还引望，中天月色几盈亏。

旧雨春归莺不知，雨晴莺老落花时。月露滴开莺眼膜，乾坤不了一盈亏。

答陈静轩过访

公是登堂拜母人，往来不倦拜丘坟。通家无论乡闾旧，八十头颅事事真。

丁长官祠示里人

古人冷淡今人笑，此黄山谷咏徐孺子祠诗也。此义足起人闻听。莫遣藤萝终得意，顿令箫鼓不闻声。

---

〔1〕 此诗两“豨莶”，原作“稀莶”，据碧玉楼本、四库全书改。

〔2〕 “炉边”，林齐本、高简本、萧世延本、何熊祥本、王安舜本、黄之正本、碧玉楼本、四库全书本作“墟边”。

寄李白洲都宪[1]

东南遗爱望重临,万里滇南恨正深。引领东山归去路,骑牛跨风许相寻。

讳日有感

十二月逢哉生魄,江山为尔生愁色。黄昏庭树乌上啼,一声何处江楼笛。

送梁宗烈赴春试

梦入天门看春榜,榜中不记状元名。世间此梦真何梦,说到梁生似有情。

君持素履向朱门,五色云中见至尊。且莫轻言天下事,须将风俗究根源。

枕上

仲尼不作周公梦,天下共嗟吾道衰。总为乾坤元气薄,圣人诚处众人知。

与张东白

入忙救火张忠定,自远飞章李拾遗[2]。何故山人都不作,山人贪睡起常迟。东白先生,志在经纶,未常忘世;才堪集事,果于有为。吾以是陈,

---

〔1〕“李白洲”,原作“李白州”,据林齐本、高简本、萧世延本、何熊祥本、王安舜本、碧玉楼本改。李士实,字若虚,号白洲,江西新建人。成化二年进士,累官至右都御史致仕。善画工诗。后以附朱宸濠叛逆伏法。

〔2〕“自远”,高简本、何熊祥本、黄之正本、王安舜本、碧玉楼本、四库全书本作“正远”。

东白笑之;笑之则是,诮之则非。往者定山,一病既危;进退片时,天下皆疑。东白先生,知乎不知?

答陈中贵见访

积岁江门几度过,不将锦绣薄藤蓑。雪泥鸿爪他年梦,记得渔翁此放歌。

题慈元庙,呈徐岭南纮

前有东山后有徐,慈元风教万年垂。岭南他日传遗事,消得江门几句诗。

江门钓濑与湛民泽收管〔1〕

小坐江门不记年,蒲裀当膝几回穿。如今老去还分付,不卖区区敝帚钱。

皇王帝伯都归尽,雪月风花未了吟。莫道金针不传与,江门风月钓台深。

江门渔父与谁年,惭愧公来坐榻穿。问我江门垂钓处,囊里曾无料理钱。达磨西来,传衣为信〔2〕。江门钓台,亦病夫之衣钵也。兹以付民泽,将来有无穷之托。珍重珍重。〔3〕

与湛民泽

六经尽在虚无里,万理都归感应中。若向此边参得透,始知吾学是中庸。

---

〔1〕 林齐本、萧世延本无“与湛民泽收管”六字。

〔2〕 “传衣为信”,《嘉靖增城县志》所收录此诗,作“传衣钵为信”。(文章修、张文海纂:《嘉靖增城县志》,《天一阁藏明代方志选刊续编》,第六五册,第五二六页)

〔3〕 林齐本、萧世延本、碧玉楼本无此跋文。

江门钓台

何处江边著钓台,楚云明月尽收回。若比桐江还胜概,千年埋没一朝开。

再用韵与湛民泽

日斜刘九放船回,层起江门水底台。浩浩碧波山锁断,潮打厓门两扇开。

民泽祖樵林居士构堂于上游庄,民泽乞题

入云堂构昔人开,兰桂香风次第来。黄云山高几千丈,后山前日寄声回。

次韵张廷实读《伊洛渊源录》

往古来今几圣贤,都从心上契心传。孟子聪明还孟子,如今且莫信人言。

晓枕

圣贤都从一上来,时止时行道与偕。若使春陵为孟子,光风霁月更襟怀。

漫笔

浩笑江门点旧诗,诗中几度见承箕。他日携书南岳住,却话山楼浩笑时。

赠杨中 顺德杨明府之子

山下柴扉不浪开,杨生端为老夫来。欲报封君无一事,只将狂

句赠生回。

哭景旸

诘杙为楹四十秋，才醒一梦便长休。名登鼎甲死亦枉，老抚诸孤病只愁。

影翳山楼痰吐夜，寒生老屋病交秋。渡中短纸谁封附，远大为词解我忧。廷实有疏。

闻东山先生得请归，赋此

青玉之坛横素琴，绝无人地五峰深。碧云锁断元无路，东山东山何处寻。

问马默斋病于其侄孙马大年

荔颗红时酒正多，口疮不饮奈公何。郎君解记春牛否，还为而翁一放歌。

林樟贡士入京，告行于白沙，赠之

乖崖救火出人间，造次来分太华山。收拾如今到山处，明朝不见藕如船。

枕上谩笔

正翕眼时元活活，到敷散处自乾乾。谁会五行真动静〔1〕，万古周流本自然。

---

〔1〕“动静”，林齐本、高简本、萧世延本作“静静”。

答容彦文见访

裹粮缚鸭问庐山,久病劳君每厚颜。若问庐山近来事,重阳过后菊花残。

次韵东所见寄

若水清风当颖出,山人莫道不前知。拍手江门春信早,黄鹂飞上绿杨枝。

答文定上人〔1〕

千金帖子忽飞驰,洗手开缄只汗颐。前代昌黎今我是,恍然海上记留衣。

神交今在识荆前,再结前生未了缘。果蒙道力相扶起,蚤晚东林对长官。

挽钟太守美宣〔2〕

诗人自古例多贫,恨杀滇南金带新。公与定山贫到老,已有陈黄一辈人。

天下功名无我关,只缘我自爱江山。若对江山元没兴,纸钱灰冷未知闲。

---

〔1〕 林齐本、萧世延本、白沙文编作“答某上人”。

〔2〕 林齐本、高简本、萧世延本、何熊祥本、王安舜本、黄之正本、碧玉楼本、四库全书本作“钟太守美宣挽”。

梦游衡山，遇南极数老人来过，却须先生作主，与诸老对酌，洪崖、寿崖在旁歌诗以侑觞，合坐皆喜，予以诗一首识兴云

衡岳去天能几何，一株松下月明多。南极老仙骑鹿过，一瓢斟月两崖歌。

题任明府思亲楼卷，用定山韵

人间何处不楼居，亦有如椽大笔书。定山丈人都不管，一拳不屑老何如。

碧玉楼昼梦扶病出游村径甚适，忽安福罗进士携彭秀才来访，遂书以赠之

春早春寒著莫人，黄鹂啭处暖初匀。狂心刚被风吹动，走遍南垞到北津。

泉石，为顺德张氏题

江山几处堪还我，泉石边头合有人。高著一双无极眼，闲看宇宙万回春。

罗浮春，寄民泽

海上花开万玉林，闲门碧玉梦相寻。不知开处花多少，折尽罗浮半夜心。

九肋蹒跚清楚阔，九苞真与黄云深。复有凤凰山上月，遍照罗浮玉洞春。

陈海篷诸子冠毕来见，赠以诗

兄弟参差作雁行，春风碧玉喜同登。近午天风吹雁去，翩翩吹入紫云层。

周方伯至白沙

天上客来寻故人，江门月下足音闻。便传一点江门信，逢著桃源且问津。

偶得

一碧光横南岳前，灵坛秋玉青相连。道士来携三尺木，高山流水一声弦。

答送茄瓜

两头肥绿压肩斜，五月江园始送瓜。童子近前与翁语，小篮瓜底是新茄。

同将形色委人间，窃比高松一鹤闲。口腹累人都未免，茄瓜篮里又诗还。〔1〕

怀张诩〔2〕

南北东西一马尘，相思何处不伤神。竹边闭阁长无事，犹厌山云软素巾。

鲁两生，示民泽

九五当朝须劝驾，两生朝突不留琴。想见古来交会盛，鸳鸯谱

〔1〕“又”，碧玉楼本作“有”。
〔2〕王安舜本作“寄廷实”。

里尽传针。

赠秀夫如江东[1]

浦口来寻旧路岐，柴门过午未开时。青山十里花围断，不许游人折半枝。

读陈庸诗稿

天上霓裳久寂寥，人间何处不诗瓢。寄言雪月风花好，都在骚人仔细描。

张巡

独蔽江淮阻贼兵，乾坤回首尽膻腥。何人肯救睢阳急，不使忠臣负忍名。

许远

援绝城孤力不任，逆胡天讨竟成擒[2]。却怜当日奴羹进，酸尽平生长者心。

南霁云

万人回首看浮屠，肯信将军跃马呼[3]。谁续睢阳三日命[4]，进明先斩后擒胡。[5]

---

〔1〕何熊祥本、黄之正本、四库全书本题后有小注云“乙巳秋作”。

〔2〕“胡”，原作“□”，据高简本、遗诗补集、何熊祥本、王安舜本、黄之正本、四库全书本补。

〔3〕“信”，高简本、遗诗补集、何熊祥本、王安舜本、黄之正本、四库全书本作“讯”。

〔4〕“三日”，高简本、遗诗补集、何熊祥本、王安舜本、黄之正本作“三口”。

〔5〕“胡”，原作“□”，据高简本、遗诗补集、何熊祥本、王安舜本、黄之正本、四库全书本补。

秫坡先生钓台

少年朝暮钓池傍,嬉笑哦吟送夕阳[1]。却忆子陵台上月,至今千古共流光。

去年尘外访遗踪,亲拜先生旧德容。人物伟然流俗表,一竿台上钓秋风。[2]

乐岁,呈杨大尹[3]

舍北歌童搥破鼓,舍南春妇著新裙。田家少遇丰年乐,尽道今年是十分。

元夕将来拍鼓哗,茅檐灯火醉家家。长官愿似丁明府,甲首终年不到衙。

妇问姑餐弟问兄,茅柴酒熟压双瓶。明年禾似今年好,水北牛栏共弟耕。

厥夫撑舫赛田神,厥妇烧钱拜水滨。小弟今年人事好,买鱼沽酒招比邻。

寿陈静轩七十,次世卿韵

甲子如何管得翁,全无白发有青瞳。赤泥更是游仙枕,兄卧西头弟卧东。

---

〔1〕“嬉笑”,何熊祥本、黄之正本、碧玉楼本、四库全书本作“嬉戏”。

〔2〕此首原缺,《广州府志》(光绪五年刻本)第八十五卷第二十一页有收录,兹据以补出。又:李君明《陈白沙诗辑逸》曾据《康熙新修广州府志》第十二卷辑录。(李君明撰:《陈白沙诗辑逸》,《岭南文史》,二〇〇六年第三期,第五〇至五二页)

〔3〕此诗第二首,《白沙先生文编》题作“元夕”,且前两句作“元夕朝来拍鼓哗,春宵灯火闹家家”。(唐伯元编次《白沙先生文编》,第一卷,第五十七页)第三首、第四首原缺,据遗诗补集、王安舜本补出。

午睡起

道人本自畏炎炎[1]，一榻清风卷昼帘。无奈华胥留不得，起凭香几读楞严。

用韵寄钟美宣

绿柳黄莺紫水涯，市桥沽酒醉春沙。江花一与诗人别，如此风光属自家。

昼睡为雀所喧

野风吹隙檐翻雀，昼搅床风雀搅眠。若道神仙无一事，老夫当日未神仙。

失仆

粥罢腰镰亦上山，晡时怅望负刍还。乍疑乍到忘归路，月满东楹未上关。

定山许撰一峰墓志、东白许墓表，久不见示

先生老去铭当出，东白人来表可闻。却爱大流山上月，清光先到一峰坟。

今古多闻迁史记，一峰何必我同年。先生存作垂千古，东白曰然我亦然。

金鳌阁

横浦秋成百尺桥，金鳌阁上见山遥。凭高无限归来思，何处飞

---

〔1〕“畏”，原作“爱”，据高简本、遗诗补集、何熊祥本、王安舜本、黄之正本、碧玉楼本、四库全书本改。

云不可招。

铁汉楼

铁汉元来亦是夸，羁魂入夜绕天涯。数声羌笛楼前月，落尽寒梅一树花。

墨花台 东坡遗迹

汝弼即是张长史，尧夫方爱陈公甫。何处思君不见君，墨花台上廉纤雨。

横浦桥

乘舆十月犹溱洧，子产未知为政在。隔河骑马是何人，下马问讯张东海。

濂溪台

黄菊花开又一年，南山无分对陶潜。不知风雨随侬否，恼杀台中一夜眠。

葵庵

葵花爱日臣爱君，臣与葵花共此真。试问春来桃李树，纷纷同者是何人。

春中

时光堪喜亦堪悲，岁岁春随斗柄移。送老一条邛竹杖，夜挑明月上台矶。

北风吹我早裘轻，不借肩舆一日晴。九十日春都不见，蹁跹榻上看云生。

龙溪不赏去年花，今岁春光喜在家。多谢花神怜旧识，尽情开向白牛车。

长养功劳在此时，好花还借好风吹。朱朱白白天机妙，问著东君知不知。

梦长髯道士以一囊贮罗浮山携以遗予，纪以绝句

一口囊盛四百峰，翠林香雾春冥濛。低头笑问长髯老，何处方壶有路通？

千仞飞云只手拏，采鸾停处是仙家。青牛骑过铁桥去，踏碎璚瑶一路花。

同马默斋候麦秀夫夜过白沙，和韵

东风吹老桂花天，坐久寒生月下毡。见许夜深移艇过，笛声何处二更前。

酒分玄碧下青天，花发长春覆采毡。不待客携家酝至，先生先醉药炉前。

待马默斋不至，讽以是诗〔1〕

花前谁共引杯长，风送歌声到赧郎〔2〕。莫唱雍门弦上曲，从来此曲断人肠。

白沙社有怀，书张廷实诗后

海上竹枝非楚声，壁间科斗是贤名。粤堂东望不知处，惟见白云天际生。

---

〔1〕 高简本、王安舜本作“忽闻户外歌声，以为马玄真将至，不知其累约而累违也，讽以是诗”。

〔2〕 “赧郎”，黄之正本、四库全书本作“赭郎”。

次韵答周太守瑛见寄〔1〕

白马山前雪满扉,隔江云树晚依微。津头日日行人过,不见长安旧布衣。

相逢记得入京年,梦破邯郸不受牵。更说莆阳风景好,木兰溪里木兰船。

醉乡

管勾仙家碧酒春,醉乡今日属何人?天高地迥无人到,试就陶潜一问津。

睡乡

漆园蝴蝶故翩翩,一落人间今几年?试向髑髅原上望,八荒明月正堪眠。

梅花下感事

桃李村村待发蒙,孤芳憔悴不成丛。天涯一寸肠如结,吹断江城晓角风。

月夜与何子有饮梅村社,赠之

溪北溪南踏月游,梅花村落似罗浮。东风夜卷残潮去,留得何郎半日舟。

人日今年又共君,他人交态白头新。开怀一夜梅村酒,时复停

---

〔1〕 此诗第一首,高简本、王安舜本题为"和凤山见寄韵",题后有小注云"乙巳冬十月";第二首,高简本题为"江浦有白马庵,曾寓处"。(《白沙子》,第五卷,第九二至九三页)孙通海整理《陈献章集》时,误以第一首为底本所缺,乃"据高[简]本补",因致《陈献章集》中此首诗重出。(《陈献章集》,下册,第六五六、六八七页)

杯问故人。

日落尊空客欲还，清光犹在社公坛。明年忆我重来否，认得梅村背后山。

梦先兄持绝句见示，及觉，忘其前联，以意足之

松林土屋闭斜曛，人世悲欢那得闻。闲处酿成玄碧酒，秋来携过武夷君。

京师初归，答容琴月

旧游风月未应忘，到手新诗喜欲狂。记得长安秋雨夜，三人灯下说西良。

三洲岩闻虎

草动云飞十里风，三洲岩下吼声雄。先生自对山灵笑，不道前身是远公。

经坡亭

水绕寒柯雾半笼，游丝轻曳钓船风。三洲览遍题名处，闲向坡亭说长公。

枳壳

淡白浓香如有情，扶留窗下雨初晴。南州花草虽无敌[1]，□□□□□敢争。[2]

蓓蕾枝头春意长，卧看蜂蝶往来忙。不知今日开多少，熏得先

[1] “无敌”，萧世延本作“无数”。
[2] “□□□□□敢争”，萧世延本作“敢与东风枳壳争”。

生枕席香。

题携琴访友图[1]

松崖日暮水声深[2],何处携来绿绮琴。涧石隔林人不见[3],只疑魍魉是知音。

答徐侍御索草书

寒窗弄笔敢辞难,也得先生一破颜。不要钟王居我右,只传风雅到人间。

代简旧友克明梁先生

琼山绿水旧游行,沧海归来语后生。几醉几醒醒后醉,世间何事合留情?

至日,梁听松畤白石惠生鱼 克明弟

朝来何处得庖鲜,白石村边响夜舫。布被蒙头呼不起,真成至日闭关眠。

周文都、伍伯饶、马玄真诸友约钓河豚,值雨弗果。伯饶复遣人来约,答之,时玄真、文都在病

七月十日秋正来,渔翁夜上临江台。斜风细雨不归去,若个玄真安在哉。

秋入江门风怒号,江水未落涛头高。晴明三五君须记,月下溪边迟小舠。

---

〔1〕 高简本、王安舜本作“携琴图”。
〔2〕 “松崖日暮”,萧世延本作“千岩万壑”。
〔3〕 “涧石隔林”,萧世延本作“隔岸欢呼”。

河豚正美周郎病，玄真不出公奈何。丝纶一握三千丈，独钓东溟雨满蓑。

梅月，用庄定山韵

今宵喜对梅花月，正是乾坤大雪余。雷在地中阴独伏，风来天下九包鱼。

四时万物无非教，人傍梅花月傍轩。若道不关梅月事，宣尼何事欲无言？

溪上梅花月一痕，乾坤到此见天根。谁道南枝独开早，一枝自有一乾坤。

和世卿

越山楚山皆白云，楚越如今不必分。三十六峰同一样，不知何处武夷君。

草树云霞亦假名，高斋何处不先生。解寻正路宫墙下，榜也如今是典刑。

次韵董子仁见寄，兼似林蒙庵、周时用提学〔1〕

江门花鸟欲春阑，脚带云霞步步宽。君到闽中试借问，龙山何事别长安。

还将病骨畏秋声，一枕江流是我生。若道严陵偏不仕，汉人更有圣之清。

鳄洲山遇虎

登高停棹鳄洲山，独自忘机虎迹间。忠信于人真可仗，爪牙当

〔1〕“似”，黄之正本、四库全书本作“以”；碧玉楼本作“候”。作“似”于义为长。似，犹言与。

道却须还。

鳄洲阻风

牛饥仆冷不能嗔,短曲长歌互有神。今日谁家能走马,泥深还挂一壶春。

晚发厓山

江水初宽白鹭飞,厓山欲莫赤枫微。孤舟独背汤瓶去,不共前川钓艇归。

厓山杂诗〔1〕

寒云黯黯日模糊,南有苍厓对撚须。今夕孤舟不成寐,白鸥飞尽我踟跌。

北风半夜卷沧溟,杖屦船头候晓晴。满目寒云吹不散,一帆细雨湿汤瓶。

万古青山自落晖,白鸥穿破水云飞。孤舟江畔无情思,闲与儿童咏绿衣。

北风何事更长吹,尽日孤帆逗水湄。吟遍天涯归未得,江神应爱石斋诗。

肩舆迓我走冲烟,山鸟窥人下啄舷。十里风光奇石角,一江晴色雾潭前。

白鸥黄犊任西东,沙草伤心对朔风。今日江边题舫子,诗人若是半山翁。

〔1〕 此诗第五、第六首原缺,兹据萧世延本补出。(萧世延本《白沙先生全集》,第二十一卷,第一二九页)

经都会故居[1]

腊月四日促归装，舴艋冲寒到石塘。忽见溪边旧环堵，恨随流水绕村长。

总角展书溪树根，风光不比洛阳园。碧桃尽属西王母，绿橘先分小弱孙。

二顷生涯作个农，竹枝声与楚歌同。秋来不独黄花酒，夜擘香橙更酌公。

秋日东轩漫题

篱崩瓠落不禁秋，卧对萧骚月半钩。彭泽须收三顷秫，菊花无酒笑人不？

山杯许对邻翁饮，村酒还教稚子赊。满地芙蓉不如昨，可人墙角素馨花。

黄叶纷纷江水流，人间何处不悲秋。江边野老无名姓，笑向沧江任白头。

复忆题诗古渡旁，孤舟春早泛浔阳。江云一绕三千丈，恰有人间白发长。

寄马默斋

江山风月满吟坛，谁把渔郎荐老官。眼底秋光供点笔，等闲休作负彭鸾。

---

〔1〕此诗第三首原缺，兹据萧世延本补出。（萧世延本《白沙先生全集》，第二十一卷，第一二九页）

追和白石马教授,奉寄其玄孙马竹隐

山深谷冷老烟霞,君住孤村第一家。一榻清风明月夜,钩窗闲对紫薇花。

赠曾确还博罗

风袂飘飘过五羊,五仙遮道问行藏。庐山莫道无分付,领得春风古桂香。

示儿

张公九世尚同居,忍字专书一百余。受唾由来称长者,而今市辈却嗤予。

姑也须烹妇也炊,采薪负水是男儿。吾亲日夜伤离别,争得肝肠冷落时。

百亩荒田力不支,如何千亩更营私?相寻利害无穷日,慎勿逢人乞面皮。

门前宾客偶相投,忽忽浮生五十优。君贵我贫俱是分,敢将丘壑傲王侯。

俯仰天人不敢言,直持素履到黄泉。儿曹莫问前程事,若个人心即是天。

圣心太极一明蟾,影落千江个个圆。五十年来如梦觉,临岐更出示儿篇。

游白云

担头行李但书囊,选胜寻幽到上方。身与白云同去住,客从何处问行藏。

灌溉，忽县尹送酒至

一瓶西注一瓶东，两径初移绿未浓。忽见白衣持酒至，拟留一斗待秋风。

次韵答丘侍御

五月江门荔子丛，绣衣下马擘轻红[1]。儿童争走乌台节，笑挽青荷立水中。

玉台，赠黎民瑞

青天何处一登台，脚踏黄云万丈开。闻说程乡长官好，抱琴归去抱琴来。

读《近思录》

杨墨偏高子莫疑，孟轲精一古心期。日长对卷无人到，风雨巡檐一咏诗。

六经不假群贤补，却忆宣尼下手时。白首斋心颜子坐，青灯横几大临诗。

有物衮衮复洋洋，牵牛入井几仓皇。不知转瞬谁为主，荆棘横生亦满腔。

大学西铭迤逦摊，从前只假半年闲。谁家绣得鸯鸳谱，不惜金针度世间。

寄黄仲昭

江西诸子在春风，我有新碑落永丰。海阔天空无可寄，只将狂

---

〔1〕“轻红”，高简本、何熊祥本、王安舜本、黄之正本、碧玉楼本、四库全书本作“残红”。

斐为君通。

次韵胡提学访榄山

斜风细雨绿蓑衣,江上人家半掩扉。莫向天涯歌独醒,白头渔父笑人非。

今朝黄鸟唤春回,桃李还知帝力栽。昨夜殷雷无意绪,黑云将雨满山来。

访教谕何宗道

树隐肩舆行款款,花催春鸟闹关关。苏公渡口云连水,宗道庐前雨满山。

峡山别胡提学,还至九江作

峡山飞出两三航[1],满载离愁下九江。夜泊孤舟不能寐,自烧银烛到秋釭。[2]

画兰

谁将水墨写横披,竹石荆兰也自宜。记得湘潭秋雨后,清香犹带楚臣悲。

对菊[3]

陶家园里旧开丛,复入山窗对此翁。一曲一杯花下醉,人生能

---

〔1〕“航”,高简本作“舫”。

〔2〕“秋釭”,高简本、萧世延本、何熊祥本作“秋缸”;黄之正本、碧玉楼本、四库全书本作“秋江”。

〔3〕此首,底本、碧玉楼本重复收录,作为《对菊》十二首之一。(《白沙子全集》,何九畴本,第六卷,第二〇、九六页;碧玉楼本,第九卷第四二页、第十卷第五四页)这次整理因这首与前十一首用韵不同,不当因题同而合并,故删去彼处,保留此处。

得几回逢。

喜孙读书

闲看溪水绕橙根，自握刀锄斸小园。日午课诗孙渐长，上堂夸与阿婆言。

芙蓉文笔

丈人日暮看芙蓉，湘水西来第几峰。兔颖刺天元属我[1]，今为松桂主人公。

寄李子长

能将玄酒注金卮，混沌谁教更凿之。我借元初溟涬好[2]，为君惊喜为君悲。

题孔雀图

儿女心情未遣知，白头笑赋雀屏诗。可能乳得西周凤，来寿君王亿万期。

题蒲石画

一石青青荫几蒲，半篙烟水欠模糊。江门有个丹青手，也把江门画作图。

〔1〕“元”，原作“无”，据遗诗补集、王安舜本改。（王安舜本《白沙先生全集》，第九卷，第四〇页。案：王安舜本在第十一卷第五四页重出此诗时，则误作“无”。）

〔2〕“溟涬”，原作“溟滓”，据王安舜本改。

雨中送客江上,偶成

细雨江边送画桡,肩舆如梦看春潮。不知此处谁分付,笑倚南风酒未消。

次韵呈长官,赠邹汝愚

江门还我自由仙,七洞天西小洞天。南去北来船过尽,无人肯住钓台前。

再韵呈吴献臣

双凫海上果谁仙,伫看飞腾上九天。为问南迁邹吏目,几时归去玉皇前。

君寻孔辙笑晨门,岂得晨门不笑君?自古山林多独见,无人不道市朝尊。

候方伯刘东山先生至

客从天柱得琅函,来试丹砂岭以南。有个道人眠不起,洞门深锁白龙庵。

林下丹书小石函,天边云翼入图南。江山欲画惊眠处,一个庐冈破草庵。

易传遗书共此函,偶拈一事问河南。数千里外涪州梦,透到龙门何处庵?

次韵谢天锡登三层顶望昆仑池作

两眼高凭何处空,白龙犹在有无中。旁观莫道昆仑小,气盖东南万万峰。

何处挥锄口可糊,池边君问白龙无?茶区尚有成周制,一井而今受几夫？[1]

手拍昆仑歌泬漻，虹桥月下拜相邀。回头笑向玄真子，才到葵山怕路遥。

卜居茶井

海鸟回翔何处归，海山春到白龙西。欲抟九万无风力，认著昆仑便托栖。

寄陈秉常，用天锡韵

早援深谷探花原，举手来扳笠顶天。谁与浪传青鸟信，君今疑是白龙仙。

性僻耽幽老奈何，白云又长十年魔。玉台记得寻僧处，半日留君却未多。

次韵沈别驾见寄

我生之初我有真，百年泡沫往来身。一丸也恨无分付，谁是乾坤会弄人。

夜坐

此生身世与忘忧，何处行藏独倚楼？寒夜酒醒无睡思，山城风静数更筹。

露冷风清正酒醒，谁家今夕不胜情？人间老去无愁思，独倚疏梅看月明。

---

〔1〕 此首，碧玉楼本收录为《卜居茶井》之第二首。（《白沙子全集》，碧玉楼刻本，第十卷，第五六页）

次韵复赵提学

雨打风吹一树花，孤根不肯向人斜。晚逢青眼何须恨，未到朱楼莫浪夸。

与倪麟

沙水东西两石桥，夕阳飞马剪山腰。不知酒兴还多少，一路清风吹不消。

挽竹斋[1]

屋里沾裳罗一峰，门前又报竹斋翁。一年气运天何极，两叹交情日未穷。

题画鹰

秋风垂翅下云衢，野性翩翩不受羁。欲借一枝江畔宿，等闲花鸟莫相疑。

梦曾皙

倾盖宁知是梦中，绝尘标致却春风。千秋此意吾能说，不与由求面目同。

梦失形躯梦即真，江山随处舞雩春。眼中大块非无肆，何限人间觅马人？

---

[1] 《南川冰蘖全集》卷末附录此诗题为“罗一峰修撰、林彦愈竹斋同日讣至”，为七言律诗。其诗云：“庭里沾裳罗一峰，门前又报竹斋翁。一年气运天何似，两哭交情日未穷。它夜忽如英爽接，此心先遣梦魂通。茶园香树湖西月，飞到愁人泪眼中。”（林光《南川冰蘖全集》，第五一〇页）

读韦苏州诗

夜雨斋灯卷未收，清谣百首对苏州[1]。晦翁两眼沧浪碧，也为先生一点头。

五言夙昔慕陶韦，句外留心晚尚痴。敢为尧夫添注脚，自从删后更无诗。

拟古之篇古未如，诗家分路入冲虚。晚唐诸子殊堪讶，白首专门但守株。

虚泊终蹁得屡拈，苏州抚手揖陶潜。旧来食蜜虽高论，谁写璚浆洗舌尖？

道经七星岩

百丈岩前石鼓鸣，山人今夜动山灵。同舟亦有知音者，共听乾坤第一声。

七星岩下醉神仙，犹占龙床水底眠。我有一尊延寿酒，月明今夜对南山。

戏赠二谢生

婉转青囊传二谢，渊源来自马蹄洲。山人眼是庖丁手，解把屠牛破土牛。

当日师传一寸金，李家书以锦囊深。太阴正侧去何析，却泥区区角上寻。

---

〔1〕“百首”，高简本、萧世延本、何熊祥本、黄之正本、碧玉楼本、四库全书本作“白首”。

与李世卿约游圭峰

方壶使者与公期,老我三山乞住持。且约圭峰为社会,一图今古付王维。

爱山长负入山期,多少阴晴被把持。起倚秋原看落日,如今刚好著绳维。

和世卿

山霭霏霏碧满蓑,清风不奈俗尘何。人间久矣无高凤,何处如今楚凤歌?

次韵奉答李方伯介轩潮连见寄

姓名秋榜忝同乡,四十年来守故常。拄地撑天吾亦有,一茎青玉过眉长。

不待冰颜累十秋,可堪相近阻相求。此心未许旁人识,公在山斋仆在舟。

次韵姜仁夫留别〔1〕有序,九首

弘治己酉春,姜仁夫进士以吏事使贵州〔2〕,还,取道广东,过予白沙。自己卯至丙戌,凡八日。辞别六首〔3〕,予亦次韵为别。明日,仁夫至潮连寨方十余里,遣隶回,并得三绝和

〔1〕 此诗之第七、八、九首,萧世延本、何熊祥本、黄之正本、四库全书本另题为"次韵姜仁夫潮连寨见寄"。

〔2〕 "以吏事使贵州",原作"以史事贵州"。碧玉楼本作"以事使贵州",四库全书本作"以使事贵州"。林光《南川冰蘖全集》卷九有"次韵石斋先生赠姜仁夫进士"三首,其第二首有跋语云,"时仁夫进士以吏事使贵州,自贵州至广州访石斋先生"。(林光《南川冰蘖全集》,第二八八页)所言为同一事,据改。

〔3〕 "六首",原作"三首",据碧玉楼本改。

之，通前九首。吾与仁夫之意皆不在诗也，岂尚多乎哉？仁夫，浙之兰溪[人][1]，从学章先生德懋。[德懋，]吾廿年旧好[2]，故吾诗两及之。

江门线路几人通，两月公程来向东。何处敢劳君著眼，短墙疏竹是家风。

云去云来等是浮[3]，独凭高阁看江流。南风莫送东归客，更共江门一日游。

家近桐江旧钓台，风林何日暂归来。平生章子如相问，道我山中日闭斋。

一著将穷一著通，谢公全局算江东。眼中论事如章子，是有当年国士风。

洞门终日白云浮，洞里桃花覆涧流。谁道乃公闲似我，不曾携杖白云游。

百尺江边有筑台，自从君去望君来。黑头了却人间事，更约焚香共小斋。

极目长江伤我心，满身风雨立江浔。帝城此去几千里，一度逢关一寄音。

今古相望日已赊，包羲已上孰名家？不识乾坤真易简，借人门户甚抟沙。

进到鸢飞鱼跃处，正当随柳傍花时。今人不见程明道，只把中庸话子思。[4]

---

〔1〕“人”字原缺，据文意补。

〔2〕“德懋”二字原缺，据文意补。

〔3〕“等”，萧世延本于墨丁内刻作“总”。

〔4〕“话”，高简本、白沙文编作“说”，四库全书本作“属”。

弹子矶候默斋不至〔1〕

军人打鼓泊官船,黑雾濛濛水下滩。隔岸相呼不相见,竹篼牵火上桅竿。

清溪道中

西风吹冷峡山云,红叶清溪点缀新。惟有白头溪里影,至今犹戴玉台巾。

鸬鹚短桨自江乡,峡水晴飞练帨长。画舫有人扪虱坐,了无意绪向南康。

濛里驿呈送行诸友〔2〕

相随征路二旬余,笑指前山别老夫。却到前山心未了,西风灯烛两踟蹰。

南雄读罗一峰记书院文〔3〕

丘坟何处草离离,千里湖西梦觉时。落日小池桥上路,催人下马读残碑。

度岭〔4〕

天地风云会有辰,开元可是欠经纶。千寻松下看流水,十八年中度岭人。

---

〔1〕“默斋”,高简本、王安舜本作“诸友”。
〔2〕高简本、王安舜本作“曹溪别诸友”。
〔3〕高简本、王安舜本作“南雄书院,读罗一峰碑”。
〔4〕高简本、王安舜本作“度岭,有怀张曲江”。

玉枕山，和南安太守张汝弼[1]

一枕秋横碧玉新，金鳌阁上见嶙峋。使君得此元无用，卖与江门打睡人。

过天柱峰[2]

天柱峰前望故乡，西风淅淅鬓苍苍。愁肠暗为慈亲断，谁道青山是剑铓。

宿回龙寺

酒醒回龙欲二更，迢迢秋漏彻江城。何须不理东湖棹，徐孺庭前月自明。

题云岭

路旁指点一峰坟，一老西岩坐白云。尽是唐人诗境界，千林红叶访征君。

与丰城知县王本俭[3]

剑水相逢梅始花，春风吹动长官衙。诗家到此须分别，不共河阳一处夸。

赠刘进夫还永丰，兼寄罗养明、杨荣敷、罗清极湖西诸友

江船恋恋费行缠，我托刘郎亦是仙。何处青山君忆我，月明湖

---

〔1〕 高简本、王安舜本无“和南安太守张汝弼”八字。

〔2〕 高简本、王安舜本作“天柱山”。

〔3〕 高简本、王安舜本作“与王知县”。

上酒醒眠。

一峰原上夕阳斜,云掩闲门几树花。见说西风吹不死,散分春色与邻家。[1]

淦川银烛照离情,画舫行人一月程。相忆却怜山寺远,不曾夜半到钟声。

题刘主事显仁挽册[2]

曾倾白下郎官盖[3],忍读青田太守文[4]。今日九原谁是伴,里中新有一峰坟。

和娄侍御

偶与梅花作主宾,旋将幽意托龙唇。曲中若有千年调,也要先生会入神。

赠祝秀才乡试

祝生南赴应天闱,万里秋云一鹗飞。我有兰溪他日意,敢将裁入送君诗。

兰溪章子多时别,得见平生祝器之。衰老不知言语费,逢人信口话庖羲。

和罗洗马韵

折屐初收一代名,断裾犹欲救苍生。谁知南北东西路,未出门前已是行。

---

〔1〕 此首,高简本、王安舜本题作“过罗一峰墓”。
〔2〕 高简本、王安舜本作“挽刘先生显仁”。
〔3〕 “盖”,萧世延本作“盏”。
〔4〕 “忍读”,萧世延本作“又见”。

五十东溟始愿违，安知不是慕甘肥。今朝怕上花衢马，犹恐黄尘染素衣。

赠江通判

明朝别驾过金坛，暂到茅山亦不难。我忆江门归未得，为君沽酒庆茅山。

谢何秋官惠米，追次陈后山韵

相逢不肯诉家贫，眼底斯人又姓陈。惭愧太仓分一斗，乾坤多少病饥人。

过漷县，风大作，取舟中储酒饮之

黄菊开时归意浓，泥尊名酒未开封。不辞拚作陶潜醉，受尽长河一日风。

读壁间李学士和予《藤蓑》诗，偶成奉寄〔1〕

西涯一曲我藤蓑，对此相思可奈何。今日玉堂应说我〔2〕，海门何处扣舷歌。〔3〕

春雨江门著旧蓑，钓船相近问如何。白鸥分定闲眠界，犹唱西涯学士歌。

剡溪

剡曲溪中双桨鸣，老翁访戴是虚名。雪消月出归来夜，只有诗

〔1〕“读壁间李学士和予藤蓑诗，偶成奉寄”，高简本、白沙文编、王安舜本作“对壁间李宾之学士和予藤蓑诗，偶成奉寄之”。

〔2〕“玉堂”，高简本、白沙文编、何熊祥本、王安舜本、黄之正本、四库全书本作“玉台”。作“玉台”，似于义为长。

〔3〕“海门”，高简本、白沙文编作“江间”；王安舜本作“江门”。

情与世情。

云封寺有曲江遗像，戏题

尝疑大块本全浑，不受人间斧凿痕。今日云封禅寺里，曲江遗像任尘昏。

不寐

旧雨今雨漏湔湔，长更短更声相连。何人酌我金尊酒，暂醉慈亲卧帐前。

石门读贪泉碑

芙蓉花发西华寺，远访残碑到石门。一曲贪泉歌未了，夕阳红近水西村。

赠曹侍御璘谢病

饱蕨青山更饱眠，襄阳归去自今年。眼中未有如公早，柱史前头或姓钱。

杂咏

过午城中走帖还，老夫对酒社东山。诗家进步如撑艇，又上前溪一两湾。

傍花随柳兴飘飘，涧水牵情到石桥。勃率未堪还自笑[1]，眼前刚好被春撩。

不坐人间彩鹢舟，怕逢渔父问因由。君家酒艇轻于叶，试遣长须为我谋。

---

〔1〕“勃率”，四库全书本作“勃窣”。

拍月萦炉一小舟，欲穷仙岛路何由。须君一见安期老，指点苍茫为汝谋。

得世卿诗

笑颜别后几回开，诗到衰翁辄举杯。击壤狂歌千首在，一春无计寄君来。

东野功深偏洗削，退之意到每优柔。眼前一二聊拈掇，正好承箕对孔修。

梦中作〔1〕

日出东山尚未眠，闲寻溪水弄溪船。人间一种惟予乐，只在溶溶浩浩间。

踯躅江边水没桥，沿溪贪赏不辞遥。独怜归马无鞭策，未忍临风折柳条。

木叶为衣草为屦，鸟共唱歌花共舞。袖里青蛇三尺许，六六洞天中作主。

题征仕郎张公孺人区氏墓志后

卫幕已镌东白志，西涯又撰孺人碑。莫道不传家世事，当年兼有两公知。

种萆麻

山渠面面拥萆麻，锁尽东风一院花。江上行人迷指顾，老夫于此炼丹砂。

---

〔1〕 此诗第三首原缺，兹据高简本、王安舜本补出。（高简子《白沙子》，第六卷，第八〇页；王安舜本《白沙先生全集》第十卷，第五八页）

短檠他夜照书床,一盏萆麻也借光。老去图书收拾尽,只凭香几对羲皇。

红朵青条摆弄同,人间无地不春风。莫轻此辈萆麻子,也在先生药圃中。

萆麻得雨绿成畦,如此风光亦老黎。饮后小庵搜句坐,山禽啼近竹门西。

萆麻绕竹径通云,云里樵歌隔竹闻。手把长镵种春雨,风光吾与老黎分。

种了萆麻合种瓜,青山周折两三家。老夫来构茅茨毕,别种秋风一径花。

次韵李宪副若虚白沙别后途中见寄

江门春浪两涯平,半醉船如天上行。坐冷烛花归问夜,逢逢津鼓欲三更。

咫尺圭峰不见台,春云将雨几时开。山中一径无人到,除是青天画舫来。

江城无处不通潮,风叠寒漪色更娇。诗舫飘飘向何处,高凉西去不胜遥。

和鹿步韵

黑甜一枕鼻呼雷,江浪如山梦里来。乾坤何处留双眼,不向三洲鹿步开。

赠汤地理师

春泥没屐大江潮,溪北初经独木桥。千丈峰头望东海,三山正对杖头瓢。

锦囊以上不堪言,老郭元来亦是仙。笑杀城中诸年少,欲持阿堵问君传。

南越山川拄杖交，东风何处送归舠。一条路打朱明过，直下潮阳看海涛。

云水相逢是偶然，江亭烧烛话新年。眼中但有牛眠地，指点青山不要钱。

赠邹处士还合州

人间忧喜也无期，万里间关一马归。莫洒东风别时泪，春光又满老莱衣。

石城米贱云门镇，吏目身轻翰苑官。归去山中偏好睡，家人不用远来看。

题也可庄上见一空

交交黄鸟弄春晴，也可山庄隐几听。莫以山林笑流俗，山人元是此山灵。

青山何处倚鸠藤，回首尘埃几折肱。林下一壶谁共醉，渊明只好对高僧。

醉中作

酩酊高歌掩旧书，青山日月笑居诸。一番春雨无分付，枉种桃花三两株。

酩酊放歌何处来〔1〕，东风吹笠上溪台。台傍有个高飞鸟，飞向三山去不回。

---

〔1〕“放歌”，遗诗补集、王安舜本作“高歌”。

观物

一痕春水一条烟,化化生生各自然。七尺形躯非我有,两间寒暑任推迁。

早饮辄醉示一之

清晨隐几入无穷,浩浩春生酩酊中。我若扶衰出门去,可能筋斗打虚空。

得廷实书

洗竹添花张户曹,忽抛闲散事煎熬。东门春水无人钓,又长溪头几尺高。

田夜读 田,先生孙也〔1〕

朝来窗壁尚涂鸦,灯下吾伊且赏瓜。不是风云天上梦,阿田家世本桑麻。

扫突炊秔及早鸦,东皋时有未芸瓜。田家乐事如翁少,男恋诗书女恋麻。

忆年童稚发如鸦,稍稍东陵学种瓜。今日肯嗟头似雪,江门三亩但萆麻。

纪梦

偶然嘉惠得邻封,无数金钱出袖中。欲向萱闱谈此梦,隔帘斜月未闻钟。

---

〔1〕“先生”,高简本、何熊祥本、王安舜本、黄之正本、碧玉楼本、四库全书本作“白沙”。

得世卿、子长近诗赏之

漠漠江天对把诗，竹坛风日引杯迟。翁歌此曲儿当续，问著别人都不知。

飞云高起大厓深，两处天教两鸟吟。莫把陇山来比并，山头鹦鹉被人擒。

诗到尧夫不论家，都随何柳傍何花？无住山僧今我是，夕阳庭树不闻鸦。

邹吏目书至有作，兼呈吴县尹

倾盖投缄不自轻，人间造次几晨星？天涯放逐浑闲事，消得金刚一部经。

落花遥对石城春，半箧残书一病身。茶筅粟瓶供客尽，不妨人笑长官贫。

天涯迁客病浑家[1]，开过东风几样花？容易江山得重九，问君何地落乌纱？

张侍御叔亨将赴京，遣人告行，求赠言不已，赋此以答

不为泯泯即波波，天命委之人奈何？秋雁未来君好去，文章覆瓿不须多。

梁文冠抄诗

口谩吟哦手谩抄，风坛疏竹昼相敲。不知今日沧溟上，天放何声此处高。

---

〔1〕“迁客”，原作“仙客”，据高简本、白沙文编、遗诗补集、何熊祥本、王安舜本改。

雪月风花信手抄,皇王帝霸入推敲。伊川击壤三千首,都共南风一项高。

君到诗情每被抄,玉台秋磬借僧敲。门前荷蒉知心否,云锁千峰月正高。

屋下尘编不暇抄,狂歌试把铁桥敲。秋风背取诗囊去,且看擎天柱杖高。[1]

梦缉熙

花前把酒问平湖,君到闽中忆此无。梦里征帆西下疾,两人江畔笑相扶。

宗廉送明瓦屏风至,次韵答之[2]

小中虽异大中同,明处韬光暗处通。三直五横真本子,人间无路献重瞳。

瓦木铺排得此身,乾坤何物到头真。道人具得屏风眼,还向小斋来卜邻。

渡厓海[3]

争如天上弄银河[4],不使鸣榔乱我歌。有酒只邀王母醉,托身明月挂婆娑。

---

〔1〕“柱杖”,原作“拄杖”,据高简本、遗诗补集、何熊祥本、黄之正本、碧玉楼本、四库全书本改。

〔2〕何滌,字宗廉,番禺沙湾人。成化二十年从学于白沙先生。“宗廉”,白沙先生诗文集中或作“宗濂”。

〔3〕此诗,遗诗补集、王安舜本亦有收录,题作“泛涯洲”。

〔4〕“争如”,遗诗补集、王安舜本作“即如”。

题石泉[1]

蟹眼不绝西陂陀[2]，涓流直下成江河。君钓石泉歌不得，江门渔父为君歌。

赠宗兄汝学使广西还

匹马行行西复东，一鞭腾破雪千重。寒梅初放一枝白，间破江南无数红。

梦梁明府益

十年信息杳西瓯，生别犹嗟死别休。紫水城西归葬地，梦中还作少年游。

同周文都宿黄鹤年宅

看山从我不赍粮，闻说葳蕤满道旁。草阁塘边邀饮罢，青灯同宿有周郎。[3]

菊旁午时花盛开

自浇黄菊数花辰，九日山尊对野人。只恐花开时已后，满篱须爱午时春。

楼上鹰

老拳促起此楼巅，那见秋风眼欲穿。明日阴晴先报了，天机漏

〔1〕《南川冰蘖全集》卷末附录此诗作“题石泉，为林永锡”。（林光《南川冰蘖全集》，第五一二页）

〔2〕“陂陀”，何熊祥本、王安舜本、黄之正本、四库全书本作“坡陀”。

〔3〕“灯”，原作“□”，据碧玉楼本补。

尽复何言。

赠李若虚宪副

欲别未别情难吐,白龙雨过黄云暮。莫辞写尽金盘露,明日玉台君不顾。

次韵李宪副若虚见忆

此蓑烟月此溪心,隔水樵歌尽好音。若向东湖倾此意,先生真个似依深。

林君求余一线之引,示以六绝句[1]

时时心气要调停,心气工夫一体成。莫道求心不求气,须教心气两和平。

存心先要识端倪,未识端倪难强持。万象森罗都属我,何尝真体离斯须。

收敛一身调息坐,要贪真静入无为。脱然心境俱忘了,一片圆融大可知。

群贤列圣无他适,百伪千邪向此消。更向一源观体用,灵根著土发灵苗。

工夫须用宽而敬,鱼跃鸢飞在此间。不用苦心求太迫,转防日用自生难。

饱历冰霜十九冬,肝肠铁样对诸攻。群讥众诋寻常事,了取男

---

〔1〕 自《林君求余一线之引,示以六绝句》至《厓门见渔樵者》,共六十一题、一○一首,底本原缺,兹据遗诗补集补出。案:其中除"是是翁"、"醉中赠客"、"题雁"、"题鹤"四题七首之外,其余五十七题、九十四首,王安舜本亦有收录。

儿一世中。[1]

题到轩

明朝花酒难留客，他雨往来共一灯。忽近绿檐啼不去，只疑山鸟是山灵。

访榄山归，将至扶胥口作

西望扶胥收雨脚，江声昨夜响如雷。贪看白浪船头坐，恰似银河天上回。

斋太父忌日作 章儿时顶发赤，太父每呼为毛黄儿云。

身上麻衣是道装，酒酣风月满林塘。阿婆膝上黄毛笑，笑着仙冠舞袖长。

江村十室九为农，一种田家有异同。白酒黄柑谁共醉，隔篱呼取老区公。田父区仕达也。

访龙塘

新筑沙堤踏欲沉，桃花初放水云深。先生若许移舟过，江上咿哑是好音。

---

〔1〕 此六首诗，《白沙先生文编》亦有收录。唐伯元于诗后加小注云："此诗原集缺，余尝亲见先生墨迹，书此诗并后小柬三通，共为一卷，罗文恭公题其首曰'江门指南'。后跋云：'此诗自序在成化癸巳岁，是时先生四十有六，盖其自得久矣。顾收敛归静，若初入室然者，晦不久则光不大，固先生进道之因也。今学者既乏静专，又易发露，欲与古人上下，乌可得哉？'又云：'此卷得之莆田林氏，林所立亦不凡。'谓林即见素公也。今按：见素虽亟慕先生，乃在出仕之后。先生寄之诗，及见素荐先生疏，皆应聘以后事。当成化癸巳，见素只可弱冠，未闻曾至白沙。据先生《与胡提学书》云'旧岁，莆田有一举人林体英来访白沙，与语两月，比归，亦能激昂自进'，当即其人也。"（唐伯元编次：《白沙先生文编》，第一卷，第五六至五七页）

春日偶成

春分已过未清明,花落花开阴复晴。九十春光正强半,黄鹂休作送春声。

一蓑一笠坐鱼台,白鸟飞来更不猜。如此风光如此伴,葛天人物与无怀。

村北村南风雨夜,讴歌何处荷锄归。明朝更有祈年会,洒酒椎牛愿莫违。

饥啄琅玕渴饮泉,渔歌樵唱白云边。山窗偶作罗浮梦,回首人间又几年。

是是翁

得道何妨行不同,贤今真个是愚公。闲人更与闲分别,便是无心是是翁。

醉中赠客

手把花枝唱竹枝,瓦瓶斟到日斜时。醉中独展蒲团睡,客去明朝知是谁。

稻垅人稀野庙昏,水烟浮动寨边村。北风日夜吹江水,不送孤舟到峡门。

题雁

度日穿云片影孤,沙洲欲下懒衔芦。上林八月秋风便,带得钟郎书有无。

一江秋水碧苔封,万顷梁田早稻红。渴饮饥餐随所有,养齐毛翼步秋风。

题鹤

五更霜冷欲呼群，大叫一声到处闻。破梦客窗欹枕后，余音犹彻九皋云。

黄昏不恋钓鱼槎，爱傍寒芦浅水沙。寄与江头莫吹笛，管教清梦绕天涯。

元夕

旨酒嘉殽与管弦，通霄鼎沸乐丰年。侯门深处还知否，百万流民在露天。

题画

红锦裁衾翠织衣，一般文彩见雍熙。绿阴苍树无人伴，闲看东风燕子飞。

暂逼烟江野鸟俦，忘机正好共沉浮。不须坚傍高枝立，为惜浓阴自白头。

芙蓉香冷越江湄，呼得潇湘伴侣归。日暮水寒栖不足，离群更傍五云飞。

肇庆峡，赠伍伯饶

白头无路几时休，来弄羚羊峡里舟。紫气函关天上事，更从何处望青牛。

夏日偶成

闪闪茅檐飞乳燕，青青瓦沼荫垂莲。眼前是事皆神理，只恨乾坤不会言。

乌桕树头鸠对语，白龙池上梦初还。不知何处征书至，趺坐蒲团擘荔丹。

将赴平冈卜居小述

厓门直北是平冈,巨浸东南接混茫。便与山灵留故事,即携妻子踏轻艎。

水边簇簇见连冈,却到冈头路渺茫。争道花源逐渔父,不知水曲是仙艎。

西望移家不作难,秋风吹近海门山。闭斋想像书红叶,见月仓皇放白鹇。

胜处何嗟步往难,此身还著北江山。山中老父能驯鹿,江畔儿童解网鹇。

春雨闲门花满冈,长烟十里水茫茫。笑接何郎为酒会,插花扶醉下归艎。

不羡黄猿与白鹇,无边大木胜孤山。如今纵有林和靖,安置吾庐也不难。

伐木何时作巨艎,东溟烟浪割山冈。傍人莫语吾庐窄,不隔藩篱路渺茫。

与邝德和

自家患病自家知,自把身心自疗治。心境静时身也静,心生还是病生时。

晓雨赠人

门前宿雨卷征旗,一枕黑甜都不知。滑滑江泥人去后,胧胧树色鹊飞时。

到家日呈光宇

黄云木石居然有，紫水菇蒲在眼中。毅卿已死诸郎少，林下归来合共公。

闻刘一谷讣

家累纷纷忽蜕蝉，人间尘土异皇天。千秋倘有良非子，莫浪归来一谷仙。

看《易》

精义入神以致用，利用出入之谓神。神无方而易无体，藏诸用而显诸仁。

春日偶成

飞飞蛱蝶花枝午，恰恰流莺柳市东。睡起西斋读周易，江春如酒醉衰翁。

夏日

山禽得侣昼啼稀，坐倚芙蓉面翠微。五月南窗无暑气，隔帘风卷水烟飞。

杨花台下水翻波，拨刺江鱼奈尔何。安得散人三五辈，短槎明月共渔歌。

万里长风万里波，只今无奈病衰何。竹弓射鸭荷花渚，闲听回桡女伴歌。

与谢叔贞里长

社中孺子能均肉，汉相功名定此时。我有双眸亦秋月，请君开手略施为。

建文丞相哀歌亭代疏

祠堂千顷厌江波，张陆之名更可磨。只少当时文相国，一间亭子表哀歌。

武当道士说天柱峰

罗浮三千六百丈，未闻天柱高如许。会须更上天柱峰，独立峰头视环宇。

径口道中

仆夫伊轧走肩舆，十里霜田路欲无。不怕玉楼寒起粟[1]，坐旁须挂酒葫芦。

肩舆前度正花开，花落肩舆客又来。恰似刘郎归去后，重寻山色到天台。

小年

今夕人间度小年，五男四女共炊烟。且看满席斓班舞，忽问明朝昏嫁钱。

小酌江村对小年，青灯茅屋吐青烟。黄柑白酒春来具，不用成都卖卜钱。

寄朱素庵

龙虎山高云气深，桃花闲动武陵心。仙家自昔无烟火，欲报新

---

〔1〕“粟”，原作“栗”，据王安舜本改。“不怕玉楼寒起粟”，典出苏轼《雪后书北台壁二首》“冻合玉楼寒起粟，光摇银海眩生花”。（苏轼撰：《苏轼诗集》，北京：中华书局，一九九二年，第二册，第六〇五页）

诗何处寻。

谢朱素庵寄八角盏及香炉

八角杯倾碧酒深，香炉烟灭老禅心。沙边竹径频频醉，湖上峰堆日一寻。

奇石牌吊古〔1〕

长年碑迹洗残潮〔2〕，野鬼还将野火烧。来往不知亡国恨，只将奇石问渔樵。〔3〕

大湘峡

竹里鞫鞫鸣一个，云中仙鹤舞成双。乱山对客皆为越，怪石如僧欲堕江。

题倪麟居忍轩〔4〕

世事百年谁适意，须知空洞一毫无。白沙门地皆沧海，莫下长江索老夫。

访友不遇

芒鞋竹杖小桥东，胜日相寻一笑同。芳草离离人不见，筚门半

---

〔1〕 此诗碑拓尚存，题为“登厓山观奇石碑”。（陈志平撰：《陈献章书迹研究》，第二三九至二四〇页）

〔2〕 “碑迹”，碑拓释文作“碑读”。

〔3〕 “只将”，碑拓释文作“只看”。又：诗末，碑拓释文有落款云“白沙陈献章，成化己亥九月重阳□□□”。

〔4〕 此诗，又被作为庄定山诗收录《定山集》，题为“君忍，为白沙门人倪圣祥作”，云：“世事百年谁适意，须君空洞一毫无。白沙门地皆沧海，莫下长江问老夫。”其中仅有两字不同。（庄昶撰：《定山集》，《景印文渊阁四库全书》，台北：商务印书馆，一九八六年，第一二五四册，第一六二页）。此诗究竟属白沙作品，抑或属定山作品，尚待进一步考证。

掩夕阳红。

漫叟泉头收百丈,回仙亭下住多时。如今纵有行藏意,那得楼中一句诗。

赠区孟章 章好仙术,不娶

山人久矣灭心兵,自信神清梦亦清。谁道仙家无伉俪,瑶池还有董双成。

梅花

似嫌桃李竞春红,素面盈盈霜雪中。惟有暗香禁不住,依稀犹似少年风。

登楼

清水溪边古渡头,花开十里一危楼。凭高痛饮不归去,何得人间汗漫愁。

梅花下忆李长源〔1〕

香似梅关马上闻,江门半树晚氤氲〔2〕。上林本是看花客,一见花开便忆君。

景云忽为曾点诗,赏之,遂次其韵

乾坤生意满江南,花下痴儿睡正酣。夜半啼鹃忽惊觉,起来香露湿青衫。

---

〔1〕 此诗又见阮榕龄《白沙丛考·白沙先生诗文补遗》,乃据《鹤山县志》辑录,题为"梅下忆长源"。(阮榕龄撰:《白沙丛考》,《宋明理学家年谱》第九册,第四九五页;又参陈献章撰:《陈献章集》,下册,第六九〇页)

〔2〕 "江门半树晚氤氲",《白沙丛考·白沙先生诗文补遗》作"江门晚树晓氤氲"。

点笔春风得指南，篱门新月兴初酣。浩歌欲索山瓶醉，典却中宵旧葛衫。

送钟地曹至柳渡

一身长病又离群，客舫栖栖野水滨。落花落日如红锦，只醉沙鸥不醉人。

寓意

莲花滴滴莲子香，采莲女儿莲叶裳。笑入花间不知处，错疑轻瓣是新妆。

挽容彦昭〔1〕

泪尽秋风草木间，游魂暗逐薤歌残〔2〕。千秋只有无情月，遍照松根处处山〔3〕。

闲去闲来一片云，山南山北映人坟。年年相见江门下，只有梅花是故人。

暮春〔4〕

春眠闭阁日沉冥，咫尺溪篱懒更行。却愧枝头子规鸣，千秋人国未忘情。〔5〕

---

〔1〕 此诗又见阮榕龄《白沙丛考·白沙先生诗文补遗》，乃据《列朝诗集》辑录，题为“悼容彦昭”。（阮榕龄撰：《白沙丛考》，《宋明理学家年谱》第九册，第四九七页；又参陈献章撰：《陈献章集》，下册，第六九二页）

〔2〕 “暗”，《白沙丛考·白沙先生诗文补遗》作“晴”。

〔3〕 “松根”，《白沙丛考·白沙先生诗文补遗》作“松楸”。

〔4〕 此诗《白沙先生文编》亦有收录，题为“喜晴”。唐伯元于题下加注云“余家藏有先生手书，原集缺，今补入”。（唐伯元编次：《白沙先生文编》，第一卷，第四十二页）

〔5〕 “人”字原缺，据白沙文编、王安舜本补。

江浦白马庵次娄提学侍御韵二首

坐我黎床弄我琴,春风一曲杏坛音。从今直到无弦去[1],万古乾坤万古心。

朝忆罗浮暮武夷,山中明月几盈虚。扁舟归去东溟上[2],只钓清风不钓鱼。

与戴老达 老达,门人戴球孙乳名

老达聪明清且奇,六龄能诵石翁诗。江山此夜携明月,压我壶献十二枝。

次韵答孟期

茫茫洙泗派来长,老眼谁开第一眶。东海观穷今北海,诗船还许共辉煌。

成化丁未哀诏至,杂言

萧萧白布裹乌纱,十载君恩许卧家。溪上不曾携酒去,空交明月管梅花。[3]

祷雨

眼见闾阎愁卖犊,忍看枯槁遍畴中。几宵祈祷真忘寐,一点精诚便可通。

---

[1] "从今直到无弦去",沈孟化、陆察、张梦柏纂《万历江浦县志》所载此诗作"从今只到无弦处"。(《天一阁藏明代方志选刊续编》,第七册,第六〇一页)

[2] "扁舟归去东溟上",沈孟化、陆察、张梦柏纂《万历江浦县志》所载此诗作"扁舟归向东溟去"。(《天一阁藏明代方志选刊续编》,第七册,第六〇一页)

[3] 此诗,《白沙先生行状》所载作"三旬白布裹乌纱,六载君恩许卧家。溪上不曾携酒去,空教明月管梅花"。以《行状》所载较为优胜。

与邓茗溪约赏中秋于潮连柳渡 原集少此一首

欲借中秋酒一杯，清溪明月笑徘徊。山村亦有如拳米，自带狂夫五斗来。

至潮连二首

何处停舟问酒东，客程三日雨濛濛。青灯醉杀潮连夜，白酒红柑对马公。

煮蚬津头舫欲东，隔坡细雨昼濛濛。三人对酌两人醉，公别江门我别公。

次韵乡友四首

梧桐月到井西头，分与芭蕉共管秋。君忆白沙秋色否，请君见月上西楼。

何处松根枕白头，玉台风日美新秋。此中若有行藏意，不唱唐人独倚楼。

平湖去后少同游，可惜江门一片秋。携取西良佳子弟，月明来共庾公楼。

笼鹅榼酒选苍头，孙侍儿扶病出游。笑杀西伶富年少，满楼明月不登楼。

寄李世卿〔1〕

去岁逢君笑一面，经年笑口不曾开。山中莫谓无人笑，不是真情懒放怀。

---

〔1〕 此诗，《白沙先生文编》亦有收录。（唐伯元编次：《白沙先生文编》，第一卷，第四九页）

喜家慈病愈

莱衣喜见白头亲，又喜今朝病去身。七十二年如作佛，世间惟有未亡人。

次韵伍元白

春波何处弄弥茫，天道阴晴未可量。却爱放船东浦口，采菱歌斗竹枝长。

酒店无钱与酒迟，轻寒天气菊残时。自怜不是陶元亮，也得偷闲坐短篱。

城南火，呈丁县主

六载朝天未买舟，长官还为此民忧。南厢昨夜无人睡，共对寒灰哭未休。

遣景云往祭梁长官益

独将杯酒祭丘坟，甥舅情深不笑贫。谩说浔阳江路险，北风还有远行人。

暮春有怀马默斋

春花欲烂爱身轻，晓枕醒来问雨晴。十里东西隔烟水，五旬不见马先生。

无题

谁将酷烈千般毒，变作恩光一派深。惆怅先民不复见，更凭高处尽沉吟。

林间无事可装怀，昼睡功劳酒一杯。梦醒不能全省记，半随风雨过东街。

利名都不到胸中，由此胸中气自冲。既爱且憎俱是病，灵台何日得从容。

清世何须更出家，岂无真静抗浮华。曾闻点石旌阳令，任是神仙也坐衙。

经水心遗址 宋罗开礼所居之地

功名竹帛莽难寻，万古青山对水心。逆旅乾坤应是尽，不须怀古动长吟。

题红梅

桃李春风锦是宜，梅花如锦使人疑。江边昨夜无穷意，分付乾坤水月知。

漫笔

旧病诗狂与酒狂，近来泉石又膏肓。不医则是医还是，更问无方定有方。

厓门见渔樵者

奇石矶头有鱼卖，孤舟日暮忽相投。渔家锻治俱无赖，争取青钱与细钩。

春夏有船来斫薪，天风万舫正愁人。书生皓首浑无用，愿备山虞禁斧斤。

奉陪家兄与古淡山酌〔1〕

落落乾坤两老翁，半生期许半相同。松间对酒谁为酌，喜得季

〔1〕 自《奉陪家兄与古淡山酌》至《哭潘季亨》，共三首，底本原缺，兹据碧玉楼本补出。（《白沙子全集》，碧玉楼刻本，第九卷，第七一页；第十卷，第二页；第十卷，第六四页）

方到此中。

代简潘季亨

四野狼烟一日消,归装已度白云桥。江门忽值携琴使,寄语闲来话寂寥。

哭潘季亨

毅卿希大虽倾谢,此外宁无二子真。一傍江山埋汝骨,几回天地哭吾人。

题陈氏世寿堂〔1〕

有客曾过世寿堂,笑索尊中白酒尝。此客姓名人不识,传与君家不老方。

世寿堂前春似海,好花还为老人开。老人不看花颜色,也爱花香落酒杯。

绝句二首寄缉熙贤友〔2〕

矢心欲解浮名缚,海上林光汝最真。四百峰峦分我半,清风明

---

〔1〕 此诗原缺,《崇祯肇庆府志·艺文志》有收录,兹据李君明《陈白沙诗辑逸》补出。(李君明撰:《陈白沙诗辑逸》,《岭南文史》,二〇〇六年第三期,第五〇至五二页)案:此诗碧玉楼本亦有辑补,题为"寿湛丈",且题后有小注云"甘泉父也"。(《白沙子全集》,碧玉楼刻本,第十卷,第一页;《陈献章集》,下册,第六八八页)经考证,湛若水(初名露,字民泽。后以避祖讳,改名为雨。弘治十七年,再改名若水,字元明。因居增城甘泉都,学者称甘泉先生)之父湛瑛卒于成化十二年丙申(当公元一四七六年;一说卒于成化二十年甲辰,当公元一四八四年)。弘治七年甲寅(当公元一四九四年)二月,湛若水始从学于白沙。白沙无作诗为湛甘泉之父贺寿之可能。可见,碧玉楼本诗题中所谓"湛丈",绝非"甘泉父也"。小注所谓"甘泉父也",应非白沙先生之手笔,而为碧玉楼本编者所误加。据《崇祯肇庆府志·艺文志》,此诗乃为陈氏世寿堂而作,与湛氏无关。

〔2〕 自《绝句二首寄缉熙贤友》至《寄榄山》,共六首,底本原缺,据《南川冰蘖全集》卷末附录、《陈献章集·陈献章诗文续补遗》补出。(林光《南川冰蘖全集》,第四六八至四七四页;《陈献章集》,下册,第九八二至九八六页)

月两闲人。

澄江空为谢家有，春草也傍他门生。若道诗无工拙句，古今何得有诗评？

寄缉熙

种种日用见端倪，而此端倪人莫窥。不有醒于涵养内，定知无有顿醒时。庚寅六月。

岁暮得林缉熙平湖书

开缄不见平湖字，君住平湖今几冬？想见朱颜非往日，故人林下首如蓬。

缉熙书中问不报郑宪副书，因成小诗代简，托缉熙达意

疏梅瘦竹晚相扶，又见篱根一岁徂。老向往来多不记，平湖平问郑公书。

寄榄山

相思无语出门迟，短发龙钟只自知。独往逢君是何日，黄鹂飞上绿杨枝。

大忠祠〔1〕

天地神祠此大忠，百年舟楫更谁同。苍厓不是无春色，吹尽斜阳一笛中。

---

〔1〕 自《大忠祠》至《游厓山》，共两首，底本原缺，兹据郭棐《岭海名胜记》卷十九所辑补出。（郭棐编辑、王元林校注：《岭海名胜记校注》，第九二六页）

游厓山

千寻铁索锁江云,南北当年一水分。晚泊孤舟奇石下,两厓风雨夜深闻。

寄施以政〔1〕

水上红霞抹白云,台旁春色映溪分。风光不遣人描画,描画何人得似君。

读秫坡集

曾从父老问前因,说到才情迥绝伦。今日偶然文字外,分明文字一般春。

直上辽阳访管宁,至今此语耸人听,当时英迈知何似,肯向泥涂险处行。

笔端写出自滔滔,人物当为一世豪。欲识胸怀真富有,长江万里涌波涛。

尘外亭南我旧居,自从丱角慕相如。他年倘有东阿眚,敬为先生特笔书。

问容允恭

阿咸送米小庐冈,问讯高眠尚北窗。安得如前好筋力,与君驮醉蹇驴双。

〔1〕 自《寄施以政》至《问容允恭》,共六首,底本原缺,兹据阮榕龄《白沙丛考·白沙先生诗文补遗》补出。(阮榕龄撰:《白沙丛考》,《宋明理学家年谱》第九册,第四九五至四九九页;又参陈献章撰:《陈献章集》,下册,第六九一至六九三页)

阙题（“云定江门趁暮潮”）〔1〕

云定江门趁暮潮，晚烟秋色欲同飘。渔矶兀坐扶蓑客，画舫谁思载酒瓢。弘治己酉，陈献章。

阙题（“相送阳关问酒诗”）〔2〕

相送阳关问酒诗，此行还剖复逢期。良工终有丹青妙，难写相思在画图。病夫陈献章。

阙题（“蓑翁溪坐上溪云”）〔3〕

蓑翁溪坐上溪云，晓雨松花醉十分。春共海鸥眠海上，海鸥放浪不疑君。

送茅龙〔4〕

胸中骚雅浃汪洋，手里龙蛇不可降。赠尔茅根三百丈，等闲调性到千张。

濛里驿望南华〔5〕

濛里驿前溪可怜，爱花何谢武陵川。路人说是曹溪水，犹与曹

---

〔1〕 此诗原缺，然其墨迹尚存，兹据墨迹补出。（杨儒宾、马渊昌也主编：《中日阳明学者墨迹》，台湾大学出版中心，二〇〇八年，第一八页）

〔2〕 此诗原缺，然其墨迹尚存，兹据墨迹补出。（陈福树撰：《陈白沙的书法艺术》，第六二页）

〔3〕 此诗原缺，然其墨迹尚存，兹据墨迹补出。（陈福树撰：《陈白沙的书法艺术》，第六九页）

〔4〕 此诗原缺，然其墨迹尚存，兹据墨迹补出。（陈福树撰：《陈白沙的书法艺术》，第八四页）

〔5〕 此诗原缺，原见白沙先生《次韵诸友留别诗卷》墨迹，兹据陈志平所录释文补出。（陈志平撰：《陈献章书迹研究》，第二五一页）

溪隔一川。

阙题("也知山下水东流")[1]

也知山下水东流,独泛长江十月舟。无翼可随凤鸟去,相忘相复到浔洲。

阙题("数年学道究重玄")[2]

数年学道究重玄,山顶莲花水底天。今朝悟来无一物,不离本性即神仙。

画鹤二首[3]

千里乘风一举回,霜毛曾不染纤埃。若非缑氏山头驾,定是衡阳郭外来。

九皋清唳与天通,更借吹嘘铁笛风。五马人生何足贵,仙家骐骥自行空。

---

〔1〕 此诗原缺,《民国开平县志》第三十二卷有收录,兹据程明《陈白沙诗文补遗》补出。(程明撰:《陈白沙诗文补遗》,《岭南文史》,一九九二年第二期,第三七至三八页)案:李君明先生亦辑录此诗,题为"赠关中诗"。(李君明撰:《陈白沙诗辑逸》,《岭南文史》,二〇〇六年第三期,第五〇至五二页)

〔2〕 此诗原缺,近人容庚《颂斋书画小记》有钞录,兹据以补出。(容庚撰:《颂斋书画小记》,广东人民出版社,二〇〇〇年,上册,第七三页)案:此诗后尚有二首,其中一首("谷口春残黄鸟稀,辛夷花尽杏花飞。始怜幽竹山窗下,不解清除待我归")非白沙作品,而为唐人钱起作品,题为《暮春归故山草堂》;另外一首为白沙《梅花十首》之第五首。且有跋语云:"弘治二年冬,子长命书,是日应之。"

〔3〕 此诗原缺,陈邦彦等编《御定历代题画诗类》第九三卷有收录(陈邦彦等编《御定历代题画诗类》,《景印文渊阁四库全书》,第一四三六册,第四〇八页),兹据以补出。

赠萧子鹏〔1〕

玉峡萧郎海上来，海边云气拥楼台。峡中亦有楼台拥，始信萧郎海上回。

秋夜楚云台小集，赠刘宗信及其从子浩〔2〕

一曲一杯欢此游，白云高卧楚山秋。月明我记南安梦，醉倒君家铁汉楼。

阙题（“烟岚群壑暝”）〔3〕

白沙酒盏定山诗，开到黄花一半时。莫把两翁分别看，诗肝脾是酒肝脾。

南岳〔4〕

垂垂一影落人间，久矣无人一貌看。多少画师传不去，只欠元初画幅宽。

---

〔1〕 此诗原缺，阮榕龄《编次陈白沙先生年谱》“成化十一年乙未”条曾据《万姓统谱》加以引述。凌迪知纂修《同治永丰县志》第二十九卷亦有收录。兹据阮榕龄《编次陈白沙先生年谱》补出。又：此诗，此前陈永正《陈献章诗编年笺校》已辑录。（陈永正撰：《陈献章诗编年笺校》，上册，第六四页）

〔2〕 此诗原缺，《咸丰龙门县志》有收录。兹据陈永正《陈献章诗编年笺校》补出。（陈永正撰：《陈献章诗编年笺校》，上册，第五三二页）

〔3〕 此诗原缺，原见于香港艺术馆藏品。兹据陈永正《陈献章诗编年笺校》补出。（陈永正撰：《陈献章诗编年笺校》，下册，第一〇二五页）

〔4〕 此诗见于湛若水《泉翁大全集》第十一卷《书付时素子敦》。陈永正《陈献章诗编年笺校》将其作为佚诗辑录。（陈永正撰：《陈献章诗编年笺校》，下册，第一〇二九页）案：白沙《别廷实张主事》云，“万丈祝融何处山，三年碧玉梦相关。多少画工传不去，都没贤今画幅宽”。两相比较，似乎为同一首诗，然文字颇有差异。

世纪出版

陳獻章全集

简体增订本

下

【明】陈献章 撰

黎业明 编校

上海古籍出版社

附录一：白沙子古诗教解

门人湛若水撰

诗教解原序

甘泉生曰："夫白沙诗教何为者也？言乎其以诗为教者也。何言乎教也？教也者，著作之谓也。白沙先生无著作也，著作之意寓于诗也，是故道德之精必于诗焉发之。天下后世得之，因是以传，是为教。是故风雨雷霆，皆天之至教也；《诗》《书》六艺，皆圣人之至教也。天之至教运而万物生矣，圣人之至教行而万化成矣。"

或曰："然则，白沙岂圣人之徒与？"曰："白沙先生学圣人者也。"

"然则，何以有教？"曰："圣人有圣人之教，贤人有贤人之教，其致一也。"

曰："白沙之诗多矣，曷为而不入诗教也？"曰："吾采其希古者也。昔者，水也请古诗之学于先生，先生然之，然犹曰愈其难也。若夫近体之作之妙者多矣，系于文集，吾未采焉耳。何以未之采也？明先生之著作以别于后之诗流尔也。窃取乎著作之义，庶其在解乎，庶其在解乎！"

时正德辛巳孟秋之吉，门人湛若水谨撰。

重刻诗教解序

族祖白沙先生以道鸣天下,不著书,独好为诗。诗即先生之心法也,即先生之所以为教也。今读先生之诗,风云花鸟,触景而成,若无以异于凡诗之寄托者;至此心此理之微,生生化化之妙,物引而道存,言近而指远,自非澄心默识、超然于意象之表,未易渊通而豁解也。时维甘泉湛氏领会最真,盖得于函丈者邃矣,于诗教之深广固莫逆于心矣。于是揭己所解,欲使人皆得解,取先生古体诸什悉为之解。古体解而近体可因以解,更无庸赘为之解。天下后世,循其解以味先生之诗,缘诗而窥先生之道,庶不负先生之教矣乎!顾其书镂板久失,家藏刻本既多残缺,各处抄本复多差讹,侄孙世泽旁搜累年,乃得参互考订以复其旧。噫!是书嗣刻,先生之教,灿然得解者众矣;先生之道,因诗教而益彰矣。甘泉嘉惠后学之功,亦随之不朽矣;世泽克辑遗书,无愧先生之侄孙矣。兹非吾家一盛事乎?遂喜而为之序。时乾隆三十六年,岁在辛卯,孟冬,族后学炎宗谨撰。

白沙子古诗教解卷之上

和杨龟山此日不再得韵〔1〕

能饥谋艺稷,冒寒思植桑。少年负奇气,万丈磨青苍。梦寐见

〔1〕 明刊本《白沙先生诗教解》(《四库全书存目丛书》集部第三五册,济南:齐鲁书社,一九九七年影印本)无此诗及其注解,疑为湛若水修订此书时所删。

古人，慨然悲流光。吾道有宗主，千秋朱紫阳。说敬不离口，示我入德方。义利分两途，析之极毫芒。圣学信匪难，要在用心臧。善端日培养，庶免物欲戕。道德乃膏腴，文辞固粃糠。俯仰天地间，此身何昂藏。胡能追轶驾，但能漱余芳。持此木钻柔，其如磐石刚。中夜揽衣起，沉吟独徬徨。圣途万里余，发短心苦长。及此岁未暮，驱车适康庄。行远必自迩，育德贵含章。迩来十六载，灭迹声利场。闭门事探讨，蜕俗如驱羊。隐几一室内，兀兀同坐忘。那知颠沛中，此志竟莫强。譬如济巨川，中道夺我航。顾兹一身小，所系乃纲常。枢纽在方寸，操舍决存亡。胡为谩役役，斫丧良可伤。愿言各努力，大海终回狂。

比而赋也。《此日不再得》，乃宋儒杨龟山作以示学者。先生年四十复游太学，祭酒邢让以为试题，故先生作此，自言其学圣人之事也。首二句，以谋衣食之急比谋道之急，以引通篇。负奇气而磨青苍，欲希天也；梦古人而悲流光，恐蹉跎也。高瞻远望，古人先得我心者，朱紫阳之说敬乎！盖敬者，圣人之心法。圣德莫大于敬，则入德莫要于主敬；主敬以剖义利，则圣可学。可见圣学匪难，要在心臧而已。心者，敬之主宰，万善所由发端者也。能反心以养其善端，勿为戕贼，方为道德之膏腴；若文辞，不过粃糠。人身参天地，不能追古人道德之轶驾，但漱文辞之粃糠，何足贵哉？今以木钻之弱质，研弥坚之道，如磐石难入，安得不愧愤交集、夜起徬徨？盖以圣途远而心思长也，则及时精进，安可缓乎？行远自迩，进学之序也；育德含章，道德之积也。时先生年四十，此云“迩来十六载”者，自二十五岁将往学临川时始计也。归自临川，闭户尽穷古今书籍，所谓“闭门事探讨”也。既而叹曰：“夫学贵自得也。”筑春阳台静坐数年，所谓“一室同坐忘”也。此四句言从前为学之事。及久之,又叹曰:“夫道无动静也。得之者动亦定,静亦定。苟欲求静,则非静矣。”乃随动静以施功,所谓颠沛莫强,如济川之夺航。此四句乃当时学力所到者。盖到此全体功夫,方觉从前之未尽也。“顾兹”以下,又自励其将来之功。一身为纲常所系,而一心实为枢纽,不可不操存而任其斫丧[1]。“心”字应上。“用心臧”最是圣学要紧处,圣人千言万语,只要教人收拾此心。操此枢纽,则万化由此出;而所以操之,不外上所言敬耳。“努力”、“回狂”,则道岸可登矣。

夫先生主静而此篇言敬者,盖先生之学原于敬而得力于静。随动静施功,此主静之全功,无非心之敬处。世不察其源流,以禅相诋,且以朱陆异同相聚讼,过矣。先生尝曰:“伊川见人静坐,便叹其善学。此静字,发源濂溪,程门更相授受。晦翁恐人差入禅去,故少说静,只说敬。学者须自量度何如,若不至为禅所诱,仍多静方有入处。”按此则静与敬无二心、无二道,岂同寂灭哉?

此篇乃四十岁以前事,后来所造之高,所得之深,尚未及言,然即此可想矣。当时称为“龟山不如”,岂虚语哉!

示湛雨 若水,初名雨,字民泽。

有学无学,有觉无觉。千金一瓠,万金一诺。于维圣训,先难后获。天命流行,真机活泼。水到渠成,鸢飞鱼跃。得山莫杖,临济莫喝。万化自然,太虚何说。绣罗一方,金针谁掇?

赋而比也。天命,即天理也。“有学”、“有觉”二句,皆谓溺于记诵、滞于见闻者,虽有学如无学,虽有觉如无觉也。“千

[1] “操存”之“操”,原误作“掺”,今改。

金一瓠”,《鹖冠子》“中流失船，一瓠千金”，此借引以言本心也。言学当超于言语之外，而致力于不睹不闻之体，《中庸》所谓“天下之大本”也。大本立，则有一瓠千金之重；此言一诺，则重于万金矣。如曾子唯“一贯”之旨是也。然必先用功艰难而后可获，果能先难后获，则天理流行；其真机活泼，水到渠成，无非鸢飞鱼跃之妙，将见万化皆从此出，如太虚之无言，何用如得山、临济二僧以杖喝为教者乎？又借引绣罗以比千变万化皆从本心应用。然则金针在我，又谁掇乎？盖佛氏所谓“莫把金针度与人”者。以金针比心，此心人人各具，我不能授之于人，人亦不能掇之于我，释氏可谓不识心者矣。此诗乃先生病革以示若水者，深明正学以辟释氏之非，其意至矣。

示黄昊

高明之至，无物不覆。反求诸身，欛柄在手。

比而赋也。高明，谓人心之本体，所谓“极高明”者也。欛柄，亦以比心之主宰处。言高明之体，覆物无外，然非他求也，其主宰在我；诚能反身求之，则可以极高明之量，心常惺惺，何所不照乎？

鲁伯真墓铭

源之华舒舒，柯之实累累。人无固本兮，草木弗如。泽不竭兮，公之余；我铭示后昆兮，勿替厥初。

兴也。源之华者，水畔之草华也。舒舒，开发也。累累，硕大也。言水际之华则舒舒矣，木柯之实则累累矣，华实之盛，有本者如是也。人而不固根本，则何以达于事业、裕于后昆乎？反草木之不如矣。

李子高墓铭

生不足，归于天；义不足，何有于年？呜虖！子高之心，匪我铭之，而谁与传？

赋也。言人生夭折而不足于年，则归之天命，然"朝闻道，夕死可矣"。若义不足，则虽长年，亦何用哉？谓夭寿不足计，惟当尽道于己也。

李元春墓铭

有道于此，匪难匪易。能者谓贤，不能者耻。母疾子侍，弟扶兄醉。尧舜之道，孝弟而已。

赋也。言道非可以难易言也。盖难易只在人之能不能，而不在道。贤愚之分，总决于此。

处士陈忍庵墓铭

世无我遗，安以隐为？世不我须，其隐亦宜。

赋也。言用舍在人，行藏无与。君子在世，与时偕行而已，不必于隐，亦不必于不隐也。

题画松泉，为张别驾吉

水流石间，生两松树。洗耳挂瓢，无此佳处。幸逢尧舜，那无巢许？

赋也。"洗耳"、"挂瓢"，巢、许事。此诗题别驾张克修之画。言水出于松石之间，松可以挂瓢，水可以洗耳，但无巢、许之徒耳。夫巢、许之事过于中道，而先生言之者，所以激廉立懦也。

拨闷

久病在床，展转莫舒。我欲观化，有握其枢。人有善愿，天必从之。我病几时，我念西驰。我行趦趄，如饥思食，如寒思衣，动惟厥时。匪亟匪徐，鱼跃鸢飞，乃见真机，天岂不知？天偶遗之，吾将尤谁？我聊任之，拨闷以诗。

赋而比也。此先生拨闷之诗。先言久病展转，欲观化而又有天握其枢；又言病不得遂衡山之游，念念之勤如此。然而举动亦自有时，须不徐不疾，如鸢飞鱼跃，而后可见真机。今我之病不遂行志，天岂不知哉？盖天普万物而无心，偶忘之耳，故我当安天命。而作此诗以拨闷，盖归乎正矣。

可左言，赠佥宪王乐用归瑞昌

可可可，左左左，费尽多少精神，惹得一场笑唾。百年不满一瞬，烦恼皆由心作。若是向上辈人，达塞一齐觑破。归来乎青山，还我白云满座。莫思量，但高卧。

赋也。三言“可”者，言可之过，不能“无可无不可”也。左，犹差也。三言“左”者，言差之甚也。此诗名“可左言”，先生所作以赠佥宪王乐用者。乐用初以御史退居二十余年，今起用为广东佥事，不逾年，考察去官。此诗送之，叹其可之过矣、差之甚矣。人之作意以劳精神，反召人之笑唾；不知人寿几何、百年如一转瞬，所以致此烦恼者，皆心自为之耳。若向上之人，即明穷达之义，而不致此矣。今奈之何哉！但归来与青山白云为侣，静坐省思虑，尚可补过于晚景耳。

题吴兆麟采芳卷

岁云暮矣，冬雨凄凄。牛僵马危，商旅不归。号寒啼饥，穷民怨咨。采芳何为？将以遗所思。所思在远道，天寒日短，谁为致之，不如待时。时维仲春，阳道既亨，万物得时。和风披披，人情熙熙。博采众芳，泛泛轻航。驾言出游，不泥一邦。云龙风虎，其传自古。而德之所被，人将化之。如赴壑之水，汩汩洋洋，不亦深乎！

比而赋也。兆麟，字瑞卿。此诗因吴兆麟《采芳卷》而作，托意高远。言岁寒冻雨、牛僵马危、商旅不行之时，但见穷民有饥寒之叹，此时将采芳以寄远人，又无可致之机；不如且待时之春，天道之阳，物理之亨，人情之和，此采芳其时也。于是驾轻航以遍游，不亦可乎？且云从龙、风从虎，声应气求，乃理之自然。若此时出游，则德被于人而人化之，如水之赴壑，不能自已，其入人岂不深哉？盖比出处以时而不可苟也。

家庙钟铭

其质重，其声迟，其动静有时，永以为神之依。

赋而比也。此铭家庙钟之诗。言此钟之为质甚重，故其为声则迟，盖以喻人之为学，所积者厚，则其事业亦晚发也。然声之动静，扣则鸣，不扣则不鸣，鸣以时耳，喻人之动静语默一惟其时也。或曰“此诗喻人家积德之厚者，则其裕后必远，固自有时”，亦通。永为神依者，钟声动则神感而凭依之也。

丁氏祠堂钟铭

出佛山冶，入济阳堂。厥声镗镗，震于无疆。

赋而比也。佛山，乡名，铸冶之地。此铭丁知县祠钟之诗。言此钟铸于南海之佛山而入丁氏之祠堂，其声则镗镗然而震于无疆矣。喻丁公积治新会，德政及人，故声闻驰于当时、传于后世而不泯也。

改铸邑谯楼钟铭

费而不伤，坏则有成。同百里之声，存万世之经。作民不信，视此钟铭。

赋而比也。不伤，谓费得其宜也。坏者，钟之坏也。万世之经，谓正教也。此铭丁侯所改铸邑谯楼之钟。言丁侯铸此钟虽费，然坏则宜改铸，费所当费，故曰不伤。又因言此钟之声，闻于百里，如声教之同然。所以警人心，使归于皇极，而万世之经常存。此丁侯作民之政教也。若谓作民之政无考信，则何不视此铭乎？

钟始造模而丁侯卒，惜侯之志不及成。此铭亡，后有继之者何以考？故录之。

世赖堂铭

恭惟我祖，渭川府君，所立殊众。七十八年，汉阴抱瓮。自是以来，我家用开。堂以世名，德音孔恢。

赋也。惟，思；恢，大也。渭川，先生祖之别号也。汉阴抱瓮，言守拙不为桔槔之机巧也。先生作此诗以铭其世赖堂。堂以渭川府君为祖，所立殊众[1]，故老犹以拙自守，不为机巧，实为我开家之祖。故堂以世名，而德音孔恢，皆自此始矣。

---

〔1〕“堂以渭川府君为祖，所立殊众”，《白沙先生诗教解》作“堂以渭川府君为高祖。言敬思我渭川高祖，所立殊众”。

忍字赞

七情之发,惟怒为遽。众逆之加,惟忍为是。绝情实难,处逆非易。当怒火炎,以忍水制。忍之又忍,愈忍愈厉。过一百忍,为张公艺。不乱大谋,其乃有济。

赋而比也。七情,喜、怒、哀、乐、爱、恶、欲也。先生作此诗,名为"忍箴"。言七情惟怒发之甚遽,故于横逆之来,尤当坚忍也。盖忍能制怒,如水能制火。然必忍之之久,使愈坚厉,至如张公艺忍字百余,然后为忍之至也。故又引《书》"必有忍乃有济"以明之。若小不忍而乱大谋,岂非人所当深戒乎?

答张内翰廷祥书,括而成诗,呈胡希仁提学

古人弃糟粕,糟粕非真传。眇哉一勺水,积累成大川。亦有非积累,源泉自涓涓。至无有至动,至近至神焉。发用兹不穷,缄藏极渊泉。吾能握其机,何必窥陈编。学患不用心,用心滋牵缠。本虚形乃实,立本贵自然。戒慎与恐惧,斯言未云偏。后儒不省事,差失毫厘间。寄语了心人,素琴本无弦。

赋而比也。经者,圣人精意之寓也,而云"糟粕"者,盖为诵言忘味者言耳。此诗檃括与张学士廷祥书语,以与胡希仁提学者。借引轮扁"糟粕"之说,言古人以经书为糟粕者,以其诵言忘味为非真传也。若夫贤人之学,由积累而至者,如一勺之水可成大川,程子所谓"庄敬持养"者是也;至于圣学心得之妙,不由积累,如源泉之出,自涓涓而不息,程子所谓"质美者明得尽,渣滓便浑化"者是也。然此至无而至动、至近而至神,若得此欛柄入手,则陈编不必窥矣。古人读书,不过以开发聪

明，不可牵缠此心也。但经云"学于古训"，而此云然者，亦为诵言忘味者言之。用心牵缠，亦谓溺于章句之病。盖圣学以自然为本，本立则未发而虚、已发而即实，亦周子静无动有之意。又言戒谨恐惧，若求之太过，则失其自然之本体矣。故又言学者之了心，当如素琴之无弦，而后可以入道，即明道所谓"圣人以情顺万物而无情"之意。

〇此篇乃将《答张内翰书》会括成诗，虽书中之言不止此，而大意不外此也。世多訾之，抑亦未深思耳。所谓"至无"者，即"无极而太极"之"无"，阴阳动静皆由此出，五行万物皆由此生，非"至无有至动"乎？夫妇居室之间，无非鸢飞鱼跃妙理，活泼泼地，非"至近而至神"乎？放之弥六合，非"发用不穷"乎〔1〕？卷之藏于密，非"缄藏渊泉"乎？喜怒哀乐未发，为天下大本，则"本"非"虚"乎？发皆中节，乃为天下达道，非"形乃实"乎？朱子尝谓"圣人之心至虚至明，浑然之中万理皆备"，所谓虚也；而所谓"一有感触，则其应甚速，无所不通"，皆本于此，故曰"致虚所以立本也"。先生之意，总见先静而后动，须以静为之主；由虚乃至实，须以虚为之本。若不先从静虚中加存养，更何有于省察？故戒慎恐惧虽是存养，而以此为主、以此为本，非偏于存养也。《中庸》先戒惧而后慎独、先致中而后致和，朱子谓"体立而后用有以行"、程子谓"不专一则不能直遂，不翕聚则不能发散"〔2〕，皆是此意也。周子之论学圣也，曰"一为要。一者，无欲也。无欲则静虚动直"，其即先生主静致虚之学乎！圣学精微俱括于此，

〔1〕"乎"字原缺，据上下文句式补出。

〔2〕"程子"，原误作"周子"，今改。"不专一则不能直遂，不翕聚则不能发散"乃程子语。(《二程集》，第一册，第一二九页)

奈何以禅目之[1]?

代简答罗一峰殿元

台城一挥袂,忽忽星周五。路永消息断,年深别离苦。思君发为白,始白数茎许。今晨对书尺,白者不可数。先生天下士,讵肯顾衡宇?怅望曹溪约,独与光也语。

赋也。挥袂,言别也。曹溪,韶州南华寺。光,林缉熙名,先生弟子。此诗先生所以寄罗一峰先生者,言与一峰别久,途远而信绝,年久而思苦,发为之白。今得其书,思愈甚而发愈白,然徒思耳。先生固天下士,岂肯来顾我乎?则夫昔年曹溪之约,徒托诸空言,而独与缉熙言之耳。一峰约会南华不至,故云。

自策示诸生

贤圣久寂寞,六籍无光辉。元气五百年,一合又一离。男儿生其间,独往安可辞。邈哉舜与颜,梦寐或见之。其人天下法,其言万世师。顾予独何人,瞻望空尔为。年驰力不与,抚镜叹以悲。岂不在一生,一生良迟迟。今复不鞭策,虚浪死勿疑。请回白日驾,鲁阳戈正挥。

赋也。此诗先生以自策而示诸生者。言圣贤之不作,六经为之不明。而元气五百年一合而生圣人,既一合又一离,故圣人不常有也。然男儿生其间,岂可自弃而不向往哉?舜、颜为天下师法,我常梦见之,但恐年迈不及,若复迟迟,是虚生虚

---

[1] 《白沙先生诗教解》删除自"此篇乃将《答张内翰书》会括成诗"至"圣学精微俱括于此,奈何以禅目之"一段文字。

死为可悲也。故欲效鲁阳之挥戈回日，而乘时以精进耳。鲁阳战酣，日暮，挥戈而日退三舍，言欲假年以勉力也。

冬夜 二首

长夜气始凄，木绵被重裘。端坐思古人，寒灯耿悠悠。是时病初间，背汗仍未收。学业坐妨夺，田芜废锄耰。高堂有老亲，遍身无完䌷。丈夫庇四海，而以俯仰忧。口腹非所营，菽水吾当求。明旦理黄犊，进我南冈舟。

赋而比也。此与后篇皆冬夜之诗。因寒气而拥裘，坐思古人而叹己以汗病废学废耕，又叹家贫俯仰之累。然所求止于菽水而已，故不得不进舟躬耕于南冈，以备菽水，犹虽病而不得不力学也。

其二

我从省事来，过失恒十九。喜怒朝屡迁，言为夕多苟。平生昧慎独，即事甘掣肘。孔子万世师，天地共高厚。颜渊称庶几，好学古未有。我才虽卤莽，服膺亦云久。胡然弗自力，万化脱枢纽。颓颜无复少，此志还遂否？岁月岂待人，光阴隙中走。念此不成寐，晨星灿东牖。

赋而比也。此因夜坐而思己过失，如喜怒言为之愆，由其昧慎独之功，是以致此掣肘也。又思孔、颜之学如此，而我以卤莽弗力，故服膺虽久，而恒失其万化之枢纽也。门枢、衣纽，皆谓此心，如孔子之“一贯”、颜子之“博约”是也。又叹岁月之迈，不知其终能成否，是以思不能寐，自夜至晨，尚耿耿然对东牖之星也。

经鳄洲

夕舫凌大波,北风吹我席。冥冥鳄州烟,宛对君山碧。来雁知天寒,归人看月色。超超尘外心,浩矣周八极。

赋也。席,谓舟之樯帆。鳄洲,土名。君山,洞庭湖之山名。八极,八方之极,言远也。此诗因行经鳄洲而作,言舫行遇风,见鳄洲之烟景,如见君山。又因天寒月色而兴尘外之想,以周游乎八极。其托意之远,盖有"与天地万物上下同流"者矣。

厓山看大忠祠竖柱,阻风,七日后发舟,用旧韵

青青奇石草,上有牛羊躅。汹汹厓门水,远带汤瓶绿。浮云散孤屿,初日明村曲。言归辄风涛,无乃疑张陆。迟迟重迟迟,畏此波心木。

兴而赋也。厓门即厓山,宋亡之地。奇石,厓门之石,如人立,甚奇。汤瓶,厓山对面山名。张世杰、陆秀夫皆死宋亡之难,厓门有祠,与文天祥并祭,名曰"大忠祠"。波心木者,渔人植木江中,置罾其上,俗呼罾戙,舟触之即覆。此先生往厓山看大忠祠,阻风七日,发舟而作。言青青奇石之草,则有牛羊之躅矣;汹汹厓门之水,则带汤瓶之绿矣。浮云既散而初日明矣,何为我方言归而遽阻风乎?无乃张、陆二公神灵留我也?故我行不遽行,小心谨慎,畏波心之木触之而有倾覆之祸。则先生随时随处而存警戒之心矣。

湖西八景,为罗一峰题 效一峰体

太极丸春

天城列两仪,其中位太极。不悟名象生,焉知画前易?伏羲古

已亡，图书久晦蚀。寄语山中人，妙契在端默。

比也。天城、太极，皆湖西山名。此与后七篇，乃先生为罗一峰修撰题湖西八景而作，此名“太极丸春”也。言太极山如图中之太极，而天城列如两仪。盖有此理，而后有此象、有此名。不因此名象所由生，何以知画前之《易》乎？盖指太极之理也。然伏羲往矣，《河图》、《洛书》久不明，则山中人如一峰者，可不端默以妙契画前太极之理乎？

翠玄洞天

翠玄在何许，乃在金鳌麓。石门俯深幽，来者秉明烛。绣壁谁可缘，丹房我当宿。呼童烹金鳌，膏此千丈木。

赋而比也。麓，山足也。金鳌，湖西山名。烹鳌膏木，盖以为烛，喻大其明睿以烛幽远也。幽，深。丹房，喻道。绣壁，喻入道之路其难如此，如颜子所谓“欲从末由”者也。此题翠玄洞天之诗，言翠玄洞在金鳌山之足，石门幽深，必须秉烛乃可入游。然此峭壁如绣，谁可缘之而上乎？丹房我则当往宿之耳。然必烹鳌膏木为千丈之烛，乃可照其幽深。犹学道者，先开发明睿、察见天理，乃可入圣域也。

一峰来秀

西湖有一峰，天地得撑拄。旁有龙塘峡，北有浮香坞。我行昆仑丘，一望一延伫。归来二三子，抵掌太极语。

赋而比也。一峰，山名，亦罗修撰应魁之别号。龙塘，峡名。浮香，坞名。昆仑、太极，皆峰名。言湖西之有一峰可以撑拄天地，如应魁之才可以扶植纲常也。龙塘、浮香，言一峰前后之景。又言我昔行昆仑之丘，望一峰而延颈伫立，以比望应魁同归于道之意。由是灼见太极之全体,归与二三子抵掌而谈之也。

三峡回清

一峡蟠一龙,群山莽回互。武夷虽九曲,三峡谁胜负。澄澄水上月,历历谷中树。焉得千丈笻,坐弄潺湲处。

赋也。三峡,湖西地名。武夷,福建名山,上有九曲水。言此三峡者,每一峡即有一龙蟠其中,而群山相为回互,视彼武夷之有九曲,未知其孰为胜也。于是遥想其水月谷树之景,安得长笻而往以弄其潺湲乎?

金鳌霁雪

一鳌海上来,头戴雪花白。诸鳌起相拒,千秋归不得。仙人罗一峰,永戏金鳌侧。借问别离时,西佛生弥勒。

比也。金鳌,见前。仙人[1],以比一峰为非常人也。此诗咏金鳌霁雪,因金鳌取义,言此鳌从海上而来,其头则戴雪花之白。以山上霁雪,故有此象。此鳌既来,乃为众鳌所摈,永不得归,亦以喻一峰为权宰所摈之意。金鳌山所由名如此。今一峰怀抱道德如仙人然,乃来游戏于此山之侧。借问一峰何时来此,乃十二月八日在南都别我而来也。弥勒佛相传十二月八日生,盖先生此时与一峰别于南都。此乃假借之辞,读者不得错解指为佞佛。

玉冕晴云

玉冕臣诸峰,左右罗络之。云来巾其巅,得雨不复疑。岂无泽

[1] "仙人"二字原缺,据《白沙先生诗教解》补。

物功，云覆在何时。怅望百谷春，广济苍生饥。

赋而比也。玉冕，峰名。巾其巅，谓云覆之如人之戴巾然。云覆山则成雨，如君臣有道则能泽民也。此诗名“玉冕晴云”，言玉冕峰为诸峰之尊，如君之御群臣，左右诸峰皆环绕罗络之也。若有云戴于其上则成雨必矣，故此山非无泽物之功，顾云何时来覆乎！如一峰，岂无泽民之具，而不得时也。是以怅望此山，庶几兴云雨、生百谷以济苍生之饥耳！其存心泽物如此。

飞鼙横翠

我昔游太空，太空云冥冥。归来控翠虬，力与金鳌争。巍巍太极尊，挥置东西行。如何千载下，空拟飞鼙名？

比而赋也。虬，龙子有角者[1]。巍巍，高大之貌。飞鼙、翠虬，皆湖西山名。此诗咏“飞鼙横翠”，寓言我昔之游于太空而见云之冥冥。所见既大，故能控御翠虬而与金鳌争胜负。虽如太极峰之高大，亦挥置之而使之东西行也。如此，又何必拟飞鼙之名乎？盖人能胸次洒落，使廓然大公，则能与天地同体，是所谓游太空而不必拟飞鼙矣。

大流垂玉

大流无此奇，偶值银河倾。愿回银河流，免与世浊并。一洗日月光，再洗天地清。何止天地清，万世无甲兵。

比也。大流，泉名。银河，谓天上河汉。此诗咏“大流垂玉”，亦湖西八景之一。言大流之泉，世间无有此奇者，盖其泉

〔1〕“虬，龙子有角者”，《白沙先生诗教解》作“虬，龙之无角者”。

偶遇天上银河之倾,所以为此奇也。然此流若到世间,则与世之流同浊矣。所以愿回此流,勿使为尘世溷浊也。若回此流得以长清,则可以洗日月天地不至浊,又洗甲兵使不用矣。以比人能反天地之性使之长清,则与日月合明、天地合德而万民不争矣。

题冷庵 为江西佥宪陈君琦作。陈琦自号冷庵。

举世好近热,子独畏之猛。投身向壑雪,永谢白日影。玉壶贮清冰,秋露滴金井。是以冷自胜,于世非绝屏。假令务绝屏,过与近热等。我以道眼观,天下方首肯。寒暑两推移,正中太和境。寄语庵中人,不热亦不冷。

赋而比也。热,谓热闹烦嚣也;山壑寒雪之间,则冷矣,犹人之淡薄也。白日,以喻热之事;玉壶清冰、秋露金井,皆喻冷淡之事。此咏冷庵之诗,为江西佥宪陈君琦作。言世人皆好热闹之事,而子独猛畏之,投身于壑雪之中,而辞白日之热;如冰露然,以冷自胜,于世非有绝屏之心。若出于绝屏有意之私,与近热者过犹不及也。我以道眼观之,如寒暑之气得两平者,乃为中正太和耳。故欲寄语庵中之人,不热不冷、无过不及,如寒暑之中和,乃可也。

感事

君心如逝水,一往不复旋。谁能万里浪,安坐驾此船?伤哉一何愚,由我不由天。仁者固有矜,智士乃自全。

比而赋也。此诗为感事而发,今不可考其为谁。大意言君之心如水之逝,不可复还矣。然其危如驾船于万里之浪而不自知,所谓安其危也,其愚岂不可伤哉?此岂天使之然,盖由我自取之也。仁者见之，有惕然哀矜之情，何不为智士之自全其身也乎？其感伤之意至矣。

梦观化，书六字壁间曰“造物一场变化”

孔子曳杖歌，逍遥梦化后。我梦已逍遥，六字书在牖。圣愚各有尽，观化一遭走。问我年几何，春秋四十九。死生若昼夜，当速何必久？即死无所怜，乾坤一刍狗。

赋而比也。《曳杖歌》曰：“泰山其颓兮，梁木其坏兮，哲人其萎兮。”逍遥，洒落不累之意。观化，邵子病革，云：“且与他观化一遭。”六字者，先生梦观化，书六字于壁，云“造物一场变化”。刍狗，老子云：“天地不仁，以万物为刍狗。”刍狗者，结刍为狗，巫祝用之，详《庄子·天运篇》。此诗先生梦观化而作，引孔子梦化之事而言已之梦观化六字在壁，虽古今圣愚不同，其归尽一也。盖死生者，昼夜之道，大数既速，何必欲久，况人物如天地之一刍狗耳？死何足怜哉！观于此诗，先生深明“昼夜之道”、“夭寿不贰”者矣。

贪泉

藜藿可养生，柏棺可送死。瓦砾视黄金，贪泉亦清泚。饮水心不易，岂独夷齐尔？山鬼笑侬家，侬家笑山鬼。

赋也。藜藿，菜名。栢棺，易朽之材。瓦砾，至贱；黄金，至贵。贪泉，在广东南海县石门之下。《地志》云：“为官过此，饮其泉则贪。”吴隐之诗云：“古人云此水，一歃怀千金。试使夷齐饮，终当不易心。”此篇先生咏贪泉，言藜藿、栢木可为养生送死之具，则能视黄金如瓦砾，而此贪泉亦化为清泚矣。是贪廉在人之心，不在泉也。如是，岂但夷齐不易心哉？人人能勉之也。然则,安知山鬼之笑我乎,我之笑山鬼乎?言人能自清,则可无愧于鬼神矣。此又隐之之所未发者,真探本之论欤!

赠张叔亨知县

栖栖白沙舫,影弄寒江月。夫君沙阳令,胡事顾微劣?“我祖在九冥,愿君为墓碣”。三夜茅檐下,寒灯坐来灭。感子心意勤,愧我言词拙。明发江上舟,踟蹰与君别。

赋也。栖栖,犹言依依。白沙者,先生所居村名。沙阳,福建之沙县,张叔亨先生尝为其县令。我祖,叔亨自谓其祖也。此先生赠叔亨之诗,言其舫依依于白沙,弄寒江之月影;且公为沙县令,何为顾我之微劣乎?遂述公言“我祖在九泉之冥漠,愿君为墓碣之文”。每坐茅檐,讲论至寒灯之灭,如是者三夜,则其意勤矣。但愧我不文,无以发挥潜德耳,明旦姑与君相别也。

九日诸友会饮白沙得雁字

黄菊有佳辰,良朋乐呼唤。争持渊明杯,来接子桑饭。落叶迎马鞭,斜晖转沙岸。雨声静秋竹,池影入江雁。酒酣独高歌,呼儿续我断。诸君极留恋,十觞亦不算。虽无孟嘉量,且免落帽乱。百年能几何,去者已强半。来会安可期,细把茱萸看。

兴而比也。此九日会友诗,言有黄菊则生于九日之佳辰矣,是以好朋则乐来相唤请矣。所以来者,各争持渊明之杯酒,以接续子桑之饭也。遂言“落叶迎马鞭”四句,以写九日之景。而酒酣高歌之时,又呼侍儿续我酒之断也。所以欲续酒者,盖诸君极有留恋之意,不算十觞之多故也。然饮必以节,虽无孟嘉旷达之量，亦不及乱而落帽，盖乐而不淫也。又每念人寿有限、逝者无穷，则来年之会又安可必？所以更把茱萸细看，其感慨之情至矣。

赠林汝和通判

昔在黄金台[1]，与子初周旋。萍蓬忽相失，不见垂十年。昔为礼曹官，今摇庆阳鞭。常闻泰华峰，峻绝峙中天。雅志在登陟，矫如孤鹄骞。适来南海旁，问讯沧洲廛。语旧未终日，栖栖有所牵。丈夫重出处，富贵如浮烟。行则为在田，止则为在渊。劳劳夫何为，赠子千金言。

赋而比也。金台，即今之北京，古之燕国。萍之于水，蓬之于风，以比易离而不可合也。沧洲廛，先生自谓其所居也。庆阳，谓肇庆，汝和为其郡通判。先生作此[诗]赠之[2]，言与其相见相别之久。汝和尝登泰华之高，如孤鹄之骞举；今则来判肇庆，访问我沧洲之居，不可谓无意矣。何为会未终日而意若栖栖牵于世事乎？夫丈夫所重者出处之义，若富贵则如浮烟之无有，在田、在渊惟其时耳，又何栖栖如是之劳乎？吾赠子以此言，等千金之重。所以警之者至矣。

赠马龙如湖西奠罗一峰先生

晨兴坐扪虱，有客窥我床。客来问何许，颜色惨不光。去岁秋在季，文星坠西江。而师罗一峰，幸视我弟兄。相见不得语，失声泪滂滂。子行诣湖西，问讯我有将。夙夕梦见之，恍如芙蓉城。觉来索苦句，句就涕未停。何以告一峰，寄意于瓣香。索火化奠文，

〔1〕“昔在”，《白沙先生诗教解》作“在昔”。
〔2〕“诗”字原缺，据《白沙先生诗教解》补。

一峰其洋洋。我病久南海,欲往未得行。送子出门去,目极秋天长。

赋也。此诗先生作以赠马文祥如湖西奠罗修撰者,言我方晨起坐扪虱之时,而文祥适来,吾见其颜色之惨若有哀伤者,告言去岁之季秋九月,文星坠于西江,盖一峰此时逝矣。先生遂答言,汝师一峰与我道义骨肉,今不得相见而语,遂涕泣失声,今子之往,问我何所将。然我昔夜梦见一峰,恍然若在芙蓉城者。故感索苦句,句成而尚泣不已,哀之至也。然我之索句以告一峰者,何哉?惟以瓣香寄意,使先通其精神,而后焚此奠文以告之,庶几一峰可格也。今我欲往而病未能,但极目以送子行耳。

赠陈秉常 四首

远色霁初景,清风振遥林。子来入我室,弄我花间琴。正声一何长,幽思亦已深。愿留一千岁,赠子瑶池音。

兴而比也。此与后三篇,皆先生赠门人陈秉常孝廉之诗。托兴而言远色初霁之景,则清风振林矣;子入我室,则弄我花间之琴矣。入室,用升堂入室事,言入道也。弄琴而有正声雅淡,因见其思之幽深,异于由之瑟也。若夫瑶池之音,神仙之曲,以比圣人之声乐,则又不同矣。故欲以此赠秉常,盖此音可留千载而不朽也。期望之意至矣。

其二

黍稷杂萑苇,邪思乱正性。人为一卤莽,诿曰天之命。白日朝出东,须臾复西暝。良时诚可惜,逝矣悲莫竞。

比而赋也。黍稷,五谷之美者;萑苇,恶草名。此亦赠秉常诗，言黍稷虽美，为萑苇所杂，如人正性虽善，为邪思所乱。性者，心之生理，何尝不正？有不正者，情也。邪思者，情之流也。故“思无邪”，所以节情之流而正其性也。思一邪，则人为卤莽不能精义，遂诿言上天赋才之薄，何哉？然朝东暮西，日月易迈，则良时诚为可惜。若听其逝而莫竞，则可悲矣。盖叹不能法天之行以自强不息也。其警人深矣。

其三

大舜卷娄之，庄周竟奚取？人生贵识真，勿作孟浪死。谁能去中土，僦舍朝鲜里？白首金石交，视我南川子。

赋而比也。《庄子》曰：“卷娄者，舜也。羊肉不慕蚁，蚁慕羊肉，膻也。舜有膻行，百姓悦之。”“聪明衰矣，不得休归，是卷娄也。”卷娄者，拘挛之意。朝鲜，箕子所封之国。金石交，言坚也。南川子，即林缉熙也。此亦赠秉常诗，言庄周以大舜为卷娄者，欲以遗落世事，其言不足取。盖大舜无为而治天下，何卷娄之有？若夫以天下挠己，己累于物，则真卷娄矣。然非知道者，孰能无累？识真者，即知道也。不知道而卷娄于物，则为孟浪死矣。中土，中国，以比正道；朝鲜，外国，以比异端。或曰“以中土比本心，僦舍朝鲜比慕外，乃舍己求人之意”，亦通。又言缉熙察见道体，深契己意，乃白首金石之交，试为我视之，其识真而不为卷娄者，何如也？

其四

我否子亦否，我然子亦然。然否苟由我，于子何有焉？人生寄一世，落叶风中旋。胡为不自返，浊水迷清渊。

赋而比也。此亦承上篇而言。若然否一由于我，则于尔之自得,何所有哉?又叹人生如寄,若落叶之随风,不可不及时进修也。又言自己固有之性,淡然无欲,无所污坏,如清渊然,何不反求自得,而以浊水迷之哉?喻人自以人欲而昧天理也。观此四诗,则见先生真得尧舜以来心学之传而不为异端所惑者。

藤蓑 五首

一蓑费几藤,南冈砺朝斧。交加落翠蔓,制作类上古。吾闻大泽滨,羊裘动世祖。何如六尺蓑,灭迹芦花渚。举俗无与同,天随梦中语。今夜不须归,前溪正风雨。

赋也。此与后四篇皆藤蓑之诗。言砺斧采藤,交加而落,以制为蓑衣,如上古之制。自披以灭迹,其视严子陵披羊裘钓大泽中以动光武者,何如也?遂言举世之人无可与同者,惟有天随子可与之梦中语也。且前溪风雨如此,则今夜可以不归矣。风雨以喻时,盖伤时而欲避世也。

其二

人好蓑亦好,月光水亦光。水南有酒媪,酒熟唤我尝。半酣独速舞,舞罢还举觞。所乐在知止,百年安可忘。

比而赋也。此亦承上篇而言。人好则蓑亦好矣,如月光则水亦光矣。遂言水南之酒家唤我尝酒,酒酣而舞,舞罢而饮,其所乐岂在酒哉?在知止足耳。自今百年不可忘此乐也。

其三

挽蓑欲何为,新月出东岭。独速舞不休,凌乱何由整?旷哉漆园吏,自形还自影。

赋而兴也。漆园吏，谓庄周。此承上篇而言。今我挽此藤蓑，将欲何为者哉？盖以新月已出而起兴也。所以着蓑而往，为独速之舞而不休，遂至凌乱不整也，盖形迹皆忘矣。因托寓庄周之旷达，形影相对，叹无与俦者也。

其四

朽生何所营，东坐复西坐。搔头白发少，摊地青蓑破。千卷万卷书，全功归在我。吾心能自得，糟粕安用那？

赋也。东坐、西坐，言随处静坐以体认天理也。自言朽生何所营求哉？不过随处静坐而已。今至于老，发非徒白，而白又至于少矣。以青蓑摊地而坐，至于破，其久而且专如此。故又言书虽千万卷之多，不过欲以管摄发明此心，而收"立大"之全功也。孟子"学问以求放心"、程子"圣贤千言万语，只是欲人将已放之心反复入身来"，亦此意也。夫人苟能自得，则夫世之诵言忘味、夸多斗靡者皆糟粕耳，何用哉？盖刺不善读书者之失也。

其五

新蓑藤叶青，旧蓑藤叶白。新故理则然，胡为浪忻戚？扁舟西浦口，坐望南山石。东风吹新蓑，浩荡沧溟黑。须臾月东上，万里天一碧。安得同心人，婆娑共今夕？

兴而比也。此亦承上篇而言。新蓑则藤叶青矣，旧蓑则藤叶白矣，因言物有新旧，其理固然，何必以此动心、为之忻戚哉？以比贵贱、荣辱之不同，不宜以此动心也。我乘扁舟往坐南山之石，而东风吹蓑，适日将暮，沧溟已黑矣；须臾月出，则见沧溟万里一碧。以喻人为富贵、利达所蔽，则不见此道之大;至于本体复明、其真境可乐如此,安得同心之人,共此今夕之乐哉?盖勉人同进大道之意也。

天人之际

天人一理通,感应良可畏。千载陨石书,《春秋》所以示。客星犯帝座,他夜因何事?谁谓匹夫微,而能动天地?

赋也。帝座,星名。此诗明天人之际、感应之理。言宇宙间,混然同气,故天人一理,而感应之速,尤为可畏。遂引《春秋》陨石,所以示戒于人深矣。又引严子陵与汉光武同卧,足加帝腹,客星犯帝座,此何故哉?盖天人感应之理一也。夫匹夫之微,能动天地如此,人岂可不慎动也?

答梅侍御见寄

群龙盛朝野,弱羽聊山林。行春忽倾盖,对榻山花深。引我一杯水,写君龙唇琴。永言歌大篇,风雅有遗音。乃知鹰鹯气,未惬鸾凤心。王事有驱迫,暮雨别江浔。离情落晚趣,再寄三洲吟。何以舒我怀,青天盼遥岑。

比而赋也。群龙,以比群贤;弱羽,鸟之翼弱不能远飞者,以自比。龙唇,琴名。风、雅,《国风》、《大小雅》也。鹰鹯,以喻击搏者;鸾凤,以比温雅者。三洲,岩名,在德庆州[1]。此答梅侍御之诗,言贤人满朝,而我则如弱羽之栖山林而已。今侍御行布阳春,忽来倾盖相顾,对榻山花之深,酌我玄酒,而写心于琴,永言而歌,有《风》、《雅》之音,因见鹰鹯不若鸾凤。但王事之驱迫,又将别去也。至别后又寄我三洲之吟,我但仰遥

〔1〕“德庆州”,原作“德庆洲”,据《白沙先生诗教解》改。

岑以怅望而已。

寄题三洲岩

我行苍梧道，息桨荒江湄。连冈一以眺，石室涵晚晖。前哲有题字，执炬往读之。迟回北壁下，目击元公遗。今古一相感，光风吹我衣。虫鸣丹灶中，葛仙胡不归？对之发长啸，宇宙今何时？圆蟾夜冏冏，蝙蝠秋飞飞。愿言托高栖，行矣无是非。

赋也。苍梧，即今梧州之地[1]。元公，周茂叔先生也。此题三洲岩之诗，言我息桨三洲，登连冈而望，则见石室涵晖，有茂叔之题名。秉烛而读之，古今相感，若光风之吹我衣也。此地旧有濂溪书院，故云然。又世相传有葛仙丹灶，然仙迹渺茫，但令人发长啸而已。惟慕其景之胜，欲往栖之而无是非也。

病中写怀，寄李九渊

出门见斋颜，十日不一逢。以我腹中满，忆君头上风。头风尚可炙，腹满何由通？受气我亦薄，况乃疾病攻？五十去始衰[2]，三四谢春冬。鬓颜倏已凋，血气少复充。客来索我书，颖秃不能供。茅君稍用事，入手称神工。以兹日衮衮，永负全生功。长揖谢茅君，安静以待终。

赋也。颜，犹面也。斋颜，即斋扁。此诗病中写怀以寄李九渊者。九渊，先生里人。故望其斋颜，则思十日不相见矣。盖由彼此皆有疾病，然九渊头风之疾在皮肤，故尚可艾炙而愈。若我病腹满，乃心腹之病，何由通之乎？盖亦以寓克治之

〔1〕“梧州”，原作“苍州”，据《白沙先生诗教解》改。
〔2〕“去”，原作“云”，据《白沙先生诗教解》改。

意也。又言年过始衰,颜鬓血气凋谢,而来求草书者至多,供应不给,又妨全生之功,今但谢绝茅君,静养全生而已。"茅君",谓茅笔。其言谢茅君,岂直全生而已哉?盖欲去小技以入大道也。程子亦云"未见从古善书人能知道者",即此意。

和梅侍御见寄

飞盖凌沧溟,高台拂朱鸟。乾坤一水浮,日月双轮绕。尘埃分局促,正坐眼孔小。景山千丈松,慰我冰雪皎。万里一春风,东西逐騕褭。故人子罗子,仙鹤归华表。暮雨江门舟,含凄问封草。假令鲍叔在,一士亦不少。谁云越台近,举目河山杳。冥冥白沙坞,云烟共昏晓。

赋而比也。朱鸟,谓南方朱雀七宿,以岭南分野而言。騕褭,马名,指梅侍御所乘之骢也。子罗子,谓一峰。"鹤归华表",丁令威事,言一峰仙去也。封草,谓一峰所上扶纲常之疏。鲍叔,亦指一峰。此诗和侍御,言其飞盖凌沧溟而来,其行台之高,可拂朱鸟,盖美之也。又言乾坤如浮水中,日月如轮之转绕于其间,盖以道体之大,视之如此。世人甘分局促,由其眼孔小,不能见大故也。今梅公如乔松冰雪,慰我所思,而春风逐马而来,其威德兼至如此也。遂因叹罗一峰之逝,而含凄问其谏草。使一峰若在,则所知虽一士不为少也。又言梅公在越台甚遥,而白沙则与云烟同其昏晓也。

题刘氏双节卷

阿姑与阿妇,守此芳岁阑。三十寡且贫,纺绩供朝餐。孤儿泣长夜,秉烛更抱看。苦心两咽绝,芳颜亦凋残。持此双白璧,辉映天地间。圣皇重民极,门闾合施丹。煌煌东白碑,终古埋空山。我母寡更早，赋诗涕泛澜。弱草因风靡，颓波良独难。

赋而比也。此咏刘氏双节之诗。言姑妇守此岁寒，年三十而寡且贫，纺绩自养。虽有孤儿，长夜秉烛更代而抱，苦心至于呜咽绝声，凋落芳颜，可哀之甚也。然此二人之节，如双璧之坚白，辉映于天地间，卒受旌表之荣，又有张学士之碑也。遂自言我母林氏，以二十四而守寡，比于刘氏尤早。今我赋诗，因思母之寡，惟有涕泣而已。又叹世人不能守节，如弱草之靡于劲风、颓波之逐于下流，亦难乎独立砥柱矣。

送李刘二生还江右用陶韵 二首

夜闻桂树芳，晨起山鸟喧。客从远方来，历我阶西偏。手持诸侯书，征会在匡山。我愿结其人，遂往不复还。滞形宇宙内，俯仰独何言？

兴而赋也。言夜闻桂华之馨，晨则见鸟之喧矣，而刘、李二生从江西而来，历我宾阶之西焉。所以来者，盖持江西藩臬诸公之书来，征我会于庐山白鹿洞以主教事。我岂不愿往？但为形迹所滞，俯仰独何言哉！盖先生实不欲往，特婉言以辞之耳。

其二

中年见二子，楚楚西江英。问讯徐苏里，千年有余情。开樽对溟月，高歌亦心倾。胡为别我去，感此秋蛩鸣。赠处各有言，慨然尽平生。

赋也。楚楚，秀出貌。徐，谓孺子；苏，谓云卿，皆隐居南昌高士也。此亦赠刘、李二生之诗。承上而言，我今中年乃见刘、李二子为江西之秀出者。问讯之，又为徐、苏之里人。因仰企徐、苏之高风,虽相去千年,尚有余情。今见二生,即如见徐、苏,所以开樽对月、饮酒高歌而为之倾心也。相与之深如此,亦何为别我而去?盖感此秋蛩之鸣,慨时之晚,而兴思归之念耳。是以各有赠处之言,以尽平生之怀也。其爱二生之意至矣,惜乎二生未闻感悟而心得之耳。

漫题 二首

日月逝不处,奄忽几华颠。华颠亦奚为,所希在寡愆。韦编绝周易,锦囊韬虞弦。饥餐玉台霞,渴饮沧溟渊。所以慰我情,无非畹与田。提携众雏上,啼笑高堂前。此事如不乐,它尚何乐焉?东园集茅本,西岭烧松烟。疾书澄心胸,散满天地间。聊以悦俄顷,焉知身后年?

兴而赋也。畹、田,先生二孙名。茅本,为笔;松烟,为墨也。此与下篇皆漫兴之诗。言时逝将老,志在寡过,然《周易》绝编、舜弦已囊,于是餐霞饮渊而远超物外、弄孙娱亲而近乐人伦、疾书澄心而游艺适情,安知老之将至乎?

其二

仕者必期通,隐者必期高。麋鹿或可群,肉食安可饕?圣人履中正,白首济川舠。悠悠荷蒉者,果识圣心劳?浮云驰白日,黍稷生蓬蒿。饭蔬食饮水,曲肱谢游遨。汶上去不顾,陋巷贫绝交。徒闻武城宰,割鸡以牛刀。

赋而比也。《国语》云:"肉食者谋之。"浮云驰白日,比正人为群邪所蔽;黍稷,美种,为蓬蒿所荒,比君子为小人所惑也。此亦前篇之意。言出处异道如此,吾人或可隐为鹿豕之游,而不可出为肉食之饕也。然吾见圣人履中正之道,则又不以隐为是，宁白首为济川之舟，其不忍忘天下之心如此，彼荷蒉之徒讥孔子者，果识圣人汲汲皇皇之心乎？但浮云白日、蓬蒿黍稷，既非有道之世，所以宁曲肱饮水而不出游，且欲如汶上之不顾、陋巷之绝交；而武城之宰以牛刀割鸡者，徒然闻之而已。则先生之不出，盖非果也，无其时耳。

拉马玄真看山

官府治簿书，倥偬多苦辛。文士弄笔砚，著述劳心神。而我独无事，隐几忘昏晨。南山转苍翠，可望亦可亲。岁暮如勿往，枉是最闲人。近来饮酒者，惟我与子真。能移柳间舫，同泛江门津。

赋而比也。倥偬，烦扰之貌；隐几，静坐也。江门，地名，先生所居之左，两山夹江如门也。此先生招马玄真同看山之诗。言己既无簿书著述之累，惟静坐以忘朝夕耳，因想南山之景而欲与玄真同往。又言惟我与子饮酒愈见真性，渊明所谓“试酌百情远，重觞忽忘天。天岂去此哉，任真无所先”者。盖任真即道也，但不知能移舟泛江门之津否耳？

感刘琨与卢谌事

越石信英臣，子谅亦文雅。生遭晋运微，奔走风尘下。晋阳啸明月，胡雏夜回马。并州困石勒，从事为别驾。成败非所论，吾怜凿坏者。

赋也。刘琨，字越石；卢谌，字子谅，皆晋之有才名者。怜，犹爱也。历叙二子遭晋运之衰微，一生行为出处，其成败历历如此，吾不必论之，吾独爱凿坏而遁者之为见几也。先生出处之义，于是乎见矣。坏，又作阫，屋后墙也。《淮南子·齐俗训》：“鲁君欲相颜阖，使人以币先焉。阖凿阫而遁。”

和陶十二首

归田园

我始惭名羁,长揖归故山。故山樵采深,焉知世上年?是名鸟抢榆,非曰龙潜渊。东篱采霜菊,西渚收菰田。游目高原外,披怀深树间。禽鸟鸣我后,鹿豕游我前。泠泠玉台风,漠漠圣池烟。闲持一觞酒,欢饮忘华颠。逍遥复逍遥,白云如我闲。乘化以归尽,斯道古来然。

赋而比也。抢榆,见《庄子》。玉台,寺名,在新会圭峰山;圣池,在新会绿护屏之上。此后十二篇皆和陶诗,此则和《归田园》篇。言己逃名归山采樵,如鸟之抢榆而宿,岂敢比龙之潜渊也?于是采菊收菰、望高原而坐深林,与禽鸟鹿豕、风烟白云为伍,饮酒忘年以归尽。古道皆如斯,予复何求哉?

其二

高人谢名利,良马罢羁鞅。归耕吾岂羞,贪得而妄想。今年秋又熟,欢呼负禾往。商量大作社,连村集少长。但忧村酒少,不充侬量广。醉即拍手歌,东西卧林莽。

比而赋也。此亦和陶《归田园》诗。言古之高人,辞名利如马之脱羁鞅,则吾之力耕不足羞矣,而肯反为妄想贪得之心乎?惟秋熟作社恐酒不足,酒足而醉,则歌笑以卧草野之间耳。

其三

近来织畚徒,城市售者希。朝从东皋耕,夕望西岩归。贫妇业纺绩,灯下成岁衣。但令家温饱,不问我行违。

兴而赋也。畚，土笼之类；皋，谓田之高者。渊明云："登东皋以啸傲。"行违，谓乐行、忧违也。此亦和陶《归田园》之诗。托言古人有以织畚为业者，今之织畚者，多不见售于城市。我但朝耕夕归以为食，贫妇灯下纺绩以为衣，聊求温饱而已。若夫乐则行之、忧则违之，岂我之所问哉？其随时安命如此，非有道者，其孰能之？

移居

万金论买邻，千金论买宅。岂不念子孙，而以营朝夕？长揖都会里，来趋白沙役。壤地何必广，吾其寄一席。邻曲弥乐今，园林尚怀昔。吾志在择善，无然复离析。

赋也。都会，里名，先生降生之地，乃旧居也；白沙者，先生新居。一席，言甚狭也。此和陶《移居》之诗。言古人有买邻买宅者，岂不念子孙为朝夕之营哉？所以舍都会而来趋白沙版筑之役，非为广其壤地，但寄一席之间可矣。虽今日者乐新邻，亦未尝不怀旧土，然吾之志在择里处仁而已，则此居不可再有离析也。

其二

留连晡时酒，吟咏古人诗。夕阳傍秋菊，采之复采之。采之欲遗谁，将以赠所思。所思在何许，千古不同时。四海倘不逢，吾宁独去兹？愿言秉孤贞，勿为时所欺。

赋而比也。古人、所思，皆指陶渊明。此亦和陶《移居》之诗。言我于日晡之时留连此酒者，盖欲酒酣而咏渊明之诗。当夕阳照菊之时，乃采之，采之非但一采而已也。欲以此菊寄渊明，又已隔世；而今无其人，则吾岂可舍此菊哉？惟愿言秉此孤贞,勿为时人所欺而已矣。言君子当守道特立而不为时改节也。此托言饮酒而赋其诗,赋罢而采其菊,采菊以寄其人,人远不可致,亦终守此不变。其温柔敦厚之意至矣。

九日闲居

无钱抚秋菊,向夕凉风生。谁为白衣者,颇识江州名。映杯碧水净,曜日丹葩明。天际雁孤去,草根虫一声。荏苒委时节,徘徊阅年龄。兴来发长叹,意尽还一倾。俭德苟不惭,厚禄安可荣?白首希高贤,清谣渺遗情。人生亦易足,何必勤无成。

赋也。渊明九日对菊无酒时,见白衣人自花外来,乃江州刺史王弘使人送酒也。此和陶《九日》之诗。言无钱买酒,独抚菊风生,谁为白衣送酒之人乎?碧水、丹葩,形容对酒之色。且感雁去虫鸣、年与时变,故发叹而为之倾杯也。夫渊明俭德遗荣如此,故高谣而渺然见其遗情,则人生亦贵于自足尔,何必勤苦而终无成哉?

和刘柴桑,寄袁道,见怀一峰之意

当年台城会,执手多踟蹰。四海一为别,寒暑逝不居。远意属罗浮,举头望匡庐。胡然金牛谷,奄忽成丘墟。蜕骨归复土,灵襟存为畬。庶几百代下,攀驾以忘劬。袁侯西江英,好德眼中无。尺素每欲近,十年不作疏。磨剑患不快,快则随所须。永愿磨此心,恢恢快剑如。

赋而比也。台城会,言与一峰会于南都也。远意属罗浮,言一峰曾约罗浮之游也;举首望匡庐,言已引望庐山也。金牛谷,乃一峰隐居之谷。此和陶诗寄袁道,见怀一峰之意。“忘劬”以上十二句,言已与一峰别后彼此相望,而一峰今已物故,然亦足为世之瞻仰也。袁侯，即袁道，字德纯，为侍御史。自此至篇末，又赞袁君之贤，好德不倦，且勉其进德修业以达诸用也。以磨剑比磨心，其期望于德业者切矣。

和郭主簿，寄庄定山

青松出乔林，遥望十里阴。少年不结友，岁暮怀同襟。同襟问为谁，定山携一琴。悠然一鼓之，不辨古与今。在昔经江东，多士予所钦。论文一觞酒，惟我与子斟。岂意千载下，复此闻韶音！我病不出户，何时还盍簪？茫茫宇宙内，与子契其深。

兴而比也。此和陶以寄庄定山之诗。定山庄先生，号孔昜[1]，名昶，初为翰林检讨，抗疏落职为行人。言松出乔林，则有十里之阴矣；少不结友，则岁暮岂不怀同襟乎？我之友何人哉？乃定山也。携琴鼓之遂为知音，而忘古今之辨矣。又思昔酌酒、论文于江东，惟我与子耳，岂意闻《韶》于千载之下也？但我今闭户不出，不知何时复会。所以感慨宇宙之茫茫，惟与子为深契矣。

赠羊长史，寄辽东贺黄门钦

此心自太古，何必生唐虞？此道苟能明，何必多读书？寂寂委山泽，于于来京都。斯人各有分，彼此何能逾？杪秋风日清，呼儿理肩舆。聊为玉台游，言笑谁与俱？屈指意中人，一坐一踟蹰。归来看四壁，四壁光如如。圣道日榛塞，谁哉剪其芜？夫子久不见，吾生何以娱？常恐岁月晚，况与音问疏。申以伐木章，一日三卷舒。

---

〔1〕“号孔昜”，应作“字孔昜”。庄昶，字孔旸（或作孔昜），号木斋，又号卧林居士，江浦人。

赋而比也。如如,光貌。榛塞,如荆榛之塞路,言不明也。夫子,指贺克恭。《伐木》,朋友相勉励之诗。此和陶以寄辽东贺克恭者。克恭,名钦,初为黄门,见先生则弃官从学,卓有古人之风。此诗篇首四句,言人若有古心、能明此道,则何必生上世及多读古人之书哉?"寂寂"四句,言人之出处各有定分。"杪秋"至"其芜"十句,言乘时游山,因念故人;及归,空室无侣,而莫与共明此道也。"夫子"至末,又叹不见克恭,无以自娱;恐时迈音疏,故申以《伐木》之诗,尔当一日三读,庶得我之至意也。

饮酒

木犀冷于菊,更后十日开。清风吹芳香,芳香袭人怀。千回咽入腹,五内无一乖。虽靡鸾凤吟,亦有鶗鴂栖。昔者东篱饮,百榼醉如泥。那知此日花,复与此酒谐。一曲尽一杯,酩酊花间迷。赤脚步明月,酒尽吾当回。

赋而比也。木犀,花名,一名桂,一名金粟,同类而异品也。此和陶《饮酒》之诗。言木犀之比菊花,尤为冷淡,且后十日而开,尤为晚芳也。且其香能入人之深,使五脏和平而无乖戾。故我对此花饮酒,可配东篱之醉矣。所以累觞至醉,踏月而归,不尽则不归也。然则,对花饮酒,莫非行藏安于所遇道理。先生之志岂在酒哉?

庚子岁九月中于西田获早稻

迟明向南亩,疏星在檐端。夫出妇亦随,无非分所安。道旁往来人,下车时一观。问津津不知,仰视飞鸟还。逻苗远畤夕,濯足荒沟寒。吾惜耦耕好,焉知世路难。伐鼓收西畬,黄云被江干。聊用代糟糠,作粥欢宾颜。邻叟携儿来,嬉戏松下关。齐声鼓腹讴,永谢攒眉叹。

赋也。此亦和陶之诗。言欲明未明之时，将往南亩，疏星在檐，夫妇倡随，安分躬耕。若有往来之人下车问津而不答，但见有鸟倦飞而还耳，以讽溺而不知止者；又言逻苗、濯足，但知耦耕之乐，而不知问津者世路之难也。于是收禾以代糟糠，娱宾睦邻，童儿戏嬉，鼓腹而歌讴，不知有攒眉之事矣。

怀古田舍

君子固有忧，不在贱与贫。农事久不归，道路竟徒勤。青阳动芳草，白日悲行人。沮溺去千载，相知恒若新。出门转穷厄，得已聊一欣。甘雨濡夕畛，繁花幕春津。独往亦可乐，耦耕多近邻。百年鼎鼎流，永从耕桑民。

赋也。青阳，谓春气也。恒若新，犹言白头如新也。此亦和陶诗。言君子不忧贫贱，但忧农事之徒勤而不获。今时又春生，而求富贵者奔走道路不止，可悲也。然此惟长沮、桀溺知之，今其人已去千载，世人惟白头如新耳。言相知之少也。此时而出，转为穷厄而不失己者，庶可一欣也。且今正甘雨繁花之时，独往亦已可乐，况多有耦耕者为近邻乎？又叹百年光阴如流，则我永从耕桑之民耳。和陶十二章止此，读之可想见先生之高风，足以廉顽立懦、为百世师矣。

白沙子古诗教解卷之下

梦作洗心诗

一洗天地长，政教还先王。再洗日月光，长令照四方。洗之又日新,百世终堂堂。

赋也。洗,谓洗心也。堂堂,广大之貌。此先生梦作洗心之诗。然洗心而以天地、日月、四方、百世、先王、政教言之者,何也?盖人之此心、此性与天地万物浑然同体者也。故上下四方之宇,古今往来之宙,无非一体。故曰:“与天地合其德,与日月合其明,与四时合其序,与鬼神合其吉凶,先天而天弗违,后天而奉天时。”又曰:“考诸三王而不缪,建诸天地而不悖,质诸鬼神而无疑,百世以俟圣人而不惑。”此诗言人能一洗其心,则天地长清宁矣、政教还先王矣;再洗之,则日月合明而照四方矣;又洗之,则此道流行百世不息矣。所以然者,盖由其体之一尔。其旨微矣哉!

止迁萧节妇墓赋

若美人兮,宗庙之瑚。毋我即带兮,毋我扪袪;毋我执手兮,手可断而不可污。奋犬豕之骂以冒刃兮,貌凛凛其若苏。死则快兮,生安用诸!嗟此烈妇兮,彼丈夫弗如。

比而赋也。宗庙之瑚,器之贵美者,比贞妇之德也。带,衣带。即,犹近也。袪,袖口也。扪,犹摩也。苏,生也。此先生所赋以止迁萧节妇墓者。节妇不受辱而死,有墓在新会城外。岁久,豪势之家有欲迁而夺其地者,故先生赋此止之。言此妇如美玉之贞洁,禁贼毋得近其带、扪其袖而执其手,誓言手尚可断而身终不可污,盖绝之之严也;又奋骂其为犬豕,所以冒此白刃之惨,虽死而其面貌犹凛凛若生而不可犯也。又言其乐死忘生如此,而叹其壮烈虽丈夫不如也。

题余别驾中流砥柱图

使君使民不厌真,使君为臣莫爱身。使君不以荣辱为屈信、死生为戚欣，而以嗜欲为伐性之斧斤。千秋万岁难磨灭，乃见中流砥柱人。

赋也。此题余别驾《中流砥柱图》之诗。言别驾当诚以爱民、忠以事君，忘其荣辱生死、绝其嗜欲，则千秋万岁不朽。必如此，而后可谓之中流砥柱也。盖因其名责其实，勉励之意至矣。

题心泉 为黄叔仁作

夜半汲山井，山泉日日新。不将泉照面，白日多飞尘。飞尘亦无害，莫弄桔槔频。

赋而比也。以泉比本心，以尘比物欲，以桔槔比智巧。日日新，喻天理之生生不息也。黄叔仁，别号心泉，先生为作此诗。言"夜半汲山井"者，夜半静定之时，而此泉日新，如人之夜气生生不息也，此时澄心反照，则天理自见矣；若夫白日，则马动人行而飞尘亦起，如旦昼所为牿亡之矣[1]，此时为尘所蔽，则本来面目岂可见哉？又言飞尘犹之可也，若智巧以凿其性，如弄桔槔者之"有机事必有机心"，则坏之极矣。孟子"所恶于智者，为其凿也"，亦此意。

○桔槔，汲水机也。《庄子·天运篇》："桔槔者，引之则俯，舍之则仰。"

赠潮州守周鹏

楚中有孤凤，高举凌穹苍。借问归何时，圣人在黄唐。望之久不至，岁晏涕淋浪。九苞有遗种，不觉羽翼长。三年集南海，使我

〔1〕"牿亡"，《白沙先生诗教解》作"梏亡"，两通。

今不忘。逍遥梧桐枝,长饮甘露浆。

比也。孤凤,以比周濂溪先生。黄唐,黄帝、唐尧也。楚,谓湖广。九苞,凤也。此诗为潮州守周鹏作者。鹏自言为濂溪之后,故云“遗种”。以濂溪生于湖广之道州,独得千载不传之秘,如楚之孤凤也。此凤必有黄帝唐尧之时乃出,今我久望而涕泪淋浪,幸见濂溪之孙如凤之遗种。守潮三年,如凤雏之集于南海,其所栖但梧桐之枝,所饮但甘露之浆而已。然此亦因慕濂溪之风,故其辞多过称,鹏之为人恐未足当此,读者宜知之。

紫菊吟,寄林时嘉

严霜百卉枯,三径挺秋菊。绿叶明紫英,微风递寒馥。芳情谢桃李,雅望联松竹。怀哉种花人,杳在江一曲。遗我盎中金,南窗伴幽独。时无续骚手,憔悴谁当录?且脱头上巾,茅柴今可漉。

赋而比也。三径,见渊明诗。绿叶紫英,盖言紫菊也。菊生于九月,故云“寒馥”。芳情,言桃李之芬芳情态也。谢,犹绝也。雅望,言菊素有傲霜节操之名望,与松竹等也。江,谓龙江,其俗能种菊,高至一丈。盎中金,以盘栽菊,其色似黄金也。骚,谓《离骚》,屈原所作,有云“餐秋菊之落英”。因此秋菊而叹屈原已逝,当时无继《离骚》而作者,则此菊憔悴,无人称赏,今我但效渊明脱巾漉茅柴之酒以赏之而已。此乃先生所作秋菊之诗以寄林子逢者。子逢,名时嘉,乃先生门人缉熙之从子也,隐居茶园。故以菊喻,正为节操不受变于时俗者勉之也。

感鸟

有鸟不知名,皎然闺中清。育雏止庭竹,众鸟不敢凌。暮雨衔虫归，唤雏雏不应。以翼覆雏宿，夜久巢屡惊。小仆极残忍，不眠伺东荣。扳巢袭其母，母去巢亦倾。一雏堕地死，二雏尚咿嘤。平明视竹根，群蚁正经营。子弱母护之，无母何以生。呜呜号者谁，宛有雌雄情。入帘逼我枕，为我再三鸣。此鸟初来巢，卑卑近前楹。我无害鸟心，人谓此鸟灵。终焉失所托，此祸将孰惩？吾甚愧此鸟，感之欲沾缨。呼奴挞其背，流血非所矜。再拜谢此鸟，此意何由平！

比而赋也。皎，明白也。闺中清，比妇之贞洁者。东荣，屋之东翼也。逼，近也。楹，堂柱也。此先生感鸟之诗，因鸟之被奴残害，有感于心。言此鸟为小奴袭取惊飞，雏遂委地而死，如人赖母之育，非母则何以为生？今其鸟之鸣，若告诉于我。我感此鸟初忘机而来此、卑栖而不见疑，我反不能制奴以安全之，所以感泣挞奴以谢此鸟，而意犹不能平也。其及物之仁，溢于言表矣。

宾阳楼八景，为丘侍御作 今存其三

谷城呼月

微月瞰高楼，楼中酒初泻。旁见谷城山，孰是呼月者？腾腾露光景，寂寂开迥野。笑问圯上翁，何如此山下？

赋而比也。谷城，即谷亭。圯上者，张良遇黄石公，授以兵法之地。此诗咏谷城呼月，言微月初出，瞰此高楼，正值楼中泻酒；见谷城之山，因思谁是呼月之人乎？由初露光以至照临四野，如人本心之明，扩而充之，至于光被四表，此诚有得于此山之下者也。彼圯上老人所授受者，纵横之术耳，其视此何如哉？

牌山樵唱

日夕楼上饮,瞻望南山阿。樵夫睆林木,会意岂在多。白云满山径,负薪行复歌。人生异出处,贫贱奈尔何。

兴而比也。睆,熟视也。此诗咏牌山樵唱,言在楼上饮酒以望南山,则见樵夫之熟视林木,目击意会,其会心岂在多乎?所会维何,彼樵夫于白云之中,负薪行歌,盖以贫贱自处而乐之者也。因叹人生出处,分各有异,若能素位而行,各得所乐,如此樵夫,则虽贫贱将奈尔何哉?

罗水渔歌

有月来照人,沉竿坐罗水。意与罗水深,夜静歌亦起。江湖虽云乐,天地惧终否。豪哉宾阳子,发迹异姜吕。

兴而赋也。言月来照人,则沉竿于罗水之旁矣。意遂与此水同深,故夜静而放歌。此固可乐,然贤人以江湖为乐,则为处否之象,乃天地闭、贤人隐之时也。此实太公钓渭之事,而宾阳子则异于是矣。

题万硕司训风木图

把君风木图,识君风木心。贤者不易贵,远者宁务今。嗟哉鼎与茵,充足时所钦。

赋也。此诗咏万硕司训《风木图》。言因此图以识其孝思之心,又知其心不以贵而易,如所谓"古人一日养,不以三公换"者也。然所见之远者必求大孝,宁务今人之所尚哉?因叹今人所尚,惟在茵鼎取充足而已矣,岂古人之所谓大孝哉?

筑室

辛勤结吾庐[1]，经始算一一。广狭更度量，卑高在平秩。堂以备荐享，阁以邀风日。前树贞节门，后治渭川室。四垣谢粉饰，牡蛎高为骨。仰瞻势微峻，其间仅容膝。既以储简编，犹堪敛袍笏。是年秋在仲，筮日欣得吉。良友交助予，众工告易毕。把酒对梅花，浩歌新突兀。

赋也。经始，经营之始也。平，均；秩，序也。荐者，荐新；享者，祭享。邀风日者，阁高故风日易生也。贞节门，先生之母林氏贞节旌表门闾。渭川者，先生之祖也。室，谓堂之室也。谢，犹绝也。牡蛎，俗名蠔壳，可砌为墙骨者。秋仲，八月，志其经始之月也。筮日，卜日也。突兀，高貌。此先生筑室之诗，言此室止于可以容膝，可以邀风日，可以祭祀，可以储简编、敛袍笏而已，无尽美之心，其得居室之道者欤？

读林缉熙近诗，时缉熙典文衡闽中，欲便道还家，数夕前尝梦见之，故有是作

言笑不可亲，中宵驰梦想。君行几千里，道路轻闽广。忽见囊中诗，区区谢官长。深渊或遗珠，努力试一往。微官亦何事，感激章欲上。行止各有时，姓名忌标榜。此言谁为传，聊以慰俯仰。

赋也。深渊遗珠，以喻野有遗贤也。此先生读林缉熙近所寄诗而作。时缉熙典文衡于闽中，欲便道还家。数夕前梦见之，故言与缉熙间阔但有梦想而已。每念其典文闽中，行役之遥，忽见其诗乃欲辞官长之征，何耶？何不念士有遗珠之叹

[1] “辛勤”，《白沙先生诗教解》作“辛苦”。

而努力一行乎？又言缉熙乃教职，胡为位卑言高而数欲上章论事耶？盖人之行止，随处而安，不在于标榜慕外也。我之此言，谁为传于缉熙，以慰其俯仰之劳乎？

将如外海看山，先寄道傍诸友

吾衰何所如，俯仰在一席。舍傍有小水，相望眇南北。静久动乃宜，住多行亦得。朝往暮南还，路旁事旧识。故人邀我饭，半饷吾未惜。东老对回公，神仙无恶客。

赋也。回公，即仙人吕洞宾别号也。东老好客，洞宾题其馆云："西邻已富忧不足，东老虽贫乐有余。白酒酿来缘好客，黄金散尽为收书。"此诗乃先生将如外海看山，先寄道傍诸友者。言我既衰，但俯仰一席，虽舍傍小水，亦眇然如隔南北也。然久静长住之后，亦宜行动，一弛一张，理之自然，且往还所经多旧识，亦不可不一事访问，则故人留饭亦何惜半饷之闲乎？彼有东老，则有回公，原无恶客，况夫道义之交者哉？

制布裘成，偶题寄黎雪青

海布剪黄云，岭绵装白雪。制为道人衣，方直无周折。吾老不出门，躬耕慕冀缺。黄昏披此裘，坐望梅村月。美人遗我酒，小酌三杯烈。半酣发浩歌，声光真朗彻。是身如虚空，乐矣生灭灭。

赋而比也。冀缺，晋之隐耕者。梅村，在白沙村先生所居傍。此诗制布裘成偶题寄黎雪青者。雪青事佛，故诗中语借引佛书晓之。言剪黄云之海布，装白雪之岭绵，以为道人之裘。方直，以象此心之方直也；无周折，以象此心之无邪也。今我穷居，躬耕晚归，披此裘以望月，酌美人所遗之酒至于半酣，得于心而发于诗歌，声光朗耀通彻以塞于天地，而吾廓然大公，此身如在太虚无物之中，彼释氏之乐所谓生灭者，果如是乎？然谓之如虚空则非真虚空，盖释氏以寂灭无闻为虚空，吾儒则以随事顺应不滞于物为虚空，相似实不同也。释氏之乐在于灭，是以灭而灭生。若夫望月、饮酒、放歌，乐由此生，则先生之乐在于生，是以生而灭灭。乐灭者，窈冥昏默与物扞格，何有于生？乐生者，日用动静与时偕行，何有于灭？生者，人道也；灭者，鬼道也。噫！人鬼之判，远矣。

〇《传灯录》："无住禅师尝务晏寂，于时庭树鸦鸣，杜鸿渐问师：'闻否？'曰：'闻。'鸦去。又问师：'闻否？'曰：'闻。'问：'鸦去无声，何言闻？'曰：'闻无有闻，非关闻性。本来不生，何曾有灭？有声尘自生，无声尘自灭。而此闻性，不随声生，不随声灭。悟此闻性，即免声尘之所缚。'"按此则释氏以动作声闻为生而恶之，以无动作无声闻为灭而乐之。乌知望月、饮酒、放歌与时偕行者，生生不已之乐哉？先生诗文用佛事佛语者多矣，非借此以比况，则即此以辨别，其意深、其辞婉，苟不细求其故并通考其上下文之辞，未易得其真解者矣。如此篇"乐矣生灭灭"，乃因雪青事佛，故致其辨别以深晓之。奈何不得其解者，遂斥为媚禅乎？先生尝谓"释语与吾儒似同而异，毫厘霄壤，贵择之精"。先生固择之精矣，读者亦贵从而精择之〔1〕。

梦中作

法好人莫传，衣好人莫穿。西子蒙不洁，掩鼻而过者，疾趋而争先。虽有恶人，斋戒沐浴，被服明鲜；以祀上帝，执侍周旋，与世骈肩。

〔1〕《白沙先生诗教解》删除自"《传灯录》"至"读者亦贵从而精择之"一段文字。

比也。法,犹教也,即尧舜以来相传之道。此诗先生梦中作。言法之好,惜乎人无有传之者,如衣之好,惜世人莫肯穿之者。盖叹传道之难也。又引孟子之意以言虽有恶人自新,亦可勉而至。然则非法之难传也,人自不肯传耳。其励学者至矣。

秋兴 三首

西风振庭木,虚堂夜萧萧。揽衣起步月,归雁双飘飖。天地岂予独,知音不可招。冥心祈有合,怅望空云霄。

兴而比也。此与后二篇皆秋兴之诗。言西风振木则虚堂萧萧矣,揽衣而起则见双雁之飘摇矣。因此雁有双,而言天地间岂遂使我独立而无知音,曾不如雁之双飞乎?故我冥心独立于此,企有所感而与我契合者[1],今未得焉,徒然怅望云霄而已耳。盖叹知己之难也。

其二

盛时不得意,衰老徒伤悲。志士曷为尔,载籍多见之。翘首面昆仑,白龙有遗池。振衣一千仞,高咏秋风谁?

赋也。盛时,盛年之时也。尔,犹然也,指伤悲而言。载籍,典籍所载也。昆仑顶、白龙池,即绿护屏、圣池。振衣,言振去尘埃,如人之去物欲也。此亦秋兴之诗,言年盛时不求自得本心之乐,至老而徒伤悲,无益也。古之志士往往如此,见于书籍者多矣。然则,仰望昆仑、白龙而欲一振衣而高咏者,又谁人也?盖自任及时勉进之意。

---

〔1〕“故我冥心独立于此,企有所感而与我契合者”,《白沙先生诗教解》作“然我冥心独立于此,冀有所感而契合”。

其三

海上有一士，来往不知年。或就胥靡饮[1]，或投上方眠。游处各有徒，孰谓世情然。饮酒不在醉，弄琴本无弦。借问子为谁[2]，得非鲁仲连？

赋也。胥靡，刑徒贱役。上方，禅寺。无弦，陶渊明壁上常有无弦琴。鲁仲连，高士，却帝秦之议，曰："若以秦为帝，连有蹈东海而死耳。"此亦秋兴之诗。托言海上有高士，或就胥靡而饮[3]，或投上方而眠。彼胥靡、上方，盖皆可与为徒者，岂如世情之浅浅者然乎？饮酒，在得酒中之味而不在醉；弄琴，贵得琴中之趣而不在弦。此为何人？盖鲁仲连之流也。其自寓之意深矣。

谢琴月惠荔枝

长夏风雨过，西良荔枝熟。晚有好事人，提筐归我屋。老母不肯尝[4]，馨香闻隔宿。上以荐祖考，支分及僮仆。第令筐中有，不畏稚儿哭。尔惠良足嘉，吾亲素多淑。在德不在物，岂为穷口腹？东坡三百颗，日啖不知足。长为岭南人，千载披心曲。

赋也。西良，村名。荔枝，岭南佳果之名，色、香、味三者皆绝伦。筐，竹器，盛荔枝者。不肯尝，未荐祖考也。其果隔宿尤香。不畏稚儿哭，筐中所有足应其求也。吾亲，亦谓老母也。淑，善也，言素善其味也。此谢琴月遗荔枝之诗。言荔果

[1] "饮"，《白沙先生诗教解》作"饭"。
[2] "问"，原误作"门"，据《白沙先生诗教解》改。
[3] "饮"，《白沙先生诗教解》作"饭"。
[4] "老母"，原误作"考母"，据《白沙先生诗教解》改。

之惠,上及祖考、慈亲,下及稚儿、童仆,所惠广矣。然感之之意,又在德而不在物也,岂穷口腹之欲,遂以为感激哉?又引东坡日啖三百,乃所谓口腹之欲者也。

赠世卿 六首

采菊复采菊,严霜下庭木。岂无桃李颜,畏此天地肃。落落枝上英,未伤飧者独。持赠楚人归,投之江鱼腹。

赋而比也。落落,寂寞萧索之意,即《楚辞》"飧秋菊之落英"。王荆公谓菊花之落,非也。菊花至枯不落。楚人,指李世卿。此下皆赠世卿还嘉鱼之诗,凡十二篇,今存其六。以采菊喻求道。言采菊于严霜之时,桃李皆谢,惟有此落落之英,又飧之者少,古今惟屈原、渊明耳。今我采菊何为哉?盖以赠世卿,使归汨罗,投于江鱼之腹以吊屈子。盖憾知道者少,故企其旷世相感如此也。其寄托深矣。

其二

青青墙下竹,冬后色如是。灿灿月中花,岁寒香不匮。新知语未足,远别情难置。独上江门舟,北风日凌厉。

比而赋也。月中花,谓桂也。匮,乏,犹尽也。此亦赠世卿之诗。承上篇而言,又以竹桂之能持晚节者以励世卿,使不渝所守也。然与世卿新知,尚未能尽所欲言,如外传云"所未言者,此心通塞之机,生生化化之妙"者,盖世卿尚未能问,是以未及语之。今将远别,故此情难置也。况世卿登舟别江门而去,北风日见凌厉乎!此又比世习日相侵夺,不可不谨素节也。

其三

进亦人所忧，退亦人所忧；得亦人所忧，失亦人所忧。所忧非忧道，所忧其可留；所忧非忧贫，所忧其可休。古来向道人，能辨忧所由。去去凌九霄，行行戒深沟。敬此之谓修，怠此之谓流。

赋也。九霄，至高也，喻爵位之崇高；深沟，言险也，喻利欲之陷溺。此亦赠世卿诗。言得失、进退皆人所忧，然皆为贫而非为道也。忧道者，天理；忧贫者，人欲。不可不审其去取，古来向道之人所以必审辨乎此也。今世卿之去，有凌云之志，而深沟或在乎其间，不可不戒也。

其四

元神诚有宅，灏气亦有门。神气人所资，孰谓老氏言。下化囿其迹，上化归其根。至要云在兹，自余安足论？

赋也。元神之宅，谓心也，心为神明之舍。灏，与浩同。资，犹用也。能存其心志，则浩然之气由此而出，故谓之门。孟子所谓"志至焉，气次焉"，即此意也。然则"神气"二字[1]，乃人之全体大用、所资以为人者，岂可谓老子之言而不求之哉？但老子囿于迹，所主在气；若圣贤之所谓神气，其根则主于理。须究其本然之体言之，所谓"天理人欲，同行异情"也。学之至要，在此而已，他皆非所急务也。

其五

可以参两间，可以垂万世。圣人与人同，圣人与人异。尧舜于

---

〔1〕"二字"，原误作"一字"，据《白沙先生诗教解》改。

舞雩,气象一而已。大者苟不存,翩翩竟奚取?老夫尝自力,兹以告吾子。文字费精神,百凡可以止。一落永不收,年光建瓴水。

赋也。大者,谓大头脑处。与人同,即明道所谓"浑然与物同体"者也。此亦赠世卿之诗,指出道体之大,以勉世卿。谓圣人之道,可以参天地、垂万世者,以其与物同体,所以异于众人也。尧舜舞雩事功不同而气象则一,以其见此大也。此大不存,则其小者奚足取哉?又言此大者,乃我之所自力者,故为世卿告,不可徒以文字人为挠之。若能知止息,则生生之机在我矣。又言时光之去,如建瓴水之不可再收,所当及时进修也。

其六

上上昆仑峰,诸山高几重?望望沧溟波,百川大几何?卑高入揣料,小大穷多少?不如两置之,直于了处了。

比也。昆仑峰,极高者;沧溟波,极广者。然以其有形则有限,故虽登此而望,所见有穷尽。若夫揣度料量其高卑,则又出于想象意见而已。以喻人之求道于见闻之间、测度之际者,皆为有限也。程明道所谓:"泰山高矣,泰山顶上已不属泰山。"又云:"鸢飞戾天,向上更有天在;鱼跃于渊,向下更有渊在。"亦此意也。若置之而求于了处,则即其所不睹不闻者,而戒慎恐惧以存之,然后为学圣之全功也。呜呼,此先生之告世卿者至矣!

容珪挽 二首

师友道久衰,穷乡无可者。是非真妄间,彼此不相假。所适一以偏,较然见趋舍。滔滔复滔滔,风俗日益下。珪也何所之,终身在陶冶。

赋也。滔滔，流水不止之貌。容珪，先生弟子。之，犹往也。陶，所以成瓦器；冶，所以铸铁器，比育成人材者。此与后篇皆吊弟子容珪诗。言师友道衰，故乡党之士，是非真妄趋舍不同而风俗日流于下。独珪则一无所往，而终身在我陶冶之中也。

其二

四雏一母乳，衎衎东山岑。二雏羽翼长，一去无遗音。母哀二雏小，中夜哀莫任。感此骨肉别，悄然伤我心。萧萧暮色起，脉脉春江深。百年会有尽，泪下雍门琴。

比也。容珪同母有四兄弟，故云“四雏一母乳”。衎衎，随飞和鸣之貌。二雏去而无遗音，以比珪与兄先逝也。此先生悼容珪与兄先死，今所存者，二小雏与老母，故不胜其哀痛之情也。先生又言，我感此子母骨肉之别，悄然伤心，况萧萧暮色、脉脉春江，所以增其悲哀者深矣。又举雍门周鼓琴而歌千秋万岁之感，不能不为之泪下也。雍门周鼓琴，能令孟尝君涕泣增哀。

有怀世卿 四首

仙鹤去不归，黄鹂向人语。空馆忽相思，云山杳何许？出门望东海，默默空延伫。月出潮复来，鸣桡下沧渚。

兴也。此与后篇皆怀李世卿之诗。托言仙鹤已去，惟有黄鹂向我耳语，兴起空馆相思而不知云山之相隔也[1]。故望

〔1〕“兴起”，原作“兴下”，据《白沙先生诗教解》改。

东海而默默延颈伫立，所以思之者至矣。然思之不已，将奈何哉？则又乘潮月而鸣桡于江渚之间，以遣兴耳。

其二

时雨日夕来，郊原蔼新绿。白云被重崖，下映寒塘曲。情结竹上言，魂消井边躅。三年隔潇湘，书至不可读。

兴也。竹上言者，世卿曾题诗于此竹也；情结，谓思之至而情郁结也。井边躅，谓世卿曾行坐于井傍，尚有遗迹也；魂销，言思之切而神魂为之伤损也。不可读，谓怀之益切至也。此篇因时雨之蔼新绿、白云之被寒塘，兴起有怀世卿，感物思人，三年之别，书至有不可读者矣。

其三

伏枕庐山下，春怀惨不舒。哀弦久去耳，风韵今何如？灼灼花自媚，嘤嘤鸟相娱。高台夕流盼，古道行人疏。

赋而比也。庐山，即小庐山，先生所居之后。哀弦，谓弦声之激切，比世卿之清论也。此亦怀世卿之诗。言我伏枕于庐山之下，春日之怀宜舒畅而反惨者，盖因念世卿谈论去耳之久，不知风韵何如。今此灼灼之花、嘤嘤之鸟，不过自为媚娱而已。夕登高台，流盼以观，此古道之上，行之者甚少也。古道，以喻圣人之道。行人疏，以讽世卿也。

其四

烦嚣谢人境，抱膝山台居。奈此枝上鸟，交交春雨余。少年耳目冗，衰老不能虚。安得鲁连子，从之泛江湖？

赋也。亦怀世卿之诗。言我谢绝人境之烦嚣，而抱膝以居山台之上，又奈此鸟声，交交于春雨之后；况我于少年时，耳目冗塞，滞于见闻，至今衰老，犹不能使之复虚，何堪又有此鸟声相聒乎？所以欲思得鲁连子之徒而与之同泛于江湖，尽欲脱去尘嚣以归宁静之境也[1]。然不过托此高远以励世卿耳。不役耳目，圣人固自有道，奚必绝人逃世而后能哉？读者不以辞害意可也。

观自作茅笔书

神往气自随，氤氲觉初沐。圣贤一切无，此理何由瞩？调性古所闻，熙熙兼穆穆。耻独不耻独，茅锋万茎秃。

赋也。神，谓心之神，即志也。志者，气之帅，故神往则气随而往。神气相得，氤氲太和，如初沐之时。此先生作草书以寓学也，如明道"作字时甚敬，即此是学"之意。于是又言文字皆道之所寓，若圣贤一切绝去文字，则何由见此道理？故云："乾坤毁则无以见《易》，《易》不可见，圣人之道或几乎息矣。"又言氤氲若初沐者，乃古人调性之学，所以有熙熙而光明、穆穆而和敬者。然此我之所耻独能者，故茅锋万茎皆秃也。能书，非先生所独；而书中之学，氤氲熙穆者，则先生之所独。人莫能之，所以耻也。

益母草

有草人不识，弃之等蒿莱。时来见任使，到口生风雷。溲也佐未足，益以蜜与醅。生者得其养，死者无遗胎。岐黄开本草，夭札人所哀。一物具一用，神功不可猜。佳名夙所慕，广济真天才。

[1] "尽欲脱去尘嚣以归宁静之境也"，《白沙先生诗教解》作"盖欲脱去尘嚣以游于寂寞之滨也"。"尽"，疑为"盖"字之讹。

赋而比也。草,谓益母草,其形如艾。蒿莱,恶草也。生风雷,言其气能鼓动变化也。溲,童小便;蜜,谓蜂蜜;醅,谓美酒。生,谓胎之生者;死,谓胎之死在腹中者。岐黄,谓岐伯、黄帝,造《本草》以辨百药之性味。夭札,谓短折也。佳名,益母草之名也。广济,如上文等事也。天才,言其才不凡也。此诗咏益母草,以喻君子盛德而有济人利物之用如此。

送刘方伯东山先生

未别情何如,已别情尤邈。岂无尺素书,远寄天一角。江门卧烟艇,酒醒蓑衣薄。明月照古松,清风洒孤鹤。

赋而比也。未别、已别,谓己与刘东山先生也。邈,远也。尺素书,言书之度一尺也。天一角,谓岭南之地,亦言远也。蓑衣,谓藤蓑,先生所制以自披者。孤鹤,以自比,言无徒侣也。此送东山方伯之诗。言今未别之情缱绻如此,则已别而辽邈又何如也。公岂无尺书见寄天涯耶?而我但卧江门之艇,酒醒惟觉盖身之蓑寒薄。当此之时,惟有明月照松,清风来洒此孤鹤耳。此诗"江门卧烟艇",及临终诗"弄艇江门月"等句,皆作诗假托之常,犹"采卷耳"、"陟高冈"之意耳。不知者认真,遂谓先生之学弄艇投竿而后有得。古人所谓"不可向痴人前说梦"也。

游圭峰,同世卿作

穷居无岁年,老梦得迂朽。永托山水间,东西事游走。幽幽铁桥花,怅望未得手。杖屦聊此跻,微霜正疏柳。敛襟欲无言,会意岂在酒?沧海当我前,昆仑卓我后。但谈孔氏规,坐失微生亩。

赋而比也。幽幽,深远之意。铁桥,在罗浮,两山相接之脊如桥，有石立如桥柱。铁桥花，喻道也；未得手，言己望道未得，谦辞也。杖屦，竹杖草屦。跻，犹登也。欲无言，谓不在言也。“会意岂在酒”，喻要在默识，不待外求也。下二句即会意之事，盖山峙水流，无非至道。“但谈孔氏规”，言学者专欲速仕，但喜谈圣人汲汲皇皇不忘天下之事，而不知微生亩之诮栖栖为佞者亦未可失也。盖圣人仕止久速，“有义存焉，无可无不可”，虽不必于不去，而亦不必于去。后之不知止者则偏于不去，而微生亩则偏于去，皆非圣道时中之全体也。若夫会意而灼见道体者，自有以知此矣。

示李孔修近诗

昔别秋未深，今来岁方晏。吾衰忘笔砚，月记诗半板。或疑子美圣，未若陶潜淡。习气移性情，正坐闻道晚。为我试读之，如君当具眼。

赋也。此示李孔修以近作之诗。圣，言杜子美诗之神妙也。淡，言陶渊明诗有冲淡之意，自然天成，又非子美用工锻炼者所能及也。然诗发乎性情、止乎礼义，今我之性情不能不为习气所移，正坐于闻道之晚也。闻道，则性情得其正而不为习气所移矣。渊明自叙云：“总角闻道，白首无成。”渊明之淡，盖有其本也。又许子长具眼，试为我读此近诗，以为何如也。

蒋韶州书至，代简答之

相别何悠悠，梅花十寒整。音尘中断绝，窅若堕深井。忽枉尺素书，开读喜不定。庾岭秋正高，扬旌下松径。君才足理郡，韶民日延颈。古来水火喻，子产功在郑。岁计谅有余，愿闻下车令。

赋也。此蒋韶州书至，代简答之也。悠悠，久远也。梅花,生于岁寒之后,故以一开为一寒,犹一岁也。梅花十寒,则经十岁矣。堕深井,言消息不闻,如居井底然。下松径,言蒋君度岭而莅韶也。延颈,引领而望也。水火喻,子产郑大夫听国政,铸刑书,以为水柔故人多溺,火烈故人少犯之者。言此,盖欲其政令主于严,乃所以爱全乎民也。又言吾知蒋君治韶,岁计则有余矣,但愿闻下车之政令在宽在严耳。盖先王之教,不能不赖刑以弼之;圣人之仁,不能不正之以义;天地之春夏,不能不肃之以秋冬也。蒋之政偏于宽,故以此箴之。

八月二十四日飓风作,多溺死者

坐忘一室内,天地极劳攘。颠浪雷殷江,流云墨堆嶂。高田水灭顶,别浦风翻舫。大块本无心,纵横小儿状。江门三两诗,饶舌天机上。

赋而比也。殷江,《诗》云"殷其雷"。墨堆嶂,言雨云之黑,如以墨堆山嶂也。灭顶,《易》云"过涉灭顶",此言水漫田上也。大块,谓天地。饶舌,谓多舌也。此诗先生感二十四日飓作。言我坐忘一室内,静观天地间大风鼓动,极其劳攘也。下四句,即申言天地劳攘之状。然天地心普万物而无心,其劳攘纵横如小儿之状,岂有意为之者哉?所以我之诗,饶舌以言天机之上耳。盖无心即天机也。

读张廷实近稿

世惟识宝人,惜宝如惜子。宝为物所掩,念之容色悴。一朝此宝来,辄复喜不已。喜戚由宝故,以识为心累。

比而赋也。此先生读张主事廷实近稿而作。廷实,名诩,先生弟子,有美质,胸襟最高。然其所存所作,或有离而去之者，先生因其近作之佳者而言。人之识宝者，爱惜之如子矣。识之深，故爱之深也。宝为物掩，则忧戚达于容色；及宝复来，则喜动于中。一喜一戚，皆由宝之得失。盖由其识宝，反以识累心也。先生之喜戚，岂直为诗而已哉？

赠针灸杨飞

昔吾见而翁，卖药金陵市。手持一寸针，针落病者起。我主大行人，翩翩酒相值。京中多异客，飞盖若流水。一峰挟一囊，有药能医世。时当引疾去，东西各飘逝。岁月忽复多，囊括针亦废。君来还见予，俯仰相悲喜。何期二纪下，重睹无双技。瞻彼老定山，风波五千里。金陵多旧游，存殁宁复记？人生若浮烟，为君语如是。

赋也。此赠针灸杨飞之诗。而翁，谓飞父也。金陵，即南京。我主，谓所主之家也。大行人，谓庄孔旸先生。初为检讨，抗疏落职为行人司，家居母病，迎杨医于常山疗之。首四句，言飞父子世医之精，遂言于定山处会晤共饮。又言会客之众，如一峰罗修撰者有医世之具，不用而退废。今君复来见我，俯仰悲喜，因思定山相别之远。而一时金陵之旧游，不可记忆者多，不但一定山而已。又叹人生如浮烟之聚散不常，所以感而作此诗也。

正月二日雨雹 是日雨水节

雨水不雨水，雨雹胡乃然。小者如莲实，大者如弹丸。仍闻隔江言，有雹大如拳。吾君古帝尧，神功格皇天。雹往而霰来，无乃为丰年？

赋也。此诗感正月二日雨雹而作。是日为雨水节，故言雨水节宜雨水而不雨水而反雨雹者,何哉?以圣君功德格天,故雹往霰来,为丰年之兆耳。霰,谓雪之小者。今详:雹,阴阳不和之所生,灾异也。霰者,和气之所感,然雨于正月,则亦为非时。先生此言,盖为时讳耳,亦忧后稍纾之意。后二日雨霰,故言"往"、"来"。然则此诗盖作于后二日欤?

五日雨霰 二首

北风卷长云,晨光坐来灭。映空絮忽飞,谁谓越无雪?

赋也。晨光坐灭,言阴之速也。絮,谓雪之飞如柳絮也。越无雪,古有此语。先生因正月五日雨霰而作此下二篇。言北风卷云而日光坐灭矣,忽见白映虚空,如絮之飞,则古人谓"越无雪"者,徒虚语耳。盖喜之之词也。

其二

元气塞天地,万古常周流。闽浙今洛阳,吾邦亦鲁邹。星临雪乃应,此语非谬悠。

赋也。元气者,天地之正气也。此承上篇感雪而作。言天地中正之气,充塞两间,万古周流。上下四方之宇,古今往来之宙,同此充塞流行也。今之闽浙既为洛阳矣,则吾岭南岂非今日之邹鲁乎?所以知其然者,既有星临之象,今又有雪应之兆故也。星临,谓中星所临之地。先生尝谓"有一星者云:今中星已临岭南,当有圣贤生",故此诗云然。然未审其然否,但因雪应而及之耳。

读张地曹偶拈之作

拈一不拈二,乾坤一为主。一番拈动来,日出扶桑树。寂然都不拈，江河自流注。濂洛千载传，图书乃宗祖。昭昭圣学篇，授我自然度。

赋也。此先生读张地曹廷实《偶拈》之作。拈，谓拈诗句也。言尔之拈句，当拈其一，不可拈其二。一者纯，二者杂。乾坤，谓天地。一为主，“天得一以清，地得一以宁”也。濂洛，谓周、程；图书，谓《河图》、《洛书》也。圣学，《通书》篇名。言此心若感通拈动，则天地之道大明如日出扶桑矣；若此心寂然不动而无所拈，则天地之道无为而江河流注矣。所谓“拈一不拈二”而斯道大明者，上有《河图》、《洛书》为之祖宗，而下有《圣学篇》独得其正宗。所谓“一为要”者，乃示我以自然之矩度也，岂可以拈二哉？他本又云“愿还拈外心，再读《中庸序》”，则先生扶正辟邪而警之者深矣。

赠黎秀才

月行在青天，月影沉碧水。谁为弄影人，吾与黎生耳。黎生青云彦，偶值薇垣使。明日还端阳，赠君惟有此。

兴而赋也。薇垣，谓使司。端阳，古端州，今之肇庆府也。弄影，即弄月也。道形于天地之间，为四时，为百物，为逝水，为鸢鱼，为风月，皆与道为体者。若能仰观俯察，则见其充塞流行、与我同体而自强不息矣。此送黎生之诗。黎生，肇庆人，奉使司之使来白沙。将别之夕，先生与之夜坐，因月影在潭兴起，言与黎生坐此弄月，其所得多矣。因言黎生志于青云者，而偶值使司之使以来共弄此月，然明旦黎生遂还端阳矣，我所以赠之者，惟有此月耳，岂复更有他哉？使黎生有悟此言，则必吟风弄月而归，有“吾与点也”之意矣。惜乎，终未闻其有得也！

寄李子长 二首

仙城李子长,短发不及寸。家有觅栗儿,时无郭元振。经年断往还,使我勤问讯。宁知造化心,天地无情尽。

赋也。仙城,即广州城。旧传有五仙骑五羊,手各执一穗,后忽化为五石,名穗石洞天,城因以仙名。发不及寸,谓子长病后发秃也。觅栗儿,谓家贫而儿稚,又如渊明之儿"但觅枣与栗"者也。郭元振,能轻财赒贫者。尽,犹极也。此与后二诗皆寄子长者。言子长贫病,但时无如郭元振者以济之耳。今久不往还,使我徒劳问讯;又不知天地造化之心,如何至此无情之极,而使斯人之穷困也。盖亦无所归咎之辞。

其二

祝融我当往,往处还自然。未往亦由我,安知不是仙?是身元有患,天道岂无缘?难逢俗人说,可为知者传。

赋也。祝融,南岳峰名。仙者,托之以言其心无所累耳,非长年飞升之谓也。是身元有患,谓身牵于病也。此亦寄子长之诗。言南岳,我所当往;然欲往未往,亦由我耳。自然,则情不累于去住。襟怀洒落,是亦仙已,奚必长年飞升而后为仙哉?今我之不往者,由病耳。吾既有身则不能无患,天道岂无缘哉?故又言其乐天知命、顺乎自然者,非俗人所能知也。

卧游罗浮 四首

登飞云

马上问罗浮,罗浮本无路。虚空一拍手,身在飞云处。白日何冥冥,乾坤忽风雨。蓑笠将安之,徘徊四山暮。

比也。罗浮，在博罗、增城二县之间。飞云，其山顶也。《志》以为“罗山、浮山乃蓬莱之一股，自海上浮来相附”。然其语不经。此与后三篇皆卧游罗浮之诗，此则登飞云者。以罗浮喻道。无路，犹颜子“虽欲从之，末由也已”，言瞻望罗浮之山，无路可入。但虚空拍手之时，忽不知其身已在飞云之处矣。然岂有无路而拍手可至之理？但设言其道不可强入，而可以神会耳。读者不可以辞害意也。又言方白日当昼之时，而忽晦冥风雨，蓑笠无归；又四山将暮，则惟徘徊伫立而已。以喻天理方流行，忽为人欲间断。此正通塞之几、得失之际，徒怅然于迟暮也。

度铁桥

一度一万劫，飞空本无铁。何名为飞空，道是安排绝。夜久天宇高，霜清万籁彻。手持青琅玕，坐弄碧海月。

比也。劫，谓世间之患害也。铁，谓铁桥。万籁，万物之声。《庄子》“天籁、地籁、人籁”。青琅玕，谓青竹杖也。此亦卧游罗浮度铁桥之诗。言一度则超出万劫，然此度乃飞空而来，不由铁桥而往，故云无铁也。又言所谓飞空者，非有他也，乃绝其安排耳。人稍有安排，则私意百起；若绝其安排之心，则出于自然而与道一矣。“夜久天宇高，霜清万籁彻”，又形容其无安排，则见天宇之高，万籁之彻，如浑然一私不存、万理明净之候矣。于此之时，但手持琅玕之杖，坐弄明月而已。

下黄龙

天风吹我笠，吹下黄龙顶。两手捉笠行，不知白日暝。赤松见我笑[1],却立千丈影。童子问赤松,云深各不领。

赋而比也。黄龙,罗浮之洞名。顶,谓其山巅也。赤松子,仙人,以喻圣人也。千丈影,言其高也;各不领,言其不相契悟也。此亦卧游罗浮下黄龙诗。托言我登黄龙洞之时,为天风吹落其笠,然犹不自已,以两手捉笠而行,虽至日暮而不知。犹己勉勉于圣人之道,虽至艰难险阻犹自强不息也。诚心所感,则见赤松子遇我而笑,盖有接引之意;而我见其影之高如此,犹亲见圣人之形容,若心得之者,宜乎童子之不相契领也。

望罗浮

山大必有灵,土高岂无异?翠浮几千丈,日月东南翳。我寻五岳来,未问仙家事。绝顶望九州,衡山正西峙。

赋而比也。翠浮,言其高如浮翠然;"日月东南翳",言翳东南之日月,皆以言罗浮之高大也。五岳,中岳嵩山、东岳泰山、西岳华山、北岳恒山、南岳衡山。此望罗浮之诗,即卧游罗浮也。言山之高大必有灵异,今罗浮之高大如此,岂无灵异乎?如圣人所积之高厚,必能出类拔萃也。今我之来,非为访寻王、葛诸仙而来也,盖为寻五岳耳。未到五岳,先登此山以望九州之广,则见南岳衡山正峙其西。盖以寓其望道希圣之意,岂特游观而已哉!《孟子》"登东山"一章,亦此意也。

赠周文都

十年两别君,一别一回老。问药朱陵游,吾兹恨不早。平生忧

---

[1] "赤",原作"亦",据《白沙先生诗教解》改。

乐心，相对各倾倒。远别望眼昏，浮云不堪扫。

赋而比也。此先生赠周文都之诗。文都，名京，亦先生弟子，新会举人。朱陵洞天，在衡山。问药，采药也，以喻求道之意。恨不早，言老病交至，恐无税驾之地，所以自勖以励文都也。故言己与文都同甘苦，相对无不倾倒尽情者。今将远别，吾望以送之，眼昏不能远见，况有浮云障眼，扫之不能去乎？浮云，亦以喻富贵之迷人。此必送文都入试之诗，故其言如此，可谓忠告之至矣。

寄题严州严先生祠壁

既上桐江台，复弄桐江钓。不食桐江鱼，不怕严光笑。衣巾人笑侬，羊裘终未了。堂堂范公碑，今古称独妙。

赋也。桐江台，即严濑钓台也，在桐庐县。侬，犹我也。弄钓、食鱼、严光笑者，谓后来学者又学子陵之钓而得名利，则为子陵所笑矣。“衣巾人笑侬”者，言己所着衣巾，人或笑我不效子陵之羊裘也；羊裘未了，谓后人效子陵着羊裘，即有好名之心，故未了也。堂堂，光大之貌。范公碑，即范仲淹所作《子陵祠堂记》也。此先生寄题严州严先生祠壁，盖言人须有子陵之心，而不可徒影响其形迹也。

寒菊

菊花正开时，严霜满中野。从来少人知，谁是陶潜者。碧玉岁将穷，端居酒堪把。南山对面时，不取亦不舍。

赋而比也。碧玉，先生所居楼名。端居，谓恭己静坐也。南山对面，即渊明所谓“悠然见南山”；不取不舍，即“勿忘勿助”之意。必如是，则本体自然，而后南山可见也。南山对面，喻见道，即颜子所谓“如有所立卓尔”也。此诗虽咏寒菊而其指远矣。天下后世欲知先生之学者，当于不取不舍之间求之也。

寄贺柯明府〔1〕

夷狄犯中国，妻妾陵夫君。此风何可长，此恨何由申！仲尼忧万世，作经因感麟。往者宋元间，适逢大运屯；仰天泣者谁，屈指张陆文。临事诚已疏，哀歌竟云云。一正天地纲，我祖圣以神。缺典谁表章，厓山莽荆榛。寥寥二百年，大忠起江滨。慈元庙继作，烂映厓山云。近者阳江尹，一念何精勤！作祠比厓山，两庙存三仁。大封赤坎墓，昭昭惬众闻。深悲鱼腹冷，一跃海门春。厓海风波隔，阳江面目新。自然声气应，坐使风俗淳。短卷心先贺，神交梦每亲。琢词告万世，老病敢辞君？

赋而比也。以“夷狄犯中国”比“妻妾陵夫君”，天理反逆之极也。感麟，谓孔子因获麟而作《春秋》以攘夷狄、尊中国。屯，犹厄也，谓元灭宋之事。张谓世杰，陆谓秀夫，文谓天祥，三忠也。临事疏，谓三公不事决战，奔至海涯穷极之地，而文天祥每每被执。哀歌，谓《正气歌》。天地纲，谓夷狄、中国如天冠地履，今以夷狄灭宋，冠履倒置矣。我太祖高皇帝驱之，以正天地之纲。故愚尝谓：“唐太宗诗‘刷耻酬百王，除凶报千古’，惟我太祖乃能称之。”盖振古所无之功也。大忠祠，以祀三公；慈元庙，以祀杨太后者。今阳江尹柯公又建祠于彼，以比厓山两庙，共存三仁之祀。又俗相传谓张世杰溺死，乡人葬

〔1〕 此诗及其注解，《白沙子古诗教解》原缺，疑系碧玉楼本编者因清代文字狱之忌讳而将其删除。兹据湛若水《白沙先生诗教解》补出。（湛若水《白沙先生诗教解》，《四库全书存目丛书》，集部第三五册，第五七四页）

之于赤坎，今大封之，足惬众闻。故我尝悲世杰葬于鱼腹之冷，今则如跃于海门之春矣。又言虽阳江、厓门相隔之远，而像貌俨然，则其风俗庶有观感而还淳厚也。

偶书所见

崖倾百丈泉，直下注东川。翳流起大舂，覆茅于其颠。一为利所驱，取便世争先。汉阴喻桔槔，所见无不然。嗟哉抱瓮心，古道何由全？

赋也。此盖先生见水碓而作。舂，谓碓也。“翳流起大舂”，谓筑坝以蓄水，开一门置碓于其间，欲其水急激碓，可以舂米，不费人力。覆茅其颠，谓结茅屋以覆舂，防风雨也。先生因见此而叹世人之驱逐于势利而取便争先，与汉阴所喻桔槔之机事、机心亦如此。因叹羡古人抱瓮之心，今时无复全其道也。欲人去机变之巧、存本心之直，其意深矣。

谢邓都府惠交藤酒

使来遗一樽，百金不愿易。遇药如遇仙，奇方闻在昔。卓然李文公，作传甚详悉。感公嘉惠心，何以酬公德？但恐命不齐，服药也无益。

赋也。李文公，唐人，名翱，作《何首乌传》。何首乌，一名夜交藤，江南多有之。尝有一老人七十无子，夜归醉卧山间，见其两藤夜合昼开，心异之，遂持归以问人。人绐之云：“食此可生子。”老人信其言，服之，遂果生子。先生晚病风痰，邓都府送交藤酒至，作诗谢之。言见惠此酒，其贵重过于百金，喜同遇仙。因述曾闻奇方，又观李公所作之传，而知其妙矣。今公嘉惠之心如此，将何以为酬哉？但恐修短有命，命若不齐，则虽有此妙剂,亦无益于事耳。观此,则先生感人之惠,安天之命而无贪生苟得之心,可知矣。

晓枕

天地无穷年,无穷吾亦在。独立无朋俦,谁为自然配?春陵造物徒,斯人可神会。有如寿厓者,乃我之侪辈。永结无情游,相期八纮外。

赋也。此先生晓枕之诗。“吾”字,指道。“吾亦在”,言此道与天地相为无穷也。此道本自然,必其人学归自然者,乃能与为俦而与相配。当今之世谁乎?故云独立无俦、无配也。春陵,谓周濂溪。造物徒,与造物为徒也。寿厓,高僧,尝与濂溪游,为方外交。八纮,谓八方之外。神会,谓默契。既言此道无对,惟有濂溪可以默契道体,而寿厓者庶可作侪伴,为无情之游于八方之外耳。无情,谓喜、怒、哀、乐皆寂也。“圣人寂然不动,感而遂通天下之故”,“无情可以入道,而谓无情为道,则非也”。故寿厓之无情,但可与之同游于方外耳,非有取于寿厓也。后儒因濂溪与寿厓游,遂疑濂溪,不亦误乎?

题端阳李刺史甘霖重应卷

岭南名刺史,端阳有成绩。端阳问为谁,长沙垂令德。曰惟长沙公,善非一代积。去年苗欲槁,公寝不安席。手拈一炷香,须臾见昭假。今年事复然,斯民忻目击。甘霖雨下土,郊野望四塞。滂沱及邻壤,秋田足民食。公惠宁有心,斯民感公德。口颂遂成碑,举手还加额。安得长沙公,为我大邦伯?坐令十郡内,广布阳春泽。闾阎兴孝悌,四野无盗贼。共育太和春,细缊谢反侧。

赋也。刺史,唐官名,即今之知府。端阳,解见前。长沙,府名，李太守之乡也。“非一代积”，言其世世积德也。“手拈一炷香”，谓忧旱祈雨也。假，读为格。昭格，言能感格上天也。十日雨为“霖”。望四塞，言四野各塞农夫之望也。举手加额，以颂之。成碑，谓口如碑也。阳春泽，言仁泽之广布如阳春之泽物也。兴孝悌，谓衣食足则礼义兴也。“四野无盗贼”，谓礼义兴则盗贼息也，盗贼息则无反侧之患而细缊太和矣。此诗为肇庆李太守甘霖重应而作。言其祈雨有应以惠于民，使为方伯则所及愈广，岂但如此而已哉！

偶得寄东所 二首

知暮则知朝，西风涨暮潮。千秋一何短，瞬息一何遥！有物万象间，不随万象凋。举目如见之，何必穷扶摇？

赋也。瞬，谓一转盼；息，谓鼻息一出入，言至速也。有物，谓道也；万象，谓万物万事之形与道为体者，而道则无形也。有形者器，无形者道，《易》曰“形而下者谓之器，形而上者谓之道”是也。万象间，谓不离于形器而不滞于形器。不离于形器，故即物而在；不滞于形器，故不随万象凋。物有尽而道无尽，所谓“死而不亡”也。然此道初不离物，故举目若或见之，何必如庄子所谓穷扶摇而求之于高远哉？此与后篇皆寄东所之诗。东所好求之高远，故告之以此。然云若见之，则实非有形可见，亦“如有所立卓尔”之意耳。

其二

登高未必高，老脚且平步。平步人不疑，东西任四顾。岂无见在心，何必拟诸古？异体骨肉亲，有生皆我与。失之万里途，得之咫尺许。得失在斯须，谁能别来去。明日立秋来，人方思处暑。

比也。此亦寄东所之诗。以“登高”比好高者,以“平步”比实践者。平步人不疑者,其实德有以孚于人也;东西任四顾者,其定力有以审诸己也。然则,好高而不务实践者,为人所疑,而处己亦不详审矣,于是又申平步之实。见在心者,人之本心,古今圣愚所同有,而何必拟古圣人之心哉?此二句指出心之本体也。又言民吾同胞,虽在异体,其实骨肉之亲;而天地间凡万物有生者,皆我之与,即“浑然与天地万物为一体”之意。此二句指出道之本体也。然以此心会此道,一而已矣。失此心,则道若在万里之远;得此心,则道在咫尺之近。夫咫尺犹在外,而道与心则合而为一。兹云“咫尺许”者,但言其至近耳,读者不可以辞害意也。又言得失非在久,止在斯须顷刻之间;而出入往来之机,谁能辨之?盖几者动之微,辨之不可不早,如明日始立秋,今日即有思处暑之心;时未至而迎之,将迎之心萌,则“憧憧往来,朋从尔思”。此吾心得失、存亡、来去之几也。知其几而止之,则此心常存,可以体道矣。

和罗服周对菊见寄

春来苦不早,春去常愿迟。嗟哉造化机,万物安得知?岁晏菊始吐,鲜鲜在东篱。不污桃李尘,永续征君诗。

赋而比也。晏,晚也。鲜鲜,菊之佳色。东篱,陶靖节诗云“采菊东篱下”是也。桃李芳艳而以为尘者,以比小人邪媚之态,而俗人好之,故以为污也。征君,陶靖节也。此和罗服周《对菊》之诗。言人之常情多爱春芳,而造化之机则有非万物所能测,如桃李生于春乃反污于尘俗,而鲜鲜之菊则生于秋而不污也,故作此以续征君诗耳。

龟山夜月

万古此龟山，万古此明月。开帘望龟山，岱宗固无别。但恐山多云，风吹乱人睫。

比也。龟山在福建，各方亦多有此名，此乃程门弟子杨时中立先生之号也。此诗本题“龟山夜月”，言龟山明月万古常在。人望龟山固如岱宗之高，以比杨中立为程门之高弟，其人品固出寻常；但恐山中云雾太多，风吹云散，蔽人之目睫耳。先生自注云：“杨龟山先生修正《程氏遗书》，中间‘尧舜事业’一段可疑，借此以正其谬耳。”今考《遗书》云“泰山高矣，泰山顶上已不属泰山。尧舜事业，也只是太虚中一点浮云过目”，盖言道体无穷，至为精切；而龟山改云“尧舜事业，自尧舜视之，也只是一点浮云过目”，则其病明道之意，为可惜也。先生正之，大有功于程门，大有功于来学矣。

扶南访黄岩尹邝载道，适来顾白沙，两不值 三首

行舟石门浪，不识扶溪口。时时问来往，日入丧水手。昨暮黄岩马，来嘶白沙柳。惜哉两不遇，独坐空搔首。

赋而比也。石门，在广城之西北三十里。扶溪，村名，邝载道所居之地。丧水手，言昏黑迷路也。黄岩，县名，载道尝为其县令。搔首，所以思之也。此后三篇皆往扶南访载道，而载道适来白沙不遇而作。以“不识扶溪”喻为学不知路，以“问往来”喻当求益于师友，以“丧水手”喻失其师传，以“不遇”讽人不相契悟也。

其二

我有一斗酒，愿与子秉烛。子来复空去，值我不在屋。稚子呼

不至,踉跄走入竹。明旦归我艇,先后迓以告。

赋而比也。秉烛,言欲赏之急也。不在屋,言己亦往扶溪也。呼,谓载道呼之也。踉跄,急遽之貌。迓告,谓童子迎告于我也。此亦承上篇而言。我有斗酒,待子来秉烛同赏,及子来又值我亦往扶溪,不得共饮此酒而空去;又言子因我不在,呼稚子共语,又复惧而逃去。我既不在,稚子又不知迎客,奈之何哉!明日我回,而童子方以此事前后一一告我也。此亦以酒比道义。

其三

闲居不拟出,偶出负佳客。问客来何许,来自黄岩谪。长安接笑语,中道有暌隔。悠悠百年内,与子异显默。

赋也。此亦承上篇而言。己不得迎载道,因言载道之出处。曰"谪"曰"显默",必载道为御史言事谪官也。因言己与载道会晤于京师,暌违久矣。末又叹彼此一显一默,各异其道,盖当职与不当职耳。

清风岩 湖西九岩之一

声从窦中来,可以塞天地。借问采薇人,便知风动处。

赋而比也。此为罗一峰清风岩而作。窦,犹窍也。风者,天地之噫气,其噫必有窍,若在人则犹此心也。风出于窍而鼓于天地之间,如理出于心而充塞于宇宙之内。采薇人,谓伯夷、叔齐不食周粟,入首阳山采薇而食,歌曰:"陟彼西山,采其薇矣。"伯夷,圣之清者,以比一峰也。风动处,盖此心乃清风之大窦也。

观群儿钓 二首

群儿齐弄钓，其一偏多遇。余三未得手，投竿来上树。

赋而比也。竿，谓钓竿也；遇，谓得鱼也。此与后篇，先生观群儿钓有感而作。言群儿齐弄钓竿，其中有一儿多得鱼，其三人全无所得，但投竿上树而坐。然则上树者与得鱼者，其实孰为得耶？以得鱼比富贵者。

其二

仰面看垂钓，失脚堕危石。若是谪仙人，水中眠亦得。

赋而比也。谪仙人，谓李白也。旧传李白乘舟采石，醉中骑鲸捉月。此亦承上篇而言。彼群儿之中，有仰面以看垂钓，心在贪得，故不知失脚以堕危石。非特危石而已，又前有深渊。自非李白，安能眠于水中也？以比慕富贵而欲妄求之，以至危亡者，所警深矣。

对竹 二首

窗外竹青青，窗间人独坐。究竟竹与人，元来无两个。

兴而比也。青青，竹色。究竟，穷极之也。此下二篇因对竹而作。言窗牖之外，其竹色则青青矣；窗牖之间，人则独坐矣。人，谓己也。然以我对竹，动植虽殊类，而所以为生者，本乎宇宙之一气浑然同体。推之飞潜皆然。故周濂溪窗前草不除去，张子观驴鸣曰“与自家意思一般”，亦此意也。然则先生随处察识仁体，真得洙泗濂洛之正传矣。

其二

北风卷顽云,阴晴安可卜?海月出渐高,独照南窗竹。

比而赋也。顽云,郁结欲雨之云;海月,谓月从海起也。此亦对竹之诗。言北风卷顽云则有欲雨之势,故阴晴未可前定;但见月出东海,照此南窗之竹。于阴晴未定之时,幸有好景如此,岂可不念其难得、徒听其独照而不赏之乎?阴晴,以喻世态之变更也。

随笔 二首

人不能外事,事不能外理。二障佛所言,吾儒宁有此?

赋也。宇宙内事,即己性分内事,心事相感应,故云"人不能外事";事行而义生,故云"事不能外理"。心、事、理三者一贯而不可离,故程子曰"体用一原,微显无间"。二障,谓事障、理障。佛教有此二名,盖欲尽归寂灭,非徒不识理,亦不识事;非徒不识事,亦不识心。程子云:"释氏不识理,理有何障?"盖尽之矣。此先生随笔之诗,所以深辟释氏之学,至为明白痛快,学者宜细玩焉。

其二

断除嗜欲想,永撤天机障。身居万物中,心在万物上。

赋而比也。此亦随笔之诗。嗜欲,谓耳目口鼻四肢之欲也。天机,庄子云:"其嗜欲深者,其天机浅。"谓之天机者,言天理流行不息如机然。天理本自完全,但为嗜欲蔽障之耳〔1〕。

〔1〕"但",原作"俱",据《白沙先生诗教解》改。

想，谓一念之萌。人欲之生，皆起于妄想。若断除此想，则天理流行无所障碍而超出于万物之上矣。

读《易》偶成

南乎不可北，东乎不可西。自从孔孟来，君子恒处睽。

比也。睽，卦名。此先生读《易》有感而作。言人之不相遇而相睽隔，如南北东西之不相能，《睽》之象也。自孔孟以至今日，君臣上下不相会合，故常处睽卦也。其感慨深矣。

张克修别驾约游罗浮

重叠四百峰，铁桥在何处？莫将别驾来，同到飞云去。

比也。四百峰，谓罗浮有四百三十二峰，言四百，举成数也。铁桥、飞云见前。别驾克修，时为肇庆府同知也。此先生因张克修约游罗浮，遂喻入道之要，以“飞云”比道，以“铁桥”比入道之路。言罗浮峰峦之多如此，安知铁桥在何处耶？如道之浩浩，何处下手，必去其物累，然后可由其路以入道。故又以有官爵则为官爵所累，不能登山，以比若有私欲之累则不能入道也，其警之深矣。

张克修见访

沧溟几万里，山泉未盈尺。到海观会同，乾坤谁眼碧？

比也。眼碧，则所见精明也。此诗先生因张克修别驾相访而作。托言沧溟之海，道里甚远；而泉出山下未能盈尺，初甚细微，及泉流为海，则万水攸同，皆本于一源，谁为碧眼之人可以见此者哉？以沧海比达道，以山泉比大本，故曰“溥博渊泉而时出之”。非天下之知本者，不足以语此。克修乃逐末之学,非惟终不能悟先生之指,反著论相非,惜哉!

题扇 二首

风樯拗欲折,五月瞿塘过。何如此庵中,终日抱膝坐?

比也。五月,风浪大作之时。瞿塘,在蜀道中,有滟滪堆。以比求富贵利达而多倾覆之患者,岂若在一庵之中抱膝终日静坐为安乐也?其警人之意亦深切矣。

其二

张帆海上回,帆挂铁桥树。惊起白虾蟆,跳上飞云去。

赋也。铁桥、飞云,见前。白虾蟆,谓白玉蟾也。蟾亦虾蟆之别名。白玉蟾,神仙,琼州人,自言"我乃天上虾蟆精"。此诗先生因见箑面画有如此者,托义示人。言海上之帆,饱于风波,来挂此铁桥之树,而仙人白玉蟾见此帆之来,犹有风波之余惊,乃遁上飞云之顶矣。夫神仙,非圣人之聪明睿智,犹能见几而作,避人如此,则世之学圣人者可以警矣。

赠胡地官

引满花下杯,延缘坐中客。醉下大袖歌,孰云此门窄?

赋也。此赠胡地官诗。坐中客,指胡地官也。引满,酌酒至满也。延缘,缱绻留连之意。下大袖,言舞也。此门,先生自谓其门也。言已延缘胡地官,酌酒必至于满,而又近花下,则非寻常之饮者可比也。及醉而舞,舞而大袖,又且歌咏以尽其欢,则所以乐宾之意至矣。此门虽窄,能容大袖之舞,已不为窄;又况醉酒、赏花、歌舞之乐,沨沨乎充塞天地之间,即广居矣,何窄之有哉?

梦后作 四首

策杖独行游，青山一何深。道逢采药人，问我松脂林。

赋而比也。策杖，谓拄杖。松脂，松之流液，入土千年为茯苓，万年为琥珀。以“行游”比造道，以“深山”比道之无穷，以“采药”比求道者。松脂林，乃灵药所在，比道即在此心也。此下四篇，皆先生梦后诗。梦后者，悟后也。悟后有得，故言我拄杖行游，适入深山而见其无穷，有来采药而问我于松脂之林。盖松林即药之所在，犹人心即道之所存，何必舍此他求耶？

其二

见月时一吟，夜凉天称心。回头望东川，流水无古今。

赋也。此亦梦后之诗。夜凉则月愈好，月好则乐生于中；而心与月相称，故发于吟咏，其默契道体如此。倏忽回首，则又见东川之水流而不息，无间古今，亦“逝者如斯，不舍昼夜”之意。盖人与天地一也，更不分别。天地之气，即吾气也，故喘息呼吸无不与天地相通。日月之往来，流水之潮汐，万物之生息，天地之升隆，阴阳鬼神之盈虚屈伸，皆与道为体。此先生所以吟弄风月，见川水而有得乎！

其三

幻迹有去来，达观无古今。长啸人不闻，山风吹萝襟。

赋也。幻，犹虚也。幻迹，谓万物之行迹；去来，谓聚散消长。此皆实理也，而以为幻者，以其无常，对道之不变而有常者，则如幻耳。有常之道，万古不变，所谓“死而不亡”也，惟知道者识之。啸,谓蹙口出声以舒愤闷之气。此亦梦后诗。言世人知有去来之迹而不知有常之道,故但为之长啸。而人不之闻,因此时适有山风吹彼萝襟,故人不闻耳。盖不敢必人之不能闻,亦温柔敦厚之意也。萝襟,编萝为襟,山人之服,如荷衣之类。

其四

杨柳余朽株,梧桐但疏阴。小卧不出门,不知秋已深。

兴而比也。此亦梦后作。杨柳生于春夏,至秋而朽;梧桐长于夏、盛于秋,至秋后而影疏。此诗言杨柳所余者朽株而已,梧桐但有疏阴而已,皆敛华就实、秋后物成之时。于是觉自己小卧久不出门,忽不知门前秋色之深已如此也。小卧,谓静以养性,故不知老之将至也。

赠邝筠巢

山中一夜秋,老屋居然别。丈人不饮酒,共坐看明月。

赋而比也。此先生赠邝筠巢之诗。言山中一夜秋至,则老屋之气不同矣。盖天地之气,至秋而清,故月至秋而最明也。筠巢,邝载道之父,年已九十,故称丈人。言其不饮酒,但与我共坐以看明月可也。此亦察见道体之意。知此,则襟期洒落而光风霁月在我矣。

客乞题随时子轩

无雨笠且置,未晴蓑不舍。蓑笠用不穷,我是随时者。

比也。蓑、笠,雨具也。置,犹舍也。此诗题随时子轩,以蓑笠之用舍比凡事之随时。晴雨者,时也;蓑笠之用舍者,随时也。随时变化者，道也。道本不穷，学者于此可以知道矣。其谓物为道者，如以蓑、笠为道，岂足以知道乎？故于蓑笠用舍而后道见也。学者宜细玩之。

题扇 二首

东艇拍西艇，小拍庸何伤？夕风起惊涛，艇艇争低昂。

比也。拍，谓两艇相撼动也。夕风，暮夜阴风，以比昏乱之世也。低昂，谓高下，言大撼动也。船之小者曰艇。此与后篇，皆题箑面之诗。先生见箑面画有二艇相拍之象，故言东西之艇相拍，若小拍则亦何害？只恐夕风乍起，惊涛将作，艇艇低昂，非但小拍而已，其为害宁可既耶？

其二

一夫眉正扬，一夫发尽秃。日暮船不归[1]，前江风拔木。

比也。眉扬，喜而言笑也。发秃，老而发尽落也。风拔木，言风之大也。此亦先生观箑面之画有此象，而言一夫则喜色扬扬矣，一夫则老而发秃矣。此二人者，若不见几而归，则恐江风大作，其势拔木，而覆溺之祸将及之矣，可惧之甚也。盖木之有根尚为风拔，况船本无根，随风飘荡，可不惧乎？示人见几而作之意，切矣。

雨后，示刘宗信林时嘉

秋来亦淫潦，日月闷其光。乾坤丈夫事，千古空堂堂。

---

〔1〕“不归”，原作“正归”，据《白沙先生诗教解》改。湛若水注解中有“若不见几而归”之言，则湛氏所见之诗，应作“不归”。

兴也。此苦雨之诗，以示刘、林二生者。雨旸时若，先王燮理之应；淫雨而至于潦，则天道乖违人事之咎征。夫淫潦于春夏大雨时行之时且犹不可，况秋日气当清肃而有淫潦乎？淫雨则日月无光，阴盛阳微，天地闭塞，此乃圣贤不得位而无燮理之应也。因叹乾坤丈夫之事，空见其在千古之上堂堂而已，自孔孟以来，则不能然矣。丈夫事，谓燮理阴阳之事。

神泉八景，为饶鉴赋，录其三

太极涵虚

混沌固有初，浑沦本无物。万化自流形，何处寻吾一？

赋也。此诗题太极涵虚。混沌，见《庄子》"凿窍，七日而混沌死"。此借引以为两仪未判，其初即太极也。太极浑沦本无一物，乃其全体处，《中庸》所谓"大德敦化"也；及天地间形色化生而后物象可见，此则全体之流行，分而为大用者，《中庸》所谓"小德川流"也。然用之"万"，莫不有体之"一"者在其中，随处可寻。能于万化之中，而知一体之实，可以语性矣。

浮螺得月

道眼大小同，乾坤一螺寄。东山月出时，我在观溟处。

赋也。此咏浮螺得月，故即螺以见乾坤之道。道眼，见道之眼也。大小同，言其体一也。寄，犹寓也。"乾坤一螺寄"，言乾坤之道寓于一螺之中，亦言大小一也。然非天下之具道眼者，其孰能识之？故我于东山月出之时独观溟海，因见浮螺而悟乾坤之理也。观溟，犹观海，见海之浩漫洪濛，而知道体之大无穷尽，即所谓道眼也。

神泉漱玉

焦明亦是凤，萤焰却疑灯。安得石上泉，为洗世中盲？

比也。此咏神泉漱玉。《埤雅》：“在东方为焦明，在中央为凤。”焦明，亦凤之类而非凤者；萤焰，虫之有光似灯而非灯者。言世人无道眼，故惑于疑似之间，安得石中所出之神泉以洗世间之盲乎？盖叹世人之不识真也。以焦明、萤焰比凡物之乱真者，如孔子恶莠恐其乱苗、恶紫恐其乱朱、恶郑声恐其乱雅乐、恶乡愿恐其乱德，与夫伪之乱真、释老乱圣人之道，皆是也。然则先生之学，可谓极纯不杂者矣。此上三诗，乃神泉八景之三。

晓枕偶成

西北多奇峰，云深杳难认。汉廷无谋臣，黄绮皆真隐。

比也。此先生晓枕偶成之诗。言西北奇峰甚多，因云深则杳然不可识认矣。昔日汉廷，若无谋议之臣如张良，欲定太子以招四皓，则四皓不出，皆为真隐矣。四皓，东园公、夏黄公、甪里先生、绮里季。而独言黄、绮者，举其二以见其余也。四皓居商山，在天下之西北，故以西北言之。奇峰隐于云中，云深故峰不可认，以比四皓之非真隐，故为谋臣引出也。

赠李克常

桃花被东岸，江水日日深。赠君岂无言？亦有花水吟。

赋也。花发水流，莫非道之形见。不可言者，道之体；而可言者,道之用,花发水流是也。此赠李克常之诗。克常,举人,先生乡党、弟子。言桃花之发,被满于东岸矣;而江水之流,则日日生长矣,其生生化化皆与道为体而流行无穷如此,则我之赠君岂能无言乎?亦有花水之吟而已。孔子曰:“予欲无言,四时行焉,百物生焉,天何言哉?”

附录二：序跋、传记以及其他资料

序　　跋

石翁先生诗集序[1]　　　　门人嘉鱼李承箕

《诗》“雅、颂各得其所”，而乐之本正；“可以兴，可以群，可以观，可以怨”，而诗之教明。孔子之志，其见于是乎？石翁先生诗曰“从前欲洗安排障，万古斯文看日星”，其本乎？曰“一笑功名卑管晏，六经仁义沛江河”，其用乎？曰“时当可出宁须我，道不虚行只在人”，其出处乎？所谓吟咏性情而不累于性情者乎？成都府同知吴君献臣廷举录先生诗，自成化甲辰至弘治乙卯正月，得六百八篇刻之，而以序属承箕。於乎！三百篇之旨，其源塞而其光微也久矣！役心篇翰者，不知知；留情赞毁者，不知好；其知而好之者，又患其不能皆有以造夫鸢飞鱼跃之天、而不知手之舞之足之蹈之也。浚其源，发其光，内外一致，默语惟时，而超然自得于形器之外者，存乎其人焉耳。传曰：“质诸鬼神而无疑，百世以俟圣人而不惑。”其道将不在兹乎？先生之诗，固不待序以传，而献臣好尚之正、用心之勤，必因序而后见也，故书之。

---

〔1〕 此乃李承箕为吴廷举弘治九年刊本《白沙先生诗近稿》所作序。因所得见之《白沙先生诗近稿》有缺页，兹据《大厓李先生诗文集》辑录。（李承箕撰：《大厓李先生诗文集》，《四库全书存目丛书》，集部，第四三册，第五九五页）

白沙先生全集序

门人南海张　诩

麟也者,乃天地储祥、星岳孕秀,应五百昌期而生,希世之瑞也。皇明有道,其瑞应于成化、弘治间,白沙陈公甫先生是也。先生生于宣德戊申者也,今以为出于成化以来者,何哉?盖其初也麟性虽具,必至是性始完,而头角始崭然露、毛鬣始焕乎其有文章也,抑以见先生之所以希贤希圣者由学而至,所以勉进后死之与于斯文者也。先生之学何学也?古圣贤相传之正学也。其造诣,则由知而好、由好而乐之者也。其全体之呈露、妙用之显行,虽不敢以意想揣摩而妄为之说,昔人所谓"因言以求其心,考迹以观其用"者,犹幸赖诸诗文之仅存也。知言者能即是以求之,则大而出处酬酢,小而语默动静,显而孝弟忠信,微而性命道德,亦概乎可考而知也。有能述其旨、纂其言为训,以羽翼乎六籍四书,天下之大千,万世之辽邈,诩安敢绝望以为无其人焉?若然,其道脉之正传、学术之的绪,当涣然自信之矣。诗刻于山东者,二十之五;刻于梧州者,二十之一耳。而文则子弟门人所抄录,散在四方,未有会辑成集、刻而传之者也。弘治癸亥,吉水罗君侨惟升以进士来知新会县事。新会,先生之阙里也。惟升下车,首登拜先生遗像,凄然起羹墙之思,惨乎有不及门之遗憾,复能师先生遗教以治其民,而民戴之。乃于政暇,搜罗先生诗文为全集,属诩序其端,以为天下后世道而传焉。嗟乎!麟逝矣。是集乃麟之影迹耳。以影迹而求麟,不亦远乎?虽然,麟在无庸影迹为也,麟逝而影迹可并泯乎?昔诗人以麟之趾、定、角,兴公之子、姓、族也,一则曰"于嗟麟兮",二则曰"于嗟麟兮"。说《诗》者以为麟性仁厚,而公之子姓族亦仁厚。是乃麟也,何必麕身、牛尾而马蹄者,然后谓之麟哉?吾固以学至乎圣者为真麟也。彼投阁而草玄、干时而续经之辈,为麟之赝也,非邪?麟不可见矣,有能因言以得先生之心,而起先生之道,麟接迹于世也[1]。至于用舍，世道之隆替系焉，麟无与也。是言也者，斯道之攸寓也。言存矣，麟不死也，况有嗣之者乎！吾知是集一出，天下后世不徒争先拭目之不暇矣。弘治十八年乙丑春正月人日，门人张诩谨书。

书白沙先生全集后序　　吉水罗　侨

公甫陈先生生于新会白沙里，数十年来岭南士风一变者，先生启之也。凡今天下莫不知有白沙先生，得其片纸只字讶以为荣。呜呼，先生岂但风一方而已哉，实足风天下风后世也！其文乌得而不传哉！侨惧其久而散失，馆其门人容贯采而辑之，遂授梓而传焉。噫，先生岂待文而传哉？文之传，非先生之意也，侨之责也。不然，天下后世将訾侨以不知道、不知先生，徒知是邑一俗吏焉耳已矣。是故传之。弘治乙丑春三月朔，后学吉水罗侨谨书。

识陈白沙先生全集后　　莆田林　齐

程子曰："德盛者言传，文盛者言亦传。"是集之传也，德邪？文邪？德文之兼备邪？天下后世盖有公论焉，齐何敢置议于其间也？前令罗维升裒刻是集甫成，适领旌擢之命。其间篇简之失序，字义

〔1〕自"若然，其道脉之正传、学术之的绪"至"有能因言以得先生之心，而兴起先生之道，麟接迹于世也"一段文字，《东所先生文集》所收此文作："若然，则其道有传焉。嗟乎！麟逝矣。是集乃麟之景迹耳。以景迹而求麟，不亦远乎？虽然，麟在无庸景迹为也，麟逝而景迹并泯乎？昔诗人以麟之趾、定、角，兴公之子、姓、族也，一则曰'于嗟麟兮'，二则曰'于嗟麟兮'。说《诗》者以为麟性仁厚，而公之子姓族亦仁厚。是乃麟也，何必麕身、牛尾而马蹄者，然后谓之麟哉？吾固以学至乎圣者为真麟也。彼投阁而草玄、干时而续经之辈，为麟之赝也，非邪？麟不可见矣，有能因言以得先生之心，其道脉之正传、学术之的绪，当涣然自信之矣。诗刻于山东者，二十之五；刻于梧州者，二十之一耳。而文则子弟门人所抄录，散在四方，未有会辑成集、刻而传之者也。弘治癸亥，吉水罗君侨惟升以进士来知新会县事。新会，先生之阙里也。惟升下车，首登拜先生遗像，凄然起羹墙之思，惨乎有不及门之遗憾，复能师先生遗教以治其民，而民戴之。乃于政暇，搜罗先生诗文为全集，以慰天下后生之心、而兴起先生之道。麟接迹于世也。"（张诩撰：《东所先生文集》，《四库全书存目丛书》集部，第四三册，第三七一页）

之讹舛,未暇详校,读者恨之。迩者,钦命侍御平湖孙公属东所先生重加订正。于是命齐任补刻之责,齐因识一言于集末,以见公与先生用心之有在云。正德戊辰春,后学莆田林齐识。

白沙遗言纂要序[1]

门人张　诩

儒有真伪,故言有纯驳。六经、四书,以真圣贤而演至道,所谓言之纯莫有尚焉者矣。继此,若濂洛诸书,有纯者,有近纯者,亦皆足以羽翼乎经书而启万世之蒙,世诚不可一日而缺也。至于圣绝言湮,著述家起,类多春秋吴、楚之君僭称王者耳,齐桓、晋文假名义以济其私者耳,匪徒言之驳乎无足取也,其蓁芜大道、晦蚀性天,莫甚焉。非荡之以江海、驱之以长风,不可以入道也。故我白沙先生起于东南,倡道四十余年,多示人以无言之教,所以救僭伪之弊而长养夫真风也。其恒言曰:"孔子大圣人也,而欲无言。后儒弗及圣人远矣,而汲汲乎著述,亦独何哉?虽然,无言二字亦著述也,有能超悟自得,则于斯道思过半矣。然则,六经、四书亦剩语耳,矧其他乎?"而世方往往劝先生以著述为事,而以缺著述为先生少之者,盖未之思耳。今则《诗集》出焉,而人辄以诗求之;《文集》出焉,而人辄以文求之。自非具九方皋之目,而能得神骏于骊黄牝牡之外者,或寡矣。诩诚惧夫后修者复溺于无言以为道也,因摭先生文集中语,仿南轩先生《传道粹言》例,分为十类而散入之,其间性命天道之微、文章功业之著、修为持治之方、经纶斡运之机,靡不粲然毕具。辑成,名曰《白沙先生遗言纂要》,凡十卷云。庶观者知先生虽寻常应酬文字中,无非至道之所寓,至于一动一静、一语一默,亦无非至教。盖可触类而长焉。由是观之,先生虽以无言示教,而卒

[1] 此篇录自《东所先生文集》。(张诩撰:《东所先生文集》,《四库全书存目丛书》集部,第四三册,第三七一至三七二页)

未尝无言。是以言焉而言无不中，有纯而无驳，其本真故也。是可以佐圣经而补贤传矣。

白沙先生诗教叙[1]　　门人湛若水

甘泉生叙曰：经曰“诗言志”，诗其承也，《礼》曰“诗负之”。志也者，各以言其所之也，承其志以达诸言也。人之有心，故不能不发而为情；有情，故不能无所之；有所之，故不能不发而为言；言有文，故不能不叙而为诗。“诗可以兴”，兴也者，动也；以志动志，其志同也，故可以动神人，可以动天地，可以动鸟兽，志之动用大矣哉。是故其志正者，其诗雅，其动也直；其志和者，其诗婉，其动也乐；其志诚者，其诗确，其动也孚；其志邪者，其诗媚，其动也淫；其志荡者，其诗放，其动也溺；其志贰者，其诗靡，其动也乖。故喜志之动人欣然矣，怒志之动人艴然矣，哀志之动人戚然矣，乐志之动人浩然矣，仁义者之动人蔼然矣。孔子曰：吾志在《春秋》。白沙先生之志，其在诗乎？其在诗乎？是故明学觉必本乎天命，故作“有学”。明欛柄在乎反求，故作“高明”。究功烈之成，必由于有本，故作“源之”。惟义之寿，勿憾于年，故作“生不足”。勉能贤，故作“有道”。明用舍安于时义，故作“世无我遗”。叹兢进而不知退，故作“水流”。游止顺机，归安于命，作“久病”。讼趋时者之致咎，作“可左”。出处有时，而感应以道，故作“岁云”。感钟之鸣否惟时，故作“其质”。其声之远播，故作“出佛山”。因铸钟著丁侯之廉能声教，作“费而”。颂祖德，故作“恭惟”。或不忍以成莫大之祸，

---

〔1〕 此篇录自《白沙先生诗教解》。（湛若水撰：《白沙先生诗教解》，《四库全书存目丛书》集部第三五册，第五二六至五二九页）又见《甘泉先生文集》、《泉翁大全集》。（湛若水撰：《甘泉先生文集》，明嘉靖十五年刻本，内编，第九卷，第十三至十七页；湛若水撰：《泉翁大全集》，明嘉靖十九年洪垣编刻本、万历二十一年修补本，第十九卷，第六至十一页）

故作“七情”。欲人立大本而不事乎记诵,故作“古人”。怅知己之久别,故作“台城”。自策以示生徒及时勉学,故作“贤圣”。感冬夜、哀贫病、励进修,故作“长夜”、作“我从”。过鳄洲,感兴于远,作“夕舫”。如厓门,有感乎风物,故作“青青”。因形设辞,明太极之理,而勉其端默,故作“天城”。秉明哲、烛幽远,故作“翠玄”。励一峰以究太极,作“湖西”。怀水月谷树之景,思弄潺湲,作“一峡”。悲一峰之见摈,作“一鳌”。君臣际遇,将泽于苍生,故作“玉冕”。咏飞翬,进之以太空之高广,故作“我昔”。廓清世浊,故作“大流”。立中正以矫乎过不及焉,故作“举世”。哀愚夫之安其危,故作“君心”。梦观化,将安于长往,故作“孔子”。咏贪泉,卒归诸自清,故作“藜藿”。美西溪之殷勤乎墓碣,别其归舟,作“栖栖”。九日会友,惜良辰,乐而不过,作“黄菊”。感故交,刺栖栖于势利,作“在昔”。因客所如,伤念故友,作“晨兴”。励正声,存正性,守正道,期返之于自得焉,故作“远色”、作“黍稷”、作“大舜”、作“我否”。将逃名而知止,乐夷旷,归于立其大,卒慕乎同心,故作“一簑”、作“人好”、作“挽簑”、作“朽生”、作“新簑”凡五篇。明上下感应之理,作“天人”。叙出处离合之悃,作“群龙”。游三洲,企仰于前哲,故作“我行”。病违邻友,静以全生,作“出门”。美侍御,扩其见大之量,遂怀知己,作“飞盖”。表双节,哀及于贞母,作“阿姑”。谢庐山白鹿之征,送其来使,因致期望之意焉,作“夜闻”、作“中年”。期寡过,弄孙愉亲,托兴草圣,作“日月”。以言乎出处之道,作“仕者”。招隐者同游看山,作“官府”。感刘、卢之成败,缅怀遁世,作“越石”。逃名田园,乐以归尽,社曲相欢,耕绩自足,作“我始”、作“高人”、作“近来”。自彼都会移居白沙,寄怀采菊,作“万金”、作“留连”。九日抚菊,缅希高贤,作“无钱”。寄怀故交,愿言摩心,作“当年”。怀定山以期深契,乃作“青松”。怀辽阳,有感伐木之义,作“此心”。托兴饮酒,赏彼名花,作“木犀”。获田自适,邻叟游嬉,作

"迟明"。怀古田舍，乐从耕桑，作"君子"。制裘甫成，歌以自乐，作"海布"。对紫菊，寄友生，故作"严霜"。感鸟罹害，有怵于怀，作"有鸟"。谷城呼月，咏言有得，作"微月"。因牌山樵唱，感出处之异，作"日夕"。美隐居之乐，因惧时否，作"有月"。感风木之图，以勉大孝，作"把君"。因筑室，乐于苟完，作"辛苦"。因所寄诗，遂与警策，作"言笑"。因所如，先报道旁友生，作"吾衰"。梦咏洗心，遂及日月四方，以敷政教，作"一洗"。止盗节妇之墓，极其贞烈，作"若美人"。题中流砥柱，极忠爱，惩其嗜欲，遂作"使君"。咏心泉，引之于日新，戒极乎机巧，作"夜半"。晤言遗裔，怀仰先哲，乃作"楚中"。伤道无传，叹人之莫肯自新者，作"法好"。感秋兴，作"西风"、"盛时"、"海上"三篇。因荔枝见遗，备尽仁孝，作"长夏"。赠世卿，喻诸求道，作"采菊"。励其节，作"青青"。勉敬修，戒怠流，乃作"进亦"。期其养志气，作"元神"。勉立乎其大者，作"可以"。直穷本原，作"上上"。悼故契，伤悲老稚，作"师友"、作"四雏"。怀友生，作"仙鹤"、"时雨"、"伏枕"、"烦嚣"，凡四篇。因草书见所学，遂作"神往"。表益母之神功，作"有草"。赠东山，致彼此缱绻之怀，作"未别"。登圭峰以望罗浮，乃作"穷居"。示李生以近作，作"昔别"。告蒋韶州莅郡以严肃，作"相别"。感飓作，作"坐忘"。追虑东所之蔽而喜其复明，作"世惟"。言赠针灸，遂怀旧游，作"昔吾"。喜雪霰，作"雨水"，遂作"北风"、作"元气"。读偶拈之作，欲其崇圣学之一，遂作"拈一"。赠黎生以弄月，作"月行"。伤子长之贫病，作"仙城"。因怀所如不遂，安之于自然，作"祝融"。卧游罗浮，托兴于深远，作"马上"、作"一度"、作"天风"、作"山大"。送友生，怅年逝，叹勇往之晚焉，作"十年"。寄题严祠，以戒近名，作"既上"。对兹寒菊，有怀南山，作"菊花"。嘉柯明府祠大忠而封赤坎，作"夷狄"。戒机变之巧，作"厓倾"。感交藤之酒，言酬嘉惠，作"使来"。晓枕有感，寄意无穷，作"天地"。美端阳之感召乎甘霖，作

"岭南"。示有物,作"知暮"。喻道体,作"登高"。美佳菊,作"春来"。正龟山修遗书之谬,作"万古"。感故人之来,彼此不相值遇,作"行舟"、"我有"、"闲居"三篇。咏清风之岩,作"声从"。观群儿之钓,寓意得失安危,作"群儿"、作"仰面"。对竹有会,作"窗外"、作"北风"。随笔寓意,以扶正道而抑异端,作"人不"、作"断除"。读《易》有感,叹息处睽,作"南乎"。示克修蔑势利,期之于同游,作"重叠"。刺支离以归诸一本,作"沧溟"。警世人之安其危,作"风樯"。明见几,作"张帆"。乐宾至于醉舞,作"引满"。梦后有得于心,超然脱悟,作"策杖"、"见月"、"幻迹"、"杨柳"四篇。丈人看月,作"山中"。明随时,作"无雨"。因像设戒,怵惕危险,作"东艇"、作"一夫"。苦雨,作"秋来"。推本太极涵虚,作"混沌"。感彼浮螺得月,作"道眼"。永怀神泉,作"焦明"。晓枕感怀,作"西北"。赠别友生,寄意花水,作"桃花"终焉。凡兹百六十有六篇,是故明得失之迹,以诏于后之人,作叙诗。嘉靖四年乙酉十二月二日,门人守南京国子监祭酒增城湛若水书。

滦州刻白沙先生全集序〔1〕　　门人增城湛若水

侍御柯子迁之从甘泉子游,尚论于白沙先生之学,有全集足征焉,言于刘滦州体元曰:"白沙之道教未遍行于北,北士之憾也。若以全集刻之,俾北方学者诵其诗,读其书,而知先生之道之学,非政务之先急者乎!"刘子遂以侍御之意致书于甘泉子,求全集而厘正之,去其疑者,益其遗者,且请序其所以作者之意,俾读者不徒以诗文观也,庶于道教有裨焉。甘泉子曰:"善哉!子之言也;大哉!子之志也。夫先生,圣人之徒也;先生诗文,其中古之制作乎!其诗

〔1〕此篇据《甘泉先生文集》、《泉翁大全集》录出。(《甘泉先生文集》,嘉靖十五年刻本,内编,第十二卷,第一四至一六页;《泉翁大全集》,第二十三卷,第六至八页)

歌如风、雅、颂，其文词如谟、训、诰。”或闻之愕然，曰：“何哉？若是其大也，不亦少夸矣乎？今观其诗歌之体裁，犹夫今之诗也，何取乎风、雅、颂？观其文词之矱度，犹夫今之文也，何取乎谟、训、诰？”甘泉子曰：“非是之谓也。孟轲有言：‘今之乐犹古之乐也。’何谓乎？圣贤之言，发乎人心之同然，故与古训异体而同道。夫惟求于牝牡骊黄之外者，而后得马之真相；忘于言语形似之外者，而后得圣贤之蕴。是故以其中和之性情，发而为和平之咏叹，优柔而敦厚焉，是亦风、雅、颂而已矣；以其自得之精意，以发其未发之蕴，载道而典则焉，是亦谟、训、诰而已矣。”曰：“然则何以异乎？”曰：“言词古今之不同，犹之东西南北之方言，声气之异耳矣，而因以为人性有异，可乎？今以词之古今而疑圣贤之异者，则亦犹求人性于东西南北之音之类也，求马于牝牡骊黄之类也。”曰：“然则果若是同乎？”曰：“以《诗》观之，风殊于颂，颂殊于雅矣，遂谓《诗》果不同，可乎？以《书》观之，诰殊于训，训殊于谟矣，遂谓《书》果不同，可乎？则又何以疑乎后世之诗之文也哉？故求先生之诗文者，当求先生之道于言外之意，以合乎古训，而不当求先生于言词之间，则惑也。夫然后知先生之诗文，不可以后之诗人文士之诗文观之矣。此作者之精，与夫观者之法，略为学者道之，俾开卷可得，而不惑于迷方焉。”柯子闻之，喟然叹曰：“不图先生之为教之至于斯也。”遂俾刻焉，以与同志者共之。嘉靖癸巳五月二十九日。

论白沙子　　门人湛若水撰、西蜀高　简述

甘泉子曰：“夫先生，圣人之徒也；先生诗文，其中古之制作乎！其诗歌如风、雅、颂，其文词如谟、训、诰。”或闻之愕然，曰：“何哉？若是其大也，不亦少夸矣乎？今观其诗歌之体裁，犹夫今之诗也，何取乎风、雅、颂？观其文词之矱度，犹夫今之文也，何取乎谟、训、诰？”甘泉子曰：“非是之谓也。孟轲有言：‘今之乐犹古之乐也。’何

谓乎？圣贤之言，发乎人心之同然，故与古训异体而同道。夫惟求于牝牡骊黄之外者，而后得马之真相；忘于言语形似之外者，而后得圣贤之蕴。是故以其中和之性情，发而为中和之咏叹，优柔而敦厚焉，是亦风、雅、颂而已矣；以其自得之精意，以发其未发之蕴，载道而典则焉，是亦谟、训、诰而已矣。”曰：“然则何以异乎？”曰：“言词古今之不同，犹之东西南北之方言，声气之异耳矣，而因以为人性有异，可乎？今以词之古今而疑圣贤之异者，则亦犹求人性于东西南北之音之类也，求马于牝牡骊黄之类也。”曰：“然则果若是同乎？”曰：“以《诗》观之，风殊于颂，颂殊于雅矣，遂谓《诗》果不同，可乎？以《书》观之，诰殊于训，训殊于谟矣，遂谓《书》果不同，可乎？则又何以疑乎后世之诗之文也哉？故求先生之诗文者，当求先生之道于言外之意，以合乎古训，而不当求先生于言词之间，则惑也。夫然后知先生之诗文，不可以后之诗人文士之诗文观之矣。”

门人高简曰：吾师甘泉先生过维扬，谓滦州亦刻是集，乃吾同年友柯侍御意也。先生既手校付之，而因序焉。简请观之，真足以破文人才子之訾矣。因略其序刻之由，而附其要语于此，以俟明览焉。

刻白沙子叙

西蜀高　简

夫道贯古今，匪明弗著。孔孟而后乃有濂洛，盖昭如矣。唯明嗣兴，若白沙先生者，其周程之徒与？盖先生起于南粤，独悟道妙，而非有能授之者。是故其见道明，故其体道至；其体道至，故其言论简易而弗支且多。夫其弗支且多也，故凡形诸动静、存诸语默、播诸诗文、征诸出处，罔非道妙呈华。譬诸化工流形，万汇森布，各止其所，而其文固焕焕乎莫之绘焉。夫岂雕镂缀奇、苦思模拟、役心垂后而故存之简册者哉？虽然，其犹先生之绪余焉矣乎！是故道裕诸心，精明应妙，固莫能觌矣。而自有与天地悠久不灭者存，非赖是能彰之也。然志士君子非得之，其胡所考见仪刑？故其门人张东所既采集之，梓诸其里矣，四方犹罕睹焉。予柄维扬教，与诸士讲学，暇偶谈及兹书，共以未得为憾。遂出手本，命卞生崃也辈刻之。因访诸吾友沈汝渊氏，得遗集二三册焉。爰增其未有者，削其不必存者，以付梓人。崃也辈乃欣然成之，其志可知矣。因谓之曰："兹刻也，岂徒存载籍已哉？将以求先生之心焉耳。不然，弥文而已矣。"生辈谢曰："谨受教。"因识之。且题曰《白沙子》，犹孟氏七篇而题曰《孟子》之义也。嘉靖癸巳仲秋吉旦，前进士西蜀后学高简谨序。

跋刻白沙子

江都卞　崃

崃梓是书既，因呈诸吾师鹤阿高子，请校焉。遂顾崃曰："世之梓诗文者多矣，然或止乎词焉而已者也，何益哉？吾欲维扬士究白沙子之心，以达于濂洛洙泗，故命尔梓之。苟得其心者众焉，虽废是梓可也，不然又增一赘疣矣。呜呼！会吾所以欲梓之心，而得吾所以不欲梓之意，是在二三子。"崃曰："'天何言哉？四时行焉，百物生焉。天何言哉？'是故其梓也，其弗梓也，无加损于白沙子也。而以词焉视兹书者，其自病也甚矣。崃敢不祗若子之训若将终身焉？"于是退而跋诸此，以告吾扬同志之士。是岁孟冬望日，江都卞崃谨跋。

白沙先生至言序〔1〕

门人湛若水

甘泉子曰："夫至言何为者也？言之至者也。辑白沙陈先生之

〔1〕 此篇录自《白沙先生至言》。（陈献章撰：《白沙先生至言》，《续修四库全书》，第九三六册，第三七五至三七六页）

言之至而为之,以示人约者也。"曰:"言何以为至也?""言由中出者也,本乎其自然者也,白沙先生之言曰:'夫道以天为至,言诣乎天曰至言,人诣乎天曰至人。必有至人,能立至言。尧、舜以至周、孔其至矣,下此其颜、孟大贤欤?'"水也伏读先生之书若文若诗,无虑数万言,曰:"博矣哉!如天之无不覆也,如地之无不载也。独惧夫学者读其书、诵其诗,而未必知约也。"乃命门人钟、周辈辑其要约,以便初学之览,将以反说约也。凡十卷三十章。古林何子见之,曰:"宜题曰《陈子至言》。"盖本诸先生之语也。《易》曰:"大人者,与天地合其德,与日月合其明,与四时合其序,与鬼神合其吉凶。先天而天弗违,后天而奉天时。"人诣天也,夫斯之谓至人。白沙先生自然合天之学,非斯人之徒乎?《书》曰:"无偏无陂,遵王之义;无有作好,遵王之道;无有作恶,遵王之路。无偏无党,王道荡荡;无党无偏,王道平平;无反无侧,王道正直。会其有极,归其有极,曰皇极之敷言,是彝是训,于帝其训。"言诣天也,夫斯之谓至言。先生辅相皇极之言,非其撰乎!或曰:"何哉?子之阿于师也,拟伦之大也。"曰:"非敢为大也,道一也。夫道一而已矣,何其大?天一而已矣,气一而已矣,人一而已矣,庶民于帝其自然一而已矣。白沙先生自然之学与天一也,奚其大?"或曰:"子之言自然,是吾之惑滋甚!夫然则老庄先得之矣!"曰:"老庄,人为之私也,奚其自然?子谓天地之德、日月之明、四时之序、鬼神之幽、于帝之训,非自然乎?先生之言不用安排,非自然乎?昔者横渠张子曰:'人知道为自然,而不知自然之体。'明道程子曰:'用智则不能以明觉为自然。'又曰:'必有事焉而勿正心,勿忘勿助长,元无丝毫人力。'夫无人力者,自然之学也,皆灼见夫至道者也,奚其惑?是故君子能见自然之体而自得之,是亦至人已耳。言发乎自然,浑乎与天无作,是亦至言已耳。"韶阳太守豹谷陈子大伦,学于余而深知乎白沙之学者,欣然梓布之,以为至教,超出众见者也。甘泉子曰:"善哉,陈子之志也！吾将与子相勉乎至人之道、入至言之训，默而成之，以归于无言，然后为至学也。孔子曰：‘予欲无言，四时行焉，百物生焉，天何言哉！’夫无言者，教之至也。”作《至言》序。嘉靖贰拾陆年丁未夏陆月贰拾陆日，赐进士出身、资政大夫、前南京兵部尚书奉敕参赞机务、国子祭酒、翰林侍读同修国史、经筵讲官、赐一品服、八十二甘泉翁门人湛若水顿首谨书[1]。

重刻白沙先生全集序　　门人湛若水

夫诗文何为者也？曰：人之言尔也。言者，心之声也。是故人不能以无心；有心，不能以无言；有言，不能以无音；有音，不能以无章。言之有章，章而畅者，文也；言之有音，音而律者，诗也：皆心之声也。是故其心正者其言淳，其心和者其言顺。淳和生于心而达于言，故曰：“仁义之人，其言蔼如也；忠信之人，其言确如也。”皆心之为之也。白沙先生之诗文，其自然之发乎！自然之蕴，其淳和之心乎！其仁义忠信之心乎！夫忠信仁义淳和之心，是谓自然也。夫自然者，天之理也，理出于天然，故曰自然也。在勿忘勿助之间，胸中流出而沛乎丝毫人力亦不存。故其诗曰：“从前欲洗安排障，万古斯文看日星。”以言乎明照自然也。夫日月星辰之照耀，其孰安排是？其孰作为是？定山庄公赞之诗曰：“喜把炷香焚展读，了无一字出安排。”以言其自然也。又曰：“为经为训真谁识？非谢非陶莫浪猜。”盖实录也。夫先生诗文之自然，岂徒然哉？盖

[1] 自“韶阳太守豹谷陈子大伦学于余而深知乎白沙之学者”至“赐一品服八十二甘泉翁门人湛若水顿首谨书”，《甘泉先生续编大全》所收此文作：“遂谓九山汤子暨宝潭钟子诸子曰：‘君等深知乎石翁自然之学之言乎？吾将与子相勉乎至人之道，入至言之训，默而成之，以归于无言，然后为至学也。孔子曰：“予欲无言，四时行焉，百物生焉，天何言哉！”夫无言者，教之至也。’作《至言》序。戊申正月。”（湛若水撰：《甘泉先生续编大全》，明嘉靖三十四年刻本、万历二十一年修补本，第一卷，第十二至十四页）文字颇有差异。

其自然之文言,生于自然之心胸;自然之心胸,生于自然之学术。自然之学术,在于勿忘勿助之间,如日月之照,如云之行,如水之流,如天葩之发,红者自红,白者自白,形者自形,色者自色。孰安排是?孰作为是?是谓自然。曰:“或有疑白沙先生自然之学为禅,然乎?”曰:“先生之量广矣、大矣,盍观之天地之广大乎?天无不覆,地无不载,而妍媸无所不容。故于诗文或借用佛老之言,而不自以为嫌,人遂以为佛老。然则孟子举阳虎之言,亦谓为阳虎,可乎?语曰‘痴人前不得说梦’,说梦即以为真矣。观先生之诗曰:‘人不能外事,事不能外理。二障佛所名,吾儒宁有是?’又曰:‘托仙终被谤,托佛岂多修?弄艇江门月,闻歌碧玉楼。’其先生之真乎!大巡萧友山先生于百官万物丛冗之余,而能追慕白沙先生之风。既修广城书院,将拨田以供祀,又求真像、刻全集以爱慕表扬之,则友山之所养可知矣。孟子以友天下之善士为未足,又尚论古之人。诵其诗,读其书,知其人,论其世,是尚友也。友山其尚友哉!”友山闻之曰:“非予之能也。盖闻吾乡先达高三峰司徒昔也巡于广,亦尝修书院于兹矣,吾有慕焉而为之也。”甘泉子曰:“此友山所以为贤也。前人作之,后人继之,又皆内江产也,已见内江之多贤;让大美以居于前辈,又以见士风之厚也。吾党有愧焉!”刻工将成,介司府来谒序于卷端。予惟自然之学固先生始已命水矣,乃不辞而谨序之,俾后之开卷者当作如是观。嘉靖三十年岁在辛亥九月望,赐进士出身、资政大夫、前南京兵部尚书奉敕参赞机务、国子祭酒、翰林侍读同修国史、经筵讲官、门人湛若水顿首谨书。

重刻白沙陈先生全集后序

永嘉项　乔

儒者,心术之显著于辞章,犹五味之渗入于饮食也。即片辞只字,罔不可探其心者。观白沙陈先生全集,先生心术之光大具见矣。然儒先有疑其近禅者。乔尝与三洲李先生论之,三洲曰:“儒禅之辨，惟达天德者能知之。否则徒呓语也。”予谓遗集固在，犹之即饮食可以知味也。人莫不饮食也，鲜能知味也。是故亦惟易牙而后知之也。此不待评矣。惟是集也，吉水罗公侨令新会，尝刻之矣。今侍御内江萧先生世延又重刻之者，岂徒为先生文集计哉！

广谷大川异制，民生其间者异俗。此地山海崇错，人多熙熙而来、攘攘以往，而罔攸属厌，是故虽有奇士不能救民俗之昏靡。若公甫先生为养母而辞美官，虽朝命致之而不起；为学道而甘贫窭，虽镇巡藩臬好义贤大夫欲为之卜筑谋生而终不强就。此其人物，岂非脱然岭海风气之外、岿然如灵光独立者哉？侍御省方观风，知风之自，慨然指白沙而叹曰：“此古之贤人也，不可立赤帜树之风声以为民望乎？”是故不惟新其祠，而且新其集焉。庶几崇死可以劝生，敬上足以动下，风行草偃，懦立而顽廉矣！此昔人千金买骏骨遗意，非徒为先生也，而先生之风长矣。虽然，位内阁不事家产，以清白遗其子孙，不有顺德梁文康公乎？位尚书不爱一文，而威名振于华夏，不有南海霍文敏公乎？亦有遗文关系世教者矣，安知闻友山侍御之风者，不将借以风天下哉？并书以俟诸后。嘉靖辛亥孟冬朔，赐进士出身、亚中大夫、广东布政使司左参政、前三奉敕督理福建屯田水利、广东河南粮储兵备、永嘉项乔顿首拜书。

读白沙先生全集　　惠安林会春

白沙先生之学，从精一之功而来者也。《书》曰“惟精惟一”，言精则纯，纯则不杂，不杂则心便一。伏读先生诗文，无虑数万言，其曰：“得此欛柄入手，更有何事？”此者，指此理言之；得者，从自己得之。此理实得于心，无少夹杂，精矣；只一个理在此应用，一矣。语精，则一在其中，何事之有？苟离精一工夫，更无欛柄，欲日用间种种应酬，心理凑泊，艰哉！此学不传久矣。禅学者空诸有以求之，俗学者靠书册以寻之，皆是袭取，毫厘千里。乃若先生之学，大都具是书矣。上下四方,往古来今,浑是一片,除却精一之外,更无别法。按先生从吴聘君游若干年,归而静坐白沙若干年,养出端绪,隐隐呈露,灵丹点砂,直见本体,道在是矣,今人无论贤不贤都知先生为振古之豪。顾不求之心而求之外,则虽高谈性命,绳趋尺步,而心与行违,不助则忘。脱落超造之真,岂容有此障碍耶?嗟嗟,正学本无两途,苟且迁就,决非真到。吾人寓形宇内,汩没波靡,果何日得斩截工夫与闻春阳台之绪乎?噫!犹幸有先生精一之传在也。隆庆三年孟冬朔,后学惠安林会春谨书。

刻白沙先生文集序〔1〕

泰和胡　直

夫人心者,天地万物之都宅而道之本也。《记》曰:“物有本末,事有终始,知所先后,则近道矣。”故古之学未有不先本后末者也。自后世以趋末为工,苟有为古之先本者,则不问其所底,辄群然诋之曰“是非老则禅也”。而世之末儒畏形而避影者,乃又甚其说以自表异,曷怪乎数百年之薨薨而和、懵懵焉而趋也?夫先本非绝末也,以为非本不足以生末,故古之君子先从事焉,善养其易知简能者,而天下之理自得,则天地万物将为举焉。故曰“正其本,万事理”,又曰“本立而道生”,犹之树材者,先壅溉其根柢,则枝叶自从而敷荣焉,非必若剪缀然,枝枝以营之、叶叶以修之者也,故记者谓之近道。若夫老与禅,则颛焉以闷其根、逆焉以销其枝叶,与吾圣人先本后末之学大有间矣,夫恶得拟其所似而概诋其真,反以拒天下知本之士?甚哉!后之末儒之难与语学也。白沙先生自少有志圣人之学,始从临川吴聘君,未有入,乃返求诸约,端居十有二稔,然后见吾心之体隐然,参前倚衡、应务观书,若马之有衔勒、水之有

〔1〕此序原载明嘉靖三十年新会县刊(即萧世延刊本)、万历元年广东按察佥事何子明修补本《白沙先生全集》卷首,兹据胡直《衡庐精舍藏稿》录出。(胡直《衡庐精舍藏稿》,《景印文渊阁四库全书》第一二八七册,第三四八至三四九页)

源委，乃涣然自信曰“作圣之功在兹矣”，而措之日履，坚贞明懿，孝友天至。虽窭极，且划田庐以食太夫人之兄子。买婢，出良族，辄选配为婚；友丧，服缌佐奠，至数千里外。自彭惠安、刘忠宣、罗文毅以下，靡不景从。邑令执弟子礼，服行其教；輶轩过者挹其德容，至称之“活孟子”云。片撰只语，咸踔绝出尘表，可辅世而翊道。嗟夫！若先生之学，岂尝枝枝而营、叶叶而修者哉？盖亦崇其本而自丰其末者，彼二氏者有是乎哉？而世之谈者，未诚有向道之志；知向之矣，又未能若先生反约而深造，且不亟考先生之贞履，则皆逐块寻声、随阳浮而争置一喙，是犹守浍洫而议渊海、执碔砆而评荆璧，亦左矣夫！或者经怪其出语间用释氏，是又不然。昔程伯子，亚圣俦也，盖亦间用之；而尼父征言于老聃、轲氏借证于阳货，咸自顾真脉何如耳，岂必善避其语者哉？苟不以其脉而独屏形声取善畏避者以为韪，是亦自附剪缀之工已耳，而于先生又曷为有无？于时，予寮佥宪何君重刻先生文以传，予惭无能为役，乃为叙其先本之学，或以回避影者之辕而知学圣之有归。然则世欲繇先生以入圣，则亦求诸先生致虚立本之旨而自得之，慎无逐末儒自左其趋以日远于大道。何君名某，字某，南充人。赞其成者，刘君某，字某，某县人；李君某，字某，思南人。

白沙先生诗选序〔1〕

安成邹　善

予尝观于天地间，鸢自飞、鱼自跃，鸢鱼不自知也；云自岫、月自辉，云月不自知也。诗之作，发乎性情，止乎礼义，亦自然而然者。起喜赓歌，击壤兴谣，其诸庆明良之遇、忘耕凿之劳，不容已而言之，非作而致其词也。三百篇之义，其指正、其音和，皆若此而

〔1〕 此篇据《新刻国朝白沙陈先生诗选》卷首辑录。（陈宪章撰、周谦山编：《新刻国朝白沙陈先生诗选》，日本，江户初写本）

已。楚骚、汉选，犹为近古，下此则雕琢之工虽具，而天然之趣鲜存。唐以诗鸣世，而得诗之悬解者，亦不过窃佛氏之三昧而已。伊川《击壤》之集，独振风雅，余响继之者其惟江门乎！白沙先生之诗，人拟其似禅，然禅非禅，其得诗之三昧者乎！先生初学于康斋吴聘君，归而静求默体者十余年，始悟吾心本来之体，吟弄淡漠，洒然自得，真不知天地之非我、万类之为物。其形诸篇什，虽随事垂训，无心著述，然意趣浑然，不烦斤削。焕然如空之云，出岫靡常；皓然如清夜之月，扬辉莫测。飘飘然、悠悠然，(知)[如]鸢鱼之戾天跃渊，有不可以夙拟者。盖真机所动，虽吾身且不知耳目之所宜，而况于人乎？而况于言乎？读者不以章句求，而默识其旨趣，即谓先生之教人，与三百篇之感动人者靡有异同，非耶？博罗谦山周子，学于弼唐庞子，遡流穷源，而得江门之旨。暇日约选先生诗四百余篇，属善与怀堂孙子参订而校梓之。敬拜手僭书首简，与愿学先生者共焉。庶几讽咏之余，冀必有神解而勃然兴者，则是梓为不虚矣。时万历丙子冬至日，后学安成邹善继甫顿首书。

白沙先生诗选序[1]　　四明孙光祖

孔子志三代之英而未之逮，乃取夏商周歌咏，上遡郊庙，下自里讴，删定为三百篇，而挈其旨曰“思无邪”。夫诗之道，尚矣。夫人之性术异感，而诗以言志，歌以永言，或为比兴，或为正变，总之温柔敦厚，君子矢以正志，小人歌以善俗，观省备而鉴戒昭，此诗之所以教也。王迹熄而诗亡，汉选犹存古意。后若陶渊明以雅淡鸣于晋，杜子美以忠贞咏于唐，其高风谠谊，千载使人飒飒然兴起焉。明兴，以经义选士，诗学不传，间有作者，比拟于声格，雕琢于字句，

〔1〕 此篇据《新刻国朝白沙陈先生诗选》卷首辑录。(陈宪章撰、周谦山编：《新刻国朝白沙陈先生诗选》，日本，江户初写本)

与性情不相符。然白沙先生挺生南服，雅志圣学，少弃举业，从吴聘君游。归江门，潜心静坐十余年，久之冥悟本体，怡然自得，乃不事著述、不落见解，而以其精造深蕴，因事触发，出于自然之文。盖天地之易简，帝王之神化，人物之华实，山川之流峙，浸灌浃洽，故其发乎性情，无欣戚、无得丧、无生死。辟天道灿而为星辰，地道沛而为河汉。不蕲于言而自言，使人入于耳者躁释、得于心者神融。用而行，则管晏一笑；舍而藏，则仁义江河。此先生之诗，真足以继往开来，视三百篇无间焉。适天关讲暇，周子谦山出先生诗选四百余篇，颖泉邹子语予曰："是选，其义约，其旨深，其该括广，一览而劝惩备焉。宜梓以传。"昔齐桓公读书于堂上，轮扁释椎凿而问："君之所读者何书？"公对以圣人之言。轮扁乃云："君所读者，古人之糠粕也。"呜呼！先生之诗，所象者迹也，所蕴者心也。学者苟能玩其词、审其音，因法象而遡本体，独得乎声气之元，则善心可兴、逸志可省，先生不传之秘，思过半矣。凡我同志，慎毋为斫轮所笑云。万历壬子岁嘉平望日〔1〕，四明孙光祖子绍甫于粤署之一鉴亭。

白沙先生文编序〔2〕　　琼台王弘诲

先生生宣正成弘间，当一代文明之会，其学近宗濂洛而远遡乎

〔1〕"万历壬子"，疑为"万历丙子"之误。万历壬子，为万历四十年（当西元一六一二年）；万历丙子，为万历四年（当西元一五七六年）。邹善，字继甫，号颖泉，邹守益第三子，江西安福人，生于明正德十六年七月，卒于万历二十八年十二月，享年八十。嘉靖三十五年进士。万历二年，任广东布政司右布政使；因得罪张居正，万历四年调河南，随后罢归。（参张卫红撰：《邹东廓年谱》，北京：北京大学出版社，二〇一三年，第四五七至四五九页）据文中"适天关讲暇，周子谦山出先生诗选四百余篇，颖泉邹子语予曰"之言，以及落款中"四明孙光祖子绍甫于粤署之一鉴亭"之说，孙光祖序当作于邹善生前，作于邹善任职广东布政司右布政使之时，当时孙光祖任职广州，故应以作于万历四年丙子为是。

〔2〕此据《白沙先生文编》卷首录出。

洙泗之源,不言而信,无位而尊,尽当世而宗仰之,为国朝名儒第一。余少向往焉,学而未暇。岁壬午,移官留都,友人唐仁卿氏时时相过,讲论先生不辍,而惜夫世未有能知其深者。余于是益为恍然,窃自悔恨,以为学先生晚也。仁卿氏之言曰:“吾年十五六,随长者后,诵说江门夫子,颇知嗜慕。及取其书读之,于应制无当也,置之;既举于乡,好为古文词,又取其书读之,于剽丽无当也,置之。已而,再上春官不第,从燕赵吴越间得聆师友之训,归而妄意于学问也,然后能稍绎其书,则见其有言必依乎道,有行必概乎教,无所用于今而亦不必于用,殆孟氏子所谓立命者欤!而吾之年垂三十矣。虽然,如其言也,藩篱欲固,孰与夫忘名之为高也;积累欲深,孰与夫径造之为便也;自然立教,孰与夫曲意诱引者之兴起后生也;许可必严,孰与夫姑为奖借者之张皇吾道也。出者愈奇,与者日众,吾固难以彼而易此也。呜呼!言道术者不宗孔氏,吾必以濂洛为卑卑,使濂洛而无叛于孔氏也,则若先生者,固拙胜而道存者也。何者?诚也。世儒术非不工,风非不动,不免自处过高,而其归与不及等。何者?诚有所不足也。盖自先生之学出,而敦悫粹美者愧其智,慧辨雄拓者愧其仁。仁智合而诚不离,则道归焉耳。夫道之难明久矣,何疑先生?而吾与若固先生之乡人也,谓吾不能而不以望于人,则其罪愈大。吾将有事焉。”甚矣!仁卿氏之言有警于余也。于是总其集中撮其有关于问学之大者,得诗与文若干,共为六卷,稍次第之,题曰“文编”,而增补年谱其后。乃侍御晋江郭君、计部广安姜君、休宁范君、孟津王君、仪部婺源汪君则共捐赀以付工人,阅两月讫工。其书播在学士经生,而先生之道复著。间尝窃论先生之学渊以博,不可端倪,学先生者但立吾诚以往,毋论高下大小,各能成章以见于世。观当时从游诸子与夫闻风私淑之徒,若年谱可据已。而或者犹疑其流为禅,胡不引其往事观之也?余既喜仁卿氏之言能发我之所欲,而又嘉诸君之与仁卿氏同志也,故述仁卿氏之言，以谂诸君及夫海内知慕之士，使明先生之道人人可师，学先生者亦惟其诚而勿贰，而尤愿诸君与仁卿氏共勉之，庶几切磋之义以光前修，毋若余然，而徒抱后时之悔也。万历癸未岁腊月之朔。

刻白沙先生遗稿序〔1〕　　同里陈吾德

邑侯映台袁君，政先化原，表扬前哲，既于白沙先生故居请建祠堂，禅崇家祀，寝庙之成，奕如也；复又裒辑先生遗稿，锓梓以传。刻成，移书与德，曰："子，先生乡人也，宜有叙述。"德惟垩居荒落，弗能为言，顾谊不得辞也，乃言曰："珠玉之沉于渊也，其流方圆，知宝者得焉；干将莫耶之埋于地也，其光烛天，望气者识焉。方其沦落幽翳，埋光掩彩，岂有期于世耶？及其出深渊而发重壤也，罔不爱而重之。彼其光辉照耀、赫然动人者，人知其然也；其神灵变化、蔚为精光者，是孰知其然哉？莫知其然而然，是之谓出于自然者也。君子道成而言立，言立而人传，此岂有邀于后世者？其道亦犹是而已。传称死而不朽，非谓其身没而言立耶？然自立言之旨不明于世，于是修词者斧藻其言，著述者摹拟为工，要以成一家之言，希声来世，匪不传也。然巫步多禹、抵掌类敖，以形寓而不以神传，昔人等之书肆说铃已耳，又况其遗落散逸，孰从爱惜珍贵、求以物色之如恐不及者耶？我白沙先生崛起岭南，盖自明兴百余年来，始一洗词章功利之习，使学者反求诸其心。阳明继之，要以贵易简而去支离。功用并钜，而先生实首倡明，非夫命世真儒，其力量当能尔哉？先生绝意著述，而遣兴寄情大都于诗乎见之，此岂有意于言也？然言出而人传焉，固已流布于海内矣。而其篇章散落人间者，人争宝之，若有神物护持以有待者，岂非若珠玉之流方圆呈象、干

〔1〕 此据《白沙先生遗诗补集》卷首录出。

将莫耶之发泄紫气冲射,有不容遏灭者耶?盖先生之学,由勿忘勿助而深契乎舞雩三两之趣,不离日用而独见乎鸢飞鸟跃之机,故终日乾乾,惟以收拾乎此,庶几宇宙在乎手、万化生于心者,而要之一本于自然而已。惟其出于自然也,故其为文与诗,不刻意尚词而天趣自足,不牵拘往格而声律自谐,所谓发乎性情、泽于仁义道德者,非耶?其感人之深有以也。孟子曰:‘诵其诗,读其书,不知其人,可乎?是以论其世也。’学者论其世以知其人,知其人而诵读其诗书,则千载如见。世自有知言者,亦奚俟余言也哉?”是刻也,总诗五百四十首有奇,行状附焉。君得之邑博自麓萧君,更为订定。先是,《全集》邑罗侯侨刻于弘治十八年,距今八十载,而袁君有今刻。君名奎,字文卿,映台其别号也。与罗俱江右,其尚论渊源,固有自云。万历十二年甲申孟秋之吉,古冈后学陈吾德序。

书续刻白沙先生遗稿后[1]

潮阳萧端升

道以言传,亦以言晦。夫言岂能晦道哉?自尚言者支其词,教者复以言训,道斯晦矣。有道者出,虽无意于立言,而吐词为经,其可传者有在也。夫子曰“予欲无言”,子思子曰“率性之谓道,修道之谓教”。故知道以率性明,教以修道行,是立教者贵明道,岂事多言哉?白沙先生倡道东南,为海内正学之宗。其学其教具在《全集》中,大要务默成,不以言语。予私淑之日久矣。庚辰秋,来谕冈州。冈州,先生故里也。思欲广先生之教不可得,乃日进诸生共讲求焉。既乃得纵观先生遗墨,因遗墨得见所遗诗,爱而手录之,积久渐以成帙。而先生胤孙观光暨诸生吕尚、李以麟辈,复乐助成焉。或因是病予徒以言求先生者,予不能答。间尝指先生言之精要处相质,或瞿然、或跃然,久之骎骎然,若有知先生于言意之外

〔1〕此据《白沙先生遗诗补集》卷末录出。

者。窃自喜曰："至乐无声，有遗音也；大羹不和，有遗味也。然则是集也，岂谓徒求先生以言哉？岂谓先生果无言哉？要必有真可传者，而非以言胜也。"邑大夫袁君始尝倡为是谋，至是遂取加订正以授梓焉，君盖雅重先生而加意后学者也。由斯以观，先生之教谓不因言而传耶？刻成，因缀数言于末简。时万历十二年，岁次甲申，仲秋之吉，后学潮阳萧端升识。

重刻白沙先生全集序〔1〕　　归善杨起元

我国家惇庸之化，涵育百有余年，始有真儒出于南服，是为白沙陈先生。其学以自然为宗，乃其静中妙悟，不由师传云。其言曰："天自信天，地自信地，自动自静，自阖自辟，自舒自卷。牛自为牛，马自为马。甲不问乙供，乙不待甲赐。"呜呼！尽之矣。至于进退辞受之际，截然不苟；纲常伦理之间，蔼然太和。形与性合，人与天侔。无事拘检之迹，而名教以端；不假事功之彰，而风声以达。非德几于至诚，其孰能与于此？生平不事著述，曰："孔子之道至矣，慎毋画蛇添足。"此集所载，诗半之，酬应之书又半之，记序等作殆不数篇，乃先生不得已而应之者。声出于无心，乃为希声；言出于无意，乃为至言。故其诗若文，不落蹊径。全读之，其味淡而不厌；细而举之，其义无所不该。嗟夫，先生之学其至矣乎！此集当与天壤共敝者也。

起元自四十以前〔2〕，未足以窥先生藩篱，不知是集所系之重如此；四十以后，从近溪罗先生学，转读兹集，乃稍窥一斑，而字多模蚀。幸予友长芦都运李君焘志新兹刻，多方购求善本，属沧州学

〔1〕 此篇，据明天启元年王安舜刻本辑录；《续刻杨复所先生家藏文集》第二卷亦有收录。（杨起元撰：《续刻杨复所先生家藏文集》，《四库全书存目丛书》，集部第一六七册，第二二四至二二五页）

〔2〕 "起元"，《续刻杨复所先生家藏文集》作"某"。

正高君为表参互考订,仅复其旧,而尚未尽。李君转广右大参,高君入国学为博士。大参君谓博士曰:“君宜收此板入国学,司业君在,可相与再校完之。”板至,凡四百二十五片,由是发正二千余字,然尚有未尽者。盖是集之不行久矣。甲申、乙酉之间,议先生从祀,缙绅士大夫多不识先生之学谓何。赖大中丞赵麟阳先生携先生遗书在署,速梓而出之,观者始心服,而议遂定。嗟夫,道之兴废存亡,岂不以人哉!予尝怪文中子之学,孟子以后一人,而所存惟《中说》,其余泯然无迹。今是集若不重修,百年之后,欲求如《中说》,其可得哉〔1〕?予于是重感予友李君能为斯道举废而修坠也。世间文字为木之菑者何限?学者未知先生之学为何如,则是集亦可以有无,而李君之功奚有?区区之意,盖欲我辟雍多士明孔孟之学脉,识自己之真心,则人人皆与先生为徒。如是,而以集为先生之存亡,抑又末矣。万历己丑仲冬之吉,国子监司业、后学杨起元书。

白沙先生语录序〔2〕

归善杨起元

予少时则闻白沙先生举于乡,计偕下第,乃往学于康斋吴先生。吴先生无讲说,使先生劚地、植蔬、编篱。吴先生或作字,先生研墨;或客至,则令接茶。如是者数月而归,竟无所得于吴先生也。呜呼,吴先生何善教哉!其后,坐阳春台十年,苦学精思,忽然有得,则所谓“静中养出端倪”,又所谓“致虚之以立本”者,先生稍鸣之以接后学。其究端倪何在、虚又何物,只是从前劚地、植蔬、编

〔1〕《续刻杨复所先生家藏文集》无“予尝怪文中子之学,孟子以后一人,而所存惟《中说》,其余泯然无迹。今是集若不重修,百年之后,欲求如《中说》,其可得哉”四十六字。

〔2〕此篇据《白沙先生语录》卷首辑录。(杨起元辑:《白沙先生语录》,载明刊本《杨复所全集》)

篱、研墨、接茶者，但肯安心为之，无妄想耳。先生于此盖亦深感师恩，故无著述所以报也。其不得已露出“端倪”、“致虚”二语，已起后学纷纷疑谤，安得如吴先生之门终无所得之善哉？然自先生以后，出于先生之门者如湛源明氏，不出于先生而特起者如王伯安氏，言益繁矣。虽然，亦时使然也。吾尝譬之：此学之于世道，犹日之丽于天也，康斋先生如日之在曙海，至于先生则登于扶木矣，嗣是而半天、中天，其光明渐盛，然皆曙海、扶木之所涵而至也。升者中之基，中者昃之候。静言思之，良可凛凛。是以每劝同志，学圣人之道，当自先生始。先生遗文至简，然片言只字皆至道也。世之集先生者，各随其学之所至，而此集则予浅陋之所以集先生者也。是为序。时万历丁酉孟夏望，后学杨起元贞复甫书。

重刻白沙先生集序　　林裕阳

《诗》有之：“高山仰止，景行行止，虽不能至，窃向往之。”余为儿时，则闻白沙先生以道学起岭南，为海内儒宗，盖私心向往有日矣。顷代匮结绶新会，实先生桑梓之乡，下车而谒先生于家祠，低徊而不能去者久之。已而进先生之裔，求先生之集，受而卒业，益知先生之学醇乎一本于濂洛，而远接洙泗之绪。其言曰：“学贵自得，而后博之典籍。有意为静，则不静矣。随动静以施其功。学至无而动，至近而神，藏而后发，形而斯存，不离日用而见鱼跃鸢飞之意。”及考先生之出处，则屡踬于南宫而绝意仕进；其后应聘而起，以终养而归，盖异夫洗耳投渊者流。而孝友和易，内行纯备，无弗根本于彝伦，故姜麟有“活孟子”之称。而一时名士，若邹汝愚、李承箕、陈茂烈辈，皆北面焉，盖有所表不虚耳。

先生没至于今，而圣人之道寖微，士大夫之为道学者，往往游于无何之乡，堕于苦空之海，皈依南宗，至跻而躐于宣尼之上。有识之士，深慨于中，恨不得起先生而正之也。先生所著，旧已行于世久之,不无蠹蚀残缺。里中后学许生钦赋,慨然议更新之,请叙于余。余不敢辞,故重授剞劂氏,布之宇内,后之君子得以览焉。俾由先生之言而上遡洙泗之统,异端可拒,而世道终必赖之,先生盖不朽云。抑余去先生若而年,代匮先生之邑,得附先生著作之后,又厚幸矣。万历辛丑岁秋八月,闽后学林裕阳顿首撰。

重刻白沙子序

同里黄　淳

日星丽天,非天之所以为天也,然而天之精可得而推焉;万古斯文,犹日星丽天,非圣贤之所以为圣贤也,然而圣贤之精可因而见焉。孔子曰:"文王既没,文不在兹乎!"文其可少乎哉! 白沙先生崛起海滨,仰希邹鲁,春阳静养,碧玉自得,举凡天下可爱可求,漠然无动其中,不事著述,间尝拈弄于诗文,亦可以得先生之所以为先生也。

我皇上建圣真之极,昭揭正学,崇祀文庙,四方学者益思得先生所著以为观法地。顾邑中全集岁久蠹残,淳积欲新之未能也。顷林君嘉让过金陵,得甘泉湛先生京师所校刻,归以示淳曰:"湛先生久在门墙,是必得先生精意之属。子尝有志于此,请校梓焉,可乎?"淳曰:"幸甚,君其图之。"乃闭户雠校,间有所疑必以质淳。录成,同社何君上新遂率三五同志,付之剞劂。谓淳不可无纪,淳曰:"先生之学,心学也。先生心学之所流注者,在诗文。善读者,可想见其天地胸襟、濂洛造诣,否则,等糟粕耳。"神神相契,世能几人?何君辈斯刻,可谓大有功于斯文者矣。淳乌敢辞?谨记。时万历四十年,岁次壬子,孟秋之吉,邑后学黄淳顿首书。

重刻白沙全集序

同里何熊祥

白沙先生全集刻自弘治末年,岁久漶漫,中几经补缀,率非全壁。广文林君从南雍得甘泉先生所校善本,谋诸家君,重付剞劂。

讫工，复属余叙。

叙曰：言，非圣贤得已也。自精一执中开万世心学之传，即唐虞岂其废言？要惟历数授受始一发之，而其吁咈一堂之时，固不必雅言及之也。故夫子曰："予欲无言。"盖《鲁论》二十篇中，答问居多。即求仁为圣门第一义，亦不过因问而答，言人人殊，未尝执一说以为仁必如是也。下逮宋儒，著述始富，然伊川已有兄弟议论太多之语，则亦足明言之非得已矣。先生之学，由濂洛关闽以遡洙泗，不事著述，不立门户。其主静之教，不过原本周子，而所为致虚立本，亦仅偶一拈出，未始标只字为法门，如世儒也。若诗文流布人间者，非不名理跃如，亦大都应酬之具、游艺之余而已。譬先生诗文，其虞廷之有赓歌、孔门之有问答乎！而其深造独得，不轻以语人者，殆亦精一之旨，非相禅不发；克复一贯，非颜曾不传也。盖先生于世卿曰："此心通塞往来之机，生生化化之妙，非见闻所及。待世卿深思而自得之，非有爱于言也。"夫在门若世卿，即语上可也，先生待其自悟，尚不以言传，况非其流亚也者。固宜微言绝学，人不尽闻，书不尽笔，而仅于诗文见其概与！先是，从祀议兴，知先生者十九，而疑先生者亦十一。迨于舆论大同，俎豆宫墙，于是先生之学与濂洛关闽之学并著，而先生之集亦与周程张朱之书不朽。余生先生阙里，取则不远，知非是集不足以见先生，又知是集不足以尽先生。夫由先生所著述，而悟先生所以不著述，其于道也深乎！是为叙。万历壬子菊月之吉，后学何熊祥顿首撰。

重刻白沙先生全集序[1]　　王安舜

岭南之有江门，犹营道之溢江、关之南山、河之洛、匡庐之白鹿也。昭代之有文恭，犹熙宁、元祐之于横渠、康节，而淳熙之于考亭

〔1〕 据明天启元年王安舜刻本卷首辑录。

也。世之相后,地之相去,何啻千百,而其印圣贤之心传与绍千古之绝学,脉络至今存也。至于进退出处之间,又若合符节。如乞终养于翰林检讨,与力辞西京国子,委手板弃官,立朝不四十六日,是皆其不留一辙之迹者也。嗟乎,至道难闻久矣!汉唐以还,百家争驰,学几乎息。濂洛诸儒得孔孟不传之秘,芟正路之蓁芜,共寻名教乐地,如线之绪,朗然如中天日。自是训诂相传,葛藤不了;一切性命着己之谈,目为二氏,是何异舍家珍而宝瓦砾也。即以我国家敦庞濡育,而耳目未易改观。积百余年,始有江门,洗从前安排之障,得趣于六经,超然顿悟,直以一身荷斯文之统,为世主盟。厥后数十年,姚江继起,后先发明,孔孟之宗风又复大畅。常试辟之:如镜然,静者明体也,良知其明之彻也;如事理然,主静者不落因应也,致良知其不昧因应也。乃湛文简曰:"自然之学,人或以为禅,人固不知江门,亦不知禅也。"夫《楞严》以何自非然,明破其执矣,则自然非禅也,而江门岂禅哉?余因是而怪世之谈学者,多守其师说,而土苴乎内圣外王之理,规规然取尘垢糠粃而陶铸之,以为尽此矣,又何足以语人定静之门而造格致之域也?江门之学具在《语录》中,兹集第录其诗文耳。诗文何足以该道,而道则无不该。韩子曰:"文者,载道之器。"夫道,器也耶?孔子之道在六经,而其言曰:"文不在兹乎!"道固至矣。余素佩服此集,兹欲选其精者而梓之,谋诸同志,乃存乎见,少并湛、杨两公所刻而益之全,谓先生之美尽在于是,是求约而反博也。然以余所习闻,父老所传诵,尚多未备,则此固不足以尽江门,而江门又尚有遗于道者乎?天下后世因是而得江门之旨,是旦暮遇之也。幹之言曰:"孟子而后,濂洛继其绝,至紫阳而始著。"余亦曰:"朱子而后,江门得其宗,至姚江而始著。"敢以是赘。时天启元年辛酉仲夏,巡按淮阳监察御史、岭南后学王安舜书。

重刻陈白沙先生集序[1]　　顺德黄士俊

新会邑侯黄君宰邑之明年，即求白沙陈文恭集而重锓之，以完旧所阙，而属予为序。予固私淑文恭，又乡先进也，不揆而序之曰：圣人之道，百姓日用而不知，学士习焉而不察，而道固未尝绝于天下也。有志之士，苟能潜心而逊志，反躬而力行，豁然有省，则虽千百年之远，荒裔穷海之滨，而悟此心此理之同，自可以上遡孔孟之源，下俟百世而不惑。自章句训诂之学锢溺天下之人心，于是儒者不必内求自得而惟外奉陈铨。虽以上蔡、象山之深造，而或病之曰太简，或目之曰近禅。天下畏禅之形而避其影，将所谓尊德性者或几乎息矣。呜呼，不有哲人，其何能淑？先生奋起南隅，翱翔上国，始谒临川，言归江门，求之博而舍其繁，求之静以复其体。林待用谓其"立志甚耑，向道甚勇，涵养甚熟，独超造物牢笼之外，而寓言寄兴于风烟水月之间，有舞雩陋巷之风焉"，盖实录也。昔精一之传，至禹止矣，其后数百年，而有莘耕夫嚣嚣乐道，降衷一德之语，遂继典谟；洙泗之传，至孟轲止矣，其后千余年，而濂洛诸贤倡明讲习，《太极》、《皇极》之书，穷极性命。至道至德，岂不待其人哉！嘉定以后，徒资文义讲学，于经传鳞比栉次，在当时号为精密，在今日犹未免疏漏，况于作圣真源相去益远。故双峰之饶、北溪之陈，为吴草卢之所不取。然则先生之道，其足以继往开来，功亦钜矣。先生存而名震四海，殁而从祀孔庙，其论定久矣，固非待后死者为置喙。且其志不存于著述，则其集虽具在，学者要当于语言文字之外求之而后可也。昔庄定山诗与先生齐名，时号"陈庄"，其风节格调或相颉颃，然湛深于道德，流露其胸中所见，则先生为宏远矣。夫黄侯以表章斯文为己任，其治化思过半矣。所愧余老而词不敏，亦

〔1〕 此篇据黄之正本辑录。

聊以述所闻云尔。顺德黄士俊亮垣父撰。

重刻陈白沙先生文集序[1]

晋熙黄之正

余里之名山曰司空,太白读书处也。其下有地,亦名白沙。山川秀丽,太白眼中景也。邑之贤宰及后学辈,接踵傲游,遂其景仰之怀者,至今勿绝。予知书时,见陈先生之号,窃叹数千里之隔,地同名也。在此为诗仙之窟,在彼为理学之场,岂非一大奇致乎?地同而心又同,太白与先生各一白沙,实同一白沙矣。先生以理学名当时、传后世,则天下之尸祝先生之高而脍炙先生之文者,予何容赘?忆予癸巳赴铨部,甲午春二月,得新会一签,同事戚友咸为予怖,以粤东天末,正值西逆鸮张,震于邻、于躬,皆未可卜。予曰:"是安足怖?人生何幸而筮仕于理学先生之乡乎!先生之理学及乎天下后世,而衣裳俎豆之地,薪传奕叶,家弦户诵,知必能明于先生之学而不靳如手足之捍头膜矣。是安足怖?"叱驭而前。九月,度岭,及抵禅江,闻寇逼门庭者两次。予从间道入守,马首受篆。再一昼夜,而贼垒在郊,重围密布,出古今未有之攻法以与我争此土。城南一隅已覆于隍而且筑且守,民以命敌,虽文人妇女亦躬荷畚锸,而糗刍供给又不待言矣。最后量沙无术,民有易子之惨;树根萍草以及败鼓之皮,难饱楚女之腰。然犹鸠形鹄面,誓矢靡贰,历七十日得以此城待援师者,岂非新会之人沐浴于先生理学之泽者深且远哉?独恨薪火之下,先生之梨枣亦灾,此则守典籍者之过也。余为先生守典籍之人而不能保其脱祝融之厄,复不能新之公输之手,过何能赎?乃与邑之荐绅先生谋有以重锓之,佥曰"可"。遂述数言以弁,志事耳。志予生于白沙之乡而又仕于白沙之乡,致足幸耳,敢曰以光先生之文集也?晋熙黄之正穀斋父撰。

---

〔1〕此篇据黄之正本辑录。

白沙子全集序

同里何九畴

《白沙子集》之行于今世者，先高王父、封冢宰泰宇公继邑宰罗侯侨而再刻者也。是集之行于世，是高王父之志也；近年远板寖磨灭，又尝见墨迹篇什有未载于原集者，故知原集之尚不无遗阙也，此二者非高王父之志也。畴用竭其绵力，远近搜访，得未刻者：序四首、记二首、题跋一首、书百有五十八首、各体诗共五十五首，将合之旧刻而更镌之。适姑苏迂客顾侯来宰斯邑，首以表彰前世人文为亟，闻畴斯举，亟为从臾，且助工资。畴用勉成其事。而畴自少溺于雕虫之学，今因斯举而后知悔焉。

夫从来读是集者，大约谓先生之学，无专著之书以传之，或者散见于是集之中；不然，则谓圣贤言语之所发挥无非义理，笔墨神韵之间无非道意之流行，如是而已，未有正以文字视之者。畴今雠校之下，涵湛其中，乃觉其气沛然，其法森然，其词充然，其光赫然，其旨朗然，其味渊然。於戏！文家之能事至此极矣。从来不以文字正视之者，为其时有朴率不悦俗目也。夫诗之多朴率者莫如西汉，唯其朴率之处，偏经后世文士剽袭以为点缀，古色久之翻成藻彩。吾安知当时之人视之，不如今人之视斯集乎？吾安知后人之视斯集，不如今世之视西汉乎？故朴率者，乃其文之所以为高古，非不文也。且尝观之人，其衣服必时宜、其言必滑泽者，率微麦□□之辈，□上以至士大夫则不然[1]。是故人之贵者，恒不足于华美，贱者反否。而贱者人爱而狎之，贵者人疏而敬之。今读先生之文，有不肃然起敬者乎？夫为先生诩其文，犹为富人称其家之有瓦缶也。第假不足于文，则是斯道之犹有所不包，而天下之文士犹

[1] "率微麦□□之辈，□上以至士大夫则不然"，孙通海点校《陈献章集》作"率微末地卑之辈，稍上以至士大夫则不然"。（《陈献章集》，下册，第九〇九页）

有分长角立之地也。然先生无意于为文者,而其文若是,故知文自有所从出,而区区求之于文者陋也。此畴之所为悔也。书既成,序其所以刻之由,并附斯言于简端,冀天下之文士潜心是书,或不谬畴言,相与悔其雕虫之习,以转求乎文所从出之处,则先生之学其不坠于世矣乎!康熙庚寅孟陬,同里后学何九畴谨识。

白沙子全集跋〔1〕

长洲顾嗣协

余莅冈之日,即躬诣白沙先生祠,仰瞻像貌,虔修祀典,睹其栋宇倾颓、子孙微替,恻然久之。越一年,请于台,蠲俸修葺,焕然一新。至诗文全集为明封冢宰何公锓版行世,历年既久,字迹罔辨,切有志焉而未逮也。何子蒲涧为冢宰公曾孙,承累世冠簪之后,闭户好学,恬淡仕进,所为诗古文辞甚伙,标新抉奥,推为玉台领袖。与余文酒往还,不干以私,其品有足多者,余敬而友之焉。己丑九日,同为马山落帽之游,因语何子曰:"君先祖所镌《白沙集》,余欲悉依宋刻重寿梨枣,吾子仰承先志,合力成之,可乎?"何子欣然乐从。更留意访求,得未刻诗文若干首,各从其类而充之。剞工告竣,以不佞有事兹土,属为之序。夫白沙先生孝友、理学、文章、诗赋薄海内外,罔不尊奉片纸只字如珍拱璧,顾余后学荒陋,奚敢弁言简端?然窃喜表章往哲,何子与我有同心也,爰缀数语于末,聊借以附不朽云。新会令长洲顾嗣协。

白沙子全集序〔2〕

钟　音

予奉天子命,来旬粤东。方当圣德广渊,孝治该洽,虽重译远

〔1〕 此篇据《儒藏精华编》本《白沙子全集》卷首辑录。(陈献章撰:《白沙子全集》,《儒藏精华编》,北京:北京大学出版社,二〇〇八年,第二五二册,第五八至五九页)所见何九畴刻本《白沙子全集》无此文。

〔2〕 自"钟音《白沙子全集序》"至"屈大均《陈文恭集序》",共九篇,据碧玉楼本辑录。

徼而外、海隅日出之国罔不率俾，矧在古扬州之分、代有名贤者乎？以养以教，宣上德而厚民风，使者之责，奚旁贷焉？去五羊城百五十里而近曰江门，先儒白沙陈子奉萱讲学处也。后人即其址为义学，芜秽不治者久矣。亟令有司充扩其宇，颜其门曰景贤书院，祀先生栗主于楼，延师育材于其下，俾远近知吾粤有白沙之学，以自奋于圣人礼乐明备之时。于是白沙后裔有以全集刊板漫漶，力图重梓，丐序于予。夫言为心声，文以载道。自一画开天、十六字传心而后，孔子虽尝曰“天何言哉”，而究之修词立其诚，凡夫大义之须微言以弗坠者，圣贤相继，恃有此也。予读陈子行状，知其论治道以正风俗、成人才为急，千古吏事一言而尽，予慕之愧之。又见乞养辞荣，事母至年九十而相思无呼吸间。为学主静而见大、深造而自得，与孟子之养大体、孔子之毋意必固我，盖有合也。是以不急急于著述而发挥于咏歌舒啸、往来酬酢间者，皆能衷诸大道而具有天机。粤之后生能游息于景贤之堂，熟其遗书而举慕效其为人，则使圣世多有本之士以光厥宅里，岂惟溉四方之闻风、愿学者有所寻绎而玩味已哉？其裔去先泽远，犹知勉力为此，抑又予之所乐予也。夫是为序。抚粤使者闻轩钟音。

白沙子全集序　　龙城欧阳永裿

予少时好读先儒语录，知前明理学之盛，几与有宋颉颃。而白沙陈子以正学崛起岭南，心向往之，窃恨不得生于其时，亲沐其教，沉潜玩味，以餍饫其心。去年春，予奉简命备藩东粤，拜先生里居，访春阳台读书故址，未尝不想见其人焉。先生少就外傅即有志圣贤，后从吴康斋游，得深造自得之要，默坐澄心，体认天理。观其《与林缉熙》一书，阐扬曾点乐处，至于理会分殊，本末具举；其语贺克恭则云：“于静坐中养出端倪，方有商量。”盖与濂溪主静、伊川静坐之说后先同揆，而世或不免訾议，亦见其惟庸且妄而不达于学矣。呜呼！士君子读书稽古，岂必其言之云尔哉，亦观其意之所响而已。先生僻处岭海之间，倡明正学，身体力行。有明一代大儒林立，而能直揭本体，不为功夫节目所拘，则自先生始。先生之学传于增城湛甘泉先生，粤人翕然宗之，所学一归于正。迄今沐浴其教泽、追溯其渊源，尚知圣道之所从入，典章文物绵绵延延而未有艾也，非先生力欤？裔孙俞能守其家学，以先生全集若干卷岁久蠹残，谋付重梓，丐序于予。予惟古君子之为法于后世，存则其人也，没则其书也。传曰："奋乎百世之上，兴起百世之下。"吾国家理教昌明，崇儒重道，凡山陬海澨之间，有志者莫不踔厉奋发以自附于圣贤之徒。吾愿粤之人士，景仰前贤，闻风兴起，读先生之书，求先生之学；知先生之学，师先生之为人，而由先生之学上溯濂洛洙泗之心传，以兴起此邦之正学。是则先生觉世之心，而亦予数十年来向往慕悦之心也。爰为之序。时乾隆三十四年，岁次己丑立秋日，通奉大夫、广东承宣布政使司布政使龙城后学欧阳永裿顿首拜撰。

陈白沙先生集序〔1〕

大兴翁方纲

君子所以学者为己而已矣，浑之天地万物皆为己也。为己则必无人己间尚有纤芥累者。有明白沙陈先生之学，则可谓为己而无累者矣。而人犹或谓其《西南驿》诗寓意于琼山者，何哉？世传琼山之龁三原也，坐吴祯、刘文泰辈耳。且说者以琼山主会试发策之语度之。试问琼山发策所指虚慕道学之士，为诡异之行以徼名干誉者，曾与先生奚涉乎？彼盖痛斥其时士习之不醇者，俾养学术而正文体也。即与三原尚无与，而况先生乎？三原之去官，在琼山入阁之后，先生以成化十九年应召，在琼山入阁之前；而琼山之主

〔1〕 此篇，翁方纲《复初斋文集》第三卷亦有收录。(翁方纲撰：《复初斋文集》，《续修四库全书》第一四五五册，第三七〇至三七一页)

会试，在成化十一年乙未，其援此傅会者，可不辨而自明矣。先生入京不谒琼山，盖正在以疾辞秩之时，而其祭琼山文所云“足不至公之门”者，又特以自道其积慕未申之隐，而好事者又援斯文与“山雨不来”之句并案焉，其亦支而弗通矣。粤之先贤如二公者，其学之醇实、心之光明磊落，亦可以无他议矣。而世尚有疑而议之若此者，甚矣，为己之学，众人不识也！君子之于人也，学问议论初不必其尽合，然必显然有所驳正发明以伸吾见而期归于一，是未有口不明言而故假他端以寓其愤激者。假若琼山有所异于先生，则必昌言于先生而使知之。其未昌言之，则其心无异于先生必矣。明代士大夫习气，喜为党同伐异之论，稍有可假之端，则科道诸曹哗然交章，辨难蠭起，横议滋而门户立，朋党众而权奸炽。自古为学为文之害及世道人心者，莫甚于此。以白沙先生之道力常伸于天地之间、超然独立于万物之表者，而何为亦必援之使入此而后快哉！予读先生之集，不足以毫发阐明先生之所得，顾见序先生文者斤斤于朱陆异同、江门会稽之辨，予则何敢焉？因见重刻本尚存黄氏所为《应召录》者，而惧览者之弗究其实，故第就此一条言之。翰林侍读学士大兴翁方纲。

重刻白沙子全集后序

谢廷知

书以传信，非以传疑。古人文字历千百世而不易者，以传信也。《白沙子全集》前有刻者已不一而足矣，至康熙庚寅邑人何氏有刻，今历六十余年，简编残缺，而陈氏宗族因议重镌。出家藏旧稿，以请列宪鉴定。学宪翁尤细心详订，且谆谆示余务留心董劝，以成善本。越数月而书成。其中，如奏疏内“圣旨”、“钦差”字样不抬头、不空格，与何刻异者，以称述前明旧文无庸抬头、空格也；如《恩平学碑记》内有数字与何刻异者，以家藏旧稿与碑石相符，不敢改也；又有视何刻而加多者，以旧稿所有，不敢删也；至若先后次第彼此不一,以旧稿所载,不敢易也。诸如此类,大抵依家藏旧本居多。后之读是书者,览其异亦宜知其所以异,而异之中究无不同也。爰志之简末,以见此集之足以传信而无可疑。新会县儒学训导谢廷知谨书。

重刻白沙子全集后序

族孙陈世泽

辛卯岁,世泽与汾江家云麓重刻太伯祖文恭公集于羊城。有客过而问曰:"子刻文恭公集,曷名《白沙子》?"泽曰:"此西蜀高君初刻时所题,谓犹孟氏七篇曰《孟子》之义也。"曰:"闻公不著作,然乎?"泽曰:"然。公以道之显晦在人不在言,故其为学也,惟以道体诸身心、见诸行事而已;其为教也,亦惟教其体道于身心,以见于行事而已。是以无著作也。"曰:"既无著作,何以有集?"泽曰:"集者,奏疏书序之文,诗赋赠答之句。在公原无存稿,厥后及门湛、容诸君恐放佚失传,乃采辑成集,固非如《古锦囊》呕心血以骇世,亦非如《读书录》积潜思以成书者。是以无著作而有集,有集而仍非著作也。"曰:"世以公为禅学,信乎?"泽曰:"非也。禅家不知有伦常者。若公也,以鸢飞鱼跃之理,见于人伦日用之间。孝友如公,出处如公,君亦闻之熟矣,禅能若是乎?"曰:"非禅,何以谈静虚也?"泽曰:"公之静虚,岂禅之静虚也哉?禅主寂灭,有静而无动者也;禅主了空,空虚而无实者也。若公静养端倪,是由静存而动察也;致虚立本,是由本虚而形实也。公谓'为学必得所谓虚明静一者为之本',可知公之静,乃静一之静,非静寂之静;公之虚乃虚明之虚,非虚无之虚。释语与吾儒似同而异,毫厘霄壤,贵择之精,公尝言之矣。君盍平心察之?"曰:"从来言道学者,皆言主敬、言知行、言存省。公独不言,无乃自立门户欤?"泽曰:"君亦知主敬、知行、存省之说所自来乎?乃先儒总会经书之旨,而揭其纲目耳。古昔圣贤言不同而理则一:唐虞言钦,虽不言敬,无非敬也;舜言精一,孔言博约，《大学》言格致诚正、修齐治平，虽不言知行，无非知行也；《中庸》言戒惧慎独，虽不言存省，无非存省也。今考公生平，不特‘紫阳说敬，示我入德’为言敬，‘终日乾乾，收拾此理’，非言敬乎？‘尽穷古今书籍，毫分缕析’，非即舜之精、孔之博、《大学》之格致乎？‘舍繁求约，静坐数年，然后心体呈露’，非即舜之由精而一、孔之由博而约乎？‘人可至于圣人，在乎修之：修于身，修于国家，修于天下’，非即《大学》之修齐治平乎？‘养出端倪而后商量’，非即《中庸》之戒惧而慎独乎？至于‘随动静以施功’，则动静周流、存省兼到矣。苟不明言‘主敬’、‘知行’、‘存省’字样，即为自立门户，则唐、虞、孔、曾皆自立门户，宁独公哉？”曰：“果如子言，则公之学，集千古大成，宜乎言皆中正而无偏矣。乃论者谓其立言过高，非学者可共由，何也？”泽曰：“非是之谓也。千古集大成者，惟孔子。孔子之道大，学者未易遍观而尽识也，故各随其质之所近，以为入道之门。同此仁也，颜子以克复入，仲弓又得力于敬恕；同此一贯也，曾子以忠恕入，子贡又得力于学识。迨至宋儒，周诚、程敬、朱先致知，其归虽一，而所入不同。公得力于主静，亦犹是耳。且泽闻之：言之中正，人人可由而无弊者，惟圣人。然亦必无所为而发者，乃得其中正；若有所为而发者，亦多出于偏举。不问其故，则速贫速朽尚非人可共由矣。况诗文者，出于一时之兴会，或因人寓箴，或因事感发，或即景生情，其中义类之取譬，固多偏举；辞气之抑扬，岂无偏重？苟不究其立言之意，不详其言之上下始末，而徒摘其中一句一字以相诟病，又何怪其訾议也哉！”曰：“公既得力于主静，然则公之学，其陆氏宗派欤？”泽曰：“君以公为宗陆，亦未知静之所由来耳。本于《易》，见于《论语》，详于《大学》，而濂溪特拈出以说太极者，非始于陆也。不观公之言乎？‘此一静字，发源于濂溪，程门递相传受，延平尤专提此教人。晦庵恐人差入禅去，故少说静只说敬。学者须自量度何如，若不至为禅所诱，仍多静方有入处。’是公之主静,宗周程也,何尝言宗陆哉!"曰:"既非宗陆,何以世指为陆也?"泽曰:"此由陆氏主静之名与公同,更由陆氏主静之学与朱异也。朱陆二公,宋代名儒,当时曷尝不互相敬服。因所见略殊,二家弟子各守师说,盛气相攻,势如仇敌,朱陆异同,遂成聚讼。自明以来,著书立说者,无不附于朱;是以不著书立说,即无不指为陆。尊陆者皆剽窃公言之似陆者,援公为眷属;则攻陆者安得不剽窃公言之似陆者,斥公为伪派哉?然此皆聚讼者之不察耳。试略举世之论公者,请君平心察之。'物有尽而我无穷'之言,胡敬斋指为释氏'不生不灭'之语矣;'至近至神'之言,罗整庵截去'至近'而摘'至神'二字,以为禅矣。陈清澜之作《学蔀通辨》也,以公'致养在我'之言,为象山闭目养神工夫矣;以公'终日乾乾,收拾此理'之言,为禅家作弄精神之学;以公'宇宙在我'之言,为发明象山宇宙之旨矣;于答赵提学之书,则截去'此心此理未凑合'及'日用种种酬应'数语,改头换面,便俨然西来种子矣。更可异者,其作《通纪》也,遂诬公为杜门端默,以明心为务矣。然此特谤公者,其截改影响以相迁就,原无足怪。乃不解世之爱公者,其为诗文扬诩也,亦往往以影响之言相夸美:有以指点虚无为公赞者,有以嘿求心体为公赞者,有以静悟元机为公赞者,更有以忘形骸、捐耳目、去心志为公赞者,种种不可胜举。究其说,始于好异者一时之率作,而耳食者遂传为美谈,以致诋毁者即缘为口实。毁誉虽殊,无稽则一。宜乎!谢祭酒见之,叹其'亏了公甫',南川子因亟为驳正。而鸣谷黄君之《白沙应召录》、立组卫君之《白沙要语补》,所以复相继而力辨也。孟子曰:'诵其诗,读其书,不知其人,可乎?是以论其世。'夫不论世,虽诵读未足以知人,况目未究其诗书、且删改其诗书、更以非其诗书为其诗书哉!凡此者,非公之过,乃尚论者之过;而尚论者之过,亦以旧集不传,无以供尚论者之过。此今日之刻所以不容已,而屡年之搜订,兢兢焉惟以旧集为主也。"曰:"然则旧集果可信，而别刻之增入者尽伪耶？"泽曰："是何言欤？公之诗文散天下，旧集岂无遗漏，独以湛、容诸君久亲门墙，所辑必无差谬，则子孙之刻自当仍旧。至若四方君子，搜遗补漏以备文献，宁非厚幸？所望者，勿改换其字，勿增减其句，勿以讹传相附会。称者据实以称，诽者据实以诽，俾后之览者各得据实以是非之，在公亦甘受之。其为功于公为何如，其为功于学术更何如，则又何禁世增减增刻也哉！"问者唯唯而去。云麓曰："子之言是也，盍书之以质天下后世之览斯集者？"爰录之以附简末。乾隆辛卯秋，九世族孙世泽识。

纂辑白沙至言跋　　南海郭　棐

吾粤僻在炎徼，至汉始属版图。五百余年，迄唐而有曲江张公以忠谠称；又五百余年，迄宋而有菊坡崔公以风节称。文章物采班班，与中土抗衡，而圣人中正之学，未之有讲也。暨我皇明御宇，表章正学，时则有若白沙陈先生出焉。先生之学，以自然为宗，不离日用而见鸢飞鱼跃之机，诚近领康斋之传，而上接濂溪之派者也。先生尝有诗云："何处可扳文献驾，平生愿执菊坡鞭。"噫！先生所蕴，岂张、崔所能侪？其不得为张、崔功业者，时尔。谓先生而有志于隐，非也；谓先生而流于禅，又非也。然则学先生者当何如？曰：戒慎恐惧，则可以语寡欲；致虚立本，则可以语忘己；勿忘勿助，则可以语自然。允若兹，其于先生所谓诣乎天者，几矣。万历四十四年丙辰。

题陈白沙文稿　　桐川俞长城

言道学者绌风流，言风流者绌道学。晋虚宋迂，参商相背，惑之甚者也。谢安石之折桓温，王右军之戒殷浩，风流矣，何尝不道学耶？周子之吟风弄月，邵子之饮酒栽花，道学矣，何尝不风流耶？道者所行，学者所法，风者所传，流者所化。四字缺一，不成名士。

陈白沙先生倡学东南,为世儒宗。吾疑其文必方正严肃,确不可犯。今诵其集,潇洒有度,顾盼生姿,腐风为之一洗。吾固知人造其绝者,未尝不有所兼也。道学绝者兼风流,吾求其人、合其文,其陈白沙乎!风流绝者兼道学,吾求其人、合其文,其唐伯虎乎!

白沙要语补　　东莞卫金章

《白沙要语》一编,节录《白沙先生文集》中语,不满三十条。割裂参错,不知出自何人之手。其于先生讲学,道所由造,教所由传,总未见本末。脱略有之,要则未也。愚惧执此以求先生,不惟无以见先生,反于先生滋惑耳。爰采全集,辑而补之,间附鄙见。虽晚学疏浅,未足窥先生高深之万一,然急于为先生雪诬,庶于后之学先生者,不无小补云尔。

吾莞陈清澜先生当异说横流之日,著《学蔀通辨》一书,辨朱陆之同异,析佛禅之源流,明正学之宗主,使阳儒阴佛之教不致蠹蚀人心,其羽翼程朱、加惠后学以有功于孔孟者,伟矣。独是"当日宗象山者,援白沙以为同;攻象山者,自不得不排白沙以为异"。然白沙之书具在,请平心读之,其为周程嫡裔,而非陆氏流亚,灿然矣。则予小子所饶舌,起清澜先生于今日,亦应首肯,谅不以余为入室操戈也者。此二条,特《要语补》卷端及后跋云尔,欲备识始末,可采本书遍观之。

陈文恭集序〔1〕　　番禺屈大均

吾粤自成、弘以来,先正多以理学名其家,其渊源皆本白沙,白沙则本于濂溪。濂溪主静而白沙致虚,其旨固不殊也。朱子不言静而言敬,盖患人流入于禅。然惟敬而后能静。敬也者,主静之要

〔1〕 此篇收录于屈大均《翁山文外》第二卷。(屈大均撰:《屈大均全集》,北京:人民文学出版社,一九九六年,第三册,第四八至四九页)

也。盖吾儒言静，与禅学辞同而意异。吾儒以无欲而静，故为诚为敬；禅以无事而静，故沦于寂灭而弃伦常，不可以不察也。今夫主静之学，性学也。《记》曰："人生而静，天之性，感于物而动，性之欲。"圣人常寂而常感，故有欲而实归于无欲，所以能尽其性。濂溪曰："无欲则动直静虚。静虚则明，明则通；动直则公，公则溥。"白沙曰："夫动，已形者也，形斯实矣。其未形者，虚而已矣。虚，其本也。致虚之所以立本也。"此与濂溪之言一致也。刘念台云："静者，执中之旨也。心之明曰惟精，心之诚曰惟一，允执者敬而已矣。敬以敬此精也，敬以敬此一也。主静者，允执之谓也。致虚亦犹是也。"然明道云："静中须有物。有物者，言乎自得之也。"白沙亦云："夫学贵自得也。学者苟不但求之书而求之心，察于动静有无之机，去耳目支离之用，存虚圆不测之神，一开卷尽得之矣，非得之书也，得自我者也。"此又白沙本之于明道者也。浅儒不察，谬以白沙之言为禅，然则濂溪、明道其亦禅矣乎？王青萝云："白沙非禅者也。白沙初学于吴康斋而未有得。归坐春阳之台，潜心数年，乃恍然有得于孔、颜之所以为乐。其学盖本诸心，其功则得于静，似禅而非禅者也。"李九我云："自白沙起，谓学必有本源，'静而反观乎此心之体'、'得其自然而不假人力者以为至乐'具是。自是而天下学道者，寖知厌支离而求诸心，岂谓尽出白沙哉？要自白沙默启之。"噫！之二公者可谓能知白沙者也。

念台又云："周子者，再生之仲尼也。明道不让颜子，横渠、紫阳亦曾、思之亚乎！阳明直追孟氏矣。自有天地以来，前有五子，后有五子，斯道可谓不孤。"然念台知阳明而不知白沙，岂未尝读其书乎？念台生于浙，故知阳明，予生于南海，亦惟知白沙，岂皆有私其乡之心乎？阳明曰："甘泉之学，务求自得者也，世未之能知。其知者，且疑其为禅。甘泉者，殆圣人之徒也。"阳明之学，多繇甘泉启发，而阳明亦未尝数言甘泉之师为白沙，则又何也？白沙平生不著书,所言学散见于诗文之中。甘泉谓:“白沙文字,发乎自然,如日月之照,云之行而水之流,又如天葩含吐,红者自红,白者自白。”故尝纂《陈子至言》一编以惠学者,谓白沙有言皆从天之无言而出,言诣乎天,故曰至言。高简氏曰:“白沙言论简易,凡有所作,罔非道妙呈华,譬之化工流形,万汇森布,各止其所,而其文固焕焕乎莫之绘焉。”噫,尽之矣!集凡十二卷,诗半之,名《白沙子集》。今录其尤醇者若干篇,易名《陈文恭集》,中有借用佛老之言,一皆舍之,是亦予之所以厚爱先哲也夫!

四库全书总目·白沙集提要〔1〕

永瑢等撰《四库全书总目》

《白沙集》九卷(江西巡抚采进本),明陈献章撰。献章字公甫,新会人。正统丁卯举人,以荐授翰林院检讨,追谥文恭。事迹具《明史·儒林传》。是集为其门人湛若水校定,万历间何熊祥重刊之。凡文四卷、诗五卷,行状、志、表附于后。史称献章之学以静为主。其教学者,但令端坐澄心,于静中养出端倪,颇近于禅,至今毁誉参半。其诗文偶然有合,或高妙不可思议;偶然率意,或粗野不可向迩,至今毁誉亦参半。《王世贞集》中有《书白沙集后》曰:“公甫诗不入法,文不入体,又皆不入题,而其妙处有超出法与体与题之外

〔1〕 此篇据《四库全书总目》辑录。(永瑢等撰:《四库全书总目》,中华书局,一九九五年影印本,下册,第一四八七页)案:四库全书本《陈白沙集》卷首所收提要,作:“臣等谨案:《白沙集》九卷,明陈献章撰。献章字公甫,新会人。正统丁卯举人,以荐授翰林院检讨,追谥文恭。从祀孔庙。事迹具《明史·儒林传》。其集为门人湛若水校定,万历间何熊祥重刊之,凡文四卷、诗五卷,行状、志、表附于后。献章为学以静为主,其教学者,但令端坐澄心,于静中养出端倪。弟子相传为白沙学派,与诸家互有同异。所为文章,论者颇以质直少之。其诗亦自《击壤集》中来,另为一格,至今毁誉各半。然平情而论,誉者过情,毁者亦多失实,大抵皆门户相轧之见。惟王世贞谓‘其诗不入法,文不入体,而其妙处有超出法与体之外者’,可谓兼尽其短长矣。近人又有辑献章论学之语为《白沙语录》行世者,核其所载,乃即于此集中摘出排比而成,并非别有一书也。”(陈献章撰:《陈白沙集》,《景印文渊阁四库全书》,第一二四六册,第一至二页)文字颇有差异。

者。”可谓兼尽其短长。盖以高明绝异之姿，而又加以静悟之力，如宗门老衲，空诸障翳，心境虚明，随处圆通，辨才无碍。有时俚词鄙语，冲口而谈；有时妙义微言，应机而发。其见于文章者，亦仍如其学问而已，虽未可谓之正宗，要未可谓非豪杰之士也。

影印白沙子跋〔1〕

海盐张元济

右集新会陈献章撰。献章居新会白沙村，世人称曰“白沙先生”，故以名其集。此称曰子者，后人尊其所著以比《孟子》也。《明史》本传称先生读书穷日夜不辍，筑阳春台，静坐其中，数年无户外迹。又言其学洒然独得，论者谓有鸢飞鱼跃之乐。门人湛甘泉称其诗歌如风、雅、颂，其文词如谟、训、诰，词虽少夸，然亦可想见其旨趣矣。

先生全集，吉水罗侨始刊于弘治乙丑，诗文各十卷。越三年，至正德戊辰，莆田林齐重订而补刻之。嘉靖癸巳，西蜀高简又刻于维扬，有所增削，并为八卷，即此本也。至嘉靖辛亥，内江萧世延又刻之，增为九卷〔2〕。其后，万历辛丑闽林裕阳、壬子同邑何熊祥先后覆刻，大率取裁是本，递有增益，其编次大略相同，是此本实为后此诸刻之祖。其间如卷一之《赠容一之归番禺序》、《寻乐斋记》，卷二之《与朱都宪》第三书、《复陶廉宪》第二第三书、《[与]赵提学佥宪》第一第二第三书，卷三之《与湛民泽》第三书、《[与]李德孚》第二书，均有阙文，惟嘉靖辛丑本尚仍其旧〔3〕。其后诸刻则悉已弥补，其迹遂泯。弘治本今不可得，睹此犹可见庐山真面也。史称先生在太学时，祭酒邢让试以和杨时《此日不再得》诗，誉为龟山不

〔1〕 此篇据影印四部丛刊三编本《白沙子》辑录。（陈献章撰：《白沙子》，《四部丛刊三编》第七三、七四册，上海书店，一九八六年影印本，卷末）

〔2〕 萧世延刻本《白沙先生全集》为二十一卷，此谓“增为九卷”，非是。

〔3〕 “嘉靖辛丑”，疑应作“嘉靖辛亥”。

如,由是名震京师。而是本独不载,岂以其为应试之作,体先生不欲入官之意而遗之欤?海盐张元济。

传记资料

翰林检讨白沙陈先生行状[1]　　门人张　诩

先生讳献章,字公甫,姓陈氏。高祖判乡。曾祖东源。祖永盛,号渭川,少戆,不省世事,好读老氏书,尝慕陈希夷之为人。父琮,号乐芸居士,读书能一目数行下,善诗,[年二十七卒][2]。卒之一月而先生始生。母太夫人林,年二十有四,守节教育之。祖居广之新会县都会村,至先生始徙居白沙村。白沙村去县北二十里许。天下士大夫重先生之道,不斥其名字,因共称之曰“白沙先生”。至于儿童妇女,亦皆目其为“陈道统”云。

宣德三年戊申十月二十有一日,生于都会。先是,有望气者言:“黄云、紫水之间,当有异人生焉。”黄云、紫水者,新会之山川也。又有占象者言:“中星见浙闽,分视古河洛,百越为邹鲁。”符先儒文公之说。及先生生,身长八尺,目光如星;右脸有七黑子,如北

[1] 此《翰林检讨白沙陈先生行状》,据徐纮编《皇明名臣琬琰后录》辑录。(徐纮编:《皇明名臣琬琰后录》第二十二卷,盛宣怀辑刊“常州先哲遗书”本,第一至十二页)案:《皇明名臣琬琰后录》所录之《翰林检讨白沙陈先生行状》,与黄之正刻本《白沙子全集》、何九畴刻本《白沙子全集》、孙通海点校《陈献章集》等所附录之《白沙先生行状》,差异颇多。《白沙子全集》、《陈献章集》等所附录之《白沙先生行状》,曾经人修改。《四库全书总目》云:“徐纮,字朝文,武进人,弘治庚戌进士。以刑部郎中出为广东按察司佥事,分巡岭东。终于云南按察司副使。”(参永瑢等撰:《四库全书总目》,中华书局,一九九五年影印本,上册,第五二四页)徐纮与白沙先生为同时代人,与白沙先生及其弟子张诩、湛若水等均有交往,白沙先生先后有《武进八景,为徐岭南纮作》、《题慈元庙,呈徐岭南纮》等诗,张诩则为徐纮《皇明名臣琬琰录》作序。《皇明名臣琬琰后录》所录之《翰林检讨白沙陈先生行状》,应属未经人修改之版本。

[2] “年二十七卒”五字原缺,据《白沙子全集》、《陈献章集》补。(《白沙子全集》,何九畴刻本,卷首,第十五页;《陈献章集》,下册,第八六八页)

斗状。音吐清圆，大类中州产。尝戴方山巾，逍遥林下，望之若神仙中人也。生前一夕，太夫人梦白龙入室，其光如昼。诸异梦类是。自幼警悟绝人，读书一览辄记。尝梦拊石琴，其音泠泠然，见一伟人笑谓曰："八音中惟石音为难谐，今谐若是，子异日得道乎！"因别号石斋，既老更号石翁。

少读宋亡厓山诸臣死节事，辄掩卷流涕。一日，读《孟子》"有天民者，达可行于天下而后行之"，慨然叹曰："大丈夫行己当如是也。"弱冠充邑庠生，其师见其所为文异之，曰："陈生，非常人也，势利不足以羁之矣。"

明年丁卯，中乡试第九人，录经义一篇。戊辰、辛未，两赴礼闱，不第。闻江右吴康斋征君与弼讲伊洛之学于临川之上，君徒步上谒，睹其风范，读其条教，遂弃其学而学焉，时年二十有七也。康斋性严毅，来学者未与语，先令躬稼，独待先生异，朝夕与之讲究，如家人父子。受业归，暇日或与门徒习射礼于旷野。未几，流言四起，众皆危之，先生漠如也。时翰林院侍读学士钱溥谪知顺德县事，雅重先生，遗书先生："亟起，毋贻太夫人忧。"先生以为然，遂复游太学。祭酒邢让一日试先生和杨龟山《此日不再得》诗，其辞曰："能饥谋艺稷，冒寒思植桑。少年负奇气，万丈磨青苍。梦寐见古人，慨然悲流光。吾道有宗主，千秋朱紫阳。说敬不离口，示我入德方。义利分两途，析之极毫芒。圣学信匪难，要在用心臧。善端日培养，庶免物欲戕。道德乃膏腴，文辞固秕糠。俯仰天地间，此身何昂藏。胡能追轶驾，但能漱余芳。持此木钻柔，其如磐石刚。中夜揽衣起，沉吟独徬徨。圣途万里余，发短心苦长。及此岁未暮，驱车适康庄。行远必自迩，育德贵含章。迩来十六载，灭迹声利场。闭门事探讨，蜕俗如驱羊。隐几一室内，兀兀同坐忘。那知颠沛中，此志竟莫强。譬如济巨川，中道夺我航。顾兹一身小，所系乃纲常。枢纽在方寸，操舍决存亡。胡为谩役役，斫丧良可伤。

愿言各努力,大海终回狂。”让得之,惊曰:“龟山不如也。”明日,扬言于朝,以为真儒复出。由是名振京师。一时名士,如罗伦、章懋、庄昶、贺钦辈,皆乐从之游。钦时为给事中,闻先生议论,叹曰:“至性不显,宝藏犹霾,世即用我,而我奚以为用?”即日抗疏解官去。先生既出太学,历事吏部文选[司][1]。先生日捧案牍与群吏杂立厅事下,朝往夕返,不少怠。郎中等官皆勉令休,对曰:“某分宜然也。”识者谓其抱负之大而克勤小物如此,得孔子为委吏乘田之意。侍郎尹旻闻而贤之,遣子龙从学,先生力辞,凡六七往,竟不纳。

成化己丑,礼闱复下第。有神见梦于人曰:“陈先生卷为某投之水矣。”其后二十年,御史邝文闻之礼部尚书从吏云:“某之为也。”先是,先生寓居神乐观,科道群公往来请益无虚日,既而某被科道劾,疑出先生,故特恶之深,且曰:“彼戴秀才头巾尔,动人若是,脱居要路,当何如耶?”揭晓,编修李东阳时为同考试官,主书经房,索落卷不可得,欲上章自劾,冀根究焉,不果。时京师有“会元未必如刘戬,及第何人似献章”之谣。以及舆夫贩卒,莫不啧啧叹恨。门官某梦人太息曰:“天下经纶不属陈先生矣。”先生亦自梦一龙跃出袖中,竟没于井,识者闻之,知为先生道不行之兆也。群公往慰先生,先生大笑。庄昶进曰:“他人戚戚何太低,先生大笑何太高,二者将无过不及邪?”先生颔之。其居神乐观也,北士粗鄙者数人约曰:“必共往困折之。”及见先生神[乐]观,洞然气沮,口噤不能发一言,致恭而退,因语人曰:“异人也。”今右布政使周瑛时同游太学,所藏古人墨迹,爱逾拱璧,先生因借阅,经旬[不还][2]。瑛数取,先生笑曰:“试君尔,君得非所谓玩物丧志者乎?”瑛于是有所警

---

〔1〕“司”字原缺,据《白沙子全集》、《陈献章集》补。(《白沙子全集》,何九畴刻本,卷首,第十六页;陈献章撰:《陈献章集》,下册,第八六九页)

〔2〕“不还”二字原缺,据《白沙子全集》、《陈献章集》补。(《白沙子全集》,何九畴刻本,卷首,第十七页;陈献章撰:《陈献章集》,下册,第八七〇页)

发。南归，罗伦赠文，略曰："白沙先生处南海者二十余年矣，观天人之微，究圣贤之蕴，充道以富，尊德以贵，天下之物，可爱可求，漠然无动其中者。"庄昶诗曰："百年吾道在东周，天下斯人岂易求。谁为齐王留孟子，自知尧舜有巢由。凤凰气象终千仞，北斗光芒共九州。万里东南沧海阔，苍生何处问乘桴。"

既归，杜门潜心大业，而道价响天下矣。四方学者日益众，往来东西两藩部使以及藩王岛夷宣慰，无不致礼于先生之庐。先生日饮食其宾客，了不知其囊之罄也。自朝至夕，与门人讲学、宾友论天下古今事，或至漏下，亹亹不少厌倦，翌旦精神如故，虽少壮者自以为莫及也。江右藩臬左布政使陈炜等修复白鹿洞书院成，以山长书币走生员刘希孟等，聘先生为十三郡士者师，先生报书谢不往。

壬寅，广东左布政使彭韶上疏，略曰："臣闻古昔圣帝明王，谘询敷求，罔间遗逸，小或致之，大或起之；动则赖以成显著之事功，静则因以系士心之向慕。声望丰采，蔚为国华。窃见依亲监生陈献章，心术正大，识见高明，涵养有素，德性坚定。给假回还，杜门养志，沉潜圣贤之书，实窥体要；通达事物之理，有见精微。今年五十余，读书践履，愈觉纯熟，孝义著闻，人皆感动。臣等自度，才德不及献章万万，犹且叨食厚禄，顾于献章醇儒，反未及见用，非惟臣等之心诚有不安，抑国家不及收用，坐失为善之宝也。伏见天顺年间，英宗皇帝闻抚州民人吴与弼文行高古，特加礼聘，处以宫僚，奈缘与弼老病，辞不供职，是以未见作用之效。今献章年方强盛，大非与弼之比，伏乞圣明以礼征召，必有以补助圣德、风动士类。"疏闻，宪宗皇帝可其奏，命有司以礼劝驾。先生以母老并久病辞。时巡抚右都御史朱英惧先生终不起也，具题荐末云："臣已趣其就道矣。"因曰："先生万一迟迟其行，则如予诳君何？"先生不得已起。至京师，朝廷用故事敕吏部考试。会疾，上疏略曰："臣累染虚弱自汗等疾,又有老母,朝夕侍养,不能赴部听选。成化十五年以来,左布政使彭韶、右都御史朱英,前后具本,荐臣堪充任使。吏部移文广东布政司等衙门趣令起程,臣以旧疾未平,母年加老,未能辄行。府县官吏承行文书日夕催迫,不免强起就道,而沿途病发,随地问医,扶衰补羸,仅不大惫,于成化十九年三月三十日朝见。乃以久劳道路,旧疾复作。日复一日,病势转增,耳鸣痰壅,面黄头晕,视昔所染,无虑数倍,众目所睹,不敢自诬。又于八月二十二日得男陈景旸书[1],报臣母别臣以来,忧念成病,寒热迭作,痰气交攻,待臣南归,以日为岁。臣病中得此,神魂飞丧,仰思君命,俯念亲情,展转郁结,终夕不寐。臣之愚迷,实不知所以自处也。臣自幼读书,虽不甚解,然于君臣之义,知之久矣。伏惟我国家教育生成之恩,陛下甄录收采不遗卑贱之德,至深至厚。于此而不速就,以图报称于万一,非其情有甚不得已者,孰敢骛虚名、饰虚让,趦趄进却于日月之下,以冒雷霆之威哉?臣所以一领乡书、三试礼部、承部檄而就道、闻君命而惊心者,正以此也。缘臣父陈琮年二十七而弃养,臣母年二十四而寡居,臣遗腹之子也。方臣幼时,无岁不病,至于九龄,以乳代哺,非母之仁,臣委于沟壑久矣。臣生五十六年,臣母七十有九,视臣之衰,如在襁褓。天下子母之爱虽一,宜未有如臣母忧臣之至、爱臣之深也。臣于母恩,无以为报。而臣母以守节,应例为府县所白,已蒙圣恩表厥宅里。是臣以母氏之故,荷陛下之深恩厚德,又出于寻常万万也。顾臣母以贫贱蚤寡,俯仰无聊,殷忧成疾,老而弥剧,使臣远客异乡,臣母之忧臣日甚,愈忧愈病,愈病愈忧,忧病相仍,理难长久。臣又以病躯忧老母,年未老而气则衰,心欲为而力不逮,虽欲效分寸于旦夕,岂复有所惜哉?臣所以日夜忧惫、欲处而未能者,又以此也。夫内无攻心之疾,则外

〔1〕“旸”,原作“阳”,据《陈献章集》改。(陈献章撰:《陈献章集》,上册,第二页)

不见从事之难；上有至仁之君，则下多曲全之士。惟陛下以大孝化天下，以至诚体万物，海宇之内，无匹夫匹妇不获其所者，则臣之微亦岂敢终有所避而不自尽哉？伏望圣明察臣初年愿仕之心，悯臣久病思亲不能自已之念，乞放臣暂归田里，日就医药，奉侍老母，以终余年。俟母养获终，臣病痊愈，仍前赴部，以听试用，则臣母子未死之年，皆陛下所赐。臣感恩益厚，图报益深，虽死于道路，无所复辞矣。”疏上，宪宗皇帝亲阅者再三。明日，授翰林院检讨，俾亲终疾愈，仍来供职。盖异数也。先生以表谢，其略曰：“臣本菲材，误蒙荐举，又以臣老母在念、沉疴在躬，未得以仰承试用。陛下悯其愚诚，不加诛责，使少宽旦夕之暇，已云幸矣；而又慰之以温言，宠之以清秩，使遂其欲去而勉其复来，此诚天地之量、日月之明、雨露之恩，出于寻常条格之外者。臣虽至愚，亦知衔负恩德，图报称于亲终疾愈之日，不敢负朝廷待士之盛意，不敢违臣子效用之初心也。”又曰：“臣瞻望朝廷，违离在迩，虽图报有日，而迟速未占，俯仰愧怍，无任感激恋慕。”表既上，又迟迟至于旬日始买舟南去。学士李东阳赠别诗云：“只有报恩心未老，更无辞表意全真。”谕德陆钝诗云：“逍遥佳客恣吟哦，古寺心斋长薜萝。本为爱君观国屡，可堪思母望云多。东郊信有灵光在，西土空闻凤翼过。应笑病夫方铸错，汗颜何处逐颓波。”盖实录也。某，先生同省人也，素忌先生重名。及至京师，使人邀先生主其家。已而，先生僦居庆寿寺。某衔之。后因纂修实录，阴令所比诬先生。学士某见之，不平，为削去。归经南安，知府张弼问出处，对曰：“康斋以布衣为石亨荐，所以不受职而求观秘书者，冀得间悟主也。惜乎当时宰相不悟，以为实然，言之上，令受职然后观书，殊戾康斋意，遂决去。某以听选监生荐，又疏陈始终愿仕，故不敢伪辞以钓虚名。或受或不受，各有攸宜尔。”弼唯唯。暨归，岁有荐辞，皆援诏不行。初应诏而起也，道出羊城，所至观者如堵，至拥马不得行。归之日，有祥云五色绕其第,经日始散。

弘治改元以来,郎中等官娄性、藩府万某、周某等先后疏荐。庚申,给事中吴世忠以先生及尚书王恕、侍郎刘大夏、学士张元祯、祭酒谢铎等八人同荐与二三儒臣入内阁柄用,上方敕吏部查勘,而先生殁矣,是年二月十日也〔1〕,享年七十有三。殁之前数日,蚤具朝衣朝冠,命子弟扶掖,焚香北面五拜三叩首,曰:"吾辞吾君。"复作一诗云:"托仙终被谤,托佛乃多修。弄艇沧溟月,闻歌碧玉楼。"曰:"吾以此辞世。"殁之日,顶出白气,勃勃如蒸,竟日乃息。前一夕五鼓,邻人闻车马骈阗,异之,急出,见一人若王者状,仪节甚都,出先生庐而去,以为大官至,及旦询之,无有也。先是,知县左濬以医来,先生病已亟矣,门人进曰:"药不可为也。"先生曰:"饮一匕尽朋友之情。"饮已,作诗遣之。没后一月,提学佥事宋端仪移文当道,请入祀乡贤祠。都御史邓廷瓒疏乞恩典,草已具,寻卒。御史费铠、巡抚云南都御史李士实俱疏乞不拘常例赐与赠谥谕祭,不报。是年七月二十有一日,葬于圭峰之麓、辛向之原,远近会葬者几千人。左布政使周孟中赙白金三十星助葬,诔之以辞,刻石于墓。三府暨藩臬诸公、门人亲友,远近相续,设奠致赙,殆无虚日。於戏!生死哀荣,吾于先生见之矣。

先生少负气节,每出少绌归,辄对伯兄泣不食;房婢偶露体,告太夫人,必黜之乃已。初待学者甚严,晚更平易。孝弟出于天性,事太夫人甚谨。太夫人非先生在侧辄不食,食且不甘。先生在外,太夫人有念,辄心动,亟归果然。母爱子慕,惟日不足。太夫人颇信浮屠法,及病,命以佛事祷,先生从之。御史王鼎曰:"此见先生变通处也。"北行时,不能别太夫人,欲仿徐仲车故事,伯兄不可,

〔1〕"二月",原误作"三月",据《白沙子全集》、《陈献章集》改。(《白沙子全集》,何九畴刻本,卷首,第十八页;陈献章撰:《陈献章集》,下册,第八七二页)

曰："吾弟为人子，吾独不为人子乎？"兄弟泣争，义感行路。太夫人殁，以七十年之孤子，居九十年之母丧，哭擗食素，一如先王之礼。太夫人耄耋，康强如壮，先生以古希年顾多病，尝虑一旦身先朝露，不能送太夫人终，故自太夫人七十年之后也，每夕具衣冠秉烛焚香，露祷于天，曰："愿某后母死也。"后丧太夫人，服阕，绝不衣锦绣，曰："向者为亲娱耳。"通判顾叔龙曩见先生束木带，解所束玳瑁带赠，至是反之。一念衡山，靡间朝夕，曰："自今以往，未死之年，皆幸也。"事伯兄如父，坐必隅坐。

虽迹处山林，其爱君忧国之心，视诸食禄者殆有甚焉。宪庙之升遐也，哀诏至，先生如丧考妣，有诗曰："三旬白布裹乌纱，六载君恩许卧家。溪上不曾携酒去，空教明月管梅花。"知言者读之，当知先生之心，无一日不在天下国家也。

为人豁达大度，不与物竞。未第时，邻人有侵其屋地者，欲威之以力，扬言于众曰："陈氏子异日他出，我必辱于途。"及见，不觉自失。先生曰："尺寸地，吾当为若让。"其人惭，竟不能作恶而去。又有侵其田者，处亦如之。后复有盗葬其祖墓者，先生怒曰："此义不共戴天也。彼不即悛，吾即讼之官。吾敢沽虚名而忘大义哉？"盗葬者闻之，果悛。巡抚湖广都御史谢绶遗先生寿木甚美，一日，其交厚陈某卒，遗言必得木如先生者，其子以告，即举以畀之。林良者，以画名天下，尝作一图为先生寿，惠州同知林璧至[1]，阅之爱甚，亦即畀之无吝色。知县赵某，颇著贪声，惧先生遇当道露其事，遗白金数铤为太夫人寿，先生不得已受之，戒家人勿启。某后以赃去官，追而还之，其人感泣。提举汪廷贞慕先生特甚，在海北时，作怀沙亭以寓仰止，亦数以白金为先生寿，其卒于官也，尽封还

---

〔1〕"林璧"，据白沙先生《王徐墓志铭》"惠州别驾林君仲璧"之说（《白沙子全集》，何九畴刻本，第一卷，第八七页），疑应作"林仲璧"。

以为赙。参政伍希渊、佥事戴中辈,以次各遗白金欲新先生居,却不可,乃营小庐山书屋以处四方学者。初年甚窭,尝贷粟于乡人,佥事陶鲁知之,遗田若干顷。晚年,按察司李士实仿郑富公故事,破数百金买园一区在羊城之北,甚广,先生封券至于三四往返,卒俱不受。御史熊达仿洛阳故事,欲建道德坊于白沙以风士类,先生不可,乃议创楼于江浒,为往来嘉宾盍簪之所,榜曰"嘉会"。先生曰:"斯可矣。"先是,达亦以疏荐先生于朝,大略谓:"宜及先生年未艾而亟用之也。"都御史邓廷瓒檄有司月致米一石,岁致人夫二名。却之以诗,云:"孤山鹤啄孤山月,不要诸司费俸钱。"行人左辅出使外夷,以其师意,致白金三十星,亦拒而不受。其视利若将浼焉如是。太夫人兄弟之子陈敬幼无依,先生收育,教之成人,至割田庐以树其家。尝买婢,得邑人尹氏女,既而知之,叹曰:"良家子也。"命内人抚育如己女,及笄,择婿嫁之。友人庄昶病,遗书求先生门人知医范规者往,规贫不能赴[1],先生即备行缠服食津遣。

与人交,无生死炎凉之别。都御史朱英柩归桂阳,为文遣子不远数千里设奠。尚书彭韶、御史袁道、经历张鼒辈之殁也,亦然。其闻罗伦、袁道、张鼒之讣也,皆设位哭,为之缌服三月。参政胡荣为提学佥事时,雅重先生,尝选生员有异质者十余人往受业,今学士梁储、参政李祥辈与焉。其后荣遭母忧,先生特行吊礼于新喻。及祭吴与弼墓于崇仁、罗伦墓于永丰,访庄昶宅于江浦。

其论治道,以正风俗、成人材为急务。知县丁积之初知新会县事也,出其乡人给事中董旻书为介,求执弟子礼,先生百凡启迪,以致四礼大行,民爱之如父母。及卒于官,先生综理其后事如己事。

---

〔1〕"贫",原作"者",据《白沙子全集》、《陈献章集》改。(《白沙子全集》,何九畴刻本,卷首,第二二页;陈献章撰:《陈献章集》,下册,第八七六页)

后民立祠于白沙，先生记之。其始终成就，皆先生之力也。顾叔龙为同知知德庆州，卒，遭事不测，先生毅然任其事，曰："朋友之责也。"后闻其子某至乃已。翰林院庶吉士邹智以言事谪石城吏目，其父自蜀来，怒其去官也，日挞之，赖先生谕之以理始释。其后，智卒于顺德也，刘大夏时为右布政使、吴廷举时为顺德县知县，先生相率厚赙，择人而扶归之。李承箕裹粮自嘉鱼数千里从学，先生服食行缠，待如子弟，复筑楚云台以居之，台榜一联云："有月严光濑，无金郭隗台。"学士王鏊闻而叹之，盛称先生出处之正，见《黄公[山]钓台记》。东莞林光，始有志于学，后为贫累，先生欲成之，谋田于肇庆同知张吉，以光不归，乃不果。其接引后学，随人材大小而成就之，类如此。尝慕先哲宋丞相崔菊坡之为人也，迎其像，为文祭于家，隅坐瞻仰，若弟子之于师者久之。程节妇，钟氏子也，孀居二十七年，贫甚，先生既为诗以嘉其节，复遗帛以周其贫。君子谓："使先生大得志，表先德、举贤才，当不遗余力也。"其见义乐为如饮食焉如是。厓山大忠祠、慈元庙之建与夫祀典之举也，皆发议于先生，与副使陶鲁、右布政刘大夏、佥事徐纮共成之。大忠祠成，太夫人梦金冠三人从甲士数百谢于门。慈元庙之未建也，先生梦一女人后饰，立于大忠之上，曰："请先生启之。"后十年建庙，即其所也。故先生《吊慈元诗》有"依稀犹作梦魂通"之句。

先生精神时与神明通。居外海陈谦宅，有异人来见。尝梦游天台，至第八重而觉。又梦一长髯道士，以布囊贮罗浮山遗之；八月八夜，忽梦玉宇无瑕、碧云灿烂，南斗下大书八字，下有四人面西而行，或隐或见；临没，梦与濂溪、两厓答歌于衡山之五峰，皆纪之以诗。盖其神之极清，故所感如是，昔人所谓"夜验之梦寐"者也。北归时，泊舟江浒，夜半有人呼，急起，未几水至，溺死人畜无算，因得免。

先生德气睟面盎背[1],无贵贱老少,莫不起敬。给事中贺钦执弟子礼,既别,肖先生小像,悬于家之别室,有大事必启焉。罗伦改官南京修撰,先生谓曰:“子未可以去乎?”伦即日解官去。按察使薛纲始疑先生,及得于观感,乃悔叹,即欲解官从学,有诗曰:“欲抛事业留门下,老骥那能学骏奔。”进士姜麟以吏事使贵州[2],特取道如白沙,以师礼见先生,出曰:“吾阅人多矣,如先生者,耳目口鼻,人也;所以视听言动者,殆非人也。吾何以名哉!”至京师,有问之,对曰:“活孟子! 活孟子!”都御史韩邦问、刘洪官广东藩臬时,每见诩,一则曰“无缘”,一则曰“无福”,以不见先生为恨也。岭南士游国学者,北士必问曰:“游白沙先生门否?”以一字一墨为符验,而因之以轻重其人焉。壬寅,别都御史朱英于苍梧,英预约束参随官,俟先生至,掖之从甬道出入,先生力辞不能。英叹曰:“古之圣帝明王尊贤之礼,有膝行式车者,况区区乎?”有中贵谒先生庐,至江浒,却肩舆走数百步。入京师时,道经南安,知府张弼仿曹参师盖公礼以待先生。道出淮阳,总戎平江伯陈锐往复差官具人船护送,极其礼意之隆。暮年,欲卜筑衡山,都御史沈晖创屋、士人某等割田以待。左布政使周孟中甫下车,即谒先生于白沙,欲请先生入省南面坐,受拜咨问,以风一方,以先生病不果。尝经畿内山乡,热甚,思生菜,值山民植者良少,前此贵客重价求之弗获,先生至,山民群来献之。寓京师时,走家僮市靴于肆,工人闻自先生,亟易以佳者。其至诚能动,又往往如是。

先生之始为学也,激励奋发之功,得之与弼为多。自临川归,

---

[1] “睟”,原误作“粹”。“睟面盎背”,语出《孟子·尽心上》“其生色也,睟然见于面,盎于背,施于四体;四体不言而喻”。据改。

[2] “以吏事使贵州”,原作“以史事使贵州”。林光《南川冰蘖全集》卷九有“次韵石斋先生赠姜仁夫进士”三首,其第二首有跋语云“时仁夫进士以吏事使贵州,自贵州至广州访石斋先生”。(林光《南川冰蘖全集》,第二八八页)据改。

足迹不至城府。朱英时为参议，造庐求见，卒避不见。闭户读书，尽穷天下古今典籍，旁及释老、稗官、小说；彻夜不寝，少困则以水沃其足。久之乃叹曰："夫学贵乎自得也。自得之然后博之以典籍，则典籍之言我之言也；否则，典籍自典籍而我自我也。"遂筑一台，名曰春阳，日静坐其中，足不出阈外者数年。有答张元祯问学诗曰："古人弃糟粕，糟粕非真传。眇哉一勺水，积累成大川。亦有非积累，源泉自涓涓。至无有至动，至近至神焉。发用兹不穷，缄藏及渊泉。吾能握其机，何必窥陈编。学患不用心，用心滋牵缠。本虚形乃实，立本贵自然。戒慎与恐惧，斯言未云偏。后儒不省事，差失毫厘间。寄语了心人，素琴本无弦。"久之，又叹曰："夫道非动静也，得之者，动亦定，静亦定，无将迎，无内外，苟欲静即非静矣。"于是随动随静以施其功。有示张诩诗曰："知夜则知朝，西风涨暮潮。千秋一何短，瞬息一何遥。有物万象间，不随万象凋。举目如见之，何必穷扶摇？"又曰："登高未必高，老脚且平步。平步人不疑，东西任回顾。岂无见在心，何必拟诸古？异体骨肉亲，有生皆我与。失之万里途，得之咫尺许。得失在斯须，谁能别来去？明日立秋来，人方思处暑。"又曰："两脚着地此何关，白云与尔同去还。正当海阔天高处，不离区区跬步间。"盖其学初则本乎周子主静、程子静坐之说以立其基，其自得之效，则有以合乎"见大心泰"之说，故凡富贵、功利、得丧、死生举不足以动其心者；其后造诣日深，则又有以进乎颜氏"卓尔，虽欲从之，末由也已"之地位，而骎骎乎孔子无意必固我之气象矣。其学有本原，进有次第，的然可据如此。迨其晚年，超悟极于高远，则又非他人所能窥测、言语所能形容者矣。其始，惧学者障于言语事为之末也，恒训之曰"去耳目支离之用，全虚圆不测之神"；其后，惧学者沦于虚无寂灭之偏也，又恒训之曰"不离乎日用，而见鸢飞鱼跃之妙"。门人各随其所见所闻执以为则，天下之人又各随其所见所闻执以为称，果足以知先生之道也哉?有诗曰:"千年无鲍叔[1],一懒有柴桑。"盖亦叹天下之莫我知也。所待天下之大,千百世之远,其心同,其理同,岂无知言者起?诵其诗,读其书,当有以知其人。卓卓乎,孔氏道脉之正传,而伊洛之学盖有过无弗及也。是故见诸日用与百姓同也,至于不言而信,不怒而威,闻风者兴起,沐化者心服,盖有莫知其为之者。使得大用于世,绥来动和之效,庶几乎!

先生尝以道之显晦在人而不在言语也,绝意著述。有诗曰:"他年倘遂投闲计,只对青山不著书。"又曰:"莫笑老慵无著述,真儒不是郑康成。"有劝之者,对曰:"伏羲著述数画耳,况画前又有《易》乎?"君子曰:"先生著述可谓富矣,自一言演之可万言,自万言敛之可无言。"今其诗文不下万余首,独非著述乎?庄昶读先生诗集曰:"喜把炷香焚展读,了无一字出安排。为经为训真谁识,非谢非陶亦浪猜。"又曰:"老谁静里都无事,笑此山中亦著书。帝伯皇王铺叙里,乾坤今古笑谈余。"大学士李东阳始得先生《藤蓑》诸作也,语人曰:"待某谢官,绝烟火十年,然后可属和耳。"盖皆知言者也。其为文也,主理而辅之以气,虽不拘拘于古人之绳尺,故自有以大过人者;其为诗也,则功专而入神品,有古人所不到者矣,盖得李杜之制作而兼周邵之情思[2],妙不容言。故其诗曰:"子美诗中圣,尧夫又别传。后来操翰者,二妙少能兼。"今苍梧、山东皆梓行其集,惜乎未全也。至于书翰,如其诗,能作古人数家字。山居,笔或不给,至束茅代之。晚年专用,自成一家,时呼为茅笔字,好事者踵为之。有诗曰:"神往气自随,氤氲觉初沐。圣贤一切无,此理何由瞩。调性古所闻,熙熙兼穆穆。耻独不耻独,茅根万茎秃。"又

[1] "千年",原作"十年",据《白沙子全集》、《陈献章集》改。(《白沙子全集》,何九畴刻本,卷首,第二五页;陈献章撰:《陈献章集》,下册,第八八〇页)

[2] "周邵",原误作"周召",据《白沙子全集》、《陈献章集》改。(《白沙子全集》,何九畴刻本,卷首,第二六页;陈献章撰:《陈献章集》,下册,第八八〇页)

曰："茅君颇用事，入手称神工。"又曰："茅龙飞出右军窝。"皆指茅笔也。天下人得其片纸只字，藏以为家宝。太夫人尝梦星斗烛天，旁有人指谓曰："此尔家秀才文字也。"与弼婿某，贫不能自振，造白沙求书数十幅，归小陂，每一幅易白金数星。庚申，朝廷遣官使交南，交南人购先生字，每一幅易绢数匹，携者恨不多也。

先生教人，随其资禀高下、学力深浅而造就之，循循善诱，其不悟不强也。至于浮屠羽士、农商仆贱来谒者，先生悉倾意接之，有叩无不告，故天下被其化者甚众。南畿僧太虚，知名当世，亦以其学求正于先生。先生复书，以"逝者如斯夫，不舍昼夜"告之，曰："我以此证也。"先是，先生道南畿，见太虚，告以念老母。太虚为朝夕礼拜祝愿，至先生归相见乃已。其笃信如此。乌乎！若先生者，君子谓"周子之后，一人而已"者，非邪？

诩也无似，自成化辛丑见我先生于白沙，我先生即以国士待，其后受教多而辱爱厚。临殁，具书趣至白沙，寄以斯文。告门人罗冕曰："吾道吾有所托矣。"示以诗云："古往今来几圣贤，都从心上契心传。孟子聪明还孟子，谁今且莫信人言。"又曰："万丈祝融何处山，三年碧玉梦相关。多少画工传不去，都没贤今画幅宽。"又曰："病久惟听命，诗成不浪传。门前花十丈，玉井正开莲。数椽刚到地，一栋正横天。不忘吾道在，万万岁相连。"既而曰："孔子之道至矣，幸毋画蛇添足。"又曰："用斯行，舍斯藏。子其勉之，吾言止是矣。"呜呼！言犹在耳，不肖诩斗筲之器，何修何为而后可以少副我先生付托之重乎？

先配张氏，生子二人：曰景云，作小诗得唐人体裁；曰景旸[1]，充邑庠生，先先生卒。女二人：婿黄彦民，指挥倪麟，[后改

[1] "景旸"，原误作"景易"，据《白沙子全集》、《陈献章集》改。（《白沙子全集》，何九畴刻本，卷首，第十九页；陈献章撰：《陈献章集》，下册，第八七二页）

谭某][1]。孙男三人:曰田,曰畹,皆庠生;曰豸,尚幼。继室罗无出。

先生没后,门人聚议,以湛雨为行状,李承箕为墓铭,梁储为传,而墓表则属之诩也。湛之为行状也仓卒,事多未备。诩窃惧久而湮晦无传,重加补葺。佥事许晅尝刻梓以传矣。嗣是有待于同门者数事,复增入焉。虽恒心细行,不敢有遗,如昔人年谱之为。庶几他日有与于斯文者取而删述之,以为世训,初不暇计其言辞之芜且陋也。谨状[2]。

白沙先生墓表

门人张　诩

天旋地转,今浙闽为天地之中,然则我百粤其邹鲁欤!是故星临雪应,天道章矣;哲人降生,人事应矣。于焉继孔氏绝学以开万世道统之传,此岂人力也哉?若吾师白沙先生盖其人也。先生以道德显天下,天下人向慕之,不敢名字焉,共称之曰白沙先生。

先生生而资品绝人[3],幼览经书,慨然有志于思齐,读秦汉以来忠烈诸传[4],辄感激赍咨,继之以涕洟,其向善盖天性也。壮从江右吴聘君康斋游,激励奋起之功多矣,未之有得也。暨归杜门,独扫一室,日静坐其中,虽家人罕见其面,如是者数年,未之有得也。于是迅扫夙习,或浩歌长林,或孤啸绝岛,或弄艇投竿于溪涯

〔1〕“后改谭某”四字原缺,据《白沙子全集》、《陈献章集》补。(《白沙子全集》,何九畴刻本,卷首,第十九页;陈献章撰:《陈献章集》,下册,第八七二页)

〔2〕何九畴本、碧玉楼本《白沙子全集》有落款云“弘治十四年,岁在辛酉,闰七月甲申,门人承直郎户部主事张诩谨状”。

〔3〕“资品”,《东所先生文集》所收此文作“资禀”。(张诩撰:《东所先生文集》,《四库全书存目丛书》集部,第四三册,第四〇八页)

〔4〕“读”前,《东所先生文集》所收此文有“间”字。(张诩撰:《东所先生文集》,《四库全书存目丛书》集部,第四三册,第四〇八页)

海曲，忘形骸、捐耳目、去心智[1]，久之然后有得焉。于是自信自乐。

其为道也，主静而见大，盖濂洛之学也。由斯致力，迟迟至于二十余年之久，乃大悟广大高明不离乎日用。一真万事真[2]，本自圆成，不假人力。其为道也，无动静、内外、大小、精粗，盖孔子之学也。濂洛之学非与孔子异也。《中庸》曰："诚者，天之道也；诚之者，人之道也。"诚者、诚之，其理无二，而天人相去则远矣。由是以无思无为之心，舒而为无意必固我之用。有弗行，行无弗获；有弗感，感无弗应；不言而信，不怒而威。故病亟垂绝，不以目而能书，不以心而能诗，章云汉而谐金石[3]，胡为其然也？盖其学圣学也，其功效绝伦也，固宜。

或者以其不大用于世为可恨者，是未知天也。天生圣贤，固命之以救人心也。救人心，非圣功莫能也。圣功叵测，其可以穷达限邪？且治所以安生也，生生而心死焉，若弗生也，吾于是乎知救人心之功大矣哉！孟子曰"禹、稷、颜回同道"，韩子曰"孟子之功不在禹下"，此之谓也。先生虽穷为匹夫，道德之风响天下，天下人心潜移默转者众矣。譬诸草木，一雨而萌芽者皆是，草木盖不知也。其有功于世，岂下于救洪水、驱猛兽哉？[4] 若此者，天也，非人力也。

先生讳献章，字公甫，别号石斋，既老曰石翁，吾粤古冈产也。祖居都会，先生始徙居白沙。白沙者，村名也，天下因称之。其世

---

〔1〕"心智"，原作"心志"，据《东所先生文集》改。（张诩撰：《东所先生文集》，《四库全书存目丛书》集部，第四三册，第四〇八页）

〔2〕"一真万事真"，《东所先生文集》所收此文作"一真万事"，无后"真"字。（张诩撰：《东所先生文集》，《四库全书存目丛书》集部，第四三册，第四〇八页）

〔3〕"章云汉"前，《东所先生文集》所收此文有"天"字。（张诩撰：《东所先生文集》，《四库全书存目丛书》集部，第四三册，第四〇九页）

〔4〕"救"，《东所先生文集》所收此文作"抑"。（张诩撰：《东所先生文集》，《四库全书存目丛书》集部，第四三册，第四〇九页）

系出处,见门人李承箕铭、湛雨状者,详矣。诩特以天人章应之大者表诸墓,以明告我天下后世,俾知道统之不绝、天意之有在者盖如此。弘治庚申春三月望后,门人张诩廷实撰。

石翁陈先生墓志铭[1]

门人嘉鱼李承箕

先生身长玉立,眼正黑色有光,右脸有七黑子如斗。为儿时,读《孟子》"有天民者,达可行于天下而后行之",自誓曰:"为人必当如此。"二十年,领乡荐。又七年,从游吴康斋聘君门。聘君之学,主敬穷理之学也。先生退而家居,一守其辙,鞭之失先,放之失后,而不得古人之所以好而乐之者也,乃掷书而叹曰:"古先圣贤,其不可及矣乎!"于是习静端坐,积以岁月,以我之所得者取正于古先贤圣格言,始似各得其职者矣。于是又优游停涵,积以岁月,翳者去而明者来,往者过而来者续,泯然无支离糠粃之患,怡然无内外动静之别,洒然与万物同其上下而不庸我矣。先生之学,厌据故迹,故能超然自得有如此。

性至孝,事母朝暮不离侧。后来广东布政使彭公韶、总督两广军务都御史朱公英,交荐于朝。至京师,一造朝,隐隐得疾,而母亦有疾,报至,先生乃上疏曰:"臣生五十又六年,臣母七十有九。臣母以贫贱早寡,俯仰无聊,殷忧成疾,老而弥剧。今臣远客异乡,母忧日甚,忧病相仍,理难长久。臣又以病躯忧母,年未暮而气则衰,心有为而力不逮。夫内无攻心之疾,则外不见从事之难;上有至仁之君,则下必多曲成之士。愿乞终养。"疏奏,诏授翰林院检讨,亲终疾愈,仍来供职。遂以表谢而南归矣。盖其所以得己与其所以及人者,非随世以就功名、畸残而补偏举弊者也。随世以就功名、

[1] 此篇据《大匡李先生诗文集》辑录。(李承箕撰:《大匡李先生诗文集》,《四库全书存目丛书》集部,第四三册,第六〇六至六〇七页)

畸残而补偏举弊者，殆秦汉以后自献其身者之学，非其志也。

先生不著书，尝曰“六经之外，散之诸家百子，皆剩语也。许鲁斋谓‘须焚却顾我何复’”云云。性喜吟咏，故其进退语默之几、无为自然之旨，悉发于诗，此非示著书遗意乎？予从先生十有三年，凡四见也。先生每以己之所以养心持身、由微至著、自得无待于外之要惺惺策之者，不但一二而已也。其故人有罗一峰伦者、庄定山昶者，一峰改官修撰南京，先生谓之曰：“子未可以去乎？”一峰即去之。盖其言说精明、处义至到、立人如己有如此。

先生讳献章，字公甫，号石斋，广州新会人。高祖判乡，曾祖东源，祖永盛。考琮，早卒。母林氏，二十四年而寡居，七十二年而受旌表，九十一年而卒。先生生于宣德戊申十月二十一日，构疾于弘治戊午，卒于庚申二月十日，葬于圭峰左股深坑。元配张氏，子男二人：景云、景旸。张卒，先生独居十余年，继娶羊城罗氏女，无子。铭曰：

虚以立本，动而能神。孰握其几，孰辟其门？凝而涵之，天飞渊沦。不以我故，何往非真？我最其迹，抹杀谵谆。用纳玄原，示委及颠。

明故翰林院检讨白沙陈先生墓碣铭[1]

门人东莞林　光

天之生人，得气之精一者，其生必有所自。宋有天下，积累三百余年，文物可谓盛矣。元将迫逐，灭之于东广新会之厓门。于时忠臣义士十万生灵，悉沉殒于海，英魂义气，郁坠于此。盖百有余年，然后我太祖高皇帝龙兴淮甸，扫涤寰宇，变夷为华，功格于天。

〔1〕 此篇据《南川冰蘖全集》辑录。（林光撰：《南川冰蘖全集》，第一七七至一八二页）

新会乃天地极南、中气之尽处,硕果不食,海岳孕灵。向之郁坠于兹者,停蓄既久,意其必笃生伟人,以为国家之宝。

而陈献章公甫先生实以宣德三年戊申十月二十有一日生于新会之都会村。状貌魁奇,身长七尺有奇,面方而玉润,耳长而贴垂,两目星悬,语音球亮,见者皆知其非常人矣。族系远者无所考。高祖判乡;曾祖东源;祖永盛,号渭川,始徙居白沙。白沙去县治东北二十里。父琮,年二十七卒,卒之后一月,母太夫人林氏始生先生,时太夫人年方二十有四,先生盖遗腹子也。自幼颖悟绝伦。弱冠充邑庠生,明年丁卯中乡试。戊辰、辛未,两赴礼闱,俱下第。归而力学,叹曰:"学止于举业而已乎?天下必有知道者。"闻江右吴聘君康斋讲学,遂往从之游,时年二十有七。康斋性严毅,雅重先生。教人多举伊洛成语,经史百子,无所不讲,然未有得也。居半载即归,遂绝意举子业。兄讳献文,性极友爱,先生托以家务细碎,力支不相聒挠。筑一台,名之曰阳春,日端默其中,以涵养本源,人罕见面。初志勇锐,用功或过,几致心病。后悟其非,所谓"戒谨与恐惧,斯言未云偏。后儒不省事,差失毫厘间",盖验其弊而发也。如是又累年,始有所见,尝云:"吾自此以后,此心乃如马之有衔勒,随动随静,应事接物,参前倚衡,照检而无不在矣。"读书一见辄了。如《皇极内篇》,数世罕有知者,先生稍注思,则一吉九凶、三祥七灾、八休二咎、四吝六悔之占,遂轮于掌中矣。其读诸书皆以验吾之所有,所谓以我观书、不以书博我也。其论治道,必曰:"天下非诚不动,非才不治;必才与诚合,而后治化可兴。"尝读明道先生论学数语极精要,前儒谓太广难入,先生叹曰:"谁家绣出鸳鸯谱,不把金针度与人。"初号石斋,晚号石翁。常戴玉台巾,平顶四直,盖自制也。居白沙村,天下皆称为白沙先生。

成化丙戌,乡谤流煽,时翰林院侍读学士钱溥谪知顺德县,敬慕先生,移书曰:"亟起,毋重贻太夫人忧。"遂复起游太学。祭酒邢公令作《太学小试赋》并律诗一首。次日，因游山还，又令和杨龟山《此日不再得》韵，大惊曰："龟山不如也。"遂扬言于朝，以为真儒复出，由是名震京师。一时名士如殿元罗伦、检讨庄昶、给事贺钦辈，皆乐与之游。既出太学，吏部留文选司历事，先生日捧案牍与群吏杂立厅事下，朝往夕返，不少怠。郎中等官皆勉令休退，对曰："分当然也。"侍郎尹旻益贤之，遣子某从学，先生力辞，凡六七往，竟不纳。给事[贺]钦日闻先生议论，即抗疏解官，又令画工肖先生像而归。先生贤之，反复题诗以赠。后致书云："间尝自谓，钦之此出，不喜得是官，所幸者遇先生。非先生之教，钦几为患得失之鄙夫矣。"居神乐观，士夫来而去，去而复来，往返无虚日，皆情浓心醉，京师风动矣。

己丑，礼闱下第，说者以为某故。先生诗曰："穷通各有分，非是薄公卿。"遂南归。抵家，日以讲学启迪为事，时岭南后进有感激弃廪膳相从者。翰林学士梁储、布政使李祥辈，其时尚为生员，皆能相观自树。广之士风翕然可观矣。辛卯二月二十八日，光居青湖山中，奉书质疑，先生答书略云："终日乾乾，只是收拾此而已。此理干涉至大，无有内外，无有先后，无一处不到，无一息不运。得此霸柄入手，更有何事？往古来今，四方上下，都一齐穿纽、一齐收拾。随时随处，无不是这个充塞。舞雩三三两两，正在勿忘勿助之间。曾点些儿活计，被孟子一口打拼出来，便都是鸢飞鱼跃。若无孟子工夫，骤而语之以曾点见趣，一似说梦。自兹以往，更有分殊处，合要理会。"戊戌，来访榄山，又有"江山雨里同歌笑，今古人间几屈伸"之句。

庚子，江西布政使陈(玮)[炜]辈修复白鹿洞书院，致币来聘为山长，教江右之士，报谢不往。壬寅，广东左布政使彭韶上疏略曰："国以仁贤为宝，臣才德不及献章万万，犹叨厚禄，顾于献章醇儒，乃未见收用，诚恐国家坐失为善之宝。"疏闻，宪宗可其奏。部书下,有司以礼劝驾。先生以母老及病,未能起程。复筮之,得☳“归妹”之“师”,自释告光,略云:“初为娣,象娣之微,岂能自主于行?必依正配而行,如跛者依人而履,故曰:‘跛能履,吉,相承也。’其旨明矣,筮者之进退决矣。”时巡抚右都御史朱英虑先生终不起,具题末云:“臣已趣某就道矣。”且告之故,曰:“先生万一迟迟其行,则予为诳君矣。”遂行。至京师,朝廷用故事敕吏部考试,会疾不果赴,上疏略曰:“臣母以贫贱早寡,俯仰无聊,殷忧成疾,老而弥剧,使臣远客异乡,臣母之忧臣日甚,愈忧愈病,愈病愈忧,忧病相仍,理难长久。臣又以病躯忧老母,年未暮而气则衰,心欲为而力不逮。夫内无攻心之疾,则外不见从事之难;上有至仁之君,则下必多曲成之士。愿乞养病终养。”疏上,宪宗皇帝亲阅再三,明日,授翰林院检讨,俾亲终疾愈,仍来供职。先生上表谢,不辞。学士李东阳赠别诗云:“犹有报恩心未老,更无辞表意全真。”可谓知心矣。归经南安,知府某以康斋不受职难先生所以受,对曰:“康斋以布衣为石亨所荐,其不受,义也;某自幼为举业,为听选监生,所愿得官,今被荐,疏中备陈始终愿仕,故不敢伪辞以钓虚名。”某悔伏。

暨归,岁有荐辟,皆援诏不行。先生居家涵养日深,天下倾慕者日众,东西两藩部使者,以及藩王岛夷宣慰,无不致礼于先生之庐。中贵某过诣见,望门而却肩舆。至于浮屠羽士、商农仆贱来谒者,先生悉推诚接之,叩无不应,感而化者甚众。先生所至风动。初赴京时,至羊城,观者如堵,拥马不前。至京,士夫填门,疲不能拜。

弘治庚申,给事中吴世忠以先生及尚书王恕等八人同荐与二三儒臣内阁柄用,上方敕吏部查勘,命将及门,而先生殁矣,庚申二月十日也,享年七十有三。殁之前数日,具朝冠服,命子弟扶掖,焚香北望五拜,叩首者三,曰:“吾辞吾君。”作一诗曰:“托仙终被谤,托佛乃多修。弄艇沧溟月,闲歌碧玉楼。”曰:“吾以此辞世。”先配张氏，生二子：曰景云；曰景旸，充邑庠生，[先]先生卒。女二人：婿黄彦民，指挥倪麟，后改谭某。孙男三：曰田，曰畹，皆庠生；曰豸，尚幼。继室罗氏无出。是年七月二十有一日，葬于圭峰之左麓，远近会者几千人。左布政使周孟中赙白金供葬事，且诔之。三府暨藩臬诸公，门人亲友，赙奠沓至。御史费铠疏乞不拘常例赠官谕祭，不报。当道请入乡贤祠。

先生至孝，事贞节太夫人甚谨。母爱子慕，惟日不足。太夫人颇信浮屠法，及病，命以佛事祷，先生从之。太夫人殁，以七十年之孤[子]，居九十年之母丧，哭擗食素，一如先王之礼。初年窭甚，常贷粟于人。佥事陶鲁知之，以其所拟筑堤堪为田葑地若干顷遗先生，先生自出费，与一二有力者筑成之，晚年颇有所给。先生乐成人之善，存殁皆有恩意。丁积之知新会也，谦恭取善，数年礼教大兴，民爱之如父母。后卒于官，先生恤其后事。后民立祠于白沙，先生记之。筑台破资以鼓舞远来从学之士。母姨之子少贫无依，树以田宅，教诲成就之。其于故旧知爱之深者，若右都御史朱英，柩归桂阳，遣子不远千里设奠。尚书彭韶亦然。其闻修撰罗伦、经历张瓛、御史袁道之讣，皆设位哭，为之服缌三月。崖山大忠祠、慈元殿成于副使陶鲁、右布政使刘大夏、佥事徐纮，然启议赞助者，先生也。

先生与善宽和而辞受惟义。使夷行人某还，赠白金三十两，力却之。藩臬一二公欲新其宅，不听；构小庐山书屋以待来游之士，从之。按察使李士实破数百金买园及屋于羊城，封券不受，往返再四。御史熊达既疏荐于朝，又欲建道德坊于白沙以风士类，力止不可，乃议创楼于江浒，榜曰嘉会，以待四方往来之嘉宾，先生曰："斯可矣。"都御史邓廷瓒仿林逋故事，檄有司月致米一石，人夫二名，先生却之以诗云："孤山鹤啄孤山月，不要诸司费俸钱。"

先生教人，其初必令静坐，以养其善端。尝曰："人所以学者，欲闻道也，求之书籍而弗得，则求之吾心可也，恶累于外哉？此事定要觑破，若觑不破，虽日从事于学，亦为人耳。斯理，识时、为己者信之。诗、文(辈)[章]、末习、著述等路头，一齐塞断，一齐扫去，毋令半点芥蒂于胸中，然后善端可养、静可能也。终始一意，勿助勿忘，气象将日佳，造诣将日深，所谓至近而神、百姓日用而不知者，始自此迸出面目来也。”先生所以教人，即先生所以自得。既不用于时，敛吾之所得，假唐人之声口，兴之所动，事之所感，若大若小，若远若近，若喜若忧，若哀若乐，山水花木，禽鸟虫鱼，每每发之于诗，而其妙处，有唐人所不及者。先生字画，时出新意，脱去凡近。晚年束茅为笔，益扫入奇妙，好事者嗜之若物外奇宝。然诗、字虽工，而非先生之所急。尝言：“吾舍此，遂与世无交涉。”其初盖不得已而为之，其终遂各造其妙，识者亦因此而知其天禀之非常矣。

丁巳，光服除谒选，时先生茆书迓于广州，云：“念缉熙有万里之行，无以为赠，徒深凄黯而已。七十病翁，来日无多，又安知今日之言非永诀也耶？三十年游好之情，尽于是矣。”己未，《寄严州》又有“千里相思频作梦”之句。明年庚申，讣闻矣。

呜呼！先生晦养终身，曾不一试。蕴积深醇，历数前儒，如先生可谓盛矣。孚成中立，光辉外著。凡获交接，贵者忘势，富者忘骄，贫者忘忧，善者增气，潜消默夺，夙习剥落，盖有不知其然而然者矣。及门在侍者各循循矩度，无敢高声疾步者。闾里饶沃，长老子弟寻常获一蔬果时鲜，或山海奇味，无不来献，情亲若骨肉。香茗醇醪，款客厨烟，日未尝息也。

先生生当文弊末胜之时，胸中卓然自信自乐，未尝徇逐影响，少拈著述之笔，盖确乎知水济水、火济火之无益也。故每发诸诗曰：“他时得遂投闲计，只对青山不著书。”又曰：“一入商量便作疑，可堪重老更求知。”又曰：“莫笑老慵无著述，真儒不是郑康成。”今遗稿，粤、闽、山东虽各梓传天下，然皆未备，尚有待也。铭曰：

光连百粤中星照，中气遥遥穷海窍。蜿蟺磅礴旋蟠绕，停蓄千年当者少。先生间得气之妙，颀然异质生岭峤。潜龙在渊光不耀，上契孔颜下周邵。德辉莫掩彻廊庙，大臣催赴天子召。叩天抗疏忧悄悄，八十慈亲病莫疗。圣明推恩降温诏，归来海阔山峻峭。万里沧溟一竿钓，浩歌云水谐音调。铿然韶濩闻嗷嗷[1]，笔锋挥扫海若趭。海门荡荡鱼龙跳，纵横万变相劫剽。屹然山立操吾要，迢迢盖棺无可诮，烜赫声名齐两曜。

明故翰林院检讨白沙陈先生改葬墓碑铭

门人湛若水

惟明宣德戊申岁十月二十一日，白沙陈夫子公甫诞于新会，惟育成于妣旌节林氏，惟生于考琮乐芸之既卒。乐芸生于渭川，渭川生于东源，东源生于判乡，惟乃高祖。

惟夫子有生乃异，始读《孟子》，志于天民。二十年举于乡，二十有七年罢于礼闱，从学于吴聘君，闻伊洛之绪。既博记于群籍，三载罔攸得；既又习静于春阳台，十载罔协于一，乃喟然叹曰："惟道何间于动静？勿助勿忘何容力？惟仁与物同体，惟诚敬斯存，惟定性无内外，惟一无欲，惟元公、淳公其至矣。"故语东白张子曰："夫学至无而动，至近而神，藏而后发，形而斯存；知至无于至近，则何动而非神！故藏而后发，明其几矣[2]；形而斯存，道在我矣。夫动，已形者也，形斯实矣，其未形者，虚而已矣。虚其本也，致虚所以立本也。"语南川林生曰："夫斯理无内外，无终始，无一处不到，无一息不运。会此，则天地我立，万化我出，而宇宙在我矣。得此

[1] "韶濩"，原误作"诏获"，据文意改。

[2] "几"，原作"机"，据《甘泉先生文集》改。（湛若水撰：《甘泉先生文集》，嘉靖十五年刊本，内编，第二〇卷，第六页）

欛柄,更有何事?上下四方,往古来今,浑是一片。自兹已往,更有分殊,合要理会,终日乾乾,存此而已。”甘泉湛生因梁生景行以见,语之曰:“噫!久矣!吾之不讲于此学矣。惟至虚受道,然而虚实一体矣。惟休乃得,然而休而非休矣。惟勿忘勿助,学其自然矣。惟无在无不在,斯无忘助矣。”问体认天理,曰:“其兹可以至圣域矣。”问参前倚衡,曰:“惟子是学矣。”问:“东所张子敏也,子何不之讲?”曰:“弗问弗讲,且顺其高谈,然几禅矣。”甘泉生曰:“夫至无,无欲也;至近,近思也;神者,天之理也。宇宙,以语道之体也;乾乾,以语其功也;勿忘勿助,一也,中正也,自然之学也,皆原诸周、程,至矣。惟夫子道本乎自然,故与百姓同其日用,与鬼神同其幽,与天地同其运,与万物同其流,会而通之,生生化化之妙,皆吾一体充塞流行于无穷,有握其机,而行其所无事焉耳矣。惟夫子学本乎中正,中正故自然,自然故有诚,有诚故动物。”

惟岁丁亥,游于太学,祭酒邢公为之彰厥誉,一峰罗子、定山庄子为之左次,辽阳贺子为之执贽。惟岁壬寅,方伯彭公、督府朱公为之荐其才,夫子疏于朝曰:“臣母贫贱早寡,俯仰无聊,殷忧成疾,老而弥剧,使臣远客异方,臣母之忧臣日甚,愈忧愈病,愈病愈忧,忧病相仍,理难长久。臣又以病躯忧老母,年未暮而气已衰,心有为而力不逮,乞归养。”钦授翰林院检讨,不敢辞;自尔荐书岁至,不行;或劝之著书,不答。夫不辞,以尝系仕籍也,恭君命也;不行,达可行志也,夙志也;不答,著述之精〔1〕,寓诸诗也。夫道,知语默动静而不失其正焉耳矣。

惟弘治戊午遘疾,弥留弗兴,越二年庚申二月十日乃卒。方伯周公孟中葬之于圭峰。越二十有一年,惟正德辛巳,胤子景云谋及

〔1〕“精”,原作“请”,据《甘泉先生文集》改。(湛若水撰:《甘泉先生文集》,嘉靖十五年刊本,内编,第二〇卷,第八页)

门下晋江知县梁生景行、翰林编修湛生若水、庠生邓生德昌、汤生霌、太学生赵生善鸣、处士梁生景乎曰："惟予家中否，惟予兄弟二人，景旸也先折。惟诸子弗振，惟我显考之藏卜罔知吉，至以累子。"若水辈乃以邓生、汤生具，以十一月十二日改葬皂帽峰下。闻于宪长汪公铉，以闻于巡按谢公珊，下于府太守简公沛，为助之金。总镇韩公庆闻而先助之，吏部方公献科益助之。府命县典史贺恩、义官邓南凤、士人马国馨董葬事，乃襄事。余置祭田，买其前湖，湖曰"自然"，昭至学也。昔者水也闻诸夫子曰："天下未有不本于自然，而徒以智力收显名当年、精光射来世者也。"夫自然则诚矣。故夫子之生也，人荣之；其死也，人哀之；其诚之所为乎！铭曰：

混沌既凿，源远益分，分乃支离，体用弗原。孔孟而下，若更一门，门各为户，竞出异言。浑浑濂溪，有沿其源，一为圣学，示我大全。学绝道丧，千载棼棼。天笃夫子，握会之元。溯程而周，再复浑沦。何名浑沦，溥博渊泉，直指本体，挽漓而淳。孰惑寓言，孰惑其禅，惟此天理，二途判然。师于救世，可谓元勋，念功考德，永护兹坟，毋毁支木，以伤其根。[嘉靖元年正月，]〔1〕门人翰林院编修甘泉生湛若水撰。

白沙先生应召录

同里黄　淳

献章自幼颖悟，一日读《孟子》"有天民者，达可行于天下，而后行之"，慨然叹曰："大丈夫行己当如是。"正统十二年丁卯，中乡试。

---

〔1〕"嘉靖元年正月"六字原缺，据《甘泉先生文集》补。（湛若水撰：《甘泉先生文集》，嘉靖十五年刊本，内编，第二〇卷，第九页）案：此文原作于嘉靖元年正月。后于嘉靖二十八年己酉二月，时年八十四岁之湛若水，将《明故翰林院检讨白沙陈先生改葬墓碑铭》重新书丹，由新会县知县林腾蛟刻石。新碑之拓本尚存。（陈应燿编：《白沙先生遗迹》，香港，陈氏耕读堂，一九五九年增订版，附篇，第十七页）新碑文字有少量增订，如旧碑引述白沙先生致林光书时，曾脱去"自兹已往，更有分殊"句后之"合要理会"四字，新碑则经已将其补出。湛若水因旧碑脱去"合要理会"四字，曾招致罗钦顺之批评。（参罗钦顺撰：《困知记》，北京：中华书局，一九九〇年，第四一至四二页）

戊辰、辛未两赴礼闱,不第。年二十有七,从抚州吴与弼讲伊洛之学。丁亥,复游太学,祭酒邢让试和杨龟山《此日不再得》诗,惊曰:“龟山不如也。”以为真儒复出云。

成化十五年壬寅[1],广东左布政使彭韶、总督两广军务右都御史朱英前后具本荐于朝。韶疏略曰“心术正大,识见高明,涵养有素,德性坚定,立志愿学于古人,荣辱不足以介意”云云。吏部移文广东布政司等衙门趣令起程,献章以母老及病未辄行。英疏先有曰:“臣已令献章就道矣。”谓章曰:“先生不行,如英欺君上何!”不得已强起。于成化十九年三月三十日至京,朝见赴部,告以久劳道路,旧病复作,延[至]月余[2]。于五月二十五日,吏部题:“奉圣旨,恁部里还考试了,量拟职事来说。”以病在床褥,即令侄男陈景星赴通政司告转行本部,暂令调治。七月十六日,扶病听试,至部门复以病发再告复延旬日。八月二十二日,得报母氏忧念病作,待章南归,以日为岁。二十八日,遂疏呈为患病陈请乞恩终养事。疏略曰:“臣母以贫贱早寡,俯仰无聊,殷忧成疾,老而弥剧。使臣远客异乡,臣母之忧臣日甚,愈忧愈病,愈病愈忧,忧病相仍,理难长久。臣又以病躯忧老母,年未暮而气已衰,心有为而力不逮。夫内无攻心之疾,则外不见从事之难;上有至仁之君,则下必多曲成之士。惟陛下以大孝化天下,以至诚体万物,海宇之内无匹夫匹妇不获其所者。乞敕吏部放臣暂归田里,俟母养获终、臣病全愈,仍前赴部以听试用,则臣母子未死之年,皆陛下所赐。”疏上,九月圣旨:“陈献章既该巡抚等官荐他学行老成可用,今恳切求回养母。吏部还查听选监生愿告回家的例来说。”吏部查例覆奏。初四日圣旨:“陈献章既系巡抚等官荐他,今自陈有病乞回终养,与做翰林检讨

---

〔1〕 此所谓“成化十五年壬寅”有误。经考,成化十五年,为己亥年;成化十八年,为壬寅年。

〔2〕 “至”字原缺,据白沙先生《乞终养疏》补。

去。亲终疾愈，仍来供职。”以动履艰难，不能拜舞，令景星具状鸿胪寺，告俟筋力稍纾，勉强赴阙称谢。既又病不能兴，乃具疏令景星谢恩而归。

先，罗伦送之，有曰：“白沙先生处南海者二十余年矣，观天人之微，究圣贤之蕴，充道以富，尊德以贵，天下之物可爱可求，漠然无动其中者。”归经南安，张弼问出处，对曰：“康斋以布衣为石亨所荐，所以不受职求观秘书者，冀得间悟主也。惜乎当时宰相不悟，以为实然，言之上，令受职然后观书，殊戾本意，遂决去。章以听选监生荐，又疏陈始终愿仕，故不敢伪辞以钓虚名。或受或不受，各有攸宜尔。”弼唯唯。《征吾录》曰：“公膺荐时，当国者不及李南阳，辄令公就试吏部。盖南阳能优礼康斋，而公之礼数似不及，公无加损，但当时宰相人品之不同可见矣。”李南阳阁老于康斋处士千古稀见，岂可以此责之万安辈，况娼嫉者乃乡人耶？余独恨一峰修撰之谪，曾不少遇以待处士之心。嗟夫！此脱然势利者所以称难，而于二公应召故独详之也与？陈建《通纪》曰：“筑一室曰阳春，日杜门端默其中，以明心为务。”以明心为务之说，不知从何得来？又曰：“内监梁芳素慕献章名，言于上，特授翰林检讨，俾亲终疾愈仍来供职。献章不辞，上疏谢恩即归。”意以授官出自梁芳及不辞为非。不知《谢恩疏》具陈圣旨查例与吏部覆奏，凿凿可考，授官不由梁芳明矣。疏曰：“臣虽至愚，亦知衔负恩德，图报称于亲终疾愈之日，不敢负朝廷待士之盛意，不敢违臣子效用之初心。”此所以不辞，其大意亦已见于东海之对矣。彼建者乌足以污之？康斋先生之荐本自内阁大臣，所以展尽大贤之礼；石斋先生之荐由于司抚外臣，所以礼数不及。石斋征时，琼台丘公方为海内所重，而石斋又以公居显位不相见，遂以此不合，故人多疑石斋为公所沮。后来三原刘氏求退，科道劾丘公娼嫉，或其渐然矣。读“山雨不来昏昼景”及“南极海旁诸郡浅”之句，吁，石斋岂尤人者哉？古冈后学黄淳撰。

文恭陈白沙先生献章〔1〕　　黄宗羲撰《明儒学案》

有明之学,至白沙始入精微。其吃紧工夫全在涵养。喜怒未发而非空,万感交集而不动。至阳明而后大。两先生之学,最为相近,不知阳明后来从不说起,其故何也?薛中离,阳明之高第弟子也,于正德十四年上疏请白沙从祀孔庙〔2〕,是必有以知师门之学同矣。罗一峰曰:"白沙观天人之微,究圣贤之蕴,充道以富,崇德以贵,天下之物,可爱可求,漠然无动于其中。"信斯言也,故出其门者,多清苦自立,不以富贵为意,其高风之所激远矣。

陈献章字公甫,新会之白沙里人。身长八尺,目光如星,右脸有七黑子,如北斗状。自幼警悟绝人,读书一览辄记。尝读《孟子》所谓天民者,慨然曰:"为人必当如此!"梦拊石琴,其音泠泠然,一人谓之曰:"八音中惟石难谐,子能谐此,异日其得道乎!"因别号石斋。正统十二年举广东乡试,明年会试中乙榜,入国子监读书。已,至崇仁,受学于康斋先生。归即绝意科举,筑春阳台,静坐其中,不出阈外者数年。寻遭家难。成化二年,复游太学。祭酒邢让试和杨龟山《此日不再得》诗,见先生之作,惊曰:"即龟山不如也。"扬言于朝,以为真儒复出,由是名动京师。罗一峰、章枫山、庄定山、贺医闾皆恨相见之晚,医闾且禀学焉。归而门人益进。十八年,布政使彭韶、都御史朱英交荐,言"国以仁贤为宝,臣自度才德

〔1〕 此篇据《明儒学案》辑录。(黄宗羲撰:《明儒学案》,北京:中华书局,二〇〇八年修订本,上册,第七九至八一页)

〔2〕 黄宗羲谓薛中离(即薛侃)"于正德十四年上疏请白沙从祀孔庙",非是。据张廷玉等撰《明史》、饶宗颐撰《薛中离年谱》记载,薛侃疏请白沙从祀孔庙事在嘉靖九年。(张廷玉等撰:《明史》,中华书局,二〇〇三年,第十八册,第五四六八页;饶宗颐撰:《薛中离年谱》,《选堂集林》,台北,明文书局,一九八二年,下册,一一四六至一一四八页)

不及献章万万，臣冒高位，而令献章老丘壑，恐坐失社稷之宝”。召至京，政府或尼之，令就试吏部。辞疾不赴，疏乞终养，授翰林院检讨而归。有言其出处与康斋异者，先生曰：“先师为石亨所荐，所以不受职；某以听选监生，始终愿仕，故不敢伪辞以钓虚誉，或受或不受，各有攸宜。”自后屡荐不起。弘治十三年二月十日卒，年七十有三。先生疾革，知县左某以医来，门人进曰：“疾不可为也。”先生曰：“须尽朋友之情。”饮一匙而遣之。

先生之学，以虚为基本，以静为门户，以四方上下、往古来今穿纽凑合为匡郭，以日用、常行、分殊为功用，以勿忘、勿助之间为体认之则，以未尝致力而应用不遗为实得。远之则为曾点，近之则为尧夫，此可无疑者也。故有明儒者，不失其矩矱者亦多有之，而作圣之功，至先生而始明，至文成而始大。向使先生与文成不作，则濂、洛之精蕴，同之者固推见其至隐，异之者亦疏通其流别，未能如今日也。或者谓其近禅，盖亦有二，圣学久湮，共趋事为之末，有动察而无静存，一及人生而静以上，便邻于外氏，此庸人之论，不足辨也。罗文庄言：“近世道学之昌，白沙不为无力，而学术之误，亦恐自白沙始。至无而动，至近而神，此白沙自得之妙也。彼徒见夫至神者，遂以为道在是矣，而深之不能极，几之不能研，其病在此。”缘文庄终身认心性为二，遂谓先生明心而不见性，此文庄之失，不关先生也。先生自序为学云：“仆年二十七，始发愤从吴聘君学，其于古圣贤垂训之书，盖无所不讲，然未知入处。比归白沙，杜门不出，专求所以用力之方，既无师友指引，日靠书册寻之，忘寐忘食，如是者累年，而卒未有得。所谓未得，谓吾此心与此理未有凑泊吻合处也。于是舍彼之繁，求吾之约，惟在静坐。久之，然后见吾此心之体，隐然呈露，常若有物，日用间种种应酬，随吾所欲，如马之御衔勒也；体认物理，稽诸圣训，各有头绪来历，如水之有源委也。于是涣然自信曰：‘作圣之功，其在兹乎！’”张东所叙先生为学云：“自见聘君归后,静坐一室,虽家人罕见其面,数年未之有得。于是迅扫夙习,或浩歌长林,或孤啸绝岛,或弄艇投竿于溪涯海曲,捐耳目,去心智,久之然后有得焉,盖主静而见大矣。由斯致力,迟迟至二十余年之久,乃大悟广大高明不离乎日用,一真万事,本自圆成,不假人力,无动静,无内外大小精粗,一以贯之。"先生之学,自博而约,由粗入细,其于禅学不同如此。

尹直《琐缀录》谓:"先生初至京,潜作十诗颂太监梁方,方言于上,乃得授职。及请归,出城辄乘轿张盖,列槊开道,无复故态。丘文庄采入《宪庙实录》,可谓遗秽青史。"《宪章录》则谓采之《实录》者,张东白也。按东白问学之书,以"义理须到融液,操存须到洒落"为言,又令其门人馈遗先生,深相敬慕,寄诗疑其逃禅则有之,以乌有之事阑入史编,理之所无也。文庄深刻,喜进而恶退,一见之于定山,再见之于先生,与尹直相去不远。就令梁方之诗不伪,方是先生乡人,因其求诗而与之,亦情理之所有,便非秽事;既已受职,乘轿张盖,分之攸宜,揽之以为话柄,则凡讲学者涕唾亦不得矣。

万历十三年,诏从祀孔庙,称先儒陈子,谥文恭。

陈献章传〔1〕

张廷玉等撰《明史·儒林传》

陈献章,字公甫,新会人。举正统十二年乡试,再上礼部,不第。从吴与弼讲学。居半载归,读书穷日夜不辍。筑阳春台,静坐其中,数年无户外迹。久之,复游太学。祭酒邢让试和杨时《此日不再得》诗一篇,惊曰:"龟山不如也。"扬言于朝,以为真儒复出。由是名震京师。给事中贺钦听其议论,即日抗疏解官,执弟子礼事

〔1〕 此篇据《明史》辑录。(张廷玉等撰:《明史》,中华书局,二〇〇三年,第二四册,第七二六一至七二六二页)

献章。献章既归，四方来学者日进。广东布政使彭韶、总督朱英交荐。召至京，令就试吏部。屡辞疾不赴，疏乞终养，授翰林院检讨以归。至南安，知府张弼疑其拜官，与与弼不同，对曰："吴先生以布衣为石亨所荐，故不受职而求观秘书，冀在开悟主上耳。时宰不悟，先令受职然后观书，殊戾先生意，遂决去。献章听选国子生，何敢伪辞钓虚誉。"自是屡荐，卒不起。

献章之学，以静为主。其教学者，但令端坐澄心，于静中养出端倪。或劝之著述，不答。尝自言曰："吾年二十七，始从吴聘君学，于古圣贤之书无所不讲，然未知入处。比归白沙，专求用力之方，亦卒未有得。于是舍繁求约，静坐久之，然后见吾心之体隐然呈露。日用应酬，随吾所欲，如马之卸勒也。"其学洒然独得，论者谓有鸢飞鱼跃之乐，而兰溪姜麟至以为"活孟子"云。

献章仪干修伟，右颊有七黑子。母年二十四守节，献章事之至孝，母有念辄心动，即归。弘治十三年卒，年七十三。万历初，从祀孔庙，追谥文恭。

白沙先生像赞

此翰林院检讨白沙陈先生像也。嘉靖辛酉，洛南陈公参知蜀藩，出以相示，属为之赞，顾迂何能为役哉？昔司马子长谓"晏子而在，虽为之执鞭，所欣慕焉"，迂不佞，窃亦愿致欣慕之私云尔。

于维先生，炳灵南粤。浮丘之峰，桂海之碣。静中端倪，作圣真诀。独契本心，超然融彻。灵鸟神龙，不可系绁。终老江门，完璧无缺。方汉徐孺，拟宋康节。丹青睟图，冰壶秋月。庶士倾风，万流仰哲。矧伊乡彦，不虔对越。宜其动静与俱、行迈携挈也。西蜀右布政使后学豫章李迁谨撰。

星应雪飞,呈见之奇;阳春端倪,敛聚之资。衔勒不遗,动静之规;鸢鱼自如,物我之宜。南斗金书,当时已莫测其神变;长空大海,流风犹足系乎纲维。呜呼!黄云紫水,尝闻其概,或若仪刑之可即矣;执鞭攀驾,幸非异代,又何憾此生之后时哉!吉水后学罗洪先。

於戏噫噫,大道堂堂。其易也,镜中鼻觊;其难也,海底针藏。冒雨冲风,殆亿万回而始睇日月;跋山涉水,可千百转而卒踏康庄。了成性之存存,致妙用之无方。所以能回洙泗千百载垂绝之正脉,投宇宙无纪极续命之真汤。虽天启之不易,良人谋之允藏。遗容如在,道丧人亡。所赖者遗书数册,一一皆登性天之梯、济道海之航也。门人南海张诩撰。

万卉色异,根核状一。古灌园公,力灌其根,万卉斯茁。千圣万圣,所传者心。大涵天地,精贯古今。博约交致,必力其根。碧玉有楼,阳春有台,学非不博,维根是栽。天德王道,要归慎独。慎独者何,灌此一掬。一掬非内,万物非外,握我靶柄,出之斯沛。嗟!彼号敏达,认叶数枝。维卉之绘,譬彼剪彩,终乏天然。于维先生,默契道渊。仰止玉台,孟晋遗诠。古冈后学黄淳。

从祀文庙疏议

万历十三年乙酉,诏以翰林院检讨陈献章从祀孔子庙庭。先是,嘉靖中,言者请进薛文清瑄从祀孔庙。隆庆初,言者又欲并王文成守仁、陈检讨献章祀之,卒莫定。至是,台臣詹仕讲、王学曾复以为言,下馆阁议。

儒臣李廷机曰:“学之祀孔子,何也?谓其道为万世师也。孔庙之有从祀,何也?谓其羽翼孔子之道也。诸生诵法孔子者众矣,然或独得称羽翼者，何也？谓其彻乎道也。国朝理学浸淫，追宋而上之，汉唐弗论也。则愚以为三人者与有力焉。国初固多才，然而挺然任圣道者寡矣。自河津薛公起而引圣道为己任，危言细行，必准古遗训而绳之。盖自是天下学道者四起，争自濯磨，以承圣范，岂谓尽出河津哉？要之，默自河津启之也。然而士知惇质行已矣，于心犹未有解也。自新会陈公谓学必有源，'静而反观乎此心之体'、'得其自然而不假人力，以为至乐'，具是矣；其于世之荣名，若遗也。盖自是天下学道者，浸知厌支离而反求诸心，岂谓尽出新会哉？要之，默自新会启之也。然以其初知反本真也，则犹隐然与感应二之也。自会稽王公于百难万变中豁然有悟于学之妙机，以为天下之道原自吾本心而足也，于是揭人心本然之明以为标，使人不离日用而造先天之秘，不出自治而握经世之枢。及其随所施而屡建大勋，则亦由学之约而达也。盖自是天下学道者浸知显微之无间、体用之一源，骎然有中乎道之窾郤，岂谓尽出会稽哉？要之，默自会稽启之也。愚故以为，此三人者皆所谓羽翼孔子之道者也。今河津既俨然列于孔庙矣，则进新会、会稽而三之，夫岂曰不宜？世之挠其祀者故多端，诸卑卑谩说勿论也。高者见谓颛求性命之精[1]，使人忽躬行而废多识，此亦未深究夫先生之学者。夫两先生以为心镜之不明，安取躬行之中否而修之？是故而求诸心也，正所以为制行之权也。学而求诸心，则殚见洽闻皆所以启圣天之聪；遗其心而惟闻见之求，虽尽天下之物而识之，无当耳。今考新会之论曰：'识见要超卓，践履要笃实。'会稽则曰：'人须在事上磨炼做工夫乃有益。'彼却何尝忽躬行也？新会之论曰：'以我而观书，随处得益。'会稽则曰：'以蓄其德为心，则多识前言往行，孰非蓄德之事？'又却何尝废多识也？而猥以此为两先生病，两先生有所不受

[1] "见谓"，碧玉楼本作"则谓"。

矣。比者,摈斥诸言理学臣,毁其讲坛,士人噤口结舌。今幸庙堂默以理学布诸政,抑既下令弛其禁矣,然而人心犹未释然信也。诚以此时附两先生庑序中,傥可以立儒帜而起士风乎!愚以为从祀两先生,则人心当;从祀两先生于今日,则时又当。"云云。

邹德溥曰:"王文成、陈白沙二先生之学,盖所谓嚅哜道真、涵咏圣涯,一代学士先生之裒然者也。文成用世悟道于皲阅体验之余,白沙高世得道于沉潜静笃之中。故一则曰致良知,一则曰戒慎恐惧、曰勿忘勿助、曰自然。良知之说,似创而非也,自是孟轲氏无为无不为、无欲不欲之宗旨也。彼其历涉险夷、躬当盘错、磨砻练习,而后有以见夫宇宙之内千变万化,皆出自吾心一点灵明,不过致其良知而足也,是以独标以为教也。戒慎恐惧、勿忘勿助、自然之说,似沿而非也,自是吾人收心养性、集义养气之节度也。彼其用意检点、极力收束、强勉刻励,而后有以见夫戒慎之功,才忘才助,俱不是吾心自然本体,不过还之自然而足也,是以历举以为教也。盖二先生学皆出于圣贤而非出于胸臆、皆得之蹈履而非得之讲谈。尝试稽之年谱、参之舆评,则其立身行己、其居官任事、其治家处乡,并无有得而容议者。或乃见其一二门人不厌众心也,而并有惑志于文成;见其阳春台中端默独坐也,而以禅学疑白沙。夫自尼圣已不能保其往、与其退,而静之为禅,将所谓未发之中者,非耶?愚以为二先生之学并不背乎圣人,而二先生之祀,各有补于世教。祀文成以劝夫缙绅者,使人知用世之为学,不必藏而后可以修;祀白沙以劝夫遗逸者,使人知不用之亦为学,不必仕而后可以显。盖以宋代区区而祀于黉宫者,尚若干人;我明二百余年,人文之盛,视宋何如哉!而仅仅一河东也。进二先生而祀之,其谁曰不可?"

而议者纷纷,续又奉命礼部会同九卿科道廷议归一。部议又请独祀布衣胡居仁。少师大学士申时行乃具疏上言:"皇上重道崇儒，德意屡下，深切著明如此。今该部覆议，乃请独祀布衣胡居仁，臣等切以为未尽也。彼诋訾王守仁、陈献章者，除所谓伪学霸儒，原未知守仁，不足深辩。其谓各自立门户者，必离经叛圣如老佛庄列之徒而后可，若守仁言致知，出于《大学》，言良知，本于《孟子》；献章言主静，沿于宋儒周敦颐、程颢，皆祖述经训，羽翼圣真，岂其自创一门户耶？事理浩繁，茫无下手，必于其中提示揭要以启关钥，在宋儒已然，故其为教，曰仁、曰敬，亦各有主，独守仁、献章为有门户哉？其谓禅家宗旨者，必外伦理、遗世务而后可，今孝友如献章，出处如献章，而谓之禅，可乎？气节如守仁，文章如守仁，功业如守仁，而谓之禅，可乎？其谓无功于圣门者，岂必著述而后谓功耶？盖孔子尝删述六经矣，然又曰'予欲无言'，曰'吾无行而不与二三子'。门人颜渊最称好学矣，然又曰'于吾言无所不说'，曰'退而省其私，亦足以发'。夫圣贤于道，有以身心发明者，比于以言发明者，其功尤大也。其谓崇王则废朱者，不知道固互相发明、并行而不悖。盖在宋时，朱与陆辩，盛气相攻，两家弟子，有如仇隙，今并祀学宫。朱氏之学，昔既不以陆废，今独以王废乎？大抵近世儒者，褒衣博带以为容，而究其实用，往往病于拘曲而无所建树；博物洽闻以为学，而究其实得，往往狃于见闻而无所体验。习俗之沉锢久矣。今诚祀守仁、献章，一以明真儒之有用，而不安于拘曲；一以明实学之自得，而不专于见闻。斯于圣化，岂不大有裨乎？若居仁之纯心笃行，众议所归，亦宜并祀。我国家二百余年，理学名臣先后辈出，不减宋朝，至于从祀，乃止薛瑄一人，殊为阙典。昔人有云：'众言淆乱折诸圣。'伏惟圣明裁断主持，益此三贤，列于薛瑄之次，以昭熙代文运之隆。"制曰："可。"于是令天下学校皆祀守仁、献章、居仁[1]，位在薛瑄之下。

---

〔1〕"守仁、献章、居仁"，碧玉楼本作"王守仁、陈献章、胡居仁"。

诏准从祀文庙谢表

裔孙陈观光

臣窃念臣祖陈献章,本以诸生遭逢盛世,初由乡荐,继膺聘书,蒙登朝而授官,特赐归以养母,甘侍菽水二十余秋,饱历冰霜一十九载。论建树,未报乎先朝优录之恩;语体验,惟得诸往籍陈编之外。曰致虚立本,学独得其精微;曰自然为宗,教非别创门户。顾微言虽立,而同时共业者尚攻其非;况大义久湮,而见影疑形者孰信其是? 伏惟皇上秉独断之聪明,折众言之淆乱;俯俞言官之请,嘉纳辅臣之章。谓有用之真儒,不狃拘曲;而自得之实学,罔专见闻。君相协衷,庄诵王言之大;章缝快睹,庆逢盛典之成。羽翼孔孟者,由是从实践而不专著述之为功;尊信程朱者,由是悟妙契而益知剿袭之为陋。一洗沉锢之习,顿开理学之途。讵臣等二三孙子之荣光,实天下亿万儒矜之瞻仰也。

诏建白沙家祠特赐额联并祭文

万历二年甲戌,诏建祠于白沙,肖像祠中,赐额曰"崇正堂",联曰:"道传孔孟三千载,学绍程朱第一支。"复命翰林院撰文以祭,曰:恭惟先生,五岭秀灵,潜心理学。宗濂洛之主静,弄月吟风;接洙泗之心源,鸢飞鱼跃。孝友出处,昭在当时。懿范嘉言,垂于后世。洵一代醇修,足为儒林矜式者也。朝廷重道,致祭于祠。灵明不昧,庶其来歆!

饬修白沙家祠檄文〔1〕

张镜心

崇祯十三年庚辰四月初八日,两广总督张镜心檄提学道转行新会县为重修先贤祠堂以彰私淑事。照得:新会县先正陈白沙先

〔1〕 此篇据碧玉楼本辑录。

生，应运钜儒，开民先觉。功从博约，潜符一贯之宗；悟到静虚，妙证先天之蕴。星睛斗颊，持不流不倚孤标；忠仕孝归，养至大至刚灏气。道承圣统，长揖濂洛诸贤；功在醇修，一洗汉唐俗学。真千秋栋道之功臣而一代教人之准鹄也！本部院滥尘端水，咫尺江门，沐化有年，拜瞻未举，拟于仲冬吉日专行展祭，所有祠宇，合行先为修葺。备牌行道即便转行新会县亲至该祠逐一查估，何者未备，当议增修？何者渐圮，当议整理？一面具报，一面动支本部院赎银，速行修造完固，务要焕然一新，候届期展祭。

崇祀乐芸翁郡邑乡贤公结〔1〕 梁应聘等

具结为推恩先儒崇祀厥考以彰启佑、以表遗逸事。真儒陈白沙讳献章之父陈琮，学有渊源，才不世出。英姿天挺，当髫龄即能挥翰长吟；异质性成，才呫哔便自过目成诵。一时先正叹为莫及，同学少年逊其不群。犹且孝友早著于庭闱，礼让可孚乎里族。好善类听乐之忘卧，疾恶如咀饭之吐蝇。即在亲师取友之茂年，便毅然以明道淑人为己任。不虞英发伊始，遽尔傃幽告终。方惧半生坠绪或失其传，乃幸一代钜儒以为之子，衍正宗于博约，直溯启圣心源；倡绝学于虚静，自是趋庭家谱。始信士无潜而不跃，亦知贤有开而必先。是以名硕如世卿，则纪于传、赞于诗，尽可摹其不惑不愧之孤标；夷考纂修之外史，则邑有志、郡有乘，亦足概其休休昭昭之逸轨。至今流风远而未泯，公论久而弥彰。若非表扬盛美、崇祀府县，将何以阐幽光而风来学乎？聘等仰止高山，寻源宿海，每过其里门，辄喜先世明德之有达；望其家庙，窃叹举祀黉牺之无人。虽云文采不表见于当年，佥谓笃行克昭垂于异代。况叙世美者推本于所生，而貤恩荣者覃被于厥考。从未有其子列圣宫之俎豆，而

〔1〕此篇据碧玉楼本辑录。

乃父不获荐贤庙之苾芬者也。宜敦礼经瞽宗之典，用昭前哲启佑之光。今蒙取结，合遵从公。

崇祯十六年癸未，巡按御史柳寅东、提学副使吴正题请崇祀先儒白沙陈子之父名琮于郡邑乡贤。阖邑廪增附生梁应聘、殷有光等联结。

重修马山祠并题联额〔1〕

顺治十七年庚子，新会县学训导陈龙光捐修邑城马山祠上下二座、正偏六间。额于堂曰“道岸先登”；联曰“前贤道岸先登后学认途真亦足升堂入室，峻岭儒门再辟达人知海阔自知溥博渊泉”。

其他资料

奠先师白沙先生文〔2〕

门人湛若水

弘治十三年，岁次庚申，三月某朔，越八日壬戌，门生湛某谨以牲醴之奠敢昭告于先师石翁先生之灵：呜呼！先生独得不传之奥，以传后人。扩前圣之未发，起历代之沉沦。至无而动，至近而神。因圣学以明无欲之敬，举鸢鱼以示本虚之仁。卓有见乎神化，初不离乎人伦。即一事一物之末，而悟无声无臭之根；于勿忘勿助之间，而见参前倚衡之全。握无为之机，而性成久大之业；启自然之学，而德有日新之源。无疑所行，行所无事，沛乎如行云流水，就之如和气阳春。至其所谓不可传者，终不可以言而陈。盖必有潜诸心，有践诸身。窥其奥而探其渊，夫然后信先生之所立不远而

〔1〕 此篇据碧玉楼本辑录。

〔2〕 此篇据《甘泉先生文集》辑录。（湛若水撰：《甘泉先生文集》，明嘉靖十五年刻本，内编，第十八卷，第一至二页）

倬，所学不杂而纯也。

呜呼！孰谓不可言之妙，不可传之蕴，今已不可得而复传，而传之者复几何人？堂堂元气，逝将与大化而长奔。一十二万年雪月，四百三十峰晴云，是犹庶几乎？先生之真，万古长存。嗟哉！先生昔尝执我之手："惟我与尔，以慨斯文。"今也斯文丧天，予将畴亲？吁悲无垠。呜呼哀哉！尚飨。

祭白沙先生文〔1〕

门人张　诩

乌虖！天地中和之气，东南川岳之灵，钟而为不世出之英。爰自束发以至皓首，一本之以至诚。岿然树斯文之梁栋，卓哉启百世之师承。超然远览，邈出八纮。尽脱去秦汉以来诸儒所学之捕影逐响，远追宗孔孟以前群圣所得之惟一惟精。其始用力，妙契乎勿忘勿助；其卒收功，远到乎无臭无声。襟怀洒落，真前贤之光风霁月；文章正大，又古作之玄酒大羹。散而为礼仪威仪之三千三百，酌而为春秋与敓之或重或轻。观其艺，如字画之妙，亦侔造化；考其行，如孝悌之至，且通神明。平生不以著述为事，自然著述若云烟之浩荡；不以节守自居，自然节守夺金石之坚贞。其造诣之深，力行之笃，可不谓之大成者耶？虽高栖遐遁，杳若振衣于五峰云汉之表，濯足于八溟水月之清，而其心未尝不惓惓于朝廷，皇皇于苍生，真子思所谓"极高明而道中庸"，程子所谓"情顺万事而无情"者也。是以贵人达官无不愿造其庐，市儿闺女亦且咸知其名。觌德者心醉，闻风者化行。惜乎经天纬地之才，徒吐露于驾天风弄海涛之篇翰之富；然而扶世立教之功，了不下于救洪水驱猛兽之事功之弘。至于不言而人自信，不戒而物自惩者，其玄德感化之机，又岂

〔1〕此篇据《东所先生文集》辑录。（张诩撰：《东所先生文集》，《四库全书存目丛书》集部，第四三册，第四一四至四一五页）

世可得而称哉？抑斯言也，可为知言者道，而浅薄者或以为矜也。嗟夫！死生朝暮，达人固不累于幻形；道丧人亡，天下谁不痛兹典刑？而况诩也受教门墙二十余龄，仰再造之恩，结岁寒之盟。使复聪于既聋，续明于既盲者，谁之力与？而今而后，栋倒山倾，何资何仰，何信何征？虽涸东溟之波，枯南山之竹，亦曷足以写孤恨之冥冥乎？乌乎痛哉！

祭石翁文〔1〕

门人李承箕

先生膺聘成化壬寅之秋，予省叔父官长安，窃自喜："必得洒扫左右。"既而此南彼北，相左于(徐)[涂]。

先生至京师，予弟荩卿旦暮谒见。先生曰："衡有两端，道德声利，孰轻孰重，且问而兄。"盖知予兄弟倾仰之诚。自成化己丑，叔父膺官广藩，而子弟不得辄出入属州，辗转数十年之怀也。其后壬寅之七年，予始得拜先生白沙。既而每有请益，惟欲一启其扃，不深其奥，待予自得焉而已。朝食夕飧，寒衣暑服，饮酒举杯，投壶拥矢，一歌一曲，有唱有和，不一而足。近舍图新，远或玉台，殆七逾月，予亦告归。性命道德，形气神虚，有诗有序，指我正途。既又四年，予致寿具于太夫人，风来不薰，筑台处之，命曰楚云。我独静居，水月为邻。翁适佳景，度桥呼云，而我三两，北径南村，交荫荣木，扶影清滨，一日夕而三四见也。又三年，太夫人没，予来赴吊，先生滂沱涕泗，若不胜丧。创祠堂，修数世先阡，各有记志，并属予笔。既而得语涩疾，两旬始平，乃曰："我于家事，亦云毕矣。祥禫之后，与子衡山而终老焉。"岂料不酬此约，而至此也。又三年，容一之以先生疾报至，予兄茂卿曰："先生厌处烦嚣，欲栖烟霞，殆示

〔1〕 此篇据《大厓李先生诗文集》辑录。(李承箕撰：《大厓李先生诗文集》，《四库全书存目丛书》，集部，第四三册，第六一〇至六一一页)

病欤？弟须往省。”予一见之，始知疾亟，非托言焉者。先生泣数行下，吾亦泣数行下。既数日，又连与投壶饮酒，又窃自喜：“先生疾自此或愈乎？衡山之约不负乎？中风之疾，世有淹留八九年者，有十六七年者，未必遽尔也。”苟诚知其然，于微亟之际，吾必执其手足以待。倏然长逝矣，岂料其遽尔耶？

先生门士，请益请业，各有知闻，发越施张，俨有门户。予独戆愚村朴，而翁一视之无先后焉，岂其得于天几之内者，而不可欺以人耀之外哉？笔未临纸，情已塞胸，不自知其言之乱也。

祭陈白沙先生文[1]

门人林　光

呜呼！先生挺生，岭海之隅；灵钟秀聚，貌粹神腴。充养有道，静极而虚。闲若垂天之云，活若走盘之珠。壁立万仞，春阳和旴。学衰道废，学者从事乎枝叶、训诂之余；入耳出口，不觉没溺而沦胥。先生扫其浮叶，直其回纡；启其关钥，洞其室庐。天高海阔，飞鸢跃鱼。万变纵横，我握其枢。洪波汹涌，一柱江湖。身寄乎岭海，心出乎皇虞。风雅之音，玩美[文]乎一世；豪迈之气，寄妙墨以发舒。天下之人，嗜之若脍炙，宝之若璠玙。风动乎寰宇，声播乎樵渔。呜呼！先生卓哉，一代名儒。光在少年，已熟芳誉，己丑燕台，始获(枢)[抠]趋。同舟南归，意洽情愉。兰薰(膝)[漆]固，日积月储。声利名场，断隔驰驱。晦迹穷山，神明与居。十有五年，兀兀于于。披肝露胆，非简即书。每承首肯，发其狂愚。将谓终身，业供扫除。先生被荐，表奏区区。诏许归养，母子欢娱。我被台檄，促上燕车。遂沾微禄，久坠迷迂。先生之心，念我劬劬。戊午之腊，手迹犹濡。呜呼！沉晦以精，退处以需。先生道虽不及一

---

〔1〕 此篇据《南川冰蘖全集》辑录。（林光撰：《南川冰蘖全集》，第二〇三至二〇四页）

试,而天下之有识者望风引领,恨不一造其庐。先生盖棺,胡何憾欤?光职业羁縻,闻讣之日,南望而哭。直为天下恸,不得躬执绋于灵舆。三千里外,哀寓一斞,先生之灵,尚其鉴诸。

祭陈白沙文〔1〕

余干张　吉

惟斯道之浑浑兮,亘万古而长存。作天地之桢干兮,固兼统乎化元。抱浑仑而为生兮,匪斯人其孰可言?秉灵睿以独照兮,乃飘飘乎绝尘而奔。卓伊姚于隆古兮,仰象尼之独尊。嗟神霄之九万兮,见孤凤之翔骞。逮邹舆而脱其韁兮,世彝处乎覆盆。目不睹乎两曜兮,徒置喙于多门。竞荣腴于华叶兮,业已丧其本根。何有宋之多贤兮,为吾道而招魂。沛伊闽之浩浩兮,濬昆仑之大源。遭妖氛而涸绝兮,圣人作而再见奔浑。台海河东各有其人兮,功业炳耀乎乾坤。若蹈巢许之高躅兮,越有康斋之可论。公实亲炙其门兮,始几废乎眠餐。既宅心于超旷兮,痛自撤其樊垣。希神工之大巧兮,斧凿泯其无痕。憎俗儒之固滞兮,枉徒弊乎忧烦。谓直截径捷可造至域兮,犹驾车而理辕。此心神化妙不可测兮,固存存在所必敦。超然离乎言说兮,鄙百氏之澜翻。惟默会于神域兮,庶一静制乎百喧。发列光于沉几兮,迈气岸于黝贲。我始拜公于京阙兮,茫然风影之莫扪。继楫江门而陟玉台兮,树乐事之旗幡。岂袭风韵于尧夫兮,嘘冷灰而重温。恶鼻祖之遄迈兮,仍克肖而有孙。毕竟异其门途兮,各附托于真原。摆陈踪而脱落兮,羌引臂而无援。维众妙之困庾兮,与天巧而为屯。傍炎海而独立兮,薄云梦之可吞。骑列星而直上兮,叩天地之重阍。遡陈词而跽吊兮,酌暮潮以为樽。呜呼哀哉!尚飨。

〔1〕 此篇据《古城集》辑录。(张吉撰:《古城集》,《景印文渊阁四库全书》,第一二五七册,第六七八页)

祭白沙祠文[1]　莆田林　俊

维正德改元，岁次丙寅，五月庚辰朔，越十有五日甲午，晚学见素子林俊，谨具殽醴，托乡友邱君泰致祭于老友石翁陈先生有道之祠[2]，曰：

呜呼，先生澄莹开阆，韵致极高。自游康斋而心学正，友一峰而节概明，友定山而诗学更大进。勾押烟霞，陶写风月，尧夫之襟度，识量高洪，才虑深远，有道之风致；而春容懿纯，轩特崭绝，则又叔度之雅与子陵之风焉。先生非隐者也。元亮八十日县令，晦翁四十日朝官，先生盖无一日焉。处士名高而用多不副，先生盖未尝试焉。彭从吾首荐，朱郴阳再荐，不揆小子默致力其间，然所以处先生者诚情耶！翰林之授，我宪宗之特见云尔。木高风摇，行高人毁。然而攻洛者蜀人也，先生则乡人焉，何心哉？我孝宗恭默思贤，言者恒及焉。而彼人方居要，使清朝缺征聘之盛举[3]。彼人死，先生老且病，无复周公梦矣。先生虽不用于时，而道风义概，起乡人而歆动天下。广之风所以大异畴昔者，谁之功？天下之士稍知自立而不随风以靡者，又谁之力欤？呜呼，东汉名节之士，固亦有赖于此者，况先生重非其俦耶？使游濂洛关闽，得其微言奥旨，侣群哲，会数圣，以肩项四子无疑也。俊自京师幸亲光霁，慨岁月之永违，而晤言之不可复再。今已矣，墓草几绿，一觞未至，托心语于便鸿，寄世风于远涕。呜呼哀哉！浩浩南海，岳岳厓山，张陆俨在，公神其间。呜呼哀哉！尚飨。

---

〔1〕 此篇据碧玉楼本辑录，校之以《见素集》中《祭白沙陈先生文》。（林俊撰：《见素集》，《景印文渊阁四库全书》，第一二五七册，第二九三至二九四页）

〔2〕 “邱君泰”，《见素集》所收此文，作“林君舜举”。

〔3〕 “居要”，《见素集》所收此文，作“据要”；“征聘”前，有“审像”二字。

建祠白云山塑石斋先师像成祭文[1]　　门人湛若水

嘉靖三十年九月朔日，门人湛若水率同志某等以释菜之仪，告于石斋先师之像曰：

水也闻之，弟子之事师如事亲，是故于其没也，有三成之道焉：具体克肖，谓之德成；见于羹墙，僾乎容声，谓之思成；刻木肖形，谓之像成。德成不已，求之思成；思成不已，求之像成，皆有不得已焉也。想塑师像工已告竣，临之在上，俨然温厉，致恭暴慢，化成狡伪。若夫江汉秋阳，皜皜叵尚，惟人自得，不可名状。水等俯焉孳孳，不敢退让，惟师其佑之。尚享。

诣白沙祠祭文恭陈夫子文[2]　　云间张　恒

康熙丁亥仲秋，云间后学张恒谨以瓣香酒果之仪，祭于明先儒陈文恭白沙夫子之神曰：

於乎！卓哉夫子，岭南一人。江门崛起，上应星辰。黄云紫水，地灵生申。亲殁遗腹，岐嶷绝伦。逮至长成，举动安闲。自幼警悟，丰度若仙。早登贤书，志欲传薪。梦抚石琴，兆征道传。度岭求师，从吴聘君。遂弃俗学，洙泗寻源。闭户苦功，主静斯专。至无至动，至近至神。本虚形实，立本自然。游雍监试，濡毫直陈。吾道宗主，紫阳是尊。真儒间出，倾动朝绅。誉满金台，道乎定山。一峰乐交，克恭弃官，折节门墙，日侍讲坛。名重遭忌，试卷沉渊。付之一笑，德器浑全。泊乎归里，潜心典坟。四方负笈，济济问津。倡明正学，邹鲁海滨。江门遗绪，恢宏甘泉。院司交荐，疏请事亲。

---

〔1〕 此篇据碧玉楼本辑录，校之以《甘泉先生续编大全》中《白云白沙祠塑像告成文》。(参湛若水撰：《甘泉先生续编大全》，明嘉靖三十四年刻本、万历二十一年修补本，第十四卷，第二五页)

〔2〕 此篇据碧玉楼本辑录。

锡爵终养，异数特闻。孝感上穹，旋里庆云。吟风弄月，自得日新。斑衣莱舞，竭力承欢。衰颜善病，焚香告天。愿从母后，诚吁延年。太君九十，公亦七旬。擗踊临丧，尽礼如存。事兄尤谨，隅坐惟虔。让田不争，贻金封还。仿富公事，屡辞田园。建坊白沙，力止更坚。创楼江浒，勉俞迎宾。楼曰嘉会，尊酒论文。江水泂洋，投竿垂纶。观物穷理，力砥狂澜。默察动静，旋乾转坤。光霁胸襟，周邵后身。不事著述，寓诗陶甄。造诣益深，蔼乎如春。泼墨挥毫，直逼右军。翳予小子，不惮艰辛。廿载驰驱，齿豁鬓银。欲明绝学，冒暑冲寒。忧道遑遑，回首酸心[1]。搜罗散帙，期纂加镌。景仰典型，心仪拳拳。恭谒祠宇，扁额高悬。酹酒焚帛，敬抒寸丹。恒谨告。

祭白沙祠文[2]

张甄陶

维乾隆十六年，岁次辛未，仲秋朔，越祭日戊午，文林郎、翰林院编修、改知广东鹤山县，今署新会县事，纪录一次，记大功一次，张甄陶谨以牲醴香帛之仪致祭于先儒白沙陈先生之灵曰：

古之为政者，稽于文献，咨于故老。若邑有名贤君子，风徽未泯，则必崇其庙貌，表厥闾里，示民兴行，以树风声，盖其亟也。惟先生性资近道，学问天成。周元公之主静，是属渊源；程伯子之无欲，若合符节。加以至孝，卓为醇儒。五岭以南，与于先圣之庙廷者，一人而已。甄陶奉檄署令新邑，典型斯在，景企惟殷。谨奉牲牢，祇谒祠下，伏惟昭格。

---

〔1〕“酸心”，阮榕龄《白沙丛考》云，“此文俱用‘真’、‘寒’等韵，不应忽杂入‘心’韵，盖是‘心酸’倒置”。

〔2〕此篇据碧玉楼本辑录。

孝思堂记〔1〕

吴与弼

人之生,乐莫乐于父母之俱存。番禺陈生献章,方娠而严亲弃世,则不幸之大者也,赖三迁之教,中戊辰乙榜进士。笃漆雕之信,复淹吾馆。每痛鲤庭之永隔,感孟机之多违,闻者动心焉。家僮之返,予为大书“孝思”题其白沙之堂,而文以广其意曰:“君子之于亲,跬步不忘于孝,况幽明之异、侍养之旷哉?然全其大,必当略其小。慈颜无恙,伯氏综家,正自求多福之时也。及是时,悉其心以立乎己,俾人知陈氏之有子,先君为不亡矣。陈生勉乎哉!”伯氏朝夕为我申其说于定省之余,亦足少慰倚门之况云。时景泰五年,岁在甲戌,八月甲申,临川吴与弼记并书。

嘉会楼记〔2〕

门人张　诩

嘉会楼在新会县东南二十里许〔3〕,地名白沙之江湄。楼为重斯道而作者也,而其名则取《易》“嘉会足以合礼”之义也。白沙先生倡道东南,几四十年矣,天下之士闻风景从,而凡东西往来与夫部使过者必谒焉,村落茅茨土栋至无所于容。弘治甲寅夏六月,巡按广东监察御史南昌熊君成章始谋创楼为衣冠盍簪之地。会藩宪郡守诸公,议甫定,即檄通判顾文特来卜地〔4〕,百工力作,浃数月乃告成焉。地凡若干亩,楼凡三楹〔5〕,高若干丈,广如之。南望厓

〔1〕 此篇据碧玉楼本、《白沙先生遗迹》辑录。(陈应燿编:《白沙先生遗迹》,香港:陈氏耕读堂,一九五九年增订版,附篇第二页。)案:此文又见《康斋集》。(吴与弼撰:《康斋集》,《景印文渊阁四库全书》,第一二五一册,第五五九页)

〔2〕 此篇据碧玉楼本、《白沙先生遗迹》辑录。(陈应燿编:《白沙先生遗迹》,附篇第十二至十三页。)案:此文又见《东所先生文集》。(张诩撰:《东所先生文集》,《四库全书存目丛书》集部,第四三册,第三九六至三九七页)

〔3〕 “二十”,《东所先生文集》所收录此文作“三十”。

〔4〕 “特”,《东所先生文集》所收录此文作“时”。

〔5〕 “三楹”,《东所先生文集》所收录此文作“若干楹”。

山大忠祠，西接圭峰玉台寺，北联丁公祠、贞节桥，东控江门。山环水绕，足称名胜云。惟斯道之在人心，犹日月之丽于天[1]，川岳之列地也。无日月则万古冥冥矣，无川岳则化育功亏矣。人心一失，则贸贸焉亦焉所底止也[2]？然倡之者，盖难乎其人焉。苟非心领神会，有以默契数千载不绝如线之传，则穷理之功有慊，涵养之力莫施。无论造化之变[3]，祸福之大，虽功利得丧丝毫不断，物我是非一念犹存，以是诬己欺人，彼愚懵或信矣[4]，贤知者信之乎？在人者或感矣，天地鬼神感之乎？《中庸》曰："诚之不可揜，如此夫！"又曰："诚者，非自成己而已也，所以成物也。"世道幸而有真儒者作焉，如日月，如川岳，开迷育物之功大矣，见之者得不谓之嘉会乎？慨自唐虞三代，君臣以斯道嘉会于上，而道寓于政者，天也；如洙泗如濂洛，师友以斯道嘉会于下，而道寓于言者，亦天也。又寂寥数百年，始得先生者为之倡焉，虽不见用于时，而溯流穷源，指示来学，异时出而为世用者，安知非其人也？然则，先生所遇独非天乎？今刑部侍郎白洲李先生，时为广东按察使，征记于定山庄先生。记未成而白洲迁官去，定山寻亦物故矣。穹碑卧荆棘中，殆十年[5]。弘治癸亥，吉水罗君维升以名进士来知县事，不胜羹墙之思，且念楼碑久不树[6]，无以纪前功而启嗣修也，以诩一日在先生门下者，属记之。夫楼之创不创、记不记，乌足以系斯道之加损也哉？所谓在人心者，亦必有因而见，不可少也。故曰楼为重斯道而作者也。於戏！先生往矣，传其道者见之闻之，世岂无人？而散处四方亦已

〔1〕"丽于天"，《东所先生文集》所收录此文作"丽天"，无"于"字。

〔2〕"亦"，《东所先生文集》所收录此文作"将"。

〔3〕"造化"，《东所先生文集》所收录此文作"生死"。

〔4〕"彼"，原作"将"，据《东所先生文集》所收录此文改。

〔5〕"今刑部侍郎白洲李先生，时为广东按察使，征记于定山庄先生。记未成而白洲迁官去，定山寻亦物故矣。穹碑卧荆棘中，殆十年"，《东所先生文集》所收录此文作"楼成，征记于定山庄先生，未几而定山先生随以物故矣。穹碑卧荆棘中，殆二十年"。

〔6〕"碑"，《东所先生文集》所收录此文作"记"。

久矣。独斯楼之在白沙,岿然如鲁灵光之存。千载之下,过阙里而起敬,味昌歜而致思者,亦必有感于记之云乎!罗君名侨,为人慷慨[1],治邑绰著廉能之誉云。弘治十六年癸亥秋八月,门人张诩记。

陈先生石斋祠堂记[2]

莆田林　俊

白沙陈先生石斋之崛起南粤也,不偕一命[3],甘韦布以老。荐书连络,迫部檄不得已起,起而又去。宪皇帝知其贤,授翰林检讨。先生受不辞,又去,竟未尝一日立于庙。无得于言,无所施于政,以收有尺寸之功。然而孤风远韵,上溢旁流,尽一世而仰服之。身领者神降,闻风者意往。贤者式,不贤者愧以阻,且化椎埋、胠箧、脂貌、漆中之流。听下风而驯素节,黜浮镇雅,名儒高士后先焉。先生于名教,可谓雨泽枯,水息焰,风夺炎,其盛矣乎!

先生殁一十四年,内江高君大和以名御史来按部,恻然曰:"大贤君子,身之所生,政之所临,与凡过化之乡,莫不有祠表先民,崇道化也。先生白沙之祠[4],顾独无立,非旷典,抑非吾人责欤?"谋之大参黄君伯望、佥宪王君叔毅,为立祠堂,又求先生故嘉会楼而修葺之。义风奋激,远迩腾欢。旧门下士为市田合若干亩,以充祀匮。侍御君以素辱先生知,书来嘱记。呜呼,元气会而名世生。在我南服,楚舂陵、闽建安尝载当其盛,而黄云紫水亦宇宙川岳,于今元气之会,意者其时先生盖当之也。

先生身长八尺,开颖绝人,举于乡,弃而从康斋吴先生学。康

---

〔1〕"慷慨",《东所先生文集》所收录此文作"惇信"。

〔2〕此篇据《见素集》辑录。(林俊撰:《见素集》,《景印文渊阁四库全书》,第一二五七册,第一一五至一一六页)案:碧玉楼本所收此文,题为"邑城白沙祠碑记",且题后有小注云:"原在北门街,后迁马山。"

〔3〕"偕",碧玉楼本作"阶"。

〔4〕碧玉楼本无"白沙"二字。

斋之有先生，犹挺之之有康节先生。始求之博，久之，曰："杂矣。"又求之静，久之，曰："偏矣。"杂佛老而超佛老，张、朱二先生迷而后获也。遂以宋大儒为依归。其立志甚专，向道甚勇，涵养甚熟，德器粹完，脱落清洒，以独超造物牢笼之外，寓言寄兴风烟水月云鸟之间，与天地同流。击壤同其自得，舞雩相始终焉。先生之隐与措施之大致，于是具矣。用世之志，阻于乡争名而处晦无间。其穷、其达，其亦固有命耶！夫麟之出，为时瑞者也。容有不知麟龙之在田在渊，其方所容模量耶？时也者，圣贤不能易也。君子收诸己者厚而外取诸名者廉，居之安而独成其我之是，未定之一乡一人，而终定之天下后世，彼倡朋党，攻伪学，其人安在哉[1]？侍御君首及是举，其风神意气有相感乎，而欲寄素衷于瞻趋景行之外者，独表厉然哉！二君相成，亦具知其趣矣。正德甲戌春二月，莆田晚学见素子林俊记于云庄清野。

白沙陈先生祠祭田记[2]

门人张　诩

甚矣！按治高公之为治之识大体也。西巡至新会县，首命有司创白沙先生祠，次修嘉会楼，于以昌吾道，表先哲，栽培国脉，驱岭海之民而风动之，为世道计也。或曰："迂乎！"诩则谕之曰："盍观之武王得天下之初乎，访于箕子，式商容闾，封比干墓，其大体如是而已矣。是故大而天下，次而一省，又次而一州一邑，治道能外是乎？甚矣！按治高公之为治之识大体也。"夫当世衰道散之余，大教澜倒[乎]纷拏功利之场[3]，士方驱逐于事为之末，漫弗究植

〔1〕 碧玉楼本无"君子收诸己者厚而外取诸名者廉，居之安而独成其我之是，未定之一乡一人，而终定之天下后世，彼倡朋党、攻伪学，其人安在哉"五十一字。

〔2〕 此篇据碧玉楼本辑录，《东所先生文集》亦有收录。（张诩撰：《东所先生文集》，《四库全书存目丛书》集部，第四三册，第三九六页）

〔3〕 "乎"字原缺，据《东所先生文集》补。

教作人之本,甚至脂韦洪涊、狐媚鼠窃、观望时好以为趋避之地者,皆是也。能心公之心、为公之事者,谁乎?

先生祠落成矣,入其祠者见屋宇蔽亏,仪容如在,靡不起敬起慕而动其思齐之念矣[1]。又佥以为不有祭田,则禴祀蒸尝无所于取给,亦缺典也。于是,昔在先生之门之后裔,远近辐凑,各愿割其产以充者,甚众。公曰:"美则美矣,未也。"复命有司估值以鬻之如时例,凡若干亩焉,杜后讼也。于时,分守大参黄公颙、分巡佥宪王公弘,咸协相厥事。王公以公意俾郡别驾陈君璜来征诩文为之记。诩也,先生之门人也,谊弗容逊避,遂记之,而首述公识治体以为今之俗吏励焉。

公名公韶,字大和,蜀之内江人。以弘治乙丑名进士出理抚州,治有状,擢居近侍。才识超卓,决断如流,兼之正气凛凛而不露圭角,盖济时之伟器云。至若田之亩数、坵叚界至与夫所鬻人之氏名,悉俾刻于碑阴。正德九年,岁在甲戌,春三月上浣,南海病夫张诩廷实甫撰。

粤秀山白沙书院记[2]　　门人湛若水

维嘉靖九年八月十九日,侍御孝丰吴君允祥拜命出按于广,甘泉子有雅焉,曰:"使君行矣。庶其有事,风化首焉,使君得无意乎?"君曰:"唯唯。"

其明年二月十九日莅广,阅厥九月,刑狱既理,乃修教化,遂用诸生邓德昌、费炳言[3],乃召多士咸造于庭,曰:"凡教化之事,有征信易从者,莫如乡先生。乡先生白沙陈公者,为我明正学之宗,

---

[1] 《东所先生文集》无"靡不起敬起慕而动其思齐之念矣"十四字。

[2] 此篇据碧玉楼本辑录,校之以《甘泉先生文集》中《白沙书院记》。(湛若水撰:《甘泉先生文集》,明嘉靖十五年刻本,内编第十四卷,第二九至三一页)

[3] 《甘泉先生文集》无"遂用诸生邓德昌、费炳言"十字。

天下后世犹将诵其诗、读其书、而尚论之者，而况其乡里流风余韵尚存，后生耳闻目睹而亲之者乎！”其以崇报寺旧址创而新之为白沙书院，实迩濂溪书院。且濂溪上右，白沙下左，若相承然，明白沙之学出于濂溪也[1]。又以陈氏之孙新会儒学生畲改广州府学，而帮其廪以守之，又拨废寺膏腴之田壹顷四十四亩以供祠事。一举而辟异端、扶正学，以化训乎乡里，以风动乎天下，而垂诸来世，亦观风之首务也。昔者甘泉子尝启其端，盖谓是矣。

凡几阅月而书院成，其上为祠堂五间，东轩三间，西轩称之。其下为拜亭三间，左右为两池。又其下为牌坊，其外为大门三间。门左右为号房十有三间；祠亭之间，左右为号房十有四间。其南为东厅四间，西厅亦称之。凡用木石砖瓦之事若干，工役若干，费淫祠价银若干[2]。于是有祠以安灵，有堂以敷教化，有庑以处学者。学者之来，可以居业，可以游，可以息，可以优游涵泳以究先生之道，升其堂而入其室，宛然俨然如先生之存，僾乎若睹其容仪，闻其謦欬而亲炙之者。所以淑人心，明正道，扶世教，易风俗，措斯世于唐、虞三代之上，礼义兴，狱讼息。夫然，人人知吴君之功于斯为大，而出于簿书刑法之外万万矣。

或曰：“先生之道，而侍御之所以拳拳而表章之者，何心也？”甘泉子曰：“先生之道即周、程之道，周、程之道即孟子之道，孟子之道即孔子之道，孔子之道即文、武、禹、汤之道，文、武、禹、汤之道即尧、舜之道。”曰：“道乌在？”曰：“道生于心。《记》曰‘人者天

〔1〕《甘泉先生文集》无“实迩濂溪书院。且濂溪上右，白沙下左，若相承然，明白沙之学出于濂溪也”二十九字。

〔2〕“凡几阅月而书院成，其上为祠堂五间，东轩三间，西轩称之。其下为拜亭三间，左右为两池。又其下为牌坊，其外为大门三间。门左右为号房十有三间；祠亭之间，左右为号房十有四间。其南为东厅四间，西厅亦称之。凡用木石砖瓦之事若干，工役若干，费淫祠价银若干”，《甘泉先生文集》作“凡几阅月而书院成，凡为屋若干间，木石砖瓦之事若干，为工役若干”。

地之心’〔1〕。故上下四方之宇,古今往来之宙,同一天地也,同一气也,同一心也。是故尧、舜之心即禹、汤、文、武之心,禹、汤、文、武之心即孔子之心,孔子之心即孟子之心,孟子之心即周、程之心〔2〕,周、程之心即白沙先生之心,白沙先生之心即侍御吴君之心。初无二心,初无二道,在觉而存之耳矣。不然,则侍御生乎数十年之后,千里之远,胡为而有此心哉?”

曰:“敢问白沙先生之心之道,其有合于尧、舜、禹、汤、文、武、孔、孟、周、程之心之道者,何居?”“先生语水曰:‘千古惟有孟子勿忘勿助,不犯手段,是谓无在而无不在,以自然为宗者也,天地中正之矩也。’世之执有者以为过,泥空者以为不及,岂足以知中正之心之道乎? 夫心也者,天地之心也;道也者,天地之理也。天地之理非他,即吾心之中正而纯粹精焉者也。是故曰‘中’、曰‘极’、曰‘一贯’、曰‘仁义礼智’、曰‘孔颜乐处’、曰‘浑然与天地[万物]为一体’,皆天理也〔3〕,尽之矣。尧、舜、禹、汤、文、武之所谓‘惟精惟一’、所谓‘无偏无党’,即孔子之所谓‘敬’也〔4〕;孔子之所谓‘敬’〔5〕,即孟子之所谓‘勿忘勿助’也;孟子之所谓‘勿忘勿助’,即周、程之[所谓‘一’、]〔6〕所谓‘勿忘勿助之间正当处,而不假丝毫人力’也;程子之‘不假丝毫人力’,即白沙先生之所谓‘自然’也,皆所以‘体认夫天之理’也。[夫自然者,天之理也,]〔7〕故学至于自

〔1〕“记”,原作“既”,据《甘泉先生文集》改。案:“人者天地之心”,语见《礼记·礼运》。

〔2〕“禹、汤、文、武之心即孔子之心,孔子之心即孟子之心,孟子之心即周、程之心”,《甘泉先生文集》作“禹、汤、文、武之心即孔、孟之心,孔、孟之心即周、程之心”。

〔3〕“皆”,原作“此”,据《甘泉先生文集》改。

〔4〕“敬”,原作“经”,据《甘泉先生文集》改。

〔5〕“敬”,原作“经”,据《甘泉先生文集》改。

〔6〕“所谓‘一’”三字原缺,据《甘泉先生文集》补。

〔7〕“夫自然者天之理也”八字原缺,据《甘泉先生文集》补。

然焉[1]，尧、舜、禹、汤、文、武、孔、孟、周、程之道尽之矣。扩先圣之道以觉夫后之人，为天地立心，为生民立命，为往圣继绝学，为万世开太平，其功岂不伟欤！后之人欲求尧、舜、禹、汤、文、武、孔、孟、周、程之学者，求之白沙先生可也。非求之先生也，因先生之言，皆反求诸吾心本体自有者而自得之也。千圣千贤之道固自在，而尧、舜、禹、汤、文、武、孔、孟、周、程之心，与夫侍御作兴之心，为不亡也[2]。"

若水生也晚，犹幸及门，亲受音指[3]，故于书院之成也，不让而为之记，俾来者尚有考于斯云。若夫增其高、益其广，后之君子得无吴君之心乎？斯役也，董其事者，按察使李君中、右参政祝君品、广州同知沈君尚经、断事车君璟也。吴君名麟，允祥其字[4]。嘉靖十一年五月二十三日[5]，赐进士出身、通议大夫、礼部左侍郎、前国子监祭酒、翰林侍读兼修国史、经筵讲官，增城门人湛若水撰。

改建邑城马山祠碑记[6]　　庐陵黄如桂

白沙先生年二十七，喟然事圣贤之学，闻康斋先生名，往从之。康斋每教人读书穷理，下学上达，截然无凌躐，先据德而后依仁，由涵养而致知而力行。其学大要以伊川为宗。先生笃任穷研，以规于成，竟无所从入，乃辞归白沙。杜门谢俗，昕夕拥蒲团静坐，编籍

[1] "学"字原缺，据《甘泉先生文集》补。

[2] "不亡"，《甘泉先生文集》作"不忘"。

[3] "受"，原作"授"，据《甘泉先生文集》改。

[4] 《甘泉先生文集》无"若夫增其高、益其广，后之君子得无吴君之心乎？斯役也，董其事者，按察使李君中、右参政祝君品、广州同知沈君尚经、断事车君璟也。吴君名麟，允祥其字"六十字。

[5] "嘉靖十一年五月二十三日"，《甘泉先生文集》作"嘉靖壬辰四月二十二日"。

[6] 此篇据碧玉楼本辑录。

无一入瞬者。久之,觉心体森然,万象具在,恢乎有不安排而定,不旁求而足者。于是涣然自信曰:“作圣之功,其在兹乎!”自是专意本原,以勿助勿忘为极则,种种色色,听其本来,而我无与焉。故能识动于无,会神于近,藏而后发,形而斯存,与他门所谓由积累至者不相为谋。先生尝有云:“周子主静,程子见人静坐辄称善,得之周也。朱子不言,有象山也。”又曰:“戒慎恐惧,所以闲此心而非劳之也。宋儒言之备矣,吾尝恶其太严焉。”由此观之,先生从违之微指,意之所归,类可概见。岂非冥造自得不由师传者耶?时论竞以其出处剂质是非,微哉!

桂自结发知重先生名,长而服教,前闻先生之学之大致,而深以未及见与不得究其止为憾。戊申之秋,桂与甘泉翁会于增江。其论先生之学,若茹饴啖蔗,服先生若七十子服仲尼。桂是以得闻其学术之详,而愿为执鞭无从焉。是岁仲冬,按新会,首谒祠拜之,祠弗称人,士从行者咸请改作。大参沈君应龙、佥宪朱君敬之相谓曰:“树德作人,政之经也,弗可以已。”于是命通判王子辂相度,命知县林子腾蛟经庀事,以公壖易民居之相参谬者,中为神室,遗像栖焉。东西构堂舍,视其地,翼以两庑,昂廓其门宇。复亭于后山之高平处,以志仰止。暨明年三月,工告竣,有司请题其额。

嗟乎,先生盛德士也,安敢易言哉?尝读先生《答张东白书》云:“虚其本也,致虚所以立本。”《元旦》诗云:“除却东风花鸟句,更将何事答洪钧?”《与李世卿闲谈》诗云:“五湖烟水能多少,更整丝纶钓八溟。”是故读溟海丝纶之句,可以观志焉,以名东堂;读东风花鸟之句,可以观趣焉,以名西堂。读致虚之文,可以观学焉,以名亭。亭,冯虚也。后之同志者,入是祠,睹遗像,若见其人;睹诸题辞,若亲闻其教。志先生之所志,学先生之所学,必翼有得于东风花鸟之趣,与舞雩游咏鸢飞鱼跃同一襟况。是以先生之道尊之者,尊之至也。而余今日之役,亦岂徒然哉?或又曰:“记有之:士有田则祭，祠而无祭，虚器也。”乃复籍闲田三顷有畸。岁征所入供祀事，余以周其子若孙之不给者，或缮葺遗业，公家理之。嘉靖己酉夏四月，赐进士第、巡按广东监察御史，后学庐陵黄如桂撰。

游江门记[1] 高明区大伦

予忆令东明，岁在甲午，正月甲辰夜，梦先生角巾玄服俨如，而予侍坐。先生呼童子进笔楮，书所为诗见赠。予受而读之，至“咫尺溪光谷口分，谷声传语隔溪闻”，觉胸中洞如，因复先生曰：“自孔孟以来，谈道者，无如二语透彻。此与一贯之旨何异！”先生颔之。既觉而怃然，窃叹先生启予者至矣。然求二语所为合于一贯，而茫然也。今去甲午十九年矣，予又何能无慨然。

详考先生之学以自然为宗，以无欲为至，而其要在致虚。虚者，无欲之谓也。致虚之功，必有事焉勿忘而勿助，故称自然也。三言若一，而致虚要焉。窃尝绎之：人心之虚原于太虚。儒者曰：“太虚之中无物不有，而无一物足为太虚之障碍。”此可以状虚矣，然而未尽虚之旨也。今夫日月之运行，寒暑之往来，川岳之流峙，众庶之凭生，以及草木、鸟兽、昆虫之为畅、为遂、为繁、为孳，凡若此者，目可得而睹，耳可得而闻，皆实也；而所以为是运行也、往来也、流峙也、凭生也、畅遂而繁孳也，目不可得睹也，耳不可得闻也，果孰为之？岂非虚者为之本乎？人心之虚，其犹此矣。是故心之动也，万感万应、可睹可闻者，皆实也；其为应感所从出者，不可以睹闻及也，则虚而已。虽然，人心之虚，与生俱来，而必有待于致，何也？盖虚者一物不留之称，形生神发，欲动而物诱焉。物诱于中，而虚者实矣。故致虚者，所以养其心体，勿使邪动之欲得以干之，而常为万感万应之本也。此先生之虚，所为出于无欲也。虽

[1] 此篇据碧玉楼本辑录。

然,虚者睹闻所不及,无思也,无为也,今曰致虚,得无有安排作为之烦乎?此性体也。昔者,孔门尝言性矣,曰"未发之中",而其功在戒慎不睹,恐惧不闻。《大易》尝言性矣,曰"成性存存",盖性不可致思,存焉而已,存而又存,初无断续之可言,亦无勉强之可执。故戒慎恐惧亦非有所甚烦于人力也,即自性之存存云耳。夫性体非虚乎?先生尝言勿忘勿助,即存存之旨,即其致之之功也,亦奚有安排作为之烦乎?此先生之致虚,所为归于自然也。故在子思谓之"未发之中",在《易》谓之"成性",在先生谓之"虚",一也。未发之言戒惧,成性之言存存,虚之言致,亦一也。明于存存,可以识戒惧矣;明于戒惧,可以识致虚矣。先生之学之所从来,与其所究竟,皆可得而论矣。故先生之言曰:"夫道至无而动,至近而神,故藏而后发,形而斯存。"又曰:"夫动,已形者也。其未形者,虚而已。虚,其本也,致虚之所以立本也。戒慎恐惧,所以闲之,而非以为害也。"其旨不既昭然矣乎?

或者未达藏而后发之语,窃疑其近于禅。盍亦观于化工乎?造化之盛德在春,而其藏之也必在于收敛剥落之候。冬之藏蓄不固,则春之发育不长。《易》言天,曰"显诸仁,藏诸用";言圣,曰"藏密"、曰"藏往"。藏者,化育之全功,神智之妙用,天地圣人之所不能违也,而何疑于先生之藏?或者见二氏尝言虚矣,以为先生之虚无以异于是者,不知道家之虚主于养生,佛氏之虚归于幻灭,其视一切应感与夫天地万物,了不相属。此心虚体已隔阂而不通、偏枯而不贯,比于医家谓之不仁。先生直还其本然之虚而无以害之,一物不留故能物物,万感万应于是乎出,资之无穷,用之不竭,天地万物罔不流行发育于其中,而不为天地万物所撄。此其于二氏,盖不待观其末流,而用意之初已有毫厘千里之判矣。而何疑于先生之虚?或者怪其出语间用释氏。则所谓尼父征言于老聃,孟氏借证于阳货,近儒盖尝辨之。而先生之诗亦曰:"二障佛所名,吾儒宁有此？”“闻拈曲江句，胜读《法华经》。”又曰：“禅家语与吾儒似同而异，毫厘之间，便分霄壤。此古人所以贵择之精也。”诸如此类，未易殚述。先生之于释氏，盖漠然外之，亦未尝讼言排之，其意常在于归斯受之而已者，愈足以见先生之大矣。

又按先生自少志于圣人之学，年二十七从吴聘君游，未有入。比归白沙，苦心力索者又十余年。既乃舍繁就约，惟事静坐。久之，然后见此心之体隐然呈露。其应用也，若马之御衔勒，若水之有源委，乃涣然自信曰：“作圣之功，其在兹乎！”原先生之始学，由静虚而入；究先生之归宿，以致虚而成。盖先生之虚，即《通书》之静虚、《易》之虚受、天载之无声无臭，其近接濂溪、直遡孔门而上达天德，盖勿疑矣。其教人也，训迪惟顾其材质，启发必因乎愤悱，其不能者不强也，与孔孟语上语下、引而不发之旨，实相符焉。尝示门人曰：“守身当以藩篱先。”又曰：“名节者，道之藩篱。藩篱不守，其中未有能独存者也。”先生立教，其约之于礼有如此，故服从其教者，高者闲于轨式，下者不得借其说以便己而欺世，而无有乎放情败俗之患。凡我同志，幸相与究竟先生之学，光而大之，以续圣真而翼世教。无若不肖空负此志三十余年，悠悠无成，徒负后时之叹也。

先生学在主静致虚以完吾真自得者。吾而真自得者完，即天地万物一齐枢纽。千古一贯真传，其在兹乎？记中独发明之，非深造者不能也。谨略按其说，附之集末，以俟后之学先生者云。黄淳识。

改创白沙家祠碑记[1]　　三水何维柏

白沙先生生都会里，里俗悍。先生长，迁白沙小庐山下，筑春

〔1〕此篇据碧玉楼本辑录，校之《天山草堂存稿》，《存稿》题为“重修翰林院检讨白沙陈先生祠记”。（何维柏撰：《天山草堂存稿》，《四库全书存目丛书》集部，第一〇三册，第四一四至四一六页）

阳台、碧玉楼,奉太夫人居之。先生笃志圣学,德成道尊,天下学者称为白沙先生。东西使节取道进谒。观风者欲于居南建道德坊以风来学,先生止不可,乃改创为嘉会楼,今岿然屹于江门之滨,过者必式。

万历辛巳冬,维柏泛舟江门,谒先生居里,偕陈子吾德行释奠礼,其孙观光等奉遗像设位为祭。礼成,历观旧庐台,鞠为草莽,楼半欹圮,抠蹑凛凛,不能安履〔1〕。大令丰城袁侯奎至自邑,相对太息,有改创之议。未几,制府临武刘公尧诲遗金修祠〔2〕,议遂决。陈子吾德暨邑博萧子端升、郝子翀、马子堪,各捐金来助。越岁,莆阳郭公应聘涖镇,以诸生之请,檄邑从宜措处,务底厥成,为文遣官祭之。于是袁侯得以行其议。捐官田若干亩,计直若干,召巨室董厥役而归之田〔3〕。应之者,乃先生门人聂元会之孙九赋〔4〕,矢志殚力,以隆兹创。以癸未冬,定度审式〔5〕,拓楼后隙地,建于上为碧玉楼。楼前接檐为堂三楹,祀其先公与太夫人,扁曰"贞节",存制也。中建崇正堂以祀先生,四方学子谒奠,咸在此。祠前春阳堂,宾客告虔式燕,亦咸在此〔6〕。堂之前为门,表曰"圣代真儒",志实也。甲申九月既望〔7〕,告成,袁侯致书山中,质予言为记。予曰:"维柏责也。"

柏少时稍知学,村居无师友,杜扃谈性理〔8〕,笃信李延平"默

---

〔1〕"不能安履"后,《天山草堂存稿》有"迟回久之"四字。

〔2〕"未几",《天山草堂存稿》作"壬午春";"修祠",作"五十"。

〔3〕"巨室"后,《天山草堂存稿》有"出资"二字。

〔4〕"聂元会之孙九赋",《天山草堂存稿》作"聂某之孙某"。

〔5〕《天山草堂存稿》无"以癸未冬,定度审式"八字。

〔6〕"祠前春阳堂,宾客告虔式燕,亦咸在此",《天山草堂存稿》作"祠前为堂亦三楹,宾客告虔式燕,亦咸在此,扁曰'春阳'"。

〔7〕《天山草堂存稿》无"甲申九月既望"。

〔8〕"柏少时稍知学,村居无师友,杜扃谈性理",《天山草堂存稿》作"柏自羁贯稍知正学,杜扃读书"。

坐澄心、体认天理”之旨，夙夜端省，弗敢有懈。逾二年，出就试，计偕至京师，取友天下。只见奢谈玄虚、依傍光景，觇其行，类多不掩；同心观磨，鲜当意者。疏归山中[1]，与一二同志静修讨论。时吟咏先生诗教，渢渢乎有旷世同然之感。及得白沙子与京中初稿，参玩要旨，穷竟先生之学。先生尝自言曰：“仆年二十七，始发愤从吴聘君游，然未知入处。比归白沙，杜门不出，专求所以用力之方。既无师友指引，惟日靠书册寻之，累年而未有得。于是舍繁反约，静坐久之，然后见心体隐然呈露，日用应酬，各有头绪来历，如水之有源委，始涣然自信为作圣之功。”既而又曰：“道无动静也，无将迎，无内外，苟欲静即非静矣。善学者，主于静以观动之所本，察于用以观体之所存。动静周流，体用一致，默而识之，而吾日用所出，固浩浩其无穷也。故曰：藏而后发，明其几矣；形而斯存，道在我矣。”此先生学力功案与时偕进，真积充实，驯致光大，历可睹述如此。柏得于私淑而终身服膺，惟先生为得力。

程叔子有言：“孟子殁，千载无真儒。”慨自汉、唐、晋、魏以来，训诂支离，溺于影响；清谈顿悟，沦于虚无；见解搜玄，竞肆幻弄；词章踵陋，何异俳优。入宋，理学大明，濂、洛、关、闽诸儒并起，其间尚有不免各守师说，徇于角胜之私；躬励局持，昧夫自得之妙；高旷不疑，多歉允蹈之实；易简直截，未底涵造之纯。求其智崇礼卑、下学上达，致广大而尽精微，极高明而道中庸，盖自濂溪、明道以来，惟先生独得其宗。是故由先生致虚立本之教，以深造动静合一之妙，过则圣，及则贤，不及亦不失为令名，是在吾同志；法先生事亲从兄之实，以致谨于家庭宗族之间，则可以称孝称弟，是在其后昆；薰先生乐易温良之德，以教睦于党里，是在其乡人；道德齐礼、平政明刑、迪民知方，以崇弦歌之化，是在良牧；作率匡翼、长善救失，以

---

〔1〕“山中”前，《天山草堂存稿》有“西樵”二字。

崇成人之美,是在名师矣。自今生于斯,居于斯,游于斯,学于斯,各思奋起先生之后,庶乎崇重之道有在也。万历十二年甲申秋九月,赐进士、资政大夫、南京礼部尚书致仕、前吏部左右侍郎、都察院左副都御史协管院事、翰林院庶吉士,同郡后学何维柏撰。

重修白沙乡祠碑记〔1〕　　顺德黄士俊

神庙时,以理学从祀者凡四,陈先生居一焉,谥曰文恭,重真儒也。居新会白沙里,海内咸称白沙先生。会省邑城各建先生专祠,而祠在白沙则尤钟灵讲学故址。往两台司道郡县屡有表章,乃岁久渐颓,诸裔孙议修而限于力。属右司马张公督两粤,纬武经文,念江门当兵燹之余,生民甫脱汤火,一切利弊嘉与兴厘。复念先生乡祠圮者弗葺,非崇儒重道至意,其谓风化何?特捐月俸钱,下饬邑令庀材鸠工,如期峻事。于是署邑别驾张君谒记于余。

余生也晚,然先生流风未远,带水非遥,景行私淑之日久矣。先生自幼器度超人,每读忠孝节烈之传,辄奋然起。二十领乡书,再罢礼闱,从吴康斋聘君学,获窥濂洛之绪。归而博综载籍,寝食俱废。已却扫见闻,筑春阳台,静坐其中,即家人罕见其面。积数载,仍未有入处。已乃孤啸长林,闲吟别屿,或倚棹垂纶于江干月下,始自信焉驯悟。又廿余年,觉广大高明,不离日用;勿忘勿助,非假人力;欛柄在手,动静两融。繇濂洛之心传,溯源邹鲁。其曰:"至无,无欲也,至近,近思也。宇宙为体,乾乾为功。"总之,道本自然,学惟中正。故能于天地同运、与万物同流。当日主静致虚,有以禅见疑者。试绎"理无内外、无精粗、无一处不到、无一息不运。会此,则天地我立,万化我出。行所无事。而流行充塞于无穷。"此岂空寂语乎哉?当游太学,试和《此日不再得》诗,大司成邢公叹赏

---

〔1〕此篇据碧玉楼本辑录。

曰："龟山不如也。"名震京师，咸谓真儒复出。一时贤士乐与为友，且师事之。而先生志笃潜修，退处江门。远近来学者，户外屦常满。比历荐入都门，随以母贫，早岁孀居，老而衰病增剧，沥陈母子相依为命，一字一血，上览疏感动，授翰林检讨。归，昕夕膝下承欢，不离跬步。筑小庐山书院，究圣贤之蕴，探天人之微。当事为创嘉会楼，及门宾友相与讲论不倦。自是岁有荐书，悉坚辞。母寿九十一而终，先生年六十有八矣。虽在山林，念念不忘君父。或问其出处，曰：疏陈始终愿仕云。为教不立语言文字，而春沐咏归意趣、光风霁月襟怀，往往发之于诗。读其诗，想见其为人，谓之诗教，不虚尔。先生未及大用于时，然存而明道开来，殁而廉顽敦薄，有功于人心世教，岂渺小耶？

祠祀千秋，久而无斁，固其所也。夫名贤，国之纪也；正学，化之原也。张公以重道崇儒之盛举，阐发幽潜，则茂绩壮猷，奠安两粤，信乎其有本也已。祠楼栋宇焕然一新，经始于崇祯庚辰季夏十日，落成于是岁季秋壬午日。张公，名镜心，号湛虚，河南彰德府磁州人，天启壬戌进士。初董役者，邑令王君，名泰征，湖广江陵人，丁丑进士，未几以艰去。摄篆为广郡别驾张君，名玮，四川宜宾人，繇恩选，实课成事，得附书。崇祯十三年庚辰季秋，赐进士及第、光禄大夫、太子太保、礼部尚书兼文渊阁大学士，顺德黄士俊撰。

修复钓台记[1] 乾隆戊午春正月撰　　冀北王　植

古人之学，非兀坐研探，亦非冥心静悟之谓也。一游一息，一动一作，无非道机，即无非学趣。孔子之门，不废钓弋风咏，而山水皆见智仁，此性之所以无内外。而拘墟浅涉者，鲜识其旨也。

余代狙冈州，访白沙子遗踪，知江门故有钓台，盖先生与甘泉

〔1〕 此篇据碧玉楼本辑录。

诸子所尝垂纶其际者,惜沦于荒烟蚀岸间久矣。兹其裔孙诸生仕任、大业、士贵辈规复故迹,可谓肯堂肯构、无忘乃祖遗泽者哉!顾予念古之钓者多有,渭滨之钓,非钓功也,而功从之;富阳之钓,非钓名也,而名随之;先生之钓,非钓道也,而道归之。盖当先生碧玉自得之时,得意忘言,偶寓于物,潜心内证,外适于情,恒人之常事,而大儒之进修存焉。钓即其学,学即其道也。生辈知此,庶几斯台之表皆羹墙之睹乎!抑余亦尝学钓道矣。

昔宓子将之单父,有语以钓鲂与阳鲚之异者,宓子得之以传尹铎,尹铎传之召、杜、龚、黄、卓、鲁诸人。历传至明之丁积,以治冈州有声,时与先生甚相得也。余窃慕之,故予之政以礼为竿,以廉让为饵,而以邑人士之非公不至为真能甘饵者。夫苟知学,则学学也,钓亦学也,即政又无之非学也。愿以并告生辈及邑之有志于道者,因书畀之以为钓台之记。

马山祠祭银记〔1〕

雁洲陈鸿略

先生一代真儒也,倡道学于海邦,而天下宗之,后世仰之。正德九年,御史高讳韶题建专祠于邑之北门街,肖像祀之。嘉靖二年,布政使章讳拯迁普庵堂;御史熊讳兰、提学欧阳讳铎又改迁马山;二十七年,御史黄讳如桂重加创建兼置平康都等处祭田。此马山祠所由来也。嗣因该田僻远,明季变乱,累年抛荒。国初,复将该田设立开平县;康熙间,又遭迁界,前田尽被豪占。顺治间,修葺祠宇,皆邑司训陈龙光捐俸,祀事无资久矣。递年春秋丁祭,不过将社稷残牲行事,以无废崇儒之意,岂先生所欲飨哉?

余司铎冈州,登堂躬谒,额曰"高山仰止"以志景企。与裔孙辈筹所以供兹祀者,因知乾隆三年已有"礼部奏准行查先贤先儒祠

〔1〕 此篇据碧玉楼本辑录。

墓，有无祭田、祭银、庙户，该地方有无闲田之处，作速妥议详报”一案，曾经子孙呈请，未蒙准给。余窃自思虽无地方之权，未始无斯文之职也。爰据呈请，于乾隆十年十有一月初一日详奉学宪夏仰县查详，遂得通详上宪，至十三年六月内，蒙藩宪赫□、抚宪岳□督宪策准，于所给冈州义学膏火第四洲坦田八顷内，递年匀支银叁拾两归马山祠，春秋每祭给银拾两与子孙办祭，请官行礼；贮银拾两为修葺祠宇之需。噫嘻！百年废祀，一朝惟馨，非我圣朝崇儒德意之隆，曷克有此？继自今洁其俎豆、焕其羹墙，以仰承德意于无穷，是所望于贤孙子。乾隆十三年岁次戊辰季秋，新会县儒学教谕雁洲后学陈鸿略识。

论白沙子(一)〔1〕节录《罗母黄太君寿序》中语〔2〕

番禺屈大均

予与罗子生长白沙之乡，常思学白沙之所学，而以“无欲”为大端焉。盖“无欲”之旨发自濂溪，至白沙乃光大之，又至弼唐而益明。弼唐者，庞振卿先生之所居也。罗子今移家其地，以视白沙之乡，其犹邹郲之于鲁耶？白沙平生以出处为重，其论许衡有曰“鲁斋当仕岂忘天”，盖不欲其屈身于元，以乖《春秋》之大义也。而白沙生当圣明，蝉蜕轩冕，日与二三弟子，若世卿、民泽、缉熙之流，捕厓门之鲂鲤，采圭峰之莪兰。一饮一食，不敢违其孀母，即其心所想慕，近若罗浮、西樵，远如匡庐、衡岳，亦徒寄之梦魂，未尝一至。故其诗有曰：“多病一生惟傍母。”又曰：“天下名山皆可爱，梦中慈母不来游。”又曰：“少有菑畲供俯仰，不妨渔钓老东南。”嗟夫，此皆无欲之所致也。惟无欲故能高尚，惟高尚故能全其仁孝，有终身之

---

〔1〕 此篇据碧玉楼本辑录。

〔2〕 《罗母黄太君寿序》，屈大均《翁山文外》第二卷。（屈大均撰：《屈大均全集》，第三册，第九七至九八页）

养,而无一朝之忧。举孟氏之所谓“守身”,曾氏之所谓“养志”,于焉皆可无愧。白华之篇所云:“堂堂处子,无营无欲。鲜侔晨葩,莫之点辱。”岂非斯人之谓也哉!

论白沙子(二)[1] 节录《袁太玉先生书札跋》中语[2] 屈大均

予观白沙诗多言饮酒,有曰:“尽数篱边菊,一花拈一卮。”又曰:“处处开花径,床床是酒卮。”又曰:“放歌当尽声,饮酒当尽情。”又曰:“日日花边唤酒船,梅花开处酒家眠。”又曰:“白头无酒不成狂,典尽春衫醉一场。只许木犀知此意,晚风更为尽情香。”其《真乐吟》则曰:“真乐何从生,生于氤氲间。氤氲不在酒,乃在心之玄。行如云在天,止如水在渊。”私谓必如白沙者,始可称能饮者也。盖其得趣于心之氤氲,以心之玄为酒之玄;举天地之元精,胥融液于醇醪之内,而以大块为卮,万物为肴,是非犹夫人之饮也。

昌黎称颜氏子操瓢与箪,曾参歌声若出金石,彼得圣人而师之,汲汲乎若不可及。其于外也固不暇,尚何曲蘖之托而昏冥之逃?噫!得孔子而师之,与不得孔子而师之,存乎其人焉耳。白沙从孔子千余年后,吐六经之糟粕,含一心之精华,醉之而不厌,道之旨发为酒之旨,是真所谓中圣中贤也者。盖得孔子而师之,然后可以游于醉乡如是也。

理学名臣考议[3] 节录末段 林承芳

予独怪今之言学者,号为心性,而夷考其行则不掩焉者,固不足比数;其卓然自信、希心性命者,又流于禅寂。及究其所学,又往

〔1〕 此篇据碧玉楼本辑录。

〔2〕《袁太玉先生书札跋》,屈大均《翁山文外》第二卷。(屈大均撰:《屈大均全集》,第三册,第一七一至一七二页)

〔3〕 此篇据碧玉楼本辑录。

往托白沙主静之说以自解。嗟乎！自理学兴起之后，其中费议论者，惟宋之象山，国朝之公甫耳。不知公甫之学得于延平。延平教人默坐澄心体认，天理若见，则人欲退听而讲学有力。而公甫之语贺克恭也，亦令静坐中养出端倪，方有商量。夫所谓端倪，非即天理若见者乎？所谓商量，非即讲学有力者乎？其与林缉熙一书，阐扬曾点乐处，至于理会分殊，本末具举，读之洒然。质诸延平所以语晦庵者，悉为吻合，亦可谓得濂洛之要津者矣。夫得濂洛之要津者，而目之曰禅，可乎哉？惟小陂之游，门径稍别，后之人遂从而霄壤之，所谓矮人观场，随众悲喜者矣。今上崇尚儒绅，风励天下，乃使公甫与胡、王二氏俎豆宫墙，可谓千秋盛典。而王氏良知之旨，亦与陈氏主静之学相为发明，而及其成大功、排大难，此岂寂寞枯禅者所能办耶？乃议论未定之初，犹有观望可否之议，此小人不乐成人之美者也。因论十五先生事，得并论焉。

寿石翁陈先生六十一诗序[1]　　门人李承箕

先生今年两见戊申，盖六十有一矣。箕，楚人也，在门下，作竹枝歌[2]，载尊酒于堂上，为先生寿。时先生之乡闾诸君乃相率为诗歌，俾予冠以文为先生寿。

承箕曰："前中秋时[3]，太夫人进寿八十有四，箕尝再拜为礼，太夫人不以其疏远而拒我也[4]。诸孙肃然衣冠[5]，长者在前，少者在后，皆北面立阶下，轻清纡徐，抑抑扬扬，歌古之诗以侑觞。先

〔1〕此篇据碧玉楼本辑录，校之以《大厓李先生诗文集》中《石翁庆寿诗序》。（李承箕撰：《大厓李先生诗文集》，《四库全书存目丛书》，集部，第四三册，第五八九页）

〔2〕"作竹枝歌"前，《大厓李先生诗文集》所收录此文有"将效其故俗"五字。

〔3〕"前中秋时"，《大厓李先生诗文集》所收录此文作"前仲秋"。

〔4〕"不以其疏远而拒我也"，《大厓李先生诗文集》所收录此文作"不以其远方人而乐我也"。

〔5〕"肃然"，《大厓李先生诗文集》所收录此文作"华然"。

生西面立，喜形于色，先生非乐我也。太夫人在高堂，康健和悦，气静而志闲，子孙皆恂恂寡过。先生心无悔恨，身远利禄。天下之人异之〔1〕，今翕然以顺，无远近、无贵贱，咸来问学，先生怡然，随问而答，初不强聒之〔2〕，亦未尝轻拒人也。暇则闭门高卧，人不能以势利相诱。孔子曰：‘不知老之将至。’此岂人之所能知也？今孟冬廿有一日，先生初度辰〔3〕，诸君诵予文，予歌诸君诗〔4〕，诸君又从而和之，相与拜跪成礼而退，将无烦先生顾客〔5〕。使箕他年披然白发，重上先生之堂，作曲千首，所谓鹊南飞者〔6〕，每遇斯辰，载歌而觞，觞而醉，醉而起舞〔7〕，相与忘先生、弟子之老，得随杖屦，飘然遗世独立〔8〕，而乐夫天命焉，先生岂遗诸君与我也？”诸君于是再拜，先生言曰：“承箕之言，盖以人事之至顺而信天道之必然，天岂不可必乎？”时弘治元年十月庚戌，学生嘉鱼李承箕拜书。

送白沙陈先生叙

永丰罗　伦

白沙先生处南海者廿余年矣，观天人之微，究圣贤之蕴，充道以富，尊德以贵，天下之物可爱可求，漠然无动其中者。孟子曰“饱乎仁义，不愿人之膏粱；令闻广誉，不愿人之文绣”；周子曰“见其大则心泰，心泰则无不足，无不足则富贵贫贱处之一也”，其斯之谓

〔1〕“异之”，《大厓李先生诗文集》所收录此文作“始而疑之”。

〔2〕“聒之”，《大厓李先生诗文集》所收录此文作“语之”。

〔3〕“初度辰”，《大厓李先生诗文集》所收录此文作“诞晨”。

〔4〕“予歌诸君诗”，《大厓李先生诗文集》所收录此文作“予择诸君诗似所谓竹枝者歌之”。

〔5〕“顾客”，《大厓李先生诗文集》所收录此文作“饭客”。

〔6〕“作曲千首，所谓鹊南飞者”，《大厓李先生诗文集》所收录此文作“作千首鹤南飞之曲”。

〔7〕“觞而醉，醉而起舞”，《大厓李先生诗文集》所收录此文作“觞而醉，醉而醒，醒而起舞”。

〔8〕“得随杖屦，飘然遗世独立”，《大厓李先生诗文集》所收录此文作“日随杖屦，飘然罗浮，遗世独立”。

与！夫天生物也，人为贵；其与人也，心为大。以仁居之，以礼位之，以义道之，以知出之，以信成之；以配天地，以明日月，以行鬼神，以流河海，以奠山岳，以绥万邦，以蕃草木、育鸟兽；大行为伊吕，穷居为孔孟，不其大与？孔子曰："富与贵，是人之所欲也；贫与贱，是人之所恶也。"先生不欲富贵而乐贫贱，独何心哉？见其大而已矣。尧舜禹，天下大圣也；为天子，天下大贵也；有四海，天下大富也。孟子曰："人皆可以为尧舜。"荀子曰："途之人可以为禹。"为尧舜为禹，岂其为富贵哉？为其大而已矣。走而为大者麟，飞而为大者凤，介而为大者龟，鳞而为大者龙，人而为大者圣贤。飞走鳞介有为大者，以人而不为焉，不亦禽兽之耻乎？赵孟之所贵，彼能大之亦能小之也；自我而大者，彼恶得而小哉？大自人者，小人大之、一时大之，君子不大也。小人大之、君子大之、天下大之、后世大之，大自我也，然后可以为大也。先立乎其大者，然后小者不能夺也，然后亦可以为大也。可大者，独先生哉！先生南归，道金陵，诸君各为四韵诗以别，谓余言。余顾谓诸君自立其大者，余何言？成化五年己丑夏五月廿又四日，永丰罗伦书。

赠白沙先生诗

建安周　源

人物明时第一人，欲将斯道觉斯民。才追班马文章古，学究关闽道德新。虞网岂能笼彩凤，鲁郊终见获麒麟。孤舟明日金陵去，回首春风入梦频。

禹穴涂志文

洙泗汪洋讵有垠[1]，派分濂洛与关闽。茫茫注向岭南去[2]，

[1] "有垠"，何九畴本作"有限"，碧玉楼本作"有垠"。兹据碧玉楼本。
[2] "注向"，何九畴本作"泣面"，碧玉楼本作"注向"。兹据碧玉楼本。

濯尽人间多少尘？

湖南谢文祥

白沙先生年四十，屹然砥柱中流立。肩头负担重千钧，万古颜曾与长揖。先生岂是不忧君，先生岂是忘民急？先生岂是薄公卿，先生岂是耽蓑笠？大行此道便铺张，穷来此道还收拾。先生明日辞金陵，我怀陡觉殷忧增。白云大袖弄溪水，吁嗟尧舜谁与为。

仁和项　麒

秋水青瞳静，青天白帽高。吾儒有矜式，斯世孰甄陶？迹混山林槁，心亲湖海豪。乾坤好风月，吟弄乐陶陶。

姑苏沈　钟

名字流传宇宙间，鲰生何幸此跻攀？光阴半百随流水，嶅嵝之中见泰山。阅世双眸如许大，括囊万里又空还。斯人未得沾恩泽，著作功成定不刊。

括苍潘　琴

潮生晚风急，孤舟去何之？谁知三载间，乃有三别离。平生旷达怀，不以去国悲。辟彼纵壑鳞，万里焉能縻？所嗟参与商，未有重见期。深林翳长林，不肯炫所奇。幽花出灌莽，恐受众目疑。君应慎所履，慰我长相思。

华亭郁　云

旅馆惊相见，同为上国宾。问年皆老大，惜别又逡巡。湖海双蓬鬓，乾坤一伟人。掉头留不住，归卧碧山春。

兰溪章　懋

洙泗迴且深，伊洛浩不息。建溪一以逝，渊源遂湮没。浙水泛功利，西江浸虚寂。漂沦二百年，末流靡终极。明经取青紫，滔滔不知溺。谁哉障汪澜，为我存一脉。有美罗浮仙，金声玉为质。岩栖四十春，遗编自探索。章甫非我心，铿然只鸣琴。寤寐千载人，今古如一日。兴丧天岂知，弃捐吾自失。负重道路长，行行慎无斁。安得辞世纷，云山随杖舄。共对梅花春，细问先天易。[1]

江东龙　瑄

献纳违初愿，行藏任此身。欲论天下事，谁是眼中人？岁月归时晚，江山到处春。相逢烟水外，尊酒话垂纶。

宜兴沈　晖

献策未得志，拂衣归海东。大材偏不偶，吾道岂终穷？著述垂来裔，衣冠复古风。天长羽翼短，安得附冥鸿？

于越姚　璟

多君志道德，英迈允超群。元气时应会，光风世更闻。陇梅开夜月，溪水涨秋云。昨幸韩荆识，东归惜袂分。

莆田黄仲昭

考亭遗迹久荆榛，风度真堪继后尘。千载武夷人仰止，罗浮从此共嶙峋。

天涯两度挹春风，瓮里醯鸡待发蒙。明日又从江上别，离心一片逐冥鸿。

江浦庄　㫤

百年吾道在东周，天下斯人岂易求？谁为齐王留孟子，自知尧舜有巢由。凤凰气象终千仞，北斗光芒共九州。万里东南溟海阔，苍生何处问乘桴？

---

〔1〕 阮鹗《枫山章文懿公年谱》所录此诗，作“洙泗迴且深，伊洛浩不息。建溪一以逝，末流日湮塞。浙水泛功利，西江浸虚寂。寥寥宇宙间，何人践斯域？陵夷二百年，儒术转乖僻。争先取青紫，明经竟何益？有美罗浮仙，遗编自探索。章甫非我心，铿然只鸣瑟。尚友千载人，充然如有得。礼乐古三王，删修今六籍。坠绪何茫茫，仰钻容致力。回澜障百川，屹立中流石。任重道路长，行行慎无斁。斯文谅有在，前修未应没。何当谢尘纷，云山随杖舄。共对梅花春，细叩先天易”。（阮鹗撰：《枫山章文懿公年谱》，《北京图书馆藏珍本年谱丛刊》，北京图书馆出版社，一九九九年，第四一册，第九九至一〇〇页）文字颇有差异。

送白沙先生应辟赴京[1]　　同里马广生

莫怪悲歌起钓矶,江湖廊庙两相违。苍生喜看蒲轮至,白马宁知水石非? 畎亩若无伊尹志,尘埃那上老莱衣。一尊就醉江门道,万里兰桡欲别时。

题贞节堂[2]　　茶陵李东阳

高门棹楔过高楼,节妇名题在上头。棹楔如山矻不动,门前江水自东流。

面面青山绕白沙,萧萧白发映乌纱。欲知内翰先生宅,元是南州节妇家。

岭南风景值千金,楚客歌成万里心。莫作楚歌歌此曲,阿婆元解岭南音。

大忠祠下非无路,贞节门中更有人。莫道人心不如古,须将节妇比忠臣。

北堂有草解忘忧,八十为春八十秋。若与庄椿同数寿,八千从此是从头。

少小为婴今作婆,朱颜两点鬓双皤。孙在堂前为婆舞,婴从堂上听儿歌。

教子读书还织缯,纺车哑哑绕青灯。母今发白子亦白,白发相看无限情。

慈竹生孙正满坡,闭门秋色转婆娑。桃花柳絮无拘束,纵得春

---

〔1〕 此篇据碧玉楼本辑录。

〔2〕 此诗据碧玉楼本录四首,第五至第八首据《怀麓堂集》补出。又:《怀麓堂集》中此诗题为"寿陈石斋母节妇竹枝七首"。(李东阳撰:《怀麓堂集》,《景印文渊阁四库全书》,第一二五〇册,第二一一页)此处第二首("面面青山绕白沙")为《怀麓堂集》所无。

光亦不多。

藤蓑次陈公父韵[1]　　　　茶陵李东阳

采藤复采藤，日夕费斤斧。制为身上蓑，人古衣亦古。借问制者谁，白沙乃蓑祖。冉冉绿蓑衣，萧萧白沙渚。披蓑向江水，顾影还独语。爱此勿轻捐，春江正多雨。

披蓑登前冈，欲往藤被岭。新梢拂旧蓑，樛结不复整。自笑林下阴，不如波中影。

碧玉楼

南海方献夫

群峰擘翠此楼开，指点虚无是体裁。碧玉无人谁作赋，白云终日共衔杯。林坳雾隐莺声远，屋角春深燕子来。睡起开窗更何有，澄江对雨几萦回。

铁城黄　佐

堂前双柏走苍虬，苔自侵阶鹤自谋。怪底诗翁贫到骨，野风萧瑟蔗塘秋。

百年闻道属斯人，碧玉中藏太古春。我今登楼望江水，青山红树四无邻。

独上高楼望八荒，浮云飞尽月澄江。人间亦有虬髯客，投老扶南自一邦。

鹤骨峥嵘尽幅开，执鞭何计起泉台。翰林棨戟依然在，曾见先生马首来。

---

〔1〕此诗据《怀麓堂集》辑录。（李东阳撰：《怀麓堂集》，《景印文渊阁四库全书》，第一二五〇册，第五一至五二页）

嘉会楼

莆田林应骢

征书迢递下林丘,一见君王便乞休。令伯何能忘菽水,汉家终不屈羊裘。帘开山色年年绿,月落江声夜夜秋。出处于公真勘破,畏途元不似沧洲。

南海曾仕鉴

百尺中天此一丘,千年诗句满登楼。花开花落春长在,云去云来水自流。一脉只今传孔孟,六经终古看奎娄。临风短笛无人和,早共江门问钓舟。

同里李以龙

日出东南万里明,高台遥指白云生。漫随古道寻花柳,肯向时人说姓名。残碣旧诗犹有迹,沧波烟艇已忘情。却怜扰扰浮生梦,欲向先生问八溟。

小庐山

丰城袁　奎

乾坤今古几庐山,鹿洞传心咫尺间。一自白云深锁后,无人抱月踏歌还。

门人区　越

放歌天地倚崆峒,半亩犹存处士宫。螺黛蹲连山九锁,嚣尘飞断路千重。岩闲鹿迹侵苔绿,春浅桃花覆涧红。千载楚云思不尽,欲凭黄鹤问遗踪。

庐阜精舍

苍梧吴廷举

闻歌容易答歌难,此是乾坤第几关?眼孔今时小东鲁,脚跟吾已到庐山。松阴过雨青天迥,花径对苔白昼闲。一榻我留三宿去,山灵莫浪笑空还。

楚云台　　同里张问行

何年高起读书台，台下阴云点翠苔。明月在天风在柳，更无人自楚中来。

南泛江门，谒白沙先生故居　　三水何维柏

梦寐江门意独深，扁舟南下历江浔。黄云影里千峰静，碧玉楼中万古心。吾道渊源真有自，钓台风月尚堪寻。凭阑极目遥天外，欲扣渔歌和此音。

谒白沙祠

高明区大相

濒海应邹鲁，东南挺大儒。有言皆典训，何事不师模？旧宅余经壁，蒙泉启圣途。怀思不可接，俯仰愧吾徒。

高明区大伦

淑艾不须疑，神交在往时。怀君千古意，贻我数篇诗。星日推宗学，江山余梦思。致虚元有受，夙昔贵无为。

和白沙先生菊花　　同里林大章

重阳菊绽九江滨，彭泽风清独岸巾。千载又开庐阜径，秋英还遇古今人。

紫艳初移自涧滨，幽怀更对玉台巾。楚云别去遥相忆，欲折寒香寄远人。

和白沙先生梅花[1] 同里林大章

寂寞山斋远俗尘,疏梅时对静中人。无言已解天机妙,况露春痕几点新。

哭石斋师 桂阳朱　玭

风雨庐冈会有神,山崩木拔共庚申。盛朝名献多收记,四海人文尽仰甄。碧玉山光闲白昼,东溟云气敛苍旻。不才门下曾叨迹,读罢遗书痛剜深。

和曹明府相祠地于白沙 同里陈吾德

水白山青四望开,地留名胜昔人裁。当歌共入春阳里,把酒还传碧玉杯。云去隔溪霜叶坠,台空明月夜乌来。千秋祀典公筹度,更从篮舆陟巘回。

谒白沙祠 同里郑　铭

昆仑万丈来白龙,一亩中有仙人宫。草色犹余楚云碧,莲花别作濂溪红。客星无光尘梦远,凤鸟不来吾道穷。至今寂寞古祠下,薰人依旧自东风。

题白沙家祠 西蜀樊泽达

先生绝学重南天,景仰于今二百年。碧水苍峰自千古,沧桑不改旧林泉。

---

〔1〕 自林大章《和白沙先生梅花》至沈廷芳《粤秀书院讲堂示诸生》,皆据碧玉楼本辑录。

登小庐山，怀白沙先生

长洲顾嗣协

黄云启真儒，传道有遗境。飞流澄星湾，浸此庐峰影。黾勉山中人，碧玉见孤炯。神和天地春，意适江山静。顾我来南溟，荒涧涉泂瀑。涓涓泉声细，寂寂林阴冷。红蕉翳重崖，爱此夏日永。读书松桧间，吾其事幽秉。

同里许　绶

独肩斯道继程朱，百世风流仰大儒。屋后青山如鹿洞，书院。邨前白水亦鹅湖。致君未作朝阳凤，报母曾同反哺乌。莫谓登临空览古，羹墙今日在吾徒。

谒白沙先生邑祠 康熙丁亥仲夏

云间张　恒

名标盛世正当时，颜闵高风每自期。访道征君甘跋涉，辞荣禁苑乐栖迟。春秋秩祀庭前享，风雅余编海内知。瞻拜典型如陟降，留题片石起人思。

曾于闽洛访遗编，又向江门始得全。自有端倪开后学，不离静默契先天。枫山夙望非虚拟，章枫山先生懋评论人物，白沙第一。神庙尊崇是实传。堪笑雌黄轻任口，请观藏集见名贤。

次和

长洲顾嗣协

两贤交谊重当时，绿酒黄花见素期。“绿酒黄花”句，见君家先东海翁与白沙先生倡和诗。倡和近看遗稿在，师承远恨挂帆迟。春阳默契缘心得，道脉真传等见知。今日银钩题额处，我来瞻拜有余思。

红藤诗笈白云编，亲诣江门道始全。此事绝如弦上调，何人识得性中天。庐山皓月增新色，俎豆荒祠溯旧传。人与乾坤原并立，白沙先生和东海翁诗，有“人与乾坤本是三”之句。知君心迹继前贤。

谒白沙先生祠,和张北山韵

同里戴大成

邹鲁名声重此时,秋云春树想心期。江门枕冷风生早,碧玉台空月上迟。一曲石琴人共远,三更沂水梦先知。榕阴雨后青天迥,遥瞩高山寄所思。

每向庐山读剩编,千秋道脉个中全。雨蓑烟艇难留迹,紫水黄云别有天。指点静虚含妙理,弃残糟粕见真传。斯文终古应如此,整顿衣冠望后贤。

同里张显遇

蔚起斯文又一时,每从百代想襟期。风生鹿洞飘香远,诗比龟山赓韵迟。道有深沉人不见,心惟静密自应知。晨钟欲觉如相待,莫是君来慰所思?

截蒲细细写遗编,庄孟文章道亦全。自得此心如御马,须知无欲是希天。素琴不鼓繁弦调,点瑟偏宜好梦传。东海有人通孔李,残碑读罢表前贤。

同里梁　迪

拜瞻遗庙想当时,斯道多从静里期。邹鲁一源风自远,春阳十载悟非迟。《西铭》特达原深契,东海倡酬属旧知。怪得南来征信日,高悬银榜足兴思。

因寻苗裔得遗编,一露端倪悟已全。绝去支离堪作圣,能超形气始知天。溪毛荐处山同仰,经壁寻来火独传。争道扁舟行万里,风流真不让前贤。

同里何　樗

庐山学道自当时,养出端倪慰所期。道见已教应诏起,遁肥还恐得归迟。百年庙貌君初荐,一代儒宗世久知。私淑至今谁是任,独能万里切相思。

高祠谒罢问残编，缃帙芸香喜尚全。识旷偏知超象意，心明应得会人天。何须亲炙方为学，能挹高风即是传。银榜看君颜勒好，直将真契接先贤。

同里何　霦

正脉能回欲绝时，张廷实《白沙像赞》云："所以能回洙泗千百载垂绝之正脉。"端倪偏向静中期。神龙灵鸟那容絷，皓首斑衣肯使迟？旧庙依然经壁在，今人还有道心知。君来对越虔如此，题榜更应切梦思。

遗书残缺倩谁编，虽复诗文道亦全。一片淳和流本性，甘泉先生论白沙子诗文："自然之蕴，其淳和之心乎！"千秋星日对高天。白沙诗："万古斯文看日星。"南溟门外多鲲化，长带阶前有草传。尚论余时亲到访，当今难得似君贤。

诣白沙祠恭谒先生真像

林应会

邹鲁源流此独真，山间遗像可传神。千峰万树云初暝，长照江门月一轮。

叶　潞

祠前客子泛仙槎，祠上人龙老岁华。岭海无尘埋卧榻，江门有月印寒沙。偶来沂水闲寻伴，适拜新亭幸看花。千载严滩经世手，肯将钓石后人夸。

谒白沙先生家祠 丁亥仲秋

云间张　恒

古冈瞻礼具文告，景仰典型宏圣教。远近良朋鼓棹来，偕我白沙谒家庙。庙前一水自洋洋，巍然敕建旌表坊。母节子贤垂宇宙，身跻庙庑足显扬。爰有延陵题贞节，兴酣泼墨将衣裂。烟云飞舞光陆离，银钩铁画真奇绝。仰瞻遗像沐光风，道貌温恭迥不同。春阳默契闻道早，尽在遗容图画中。先生行乐图及遗像，极光霁洒落。当时崛起肩开继,生遇成弘逢盛世。君臣一德际明良,荐剡征辟无虚岁。锡扁锡联沛纶音,天章巍焕冠古今。一代真儒挺紫水,致虚立本作传心。肃诚复礼乐芸子,启贤应从启圣祀。碧玉楼荒修者谁,风雨萧萧忍倾圮?文孙携玉邀我观,质润体洁一圭桓。色应四时浮苍碧,辟邪镇恶壮文坛。更有绿溶颁大内,双龙交舞云叆叇。礼贤征聘荷殊恩,岂容冒攘为匿赖?固知神物不易藏,何时完璧归祠堂。君不见延津双剑终复合,万事如棋叹沧桑。犦牲釃酒冀歆飨,拜辞前去神独往。丹山碧水恣徜徉,又纂闽学存天壤。

谒白沙先生墓　　张　恒

遗编纂罢拜坟茔,幸接文孙携手行。一片秋光开老眼,无边瑞气护佳城。松楸碧荫千年泽,道学徽流百代名。瞻仰渊源溯洛水,钓台烟外一鸥轻。

重谒白沙家祠　　张　恒

壬辰仲春下澥,重过江门,恭谒白沙先生家祠。喜大中丞范公讳时崇重修落成,敬赋二律粘壁,不自知其工拙也。

炎州从祀仰先生,崛起江门一柱擎。修饰小庐新亦旧,来游多士去还迎。蛮邦丕变成邹鲁,粤峤文明继邵程。犹忆往时悬扁日,萧萧不尽雨风声。

重过白沙肃瓣香,诸孙欢忭尽趋跄。云生画栋瞻师席,月照朱甍荫节堂。金字高悬光庙貌,玉音遥锡见羹墙。徘徊不觉开眉宇,同志中丞许共芳。

江门钓台　　冀北王　植

江门风月一台收,放眼高空远近舟。碧玉谁当窥意趣,云潭我欲问源头。虹竿直到天根处，道饵不随水面流。壁轴何须求肖像，先生神在古冈州。

过白沙节母祠谒先生遗像　　古闽张捷春 邑侯甄陶父也。

苍松紫桧绕江原，碧玉遗容古道存。白发贞心同日月，乌纱高志尚羲轩。悬弧隐抱初生痛，养疏敦陈节母恩。归去传经萱草老，真儒孝子白沙邨。

粤秀书院讲堂示诸生 节录一段　　沈廷芳

理学肇白沙，潜心坐春阳。首契濂洛旨，俨窥洙泗堂。九十甘泉翁，亦就弟子行。江门风月区，崇闳标天阊。

楚云台[1]　　晋熙黄之正

越山名寄楚，吊楚几徘徊。百年灯火地，一朝成荒台。寒鸦啼古木，丰狐穴高厓。阴风走明月，白沙点青苔。人事安足恃，天运自去来。邈矣追往迹，安得五云裁？

望小庐山

自作冈城令，欲到小庐山。先生踏烂月，扶筇日往还。云连江门草，峰生碧玉颜。翘首嘉会楼，可望不可扳。一片层峦影，落在海岛间。南国人何在，白沙水共潺。

嘉会楼　　古冈司徒犹龙

独上高楼百思侵，春风拂槛昼多阴。空厓壁冷传经处，古树峰连长道心。碧玉挂云三径里，白沙耕雨一犁深。引筇几度频回首，

---

〔1〕 自黄之正《楚云台》至张圣兰《祭白沙先生》，据黄之正本辑录。

荇叶蘋花满钓浔。

重刻白沙先生集

烽火连诸粤,遗篇蠹漫残。先贤存咳唾,后学忆琅玕。濒海昔年鲁,扶衰当代韩。斯文如不坠,嗣响未应难。

登绿护屏过白沙先生读书处

古冈林　皋

绿护山中旧隐侯,百年遗泽自林丘。闻知未叹吾生晚,私淑终惭古道悠。书屋惟存残址在,啸台犹对逝川流。临风更觉沧洲逸,老我平湖弄钓舟。

祭白沙先生

古越张圣兰

晨星已落落,联骑祝名贤。春草凝珠露,晓风吹柏烟。青山宜独对,紫水得流漩。古壁弦声雅,先生道学宣。

附录三：编次陈白沙先生年谱、白沙丛考、白沙弟子考

新会阮榕龄

编次陈白沙先生年谱

曾序

余尝论：白沙子之学，盖于攻苦中得之。当其未居春阳台也，日夜读书，稍倦至以水沃其足，可谓勤矣。及其探索日久，静坐春阳台上，豁然贯通，斯亦读书攻苦之效也。乃或归功于静。今夫人有善饮酒者，数举巨觥，逾时不休，则常醺然若忘天地之为大、古今之为久者，而称曰“此醉之乐也”，不知其为酒之功，岂非据其终而忘其始欤？白沙子“静中养出端倪”，亦若是已矣。今读其集，分年求之，用功次第尚可见。惜当时编辑未及此，遂令后人罕有能窥其学者。

己亥岁，余与阮君竹潭同纂《新会县志》，纵言及之。竹潭韪余言，乃出所著《白沙年谱》相示，且以副本留余所，曰：“幸暇时为我订之。”余数年未有以报。去年冬，其弟紫蒲访余于柳波庽庐，曰：“竹潭死矣，将以其遗书付手民。今《白沙年谱》先成，子可无一言乎？”余谓此谱考正碧玉事最确，而诗文以年相从，于以见白沙子为学次第，尤先得我心。爰书昔日与竹潭论者于其篇端。竹潭之学

亦从攻苦中求者,而性狷介,硁硁自守,虽贫终不肯投刺于人。黄刺史定宜,儒吏也,好读书,尝著《韩昌黎年谱考证》,令新会时,欲觅竹潭一见,终不可致。其诗文幽曲峭折,如其为人。咸丰二年夏五月,勉士弟曾钊撰并书。

自序

扶舆峥嵘,清淑之气,蚴蟉凝蓄,历千百年,钟灵而为贤圣,磊落而为伟人,是岂偶然哉?故其显晦存亡,世运之幸不幸系焉。坡公云:"其生也,有自来;其逝也,有所为。"噫!是孰使之然哉?榕尝溯前明中叶薛、胡、王、蔡与白沙诸先生,皆于孔门各有所独得。后学门户之争,徒分畛畛。又尝怪前世好訾毁先贤者如萧企昭辈,如狂夫酗客毒詈寻仇。君子观其意气嚣浮,固已觇其中藏所养,将使后之人孰从而信之?呜呼!观于海者难为水,游于圣人之门者难为言。后生小子未能窥藩循序,又安能测其窔奥之所藏哉?是叩槃喻状,悠悠毁誉,奚怪彼哆哆为?

白沙先生当明中叶,履道南海,既计偕京师,名辈揄扬,贤徒撰杖,令誉承流,遂倾动天下;其南归也,一时公卿贤士,与夫畊甿樵牧,仰挹德容,觌聆言论丰采,莫不咨嗟倾慕,咸致礼于先生之庐,此岂非盛德之蕴于中者深,而至诚之形于外者不可揜哉!先生《乞终养疏》,其孝思纯以笃,其绵情深以挚,故其发于文也,诚动天人,鬼神感泣。至夫送世卿、廷实二序,其夷犹淡宕,如行云流水,妙理无穷;水月腾波,文澜生焉;琴瑟赓和,节奏成焉。铿然之声,渊然之色,琅然之韵,攫醉而弦之,清风琤琤然,高风锵訇然,金石以鸣。是故道以实之,文以载之,其洞彻观妙,非深契乎圣道神化、鸢飞鱼跃之趣、时行物生之理者,莫能与于斯。宋文宪曰:"浩浩乎至大至刚,而吾借之以生者,非气耶?气必养之而后道明,道明而后气充,气充而后文雄,文雄而后追配乎圣经。"甘泉子曰:"一十二万年雪月，四百三十峰晴云。”读先生之文者，盖于是乎求之。

嗟夫！哲人往矣。银湖、紫水，绿护、黄云，剩水残山，荒凉冷落，迄于今二百四十余年矣。乡里孤愚，诵先生遗编，如聆謦欬，如闻酣歌，依稀英灵，日与其燕朋渔侣笑语，翱翔神游于江门水月、东风花柳之间。予小子虽幸同乡里，弗克躬逢其盛，缅焉以唏，邈焉以企。今敬次《年谱》、《门人》、《丛考》，幸获粗成，平昔向往之志，庶几云酬，抑又幸也。为之临风翘慕，东望玉楼，咫尺天际，睠焉欷歔者久之。道光廿三年闰七月，邑后学竹潭阮榕龄书。

编定白沙年谱例引

一、自来年谱必兼时事，盖寓知人论世之意。先生平素所晋接者，多当世名儒寒士及贤公卿。其诗文或及时事时人，故附注其间，以备参观。

一、谱中所引他书及本集，先他集，次本集文，又次诗，然皆取其年月往来与先生行止相当者。节取一二语，非敢擅为割截，不过取为引证岁月云尔。

一、凡引《白沙集》，但曰本集，不赘“白沙”二字，所以别于他书也。称白沙先生，亦但曰先生。

一、谱中诗文与某赠某，或官或字，本不画一，今依《白沙集》原目，俾易考校，冗则谨节数字。

一、各史志载某官某年任，甲乙殊年者甚多。如《明史·朱英传》云“成化十年巡抚甘肃，明年冬总督两广”，《通鉴辑览》作“十一年十月”，阮《通志·职官》作“十二年”。盖自始移文至闻诏后，又在道途三五月，乃至广东。故凡各传志年殊甲乙者，皆以此也。

一、本集诸诗本非编年，是以不知其年者十之八七。然其中亦多是编年者，以其未尝标明，是以不敢断决是某年也。如辛丑《元旦试笔》，隔十二首，即《中秋示江右二生》，俱七律。盖二生之来本在成化十七年。又其他各体,春秋亦多有次序者十之八七,此可验其随年随录矣。然亦有年代舛错者,如《弹子矶》以下二十三首,七绝。皆赴召时诗,乃编次弘治元年以后;又《旌表至》诗,亦列入弘治十二三年。以此类推,是为后来续入,明矣。

一、先生凡四入京师,皆有诗文可考。今集中有《壬午京城除夕》,一首。壬午为天顺六年,是时先生正在春阳台。考《书思德亭碑》曰"昔壬午之冬,寇忽大至城下,此吾与父兄所共见也"云云,可证非壬午在京师除夕矣。若云是成化十八年在京师作,午字乃寅字之误,则是年除夕方过江西将至南京,亦有本集可按。按:诗内有"燕城觉岁除"之语,决非南京。盖先生偶书古诗,不知者误以为先生诗,遂羼入之耳。

一、张诩所作先生行状最详,但惜其体例颇自矛盾。凡文字中每姓下加某字者,略有四例:一是自称,二是避人讳与己家讳,三是原未详其名,四是嫌扬人之短。今先生行状中,如"祭酒某,先生同省人也"、"知县某颇贪",此以某字概之,以避嫌可也。若云"提举某作怀沙亭"、"御史某仿林逋故事致月米"、"尚书彭某卒",若此类者宜扬人之善,明书其名于官衔字号之下,令读者知其何人。夫彭尚书即彭公韶,上文已明书其名,至下文又自乱前例。又云"闻罗某、张某之讣",夫罗某,即一峰,下文又云吊罗一峰,如使有两罗、两张,焉知吊者为甲乎、为乙乎?今考各书,皆补注其名,俾易考校。且于先生高曾等字,忽名忽号,皆未画一,故晰其舛者于此。

一、按康熙四十九年庚寅何蒲涧九畴《刻白沙集序》云"近年板寖磨灭,尝见墨迹有未载于原集者,畴竭其绵力,搜得未刻者,序四首、记二首、题跋二首、书百又五十八首、各体诗五十五首,合刻而更镌之"云云。榕按:何公补旧集之缺,多至如此,其用心可谓勤矣。迨乾隆三十六年庚寅陈家碧玉楼本乃从何家本抄刻,然间有倒置者,有误删原文并小注及年月者,又并何公原序删之,似于何公往昔搜补之勤付之湮没。溯厥本原，情理未协，今榕于陈家删何本者悉为补之，谨列其源委于此，俾后之人不忘权舆之功。

一、谱中所引，悉本所见原书。初稿原分卷数，今以谱内小注甚多，故悉删去，谨注明于《丛考》大字之上。若为他书所引者，则曰某书引某书，一从阮《通志》之例，庶免剽窃贩稗之诮。昔宋卫正叔湜《礼记后序》云："他人著书，惟恐不出于己。予之此编，惟恐不出于人。"敢希前哲，盖恐没前人苦心故也。噫！此诚后世人著书之良轨也。

一、先生遗事佚闻，见于前明集部、说部者甚多。榕下里寒士，戢影圭厓，限于地，窘于资，无由购借，故所引证者仅此。梼昧寡俦，讹漏綦多，尚希博雅君子再补正之。

一、陈交甫遇夫所次先生年谱，寥寥仅十翻。除《湖山雅趣赋》〔1〕、和杨诗外，仅千余字。其中书先生之岁者，仅六年。《乞终养疏》仅载十六字，而《湖山赋》又全载，皆轻重失宜。此实随意暂书，未成年谱也。今榕是谱，盖窃续其未竟之绪云尔。

白沙年谱、门人考、白沙丛考征引书目

钦定大清一统志

钦定明史

钦定纲目三编

钦定渊鉴类函

钦定书画谱

钦定四库全书提要

新会志　康熙二十九年，贾雒英

---

〔1〕"趣"，原误作"兴"，据碧玉楼本《白沙子全集》改。（陈献章撰：《白沙子全集》，碧玉楼本，第二卷，第二七页）

白沙子全集　康熙四十九年,何九畴本
白沙子全集　乾隆三十五年,碧玉楼本
白沙语录　杨起元
人谱　刘宗周
白沙年谱门人　陈遇夫
陆稼书年谱　叶光西
雒闽源流录　张夏
新会志　乾隆五年,王植
明史稿　王鸿绪
先进遗风　耿定向
新会志　道光二十年,林星章
历代帝王年表续编　阮福
万姓统谱　凌迪知
广东通志　道光二年,阮元
苏州府志
世烈录　陶凤仪
明儒学案　黄宗羲
新会草志　道光元年
东都事略　王偁
楚宝　周圣楷原本、邓显鹤增辑
广东通志　雍正九年,郝玉麟
江南通志　赵宏恩
文笋汇氏　傅作兴
广州人物传　黄佐
浙江通志　嵇曾筠
广州府志　张嗣衍
江西志　白璜

广东文献　罗学鹏
南海志　潘尚楫
湖南通志　马慧裕
氏姓谱　萧智
顺德志　胡定
延平府志　刘继善
明贡举考　黄崇简
广东新语　今种
南海志　魏绾
湖北通志　吴熊光
粤东名儒言行录　邓淳
番禺志　檀萃
福州府志　徐景熹
稗史汇编　王圻、唐枢
香山志　祝淮
广西通志　吉庆
东莞志　周天成
石阡府志　罗文
图绘实鉴续编　韩昂
肇庆府志　屠英
分省人物考　过庭训
书画史　刘璋
开平志　王文骧
雁山文集　吴应逵
粤东金石略　翁方纲
题名碑录　李周望
新宁志　王暠

增广舆记　陆伯阳、蔡九霞
画史会要　朱谋垔
高要志　夏修恕
广州乡贤传　潘楳元
天水冰山录　周石林
鹤山志　吴应逵
性理会通　钟人杰
嘉应州志　王之正
续广事类赋　王凤喈
画史汇编　彭蕴璨
白藤胡氏家乘
龙山乡志　温汝能
金台纪闻　陆深
鹤山易氏家谱
荷塘容氏族谱
西樵游览记　刘子秀○按：此记阮《通志》误作薛观齐撰。
书画录　沈长
佛山志　李待问初编、陈炎宗续、吴荣光重修
震泽长语　王鏊
豫章漫钞　陆深
冲鹤潘氏族谱
岭海名胜记　郭棐初辑、陈兰芝续
松窗寤言　崔铣
双槐岁钞　黄瑜〔1〕

〔1〕“黄瑜”,原误作“黄榆”,据《双槐岁钞》刊行本(中华书局,二〇〇六年)之署名改。

潮连潘氏族谱
潮连宋氏族谱
化州志　杨芬
抱璞简记　俱姜南
新昌邓氏族谱
遗愁集　张贵胜
丹铅总录　杨慎
凌溪张氏族谱
陇蜀余闻　王士正
风月堂杂识
蓉塘纪闻
天河谭氏族谱
曲阜志　潘相
南窗闲笔
潭墪钟氏族谱
续太平广记　许自昌
凤洲笔记　王世贞
小冈梁氏家乘
艺苑卮言　王世贞
麻园周氏世谱
池北偶谈　王士正
宾退录　赵善政
南野集　陈士鹄
秫坡集　黎贞
楚庭稗珠　檀萃
鸿桷堂集　胡方
郁洲集　梁储

皇华纪闻　王士正
野获编　沈德符
朱子全集
五山志林　罗天尺
半舫斋偶辑　夏之蓉
月鹿堂集　张师绎
琼台会编　丘濬
岭海剩　林晖
赏雨茅屋诗集　曾燠
辛丑销夏录　吴荣光
柳南诗草　莫云汉
甘泉集　湛若水
广东文选　今种
司勋集　罗虞臣
阳明全书　俞璘编
广东诗粹　梁善长
西清诗话　蔡絛
渭厓集　霍韬
主一诗集　唐璧
各处碑刻
谢山存稿　陈吾德
洹词　崔铣
列朝诗集　钱谦益
明诗别裁　沈德潜
泰泉集　黄佐
粤东诗海　温汝能
麓堂诗话　李东阳

冈州遗稿　顾嗣协
国朝诗人征略　张维屏
古今诗话　卢衍仁
鲒埼亭集　全祖望
太函剩墨　汪道昆
厓山志　黄淳
杨园集　张履祥
西河集　毛奇龄
石洞文集　叶春及
明诗综　朱彝尊
五朝诗选　黄登

钦定明史・艺文志

集类：《白沙子》八卷，《文集》二十二卷，《遗编》六卷

钦定四库全书提要 卷一百七十：《白沙集》九卷　江西巡抚采进本

明陈献章撰。献章，字公甫，新会人。正统丁卯举人，以荐授翰林院检讨。追谥文恭，从祀孔庙。事迹具《明史・儒林传》。其集为门人湛若水校定，万历间何熊祥重刊之。凡文四卷，诗五卷，行状、志表附于后。献章之学以静为主，其教学者，但令端坐澄心，于静中养出端倪，颇近于禅，至今毁誉参半。其诗文偶然有会〔1〕，或高妙不可思议；偶尔率意〔2〕，或粗野不可向迩，至今毁誉亦参半〔3〕。

〔1〕“有会”，《四库全书总目》作“有合”。（永瑢等撰：《四库全书总目》，北京：中华书局，一九九五年影印本，下册，第一四八七页）

〔2〕“偶尔”，《四库全书总目》作“偶然”。（永瑢等撰：《四库全书总目》，下册，第一四八七页）

〔3〕“至今”，原作“至于”，据《四库全书总目》改。（永瑢等撰：《四库全书总目》，下册，第一四八七页）

王世贞集中有《书白沙集后》曰:"公甫诗不入法,文不入体,又皆不入题,而其妙处,有超出法与体与题之外者。"可谓兼尽其短长。盖以高明绝异之姿,而又加以静悟之功,如宗门老衲,空诸障翳,心镜虚明,随处圆通,辩才无碍。有时俚词鄙语,冲口而谈;有时妙义微言,应机而发。其见于文章者,亦仍如其学问而已。虽未可谓之正宗,要未可谓非豪杰之士也。

钦定明史儒林列传

陈献章,字公甫,新会人。举正统十二年乡试[1],再上礼部,不第。从吴与弼讲学,居半载归。读书穷日夜不辍。筑春阳台[2],静坐其中,数年无户外迹。久之,复游太学,祭酒邢让试和杨时《此日不再得》诗一篇[3],惊曰:"龟山不如也。"扬言于朝,以为真儒复出。由是名震京师。给事贺钦听其议论,即日抗疏解官,执弟子礼事献章。献章既归,四方来学者日进[4]。广东布政使彭韶、总督朱英交荐,召之京师[5],令就试吏部,屡辞疾不赴,疏乞终养,授翰林院检讨以归。至南安[6],知府张弼疑其拜官与吴与弼不同[7],对曰:"吴先生以布衣为石亨所荐,故不受职而求观秘书,

〔1〕"举"字原缺,据《明史·儒林传》补。(张廷玉等撰:《明史》,北京:中华书局,二〇〇三年,第二十四册,第七二六一页)

〔2〕"春阳台",《明史·儒林传》作"阳春台"。(张廷玉等撰:《明史》,第二十四册,第七二六一页)

〔3〕"和"字原缺,据《明史·儒林传》补。(张廷玉等撰:《明史》,第二十四册,第七二六一页)

〔4〕"来"字原缺,据《明史·儒林传》补。(张廷玉等撰:《明史》,第二十四册,第七二六二页)

〔5〕"召之京师",《明史·儒林传》作"召至京"。(张廷玉等撰:《明史》,第二十四册,第七二六二页)

〔6〕"至",原误作"知",据《明史·儒林传》改。(张廷玉等撰:《明史》,第二十四册,第七二六二页)

〔7〕《明史·儒林传》无"吴"字。(张廷玉等撰:《明史》,第二十四册,第七二六二页)

冀在开悟主上耳。时宰不悟，先令受职然后观书，殊戾先生意，遂决去。献章听选国子生，何敢伪辞钓虚誉?”自是屡荐，卒不起。献章之学，以静为主，其教学者，但令端坐澄心，于静中养出端倪。或劝之著述，不答。尝自言曰：“吾年二十七，始从吴聘君学，于古圣贤之书，无所不讲，然未知入处。比归白沙，专求用力之方，亦卒未有得。于是舍繁求约，静坐久之，然后见吾心之体隐然呈露[1]，日用应酬随吾所欲，如马之卸勒也。”[2]其学洒然独得，论者谓有鸢飞鱼跃之乐，而兰溪姜麟至比之“活孟子”云[3]。献章仪幹修伟，右右，按真像作左。颊有七黑子。母年二十四守节，献章事之至孝，母有念辄心动，即归。弘治十三年卒，年七十三。万历初从祀孔庙，追谥文恭。

按：今碧玉楼本《白沙集》卷首亦云《明史·儒林列传》，起语偁陈子，其文三倍于此，与此传迥殊，疑旧《明史》宬未定稿本也。然史例当偁名不当偁子，或后人妄改也。

白沙先生行状　　从碧玉楼本　　后学阮榕龄补注

榕按：碧玉本原从何家本录出，今以此行状校勘，碧玉本删去何本凡六七段，其有断不可删者，如“左脸有七黑子”，又“前夕”一段是已。今从何本补入。〇又按：状中本同一人，或书其字，或书其名，前后矛盾，已辨，详《例引》。今补注其名于某字之下，其何年何官，未详年谱者，注之；惟当讳者不注；疑者缺之。

先生讳献章，字公甫，姓陈氏，系出太丘，先世仕宋，自南雄迁新会。按：此十字何本无。高祖判乡；曾祖东源；祖永盛，号渭川，少

---

〔1〕“见”字原缺，据碧玉楼本《白沙子全集》、《明史·儒林传》补。(陈献章撰：《白沙子全集》，碧玉楼本，第三卷，第二三页；张廷玉等撰：《明史》，第二十四册，第七二六二页)

〔2〕“如马之卸勒也”，原作“如马之御勒也”，据《明史·儒林传》改；(张廷玉等撰：《明史》，第二十四册，第七二六二页)碧玉楼本《白沙子全集》作“如马之御衔勒也”。(陈献章撰：《白沙子全集》，碧玉楼本，第三卷，第二三页)

〔3〕“比之”，《明史·儒林传》作“以为”。(张廷玉等撰：《明史》，第二十四册，第七二六二页)

戆,不省世事,好读老氏书,尝慕陈希夷之为人。父琮,号乐芸居士,读书能一目数行下,善诗,年二十七卒。卒之一月而先生生。母太夫人林氏,年二十有四,守节教育之。祖居都会村,至先生始徙居白沙村。白沙村在广东新会县北二十里,按:当作东十里。后天下人重先生之道,不敢斥其名字,俑曰白沙。

先生以宣德三年戊申十月二十有一日生于都会村。先是,有望气者言:“黄云、紫水之间,当有异人生。”黄云、紫水者,新会之山川也。又有占象者言:“中星见浙闽,分视古河洛。百粤为邹鲁,符昔贤所说。”及先生生,身长八尺,目光如星,左脸有七黑子如北斗状,音吐清圆。尝戴方山巾逍遥林下,望之若神仙中人也。自幼警悟绝人,读书一览辄记。尝梦拊石琴,其音泠泠然。有伟人笑谓曰:“八音中惟石音为难谐,今谐若是,子异日得道乎!”因别号石斋,既老自谓石翁。

少读宋亡厓山诸臣死节事,辄掩卷流涕。[一日读《孟子》“有天民者,达可行于天下,而后行之”,慨然]叹曰〔1〕:“嗟夫!大丈夫行己当如是也。”弱冠充邑庠生。其师某者见其所为文异之,曰:“陈生,非常人也,世网不足以羁之。”

明年丁卯,中乡试第九人,录经义一篇。戊辰、辛未,两赴礼闱,俱下第。闻江右吴聘君康斋先生讲伊洛之学于临川之上,遂弃其学从之游,时年二十有七也。康斋性严毅,来学者绝不与语,先令治田,独待先生有异,朝夕与之讲究。受业归,讲学之暇,时与门徒于旷野习射礼。未几,流言四起,以为聚兵。众皆为先生危,先生独处之超然。时翰林院侍读学士钱溥谪知顺德县,雅重先生,遗书按:书下当有“劝”字。先生亟起,毋重贻太夫人忧。先生以为然,遂复

〔1〕“一日”至“慨然”二十一字原缺,据张诩《翰林检讨白沙陈先生行状》补。(徐纮编:《皇明名臣琬琰后录》,盛宣怀辑刊“常州先哲遗书”本,第二十二卷,第一页)

游太学。祭酒邢让一日试先生和杨龟山《此日不再得》诗，大惊曰："龟山不如也。"明日，扬言于朝，以为真儒复出，由是名振京师。一时名士，如罗伦、章懋、庄㫤、贺钦辈，皆乐从之游。钦时为给事中，闻先生议论，叹曰："至性不显，宝藏犹霾，世即用我，而我奚以为用？"即日抗疏解官去。既出太学，历事吏部文选司。先生日捧案牍，与群吏杂立厅事下，朝往夕返，不少怠。郎中等官皆勉令休，对曰："某分当然也。"识者谓其抱负之大而克勤小物如此，得孔子为委吏乘田之意。侍郎尹某闻而贤之，遣子从学，先生力辞，凡六七往，竟不纳。

成化己丑，礼闱复下第。有神见梦于人曰："陈先生卷为人投之水矣。"其后二十年，御史邝某文。闻之礼部尚书某从吏云："某所为也。"先是，先生寓居神乐观，科道诸公往来请益无虚日，既而某被科道劾，疑出先生，故特恶之深，且曰："彼戴秀才头巾尔，动人若是，脱居要路，当何如耶？"揭晓，编修某时为同考试官，主《书经》房，索落卷不可得，欲上章自劾，冀根究，不果。时京中有"会元未必如刘戬，及第何人似献章"之谣。以及舆夫贩卒，莫不啧啧偁屈，曰："可惜先生不中。"时即有人梦曰："经纶不属陈先生矣。"群公往慰先生，先生大笑。庄㫤进曰："他人戚戚太低，先生大笑太高，二者过不及。"先生颔之。其居神乐观也，北士粗鄙者数人约曰："必共往困折之。"及见先生神乐观，忸然气沮口噤，各不能发一语，反致羞而退，因语人曰："果异人，不可狎也。"今右布政使周某孟中。〔1〕时同游太学，所藏古人墨迹，爱逾拱璧，先生因借阅，经旬不还，某数取，先生笑曰："试君尔，君得非所谓玩物丧志者乎？"某遂有所警发。

南归，杜门却扫，潜心大业。道价向天下，四方学者日益众，往来东西两藩部使以及藩王岛夷宣慰，无不致礼于先生之庐。先生日饮食供宾客，了不知其囊之罄也。自朝至夕，与门人宾友讲学，论天

〔1〕"周某"，应为周瑛，而非周孟中。

下古今事,[或至漏下,]亹亹不少厌[倦][1],翌日精神如故,虽少壮者自以为莫及也。江右藩臬左布政使陈炜等修复白鹿洞书院成,以山长书币走生员刘希孟等,聘先生为十三郡士者师,先生报书谢不往。

壬寅,广东左布政使彭韶上疏,略曰:"国以仁贤为宝,臣才德不及献章万万,犹叨厚禄,顾于献章醇儒,乃未见收用,诚恐国家坐失为贤之宝。"疏闻,宪宗皇帝可其奏。部书下,有司以礼劝驾。先生以母老并久病辞。时巡抚右都御史朱英惧先生终不起也,具题荐末云:"臣已趣某就道矣。"且告之故,曰:"先生万一迟迟其行,则予为诳君矣。"先生不得已,遂起。至京师,朝廷用故事敕吏部考试,会病不果赴,上疏略曰:"臣母以贫贱蚤寡,俯仰无聊,殷忧成疾,老而弥剧。使臣远客异乡,臣母之忧臣日甚,愈忧愈病,愈病愈忧,忧病相仍,理难长久。臣又以病躯忧老母,年未暮而气已衰,心欲为而力不逮。夫内无攻心之疾,则外不见从事之难;上有至仁之君,则下必从本集补。多曲全之士。愿乞养病终养。"疏上,宪宗皇帝亲阅者再三。明日,受翰林院检讨,俾亲终疾愈仍来供职,盖异数也。先生以表谢不辞。学士李某东阳。赠别诗云:"只有报恩心未老,更无辞表意全真。"盖实录也。祭酒某,先生同省人也,素忌先生重名,及至京师,使人邀先生主其家。已而,先生僦居庆寿寺某寓。之后,因修述,阴令所比诬先生。学士某张元祯。见之,不平,为削去。归经南安,知府张某弼。问出处,对曰:"康斋以布衣为石亨所荐,所以不受职而求观秘书者,冀得悟主也。惜乎当时宰相不悟,以为实然,言之上,令受职然后观书,殊戾康斋意,遂去。某以听选监生荐,又疏陈始终愿仕,故不敢伪辞以钓虚名。或受或不受,各有攸宜尔。"弼唯唯。暨归,岁有荐辟,先生皆援诏不行。初应诏而起也,道出羊城,所至观者如堵,至

---

〔1〕"或至漏下"及"倦"字原缺,据张诩《翰林检讨白沙陈先生行状》补。(徐纮编:《皇明名臣琬琰后录》,盛宣怀辑刊"常州先哲遗书"本,第二十二卷,第三页)

拥马不得行。归之日，五色庆云绕其所居之第，经日始散。

弘治庚申，给事中吴世忠以先生及尚书王某、恕。侍郎刘某、大夏。学士张某、元祯。祭酒谢某铎。等八人同荐与二三儒臣入内阁柄用，上方敕吏部查勘，命将及门，而先生殁矣，是年二月十日也，享年七十有三。殁之前数日，蚤具朝服、朝冠，令子弟扶掖，焚香北面五拜三叩首，曰："吾辞吾君。"复作一诗云："托仙终被谤，托佛乃多修。弄艇沧溟月，闻歌碧玉楼。"曰："吾以此辞世。"殁之日，顶出白气贯天，勃勃如蒸，竟日乃息。前一夕五鼓，邻人闻车马骈阗，异之，急出，见一人若王者状，仪节甚都，出先生庐而去，以为大官[至][1]。及旦询之，无有也。先配张氏，生子二人：曰景云，岁贡生，作小诗得唐人体裁；曰景旸，充邑庠生，先先生卒。女二人：婿黄彦民；指挥倪麟，后改谭某。按：皇甫湜作《韩文公墓志》言："初婿李汉，继婿樊宗懿。"范文正公子妇亦再嫁。夫尧舜之子不肖，神圣犹不能化之，况妇女辈耶？孙男三人：曰田、曰畹，皆庠生；曰豸，尚幼。继室罗无出。先是，知县左某濬。以医来，先生病已亟矣，门人进曰："药不可为也。"先生曰："饮一匕尽朋友之情。"饮已，作诗遣之。没后一月，提学佥事宋某端仪。移文当道，请入祀乡贤祠。都御史邓某廷瓒。疏乞恩典，草已具，寻卒。御史费某□[2]。疏乞不拘常例，赠官谕祭，不报。是年七月二十有一日，葬于圭峰之麓，辛向之原，远近会葬者几千人。左布政使周某孟中。赠白金三十星助葬，诔之以辞，刻石于墓。三府暨藩臬诸公、门人亲友，远近相续，设奠致赙，殆无虚日。呜呼！生荣死哀，吾于先生见之矣。

先生少负气节，每出少挫归，辄对伯兄泣不食；房婢偶露体，告

---

〔1〕"至"字原缺，据张诩《翰林检讨白沙陈先生行状》补。（徐纮编：《皇明名臣琬琰后录》，第二十二卷，第六页）

〔2〕"御史费某"，指费铠。（参张诩撰：《翰林检讨白沙陈先生行状》，徐纮编《皇明名臣琬琰后录》，第二十二卷，第六页；林光撰：《明故翰林院检讨白沙陈先生墓碣铭》，《南川冰蘖全集》，中国文史出版社，二〇〇四年，第一八〇页）

太夫人,必黜之乃已。迨晚年,涵养深至不可测。孝弟出于天性,事太夫人甚谨。太夫人非先生在侧,辄不食,食且不甘。先生在外,太夫人有念,辄心动,亟归,果然。母爱子慕,惟日不足。太夫人颇信浮屠法,及病,命以佛事祷,先生从之。御史王某鼎。按:《分省人物考》作御史王鼎。曰:"此见先生变通处也。"北行时,不能别太夫人,欲仿徐仲车故事,伯兄不可,曰:"吾弟为人子,吾独不为人子?"兄弟泣争,义感行路。太夫人卒从伯兄之请。太夫人殁,以六十八年从本集补。之孤子居九十一年从本集补。之母丧,哭擗食素,一如先王之礼。太夫人老耋,康强如壮,先生以古稀年顾多病,常虑一旦身先朝露,不能送太夫人终,故自太夫人七十年之后,每夕具衣冠秉烛焚香露祷于天,曰:"愿某后母死。"后丧太夫人,服阕,绝不衣锦绣,曰:"向者为亲娱耳。"通判顾某叔龙。曩见先生束木带,解所束玳瑁带赠,至是反之。一念衡山,靡间朝夕,曰:"自今以往,未死之年,皆赘也。"事伯兄如父,坐必隅坐。

虽迹处山林,其爱君忧国之心,视诸食禄者殆有甚焉。宪庙之升遐也,哀诏至,先生如丧考妣。故其诗曰:"三旬白布裹乌纱,六载君恩许卧家。溪上不曾携酒去,空教明月管梅花。"知言者读之,当知先生之心,无一日不在天下国家也。

为人豁达大度,不见小利。未第时,邻人有侵其屋地者,欲威之以力,扬言于众曰:"陈氏子异日他出,我必辱于途。"及见,不觉自失。先生曰:"尺寸地,吾当为若让。"其人惭,竟不能作恶而去。又有侵其田者,处亦如之。后复有盗葬其祖墓者,先生怒曰:"此义不共戴天也,彼不即悛,吾即讼之官,吾敢沽虚名而失大义哉?"盗葬者闻之果悛。巡抚湖广都御史谢某绶。按《湖南通志》,谢绶,乐安人,弘治中巡抚,正荆藩之不法者。遗先生寿木甚美,一日,其交厚陈某者卒,遗言必得木如先生者,其子以告,先生即举以畀之。林良者,以画名天下,尝专意作一图为先生寿,惠州同知林某仲璧。按阮《通志》,林仲璧,莆田人，成化朝惠州同知。〇又按：本集《王徐墓志铭》云："惠州别驾林君仲璧乞铭于予。"至，阅之爱甚，先生亦即畀之无吝色。知县赵某莹。按新会王志，赵莹弘治二年任知县，以赃去。颇著贪声，惧先生遇当道露其事，遗白金数铤为太夫人寿，先生不得已受之，戒家人勿启。后某以赃去官，先生追而还之，其人感泣。提举汪某榆。慕先生特甚[1]，在海北特作怀沙亭以寓仰止，亦数以白金为先生寿，其卒于官也，先生尽封还以为赙。参政伍某、希渊。按阮《通志》，伍希渊，安福人，弘治二年任参政。佥事戴某中。辈，以次各遗白金欲新先生居，却不可，乃营小庐山书屋以处四方学者。初年甚窭，尝贷粟于乡人，佥事陶鲁知之，遗田若干顷。晚年按察使李白洲士实。仿富郑公故事，破数百金买园一区于羊城，先生皆却不受，封券至三四往返。御史熊达按：原本误作"鸿逵"之"逵"。仿洛阳故事，欲建道德坊于白沙，以风士类，先生力止不可，乃议创楼于江浒，为往来嘉宾盍簪之所，榜曰"嘉会"，先生曰："斯可矣。"都御史邓某廷瓒。仿林逋故事，檄有司月支米一石、岁致人夫二名，先生却之以诗曰："孤山鹤啄孤山月，不要诸司费俸钱。"行人左某辅。详弘治七年年谱。存疑。出使外夷，以其师某□。意，致白金三十星，先生亦却之。太夫人兄弟之子某，广。幼无依，先生教育之成人，至割田庐以树其家。尝买婢，得邑人尹氏女，既而知之，叹曰："良家子也。"命内人抚育之如己女，及笄择婿嫁之。友人庄杲病，遗书求先生门人知医范规者[往][2]，规贫不能赴，先生即备行缠服食津遣。

与人交，无生死炎凉之别。都御史朱某英。柩归桂阳，为文遣子不远数千里设奠。尚书彭某、韶。御史袁某、道。经历张某瓛。辈之没也，亦然。其闻罗某、伦。袁某、张某之讣也，皆设位哭，为之

---

〔1〕"汪某"，据张诩《翰林检讨白沙陈先生行状》，即汪廷贞。（徐纮编：《皇明名臣琬琰后录》，第二十二卷，第七页）阮榕龄乃以为"汪某"之名为汪榆，非。

〔2〕"往"字原缺，据张诩《翰林检讨白沙陈先生行状》补。（徐纮编：《皇明名臣琬琰后录》，第二十二卷，第七页）

缌服三月。参政胡荣为提学佥事时,雅重先生,常选生员有异质者十余人往受业,今学士梁储、参政李祥辈与焉。其后荣遭忧,先生特吊其母丧于新喻,及吴康斋墓于崇仁、罗一峰墓于永丰,访庄定山于江浦。按:以上四事,上京顺道也。

其论治道,以正风俗、成人才为急务。知县丁积之初知新会县也,出其乡人给事中董某□□。○按:□字子仁,江西人,本集有《与董子仁书》。书为介[1],求执弟子礼。先生百凡启迪,以致四礼大行,民爱之如父母。及卒于官,先生综理其后事如已事。后民立祠于白沙,先生记之。其始终成就,皆先生之力也。顾某叔龙。为同知知德庆州,卒,事遭不测,先生毅然任其事,曰:"朋友之责也。"后闻其子至,乃已。李承箕裹粮自嘉鱼数千里从学白沙,凡二年,先生服食行缠待如子弟,复筑楚云台以居之。榜联云:"有月严光濑,无金郭隗台。"其欲来天下之善如此。学士王某□。闻而叹之[2],盛偁先生,见《黄公[山]钓台记》。门人林某□□。○按:此非林光也[3]。始有志于学,后为贫累,先生欲成之,谋田于肇庆同知张某,吉。以某不归,乃不果。迎先哲宋丞相崔菊坡像,为文祭于家,隅坐瞻仰,若子弟之于师者。《广州志·陈献章传》:奉先师孔子于碧玉楼,有行必告。程顺。节妇,钟氏禧。子也,孀居二十七年,贫甚,先生嘉其节,表之以诗,复岁时遗以绫布。君子谓先生,"使其大得志,表先德、举贤才,当不遗余力也。"厓山大忠祠、慈元庙之建,与夫祀典之举也,皆发议于先生,与副使陶某、鲁。右布政刘某、大夏。佥事徐某礼[4]。○阮

---

〔1〕"董某",指董旻。董旻,字子仁,江西乐平人。

〔2〕"王某",指王鏊。《黄公山钓台记》乃王鏊所撰。

〔3〕张诩所谓"林某",指林光。阮榕龄所谓"此非林光也",非。

〔4〕此处"徐礼",应作"徐纮"。(参张诩撰:《翰林检讨白沙陈先生行状》,徐纮编《皇明名臣琬琰后录》,第二十二卷,第八页)徐纮,字朝文,武进人,弘治三年庚戌进士。以刑部郎中出为广东按察司佥事,分巡岭东。终于云南按察司副使。(参永瑢等撰:《四库全书总目》,上册,第五二四页)

《通志》：徐礼，余姚人，弘治九年任佥事。共成之。大忠祠成，太夫人梦金冠三人从甲士数百谢于门。慈元庙之未建也，先生梦一女人后饰，立于大忠之上，曰："请先生启之。"后十年建庙，即其所也。故先生《吊慈元庙诗》有"依稀犹作梦魂通"之句。

先生精神尝与神明通。居外海陈某谦。宅，有异人来见，语秘不传。临殁，梦与濂溪、两崖答歌于衡山之五峰，皆纪之以诗。北归时，泊舟江浒，夜半有人呼，急起，未几水至，溺死人畜无算，因得免。

先生德气睟面盎背，无贵贱老少，莫不起敬。给事中贺钦执弟子拜跪礼，至躬为之捧砚研墨。既别，肖先生小像，悬于别室，出告反面，有大事必白。罗某伦。改官南京修撰，先生谓曰："子未可以去乎？"某即日解官去。壬寅，别都御史朱英于苍梧也，英预约束随参官，竢先生至，掖之从甬道出入，先生力辞不能，英曰："古之圣帝明王尊贤之礼，有膝行式车者，况区区乎？"中贵某□。谒先生庐，至江浒却肩舆走数百步。入京师时，经南安，知府张某弼。仿曹参师盖公礼以待先生。道出淮阳，总戎平江伯陈某锐。往复差官具人船护送，极礼意之隆。暮年欲卜筑衡岳，都御史沈某晖。○《湖南通志》：沈晖，孝宗朝湖南巡抚。创屋、士人[某]等割田以待[1]。左布政周某孟中。甫下车，即谒先生于白沙，欲请先生入省南面坐，受拜咨问，以风一方。以先生病，不果。尝经山乡，热甚，思生菜，值山氓植者良少，前此贵客重价求之弗获，先生至，山氓群来献之。京师走家童市靴于肆，工人问自先生[2]，亟易以佳者。其至诚能动，往往如是。

先生之始为学也，激励奋发之功多得之康斋。自临川归，足迹不至城府。朱某英。时为参议，造庐求见，卒避不见。闭户读书，

---

〔1〕"某"字原缺，据张诩《翰林检讨白沙陈先生行状》补。（徐纮编：《皇明名臣琬琰后录》，第二十二卷，第九页）

〔2〕"问"，张诩《翰林检讨白沙陈先生行状》作"闻"。（徐纮编：《皇明名臣琬琰后录》，第二十二卷，第九页）

穷尽天下古今典籍,旁及释老、稗官、小说,彻夜不寝。少困,则以水沃其足。久之,乃叹曰:“夫学贵乎自得也。自得之,然后博之以典籍,则典籍之言我之言也。否则,典籍自典籍,而我自我也。”遂筑台曰春阳,日静坐其中,足不出阈外者数年。故其答某张元祯。问学诗曰:“古人弃糟粕,糟粕非真传。眇哉一勺水,积累成大川。亦有非积累,源泉自涓涓。至无有至动,至近至神焉。发用兹不穷,缄藏极渊泉。吾能握其机,何必窥陈编。学患不用心,用心滋牵缠。本虚形乃实,立本贵自然。戒慎与恐惧,斯言未云偏。后儒不省事,差失毫厘间。寄语了心人,素琴本无弦。”久之,又叹曰:“夫道非动静也,得之者,动亦定静亦定,无将迎无内外。苟欲静,即非静矣。”于是随动随静以施其功。故其示门人张某按:即诩自谓。诗曰:“知夜则知朝,西风涨暮潮。千秋一何短,瞬息一何遥。有物万象间,不随万象凋。举目如见之,何必穷扶摇?”又曰:“登高未必高,老脚且平步。平步人不疑,东西任回顾。岂无见在心,何必拟诸古?异体骨肉亲,有生皆我与。失之万里途,得之咫尺许。得失在斯须,谁能别来去。明日立秋来,人方思处暑。”又曰:“两脚著地此何关,白云与尔同去还。正当海阔天高处,不离区区跬步间。”廿八字本集缺。盖其学初本周子主静、程子静坐之说以立其基,其自得之效则有以合乎“见大心泰”之说,故凡富贵、功利、得丧、死生,举不足以动其心者;其后造诣日深,则已进乎颜氏之“卓尔,虽欲从之,末由也已”地位,而骎骎乎孔子毋意必固我气象矣。其学有本原、进有次第,的然可据如此。迨其晚年,超悟极于高远,则又非他人所能窥测、言语所能形容者矣。其始,惧学者障于言语事为之末也,故恒训之曰:“去耳目支离之用,全虚圆不测之神。”其后,惧学者沦于虚无寂灭之偏也,故又恒训之曰:“不离乎日用,而见鸢飞鱼跃之妙。”门人各随其所见所闻执以为则,天下之人又各随其所见所闻执以为偏,果足以知先生之道也哉?故其诗曰:“千年无鲍叔,一懒有柴桑。”盖亦叹天下之莫我知也。所恃天下之大，千百世之远，其心同，其理同，必有知言者；诵其诗，读其书，当有以知其人。卓卓哉！孔氏道脉之正传，而伊洛之学盖不足道也。是故见诸日用虽与百姓同也，至于不言而信、不怒而威，闻风者兴起，沐化者心服，盖有莫知其为之者。使得大用于世，绥来动和之效，庶几乎！

先生尝以道之显晦在人而不在言语也，遂绝意著述，故其诗曰：“他年倘遂投闲计，只对青山不著书”；按：此诗先生赴召留别诸友七律，《明儒学案》以为李世卿作，非也。“莫笑老佣无著述，真儒不是郑康成。”按：此和子长七律。有劝之者，对曰：“伏羲数画耳，况画前又有《易》乎？”君子曰：“先生著述可谓富矣，自一言演之可万言，自万言敛之可无言。”今其诗文不下万余首，独非著述乎？其为文也，主理而辅之以气，虽不拘拘于古人之绳尺，故自有以大过人者；其为诗也，则功专而入神品，有古人所未到者矣，盖得李、杜之制作而兼周、邵之情思，妙不容言。故其诗曰：“子美诗中圣，尧夫更别传。后来操翰者，二妙少能兼。”今苍梧、山东皆梓行其集，惜乎未全也。至于挥翰如其诗，能作古今数家字。山居，笔或不给，至束茅代之。晚年专用，自成一家，时呼为茅笔字，好事者踵为之。故其诗曰：“茅君颇用事，入手俩神工。”又曰：“茅龙飞出右军窝。”皆指茅笔也。天下人得其片纸只字，藏[以]为家宝[1]。康斋之婿某□。贫不能自振，造白沙，求书数十幅，归小陂，每一幅易白金数星。按：康斋婿胡全，见成化十六年年谱。胡婿来白沙，本集缺载，或康斋不仅一婿也。庚申，朝廷遣官使交南，交南人购先生字，每一幅易绢数匹。时从人仅携一二幅，恨不能多也。

---

〔1〕“以”字原缺，据张诩《翰林检讨白沙陈先生行状》补。（徐纮编：《皇明名臣琬琰后录》，第二十二卷，第一一页）

先生教人随其资品高下、学力浅深而造就之[1]，循循善诱，其不悟者不强也。至于浮屠羽士、商农仆贱来谒者，先生悉倾意接之，故天下被其化者甚众。南畿僧太虚，知名当世，亦以其学求正于先生。先生复书，以“逝者如斯夫，不舍昼夜”告之，曰：“我以此证也。”先是，先生道南畿，见太虚，告以念老母，太虚为朝夕圣前祝愿，至先生归相见乃已，其笃信如此。呜呼！若先生者，君子谓“周子之后，一人而已”者，非耶？

某也无似，自成化辛丑见我先生于白沙，我先生即以国士待，其后受教多而辱爱厚。临没，具书促至白沙，寄以斯文，告门人罗冕曰：“吾道吾付吾某矣。”示以诗曰：“往古来今几圣贤，都从心上契心传。孟子聪明还孟子，如今且莫信人言。”又曰：“万丈祝融何处山，三年碧玉梦相关。多少画工传不去，都没贤今画幅宽。”又曰：“病久唯听命，诗成不浪传。门前花十丈，玉井正开莲。数椽刚到地，一栋正横天。不亡吾道在，万万岁相连。”因执某手曰：“出宇宙者，子也。”既而曰：“孔子之道至矣，愿无画蛇添足。”又曰：“用斯行，舍斯藏，子其勉之。吾言止是矣。”呜呼！言犹在耳，不肖某斗筲之器，何修何为，而后可以少副我先生付托之重乎？

先生没后，门人聚议，以湛雨为行状，李承箕为墓志铭，梁储为传，而墓表则属之某也。湛之为行状也仓卒，事多未备，按：今《甘泉集》无白沙行状。某窃惧久而湮晦无传，暇日因重为补葺，以为天下后世君子告，且备异日史氏采录焉。

弘治十四年，岁在辛酉，闰七月甲申，门人承直郎户部主事张诩谨状。

---

[1] “造就”，原作“高下”，据张诩《翰林检讨白沙陈先生行状》改。（徐纮编：《皇明名臣琬琰后录》，第二十二卷，第一一页）

陈文恭公像

像赞

于维先生，炳灵南粤。浮邱之峰，桂海之碣。静中端倪，作圣真诀。独契本心，超然融彻。灵鸟神龙，不可系绁。终老江门，完璧无缺。方汉徐孺，拟宋康节。丹青睟图，冰壶秋月。庶士倾风，万流仰哲。矧伊乡彦，不虔对越。宜其动静与俱、行迈携挈也。西蜀右布政使后学豫章李迁谨撰。

道光十年十月十二日，榕至白沙谒先生祠，先生裔孙廪生邦瞻千仰出先生真像，大小凡三帧。风度凝远，如冰莹秋月。张子《行状》云“如神仙中人”，犹莫罄形容也。甘泉云“一十二万年雪月，四百三十峰晴云”，庶几乎！先生左腮有七黑子，两眉界有弯纹微连不断。上有罗殿撰洪先题墨，所谓“长空大海流风，犹足系乎纲维者也”。今何家本所绘，乃全弗类。

白沙村图

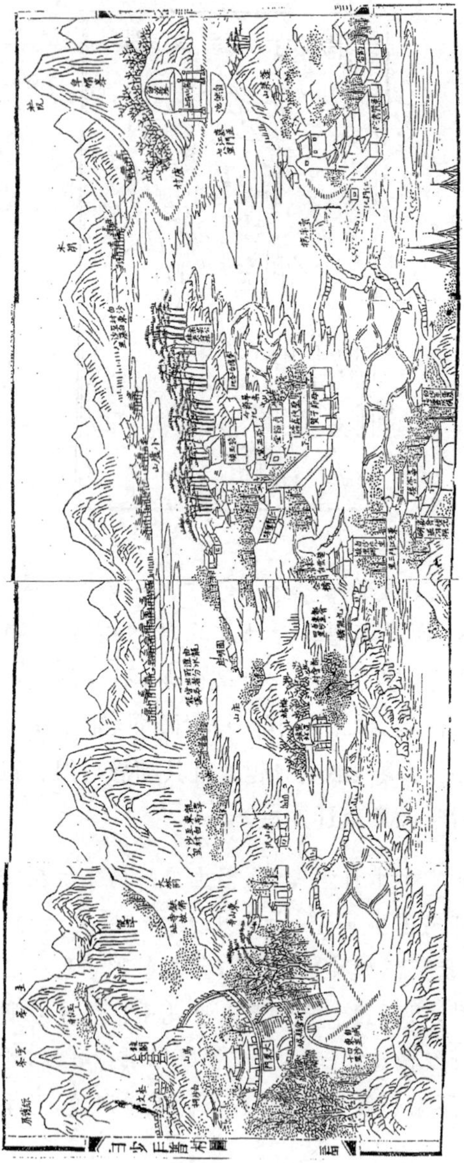

世次 先世自南雄徙新会

先生《世泽》诗云："世泽由来远，何年播广东？吾庐依外海，分派自南雄。"又云："骨肉危相保，干戈晚益穷。存亡一丝发，端为谢苍穹。"

高祖：有道——曾祖：涛——祖：朝昌——父：琮

- 高祖：有道　字世兴，号判乡，娶汤氏。
- 曾祖：涛　字澄本，号东源，娶叶氏。
- 祖：朝昌　字永盛，号渭川，娶吕氏。自外海迁都会，又自都会迁白沙。
- 父：琮　字怀瑾，号乐芸，娶林氏。
  - 献文　字公载，号古愚，祀忠孝祠。
    - 景星
    - 景钟　早卒。
    - 景侯　〇按：古愚公家谱，公尚有子，今居邑城是其后裔。
  - 献章　字公甫，号石斋，晚号石翁，娶张氏，生二子二女。继罗氏，无出。
    - 景云　字仲采，号睡乡，岁贡，娶梁氏。
      - 畹　字时用，号楚卿，又号兰台，岁贡，娶易氏。
      - 田　字子明，号本卿，娶谭氏。
    - 景旸　字仲平，号奉时，邑庠，娶(范)[苑]氏。〇按：《行状》云，先生孙畹、田、豸。疑豸是景旸子。

按：本集附录嘉靖十一年五月湛甘泉《粤秀山白沙书院记》云："陈氏孙新会儒学生畲，改广府学而帮其廪以守之。"〇又《霍渭厓集》有《赠白沙孙陈畲》诗曰："东风饫木犀，鹤鸣阿田右。"〇按先生继室罗氏既无出，生卒亦莫考。先生与番禺李德孚书曰："别纸称清门罗某，何敢不从？异日资送来白沙，凡一聘之费，大率不过十金。但如来教，则太俗而恶无文，故以钗与币易之，而侑以羊酒，不审以为何如？"按此书当作于成化六七年。〇又《与郑文吉书》："章之内兄罗经，水母湾人，金成之义主翁也。内兄存日窘甚，弃其居第，还车陂。死，无子，遗二妾，女一居孀，一在其室，今欲取来白沙。倘遇船便，先令金成走车陂,取至广,搭附来白沙,极感,极感。”

编次陈白沙先生年谱卷一　新会后学阮榕龄竹潭编

宣宗宣德三年戊申(一四二八),冬十月二十一日,白沙先生生于新会都会村。

祖,处士渭川公,年五十三。祖母,吕氏,年五十四。

父,处士乐芸公,年二十七。母,林氏,年二十四。

兄,名献文,字公载,号古愚,年五岁。俱尚存。

是年九月□日,乐芸公卒[1]。年二十七。〇公讳琮,字怀瑾,号乐芸。读书一目数行,善诗,十载长吟,语多奇丽。(张诩撰《白沙先生行状》)〇陈琮生有异质,髫龄能文,喜歌吟,尤究心理学,身体力行,毅然以明道淑人为己任。先辈多以远大期之。质羸善病。(《广州乡贤传》)〇崇祯十六年,巡抚御史四川柳寅东等题请崇祀郡邑乡贤。(白沙本集附录)

时事:□月,新会右都御史鲁能生。(《邱文庄集·鲁公神道碑》)

宣德四年己酉(一四二九),先生年二岁

宣德五年庚戌(一四三〇),先生年三岁

宣德六年辛亥(一四三一),先生年四岁

宣德七年壬子(一四三二),先生年五岁

宣德八年癸丑(一四三三),先生年六岁

---

〔1〕 李承箕撰《陈公乐芸配林合葬志》云:“宣德戊申九月十二日,陈公乐芸卒。”(李承箕撰:《大厓李先生诗文集》,《四库全书存目丛书》,济南:齐鲁书社,一九九七年,集部第四十三册,第六〇三页)

宣德九年甲寅(一四三四),先生年七岁

宣德十年乙卯(一四三五),先生年八岁

时事：正月,帝崩,太子祁镇即位。

英宗正统元年丙辰(一四三六),先生年九岁

本集《乞终养疏》:“方臣幼时,无岁不病,至于九岁,以乳代哺,非母之仁,臣委沟壑久矣。”

正统二年丁巳(一四三七),先生年十岁

正统三年戊午(一四三八),先生年十一岁

正统四年己未(一四三九),先生年十二岁

正统五年庚申(一四四〇),先生年十三岁

正统六年辛酉(一四四一),先生年十四岁

正统七年壬戌(一四四二),先生年十五岁

正统八年癸亥(一四四三),先生年十六岁

正统九年甲子(一四四四),先生年十七岁,母年四十

正统十年乙丑(一四四五),先生年十八岁

正统十一年丙寅（一四四六），先生年十九岁

时事：五月二十六日，祖母吕氏卒。年七十二。〇《白沙家谱》："母性端重，不妄言笑。"

正统十二年丁卯（一四四七），先生年二十岁

弱冠，充邑庠生。其师某见其文，曰："陈生，非常人也。"（《行状》）〇九月，中乡试第九。

正统十三年戊辰（一四四八），先生年二十一岁

入京赴春闱。〇四月，中副榜进士，告入国子监读书。正统十三年，总裁侍郎高穀、侍讲甘宁。（《明贡举考略》）

正统十四年己巳（一四四九），先生年二十二岁

时事：八月十六日，帝北狩。〇九月，帝弟郕王即位。

时事：十二月初五日，祖父渭川公卒。年七十四。〇《家谱》："公生洪武九年八月初二日，卒正统十四年十二月初五日，年七十四。"而先生《世赖堂铭》云："我祖渭川，七十八年，汉阴抱瓮。"是多四年矣。疑"八"字乃"四"字之误。

景帝景泰元年庚午（一四五〇），先生年二十三岁

时事：八月，英宗归京师，入居南宫。

景泰二年辛未（一四五一），先生年二十四岁

时事：七月，门人梁储生。

本集《乞终养疏》："景泰二年，会试下第。"

景泰三年壬申（一四五二），先生年二十五岁

时事：二月十九日，长子景云生。

景泰四年癸酉(一四五三),先生年二十六岁

景泰五年甲戌(一四五四),先生年二十七岁,母年五十

时事：以陶鲁为新会县丞。

八月,“陈生中戊辰乙榜进士。笃漆雕之信,复淹吾馆。每诵鲤庭之永隔,感孟机之多违,闻者动心焉。家僮之返,予为大书‘孝思’题其白沙之堂。”又曰：“伯氏朝夕为我申其说于定省之余,亦足稍慰倚闾之况云。”(吴康斋与弼题《孝思堂记》)〇陈白沙自广东来学。晨光才辨,先生手自簸谷。白沙未起,先生大声曰：“秀才,若为懒惰,即他日何从到伊川门下？何从到孟子门下？”(《明儒学案》“吴康斋”条)〇白沙之于吴聘君也,为之执役数月而不敢请益。其后贺黄门于白沙亦然。(《广东新语》)〇予少时闻白沙先生学于吴康斋先生。吴先生无讲说,使先生斸地、植蔬、编篱。吴先生或作字,先生研墨;或客至,则令接茶。如是者数月而归,竟无所得于吴先生也。(杨起元《白沙语录序》)〇按以上三条与《行状》迥异,当以张《状》为有据。杨云无讲说,尤与先生自述语显然相背。

本集《与赵提学书》：“仆年二十七始发愤从吴聘君学,其于古圣贤垂训之书无所不讲,然未知入处。”〇《书莲塘册后》：“予与娄克贞同事吴征君。予以景泰甲戌游小陂[1],与克贞先后至。”按：《一统志》：“陈献章从吴与弼游,在正统间。”误。〇《书玉枕诗话后》：“东海平日自谓具只眼,能辨千古人物,而近遗康斋,何也？予年二十七游小陂[2],闻其论学,由濂洛关闽以上达洙泗;尊师道,勇担荷,不屈不挠,如立千仞之壁,盖一代人豪也。”按：吴与弼,字子傅,世偁康斋先生,

〔1〕“小陂”,原作“小坡”,据碧玉楼本《白沙子全集》改。(陈献章撰：《白沙子全集》,碧玉楼本,第二卷,第一三页)

〔2〕“小陂”,原作“小坡”,据碧玉楼本《白沙子全集》改。(陈献章撰：《白沙子全集》,碧玉楼本,第二卷,第一八页)

崇仁人。年十九,见《伊洛渊源录》,慨然向慕。天顺元年征赴阙。又云:其门人最著者,胡居仁、陈献章、娄谅;次曰胡九韶、谢复、郑伉。○娄谅,字克贞,上饶人。少有志绝学,闻吴与弼在临川,往从之。一日,与弼治地,召谅往视,云:"学者须亲细务。"〔1〕谅素豪迈,由此折节,虽扫除之事,必身亲之。王守仁少时,亦尝受业于谅。(俱《明史·儒林传》)

景泰六年乙亥(一四五五),先生年二十八岁

先生之学,激励奋发之功多得之康斋。自临川归,足不至城市。朱英时为参议,造庐求见,卒避不见。闭户读书,益穷古今典籍,彻夜不寝,少困则以水沃其足。久之,乃叹曰:"夫学贵自得也。自得之,然后博之以载籍。"遂筑台,名曰春阳,静坐其中,足不出阈者数年。(《行状》)○按:朱英,字时杰,桂阳人。景泰初,为广东右参议。过家省母,橐中惟赐金十两。抵任,抚凋瘵流亡,立均徭法,十岁一更,民皆偁便。成化十年〔2〕,巡抚甘肃。[明年]冬〔3〕,总督两广。(《明史》本传)

本集《与赵提学书》:"仆从吴聘君学。比归白沙,杜门不出,专求所以用力之方。既无师友指引,惟日靠书册寻之,忘寝食。如是者累年,而卒未得也,谓此心此理未有吻合也。于是舍繁求约,惟在静坐,然后此心之体隐然呈露,日用应酬惟吾所欲,如马之[御]衔勒〔4〕。体认物理,稽诸圣训,如水之有源委也。于是涣然自信,曰:'作圣之功,其在此乎!'"○《龙冈书院记》:"予少无师友,学不得其方,汩没于声利、支离于粃糠者久之。年几三十,始尽弃举业,

〔1〕"细务",原误作"切务",据《明史·儒林传》改。(张廷玉等撰:《明史》,第二十四册,第七二六三页)

〔2〕"成化十年",原误作"天顺十年"。明英宗以"天顺"年号之纪年,仅八年。无"天顺十年"之说。《明史·朱英传》云,成化十年,朱英以右副都御史巡抚甘肃。(张廷玉等撰:《明史》,第十六册,第四七四一页)据改。

〔3〕"明年"二字原缺,据《明史·朱英传》补。(张廷玉等撰:《明史》,第十六册,第四七四一页)

〔4〕"御"字原缺,据碧玉楼本《白沙子全集》补。(陈献章撰:《白沙子全集》,碧玉楼本,第三卷,第二三页)

从吴聘君游。然后益叹迷途未远，取向所汩没者，洗之以长风，荡之以大波。坐小庐山十余年，足不逾于阈。”〇与剑水黄琥交，尝宿其家。按：本集《肇[庆]府城隍庙记》云：“予曩从吴聘君游，往来剑水，尝宿其家。”详弘治九年。〇从学吴聘君后，习静春阳台十载。（湛若水撰：《改葬白沙先生墓碑》）

景泰七年丙子（一四五六），先生年二十九岁

先生初筑春阳台，日坐其中。用功或过，几致心病。后悟其非，且曰：“戒慎与恐惧，斯言未云偏。后儒不省事，差失毫厘间。”盖验其弊而发也[1]。（《明儒学案》白沙条）〇坐春阳台，家人穴壁馈飧。（《雒闽源流录》）

景泰八年丁丑（天顺元年、一四五七），先生年三十岁

时事：正月，英宗复位，改元天顺。二月，景帝崩。

英宗天顺二年戊寅（一四五八），先生年三十一岁

时事：五月，征处士吴与弼为左谕德。

天顺三年己卯（一四五九），先生年三十二岁

天顺四年庚辰（一四六〇），先生年三十三岁

天顺五年辛巳（一四六一），先生年三十四岁

〔1〕“发”，原误作“废”，据《明儒学案》改。（黄宗羲撰：《明儒学案》，北京：中华书局，二〇〇八年修订版，上册，第一〇五页）

天顺六年壬午(一四六二),先生年三十五岁

时事:本集《辅城记》:"是年,广西寇大至新会城下,劫掠居民。县丞陶鲁方捍盗他邑,闻报驰归,恸哭,率父兄子弟讨贼,筑辅城以御之。"〇《书思德亭碑后》:"昔壬午之冬,寇忽大至。此吾与父兄所共见也。"按:陶鲁,字自强,成子,郁林人。以父荫为新会丞。天顺中,迁知县。累官至湖广布政兼广东按察副使,领岭西道。两广倚之如长城。(《钦定大清一统志》)

天顺七年癸未(一四六三),先生年三十六岁

时事:新会县丞陶鲁升知县。

时事:原配张氏卒。按:成化八年,继娶罗氏。《聘启》云:"始者,旷十年而莫遇。"又《先室墓志》云:"卒葬孔家山。"疑张氏卒于是年。详成化廿三年。

天顺八年甲申(一四六四),先生年三十七岁,母年六十

时事:正月,帝崩,太子见深即位。

时事:六月十六日,礼部侍郎薛瑄卒。年七十六。〇按:先生谥文清,长于白沙三十九年。《明儒学案》次文清于白沙之后,非也。

本集诗:《初秋夜》五律二首。自我不出户,岁星今十周。〇按:以上十年,皆在春阳台。

宪宗成化元年乙酉(一四六五),先生年三十八岁

时事:冬,新会知县陶鲁从总督韩雍破大藤峡贼。

成化二年丙戌(一四六六),先生年三十九岁

时事:永丰罗伦及第第一。〇五月,贬修撰罗伦为福建市舶。罗伦,字彝正,永丰人。成化丙戌廷对第一,授修撰。会李文达夺情,疏奏,落职泉州市舶司。明年召还,复修撰,改南京。寻归金牛山。学者称一峰先生。(《明儒学案》)

时事:门人上海陈肃来从学。陈肃与陈子读书国子监,因师事之。(《门人录》)

时事：门人增城湛若水生。

讲学之暇，时与门徒习射礼。流言四起，以为聚兵。众皆为先生危，先生处之超然。时学士钱溥谪知顺德县，雅重先生，劝亟起，毋诒太夫人忧。先生以为然，遂复游太学。祭酒邢让试先生和杨龟山《此日不再得》诗，大惊曰："龟山不如也。"明日扬言于朝，以为真儒复出。一时名士如罗伦、章懋、庄昶、贺钦辈，皆乐从之游。钦执弟子拜跪礼，至躬为捧砚研墨。（《行状》）〇邢让，字逊之。成化二年，迁国子监祭酒。（《明史》本传）〇庄先生，讳昶，字孔旸，号木斋，江浦人，成化丙戌进士。与之交者，皆一时名儒，如陈白沙先生、罗一峰其尤也。（湛若水《定山先生墓志》）〇周蕙门人薛敬之，渭南人。从蕙游，鸡鸣候门启，辄洒扫设席，跪而请教〔1〕。宪宗初，以岁贡入国学，与同舍陈献章并有盛名。（《明史·儒林传》）

本集《湖山雅趣赋》："丙戌秋〔2〕，余策杖自南海循庾岭而北涉彭蠡，过匡庐之下，复取道萧山，溯桐江舣舟望天台峰，入杭观西湖。"又云："客有张瑮者〔3〕，闻余言，拂衣而起，击节而歌。"〇《乞终养疏》："国子监拨送吏部文选清吏司历事。"〇先生日捧案牍，与群吏杂立厅下，朝往夕返，不少怠。郎中等官皆勉令休，对曰："某分当然也。"侍郎尹某闻而贤之，遣子从学。先生力辞，凡六七往，竟不纳。（《行状》）〇侍郎尹旻贤之，遣子从学。力辞。（本集引《明史·儒林传》）

本集诗：《和杨龟山此日不再得韵》。五古。全录：能饥谋艺稷，冒寒思植桑。少年负奇气，万丈磨青苍。梦寐见古人，慨然悲流光。吾道有宗主，千秋朱紫

---

〔1〕"请"，原误作"讲"，据《明史·儒林传》改。（张廷玉等撰：《明史》，第二十四册，第七二三一页）

〔2〕"丙戌"，原误作"丙戊"，据碧玉楼本《白沙子全集》改。（陈献章撰：《白沙子全集》，碧玉楼本，第二卷，第二七页）

〔3〕"张瑮"，碧玉楼本《白沙子全集》作"张璟"。（陈献章撰：《白沙子全集》，碧玉楼本，第二卷，第二八页）

阳。说敬不离口〔1〕，示我入德方。义利分两途，析之极毫芒。圣学信匪难〔2〕，要在用心臧。善端日培养，庶免物欲戕。道德乃膏腴，文辞固粃糠。俯仰天地间，此身何昂藏。胡能追轶驾，但能漱余芳。持此木钻柔，其如磐石刚。中夜揽衣起，沉吟独徬徨。圣途万里余，发短心苦长。及此岁未暮，驱车适康庄。行远必自迩，育德贵含章。迩来十六载，灭迹声利场。闭门事探讨，蜕俗如驱羊。隐几一室内，兀兀同坐忘。那知颠沛中，此志竟莫强。譬如济巨川，中道夺我航。顾兹一身小，所系乃纲常。枢纽在方寸，操舍决存亡。胡为谩役役，斫丧良可伤。愿言各努力，大海终回狂。

成化三年丁亥（一四六七），先生年四十岁

时事：是年春，先生南归。章懋赠诗："有美罗浮仙，金声玉为质。严栖四十春，遗编自探索。"谢文祥赠诗："白沙先生年四十，屹然砥柱中流立。"〇按：二诗见本集《附录》。〇谢文祥，耒阳人，天性峭直。与罗伦、庄昶善。授御史，数上封事，直气动台端。（《大清一统志》）〇谢文祥谪南陵县丞，刘大夏、陈献章俱壮其节，赠之诗。（《氏姓谱》）

时事：□月，召罗伦还，复为修撰，改南京〔3〕。居二年，引疾归。（《明史》本传）

时事：十二月，杖谪编修章懋、黄仲昭、检讨庄昶。章懋，字德懋，兰溪人。成化丙戌，会试第一，授修撰。与同官黄仲昭、庄昶谏上元灯火，杖阙下。后讲学枫木庵，学者偁曰枫山先生〔4〕。

成化四年戊子（一四六八），先生年四十一岁

时事：是年，先生复入京师。

---

〔1〕"说敬"，原误作"说经"，据碧玉楼本《白沙子全集》改。（陈献章撰：《白沙子全集》，碧玉楼本，第六卷，第二页）

〔2〕"圣学"，原误作"圣贤"，据碧玉楼本《白沙子全集》改。（陈献章撰：《白沙子全集》，碧玉楼本，第六卷，第二页）

〔3〕据《明通鉴》，朝廷"召罗伦还，复为修撰，改南京"，事在成化三年三月。（夏燮撰：《明通鉴》，北京：中华书局，二〇〇九年第二版，第二册，第一〇八一页）

〔4〕"枫山先生"，原作"枫木先生"，因章懋传记多作"枫山先生"，（参黄宗羲撰：《明儒学案》，下册，第一〇七四页；张廷玉等撰：《明史》，第十六册，第四七五二页）据改。

本集诗：九月，《送吴廷介归开化》七绝。序："戊子秋，开化吴廷介县博校文于我省，念太夫人初度之辰在十月十八日，撤棘之后，趋归为寿，诗以送之。"〔1〕

成化五年己丑(一四六九)，先生年四十二岁

时事：门人东莞林光会试下第。

时事：八月，下刑部郎中彭韶于狱。

时事：十月十七日，吴与弼先生卒。年七十九。(《明儒学案》)

时事：十一月，起复韩雍，总督两广。

己丑，礼闱复下第，有神见梦于人曰："陈先生卷为人投之水矣。"先是，先生寓神乐观，科道诸公往来请益无虚日，既而某被科道劾〔2〕，疑出先生，故恶之深，且曰："彼戴秀才头巾尔，动人若是，脱居要路，当何如耶?"揭晓，编修某时为同考官，索落卷不可得，欲上章自劾，冀根究，不果。时京师有"会元未必如刘戬，及第何人似献章"之谣。群公往慰之，先生大笑。庄杲曰："他人戚戚太低，先生大笑太高。"其居神乐观也，北士粗鄙者数人约曰："必共往困折之。"及见先生，口噤不发一语。(《行状》)○刘戬，字景元，安福人，成化乙未进士第二。(《万姓统谱》)○成化己丑，今布政周孟中时同游太学。〔3〕

---

〔1〕"戊子秋"，高简刻本《白沙子》所收此诗，作"戊午秋"；"吴廷介"，作"吾廷介"。(陈献章撰：《白沙子》，明嘉靖十二年高简刻本[《四部丛刊》三编，上海书店，一九八五年影印本]，第六卷，第一页)戊午，为弘治十一年。弘治十五年壬戌夏六月晦日，白沙先生之高足林光作《跋石斋赠吾廷介诗》，略云："吾廷介岭南选士时，拜石斋先生于白沙，得寿母诗一绝。时值重九，廷介出《和赠诗》一律，又《别后和舟中见寄》一律。余官在太学，廷介新中进士榜，相聚京师，出此卷观之。计石翁此作，去属纩仅一年余耳。字观其筋骨，诗味其风韵，妙处盖不在多也。言外不尽之意，廷介当自得之。后二绝，子侄辈代答，观者当自辨。"(林光撰：《南川冰蘖全集》，第六七至六八页)依据林光此跋，可确知白沙先生此诗，乃弘治十一年戊午秋，作以赠吾廷介者。阮榕龄将此诗视为成化四年戊子作以赠吴廷介者，非是。当据高简刻本《白沙子》及林光《跋石斋赠吾廷介诗》改正。

〔2〕"某被科道劾"，原误作"某科道被劾"，据张诩《翰林检讨白沙陈先生行状》改。(徐纮编：《皇明名臣琬琰后录》，第二十二卷，第二页)

〔3〕案：同游太学者，为周瑛，而非周孟中。

(《行状》)

本集《乞终养疏》:"成化五年,复会试,下第。"按:先生凡三上春官。《风洲笔记》:"七上春官。"误。〇《跋张声远康斋真迹》:"成化己丑三月,行李出京,是日次析木之店,以示东吴张声远锳,一见惊绝,阅之竟日不[目]瞬[1]。以手抚弄,以口吟哦。某怜之,割一纸。"按:析木,即今京畿,属大兴县。锳,详《门人考》。〇五月二十一日,至南京,见罗伦。二十四日,罗伦有《送白沙先生诗序》。本集《告罗一峰墓文》:"成化己丑夏,予遇先生于南畿,盍簪之欢,忘形尔汝,既三宿而后去。"〇罗文毅公伦,指切时事,忤旨落职。未几,商文毅相召,复原官,寻改南京。闻白沙先生绪论,慕之。以疾辞归。(《先进遗风》)〇《跋康斋真迹》:"己丑六月,过清江,以手书问先师,尚无恙也。"按:清江县属江西临江府。〇秋,归自京师。〇南归,杜门却扫,潜心大业。四方学者日益众,往来东西两藩部使,以及藩王岛夷宣慰,无不致礼于先生之庐。(《行状》)〇《复赵提学书》:"仆自己丑得病,五、六年间,自汗时发,母氏加老,是以不出门。则凡责仆以不仕者,遂不可解。"〇《与张宪副廷学书》:"仆自己丑得病以来,人事十废八、九,齿发都耗,精力寖衰。而老母粗康,诸儿女婚嫁渐次可毕。"〇《与陈剩夫书》:"穹壤百年,极欠一会。某自春来得厥疾,一卧至今。武夷之游,遂成虚语。"

成化六年庚寅(一四七〇),先生年四十三岁

陈音,字师召,莆田人。天顺末进士。成化六年三月,以灾异陈时政,言:"致仕尚书李秉,在籍修撰罗伦、编修张元祯、新会举人陈献章,皆当世人望,宜召还秉等,而置陈献章台谏。"忤旨切责。(《明史》本传)

本集《梦记》:"三月二十七日,碧玉楼午睡,梦出贞节门外,大

---

〔1〕"不目瞬",原作"不瞬",据碧玉楼本《白沙子全集》改。(陈献章撰:《白沙子全集》,碧玉楼本,第二卷,第一五页)

水，一老人抱衣浣于前，歌曰：'法好人莫传，衣好人莫穿。'"按：《梦记》凡二条。第一条云"庚寅秋"，第二条加一"又"字，别起一行，云"三月"。若同是庚寅，则当以"三月"为上条，"秋"为下条。今春秋倒置，岂既庚寅秋作而后追录前三月之梦耶？抑同是《梦记》，而"三月"一条非是年所作耶？○《寻乐斋记》："五年，伍光宇始构亭于南山之岩。明年，复于吾第之左，结草屋三间。"○《梦记》："庚寅秋，距予自京师归适一载。是夕天气稍凉，予读《易》白沙之东房。卧，梦与应魁殿元、克恭同行。"○秋，《诔潘季亨诗序》："季亨之交于予十六载，意笃而业不光。一旦弃我而死，不塞望矣。吾所以不能不为之恸而深憾于平日也。卒于于成化庚寅，年三十八[1]。属纩之秋，适林缉熙自宝安来，览予诗而哀，故亦同作。"○《书孔高州平贼诗卷后》："太守今进秩宪副使。"孔镛，长洲人。成化六年，按察副使。（阮《通志》）○九月，作《李文溪集序》。○十二月，作《东晓序》。何子隐，南海人，更名潜，榜其居曰"东晓"。○按：何潜，《南海志》缺载。予邑西南四十里葑头蒋山有阮公兰亭墓碑，有曰："君为外兄弟，谊不可辞。"是何与阮为戚属。文凡二百五十余字，惜残缺者已五十许字。末署："庚寅十二月既望，庐江何潜书。"兰亭，榕七世祖也。东晓事莫考，仅见先生此序及此碑耳。书法秀劲高妙。碑详《新会林志·金石》。○秋，门人张铁书来求跋康斋先生真迹。○《与祝主簿书》："未拜一顾之勤，此贶叠至，皇恐皇恐。阁下以至公待民，使一邑受赐，则惠之所及广矣。"祝铎，浙江宣平人。（《新会林志》）

本集诗：《伍光宇卜筑白沙为读书之所》七绝二首；《吴邨吊庄节妇墓》五律二首。

成化七年辛卯（一四七一），先生年四十四岁

时事：十月十八日，伍云卒。

二月，代兄作《聘启》。按：启内云"尊亲家郑处士"，疑即郑文吉也。

---

〔1〕"年三十八"，原作"年三十六"，据《诔潘季亨诗序》墨迹改。（陈福树撰：《陈白沙的书法艺术》，广州：广东旅游出版社，二〇〇八年，第三八页）

本集《送李山人诗序》:“成化辛卯春,永丰李立武过白沙访予。”〇《与胡佥宪提提学书》:“李山人至,蒙赐《相山骨髓》等书。承谕欲来新会。予久卧衡茅,未欲进拜,则有其说。布衣鄙儒,谬为王公大人所爱,恐不自重,以为门下辱。”胡荣,新喻人,成化七年,任按察司佥事提学。(阮《通志》)〇《与庠中诸友书》:“春初,承诸君枉顾。属有哀事。”又云:“按察胡先生过白沙,青灯叙旧。”又云:“诸君方急于秋试[1]。”〇《与伍光宇书》:“贱躯百病交攻,近过胡按察,教以心驭气之术。试效立验。但应接事烦,工夫不精。今自五月一日为始,以家事权属老母,借寻乐斋静居百日,有验即奉还也。”〇九月作《绿围伍氏族谱序》:“辛卯首夏,光宇疾大作。九月,予往视之。坐甫定,便语云:‘还我族谱序,吾无憾焉耳。’退见其季父绚、伯兄裕,咸申之曰:‘绚等未有请也。惟先生之于云也,实望之,宁独爱一言?且使闻之,病亦寻起。’”〇伍光宇别于白沙筑台曰寻乐[2]。自庚寅冬至明年首夏,凡四月日在寻乐。卒年四十七。〇作《寻乐斋记》。按《记》云:“明年而光宇死。”是斋建于伍生前而记作于伍死后。〇《送张方伯诗跋》。张瑄,江浦人。成化四年任布政使。(阮《通志》)〇十二月,代兄作《请期启》。凡二篇。

成化八年壬辰(一四七二),先生年四十五岁

时事:九月三十日,余姚王守仁生。

时事:娶继室罗氏。

正月二日,作《奠伍光宇文》,命子景云往南山代之。〇本集《代兄与李宗书》:“文启:猥蒙不鄙,弱弟某遂室家之愿,实吾子之

---

[1] “诸君”,原误作“请君”,据碧玉楼本《白沙子全集》改。(陈献章撰:《白沙子全集》,碧玉楼本,第四卷,第三六页)

[2] “别”,原作“君”,据碧玉楼本《白沙子全集》改。(陈献章撰:《白沙子全集》,碧玉楼本,第五卷,第六页)

惠。某以序次当为主人，不得诣吾子躬专请也。倘吾子不惮劬于路，而以归罗氏子于白沙某也，则愿吾子之终赐爱焉。”〇《与佥宪胡提学书》：“野人有妇，亦以代井舂之劳而已[1]。明日昧爽，以此妇见祠，毕事即趋行台拜谢。”〇二月，丰城友人某以吴康斋先生讣至。按：康斋先生实卒于成化五年冬，至是始闻讣也。〇《杂诗序》：“予辛卯九月以来，绝不作诗。今年四月，予病小愈，扶杖出门，俯仰上下，欣慨于心。师友代凋，知己悠邈，不可为怀。积旬得诗若干，此外又有《闻蛙》、《闻鹃》、《示跛奴》、《诘李翁》、《送西宾》等诗。晦日，序之用示儿子。”〇六月戊寅，作《告伍光宇文》。〇□月，为外兄何经作《处素记》[2]。〇十二月，作《番禺何廷矩母周氏墓志铭》。

本集诗：《壬辰九日圭峰作》七律。

成化九年癸巳（一四七三），先生年四十六岁

成化十年甲午（一四七四），先生年四十七岁，母年七十 太夫人老耄，康强如壮。先生顾常多病，常虑一旦先朝露，不能送终，故自太夫人七十以后，每夕具衣冠，秉烛焚香，露祷于天，曰：“愿某后母死。”（《行状》）

时事：三月，罢两广总督韩雍。据《帝王年表》。〇《明史》本传作九年。

时事：秋，漳州布衣陈真晟卒。按《明史·儒林传》，真晟卒于成化十年。《明儒学案》亦云十年，年六十四。

时事：九月，门人南海陈庸、番禺张诩、顺德梁储、乐昌邓球同领乡荐。

本集《与吴惠州绎思书》：“仆生岭左四十有七年。”吴绎思，莆田人。成化中，守惠州，涖政果断，增修诸邑学宫，众务咸举。（《通志》）〇《与韩知县

---

〔1〕“井舂”，原作“井臼”，据碧玉楼本《白沙子全集》改。（陈献章撰：《白沙子全集》，碧玉楼本，第三卷，第二九页）

〔2〕“处素记”题下标明“成化八年六月，为外兄何经作”。（陈献章撰：《白沙子全集》，碧玉楼本，第一卷，第五二页）

书》:“执事前在敝邑,日月不多,未究所蕴。去之顺德,虽云异治,固尚在此邦之内。”韩升,浙江秀水人。成化八年任,凡一年。(《新会林志》)○按:《顺德志·职官》缺升名,或署事也。

本集诗:《代简答罗一峰殿元》五古。台城一挥袂,忽忽星周五。十二月,《题马默斋壁》七古。

成化十一年乙未(一四七五),先生年四十八岁

时事:以曹伟知新会县。曹伟,湖广京山人。监生。成化十一年任。(《新会林志》)

时事:十月,以朱英总督两广。(《通鉴辑览》)

萧子鹏闻康斋讲道,往师之。康斋没,以陈白沙得康斋之传,卒业于门。别归,赠诗云:“玉峡萧郎海上来,海边云气拥楼台。峡中亦有楼台拥,始信萧郎海上回。”(《万姓统谱》)○萧子鹏,字宜冲,新淦人。○按:九曜石有成化乙未秋新淦萧子鹏六言草书。(《粤东金石录》)

本集《与罗一峰书》:“《大忠祠碑》皎皎烈烈,见先生之心矣。诸生蒙薰炙,归来又是一番人物,多荷,多荷。《三峰叙》并诸作实有意思。”○作《容处士墓志铭》。○《与陈秉常书》:“秉常不春试,永丰之使不在吴琏,秉常幸图之。一见罗殿元亦不枉了。”○《与胡提学书》:“奉别忽已逾年,昨生员易彬送到罗明仲、林蒙庵、丘苏州书,知先生安佳。某近以人事过烦,自汗时发,闭斋偃卧,绝去酬应。下车之始,即欲遣人上问,寻闻往梧州。昨晚小儿自羊城回,乃知先生自梧州还。闽中陈剩夫者,先生所知,不幸去年秋间死矣。旧岁莆田举人林体英来访白沙,与语两月,比归,亦能激昂自进。”按:《南海志·金石略》:成化八年十一月,胡荣书《濂溪书院记》曰“天顺癸未,予提学来广”云云。先生与胡公此书,今以《明史·陈真晟传》考之,故入是年,岂成化十一年胡公尚在广东耶?○《与张东白内翰书》:“比者,娄克贞教谕亦有书来。仆既未接其人,不可遽有往复。陈布衣竟不及面而卒,可叹。”

张元祯，字廷祥，官礼部左侍郎兼学士。交陈选、罗伦、陈献章，皆以道学相规。（《万姓统谱》）

补诗：《夏赠陈秉常、容彦昭、易德元使永丰谒罗一峰》。夜发白沙口，席影江门月。洋洋一峰伦，望望何时接。男儿亦何事，料理经事业。千载曲江祠，中间可停楫。〇按：诗见《鹤山县志》，本集失载。

成化十二年丙申（一四七六），先生年四十九岁

时事：□月，门人番禺何潸来从学。

时事：以朱英总督两广。（阮《通志·职官表》）

时事：六月十二日，长子景云妇梁氏卒。年二十一。

本集《复赵提学》第一书："奉到董给事书，其中称道盛德不少置，仆私心喜甚，以为此来当得一见。非子仁，仆无以知执事；然以子仁之言，又未尝不追恨于京游之日也。"又云："都宪公按：谓朱公英。虽未见颜色，然仰之十余年矣。比闻下车以来，德政之布，沛若时雨。"按阮《通志》："赵瑶〔1〕，晋江人，成化十二年任提学佥事。"本传云："教有根本，士习丕变。"考之本集，有《陪赵提学厓山诗》。又《厓山志》有赵瑶诗。〇作《恩平学记》。

本集诗：《梦观化，书六字壁间，曰"造物一场变化"》五古。问我年几何，春秋四十九。

成化十三年丁酉（一四七七），先生年五十岁

时事：厓山大忠祠成。按《新会王志·编年》："成化五年，建大忠祠于厓山。"又考罗伦《大忠祠记》后云："成化十三年丁酉五月己酉，新会知县曹伟立石。"疑创于五年，立石于十三年也。〇按：白沙陈献章倡议立大忠祠，始成，母林夫人梦金冠三

---

〔1〕"赵瑶"，应作"赵瑶"。下同。周学曾纂修《道光晋江县志》云："赵瑶，字德用，号古愚，宋庄懿王德昭之后也。成化乙酉解元，丙戌进士。授官刑曹，同考会试。擢广东提学佥事，卒于官。"（转引自陈志平撰：《陈献章书迹研究》，北京：文物出版社，二〇〇九年，第二三九页）

人,从甲士数百,谢于门。又:白沙求大忠祠碑于石工,其人宿祠下,梦神指之曰:"趺在是。"往求之,果得趺,若夙成者。因作诗纪之。(《厓山志》)

时事:九月,门人周京领乡荐。

时事:建贞节坊。儒士陈琮妻林氏,献章母也。年二十四孀居,贞节孚内外。姑吕氏性端重,不妄言笑,家人奉若神明。林事之二十余年,未尝一见怒色。成化十三年,诏旌其门。(阮《通志》)

本集《书思德亭碑后》:"成化八年夏,陶公由吾邑长进秩宪佥,六年考满如京,诸父兄携《思德碑》请文以赠。"按:《世烈录》:"成化十二年闰十二月二十六日,敕陶鲁为按察副使。"盖敕在十二年[闰]十二月[1],进京在十三年也。〇《送罗养明还江右序》:"永丰罗养明,丁酉春,奉一峰先生命来白沙。一峰,贤者也,而养明其爱弟,与语连日夜忘倦。律诗二首以赠。"〇《与张宪副廷学书》:"京师一别,逮今六年。"张诰,字汝钦,华亭人。成化丁酉,升广东按察副使。(阮《通志》)

本集诗:《登陶鲁壮哉亭》五律,自注:"弘治元年闰正月,阅丁酉旧稿,以遗守祠者。"《三赠文都》七律,小住江门五十年。《承张方伯报[旌表家慈贞节]》[2]、《旌表家慈书至》五律,《示建贞节亭役者》七绝,《病中写怀,寄李九渊》五古。五十始云衰,三四谢春冬。

成化十四年戊戌(一四七八),先生年五十一岁

时事:四月,门人顺德梁储会试第一,南海李祥同榜。

时事:九月二十四日,修撰罗伦卒。年四十八。(《明儒学案》)

成化十五年己亥(一四七九),先生年五十二岁

时事:□月,以丁积知新会县。丁积,字彦诚,号三江渔樵,江西宁都人。成化十四年进士,授新会知县。至,即师事陈献章。(《明史·循吏传》)

---

〔1〕"闰"字原缺,据前引《世烈录》补。

〔2〕"旌表家慈贞节"六字原缺,据碧玉楼本《白沙子全集》补。(陈献章撰:《白沙子全集》,碧玉楼本,第七卷,第四一页)

时事：四月二十日，处士东莞林彦愈卒。年六十五。门人林光之父。

陈白沙书《勇敢祠记》，按察副使陶鲁撰记。成化十五年己亥十月望日，知县丁积、指挥倪麟立石，太学生邑人陈献章书丹。（《粤东金石略》）

本集《复赵提学书》：“一峰死，仆哭之恸，以为自今而后不复有如一峰者。”〇冬，作《吴川县城记》：“经始于成化戊戌之秋，越明年冬始完。父老遣生员李凌云走白沙谒文记之。时江梅始花，予与二三友登碧玉楼，望厓山慈元庙新成，与大忠祠相映。顾谓凌云曰：‘是公按：谓陶公鲁。与今都御史东山刘先生之所作也。’”〇十二月，作《林彦愈墓志铭》〔1〕。

本集诗：《和梅侍御见寄》五古，故人子罗子，仙鹤归华表。《挽竹斋》七绝，屋里沾裳罗一峰，门前又报竹斋翁。《罗一峰挽词》七律三首，《赠马龙如湖西奠罗一峰先生》五古〔2〕。去岁秋在季，文星堕江西。又：送子出门去，目极秋天长。补诗：《登厓山观奇石》。长年碑读洗残潮，□□还□野火烧。来往不知亡国恨，只看□石□□□。白沙陈献章。成化己亥年□月□日〔3〕。按：石刻在厓山三忠祠。本集缺。

编次陈白沙先生年谱卷二　新会后学阮榕龄竹潭编

成化十六年庚子（一四八〇），先生年五十三岁

时事：四月，县民谋乱，知县丁积、指挥倪麟擒诛之。（《新会》

---

〔1〕 林光《南川冰蘖全集》卷末附录白沙先生撰《林彦愈墓志铭》，标明撰作时间为“成化十五年己亥冬十月”。（林光撰：《南川冰蘖全集》，第五〇八至五〇九页）

〔2〕 “湖西”原误作“湖南”，据碧玉楼本《白沙子全集》改。（陈献章撰：《白沙子全集》，碧玉楼本，第六卷，第八页）

〔3〕 白沙《登厓山观奇石碑》诗之拓本尚存，其释文作：“长年碑读洗残潮，野鬼还将野火烧。来往不知亡国恨，只看奇石问渔樵。白沙陈献章。成化己亥九月重阳□□□。”（陈志平撰：《陈献章书迹研究》，第二三九至二四〇页）明万历三十五年新会黄淳纂修《崖山志》亦收录此诗，诗句与拓本相同。（参章沛撰：《陈白沙哲学思想研究》，广州：广东人民出版社，一九八四年，第二三一页；欧济霖撰：《白沙子全集补遗》，王曙星等主编《陈白沙新论》，广州：花城出版社，一九九五年，第二二二页）

王志)

时事:七月二十二日,孙畹生。景云子。

本集:为陶公鲁作《电白儒学记》:“以成化己亥三月始事,越明年八月释菜。乃具书币,遣其属蔡钟英如白沙,请予书。”

本集诗:《庚子元旦》五律,《题应宪副真率卷》七律,春风回首黄岩会,醉插花枝少一人。○应钦,浙江黄岩人。成化十六年任按察副使,凡一年。(阮《通志》)《庚子岁九月中于西田获早稻》五古[1]。

成化十七年辛丑(一四八一),先生年五十四岁

时事:春,门人番禺张诩来从学。

丁君彦诚来尹古冈三年[2],为楼于治之北,始于成化辛丑三月,逾两月落成。石斋先生名曰游心楼,赋五韵。予过白沙,丁君来拜[3],求为记。(林光《游心楼记》)书敬义碑。新会又有白沙书“敬义”二字碑。字径一尺五寸。成化辛丑夏五月,知县丁积命工立石。(《粤东金石略》)

本集《送容一之如永丰诗序》:“丁侯景仰罗一峰先生,于既没乃以容贯充祭使。云:当自永丰东走金陵,谒木斋庄先生于江浦。”按:一之与范能用同往[4]。○《复江右藩宪诸公书》:“七月二十四日,仆方困暑闭斋独卧,而李、刘二生适至。书币交陈,辉映茅宇。诸公,希世伟人也;复名书院,希世伟事。仆生于海滨,今年五十四年矣,未始闻于天下有如是之事。於乎,盛哉!”○《赠李刘二生还江右诗序》:“成化十七年,江西按察使耻庵陈先生乃谋于提督学校宪副钟公、佥事冷庵陈公、大参祁公,慨然以作新斯文为己任。谓

[1] “五古”,原作“七古”,据碧玉楼本《白沙子全集》改。(陈献章撰:《白沙子全集》,碧玉楼本,第六卷,第一五页)

[2] “丁君”,原误作“丁丑”,据林光《游心楼记》改。(林光撰:《南川冰蘖全集》,第三八页)

[3] “丁君”,原误作“丁尹”,据林光《游心楼记》改。(林光撰:《南川冰蘖全集》,第三八页)

[4] “范能用”,原误作“范用能”。范规,字能用,白沙先生弟子。

予于考亭之学亦私淑诸人者，宜领教事。乃具书币，遣李士达、刘希孟如白沙以请。外则东白张先生、广东大方伯彭公、按察使闵公、吉水袁德纯，各以书遗予。李生、刘生，俱东白门人也。留且弥月。予既返诸公币，为诗以别之。是日宪副陶公过白沙，邑长丁侯、乡诸士友各赋诗以赠。”陈炜，号耻庵，闽县人。在江西平反疑狱，具有实迹。（《钦定四库全书提要》）〇陈琦，字粹之，按察江西，禔躬刻苦，行部以干粮自随，所至饮水而已。（《广舆记》）〇祁顺，字致和，东莞人。使朝鲜，金伎之奉，一切麾却。互详《门人考》。〇张元祯，见成化十一年。〇闵珪，乌程人。成化十六年任按察使。〇袁道，字德纯，吉水人。成化□年，任巡按御史。〇《复彭方伯书》：“去冬，林别驾过白沙，得执事手书。继又闻诸人，执事以贱名污荐尺，天官以执事之言为重，亟赐允行。近者，蒙遣守令降临衡宇，书币煇煌。太守执㪷宣于庭曰：‘是大方伯彭公使某归征币也。’闻命兢惶，罔知攸措。执事，当世豪杰也。吾党以执事为模范，斯文以执事为司命，执事之举动不可轻也。仆本麋鹿之性，全无抱负。好事相传，类多失实。矧今自汗又作，俛仰或过，衣裳尽湿，此亦郡守所目击。伏惟察仆之志而弗强焉，幸甚。”彭韶，字凤仪，莆田人。成化十四年，官广东左布政，后荐陈献章于朝。十八年，调贵州布政，父老涕泣，有追送数百里外者。总督朱英赠诗云：“独有羊城临发处，西风卧彻鸟声酸。”终刑部尚书，谥惠安。（参阮《通志》）〇《与朱都宪第一书》：“□月十八日，遣使降临，欲劝仆出仕耳。非直劝之，且加责焉。掇科登仕，固仆之素志；抱病违时，非仆之得已。仆自染病，六、七年来，每遇疾作，遍身自汗，或连数月不止。而母氏年益高，是以未能出门耳。”又云：“辰下哭一侄妇，故言无文采。”按：此书本集倒置第二。〇会总督朱公英于梧州。〇《与朱都宪》第二书：“顷者，获拜执事于苍梧。十余年间，执事之心不忘乎仆。仆之始至，执事问以出处，仆未敢率尔。执事又益之以荐进之说，且令回自决之。仆若负芒，避席而不敢言，惭也。退而思之，又大惭也。明日，俱以情告，且言其不可。当是时也，执事亦见仆之颜色乎?始者,仆欲见执事于苍梧,凡三复计之而后果行。诚以执事之贤,固所愿识,然自二三十年所守进退之节,一旦由此而变,亦不能不少踧踖也,况谕之以荐进之说乎?执事又以韩退之之事见勖。退之虽贤,不及孟子。孟子不肯枉尺直寻,退之以书干宰执。仆固不敢舍孟而学韩也。"

本集诗:《辛丑元旦》七律,分外不加毫末事,意中常满十分春。又:除却东风花鸟句,更将何事答鸿钧。《游心楼为丁县尹作》七律,《重赠张诩》七律,《次韵陈冷庵佥宪见寄》七绝三首,五十四年居海滨,偷将水月洗心尘。《中秋夜示江右李、刘二生》七律,《木犀开时,江右李士达刘希孟已去,容贯、范规江浦未还,有独赏之叹》七绝,《别意》七绝,《九月先子忌日》七绝,五十四年天颇定,诸孙罗列拜成行。《晓过金洲》七律,行人拍手笑天公,十月江湖未朔风。《望鼎湖山》七绝,《小湘峡食嘉鱼》,两山断处小湘峡,十月嘉鱼出水鲜,引满阿依生日酒,微吟空记属牛年。〇小湘峡,在高要县西二十里。(《肇庆府志》)《悦城》五律,舟航乘夜发,云日入冬晴。《自三洲还至禄步村》,《夜过三洲岩读濂溪题名,示诸生》,《三洲岩闻虎》,以上俱七绝。《寄题三洲岩》五古,《和尚石》五律,按《肇庆府志·流寓》:"陈献章,字白沙,曾游康州,爱其形胜,多有题咏。"志称"字白沙",误。德庆州在唐宋时为康州。《苍梧寄陈庸,时馆浔州》七绝,《题林良为朱都宪写春晓图》七绝,林良,字以善,南海人。为藩司奏差画翎毛,有巧思。布政使陈金假人名画,良顾指摘。金欲挞之,良自陈其能。试使临写,惊以为神。自此腾誉。(《南海县志》)《经坡亭》七绝,坡亭,在县东北五十五里。(《鹤山县志》)《问厚郭胡父子起居于其乡人苏某》。序云:"胡君名全,先师康斋先生女夫也。其子曰宁寿。景泰甲戌,予游小陂〔1〕,与君父子同处先生之门。时宁寿方七岁,工于笔砚。今二十又七年矣。"居邻厚郭一鸡飞,桂树于今大几围?老忆旧时灯火伴,青山何处望霏微。〇按:此序碧玉楼本缺,今从何氏本补入。附录:《双凤石》七绝二首。自注:"族子冕以诗来索题。"

---

〔1〕"小陂",原作"小坡",据何九畴本《白沙子全集》改。(陈献章撰:《白沙子全集》,何九畴本,第六卷,第四六页)

○按：此诗非作于过肇庆时，故附录之。

成化十八年壬寅（一四八二），先生年五十五岁

时事：春大旱，知县丁积于圭峰绝顶祷雨，三次，雨足乃止。（本集《丁知县行状》）

时事：以陈选为广东右布政司。详后二十二年。

时事：余姚王守仁如京师。成化十八年，先生十一岁。祖竹轩携先生如京师。明年，就塾师于邸中。（《阳明年谱》）

时事：是年秋，应荐入京。

白沙书《游心楼记》。《记》是林光缉熙撰，而先生书之，成化十八年壬寅二月也。（《粤东金石略》）○壬寅，广东左布政彭韶上疏，略曰："国家以仁贤为宝，臣才德不及献章万万，犹叨厚禄，顾于献章醇儒，乃未见收用，诚恐国家坐失为贤之宝。"疏闻，宪宗皇帝可其奏。部书下，有司以礼劝驾，先生以母老并久病辞。时巡抚右都御史朱英惧先生终不起也，具题荐末云："臣已趣某就道矣。"且告之故，曰："先生万一迟迟其行，则予为诳君矣。"先生不得已，遂起。（《行状》）○白沙出处，自有深意。阁下列荐于朝，此实好贤之笃也。然使白沙起而任事，得毋如魏桓之言乎？志有不行，安知不有闵仲叔之恨乎？天下之宝，当为天下惜之，正不必强之出也。不识吾兄以为如何？（何乔新《与彭韶书》）○乔新，南城人，仕终刑部尚书。性刚介，筮仕即誓不营私，不阿权贵，不以爱憎为赏罚。守其誓，终身不渝。谥文肃。（《广舆记》）按《明史》、《明诗综》、《题名碑录》俱作江西广昌人。○彭从吾首荐，朱郴阳再荐，不揆小子默致力于其间。（林俊《祭白沙祠文》）○林俊，字待用，莆田人。成化十四年进士，除刑部主事，进员外郎。世宗即位，起工部尚书，改刑部历事。四朝抗疏敢谏，以礼进退，始终一节。（《明史》本传）○巡抚朱都宪英与方伯彭凤仪韶荐白沙陈公甫于朝。部檄至，彭公作序送行，曰："圣人之道，体用具而已。孔子论士以行己有耻、使命不辱为先，修孝弟、谨言行者次之；

《大学》言明德而必及新民,《中庸》语率性而必及修道,《西铭》父乾母坤乃至民胞物与,盖合内外[之道][1]、该本末之事,未尝偏主独胜以[为]是[2]。而学既成也,人不吾知[3],嚣嚣若将终身焉;苟知而求,我则起而从之。推所有以及物,以经济显扬为务,未尝狭视斯世而曰'是何足与言仁义',亦未尝厚诬吾民而曰'转渐浇讹也'。于是遂膺君命,陈力就列,不出位、不旷官。若遭时行志,则如傅说、武侯、伊川、鲁斋其人,揭正义于中天,振斯文于来裔,其烈亦盛矣;或事与时违,则见几而作,[引身以退][4],而亦不忍归曲于上下,以求吾誉焉。夫用心至于如是,非德充学盛、量洪识远,岂能为此大全之学哉?新会陈公甫先生隐学三十年余矣,巡抚大臣贤之,荐[于朝,下]所司劝驾[5],先生徐白其母,忻然命之行。噫!此斯文正气之一几,兹行其必有合哉!一时注想,何异神明,先生其必有以处之矣。韶忝相知,于其行也,赠以诗,曰:'大道本无外,此学奚支离?人己彼此间,本末一贯之。是以古人心,包徧无遐遗[6]。卷舒初不滞,动止在随时。白沙陈夫子,抱道真绝奇。林间三十载,于学无不窥。术周材亦足,知崇礼愈卑。珠玉虽固闷,山水自含辉。声名满四海,荐牍遂交驰。一朝征书至,八十慈颜嬉。有司劝就道,束书敢迟迟?积诚动天聽,纳牖契神机。治化淳以洽,转移良在兹。'"及彭公疏梁芳有弟扰乡,有旨调贵州。公甫书赠言曰:"忘我而我大,不求胜物而物莫能挠。孟子云:'我善养吾浩然之气。'山林朝市一也,死生常变一也,富贵贫贱、夷狄患难

〔1〕"之道"二字原缺,据《双槐岁钞》补。(黄瑜撰:《双槐岁钞》,第一九四页)

〔2〕"为"字原缺,据《双槐岁钞》补。(黄瑜撰:《双槐岁钞》,第一九四页)

〔3〕"吾知",原作"知吾",据《双槐岁钞》改。(黄瑜撰:《双槐岁钞》,第一九四页)

〔4〕"引身以退"四字原缺,据《双槐岁钞》补。(黄瑜撰:《双槐岁钞》,第一九四页)

〔5〕"于朝,下"三字原缺,据《双槐岁钞》补。(黄瑜撰:《双槐岁钞》,第一九四页)

〔6〕"徧",原误作"偏",据《双槐岁钞》改。(黄瑜撰:《双槐岁钞》,第一九四页)

一也，而无以动其心，是名曰‘自得’。自得者，不累于外，不累于耳目，不累于一切，鸢飞鱼跃，[其机]在我〔1〕。知此者，谓之善；不知此者，虽学无益也。”二公之意，盖以体用交相劝勉者如此。（《双槐岁钞》）〇白沙为彭韶、朱英荐于朝。当时以随牒待之，而县至于取脚色。故有诗曰：“萧萧白发映春漪，脚色年年自不知。满眼江山难具报，只将年月载公移。”就程时，别英，英以出入甬道礼之。门人李辅诗云：“曾向江门弄钓丝，海风吹浪泼蓑衣。忽惊天子黄麻诏，打破先生白鹭矶。”盖讥之也。至都，宰相待之殊薄，白沙悔之。因读林和靖诗云：“庙堂不坐周公旦，何处山林有鹿麋？”遂归。（《楚庭稗珠》）〇按：当时朱总督、彭布政既共荐之，且是时丁公为知县，方以师礼奉先生，而先生避之，安敢有县取脚色之事？默斋偶未考《白沙集》及各史志，故妄为是言耳。至于读和靖诗，不知何据而以为在赴召时在京作也。李辅诗亦未可附会为讥师不恭也。〇壬寅，别朱都御史于苍梧也，英豫约束随参官，俟先生至，掖之从甬道出入。先生力辞。英曰：“自古圣帝明王尊贤之礼，有膝行式车者，况区区乎？”（《行状》）〇成化壬寅九月，陈献章公甫应召赴京。道过南安，太守张汝弼欲用曹参礼盖公故事，款留于周程吟风弄月台上以受[教]〔2〕。陈不可，曰：“当不俟驾矣。今方度岭，又值积雨，装弗亟辦，容与数日耳。”张不能强。（《新会林志·杂录》引《玉枕诗话》）〇北行时，不能别太夫人，欲仿徐仲车故事。伯兄不可，曰：“吾弟为人子，吾独不为人之子耶？”兄弟泣争，义感行路。（《行状》）〇徐积，字仲车，少孤，事母孝。乡人勉之就举，遂偕母之京师。（《东都事略·卓行传》）〇初应诏而起也，道出羊城，观者如堵，至拥马不得行。（《行状》）〇白沙初应聘，至广州，由城南至藩台，观者数千万人，图其貌者以百数十计。（《广东新语》）〇访何子有于羊城。《味月亭记》：“予被征过郡，通

〔1〕“其机”二字原缺，据《双槐岁钞》补。（黄瑜撰：《双槐岁钞》，第一九五页）

〔2〕“教”字原缺，据张弼《玉枕山诗话》补。（张弼撰：《张东海先生诗文集》，《四库全书存目丛书》，集部第三十九册，第四六五页）

名于子有之庐。”〇再会总督朱公英于苍梧。遍考本集，先生凡两次见朱总督于苍梧。一在成化十七年冬者，以《小湘峡》、《生朝》诸诗为据。一在十八年秋者，以《行状》“壬寅别朱都御史”及“苍梧归，烦暑为灾”及《大水》、《水闷》诸诗为据也。

本集《祷雨祭五方神文》，《祷雨告各神文》，《祷雨文》。以上三首，俱代丁知县作。〇《书潘季亨墓志铭》，成化十八年夏五月，同邑陈献章公甫撰并书。据墓志石刻。〇作《朱夫人墓志》：“昔者，吾尝见公于苍梧，服食不逾常人。语予曰：‘吾在于得已，虽一钱惜之，不以病民。’吾入其室，神爽顿清。”按：夫人即朱公英配。〇《与朱都宪》第三书：“去年秋，自汗才息，因得谒执事于苍梧。比归，途冒风，旧病寻发。至今年七月初，寒热交攻。必欲驱此羸躯，行于风波，万一不虞，虽悔何益？”〇《与张廷实》第一书：“苍梧归，人事益冗，烦暑为灾。行期尚在后八月也。都宪有意催促，缉熙、廷实只在明年春夏间行耳。俟面既。”〇《书玉枕山诗话后》：“成化壬寅九月二十八日，新会陈献章在南安横浦驿读东海先生《玉枕诗话》，秉烛书此苏君卷中。”〇十月，过永丰，有《告罗一峰墓文》。〇十一月，过永丰〔1〕，有《祭先师康斋墓文》。〇十二月，作《恩平儒学记》。成化十八年壬寅冬十二月，古冈陈献章公甫为县令莆田翁俨撰。（《粤东金石略》）〇作《新迁电白儒学记》。按《记》云：“己亥三月始成，明年八月舍菜。”又云：“韩君来守是邦，乃具币，遣其属蔡钟英如白沙请予。”题下注云：“成化壬寅十二月作。”考壬寅赴召，当十二月时已在江西将至南京〔2〕。盖具币来请在庚子间，而电白、恩平二学记皆作于途间也。

本集诗：《立春日呈丁县尹》七律，浮生五十五回逢。《元夕》七律，《祷雨呈丁知县》七律，《丁侯约游圭峰斋次，以病不果》七律，《闻方

---

〔1〕“永丰”，疑应作“丰城”。白沙先生《祭先师康斋墓文》云：“维成化十八年，岁次壬寅，十一月日，门人新会陈某被征赴阙，道出剑江，谨具牲醴，告于先师聘君康斋先生之墓。”（陈献章撰：《白沙子全集》，碧玉楼本，第五卷，第一二页）“道出剑江”之“剑江”，指剑江驿。剑江驿在江西丰城。（参杨正泰撰：《明代驿站考[增订本]》，上海古籍出版社，二〇〇六年，第一一六页）

〔2〕“江西”，原误作“江门”，据阮榕龄撰“编定白沙年谱例引”改。

伯彭公上荐剡二首》五律，《舟经西樵》七律，却望苍梧在何处，东篱今负菊花丛。《至陈冕家》五律，《金洲石》五律，《金洲别陈冕》七绝，木棉花下进舟迟。《古椰寄周京》五律，入水鱼龙喜，怀山草木愁。《古椰道中有怀》七绝，《水闷》七律，本集缺。《过端砚坑》七古，《大水浮舟至七星岩顶，题其上》七绝，《别苍梧，席间呈谢大参、段都阃》七古，苍梧城中三日雨，晓坐肩舆辞两府。〇谢瑀，字叔和，闽清人。官广东布政，以廉能著。（阮《通志》）《出肇庆怀马玄真》七绝，细雨秋江看木棉，羚羊峡尾七星前。《留别诸友四首》七律，自注："时赴召命。"《示儿六首》七绝，吾亲日夜伤别离，争得肝肠冷落时。五十年来如梦觉，临岐更出《示儿篇》〔1〕。《石门次林缉熙韵二首》七律，与君倾盖定前言，往来青山十五年。老我自知难用世，劳君相送过贪泉。〇孤舟昔系飞来寺，白首重来十四秋。〇按：先生有《世卿寄示经飞来寺和予壬寅秋旧律诗复用前韵答之》。其诗用"秋"、"牛"、"休"、"由"韵，与《次缉熙》第二首同韵。盖赴召时，缉熙送先生北行，取道石门后别缉熙诗也。《濛里驿呈送行诸友》，相随征路二旬余，笑指前山别老夫。〇按：濛里驿在英德。《南雄读罗一峰书院记》，《度岭》，千寻松下看流水，十八年中度岭人。《横浦桥》，隔河骑马是何人，下马问讯张东海。《濂溪台》七绝，《金鳌阁》七绝，《次韵张东海》七律，《南安赠龙溪李知县》七律，玉枕山前逢使君。《夜书南安店壁》六言绝，千里红尘倦客，几年白发衰翁。《玉枕山和南安太守张汝弼》，一枕秋横碧玉新，金鳌阁上见嶙峋。使君得此元无用，卖与江门打睡人。〇白沙应召，道出南安。太守张汝弼颇以白沙出山为非，欲尼其行，白沙不可。白沙制《玉台巾诗》，与汝弼颇相讥讽。白沙作《玉枕山诗》，汝弼复之曰："客囊羞涩客衣单，那有黄金买此山。多少高人眠不著，鸡鸣催人紫宸班。"白沙跋之曰〔2〕："东海、石斋，大家不睡，笑杀陈图南也。"（《列朝诗集》）〇按：先生苦心屡辞荐书之故，已渎详于与朱、彭二公之书。其后朱公复恐先生终不起，告先生曰："某已具疏末云'臣已促某就道矣。'万一先生迟迟其行，则予为诳君矣。"先生遂起。

---

〔1〕"亲"，原误作"观"；"篇"，原误作"诗"，据何九畴本《白沙子全集》改。（陈献章撰：《白沙子全集》，何九畴刻本，第六卷，第九四页）

〔2〕"白沙跋之曰"，据张弼《玉枕山诗话》，应为"东海跋之曰"。（张弼撰：《张东海先生诗文集》，《四库全书存目丛书》，集部第三十九册，第四六五页）

乃东海以出山为非,且欲尼其行,乌有东海觌面石交犹不谅?当日不得已,情势如此,且行李已至南安,“迟迟”、“诳君”之语,东海何不闻焉?此等迂阔妄撰,乃钱牧斋伪言也。《题云岭》,路傍指点一峰坟,一老西岩坐白云,尽是唐人诗境界,千林红叶访征君。《题刘主事挽册》,里中新有一峰坟。《赠刘进夫还永丰,兼寄罗养明、杨荣夫、罗清极湖西诸友二首》七绝,淦州银烛照离情,画舫行人一月程。○按:此诗当在新淦作。盖过永丰即新淦也。清极,一峰子。《过康斋墓》七律,《与丰城知县王本俭》七绝,剑水相从梅始花。○按:剑水在丰城县。《宿回龙寺》。酒醒回龙欲二更,迢迢秋漏彻江城。何须不理东湖梓,徐孺亭前月自明。○按:回龙寺在南昌府城,东湖在府东南。○按:又有《回龙寺夜坐》五律,乃昔年入京诗,非壬寅作。详见本集《书玉枕诗话后》。

成化十九年癸卯(一四八三),先生年五十六岁

时事:按察副使陶鲁入京。按《世烈录》:张弼送宪副公入京诗云:“此去金台试回首,平湖自有霍嫖姚。”自注:“盖写借寇之心耳。陈白沙在京,为我同较量。”

时事:九月,门人新会黄佐领乡荐。

十九年正月,白沙先生入京,过定山,相留越月,送于扬州。(湛若水《庄定山墓志》)○往年,白沙过予定山,论及心学,先生不以予言为谬,亦不以予言为是,而谓予曰:“此吾缉熙林光在清湖者之所得也,而子亦有是哉!”(《明儒学案》引《庄定山要语》)○正月□日,会娄谦于白马庵。娄谦,字克让,上饶人。督南畿陕西学政〔1〕,躬行实践,士类风动。时汪直擅威福,谦绝不与通。(《广舆记》)○道出淮阳,总戎平江伯陈锐具人船往护,极礼意之隆。(《行状》)○平江侯瑄曾孙锐,成化初,自两广移镇淮阳。十四年,章数十上。(《明史·陈瑄传》)○三月三十日到京。先生初聘到京时,公卿大夫日造其门数百,咸谓“圣人复出”。(《岭南名胜·白沙钓台记》注)○章枫山谓予曰:“白沙应聘来京师,予在大理,往候而问学焉。

〔1〕“南畿”,原误作“两畿”。娄谦曾以侍御职,督学南畿。(参国立中央图书馆编:《明人传记资料索引》,台北:文史哲出版社,一九七八年,第六一一页)据改。

白沙云：'我无以教人，但令学者看"与点"一章。'予云：'以此教人，善矣。但朱子云专理会"与点"意思，恐入于禅。'白沙云：'彼一时也，此一时也。朱子时，人多流于异学，故以此救之；今人溺于利禄之学深矣，必知此意，然后有进步处耳。'予闻其言，恍若有悟。"（《明儒学案》夏尚朴《浴沂亭记》）○陈白沙征到京，吏部尚书问曰："贵省官如何?"曰："与天下省官同。"请对坐〔1〕，即坐无辞。此尽朴实有所养。（《明儒学案》引《泾野语录》）○林司寇俊筮仕刑曹，陈白沙荐至京，公日与讲学有得。（《杨园集·近古录》）○成化癸卯，陈白沙至京，与琼山邱公谈不合。人谓公沮之，不得留用。时犹未入阁也，安有沮之之事乎？（《双槐岁钞》）

本集《瑞鹊卷》序："成化十九年，予荐征入京，过江浦，访孔旸庄先生。先生送予扬州，偕行至六合县，经宿而去。当是时，周君文化令六合有声。"互详弘治三年。○《书莲塘书屋册后》："成化十九年正月，予访友庄定山于江浦。提学南畿侍御上饶娄克让来会予白马庵，浃辰而别。侍御之兄克贞，与予同事吴聘君。予来京师，见克贞之子进士性及其门人中书蒋世钦，因与往还。无何，侍御官满来朝。予卧病庆寿寺，之数人者，无日不在坐。师友蝉联，臭味相似，亦一时胜会也。侍御示予《莲塘图》云。"○三月二十三日，《与钟百福书》："近来济宁，会潘留鹤先生，益知吴锦衣之为人矣。百福在江湖多交好人，李承恩旦夕当见。前在平江，辱知待之厚，皆百福所赐。舍侄未至，姑少俟湾上，数日后方入城。去就既定，五六月间或再与百福会淮上，又幸也。寓张家湾，乡末陈某再拜。"广东钟狂客，名禧，甚有诗名，能书。淮安平江伯陈公锐辟居幕下。成化壬寅，尝过杭。友人召游西湖，寄之诗。钟和曰："湖光山色最宜秋，君不来招也去游。已办蜀州千丈锦，为谁今日尽缠头？""万顷西湖水贴天，芙蓉杨柳乱秋烟。湖边为问山多少，每个峰头

---

〔1〕"对"，原误作"独"，据《泾野子内篇》、《明儒学案》改。（吕柟撰：《泾野子内篇》，中华书局，一九九二年版，第五四页；黄宗羲撰：《明儒学案》，上册，第一三九页）

住一年。"（《蓉塘纪闻》）〇按：先生《读世卿亳卿挽五羊钟狂客》卷末云："万里平江能送我，十年灯火梦淮阳。"自注："平江伯陈公尝致狂客于幕下。"〇钟禧，字百福，顺德龙江乡人。与李承箕友善。及卒，承箕挽焉。白沙亦倚而和之。（《顺德县志》）〇又按《广东诗海》，张诩有《送钟狂客应荐北行》七古一首、七律二首。考阮《通志》及《顺德志》，俱缺应荐事。〇潘琴，字舜弦，景宁人。邃经博史。天顺丁丑进士，历兴化知府。乞休，作《招鹤诗》寓意。家居攻学，齿德隐然为东南望。卒年九十。（《浙江通志》引《招苍汇纪》）〇按先生有《与潘舜弦》书。本集末附潘琴别先生诗。〇《送李世卿序》："弘治元年，世卿访予于白沙。一见语合意。先是五、六年，予会都宪公之子承恩于北京。承恩，世卿从弟也。"按：都宪名田，世卿叔父。〇《书自题大塘书屋诗后》："予既书克让《莲塘图》后，蒋世钦继以大塘书屋之请，予赋五言近体一章。"〇《谢恩疏》："八月二十六日，具本陈情，乞还养母兼理旧疾。"〇《乞终养疏》："臣于成化十九年三月三十日到京，朝见吏部[1]，乃以久劳道路，旧疾复作，至五月二十五日，蒙吏部题，奉圣旨：'考试了，量拟职事。'臣时方在床褥，未能就试，即令侄陈景星赴通政司转行本部，暂令调治。七月十六日，赴部听试，立步艰难，因续具状，再延旬日。耳鸣痰壅，视昔所染，无虑数倍。众目所睹，不敢自诬。又于八月二十二日得男陈景旸书，报臣母别臣以来，忧念成疾，寒热迭作，痰气交攻，待臣南归，以日为岁。臣病中得此，魂神飞丧，仰思君命，俯念亲情，展转郁结，终夜不寐。臣之愚迷，实不知所以自处也。臣自幼读书，虽不甚解，然于君臣之义知之久矣。伏惟我国家教育生成之恩，陛下甄陶收采不遗卑贱之德，至深至厚，于此而不速就以图报称于万一，非其情有甚不得已者，孰敢骛虚名、饰虚让、趑趄进却于日月之下，以冒雷霆之威哉！臣所以一领乡书、三试礼部，承部檄而就道、闻君命而惊心者，正以此也。缘臣父陈琮年二十七而弃养，臣母二十

〔1〕"吏部"，碧玉楼本《白沙子全集》作"赴部"。（陈献章撰：《白沙子全集》，碧玉楼本，第一卷，第一页）

四而寡居，臣遗腹之子也。方臣幼时，无岁不病，至于九龄，以乳代哺，非母之仁，臣委于沟壑久矣。臣生五十六年，臣母七十有九，视臣之衰如在襁褓。天下母子之爱虽一，未有如臣母忧臣之至、念臣之深者也。臣于母恩无以为报，而臣母以守节应例为有司所白，已蒙圣恩表厥宅里。是臣以母氏之故，荷陛下之深恩厚德，又出于寻常万万者也。顾臣母以贫贱早寡，俯仰无聊，殷忧成疾，老而弥剧，使臣远客异乡，臣母之忧臣日甚，愈忧愈病，愈病愈忧，忧病相仍，理难长久。臣又以病躯忧老母，年未暮而气已衰，心有为而力不逮，虽欲效分寸于旦夕，岂复有所惜哉！臣所以日夜忧惫、欲处而未能者，又以此也。夫内无攻心之疾，则外不见从事之难；上有至仁之君，则下必多曲成之士。惟陛下以大孝化天下，以至诚体万物，海宇之内，无匹夫匹妇不获其所者，则臣之微，亦岂敢终有所避而不自尽哉？伏望圣明察臣初年愿仕之心，悯臣久病思亲不能自已之念，乞敕吏部放臣暂归田里，日就医药，奉侍老母以穷余年；俟母养获终，臣病全愈，仍前赴部以听侍用〔1〕，则臣母子未死之年，皆陛下所赐。臣感恩益深，图报益切，虽死于道路，无所复辞矣。臣干冒天威，无任皇恐战栗之至。”〇疏上，宪宗皇帝亲阅者再三。〇九月初四日，奉旨：“陈献章与做翰林检讨去，亲终疾愈，仍来供职。”〇先生时在床褥，不能行动，乃遣侄景星具《谢恩疏》于鸿胪寺。遂南归。（《谢恩疏》）〇授翰林检讨，先生表谢不辞。学士李某赠别诗云：“只有报恩心未老，更无辞表意全真。”（《行状》）〇按先生《怀故友张兼素》云：“万里长安看我病，夜阑两马出携镫。如今只有西涯在，宿草江边露满茔。”是时兼素亦在京。李某，即西涯李东阳。〇公膺荐时，当国者不及李南阳，令公就试吏部。（《应诏录》引《征吾录》）〇按：李贤，南阳人。〇成化十九

〔1〕“侍用”，原误作“待用”，据碧玉楼本《白沙子全集》改。（陈献章撰：《白沙子全集》，碧玉楼本，第一卷，第三页）

年,广东举人陈献章被荐,授翰林检讨而听其归,典礼大减矣。(《明史·选举志》)○举人陈献章,布政彭韶、总督朱英交章荐,乞以礼聘。吏部尚书尹旻谓:“献章向听选京师,非隐士比,安用聘?”檄召至京,令试吏部。献章称疾不试,乞归养母,乃授检讨,自是屡荐不起。(御撰《通鉴纲目》)○按:此檄实尹某报昔年遣子从学、先生力辞夙怨也。事详《行状》。○九日,与张兼素同饮庆寿寺。见本集《菊节后》五律自注。○《与钟百福书》:“今日行李著舟,以某百户未至,不得发,专此驰问来否。河流将冻,归心如火,此使还即发舟矣。十九夜,滁县舟中秉烛简上。”○《与钟百福书》:“长路相思,如共堂席。林缉熙、张廷实近过淮,想共抵掌一笑。前有拙稿并双履留于总戎所,清视为荣[1]。贱疾未平,勉从纸笔。”按:《番禺县志·张诩传》:“癸卯赴春官,明年成进士。”故知此书南归过淮阳,更寄陈总戎后所寄也。○癸卯,白沙先生南还,复送之龙江关。(湛若水撰《庄定山墓志》)○龙江关在南京城。(《明史·地理志》)○《鲁公墓志》:“予归自京师,未抵家前一夕,梦见鲁公真化为婴孺。先是,梦数人为婴孺者,辄死。未几,公病遂不起。”

本集诗:《和娄侍御》七绝,《白马庵联句二首》五律,《赠江通判》,明朝别驾过金坛,暂到茅山亦不难。《过滁县,风大作,取舟中酒饮之》七绝。补诗:《出潞河》,来往西风析木津,归舟明月又随身。君看乌帽白头客,合是东西南北人。浮世升沉虽有定,鸿钧赋予不为贫。却怜病骨长如旧,叨负清朝翰苑臣。○上疏宁非罪,纶音更敢违?平生只愿仕,今日暂须归。溪艇眠纱帽,岩花落彩衣。细论朝野事,九五正龙飞。○圣主隆大孝,微臣表下情。深惭不报德,有诏许归宁。野日明霜戟,河风动羽旌。此时心一寸,飞入九重城。《至直沽》,玉台居士领朝衣,乞得宁亲海上归。到眼碧波还漾漾,迎潮白马故飞飞。何尝宇宙无通塞,到耳江山省是非。今夜直沽须一斗,北来多负网鱼肥。○按:直沽在北京天津府。时先生由运粮船南归。《直沽逢周京》,病者宜休壮者行,老夫长揖谢周生。停船沽酒日初下,烧烛

〔1〕“视”,原误作“规”,据碧玉楼本《白沙子全集》改。(陈献章撰:《白沙子全集》,碧玉楼本,第四卷,第五〇页)

赋诗潮欲平。岂有文章供世用，不留门户得身轻。华山有语君须记，造物由来也忌名。《乞恩南归，先寄诸乡友候我于曹溪者》，诸君来访曹溪洞，腊月扁舟我亦还。白帽影连江上水，清猿声断峡中山。公能少为烟霞住，我岂不如鸥鹭闲？枕中收得《淮南记》，更与南山长老看。〇按阮《通志》：曹溪在韶州府南六十里。《南归，先寄马默斋并诸乡旧二首》七律，《寄怀故里十首》，按：此十二首见本集，故不录。《漉酒巾》，取彼头上巾，漉酒无乃卑。但求当日醉，不管后生疑。衷情万里隔，志士千古期。吾人知此意，只有东林师。《舟中次麦岐韵》。麻衣穿破不沾尘，海上支离一野人。本为圣朝无弃物，偶逢儒席得称珍。红蕖绿浪横孤艇，白雨黄牛废一春。却媿南山髯长老，闭关深坐一蒲新。癸卯十月二十六日，献章书于桃源舟中。〇按：桃源属淮安府〔1〕。〇此卷白沙先生墨迹，纸高九寸，长九尺九寸，有石斋白文残印。卷后有翁方纲、蔡之定、黎民表诸题跋。（南海吴荣光《辛丑销夏录》卷五）

成化二十年甲辰(一四八四)，先生年五十七岁，母年八十

时事：三月十二日，余干布衣胡居仁卒。年五十一。(《明儒学案》)

时事：四月，门人番禺张诩举进士，东莞林光乙榜。

时事：六月，召朱英为右都御史。(《明史·七卿表》)

时事：十月，下刑部员外郎林俊、都督经历张黻于狱，寻释之，并谪官。

本集《永慕堂记》：“成化甲辰，江阴李君昆以侍御史清理军伍于两广，始过白沙，进拜老母于堂。”〇七月，《与张廷实》第二书：“丁县主回，得手书。知抵家甫一月。某夙疾在躬，旧腊来，寒热交攻，腹中作泻。过金陵曾诣定山否？平湖典教想已履任。老病匏系，能一过白沙否？渴望，渴望。”按：林光中乙榜，授平湖教谕。〇《与廷实书》：“云谷老人、李孔修，非吾廷实，吾安知吾郡有二贤哉？”

本集诗：《春中》四绝，龙溪不赏去年花，今岁春光喜在家。〇按：《春中》诗，本集原与《梦长髯》诗相接，故附入。《梦长髯道士以一囊贮罗浮遗予二

〔1〕“淮安”，原误作“怀安”。

首》七绝,《梦长髯道士示范规三首》,《梦崔清献坐床上,李忠简在床下,予参其间二首》,《朱侍御将还京,过白沙言别》,朝天骢马乘春去,高步彤墀珮陆离。《侍御再过白沙,出示同寅周先生送行诗,因附其韵》,以上七首俱七律。《家兄往东向村收早稻,登舟后雷雨大作,章侍贞节堂至夜分以为忧,是年甲辰家兄六十一矣,未尝有如意之求》,《闻缉熙授平湖掌教二首》,按:诗原二首,今本集存一首。《闻廷实谢病归寄之》,俱七律。正是黑头堪入仕,初登黄甲最知名。○癸卯,制府檄有司速赴春官。明年登进士,即乞归。(《番禺县志·张诩传》)

成化二十一年乙巳(一四八五),先生年五十八岁

时事:张兼素救林俊下狱,贬石州,寻改师宗州。乙巳正月元旦星变,王公恕为吏部尚书,言俊、黻忠直。上悟,复原职,南京用,而黻已卒于家矣。(《双槐岁钞》)○按《明史·王恕传》:成化二十年,改南京兵部尚书。时林俊下狱,恕言俊不当罪。是救俊乃在兵部时。《岁钞》"吏"字误。至为吏部尚书,乃在孝宗即位以后矣。

时事:七月,右都御史朱英卒。(《明史·七卿表》)○朱英总督两广,不以家累,自随惟一老苍头而已。比卒,广人莫不哀悼,陈献章为之服缌。(郝《通志》)

时事:八月初七日,甘肃巡抚鲁能卒。年五十八。(《邱文庄集·鲁公神道碑》)

陈白沙《次浴日亭韵诗》在苏书碑阴,草书。成化乙巳夏四月望后,翰林国史检讨古冈病夫陈献章书。后有湛文简跋。(《粤东金石略》)○闰四月,为陈方伯作《道学传序》:"养其在我者,勿以闻见乱之。去耳目支离之用,全虚圆不测之神。"○□月,作《丁氏族谱序》:"邑长丁彦诚宰县,于兹六年矣。"○九日,《答丁县长书》:"公遇节补会,亦可笑也。惠来鹅酒,与马默斋吃了,必有佳作奉呈。今日为诚庵先生制服,略无好况。公他日补会,亦为公补诗也。"

本集诗:《寄张兼素》七律,归家远溯长江水,信息初通五岭云。此日山林

聊共病，几时风月许平分？〇按：兼素谪师宗州，寻卒于家。(《风月堂杂识》)《浴日亭次东坡韵》，《扶胥口书事，借浴日亭韵》，早春约我扶胥口，今日进舟黄木湾。〇又：明朝去觅南川子，与话平生水石间。《宿榄山书屋》，《别榄山》，罗浮山色眼中来，老子心情不易裁。俱七律。〇按：榄山在东莞城东三十里，林南川光居此。《馆廷实进士于白沙社，兼呈丁明府》，岁次今年正属蛇。《廷实偕丁明府游圭峰雨中奉寄》，《次韵乡人送酒》，《廷实归赠瑞香花次韵》，俱七律。《林缉熙县博、张进士廷实、何孝子子完先后见访，既而缉熙往平湖，廷实归五羊，子完返博罗，[因赋]四绝》[1]，江门昨夜把春酒，满船明月唱阳关。〇又：长髯遗我一囊山。《挽总督朱公二首》七律。十年持节岭西东，奏疏金门月几封。〇按：公实卒于京师，此诗追言之也。八月，《题画王太姥像寿家慈八十一》七律，《次韵张廷实谢病后约游罗浮见寄二首》七律，却忆平湖林县博，仙山从我竟何由？《次韵张东所见寄》七绝。九月九日，《寄丁明府》五律，如何丁明府，不肯共重阳。《菊节后五日，丁明府携酒来饮白沙补会诗三首》五律，《对菊五首》七绝，庐阜长官归未得，看花还共去年人。原注："丁县长告予谢病不果行。"〇精魄当年楚水滨，天涯闻讣忽沾巾。西风吹醒蒲园梦，独对黄花忆故人。原注："朱都宪诚庵先生。"《晨起将出寻梅四首》七律。田父许留今日醉，梅花不记去年诗。

成化二十二年丙午(一四八六)，先生年五十九岁

时事：二月十七日，古愚公献文卒。年六十三。《家谱》："公事亲孝谨。"

时事：二月二十六日，新会知县丁积卒。年四十一。〇按：《与廷实书》："丁长官前月二十六日卒，寡妇孤儿，甚可悯也。三月二十一日书。"是知公卒于二月。

时事：九月，门人新会黄在领乡荐。

---

[1] "因赋"二字原缺，据碧玉楼本《白沙子全集》补。(陈献章撰：《白沙子全集》，碧玉楼本，第九卷，第五二页)

时事：□□初七日，次孙机生〔1〕。次子景旸妇苑氏出〔2〕。《志孙机圹》云〔3〕："以《易》筮之，占：'涣奔其机，悔亡。'因以名之。"

时事：以袁道为广东巡按御史。袁道，字德纯。成化壬辰进士。为太平令，民立祠祀之；改宜兴，擢御史，巡按广东，赃吏望风去。(《吉水志》)○袁道卒于龙川，白沙陈献章作诗哭之，称为真御史。(阮《通志》)

时事：九月，逮广东布政陈选，卒于道。按：中官韦眷诬选朋比贪墨，诏逮选及番禺令高瑶。选至南昌卒。详御撰《纲目》。

吴村里吊庄烈妇墓。邑人陈献章二诗、宁都丁积一诗。后有"成化二十二年丙午春正月乙亥，守墓人古冈容贯识"。皆白沙行书。(《粤东金石略》)○按：此碑现存有邑城西门外雷霆山庄烈妇墓前。

本集《味月亭序》："成化丙午正月，五羊何子有载酒过白沙，对月共饮，延缘数夕。告予曩梦，乞一言以归。予口占一绝。"○《祭丁知县文》。○七月，代容珪作《丁知县行状》。按：本集"丙戌"作"戊"，乃"午"字之误。○《与廷实书》："近得林子逢书，颇得平湖履任消息，缉熙此出，固不得已，终欠打算。闻去秋九月已在告，此直图归计耳。秉常想已就道。承寄手疏、赙帛，谨已拜领。周文都如省，托渠访云谷老隐，竟以疾弗果。"○《与廷实书》："简一通，奉方伯陈先生。帛一端、简一通，寄高尹。烦便达之，勿示人为感。"○《与陈方伯书》："闻行李将入京，弗获躬送，岂胜媿恋！贤人屈伸在道，公所存，忧乐安能夺之？惟万万自重。"吾广方伯陈克庵，淡泊无异韦布。每食，饭一盂，韭数根，或鸡子半枚而已。听讼不事刑朴，民化其德，皆不忍欺。(《双槐岁钞》)

---

〔1〕 白沙先生《志孙机圹》云："成化丙午之岁秋九月七日，景旸之妇苑氏生次孙。"(陈献章撰：《白沙子全集》，碧玉楼本，第五卷，第三七页)

〔2〕 "苑氏"，原作"范氏"，据《志孙机圹》、《为景旸撰祭刘氏外母文》改。(陈献章撰：《白沙子全集》，碧玉楼本，第五卷，第三七页；第五卷，第一六页)

〔3〕 "《志孙机圹》"，原作"《孙机圹志》"，据碧玉楼本《白沙子全集》改。(陈献章撰：《白沙子全集》，碧玉楼本，第五卷，第三六页)

○《与廷实书》："章因起倒伤[1]，诸疾乘之，自汗耳鸣。得七月五日书，断制平湖去就，亦未敢率尔。别纸报袁德纯来按治，陈邦伯死于道路，使人动念"；"袁侍御曾一会否？此公能纳善言，最不易得"。○《与廷实书》："子长病小愈，曾见之否？数旬来手足不仁，每中夜起坐。卜者谓必至大雪前后，病乃可平。宝安道白日杀人。民泽还增江，龚志明亦还潮。地方多虞，朋友各散，万一不免避寇之行，奈何？送丁一桂诗，作就付来登卷。九月十三日。"按：民泽从学，详弘治七年。此云民泽者，疑初见江门，未从学也。或此书作于弘治八年。送丁诗另是一条，或采入集者误合为一也。○作《鲁封公墓志铭》。○十二月初八日，作《祭诚庵先生文》。遣子景云往代之。自称门人陈某云。○《与宝安诸友书》："章齿发日变于旧，亡兄属纩之初，老母哭之欲绝，积忧之余，面目俱肿。"又云："子逢别纸，具得平湖履任之详。诸君其亟椽榄山之室，南川之归无日矣。景旸今秋不免随俗应试，非得已也。家贫不能日给，无可干仰于人，一也。祖母年高气衰，悼往忧来，希得一解，可以慰解，二也。是儿赋分已定，责以越常之事，必不能堪，三也。期服不得科试，程子据礼言之，可以望于贤者，而不律众人也。"按：南川，林光之号。○《与林郡博书》："亡兄不幸早世，十月在殡，后此尚二十日始可就窆。积痛成疾。主考闽藩，令誉蔼然，可贺，可贺。能早晚一过白沙否耶？老孺人之旁计未能猝离，而平湖之旆，亦难久留。景云如桂阳未返，张佥宪日夕至学，景旸惟科试是急，诸侄营葬事，往候无人，惟加照。"○《与廷实书》："缉熙还家，满三月无一耗。问茶园商，云：县博治行李入京，早晚舟至江门。遂别。果尔否耶？向者五羊得廷实报，大喜，连赋数诗。缉熙倘不

[1] "伤"后，碧玉楼本《白沙子全集》有"烦"字。（陈献章撰：《白沙子全集》，碧玉楼本，第三卷，第四一页）

税驾[1],则拙作反为之累。”

本集诗:《读张进士挽丁明府》七律,六年官守薨诸难,七月孤儿护一棺。《四月二十七日五鼓,失脚仆地,衰年久病、气弱无力之验也,为诗自悼二首》五律,《次韵秋兴感事,录寄东所四首》五律,《次秋兴韵,寄东所兼呈云谷》五律,《得林子逢书,感平湖事赋此,次前韵二首》五律,《读缉熙近诗,时缉熙典文衡闽中,欲便道还家,数夕前尝梦见之》五古,《悼林琰》七律,闻道平湖归渐近,相逢空有泪沾巾。《赠丁一桂》五律,有庙旌遗爱,无金归故乡。南风催返棹,西望欲沾裳。○按:本集《丁知县行状》:长子名芳,生于公卒后五月。一桂或是芳字[2]。《佥宪莆阳李公自海南征黎过白沙》七绝,按郝《通志》:莆田任佥事者二人。李元镇,成化二十二年任;李德美,弘治五年任。俱进士。按二十三年《与廷实》云:“衰暴卒。昨见李佥宪云。”当是元镇也。《诚庵朱公归葬郴阳,适宪长陶公遣生员陈谏偕景云往祭其墓,并以公意作诗赠之二首》七律,《宪副翁公以占城国主自海南来省过白沙,索和李黄门诸公韵》七律。忽闻海上夷王过,又把新闻续旧谈。○成化二十年,谕占城来诣广东受封。(《明史·占城国传》)○翁晏,侯官人,成化二十二年任按察副使。(阮《通志》)

成化二十三年丁未(一四八七),先生年六十岁

时事:三月,门人浙江张镆、姜麟举进士。

时事:七月十六日,孙机殇。《志孙机圹》:“春夏间,疫作,里儿十五亡于疹。妇携机如外氏,得疾,归。风雨暴至,数日不止。疗弗及,遂绝。”

时事:给事中林廷玉奉命来新会,赐葬右都御史鲁能。吏科给事中闽人林粹夫廷玉,父芝司训导信宜,母没,留葬焉。及父迁韩府纪善,占籍平凉,遂

---

[1] “不”,原误作“有”,据碧玉楼本《白沙子全集》改。(陈献章撰:《白沙子全集》,碧玉楼本,第三卷,第六〇页)

[2] 阮榕龄所引述《丁知县行状》有误。白沙先生《丁知县行状》云,丁积“配罗氏,生子男二人:长曰一芳;次曰某,生于公卒之五月”。(陈献章撰:《白沙子全集》,碧玉楼本,第五卷,第五页)一桂,乃为丁积次子之名,而非丁积长子一芳之字。

领陕西解首，连第进士。以葬鲁能都宪使吾广。因趋信宜访母墓，哭祭之。欲负骨归，陈白沙止之，有“不与皇华共载还”之句，乃图山形而去。（《双槐岁钞》）〇按：先生明云“寻母墓，久而弗得”，何得云“负骨归，白沙止之”？且既得母骨，必当负归，君与亲一也。若云“止之”，殊不近情理。盖误会先生诗意也。〇又按：《新会林志·金石》有《祭鲁能碑》云：“成化二十三年，皇帝命有司为营葬域。”所云有司，即林廷玉也。

时事：八月，帝崩。宪宗之升遐也，哀诏至，先生如丧考妣。故诗曰：“三旬白布裹乌纱，六载君恩许卧家。溪上不曾携酒去，空教明月管梅花。”（《行状》）〇九月，太子祐樘即位。孝宗嗣位，文祥即上封事，谪咸宁丞。工部主事莆田林沂请召文祥、汤鼐，纳夏崇文言，且召陈献章、谢铎等，率为吉、直所沮。（《明史·李文祥传》）

广陵张干臣贞生□世祖黻，成化时仕经历，尝救林见素得罪，与白沙交善。予从学士处见白沙送别手迹云：“草阁春风忽两人，坐临江水看江云。寻常肺腑诗中写，六十头颅镜里分。落絮风惊还著树，行人日出又离群。布帆远下南京道，望断梅关不见君。”张氏以理学直谏为家学，其渊源有自矣。（《池北偶谈》）〇按：此诗本集作《缉熙至，用寄兼素先生韵写怀》，第二首也。兼素，张黻字。

[本集]《与廷实书》：“袁侍御暴卒于龙川，其迹可骇。张兼素一病遂不起。昨见李佥宪，按：名元镇。云此讣得之朱茂恭侍御，当是的耗也。哭而为之缌，逾月乃已”；“德纯先生竟止于此。挽诗并兼素挽不可不作。四月二十七日，夜起索衣，遭跌伤面。……近著《大头虾说》”云云。按《明史·林俊传》：“张黻，吉水人。历知涪州、宿州。弘治中，俊蒙显擢，而黻老不用。王恕为之请，特予诰命。”考《双槐岁钞》，张公当卒于成化二十年。今按先生之诗，当卒于二十三年以前。盖张卒在二十年，而先生以路远未及知，如康斋先生耳。《明史》云“弘治中，黻老不用”，误也。〇《祭袁侍御文》：“兼素之讣，继此亦闻。海内知己，存者几人？”〇秋，作《朱惟庆墓志铭》。按：惟庆，太保英之弟。〇《与廷实书》：“朱守节，诚庵犹子，近来白沙。又某不幸丧小孙机，哭之连日。比闻长乐盗起，罗浮之游，不知又在何时？舍侄送守节行过五羊，想当一会”；“近来敝邑夜寇甚于前日，有杀尽一家十余口者矣。意欲迁省城，求一地奉老母。适得白

洲口信,亦惓惓以此为言。”按:李士实,号白洲,新建人〔1〕。成化二十三年任按察副使。(阮《通志》)○《与廷实书》:“林进士寻母,久而弗得,为作二绝。”○《先室张氏墓志》:“冈脉旁起推车岭,正南面积水池,作己丙向者,吾室张氏藏也。张氏卒,葬孔家山二十五年,为今成化之末年十二月甲申,其子景云、景旸始易棺衾,奉迁于此。翰林国史检讨陈献章志。”按:此碑本集缺载,今补入。

本集诗:《候缉熙》七律,《次韵张廷实舟中写兴》七律,白沙先生年六十。《寄张兼素》七律,《缉熙至,用寄兼素先生韵写怀》七律,《代简答黄大理仲昭》,尺简岂堪频问讯,两京还说旧因缘。余生可试屠龙技,毕嫁才消鬻犬钱。《代简答林蒙庵,用前韵》,人非为己终无得,我与先生似有缘。六十恳辞兵部禄,寻常亦欠酒家钱。○林雍,官兵部郎中。(《福建通志》)《袁侍御讣至二首》七绝,《袁侍御挽诗二首》七律,《留朱甘节》七律,按:甘节,惟庆子。《中秋与朱甘节白沙赏月,兼寄其从子玭》七律,《读林进士信宜祭母墓文二首》七绝,非关旅殡无寻处,不与皇华共载还。《题林进士继母陈氏挽卷》七绝,《乐岁呈杨尹》七绝,长官愿似丁明府,甲首终年不到衙。○杨如,福建松溪人。成化二十三年任。(《新会》王志)《题健斋费子充殿元号》七绝。费宏,字子充,铅山人。成化丁未进士,官大学士,谥文宪。(《明诗综》)

孝宗弘治元年戊申(一四八八),先生年六十一岁

时事:四月,门人嘉鱼李承箕来从学。○筑楚云台。李承箕裹粮自嘉鱼来从学,凡二年。先生服食行缠,待如子弟,复筑楚云台以居之。榜联云:“有月严光濑,无金郭隗台。”(《行状》)

时事:以林泮知广州府。凡十年。○按:郝《通志·名宦》以泮为弘治元年进士,误。考《福州府志》:泮成化壬辰进士,自南京大理寺正迁广州知府。

时事:以吴廷举知顺德县。

---

〔1〕“号”,原作“字”。李士实,字若虚,号白洲。故改。

姜洪，广德人，拜御史。孝宗即位，言王恕、王竑才德高茂，张元祯、陈献章、章懋学有渊源。〇曹璘，襄阳人。孝宗嗣位，疏请王恕为内阁，擢陈献章等于左右。（俱《明史稿》）〇弘治改元，阁臣荐[贺钦]起陕西参议[1]。檄未至，母死。疏辞，陈四事：谓圣学当求真儒，陈献章大可用。（《毛西河集·贺钦传》）〇十月，先生今年两见戊申，盖六十又一矣。前中秋时，太夫人进寿八十有四，箕尝再拜为礼，先生喜形于色。今孟冬二十有一日，先生初度，拜跪成礼而退。（李世卿《寿先生六十一诗序》）

本集《与廷实书》："世卿来白沙，过秋方还嘉鱼。能一来会否耶？"〇《复世卿书》："圭峰山灵相候已久。与诸乡老龙兴寺相对，孰与置于圭峰为快也？"〇《处士陈君墓志铭》："予游厓山，东渊请执杖屦以从，凡所纪述，令一一录之，朝夕侍我侧。"〇《与朱甘节书》："去秋别去，不知何日至桂阳？世卿首夏来访，尚留白沙，与之语。甘节真知人哉！俊圭详《门人考》。邓球，字俊圭。拟冬春会白沙，贵札可付来也。"〇作《李处士墓志铭》。按：处士名皋，字元春，世卿父。〇《与陶方伯书》："顷闻夫人之葬已后，时诸儿侄偶冗于人事，不得随执绋之后，媿罪媿罪。[李进士世卿]承命修本邑志[2]，成，将刻板，乞一经目定之。"按《世烈录·杨淑人墓表》："弘治元年戊申十月十九日，葬于番禺南蛇坑。"〇《与廷实书》："惠来姜酒，可贺。世俗好检点人，不仕无义，违亲非孝。行矣，勿贻尊翁戚戚也。"〇《与廷实书》："好子不育，伤如之何！近得林待用书：朝廷用荐者起取。潘时用报如此。世卿近往南山，未还白沙，承欲一会，此念自好。比日同李宪副往李村看山，中暑腹满，连日不能食，以菉豆粥解之，乃得通。"弘治元

---

〔1〕“贺钦”二字原缺，因所述乃贺钦事，据补。

〔2〕“李进士世卿”五字原缺，据碧玉楼本《白沙子全集》补。（陈献章撰：《白沙子全集》，碧玉楼本，第三卷，第九页）若不补出“李进士世卿”五字，则“承命修本邑志”者，为白沙先生矣。

年,[林俊]用荐擢云南副使〔1〕。(《明史·林俊传》)◯《送李世卿还嘉鱼序》:“弘治元年戊申夏四月,湖广嘉鱼李承箕世卿自其乡裹粮南望大庾岭,沿途歌吟,入南海,访予白沙。一见语合意。先是五、六年,予会都宪公之子承恩于北京。承恩,世卿从弟也,示予以世卿之文。出入经史,跌宕纵横,笔端滚滚不竭来,数千言沛然出之,若不为势利所拘者。予时未识世卿而知世卿抱负有大于人,既不忘于心,亦时于诗焉发之。或闻论当世士有文章,必问曰:‘如李世卿否?’然又意世卿少年,凌迈高远则有之;至按:“有之”之下当有“至”字,或钞刻者讹漏。优游自足无外慕,嗒乎若忘,在身忘身,在事忘事,在家忘家,在天下忘天下,世卿未必能与我合。孰知世卿有意于来耶?自首夏至白沙,至今凡七阅月,中间受长官聘修邑志于大云山五十余日,余皆在白沙,朝夕与论名理。凡天地间耳目所闻见,古今上下载籍所存,无所不语。所未语者,此心通塞往来之机,生生化化之妙,非见闻所及,将以待世卿深思而自得之,非敢有爱于言也。时时呼酒与世卿投壶共饮,必期于醉。醉则赋诗,或世卿倡予和之,或予倡而世卿和之,积凡百余篇。其言皆本于性情之真,非有意于世俗之赞毁。至是,世卿以太夫人在堂辞去,欲留不可,为古诗十三首别之。诸友相继有言。世卿归,以所闻于予者质诸伯氏茂卿,登大厓山吟弄赤壁之风月,予所未言者,世卿终当自得之。世卿之或出或处,显晦用舍,则系于所遇,非予所能知也。予老且病,行将采药于罗浮四百三十二峰,以毕吾愿。世卿能复索我于飞云之上否耶?序以送之。”◯《与廷实书》:“曩辱佳章并贺仪,媿感。世卿行时,诸友追饯,不及奉简。”◯冬,作《处士陈君墓志铭》。详《门人考·陈东渊》。

本集诗:《元旦试笔》七律,六载虚叨供奉恩,白头吾亦两朝臣。闾阎击壤

〔1〕“林俊”二字原缺,因所述乃林俊事,据补。

今弘治，简册编年又戊申。闰正月，《书登陶鲁壮哉亭以遗守祠者》五律，《次韵李子长抵江门》，《送子长还五羊》，此日江山初见子，向来风韵更因谁〔1〕？春波荡柳舟难系〔2〕，晓树啼莺枕欲欹。《寄廷实用前韵》，《约诸友游圭峰，文都报子病，不果行》，《与廷实游圭峰，别后奉寄，且申厓山之约二首》，《寄文都曝日台》，《次韵顾通守》，顾叔龙，莆田人。弘治元年，任广州通判，凡三年。（阮《通志》）《留世卿饮，用前韵》，《次世卿雨中韵》，《与世卿闲谈，兼呈李宪副九首》，《月下怀世卿时在南山》，《寄世卿玉台四首》，《记旱用前韵》，《一之夜归楚云台，失足坠沟，诸生拽出之。予闻大笑，与世卿各赋诗哂之》，以上俱七律。《偕一之世卿诣楚云台》七绝，《楚云台呈世卿》，《江村晚望，寄世卿圭峰》，《寄吴明府》，《同世卿游玉台》五律，《游圭峰同世卿》，《九日，李鸿兄弟携酒从予登小庐峰，寄世卿圭峰》，《书所见寄世卿圭峰》，《廷实屡约游厓山不遂，世卿在数千里不期而同，次旧韵寄廷实》，《代陈汝岳谢世卿撰玩琴轩记》七律，《得邓俊圭书》，《与世卿同游厓山》七古，《生日答吴献臣》五律，后甲惟元祀，浮生又五寒。《六十一自寿二首》七律，孤子今来六十一，慈亲已过八旬三。《世卿赴顺德吴明府之召，五日不返，诗以促之二首》七律，《临安太守钟宣美将赴任，过白沙言别，出庄定山诗，次韵二首》七律，按：宣美，原姓陈，名晟。详《丛考》。《送姜酒》七绝，《赠世卿六首》五古，《送世卿还嘉鱼五首》五古，《和世卿留别韵二首》七律，《图新书舍怀世卿，时别半月》，月上斋垣白，疏梅共主宾。《次韵寄廷实》五律，《题南浦送别图，为蒋方伯》，按郝《通志》：蒋云汉，四川巴县人，进士。弘治元年，任布政左参政。《答石阡太守祁致程》七绝，《世卿寄经飞来寺和予壬寅秋诗，复韵答之》七律，《得世卿南安书》

〔1〕“风韵”，原作“风月”，据碧玉楼本《白沙子全集》改。（陈献章撰：《白沙子全集》，碧玉楼本，第八卷，第三一页）

〔2〕“荡柳”，原作“浩荡”，据碧玉楼本《白沙子全集》改。（陈献章撰：《白沙子全集》，碧玉楼本，第八卷，第三一页）

七律。心知别去千回折,诗长从来一格工。

弘治二年己酉(一四八九),先生年六十二岁

时事:贬邹智为石城吏目。

时事:迁刘大夏为广东右布政。

时事:九月,门人顺德梁景行、梁贞奎、新会谭以贤、博罗何宇新同领乡荐。

本集《次姜仁夫留别九首》七绝序:"弘治己酉春,姜仁夫进士使贵州还,过白沙八日。次韵为别。明日,仁夫至潮连寨,隶回,得三绝,和之。仁夫,兰溪人。从学章先生德懋,吾二十年旧好,故诗两及之。"〇《与顺德吴明府书》:"顷辱书,适姜仁夫在坐,不即裁答。去岁,世卿亦以后进之才称足下。念昔苍梧之会,几于失君。"〇《送张进士廷实还京序》:"乡后进吾与之游者,五羊张诩廷实。廷实二字补。始举进士,观政吏部稽勋,寻以疾请归五羊。五羊,大省地,廷实所居户外如市,漠然莫知也。自始归至今六年间,岁一至白沙,吾与之语终日而忘疲。城中人非造廷实家不得见廷实,而疑其简,实不然也。盖廷实之学,以自然为宗,以忘己为大,以无欲为至[1],即心观妙,以揆圣人之用。其观于天地,日月晦明,山川流峙,四时所以运行,万物所以化生,无非在我之极,而思握其枢机、端其衔绥,行乎日用事物之中,以与之无穷。然则,廷实固甚有异于人也,非简于人以为异也。若廷实清虚高迈不苟同于世也,又何忧其不能审于仕止、进退、语默之概乎道也?兹当圣天子登宝位之明年,思得天下之贤而用之,而廷实之病适愈,太守公命之仕,廷实不得以未信辞于家庭。于是卜日告行于白沙,留二十余日。去

---

〔1〕"至",原误作"主",据碧玉楼本《白沙子全集》改。(陈献章撰:《白沙子全集》,碧玉楼本,第一卷,第二三页)

岁之冬，李世卿别予还嘉鱼，赠以古诗十三首，其卒章云：'上上昆仑峰，诸山高几重[1]？望望沧溟波，百川大几何？卑高入揣料，小大穷多少？不如两置之，直于了处了。'世卿，豪于文者也，予犹望其深于道以为之本。廷实至京师，见世卿，重为我告之。廷实所以自期，廷实其自信自养以达诸用，他人莫能与也。"◯《与廷实书》："承示《杨柳曲》，情蹙辞尽，几不可读。'乐莫乐兮新相知，悲莫悲兮生别离'。沿途遇便风，得一字为慰。近来敝乡东西盗劫连夜，白石谭兰雪一家遇害，马默斋辈剥床，可畏。眼中惟倪舜祥可委捕盗。"又云："仁夫会间多为申覆。"按：倪舜祥，名麟，先生第二女夫。[2]◯《与李西涯学士书》："相别六、七年，不通音问于京师。自周文都南归后，先生之音问遂绝。世卿自去年首夏至白沙，腊月然后归[3]，早晚入京。衰病百状，问之可知。张进士行，附此。"◯《与戴宪副书》："恭闻拜宪副之命，引领台阶，不知微疴之在体。小庐冈书屋近完，四方士来游白沙者，于此处之，是亦执事之赐也。"戴中，新淦人。弘治二年任按察副使。（阮《通志》）◯《周氏族谱序》："少参公弘治己酉始至白沙。"周宏，德清人。弘治元年任右参政。（阮《通志》）◯《与廷实书》："廷实守道，无求于人，携十数口在路，日饭米一斗，何以给之？子长在馆中已半月，梁贡士告行，草草奉此，不能悉，不能悉。别诗奉怀。"◯《与廷实书》："助金已领。西山之遗，盂水难消，况若是重耶？黄涪翁谓：'旋涡中佛，不能救落水罗汉。'今廷实行万里，费皆已出，非旋涡中佛欤？感恨感恨。别后奉怀不置，小诗见意。经西华、飞来，必有佳作，幸垂示。"

---

〔1〕“高”，原误作“万”，据碧玉楼本《白沙子全集》改。（陈献章撰：《白沙子全集》，碧玉楼本，第一卷，第二三页）

〔2〕阮榕龄谓“倪舜祥，名麟，先生第二女夫”，非是。倪麟，字圣祥，白沙先生第二女之夫；倪凤，字舜祥，倪麟之弟。

〔3〕碧玉楼本《白沙子全集》无“月”字。（陈献章撰：《白沙子全集》，碧玉楼本，第三卷，第一页）

本集诗：《赠张进士入京八首》七绝，序："别后膝痛甚于前日，本无诗悰，独念吾与廷实不可无一言以别，为八绝句。命童子容凭录于序文之下。"〇按此序本集缺，从何氏本补入。〇五羊不出独何心，万里行囊又一琴。难写别离今日意，江门春水不如深。〇津头日暮思夫君，别意那堪更遣闻。芳树鸟啼山雨过，柴门空闭一溪云。〇玉台居士玉台眠，碧海三山病枕前。君欲有为休问我，白头世事已茫然。《次韵邹汝愚阳江道中见寄》七律，《何宇新赴南京，来白沙告别，此行且复见定山，时秋已尽矣，以诗送之二首》七绝，《得廷实书》，《用韵寄潘时用》，《用韵寄姜仁夫》，《用韵寄缉熙平湖》，《用韵效寒山》，四郊多窃盗，村里夜支更。《寄饶平邱明府》。何处思君独举杯，江门薄暮钓船回。风吹不尽寒蓑月，影过松梢十丈来。〇邱天祐，莆田人。弘治二年进士，令饶平，廉能著于时，寻丁外艰。(郝《通志》)

弘治三年庚戌(一四九〇)，先生年六十三岁

时事：以秦纮总督两广。(阮《通志·职官表》)

时事：四月，门人吴川林廷献举进士。

时事：以刘大夏为广东右布政。(《明史》)

本集：二月，《寿张抚州六十一诗序》："两山谢郡归，今年六十有一矣。两山之子诩也，从予游，限于官守，不得奉卮酒为寿。弘治庚戌二月初吉，白沙陈某书。"张瑄，出知抚州，又知漳州。没，祀漳州名宦、本省乡贤。(《番禺志》)〇《题瑞鹊卷》七绝序："成化十九年，予入京。是时，周君文化令六合有声。后八年，周君以御史按吾广，过寒舍，举庄先生昔赋《瑞鹊诗》，俾予和之。"周南，缙云人。弘治初巡按广东。(《明史》本传)〇夏，作《襄阳府先圣庙记》："庚戌夏，侍御史襄阳曹君璘访予玉台山中。"〇《与廷实书》："两山先生旧腊使人馈白沙，索书《生日诗》，寻以附子长转达。不知两山之疾已革，盖属纩前一二日也。廷实以何日闻讣？匍匐南归，溽暑在途，哀毒如何？"〇秋，作《程乡社学记》。自注："弘治庚戌秋，为永丰刘彬作。"〇按：彬，号肃庵，永丰人，进士。为程乡令事，恤民隐，端士习。在任九年，省约如寒素时。（《嘉应志》）○刘彬初与罗伦同师友，伦告之曰：“科名文词皆净洗，一意圣贤。”彬曰：“一峰故人，今墓木拱矣，吾敢负一峰乎？”白沙先生曰：“别驾自审去就，何与一峰也？”（《分省人物考》）○十一月朔，作《祭容彦礼文》。遣子景云往代之。

本集诗：《有怀世卿四首》五古，《赠曹侍御璘》七律，《周侍御文化将访白沙，阻风连日，诗以迓之三首》七绝，《程乡学生钟宏求社学记，赠之》七律，《赠邹处士还合州二首》七绝，按：处士，智之父。详《诸友考》。此诗当在智未卒之前。《赠余进士行简别》七律，余敬，字行简，书厦村人。（《新会》王志）今开平县人。（阮《通志》）《次韵子长至白沙》，《邀马玄真》，《再和示子长》，《与子长谈诗，忽闻有谈方伯刘先生德政者》，《候玄真不至，用前韵》。

弘治四年辛亥（一四九一），先生年六十四岁

时事：五月二十七日，教谕娄谅卒。年七十。（《明儒学案》）

时事：以彭韶为刑部尚书。

时事：十月，石城吏目邹智卒于顺德。年二十六。○邹汝愚谪石城，道吾广，有司留馆坡山。其同年吴献臣尹顺德，令邑民李焕于古楼村建亭居之，扁曰“谪仙”。辛亥卒。白沙陈公甫《追次汝愚诗》曰：“迁客一亭遗海滨，当时谁号谪仙人？花汀柳市无疆界，尽是乾坤一样春。”（《双槐岁钞》）

时事：逮两广总督秦纮赴诏狱。张吉，字克修，历肇庆同知。时陈献章讲学，吉与议论相孚。辛亥，都御史秦纮为柳总兵所诬，逮诏狱。吉上疏代辨得白，人服其勇。转梧州知府。（郝《通志》）

时事：十一月，以丘濬为文渊阁大学士。

本集：四月，《复陶廉宪求平后山碑书》：“使至，辱手书。当道诸公欲以平后山碑文见委为之，仆窃怪执事之知仆犹未至也。今天下能文章、富经术者，可谓盛矣。若仆者，素无文采，强颜为之，徒为有识所哂。谨复。”○又书：“兴师弭患，动中机会，为可喜也。后山祸机久伏，使谨于微，则无今日之役。今首恶既诛，暂停搜捕

之师,宜慎玉石之辨。于疑似不决者,宁诎法以信恩,此则天地好生之仁,子孙享无疆之庆,执事固有之。"〇《与葛侍御书》:"顷者,廉宪陶公惠书,称执事以平后山碑委仆为之。"葛萱,高邮人。弘治间,任巡按御史。(阮《通志》)〇《与刘方伯书》:"余寇未殄,先生得毋为百姓戚戚耶?曹匪石抵家,病即愈。匪石征《乐记》[1],已托邹汝愚具稿,早晚录上。"〇《慈元庙记》:"弘治辛亥十月,今户部侍郎前广东右布政刘公大夏,行部至邑,与予泛舟厓门,吊慈元庙故址,始议立祠于大忠之上。"〇十二月,作《望云图诗序》。按王公,名未详。序云:"公山西人,奉命来南海几年。顷,乘广海之舟,经新会,吏民亲公如亲贤大夫,忘乎公之为贵也。"

本集诗:《吊邹汝愚四首》七律,孤儿岁月初离乳[2],夫子风流尽盖棺。《候方伯刘先生四首》七绝,按:此题有三首在卷九,一首在卷十,盖同一题而误分者。《陪刘先生往厓山舟中作》七律,《东山至厓,议立慈元庙,因感昔梦成诗呈东山》七律,《张克修别驾[迁]梧州守,来别白沙二首》五绝[3]。赠君欲何言,笑把梅花折。〇古城先生在岭外,访白沙问学。白沙以诗示之:"沧溟几万里,山泉未盈尺。到海观会同,乾坤谁眼碧?"先生不契也。(《明儒学案》)〇按《肇庆府志·职官》:张吉为同知,在成化末年。而《宦绩传》引《献征录》云:"吉,余干人。孝庙初,转肇庆同知。"考本集《与张太守克修书》有"制中不他及"之语,是弘治八、九年间,张尚守梧州。自同知迁守梧州,《传》不明言何年,故附疑于此。

弘治五年壬子(一四九二),先生年六十五岁

时事:以闵珪为两广总督。凡三年。

时事:九月,门人顺德黄泽领乡荐第一,番禺陈護、陈昊元、新会黄元、增城湛若水、潮阳赵日新同榜。

---

〔1〕"乐记",原误作"药石记",据碧玉楼本《白沙子全集》改。(陈献章撰:《白沙子全集》,碧玉楼本,第三卷,第六页)

〔2〕"岁月",原作"四月",据碧玉楼本《白沙子全集》改。(陈献章撰:《白沙子全集》,碧玉楼本,第八卷,第七八页)

〔3〕"迁"字原缺,据碧玉楼本《白沙子全集》补。(陈献章撰:《白沙子全集》,碧玉楼本,第九卷,第九页)

本集《贺陶廉宪升任书》："秋暑既退，陈都阃过白沙，言当道荐执事。想朝廷命下，班次必崇。章寄名于石，英德石形奇者，能致数片，志愿足矣。"〇《与廷实书》："李子长怀集之行，未免内顾之忧，能照之否？"

本集诗：《闻黄泽发解》七绝，《送子长往怀集，取道谒张梧州二首》五绝。

弘治六年癸丑（一四九三），先生年六十六岁

时事：四月，门人顺德黄泽举进士，新会李翰乙榜第一。

时事：七月，刑部尚书彭韶罢。（《明史·七卿表》）

时事：张秋河决，以刘大夏为副都御史治之。

本集：三月，作《罗伦传》。〇癸丑端午，《书漫笔后》。据石刻本。〇七月，作《程乡儒学记》。〇《夕惕斋诗序》[1]："少参任君莅吾省，问过白沙。"任毅，横州人。弘治六年任右参议。（郝《通志》）〇九月，作《增城刘氏祠堂记》。

本集诗：《闻东山领都宪之命，寄之》七绝，《永丰刘景惠持亡友罗一峰事状来白沙，道其翁程乡宰肃庵愿友之意，赠以是诗》，《予欲为一峰传而患无所本，其子梁撰状，托肃庵子景惠至白沙，予将为传，用前韵》，《赠潘上舍汉，用前韵》，俱七律。《次韵顾别驾寄彭司寇二首》七律，序："别驾顾勉庵闻彭从吾先生致仕还莆，赋诗贺之。谓仆受知于先生，不可无言，因和之。"〇按：别驾名叔龙，详《诸友考》。《雨后示刘宗信、林时嘉二首》五绝，《赠闵督还升秋官二首》五绝，《赠罗梁还程乡五首》七绝，一客三旬住玉台，梅花正傍钓台开。《蓬岛烟霞图赠罗定直》七绝。自注："一峰子。"补诗：《遇雨诗》序："易菊主偕其侄婿杨和从子庸

---

[1] "惕"，原误作"阳"，据碧玉楼本《白沙子全集》改。（陈献章撰：《白沙子全集》，碧玉楼本，第一卷，第一三页）

信宿白沙,遇雨,偶忆庄定山与予于白马庵夜雨联句云:‘公来天阁雨,天共主人情。’菊主感叹,再三诵之。予因旧韵以复。”襟裾犹耐冷,红紫半抽晴。我不辞为主,公无厌絮羹。旋吟诗遣兴,直以酒陶情。何可废行乐,春秋七十更。○老脚莫浪出,东君不放晴。青山倚鸠杖,白饭下鱼羹。耕凿无余论,烟霞杳去情。偶持一觞酒,留客话深更。○衡门来好客,久病快新晴。子美云安酒,东坡骨董羹。江山成永啸,今古莫留情。劝饮多狂句,陶笺写率更。○人心殊觉夕,白日此阴晴。义激中流柱,名哀众口羹。耻为一身计,痴拥万年情。坐久笼山雨,寒云湿未更。弘治癸丑春正月二十日,石翁书于白沙贞节堂。○按:此诗并序,本集不载。兹从张庢山丈总章曾见真迹,钞以示榕者。

弘治七年甲寅(一四九四),先生年六十七岁,母年九十

时事:二月,门人增城湛若水来从学。甲寅二月,往学于江门。语之曰:“此学非全放下,终难凑泊。”遂焚原给会试部檄,独居一室。(洪垣《湛甘泉墓志铭》)○记吾游江门时,在楚云台梦一老人曰:“尔在山中坐百日,便有意思。”后以问先师,曰:“恐生病。”乃知先师不欲人静坐也。(《甘泉语录》)○甘泉初至白沙,斋三日而后求教。举于乡,即焚路引。从白沙十有三年,既得旨乃出。(《广东新语》)○湛若水见白沙,景行为绍介。(《顺德志·梁景行传》)○按洪垣《甘泉墓志》云“甘泉以弘治甲寅来学”,是下距先生卒时,仅七年耳。又《甘泉集》云:“二十七举于乡,其业犹夫人也。自闻学于君子,舍举业而涵养十有三年。”是自言涵养者十三年,非从白沙十三年也。计自弘治六年舍举业,至十八年会试,适符十三年涵养之数矣。○又按:从学之年方二十九岁,而沈椒园廷芳《粤秀示诸生诗》云:“九十甘泉翁,亦在弟子行。”此尤失考也。

时事:七月,庄昶奉旨行取,九月入京。(湛若水《庄定山墓志铭》)

时事:嘉会楼成。○冬,慈元庙成。祠之未建也,先生梦一女,后饰,立于大忠祠上,请曰:“先生启之。”后十年建庙,即其所也。故先生《慈元庙诗》有“依稀犹作梦魂通”之句。(《行状》)

弘治甲寅六月,巡按广东御史熊公成章谋创楼为盍簪之地,檄通判顾文来卜地,数月告成。(张诩《嘉会楼记》)○南京地震,御史宗彝等言韶、乔新、强珍、谢铎、陈献章、章懋、彭程俱宜召用,不报。(《明史·彭韶传》)○按《明史·五行志》:“弘治七年,是岁两京并地震。”

本集《与顾别驾止建嘉会楼书》："今日之事，欲为名教树无穷风声，而姑托始于仆以为之名。百余年间，岭海之内，未闻有如今日之盛者也。顾仆何人，滥竽斯会，不胜媿悚之至。愚以今地方多虞，民苦力役，寸土尺木，不无劳费。愿执事复按治之命〔1〕，苟可已之，不但舒民之力，而'负且乘'之讥，亦且不及老朽，以贻玷诸贤，尤见相爱之至也。"〇六月，作《肇庆府城隍庙记》。为郡守黄琥作并书石。〇九月，《与左行人廷弼书》："秋且尽矣，拉何山人驾扁舟出扶胥口，东望罗浮，飘然自适，觉某之匏系于病为可厌也。"按《题名碑》：左辅，江西进贤人。成化十七年进士。廷弼与辅名相应，疑即是人。〇十月，《跋清献崔公剑阁诗》："曩梦拜公，坐我于床，与语平生，仕止久速。仰视公颜可亲，因请公手书，公欣然命具纸笔。呜呼，古今幽明一理，感而通之，其梦也耶？其非梦也耶？今书遗其后七世孙同寿云。"〇《与蒙知县书》。蒙惠，苍梧人。弘治十年，知新兴县。巡行阡陌，以劝农为急，暇则训勉诸生，士民怀之。（郝《通志》）〇按：郝《通志・职官》作弘治十年。考《肇庆府志》，钟鲸任新兴，六年调去。故《府志》"宦绩"与"职官"表作七年。"十"字误也。

本集诗：《左行人寄倭金酒盏，醉答》七绝，六十七回春又过，茅柴不管注倭金。《刘景仁自雷州别二亲还永丰，过白沙》七绝，按：景仁父名彬，为程乡知县。其为雷州同知，郝《通志》不注何年。以《嘉应志・名宦传》考之，其去程乡任，当在弘治元年。景仁自雷州归，本集原与"六十七年春又过"诗相接，故附于此。《次顾别驾宿碧玉楼韵五首》七绝，序：弘治七年六月，侍御熊公欲创楼于白沙水湄，为往来之地。始谋于郡主林先生，遂尽闻于藩宪诸公。别驾来相地，宿碧玉楼。〇熊达，南昌人。弘治□年，任巡按御史。（阮《通志》）〇按：达，字成章，盖取"不成章不达"之义。诸本多作"逵"字，误。《嘉会楼上梁，和顾别驾》，《用别驾韵答熊侍御》七律。

---

〔1〕"愿"，原误作"顾"，据碧玉楼本《白沙子全集》改。（陈献章撰：《白沙子全集》，碧玉楼本，第四卷，第一页）

弘治八年乙卯(一四九五),先生年六十八岁

时事:二月,大学士丘濬卒。年七十六。〇李东阳入内阁。

时事:二月十六日,先生母林太夫人卒。年九十一。〇《与贺克恭书》:"今年春二月十六日,老母倾背。"

时事:三月,庄昶升南京吏部验封司郎中。八月到任,十二月病中风。(湛若水撰《庄定山墓志铭》)

时事:致仕刑部尚书彭韶卒。年六十六。

时事:陶鲁奉敕往安南,过江门。

时事:九月,门人番禺林高领乡荐第一,新会陈绍裘同榜。

本集:作《奠丘阁老文》。〇《答周廉宪疏》:"谨以四月八日,奉柩藏于屋后小庐山。"〇《与李孔修书》:"子长乳疮,当一场重病,今脱然矣,闻之慰喜。先妣三月而葬,礼也。"〇《与廷实书》:"亡妣小庐山兆,在碧玉楼后。遣人买藤县木,建坟前小屋为祭所。立墓田,令人守之。"〇《与沈都宪书》:"今年春中,老母弃背。承示晦翁南轩诗令作跋,尚贷以日月,庶几除服未死之年,附姓名于二先生之后,幸孰大矣。"〇《与湛民泽书》:"丧次,溽暑不可处,近迁碧玉楼西,正南开窗户,又为东南风搅枕[1],不得睡。附钱五十,烦为买小竹帘,横二尺。"〇《答黎明府书》:"邻封野人,兹以先妣茔未封,亲屈明府舟从白沙。"黎燃,新喻人,举人。弘治三年任香山县,凡十年。(郝《通志》)〇《答苏佥宪书》:"亡妣见背,力疾襄事。忽于七月尽日中风,左手足不仁,寸步不能自致。秋云暮矣,媿如之何?"〇《与姜仁夫书》:"近得缉熙书,报仁夫出理淮上。今年老母倾背,毁瘠与死无异。"〇《与罗冕书》"得五月十九日手书"云云。〇《与陶廉宪书》:"迩者,先妣茔封始毕,阁下有事西陲,辰下将过江门,莫遂谒

〔1〕"搅枕",原作"搅",据碧玉楼本《白沙子全集》改。(陈献章撰:《白沙子全集》,碧玉楼本,第三卷,第六〇页)

见之私，渴心东弛。”〇《与林时表书》：“时表代而父奉太夫人几筵，何得舍朝夕奠来应试？老朽闻之，竟日不乐。比发去兖州讣否？适得尊翁济宁四月望日发来手书[1]，进退不能无遗憾矣。”〇《与陈秉常书》：“辱书，见勉勿断酒肉，扶衰养躯，真情苦语，足纫拳拳。到京，见定山先生、潘时用、姜主事，问我，以是告。见刘都宪，告慈元庙成，因以先母讣告。”〇《与太守张克修书》。凡三首，时官梧州。〇《与贺克恭书》：“今年老母倾背，与死为邻。比得惠书，又得贤郎北京书。里中举子赴春官，附此。”〇《与贺谘书》：“得生书，读未毕，亟召犬子来读。何生之言似乃翁也？昔在长安日，过乃翁坐，生时方毁齿，能知两翁意。坐则置生膝前，摩生顶，与乃翁语。恨生不生南海，又恨夙病支离，不能一见容止。里生陈绍裘行，托告区区。”贺士谘，白沙称之曰：“老眼识凤雏。”（《广舆记》）〇《与金方伯书》：“比闻有巡抚江西之命，已令犬子候行。”金泽，弘治七年，任布政。（阮《通志》）〇《与黄举人书》：“克仁久在制中，老病不堪走吊。自杪秋感冒痿痺，半年未尝一近笔砚。希颜兄近会亦不数，音耗阒然。”按《新会》王志：“黄元，弘治五年举人。”克仁与元名字相应。希颜，名佐，成化十九年举人。疑即克仁之族人，故并及之。〇《与湛民泽书》：“久居于危，尝两遭不测，几陷虎口。不得已为谒铨之行，非出处本意也。按即习射事，详成化二年。故人朱少保、李阁老、潘待诏往往寄声，以不能离此邦为惧。然则百年之遇，宜未有如今日，所恨子孙世家于越，老朽亦欲为后人立此基绪。目今要建祠、修墓，正恐小祥在转瞬间。若更因循，大祥至矣。吾事不了，安知其终不汨没于尘土耶？”

本集诗：《病中写怀二首》七律，《八年春，部书复至，顾别驾以两司之命来劝驾，用旧写怀韵答之二首》七律，得终残喘留将母，直拟孤

---

〔1〕“望日”后原衍“书”字，据碧玉楼本《白沙子全集》删。（陈献章撰：《白沙子全集》，碧玉楼本，第四卷，第三八页）

诚死报君〔1〕。《彭司寇挽诗三首》。

弘治九年丙辰(一四九六),先生年六十九岁

时事:以邓廷瓒总督两广。

时事:顺德知县吴廷举去任,迁成都同知,民数百艘送之,多泣下者。

时事:八月,郎中庄昶致仕。丙辰八月二十日,告归定山。故白沙诗曰:"欲归不归何迟迟,不是孤臣托疾时。此是定山最高处,江门渔父却能知。"(湛若水《庄定山墓志铭》)

本集《与金都宪书》:"敝居与嘉会楼相迩,当道东西行部往来过此,某得以扶病见之,诚嘉会也。"金泽,字玉润,鄞县人。升广东布政,百废俱兴。无何,赣寇陆梁。命泽为右都御史,巡抚江西。(《氏姓谱》)〇《与邝知县兄弟书》:"丁明府遗爱在邑,邑人欲为庙以报之。今卜地白沙里社前,与嘉会楼相望。"按:各县府志无邝姓为广州知县者。考书中语意,当是本邑人。《肇庆府志》:"邝文,天顺三年新会举人,知宜春县。"邝姓今隶开平。〇《与陶方伯书》:"比闻在师中能坐马矣,幸甚,幸甚。李世卿久在馆中,恐要知,不多及。"〇《与林郡博书》:"得书,具审太夫人以正月六日祔竹斋府君之墓。是月三日,章亦奉迁先考墓于小庐山,与先妣同处。来喻知孔不知毛,此翁明年满七十,宁有七十老人发狂著书与故旧作炒也?世卿自嘉鱼来,与民泽游罗浮,殆一月矣。按《甘泉集·初游罗浮记》:"丙辰春,与世卿游罗浮。"〔2〕老朽亦欲远去为终老计。此间民日为盗,地方多虞。白洲为卜地于省城,今委余龄于喧嚣,恐不能成其美。岁首,嘉会楼成,白洲遣人走定山求记。"〇《与张太守

---

〔1〕"诚",原作"城",据碧玉楼本《白沙子全集》改。(陈献章撰:《白沙子全集》,碧玉楼本,第八卷,第六三页)

〔2〕所谓"丙辰春,与世卿游罗浮",并非出自出自湛若水《初游罗浮记》,而是出自《游西樵记》。(湛若水撰:《湛甘泉先生文集》,《四库全书存目丛书》,集部第五十七册,第二四页)

克修书》："数月无苍梧之耗，不意夫人化去。《庙记》转达顾勉庵。世卿嘱笔申恳。"又："迩者，修建祠宇墓亭，已各有绪，实赖仁者广济之力。"〇《漫笔示世卿民泽》："昨夕楼上闻雨声，睡不著，因检会乡里平时还往人，十亡七、八，年及七十者，才一、二。"〇《与湛泽民书》："章久处危地，以老母在堂，不自由耳。近遣人往衡山，问彼田里风俗。倘今日之图可遂，老脚一登祝融峰，不复下矣。五月五日。"〇《与廷实书》："顷者，李别驾长源云：定山三月已告养病，六月归定山。五月六日，碧玉楼书。"又书："世卿日望来会，渠过洪都，已得东白复起消息，非虚传也。五月七日。巡按丁内外何艰，乞报。何时起程？"〇《答陈宗汤书》："六月十日书，作字太奇，老眼不识，服周读之告我耳。邱侍御还闽，过白沙，留语竟日。一时交游，东颠西覆。民泽可期远到。西望衡山，神爽飞去。自去秋感疾，迄今未堪举踵。"〇《与邓督府书》："某不见执事五十年矣，引领苍梧，衰病，无由自致；在制，无由造谢。"〇《与李白洲书》："北门园池，待明年服阕，采药罗浮、访医南岳归，拜赐未晚也。顾别驾送契来，若委人承管，则未也。"〇《与莫知县书》："封川近地，老病不出，在制中久稽裁答。兹顾别驾使来，具悉宦况。谚云：'过后思君子。'方在新会时，百姓未以明府之去留为欣戚；去之封川，怀之不置。安知今日封川之民不如昔日之新会乎？"莫扦，广西宣化人。弘治九年任封川知县。（阮《通志》）〇莫扦，弘治六年任新会。（《新会》王志）〇按：郝、阮二《志》俱云"成化年任"，误。〇《与黄太守书》："即日命下，拜端守黄公参政。病夫闻之喜连日。"〇《与湛民泽书》："吴明府事未白，[世卿]尚可少留[1]。"〇《与吴明府书》："梁生至，辱书，具[审]被诬事已

〔1〕"世卿"二字原缺，据碧玉楼本《白沙子全集》补。（陈献章撰：《白沙子全集》，碧玉楼本，第三卷，第六〇页）若不补出"世卿"二字，则"尚可少留"者，为"吴明府"矣。

释[1],甚慰。”除顺德知县,上官属修中贵人生祠,廷举不可。中官怒,执下狱。按之不得间,惭而止。为县十年,好薛瑄、胡居仁学,尊事陈献章。(《明史·吴廷举传》)◯《与左知县书》:“世卿将还武昌。吴别驾人回,具审明府与顾勉庵候送之勤。”左濬,宁德人,举人。弘治八年知高要县,廉明惠爱。迁惠州通判,士民攀卧,至不得行。宦囊泊如也。高要循良,以濬称最。(《肇庆府志》)陈献章为诗赠之。(阮《通志》)◯《与曹知县书》:“执事去新会二十年矣,日侍贞节堂,言昔者土木具举,堂成而执事解官,堂存而老母下世。俯仰今昔,情如之何! 世卿还嘉鱼,奉候,不多及。”互详成化十三年。◯《与顺德杨明府书》:“东白,平生古人也。明府出其门,不待倾盖而知其人矣。制中不多及。”杨显,进贤人,举人。弘治九年知顺德县。(《顺德志》)◯《与邱侍御书》:“宋先生旦夕临敝邑,将必见之。公以井渫之才,治之广右,幸甚。比与世卿期至南岳。世卿今行矣,道路其有借哉!”宋端仪,莆田人。弘治九年,任佥事。(阮《通志》)◯《与庄定山书》:“辱赙赠为感。承谕比年手足作秋风痺,今专托范生往视。太虚近往来石洞否?”范,名规,详《门人考》。◯《复陶方伯改题墓石书》。◯《答祁方伯书》:“亡妣不幸倾背,在乙卯二月十六日。惧弗克襄事,百凡拘忌,一切扫去。茔封粗讫,重劳慰及。执事望重,始以一乡言之,如是者几人,非但闾里之光而已。”祁顺,弘治八年,福建布政。寻转江西布政。(阮《通志》)◯《与王乐用佥宪书》。

本集诗:《次韵世卿再至白沙》七绝[2],《茂卿评事惠扇次韵》七绝,按:茂卿,世卿兄,进士承芳也。《次韵刘少参嘉会楼二首》七律,按郝《通志》:“刘信,南溪人。弘治九年进士,任参议。”当即其人。《答邓督府》七律,自注:“督府檄有司月支米石、人夫。辞之。”《次韵李宪副留别》七律,《待黄太

---

〔1〕“审”字原缺,据碧玉楼本《白沙子全集》补。(陈献章撰:《白沙子全集》,碧玉楼本,第四卷,第五页)

〔2〕“次韵世卿”,原误作“次世卿韵”,据碧玉楼本《白沙子全集》改。(陈献章撰:《白沙子全集》,碧玉楼本,第十卷,第一三页)

守见访，时当考绩入京》七律，黄琥，字莹之，丰城人。弘治元年，任肇庆府知府。己酉，引疾解职。民走当道乞留，不得。擢参政。(《肇庆府志》)《次韵吴明府二首》七律，《题黄公钓台》五律，李承箕筑钓台于黄公山下。《世卿将归二首》，延缘过残夏，满意泛潇湘。还山非早计，举棹是秋凉。《赠世卿三首》五律，《寄邓俊圭》，韶州西去是衡山，楚客舟从岭左还。欲语祝融天上事，思君迢递见君难。自注："予与世卿约游罗浮、衡山，云候世卿归途过乐昌，更与俊圭期定。今不果矣。"《寿月溪翁，为顺德主簿张如玘》七律，张如玘，武宁人。弘治八年任主簿。(《顺德志》)《得廷实报定山归隐，忆东白、仲昭五首》七绝[1]，《赠刘别驾肃庵解官归永丰三首》七绝，《九日嘉会楼登高四首》，《楚云台观民泽所栽菊》，《寄民泽，时民泽还五羊未返》，《野菊吟，寄子长再次》，《寄小园冈书屋和民泽》，以上俱五律。《答阳江柯明府》。柯昌，黄岩人。弘治九年任阳江县。操履清约，决狱明允。表章张太傅祠，陈献章作诗贺之。(阮《通志》引《浙江通志》)

弘治十年丁巳(一四九七)，先生年七十岁

时事：二月，丁林太夫人服阕。丧太夫人，服阕，绝不衣锦绣，曰："向者为亲娱耳。"(《行状》)

本集：作《速句丁知县庙疏》。〇春，作《丁知县庙记》："侯卒之十有二年，邑人立庙于白沙，祀之。"〇《跋沈氏所藏亭真迹》。按《与沈都宪书》云："庶几除服未死之年，附姓名于二先生之后。"详弘治八年。〇五月，书《忍字赞》。按：今石刻云："弘治丁巳夏五月，石翁书。"〇《与廷实书》："林郡博何日过五羊[2]，不留一字耶？舶司昨遣吴瑞卿携《云窝图》至白沙，衡山之兴勃然矣。未审开春能便行否？民泽近无一耗，廷实过白沙一话为慰。"〇又书："衡山之行，吾其可已耶？报帖

---

[1] "仲昭"，原误作"仲照"，据碧玉楼本《白沙子全集》改。(陈献章撰：《白沙子全集》，碧玉楼本，第十卷，第二三页)

[2] "过"，原作"归"，据碧玉楼本《白沙子全集》改。(陈献章撰：《白沙子全集》，碧玉楼本，第三卷，第三七页)

即寄缉熙。五月十八日,书于碧玉楼雨中。"◎《与林郡博书》:"万里之行,无可为赠。某七十病翁,理不久生,安知今日之言非永诀耶?定山问我,亦以是告之。"林光丁内艰,起补严州教授。(阮《通志》)◎《与李孔修书》:"衡山之行无日矣。今未发者,候俊圭至白沙耳。"◎《与邓佥宪书》:"贤郎过白沙,兼致西涯阁老之意。"邓卿,泸州人。弘治十年任按察佥事。(阮《通志》)◎《与黄大参书》:"始者,履任,枉棹白沙,获闻仕止之言,不谓脱衔如是速也。病卧山楼。未审何日就道。"详上九年黄太守。◎十月二十一日,《祭先妣林夫人文》。◎冬,作《韶州风采楼记》:"弘治十年春,韶守钱君镛作风采楼。"按:本集注作"己巳",误。当作丁巳。又按《粤东金石略》,十二月作。◎《复林大参书》:"勉斋别驾,平生故人,倏尔倾逝。"按:林大参未详。此书当在弘治十年以后。考弘治九年,先生与莫知县扞书,尚有"顾别驾使来"之语,故耳。◎十一月,《与廷实书》:"仁夫别去匆匆一月,念之不置,久当奈何?特遣景元往问行李,兼送仁夫之行。"

本集诗:《答张梧州书中议世卿、定山、熊御史荐剡所及四首》七绝,买舟南岳去寻医,七十今年病不支。《张廷举送姜酒至》七绝。七十谬为人所尊,直从西埭到东墩。

弘治十一年戊午(一四九八),先生年七十一岁

时事:八月十四日,三广公陶鲁卒。年六十五。

时事:九月,门人新会梁大厦领乡荐。

海北汪廷贞慕白沙甚,作怀沙亭以想像之。(《分省人物考》)◎按郝《通志》:江榆,全州举人。阮《通志》沿郝《通志》俱作"江"。海北提举,不注何年。考本集与何本及《人物考》,作"汪洋"之"汪"。◎戊午,遘疾,弥留弗兴。(湛若水撰《改葬白沙墓碑》)

[本集:]三月,作《重修梧州府学记》。◎《与湛泽民书》:"章去秋感疾,今尚未平。廷实近多长进,但忧其甚锐耳。子长病且

愈，曰高音耗亦无，黄中按：中，疑即《门人考》之黄忠。纳妇。馆中惟一之与服周教诸孙耳。海北汪提举向慕亦切，作怀沙亭于海上。民泽在乡安否？戊午三月初二[1]，石翁在碧玉楼力疾书。"〇《与汪提举书》："人自海南回[2]，称足下事功之伟。阮从事至，益闻所未闻。""李世卿期我于朱陵，沈督府书来问行，张东所已办杖履随我，今疾势尚未可动。"〇《慰王侍御疏》："日月不居，春复夏矣。不审自罹荼毒，气力何如？某久病，无由奔慰。戊午夏月日朔。"王哲，吴江人。弘治十年出按广东。时剧贼陈光等劫新会、东莞，哲旬日平之。以丁外艰归，民泣追送之。（《分省人物考》）〇《复孙清戎书》："大抵年逾七十，宿疾在躬，百凡不可牵勉。"〇《奠汪海北文》："江门秋月，庐阜晴岚。海北二年，朝讽夕谈。如饮醇酒，无日不酣。"〇《与廷实书》："汪海北在东海征粮，三日卒。廷介诚可人，但[恨]会别悤悤[3]，不能尽所言矣。"按廷介，盖即汪楡，但《人物考》作廷贞，此稍异耳。〇提举汪某，慕先生特甚，数以白金为先生寿。其卒于官也，先生尽封还以为赙。（《行状》）〇《与刘东山书》："先生还东山，山灵辄喜。章近有衡山之约。"〇《题端阳李太守甘霖重应卷》。李腾芳，长沙人，举人。弘治十年任肇庆知府。（《肇庆府志》）〇闰十一月二十七日，《祭陶方伯文》。按《世烈录》。

本集诗：《蒋韶州书至，代柬答之》五古，相别何悠悠，梅花十寒整。《蒋韶州世钦挽诗二首》七绝，按郝《通志》："蒋世钦，上饶人。弘治十一年任韶州知府，凡一年。卒于署中。"互详成化十九年。《次韵送海北使阮刊》七绝，春日溪边送阮郎，桃花半落溪水香[4]。《谢伯倚得孙，送姜

[1] "三月"，原误作"二月"，据碧玉楼本《白沙子全集》改。（陈献章撰：《白沙子全集》，碧玉楼本，第三卷，第六四页）

[2] "海南"，原误作"南海"，据碧玉楼本《白沙子全集》改。（陈献章撰：《白沙子全集》，碧玉楼本，第三卷，第七三页）

[3] "恨"字原缺，据碧玉楼本《白沙子全集》补。（陈献章撰：《白沙子全集》，碧玉楼本，第三卷，第五六页）

[4] "桃花"，原作"落花"；"溪水"，原作"流水"，据碧玉楼本《白沙子全集》改。（陈献章撰：《白沙子全集》，碧玉楼本，第十卷，第三一页）

酒至》七绝[1]，七十一年云水中，半江老隐旧知依。《邸报刘亚卿以今年十月得请还东山》七律，《喜闻刘亚卿得还东山》七绝，《赠杨中》七绝。欲报封君无一事。自注："顺德县杨明府子。"详上九年。

弘治十二年己未（一四九九），先生年七十二岁

时事：南海伦文叙会试、殿试皆第一。庸门徒多以科第显，伦文叙最著。（《南海志·陈庸传》）按：庸，详《门人考》。

时事：四月，火筛寇大同，命平江伯陈锐为靖虏将军。

时事：门人顺德赵善鸣来从学。

时事：九月二十九日，郎中庄㫤卒。年六十三。天启初，谥文节。

《重修太傅张公祠碑》："弘治己未，白沙陈公献章贻阳江令柯君书，始建祠于县西门隅。"（《泰泉集·张太傅祠碑》）

本集：夏，书《慈元庙记》："弘治己未夏，予病小愈，未堪笔砚。以有督府邓先生之命，念慈元落落，东山作祠之意，久未闻于天下，力疾书之。"〇《与廷实书》："久病未脱体。蒙邓先生数年知待之厚，昨承督府见寄高作，病中次韵一首。近见邸报，京师戒严。正求才之时，东山为天下属望，不见起取，以为疑，故未联及之。"〇《与任明府书》："昨蒙枉顾，觉英迈之气出于人上，异时当为贤宰，有闻于天下。新宁之民，抑何幸欤！以新作之邑，遇新除之吏，亦可贺也。"任钺，福建甄宁人，监生。弘治十二年任新宁县。新宁县，弘治十一年置。（俱阮《通志》）〇秋，《与易赞书》："顷岁，东白征入京师。比归，遗予书曰：'在山远志，出山小草。'此言出处不可不慎也。东白官翰林，未四十致仕。天下慕其早退，以比宋之钱若水可也。等而上之，识者尚未知处东白于何处。信乎，君子立世，始终一致，不离乎

〔1〕"谢伯倚"，原作"谢伯琦"，据碧玉楼本《白沙子全集》改。（陈献章撰：《白沙子全集》，碧玉楼本，第十卷，第三三页）

道，足以追配古今无媿，诚难也。余尝以观古今，人凡有爱，必先自爱其身，然后可以推己及物。《易》曰‘安土敦仁，故能爱’，否则，未见其能爱也。虽然，君子立身之大节、出处进退之大防，亦不可不闻也。君爱菊，以菊主卷索题，余念君之志不在利，聊相为言之。弘治己未秋，陈献章。”按：此书本集缺载，从《鹤山志》补。○左布政周孟中甫下车，即谒先生于白沙，欲请先生入省南面坐，受拜谘问，以风一方。以先生病，不果。（《行状》）○周孟中，庐陵人。弘治十二年，任布政。（郝《通志》）

本集诗：《漫笔》五律，行年七十二，七十一年非。《力疾书慈元庙碑》七古，北窗一榻羲皇前[1]，青镫碧玉眠三年。久病江湖落日前，呜呼此意谁与言？《忆平江诗》七绝，序：“昔过淮南，平江总戎礼遇甚至。都阃王公，厥配陈氏于总戎戚也。一日，过白沙道旧。平江今为天下兵马元帅，相去万里，无由幸会。然于公之旧德，未尝忘也。因赋托侯达之。”诗云：“不见平江十七秋。”《秋坐碧玉楼三首》五律。造次中秋过，商量九日来。

弘治十三年庚申（一五〇〇），先生年七十三岁

庚申，朝廷遣官使交南。交南人购先生字，每幅易绢数匹。时从人仅携一二幅，恨不能多也。（《行状》）○公谓陶公鲁。卒，越三年，予总制两粤，巡历新会，与白沙陈子谒公祠，吊望厓山，为之挥泪。陈子为书于碑。（刘大夏《三广公祠记》）

二月初十日，先生卒，年七十三。

弘治庚申，给事中吴世忠以先生及尚书王某、按：名恕。侍郎刘某、按：名健。祭酒谢某按：名铎。等八人同荐。命将及门，而先生殁矣，是年二月十日也，享年七十有三。殁之前数日，早具朝服、朝冠，令弟子焚香北面五拜三叩首，曰：“吾辞吾君。”作诗曰：“托仙终

---

〔1〕“一榻”，原作“一卷”，据碧玉楼本《白沙子全集》改。（陈献章撰：《白沙子全集》，碧玉楼本，第六卷，第三六页）

被谤,托佛岂多修?弄艇沧溟月,闻歌碧玉楼。”曰:“吾以此辞世。”梦与濂溪、两厓答歌于衡山之五峰,皆纪以诗。临殁,具书促某按:即张诩自谓。至白沙,寄以斯文。告门人罗冕曰:“吾道付某矣。”执某手曰:“出宇宙者子也,子其勉之。”殁之日,顶出白气贯天,勃勃如蒸,竟日乃息。前一夕五鼓,邻人闻车马骈阗之声,急出,见一人若王者状,仪节甚都,出先生庐而去,以为大官至。及旦询之,无有也。先配张氏,生二子:曰景云,岁贡;曰景旸,邑庠,先先生卒。女二:婿黄彦民,指挥倪麟。孙三:曰田,曰畹,皆庠生;曰豸,尚幼。继室罗氏无出。先是知县左某按:本集《赠陆医士左明府遣来》五律云:“分付一杯茗,刚劳几日程。”疑弘治九年之高要知县左濬。以医来,先生病已亟矣。门人进曰:“药不可为也。”先生曰:“饮一匕尽朋友之情。”作诗遣之。殁后一月,佥事宋某按:名端仪。移文当道,请祀乡贤。御史邓某按:名廷瓒。疏乞恩典,草已具,寻卒。御史费某按:名未详[1]。疏乞不拘常例赠官谕祭,不报。是年七月二十一日,葬圭峰之麓。远近会葬者,几千人。(《行状》)〇吴世忠,字懋贞,金溪人。官至佥都御史。〇谢铎,字鸣治,浙江太平人。弘治间,擢礼部侍郎,管祭酒事。(俱《明史》)〇王恕,字宗贯,三原人。孝宗时,官至吏部尚书。〇刘健,字希贤,洛阳人。官至大学士。(俱《大清一统志》)〇庚申,方伯周公孟中葬之圭峰。越二十一年,正德辛巳,胤子景云谋及门人梁生景行、湛生若水辈,乃以十一月十二日,改葬皁帽峰下。(湛若水撰《改葬白沙先生墓志》)〇三月初八日,门人湛若水《奠先生文》:“呜呼,孰谓不可传之妙,不可传之蕴,今已不可得而复传,而传之者复几何人?堂堂元气,逝将与大化而常奔。一十二万年雪月,四百三十二峰晴云,是犹庶几乎先生之真,万古长存。”(节录《湛甘泉集》)〇白沙终,先生曰:“道义之师,成我者与生我

[1] “御史费某”,名铠。(参张诩撰:《翰林检讨白沙陈先生行状》,徐纮编《皇明名臣琬琰后录》,第二十二卷,第六页;林光撰:《明故翰林院检讨白沙陈先生墓碣铭》,《南川冰蘖全集》,第一八〇页)

者等。”为之齐衰之服。庐墓三年不入室，如丧父。（《甘泉集》附录罗洪先撰《甘泉先生墓表》）〇李世卿三至白沙，始居七月[1]，继也一岁，又继则二岁矣。（《广东新语》）〇世卿往见白沙者四。（《明儒学案》）〇榕九世伯祖雪岛与族祖伯载尝从白沙先生之门。伯载公尝修族谱，世卿为序，后署“弘治庚申八月初五日”。按此则世卿三至白沙，信矣。雪岛翁从游，详《潭溪家谱》及李竹所鸾《阮氏祭田记》。噫！得此序与记，适符三至之证，亦奇缘也。按：《番禺县志》有《李鸾传》。

万历二年甲戌（一五七四）

诏建白沙家祠，特赐额联并祭文肖像。祠中赐额曰“崇正堂”。联曰：“道传孔孟三千载，学绍程朱第一支。”复命翰林院撰文以祭，曰：“恭惟先生，五岭秀灵，潜心理学。宗濂洛之主静，弄月吟风；接洙泗之心源，鸢飞鱼跃。孝友出处，昭在当时；懿范嘉言，垂于后世。洵一代醇修，足为儒林矜式者也。朝廷重道，致祭于祠。灵明不昧，庶其来歆。”

万历十三年乙酉（一五八五）

诏以翰林院检讨陈献章从祀孔子庙庭。先是，嘉靖中，言者请进薛文清瑄从祀孔庙。隆庆初，言者又欲并王文成守仁、陈检讨献章祀之，卒莫定。至是，台臣詹仕讲与王学曾复以为言，下馆阁议。

儒臣李廷机曰：“学之祀孔子，何也？谓其道为万世师也。孔庙之有从祀，何也？谓其羽翼孔子之道也。诸生诵法孔子者众矣，然或独得称羽翼者，何也？谓其彻乎道也。国朝理学浸淫，追宋而上之，汉唐弗论也。则愚以为三人者与有力焉。国初固多才，然而

[1] “七月”，原作“一月”，据《广东新语》改。（屈大均撰：《广东新语》，中华书局，二〇〇六年，上册，第三一一页）

挺然任圣道者寡矣。自河津薛公起而引圣道为己任,卮言细行,必准古遗训而绳之。盖自是天下学道者四起,争自濯磨,以承圣范,岂谓尽出河津哉?要之,默自河津启之也。然而士知惇质行已矣,于心犹未有解也。自新会陈公谓学必有源,静而反观此心之体,得其自然而不假人力,以为至乐,具是矣;其于世之荣名,若遗也。盖自是天下学道者,浸知厌支离而反求诸心,岂谓尽出新会哉?要之,默自新会启之也。然以其初知反本真也,则犹隐然与感应二之也。自会稽王公于百难万变中豁然有悟于学之妙机,以为天下之道原自吾本心而足也,于是揭人心本然之明以为标,使人不离日用而造先天之秘,不出自治而握经世之枢。及其随所施而屡建大勋,则亦由学之约而达也。盖自是天下学道者浸知显微之无间、体用之一源,骎然有中乎道之窾郤,岂谓尽出会稽哉?要之,默自会稽启之也。愚故以为此三人者,皆所谓羽翼孔子之道者也。今河津既俨然列于孔庙矣,则进新会、会稽而三之,夫岂曰不宜?世之挠其祀者故多端,诸卑卑谩说勿论也。高者则谓专求性命之精,使人忽躬行而废多识,此亦未深究夫先生之学者。夫两先生以为心镜之不明,安取躬行之中而修之?是故而求诸心也,正所以为制行之权也。学而求诸心,则殚见洽闻皆所以启圣天之聪;遗其心而惟闻见之求,虽尽天下之物而识之,无当耳。今考新会之论曰:'识见要超卓,践履要笃实。'会稽则曰:'人须在事上磨炼做工夫乃有益。'彼却何尝忽躬行也?新会之论曰:'以我观书,随处得益。'会稽则曰:'以蓄其德为心,则多识前言往行,孰非蓄德之事?'又却何尝废多识也?而猥以此为两先生病,两先生有所不受矣。比者,摈斥诸言理学臣,毁其讲坛,士人噤口结舌。今幸庙堂默以理学布诸政,抑既下令弛其禁矣,然而人心犹未释然信也。诚以此时附两先生庑序中,傥可以立儒帜而起士风乎!愚以为从祀两先生,则人心当;从祀两先生于今日,则时又当。"云云。

邹德溥曰："王文成、陈白沙二先生之学，盖所谓嚅哜道真、涵泳圣涯，一代学士先生之裒然者也。文成用世悟道于鞅阅体验之余，白沙高世得道于沉潜静笃之中。故一则曰致良知，一则曰戒慎恐惧、曰勿忘勿助、曰自然。良知之说，似创而非也，自是孟轲氏无为无不为、无欲不欲之宗旨也。彼其历试险夷、躬当盘错、磨砻练习，而后有以见夫宇宙之内千变万化，皆出自吾心一点灵明，不过致其良知而足也，是以独标以为教也。戒慎恐惧、勿忘勿助、自然之说，似沿而非也，自是吾人收心养性、集义养气之节度也。彼其用意检点、极力收束、强勉刻励，而后有以见夫戒慎之功，才忘才助，俱不是吾心自然本体，不过还之自然而足也，是以历举以为教也。盖二先生学皆出于圣贤而非出于胸臆、皆得之蹈履而非得之讲谈。尝试稽之年谱、参之舆评，则其立身行己、其居官任事、其治家处乡，并无有得而容议者。或乃见其一二门人不厌众心也，而并有惑志于文成；见其春阳台中端默独坐也，而以禅学疑白沙。夫自尼圣已不能保其往、与其退，而静之为禅，将所谓未发之中者，非耶？愚以为二先生之学并不背乎圣人，而二先生之祀，各有补于世教。祀文成以劝夫缙绅者，使人知用世之为学，不必藏而后可以修；祀白沙以劝夫遗逸者，使人知不用之亦为学，不必仕而后可以显。盖以宋代区区而祀于黉宫者，尚若干人；我明二百余年，人文之盛，视宋何如哉！而仅仅一河东也。进二先生而祀之，其谁曰不可？"

而议者纷纷，续又奉命礼部会同九卿科道廷议归一。部议又请独祀布衣胡居仁。少师大学士申时行乃具疏上言："皇上重道崇儒，德意屡下，深切著明若此。今该部覆议，乃请独祀布衣胡居仁，臣等切以为未尽也。彼诋訾王守仁、陈献章者，除所谓伪学霸儒，原未知守仁，不足深辩。其谓各自立门户者，必离经叛圣如老佛庄列之徒而后可，若守仁言致知，出于《大学》，言良知，本于《孟子》；

献章言主静,沿于宋儒周[敦]颐〔1〕、程颢,皆祖述经训,羽翼圣真,岂其自创一门户耶?事理浩繁,茫无下手,必于其中,提示揭要,以启关钥。在宋儒已然,故其为教,曰仁、曰敬,亦各有主,独守仁、献章为有门户哉?其谓禅家宗旨者,必外伦理、遗世务而后可,今孝友如献章,出处如献章,而谓之禅,可乎?气节如守仁,文章如守仁,功业如守仁,而谓之禅,可乎?其谓无功圣门者,岂必著述而后谓功耶?盖孔子尝删述六经矣,然又曰'予欲无言',曰'吾无行而不与二三子'。门人颜渊最称好学矣,然又曰'于吾言无所不说',曰'退而省其私,亦足以发'。夫圣贤于道,有以身心发明者,比于以言发明者,其功尤大也。其谓崇王则废朱者,不知道固互相发明、并行而不悖。盖在宋时,朱与陆辩,盛气相攻,两家弟子,有如仇隙,今并祀学宫。朱氏之学,昔既不以陆废,今独以王废乎?大抵近世儒者,褒衣博带以为容,而究其实用,往往病于拘曲而无所建树;博物洽闻以为学,而究其实得,往往狃于见闻而无所体验。习俗之沉锢久矣。今诚祀守仁、献章,一以明真儒之有用,而不安于拘曲;一以明实学之自得,而不专于见闻。斯于圣化,岂不大有裨乎?若居仁之纯心笃行,众议所归,亦宜并祀。我国家二百余年,理学名臣先后辈出,不减宋朝,至于从祀,乃止薛瑄一人,殊为阙典。昔人有云:'众言淆乱折诸圣。'伏惟圣明裁断主持,益此三贤,列于薛瑄之次,以昭熙代文运之隆。"

制曰:"可。"于是令天下学校皆祀王守仁、陈献章、胡居仁,位在薛瑄之下。(已见本集附录)

诏准从祀文庙谢表

臣陈观光窃念臣祖陈献章,本以诸生,遭逢盛世,初由乡荐,继

〔1〕"敦"字原缺,径补。

膺聘书，蒙登朝而授官，特赐归以养母。甘侍菽水，二十余秋；饱历冰霜，一十九载。论建树，未报乎先朝优录之恩；语体验，惟得于往籍陈编之外。曰致虚立本，学独得其精微；曰自然为宗，教非别创门户。顾微言虽立，而同时共业者尚攻其非；况大义久湮，而见影疑形者孰信其是？伏惟皇上秉独断之聪明，折众言之淆乱，俯俞言官之请，嘉纳辅臣之章。谓有用之真儒，不狃拘曲；而自得之实学，罔专见闻。君相协衷，庄诵王言之大；章缝快睹，庆逢盛典之成。羽翼孔孟者，由是从实践而不专著述之为功；尊信程朱者，由是悟妙契而益知剿袭之为陋。一洗沉锢之习，顿开理学之途。讵臣等二三孙子之荣光，实天下亿万儒衿之瞻仰也。(已见本集附录)

白沙丛考

新会后学阮榕龄竹潭编

白沙丛考目次

号
碧玉图
碧玉说
聘玉辨
读书台辨
钓台考
都会故居
衡山、罗浮、西樵、圭峰、江门墟
讲业诸处
诸友考
议祀
嫡裔
本集考误 考订《与廷实书》次序
诗文补遗
语录订误
应召录订误
各家辑录

生卒

《广东新语》卷一：斗牛与中星明，则其地儒道大兴。中星在正南，又吾粤所宜候者。洪武、永乐间，五星两聚斗牛，占者谓："黄云、紫水间，当有异人。"已而白沙先生出。其后，成化丙戌，中星明于越之分野，而甘泉以是岁生。《明史·天文志》：洪武十八年二月乙巳，五星并见。二十四年十一月，岁星合于斗。二十五年正月，荧惑岁星合于牛。〇永乐元年五月甲辰，五星俱见东方。〇榕按：天道玄远，或可知或不可知，人事或验或不验，或占者有精与不精。姑附存其说于此。

张廷实撰《白沙先生行状》：弘治庚申二月十日，先生顶出白气贯天，竟日乃息。

附录：洪垣撰《甘泉墓志》：嘉靖庚申四月二十二日戌时，有星如斗，其光烛天，其声如雷，举城皆惊，殒于文院，即终于寝。

德容 按：先生之德量教化，略见于《行状》及门人康处士沛、梁孝廉大厦之言。兹于各见诸书者，随所见补入。

《门人录》：姜麟既见先生，出谓人曰："吾阅人多矣，未有如先生者。"至京师，有问之者，则称"活孟子"云。[《枫山语录》卷全：][1]章枫山懋尝曰："当时人物，以陈白沙为[天下]第一流"[2]；"学者做诚未至，动不得人，惟白沙动得人"。本集附录诸友赠白沙诗：华亭郁云云："乾坤一伟人。"姑苏沈钟云："培嵝之中见泰山。"建安周源云："人物明时第一人。"

附录：洪垣《甘泉墓志》：会阳明讲学于金台，阳明叹曰："吾求友三十年，未见此人。"按：先生左颊有七黑子；甘泉两耳旁各有黑子，左七右六。此皆师弟之相同者。

《金台纪闻》卷□：友人王瑄，字莹中，江浦人，与定山庄孔旸同里，尝往来定山之门，为余谈白沙陈公甫来访定山，定山拏舟送之。有淮阳按：《宾退录》作维扬。士人素滑稽，是日极肆谈，尽衽席亵昵事，人不堪闻，故以是为二老病。定山怒不能忍，几至厉声色，迨明日，余恨犹未已。白沙则当其谈时，若不闻；及其既去，若不识其人。定山大服之。按：此条与《粤东名臣录》引《俨山外集》及赵善政《宾退录》皆

[1] "《枫山语录》卷全"，原作"□□□□□□"。经查，此所引述章懋语，见《枫山语录》。（章懋撰：《枫山语录》，《景印文渊阁四库全书》，台北：商务印书馆，一九八六年，第七一四册，第一二九页）因将其补出。

[2] "天下"二字原缺，据《枫山语录》补。（章懋撰：《枫山语录》，《景印文渊阁四库全书》，第七一四册，第一二九页）

同。《金台纪闻》、《俨山外集》皆陆深所著,《纪闻》源本,尤有根据,故特录之。陆深,弘治十八年进士。赵善政,万历十六年为广东按察。《宾退录》盖稗贩于陆者。○又按:此可与大程“目中有妓,心中无妓”事分先儒雅量等差。

附录:本集《与贺黄门书》:接人不可拣择殊甚,贤愚善恶,一切要包他。到得物我两忘,浑然天地气象,方是成就处。又《赠黎、萧二生诗》[1]:若无天地量,争得圣胚胎。

学行

本集《与罗应魁书》:伊川每见人静坐,便叹其善学,此一“静”字,自濂溪主静发源,后来程门诸公递相传授,至于豫章、延平二先生,尤专提此教人,学者亦以此得力。晦庵恐人差入禅去,故少说静,只说敬,如伊川晚年之训。此是防微虑远之道。然在学者,须自量度如何。若不至为禅所诱,仍多静,方有入处。若平生忙者,此尤为对症药也。按:先生《和龟山诗》曰:“吾道有宗主,千秋朱紫阳。说敬不离口,示我入德方。”可与此书互相发明。

项乔迁之《白沙集序》:观先生全集,先生心术之光大具见矣。然有疑其近禅者,乔尝与三洲李先生论之,三洲曰:“禅儒之辨,惟达天德者能知之;否则,徒寱言也。”阮《通志》:项乔,永嘉人,嘉靖三十年任左参政。

《白沙语录》下卷:庄定山谓汪文光曰:“吾闻南海之山名玉台者,有巨人焉,静而无欲,深知所谓潜之道,子能不惮万里而往问焉,当必有说。”又:沈度送马立夫游岭南,曰:“陈氏倡学而游从数千指,声光殷殷,戛摩霄汉,天岂虚生此人耶?今士气凋丧,浮华是习,名是实非,言从行戾,意者天其复彝伦之序,假此人以兴孔孟之道,否而泰、邪而正,其数亦当斯时乎?”

---

[1] “黎”,原误作“刘”,据碧玉楼本《白沙子全集》改。(陈献章撰:《白沙子全集》,碧玉楼本,第七卷,第二七页)

《松窗寤言》卷□：贺医闾钦笃信渊雅，确乎不移，亦管幼安之流。教人惟主《小学》，达序矣。陈白沙谓其无所见，劝读佛书，岂名教之外，犹有别传乎？按：本集《与贺黄门书》凡十首，有云“归去辽阳，可取《大学》、《西铭》，求古人为学次第”云云，无劝读佛书之语。且考全集，亦无劝人读佛书之文。崔文敏此言，盖风闻之正嘉间忌谤者之口云。

《半舫斋偶辑》卷四：宋景濂、陈白沙、钱牧斋古文全引禅说，几于儒墨不分。按：先生之学，人疑其涉于禅者，固有之矣。今《白沙集》具在，曷尝全引禅说耶？若夫仙佛、僧道、金丹、蒲团，先生常借用之，此是诗文家比兴寓言。如“漩涡[中]佛不能救落水罗汉”[1]、“老夫衣钵”云云，此类尚多，若附会为禅，则古今词人，无人不学仙入禅矣。〇本集《答陈秉常询儒佛异同诗》：“青天白日照无垠，我影分明傍我身。自古真儒皆辟佛，而今怪鬼亦依人。蚁蜂自识君臣义，豹虎犹闻父子亲。贤辈直须穷到底，乾坤回首欲伤神。”〇按此诗意，其伤心痛绝于禅也至矣。崔公、夏君盖未稽全集耳。

《明史稿·儒林传序》：学术之分，则自陈献章始；至王守仁而别立宗旨，显与朱氏枘凿。宗献章者，江门之学，孤行独诣，教未宏而弊亦少。按：江门诸徒诚不及姚江之盛，至姚江末流多不遵师门绳矩，故为世訾謷。谨按《钦定四库提要·下学堂札记》云：“萧企昭至詈阳明为贼，何小人无忌惮一至于此！”

《钦定四库提要》卷九十四，《读书偶记》：雷鋐，字贯一。是编以朱子为宗，然能不争门户，如云：“古人心最平。孟子谓夷惠隘与不恭，君子不由，而又谓其百世之师是也。后世如子静、阳明、白沙，论学术者必辨之，谓其非孔孟程朱之正派也；然其砥节砺行，以之针砭卑鄙夫，不亦百世之师耶？”其持论特平，较诸讲学家为笃实。

《文竽汇氏》卷八：白沙曰：“胡居仁执守甚坚，洒落不如庄孔旸；林缉熙气质甚平，果决不如沈真卿。惟洒落，有壁立万仞之志；

---

〔1〕“中”字原缺，据碧玉楼本《白沙子全集》补。（陈献章撰：《白沙子全集》，碧玉楼本，第三卷，第五六页）

惟果决,有真金百炼之刚。担当斯道,惟孔旸、真卿。”按:沉潜高明,各随所禀,惟各有所独得,然过犹不及。故曰刚克柔克,因病下药,不可偏胜,此评犹是一偏之论。

《明儒学案》卷二,《胡敬斋先生居仁》:其言静中之端倪,尤为学者津梁。斯言也,即白沙所谓“静中养出端倪”、“日用应酬,随其意之所欲”。宜其同门冥契。而先生必欲议白沙为禅,盖先生近于狷,白沙近于狂,不必以此而疑彼也。

卷五,《白沙学案》:有明之学,至白沙始入精微。其吃紧工夫,全在涵养。喜怒未发而非空,万感交集而不动。至阳明而后大。两先生之学,最为[相]近〔1〕,不知阳明后来从不说起,其故何也。薛中离,阳明之高弟子也,于正德十四年上疏请白沙从祀孔庙〔2〕,是必有以知师门之学同矣〔3〕。罗一峰曰:“白沙观天人之微,究圣贤之蕴,充道以富,崇德以贵,天下之物,可爱可求,漠然无动于其中。”信斯言也。故出其门者,多清苦自立,不以富贵为意。其高风之所激,远矣。

卷八,《吕泾野语录》:黄惟因问:“白沙在山中十年,作何事?”先生曰:“用功不必山林,城市也做得。昔终南僧用功三十年,尽禅定也。有僧曰:‘汝习静久矣,同去长安柳街一行。’及到,见妖丽之物,遂心动,一旦废三十年工夫。可见,要于繁华波荡中学。故于动用功,佛家谓之消磨,吾儒谓之克治。”

卷十二,王龙溪《霓川别语》:问“白沙与师门按:阳明,龙溪之师。下同。同异”。曰:“白沙是百原山中流传,亦是孔门别派,‘得其环

〔1〕“相”字原缺,据《明儒学案》补。(黄宗羲撰:《明儒学案》,上册,第七九页)

〔2〕《明儒学案·白沙学案》原文如此。(黄宗羲撰:《明儒学案》,上册,第七九页)据张廷玉等撰《明史》、饶宗颐撰《薛中离年谱》记载,薛侃疏请白沙从祀孔庙事在嘉靖九年。(张廷玉等撰:《明史》,第十八册,第五四六八页;饶宗颐撰:《薛中离年谱》,《选堂集林》,台北:明文书局,一九八二年,下册,第一一四六至一一四八页)

〔3〕“同”,原误作“问”,据《明儒学案》改。(黄宗羲撰:《明儒学案》,上册,第七九页)

中，以应无穷'，乃景象也[1]。缘世人精神撒拨，向外驰求，欲返其性情而无从入，只得[假]静中一段行持[2]，窥见本来面目，以为安身立命根基，所谓权法也。"○《与颜冲宇书》：我朝理学[3]，开端是白沙，至先师而大明。

卷二十，王塘南《瑞华剩语》：阳明之学，悟性以御气者也；白沙之学，养气以契性者也。此二先生所从入之辨。

卷二十二，臬长胡庐山直《寄唐仁卿书》：夫阳明不语及白沙，犹白沙不语及薛敬轩。此在二先生自知之，而吾辈未臻其地，未可代为之说，又代为之争胜负，则凿矣。历观诸评中[4]，似为白沙立赤帜，恐亦非白沙之心也。古人之学，皆求以复性，非欲以虚见立言相雄长。故必从磨炼身心，由壮逮老，用多少功力，实有诸己，然后敢自信以号于人，是之谓言行相顾而道可明。若周子则从无欲以入，明道则从识仁以入，既咸有得而后出之。白沙先生一坐碧玉楼按：当作春阳台。十二年，久之有得，始主张致虚立本之学，一毫不徇于闻见，彼岂谩而云哉？按：罗念庵洪先《与吴疏山书》曰："白沙致虚之说，乃千古独见。"○又按：唐伯元，字仁卿，潮州澄海人。详《明史·儒林传》。

卷二十六，襄文唐荆川顺之《答吕沃州》[5]：白沙"静中养出端倪"，此语须活看。盖世人病痛，多缘随波逐浪，迷失真源，故发此耳。若识得无欲为静，则真源波浪，本来无二，正不必厌此而求彼也。按：沃州，名光洵，甘泉门人。《甘泉集》有《玩爻轩记》，为沃州作也。

---

[1] "乃"，原误作"之"，据《明儒学案》改。（黄宗羲撰：《明儒学案》，上册，第二五二页）

[2] "假"字原缺，据《明儒学案》补。（黄宗羲撰：《明儒学案》，上册，第二五二页）

[3] "理学"，原误作"礼乐"，据《明儒学案》改。（黄宗羲撰：《明儒学案》，上册，第二五九页）

[4] "诸"，原误作"其"，据《明儒学案》改。（黄宗羲撰：《明儒学案》，上册，第五二六页）

[5] "文"，原误作"丈"，据《明儒学案》改。（黄宗羲撰：《明儒学案》，上册，第五九七页）

卷四十二，文选唐曙台伯元《答郭梦菊大参》：江门别传，盖出濂溪、尧夫之派，然无媿于诚者。与其明不足也，宁诚。按：郭棐有《梦菊集》。详后《议祀》。

卷五十八，端文顾泾阳宪成《小心斋札记》[1]：问："本朝之学，惟白沙、阳明为透悟，阳明不及见白沙，而与其高弟张东所、湛甘泉相往复，白沙静中养出端倪，阳明居夷处困[2]，悟出良知。良知似即端倪，何以他日又辟其勿忘勿助？"曰："阳明目空千古，直是不数白沙，故生平并无一语及之。至勿忘勿助之辟，乃平地生波，白沙曷尝去却有事、只言勿忘勿助？非惟白沙，从来亦无此呆语也。"

卷五十八，忠宪高攀龙《论辛复元》：说者谓康斋不及白沙透悟。盖白沙于性地上穷研极究，以臻一旦豁然；然康斋只是行谊洁修、心境静乐，如享现成家当者。然其日渐月摩，私欲净尽，原与豁然者一般。按：复元，名全。此因论复元而并及康斋、白沙也。以上俱《明儒学案》。

《甘泉文集》卷二十二，《语录》：陶鲁由新会丞讨贼，驯抚两广，声称隆重，或质以所能。先生曰："白沙先生称其治民如治兵。因应随机，初无定体。其治兵也，如文士作文，奇生笔端，无事蹈袭，故能使人畏之，卒以取胜。按：此语见白沙本集《书思德亭碑》。此犹非其至者。其至者，乃得之白沙先生'言忠信，行笃敬，蛮貊可行'一语而佩服之，按：见本集《辅城记》。遂为人所敬慕如此。盖事功可以才辨，而得人必有所本也。"

《广府志·儒林》：郭元，字宗确，新会人，得蔡虚斋《易》学之传。尝曰："学贵守分。白沙先生严干谒之戒，此第一义也。"从游

---

〔1〕"小心"，原误作"小学"，据《明儒学案》改。（黄宗羲撰：《明儒学案》，下册，第一三八〇页）

〔2〕"居"，原误作"见"，据《明儒学案》改。（黄宗羲撰：《明儒学案》，下册，第一三九三页）

甚众，家无恒产，淡如也。

《震泽长语》卷[上][1]：近世有厌朱学之繁、乐象山之简者，始于吴与弼，继以陈公甫。公甫每谓“今世不当复有著述”，以文字太多故也，至有“再燔一番”之语，其亦有激也。

《雒闽源流录》卷□：白沙虽尚静悟、喜简佚，而极守规矩、厉廉隅，以躬行心得为务，从未敢轻肆一言诋贤侮圣[2]。其为教，能使一时学者敝屣功名富贵，以自致于君亲之间，可狂可狷，必不屑为乡愿[3]。清风高节，何可及也？按：此录乃邑荷塘李广文有芳录以寄榕者，故忘志卷数[4]。

《性理会通》卷三十，王畿《南游会纪》[5]：或问：“白沙教人静中养出端倪，何如？”先生曰：“端即善端之端，倪即天倪之倪。人人所自有，然非静养则不可见。宇定泰而天光发，此端即所谓有欛柄。[用功得欛柄，][6]方可循守，不然，未免茫无所归。”

《诗人征略·青门集》：道学之有异同，自朱陆始也；异同积而为门户，自姚江始也。夫圣人之道大，故曲成而不遗，如愚之回、多言之赐、师之过、商之不及，皆得与闻孔子之道。后世诸儒，惟不得孔子以为依归，故纷纷至是耳。假令吴康斋、陈白沙、王阳明与薛文清、胡敬斋诸先生并游孔门，必皆为孔子之所许夫！诸先生学圣

---

〔1〕“上”字原缺，经查，此所引述，见《震泽长语》上卷，（王鏊撰：《震泽长语》，《景印文渊阁四库全书》，第八六七册，第一九七页）因补。

〔2〕“轻肆”，《雒闽源流录》作“显肆”。（张夏撰：《雒闽源流录》，《续修四库全书》，上海古籍出版社，二〇〇二年，第五三六册，第五七〇页）

〔3〕“不屑”，《雒闽源流录》作“不可”。（张夏撰：《雒闽源流录》，《续修四库全书》，第五三六册，第五七〇页）

〔4〕经查，此所引述，见《雒闽源流录》第十四卷。（张夏撰：《雒闽源流录》，《续修四库全书》，第五三六册，第五七〇页）

〔5〕“南游会纪”，原作“南游记”，据《王畿集》改。（王畿撰：《王畿集》，凤凰出版社，二〇〇七年，第一五〇、七五〇页）案：王畿《南游会纪》有两种版本，一为陆光宅编辑，一为贡安国编辑。

〔6〕“用功得欛柄”五字原缺，据贡安国编辑《南游会纪》补。（王畿撰：《王畿集》，第七五五页）案：陆光宅编辑本无此五字。（王畿撰：《王畿集》，第一五二页）

人者也,其流虽分,其源则一。彼学有非耶,吾择其是而已;彼学果非耶,吾守吾是而已,奚争为?

受官

《广东新语》卷九:白沙先生受官,而康斋不受,一以处士,一以监生也。先生每题碑碣,必书翰林院简讨官衔,盖不敢忘君之赐,其不出而就职,非为高也,以终养也。

诬语

《甘泉文集》卷七,"书谤师"条:昔先师石翁闻康斋公之弟谤康斋,面斥曰:"吾二人数千里闻先生高风来从学,尔在家庭之内,乃如此。"以手挥之,曰:"尔再不必说。"何等英气。同行何潜在傍默默,后竟以放浪纵酒而废。按:此当即先生从学临川时事。〇又:白沙本集,何潜有二,一南海人,一新会人,未知孰是。又:吾在庶吉士时,按:当在正德元年。闻梁厚斋公按:厚斋,梁文康公储初号。道乡人谤石斋之言云云。吾怒之,述陈远峰画士京师时,有乡人谤石翁者,将其人打踢落楼,公默然。按:陈远峰,当即新会陈瑞。此事与《粤大记》所载小异。详《门人考》。

《野获编》卷十四:陈白沙在先朝与薛文清同议从祀,忽有谤大珰李芳,广东人,与陈同乡,为之奥主,议遂止。陈在成化被召时,为邱文庄肆谤,亦同乡也。至甲申之得祀,言者又云:司礼掌印首珰张宏,故产粤中,私其里中先达,特下俞旨并祀。此祖子产立公孙泄故智也。盖陈死生皆以桑梓受累。《明史·宦官传》:李芳,穆宗朝太监,帝初立,芳以持正见信任。是时,诸阉滕祥者,导帝为长夜饮,芳切谏。帝怒,杖八十,下狱,充南京净军。

《明儒学案》卷五,"白沙"条:尹直《琐缀录》谓:"先生初至京师,潜作十诗颂太监梁芳,芳言于上,乃得受职。《明史·宦官·梁芳传》:芳,宪宗朝内侍,贪渎谀佞,劝帝废太子。会泰山震,帝惧,乃止。孝宗立,下狱废死。及请归，出城，辄乘轿张盖，列槊开道，无复故态。邱文庄采入《宪庙实录》，谓可谓遗秽青史。”薛方山应旂《宪章录》则谓，采入《实录》者，张东白也。按东白问学之书，以“义理须到融液，操存须到洒落”为言，按：详见白沙本集《与张东白书》。又令其门人馈遗先生，深相敬慕，寄书疑其逃禅则有之，以乌有之事阑入史编，理之所无也。文庄深刻，喜进而恶退，一见于定山，再见于先生，与尹直相去不远矣。按张廷实先生《行状》：“祭酒某，先生同省人也，素忌先生名，及至京，邀先生主其家。已而，先生僦居庆寿寺。某后因修述，阴令所比诬先生。学士[某]见之〔1〕，不平，为削去。”今考学士某，即张东白也。先生与东白平素最称石交，见于诗文者，故多可稽。先生卒之前一年，东白寄先生书，尚有“在山远志”之语。语见《年谱》。观《学案》此辨，益有明证。若潜颂太监此等事，稍知廉耻者弗为，况先生乎？

《池北偶谈》卷十：骆两溪文盛《南埜杂谈》云：“吴康斋、陈白沙卓然一代人物，即有所短，亦白璧微瑕，而尹直《琐缀录》肆其丑诋，所谓丑正恶直、小人而无忌惮耳。”可见公论自在千古。

逸事

《皇华纪闻》卷三：三水陆之游白沙之门。先生一日晨起，谓陆曰：“子有喜色。”对曰：“某家报至，昨举一子。”先生欣然，援笔命名，曰阳和，字蔼然。复命三名，曰阳开、阳升、阳泰，以次字之。后之果连举四子。盖白沙精河洛数学，故前知耳。

《泰泉集》卷五十四，《翰林院待诏衡山文公墓志》：予出白沙墨迹，即叹讶久之，因曰：“吾初入学，梦一老人告曰：他日出处与献章同。”已而命下，擢公翰林待诏。盖白沙亦以荐为检讨，适相类也。

《续太平广记》卷六：陈德胜按：白沙本集作“德雍”。自号龙潭老

〔1〕“某”字原缺，据张诩《翰林检讨白沙陈先生行状》补。（徐纮编：《皇明名臣琬琰后录》，第二十二卷，第五页）

人，耕隐不仕，吴康斋雅重之。○《渊鉴类函》卷一百九十六，《吾学编·吴与弼传》：白沙尝以《周易》疑义相质，与弼曰："过清江，可叩龙潭老人。"白沙往谒，适龙潭雨中蓑笠犁田，延至其家，与之对榻，信宿辨析疑义。白沙叹服而去。龙潭语儿辈曰："康斋非爱我者。"按："龙潭"以下十三字，从《续太平广记》补。○本集《与陈德雍书》：清江之去白沙，几山几水。一夕，恍然与德雍先生葛巾青藜相值于宝林，拍手笑语，坐佛灯前，促膝嬉戏若平生，不知其在梦也。德雍老矣，颇能忆宝林昔日之言否乎？按：龙潭曰"康斋非爱我者"，此言似龙潭不求知于人，悔为白沙所物色。今按白沙本集有《与陈德雍书》。又七绝诗序云："得陈德雍书，年九十余矣，犹有愿学之志。"据此，则"非爱我"之言与"愿学"之书，似相矛盾。或《广记》误也。

《人谱》卷上：陈白沙尝舟行遇盗，尽劫同舟财物。白沙据舟尾呼曰："我有行李在此，可取去。"盗问为谁，答曰："我陈白沙也。"盗讶曰："小人无知，惊动君子。舟中人即公友也，忍取其财乎？"悉还而去。按：焦竑《玉堂丛话》云"陈公甫自京师还，与族弟同至广东阳江，遇盗"云云，即同此事，而记有小异耳。考自京归新会，不由阳江。盖阳江非县名，乃地名，相同耳。

《岭海剩》卷全，《白沙先生传》：先是，彭韶数致书邀往，不肯通半刺，韶高其行，称为"活孟子"。一日，屏驺舆，从一小仆驾扁舟至江门访焉。会与二三友人小酌，因请韶就席，韶随通姓名。作而揖曰："原来藩台老大人。"命家童添一菜俎，共饮竟日。按：此传序陈公炜修白鹿书院，谓来聘先生在授检讨之后，非也。且传仅六百余言，于先生行事太略。而邝日园评曰："载白沙事详悉无遗，仅得此传。"嘻！陋矣。彭布政来白沙，本集与《行状》不载。林君此传，或有所本。录之以俟考。

《广东新语》卷九：白沙先生尝戴玉台巾，扶青玉杖，插花帽檐，往来山水之间。有诗云："惟有白头溪里影，至今犹戴玉台巾。"按：翁山《寄王蒲衣诗》自注：白沙巾，象玉台山为之。又云："拄地撑天吾亦有，一茎青玉过眉长。"又云："两鬓馨香齐插了，赛兰花间木犀花。"又尝披藤蓑垂钓，云："风吹不尽寒蓑月，影过松梢十丈来。"其风流潇洒，油然自得。身在万物之中，而心出万物之外。按：先生诗云"插花帽檐"，乃寄兴寓言；又如"黄花簪破小乌巾"、"日尽千瓢舞破蓑"之类，与前人之"菊花须插满头归"，皆寄兴常例，而遽按以为事实，是以词害意，失诗家妙趣矣。

诗

《麓堂诗话》卷全：陈白沙诗极有声韵，厓山大忠祠云："天王舟楫浮南海，大将旌旗扑北风。世乱英雄终死国，按：本集作"义重君臣皆死节"，胜于初稿多矣。时来胡虏亦成功。身为左衽皆刘豫，志复中原有谢公。人众胜天非一日，西湖云掩岳王宫。"和者皆不及。余诗亦有风致，但所刻净稿者未之择耳。按：此诗，史笔也，通体起结俱臻绝顶。先生为都宪朱公作《认真子诗序》曰："诗之工，诗之衰也。率吾情盎然出之，无适不可。有意乎人之赞毁，则媚人耳目，非诗之教也。"按此言似主持太过，盖为后人徒以诗猎较浮誉者下针砭耳。夫三百篇，曷尝不工？读者勿以词害意。

《凤洲笔记》卷十一：公甫襟度潇洒，神情充豫，发为诗歌，毋论工拙，颇似风云间瘦语。如禅家呵骂击杖，非达摩正法。

《明诗综》卷二十：王元美云："公甫诗，湛若水取为诗教，妄加笺释，真目中无珠者。固知陈氏之忠臣，必将鸣鼓湛生之罪矣。"○《明儒学案》卷四，《夏东岩集》：甘泉注白沙诗，曲为回互，若商度隐语，多非白沙之意。

《明诗综·静志居诗话》：成化间，白沙诗与定山齐称"陈庄体"。然白沙虽宗《击壤》、源出柴桑，其言曰："论诗当论性情，论性情先论风韵。无风韵，则无诗矣。"故所作犹未堕恶道，非定山比也。其云"百炼不如庄定山"，盖谦词尔。

《古今诗话》卷下，《香泉偶赘》：诗以春容大雅、淡远入化为工，雄奇其次也。陈白沙诗，潇洒自得，有似康节。先生《晨起寻梅》云："朝烟细雨按：本集作"横野"。犊鸣陂，倚集作"索"。杖山斋睡起时。渔集作“田”。父许留今日醉,梅花不欠去年诗。冲寒索笑来何处,带病寻香出每迟。仿佛西湖梦中见,水边篱落忽横枝。”

《陇蜀余闻》卷一:予尝喜陈白沙诗“恰到溪穷处,山山枳榖花”、杨梦山诗“常记任家亭子上,连翘花发共衔杯”。

阮《通志·顺德·烈女》:指挥佥事程富妻钟氏,成化间适富,未期而富卒,钟年十七,葬夫服阕,舅姑怜其无子,欲令改嫁,钟哭,誓死。孀居四十余年,有司题旌。陈献章吊以诗曰:“风俗当年坏一丝,直到于今腐烂时。欲论千古纲常事,除是渠家节妇知。”自注:钟狂客女。○又阮《志》按语云:黄志此即顺德程富妻,而白沙云佚其夫名。或别一人,故仍著于此。○榕按:白沙未尝自云佚其夫名。阮志又以白沙之咏程节妇,疑以为新会人,列入《新会·列女》,皆误也。榕虑贞魂不安,故别白于此。张子撰《先生行状》云:“程节妇钟氏,孀居二十七年,贫甚。先生嘉其节,表以诗,复岁遗以绫布。”○狂客,详成化十九年年谱。

《广东新语》卷十二:白沙先生诗往往漏泄道机,所谓“吾无隐尔”。盖知道者,见道不见物;不知道者,见物不见道。道之生生化化,其妙皆在于物,物外无道。庞弼唐云:“白沙先生诗,心精[之蕴][1],于是泄矣。”然江门景,春来便多,除却东风花鸟,若无可答者,何耶?盖涵之天衷,触之天和,鸣之天籁,油油然与天地皆春,非有所作而自不容已者矣。吾粤人以诗为诗,自曲江始;以道为诗,自白沙始。天道不言,四时行,百物生,焉往而非诗之妙用?此白沙诗之教也。

《楚庭稗珠择录》卷二:黄淳谓白沙至都不见邱文庄,为文庄所沮,而引《西山驿晚望》、按:本集原作《西南驿》。西南驿,即今三水县南埠,改作“西山”,非也。《酴醾将开值雨》二诗,明白沙之不尤人。《晚望》云:“晚来细雨湿诗囊,独上邮亭望大荒。南望海旁诸郡浅,西来天

---

〔1〕“之蕴”二字原缺,据《广东新语》补。(屈大均撰:《广东新语》,下册,第三四八页)

上一长江。渔歌落日还孤艇，树隔啼莺背短墙。料理凭高非一事，尊前谁与共平章？"《值雨》云："相看无语只沉吟，蓓蕾枝头已簇金。山雨不来昏昼景，东君容有妒春心。较量花品终何益，茫昧天机亦自深。明日阴晴还未定，一尊何急对花斟。"味其语，未必果为文庄作也。惟南归时，途中《寄诸乡友》诗云"荔子不将梨斗美，沙螺休与蟹争衡"，则不能无芥蒂耳。按："何急"，"何"字未妥，且与上"何"字重。盖"可"字之误。○又按：黄公谓此二诗为文庄作，实附会也。

《列朝诗集》丙集第四，《陈检讨》：林俊称其涵养完粹、脱落清洒，独超造物牢笼之外，而寄兴于风烟水月之间，盖有舞雩陋巷之风焉。余观先生为人，志节激昂，抱负奇伟，慨然有尧舜君民之志，而限于资地、困于谣诼，轮囷结辖，发为歌诗，抑塞磊落之志，旁见侧出于笔墨之间。

附录《竹潭续考》：白沙先生赠人诗云："谁将儿女浪干情，春雨来时草又生。梦亦是真真亦梦，石泉槐火对清明。"按阮公《广东通志·杂录》引《柳亭诗话》云："有士人不得志，托梦于灵山，神以'石城怀果对清明'之句示之，莫知所谓。越十年成进士，得石城令。宿县界，见四山灯火燐然，顾问寺僧，以清明祭墓对，其字额乃怀果也。因成诗曰：'眼前儿女莫关情，春若来时草又生。梦亦是真真亦梦，石城怀果对清明。'"榕按：此诗仅易数字，词意皆同，岂灵神改白沙诗以示士人，而传者遂讹为士人诗耶？

贾公雒英《新会志》，于"黄云山"下引白沙先生《游上游黄云山》诗而删"上游"两字，又诗原曰"系艇"，顾谓新会之黄云山下不可系艇，遂改为"系马"。榕考白沙集此诗之上，有《游黄云山示民泽》，又有《黄云左右关》诗，又《送民泽》诗"黄云山人风韵奇"，自注："黄云，乃民泽所居之洞也。"盖增城上游庄有黄云山，民泽读书于此。贾《志》乃误以为新会之黄云山，而又妄为删改，盖以未尝细考之故。又先生《送李世卿序》有“登大厓山”之语，若以为新会之厓山，岂不谬甚？夫一乡一邑之间，地名、人名雷同者多矣，况邻壤乎？

先生《正月二日雨雹》、自注：是日雨水节。又云：后二日雨霰。《正月五日雨霰》诗曰：“北风卷长云，晨光坐来灭。映空絮忽飞，谁谓越无雪。元气塞天地，万古常周流。闽浙今洛阳，吾邦亦鲁邹。星临雪乃应。此语非缪悠。”此不知何年，当长历推之〔1〕。按诗先集为霰，是霰在雪之先。《说文》：稷雪也。《埤雅》：闽俗谓之米雪。所谓稷雪者，义盖如此。道光十二年十月，榕溯湘江、游桂林所见之鱼眼雪，与米雪无异。吾广州雨雪自来罕见。后于十五年腊月二十二日寅卯间，雨雪约时许，老少皆以为大奇。邑城有老人李圣厚者，年九十七。亦以为生平所未睹。榕故有《粤雪考》。盖吾粤人不识雪，每呼冰为雪，遂今古相沿。作郡邑志者，每以水之凝冰者为大雪，皆误也。夫李之与梅、楂之与梨，犹可云相似，乃若冰与雪，迥然有上下动静之别，判然易辨，顾混而一之，何也？以先生此诗，可为吾广雨雪之证，故志之。

先生诗如“打乖正坐不尧夫”、（《次汝愚韵》）“可能筋斗打虚空”（《早饮》）如此等句，几与“太极圈儿大，先生帽子高”同为风雅笑端。然此亦读者未善于持择耳。其佳者固多在五古，其余各体亦多佳构，不能一一标录。其一二佳者，略附入《门人考》。此外，绝句仅录其尤者于此，是亦举隅之义也。〇《感事》：“人间骨肉薄秋云，一事朝来不忍闻。何处青山封宿草，

〔1〕 此诗收入《白沙先生诗近稿》之“甲寅诗稿”。（陈献章撰：《白沙先生诗近稿》，弘治九年吴廷举刻本，第十卷，第一〇一页）甲寅，为弘治七年。

欲将衰泪洒孤坟。”〇“平生交态如兄弟，此日悲歌闻路人。欲寄秋风两行字，九原无雁独怜君。”〇《落花》：“落花半落流水香，鸣鸠互鸣春日长。美人别我在江浦，欲来不来空断肠。”此当是怀庄定山，江浦人。〇《秋日》：“山河一望仲秋前，枫叶初黄水半川。路上行人不归去，北风吹尔过残年。”“木犀未发盎莲空，小女来方剪彩工。不信衰荣是天道，觅花无处怨西风。”〇《招讼者归》：“越王城里尘随马，刺史衙前吏喝人。此日王孙不归去，旧游芳草可怜春。”〇《古耶道中有怀》：“翠烟浮陇麦初齐，社树青青独鸟啼。何处相思不相见，木棉花下水门西。”〇《春寒》：“清明天气如初腊，雨脚云头枉是春。阶下荼蘼开自晚，不随红紫怨东君。”〇《梅花》：“老树眠江水啮之，茫茫水月侵花枝。暗香卷入沧溟去，不是渔翁那得知。”〇“沙笼寒月树笼烟，香彻龙溪水底天。斜隔竹林窥未得，更寻西路上渔船。”〇“南枝照水忽先开，渔父湾头有钓台。钓罢归来溪路暝，暗香几度倩风媒。”〇“日日花边唤酒船，梅花开处酒家眠。青山一片无人买，谁与先生办酒钱。”先生诗多及梅花，元遗山诗所谓“乾坤清气得来难”也。金竹胡氏诗注亦云：白沙咏梅，凡六十三首。〇《题袁氏知归卷》[1]：“鸟在苍岑鱼在渊，水深林密保生全。秋风莫怨茅茨破，白首眠看榻顶天。”〇《得萧文明寄自作草书至》：“束茅十丈扫罗浮，高榜飞云海若愁。何处约君同洗砚，月残霜冷铁桥秋。”〇《即事》：“照眼春光烂不收，江亭一雨欲成秋。道人不是闲莺蝶，肯为阴晴一日愁。”〇《谪仙亭》：“迁客一亭眠海滨，当时谁号谪仙人？花汀柳市无疆界，尽是乾坤一样春。”〇《得廷实书》：“洗竹添花张户曹，忽抛闲散事煎熬。东

[1] “知”，原误作“如”，据碧玉楼本《白沙子全集》改。（陈献章撰：《白沙子全集》，碧玉楼本，第九卷，第四六页）

门春水无人钓,又长溪头几尺高。”此诗当作于弘治三年。《赠宗兄汝学使广西还》:“匹马行行西复东,一鞭腾破雪千重。寒梅初放一枝白,间破江南无数红。”此比汝学之清也。〇按陈经纶,字汝学,邑城浐湾人。成化十九年解元。成化二十三年进士,纂修《成化实录》。以采访事奉使广西。详《新会志》。〇此诗当作于弘治元年。〇《偶得示诸生》:“江云欲变三秋色,江雨初交十日秋。凉夜一蓑摇艇去,满身明月大江流。”〇《访山家》:“清泉煮蕨爱山家,夜饮山岩望月斜。涧底白云留不住,半随红雨落天涯。”

文

《明儒学案》卷四十六:蔡虚斋先生清极重白沙,而以新学小生自处,读其《终养疏》,谓“钞读之余,揭蓬一视,维北有斗,其光烂然,可仰不可近也”。其敬信可谓至矣。按:白沙本集附录庄杲赠先生诗云:“凤凰气象终千仞,北斗光芒共九州。”

《番禺志》卷十五:刘裕文,汀沙人,少贫,爱读书。其妻陈氏,最贤内助,事亲称克孝;聪敏知书,好《白沙集》。子达成方在抱,陈口授白沙《此日不再得》诗并《乞终养疏》。达成耳熟之,人以为是母是子。后以子贵。按:此疏胜于李令伯、沈初明多矣。先生诗文亦以此为最。陈氏先以此训子,可谓知所本,能见其大者、远者。异矣哉,其贤也!

字 按:字之有年月者,已入年谱,无年月者附此。茅笔附。

《甘泉文集》卷二十一[1],《跋何于逵鸿进士藏石翁真迹》:此吾师石翁病革时,笔以付水者也。失之于水,得之何子[2]。明翁传予,予传何子也,何子其慎之哉!齐人失之,楚人得之,乃失也;

---

〔1〕“卷二十一”,原误作“卷二十二”,据《湛甘泉先生文集》,此处所引述湛若水诸跋,均见于卷二十一。

〔2〕“何子”,原误作“于水”,据《湛甘泉先生文集》改。(湛若水撰:《湛甘泉先生文集》,《四库全书存目丛书》,集部第五十七册,第九七页)

齐人失之，齐人得之，乃不失也。况斯文一脉者哉！字书模糊，目废精存，神之所为也。黄云山人，谓水也。梅月雪夜，则吾岂敢？斩缠而归，葫芦无藤矣。以江门为归，内我也。呜呼！非夫子，吾谁与归？敬书于左方以归于逵，于逵其珍重之哉！○《跋周氏家藏先师石翁初年墨迹后》：此吾师石翁初年墨迹，而周生荣朱所藏也〔1〕。时已得晋人笔意，而超然不拘拘于形似，善学晋者也。今观其笔势，如天马行空，而步骤不凡。及乎晚年，造诣自然，曰熙熙穆穆。[故其诗曰："氤氲觉初沐"。夫书而至于初沐氤氲、]〔2〕熙熙穆穆焉，则超圣入神而手笔皆丧矣。此与"勿忘勿助之间"同一天机，俱要人人神会耳。因书以归周氏，使知因书入道，以得夫自然之学焉，不徒役耳目于翰墨之间而玩物丧志也。按：《广东新语》"白沙善书"后段，盖取此跋而没原书之名，故舍彼录此。○《跋李味泉家藏石翁手帖》：此数幅，皆白沙先生真迹也，其精神犹感人于千载之下。其首一幅《与何廷矩》，所谓顶门针也，针下而不动，是无生理矣。何廷矩，其天资悍锐人也，予昔见之于番山。当其弃去举业，不就文场，有脱屣名利之势，白沙先生亦高之，而推之于圣贤之域，然而非其器矣。一日与林缉熙同坐函丈，缉熙闻言会意，翁喜之，好向之语。廷矩恫焉，谓翁之于缉熙，只多我一名举耳。遂怨翁，畔去，拜游方头陀杨晓为师。翁恶其害教，语番禺高知县瑶，逐头陀。廷矩益生怨，故其诗有曰"我在栾盈禁锢中"，言逐其邪师也。乃作诗谤翁，名曰《存羊录》。按《番禺志·廷矩传》，著《存羊录》十卷。谓翁"空头学问"，言徒有头而无四肢，譬有体无用也；又谓颜、曾、冉、闵不得圣

---

〔1〕"荣朱"，原误作"荣末"。《湛甘泉先生文集》亦误作"荣末"。（湛若水撰：《湛甘泉先生文集》，《四库全书存目丛书》，集部第五十七册，第九七页）湛若水有弟子周荣朱，因改。

〔2〕"故其诗曰：'氤氲觉初沐'。夫书而至于初沐氤氲"十八字原缺，据《湛甘泉先生文集》补。（湛若水撰：《湛甘泉先生文集》，《四库全书存目丛书》，集部第五十七册，第九七页）

人之传,而得真传由、求耳。黄进士若雨云:“廷矩所谓事求可、功求成,取必于知谋之末;乃敢大言非古贤哲,谓周程张朱宋诸生可诛。于是处士横议之风起。”此廷矩背师之实也。诚孝刘都阃大勋者,遂与之拜绝交焉。既而又以地理自雄。同门谢天锡,苦节甘贫人也,然惑于廷矩之言,止田十亩易银三十两,与市地,地师云非吉,还之,廷矩不偿。此廷矩卖友一也。使矩也而稍灵,受此顶门之针,岂至流之至此极哉?夫背师卖友之人,非圣从邪之学,不知者与受人惑者,以其小者信其大者,冒置乡贤祠,若遇高明君子处之,又不知当何如?《记》曰:“惟仁人放流之,迸之四夷,不与同中国。”况可污乡贤之流哉?按《番禺志·学校》,何廷矩未尝入祀乡贤,或后人因甘泉此言,故褫出也。使背师之人,不得与师同牢而血食[可]也〔1〕。予久嫉之,因李味泉以所藏石翁手帖示予,首读规何廷矩一帖,感慨于幽明之际,不能不为之掩卷太息,因书所闻于后,以归味泉,或待观风者采焉。按:《明儒学案》“白沙弟子”条下,自甘泉以下凡十二人,廷矩其一也。盖黎洲未见此跋也。

《广东新语》卷十三:白沙晚年用茅笔,奇气千万丈,削峭槎枒,自成一家。其缚菅作擘窠大书,尤奇。诸石刻皆亲视工为之,故慈元庙、浴日亭、庄节妇诸碑,粤人以为宝。按:本集有《赠镌者何侃》及《赠何侃如潮州刻三利溪记》,俱七律;《送米与何侃》,五绝。先生诸碑,疑多是何侃镌也。○卷十六:白沙喜用茅笔。所居圭峰,其茅多生石上,色白而劲,以茅心束缚为笔,作字多朴野之致。白沙尝称为茅君,又称茅龙。今新会[书家]仿之〔2〕,多用茅笔。按:石上何能生茅?茅处处有之,白沙在圭峰东南十五里,何必专取若此之远?屈氏每附会妄语,往往类此。○附录

〔1〕“可”字原缺,据《湛甘泉先生文集》补。(湛若水撰:《湛甘泉先生文集》,《四库全书存目丛书》,集部第五十七册,第九八页)

〔2〕“书家”二字原缺,据《广东新语》补。(屈大均撰:《广东新语》,下册,第四五二页)

《格致镜原》卷三十七，《拾遗记》：任末削荆为笔。《南史》：陶弘景以□荻为笔。《孔六帖》：于阗以木为笔。按：以茅为笔，实自白沙始，与荆木荻俪诸古而为四矣。

《鲒埼亭集》卷三十八，《跋慈元庙碑》：宋杨太后殉厓山之难，至明弘治中，而布政刘公大夏始为庙，陈先生献章始为之碑。先生书法最工，其所用为江门茅笔，尝称为茅龙。其书慈元碑，尤加意。相传上石时，先生亲临视刻工，故毫发无遗憾。按：此言本《广东新语》。昔予谒祠下，拓其碑，跋以诗曰："高曹向孟皆贤后，尚有芳魂殉落晖。一洗签名臣妾辱，虞渊双抱二龙归。"窃自以为工，足附陈先生之碑以传也。

《南海潘志·金石》：陈白沙忍字赞。在平洲堡，无年月。

画订误

《野获编》卷二十六〔1〕：英雄与圣贤俱非肉眼所能尽识，前代名臣能临池者多矣，鲜有以画名者。本朝陈白沙，理学名儒，其诗传世，已如宋广平之《梅花赋》；乃盘礴之妙，与宋元名手几齐驱〔2〕。信乎非常之人，其余技尚可了数子也。

《南窗闲笔》(忘卷数)：白沙善画梅，求之者众。白沙戏题座侧曰："马昔人又来。"〔3〕人不解，问之。白沙曰："白画，白画。"众为绝倒。

《冰上录》第二百二翻：陈宪章梅图二轴。按：此是知不足斋雕本，原作"宪"。

---

〔1〕"二十六"，原误作"二十八"，据《万历野获编》改。(沈德符撰：《万历野获编》，中华书局，一九九七年，下册，第六五三页)

〔2〕"名"字原缺，据《万历野获编》补。(沈德符撰：《万历野获编》，下册，第六五三页)

〔3〕"马昔人又来"，陈志平以为应作"乌音人又来"。(陈志平撰：《陈献章书迹研究》，第三九三页)

《钦定书画谱》卷五十六引《画史会编》：陈献章，字公甫，号石斋，广东人。隐白沙，讲性命之学，征授简讨。善墨梅。

《书画缘》卷三：陈录，字宪章，工画梅。陈献章，字公甫，善墨梅。

按：愚于道光十年季冬寓阙里，过访孔广文、广烈。广文出其尊人松江太守雩谷传搚，即《随园集》所云雩谷亲家者也。所藏诸画，目录中有陈宪章梅一帧，注云"宣德癸丑九月写"。予请一观。广文曰："画藏吾兄滕县家中。"榕曰："是年白沙先生方六岁，疑赝本也。"又数日，广文谓榕曰："陈宪章，号如隐，会稽人，画梅与王牧之齐名。非白沙也。"且出《图绘宝鉴续编》，相视良然。盖献、宪二字同音，故诸书或多混用。今《明诗别裁》于先生名献混作宪，亦一证也。榕又误信《野获编》诗书[1]，而二人又颇同时，故益相混耳。且稽诸先生诗文与夫弟子同侪之记载，亦未尝言及先生善画梅。献，宪之误也，审矣。广文，号梅壑，父子皆工画梅。〇又按：游潜《梦蕉诗话》："陈献章书法得之于心，随意点画，自成一家。"按游君所云，点画乃言书之点画，非读去声。而《画史汇编》引游君《诗话》，遂以为白沙善画矣。

琴

林联桂《见星庐稿》十九集：《题书农二友居诗》。自注："书农官南海时，得陈白沙琴，刻'龙吟'二字，号为韵友。"

曾宾谷燠《赏雨茅屋诗集》卷十一：《横琴图为郑萱坪作》："江门片石苔土封。"自注："白沙石琴遗在江门。"〇按：先生尝梦抚石琴，事见《行状》。曾方伯乃以为真有石琴在江门，盖其误本于《广东新语》"石琴今在江门"云云也。斯真痴人说梦矣。

---

〔1〕"诗"，疑应为"诸"。

号 碧玉老人　玉台居士　江门丈人　江门渔父　黄云老人　紫水归人　南海病夫

本集《病中》："碧玉老人天性直。"〇《山斗为罗一峰作》："碧玉先生敛衽看。"〇《送张进士》："玉台居士玉台眠。"〇《度楚云台前桥》："江门丈人放脚牢。"〇《答张梧州》："江门渔父却能知。"〇《和陈冕》："黄云道人飞两脚。"〇屈大均《寄王蒲衣诗》自注："白沙尝称紫水归人。"〇本集《慈元庙碑》自署"南海病夫"。按：张子廷实作《白沙祭田记》亦署"南海病夫"，毋乃与师号相混？

白沙碧玉图

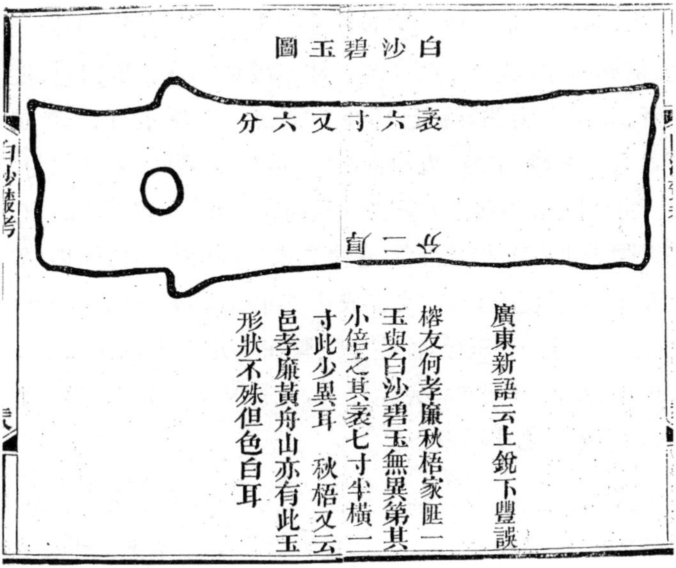

碧玉说 《大云山房续集》　武进恽敬子居

右碧玉拓本，嘉庆二十年十月辛巳，谒陈白沙先生祠，登碧玉楼,其裔孙礼所贻也。按:礼,字聘三,庠生。玉以周尺度之,厚半寸,袤尺二寸,首广三寸二分微羡,下射广四寸;剡之去首二寸强为孔,周二寸弱;当孔之左右为两珥,横出五分强;下迤之以放于射。玉之质潜确,类书称绀青玉,色淡青而带黄是也,非碧玉。碧玉南产倭国,按:倭奴国,唐改名日本。西产于阗,按《五代史·四夷录》,河源出至于阗,分为三,东白玉河,西绿玉河,又西乌玉河,皆有玉。皆苍绿色。玉之泽,手近之则津,其诸记所称水玉与?谨按:《周礼·玉人》"大璋、中璋九寸,边璋七寸,射四寸,厚寸",此言璋也;"黄金勺,青金外,朱中",此言勺也;"鼻寸,衡四寸〔1〕,有缫",此合言璋、勺也。先郑谓鼻为勺之龙鼻,后郑谓鼻为勺之龙口。若是,则驵璋按《周礼·典瑞》注,驵读为组。无勺无龙首,经言"鼻寸"不可通矣。古谓组为鼻璋之鼻,其以系缫与?此玉两珥各寸,如璋之鼻;射四寸,如璋;厚寸,亦如璋;当两珥度之,衡亦四寸,如璋。惟袤逾三寸。敬观淳熙古玉图,尺度多过于古者,此玉之袤偶异而已。经下文云:"大璋亦如之,诸侯以聘女。"盖天子大璋、中璋、边璋皆有勺,故以渫诸侯;大璋无勺,故以聘女。此玉盖古聘女之大璋也。敬前在广州,问碧玉之故,有言明宪宗以聘先生者。及至新会,考之志乘,无其说。《白沙集》碧玉楼诸诗亦无之。先生《记梦》文在成化三年,按:《梦记》在成化六年庚寅,此云三年,误。已言卧碧玉楼,而宪宗之聘在十九年,按:召在十八年,此云十九年,误。云聘,亦误。其非聘先生之玉,无疑义矣。先生诗言,玉失而复得,其诸先人之所留遗与!

榕于道光八年曾著《聘玉辨》矣,近从邑城张丈厓山处,又得恽大令《碧玉说》,益明流俗之妄。喜大令先得我心也。惜大令考之本集犹未尽详,今谨附愚辨于后。

---

〔1〕"衡",原误作"横",据《周礼》改。(孙诒让撰:《周礼正义》,中华书局,二〇〇〇年,第十四册,第三三三八页)

聘玉辨

白沙村有碧玉楼，即白沙先生旧居也。其以碧玉名，盖以藏碧玉故。今邑里之人与夫先生裔孙，皆传为聘玉，不知创之者何时、名之者何人。榕谨按先生本集年月核之，定其必非聘玉者，有数端焉。《乞终养疏》云："彭韶、朱英前后荐臣，吏部移文布政司等衙门，促令起程。"《御撰纲目》云："彭韶、朱英乞以礼征聘，吏部尚书尹旻谓：'献章向听选京师，非隐士比，安用聘？'檄召至京，令就[试]吏部。"〔1〕是实召先生，而非聘也，明甚，况于玉乎？其非聘玉者一。其《次南山贺碧玉楼成》诗云〔2〕"碧玉久亡今复见"。盖是玉本先人世宝，昔遗而今得之，故以碧玉名楼。南山即光宇也〔3〕。先生《光宇行状》云"卒以辛卯十月"。辛卯，成化七年也。下距应

---

〔1〕"试"字原缺，据文义补。

〔2〕"《次南山贺碧玉楼成》"，《白沙先生诗近稿》、碧玉楼本《白沙子全集》作"《次韵伍南山贺碧玉楼新成》"。（陈献章撰：《白沙先生诗近稿》，第九卷，第九七页；陈献章撰：《白沙子全集》，碧玉楼本，第八卷，第四页）

〔3〕阮榕龄所谓"南山即光宇也"之说，非。白沙先生《次韵伍南山贺碧玉楼新成》诗，收入《白沙先生诗近稿》之"癸丑诗稿"。（陈献章撰：《白沙先生诗近稿》，第九卷，第九七页）癸丑，为弘治六年。白沙先生又有《德庆州舟中呈伍南山》，（陈献章撰：《白沙子全集》，碧玉楼本，第七卷，第一〇页）此诗应为白沙先生成化十八年往梧州谒见朱英之时所作；《白沙先生诗近稿》之"甲寅诗稿"有《寿南山翁七十》。（陈献章撰：《白沙先生诗近稿》，第十卷，第一〇八页）甲寅，为弘治七年。诚然，白沙先生有时亦以"南山"为伍光宇之号，如《西樵山下感旧》有"德孚先生留此眠，南山挥手白沙船"之言，且其后有小注云"伍光宇号小南山"；《赠邓柏林，其人貌似伍光宇》亦有"南山面目偶然同，又向人间见此翁"之语。（陈献章撰：《白沙子全集》，碧玉楼本，第九卷，第二五、二九页）然而，伍光宇卒于成化七年辛卯十月，享年四十七岁。可见，《次韵伍南山贺碧玉楼新成》诗之所谓"伍南山"，绝非伍光宇。据白沙先生《德庆州舟中呈伍南山》以及《伍伯饶送蜂巢至，用韵答之》、《次韵南山送蜜》等诗，（陈献章撰：《白沙子全集》，碧玉楼本，第七卷，第一〇页；第九卷，第五二至五三页）可以推知，《次韵伍南山贺碧玉楼新成》诗之"伍南山"，应为伍伯饶。又：白沙先生《题伍光宇碑阴》诗云："几年沧海一碑成，身后何须叹不平。天遣老兄生少子，千秋寒食祭公茔。"诗后加小注云："兄伯饶近生子，为光宇后。"（陈献章撰：《白沙子全集》，碧玉楼本，第九卷，第五五页）《伍光宇行状》云："君娶某氏，无子。裕以其次子秉中为君后云。"（陈献章撰：《白沙子全集》，碧玉楼本，第五卷，第七至八页）可见，伍伯饶乃伍光宇之兄伍裕。

召时，尚十二年。其非聘玉者二。《吴川县城记》云“是役始于成化戊戌之秋，越明年冬始完，父老遣生员李凌云走白沙谒文。时江梅始花，予登碧玉楼”云云。是成化十五年已有碧玉楼。其非聘玉者三。有此一端，已非聘玉，况复三耶？或云：“煌煌天赐，先生居尝诗文甚众，岂无一字及之，以彰君赐？”此犹肤论耳。屈氏《广语》亦以为聘玉，盖未尝以本集核之。故皆耳食沿误。袁太史枚且以为宣德聘玉，则更奇闻。袁尚如此，又安问悠悠流俗哉？或曰：其子孙相传，庸虚耶？愚曰：子舍本集年月之足凭，而捃拾不根，此非愚之所敢知也。夫为人子孙，谁不欲尊荣其宗祖、夸耀夫千秋？嘻！聘与不聘，于先生夫奚损益哉？且以无端妄语诬我先贤，于先生在天之灵，又奚安焉？又集末附录康熙丁亥云间张恒诗有云：“文孙携玉邀我观，质润体洁一圭桓。更有绿溶颁大内，双龙交舞云叆叇。礼贤征聘荷殊恩，岂容冒攘为匿赖。固知神物不易藏，何时完璧归祠堂？君不见延津双剑终复合，万事如棋叹沧桑。”按：诗云圭桓形，即见所藏者是也。又有“颁大内”、“双剑”之语，似言此碧玉外，尚有君赐者，为人攘匿。无根之言，支离附会。盖张君虽尝谒白沙祠，实未深究《白沙集》，故有此缪语诳惑后世不稽者。既济之石，又赘之集末，而不知碧玉老人其齿冷于冥冥也亦已久矣。

附考：按聘与征，古人语或相连而事实迥别，如《史记·儒林传》“天子使束帛加璧迎申公”，《汉书》公孙弘等传赞“以蒲轮迎枚生”，《明史·吴与弼传》“帝命加束帛遣行人曹隆特行征聘”，此聘也。《汉书·武帝纪》“举独行君子，征召行在”，此征也。故先生《味月亭记》云“予被征过郡”；《瑞鹊序》云“予荐征入京”，皆云征，不云聘也。诸书有作“聘”先生者，皆未细考也。

六湖读书台辨

白沙先生聘玉之说，固已诬妄，而犹不止此。愚尝考邑中前辈多有先生六湖钓台、玉壶读书台诸诗，而贾、王二《志》，亦不一稽先生集，顾漫载之，而不知此亦俗传之浪词，于本集茫无可据。盖尝稽诸本集，先生有《云谭记》，一名龙潭，先生名曰“圣池”。其言曰“里生周镐偕其季京，谒予白沙。予与二子携酒饮于西山之麓，班荆而坐。有云起绿护屏”云云。西山者，不知所在，意者白沙村西之山，与所云麓者，其非在于云潭也明甚。榕尝游云潭，凡四矣。一由圭峰循云峰西上，复东北行，其路夷矣。然所经路，有俗名牵线过脉者。路虽正平，然左瞰危峰、右窥绝壑，径二尺有咫，若是者八，七百武。稍弗兢悚，飞性命于鸿毛。一由圭峰南麓而东，平行六七里，复西北趋之折溪谷间，此为云潭下流，俗名大林洞。贾《志》云：“洞有铁佛寺、上林寺等古迹。”此其左右也。又西北上，峭径削屑，艰我危趾，挫我胸爪，喘息汗洪，仅乃克达，若是者二百许步。噫！造物若固厄此以危俗客也者。白沙之往龙潭也，凡七八里，必由大林洞路，路若迩也，顾实巇险，虽至尊贵者，万无肩舆理。愚闻：孝子不登高，不临深。宁先生当太夫人在堂，又一生多病，乃弗顾孱躯判性命，入险出险，肆业于深山穹谷，钓游于水石清泠之渊，以为太夫人忧，其谁信之？夫稽之诗文，无一字；揆之情理，无一可；准之以事势，无一合。其为流俗之浪传也，又奚疑乎？愚又尝历溯潭之上流，乃诸泉自万山中来，委婉平流溪涧间而已，求所谓湖者，盖亦无之。盖“六湖”、“玉壶”者，皆“绿护”之同音转声，若“太和巷”之转为“鸡鹅街”耳。如彼泉流，明明可据者犹且虚饰若此，矧古迹之莫可凭者乎？且古人事迹必有根据，乃可以信今而传后，故榕于先生俗传故址，非准诸情理，根据诗文，不敢妄乙雌黄以污丹素，伪饰前贤古迹以欺罔乎后之人。

江门钓台考

白沙先生遗事故迹,世俗不睹本集,浪传臆说,如聘玉、读书台之类,亦颇多矣。榕已辨之,殆无疑义。至今愚意介介者尚有钓台耳。盖以先生素有钓台诗故也。某生乡里下愚,生于先生三百余年之后,若直辨之曰无是,舍先生明明之诗,而流俗益得嘐嘐焉曰:“阮氏之好为辨说也。”按:先生《江门钓台与民泽收管》诗云“莫道金针不传与,江门风月钓台深”,又《江门钓台》诗云“何处江边著钓台”,《梅花》诗云:“渔父湾头有钓台”。曰“渔父”、曰“钓台”,此皆寓词。故洪君《甘泉墓志》云:“先生曰:‘江门钓台,亦病夫之衣钵也,兹以付民泽。’”此皆钓台之所由名也。愚以为,钓台者,乃钓矶、钓濑,依于江干可坐、可饮者,凡为石者,均可名之,非必瓦木所筑者,非真当先生时,湛子曾筑台也。况筑春阳、楚云二台,建碧玉、嘉会两楼,营寻乐斋、小庐书屋、图新书舍,皆见于诗文及张子《行状》,亦多有年月可考,胡为钓台独无之?考雨村旧谱云:“弘治五年,湛若水从游,筑钓台江门,从学十三年。”此大误也。按:甘泉从学在弘治七年二月,从游仅六年,有洪氏《墓志》可稽,焉可诬也?互详年谱。考秫坡《渔隐序》云:“梁彦明隐天台山阳时,操竹竿坐钓台。”榕访及台址,梁茂才南先曰:“此石台耳。”因指视之。榕乃始恍然悟,曰:“信夫,信夫!先生之钓台,亦此类夫!”居尝稽邑令王公植《修复钓台记》曰“余访白沙子遗踪,知江门故有钓台,沦于荒烟蚀岸间久矣。其裔孙辈规复故迹,可谓肯堂肯构”云云。是当乾隆五年以前,尚未有台,故云“沦于荒烟蚀岸”,不云瓦桷已颓也。嗟夫!坡公有言:“后生小子,束书不观,游谈无根。”吕君伊曰:“鄙俚不经,贻笑大方。”噫!伏读诸训,使我忸忸焉,阁觚而旁皇;怫怫焉,颜赧而伥伥。谨捃此以谂究古之君子蕲斠之,顾何如也?按《朱子文集》卷八十四载《赵两峰题严公钓台》云:“寂寞富春山,空留千丈危石,高出暮云端。”此亦石钓台之一证。

都会故居

本集《经故居》诗：“到溪田作圃，环堵树为门。老忆先庐在，贫知草座温。三迁时已后，二纪恨空存。旧事无人话，斜阳满故园。”〇《经黄道娘坟，诵元人黄子长圆明庄壁诗，怀旧游，因次其韵》：“吾庐直北到山隈，赢得儿童竹马来。”[1]〇《斋大父忌作，旧居在道娘坟东》：“道娘坟西近官路，朝朝暮暮行人多。世事百年浑不省，满堂宾客竹枝歌。”〇《经都会故居》：“腊月四日促归装，舴艋冲寒到石塘。忽见溪边旧环堵，恨随流水绕村长。”

按：都会在白沙西四里许，先生于此乃钟灵故地，宜先生每过之，踌躇踯躅，不能忘情也。考先生自都会迁白沙，不知何年。先生《与黄叔仁父题东溪卷并引》云：“昔予大父渭川府君居此溪上，与黄氏故邻也，去之六十年矣。阅此卷有感而作。”按先生卒年七十三，若此引作于七十岁，则迁白沙之年方十岁。若作于七十二三时，是年方十二三耳。今以此引考之，大底多迁在十岁以前也。先生年方二十二，渭川公方卒，是徙白沙者，乃渭川公也。《行状》云“祖居都会，至先生始徙白沙”，误也。或曰祖者，高曾之通词也。然榕考《白沙家谱》，高曾原居外海，非都会也。〇又按：《移居》诗云“长揖都会里，求趋白沙役”。乃《和陶》十二首之二也。《和陶》有《庚子九月获稻》诗，庚子，成化十六年也。是时，先生年已五十三矣，则此诗乃追感移居而和陶，必非作于徙白沙之年也，明矣。

附录：予邑人传都会村一里三贤。或曰：三贤者，秫坡、

---

〔1〕“儿童”，本集作“儿时”。阮氏《丛考》所引诗文与本集有异同者，不一一出校。

白沙、黄道娘也。或曰：象山、秫坡、白沙也。予曰：尚有乐芸翁，是四贤矣。今考道娘墓碑，生于宋皇祐元年，八月初一日。卒于绍兴元年；五月十三日。年八十三。九年，葬于故宅之右云云。按此则道娘本都会人，故墓碑云葬故宅之右。又先生《题叔仁东溪卷》有"故邻"之语，又先生引元黄子长诗，子长当亦都会人，益知都会原有黄姓。今江门水南村丹井里居人多黄姓，或道娘族人自都会徙居，均未可知。俗传丹井是道娘炼丹处，疑误传也。又闻都会人云：象山先生，亦都会人。故今道娘墓之山号张山。贾《志》云：圆明庄在道娘墓东，绍兴九年，僧慈载创，祀黄道娘其内，曰聚宝庵，其田嘉靖十二年，知县张文凤拨祀白沙，云云。予疑庄山以圆明庄得名，盖庄、张音相近也。今都会无他姓，惟黎族而已。榕尝拟嘱黎君绍南筑尘外亭于山麓，以存名贤故迹，亦一邑胜概也。道娘墓侧多梅林，冬月，行人过此，古香盈路，是筑亭于斯也，于理趣尤宜。〇又按：秫坡先生之卒，不知何年，《黎氏族谱》亦不载。考《秫坡集》最后作《写真图记》云，乙未孟秋之望。乙未，永乐十三年也。是永乐乙未秫坡尚存。大底秫坡卒仅十年前后，而白沙先生生。英贤之接芳躅于存没，比邻之内，俯仰上下，数十百年。论世之君子，于是有遐思焉。

欲往衡山　梦游罗浮　尝游西樵　圭峰　江门墟

先生晚年欲终老衡山，故服阕后，常常念之，见于诗文者多矣。新会贾《志》，以欲住衡山为寓言，盖未之考耳。

先生未尝到罗浮，但有卧游、梦游、约游诗耳。盖先生一世，母子相倚为命，母非先生侍侧，食不甘、寝不安。且一生多病、多汗，故自五十五六以后，见朱公于苍梧，承帝召于京师，自此之外，未尝轻离膝下也。迨至六十八岁时，太夫人方卒。是时，尝欲住衡山，捐除晋接，调理孱躯，且避谗谤，而老病侵寻，应酬益多。自此，易寒暑而先生卒矣。《与陈德雍书》云“年来益为虚名所苦，应接既多，殊妨行乐耳。平生只有四百三十二峰，念念欲往”云云。是以衡山、罗浮，常常有志焉而终未逮也。故甘泉晚年筑书院于衡山，承夙愿也。〇释一灵《罗母黄太君寿序》：“白沙一饮一食，不敢违其孀母。即其心之所慕，近若罗浮、西樵，远如匡庐、衡岳，未尝一至。”按：先生《挽番禺李德浮》七律，自注云：“西樵，南海山名，曩与伍光宇同游，后有《西樵感旧诗》，即谓此也。”是则曾游西樵也。一灵偶未及考耳。

《广东新语》卷三：圭峰，在新会地北二里许，秀拔玉立，其顶四方名玉台，上有两瀑布，从肘腋间飞出，下注百仞。白沙诗“弄罢飞泉下玉台”谓此。庄定山云：“吾闻南海之山名玉台者，有巨人，静而无欲，深知所谓潜之道者。”沈石田因作《玉台图》以寄白沙。山上[又有绿护屏，登之可望厓门][1]。按：本集七绝序云：“沈石田作《玉台图》，题诗其上见寄，次韵以复。”〇按：榕家藏《石田诗集》缺题圭峰图。〇又按：圭峰其绝顶处有洼，约广二丈，此云其顶四方，非也。圭峰瀑布，自山腋深林中委折而下，至山麓石厓悬溜纽汇处，下注石池，高约二三丈许，此云百仞，太诞矣。大底地理之属，不经亲历，大半附会夸张，奚独于圭峰之瀑布？

先生《江门墟》诗云：“十步一茅椽，非村非市尘。行人思店饭，过鸟避墟烟。日漾红云岛，鱼翻黄叶川。谁为问津者？暮上趁墟船。”此诗以本集编次考之，大约作于成化十年前后。观此，则当是时江门之草创荒落可想。今则船帆麇至，阛阓鳞比，迥异畴昔矣。

讲业诸处

先生生平既负重望于天下，当道王公贵人犹想望风采、虚左式庐，况井里之人乎？先生当日承朋侪撰杖于各乡，偶尔相从学问，

---

〔1〕“又有绿护屏，登之可望厓门”十一字原缺，据《广东新语》补。（屈大均撰：《广东新语》，上册，第一〇九页）

淹留旬日,事固有之。或云尝设教河塘者[1],原属附会。盖其时诸容昆仲,皆从先生游。故今容家祠多先生堂联,为此也。或即指此为设教之证,则刻舟求剑矣。今古井乡有学堂岭,乡人云亦先生曾游地,故址犹存。榕潭溪村后丛林下,有望远楼故址,乡老云:楼额白沙设教时所书。榕尝循山麓埽叶以墨拓之,乃隆庆三年无名氏书,俗传之妄不足信,多类此。是皆六湖读书台之类也。

诸友考 按:先生诸友之有年可考者,已入年谱。其无者,本集之外见各书者,附录于此。

龙　瑄、娄　谅、(俱江西)方太古、(浙江)曹　璘、(湖北)刘大夏、(湖南)陈真晟、顾叔龙、(俱福建)邹处士、(四川)陶　鲁(广西)

陈　晟、梁　经、邝　宏、邝　文、(俱南海)张　璜、(番禺)康麟、罗子房、唐　璧、吴瑞卿、(俱顺德)方　俊、周　郁、(俱东莞)云谷、(广府)梁伯鸿、(高要)何　述、(开平)梁继灏、谢　胖、马广生、容慎、容　恪(俱新会)

《氏姓谱》卷六:龙瑄,字克温,宜春人。家世袭父职。遂居南京,遨游四方,与丘仲深、罗彝正、陈公甫为布衣交。重然诺,尚风义,朋游有急,挥金如土苴。江湖间,声称借甚,曰:"过金陵不识龙克温,犹徒行也。"著作甚富。寓荆南,筑室海子山,有《鸿泥集》;在金陵,有《燕居集》。自号半闲。东江顾清有《半闲居士传》。子霓,弘治癸丑进士。按:克温与先生交,当在成化五年六月,时罗彝正适官南京。

《稗史汇编》卷一百又九《国琛集》:教谕娄谅,上饶人,企谈道德,不屑功利,其为学略传注而事心融,尤严出处,取与之际,乃求切磋。陈白沙、庄定山、贺医闾、罗一峰、胡敬斋、陈泉南、按:即剩夫,家本泉州。张东白书传面订,曰:"裨益以成深造。"

---

[1] "河塘",疑应作"荷塘"。据阮榕龄《白沙门人考》,容珪等均为新会荷塘人。

《广舆记》卷十：方太古，字元素，兰溪人。少受业章枫山，复走南海谒陈公甫。与沈启南、文征仲、孙太初结诗社，号一壶先生。○《太函副墨》卷十二《方太古传》：母梦一儿，乘云起金华山，及举太古，与梦符。能预知人姓名，递呼不爽。始壮，周游四方，东出吴会，南尽番禺。所严事者，南海陈太史、按：即白沙先生。于越王文成公。

附录：《杨园集·近古录》：王文成守仁养疴阳明洞，与布衣许璋[相]朝夕[1]，取其资益。璋，上虞人，醇质苦行，潜心性命之学，其于世味泊如也。尝走南海访陈白沙先生。其友王司舆按：名文辕，阳明之友。以诗送之曰："去岁逢黄石，今年访白沙。"补：《明儒学案·许半圭传》：至楚，见白沙门人李承箕，留大厓山者三时，质疑问难。先生亦不至岭南而返。按：《学案·许半圭先生传》于"访白沙"之下，原有"至楚"至"而返"一段，是半圭未尝至白沙。杨园于"访白沙"之下，删去见李大厓一段，是以半圭曾见白沙矣，此实误也。盖半圭于先生是神交，非面交也。故补《学案》一段，以订其误。谨从云谷、剩夫之例，附此以备考证。

《明史稿·曹璘传》：璘，字廷璋，襄阳人。成化十四年进士。授御史。孝宗即位，疏请王恕为内阁，置陈献章、张元祯、林俊于左右。已，出按广东。访陈献章于新会，服其言论，遂引疾归。居山中读书，三十年不入城市。

阮《通志》、《献征录·刘大夏传》：陈献章以道学名，一世少许可，独与大夏善，称之曰："刘公爱民如子，守身如女，毋论于今人中，即古人亦未易得也。"常乘小艇访献章，问其学，曰："予存心之

---

〔1〕"相"字原缺，据《杨园先生全集》补。（张履祥撰：《杨园先生全集》，北京：中华书局，二〇〇二年，下册，第一二九三页）

功[十]九[1],致知之功十一。”

本集《与陈剩夫书》:“穹壤百年,极欠一会。某自春来得厥疾,一卧至今。武夷之游,遂成虚语。比奉手教,引领南闽,神爽飞去。”〇《与胡提学书》:“陈剩夫不幸死矣。其人虽未面,然粗闻其学专教人静坐,此寻向上人也。”谨按《大清一统志》:陈真晟,字剩夫,漳州府镇海人。〇《四库提要·剩夫集》:剩夫,家泉州,以父隶镇海卫戍籍,遂为漳州人。榕考《野获编》“天顺二年,常州布衣陈真晟献程朱,不报”云云。是“常”字乃讹文也。

本集《祭顾勉庵别驾文》:“於乎!昔倅我邦,公才独优。往贰端阳,实惠一州。通达万变,可期一面。止于郡僚,督府之荐。”又云:“晚节不亏,浩然赋归。进退可观,吾宁不悲。”按阮《通志·职官》:顾叔龙,莆田人,弘治元年任广州通判,凡三年。《肇庆志·职官》:顾叔龙,肇庆同知,署德庆州,详《宦绩》。及检《宦绩》,无顾传。考张子撰先生《行状》云:“顾某为同知,知德庆州事,遭不测。先生毅然力任其事,曰:‘朋友之责也。’闻其子至,乃已。”某即叔龙也。考顾为肇庆同知,署德庆,时当在弘治四年以后。至弘治九年,先生《与李白洲书》末有“顾别驾送契来”之语,又与《张太守克修书》“转达顾勉庵,世卿嘱笔”云云,是勉庵之卒在弘治九年以后,无疑矣。今《通志》、《府志》俱缺其传,故附志之,幸后之为志、传者有考云。

《明史·邹智传》:智谪石城吏目,其父来视,怒其不以禄养,箠之。智泣受责。按:先生《赠邹处士还合州》二绝有云:“莫洒东风临别泪,春光又满老莱衣。”即智之父也。

《世烈录》卷三刘大夏撰《布政使司陶公鲁行状》:白沙陈先生倡道东南,四方士多往从焉。公为料理开荒咸田数百亩,以为待士之需。

参阮《通志》、《南海志》:陈晟,字美宣,黄竹岐堡人。少孤贫,番禺钟定育为子。天顺六年解元,成化二年进士。既贵,复姓。终临安知府,民夷感泣,争护其丧归。妻黄氏,钟之按《番禺志》作钟族。

---

〔1〕“十”字原缺,据《献征录》补。(焦竑编:《献征录》,上海书店,一九八七年,第二册,第一五七三页)

义女也。登第时，尚未娶，富室欲妻之，不可。比黄氏卒，作诗哀之，云："怪杀夭桃胜人世，落花犹得再逢春。"闻者堕泪。陈献章甚重其为人，称为诗人之冠。按：本集有《临安太守钟美宣将赴任，过白沙言别，出示庄定山所赠诗，次韵》七律。○本集《挽钟太守美宣》二绝之一："诗人自古例多贫，恨杀滇南金带新。公与定山贫到老，已有陈黄一辈人。"按此诗则美宣之廉可知矣，民夷感泣，有以也。

《佛山志》卷九，《文苑》：梁经，字用常，生而敏异。天顺壬午乡荐。常与陈白沙论主敬之学，往来辨难，白沙亟为首肯。总督韩襄毅征猺寇，咨经以兵略。寇平，仝郡丞黎暹修《顺德志》。未仕卒。

阮《通志》、《漳州志》：邝文，字载道，南海人。父宏，善诗，与陈献章赓和，淡于势利，二子入官，其贫如旧。献章以三代遗老称之。文，成化二年进士。历监察御史。按：本集有《扶南访黄岩尹邝载道，适来白沙，不相值》五古。○又《赠邝载道之淮阳别驾，前御史谪黄岩》七绝。○又按本集《次邝筠巢韵》云："此老直于三代见，诸郎虽在一官贫。"诸郎，谓宏子文与才也。○又《次筠巢哭子》云："八旬老眼为谁枯。"又云："正坐两州消息好，不遗家训遂贫夫。"按此诗疑哭文也。盖文曾奉命盘查通州，又官漳州。弟才官严州同知，皆称廉明。详阮《通志》。按：筠巢，宏号也。

> 附录：又本集有《赠别邝云卿》五绝。按《开平志・艺文》：邝文，字云卿，潘村人，宜春知县。○按云卿与载道同姓名，且同天顺三年举人。阮《志》云：开平之邝文，郝云讹作邝文泮。

参阮《通志・张璝传》：璝，字德润，号两山，番禺人。天顺丁丑进士。历官漳州太守。漳民立功德碑。璝笔札精绝，白沙阅其莆阳邱御史书赤壁赋，叹其醇古。诗曰："醉中亦有临池兴，怅望名家不敢言。"又曰："人谓张两山傲，张非傲者也。"子诩，别有传。

阮《通志》、《粤大记》：康麟，字文瑞，顺德人。按《顺德志》，龙江人。

景泰甲戌进士。授御史,按闽中,按《顺德志》、《广东诗海》俱作"按关中,出为福建佥事,以廉介称"。发奸如神,廉介无私,刚直见忤。陈献章赋介轩诗。按《广东诗粹》:麟与陈献章、罗伦友善。

阮《通志》、《罗司勋集》:罗子房,字宗杰。按:大良人。成化十六年举于乡,筑卧愚亭奉母。母卒,执丧尽礼。时古冈陈检讨、江浦庄行人、大良李孔修皆与友善。

《主一诗集》卷一缺名《主一诗序》引《岭南志》:孝子名璧,事母孝,时公卿欲荐之,以母老辞。与白沙先生契合,往来倡和。有司同其父豫并祀乡贤。〇《和新会陈献文见赠并序》:"余潦倒林壑,硕人贤士□□共弃,不意吾子自古冈惠然肯顾,贶以珠玉,因依韵奉答并致意令弟云。诗名老去媿方干,林下谁能著眼看。庭草生来根自浅,梅花开处雪偏寒。情怀只合盟鸥鹭,文采那知见孔鸾。令弟相逢又何日,五云天上路漫漫。"〇又有《和陈公甫见赠韵》。按:主一,璧字也。顺德平步人。详《顺德志·隐逸·唐豫传》。

《五山志林》卷五:邑同知黎暹云:大良吴瑞卿,韵士也。作园凤山之麓,石斋题之曰采芳园。李世卿为记,石斋跋其后,示出处之详。献臣吴明府作四言三章。味二公诗文,瑞卿高尚不仕,而二公以事王侯期之,盖非肥遁者比也。〇本集《题吴瑞卿采芳园记后》:"天下未有不本于自然,而徒以其智收取显名于当年、精光射来世者也。随时屈伸,与道翱翔,固吾儒事也。"〇《与张廷实书》:"舶司昨遣吴瑞卿携云窝图至白沙。衡山之兴,勃然矣。"按:此书作于弘治十年〔1〕。

阮《通志》、黄《志》:方俊,字彦卿,东莞人。无书不读,最喜朱程语录。与名士新会蒋濬友善。景泰四年,举于乡。令藤县,廉能有声,好面刺人。过白沙,陈献章皆受规谏,称为三益。

---

〔1〕"此书",原作"此诗"。

阮《通志》、金《志》：周郁，字尚文，号耿庵，东莞人。漳州训导，培育漳士林启等数十人，掇科第十有八九。归里，与陈白沙唱和。有《龙洲集》。阮《志》案语：南海另有一周郁，景泰丙子举人。

本集《与廷实书》："云谷老人、李孔修，非吾廷实，安知吾郡有二贤士哉？云谷已老，将不可得见，则云谷之所有者，吾安能得其真耶？"〇又："周文都如省，托渠一访云谷老隐[1]，竟以疾弗果，此老自世外，亦未易谒也。"按：此书作于成化二十二年夏。〇《秋兴寄东所兼呈云谷老隐》：山人无外事，白首稚儿同。弄水溪堂背，争棋纸局中。盆池秋见月，竹院夜呼风。触事成唐句，狂歌向碧空。

按：先生识云谷、子长，盖在成化二十一年以后。云谷与子长俱隐羊城，先生视云谷为先辈。故《与廷实》云"见云谷丈人"。考广府各志及阮《通志》，俱佚其传，故附之以补郡志之缺云。

《肇庆志》、旧吴《府志》：梁伯鸿，字仲毛，高要人。岁贡，训导温州。解官，徜徉山水。陈公甫《寄伯鸿》诗："明朝拟泛罗浮棹，且向西风访楫师。"其推重如此。有《浮山集》。按：此诗本集缺载。本集有《与梁二教伯鸿书》。

《肇庆志》卷十八：何述，字宗道，开平人。按：龙塘人，原隶新会。与陈献章友善。天顺壬午科乡荐第二，教授柳州，分考江西。有以重金求入彀者，述斥之。献章过访，颜其堂曰"斯文"。按：本集《访教谕何宗道》一绝："树隐肩舆行款款，花催春鸟闹关关。苏公渡口云连水，宗道庐前雨满山。"按：俗传苏东坡谪昌化经此，故名。考坡公谪海南，路由梧藤之间，不由新会。有东坡《斜川集》可考[2]。此先生偶沿俗讹耳。榕订王公《新会志》，尝辨之。及卒，

---

[1] "托渠一访云谷老隐"，原误作"访渠一托云谷老隐"，据碧玉楼本《白沙子全集》改。（陈献章撰：《白沙子全集》，碧玉楼本，第三卷，第四二页）

[2] "东坡"，疑为"叔党"之误。苏过，字叔党，苏轼幼子，著有《斜川集》。

献章为文祭之。本集《奠何教谕文》云:“载鸣教铎,载典文衡。”即宗道也。《开平志》:祀乡贤。

新会王《志》、黄《通志》:梁继灏,字行素,号澹斋,滘头人。按:滘俗沟头,即今江门皋头也。○本集《澹斋先生挽诗序》:澹斋,秫坡先生门人也。吾乡先达,以文行教后进,百余年间,秫坡一人而已。秫坡与予连里第,予之生也后,不及侍其门。弱冠,与澹斋之子益游,始拜澹斋,诲予以秫坡事缕缕。此岂一日忘其师者耶?澹斋以其学教授罗山之下,按:罗山疑在皋头,未详何处。子弟有所矜式。益之子执馈于我,云也今为梁氏甥,戚也。按:此序语甚分明,黄《通志》乃影撰云“澹斋尝以书授白沙陈献章,称之曰‘吾邑以文行教后进,秫坡一人而已’”云云。殊为混赘。

谢胖,字伯钦,号宽轩,城西沙堤人,同陈献章往从学于吴康斋。《道学源流录》称胖与白沙“同为道统羽翼”云。(《新会草志》)

新会林《志》卷六:马广生,字玄真,潮连人,陈献章之友。尝作均田法,以嗣其兄之无嗣者。献章书之曰:“与不伤惠,虑不失机,马氏不替其世与!”又曰:“凡世以嗜利之私[1],伤友于之情者,观此可以少媿矣。”知县丁积称“马氏处家有礼让之风,均田一事可法于后世”。○本集《重约马默斋外海看山》:“春风拟进赤泥舟,曾约看山共此游。落蕊忽过三月半,先生能复一来不?不堪老我痴犹在,且喜娇儿病已瘳。想得渡头杨柳树,清阴闲弄钓鱼舟。”按:“舟”字复韵,考何本亦同,疑“钩”字之误。

参《容氏家谱》卷□:容慎,字允恭,号琴月,河塘人[2]。性颖悟,好学,诗文援笔立就。重白沙先生之学,命其子璘等往受业。尝谒白沙,归叹曰:“学无真传,文未收敛。使吾早遇石翁,吾其止于是乎?”自是往来白沙甚密。尝病,白沙问以诗曰:“阿咸送米小

〔1〕“之私”二字原缺,据白沙《书马氏均田文后》墨迹补出。
〔2〕“河塘”,疑应作“荷塘”。

庐冈，问讯高眠尚北牕。安得如前好筋力，与君驮醉蹇驴双。”按：此诗本集缺。筑小山书屋于西良。本集《京师初归答容琴月诗》：“旧游风月未应忘，到手新诗喜欲狂。记得长安新雨夜，三人灯下说西良。”尤深于医，惟白沙门中往请辄就。本集《与琴月先生书》：“病者冯税兴求疗于华扁门下，恐不得进，假仆为先容。”病重，为诗曰：“回首元关掩白云，百年心事欲云云。凭谁寄语陈公甫，为写丘山碣石文。”卒年七十。按：琴月墓碣，本集缺载，或不果为也。○恪，字允敬，慎之弟。涵养渊纯，孝慈天生，昆仲爱敬；笃至好读，耽志泉石。筑室东良山下，罗一峰先生作《静轩说》。尤慕白沙之教，遣子珪、珽、璿、玑受业。既卒，白沙为墓志。本集有《处士容君墓志铭》。

议祀

《明史》卷二百七：薛侃，字尚谦，揭阳人。性至孝，正德十二年进士，即以侍养归。师王守仁于赣州，归语兄俊，俊率群子侄往学。自是，王氏学盛行岭南。嘉靖七年，起故官。时方议文庙祀典，侃请祀陆九渊、陈献章。

二百二十二：魏时亮，字工甫，南昌人。嘉靖三十八年进士。隆庆元年，进户科给事中。十月，请以薛瑄、陈献章、王守仁从祀孔庙。

《曲阜志》卷二十九：嘉靖八年六月，行人司司正薛侃陈阙里孔庙七事：一、检讨陈献章，博而能约，不离人伦日用，而见鸢鱼飞跃之趣；虽无著述，其论学等书，已启圣贤之扃。伏乞将献章赐谥从祀，以彰我皇朝之盛。

阮《通志》、《西樵游览记》：郭棐，字笃周，南海县人。师湛若水。穆宗即位，疏陈薛瑄、陈献章从祀孔庭。

《钦定四库提要》卷九十六《大儒学粹》：魏时亮编。大旨谓孔子之道，颜以敏悟；濂溪、明道、象山、白沙、阳明则颜子之入道可几焉。《明史》本传称其官给事中时,请薛、陈、王从祀文庙,犹是志也。

卷一百七十九《詹养贞集》:詹事讲,按:题名碑亦作"事讲",《白沙集》作"仕讲"。〇又云:时台臣与仕讲议从祀白沙者,尚有王学曾。字明甫,江西乐安人。万历丁丑进士。直隶提学御史。事讲从罗洪先生游,传姚江之学。陈献章、王守仁从祀,实允事讲之请。故集中以此疏为冠。

《月鹿堂集》卷四《赵端肃公传》:赵锦,字元朴。江陵没,召为左都御史。孔庙从祀议起,公言白沙、阳明二先生当祀,甚辨。疏入,议始定。按《通鉴辑略》:最后议定于万历十二年十月大学士申时行一疏。

嫡裔

《雁山文集》卷四《先府君行述》:府君讳槐炳,别字植亭。嘉庆辛酉,补新会教谕。癸亥,学使姚秋农先生饬各教官查先儒嫡裔。于是,新会陈氏认白沙先生嫡者日继至,至以千金为寿,书役皆有赂。府君佯诺之。间至白沙村,有四五人耕于陇者,府君劳之。因与言白沙公故事,且曰:"公嫡派子孙,今何如矣?"则皆叹息曰:"微矣。只阿礼一人读书耳。"曰:"阿礼何如?"曰:"贫甚,岁以蒙馆活耳。"府君曰:"闻学使访先儒嫡裔,阿礼胡不陈于学官?秀才可得也。"皆曰:"固闻之。然知无益,故不如其已也。闻某某者以千金啖学官,则既许之矣。"府君笑而去。他日,召书役,饮之酒曰:"我颇闻白沙公有嫡裔名礼者,果何如矣?"皆应曰:"诚然。然贫甚,岁以蒙馆活耳。"诘旦,阴使召陈礼至,年三十许,试以文,颇有条理。命以谱牒呈,果不谬。乃以陈礼名复于学使,而某某者既失望,则牵率十余人,并讹为谱牒呈学使,争辩之。学使批其状曰:"本院查访先儒嫡裔以志景仰,岂白沙子孙遂可邀幸耶?"案既发,陈礼游于庠。

白沙子全集（碧玉楼本）考误

卷首，《张诩像赞》：镜中鼻现其难也。按：亡旁从见，字书缺。

卷一，第一翻，《乞终养疏》："臣"字不当旁书。

第二十二，《送张廷实序》：张诩廷实。"廷实"之下，更当有"廷实"二字。详弘治二年年谱。

卷二，第十，《跋崔公词》："万里"至"家山"。此条已见卷八，宜删。盖古人本无此例。

卷三，第三，《丁知县行状》：成化丙戌七月。〇按：丙戌乃成化二年，"戌"字乃"午"字之误也。

第六，《与刘东山书》：四十日。按："四"字疑"五"字之误。详弘治十年年谱。

第九，《与陶方伯》。按：陶方伯即三广公。此书与本卷《复陶廉宪》俱当移本卷七十七翻下，盖同是一人也。

第二十八，《与黄大参》。移本卷六十八翻《与黄太守》之下。

第三十八，《与林时表》。按此书自"缉熙"以下，是《与缉熙书》，当入《与林郡博书》内。

第五十六，《与廷实》：毋太泽。按："泽"是"择"之误。志称东海。按："志"字下当补"称"字。

第六十三，《与湛泽民》：之山。"上"误作"山"。

第六十五，《与袁进士》：伏马。"伏"乃"仗"之误。

第七十三，《与汪提举》。按：何家本"举"字下有"弘治戊午□月九日"，作"八"字〔1〕。

〔1〕"作'八'字"，疑应作"□作'八'字"。

第八十，《与贺黄门》。移上本卷第十二翻《与贺黄门》。

第八十二，《与罗应魁》。移本卷三十五翻。

卷四，第十一，《与林郡博》：课访。按：以《与宝安诸友书》考之，当是“科试”二字之误。

第三十八，《与林时表》。按：自“缉熙”以下，别是一书，当移本卷第九翻“近连得缉熙”一书之上。

第三十八，《与金都宪》。按：金泽为广东方伯后升都御史，巡抚江西。是金方伯即金都宪。是卷三第七十七翻《与金方伯》，宜移于金都宪之上。

第四十一，《答苏佥宪》：裒〔1〕。衷。

第四十七，《与黎知县》。按：此即黎明府灿，宜移入卷三《[与]黎明府》下〔2〕。

卷五〔3〕，第九，《祭土地文》：六月。按以《丁知县行状》“春旱”之文考之，“月”疑“日”之误。

第二十，《祭陶方伯文》：世烈。按《世烈录》，原作“忠烈”。

第二十一，《李子高墓志铭》：忠简公英宗。按：“英”字乃“理”字之误。

第二十七，《渔读墓志》：呫哔。佔毕之误。

第三十，《马甘泉墓志铭》：卫公。“卫”乃“魏”之误。魏公，张浚也。按《新会王志·马持国传》：持国曾为浚幕宾，故云。

卷六，第七，踈。当作疏。

第二十二，针炙。乃“灸”之误。上从久下从火。

第三十五，呜鸣。皆当作“呜呼”之“呜”。

---

〔1〕“裒”，原作“衷”，据碧玉楼本《白沙子全集》改。（陈献章撰：《白沙子全集》、碧玉楼本，第四卷，第四一页）

〔2〕“与”字原缺，据文义补。

〔3〕“卷”，原作“第”，据上下文体例改。

卷七，第三十九，林暕。“林”字误。详《门人考》。

第七十六，《闻缉熙平湖掌教》。按：自此诗以下，年次多倒错。

卷八，第二十五，易郴。乃“彬”之误。

第二十八，钓鱼舟。按：“舟”复韵，当是“钩”字。

第五十九，扉微。是“霏”之误。

第七十九，坱北[1]。“北”是“圠”之误。

卷九，第二十一，膏盲。“肓”字之误。上从亡下从月，音荒。

第三十，平乡伯。按：此即《行状》之平江伯陈锐也。考《明史·功臣表》，本作平江伯。作“乡”，误。

第三十三，林暕。按：二字悉误，详《门人考》。

第四十三，千情。“千”当作“干戈”之“干”。

第四十七，早午。疑“卓午”之误。

第六十四，《赠进士》。按：何家本此诗题有小序，详弘治二年年谱。

第七十，《问厚郭》。按：何家本此诗题下尚有小序，详成化十六年年谱。

卷十，第四，《送子长》：溟滓。按：“滓”乃“涬”字之误。“溟涬”，见《庄子·在宥篇》。〇又按：本卷下五十五，同误。

第十，《候方伯刘先生》。按：此首与卷第七，十一翻，同是一题而误分者。

第四十四，《金鳌阁》。自此以下，年次多倒错。

第五十四，秋江。按：“江”重韵，何本原作“缸”。

卷末，第二，赠别目录：章懋、姚景。二人重见。

第六十四，张恒《祭文》：酸心。按：此文俱用“真”、“寒”等韵，不应忽杂

---

〔1〕“坱”，原误作“坎”。

入"心"韵,盖是"心酸"倒置。

本集考误 考订《与廷实书》次序 按:本集多半倒错年月,其《与廷实书》六十三首亦然,本集通以"又"字概之,最易混淆。今略定其年次,俾易考校,其不可考,弗录。

第一书、成化十八年,"时矩"条。本集原列第十一。

二、成化二十,"丁县主"。原四三。

三、成化二十一二,"陈留"。原五。

四、成化二十二,"缉熙"。原六三。

五、成化二十二,"丁长官"。原六二。

六、成化二十二,"承欲"。原三十四。

七、成化二十二,"近得"。原十五。

八、成化二十二,"寄钝斋"。原五三。

九、成化二十二,"简一通"。原五五。

十、成化二十二,"章因"。原十四。

十一、成化二十三,"袁侍御"。原三十二。

十二、成化二十三,"旷月"。原四八。

十三、成化二十三,"德纯"。原四四。

十四、成化二十三,"恩平"。原四七。

十五、成化末或弘治元,"近来"。原十二。

十六、弘治元,"李世卿"。原二十三。

十七、弘治元,"数旬"。原九。

十八、弘治元,"惠来姜酒"。原四十。

十九、弘治元,"好子不育"。原四十二。

二十、弘治元,"屡辱"。原十七。

廿一、弘治元,"承十日"。原四一。

廿二、弘治二年春,"承示杨柳"。原廿八。

廿三、弘治二，“用人”。原四五。

廿四、弘治二，“前后”。原四六。

廿五、弘治二，“助金”。原五二。

廿六、弘治二年冬，“廷实守道”。原卅六。

廿七、弘治三，“两山”。原五八。

廿八、弘治四五，“慈元”。原四九。

廿九、弘治五六，“近作”。原十九。

三十、弘治五六，“辟之”。原八。

卅一、弘治八，“屡辱”。原六十。

卅二、弘治八九，“盗走”。原第一。

卅三、弘治九，“省城”。原二十七。

卅四、弘治九，“朱侍御”。原五七。

卅五、疑弘治十，“顷者”。原三十九。

卅六、弘治十，“得定山”。原二十六。

卅七、弘治十，“承示跋语”。原四。

卅八、弘治十年十一月，“仁夫”。原五十。

卅九、弘治十一，“老病”。原五一。

四十、弘治十二，“久病”。原二十五。

白沙先生诗文补遗 按：补遗诗凡有年月者入年谱，无年月者附此。

按：张子撰《先生行状》云“先生诗文不下万余首”。据此，是今所存集中者，仅十之一二耳。

留菊主饮 按：易赞，号菊主，见《门人考》。〇以下七首，俱见《鹤山志》。

经冬三月不离床，屋角梅花夜夜香。舫子药随春酒至，先生病愈故吾忘。直拌酩酊能留客，莫笑蹒跚懒下堂。记得早秋同宿处，竹篱烟火白牛冈。

题易隐求斋

茅茨清绝有蟾宫，水里婵娟竹里风。高枕隔床啼鸟静，小斋终日白云蒙。江边好景诗难道，世上闲愁酒可通。题作隐求争未信，如君方许学屠龙。

赠公学 按：易彬，字公学，见《门人考》。

春城风雨湿诗囊，瘦马朝驰抵路旁。世事偶逢车载鬼，书生真有铁为肠。清风明月终还我，守义怀仁不负郎。行止非人乃天定，孟轲何必罪臧仓。《鹤山志》云：此诗意不可晓。《白沙集》有《与陈秉常书》云："蒙谤大矣。事始末，问公学。"诗当缘此作也。

送昆山省试 按：李渭，字长源，号昆山。新会、鹤山《志》俱有传。

绿鬓来孤骑，清言费一灯。极言怜老病，无计逐飞腾。风鸟当时至，龙门何处登。经过五老下，问讯白莲僧。

梅下忆长源

香似梅关马上闻，江门晚树晓氤氲，上林本是看花客，一见花开便忆君。

订误：

送李升之京 见《鹤山志・杂记》。〇诗见《门人考》。

寄施以政

水上红霞抹白云，台旁春色映溪分。风光不遣人描画，描画何人得似君。

读秫坡集《秫坡集》附录。

曾从父老问前因，说到才情迥绝伦。今日偶然文字外，分明文字一般春。

直上辽阳访管宁，至今此语耸人听。当时英迈知何似，肯向泥涂险处行。

笔端写出自滔滔，人物当为一世豪。欲识胸怀真富有，长江万里涌波涛。

尘外亭南我旧居，自从丱角慕相如。他年倘有东阿眚，敬为先生特笔书。

秋夕偶成，明日揭榜

缺月不满帘，南窗聊隐几。犹闻户外舂，断续秋风裹。犬子初试笔，老妻浪惊起。滔滔终夜心，四海皆名利。[1]

悼容彦昭 俱《列朝诗集》。

泪尽西风草木间，游云晴逐薤歌残。千秋只有无情月，遍照松楸处处山。

卧愚亭《罗可勋集》。

何处水边堪此亭，偶从诗卷挹芳馨。小眠亭上真何意，大梦人间肯未醒。难以智愚分巧拙，尽教描画付丹青。老夫伏枕庐山下，头白于今未与名。

---

〔1〕“犬子初试笔，老妻浪惊起”，《白沙先生诗近稿》作“犬子试初毕，老妻浪惊喜”；“终夜”，作“中夜”。（陈献章撰：《白沙先生诗近稿》，明弘治九年吴廷举刊本，第五卷，第四四页）

阙题 今岁道光二十二年,大良谈君子檠书来,云:"尝见白沙怀人诗二首,是茅笔书。今十余年矣,忘其姓名。纸约长三尺云。"

浩浩江门水自流,怀人独听五更秋。风飘万古云无著,月上千山梦易幽。老去不堪杯酒别,诗成不觉始生愁。世间极乐惟君事,一曲琴声韵欲浮。

年光想像似浮云,梦冷长亭柳色新。记得出门时节好,自教寒食岁同春。烟分玉树花明远,露满南山草半茵。尘路岂能忘此念,故来河畔理丝纶。

阙题 先君《梦菊笔记》云,"余藏白沙真迹草书五绝一首,'扫却'云云。《白沙集》未载"。今此帧尚藏榕家,系纸本行书,两行,直四尺三寸许,横一尺。无年月。

扫却越台尘,坐弄王孙草。舞雩日日诗,风光元不老。按:老字下有石斋图章。

过龙寺夜坐 本集《书玉枕山诗话后》。

水闷《明诗综》,七律,诗佚。

问容允恭《容氏家谱》。详《诸友考》。

遇雨 并序。邑人张厓山丈钞本。详弘治六年年谱。

天空海阔赋《新会》王志:林超,字彦升,北到人。超正统乡荐,授北流知县,解组归。陈献章知其清白,为作《天空海阔赋》。〇按:赋文今佚。

与易赞书《鹤山志》。详弘治十二年[年谱]〔1〕。

---

〔1〕"年谱"二字原缺,因所述《与易赞书》见于《编次陈白沙先生年谱》相应年份,故补。

西江月 二阙。〇《双槐岁钞》"陈公甫尝作《西江月》二阕，张学士元祯和韵"云云。〇按：词今佚。

与张廷实书 从何家本补。

第三十九：立一祠，既以表茂宰之贤，又以见吾乡尚德慕义。一唱百和，视死如生，又孰不咨嗟而叹羡其美耶？且报往可以劝来，此祠立后，必有闻义而起者，问所由来，乡诸父兄子弟不忘旧令之德，章与有荣矣。幸甚，幸甚！即辰春日布和，工匠毕集，其告诸义士：及是时，慨然念此举之不易，发诚心而共济，幸无辞曰"姑俟来日"，区区不胜至祷。

第四十八：患疮想亦不为甚害，但衰年易感，触事多忧，顾又不能忘情耳。渡子回，乞示一字，以慰憧憧。某白。

第五十三：改《次韵东所寄兴》第十首后二句云："与侬七尺青团蒲，今年换与张东所。"因成四句，录去一笑。

第五十六：先夫人懿行，非外人所能悉，况已奉拙挽，又可赘乎？余令小儿口禀。章白廷实侍史。

第五十七：欧总戎近寄自造药酒，奉寄一小尊表意。一事欲与吾廷实议，他人莫能与也，千万一来。二十二晓起，碧玉楼秉烛力疾书。恕不谨。

杨氏白沙语录订误

新宁孝廉陈交甫《白沙语录序》曰"《语录》一书，乃杨贞复官南礼侍时所刻，窃不自忖，稍增一二"云云。榕谨按：此《录》体例类多舛缪，盖先生当日原无语录，乃杨公取白沙集中，删前汰后，全不注明原题，漫无端绪，名曰"语录"，是以令后学读之，茫茫然罔测原旨之所在。嘻！剟裂若此，乌足为先生重？适足为识者歋歈耳。此为前明隆万间陋习，或托名文懿，未可知也。今按：孝廉所增者,亦未分别注明,遂使原委凌乱若此。夫前哲之为一书也,间有舛漏,原祈后学之增订。呜呼!此《录》自万历以来至于今二百余载,若存若亡,世徒惊其理学之书,故不敢訾謷焉。今谨订其尤舛者如左。按:全《录》原从本集割凑而出,惟《录》后自“罗一峰”以下八条,采自他书,亦自讳所出。

“子谓李嘉鱼志非不立也”一条。〇按:此条本《李处士墓志》末段,忽突出“铭曰有道于此”云云,不知者必大疑惑。

“陈子曰古之荣于进者”一条。〇按:此篇本《祭伍光宇文》,忽云“呜呼,光宇!其何可忘”,不知者必且大怪。

“李贤遭丧朝廷留之”一条。〇按:此本罗一峰上疏被谪事,其论断语亦未明言出自何人。

“子曰省城之迁不决”一条。〇按:此乃《与廷实书》,而起处亦未明言。

“周镐”一条。〇按:此篇是《云潭记》,泛论云潭,以其中有“密云不雨,自我西郊”,末有“可与论《易》”一语,入“论《易》”条内。〇又“李世卿”条有“同明相照”六句,“本于自然”条有“《易》‘天地变化’”三句,共三条,偶尔引《易》,尚云犹有瓜葛。此外十六条,或论学,或谈世事,未尝言《易》也。

“子谓剩夫死矣”一条。〇按:剩夫原非门人,不当入“及门”条内。

“子《与罗一峰》曰:《大忠祠碑》皎皎烈烈,见先生之心矣”一条。〇按:此二十字亦入“及门”条内。

按:以上诸条,皆举其略耳。其中舛者尚多。如同一书也,忽有一“曰”字,忽无“曰”字,或用“子曰”,或用“陈子曰”,皆体例混杂。夫先生尊称“陈子”可矣,混称“子曰”,与孔子何异哉?此盖欲推尊先生耳,不知适起后人指摘之端,以为近于僭妄。尝考《文中子》,多有是称,后人以僭圣议之,乌可复效其颦耶?愚意欲仪型先生者,自有全集,原原委委,奚必取此骈枝割裂之本乎?顾亭林先生曰:“孔门不过四科,宋以下之学者则有五科,曰‘语录科’。”愚也深有味乎亭林之言。然则为圣为贤，奚必人人有语录乎？人人有语录，遂可以为贤为圣乎？〇又按：本集附录东莞卫金章立组《白沙要语补序》曰："《白沙要语》一编，节录白沙先生文集中语，不满三十条，割裂参错，不知出何人之手，于先生讲道所由，未见本末。愚惧，执此以求先生，不惟无以见先生，反于先生滋惑耳。爰采全集补之，间附鄙见，急为先生雪诬云尔。"按此则订误斯《录》，非愚一人之私言也。今陈孝廉刊杨此《录》，实二百四十三条，不仅三十。大要《要语》一书，又从杨本割凑而出者，益不足辨矣。

应召录订误

万历间，邑先辈黄公鸣谷作《应召录》，既非作史志又非对君上疏之词，乃一起语即突称先生名，何不恭也！其后，末篇乃称石斋，此与《录》内所引朱疏圣旨及陈氏《通纪》称先生名者，义例迥殊也。〇录内又云"谢恩归，先罗伦送之"云云，下接"归经南安，张弼问出处"云云。榕按：罗之送先生，先在成化五年，虽《录》有"先"字，顾忽杂入罗文与张公语，不知者以为同时送之矣，此亦混误。

各家辑白沙言行录附目

《钦定四库提要》卷九十五，存目：《白沙遗言纂要》十卷，张诩撰。是编采白沙文集中语，仿南轩《传道粹言》例，分为十类，以阐新会本旨。

魏《南海志·何维柏传》：著《陈子言行录》。〇阮《通志·艺文》：《白沙言行录》十卷，《附录》二卷。未见，见《明志》。〇按：疑此即何公《言行录》。〇《陈子至言》十卷，湛若水撰，未见。〇《江门正脉》，明庞一夔撰，未见，见《广府志》。〇按：一夔，嘉靖四十三年举人，南海庞弼唐先生嵩长子。弼唐，甘泉、阳明弟子。〇《唐伯元传》：著《白沙文编》。（俱阮《志》）

《冈州遗稿》,卷六:黄孚,字容伯,号鸣鹤,弱冠补诸生,究心理学,专慕白沙,数馆其乡。万历初,以恩贡授昌化训导,迁福建德化教谕,告老归。卒年七十三。著《白沙遗事》一卷。

按:前明专载先生遗事及传于世者甚罕,鸣鹤名不甚著,概计生后于先生者仅五六十年,其得诸故老之传闻与记载者必多,榕也甚惜此书之久佚也。榕也又后于先生者三百四十余年,兹仅从吉光残蠹之余,捃遗于百一,又不幸生于寒门下里,往往顾影一灯,驰心万卷,徒劳梦寐寄慨于屋梁也。呜呼!

白沙门人考

新会后学阮榕龄竹潭编

例引

一、贾公雒英监修《新会志》,有《白沙弟子传》,然多率略。榕按:《广东新语》云:"新会白沙弟子一百余六人,以伍云为首。"此所引者,疑黄公淳《万历新会志》。今考贾《志》,实以伍云为首,人数亦符。今黄《志》久佚,故以贾《志》为据。

一、陈解元遇夫所辑者,榕家藏本原曰《白沙陈子门人》。今考阮《通志》,则曰陈遇夫《白沙弟子补编》。细核其文,与榕藏本正同,但改"陈子"为"白沙",亦间有增汰一二者,此稍异耳。岂后人翻刻之而易其名耶?今榕此考引之,若但曰"陈子门人",不类书名,故增一"录"字,曰"《门人录》"。

一、《门人录》多从各志录出,今以林光传考之,实全录黄公佐《通志》而稍易三五字,遂没原书之名,他传类此。此贩稗痼习。今是考所引,皆著原书之名,无可证者,姑从原录。或原书有舛漏，不得不引之者，增删数字，加一“参”字以别之。盖仿吕子伯恭《大事纪》[1]，从某书修之例。

一、《门人录》云少陈子几岁，多据《贾志·弟子传》录入，恐未可尽信。今以首传伍云考之已大缪，况其他乎？夫《伍光宇行状》明载本集，犹不能考，又况其他乎？《史记》所载孔子弟子少孔子几岁，后人按之时事，常多缪舛，盖摭拾遗闻，相距久远，其错迕也固宜。先生门人非得家状、墓志诸根本之文，未易参证。此考本拟删去几岁云云，以其或有所本，亦可资考证，姑原之，以俟后之君子再参定之。

一、《门人录》暨各志颇多简略、舛漏。是考引先生所赠门人诗有二例：一采其佳者；一虽未尽工，特存之以为引证者。又如赵员外善鸣无故实，则补之；梁文康公史志已详，则略之。

一、是考略以郡县之大小分先后，以新会殿之，且类同姓者，归一处；又订其沿革，如贺黄门，在前明泛属辽东，今则分隶义州之类；又科第年次，悉改用数目，不用干支，谨遵《明史》旧例，盖欲其易考也。

一、著述家于传中称名称字，各有体例，谨按《钦定四库提要》，仅于周程张朱四贤称子，余俱称名。按此则国史与各志称名，宜也。今考吾粤郡县各志，于先生多不称名而曰白沙，意盖欲尊先生而实非体例也。此与交甫《门人录》全称陈子体例固殊，今阮《通志》引《门人传》或曰“陈子”，或曰“白沙”，或称名，皆据各原书采入，其例不得不然。若为榕所敬述者则均称先生，《白沙集》曰本集，悉如年谱例。

一、贾《志》及《门人录》、阮《通志》所载弟子人数，多少参错，今随其原目，仍列于后，俾有考云。三书之外，有榕所采入者，加

[1] “仿”，原误作“放”，径改。

“补”字以别之。

一、是考于史志外,采及家乘、墓志、行状、金石文,谨仿宋李公焘《续通鉴》、李公心传《系年要录》之例。按家乘虽若一家私言,然其年月、遗事,实多补遗正误者。如于梁氏家乘,得子长之逸诗;于天河谭谱,证先生之动念皆孝;冲鹤族谱之潘见龙,及榕潭溪家谱载李世卿曾三至白沙,皆是也。《鹖冠子》云:“中流失船,一壶千金。”其是之谓乎!

《新会县志》卷十二白沙弟子　知新会县事渤海贾雒英

伍云、钟淑、林栋、贺钦、谢文信、林光、杨敷、张瑛、麦岐、李鸿、李承箕、陈魁、陈邕、刘宗信、易元、周镐、周京、周正、邓球、黄在、李祥、梁储、陈庸、张诩、黄元、何宗濂、陈冕、容珪、李孔修、黄佐、罗冕、袁晖、林敬、易彬、范规、龚曰高、何宇新、姜麟、梁贞、林琰、崔楫、梁景孚、梁景行、谭以贤、谭以良、周俭、黄寿、谢祐、马广生、萧立、黄昇、林绍光、李九渊、赵思仁、黄鹤年、马龙、陈绍裘、容贯、容钦、胡旦、□瑜、□璠、胡岳、易龙、李由、李方、李同、吴向、余善、黄泽、陈頀、林时嘉、潘汉、叶先、邓德昌、林骢、湛若水、黄忠、黄昊、李亨、黎潜、萧伦、陈东渊、林高、汤霨、赵善鸣、张天祥、陈谦、曾确、黄子贤、陈瑞、黄球、陆辇、黄彦、关中、康沛、邓珙、张希载、梁大厦、林漳、施用、区越、戴球、戴恩、戴泽、戴参、戴昭、戴辑、戴弁

《白沙陈子门人》卷四　族后学遇夫交甫纂辑

贺钦、林光、何廷矩、陈庸、梁储、李祥、李承箕、张诩、邹智、姜麟、张镔、何宇新、杨敷、李孔修、林体英、陈聪、谢祐、容贯、陈頀、陈茂烈、湛若水、康沛、伍云、钟淑、林栋、李九渊、易元、周镐、周京、容珪(弟珽、球)、黄昊、陈冕、龚曰高、梁贞、邓德昌、邓球、罗冕、崔楫、梁文冠、梁景行、梁景孚、林时嘉、赵善鸣、曾确、区越、陈魁、黄在、黄

佐、麦岐、李鸿、黄寿、黄球、陈绍裘、谭以良、汤霈、陈肃、李翰、陆之、范规、陈暕、刘瓛、何宗濂、黄泽、潘汉、马龙、林琰、陈东渊、张天祥、黎潜、萧伦、林樟、梁大厦、易彬、谢德明、马国馨、潘辰、林廷瓛、陈昊元、张璧光、梁奎、杨琠、李亨、邓珙、张希载、戴球(子恩、泽、参及昆弟昭、辑、弁等)、何瀞、林高、陈瑞、易龙、周正、黄彦、关中、施用、黄元、赵思仁、尹凤、李瑜、邓翘

《广东通志》卷二百七十二　　两广总督仪征阮元监修

广州列传七 按：以下六十九人，列陈先生献章传后。

林光、陈猷、陈庸、梁储、张诩、周京、黄佐、林绍光、梁奎、谭以贤、谭以良、梁文冠(子景行、景孚)、湛若水、陈昊元、陈頀、黄泽、李翰、区越、梁贞、赵善鸣、张璧光、易龙、伍云、李孔修、何廷矩、容贯、容珪(球、珽、彦礼、彦昭、彦潜、彦贞、彦史)、易元、林时嘉(琰、敬)、林时矩、马广生(子国馨、侄贞)、汤霈(兄云、弟霓)、陆之、黄子贤、冯载、袁晖、陈冕、黄球(子子正)、黎潜、萧伦、赵思仁、林暕、李瑜、陈魁、李辅、尹凤、谢祐、陈瑞、张希载、邓翘(珙)、陈谦
按：以下七人，散见各府志，今补入。
邓球(韶州)、林廷瓛(高州)、何宇新、曾确(俱惠州)、余善、林岩(潮州)、邓崇德(肇庆)

白沙门人考目次 按：补入者，加“补”字别之。

新会后学阮榕龄竹潭编

贺钦(盛京)、陈肃(江苏)、张镆(以下浙江)、姜麟、潘辰、苏章(以下江西)、杨敷、刘敔、李承箕(以下湖北)、朱伯骥、朱玭(湖南)、林体英(以下福建)、陈茂烈、陈聪、邹智(四川)甘思忠(广西)、陈庸(以下南海)、谢佑、李祥、黎潜、罗冕、潘汉、崔楫、范规、马龙、冯载、邝珙、吴向、张诩(以下

番禺)、何瀚、何廷矩、陈昊元、陈護、林高、张天祥、容贯、叶先、李文、屈群力、梁储(以下顺德)、梁文冠(子景行、景孚)、梁奎、梁贞、黄泽、赵善鸣、胡旦(弟曼)、萧伦、萧立、邓德昌、邓翘、邓珙、张希载、康沛、李瑜、李孔修、林光(以下东莞)、林时嘉、林时矩、林琰、林敬、袁晖(子金蟾。祁顺、陈猷补疑)、刘栻(香山)、湛若水(以下增城)、刘瓛、陈暕、陈东渊、尹凤、陈冕(以下三水)、陆之、林樟(新宁)、李辅(以下清远)、杨宪臣、邓崇德(高要)、冯殷(开平)、施用(以下鹤山)、易元、易镛、易彬、易才、易赞、易龙、易允、梁玠(以下新兴)、李[元]杰[1]、何宇新(以下博罗)、曾确、龚曰高(以下潮州)、杨琠、余善、林岩、赵日新、邓球(乐昌)、林廷瓛(吴川)、伍云(以下新会)、容珪(弟珽、璿、玑)、容璘(弟球、族人钦)、钟淑、陈容、陈魁、陈瑞、陈绍裘、陈谦、陈邕、潘松森、关中、黄佐、黄在、黄元、黄彦、黄寿、黄球、黄昊、黄子贤、黄忠、黄鹤年、梁卫、梁潜、梁大厦、汤霔、张璧光、张不已、张棋、周镐、周京、周正、周俭、周端、区越、林绍光、林栋(存疑)、谭以贤(弟以良)、谭有莲、谭绶、李升、李翰、李九渊、李鸿、马国馨、马贞、赵思仁、宋容重、戴球(子恩泽参)、戴昭、戴辑、戴弁、戴敬、谢慈昱、谢文信、谢君章、邓谷隐、邓淡乐、陆辇、麦岐、聂元会、阮缮宗

附录 缺姓名、县名者。

吴向、□璠、□瑜、李由、李方、李同、徐潘二生、顾勉斋、欧阳回

附:《南海三峰记》 罗伦

或疑先生门人间有影附者。榕曰:固或有之,然愚于采掇之余,毫不敢假借。且以理筹之,今下里孝廉进士,稍有令誉者,设帐半生,门徒尚有千百。况当是时,先生以道德倾动天下,海内闻风而愿拜门下者,当时不知凡几。按潘氏《南海志》:白沙起,当时来学者至倾天下。但人或凡庸、书阙有间,故不见之诗

〔1〕“元”字原缺,据正文补。

文耳，然其遗佚，固亦众矣。是故有实为弟子而湮没者，有实本朋侪而混入者。今考各志传中，如云以白沙讲学，或云从白沙问学，此或宾朋相见讲论之常耳，未必尽受门生之业、咸署弟子之名者也。盖名实、是非，须核其真，乃可传信于后世。若徒以此为夸耀，则所见者隘矣，殊非圣贤笃实之道。故愚于可疑者，虽名公巨卿、有鸿名伟略著于史册者，仅加"存疑"二字，亦阙如之义也。道光二十二年六月，榕龄谨书。

盛京

贺钦，字克恭，先世浙江定海人，以戎籍隶辽东，今为义州人。少读《近思录》有得。登成化二年进士，官给事中。因亢旱，以言官旷职召灾自劾。及见陈子于邸，遂辞官执弟子礼。归构小斋，（参陈遇夫《门人录》）刻白沙像于室而礼之，（《陆稼书年谱》引《理学宗传》）出告反面，有大事必白，（张诩《白沙行状》）随事体认。弘治改元，用阁臣荐起为陕西参议，檄未至而母死，乃上疏辞，荐陈献章学术醇正称为大贤，宜以非常之礼起之，或俾参大政，或任经筵以养君德。榕按：先生《得克恭书》诗："一封初展制中书，万里辽天见起居。伤心入夜思贤母，老眼当年识凤雏。"即此时也。正德四年，刘瑾括辽东，田东人聚众劫掠，相戒曰："毋惊贺黄门。"钦闻之，急谕祸福，以身任之，乱遂定。钦学不务博，专读四书、六经、小学，期于反躬实践，谓"学不必求之高远，在主敬以收放心而已"。（《明史·儒林传》）于家庭里閈，教以吉凶遵家礼，由是乡人兴于行谊。（《门人录》）正德庚午十二月卒，年七十四。（《明儒学案》）天启初谥恭定。（《明诗综》）钦学出白沙先生之门，与门人论侃侃，白沙曰："得毋锋铓太露乎？须令深沉和平。"按：此语详本集《与贺黄门书》。于是作书室于后圃，书"深沉和平"四字以自警。（《人谱·类记》）门人于衢路失仪，先生曰："为学须躬行，须谨隐微，小小礼仪尚守不得，更说甚躬行？于显处尚如此，则隐微可知矣。"（《医闾先生言行录》)钦之学出于献章,然献章之学主静悟,钦之学期于反身实践,能补其师之所偏,故集中所录言行皆平易真朴,非高谈性命者比,而诸疏亦通达治理,确然可见诸施行。在讲学中独为笃实纯正,文章虽多信笔,而仁义之言蔼然可见,固不必以工拙论也。(《钦定四库医闾集提要》)子谐,志向类钦。陈子与钦书曰:"一日千里,其在谐耶?"(《门人录》)

订误:按本集《与贺克恭书》云:"比岁得贤郎书,甚慰。有子如此,足矣。三十年妄意古人之学,众说交腾,如水底捞月,恨不及与克恭论之。今自谓稍有见处,得其门而入,一日千里,其在兹耶?"按:此"兹"字原是先生自谓,今《门人录》列此书于谐传下,改作"谐",误也。〇又按《明史》与《钦定四库提要》及《西河集·贺钦传》俱云"檄未至母死",《门人录》云"以母老力辞",似误。〇又按本集《与克恭书》曰:"心地要宽平,识见要超卓,规模要阔远,践履要笃实。"是先生尝以笃实诲之者,而克恭克承师训耳。《提要》云云,盖偶误也。

江苏

陈肃,上海人,官顺天治中,少陈子六岁。成化初读书国子监,见陈子,师事之。(《门人录》)

浙江

张镆,字声远,鄞人。成化二十三年进士[1],籍锦衣卫,家京师。少陈子十七岁,议论慷慨,陈子称之。(《门人录》)

---

〔1〕"成化二十三年",原作"成化二十二年"。成化二十二年非会试年,成化二十三年为会试年。《明清进士题名碑录索引》"成化二十三年丁未科"有"张镆"之名。(朱保炯、谢沛霖编:《明清进士题名碑录索引》,上海:上海古籍出版社,二〇〇四年,下册,第二四八〇页)因改。

姜麟，字仁夫，兰溪人，成化二十三年进士。以吏事使贵州，迂道如白沙，时弘治十年十月[1]。按本集《祭先妣文》，仁夫之来，实在弘治十年十月望后。今补此七字。师事陈子，留八日而别。出谓人曰："吾阅人多矣，未有如先生者。"至京师，有问之者，称为"活孟子"。（参《门人录》）

潘辰，字时用，景宁人。少孤，随从父家京师，以文学名。弘治六年，诏举山林材德之隐者，府尹唐恂举辰，吏部以辰生长京师，寝之。恂复奏，给事王纶、夏昂交荐，乃授翰林待诏。久之，掌典籍事，预修会典成，进五经博士。正德中，刘瑾摘会典小疵，降典籍。俄还故官，擢编修。居九年，超太常少卿，致仕归。卒，特赐祭葬。辰居官勤慎，典制诰时，有以币酬者，坚却之。士大夫重其学行，称南屏先生。自天顺后，始渐拘资格，布衣无得入馆阁者。而弘治间，辰独以才望得之，一时诧异数焉。（《明史》附陈济传）博极群书，为文力追秦汉。直内阁二十七年，诰敕多出其手，动遵绳墨，不以非义自污。（《浙江通志》引《处州志》）〇本集《与张声远书》：时用孑然客帝京，忍寒饿二十年，为母家不去，诚亦可悯。按此书寄于弘治□□年[2]，声远未领乡荐以前，故有秋试捷否之问、时用忍饿之慨。〇《与西涯李学士书》：

---

〔1〕"以吏事使贵州"，原作"以使事使贵州"。林光《南川冰蘖全集》卷九有《次韵石斋先生赠姜仁夫进士》三首，其第二首有跋语云，"时仁夫进士以吏事使贵州，自贵州至广州访石斋先生"。（林光《南川冰蘖全集》，第二八八页）因改。又：据白沙先生《次韵姜仁夫留别九首》诗序，姜麟以事使贵州还，取道广东，来访白沙，时在弘治二年己酉春，（陈献章撰：《白沙子全集》，碧玉楼本，第十卷，第五九至六〇页）而非"弘治十年十月"，阮榕龄《编次陈白沙先生年谱》于"弘治二年己酉"条亦有相关引述。阮氏此处误将姜麟来访白沙系于弘治十年十月，乃因误解白沙先生《祭先妣林夫人文》所致。《祭先妣林夫人文》云："维弘治十年，岁次丁巳，冬十月己巳朔，越廿又一日己丑，孝子陈某敢昭告于先妣林氏夫人：友人刑部主事兰溪姜麟肃具香一束、帛一端，俾告夫人之墓，焚之以表哀慕之诚。谨以茶酒时馔用申虔告。"（陈献章撰：《白沙子全集》，碧玉楼本，第五卷，第二一页）既是"俾告夫人之墓"，则姜麟非亲临也，明矣。

〔2〕阮榕龄以为"此书寄于弘治□□年"，非是。孙通海点校《陈献章集》校记云，此书"文后，罗本、林本、萧本有'辛卯闰九月二十六日，某白'十一字"。（陈献章撰：《陈献章集》，上册，第二三〇页）然则，此书乃作于成化七年。

去秋得时用一书，深慰鄙怀。他人爱我，不如时用。先生谅能悉之。张进士行，附此。按此书寄于弘治二年、张诩再官京师时。〇按梁公储《郁洲集》正德十二年诰敕官疏云“编修潘辰，今年过七十，累疏求退，拟升秩以酬其劳”云云。是辰升太常少卿致仕，在正德十二三年也。

江西

【补】**苏章**，字文简，号云厓，余干人。成化乙未进士。官至延平知府。初，章官兵部主事时，因星变事劾妖僧继晓、方士李孜省，谪姚安通判，因裒其所作，故以《滇南稿》为名。祭胡敬斋文一首、附录一卷，则其行实及题跋与入祀乡贤文卷也。章少问学于陈献章之门，尝出胡居仁于狱，与吴与弼为师友，盖亦刻意讲学者。(《钦定四库滇南稿提要》)〇按：云厓从游，本集及各书缺载。

【补】**杨敷**，字荣夫，永丰人。操执不群。初事罗伦，充然有得。后过白沙，与陈子唱和，留数月而返。以贡为福建永安训导，寻归。日以二先生之道自乐，著《痴庵集》。(《门人录》)

按本集有《梦杨敷道定山事》五律。云：“梦语者为谁，湖西梦见之。聊宽野老意，未了定山疑。”〔1〕又《赠刘进夫还永丰，兼寄罗养明、杨荣夫》，七绝。又《元旦怀杨荣夫》。“夫”、“敷”字互用。又《寄罗养明》、一首。《玉台次杨敷韵》、一首。《杨敷别后》。二首。以上七首，或次韵，或相连，是知杨敷字荣夫，江西永丰人。此所怀赠诗即同一人，无疑矣。考张嗣衍《广府志·儒林》：杨宪臣，初名敷，清远人，以兄没袭清远卫指挥，从学陈献章。白沙重之，赠诗云：“笑倚长松咏晚台，三三两两共无怀。人间紫府千回梦，我共黄云一路来。

---

〔1〕“疑”，原误作“痴”，据碧玉楼本《白沙子全集》改。(陈献章撰：《白沙子全集》，碧玉楼本，第七卷，第三二页)

鹿洞当年寻李勃[1]，鹅湖今日想东莱。将军夜半还能饮，欲引东溟入酒杯。”又《别后有怀》“春潮”云云[2]。按：此二诗，即本集赠别杨敷诗，当作于弘治四年。《广州志》以敷为清远人。考阮《通志·关隘》引《大清一统志》云：“清远卫在治东，洪武二十二年建。”又《建置》：“洪武二十二年，指挥李英。”是前明清远卫曾设指挥于此矣。盖杨原永丰人，曾为永安训导，后因兄没，袭兄职为指挥。清远，疑后入籍也。考阮《通志》“列传”及“宦绩”缺其名。〇又按：先生于成化十八年十月过永丰，有《寄杨荣夫》，七绝。则是年荣敷尚未入广也。

【补】刘敔，号凤巢，泰和人。〇刘公名魁，按：魁，敔子，尝粥棺以谏世宗，事详《明史》本传。吉之泰和人，荐节判州牧，所到皆有惠政，尝受学阳明。厥考凤巢公亦从吾党白沙先生游，令永福，擢守宾州，祀名宦，盖其家学有自云。（黄佐《揭阳钓鳌桥记》、郝《通志》）刘敔，云南太和人，正德七年永福知县，罢府仓之运，免虚耗之征，民困以苏。猺獞出没，严立条伍抚谕之，卒不敢为乱。擢宾州知州。（《广西通志》引《文载》。）〇按《明史·地理志》：江西太和县，元太和州，洪武二年正月改泰和县。按：刘公原吉安府泰和人，非云南大理府之太和。《广西通志》以“泰”“太”可通，故致此误耳。《凤巢稿》六卷。刘敔著。（《明史·艺文志》）〇按：《四库书目》缺载。

附录：本集《题太和刘氏云津书院》[3]：“云津杳何许，试向卷中寻。不睹六经教，空余百代心。嵩阳思识面，白鹿尚遗音。家有鸳鸯谱，何须更问针？”

---

〔1〕“李勃”，原作“李渤”，据碧玉楼本《白沙子全集》改。（陈献章撰：《白沙子全集》，碧玉楼本，第八卷，第四七页）

〔2〕“春潮”，原误作“春湖”，据碧玉楼本《白沙子全集》改。（陈献章撰：《白沙子全集》，碧玉楼本，第八卷，第四八页）

〔3〕“《题太和刘氏云津书院》”，碧玉楼本《白沙子全集》作“《题云津书院太和刘氏》”。（陈献章撰：《白沙子全集》，碧玉楼本，第七卷，第三六页）

湖北

李承箕，字世卿，嘉鱼人。兄承芳，大理评事；（《门人录》）叔父按谱原作伯父，误，今从本集订正。田，副都御史。（《氏姓谱》）从兄承勋，《明史·李承勋传》：字立卿，父田。〇按原录概以兄名之，今补“从”字。兵部尚书，谥康惠。承箕成化二十二年举人，一试礼部，遂归奉母。弘治元年，来从陈子游，少陈子二十岁。陈子筑楚云台居之。（参《门人录》）日与谈论古今，独无一语及道。久之，承箕有所悟，辞归。（《楚宝》）及归，赠诗十三章[1]。既归，不仕，筑钓鱼台于黄公山下，学者称大厓先生。（《门人录》）与兄承芳称“嘉鱼二李”。（《明史·儒林传》）乙丑卒，年五十四。（《明儒学案》）〇按：乙丑，弘治十八年，是少于先生二十四岁。《门人录》云“少陈子二十岁”，不知何据。为人寡言笑，终日端坐，为诗文下笔立就，工草书，人争传之。（《万姓统谱》）〇按：今白沙田心里额是世卿书。撰《大厓集》二十卷。（《钦定四库提要》存目）

按《楚宝》附案语曰：承箕师事白沙，日与纵谈今古，无一语及道，此白沙之学纯，非空谈性命者比也。〇又贾《志》“流寓”：承箕挈其子侄从白沙游，最久。此误也。考世卿来白沙凡三次[2]，不及二年。（详《年谱》）云子侄从游，本集缺载，亦疑误也[3]。〇又阮《通志》“流寓”：吴廷举延李承箕修《顺德志》。“艺文”云：李承箕修《顺德志》在弘治庚辰。按：弘治无“庚辰”。“庚辰”乃“丙辰”之误。李之来，正在是年也。

---

〔1〕“十三章”原误作“十二章”，据《送张进士廷实还京序》改。（陈献章撰：《白沙子全集》，碧玉楼本，第一卷，第二三页）

〔2〕“三次”，原误作“二次”，据阮榕龄《编次陈白沙先生年谱》“弘治十三年庚申，先生年七十三岁”条改。其实，李承箕先后来访白沙四次。

〔3〕阮榕龄曰，贾雒英纂《新会县志·流寓》所谓“承箕挈其子侄从白沙游”之说，本集不载，疑误。据白沙先生《与李严》等诗之题注，弘治五年，李承箕曾携其子李严等来游白沙。（陈献章撰：《陈献章集》，下册，第四六八至四六九页）贾雒英之说不误。

【补】朱伯骥，字千里，通山人。成化十九年举人，任广州推官，俭于自奉，破衣疏食，人皆谓其苦于束缚。骥尝谓僚吏曰："居官不俭则用必匮，匮则谋所以补，遂渐恣肆不可复问。官之守廉，必自俭始。"(《嘉谋录》)尤精听断，两造咸服。从白沙陈献章游，浩然自得，遂弃官归。(《粤大记》。俱阮《通志》)

按郝、阮《志》"职官"俱作：诸伯骥，通山人，弘治二年任广州推官。"朱""诸"二字必有一误。又阮《通志》"古迹"：张诩撰《彭烈女墓表》，朱君伯骥修其墓。又《湖北通志》"选举"：朱伯骥，通城人。按：阮《志》与《嘉谋录》作"通山人"，未知孰是。亦作"朱"。疑阮《志》沿郝《志》误作"诸"也。

湖南

【补】朱玭，桂阳外沙人。某子，惟庆孙，太保英从孙。〇本集《朱惟庆墓志》：君名惟庆，字汝善，太子太保诚庵英之弟。子四：恒、益、巽、节。孙十：玭、珸、璠、珂、琨、珣、琯、玠、璝、琚。按：玭为英从孙，或从英宦游时为先生弟子也。〇又惟庆四子，恒居长；十孙，玭齿又最长，疑玭或恒之子也。〇又本集《中秋与甘节赏月，兼寄其从子玭》"天壤与君分楚越，中秋高坐白沙庵"，又"外沙子弟通家旧，一一烦君语阿咸"。〇又本集附录桂阳朱玭《哭石斋师》云："不才门下曾叨迹，读罢遗诗痛剜深。"

福建

林体英，莆田人。陈子《与胡提学书》曰："旧岁林举人体英来访白沙，与语两月，比归，亦能激昂自进。不知其后何如也？此学寥寥，世间无人整顿得起。士习日见颓靡，甚可忧也。"(《门人录》)〇按：以与胡书考之，林君之来当在成化六年。

陈聪，莆田人。学于陈子，归，赠诗曰："缊袍不妨学道，辟谷可以求仙。相府胡为慢士,纸田自有丰年。"(《门人录》)本集《与陈聪》:"秋风两见莆阳子,阜帽青筇去复回。眼底流年三十许,脚跟行路几千来[1]。未知世事真能忘,初得家书不肯开。若问江门何所见,两厓春雨长青苔。"按:此诗疑作于成化二十三年[2]。

陈茂烈,字时周,莆田人。年十八作《省克录》,谓颜之"克己"、曾之"日省",学之法也。弘治九年进士[3]。奉使广东,受业陈献章之门,献章语以主静之学。退而与张诩论难,作《静思录》。寻授吉安府推官,考绩过淮,寒无絮衣,冻几殆。入为监察御史,袍服朴陋,乘一疲马,人望而敬之。以母老乞按《门人录》有"乞"字,今补入。终养。供母之外,不办一帏。治畦汲水,亲自操作。太守闻其劳,进二卒助之,三日遣还。吏部以其贫,禄以清江教谕,不受;又奏给月米。上书言:"臣素贫,食本俭薄,古人行佣负米,皆以为亲,臣之贫固未至是。而母鞠臣艰苦,今年八十有六,来日无多,臣欲自尽心力,尚恐不及,上烦官帑,心窃未安。"奏上,不允。母卒,茂烈亦卒。(《明史·儒林传》)陈子与书曰:"时周平生履历之艰,与老朽同而又过之,求之古人如徐节孝者,真百炼金孝子也。"(《门人录》)茂烈为诸生时,韩文问莆田人物于林俊,俊曰:"与时周语,沉疴顿去。"其为所重如此。(《明史》)

四川

【存疑】**邹智**,字汝愚,合州人。年十二能文。家贫,读书(《明史》)居龙泉庵,(《遣愁集》)焚木叶继晷者三年。成化二十二年,乡试

---

[1] "脚跟",原误作"脚根",据碧玉楼本《白沙子全集》改。(陈献章撰:《白沙子全集》,碧玉楼本,第八卷,第二九页)

[2] "此诗",原作"此书"。

[3] "弘治九年",原作"弘治八年"。弘治八年非会试年,弘治九年为会试年。《明清进士题名碑录索引》"弘治九年丙辰科"有"陈茂烈"之名。(朱保炯、谢沛霖编:《明清进士题名碑录索引》,下册,第二四八六页)因改。

第一。(《明史》)郡人聚观，于马上口占云："龙泉庵里苦书生，偶窃三巴第一名，世上许多难了事，郡人何用太相惊。"(《遣愁集》聪慧类)智慷慨负奇。(《明史》)孝宗嗣位，抗章劾宦竖，请黜万安、刘吉、尹直而用王竑、王恕、彭韶。(郝《通志》)帝得疏颔之。无何，安、直相继斥，而吉任如故。会刘概狱起，吉使其党魏璋入智名，遂下诏狱，身亲三木，仅属喘息。(《明史》)拟极刑，刑部尚书彭韶不判案，得免。(《门人录》)赖王端毅、何文肃、徐文靖诸公力持之。其《狱中诗》云："人到白头终是尽，事垂青史定谁真。梦中不识身犹系，又逐东风入紫宸。"《辞朝》云："云韶声转拜彤墀，转觉婵媛按《楚词·哀郢》云："心婵媛而伤怀兮。"〇《钦定四库提要》、《列朝诗集》俱作"婵媛"，尤佳。《明诗综》作"心惊"。今校正。不自持。罪大故应诛两观，网疏犹得窜三危。尽披肝胆知何日，望见衣裳只此时。但愿太平无一事，孤臣万死更何悲。"(《明诗综》)谪石城吏目。(《明史》)抵任两月，职事修举。总督秦纮檄至省城修书。(郝《志》)闻陈献章讲道新会，往受业。自是学益粹。(《明史》)寓壮哉亭。按：亭在新会城大西门内勇敢祠后，即今三广公祠。顺德尹吴廷举迎之，(《新会贾志·流寓》)建亭奉智，名曰谪仙。(《顺德志·流寓》)〇《广府志·古迹》：谪仙亭在鹿门。按鹿门在大良古楼堡。汝愚道吾广，有司留馆坡山。(《双槐岁钞》)〇按：坡山即羊城五仙观。陈子《答汝愚阳江道中诗》云："遗我数篇风格别，思君一夜鬓毛疏。"(《门人录》)弘治四年十月卒，年二十六。(《明史》)〇按：郝、贾二《志》俱云"智与白沙为忘年交"，白沙本集亦不云智为门人。〇又：泊邹厓在顺德马宁。邹智尝泊此，有寄吴廷举诗，后人遂名其厓。(《广府志·古迹》)

广西

【补】**甘思忠**，字秉直，苍梧人。(《续广事类赋注》)性至孝。母卒，庐墓三年。闻陈献章讲学，往从游。都御史林廷选荐授藤县丞。(《大清一统志》)〇按阮《通志·职官》：正德五年，林廷选任总督。

南海

陈庸,字秉常,孝友力行,好古敦朴。成化十年举人。闻江门之学,往师之。与张诩、李孔修交。诩初见献章,庸为介绍。或询诩为人,献章曰:“余知庸,庸知诩,何问焉?”庸潜心理奥。罗伦、庄昶少许可,遇庸辄叹赏。逾五十,亲友强之仕。释褐,补荆门同知,莅任五日,不能随时俛仰,拂衣归。隐居三十年,城市断迹。督学王宏请见,竟谢不往。(阮《通志》引郭棐《通志》)友人谢佑卒,罄囊助葬。病革,沐浴,设陈献章像,焚香再拜而逝,年八十六。其徒多以科第显,伦文叙最著。(《南海志》)著《东峰语录》、未见。《东峰诗文》一卷。存。(阮《通志·艺文》)〇罗伦《南海三峰记》:“靓秀如静姝,远之可爱,近之不可狎者,东峰也。东峰在魁山之上,陈君秉常有之。”按:《记》详此卷后。本集《赠陈秉常》:“远色霁初景,清风振遥林。子来入我室,弄我花间琴。正声一何长,幽思亦已深。愿留一千载,赠子瑶池音。”

谢葵山,名祐,字天锡。广府庠生,按《门人录》、《广府志》俱云南海人。郭棐《粤大记》:增城人。弃去,从游白沙先生。自林南川外,惟葵山独得其指。曾从石翁游古劳葵根山。石翁诗曰:“手拍昆仑歌沉寥,虹桥月下拜相邀。谢生卜筑葵根宅,才到葵根怕路遥。”天锡遂结庐栽茗为生,安贫乐道,糟糠不餍腹,布袜不掩胫。甘泉子诗曰“短袜度元冬”,其贫如此。生甲寅六月初八日,终丙寅九月二十日。一子宗濂,被人谋绝。初甘泉子不肯会试者将十二三年矣,天锡劝之驾,乃因母命赴礼闱,辱上第。天锡病,遗诗四首,中有曰:“生从何处来,化从何处去。化化与生生,便见真元处。”甘泉子奉使安南,为正德八年十二月,亲往葬之葵山。至嘉靖癸丑十月,甘泉子致南京兵部尚书事,已十四年矣,遣守墓古真福天祐代奠之。天祐者,少服侍白沙先生,七十以上,不忘旧也。甘泉子既龛神位与陈清江按：名護，详《番禺志》。同祀于白云尚友堂，侍食于师侧。按：白云山有尊师祠，塑白沙像。见嘉靖二十九年甘泉《新创白云书院记》。详《岭海名胜》。今甘泉集不载[1]。盖二君皆无后也。(《甘泉文集·逸士谢葵山先生墓碣铭》)与李子长称二高士。(阮《通志》)〇本集《寄谢天锡》："不了从兼病与贫，小庐峰里白头新。问谁肯我同精舍，垂老思君是故人。世事转头浑觉梦[2]，烟花过眼可怜春。几时来伴江门钓，闲与诸孙讲旧闻。"

按《鹤山志·地理》：邑庠蔡之楠再三至其地，三日夜遍访祐墓不可得。盖一望皆种茶树，而墓已湮没久矣。

李祥，字元善，南海人。成化十四年进士，官至贵州布政。少陈子二十三岁。(《门人录》)雅有清操，一介不苟取。为白沙先生高弟。(《南海志·循吏》附《梁廷振传》)

黎潜，南海人。陈子《与黎、萧按：名伦，顺德人。二生》曰："某以衰疾执丧，气息奄奄，宾客知旧往来，记一忘十，独于潜也、伦也思之不置，二生之思我可知矣。思之深，言之切，老朽何以答二生之拳拳?"送以诗曰："白发孤灯坐，青春二妙来。若无天地量，争得圣胚胎。至乐终难说，真知不著猜。蒙蒙烟雨里，归思若为裁。"(《门人录》)

罗冕，字服周，南海人。晚年尝馆白沙。陈子居丧，与书曰："比侍奉吉庆，徒以老朽旦夕往来于心，忧之深，言之切，有如吾服周者乎?"(《门人录》)〇本集《次韵罗冕》："高笠短蓑吾不疑，白头真结两生知。夜深自弄江门笛，惊起前湾白鹭飞。"〇《送罗服周解

---

[1] 湛若水之《新创白云书院记》，载于《甘泉先生续编大全》(湛若水撰：《甘泉先生续编大全》，明嘉靖三十四年刻本、万历二十一年修补本，第五卷，第一七至二〇页)，而不载于通行本《湛甘泉先生文集》。

[2] "觉"，原误作"学"，据碧玉楼本《白沙子全集》改。(陈献章撰：《白沙子全集》，碧玉楼本，第八卷，第四四页)

馆》:"看花肯续春来约,莫待黄鹂辞碧梢。"

潘汉,南海人,国学生。(《门人录》)〇本集《九日小庐山示诸友》:"草屋肯留潘上舍,玉台还封古如来。"《赠潘上舍汉》:"泛花盏小潘郎醉,五羊潘汉。击壤声高叶子歌。南海叶宏。"〇俱自注。按:二诗疑在弘治元二年间。

附疑:本集《与潘、徐二生书》"去冬得二生书,半月置床头,日一展,展时一发叹。后生所急者何?后生所畏者何?转瞬便三十、四十,不自激昂、[不]自鞭策〔1〕,将来伎俩又似拙者模样耳。奈何,奈何。萧先生书报潘生近聘岳家甥女,可喜"云云。〇按潘、徐原缺其名,故附疑于此。

崔楫,字希说,南海人。能诗。陈子与书曰:"来喻不忘在学,幸甚。进退未决,不立背水阵,终难胜敌。希说勉之,岁月固不待人也。"(《门人录》)〇本集《与崔楫书》:"不意先府君倾逝,想孝履如宜。按《前汉·地理志》:"伯益能仪百物。"注:"仪"与"宜"同。弃礼从俗,坏名教事,贤者不为。愿更推广此心,于一切事,不令放倒。名教,道之藩篱。[藩篱]不守〔2〕,其中未有能独存者也,愿希说勉之。"

范规,字能用,南海人。陈子有《赠能用》诗。(《门人录》)〇本集《东圃诗序》:"南海范规从予游,尝闻规之父东圃翁朴茂,于人无怨恶。"〇《与范规书》:"定山先生偶得风痺之疾,欲求养生之术,非能用莫能尽之,以此相托。倘蒙金诺,乞至商量。切望。"

马龙,字文祥,南海人。郡诸生,按本集《陈君墓志》"郡诸生马龙",今补入。尝从罗伦学。陈子有《赠马龙如湖西奠一峰先生》,云:"而师罗一峰,幸视我弟兄。"又有《悼马龙》诗与序。(参《门人录》)〇本集

〔1〕"不"字原缺,据碧玉楼本《白沙子全集》补。(陈献章撰:《白沙子全集》,碧玉楼本,第四卷,第三二页)

〔2〕"藩篱"二字原缺,据碧玉楼本《白沙子全集》补。(陈献章撰:《白沙子全集》,碧玉楼本,第四卷,第二九页)

《与张廷实书》："文祥兄弟继逝，甚可悯也。存者季弟诸侄，能不坠其家业否？文祥始从湖西游，颇见意趣。后为仕进累心，遂失其故步。至不得一第而死，是亦命也。"〇《马肇文惠油酒并示哭一峰诗》："谁以三年报一峰，舒刚盖有古人风。一词亦到君亲地，何处无天覆马龙。"《悼马龙》："道南诗卷出湖西，恨失当年马上携。高枕何如一峰好，夕阳回首万山低。"按：末二句即以一峰借鉴，惜其以仕进累心也。语意高妙。

按：舒刚、肇文皆与龙名义相应，疑其别字。以上罗、崔、潘、徐、范、马六人，各志俱缺名。

冯载，字克任，号埜庄，初名祥，南海人。弱冠补邑庠，廉宪薛公器之。委币使于白沙，慨然有求道之志，遂弃举业，讲心性之学。秋试期迫，薛谕以进引意，不顾。遂留受业。比归，白沙赠诗称之。自是语言寡默，学问精诣。湛甘泉称为能隐居以求其志者。谨孝祀，敬父兄，礼恭言确，以严教子，以义睦族。虽拟之陈太丘可也。子教、徽同领正德庚午乡试。徽官按察佥事。曾孙良栋，乙酉乡荐，敦重有大器。（阮《通志》引《粤大记》）

【补】**邝珙**，游白沙之门，苦心笃学。年十四，游于庠。白沙最期许之。尝病，白沙以诗问曰："邝生肺病今何如？献岁初惊得手书。我有丹方欲传与，小藜床上半跏趺。"（《南海》潘志）〇本集《与梁贞书》："戒邝珙之覆辙，念老朽之狂言。"按：书云"覆辙"，未详何事。

吴向，□□人。

番禺

张诩，字廷实，按：本集《与廷实书》云"张君席珍足下"，疑一字"席珍"也。号东所，（《门人录》）南海籍，番禺人，璜之子。（《南海潘志》）居羊城。阮

《通志·古迹》:看竹亭在郡城诗书街左,通政参议张诩所居。莆田彭韶见其少作诗,美之,曰:"岭南孤凤也。"(黄佐《通志》)成化十年举人。受业陈献章,不与计偕者十年。制府檄赴春官,(《番禺志》)二十年举进士。观政吏部稽勋司,从本集《送廷实序》补。疏乞归养疾,归。总督两广屠镛俾有司促之仕,遂北上。(郭《志》)授户部主事,寻丁忧归。隐居二十余年。按:廷实于弘治三年夏闻父丧归,至十四年,仅十一年而已。云二十余年,误。巡按御史黄铠按《南海》潘志及郝、阮《志》"职官"〔1〕,俱作黄铠。《大清一统志》作贾铠。疏诩学问优长、操履端慎、杜门养高、不干时事。部下有司促驾,诩以疾辞不起。正德中,御史程材、王旻前后疏诩少从陈献章学,为岭南学者所宗,师友渊源践履纯笃,可大用。部书再下,诩再辞。继而吏部屡荐,不报。正德七年巡按御史周谟、八年高公韶俱疏诩学有体用,有旨起用。(焦竑《献征录》)九年,召为南京通政司左参议。(《明史》)檄下,先具疏辞,遂抱疾赴南畿。(《献征录》)按:以上四书俱本阮《通志》。一谒孝陵即告归。献章谓"其学以自然为宗,以忘己为大,以无欲为至"。卒年六十。(《明史·儒林传》)少陈子二十七岁。[陈子]尝语湛民泽曰〔2〕:"廷实近多长进,但忧其甚锐耳。"(《门人录》)○按:以《门人录》"少陈子二十七岁"考之,是即卒于正德九年矣。撰《东所集》十三卷〔3〕,《南海杂咏》十卷。(《钦定四库提要》存目)

附录:东所先生授户部主事,复谢病归。按:起为主事,以父忧归,非谢病归也。辟所居为小西湖,闭户天游。佐为诸生时,按阮《志》,黄佐正德五年解元,是佐见东所时,乃在正德五年以前也。尝奉郡侯命往征文,获旅见焉。时传闻前星已耀,先生独向佐谓曰:"昔张子厚闻皇子生,便喜;见饿莩,食便不美。子素颖悟,试言其

〔1〕"南海潘志",原作"南番志"。

〔2〕"陈子"二字原缺,因所引述与湛民泽语,见陈白沙《与湛民泽》第十一首(陈献章撰:《白沙子全集》,碧玉楼本,第三卷,第六四页),故补。

〔3〕"十三卷",原作"二十三卷",因《东所先生文集》为十三卷,故改。

由。”佐对曰：“横渠学在《西铭》，德性所发，实能践之。是心也，乐以天下，忧以天下。”先生欣然，曰：“得之矣。”自是，佐乃知圣学必自其性情始。及乡试后，罹先考难，遂不复见。先生会以荐起，即上疏辞归。遂考终于家。先生天资峭直，人有不韪，辄斥之，或以为过于刚；当道诣庐致礼，未尝报谒，或以为过于静；接见亲宾，严威俨恪，语少涉私，不复与言，或以为过于高。然尝读罗一峰《刚峰记》，而见其不堕于柔；读章枫山《与徐方伯书》，而见其不谒公府；观陈剩夫《心学图》，而见其不忘敬畏；诵庄定山《直沽诗》，而见其隐居复出。四子者皆贤杰也，先生之行实兼之。当白沙倡道东南，先生首往从游，或又以为吟风弄月，寻乐于黄云紫水之间，非知先生者也。先是，三峰高公韶为侍御巡吾广，首访白沙，为立祠置田供祭。与先生最厚，其再起，则三峰之荐也。佐不佞，尝侍先生，默自得师。畀有言焉，不敢辞也。（黄佐《东所文集序》、阮《通志·艺文》）

何潽，字宗濂，（《番禺志》）番禺沙湾人。成化二十年来学。（参《门人录》）陈献章尝曰：“吾门如宗濂者，不可多得也。”（《番禺志》）〇本集《何宗濂书来推许太过，复以是诗》：“何地可攀文献驾，平生愿执菊坡鞭。”按：《门人录》分何潽、何宗濂为两人，误。

何廷矩。（《番禺志》）〇按：廷矩谤师卖友，当从甘泉之言，不当复置弟子之列。事详《丛考》“字”跋。

陈昊元，字乾善，大岭人。（《番禺志》）受学陈献章。弘治五年举人，官陆川教谕。正德三年进士，知青田县。一意高蹈，留心濂洛之学。廷臣交荐，以科道召，辞归。（阮《通志》引《番禺旧志》）〇弟昊贤、昊贤子其具，俱举人。兄弟父子虽仕，而安于恬退，俱早归化，白沙之教也。（《番禺志》）

陈頀，字宗汤。以学行称。事父兄最恭谨。弘治五年举人，为宾州教授,擢清江知县。后祀宾州、清江名宦。(《番禺志》)少陈子三十六岁。(《门人录》)嘉靖二十九年,湛若水奉谢祐与䕶神位同配享于白云山白沙祠,以二人皆无后也。(《南海名胜》及湛若水《谢葵山墓碣》)○本集《答陈宗汤书》:"得宗汤书,作字太奇,老眼不识,服周读之告我耳。"

林高,字伯乔。少从白沙学,得闻性命之旨。弘治八年解元,官知县,有循声。(《番禺志》)○按阮《通志》"选举"有传,"列传"无。

张天祥,字国卿,番禺人。陈子有《答张天祥》七律。(《门人录》)

容贯,字一之,番禺人。(《门人录》)陈献章至贯宅,有"敝衣寒露肘,破屋早知秋。家业凭觚翰,厨烟管去留"之句,乡里至今传之。(《番禺志》)○本集《赠一之归番禺序》:"容生卓锥无地,从予游者十有一载,未尝对人作皱眉状。入京,见势利烜赫,辄不乐。语人曰:'古之仕者将以行其志耳,徒食人禄而不知耻,吾不能以一日居。'贯之志可谓笃矣。"按:一之跋先生庄节妇墓碑云"古冈容贯识"。盖一之原籍新会荷塘,家番禺者也。亦见荷塘《家谱》。

叶先,番禺人。(贾《志》"白沙弟子传")

【补】**李文**,字彦博,一字鳌峰,波罗正心街人。时陈献章倡道学,文慕之,乃与湛若水至江门访之,因筑西台请陈献章讲学。弘治十七年,举于乡;试礼部,得乙榜,例应官,不就。业太学。嘉靖间判泉州,清介自守,以直忤时。隐西台不出。(《番禺志》)○附录:西台在鹿步,极扶胥之胜。过客登临,多留题。别驾李文卜筑于此。(《番禺志·古迹》)

【补】**屈群力**,按《广东新语》作群策。字子仁,号博翁,沙亭人。少从陈献章游,晚筑来薰书院讲学。献章尝过其家,书"背处从他冷笑,眼前任我清狂"赠之。时湛若水在翰林,劝之出,群力谢之以诗。郡有司三举乡宾,皆辞。子青野,亦高尚,尝结社于水门乡,东接虎门。献章题云:"凿开鱼鸟忘情地,展尽江湖极目天。"(《番禺

志》)○按："凿开"二句，乃宋宋元宪庠《许昌西湖诗》。详蔡絛《西清诗话》。著《交翠轩集》。未见。○(阮《通志·艺文》)

顺德

梁储，字叔厚，号郁洲，原号厚斋，(伦以训撰《梁文康公行状》)初字藏用，据本集诗注补。顺德石硝人。按：《郁洲稿》嘉靖三年三月《祭许世昌文》，自称石溪病叟。○按：硝字字典无之，俗读若硬。景泰二年生，其明年立县治。(参订《行状》)其先出宋丞相克家之后。有司库公者，始迁南雄珠玑巷。某公者又迁南海县之石硝。(《行状》)为诸生时，提学胡荣选有异质者(《门人录》)受业陈献章，(《明史》)储与焉。成化十四年会元，授编修。(《门人录》)二十三年，充会试同考官。(黄《志》)五月，丁内艰，继丁外艰。弘治四年，进侍讲，改洗马。五年，主考顺天。十一年五月，册封安南，馈遗一无所视。十三年，复命。(《行状》)久之，迁翰林学士。(《明史》)十四年，又主试顺天。十六年三月，(黄《志》)同修《会典》成，迁少詹，拜吏部右侍郎。(《明史》)充册封鲁藩。(黄《志》)正德改元，转左，迁尚书兼学士。(《行状》)三年，主会试。(黄《志》)刘瑾谪《会典》小疵，坐降侍郎。《孝宗实录》成，复尚书，寻加太子少保。(《明史》)瑾憾不已。九月，(黄《志》)调南京吏部。瑾诛，以吏部尚书兼文渊阁大学士。(《明史》本传)寻晋太保武英殿。(《明史·宰辅表》)十六年四月，(《帝王年表》)上入继大统，有定策功，亲迎乘舆于藩邸。(李时撰《墓志铭》)五月，致仕。加左柱国。(《宰辅表》)尝降敕褒之，有曰："张九龄之忠荩而不究其用，崔与之之风概而不久于朝。"(黄《志》)嘉靖六年丁亥，杨一清在内阁，(参《宰辅表》)上命撰敕召用而讣音至矣。(阮《通志》引黄《志》)三月二十五日卒，按：郝《志》编年作七年九月，误。寿七十七。(《行状》)赠太师，谥文康，谕祭九坛。己丑，葬番禺大观山。(杨一清撰《神道碑》)著《郁洲遗稿》十卷。"是集储子次摅所编，后其孙孜官中书舍人，从内阁录其奏疏补入。储历事三朝，当武宗杌陧

[不宁之]时〔1〕,乃能岳岳怀方,弥缝匡救。集中奏疏,如武宗自封镇国公,则上疏力阻;许给秦王关中牧地,则草敕为危言以动听,事遂寝。又力请回銮,疏至八九上,无非惓惓忠爱之忱,虽辞乏华腴而义存规谏,亦可云古之遗直矣。胡维霖《墨池浪语》乃引杨慎之言,谓'《明通纪》一书乃储弟梁亿撰,故以不草威武大将军敕归之储。其实,写威武敕者,储也。内阁有敕书稿簿,缀撰文者姓名,何可诬也'云云,其说独异。然稿簿果存,不应终明之世无一人见而言之,《明史》本传亦无明文,置之不论可也"。(《钦定四库提要》)

附录:宸濠未反时,多内交士夫,凡所馈遗皆有籍记。濠诛后,馈籍惟厚斋梁公、晋溪王公按:名琼。无受馈迹,世人犹指此疵二公。厚斋自入仕至归老,负郭不增寸土,家无余财。尝见一匠人何云:"公归日,议建先祠。计匠直,曰需八金。匠何六往,曰:'未有给也。盍少需?'八往,不能给,祠竟不克建。"按:此何匠一段,当有讹文〔2〕。公在位日,王御史溱请典刑公,田给事中赋请没公之赀代天下输租之半。上御极,言官劾公假宸濠兵卫,公不辩,曰:"余只致仕去已矣。"久之,知与宸濠卫兵者实石斋杨公按:名廷和。当制,正德九年三月十五日也。旧制:凡阁下当制拟旨人亲署衔著笔迹焉,故不得诬移之他。公惟引罪,连三上疏乞致仕,无片言自辨,然后知公之大也,难能也已,足法也已。(《郁洲集》附霍韬《梁厚斋公传》)

又附:《白沙集》有《示藏用》七律十首,诗注:"藏用,梁

〔1〕"不宁之"三字原缺,据《四库全书总目》补。(永瑢等撰:《四库全书总目》,下册,第一四九三页)

〔2〕此何匠一段,霍韬《赠太傅谥文康梁公传》作:尝见一匠人何云:"公归间日,议建祠妥祀其先。计工匠之值,曰需八金。匠何六往,曰:'未有以给也。盍少需?'八往,不能营给,祠竟不克建。"(霍韬撰:《渭厓文集》,《四库全书存目丛书》,集部,第六十九册,第一〇九页。《献征录》所载,与此大体相同。参焦竑编:《献征录》,第一册,第五一〇页。)

文康初字，先生门人。”又查《郁洲集》与《行状》俱未说从学白沙。此本系顾迂客重修，必有所本，且初字藏用，别本亦不多见。观此诗，先生倾倒于文康亦至矣。（《五山志林》）〇按：先生代容珪作《丁知县行状》并张子《白沙行状》俱云“梁储，先生门人”。罗偶未考全集并《明史》，故有是疑也。〇又按：藏用与储名相应。又东莞门人袁晖亦字藏用。

梁文冠，字华卿，鼎新人。（《顺德志·隐逸》）最先从陈献章游，因率其二子景行、景孚学焉。（阮《通志》引《粤大记》）予闻石翁陈子之学，始乎静，终于自然。先生首与李伯温兄弟从之。翁馆先生于家，训其诸孙。按：本集有《戏赠馆宾梁文冠》，原注云：“尝馆白沙。”翁居碧玉楼，尝与先生极论名理，知其大有得也，乃号先生曰“见玉”。先生与李世卿、吴献臣厚善。石翁赠诗曰：“得雨花畦润，随风鸟韵长。公来诗不少，排日两三章。”不嗜酒，武人强引一杯酌之，病两月而差。少号鹤山，晚居古谷种梅，号古谷。（《洹词·梁古谷先生墓志铭》）著《鹤山集》。未见。（阮《通志·艺文》）〇**景行**，字宗烈。弘治二年举人，知崇明，多善政。（《门人录》）弃晋江令，返壶山。吴公疏荐于朝，嘉靖初起为镇江同知。大学士杨一清其族子留者，干官府、害里人，宗烈独治之，鞭其奴。改王府按：《顺德志》作寿王府。长史。（《洹词·三仕集》附见《吴尚书廷举传》）杨廷和假子杀人论死，杨一清时寓镇江，为请减一等罪，不听。（《大清一统志》）湛若水见白沙，景行为之介绍。若水曰：“白沙不作，功名声利，往往而是。宗烈超然世外，未老而死，岂天下不欲白沙之绪延哉？”（《顺德志》）著《壶山集》十卷。未见。（阮《通志·艺文》）〇**景孚**，字宗正，陈子有《和景孚游山诗》。（《门人录》）景孚聘妻，献章助谷三十斛。（《顺德志》）

梁奎，字文灿，大良人。弱冠，补诸生。从陈白沙游。沉毅醇谨，白沙雅重之。居家以孝友闻。赵督学扁其堂曰“爱日”。弘治二年举人，通判袁州，阖郡称其廉平。中丞部使者交移檄劳之。值桃源洞贼数十万薄城,武将悉皆怯伏,奎独拔剑斫案,誓曰:“不与此贼俱生。”遂上马率众出战,大败之,俘获甚众。益转战深入,矢竭援绝,遂遇害。贼亦大创,遁去不敢复向袁州。郡人谓:“微奎以死拒之,则城不保矣。”事闻,特旨晋秩二级,祀名宦,荫子世衡八品官。(参《顺德志》)

梁贞,字惟正,据本集补。南海人。以父赘室桂洲,因家顺德。少游郡庠。师事陈献章,笃志向学。(参《顺德志》)居父丧,哀毁逾礼,服除不入寝所。(《广州志·儒林传》)弘治二年举人。陈子《奠贞文》云:“馆中之士,求如惟正者,守一而没,盖亦希矣。”(《门人录》)

黄泽,字曰雨,按:阮《志》“字若雨”。顺德石硝人。弘治五年解元,六年进士。陈子有《闻泽发解》诗。(《门人录》)泽性豪举,博学工诗,善真草书。初计偕,同举人何钦按:阮《志》“钦,番禺人,泽同榜举人,官教谕”。病疫,僮仆尽死,泽独负钦至省治,逾旬而愈,人义之。(《顺德志》)

赵善鸣,字元默,(《广东诗粹》)顺德碧江人。(《谢山存稿》)每诵陈子诗,辄向慕。弘治十二年拜门下。十四年举人,仕至南京户部员外郎、(《门人录》)云南曲靖知府。(《诗粹》)性豪举,博学工诗,善真草书,(《顺德志》)为世珍宝。称丹山先生。(《西樵游览记》)著《朱鸟洞集》。未见。(阮《通志·艺文》)〇甘泉集《别后与赵元默言怀》:“桃李默不言,流莺语春风。语默各有性,此理谁能穷。羁靮不由人,圣人有天工。岂无神化术,能使蛇为龙。”〇《西云梅花盛开,用元默西云韵》:“梅花清太极,雪月与通灵。老树从心折,春花就手迎。”

附录:赵善鸣,字元默,与同年湛元明俱出白沙门。前因元明识其人,甲午以户部员外公差过豫章,出许司徒函谷所刻《辨论》为惠,始得尽见一时贤俊论学之说。(《豫章漫钞》)〇按《明史·七卿表》,嘉靖十三年甲午,许瓒为户部尚书。

胡旦，（贾《志》“弟子传”）字达明，补。号养蒙，顺德白藤人，南海籍。岁贡。性纯笃，与弟曼同胎生，俱游白沙之门。有《次马默斋送白沙先生应召诗》。○**曼**，字子缨，号养源。皆以文行高尚为时所称。（《胡氏家乘》）

萧伦、详南海黎潜传。**萧立**。（贾《志》“弟子传”）

邓德昌，字顺之，水藤人。从《南海》潘志“金石”补。○按：顺之，顺德水藤人，非南海盐步之水藤。贡生，官应天训导。（《门人录》）居西樵，筑铁泉精舍读书其中。湛若水极相推重。晚年以其学授傅明应，称贲斋先生。（《西樵游览记》）读书鹿洞，复授史惺堂桂芳。桂芳，番阳人。按原录误作“番禺人”，今改正。官两浙盐运使，得白沙之传。（参《门人录》）

附录：弘治己未秋，予与张傅之、邓顺之、赵景凤按：景凤，疑丹山初字。约游西樵，而五羊李子长者闻之，偕李天秩先候予，邓氏未及面，赋诗而去。（甘泉集《游西樵记》。）○南海伦以谅《游铁泉精舍赠邓顺之诗》：“我爱铁泉子，迂疏不作家。尊空方乞酒，鼎沸旋沽茶。囊贮春山药，楼深石径花。时携九节杖，天外挂名霞。”○远志楼在铁泉精舍中，嘉靖间，邓德昌建。（俱《西樵游览记》）○按白璜《西江志·吴与弼传》案语云：甘泉、东所、惺堂受业于白沙之门。按：此语误也。盖白《志》见《明儒学案》惺堂与东所附于“白沙”条下，故遂误以为门人耳。此犹周蕙、薛敬之皆薛河东再传、三传门人，故《学案》俱附于河东条下，同一例也。○又按：本集有《与邓胜之书》，未详邑里，岂即顺之昆从耶？○附录：望沙台，邓德昌治，甘学书刻，在西樵望沙台南石壁。德昌，水藤人。（潘《南海志·金石》）按望沙者，望白沙也。犹汪提举之怀沙亭也。○《钦定四库提要·惺堂文集》：史桂芳，字景实，号惺堂，嘉靖癸丑进士。其《语录》称，[诵]陈献章“未分无极源头在，谁画先天样子来。碧玉楼中闲隐几，十千川绕又山回”之句〔1〕，谓数十年不似今夕

〔1〕“诵”字原缺，据《四库全书总目》补。（永瑢等撰：《四库全书总目》，下册，第一五九九页）

了悟,其宗旨可见〔1〕。

邓翘,字孟材,顺德龙江人。善墨竹,以正德岁贡教谕浮梁。陈子有《答翘送晚菊》诗。(《门人录》)

邓珙。(贾《志》"弟子传")〇按:阮《通志》案语以明《新会志·弟子传》有邓珙无邓翘,《顺德志》有邓翘无邓珙,疑珙即翘。榕以为非也。各志缺漏者多矣,庸独二人哉?

张希载,字博之,号柏山,顺德龙山人。弘治五年,同邓珙从游陈子,诲之曰:"君子之心,常存恐惧,于善未迁、过未改,恐生懈怠。于静曰惺惺,于动曰惺惺,恐生冥醉。"湛若水曰:"昔游白沙,惟柏山学有端绪。"正德间,以贡生教谕攸县。(参《门人录》)性和蔼而不可诡随,士薰其德,不严自化。(《湖南通志》)

附录:甘泉居西樵,东所、柏山诸人往来于大科、烟霞、云谷间,迭主讲席。(《西樵游览记》)〇玉泉涓涓流,恍如仙篴弄。道人掬泉饮,惊起蛟龙梦。柏山张希载。右刻在西樵喷玉岩。张希载,白沙弟子。诗无年月。《顺德志》称柏山与湛甘泉处西樵,霍文敏《樵云出岫送柏山序》称柏山冲云出樵,甘泉子送之。(《南海》潘志"金石")〇张在瑗,字蘧度,顺德人,希载玄孙,有祖风。学宗白沙,足迹半天下。鼎革后不出。有《绿树山房集》。侍儿青郎、香奴,均能诗。(《粤东诗海》)

康沛,顺德人。按《顺德志》:龙江、龙山、甘竹俱有康姓,沛疑亦龙江康佥事麟之族。陈子《喜康沛至》诗曰:"三年念游侣,奄至庐江曲。睍睆枝上莺,相呼入幽谷。平生真淡意,至老方耻独。"沛之言曰:"先生之

---

〔1〕"可见",原作"可想",据《四库全书总目》改。(永瑢等撰:《四库全书总目》,下册,第一五九九页)

教也，文章性道，因人而传。未尝言易，亦不语难。沛游门下，十有四年。教我静坐，静而匪禅。日用之间，要见鸢鱼。寂然之中，天机常动。如洪钟在县，不叩而鸣，未尝或补。息。此乃先生之教之全也。”（《门人录》）

李瑜，字伯温，鼎新人。年二十，进邑庠补廪。从学白沙。笃志有为，改过不吝；虽淡泊自甘，而志切济人。白沙推重之，特以吴康斋所书《雪竹赞》赠之。与湛甘泉友善，同处上游庄，凡十年。年八十二卒。甘泉临墓致祭，有挽诗藏于家。大司农张泰、少司成周贤宣各有表铭刻于石。（《顺德志·隐逸》）〇附疑：按《洹词·梁古谷墓志》云：李伯温兄弟从石翁游。考贾《志》“弟子传”有李由、李方、李同三人。俱缺爵里，不知何人为伯温兄弟也。

李孔修，字子长，号抱真子，侨寓广州高第街。（《顺德志·隐逸》）〇按：顺德佘语山锡纯《跋严大昌过花基访李子长故居诗后》云：志称子长侨寓广州，几忘其为顺邑之大良人矣。邑城东南曰花基，李氏多聚族于此。谒其祠，子长主在焉。〇按：今顺德古粉村亦有李子长祠，白沙本集云“偕顺德李子长游李村山”。《大清一统志》云南海人。误。〇大明高士抱真李子子长先生之墓。通议大夫詹事府詹事翰林院学士南海霍韬渭厓撰、乡进士南海陈中诚元白书丹、礼部儒士番禺甘学于桀题篆。甘学曰：“世道日下，势利交征，挟寸能片长者，罔弗投合于时，黜智守分、笃志尚友于古者无几。抱真李子孔修子长，少从白沙游，飘然鹤思，不伍于世，破庐薄产，蔬食不继，未尝作皱眉状。作诗写字，不履律于前，自为一家。或观眺山水，归而图之，见者争爱而酬之，曰‘李子长画’云。平居管宁帽，朱子深衣，入夜不违。近二十年，足不越城阈。惟攻《周易》，城中儿童妇女皆称曰‘子长先生’云。间出庐户，远近环视，以为奇物。今年病卒，无子。”学又曰：“惟孔修有古之林逋、魏野、种放、孺子、云卿之风，诚皇明一代之高士。于是，宪使李先生子庸、少参王先生崇教闻学之言，皆高李子之风，遗赀之经治之葬。”谨案：李孔修子长行履,世人称述多过其实,今摭其可传者如左:李子长有庶母,父殁,母改适民家,诬讼子长没夺之产。县官系鞫之。子长无言,抑迫之输供。按:钞本有"供"字,《南海志》及《西樵游览记》俱脱去。操笔供曰:"母告委是情真。"县官疑之,为之覆鞫,得其情,乃知其贤,礼敬之。世人由是诮子长曰"痴汉"云。子长少年输粮于县官,县官按:《南海志》脱去"县官"二字。今据《西樵记》补。异其容止,询姓名,不答,惟一拱手。县官叱曰:"何物百姓,乃尔拱手耶?"呵之退,又再拱手。县官怒,笞之五,竟无言以出。白沙先生知之,戏之诗曰:"如何叉两手,刚被长官笞。"盖实录也。子长少游白沙之门,白沙先生抗节振世之志,子长独得真传。若东所张诩、葵山谢佑,皆于师门无玷云。是故子长之诗曰:"月明海上开尊酒,花影船头落钓蓑。"白沙先生亟称之,曰"后二十年,恐子长按:钞本及《西樵记》俱有"子长"字,《南海志》缺。无此句"云。谢佑之诗曰:"活水引龙归后洞,古松搂鹤上高枝。"志嘉遁也。又曰:"看花得意流连舞,坐竹随阴次第移。"言自得也。按《鹤山志》:《葵山诗集》,今无传。此是葵山归山诗,其起结云,"春风春雨入山时,便借清流浣旧衣";"纵迹往来无捉摸,此中疑有白云知"。东所之诗曰:"人才似宝真堪惜,宇宙如家合要扶。"全仁之量也。孔修于东所、葵山为久要云。又曰"白沙流风之远,东所、葵山、子长不失其真"云。或问于陈秉常庸曰:"子长废人,有诸?"秉常曰:"如子长诚废,则颜子诚愚。"盖秉常于子长同师白沙,故相知信如此。君子以为知言云。后学霍韬不能加片言,惟为之铭曰:"呜呼子长,去矣子长,逖矣子长,后世于何望!古风子长,古节子长,逖矣子长,后世于何藏!古貌子长,古心子长,逖矣子长,后世于何仿。按《广东文献》作"仿"。嘉靖十年十一月十一日。"按:碑原作十一月。《南海志》作十月,漏"一"字也。右碑在西樵云路峰。(潘尚楫《南海志·金石》)〇按阮《通志》所引《顺德志》、郭《志》"李孔修传"皆删改霍氏此表者。榕虑后世不究其原,故破传志体例,全录之。〇道光二十年春,予仲弟韭龄持钞本霍公《子长墓碑》归潭溪,云古粉重建子长祠,友人某请为祠碑。予疑钞本有讹文。是年十月八日，适与方君石琴、梁君朴山游西樵，得谒李子长墓。墓在翠林中，故碑未残泐。兹因取《南海志》与钞本校订，各有讹异，乃悟此一钞本与一游览，皆奇缘也。〇本集《次韵李子长抵江门》："江门之水流千里[1]，玉台之山多白云。此山若解留人住，此水应须与客分。云谷丈人终不老，舞雩童子又成群。去时若问来时路[2]，寻乐斋前对此君。"〇《送子长还五羊》："津头看水坐成痴，天地闲人我却知。此日江山初见子，向来风韵更因谁。春波荡柳舟难系[3]，晓树啼莺枕欲攲。江上明朝空引望，白云何处久支颐。"〇俱《与张廷实书》："云谷老人、李孔修，非吾廷实，安知吾郡有二贤哉？得手书喜而不寐。云谷已老，将不可得见；独孔修妙年，如廷实所称，非俛首当世之人也。万一他日往来之便，庶几接其绪论，以信吾廷实能善取友也。"〇"子长病小愈，曾见之否？子长食黄柏不死，且以黄柏为有功，诸君为子长忧黄柏也。九月十三日。"按：子长与廷实俱居羊城，故书问子长，必于廷实。此书疑在成化二十二年。〇"子长在馆已半月，梁贡士告行奉此。"按：弘治二年春，廷实入都，是年秋先生门人梁景行、梁贞、梁奎皆领乡荐。因其入都，故告之。〇"子长怀集之行，恐未免内顾之忧，能照之否？"〇《与崔楫书》："子长落水罗汉，吾辈皆漩涡佛耶？何故无一人救之？"〇《送子长往怀集，取道谒张诩梧州》五绝二首。按：此行在弘治五六年。详年谱。〇《寄子长》五古："仙城李子长，发短不及寸。家有觅栗儿，时无郭元振。"〇《题李子长画》二绝之一："青山影里人家少，绿树阴中石径微。偶出洞门回首望，白云何处有柴扉？"〇附录：白沙字，李子长画，皆粤东之所贵也。(《广东新语》)

---

〔1〕"里"，碧玉楼本《白沙子全集》作"春"。(陈献章撰：《白沙子全集》，碧玉楼本，第八卷，第三〇页)

〔2〕"路"，碧玉楼本《白沙子全集》作"见"。(陈献章撰：《白沙子全集》，碧玉楼本，第八卷，第三〇页)

〔3〕"荡柳"，原作"浩荡"，据碧玉楼本《白沙子全集》改。(陈献章撰：《白沙子全集》，碧玉楼本，第八卷，第三一页)

《金竹集·题李子长先生骑驴图真迹》:“传神问为谁,亦复向何之。应是白沙路,独寻黄叶时。低头斜点点,轻策下迟迟。感激导先在,将思穷相追。自注:东坡譬用劣笔作字如穷相驴。”“赏心方一笑,满眼足悲辛。画主印文在,诗家笔迹真。自注:画为伍重驹家藏,上有高望公、陈元孝题诗。无非前日友,谁是此时人?坚久不如纸,悲哉七尺身。”〇《石缘诗钞·香山茂才陈官题抱真子自题小影》:“抱得天真乐可寻,春光淡荡墨痕深。还将有象征无象,想见先生太古心。”

附录:湛若水《祭李抱真文》[1]:维嘉靖二十六年,岁次丁未,二月癸未朔,[越]十五日丁酉[2],友人前南京兵部尚书湛某谨以庶羞果酒之奠昭告于故友李抱真之灵曰:嗟乎抱真,少游江门,亘四十年。人曰学圣,笑而不言。嗟乎抱真,溟涬自居,美质天成。不降其志,不辱其身。不慕富贵,不厌贱贫。上漏下湿,歌声彻邻。不离城市,气凌烟云。混迹尘世,行希古人。诗画寄傲,梅雪精神。时出别调,林逋其伦。托体云路,峩峩高坟。敬奠一杯,表此平生。尚飨!(《甘泉文集》)〇按张子《白沙行状》:成化辛丑,见我先生于白沙。先生之识子长,实由于张子。先生与张子诸书可考。子长之来游白沙,大抵在弘治元年,是则子长之从游,仅十余年而已,而甘泉云“亘四十年”,与行状及《白沙集》迥异;若自子长从游之年计至子长之卒,四十四年矣。〇又按阮《通志·职官》:按察李中嘉靖十年任,参议王洙嘉靖九年,凡二年。是子长卒于嘉靖十年,故李、王二公为之治葬,无疑也。〇又《广东新语》云:

〔1〕“《祭李抱真文》”,《湛甘泉先生文集》作“《祭李子长墓文》”。(湛若水撰:《湛甘泉先生文集》,《四库全书存目丛书》,集部,第五十七册,第二二一页)

〔2〕“越”字原缺,据《湛甘泉先生文集》补。(湛若水撰:《湛甘泉先生文集》,《四库全书存目丛书》,集部,第五十七册,第二二一页)

子长年九十余卒。按此则子长当生于宣德初，与先生年相若。今考先生《与廷实书》云“独子长妙年”，又云“定山岂可辄寄以诗？子长后生，当存谦退”云云。当弘治初，称为“后生”“妙年”，况霍表又两言“少从白沙游”，是子长卒于嘉靖十年，年仅七十而已。《广语》所云，类多无据，故所载与甘泉从游之年，俱未考本集，故有此误也。

陈交甫《门人录》：“子长画之失传无论已，乃诗句流传，亦竟无一语，今市坊伪刻鄙俚，谬为子长诗，此不待辨。至生平亦无可考。流俗诬云：以事诣县，拱手无言，为所笞，致有痴呆之目。此种无稽，真是可恨。异日续修粤志，当改正此传，毋令英豪受诬地下也。”〇按陈解元僻处海隅，故于霍表及子长真诗未能遍考，故有是言。〇又嘉庆间，顺德罗君学鹏录市坊所售子长《贫居百咏》刊入《广东文献》，以为子长真诗，鄙俚殊甚，诚有如交甫所云者。即知其真，犹当选录，况未必真耶？其中句如“眼中怪怪奇奇事，都让他人做出来”“等闲更唱无腔曲，醉卧门前乱草堆”，竟似诗中无赖子。如此类，层见叠出，罗君凡例乃曰“子长百咏，约道德为诗，不纤不腐，理确情真”。此等品题，误人殊甚。且子长善画，有霍表可按，胡为百咏中无一字言及画者？罗君此刻，殊非阙疑之道。当亟删之，毋令嗤大雅于千秋。

附子长诗：顺德文学李孔修《春日游西樵》：“扶病涉江还上岭，寄情飞跃有高深。翠蒙烟树微通路，红乱花枝正满林。禅语本无生处像，圣功流出静中心。暮春全好风坛在，明月堪来属杖寻。”（《岭海名胜》）〇《游西樵》：“奇花不尽留春久，宿雨才收月色新。阁外凌云高去鸟，山中问道远邀人。”（《广东诗粹》）〇《卧愚亭》：“带雨寻公到日西，野塘风景对君迷。便安亭下供吟咏，且爱花阴得杖藜。乐地焉知无洞府,淡心我亦任招提。百年意绪痴迷在,也未乾坤放眼低。”(《广东文献》三集)○按:亭在大良,详《诸友考》。○成化丁未,豸南公卫自北归,遂坚志不仕,友人李子长赠诗云:“华阳昔日夸弘景,少室当年羡李公。山腹雾深藏锦豹,潭心春暖卧骊龙。数金澼纩封侯重,三尺侏儒宠泽隆。芦月渚烟能子北,一竿谁识紫溪翁。”(《古冈梁氏家乘》)○按:此诗当作于弘治元年以后。梁公,详《门人考》。○《送湛甘泉迎侍》:“大孝古来儿傍母,一官今日母趋儿。八千里路波涛险,饭是胡麻亦可悲。”按:此诗以甘泉传考之,当作于正德元年〔1〕。○《咏龙眼》:“封皮酿蜜水晶寒,入口香生露未干。本与荔枝同一味,当时何不进长安。”○《杂诗》:“竹屋三间隐薜萝,红尘绝少白云多。客嫌巷陋悭来驾,燕为门低懒结窝。年老渐休题凤字,更深犹放饭牛歌。人间雪月风花景,休问狂夫占几何。”子长诗多不留稿,故流传甚少。(俱《五朝诗选》)○按此首即《贫居百咏》之第三十九,最稳雅者。盖黄氏从他书贩稗而出,不然既见《百咏》,何以云流传甚少也?○《题老女桥》:“四百年来事可寻,石桥遗迹古犹今。秋宵惟有龙江月,照见当年老女心。”(《西樵游览志》)○按老女桥在龙江、龙山交界。湛若水有《宋贞女吴妙静墓表》,见《甘泉集》《顺德志》《龙山志》。

《王中秘文集》有《与李伊令书》云:“吾乡李子长先生,醇谨端慤。闻其亦有妻,每食必举案齐眉。按:原本缺“齐眉”二字,不可通,今补入。酷肖伯鸾之为人,吾因辑其诗歌以继《五噫》。按:中秘所辑者,今罕传。雷更爱子长当家无事。时天子三年一举,士之贤者皆得试之。

〔1〕 蒋冕撰《明封太孺人陈氏墓志铭》云:“编修湛元明初领乡荐,例当北试春官,以其母太孺人无他兄弟侍养,不忍离左右,家居者十有三年。太孺人强之,始北上。既第进士、入翰林为庶起士,甫授编修,即假奉使宗藩之便,踉跄星夜走岭外,迎太孺人至京。”(蒋冕撰:《湘皋集》,《四库全书存目丛书》,集部,第四十四册,第二九六页)《武宗实录》云:正德三年三月,朝廷遣宁阳侯陈继祖等为正使、翰林院编修湛若水等为副使,持节册封宗藩。(参《武宗实录》第三十六卷,《明实录》,台北:中研院历史语言研究所校印本,一九六二年,第三十四册,第八五六至八五七页)湛若水迎母入京事在正德三年。然则,李孔修之《送湛甘泉迎侍》诗亦应作于正德三年,而非正德元年。

有司坐大门左，诸生头伏足缘行、被发缨冠听点。子长年少，奋然曰：‘朝廷至大，士至小，至以不肖相视耶？’即弃砚去。后有司闻其贤，乃于贡院旁筑掷砚亭。按：掷砚事或有，筑亭事疑虚传。俟考。今伊令，子长曾孙也，行端悫有祖风。时天步艰难，已弃儒冠不仕。仆去年春交伊令，因怀子长。约游黄山三十六峰，结茅其上。”天尺曰：“吾乡皆传子长先生无妻，今阅中秘书，乃有伊令闻孙，其非无后人可知。”又曰：“子长尝从白沙先生讲学，得无欲之旨，操行廉洁，人不可得而衣食之。布政使朱英按《明史》、阮《通志》，朱英前为广东右参议，后为总督，未尝为广东布政。为参议时，子长尚未生。此或彭韶之误。饷米二十余石，固辞不获，乃悉举所有瓶盎盘匜之属，才容一二石许，余则不受。遇空，辄画猫卖之，毛骨如生，鼠见惊走。其山水翎毛亦精绝，人皆宝重。然皆不肯多画。平居，人希见其面；间出，择地乃蹈。遇雨，辄拱手徐行。人曰：‘先生何不趋？’曰：‘前路岂无雨耶？’人皆笑之。晚于道深造，年九十余，无疾卒。今西樵祭社，以子长配为社师云。”（《五山志林》）〇按先生《寄子长》云“家有觅栗儿”，可证其有子矣。然霍表又云无子，盖有子而夭也。中秘所交伊令者，别支入继耳。又榕昔寓大良，谂诸李友人云山，云山云：“今亦无嗣矣。”是伊令之后又绝矣。

抱真先生李子长墓在云路峰前，霍文敏公为设祭田以附祀于社。樵人祭社，每尸视焉。有像在社学，山中童子入学，必先谒之。水旱厉疫，祷之辄应。尝有奸民夜斩坟木，一村鸡狗皆鸣。自后无敢在坟前樵采者，其灵异如此。何梦瑶《谒子长墓诗》“九原容我寻高士，三疾如公是古民”“处士垄成王失贵，先生坟在社长存”。（《西樵游览记》）

东莞

林光，字缉熙，东莞人。为诸生[时]，读吴澄论学诸书，感悟，建得趣亭读书其中。（阮《通志》引黄《志》）成化元年举人。（阮《志》“选举”）五年会试，拜陈子于神乐观，从归江门，曰：“吾得师矣。”已而筑室榄山。往来问学者二十年。按:缉熙于成化五年从归江门,十五年丁外艰,适十年矣。先生有《林彦愈墓志》可考。此云二十年,误。丁外艰服阕,母强之出。二十年会试,中乙榜,授平湖教谕。勉学者反身修行,士习丕变。二十二年,主考福建。弘治二年,主考湖广。五年,同考顺天试。升兖州教谕。(黄《志》)丁内艰。起复严州府教授。(《门人录》)升国子监博士,三载乞致仕,不允,升襄府长史。致仕,竟日危坐,手不释卷。陈子曰:"从吾游得此道而能践履者,惟缉熙耳。"湛若水亦曰:"白沙夫子崛起南方,得其门者南川一人而已。"少陈子十三岁。(黄《志》)白沙之门见道清澈,尤以林先生光为最。光所上白沙书,得力过于甘泉。(《广东新语》)年八十一卒。(黄《志》)著《南川集》十[二]卷[1]。(存。阮《通志・艺文》)子时衷,嘉靖七年乡荐,仕镇南知府,有廉惠声。(阮《志》引《东莞志》)

林时嘉,字子逢,光族子。尝从光游白沙门,自律甚严。入邑庠,规行矩步,不习流俗。提学魏校尝选为西隅社学师。初聘妻李,未娶而瞽,母欲改聘,时嘉坚执不可,竟娶之,相敬终其身不衰。时高其义。(阮《通志》引《粤大记》)〇本集《紫菊吟寄林时嘉》:"怀哉种花人,杳在江一曲。遗我盎中金,南牕伴幽独。"〇《送林时嘉》:"南川梦里旧青湖,何处青灯一榻孤。留取幽禽守花月,隔林还与尽情呼。"

林时矩,东莞人。本集注云:"先生门人。"〇本集《与时矩书》:"禅家[语][2],初看亦甚可喜,然实笼侗,与吾儒似同而异,毫厘间便分霄壤,此古人所以择之贵精也。"〇《与张廷实书》:"时矩语道而遗事,秉常论事而不及道;时矩如师也过,秉常如商也不及,胥失之

[1] "二"字原缺。经查,现存《南川冰蘖全集》为十二卷,(林光撰:《南川冰蘖全集》,北京:中国文史出版社,二〇〇四年版)因补。

[2] "语"二字原缺,据碧玉楼本《白沙子全集》改。(陈献章撰:《白沙子全集》,碧玉楼本,第四卷,第三四页)

矣。”按：此书作于成化十八年。◯《与林友书》：“时矩可与共话，吾兄但降心气受之，则有益。”按：时矩，疑亦光侄辈。[1]

林琰，或曰光族，字秉之。光之族，（阮《通志》）诸生。据本集补。◯本集《悼林琰》七律二首：“扶胥早寄坐中身，晚入黉宫忽四春。”又：“闻道平湖归渐近，相逢空有泪沾巾。”按此诗意，是秉之进庠四年而卒。卒之岁当在成化二十二年，时光为平湖教谕也。◯《寄袁晖林敬》：“岁首诗缄寄早梅，路旁先倩秉之开。而今两眼西风泪，谁解传声到夜台。”按本集《林彦愈墓志》：生二子：明，光弟也。又《伍氏族谱序》：“林光谓其弟琰”云，是琰或光从弟也。

林敬，字子翼，东莞人。（阮《通志》）◯本集《寄袁晖林敬》：“颇忆江湖林子翼，小斋留饭更袁晖。”按：以上四人，《东莞志》缺载。

袁晖，字藏用。十岁丧父时，往墓下号泣。家贫，业香柜以养母。夜则读书。陈献章过访，大称许焉，晖遂游于其门。其学务力行，不事章句。新会令丁积见之，叹曰：“不意布衣贫窭卓立如是。”献章尝曰：“林缉熙称袁晖决非泛泛者。伍光宇从余游，余甚爱之，亦以其不泛泛也。伍光宇死，乡曲未有如光宇者。晖其光宇之俦

---

〔1〕 历来为“林时矩”立传者，其依据为白沙先生诗文集中所收“与林时矩”三书。（陈献章撰：《白沙子全集》，何九畴本，第三卷，第五至六页；碧玉楼本，第四卷，第三三页）其实，此“与林时矩”三书，乃白沙先生寄何时矩者也。何时矩，即何廷矩。胡居仁《与罗一峰》书中，于引述其中第一书时，称之为“公甫《与何时矩书》”。（胡居仁撰：《胡文敬集》，《景印文渊阁四库全书》，第一二六〇册，第一八页）湛若水编撰、明刊本《白沙先生诗教解》，于所附录之“诗教外传”中，摘录其中第一、第三书，均称“子语时矩云”；（湛若水撰：《白沙先生诗教解》，《四库全书存目丛书》，集部，第三十五册，第六〇〇页）由湛若水校订、由高简等人于嘉靖十二年刊刻之《白沙子》中，则将这三封书信题为“与时矩”；（陈献章撰：《白沙子》，明嘉靖十二年高简等刻本，第三卷，第四九至五一页）由湛若水编撰或校订之《白沙先生诗教解》附录之“诗教外传”、《白沙子》，均仅书“时矩”之名而不书其姓。个中缘由，耐人寻味。疑与何时矩后来背叛师门之事相关。此外，唐伯元编次《白沙先生文编》将此三书以及另外一书题为“与何时矩”；（唐伯元编次：《白沙先生文编》，明万历十一年郭惟贤、汪应蛟等刻本，第五卷，第一〇至一一页）黄宗羲于所撰《明儒学案》之“白沙学案”中，选录其中第一、第三两书，亦将其题为“与何时矩”。（黄宗羲撰：《明儒学案》，上册，第八六页）可见，白沙先生诗文集中所收“与林时矩”三书，乃白沙先生寄何时矩之书信。因此，白沙先生门人之中，并无所谓“林时矩”者。

与!”后辞归,终身不求仕,以孝友仁让教乡闾,时俗为变。年七十三卒。(《东莞志》)〇本集七绝《拟于精舍旁结小庵以处袁晖》。

按《东莞志》:始称袁晖者,林光也。称光宇从游、今光宇死者,先生称伍光宇也。原是两人。考黄《通志》,林光少陈子十三岁,年八十一卒。是光卒于正德十六年,卒在先生之后。《广府志·儒林传》改云“昔光从余游,今光死”云云,误甚。〇附录:袁金蟾,陈白沙门人,袁晖仲子。少好学仙,终身不娶,独坐卧一室中,发结成毬,生平不盥洗。尝宗白沙,诗有“夜深山色静,明月满西川”之句。年八十四卒。后有人见之增城山中。(《广府志》)

【补疑】祁顺,字致和,东莞人。(阮《通志》引黄《志》)名儒陈献章高弟。(《石阡府志》)天顺四年进士。成化十一年,建储,赐一品服使朝鲜,凡舆马、金绘、声伎之奉,一切麾却,三韩君臣骇异,为筑却金亭。未几,升江西左参政。以诖误,(阮《志》引黄《志》)十九年知石阡知府。(《石阡府志》)其地僻陋,至则谨斥堠、开屯田、广储蓄,流散日复。士人素不知学,自开郡来无贡举,乃集儒生,亲为讲授,数载而擢科者数人。弘治六年,升山西右参政。八年,升福建右布政,寻转江西左布政。按抚交章特荐。王恕在吏部,亦疏引之内阁。丘濬、刘健皆欲荐顺,顺辞甚力。其生平邃学问、持大体,用公帑一毫不妄费。在江西积金数千,将易箦,闻人言可私为归计者,即戒妻子曰:“若私此金,吾目必不瞑。宁归而饿死也。”乃悉归于公。卒年六十四。著《石阡志》十卷,(阮《志》引黄《志》)《巽川集》十六卷,末附张元祯所作《墓志》、贾宏所作《墓表》,各为一卷[1];(《钦定四库提要》)〇按:

---

〔1〕 经查,张元祯所作《墓志》、费宏所作《墓表》,均载《巽川祁先生文集》附录卷上,并非各为一卷。(祁顺撰:《巽川祁先生文集》,《四库全书存目丛书》,集部,第三十七册,第五八〇至五八二页)

“贾”字疑“费”字之误〔1〕。《宝安杂咏》一卷、《皇华集》二卷。（存。阮《通志·艺文》）〇按：巽川为先生弟子，仅见《石阡志》。各书未载。

【补疑】**陈猷**，字公远，东莞人。少即励志，动循矩矱。领成化戊子乡荐，读书太学，侨居神乐观。猷从讲学，终日澄心静坐，充然有得。（《广府志》）

香山

【补】**刘栻**，字君范，香山县人。有笃行，乐推解。尝及白沙先生门，与李子长、杨淑廉友善，有《刘杨唱和集》。筑室马头山，吟啸自适。编辑族谱，乡里称贤。卒年九十三。（《香山志·耆寿》引《刘氏家乘》）

增城

湛若水，字元明。初名露，字民泽。避始祖讳改为雨，后定今名。其先莆田人。元有讳露者，为德庆路总管府治中，卜居甘泉都沙贝村。先是，成化二年丙戌，中星明越之分野，先生适以是年十月十三日巳时生。（参罗洪先《甘泉墓表》）两耳旁各有黑子，左七，类北斗；右六，类南斗。年十四始入小学。十六学为文，游府庠。抚台视学，教官肃诸生以跪迎，先生执不可。弘治五年壬子，秋闱中式。甲寅二月，往学江门。（参洪垣《甘泉墓志铭》）陈子称之曰：“民泽远到器也。日用随处体认天理，著此一鞭，何患不到古人佳处。”按：“日用”以下二十字，见本集《与民泽书》。书与李承箕曰：“楚云台自湛雨来，始放胆居之。冷焰迸出云台之上。晚景得渠，真有益。”（《门人录》）十二年己未，《赠江门钓台诗》云：“皇王帝伯终归尽，雪月风花未了吟。莫道金针不传与，江门风

〔1〕“贾”字确为“费”字之误。经查，《巽川祁先生文集》附录所载《墓表》，其署名为“赐进士及第资政大夫礼部尚书兼经筵日讲官铅山费宏撰”。（祁顺撰：《巽川祁先生文集》，《四库全书存目丛书》，集部，第三十七册，第五八一至五八二页）

月钓台深。”按本集《江门钓濑与民泽》七绝三首。曰:“江门钓台,病夫衣钵也,兹以付民泽,将来有无穷之祝。”庚申,白沙没,为之服衰。甲子,佥宪徐君纮劝驾,按阮《通志》引黄《志》,于“劝驾”之下云:“过南昌,谒庄定山。”考弘治甲子,定山没已五年矣。甘泉集有《祭定山文》,曰:“癸丑,谒先生于定山。”此语可证“南京”又误作“南昌”,故删之。乃入南京国子监。祭酒章懋试《睟面盎背论》,奇之。(黄《志》)十八年会试,学士张元祯、杨廷和为考官,抚其卷曰:“非白沙之徒不能为此。”置第二。授编修。时王守仁在吏部按俞璘《阳明先生年谱》:“弘治十八年,先生三十四岁,是时为兵部主事,湛若水为庶常。一见定交,共以倡明道学为事。门人始进。”《明史·王守仁传》:“始授刑部主事,后补兵部。”至此《湛传》又作“吏部”,误也。讲学,与若水相应和。(《明史·儒林传》)正德七年壬申,(《墓志》)出使册封安南,国王馈金却不受,赠诗有“白沙门下更何人”之句。(黄《志》)〇按《明史·安南国传》:正德七年,晭受封。疑甘泉往安南在七年,归在八年。十年,丁母忧,庐于墓侧(《墓志》)三年。(《明史》)产瑞瓜九实相连,人以为孝感所致。(《粤大记》)十二年服阕,(《墓志》)筑西樵精舍,士子来学者(《明史》)日给钱米。开礼舍,必斋三日,(黄《志》)先令习礼,然后听讲。嘉靖元年壬寅,升侍讲。三年,升南京祭酒。七年,升南京吏部侍郎。八年,转礼部侍郎。十年,转吏部侍郎。十二年,升南京礼部尚书。十五年,南京吏部尚书。十八年,南京兵部尚书。置新泉、三山二庄田,讲学于新泉书院。江都县西有甘泉山,立甘泉书院,由是书院遍于天南。(《献征录》)南京俗尚侈靡,为定丧葬之制,颁行之。(《明史》)禁火葬,毁淫祠。(《献征录》)十九年庚子,疏请致仕,(《墓志》)年七十五。取道钱塘,游武夷。构精舍于罗浮朱明洞,建书院青霞谷。(李默撰《传》)二十三年九月,登祝融峰。十一月朔,作《白沙先生新祠祝文》。(《甘泉集·岳游纪》)建白沙书院,置田五顷。复取白云山为白沙祠。自其祖江以来,田连阡陌,世为土豪。若水尽增田宅,岁入数千,而性好食宿肉沙饭、居漂摇危楼,营建岁无虚日,人皆异之。(黄《志》)

年九十，按：《广东新语》作“九十二三游南岳”，甘泉集未载，俟考。犹为南岳之游。过江西安福，邹守益，守仁弟子也，戒其同志曰：“甘泉先生来，吾辈当宪老而不乞言，慎毋轻有所论辨。”(《明史》)三十九年(《甘泉集》)庚申四月念二日戌时，一星如斗，其光烛天，声如雷，举城皆惊，殒于文院，按黄《通志》：“有大星殒于广州河南，卒于所居小禺洞。”即终于正寝，(《墓志》)年九十五。(《墓志》)〇按《广语》云“卒年九十六”，《皇华纪闻》云“卒年九十九”，皆误。阖城奔哭者以万计。(《墓表》)讣闻，赐祭葬。(黄《志》)隆庆初，赠太子少保，(《粤大记》)谥文简。(《大清一统志》)撰《甘泉文集》三十二卷。(《钦定四库提要》)〇按洪垣《墓志》，著述凡二十余种。长子东之；次子柬之，按《墓志》长子东之原作“东西”之“东”，次柬之作“柬帖”之“柬”。二字最易混，故阮《志》引《粤大记》混称。今考《甘泉集》别白之。荫知府；三涞之，生遗腹子恭先(《墓志》)最贤，生八子，敏学竞爽，盛德之后必昌云。(《粤大记》)明兴，白沙起，当时来学者至倾天下。甘泉扩其绪而大之，(《南海潘志·杂录》)相从士三千九百余人。(《墓志》)其门人最著者有永丰吕怀[1]、德安何迁、婺源洪垣、归安唐枢、(《明史》)吕柟、蒋信。(郝《通志》)〇按《明儒学案》：泾野吕修撰在南都，与甘泉共主讲席，是从游者，与之游处、讲学耳，非弟子也。又《学案》云，常德蒋佥宪两次从游，皆在甘泉游南岳时。时王守仁倡道东南，若水与之并驾，四方名士，翕然宗之。(贾《志》“弟子传”)

附录：甘泉翁官至上卿，服食约素，推所有以给家人弟子，小宗大宗有义田，有合食。(《广东新语》)相从士三千九百余。于其乡，有甘泉、独冈、莲洞馆谷；增城、龙门，有明诚、龙潭馆谷；于羊城，有天关、小禺、白云、上塘、蒲涧馆谷；于西樵，有大科、云谷、天阶馆谷；罗浮有朱明、青霞、天华馆谷；南都有新泉、同人、惠化馆谷；溧阳有张公洞口甘泉馆谷；扬州有城外行

---

[1] “吕怀”，原作“李怀”，据《明史·儒林传》改。(张廷玉等撰：《明史》，第二十四册，第七二六七页)

窝、甘泉山馆谷;池州有九华山中华馆谷;徽州有福山、斗山馆谷;武夷有六曲仙掌、一曲王湛会讲馆谷。先生以兴学养贤为己任,所至咸有精舍赡田以馆谷来学。故所造士,皆有得于先生之学,以淑其身,以惠诸人。(罗洪先《甘泉墓表》)孟氏以得天下英才教育为乐,如先生者,可[谓]得其乐也已〔1〕。吾人为孔孟之徒,贵而有位者,当以先生为法。(《广东新语》)

刘瑊,字宗信,增城人。(《门人录》)太学生。(本集《刘氏祠堂记》)○本集《雨后示刘宗信林时嘉》五绝二首、《送刘宗信还增城》五绝四首。

陈暕,按阮《志》引《粤大记》作"林暕",日旁从東西之東,误。字子觉,增城仙村人。少倜傥,读书南海庙,大书于门曰:"白浪起时浪花拍天山骨折呼吸雷风,黑云去后云芽拂渚海怀开吐吞日月。"御史见而奇之,欲召见。暕请士相见礼,御史重其才,竟礼之。御史后谒白沙,语及暕,叹曰:"斯人,诸葛俦也。"陈子《忆旧游南海祠怀陈暕诗》云:"子觉饶英气,携书话此宫。清词无厉鬼,大水有真龙。过客媿诸葛,论诗病长公。往来三十载,美恶迸成空。"(《门人录》)

按:陈暕、林楝,姓名字形相似,故本集及《通志》、《门人录》皆相混。本集(碧玉楼本卷九)《悼林暕》从日从東西之東。云〔2〕:"一日之雅亦为哀,钟淑相随入夜台。按:淑,新会人。详下。此生未了男儿事,也向扶胥打坐来。"扶胥打坐,即此增城陈暕字子觉寓南海庙事。按:先生有《扶胥口借浴日亭韵》诗,是扶胥即南海庙之证。又考:暕,日部九画,从柬帖之柬。明也。与陈暕字子觉,觉与暕名义相应。日旁从東西之東,字典无之,盖写刻者微误耳。是陈

〔1〕"谓"字原缺,据《广东新语》补。(屈大均撰:《广东新语》,上册,第二九五页)
〔2〕"林暕",原作"林楝",碧玉楼本《白沙子全集》作"林暕"。(陈献章撰:《白沙子全集》,碧玉楼本,第九卷,第三三页)据阮榕龄之注"从日从東西之東"改。

暕，暕字音简，字子觉，增城人。林楝楝梁之楝。盖即陈暕之误。决知其同一人者，以其同用扶胥事也。又先生诗云“辞宾子觉刚”，即谓陈暕寓南海庙辞御史事也。

陈东渊，增城仙村人。（《门人录》）〇本集《处士陈君墓志铭》：郡诸生马龙为其友陈东渊乞铭其祖处士忍庵之墓。处士孙东渊，承其父永荣君之命，来谒白沙馆之小庐山精舍，自冬徂春，按事见弘治元年年谱。恋恋不忍别。予游厓山，请执杖履以从，东渊既朝夕侍我侧，略无一言及于铭，予益重之。处士于予，初无一臂之交。与之铭〔1〕，以一马生之言，犹未也。岂不曰东渊在白沙馆，能谨子弟之职事先生，于厥祖有光耶？

尹凤，字舜仪，增城人。性孝友，连丧二亲，泣血六年，腰绖不去身。遇所生日，不御酒肉，闭门悲思辄逾日。（阮《志》引《增城志》）行古道，有古人风。与湛若水同游陈子门，筑万竹台于九龙岩，按：岩在西樵。相与讲学。屡宾于乡。卒年八十二。（《门人录》）湛若水表其墓。（《增城志》）〇按：《墓表》，《甘泉集》缺〔2〕。〇附录：竹石元来不必分，竹精神是石精神。若教万竹论封爵，可配当年万石君。（《甘泉集》）万竹尹先生为人孝谨，有似万石君建，故诗表之。

三水

陈冕，字子文，三水白泥人，生员。雅负气节，陈子甚重之。（参补本集并《门人录》）〔3〕〇本集《至陈冕家》五律、《赠陈冕》七古。〇《次

〔1〕“与”，原作“予”，据碧玉楼本《白沙子全集》改。（陈献章撰：《白沙子全集》，碧玉楼本，第五卷，第三六页）

〔2〕《甘泉先生文集》、《泉翁大全集》均收有《明故乡先生万竹君墓表》。（湛若水撰：《甘泉先生文集》明嘉靖十五年刻本，内编，第二十三卷，第二四至二六页；湛若水撰：《泉翁大全集》，明嘉靖十九年洪垣编刻、万历二十一年修补本，第六十三卷，第一〇至一一页）《湛甘泉先生文集》通行本则无。

〔3〕“参补本集并《门人录》”，疑应作“参本集并《门人录》补”。

韵陈冕》："西游笠顶是青天，每爱前村酒处眠。秋雨闭门人不见，依稀犹记下江年。"按先生于成化十八年往梧州，经白泥至陈冕家，疑即此时。曰"下江"者，自梧州回也。〔1〕○《陈冕墓铭》："伯道有子，刘蕡登科。责报于天，所得几何？迈迈子文，蹈此高坟。我铭为子，显于千春。"按本集《城隍庙记》：弘治癸丑冬，郡守命生员陈冕来征记。疑同一人。

陆之，三水清塘人，陆宣弟。按《肇庆志》：宣，天顺六年举人。澄心理学。尝应弟子试，已入选，督学欲易名为宜之，曰："君子已孤不更名。"辞不愿充。归，从陈子游。陈子雅重之。（《门人录》）○阮《志》云：本高要籍，嘉靖五年始割置三水。

新宁

林樟，字挺之，新宁人。按原隶新会。○《新宁志》"选举"、"文章"、"人物传"缺载。云南蒙化府经历。陈子有《送樟入京》七绝。（参《门人录》）

清远

【补】**李辅**，字芝松，清远人。陈献章高弟。品甚高，一时台省咸重之。（《广府志·儒林传》）是时，陈献章倡道东南，从游者最盛，皆乐恬退，故门人李辅、子长多以隐终。（《番禺志·张诩传》附）著《芝松诗集》。未见。（阮《通志·艺文》）○按：芝松赠先生赴召诗，见成化十八年年谱。又按：阮《通志·李辅传》案语云：《白沙集》有《赠李司训诗》。按是五律。《清远志·选举》称李辅为正德十年岁贡，任浦城训导。榕考此诗题，是当先生时已为训导。若《清远志·选举》之李辅，其岁贡在正德十年，时先生卒已十五年矣。阮《志》以为即《白沙集》之李司训，即白沙门人，前后矛盾。盖《白沙集》之《赠李司训》别是一人，或正德二字乃成化、弘治等字之误，均未可知。

【补】**杨宪臣**，初名敷，清远人。以兄没袭清远卫指挥，从学陈

---

〔1〕《次韵陈冕》，《白沙先生诗近稿》入"癸丑诗稿"。（陈献章撰：《白沙先生诗近稿》，第九卷，第九九页）癸丑，为弘治六年。故此诗并非成化十八年往梧州时作。

献章。(《广府志》)〇辨详"江西"条。

高要

【补】**邓崇德**，字子修。由乡举按《肇庆志》：正德十一年举人。授沙县知县，俗狡诈难治，崇德作十事谕民。尝决疑狱，活一家死罪者三，民称神明。未几卒，百姓如哭其私。(《高要志》)尝游陈献章门。卒，私谥古廉先生。(阮《通志》引高要旧志)

开平

【补】**冯殷**，字质夫，开平人。弘治二年乡荐。游白沙之门，究心濂洛，得其大旨。尝与李江、罗素读书薛公岩。(《肇庆志》引旧府志)

鹤山

施用，字以政，竹荫人，遗腹子也。少嗜学，太母惜之，则瓮其灯候太母寝乃默诵。尝游白沙先生门。弘治五年举人，知太平县，著廉能声。有兄弟争讼者，赋诗示之，感泣而去。以不得郡守意，议左迁，百姓遮留泣别。家萧条，犹好施。友人林捷之贫，月给资粮，既卒，犹馈不绝。卒年七十五。第五子应岳，拔贡。(《鹤山志》)

易元，字德元，号南峰，玉桥人。(《鹤山志》)为郡学生，有文名。尝与陈庸、容珽谒罗伦于永丰，伦赠《三峰记》。(参贾《志》"弟子传")〇风骨巉岩，气度轩豁，如神人异僧。使人望而敬者，南峰也，易君德元有之。(罗伦《南海三峰记》)

【补】**易镛**，字用之，按先生《与易赞书》亦作"庸"。庸，用也，故字用之。庸、镛古通，诗曰"镛鼓有斁"是也。玉桥人。少从白沙游，慕古学，以礼自守，不屑治家产。邑令徐乾请赴宾筵，谢以诗。旷情逸致，山川自娱。年六十卒。(《鹤山志》)

易彬，字公学，玉桥人。与弟才游白沙门。(《易氏族谱》)〇本集

《易彬讣至乞书铭旌》:"群贤半遂春云散,老泪还随暮雨飞。"

附录:梁储《与易公学书》:"久不奉诲言,李长源回,曾致一书,亮达左右。春来起居何如?具庆下惟读书,全有多福。储居此,托庇无恙,惟元气未充,精力未觉强健,故自此日加保护,以为后图。人事苦烦,莫得如愿,亦不敢怠忘也。余无可为吾兄道者。企以时为师门珍重。丁大尹名积,字彦诚,赣州宁都人。盖欲励清操而爱民者,数以新会事之宜理见问。储曰:'余无所知识,无已,其惟得人咨访乎!友人易公学,清和有识,倘得而商确之,当有以称盛意者,但恐其不易致耳。'丁曰:'当不忘公言。'濒行,遂求书道意。仅具说如此,惟吾兄裁之,不具。公学兄执事。辱知梁储再拜。"(《鹤山志》)〇按丁、梁二公,成化十四年进士同年。此书当作于十四、五年丁公初任新会时。似当录附《新会·名宦》丁公传下,一以资考镜,一以存公臣佚事。

【补】**易才**,彬弟。与兄彬游白沙之门。(《易氏族谱》)

【补】**易赞**,字翼之,别字菊主,玉桥人,白沙先生门人。女适白沙孙、贡生畹。白沙有《留菊主饮酒》诗,《题菊主诗卷》文一篇。(《鹤山志·杂记》)〇按:诗见补遗,文详弘治十二年年谱。

易龙,字体乾,按阮《志》云新会人,今隶新宁。误。坡山人。博学强记,性端洁。岁贡,为郴州训导。其教人必先明义利、严课程,而徐讲古礼以维之。州人郎中何孟春曰:"吾党弟子不知根本工夫;未仕而行己治家可观,君之教也。"艰归,丧祭尽礼。率其族建祠堂、作家训、立宗子以统祭祀。常曰:"宗子不能修身,庶子不敬宗子,皆为不孝。"服阕,补汀州府训导。按《门人录》作江州,误。从子逵登科,年少,事之最谨。(《新会》王志)〇按《鹤山志》:龙,一字宜秋。区越,其门人也。湛若水、方献夫、区越皆有赠汀州广文易宜秋诗。

【补】**易允**，字秉信，号隐求，坡山人。庠生。（《易氏族谱》）〇本集《书易隐求铭旌后感[而有]作》七绝三首之一[1]："半雨半晴莺乱啼，溪边丈人还杖藜。不见旧时游走伴，白头冲雨更冲泥。"〇《答易隐求书》。

新兴

【补】**梁玠**，新兴人。由贡入太学，授衡州府训导。升永福教授，未至任，卒。性孝友。早游白沙先生门。冠昏悉从家礼，居丧不事浮屠。捐俸置田遗石鼓书院。还家，橐无余赀。（《肇庆志》引《新兴志》）

【补】**李元杰**，新兴人。性朴实。父直，举人。按《肇府志·选举》：旧志真作直，正统甲子举人，今属鹤山。按《鹤山志》：西园人，误作戊午科。既丧，按："丧"下当有"元杰"二字，今补入。元杰服阕，慕白沙先生，往请作《墓志》，按：《墓志》本集缺载。遂师事焉。先生嘉其诚，号之曰习隐。平生口不道虚言，足不履公门。寿八十二。知县胡尧时旌曰处士。（《肇庆志》）

博罗

何宇新，字子完，博罗人。性至孝，父滔早卒，每忌日辄泣不食。母卒，水浆不入口者七日。独居中门外不盥栉、不炉扇。（阮《通志》引戴璟《通志》）母死，贫不能葬，乡人感其行，争赙之，发引致奠，至七十余筵。遇积雨不止，及輀车届道，随在辄晴，雨若为迁避者。既葬，缚草庐墓侧。夜有虎蹲其门，宇新曰："罪恶之人，孤哀万死，盍早食我？"穴壁窥之，二虎也。旦去，夜辄至。每浃旬，则易二新者，犹瓜代然。宇新忽得疾，乡人舁归，其家在城，虎亦尾之去。疾

〔1〕"而有"二字原缺，据碧玉楼本《白沙子全集》补。（陈献章撰：《白沙子全集》，碧玉楼本，第九卷，第五八页）

愈还墓,则虎又来。家畜黄犬,三五日辄候墓所,宇新有所需,即书纸系其颈,家人见之,具备系还。有旨旌其门。后宇新第乡贡,入南监,苏人钱士弘与之友善,见其近体衣尚结衰,绞带牢不可解,以示终身之丧云。宇新尝求李西涯诸名公为作庐墓诗,白沙封其卷,题诗有"直凭天地闭秋冬"之句,惜其自暴也。[1](《双槐岁钞》)尝游陈献章之门,献章书"卓行"二字,并遗诗曰:"绕舍乌成阵,终年虎卧门。山梅初并蒂,冬竹又生孙。耿耿天公识,明明国典存。千秋何孝子,不媿史官言。"弘治二年举人,仕至宗人府经历。请告展省墓,卒于家。(阮《志》引黄《志》)

附录:总督阮元撰《赠监察御史何迓衡墓志铭》:君五世祖宇新,明举人,旌表孝子。君以次子南钰贵。(阮《志》"冢墓")〇按本集有《与光禄何子完书》,不知署正抑典簿也。又按本集《何孝子庐墓诗卷》七律:"春夏谁开发育功,直凭天地闭秋冬。"本无惜其自暴之意,《岁钞》恐误会诗意。又阮《志》引《岁钞》亦多倒错。故检《岁钞》移补之。又考子完来从学,当在成化二十一年。详年谱。

曾确,字子鲁,博罗人。弘治十七年举人。正德间,知尤溪。俗佞鬼,确毁淫祠、黜浮屠,建义仓十七所。寇犯境,擒其渠率。

---

〔1〕 此段文字有删略。黄瑜《双槐岁钞》作:何孝子子完宇新,惠之博罗人。少失父,事母至孝,有传其事者,可异焉。其词曰:"宇新母死,贫不能葬,乡人感其行,无远迩争赙之,发引致奠,至七十余筵。遇积雨不止,及辆车届道,随在辄晴,雨若为迁避者。既葬,缚草庐墓侧。夜有虎蹲其门,宇新祝曰:'罪恶之人,孤哀万死,盍早食我,毋徒相怖。'穴壁觇之,二虎左右驯如也。迨晓散去,夜辄复至。每浃旬,则易二新者,犹瓜代然。宇新忽得危疾,乡人舁归治之,其家在城市,虎亦尾之去。疾愈还墓,则虎又来,遂视之若素豢者。家无应役三尺之童,畜一黄犬,每三五日辄候墓所,每有所需,即书片纸系其颈,家人见之,具备系使负还。似此孝感不一。士庶百余人白其事于藩司,及具奏,有旨旌其门。"后宇新第乡贡,入南监,苏人钱士弘与之友善,见其近体衣尚结衰,绞带牢不可解,以示终身之丧云。宇新尝求李西涯诸名公为作庐墓诗,陈白沙封其卷,题诗有"直从天地闭秋冬"之句,惜其自暴也。(黄瑜撰:《双槐岁钞》,第二一五页)

(《福建通志》)升湖州府通判，致仕。以荐为南京刑部主事。卒年八十。尝受学白沙。(《博罗志》。俱阮《通志》)仕工部员外郎。陈子赠确《还博罗》诗："风袂飘飘过五羊，五仙遮道问行藏。庐山莫道无分付，领得春风古桂香。"(《门人录》)

潮州

龚曰高，字志明，潮州人。陈子有《晓枕示湛雨、龚曰高诗》。(《门人录》)

杨琠，字景瑞，海阳人。师事陈子，与王守仁善。正德三年进士，授监察御史，弹劾不避权贵。按江南，全活冤狱百余人。病归，族有规，乡有约，化行于乡。潮久苦堤隤，具奏建筑，潮人赖之。入祀乡贤。海、揭二邑皆有专祠。(参《门人录》)〇按阮《志》缺传。"选举表"云潮阳人，揭阳学。

【补】**余善**，潮阳人，师事白沙。(贾《志》"弟子传")由岁贡为横州训导，母老，乞归。家居，倡明四礼，邑中号道学先生。(附父余真传。阮《通志》引《潮阳志》)

附录：《鹤山志》：易准，字淑衡，坡山人。邑令罗侨《敦请为都老书》云："前治丁大尹，乡贤则有陈白沙相行四礼，民淳俗化。"〇本集撰《丁知县行状》云："民穷于侈且僭，侯为申明洪武礼制，参之文公冠婚丧祭之仪，使民有所据守。每乡择老成者主之。"〇按：此四礼能行，亦富教之一助。赘此以志存羊之慨云。

【补】**林岩**，揭阳人。今隶澄海。尝从白沙讲道江门，居家有礼，恤孤周贫，积善行义，不替父风。(附父林希荫传。阮《通志》引黄《志》)

【补】**赵日新**，潮阳人。弘治五年举人，罗城教谕。成化五年举人赵相子。(阮《通志·选举》)〇本集《与赵日新》："久不见生，一日得生手书,如语予馆中,不知其在罗城也。去白沙几年,味生之言,欲再见白沙而不可得。甚矣,生不忘白沙也!忧病之余,泯泯默默,无可为他人言者。念生忠信之人,可与共学。然问之者甚切,告之者无序。生虽有求于我,其何补于日用乎?宾阳陈掌教,可人也,可一通之,余不具。"〇《赠赵日新还潮州》:"考德每劳依讲席,临流亲为泻椒浆。"按:日新,本门人,各书俱缺载。

乐昌

邓球,字俊圭,号东川,乐昌人。父容,按:阮《志》"选举"误作"子容",盖倒错。死难,谥忠毅。兄瑗,举人,官佥事。从阮《志》补。〇按先生《慰邓俊圭丧兄》云"碧玉三年空枕块"。是诗作弘治十年,时先生亦丁艰也。球,成化十年举人,从陈子游,赠诗云:"忠臣有子堪传后,古道无人仅见君。"李世卿还楚,陈子拟邀球共游衡山,不果。少陈子二十二岁。(参《门人录》)方伯吴公东湖按阮《志》"职官":正德十年至十二年,吴廷举为左右布政司。称以"冰雪肝肠",及卒,补。吴公建祠祀之。(阮《通志》引《乐昌志》)

吴川

林廷瓛,字公器,吴川人。受业白沙。弘治三年进士,令永嘉,迁建昌同知,以廉明著。未几,以两艰去。寻补苏州同知。(参黄《志》)禁绝陋例,大苏民困。(郝《通志》)生平笃志理学,功名富贵淡如也。(《高州志》。俱阮《通志》)〇按《苏州府志》引王志坚《府志稿》云:"由永嘉知县升苏州同知,勤敏有才,奉身廉约。甫三载以忧去。"与黄《志》异。

新会

【存疑】**伍云**,南山人。〇本集《伍光宇行状》:君讳云,字光宇。自少轩整,有志于世。人有善,好之若出诸己。己所欲为,必欲强人为之。垂四十,始交于予。南山之南有大江,君以意为钓艇，置琴一张，置供具其中，题曰光风艇。遇皓魄当空，水天一色，君乘艇独钓，或设茗招予。君赋诗，予亦扣舷而歌，不知天壤之大也。君以夙疾未除，其为学也，不能无日暮之忧。便杜门危坐竟日。别于白沙筑草庐三间，号寻乐斋。自成化庚寅冬至明年首夏，凡四阅月，无日不在寻乐。始与家人约云："吾不可去白沙。吾其斋戒有事于家庙，吾疾作须扶，吾乃归。小健，吾当返，慎无以家事累我。"学主力行。前此惟务意气胜人，至是痛自惩艾。尝励声曰："云不自树立，不如死。"君笃于事死之礼，月旦、十五日，君以夜半起，衣冠，拱立祠下以俟，尊卑男女咸来，无敢不虔。辛卯秋，为祠。语人曰："吾息奄奄，惟是祖考所栖未有定处。吾虽存一日，不敢怠。"语未毕，痰出不绝。卒前数夕，焚香烛，招予，与诀云："云薄命，负先生。"数日遂卒，年四十七。实辛卯十月十八日也。无子，以兄裕子秉中为后云。按：先生作《光宇行状》在成化七年，先生年四十四。伍子卒于是年，年四十七，是长于先生三岁。贾、王二《志》俱云"少于先生七岁"，误也。先生《怀亡友光宇》云"先生英骨葬蓬莱"，以先生称之，本在朋侪之列，况长于先生也。且考先生于诸门人，曷尝以先生称之？或伍子以师礼事先生，所谓有道德者不问其年，而先生退让自谦。此可以理推也。昔蔡西山先生以师礼事朱子，朱子与之语，惊曰："此吾老友也，不当在弟子之列。"《广东新语》云："甘泉讲学天关，时有简翁年百又三岁，来执弟子礼，甘泉弗受，延翁南向，谓：'翁所养纯一，吾当师之。'"是伍子之于先生也，不必弟子，不必不弟子也[1]。

容珪，字彦礼，号到轩，荷塘人。父恪详诸友考。命珪与弟珽、璿、玑俱从游白沙。年五十五卒。白沙挽珪诗曰："四雏一母乳，按珪、珽、璿、玑皆母阮氏出，故云。见先生《容处士墓志》。珩珩东山岑。二雏羽翼长，一去无遗音。母衰二雏小，中夜哀莫任。感此骨肉别，悄然伤我心。萧萧暮色起，脉脉春江深。百年会有尽，泪下雍门琴。"

---

〔1〕 林光《与伍光宇书》云："高明日在师席，望为我避席一叩也。"（林光撰：《南川冰蘖全集》，第一〇七页）"高明"，指伍光宇；"师席"，指白沙先生。由此可知，伍云应为白沙先生弟子。

按：此挽珪诗第二首。又曰："容氏多兄弟，西良此白眉。"第三首。又有《祭彦礼文》。○**斑**，字彦昭，号两峰。成化十一年夏，白沙命斑与陈庸、易元谒罗伦于永丰，为五古赠别曰："远行会离索，四顾仍低迷。羡子意气豪，别我无一凄。"至永丰，伦赠《三峰记》曰："盘踞广博，意气端重，如赪玉者，两峰也。两峰在东良，彦昭有之。"年四十一卒，白沙有《奠彦昭文》。○**璿**，字彦潜，号清轩。白沙《与珪书》："某小恙不足虑，旦夕耿耿，正为璿耳。"无何，璿卒。有《奠彦潜文》、《感彦潜卒》诗。七律二首。○**玑**，字彦贞，号半溪。○《彦礼率诸弟同在馆下，彦昭、彦礼、彦贞、彦潜相继卒，感作》云："水光山色两依然，不见当年载酒船。老我交游疏后进，君家兄弟散朝烟。两峰脚迹今安在？自注：两峰尝谒一峰、定山。彦礼碑诗久未镌。自注：某欲为彦礼墓志，未刻。莫道江门空识我，千秋遗话及玑璿。"

容璘，字彦文，号虚白。父慎。详诸友考。白沙有《与彦文书》、《答彦文见访诗》。○**球**，字彦辉，号北溪，珪从弟。白沙有《北溪容球来访》，七律二首。有云："看君迥出诸容右，问我何如十载前。"(俱《容氏家谱》及本集)○**容钦**。(贾《志》"弟子传")○按：钦未详，疑亦珪族也。○按：一门昆从从游，见于先生诗文者，以容家为最。今以拘于篇幅，不能多录。阮《通志》但沿《门人录》诸书，于诸容多混且略。今据《容氏家谱》分列之。

钟淑。陈献章尝曰："所居之旁，伍云、钟淑、陈暕，此其人，皆可以共游。"(《新会林志》)悼暕诗云："一日之雅亦为哀，钟淑相随入夜台。"(《门人录》)

> 按《潭墪族谱》：钟玠，字廷重，号宜勉。生景泰六年四月初十日，终正德六年，年五十七。从游白沙先生。先生曰："伍云、钟淑其人可以共游。"后曹郡长辟为都埠长。按：郝、阮《通志》"职官"、"宦绩"俱云：曹琚，正德三年知广州，巡行七邑，征鸭埠以充军饷。林侯造庐劝驾，固辞弗就。又云：嘉庆六年，宋知县准入忠孝祠。榕按：《钟谱》以淑即玠。考先生《悼陈暕》诗云，"钟淑相

随入夜台”。是淑亡在先生之前，明矣。今按《白沙集》与《钟谱》，淑与玠分明两人。《新会》林志误据《草志》混为一人，以未尝考《钟谱》之故；《钟谱》以淑即玠，又以未考《白沙集》之故。

【补】**陈容**[1]，正统三年举人，长沙教谕。（附见《小冈梁氏家乘·梁潜传》）〇按：陈名上从禺下从页，今敬避庙讳改作容。〇按：略以容年三十乡举之年计之，是时先生年才十一，是先生约少于容二十许年矣。

陈魁，事陈子最久。（贾《志》“弟子传”）〇本集《与旧生陈魁书》：“生仰给于铅椠，瓶无赢粟以畜其妻子，年几六十，益以疾病，困以盗劫。士一穷至是哉！昨望见生，[龙钟]如东田老人[2]；稍就之，疲顿与石翁异者几希。”

陈瑞，字德祯。豪迈不羁，善写山水。成化中，有名艺圃。授直仁智殿锦衣卫镇抚。师事白沙，力于学。尝以非其罪挂名缧绁，白沙救释之。后于逆旅楼中，客有议白沙之学者，遂力辨之。大呼坠楼折肱，其笃信如此。（阮《通志》引《粤大记》）〇本集《与陈德祯书》：“闻近被系郡狱。计今当道多明察，想不加害于无罪之人，且安心顺命、善调摄为祷。”

陈绍裘，字仲冶，外海人。弘治八年举人，仕浙江布政司都事。陈子有《寄仲冶金台》诗。（《门人录》）

陈谦。按先生《复李世卿书》：“昨陈伯谦过白沙。”疑伯谦即谦字也。张诩曰：“先生精神尝与神明通，居外海陈谦宅，有异人来见云。”（阮《通志》引“弟子传”）〇按：此事见何家本《白沙集》张子撰《先生行状》，碧玉楼本缺。〇按《新会林志·古迹》：白云书楼在石头云厦里，明弘治间，陈伯谦建。伯谦，号白云。有李世卿碑记。陈献章撰楹帖云：“半亩宫成堪老白云居士，一瓢酒熟时来紫府神仙。”疑

---

〔1〕 据阮榕龄之案语，“陈容”应为陈颙，乃为避清讳而改。

〔2〕 “龙钟”二字原缺，据碧玉楼本《白沙子全集》补。（陈献章撰：《白沙子全集》，碧玉楼本，第四卷，第二五页）

即在外海有异人来见同一事,但与石头异地耳。岂伯谦初家外海,后徙石头耶?世卿碑今尚完好,在云厦里。榕尝请陈氏子孙拓此碑,碑高二尺八寸,题曰"陈氏承先裕后堂记",末署"弘治庚申九月壬戌,李承箕书"。书法亦仿白沙。

陈刣,字君敬。(贾《志》"弟子传")

潘松森,字季亨,潮连坦边人。性孝友。从陈献章游,少献章五岁,事之如父。病革,献章亲送之归。及没,亲临哭之。(《新会草志》)〇本集《代简潘季亨》:"四野狼烟一夕消,归装已度白云桥。江门忽值携琴使,寄语闲来话寂寥。"〇《诔潘季亨诗序》:"季亨之交于予十六载,意笃而业不光。一旦弃我而死,不塞望矣。吾所以不能不为之恸而追憾于平日也。呜呼!季亨尚能闻此言否?季亨死,有子才五岁,四女皆幼,揭而委之一寡妻,是可哀也。诗曰:'毅卿希大虽倾谢,此外宁无二子真。一傍江山埋汝骨,几回天地哭吾人。'〔1〕其生癸丑,卒于成化庚寅六月,年三十八。属纩之秋,适林缉熙来白沙,览予诗而哀,故亦同作。附林光诗:"西席频年留老眼,北邙何日遂深期。平生未浪垂双泪,惜汝还能赋此诗。一死合留终不死,他时料理及今时。野烟残照离离在,谁把从前与论思。"〔2〕明年某月日,葬某所。马广生请勒诸石为墓铭。"〔3〕按:贾《志》"弟子传"以季亨为姓李,《门人录》因之,俱误。〇又按:先生与缉熙诗并序,今并存墓上。考《潘氏家谱》,今潮连潘氏近千人,季亨所出者十之九。自明以来,至今登科者,亦皆季亨公出云。

关中,字时中,谈雅人。官岳州沅江训导。(参《关氏家谱》《门人

---

〔1〕 经查,《诔潘季亨诗序》墨迹尚存,序中无此诗。(陈应燿编:《白沙先生遗迹》,香港:陈氏耕读堂,一九五九年增订版,第三二页;陈福树撰:《陈白沙的书法艺术》,第三八页)白沙先生诗文集所载此序,序中亦无此诗。(陈献章撰:《白沙子全集》,何九畴本,第一卷,第二三页;碧玉楼本,第一卷,第八至九页)

〔2〕 《南川冰蘖全集》所载此诗,题为"悼潘复"。(林光撰:《南川冰蘖全集》,第二〇九页)

〔3〕 "马广生",《诔潘季亨诗序》墨迹作"马广氏"。(陈应燿编:《白沙先生遗迹》,第三二页;陈福树撰:《陈白沙的书法艺术》,第三八页)白沙先生诗文集所载此序,亦作"马广氏"。(陈献章撰:《白沙子全集》,何九畴本,第一卷,第二三页;碧玉楼本,第一卷,第八至九页)

录》）弘治十八年贡生。少游白沙之门，凡持身教人一以端严为宗。由湖广宜章训导至按擦副使。（《肇庆志》）○按：《肇庆志》以为开平人，或其祖籍也。

黄佐，字希颜，工诗文。成化十九年举人。官广西太平府推官。陈子有《赠希颜春试》诗。五律。

黄在，字子察，成化二十二年举人，官蓬州学正。陈子有《喜黄在登科》诗。七绝。（俱参《门人录》）

黄元，字克仁。按：元当是字克仁。详弘治八年年谱。弘治五年举人。陈献章门人。龙岩知县，改江南武德经历。（《新会》王志“选举”）

黄彦，杜阮人。正德五年举人，宜黄知县。陈献章门人。（《新会》王志“选举”）

黄寿，字叔仁。陈子《感事示叔仁》诗：“亲老需甘软，家贫乏囷仓。卖文应不免，为恨故难忘。挥俗黄生激，辞宾子觉刚。尔曹虽得罪，无媿在门墙。”（《门人录》）○按：子觉，陈暕字。详上增城。

黄球，字元海，邑城人。从白沙陂头以就学。子子正，字梅所，俱从学。子正性仁厚，年九十卒。（参《门人录》）

黄昊，一作界。字公覆。陈子《示昊诗》云：“高明之至，无物不覆。反求诸身，欛柄在手。”按：贾《志》分黄昊、黄界为两人，误。界，古昊字。

黄子贤，水南人。以孝致甘露之祥，洁行好吟，无媿陈子之门。

黄忠，字景臣。

黄鹤年，字一彭，（俱贾《志》“弟子传”）紫泥人。邑庠。（《采访册》）○本集《同周文都宿黄鹤年宅》：“看山从我不赍粮，闻说葳蕤满道旁。草阁塘边邀饮罢，青灯同宿有周郎。”

【补】**梁卫**，字国镇，一字豸南，小冈人。成化二十二年举人。明年南旋，遂坚志不仕。同门李孔修赠诗云：“芦月渚烟能子北，一竿谁识紫溪翁。”（《梁氏家乘》）○本集《送梁国镇》：“盖有藏器人，我病原非果。徘徊思远道，欲往悲足跛。梁生千里驹，东西无不可。飞辔入长安,垂杨春婀娜。"

【补】**梁潜**,字永崎,小冈人。贡生。颖悟博学。与戴敬、陈容同受学白沙[1]。一日诵程明道诗"富贵不淫贫贱乐,男儿到老是豪雄"句,叹曰:"大丈夫当如是矣。"容致仕归,语潜曰:"以子之才,乃不赴考,何也?"答曰:"斯道也,使得抱真。信如漆雕,此是真禄。奚以名为?"遂绝意科举。号桥东钓者。(《梁氏家谱》)

梁大厦,邦冲人。(《泷水梁氏世谱》)弘治十一年举人,官丰城教谕。尝言:"先生经世之心,始终欲行;作圣之功,垂老不息。但修下学之常,谁觉上达之力?厦与教中所见者,饮水曲肱之乐,温厉恭安之容,自然语默之教,宛如孔子之风。若夫规圆矩方而有光风霁月之趣,天挺人豪而诣浑然天成之区,初非一长之诣,是又先生之余。"(《门人录》)

汤霈,北到人,与兄云弟霓皆从陈献章游。霈,字民悦,号九山。尝延献章至其乡八仙井山中从学,与湛若水友善。年七十,尚以诗寄区越,自悔进德之迟。正德末,与若水改葬献章。若水因留霈家,为霈兄弟置田百亩而去。(参《新会》贾志)〇《甘泉集·赠汤子九山还古冈》:"圣人训三益,直谅与多闻。予友九山子,何讵非其伦?同业因伯氏,识君弱冠前。古心称古服,言动夙驯驯。亦同江门游,亦钓楚台春。予昨归沙堤,访我铁江滨。今秋携公孙,自注:陈畲。〇按:即白沙先生孙。来浴新泉云。何以养其直,丝毫了不存。何以养其谅,心口无间然。何以养多闻,蓄德归渊泉。行矣各努力,相约朱明天。"〇附录:霈与若水同处西樵广朗洞乐尧庄,霍韬赠诗《次甘泉韵》云云。(《西樵游览记》)

张璧光,字纯卿,凌涌人。尝从陈献章游。弘治十七年举人。母黄氏年至九十二,每食必亲供。自少至老,无怠容。初知慈溪,

---

[1] "陈容"应为陈颙,说见前。下文"容致仕归"之"容",亦应作"颙"。

俗多溺女，璧光立保甲严禁之，所活甚众。再知怀集，归。年八十一卒。(《新会》王志)

【补】**张不已**，水南人。庠生。父友梅，与白沙先生友善，命不已从学。先生有《不已赴秋闱》七绝[1]。先生卒，建白沙祠、置祭田诸事，多不已经理之。(《张氏家乘》)

【补】**张栱**，字子材，中乐塘溪人。少时业举，屡弗售，遂谢去。折节力学，以白沙贤而师事之。生成化二十二年，终隆庆四年，寿八十七。(门人冯万经撰《子材墓志铭》)〇按此《志》，子材生成化二十二年，是当先生卒之年，子材年才十五耳。疑十许岁即从游矣。此碑罗孝廉芳携以视榕者。惜其事迹稍略耳。

周镐，字文邦，麻园人。陈子尝与镐为云潭之游，作《云潭记》。及卒，悼以诗曰："何人摆脱浮生事，得似周郎易箦时。"(《门人录》)〇本集《悼周镐》："一双玉树出东溟，岂意先随晓露倾。三十六年惟一女，老夫垂泪写铭旌。""里巷三年六七坟，老年无泪哭交亲。数声愿借辽阳鹤，唤醒人间未死人。"

周京，字文都。镐弟。幼孤，事母兄以孝闻。成化十三年举人。以母老，藏修十余年，筑曝日台习静其上。(参《新会》王志)从学白沙先生。先生《三赠文都》诗云："小住江门五十年，按：京成化十三年乡举，先生时年适五十。今本集作"四十"，"四"字误；阮《志》作"五"，是也。隔坡相应荷相怜。窗开四面客通刺，酒覆三杯月到船。身上紫袍知有相，画中碧眼亦真传。明朝庾岭高回首，万里晴波正接天。"(据本集)正德三年，铨应天府通判，廉明公慎，吏畏民怀。擢治中，未闻命卒。子必诚。白沙有《赠童子久住侍父入京》七律。后登正德十一年乡试，仕至衡府长史。(参《新会》王志)〇按：本集有《过东涌周贡士抱乳儿久住出迓》七绝。久住，必诚乳名。

---

[1] "不已赴秋闱"，碧玉楼本《白沙子全集》作"赠张不已"。(陈献章撰：《白沙子全集》，碧玉楼本，第十卷，第三四页)

周正,字天统。弘治十四年举人。顺天通判,宝坻教谕。(《门人录》)

周俭,字用中。(贾《志》"弟子传")〇本集《与周用中兄弟书》。

【补】**周端**,麻园人。白沙门人。(《周氏世谱》)

区越,字文广,潮连人。八岁丧母,哀慕切至。事继母以孝闻。从游白沙。弘治十八年进士,知嘉善县,升主事郎中,历知建宁,皆以廉慎称。丁艰服阕,补宁国府。前府喜峻法,故入人罪,越悉为申理。尝夜寝,觉寒太重,亟索衣出,脱荷枷者,曰:"罪止小惩,倘冻死,其若之何?"迁浙江副使、江西参政,分守湖东,平积年逋寇,以老致仕。(《新会》王志)著《西屏集》六卷。(阮《通志·艺文》)〇本集《慈母石为门人区越作》:"慈孝相感激,天机谢人力。谁来石下歌,见母不见石。"

林绍光,字一荣,沙冈人。少从陈献章游。博通群籍,得献章律吕之学。成化间,举明经。邑御史邓文宪少贫,资而训之。士出其门者甚众,皆有白沙之风。督学林廷玉雅重之,今称学行志古之士,必曰林一荣。祀乡贤。(《新会》王志)〇按:王《志》"选举":汤绍光,成化七年岁贡,江南泰兴训导。考"列传",作"林绍光";"学校乡贤"条云"庠生林绍光"。〇又按《甘泉集》:正德丙子,《新会县重修子城记》"诸生林绍光等进曰"云云。榕考正德丙子,距成化七年已四十许年矣,未知是同一人否?今沙冈仅林姓无汤姓,岂昔有今无耶?

【存疑】**林栋**。本集作"晽",详增城。

谭以贤,字希圣,瑶步涌人。陈献章门人。立志行己,不媿古人。贡生,会同训导。尝注陈子律诗。按阮《通志·艺文》:三卷。原注"未见"。陈子《九日下庐山示[谭希圣]》诗云[1]:"瘦藤扶上小庐山,东望何州觌面难[2]。衰鬓插花秋意思,浩歌挥盏酒波澜。山中云气

---

[1] "谭希圣"三字原缺,据碧玉楼本《白沙子全集》补。(陈献章撰:《白沙子全集》,碧玉楼本,第八卷,第八〇页)

[2] "觌面难",碧玉楼本《白沙子全集》作"不见颜"。(陈献章撰:《白沙子全集》,碧玉楼本,第八卷,第八一页)

方迷昼，草际虫声渐逼寒。知我倚松长啸罢，江门水月正宜观。”（贾《志》）著《玉峰集》二卷。（佚。阮《通志・艺文》）○**以良**，字士直。以贤弟。弘治二年举人。定省温清，有古人风。以亲老不赴春官。游陈献章门，学先主敬，行敦本实。凡邑中孝子、节妇，亟为表之。当时同门李世卿、顾勉斋、李子长、湛民泽咸推重之。（《新会》王志并“选举”）及卒，白沙奠之曰：“於乎士直，遽至于此耶[1]？天不与之年，与之才，将谁咎耶？彼碌碌者，老而无闻[2]，又何贵于年耶？”（据本集《奠谭士直文》）著《玉楼稿》二卷。未见。（阮《通志・艺文》）

【补】谭有莲，天河礼村人。从白沙先生游。尝为白沙孙田择昏，见《白沙集》。为人朴诚好学，先生尝书楹帖于其祖祠曰：“千秋俎豆将诚地”。书未毕，先生得家属报母病，遂辍笔去。此可以见先生之孝也。（《谭氏族谱》）

谭绥，庠生。游白沙之门。寿九十三。（《新会》王志“耆寿”）

【补】李升，字广辉，（阮《通志・选举》）石步人，陈献章门人。成化元年举人，不仕。（《新会》王志“选举”）

订误：陈献章《送李升之京》诗：“歌声谁放晓江干，万里舟航眼界宽。短棹已随烟浦外，此溪遥接白云端。行藏手上惟三尺，名利场中总一官。夹径莺花春未老，为君传送道平安。”（《鹤山志・杂记》）○又《鹤山志・选举》：李升，古蚕人，弘治十四年举人，石埭知县。○按：既云弘治十四年举人，时先生已没，焉有送之京事？考《新会》王志：李升，石步人。是此诗送石步之李升，非古蚕之李升。《鹤山志》误也。此诗本集缺载。

---

〔1〕 碧玉楼本《白沙子全集》无“于”字。（陈献章撰：《白沙子全集》，碧玉楼本，第五卷，第一六页）

〔2〕 “老而无闻”，碧玉楼本《白沙子全集》作“老无闻于世”。（陈献章撰：《白沙子全集》，碧玉楼本，第五卷，第一六页）

李翰,字文卿,潮连人。弘治五年举人。六年会试,副榜第一,官怀集、上海教谕,转国子监学录。升山西道御史,未任卒。少陈子三十五岁。陈肃谓"操心律行,风韵潇洒,似吾白沙夫子"云。(参《门人录》)

李九渊,字深之。(《门人录》)〇本集《寄李九渊》:"嗟我与君同甲子,镜中谁让长霜毛。"〇《问李深之病》:"竹林花埭酒旗风,秋赏春游事事同。伏枕六旬犹未起,相思红日满帘栊。"〇《吊李九渊》:"夜台无起日,春草自流年。"

李鸿,字从正。陈子有《寻梅饮李鸿宅》五律。(参《门人录》)

马国馨,潮连人。父默斋。国馨童子时,受知于陈子。(《门人录》)〇本集《饮马氏园赠童子马国馨》七绝二首。

马贞,字伯幹,馨从弟。(《门人录》)〇本集《与马贞书》:"贞父不幸蚤世。贞卒成立,贞有母也。"又云:"伯幹病至此,当为一场大休置。"〔1〕〇《甘泉墓铭》。〇按:甘泉,贞别号。

【补】赵思仁,字寿卿,号厓山,三江人。祖[建]安郡王必迎,勤王厓山。思仁乐善好施,尝游白沙之门。(《赵氏家谱》)〇本集《与廷实书》:"顷者,东山刘先生至厓山,慨然欲表慈元之义,又不欲干诸有司,乃有里后进赵寿卿愿出二百千[立庙]〔2〕,可谓义举。"〇《与马玄真书》:"寿卿助建丁明府祠,又舍田十二亩[以供祀事]。"〔3〕

【补】宋容重,字子敬,潮连社边人。成化二十二年举人,贺县知县。白沙门人。(《宋氏族谱》)

戴球,字汝强,号息斋。长子恩,次子泽,俱庠生;三子参,字君

〔1〕"当为一场大休置",碧玉楼本《白沙子全集》作"当大为休置"。(陈献章撰:《白沙子全集》,碧玉楼本,第四卷,第二七页)

〔2〕"立庙"二字原缺,据碧玉楼本《白沙子全集》补。(陈献章撰:《白沙子全集》,碧玉楼本,第三卷,第五五页)

〔3〕"以供祀事"四字原缺,据碧玉楼本《白沙子全集》补。(陈献章撰:《白沙子全集》,碧玉楼本,第四卷,第五〇页)

惠，俱陈子门人。陈子吊球诗：“开元一日雅，来往到如今。若问斯文契，湘江恨未深。”（《门人录》）〇按：本集有《[答]戴惠书》[1]，惠即参也。

戴昭，庠生。〇**戴辑**。〇**戴弁**，字仲俨。（俱贾《志》“弟子传”）陈献章门人。由阳春学岁贡，为山东禹城教谕。（《新会》王志“选举”）

【补】**戴敬**，白沙门人。（《梁氏族谱》梁潜传附）〇按：诸戴俱天台人。

谢慈昱，字德明，号半江，城西沙堤人。陈子《半江十咏》，为谢德明赋。《与张廷实书》：“谢德明居邑之南郭，畴昔有桓温少年之习，嘉其勇于改革，闭户不出与俗交者四年矣。乡曲往还，忠于门下者也”、“《半江十咏》示接引意，求东所为作一跋”。（参《门人录》）〇按：先生云“忠于门下”，当是门人。《草志》云先生之友。

谢文信，字伯倚。曾让田于叔。（贾《志》“弟子传”）〇按：本集有《谢伯倚得孙送姜酒[至]》云[2]：“七十一年云水中，半江老隐旧知侬。一杯引满为君喜，伯倚今朝又作翁。”伯倚，或半江儿侄与？

【补】**谢君章**，丹灶人。白沙门人。（《采访册》）

【补】**邓谷隐、邓澹乐**，（《新会》林志）二人缺名，俱新昌人。二号皆从游白沙时，白沙所赠。（参《邓氏世谱》）

【补】**陆辇**，陈献章门人，江西苹乡县丞。（《新会》王志“选举”）

麦岐，字秀夫。（《门人录》）〇本集《[麦]秀夫于城南小渚中[累土]结茅居之，容一之、马伯幹取酒共醉桃花下，各赋诗为乐，秀夫谒予同作，附其韵》十首[3]：“我梦桃花何处浔[4]，水清苹白一篱金。美人家住红云岛，欲往从之江水深。”

---

〔1〕“答”字原缺，据碧玉楼本《白沙子全集》补。（陈献章撰：《白沙子全集》，碧玉楼本，第三卷，第八〇页）

〔2〕“至”字原缺，据碧玉楼本《白沙子全集》补。（陈献章撰：《白沙子全集》，碧玉楼本，第十卷，第三三页）

〔3〕“麦”字、“累土”二字原缺，据碧玉楼本《白沙子全集》补。（陈献章撰：《白沙子全集》，碧玉楼本，第九卷，第六二页）

〔4〕“浔”，原误作“寻”，据碧玉楼本《白沙子全集》改。（陈献章撰：《白沙子全集》，碧玉楼本，第九卷，第六三页）

【补】聂元会,字时嘉,号淇波,荷塘人。(《聂氏家谱》)陶鲁第五女婿。(《世烈录》、宋端仪《三广公墓志》)〇本集附录何维柏《改创白沙祠碑》:白沙先生门人。

【补】阮缮宗,字世绪,号雪岛,潭冈人。容琴月婿。与内兄弟容璘、球辈,从游白沙先生之门。(《阮氏族谱》)笃好古道,白沙是师,有前哲风。(番禺通政司李鸾《雪岛祭田碑》)

附录:阙姓名及县名者

□璠、□瑜。按:名瑜者,疑即顺德李瑜,详上。

李由、李方、李同。(俱贾《志》"弟子传")

徐、潘二生。(本集《与徐潘二[生]书》[1])按:以生称之,似皆门人。考南海门人有潘汉,已见上。徐生,未详。

【补】顾勉斋。按王《新会志·谭以良传》:"当时同门李世卿、顾勉斋咸推重焉。"〇按:勉斋,疑即顾勉庵。

按:先生之门,名臣、廉吏、隐逸、笃实之士固多。又有孝子十二人,曰何宇新、陈茂烈、甘思忠、湛若水、梁贞、袁晖、尹凤、黄子贤、周京、区越、张璧光、谭以良。忠烈一人,曰梁奎。呜呼,德化之感孚者,远矣哉!

附:南海三峰记[2](《鹤山志·易元传》)

南海之滨,有三峰焉。蟠踞广博,意气端重,如赪玉者,两峰也;风骨巉岩,气度轩豁,如神人异僧,使人望而敬者,南峰也;娟好靓秀,如素女静姝,远之可爱,近而不可狎者,东峰也。烟销霞敛,

---

〔1〕"生"字原缺,据碧玉楼本《白沙子全集》补。(陈献章撰:《白沙子全集》,碧玉楼本,第四卷,第三二页)

〔2〕《南海三峰记》,《一峰文集》题为"送三子归南海序"。(罗伦撰:《一峰文集》,《景印文渊阁四库全书》,第一二五一册,第六六〇至六六一页)

风清日明，薰溶和畅，万景妩媚，眺此一段佳气，则精爽飞动，神情怡悦；及夫云雾欻起，雷电晦明，则神没鬼出、骇目惊心、倏忽万状，此三峰之所同也。两峰在东良，容君彦昭有之；南峰在玉台之西，按：易君鹤山玉桥人，地在新会县东北，西字误。易君德元有之；东峰在魁山之上，陈君秉常有之。三峰之外，在番禺者，何氏有矩峰；在东莞者，林氏有熙峰。三峰齐之，白云、九曜、石鼓、大奚诸山，皆俛伏其下，不敢抗视。五峰脉脊，皆发昆仑，按："皆"字下疑漏"发昆仑"三字，今补。昆仑在白沙南，按：昆仑在白沙西稍北六十里，记云"在白沙南"，尤误。世传颍川、公甫、白龙所宫，天下文明则见。南海诸山，昆仑最高，蒙泉润泽，可被千里，屯云肤寸，可雨天下，与罗浮相望。群峰列岫，层峦叠巘。凡出昆仑者，皆磊落奇诡、特异众观，虽跨州越邑、横河绝海，而端严环抱，尊面昆仑，如弟子之服先师，无违背者。武夷之西、云谷之东，按：《朱子文集》卷八十三《跋刘叔通诗卷》，自署"云谷晦庵老人"，此类甚多。蔡氏有九峰，胡氏有五峰，诚二山之伟观。此五峰者，不亦重白沙昆仑之伟观乎！客有好奇者，曰："子知南海之昆仑矣，知西海之昆仑乎？吾能言之。其大蟠天地，其高蔽日月，阆风之苑，玄圃之墟，宫天帝而馆神人，其入中国者，北纪则嵩、华、恒、岱，南纪则岷、峨、衡、庐。小天下、块三山、杯五湖，皆昆仑之支脉为之也。子欲尽天下之大观，吾与子其偕往。"三峰主人同应曰："善。吾将由南海之昆仑，溯西海之昆仑矣。"遂杖剑长歌，浩然向往。

成化十一年乙未七月后二日，永丰罗伦书。

订误

何维柏

《钦定四库提要》卷一百七十七：《天山存稿》，何维柏撰。维柏尝从陈献章游。

榕按:何公《创白沙祠碑》云:"得私淑而终身服膺。"此碑后署"万历十二年",自称"后学"。计是年距先生之卒已八十四年矣。《粤大记》云:"何端恪卒年七十七。"是先生卒后而端恪乃生,明矣。阮《通志》亦引《提要》此语,皆偶误也。阮《志》"何维柏传":嘉靖十年举于乡,不第。复入西樵,日读《白沙集》,发明白沙宗旨,后编《陈子言行录》。

周瑛

《钦定四库提要》卷一百七十一:《翠渠摘稿》,周瑛撰。张诩作陈献章《行状》,称瑛为献章门人。其八世孙成跋力辨其非,以二人之集考之,盖始合而终睽者。诩与成之说,皆各执一偏。《明史·儒林传》亦称瑛与献章友。献章之学主于静,瑛不然之,谓学当以居敬为主。《明史·儒林传》:周瑛,字梁石,莆田人,成化五年进士,知广德州,以善政闻。历官布政使,尤励清节。与陈献章友善。献章主静,瑛谓当以居敬为主。〇《明儒学案》:翠渠与白沙、医闾为友。〇《明诗综》:周瑛《咏古送白沙归南海》云:"东都事矫激,西晋尚清虚。一时意自适,社稷随丘墟。譬彼门户开,转运由其枢。大势一倾倒,力救将何如。君子阅世多,立说慎其初。择中而守固,孔氏有遗书。"

本集《与丘苏州书》:"承谕翠渠守广德有声。因记曩岁周侯《赠贺克恭》诗云:'黄门仙客归辽左,少室山人忆岭南。我亦尘埃难久住,木兰溪上浣青衫。'周侯后以进士留京。以书来番禺,仆次韵戏之,按:此次韵诗本集缺。本集卷十有《次答周太守瑛》七绝二首,其韵异,其时亦异。未及寄去。周侯寻守广德,而窃喜周侯之有为。"〇又《与丘书》:"梁石、克恭皆[仆]平生所深望[1],便中声意为感。"〇《与林春官书》:"阁下以六品居部官,天下共责望。周先生为广德,得人心。稍稍前此,丘苏州书来,亦谓如此。可贺,可贺。往者京师与广德步月闲

---

[1] "仆"字原缺,据碧玉楼本《白沙子全集》补。(陈献章撰:《白沙子全集》,碧玉楼本,第三卷,第七一页)

谈，异日或出或处，必相料理。今因记'木兰溪上浣青衫'之句，不觉呵呵，遂成拙诗：'梁石终为广德州，木兰溪上水空流。诗中往昔三人共，海上如今两鸟囚。给事按：谓贺黄门。易为清净退，山人按：先生自谓。真脱罗网愁。如何皂盖不归去，应为苍生未肯休。'以为使广德见之，当发一笑。"○又《与林蒙庵书》："梁石、时可之忧在己者，而亦为人[忧][1]。"按：蒙庵名雍，时为礼部主事，故曰春官。○《苏州府志》：丘霁，字时雍，鄱阳人。成化八年以刑部主事任，十一年罢去。○按：贺钦，成化二年进士。周瑛，成化五年进士。先生所赠贺黄门仙客之作与广德步月事，此成化二年、五年间，先生皆在京也。○按略考以上诸诗文，则始合终睽之说，似非。且以"先生"称之乃谓为门人，益非矣。

潘见龙

《鹤山志·地理》：潘见龙，字翔甫，号桧峰，顺德冲鹤人。为白沙弟子。万历间，广东提学张邦翼采其诗入《岭南文献》。墓在云堆村后茶山。○《冲鹤潘氏族谱》：九世见龙，字翔甫，号桧峰。义官。生正德三年戊辰四月初四日戌时，墓在新会茶山。按：今隶鹤山。○按：潘谱详明如此，是先生卒后七八年而桧峰乃生，则非弟子明矣。

欧阳回

《篁庄欧阳氏族谱》：回，白沙门人，自号溪南钓叟。○《篁庄遗稿》：欧阳建著。赠溪南七绝："溪南老大兴何如？散诞琴书乐海涯。多病几时堪策马？风花吟遍始还家。"○《篁滨子传》：欧阳希周撰。"溪南者，白沙弟子。隐处篁溪之南，无仕进志，嗜酒耽诗，识高今古而若愚，行敦孝友而不羁。谓篁滨子曰：'松而死何如栎之生？子聪明太露又好直言，吾惧匠人其斧斤尔矣。'"

---

[1] "忧"字原缺，据碧玉楼本《白沙子全集》补。（陈献章撰：《白沙子全集》，碧玉楼本，第四卷，第三三页）

欧阳小韩孝廉赠《篁庄遗稿》一帙，内载溪南为白沙门人。因晤小韩，询其事迹。复出《欧阳氏族谱·篁滨子传》相质证。余得其详，编入《白沙门人考》之末。夫发潜阐幽，吾先兄志也。安尽为搜罗以继兄志哉？戊午孟秋，韭龄志。

图书在版编目(CIP)数据

陈献章全集：简体增订本 /（明）陈献章撰；黎业明编校. —上海：上海古籍出版社，2021.11
ISBN 978-7-5732-0123-2

Ⅰ.①陈… Ⅱ.①陈… ②黎… Ⅲ.①陈献章(1428-1500)—全集 Ⅳ.①B248.1

中国版本图书馆 CIP 数据核字(2021)第 225682 号

陈献章全集(简体增订本)
(全三册)
(明) 陈献章　撰
黎业明　编校

出版发行　上海古籍出版社
地　　址　上海市闵行区号景路 159 弄 A 座 5F
邮政编码　201101
网　　址　www.guji.com.cn
E-mail　guji1@guji.com.cn
印　　刷　浙江临安曙光印务有限公司印刷
开　　本　890×1240　1/32
印　　张　37.625
插　　页　12
字　　数　910,000
版　　次　2021 年 11 月第 1 版　2021 年 11 月第 1 次印刷
印　　数　1—1,500
书　　号　ISBN 978-7-5732-0123-2/B·1236
定　　价　148.00 元